राजपाल

संक्षिप्त हिन्दी शब्दकोश

डॉ. हरदेव बाहरी

एम. ए., एम. ओ. एल., पी-एच.डी., डि. लिट्., शास्त्री

राजपाल

डॉ. हरदेव बाहरी के अन्य शब्दकोश

- राजपाल बृहत् हिन्दी–अंग्रेज़ी शब्दकोश (दो भागों में)
- राजपाल बृहत् शिक्षार्थी अंग्रेज़ी–हिन्दी शब्दकोश
- राजपाल हिन्दी शब्दकोश
- राजपाल अंग्रेज़ी–हिन्दी शब्दकोश
- राजपाल हिन्दी–अंग्रेज़ी शब्दकोश
- राजपाल संक्षिप्त हिन्दी शब्दकोश
- राजपाल संक्षिप्त अंग्रेज़ी–हिन्दी शब्दकोश
- राजपाल संक्षिप्त हिन्दी–अंग्रेज़ी शब्दकोश
- राजपाल पॉकेट हिन्दी शब्दकोश
- राजपाल पॉकेट अंग्रेज़ी–हिन्दी शब्दकोश
- राजपाल पॉकेट हिन्दी–अंग्रेज़ी शब्दकोश

स्थापित 1912
100 वर्षों की श्रेष्ठ प्रकाशन परम्परा
राजपाल

₹ 325

ISBN : 9788170282679

संस्करण : 2025

RAJPAL SANKSHIPT HINDI SHABDKOSH

by Dr. Hardev Bahri

मुद्रक : वी. के. प्रिन्टर्स, दिल्ली

राजपाल एण्ड सन्ज़

1590, मदरसा रोड, कश्मीरी गेट, दिल्ली–110006

फोन : 011–23869812, 23865483, 23867791

e-mail : sales@rajpalpublishing.com

www.rajpalpublishing.com

www.facebook.com/rajpalandsons

परिशिष्ट	पृष्ठ संख्या
1. हिन्दी वर्णमाला	482
2. हिन्दी की गिनती	483
3. मिलते-जुलते उच्चारण वाले परंतु भिन्न अर्थ वाले शब्द	484
4. पर्यायवाची शब्द	488
5. विलोम शब्द	490
6. अनेक शब्दों की जगह एक शब्द का प्रयोग	493
7. उपसर्ग और प्रत्यय	497
8. मुहावरे	498
9. लोकोक्ति	504
10. अवधी और ब्रजभाषा की शब्दावली	510
11. देशी संवत्, महीने और दिन	512
12. सामान्य शब्दों की अंग्रेजी-हिन्दी शब्दावली	513
13. शरीर के अंग : अंग्रेजी-हिन्दी शब्दावली	516
14. गणित की अंग्रेजी-हिन्दी शब्दावली	517
15. व्याकरण की अंग्रेजी-हिन्दी शब्दावली	518
16. विज्ञान की अंग्रेजी-हिन्दी शब्दावली	519
17. भूगोल की अंग्रेजी-हिन्दी शब्दावली	520
18. पारिवारिक संबंधों की अंग्रेजी-हिन्दी शब्दावली	521

कोश में प्रयुक्त संक्षेप-चिह्न

स्त्री.	स्त्रीलिंग
पु.	पुल्लिग
अ. क्रि.	अकर्मक क्रिया
स. क्रि.	सकर्मक क्रिया
वि.	विशेषण
क्रि. वि.	क्रिया विशेषण
वि./पु.	विशेषण/पुल्लिग
उप.	उपसर्ग
प्र.	प्रत्यय
अ.	अव्यय

अ

अंक–(पु.) 1 संख्या 2 संख्या का चिह्न (1, 2, 3 आदि) (जैसे–अंकों में लिखो) 3 चिह्न, निशान (जैसे–अंक डालना) 4 नाटक का एक खंड अथवा सर्ग 5 रूपक का एक प्रकार 6 खेल तथा परीक्षा आदि में प्राप्त नम्बर 7 पत्र-पत्रिकाओं के समयानुसार होने वाले प्रकाशन की संख्या

अंकगणित–(पु.) गणित की एक शाखा जिसमें संख्याओं का हिसाब किया जाता है

अंकशास्त्र–(पु.) 1 गणित की विद्या 2 संख्या सम्बन्धी तथ्यों का संग्रह एवं वर्गीकरण करनेवाली विद्या, सांख्यिकी

अंकन–(पु.) 1 चिह्न लगाना 2 चित्र बनाना 3 गिनती करना 4 मूल्य लगाना, कूतना

अँकवाना–(स. क्रि.) 1 दूसरे व्यक्ति से जाँच करवाना 2 वस्तु का मूल्य पता करवाना

अंकित–(वि.) 1 लिखा हुआ 2 चिह्नित **अंकित मूल्य** (पु.) मुद्रा तथा स्टाम्प पर लिखा मूल्य

अंकुर–(पु.) 1 पौधे का प्रारंभिक स्वरूप, अँखुआ 2 कली 3 नुकीला भाग

अंकुरण–(पु.) बीज का फूटकर अंकुरित होना

अंकुरित–(वि.) 1 अंकुर आया हुआ 2 उत्पन्न

अंकुश–(पु.) 1 हाथी को वश में रखने का लोहे का विशेष काँटा 2 अधिकारी अथवा व्यक्ति विशेष को प्राप्त नियंत्रक शक्ति, नियंत्रण **अंकुश कृमि** (पु.) एक हुकदार कीड़ा (जो अंतड़ी में पैदा होता है) **अंकुशधर, अंकुशधारी** (पु.) 1 महावत 2 हाथीवान

अँखुआ–(पु.) 1 अंकुर 2 कल्ला 3 कोंपल

अँखुआना, अँखुवाना–(अ. क्रि.) अंकुर का बीज से बाहर आना

अंग–(पु.) 1 शरीर के विभिन्न अवयव (हाथ, पैर आदि) 2 शरीर 3 भाग (नाटक का एक अंग) 4 अंश

अंगच्छेद–(पु.) 1 रोगी के किसी अंग को काटना 2 शल्य-क्रिया

अंग-प्रत्यंग–(पु.) शरीर का प्रत्येक अवयव **अंग-भंग** (पु.) शरीर या अंग का टूटना **अंग-भंगिमा, अंगभंगी** (स्त्री.) 1 शरीर के अंगों की मनोहारी चेष्टाएँ 2 अंगों के संचालन द्वारा भाव-प्रकाशन

अंगरक्षक–(पु.) उच्च अधिकारी की सुरक्षा के लिए उसके साथ रहनेवाला (बॉडी गार्ड)

अंगराग–(पु.) सुगन्धित लेप, उबटन **अंगलेप** (पु.) शरीर पर लगाने वाला गंधयुक्त पदार्थ

अंग-विकार, अंग-विकृति–(पु.) शारीरिक दोष एवं कमी

अंगविक्षेप–(पु.) (संगीत, नृत्य, कलाबाज़ी में) अंगों का संचालन **अंगविच्छेद** (पु.) शरीर के रोगी अंग को काटना **अंग-शुद्धि** (स्त्री.) मंत्र आदि के माध्यम से शरीर की सफ़ाई **अंग-शैथिल्य** (पु.) शरीर का ढीलापन या थकावट **अंग-संचालन** (पु.) अंगों को हिलाने-डुलाने की क्रिया **अंग-संस्कार** (पु.)

अ

शरीर की सजावट, शृंगार
अंग-सौष्ठव–(पु.) अंगों की सुंदरता
अंगहीन–(वि.) शरीर में किसी अंग का न होना **अंग ढीला होना, अंग ढीले होना** थक जाना
अंगद्वार–(पु.) शरीर के छिद्र (जैसे–आँख, कान, नाक, गुदा, लिंग, मुख)
अँगड़ाई–I (क्रि.) आलस्य दूर करने हेतु शरीर को तानने की क्रिया II (स्त्री.) शरीर का तानना
अँगड़ाना–(अ. क्रि.) अँगड़ाई लेना
अँगरखा–(पु.) एक प्रकार की लंबी मरदाना पोशाक
अंगारा–(पु.) पत्थर, कोयला, कंडे आदि का दहकता रूप **अंगारा बनना** या **होना** गुस्से से लाल होना **अंगारे उगलना** कटु बातें कहना **लाल अंगारा** (पु.) गुस्से से लाल होना
अँगिया–(स्त्री.) 1 चोली 2 छलनी **अँगिया का कंठा या घाट** (पु.) गले के नीचे का खुला भाग
अंगीकार–(पु.) ग्रहण, स्वीकार
अंगीकृत–(वि.) अपनाया, लिया गया, स्वीकृत
अँगीठी–(स्त्री.) लोहे या मिट्टी का बना छोटा चूल्हा, अग्नि पात्र या सिगड़ी
अंगुल–(पु.) 1 अँगुली 2 एक अंगुल की नाप
अंगुल छाप–(स्त्री.) उँगली का निशान
अंगुल प्रमाण–(वि.) अँगुली जितना मोटा
अंगुलि, अँगुली–(स्त्री.) 1 उँगली 2 हाथी की सूँड़ का अग्रभाग **अँगुलि मुद्रा** (स्त्री.) अँगूठी **अँगुली उठाना** बदनाम करना **अँगुलियों पर नचाना** वश में करना
अंगुष्ठ–(पु.) अँगूठा
अँगूठा–(पु.) हाथ अथवा पैर की पहली और सबसे मोटी उँगली **अँगूठा दिखाना** 1 अवज्ञा करना 2 अस्वीकार करना, मना करना
अँगूठी–(स्त्री.) उँगली में पहना जाने वाला आभूषण
अंगूर–(पु.) 1 एक विशेष प्रकार का मीठा फल 2 द्राक्षा
अंगूरी–(वि.) 1 अंगूर से बनी (शराब) 2 अंगूर के रंग-सा **अंगूरी बेल** (स्त्री.) कपड़े पर अंगूर की बेल की तरह छपाई
अँगोछा–(पु.) अंग पोंछने का वस्त्र, गमछा
अंग्रेज़–(पु.) इंग्लैंड का रहने वाला
अंग्रेज़ी–I (स्त्री.) अँगरेज़ों की भाषा II (वि.) अंग्रेज़ या इंग्लैंड का
अँचरा–(पु.) साड़ी या चुनरी का किनारा
अंचल–(पु.) 1 देश या प्रांत का एक भाग, क्षेत्र 2 नदी का किनारा 3 पल्लू, आँचल
अँचवन–(पु.) चुल्लू में जल लेकर पीना, आचमन
अंजन–(पु.) 1 काजल या सुरमा 2 स्याही 3 दीपक
अंजनहारी–(स्त्री.) आँख का रोग (बिलनी)
अंजनी–(स्त्री.) 1 हनुमान की माता 2 चंदन कुंकुम से सजी-सँवरी नारी 3 माया
अंजनी पुत्र (अंजनीसुत, अंजनानन्दन)–(पु.) हनुमान
अंजर-पंजर–(पु.) शरीर के अंग, हड्डी-पसली **अंजर-पंजर ढीले होना** पूर्णतः थक-टूट जाना
अंजलि–(स्त्री.) दोनों हथेलियों को मिलाकर बनाया गया गड्ढा
अँजवाना–(स. क्रि.) काजल अथवा सुरमा लगवाना
अंजाम–(पु.) 1 नतीजा 2 फल 3 समाप्ति **अंजाम देना** पूरा करना **अंजाम पाना** फल पाना
अंजीर–(पु.) एक विशेष फल व उसका वृक्ष
अंजुमन–(स्त्री.) 1 सभा 2 महफ़िल
अँटना–(अ. क्रि.) 1 समाना 2 उचित नाप का होना 3 पर्याप्त होना, पूरा होना
अंटसंट–(वि.) व्यर्थ या असंगत बात (जैसे–अंटसंट बकना)
अंटा–(पु.) 1 बड़ी गोली 2 सूत, रेशम तथा ऊन का लच्छा
अंटा घर–(पु.) बिलियर्ड खेलने का कमरा

अ

अँटियाना–(स. क्रि.) 1 छिपाना 2 बाँधना
अंटी–(स्त्री.) 1 दो उँगलियों के बीच की जगह 2 उँगली पर उँगली रखने का संकेत 3 गाँठ 4 सूत, रेशम या ऊन का गोला 5 कुश्तीबाज़ों का एक दाँव
अंडज–(पु.) अंडे से उत्पन्न जीव (सर्प, पक्षी)
अंडबंड–(वि.) 1 असंगत, निरर्थक (बात) 2 गाली-गलौज
अंडा–(पु.) गोलाकार पिंड जिसमें से सर्प, पक्षी तथा मछली आदि का जन्म होता है
अंडाकार, अंडाकृति–(वि.) अंडे के आकार का, अंडानुमा
अंडी–(स्त्री.) 1 रेंड का वृक्ष या बीज 2 मोटा रेशम
अंतः–(वि.) 1 भीतरी 2 आपसी
अंतःकथा–(स्त्री.) कथा के भीतर अन्य कथा या घटना
अंतःकरण–(पु.) 1 मन 2 बुद्धि 3 वह भीतरी इंद्रिय जो भले-बुरे का विवेक कराती है 4 सुख-दुःख के अनुभव का माध्यम
अंत–(पु.) 1 समाप्ति 2 नाश 3 मृत्यु 4 परिणाम 5 सीमा, छोर 6 प्रलय
अंतकर्म–(पु.) 1 मृत्यु 2 अंत्येष्टि कर्म
अंतकाल–(पु.) (जीवन का) अंतिम समय
अंततः–(क्रि. वि.) अंत में, आख़िरकार
अंततोगत्वा–(क्रि. वि.) अंत में
अंतरंग–I (वि.) घनिष्ठ (जैसे अंतरंग मित्र) II (पु.) शरीर के भीतरी अंग
अंतरंग सभा–(स्त्री.) प्रबन्धकारिणी समिति
अंतरंगी–(वि.) दिली (जैसे–अंतरंगी दोस्त)
अंतर्–(अ.) 1 भीतर 2 अंतः 3 बीच में **अंतर्कथा** (स्त्री.) (शुद्ध अंतःकथा) 1 संदर्भित कथा 2 भीतरी बात **अंतर्कालीन** (वि.) (अंतःकालीन) बीच के समय का **अंतर्क्रिया** (स्त्री.) भीतर की क्रिया **अंतर्गत** (वि.) 1 सम्मिलित 2 भीतरी 3 बीच में समाया हुआ **अंतर्गति** (स्त्री.) मन की वृत्ति, भावना **अंतर्जगत्** (पु.) मन का संसार, हृदय **अंतर्ज्ञान** (पु.) मन का ज्ञान, बोध **अंतर्ज्वाला** (स्त्री.) भीतर की आग **अंतर्दर्शन** (पु.) मन की परख, भीतर निगाह डालना **अंतर्दर्शी** (वि.) हृदय की बात जाननेवाला **अंतर्दाह** (पु.) मन की जलन, दुःख **अंतर्दिशा** (स्त्री.) दो दिशाओं के बीच की दिशा **अंतर्दृष्टि** (स्त्री.) मन की बात समझने की शक्ति, ज्ञानचक्षु, प्रज्ञा **अंतर्द्वंद्व** (पु.) मन के भीतर का संघर्ष **अंतर्द्वार** (पु.) गुप्तद्वार **अंतर्धान** (पु.) लोप हो जाना **अंतर्धारा** (स्त्री.) नदी अथवा समुद्र में बहनेवाली भीतरी धारा **अंतर्निहित** (वि.) अंदर छिपा हुआ, समाहित **अंतप्रदिशिक** (वि.) अपने प्रांत से सम्बन्धित **अंतर्प्रेरणा** (स्त्री.) मन की प्रेरणा **अंतर्बोध** (पु.) मन का ज्ञान **अंतर्मन** (पु.) मन की भीतरी चेतना **अंतर्मुखी** (स्त्री.) अंतर्लीन **अंतर्युद्ध** (पु.) आंतरिक कलह **अंतर्वर्ती** (वि.) भीतर रहनेवाली **अंतर्विरोध** (पु.) मन की भावनाओं में विरोध **अंतर्व्याधि** (स्त्री.) अंदर का रोग **अंतर्विवाह** (पु.) जाति या कुटुंब में आपसी विवाह
अंतर्व्यापी–(वि.) अंदर फैला हुआ
अंतर्यामी–I (वि.) 1 मन, हृदय की बात जाननेवाला 2 मन में स्थित, II (पु.) ईश्वर
अंतर्देशीय–(वि.) 1 देश के अंदर का 2 देश के आंतरिक भागों से संबंधित
अंतर–I (वि.) भीतरी, (समास में) भिन्न II (पु.) मन, आत्मा, हृदय, दूरी, भिन्नता, अंग्रेजी 'इंटर' जैसा एक उपसर्ग (दो या अधिक के मिलने, उनमें होने अथवा उनसे संबंधित होने के अर्थ का सूचक)
अंतरण–(पु.) 1 व्यवधान डालना 2 तबादला, स्थानांतरण 3 हस्तांतरण अंतरणपत्र (पु.) तबादला करते समय दिया गया पत्र
अंतरतम–I (वि.) 1 आत्मीय 2 निकटतम 3 दिली गहराई II (पु.) मर्म, हृदय
अंतरस्थ–(वि.) भीतर स्थित
अंतरा–(वि.) 1 भीतरी, बीच का, आपस में

अ

स्थित 2 गीत की टेक
अंतरात्मा–(स्त्री.) 1 प्राण 2 अंतःकरण
अंतराल–(पु.) दो बिंदुओं या कालों के मध्य का अवकाश
अंतर्राष्ट्रीय–(वि./पु.) राष्ट्रों का पारस्परिक सम्बन्ध, संपूर्ण विश्व से सम्बन्धित
अंतरिक्ष–I (पु.) 1 पृथ्वी और अन्य ग्रहों के बीच का स्थान II (वि.) अदृश्य **अंतरिक्ष अड्डा** (पु.) अंतरिक्ष में रुकने की जगह **अंतरिक्ष उड़ाका** (पु.) अंतरिक्षयान में उड़ान भरने वाला **अंतरिक्ष उड़ान** (पु.) अंतरिक्ष की उड़ान **अंतरिक्षयान** (पु.) राकेट **अंतरिक्षयान चालक** (वि.) अंतरिक्ष यान को चलानेवाला **अंतरिक्ष राकेट** (पु.) आकाश में छोड़ा जानेवाला राकेट
अंतरिम–(वि.) 1 मध्यवर्ती 2 बीच की अवधि का 3 अस्थायी
अंतरीप–(पु.) भूखंड जिसके तीन ओर समुद्र हो (पेनिनसुला)
अंतरीय–I (वि.) भीतर का II (पु.) 1 भीतर का कपड़ा 2 धोती
अंतस्–(पु.) अंतः
अंतस्तल–(पु.) मन
अंतिम–(वि.) 1 आखिरी 2 सबसे बाद का 3 चरम **अंतिमता** (स्त्री.) चरम बिंदु
अंतेवासी–(पु.) 1 गुरुकुल या छात्रावास में रहनेवाला छात्र 2 शूद्र
अंत्य–(वि.) 1 नीचे का 2 शब्द का अंतिम वर्ण 3 अंतिम नक्षत्र **अंत्यकर्म** (पु.) **अंत्यक्रिया** (स्त्री.) मृतक की अंतिम क्रिया, दाहसंस्कार **अंत्यज** (पु.) शूद्र **अंत्याक्षर** (पु.) शब्द अथवा पद का अंतिम वर्ण
अंत्याक्षरी–(स्त्री.) कविता के अंतिम अक्षर से नया छंद सुनाने का मनोरंजक खेल
अंत्येष्टि–(स्त्री.) मृतक का क्रिया-कर्म **अंत्येष्टि क्रिया** (वि.) कर्मकांड का करना
अंदर–I (अ.) भीतर II (पु.) 1 मन 2 भीतर
अंदरूनी–(वि.) भीतरी
अंदाज़–(पु.) 1 अनुमान 2 नाप-तौल 3 ढंग, अदा 4 मोहक चेष्टाएँ, हाव-भाव
अंदाज़न–(अ.) लगभग, अनुमानतः
अंदाज़ा–(पु.) 1 अटकल 2 अनुमान
अंदेशा–(पु.) 1 शंका, संदेह 2 ख़तरा, खटका
अंध–I (वि.) 1 अंधा 2 विचारहीन 3 अचेत II (पु.) 1 नेत्रहीन व्यक्ति 2 अज्ञान **अंधकूप** (पु.) 1 अँधेरा कुआँ 2 नरक **अंध परंपरा** (स्त्री.) बिना सोचे-समझे पुरानी परंपराओं का पालन **अंधभक्त** (पु.) अटूट प्रेम एवं विश्वास करनेवाला **अंधश्रद्धा** (स्त्री.) विवेकशून्य श्रद्धा
अंधविश्वास–(पु.) बिना सोचे-समझे किया गया विश्वास
अंधकार–(पु.) 1 अँधेरा 2 अज्ञान **अंधकारमय** (वि.) प्रकाशरहित
अंधकाराच्छन्न, अंधकारावृत्त–(वि.) अंधकार से घिरा हुआ
अंधा–I (वि.) 1 बिना आँख का 2 प्रकाशरहित 3 विचारशून्य 4 अँधेरा (स्थान) II (पु.) नेत्रहीन प्राणी **अंधे की लकड़ी** एक मात्र सहारा **अंधे के आगे रोए, अपना दीदा खोए** मूर्ख के समक्ष अपना दुःख कहना **अंधे के हाथ बटेर लगी** अनायास या अचानक मूल्यवान वस्तु की प्राप्ति **अंधों में काना राजा** मूर्खों में अपने को बड़ा समझना
अंधाधुंध–(अ.) 1 बिना सोचे-समझे 2 बेहिसाब
अंधानुकरण–(पु.) बग़ैर सोचे-समझे नक़ल करना
अंधानुयायी–(पु.) बिना सोचे-समझे नक़ल करनेवाला
अंधापन–(पु.) अंधा होने की अवस्था
अँधियारा–(वि.) अँधेरा
अंधेर–(पु.) अनीति (जैसे–अंधेर मत मचाओ) **अंधेर खाता** (पु.) 1 अव्यवस्था 2 गलत लेखाजोखा **अंधेरगर्दी** बदइंतज़ामी **अंधेर नगरी** (स्त्री.) ऐसा स्थान जहाँ नीति, नियम, व्यवस्था का अभाव हो
अँधेरा–I (पु.) 1 अंधकार 2 नैराश्य 3 छाया II (वि.) प्रकाशहीन **अँधेरे घर का उजाला**

परिवार की कीर्ति बढ़ानेवाला **अँधौरी**–(स्त्री.) एक प्रकार का चर्म रोग (अम्हौरी)

अंबर–(पु.) 1 आकाश 2 वस्त्र 3 परिधि 4 एक सुगंधित खनिज

अंबा–(स्त्री.) 1 माता 2 पार्वती

अंबार–(पु.) ढेर, राशि

अंबारी–(स्त्री.) बैठने के लिए हाथी की पीठ पर रखा जाने वाला मंडप जैसा ढाँचा, अम्मारी, हौदा

अंबिका–(स्त्री.) 1 जननी 2 दुर्गा 3 पार्वती

अंबिया–(स्त्री.) आम का टिकोरा, छोटा कच्चा आम

अंबु–(पु.) 1 जल 2 जन्मकुंडली में चौथा स्थान 3 चार की संख्या

अंबुज–(वि.) 1 कमल 2 ब्रह्मा

अंबुद–(पु.) बादल

अंबुधि–(पु.) समुद्र

अंश–(पु.) 1 भाग 2 कोण नापने की इकाई 3 भिन्नात्मक अंक 4 अंक, डिग्री **अंशकालिक** (वि.) कुछ समय के लिए **अंशदान** थोड़ा योगदान **अंशपूँजी** (स्त्री.) किसी व्यापार में लगाई गई पूँजी के हिस्से

अंशसुता–(स्त्री.) यमुना

अंशतः–(क्रि. वि.) आंशिक रूप से

अंशु–(पु.) 1 सूर्य 2 किरण 3 वस्त्र **अंशुमान, अंशुमाली** (पु.) सूर्य

अंशुक–(पु.) 1 दुपट्टा 2 थोड़ा प्रकाश

अकड़–(स्त्री.) 1 घमंड 2 कड़ापन 3 दर्प **अकड़बाज़, अकड़ू** (वि.) घमंडी **अकड़बाज़ी** (स्त्री.) ऐंठ

अकड़ना–(अ. क्रि.) 1 घमंड करना 2 ज़िद करना

अकड़ाव–(पु.) तनाव

अकथ्य–(वि.) न कहने योग्य

अकपट–(वि.) छलहीन

अकरणीय–(वि.) न करने योग्य

अकरुण–(वि.) 1 कठोर 2 निर्दयी

अकर्तव्य–(वि.) 1 जो करने योग्य न हो 2 अनुचित

अकर्म–(पु.) 1 कर्म का अभाव 2 निष्क्रियता

अकर्मक–(क्रि.) जिसके लिए कर्म की आवश्यकता न हो

अकर्मक क्रिया–(पु.) व्याकरण में क्रिया का एक रूप

अकर्मण्य–(वि.) 1 निकम्मा 2 कर्म के अयोग्य **अकर्मण्यता** (स्त्री.) निकम्मापन, आलस्य

अकलंक–(वि.) 1 दाग़रहित 2 बेदाग़

अकलंकित–(वि.) दोषरहित

अकलुष–(वि.) 1 साफ़ 2 दोषरहित 3 बेदाग़

अकल्पनीय, अकल्प्य–(पु.) जिसकी कल्पना न की जा सके

अकल्पित–(वि.) वास्तविक

अकसर–(पु.) अधिकतर, प्रायः

अकसीर–(स्त्री.) 1 बहुत गुणकारी 2 धातु अथवा तत्त्व से बनी हुई भस्म या औषधि

अकस्मात्–(अ.) अचानक, एकदम

अकाट, अकाट्य–(वि.) जो कट न सके

अकादमी–(स्त्री.) ज्ञान-विज्ञान की उच्च संस्था

अकाम–(वि.) 1 कामहीन 2 उदासीन

अकाय–(वि.) शरीरहीन

अकार–(पु.) 'अ' अक्षर की उच्चारण ध्वनि

अकारण–(अ.) बेवजह, बिना कारण

अकारत, अकारथ–(अ.) 1 बेकार, व्यर्थ 2 अनुपयोगी

अकारांत–(वि.) जिसके अंत में 'अ' स्वर आए

अकारादि–(वि.) 'अ' अक्षर से आरंभ होनेवाला

अकाल–I (पु.) 1 भुखमरी (दुर्भिक्ष) 2 अशुभ समय 3 अभाव II (वि.) 1 असमय 2 अविनाशी **अकालग्रस्त** कुसमय में फँसा **अकालपीड़ित** (वि.) भूख से पीड़ित **अकाल पुरुष** (पु.) परमेश्वर **अकाल मृत्यु** (स्त्री.) 1 असामयिक मृत्यु 2 अल्प वय में मृत्यु

अकाली–(पु.) सिखों का एक धार्मिक और राजनीतिक दल

अकिंचन–(वि.) 1 बहुत गरीब 2 दरिद्र

अकीर्ति–(स्त्री.) बदनामी

अकुलाना–(अ. क्रि.) परेशान होना, व्याकुल

अ

होना

अकुलीन–(वि.) निम्न श्रेणी या कुल में उत्पन्न

अकुशल–(वि.) 1 अनाड़ी 2 गुणरहित

अकूत–(वि.) 1 बेहिसाब 2 अपरिमित 3 जिसका अनुमान न लगाया जा सके

अकृत्रिम–(वि.) 1 स्वाभाविक 2 वास्तविक

अकृपा–(स्त्री.) नाराज़गी

अकेला–(वि.) 1 बिना साथी का 2 बेजोड़ **अकेलादम** (पु.) एकमात्र प्राणी **अकेला-दुकेला** (वि.) अकेला या जिसके साथ एक और हो **अकेला चना भाड़ नहीं फोड़ सकता** एक के करने से सफलता नहीं मिलती

अक्खड़–(वि.) 1 अभद्र 2 बदतमीज़ **अक्खड़पन** (पु.) 1 उग्रता 2 अभद्रता

अक्रूर–(वि.) करुण हृदय, दयावान्

अक़्ल–(स्त्री.) समझ या ज्ञान **अक़्लमंद** (वि.) समझदार **अक़्लमंदी** (स्त्री.) समझदारी **अक़्ल आना** समझ आना **अक़्ल का काम न करना** समझदारी का काम न करना **अक़्ल का चक्कर में आना** परेशान होना **अक़्ल का चिराग़ गुल होना** समझ न आना **अक़्ल का दुश्मन** मूर्ख **अक़्ल का पुतला** मूर्ख (व्यंग्य) **अक़्ल का पूरा** बुद्धू **अक़्ल का मारा** मूर्ख **अक़्ल की पुड़िया** अपनी उम्र से बड़ी बातें करनेवाली **अक़्ल के घोड़े दौड़ाना** बहुत ज्यादा कल्पना करना

अक्ष–(पु.) 1 पासों का खेल 2 पहियों की धुरी 3 पहिया 4 पृथ्वी की धुरी 5 सर्प 6 नेत्र 7 भौगोलिक काल्पनिक रेखा 8 आत्मा 9 रावणपुत्र अक्षकुमार **अक्षगोलक** (पु.) आँख की पुतली

अक्षत–I (वि.) 1 समूचा 2 बिना टूटा हुआ 3 बिना ज़ख्म का II (पु.) 1 शिव 2 कल्याण 3 पूरा चावल **अक्षतयोनि** (वि.) अखंडित कुमारी

अक्षम–(वि.) 1 क्षमतारहित, अशक्त 2 असमर्थ

अक्षम्य–(वि.) क्षमा न करने योग्य

अक्षय–(वि.) जिसका नाश न हो सके **अक्षय तृतीया** (स्त्री.) वैशाख शुक्ला तृतीया

अक्षर–I (क्रि.) हर्फ़ (जैसे क, ख, ग आदि) II (पु.) 1 ब्रह्म 2 आत्मा 3 आकाश III (पु.) नित्य **अक्षरमाला** (स्त्री.) वर्णमाला **अक्षर-विन्यास** (पु.) 1 लिपि 2 हिज्जे

अक्षरशः–(क्रि. वि.) 1 एक-एक अक्षर करके, हर्फ़-ब-हर्फ़ 2 पूर्णतः

अक्षराभ्यास–(वि.) अक्षर का अभ्यास

अक्षरारंभ–(पु.) विद्या प्रारंभ कराना

अक्षांतर–(पु.) भूमध्य रेखा से दूरी

अक्षांश–(पु.) भूमध्य रेखा से उत्तर और दक्षिण की दूरी (लेटिट्यूड) **अक्षांश रेखा** अक्षांश की काल्पनिक रेखा

अक्षि–(स्त्री.) 1 आँख 2 दो की संख्या **अक्षिगोलक** (पु.) आँख का डेला

अक्षीय–(वि.) धुरी से संबंधित

अक्षुण्ण–(वि.) 1 अखंडित, समूचा 2 अविजित

अक्षोभ–I (पु.) 1 दुःख का अभाव 2 शांति II (वि.) 1 सुख 2 शांत

अक्षौहिणी–(स्त्री.) चतुरंगिणी सेना

अक़्स–(पु.) 1 परछाईं 2 चित्र **अक्स उतारना, अक्स खींचना** 1 वास्तविक नक़ल करना 2 फ़ोटो खींचना

अखंड–(वि.) 1 संपूर्ण 2 व्यवधानरहित, निर्विघ्न

अखंडता–(वि.) खंडित न होने की स्थिति

अखंडनीय–(वि.) 1 अविभाज्य 2 मज़बूत

अखंडित–(वि.) 1 अटूट 2 निर्विघ्न

अख़बार–(पु.) समाचार-पत्र **अख़बारनवीस** (पु.) पत्रकार **अख़बारनवीसी** (स्त्री.) पत्रकारिता

अख़बारी–(वि.) समाचार-पत्र संबंधी

अखरना–(अ. क्रि.) 1 खलना 2 बुरा लगना

अख़रोट–(पु.) एक गरीदार फल

अखाड़ा–(पु.) 1 व्यायामशाला 2 साधुओं के रहने का स्थान 3 अड्डा **अखाड़े का जवान** कसरती बदनवाला **अखाड़ा गरम होना** अत्यधिक भीड़ होना **अखाड़ा जमना** बहुत से दर्शकों का इकट्ठा होना

अखाड़िया–(पु.) सधा हुआ या दंगली पहलवान

अ

अखाद्य–(वि.) न खाने योग्य
अखिल–(वि.) संपूर्ण, समस्त
अख़्तियार–(पु.) अधिकार
अग–(वि.) 1 अचल 2 वक्र गतिवाला 3 वृक्ष 4 सूर्य **अग-जग** (पु.) सारा संसार, चल-अचल सब
अगणनीय–(वि.) जो गिना न जा सके
अगण्य–(वि.) बेहिसाब, असंख्य, जिसे गिना नहीं जा सके
अगणित–(वि.) अनगिनत
अगम–(वि.) 1 जहाँ पहुँचा न जा सके 2 दुर्गम 3 अथाह
अगम्य–(वि.) 1 दुर्गम 2 अनुपयुक्त 3 बुद्धि से बाहर, दुर्बोध 4 असीमित 5 दुष्कर
अगर–(पु.) सुगंधित लकड़ीवाला एक वृक्ष
अगरबत्ती–(स्त्री.) सुगंधित मसाले की बत्ती
अगर–(अ.) यदि **अगरचे** (अ.) यद्यपि **अगर-मगर करना** टाल-मटोल करना
अगल-बगल–(क्रि. वि.) 1 इधर-उधर 2 आस-पास
अगला–(वि.) 1 आगे या सामने का 2 आनेवाला
अगवाई, अगवानी–(स्त्री.) स्वागत करना
अगस्त्य–(पु.) 1 एक ऋषि 2 एक तारा
अगहन–(पु.) अग्रहायण या मार्गशीर्ष मास
अगाऊ–(वि.) पेशगी
अगाड़ी–I (अ.) 1 आगे 2 पहले 3 सामने II (स्त्री.) किसी वस्तु के आगे का हिस्सा
अगाध–I (वि.) 1 अथाह 2 अपार 3 अज्ञेय II (पु.) गहरा छेद
अगुआ–(पु.) 1 आगे चलनेवाला, नेता 2 मुखिया 3 मार्गदर्शक 4 आगे का भाग
अगुआई–(स्त्री.) 1 नेतृत्व 2 अगवानी
अगोचर–I (वि.) 1 इंद्रियातीत 2 अप्रकट II (पु.) 1 वह जो देखा न जा सके 2 ब्रह्म
अग्नि–(स्त्री.) 1 आग 2 प्रकाश 3 उष्णता 4 जलाने की क्रिया **अग्निकण** (पु.) चिंगारी **अग्निकांड** (पु.) ऐसी आग जो सब ओर फैल जाये
अग्निदान–(पु.) चिता में आग देना/लगाना
अग्निदाह–(पु.) दाह-संस्कार
अग्नि निरोधक–(पु.) आग रोकने वाला
अग्निपरीक्षा–(स्त्री.) कठिन परीक्षा
अग्निबाण (पु.) आग लगानेवाला बाण
अग्नि-मुख–(पु.) 1 देवता 2 अग्निहोत्री ब्राह्मण
अग्निशामक–(पु.) आग बुझानेवाला
अग्नि-संस्कार (पु.) 1 आग जलाना 2 मुर्दा जलाना
अग्निहोत्र–(पु.) अग्नि में हवन करना
अग्निहोत्री–(पु.) हवन करनेवाला
अग्न्याशय–(पु.) पेट में जठराग्नि का स्थान
अग्र–I (वि.) 1 अगला 2 पहला 3 मुख्य II (अ.) आगे III (पु.) 1 अगला भाग 2 नोक 3 शिखर 4 लक्ष्य
अग्रगण्य–(वि.) प्रमुख, श्रेष्ठ
अग्रगति–(स्त्री.) आगे बढ़ना, प्रगति
अग्रगामी–I (वि.) आगे चलनेवाला II (पु.) नायक (स्त्री. अग्रगामिनी)
अग्रज–(वि.) बड़ा भाई, पहले जन्मा हुआ
अग्रजा–(स्त्री.) बड़ी बहन
अग्रणी–I (वि.) आगे चलने वाला II (पु.) नेता
अग्रदूत–(पु.) पहले पहुँचकर किसी के आने की सूचना देनेवाला
अग्रभाग–(पु.) 1 श्रेष्ठ या अगला भाग 2 श्राद्ध में पहले दी जानेवाली वस्तु
अग्रलेख–(पु.) (समाचार-पत्र का) मुख्य लेख, संपादकीय **अग्रवर्ती** (वि.) आगे रहनेवाला
अग्रसर–(वि.) आगे बढ़ा हुआ
अग्रसर करना–आगे बढ़ाना
अग्रसरता–(स्त्री.) आगे होना।
अग्रहायण–(पु.) अगहन का महीना
अग्राह्य–(वि.) 1 ग्रहण के अयोग्य 2 त्याज्य 3 अविचारणीय 4 अविश्वसनीय
अग्रिम–I (वि.) 1 अगला 2 पहला, श्रेष्ठ II (पु.) पेशगी
अघ–I (वि.) 1 अपवित्र 2 पाप 3 दुष्ट II (पु.) 1 पाप 2 दुष्कर्म 3 दुःख
अघटित–(वि.) 1 जो हुआ न हो 2 असंभव

अ

अघाना–(अ. क्रि.) 1 ऊबना 2 पेटभर खाना, तृप्त होना

अघुलनशील–(वि.) जो घुल न सके

अघोर–I (पु.) भगवान शिव का एक रूप II (वि.) सौम्य

अघोरनाथ–(पु.) शिव, शंकर

अघोरी– (वि.) 1 घृणित 2 मलिन 3 अघोर संप्रदाय का

अघ्राणता–(स्त्री.) सूँघने की शक्ति का अभाव

अचंचल–(वि.) 1 स्थिर 2 धीर-गंभीर

अचंभा–(पु.) 1 आश्चर्य 2 आश्चर्यजनक बात

अचकचाना–(अ. क्रि.) 1 भौंचक्का होना 2 घबराना (स्त्री. अचकचाहट)

अचकन–(पु.) लंबा बंद गले का कोट

अचरज–I (पु.) आश्चर्य II (वि.) अनोखा

अचल–I (वि.) 1 अटल 2 चिरस्थायी 3 गतिहीन II (पु.) पर्वत **अचल संपत्ति** (स्त्री.) न हटाई जा सकनेवाली संपत्ति

अचला–(स्त्री.) पृथ्वी

अचला सप्तमी–(स्त्री.) माघ शुक्ला सप्तमी

अचानक–(अ.) यकायक

अचार–(पु.) 1 मिर्च-मसाले में कई दिन तक रखा हुआ चटपटा पदार्थ 2 कचूमर

अचिंत–(वि.) चिंतारहित

अचिंतनीय–(वि.) 1 जिसका चिंतन या बोध न हो सके 2 अप्रत्याशित

अचिंतित–(वि.) जो सोचा न गया हो

अचिंत्य–(वि.) जिसका चिंतन न हो सके

अचिरकाल–(पु.) शीघ्र, तुरंत

अचूक–(वि.) 1 (निशाना) जो न चूके 2 अमोघ 3 निश्चित

अचेत–(वि.) 1 जड़ 2 बेहोश 3 असावधान

अचेतन–(वि.) 1 अज्ञानी 2 निर्जीव 3 संज्ञाशून्य, बेहोश

अचेतावस्था–(स्त्री.) बेहोशी की स्थिति

अच्छा–(वि.) 1 भला 2 उचित 3 सुंदर 4 सकुशल 5 संपन्न 6 कामचलाऊ

अच्छा-ख़ासा–(वि.) बहुत अच्छा

अच्छापन–(पु.) सुंदरता

अच्छाई–(स्त्री.) भलापन, ख़ूबी, गुण

अच्छे–(वि.) भले

अच्छेद्य–(वि.) जिसका छेदन न हो सके

अछूत–(वि.) 1 जो छुआ न जा सके 2 निम्न जाति का

अछूता–(वि.) 1 कोरा, नया 2 जिसे स्पर्श न किया गया हो 3 शुद्ध

अछूतोद्धार–(पु.) अछूतों का उद्धार

अछेद्य–(वि.) जिसे छेदा न जा सके

अछोर–(वि.) जिसका छोर न हो

अज–I (वि.) अजन्मा II (पु.) 1 ईश्वर 2 जीवात्मा 3 बकरा 4 कामदेव

अजगर–(पु.) एक तरह का बड़ा साँप

अजगरवृत्ति–(स्त्री.) आलस्य, सुस्ती

अज़दहा–(पु.) अजगर साँप

अजनबी–(वि.) 1 अपरिचित 2 नवागत

अजनबीपन–(पु.) अपरिचित होना

अजन्मा–(वि.) 1 जन्मरहित 2 अनादि

अजपा–(वि.) बिना आवाज़ किए जपा हुआ

अजब–(वि.) अनोखा

अज़माना, आज़माना–(स. क्रि.) परीक्षा लेना

अजवाइन, अजवायन–(स्त्री.) एक पौधा जिसके बीज दवा एवं सब्जी के काम आते हैं

अज़हद–बहुत

अजा–(स्त्री.) 1 प्रकृति 2 शक्ति 3 बकरी

अजात–(वि.) 1 जो जन्मा न हो 2 अविकसित

अजातशत्रु–(वि./पु.) शत्रुहीन

अजान–I (वि.) 1 जिसे कुछ ज्ञान न हो 2 भोला

अज़ान–II (स्त्री.) नमाज़ के पूर्व का बुलावा

अज़ान देना–मुल्ला द्वारा उच्च स्वर में नमाज़ के समय की सूचना देना

अजायब–(पु.) अद्भुत

अजायबख़ाना, अजायबघर–(पु.) संग्रहालय (म्यूज़ियम)

अजित–(वि.) जिसे कोई जीत न सका हो

अजिल्द–(वि.) बिना जिल्द का (ग्रंथ)

अज़ीज़–(वि.) प्रिय (पु.) दोस्त

अजीब–(वि.) अनोखा, विचित्र

अजीबोग़रीब–(वि.) अनोखा
अजीर्ण–(पु.) बदहज़मी
अजीव–I (वि.) 1 जीव रहित 2 जड़ II (पु.) मृत्यु
अजूबा–(पु.) आश्चर्य में डालनेवाली वस्तु
अजेय–(वि.) जिसे जीता न जा सके
अजैव–(वि.) 1 जो प्राण या जीव संबंधी न हो 2 निर्जीव
अजोत भूमि–(स्त्री.) बंजर
अज्ञ–(वि.) 1 नासमझ 2 मूर्ख 3 अचेतन
अज्ञता–(स्त्री.) 1 नासमझी 2 अचेतनता
अज्ञात–I (क्रि. वि.) बिना जाने II (वि.) 1 न जाना हुआ 2 अप्रत्याशित **अज्ञातकुल** (वि.) जिसके कुल आदि का पता न हो **अज्ञात यौवना** (स्त्री.) नायिका जिसे अपने यौवन का एहसास ही न हो **अज्ञातवास** (पु.) गुप्तवास
अज्ञान–I (पु.) 1 ज्ञान का अभाव 2 मिथ्या ज्ञान II (वि.) मूर्ख
अज्ञानतः, अज्ञानवश–नासमझी के कारण
अज्ञानी–(वि.) मूर्ख, नासमझ
अज्ञेय–(वि.) जो जाना न जा सके **अज्ञेयवाद** (पु.) "ईश्वर और आत्मा अज्ञेय हैं" यह मत **अज्ञेयवादी** (पु.) 'अज्ञेयवाद' सिद्धांत का अनुयायी
अटक–(स्त्री.) 1 रोक 2 संकोच
अटकना–(अ. क्रि.) 1 रुकना 2 उलझना
अटकल–(स्त्री.) 1 अंदाज़ा, अनुमान 2 पहचान **अटकलपच्चू** I (वि.) अंदाज से II (अ.) अंदाज़न **अटकलबाज़** (वि.) जो अटकल या अनुमान लगाने में कुशल हो **अटकलबाज़ी** (स्त्री.) अनुमान लगाना
अटकाना–(स. क्रि.) 1 रोकना 2 उलझाना 3 देर लगाना
अटकाव–(पु.) 1 रुकावट 2 व्यवधान
अटपटा–(वि.) 1 ऊटपटाँग 2 विचित्र 3 कठिन
अटपटी–(स्त्री.) अजीब, अनोखी
अटल–(वि.) 1 अचल 2 नित्य 3 स्थिर, पक्का
अटलांटिक–(पु.) एक महासागर
अटारी–(स्त्री.) कोठा, अट्टालिका
अटूट–(वि.) 1 न टूटनेवाला 2 अखंडित
अटेरन–(पु.) सूत की आँटी बनाने का यंत्र **अटेरन कर देना** हरा देना, थका देना **अटेरन फेरना** घोड़े को कावा देना **अटेरन होना** अति दुर्बल होना
अटेरना–(स. क्रि.) 1 सूत की आँटी बनाना 2 अत्यधिक नशा करना
अटैची–(स्त्री.) सामान रखनेवाला बक्स **अटैचीकेस** अटैची का कवर
अट्ट–I (वि.) 1 ऊँचा 2 सघोष स्वर 3 सूखा हुआ II (पु.) 1 कोठा 2 महल 3 अन्न 4 हाट 5 वध 6 घायल करना **अट्टहास** (पु.) ज़ोर की हँसी, ठहाका
अट्टालिका–(स्त्री.) 1 अटारी 2 महल
अट्ठाईस–(वि./पु.) 28 की संख्या
अठ–(वि.) आठ का समास में प्रयुक्त रूप **अठपहला** आठ पहलूवाला
अठखेली–(स्त्री.) 1 खिलवाड़, चोंचला 2 अल्हड़पन 3 ठसक भरी चाल
अठन्नी–(स्त्री.) आठ आने का सिक्का (पचास पैसे)
अठहत्तर–(वि./पु.) 78 की संख्या
अठानवे–(वि./पु.) 98 की संख्या
अठारह–(वि./पु.) 18 की संख्या
अठावन–(वि./पु.) 58 की संख्या
अठासी–(वि./पु.) 88 की संख्या
अठोतरसौ–(वि./पु.) 108 की संख्या
अड़ंगा–(पु.) रुकावट **अड़ंगेबाज़** (पु.) रुकावट डालनेवाला **अड़ंगाबाज़ी** (स्त्री.) रुकावट डालना **अड़ंगा डालना या लगाना** अड़चन डालना
अड़–(स्त्री.) अड़ने की क्रिया, टेक, ज़िद **अड़दार** (वि.) 1 अड़ियल 2 बीच-बीच में रुक जानेवाला
अड़चन, अड़चल–(स्त्री.) रुकावट, बाधा
अड़तालीस–(वि./पु.) 48 की संख्या
अड़तीस–(वि./पु.) 38 की संख्या

अ

अड़सठ–(वि./पु.) 68 की संख्या
अड़हुल–(पु.) लाल रंगवाला फूल
अड़ाना–(स.क्रि.) 1 रोकना 2 डाँटना 3 ठूँसना
अडिग–(वि.) अटल
अड़ियल–(वि.) 1 अड़कर चलनेवाला 2 हठी
अड़ी–(स्त्री.) ज़रुरत का वक़्त **अड़ी-घड़ी** संकट की स्थिति
अड़ूसा–(पु.) एक औषधीय पौधा जिसकी पत्ती एवं फूल का प्रयोग औषधि में होता है
अड़ोस-पड़ोस–(पु.) आस-पास
अड़ोसी-पड़ोसी–(पु.) पास-पड़ोस में रहनेवाले
अड्डा–(पु.) 1 वायुयान, वाहन तथा रेल आदि का अड्डा 2 ठहरने तथा बैठने की जगह, ठिकाना 3 केन्द्रस्थान
अढ़ाई–(वि.) दो और आधा
अढ़ैया–(पु.) 1 ढाई सेर की तौल या बाट 2 आदेश देनेवाला
अणिमा–(स्त्री.) 1 सूक्ष्मता 2 छोटापन
अणु–(पु.) 1 पदार्थ का सबसे छोटा अंश या मात्रा 2 यौगिक **अणुचालित** (वि.) अणुओं के ज़ोर से चलाया हुआ **अणु परीक्षण प्रतिबंध** (पु.) परमाणु की परख पर रोक **अणुबम** (पु.) अणु द्वारा चालित विनाशक बम (एटम बम) **अणु बिजलीघर** (पु.) अणुओं द्वारा बिजली पैदा करने का कारख़ाना **अणुभंजन** (पु.) अणु को तोड़ना **अणु भट्ठी** (स्त्री.) अणुओं से चलनेवाली भट्ठी **अणु युद्ध** (पु.) अणुबमों द्वारा युद्ध **अणु विस्फोटक** (पु.) अणु द्वारा बना विस्फोटक पदार्थ
अणुवीक्षण–(पु.) अणुओं के बारे में छानबीन करना
अतः–1 इसलिए 2 अब से 3 इसकी अपेक्षा
अतएव–1 इस कारण से 2 इसी से
अतनु–I (वि.) देहरहित II (पु.) कामदेव
अतरसों–परसों के बाद या पहले का दिन
अतर्क–I (वि.) तर्कहीन, असंगत II (पु.) तर्क का अभाव
अतर्कित–(वि.) 1 अनसोचा 2 अचानक
अतल–(वि.) तलरहित, बिना पेंदे का
अतलस्पर्शी–(वि.) अथाह, बहुत गहरा
अतसी–(स्त्री.) 1 अलसी 2 पटसन
अता-पता–(पु.) किसी स्थान तक पहुँचने का संकेत
अति–I (पु.) 1 बहुत 2 सीमा के पार II (स्त्री.) ज़्यादती **अति उत्पादन** (पु.) अधिक उत्पादन
अतिकाय–(वि.) बहुत बड़ा
अतिक्रम, अतिक्रमण–(पु.) 1 मर्यादा का उल्लघंन 2 दुरुपयोग 3 प्रबल आक्रमण 4 काबू पाना
अतिथि–(पु.) 1 मेहमान 2 यज्ञ में सोम संबंधी कार्य करनेवाला अनुचर **अतिथि आश्रम, अतिथि गृह, अतिथि भवन, अतिथिशाला, अतिथि सदन** मेहमानों के रहने का घर/स्थान **अतिथि-सत्कार** (पु.) **अतिथि-सेवा** (स्त्री.) मेहमान की आवभगत
अतिनिकट–बहुत पास
अतिमानव, अतिमानुष–(पु.) विकास क्रम में मनुष्य से आगे की अवस्था
अतियथार्थवाद–(पु.) यथार्थ की सीमा से आगे जाना (सर्रियलिज़्म)
अतियथार्थवादी–(पु./वि.) यथार्थ की अति करके बतानेवाला
अतिरंजन–(पु.) बढ़ा-चढ़ा कर कहना **अतिरंजना** (स्त्री.) अतिशयोक्ति
अतिरंजित–(वि.) अत्यधिक बढ़ा-चढ़ाकर कर कहा हुआ
अतिरिक्त–I (वि.) 1 फ़ालतू, फ़ाज़िल 2 भिन्न 3 अद्वितीय II (अ.) सिवाय, अलावा
अतिरेक–(पु.) 1 आवश्यकता से अधिक होना, बढ़ोतरी 2 आधिक्य
अतिवर्षण, अतिवृष्टि–(स्त्री.) अत्यधिक वर्षा
अतिवाद–(पु.) 1 उग्रवाद 2 डींग 3 झिड़की
अतिवादी–(वि.) मर्यादा का उल्लंघन करनेवाला
अतिविकट–(वि.) बहुत डरावना
अतिविष–(वि.) अत्यधिक ज़हरीला

अ

अतिव्याप्ति–(स्त्री.) नियम या उद्देश्य से अधिक हो जाना
अतिशय–I (वि.) अत्यधिक II (पु.) 1 अधिकता 2 श्रेष्ठता
अतिशयोक्त (पु.), **अतिशयोक्ति**–(स्त्री.) किसी बात को बढ़ा-चढ़ाकर कहना
अतिसार–(पु.) दस्त, आँव का रोग, पेचिश
अतिस्वन–(वि.) ध्वनि की गति से अधिक तेज़ (सुपरसॉनिक)
अतींद्रिय–(वि.) 1 इंद्रियों से परे 2 अगोचर **अतींद्रिय ज्ञान** इंद्रियों से बाहर का ज्ञान
अतीत–(वि.) 1 बीता हुआ 2 मृत 3 पार गया हुआ
अतीव–(अ.) अत्यंत
अतुकांत–(वि.) बिना छन्द की कविता
अतुल–(वि.) 1 जिसकी तौल न हो सके 2 अत्यधिक 3 अमित, असीम
अतुलनीय–(वि.) जिसकी तुलना न हो सके
अतुलित–(वि.) 1 बिना तौला हुआ 2 बेहिसाब 3 अपार
अतृप्त–(वि.) 1 असंतुष्ट 2 प्यासा
अतृप्ति–(स्त्री.) असंतुष्टि 2 प्यास
अत्तार–(पु.) इत्र बेचनेवाला
अत्यंत–(वि.) 1 अत्यधिक 2 नितांत
अत्यंताभाव–(पु.) किसी वस्तु का पूर्ण अभाव
अत्यधिक–(वि.) हद से ज़्यादा
अत्यल्प–(वि.) बहुत कम
अत्याचार–(पु.) 1 दुराचार 2 जुल्म 3 अन्याय **अत्याचार पीड़ित** ज़ुल्म या अन्याय से दुखी
अत्याचारी–(वि.) जुल्म या अत्याचार करनेवाला
अत्याधुनिक–(वि.) बहुत आधुनिक
अत्यावश्यक–(वि.) बहुत ज़रूरी
अत्युक्ति–(स्त्री.) बढ़ा-चढ़ाकर कही हुई बात
अत्युत्तम–(वि.) अति उत्कृष्ट एवं सुंदर
अत्युत्पादन–(पु.) अत्यधिक पैदावार
अत्युत्साह–(पु.) अधिक उत्साह
अत्रि–(पु.) 1 एक ऋषि का नाम 2 एक तारा
अथ–(अ.) आरम्भ तथा मंगलसूचक शब्द
अथच–(अ.) और भी
अथक–(वि.) न थकनेवाला
अथर्व–(पु.) चार वेदों में से एक, चौथा वेद
अथर्वा–(पु.) अथर्ववेद के रचयिता ऋषि
अथवा–(अ.) या, वा
अथाह–(वि.) 1 बहुत गहरा 2 अगम्य
अदंडनीय, अदंड्य–(वि.) 1 सज़ा न देने योग्य 2 दंडमुक्त 3 दंड का अनधिकारी
अदंत–(वि.) बिना दाँत का
अदंभ–(वि.) 1 घमंडहीन 2 सच्चा 3 सरल
अदक्ष–(वि.) अकुशल, अनाड़ी
अदग्ध–(वि.) जो जला हुआ न हो
अदत्त–(वि.) 1 जो दिया न गया हो 2 न देने वाला
अदद–(पु.) संख्या, अंक
अदन–(पु.) 1 खाने की क्रिया 2 (पु.) अरब सागर का एक बंदरगाह
अदना–(वि.) तुच्छ
अदब–(पु.) 1 विनय 2 सम्मान **अदब-कायदा** (पु.) शिष्ट व्यवहार **अदब-लिहाज़** (पु.) सम्मान
अदबदाना–(स. क्रि.) हड़बड़ाना
अदबी–(वि.) साहित्यिक
अदम्य–(वि.) 1 जो दबाया न जा सके 2 प्रबल, प्रचंड
अदरक–(पु.) एक पौधा जिसकी गाँठें भोजन और औषधि में प्रयोग की जाती हैं
अदल-बदल, अदला-बदला (पु.) **अदला-बदली**–(स्त्री.) हेरफेर, परिवर्तन
अदवान–(स्त्री.) चारपाई के पैताने की रस्सी
अदहन–(पु.) खौलता हुआ पानी (भोजन आदि के लिए)
अदा–(स्त्री.) 1 हावभाव 2 बयान करना 3 देना, चुकता 4 ढंग **अदाकार** (पु.) अभिनेता **अदाकारी** (स्त्री.) अभिनय
अदालत–(स्त्री.) 1 कचहरी 2 न्यायालय
अदावत–(स्त्री.) शत्रुता, दुश्मनी
अदाह्य–(वि.) न जलनेवाला

अ

अदिति–(स्त्री.) 1 राजा दक्ष की पुत्री, देवताओं की माता 2 पृथ्वी 3 प्रकृति
अदीब–(पु.) साहित्यकार
अदूर–I (क्रि. वि.) निकट II (वि.) पास का III (पु.) सामीप्य
अदूरदर्शिता–(स्त्री.) दूर तक न देख पाना या सोच पाना
अदूरदर्शी–(वि.) जो दूर तक न सोचता हो
अदूषित–(वि.) 1 दोषहीन 2 निर्मल
अदृश्य–(वि.) 1 जो दिखाई न दे 2 लुप्त, गायब 3 ओझल
अदृष्ट–I (वि.) न देखा हुआ II (पु.) भाग्य
अदेखा–(पु.) जो देखा न गया हो
अदेय–I (वि.) न देने योग्य II (पु.) जिसे देना आवश्यक न हो
अदेह–I (वि.) देहरहित II (पु.) कामदेव
अद्भुत–(वि.) आश्चर्यजनक
अद्भुत रस–(पु.) काव्य के नौ रसों में एक
अद्भुतोपमा–(स्त्री.) उपमा अलंकार का एक भेद
अद्य–(अ.) 1 आज 2 अब 3 अभी
अद्यपूर्व–I (अ.) आज से पहले II (वि.) आज से पहले का
अद्यतन, अद्यावधिक–(वि.) आज का, चालू, ताज़ा, बिल्कुल नया
अद्यापि–(अ.) 1 आज भी 2 अब भी 3 आज तक 4 अब तक
अद्यावधि–(अ.) इस समय तक
अद्रव्य–I (पु.) द्रव्य या धन रहित II (वि.) दरिद्र
अद्रोह–(पु.) द्वेषरहित
अद्रोहवृत्ति–(स्त्री.) द्रोहरहित आचरण
अद्रोही–(वि.) द्रोहरहित
अद्वितीय–(वि.) 1 अनोखा 2 बेजोड़ 3 अकेला
अद्वेष–I (वि.) 1 द्वेष न रखने वाला 2 शांत II (पु.) द्वेषहीन
अद्वेषी–(वि.) द्वेष रहित
अद्वैत–(पु.) 1 द्वैत या भेद का अभाव 2 आत्मा-परमात्मा में अभिन्नता
अद्वैतवाद–(पु.) आत्मा-परमात्मा की एकता का सिद्धांत
अद्वैतवादी–(वि.) अद्वैतवाद को माननेवाला
अधः–(अ.) नीचे, तले
अधःपतन, अधःपतित–(वि.) दुर्दशाग्रस्त
अधःपात–(पु.) नीचे गिरना, गिरावट
अध–(वि.) आधा **अधकचरा, अधकच्चा** (वि.) 1 अपक्व 2 अधूरा 3 अकुशल
अधकपारी–(स्त्री.) आधे सिर का दर्द
अधकरी–(स्त्री.) मालगुज़ारी की आधी किश्त
अधकहा–(वि.) अस्पष्ट रूप से कहा हुआ
अधखिला–(वि.) जल से आधा खिला हुआ
अधखुला–(वि.) आधा खुला हुआ **अधगोरा** (वि.) यूरेशियन, एंग्लोइंडियन **अधगेंहुआँ** (पु.) आधे गेहूँ और आधे जौ का मिश्रण
अधजल–(वि.) आधा भरा हुआ
अधजला–(वि.) आधा जला हुआ
अधनंगा–(वि.) अर्द्धनग्न
अधपका–(वि.) आधा पका हुआ
अधपेट–(पु.) आधा पेट भर
अधबीच–(पु.) मँझधार
अधम–(वि.) 1 नीच 2 बदमाश 3 पापी 4 निर्लज्ज
अधमांग–(पु.) शरीर का नीचे का भाग
अधमाधम–(वि.) नीचतम या निम्नतम
अधमोद्धारक–(वि.) पापियों का उद्धार करनेवाला
अधर–I (पु.) 1 नीचे का होंठ 2 शरीर का निचला भाग 3 अंतरिक्ष II (वि.) 1 नीचा 2 नीचे का 3 घटिया 4 जिसके नीचे आधार न हो 5 पराजित
अधरपान–(पु.) होंठ का चुंबन
अधरांग–(पु.) कमर के नीचे का अंग
अधराधर–(पु.) नीचे का होंठ
अधर्मात्मा, अधर्मी–(वि.) पापी
अधात्विक–(वि.) जिसमें धातु तत्त्व न हो
अधार्मिक–(वि.) दुष्कर्मी या पापी
अधिक–(वि.) 1 बहुत 2 बढ़ा हुआ 3 असाधारण 4 अतिरिक्त

अ

अधिकतम–(वि.) मात्रा तथा संख्या आदि में सबसे अधिक
अधिकतर–(वि.) ज़्यादातर, प्रायः, अक्सर
अधिकता–(स्त्री.) 1 बहुतायत 2 विशेषता
अधिकर–(पु.) 1 अधिशुल्क 2 अधिभार (सुपरटैक्स)
अधिकरण–(पु.) 1 कारक में सप्तमी 2 आधार 3 प्रकरण 4 दावा 5 न्यायालय
अधिकरण शुल्क–(पु.) कोर्ट फ़ीस
अधिकर्मी–(पु.) मज़दूरों के ऊपर निगरानी करनेवाला मेट, मुकद्दम (सुपरवाइजर)
अधिकांश–I (पु.) बड़ा भाग II (वि.) अधिकतर III (अ.) अक्सर
अधिकांशतः, अधिकांशतया–(क्रि. वि.) अधिक अंशों में, प्रायः
अधिकाधिक–(वि.) ज़्यादा-से-ज़्यादा
अधिकार–(पु.) 1 हक़ 2 प्रभुत्व 3 स्थान 4 क़ब्ज़ा 5 हुकूमत 6 विषय **अधिकार करना** (पु.) शासन करना **अधिकार जमाना** (पु.) क़ब्ज़ा करना **अधिकारच्युत** (पु.) अधिकार से वंचित **अधिकार-त्याग** (पु.) अपना अधिकार छोड़कर अलग हो जाना
अधिकार पत्र–(पु.) शासन द्वारा प्राप्त अधिकारों का सूचक पत्र **अधिकार पात्र** (वि.) अधिकार की योग्यता रखनेवाला
अधिकारपूर्वक–(क्रि. वि.) अधिकार के साथ
अधिकारयुक्त–(वि.) जिसे अधिकार मिला हो
अधिकारलोलुप–(वि.) अधिकार पाने का लोभी
अधिकारिणी–(स्त्री.) अधिकारी स्त्री
अधिकारी–I (पु.) 1 शासक 2 अफ़सर II (वि.) अधिकार रखनेवाला
अधिकारी तंत्र–(पु.) अफ़सरों द्वारा शासन चलाने की पद्धति
अधिकारी वर्ग–(पु.) अफ़सर लोग
अधिकृत–I (वि.) 1 अधिकार में आया हुआ 2 अधिकार संपन्न II (पु.) अधिकारी
अधिगमन–(पु.) 1 व्याख्या 2 अध्ययन
अधिगृहीत–(पु.) ज़बरदस्ती अधिकार में लिया हुआ
अधिग्रहण–(पु.) अधिकार द्वारा ले लेना, क़ब्ज़ा
अधित्यिका–(स्त्री.) पहाड़ के ऊपर की समतल भूमि
अधिदेव–(पु.) 1 कुलदेवता 2 देवाधिपति
अधिदैविक–(वि.) सूर्य-चंद्रमा आदि या प्रकृति से होनेवाला
अधिनायक–(पु.) 1 मुखिया 2 निरंकुश शासक, तानाशाह
अधिनायक तंत्र–(पु.) निरंकुश शासन तंत्र, राज्य
अधिनायकवादी–(वि./पु.) निरंकुश शासन में विश्वास रखनेवाला
अधिनायकवाद–(पु.) निरंकुश शासन (डिक्टेटरशिप)
अधिनियम–(पु.) विधान के अंतर्गत बनाया गया नियम (एक्ट)
अधिनिष्कासन–(पु.) क़ानून के आधार पर बाहर निकालना
अधिपति–(पु.) 1 स्वामी 2 प्रधान 3 शासक
अधिपत्र–(पु.) 1 अधिकार-पत्र 2 वारंट
अधिमत–(पु.) सर्वमान्य मत या सिद्धांत
अधिमान–(वि.) 1 अधिक मान-सम्मान 2 प्राथमिकता
अधिमानित–(वि.) दूसरों से अच्छा समझा गया
अधिमान्य–(वि.) अधिक सम्मान योग्य
अधिमान्यता–(स्त्री.) अति आदर एवं सम्मान
अधिमास–(पु.) हर तीसरे वर्ष बढ़नेवाला चांद्रमास
अधिमूल्य–(पु.) साधारण मूल्य से अधिक मूल्यवाला
अधिमूल्यन–(पु.) (मुद्रा आदि का) मूल्य बढ़ाना
अधियाचन–(पु.) अधिकारपूर्वक माँगना
अधियोक्ता, अधियोजक–(पु.) काम पर रखनेवाला (एम्प्लायर)
अधियोजन–(पु.) काम पर लगाना या लगवाना
अधिरथ–I (वि.) रथ पर चढ़ा हुआ II (पु.) 1 सारथि 2 कर्ण को पालनेवाला सूत
अधिराज–(पु.) सम्राट, महाराजा

अ

अधिराज्य–(पु.) साम्राज्य
अधिरोपण–(पु.) दोष लगाना
अधिरोहण–(पु.) 1 ऊपर चढ़ना 2 धनुष पर प्रत्यंचा चढ़ाना
अधिलाभ–(पु.) अतिरिक्त मुनाफ़ा या लाभ
अधिवक्ता–(पु.) वकील (एडवोकेट)
अधिवासी–(वि.) 1 आकर बसनेवाला 2 सुवासित करनेवाला
अधिवेशन–(पु.) 1 बैठक 2 सम्मेलन 3 बैठकों का सत्र
अधिशासी–(वि./पु.) 1 प्रशासक 2 नियंत्रक
अधिशुल्क–(पु.) अतिरिक्त शुल्क
अधिशेष–(पु.) अतिरिक्त शेष, बक़ाया
अधिशोषण–(पु.) 1 बहुत अधिक सोखना 2 अधिक शोषण
अधिष्ठाता–(पु.) 1 देखभाल करनेवाला, अध्यक्ष 2 नियामक 3 प्रधान, मुखिया 4 ईश्वर
अधिष्ठात्री–(स्त्री.) 1 माता 2 अध्यक्षा 3 देवी
अधिष्ठान–(पु.) 1 रहने का स्थान 2 आधार 3 आश्रय 4 संस्था
अधिष्ठापन–(पु.) व्यवस्था करना
अधिष्ठित–(वि.) 1 स्थित 2 स्थापित 3 अधिकृत
अधिसंख्य–(वि.) संख्या में अधिक
अधिसूचना–(स्त्री.) विशेष सूचना, विज्ञप्ति
अधीक्षक–(पु.) (कार्यालय का) प्रधान अधिकारी (सुपरिन्टेन्डेन्ट)
अधीक्षण–(पु.) अधीनस्थ कर्मचारियों के काम को देखना
अधीन–(वि.) 1 मातहत 2 आश्रित **अधीनस्थ** (वि.) अधीन रहनेवाला
अधीनता–(स्त्री.) 1 परवशता 2 दीनता
अधीनस्थ–(वि.) अधीन
अधीर–(वि.) 1 धैर्यरहित 2 परेशान 3 अस्थिरचित्त
अधीरता–(स्त्री.) धैर्य का अभाव
अधीश, अधीश्वर–(पु.) 1 मालिक 2 राजा
अधीश्वरी–(स्त्री.) शासिका
अधुना–(अ.) 1 अब 2 इस समय 3 इन दिनों
अधुनातन–(वि.) आजकल का, आधुनिक, अब का
अधूरा–(वि.) 1 अपूर्ण 2 अस्पष्ट **अधूरा जाना** असमय गर्भपात होना
अधेड़–(वि.) ढलती उम्र का
अधैर्य–I (पु.) अधीरता II (वि.) 1 धैर्यरहित 2 आतुर
अधोगति–(स्त्री.) 1 अधःपतन 2 दुर्दशा
अधोगमन–(पु.) 1 गिरावट 2 दुर्गति 3 नरक जाना
अधोगामी–(वि.) 1 नीचे जानेवाला 2 पतनोन्मुख
अधोभाग–(पु.) नीचे का भाग
अधोभूमि–(स्त्री.) पर्वत के नीचे की भूमि
अधोमार्ग–(पु.) 1 नीचे का मार्ग 2 सुरंग का मार्ग
अधोरेखन–(पु.) वाक्य या शब्द के नीचे रेखा खींचना
अधोलिखित–(वि.) नीचे लिखा हुआ
अधोलोक–(पु.) नरक, पाताल
अधोवस्त्र–(पु.) धोती, लुंगी
अधोवायु–(स्त्री.) अपान वायु, पाद
अधोहस्ताक्षरी–(पु.) नीचे हस्ताक्षर करनेवाला
अध्यक्ष–I (पु.) 1 स्वामी 2 नियामक 3 मुख्य अधिकारी, प्रधान 4 अधिष्ठाता 5 लोकसभा का स्पीकर II (वि.) गोचर या दृश्य **अध्यक्षता** (स्त्री.) अध्यक्ष होने की अवस्था **अध्यक्षत्व, अध्यक्षपद** (पु.) अध्यक्ष का पद **अध्यक्षपदीय** (वि.) अध्यक्ष पद से संबंधित
अध्यक्षीय–(वि.) अध्यक्ष का
अध्ययन–(पु.) पढ़ाई **अध्ययन कक्ष** (पु.) पढ़ने का कमरा **अध्ययन काल** (पु.) पढ़ने का समय **अध्ययन वर्ष** (पु.) पढ़ाई का साल **अध्ययनशाला** (स्त्री.) पढ़ाई का स्थान **अध्ययनशील** (वि.) पढ़ाकू
अध्ययनावकाश–(पु.) पढ़ाई से छुट्टी
अध्ययनीय–(वि.) अध्ययन करने योग्य
अध्यवसान–(पु.) 1 निश्चय 2 प्रयत्न
अध्यवसाय–(पु.) 1 परिश्रम 2 उद्यम

3 उत्साहपूर्ण लगन

अध्यवसायी–(वि.) 1 उत्साही 2 उद्यमशील 3 परिश्रमी

अध्यात्म–(पु.) आत्मा संबंधी या आत्मा-परमात्मा के संबंध में चिन्तन-मनन **अध्यात्म ज्ञान** (पु.) आत्मा संबंधी ज्ञान **अध्यात्म विद्या** (स्त्री.) आत्मा एवं परमात्मा का विचार करनेवाला शास्त्र

अध्यात्मवाद–(पु.) अध्यात्म संबंधी सिद्धांतों को मानना

अध्यात्मवादी–(वि.) अध्यात्मवाद का अनुयायी

अध्यादेश–(पु.) प्रधान शासक की आज्ञा (आर्डिनेंस)

अध्यापक–(वि.) पढ़ानेवाला, शिक्षक **अध्यापक कक्ष** (पु.) शिक्षकों का कमरा

अध्यापकी–(स्त्री.) 1 शिक्षण-कार्य या पाठन 2 अध्यापक का पेशा

अध्यापन–(पु.) पढ़ाना **अध्यापन-कार्य** (पु.) पढ़ाने का काम **अध्यापन-शास्त्र** (पु.) शिक्षणशास्त्र

अध्यापिका–(स्त्री.) शिक्षिका

अध्याय–(पु.) 1 पुस्तक का भाग 2 पाठ 3 प्रकरण

अध्यारोप–(पु.) 1 ज़बरदस्ती लादना (सिद्धांत, मत) 2 निराधार कल्पना

अध्यारोपित–(वि.) एक जगह से दूसरी जगह लगाया गया, भ्रमवश या जबरन आरोपित

अध्यासन–(पु.) 1 क़ब्ज़ा 2 अधिकार

अध्यासीन–(वि.) उच्च स्थान पर बैठना

अध्येता–(पु.) अध्ययन करनेवाला, पाठक

अध्वर्यु–(पु.) 1 यजुर्वेद के अनुरूप कर्म करनेवाला 2 यज्ञ का संपादन करनेवाला

अनंग–I (वि.) 1 देहरहित 2 आकृतिहीन II (पु.) 1 कामदेव 2 आकाश 3 मन **अनंग-क्रीड़ा** (स्त्री.) कामक्रीड़ा

अनंत–I (वि.) 1 जिसका अंत न हो 2 असीम 3 अक्षय II (पु.) 1 विष्णु 2 कृष्ण 3 शिव 4 शेषनाग 5 आकाश 6 बाँह का एक गहना **अनंतकालीन** (वि.) अनंत समय का **अनंत राशि**–(स्त्री.) असीम राशि **अनंत रूप** (वि.) अनगिनत रूपोंवाला **अनंत शक्ति** (वि.) सर्वशक्तिमान

अनंत चतुर्दशी–(स्त्री.) भाद्रशुक्ला चतुर्दशी

अनंतता–(स्त्री.) अंतहीनता, अनंत होना

अनंतर–I (अ.) 1 तुरंत बाद 2 पीछे II (वि.) 1 अंतररहित 2 लगा हुआ 3 पास का III (पु.) 1 सामीप्य 2 ब्रह्म **अनंतरज** (पु.) क्षत्रिय या वैश्य माता के गर्भ तथा ब्राह्मण या क्षत्रिय पिता से उत्पन्न, छोटा या बड़ा भाई या बहन

अनक़रीब–(अ.) 1 शीघ्र 2 क़रीब-क़रीब, प्रायः 3 पास

अनकहा–(वि.) बिना कहा हुआ **अनकही देना** चुप रहना, अनकही बातें, निरर्थक चुग़ली

अनख–(पु.) 1 नाराज़गी, क्रोध 2 ग्लानि 3 झंझट

अनखी–(वि.) क्रोधी

अनखुला–(वि.) 1 ढका हुआ 2 अज्ञात कारणवाला

अनगढ़–(वि.) 1 बिना गढ़ा हुआ 2 बेडौल 3 उजड्ड

अनगिनत–(वि.) बेहिसाब

अनघड़–(वि.) बिना गढ़ा हुआ

अनचाहा–(वि.) 1 जो चाहा न गया हो 2 जिसकी चाह न हो

अनचीन्हा–(वि.) अनपहचाना, अपरिचित

अनजान–I (वि.) 1 अज्ञान 2 न जाननेवाला 3 अपरिचित II (पु.) अज्ञानावस्था

अनजाने–(क्रि. वि.) अनजान में या बिना जाने

अनदेखा–(वि.) न देखा हुआ

अनधिकार–I (पु.) अधिकार या योग्यता एवं पात्रता का अभाव II (वि.) अधिकाररहित **अनधिकारपूर्वक** (क्रि. वि.) बिना अधिकार के **अनधिकार प्रवेश** (पु.) बिना अधिकार के भीतर जाना

अनधिकार चर्चा–(स्त्री.) बिना योग्यता किसी

अ

विषय में बोलना

अनधिकार चेष्टा–(स्त्री.) बिना अधिकार के कार्य करना

अनधिकारी–(वि.) अधिकार न रखनेवाला

अनधिकृत–(वि.) 1 जो अधिकार में न किया गया हो 2 जिसे अधिकार न मिला हो 3 नाजायज़

अननुकरणीय–(वि.) जो अनुकरण योग्य न हो

अननुकूल–(वि.) 1 जो हितकर न हो 2 उल्टा

अननुनासिक–(वि.) जो नासिका से न बोला जाता हो

अननुभूत–(वि.) जिसका अनुभव न किया गया हो

अनन्नास–(पु.) एक खट्टामींठा फल व उसका वृक्ष (पाइन ऐप्पल)

अनन्य–(वि.) 1 एकमात्र 2 अद्वितीय 3 अभिन्न 4 एकनिष्ठ, एकाश्रयी 5 एकाग्र **अनन्य गति** (स्त्री.) एकमात्र सहारा **अनन्य दृष्टि** (वि.) जिसकी दृष्टि दूसरे पर न लगी हो

अनन्यचित्त–(वि.) एकाग्रचित

अनन्याधिकार–(पु.) एकाधिकार

अनन्वय–(पु.) एक अर्थालंकार जिसमें उपमेय स्वयं उपमान होता है

अनपढ़–(वि.) निरक्षर

अनपराध–(वि.) निर्दोष, बेक़सूर

अनपेक्षा–(स्त्री.) अनिच्छा या बेपरवाही

अनपेक्षित, अनपेक्ष्य–(वि.) जिसकी चाह या परवाह न हो

अनबन–(स्त्री.) 1 बिगाड़ 2 झगड़ा

अनबिका–(वि.) बिना बिका हुआ

अनबिंधा–(वि.) बिना बेधा हुआ

अनबूझ–(वि.) नासमझ या नादान

अनबोल, अनबोला, अनबोलता–(वि.) 1 न बोलनेवाला 2 बे-ज़बान

अनब्याहा–(वि.) अविवाहित, कुँवारा

अनभिज्ञ–(वि.) 1 मूर्ख 2 अनजान, अपरिचित

अनभिलाष, अनभिलाषी–(वि.) जिसे कोई कामना या इच्छा न हो

अनभिव्यक्त–(वि.) अस्पष्ट या गुप्त

अनभ्यस्त–(वि.) 1 जिसका अभ्यास न किया गया हो 2 जिसने अभ्यास न किया हो

अनभ्यास–(पु.) 1 अननुशीलन 2 अभ्यास का अभाव

अनभ्र–(वि.) बिना बादल का

अनभ्र वज्रपात–(पु.) अचानक आनेवाली विपत्ति

अनभ्र वृष्टि–(स्त्री.) 1 बिना बादल की वर्षा 2 अप्रत्याशित लाभ या प्राप्ति

अनमना–(वि.) 1 खिन्न 2 अस्वस्थ

अनमनापन–(पु.) 1 उदासी 2 रूखापन

अनमेल–(वि.) जिसका मेल न हो

अनमेलपन–(पु.) बेमेल होना

अनमोल–(वि.) 1 अमूल्य 2 क़ीमती

अनर्गल–(वि.) 1 बे-सिर-पैर का 2 अनियंत्रित 3 मनमाना

अनर्घ–I (वि.) बहुमूल्य II (पु.) कम मूल्य का

अनर्घ क्रय–(पु.) अधिक या कम मूल्य पर खरीदना

अनर्घ विक्रय–(पु.) अधिक या कम लागत पर बेचना

अनर्घ्य–(वि.) 1 कम क़ीमत का 2 निर्मूल्य 3 पूजा के अयोग्य

अनर्थ–I (पु.) 1 उल्टा अर्थ 2 अर्थहानि 3 विपत्ति, अनिष्ट 4 नैराश्यजनक घटना II (वि.) 1 अर्थहीन 2 भिन्न अर्थवाला

अनर्थकारी–(वि.) अनिष्ट करनेवाला

अनर्थक–I (वि.) 1 अर्थरहित 2 निष्प्रयोजन 3 अहितकर II (पु.) असंबद्ध बात

अनल–(पु.) 1 आग 2 पेट की अग्नि, पाचन-शक्ति

अनलहक़–(पु.) मैं ही ब्रह्म हूँ

अनवधानता–I (स्त्री.) असावधानता II (वि.) लापरवाही

अनवरत–I (वि.) निरन्तर II (अ.) लगातार

अनवरोध–(पु.) बिना रोक-टोक का या मुक्त

अनवलंब–I (वि.) बे-सहारा II (पु.) स्वतंत्रता

अनवसर–I (पु.) अवसर का अभाव, कुसमय II (वि.) 1 असामयिक 2 अप्राप्तकाल

अनवस्थित–(वि.) 1 अस्थिर 2 चंचल चित्त
अनवस्थिति–(स्त्री.) 1 चापल्य 2 अधैर्य 3 निराश्रय 4 अशांत 5 अव्यवस्थित
अनवाँसा–(पु.) कटी हुई फ़सल का पूला
अनशन–(पु.) आहार त्याग, उपवास
अनशनकारी–(वि.) उपवास करनेवाला
अनशन व्रत–(पु.) उपवास, भूख-हड़ताल
अनश्वर–(वि.) 1 नष्ट न होने वाला 2 सनातन 3 ध्रुव 4 अविनाशी 5 आत्मा
अनसुना–(वि.) जो सुना न गया हो
अनसुनी करना–(अ.क्रि.) जानबूझकर उपेक्षा करना
अनसुलझा–(वि.) बिना सुलझा हुआ (जैसे– अनसुलझी समस्या)
अनस्तमित–(वि.) 1 जो अस्त न हुआ हो 2 अविनाशी
अनस्तित्व–(पु.) अस्तित्व का अभाव
अनहद–(वि.) बिना आघात की गूँज (नाद)
अनहोना–(वि.) सहसा न होनेवाला
अनहोनी–I (वि.) असंभव II (स्त्री.) न होनेवाली
अनाकर्ष–(पु.) खिंचाव का अभाव
अनाकार–(वि.) 1 निराकार 2 परमेश्वर का एक विशेषण
अनाक्रमण–(पु.) आक्रमण का अभाव
अनाक्रमण संधि–(स्त्री.), **अनाक्रमण समझौता** (पु.)–एक-दूसरे पर आक्रमण न करने का क़रार
अनाक्रांत–(वि.) जो पीड़ित न हो
अनागत–I (वि.) 1 न आया हुआ, भावी 2 अज्ञात 3 आगे आनेवाला 4 अनादि 5 अपूर्व II (अ.) अचानक
अनाघ्रात–(वि.) जिसे किसी ने न सूँघा हो, अछूता
अनाचरण–(पु.) निर्धारित काम का न करना
अनाचार–(पु.) बुरा आचरण
अनाचारी–(वि.) 1 बुरा आचरण करने वाला 2 कुचाली, भ्रष्टाचारी
अनाज–(पु.) अन्न (जैसे गेहूँ, जौ आदि)
अनाड़ी–(वि.) 1 अकुशल 2 नासमझ
अनाथ–I (पु.) बिना माँ-बाप का बच्चा II (वि.) 1 असहाय 2 जिसका कोई मालिक न हो
अनाथालय, अनाथाश्रम–(पु.) वह स्थान जहाँ पर बिना माँ-बाप के बच्चे रखे जाते हैं
अनादर–(पु.) 1 अपमान, अवज्ञा 2 उपेक्षा करने वाला
अनादरणीय–(वि.) अपमान या उपेक्षा करने योग्य
अनादि–(वि.) 1 जिसका आरंभ न हो 2 नित्य
अनादि सिद्ध–(वि.) अनादि काल से चला आनेवाला
अनादृत–(वि.) जिसका अनादर किया गया हो
अनाधिकारिक–(वि.) 1 बिना अधिकारप्राप्त 2 अप्रामाणिक 3 जिसे करने का अधिकार न हो
अनाप-शनाप–(पु.) निरर्थक बात, अंट-संट, बकवास
अनामय–I (वि.) 1 रोगरहित 2 स्वस्थ 3 निर्दोष 4 उत्तम
अनामा, अनामिका–(स्त्री.) 1 कानी और बिचली उँगलियों की बीच की उँगली 2 नामहीन स्त्री
अनायास–(क्रि. वि.) 1 अचानक 2 बिना प्रयत्न के 3 सरलता से 4 स्वतः
अनायुध–(वि.) शस्त्रहीन, निहत्था
अनार–(पु.) 1 एक दानेदार मीठा फल 2 आतिशबाज़ी 3 अन्याय 4 छप्परों को जोड़नेवाली रस्सी
अनारदाना–(पु.) अनार के दाने
अनार्य–I (पु.) शूद्र या म्लेच्छ II (वि.) 1 असभ्य 2 अनार्योचित
अनावरण–(पु.) 1 परदा हटाना 2 उद्घाटन
अनावर्ती–(वि.) जो बार-बार न होता हो
अनावर्षण–(पु.) सूखा
अनावश्यक–(वि.) 1 ग़ैर-ज़रूरी 2 व्यर्थ 3 फ़ालतू

अ

अनावृत–(वि.) जो ढका न हो, खुला
अनावृतीकरण–(वि.) खोलना
अनावृत्त–(वि.) जो दोहराया न गया हो
अनावृत्ति–(स्त्री.) 1 न लौटना 2 मोक्ष
अनावृष्टि–(स्त्री.) अवर्षण, सूखा
अनाश्रय–(वि.) निराश्रित या बिना सहारे का
अनाश्रित–(वि.) आश्रयरहित या स्वाधीन
अनासक्त–(वि.) 1 उदासीन 2 वीतराग 3 आसक्तिरहित, निर्लिप्त
अनासक्ति–(स्त्री.) 1 आसक्ति या अनुराग का अभाव 2 उदासीनता
अनास्था–(स्त्री.) 1 विश्वास का अभाव 2 अनादर 3 उदासीनता
अनाहत–(वि.) 1 जो घायल न हुआ हो 2 जो आघात से उत्पन्न न हुआ हो 3 अनहद (नाद)
अनाहूत–(वि.) अनिमंत्रित, बिना बुलाये आया व्यक्ति
अनिंदनीय–(वि.) जो निंदा-योग्य न हो
अनिंदित–(वि.) निंदारहित या निर्दोष
अनिंद्य–(वि.) 1 प्रशंसनीय 2 सुंदर 3 अच्छा
अनिच्छा–(स्त्री.) 1 इच्छा का अभाव 2 अरुचि **अनिच्छापूर्वक** (क्रि. वि.) बेमन, इच्छा न होते हुए
अनिच्छित–(वि.) अनचाहा
अनिच्छु–(वि.) न चाहनेवाला
अनित्य–(वि.) 1 नश्वर 2 अस्थिर
अनिद्रा–(स्त्री.) नींद न आने की बीमारी
अनिपुण–(वि.) अकुशल
अनिमंत्रित–(वि.) बिना बुलाया हुआ
अनिमित्त–I (वि.) अकारण II (पु.) उचित कारण का न होना III (अ.) बिना किसी उचित कारण के
अनिमेष–I (वि.) 1 स्थिरदृष्टि 2 जागरूक II (क्रि. वि.) बिना पलक गिराए, एकटक
अनियंत्रित–(वि.) 1 प्रतिबंधरहित 2 मनमाना 3 स्वतंत्र **अनियंत्रित शासन** (पु.) निरंकुश राज्य
अनियम–(पु.) 1 नियम का अभाव 2 अव्यवस्था
अनियमित–(वि.) 1 नियमरहित 2 बेक़ायदा
अनिरुद्ध–(वि.) 1 व्यवधान-रहित 2 निर्विरोध 3 स्वच्छंद
अनिर्णय–(पु.) अनिश्चय
अनिर्णीत–(वि.) जिसका निर्णय न हुआ हो
अनिर्दिष्ट–(वि.) 1 न बताया हुआ 2 अनादिष्ट **अनिर्दिष्ट भोग** (पु.) दूसरे की वस्तु बिना आज्ञा के काम में लाना
अनिर्धारित–(वि.) अनिश्चित
अनिर्वचनीय, अनिर्वाच्य–(वि.) अकथनीय
अनिल–(पु.) वायु, पवन, हवा
अनिवार्य–(वि.) 1 आवश्यक 2 अटल 3 जिसका निवारण न हो सके **अनिवार्यतः** (क्रि. वि.) अनिवार्य रूप से
अनिश्चय–(पु.) 1 निश्चय का अभाव 2 संदेह **अनिश्चयवाचक** (वि.) जिससे निश्चय न जाना जा सके (जैसे–कोई, कुछ सर्वनाम)
अनिश्चयात्मक, अनिश्चित–(वि.) 1 जिसका निश्चय न हुआ हो या न हो 2 संदिग्ध
अनिष्ट–I (वि.) 1 अशुभ 2 अवांछित II (पु.) 1 अहित 2 अमंगल 3 अनर्थ **अनिष्टकर, अनिष्टकारी** (वि.) हानिकर **अनिष्ट शंका** (स्त्री.) अहित की शंका
अनीति–(स्त्री.) 1 अनैतिकता 2 अन्याय 3 दुराचार, दुष्टता
अनीश्वर–(वि.) ईश्वर को न माननेवाला, नास्तिक
अनु–(उप.) पीछे, बाद में (जैसे–अनुगामी, अनुकथन)
अनुकंपा–(स्त्री.) 1 दया 2 हमदर्दी
अनुकरण–(पु.) अनुसरण, नक़ल **अनुकरणकर्ता, अनुकरणकारी** (वि.) नकल करनेवाला
अनुकरणात्मक, अनुकरणीय–(वि.) अनुकरण करने योग्य
अनुकांक्षा–(स्त्री.) इच्छा या कामना
अनुकांक्षी–(वि.) चाहनेवाला या इच्छुक
अनुकूल–I (वि.) 1 पक्ष में रहने वाला

2 माफ़िक 3 प्रसन्न II (पु.) 1 कृपा 2 अनुग्रह III (अ.) ओर या अभिमुख **अनुकूल अवसर** उचित समय **अनुकूल भाव** प्रसन्न भाव

अनुकूलता–(स्त्री.) मेल, अनूकुल होने की अवस्था

अनुकूलन–(पु.) 1 अपने अनुकूल करना 2 परिस्थिति के अनुसार ढालना

अनुकूलित–(वि.) अनुकूल बनाया गया

अनुक्रम–(पु.) 1 सिलसिला 2 क्रमबद्धता

अनुक्रमण–(पु.) 1 क्रमपूर्वक आगे बढ़ना 2 अनुगमन

अनुक्रमणिका, अनुक्रमणी–(स्त्री.) 1 विषय सूची 2 अंत की शब्द सूची

अनुक्रमांक–(पु.) सूची में निर्धारित संख्या

अनुगत–I (वि.) 1 पीछे चलने वाला 2 अनुगामी 3 अधीन II (पु.) अनुचर

अनुगम, अनुगमन–(पु.) 1 पीछे चलना 2 सहमरण 3 समझना 4 अनेक तत्त्वों के आधार पर बना एक सिद्धांत

अनुगामी–(वि.) 1 पीछे चलनेवाला 2 आज्ञाकारी

अनुगूँज–(स्त्री.) प्रतिध्वनि

अनुगृहीत–(वि.) 1 एहसानमंद 2 उपकृत 3 कृतज्ञ

अनुग्रह–(पु.) कृपा **अनुग्रह काल** (पु.) कृपा करके बढ़ायी गई अवधि

अनुग्रहांक–(पु.) परीक्षा में कृपा करके दिये गये अतिरिक्त अंक (ग्रेस मार्क)

अनुचर–(पु.) 1 पीछे चलनेवाला, अनुयायी 2 नौकर, आज्ञाकारी

अनुचित–(वि.) 1 ग़लत 2 बुरा

अनुचित्रण–(पु.) चित्र को हूबहू उकेरना, ट्रेस करना

अनुच्छेद–(पु.) लेख का भाग (पैराग्राफ़)

अनुज–I (वि.) पीछे जन्मा हुआ II (पु.) छोटा भाई

अनुजा–(स्त्री.) छोटी बहन

अनुज्ञप्ति–(स्त्री.) 1 आज्ञा 2 स्वीकृति (लाइसेंस)

अनुज्ञा–(स्त्री.) 1 अनुमति, स्वीकृति 2 साहित्य में ऐसा एक अलंकार **अनुज्ञाधारी** (वि.) आदेश ग्रहण करनेवाला **अनुज्ञा पत्र** (पु.) अनुमति पत्र

अनुताप–(पु.) 1 खेद 2 पछतावा 3 जलन

अनुत्तर–I (पु.) उत्तर का अभाव II (वि.) 1 निरुत्तर 2 सर्वोत्तम 3 स्थिर

अनुत्तरदायी–(वि.) जो अपनी जिम्मेदारी न समझे

अनुत्तरित–(वि.) जिसका उत्तर न दिया गया हो

अनुत्तीर्ण–(वि.) परीक्षा में सफल न होनेवाला (फ़ेल)

अनुत्पादक–(पु.) जो उत्पादन न कर सके

अनुदात्त–I (वि.) धीमा, नीचा II (पु.) नीचा स्वर

अनुदान–(पु.) आर्थिक सहायता (ग्रांट) **अनुदान आयोग** (पु.) सहायता प्रदान करनेवाला आयोग

अनुदार–(वि.) 1 जो उदार न हो 2 कृपण 3 संकीर्ण हृदय **अनुदारदलीय** (वि.) (राजनीति में) रूढ़िवादी दल का

अनुदारता–(स्त्री.) उदारता का अभाव

अनुदिन–(क्रि. वि.) प्रतिदिन

अनुदिष्ट–(वि.) जिसे बतलाया गया हो

अनुद्यम–I (पु.) उद्योग का अभाव II (वि.) 1 प्रयास न करनेवाला 2 आलसी

अनुद्यमी–(वि.) परिश्रम न करनेवाला

अनुनय–(पु.) 1 विनय, प्रार्थना 2 रूठे हुए को मनाना

अनुनाद–(पु.) 1 प्रतिध्वनि 2 गुंजार (रेज़ोनेंस)

अनुनादित–(वि.) प्रतिध्वनित

अनुनासिक–(वि.) जिसका उच्चारण मुँह और नाक से हो

अनुन्नति–(वि.) जिसकी उन्नति न हो

अनुपकार–(पु.) अहित या बुराई

अनुपजाऊ–(वि.) बंजर, ऊसर, जिस ज़मीन पर कुछ न उगे

अ

अनुपदिष्ट–(वि.) अशिक्षित
अनुपम–(वि.) बहुत सुंदर, सर्वोत्तम, बेजोड़
अनुपमेय–(वि.) अतुलनीय, अनुपम
अनुपयुक्त–(वि.) 1 जिसका उपयोग न हुआ हो 2 अयोग्य 3 बेमेल 4 अनुचित 5 बेकार
अनुपयोग–I (वि.) बेकार II (पु.) उपयोगी न होना
अनुपयोगिता–(स्त्री.) निरर्थकता
अनुपयोगी–(वि.) उपयोगरहित, बेकार
अनुपलब्ध–(वि.) 1 अप्राप्त 2 जो जाना न गया हो
अनुपलब्धि–(स्त्री.) 1 अप्राप्ति 2 जानकारी न होना
अनुपस्थित–(वि.) ग़ैरहाज़िर, अविद्यमान
अनुपस्थिति–(स्त्री.) ग़ैरहाज़िरी या अविद्यमानता
अनुपात–(पु.) 1 गणित की दो राशियों में संबंध दिखलाने की क्रिया (रेशियो) 2 किसी वस्तु के माप की तुलना के विचार से दूसरी वस्तु से रहने वाला सम्बन्ध
अनुपाततः–(क्रि. वि.) अनुपात से, अनुपात के अनुसार
अनुपादेय–(वि.) अनुपयोगी, बेकार
अनुपान–(पु.) दवा के साथ या बाद ली जानेवाली वस्तु
अनुपार्जित–(वि.) 1 न कमाया हुआ 2 न जुटाया हुआ
अनुपूरक–(वि.) बाद में जोड़ा हुआ अंश
अनुपूरित–(वि.) बाद में पूरा किया गया
अनुप्रमाणित–(वि.) साथ में प्रमाणित किया हुआ, सत्यापित (अटैस्टेड)
अनुप्रयुक्त–(वि.) जिसका अनुप्रयोग हुआ हो
अनुप्रयोग–(पु.) किसी सिद्धांत का व्यवहार में प्रयोग
अनुप्राणित–(वि.) 1 प्रेरित 2 समर्पित 3 जीवंत
अनुप्रास–(पु.) 1 एक शब्दालंकार जिसमें वर्ण विशेष या वर्गों की आवृत्ति होती है 2 वर्णसाम्य
अनुप्रासमूलक–(वि.) अनुप्रास के आधार पर
अनुप्रेरणा–(स्त्री.) प्रोत्साहन
अनुप्रेरित–(वि.) प्रोत्साहित
अनुबंध–(पु.) 1 समझौता, क़रार 2 संबंध 3 सिलसिला 4 जोड़ी हुई वस्तु 5 प्रकरण
अनुबंध पत्र–(पु.) इक़रारनामा
अनुबोधन–(पु.) बात स्मरण कराने की क्रिया
अनुभव–(पु.) 1 प्रत्यक्ष ज्ञान 2 काम की जानकारी, तजुर्बा **अनुभवपरक** (वि.) अनुभव पर आधारित **अनुभवप्राप्त** (वि.) अनुभवी
अनुभववाद–(पु.) यह सिद्धांत कि जो कुछ अनुभव से प्राप्त हो वही सत्य है
अनुभवशील–(वि.) अनुभवी **अनुभवसिद्ध**–(वि.) अनुभव के आधार पर प्रमाणित
अनुभवातीत–(वि.) अनुभव से परे
अनुभवी–(वि.) अनुभव रखनेवाला 2 भुक्तभोगी
अनुभाग–(पु.) वर्ग (सेक्शन)
अनुभाग अधिकारी–(पु.) दफ़्तर की किसी इकाई का अधिकारी
अनुभागीय–(वि.) वर्ग से संबद्ध
अनुभाव–(पु.) 1 मनोगतभाव की सूचक बाह्य क्रियाएँ या चेष्टाएँ 2 प्रभाव 3 बड़ाई 4 संकल्प
अनुभावक–(वि.) 1 अनुभव करानेवाला 2 सोच-विचार करानेवाला
अनुभूत–(वि.) 1 अनुभव किया हुआ 2 आज़माया हुआ 3 परीक्षित
अनुभूति–(स्त्री.) 1 अनुभव 2 संवेदना 3 प्रत्यक्ष या अनुमानित ज्ञान **अनुभूतिमय** (वि.) अनुभवयुक्त **अनुभूतिवाद** (पु.) अनुभववाद
अनुभूतिशील–(वि.) अनुभवशील, संवेदनशील
अनुमति–(स्त्री.) स्वीकृति या इजाज़त
अनुमतिदाता–अनुमति देनेवाला
अनुमति-पत्र–(पु.) स्वीकृति-पत्र
अनुमान–(पु.) अटकल, अंदाज़
अनुमान-पत्र–(पु.) वह पत्र जिसमें किसी योजना आदि का अनुमान किया गया हो
अनुमानतः–(क्रि. वि.) अंदाज़ से
अनुमानित–(वि.) अनुमान से समझा हुआ
अनुमापन–(पु.) रासायनिक प्रक्रिया से मिश्रण में तत्त्व की मात्रा का पता लगाना

अनुमोदक–(वि.) समर्थन करनेवाला
अनुमोदन–(पु.) 1 प्रसन्न करना या होना 2 समर्थन
अनुमोदन हस्ताक्षर–(पु.) समर्थक हस्ताक्षर
अनुमोदित–(वि.) समर्पित
अनुयायी–(पु.) अनुसरण करनेवाला, अनुचर
अनुयोग–(पु.) 1 प्रश्न 2 जिज्ञासा 3 पूछताछ 4 टीका-टिप्पणी
अनुयोजित–(वि.) जिसके विषय में पूछताछ की गई हो
अनुरंजन–(पु.) 1 प्रसन्न करना 2 फुसलाना
अनुरंजित–(वि.) प्रसन्न या संतुष्ट
अनुरक्त–(वि.) 1 प्रेमयुक्त 2 वफ़ादार 3 लीन
अनुरक्ति–(स्त्री.) 1 प्रेम, आसक्ति 2 भक्ति
अनुरणन–(पु.) गूँज, प्रतिध्वनि
अनुराग–(पु.) 1 प्रेम 2 भक्ति 3 लाल रंग
अनुरागमय–प्रेममय
अनुरागी–(वि.) 1 प्रेमी 2 भक्त
अनुरूप–(वि.) 1 समान रूपवाला, जैसा 2 अनुकूल
अनुरूपता–(स्त्री.) 1 समानता 2 अनुकूलता
अनुरोध–(पु.) 1 आग्रह 2 रुकावट
अनुर्वर–(वि.) जो उपजाऊ न हो, ऊसर
अनुलग्नक–(पु.) नत्थी किया गया काग़ज़
अनुलाभ–(पु.) 1 निर्धारित वेतन से अधिक दिया गया भत्ता, लाभ 2 मुनाफ़ा
अनुलिखित–(वि.) नक़ल किया हुआ
अनुलिपि–(स्त्री.) 1 किसी आकृति या लेख की हूबहू नक़ल, प्रतिलिपि 2 दूसरी प्रति
अनुलेखन–(पु.) घटना या कार्य का विवरण लिखना
अनुलेप–(पु.) 1 सुगंधित लेप (उबटन आदि) 2 दूसरा लेप
अनुलेपन–(पु.) लेप लगाना या चढ़ाना
अनुलोम–(वि.) 1 ऊपर से नीचे की ओर आनेवाला 2 यथाक्रम 3 अविलोम
अनुलोमज–(वि.) अनुलोम विवाह से उत्पन्न
अनुलोम विवाह–(पु.) उच्च वर्ण के पुरुष का अपने से हीन वर्ण की स्त्री से विवाह
अनुवर्ती–(वि.) 1 अनुसरण करनेवाला 2 बाद में आनेवाला 3 आज्ञाकारी
अनुवाद–(पु.) 1 एक भाषा से दूसरी भाषा में बदलना, भाषांतर, रूपान्तर 2 दुहराना
अनुवादक, अनुवादकर्ता–(पु.) 1 अनुवाद करनेवाला 2 भाषांतरकार
अनुवादित–(वि.) 1 अनुवाद किया हुआ 2 भाषांतरित, अनूदित
अनुवीक्षण–(पु.) निरीक्षण
अनुवृत्त–(वि.) 1 अनुसरण या आज्ञापालन करनेवाला 2 शीलानुगत 3 जिसकी अनुवृत्ति की गई हो II (पु.) बाद की घटना
अनुवृत्ति–(वि.) 1 अनुसरण 2 आज्ञापालन 3 आवृत्ति, दोहराव 4 पेंशन
अनुवृत्तिधारी–(पु.) अनुवृत्ति पानेवाला
अनुशंसा–(स्त्री.) सिफ़ारिश, संस्तुति
अनुशंसित–(वि.) जिसकी सिफ़ारिश की गई हो
अनुशासक–(पु.) 1 अनुशासन करनेवाला 2 शिक्षक
अनुशासन–(पु.) 1 नियंत्रण 2 नियमबद्ध आचरण 3 शिक्षण **अनुशासनबद्ध** (वि.) अनुशासन में बंधा हुआ **अनुशासन-भंग** (पु.) अनुशासन का उल्लंघन **अनुशासन-हीनता** (स्त्री.) अनुशासन का अभाव
अनुशासनिक–(वि.) अनुशासन संबंधी
अनुशीलन–(पु.) 1 सतत तथा गंभीर अभ्यास 2 नियमित अध्ययन 3 चिंतन-मनन
अनुशेष–(पु.) बाक़ी जोड़ा हुआ अंश
अनुशोचन–(पु.) पश्चात्ताप करने की क्रिया या भाव
अनुशोधन–(पु.) दोहराते हुए सुधारना
अनुश्रव–(पु.) वैदिक परम्परा
अनुश्रुति–(स्त्री.) श्रुति-परंपरा से प्राप्त कथा और ज्ञान
अनुषंगिक, अनुषंगी–(वि.) 1 संबद्ध 2 अनिवार्य परिणाम के रूप में आनेवाला 3 सहायक, सहवर्ती
अनुष्ठान–(पु.) 1 कोई धार्मिक कृत्य 2 नियमपूर्वक

अ

आरंभ करना
अनुसंधान–(पु.) 1 अन्वेषण, खोज 2 आयोजन 3 व्यवस्थित करना **अनुसंधानकर्ता, अनुसंधानकर्मी, अनुसंधानकारी** अन्वेषण करनेवाला
अनुसंधानशाला–(पु.) खोज करने की जगह
अनुसमर्थन–(पु.) समर्थन करना
अनुसरण–(पु.) 1 पीछे चलना 2 अनुकरण 3 अनुकूल आचरण
अनुसार–(वि.) अनुकूल, अनुरूप, मुताबिक़
अनुसीमा–(स्त्री.) क्षेत्र के आस-पास की सीमा
अनुसूचक–(वि.) नियमों की सूचना देनेवाला
अनुसूचित–(वि.) 1 अनुसूची में लाया हुआ 2 जिसे अनुसूची में स्थान मिला हो (जैसे–जातियां)
अनुसूची–(स्त्री.) पीछे जोड़ी गई सूची
अनुस्मरण–(पु.) 1 बार-बार 2 पिछला याद करना
अनुस्मारक–(पु.) वह पत्र जो स्मरण दिलाए (रिमाइंडर)
अनुस्मृति–(स्त्री.) 1 अनुस्मरण 2 वह स्मृति या स्मरण जो प्रिय हो
अनुस्वार–(पु.) स्वर के बाद उच्चारित होनेवाला एक आनुनासिक वर्ण
अनूठा–(वि.) 1 अद्‌भुत 2 विलक्षण
अनूदित–(वि.) 1 अनुवादित, भाषांतरित 2 उल्था किया हुआ
अनृत–(पु.) झूठ
अनेक–(वि.) एक से अधिक **अनेकत्व** (पु.) अनेकता **अनेकपक्षीय** (वि.) अनेक पक्षों का **अनेकमुख** (वि.) कई दिशाओं में जानेवाला **अनेकरूप** (वि.) कई रूपोंवाला **अनेकविध** (वि.) कई प्रकार का
अनेकधा–(क्रि. वि.) कई तरह से
अनेकशः–(वि.) 1 अनेक प्रकार से 2 अनेक खंडों में
अनेकाकार–(वि.) बहुत-से आकारों एवं आकृतियोंवाला
अनेकाक्षर–(वि.) कई अक्षरोंवाला
अनेकानेक–(वि.) असंख्य
अनेकार्थ–(वि.) जिसके अनेक अर्थ हों
अनैक्य–(पु.) 1 एकता का अभाव, अनेकता 2 बहुत्व 3 फूट, मतभेद 4 अव्यवस्था
अनैच्छिक–(वि.) जो स्वेच्छा से न किया गया हो
अनैसर्गिक–(वि.) अप्राकृतिक, अस्वाभाविक
अनोखा–(वि.) 1 अनूठा, अद्‌भुत 2 अपूर्व 3 विशिष्ट
अनौचित्य–(पु.) 1 औचित्य का अभाव 2 अनुचित
अनौपचारिक–(वि.) 1 जो परिपाटी के रूप में न हो 2 सहज
अनौपचारिकता–(क्रि. वि.) अनौपचारिक ढंग से
अन्न–(पु.) खाने की चीज़, गेंहू, अनाज 2 भात 3 अनाज **अन्नकूट** (पु.) 1 भात या मिष्ठान्नादि का ढेर 2 अन्न का त्यौहार **अन्नकोष्ठ** (पु.) 1 अन्न रखने का स्थान 2 कोठिला **अन्न-ग्रहण** (पु.) अन्न पानी **अन्न-जल** (पु.) दाना-पानी, जीविका
अन्नदाता–(वि.) अन्न देनेवाला, मालिक
अन्न-दोष–(पु.) 1 दूषित अन्न खाने से होनेवाला रोग 2 वह दुर्गुण जो निषिद्ध स्थान या व्यक्ति का अन्न खाने से होता है **अन्नपाक** (पु.) अग्नि पर या पेट में खाद्य पदार्थ का पकना **अन्नप्राशन**–(पु.) बच्चे को पहली बार अन्न खिलाने की रस्म या संस्कार, चटावन **अन्न-भंडार** (पु.) अन्न का पहाड़ **अन्नमय** I (वि.) 1 अन्न से बना 2 अन्न से भरा 3 भौतिक II (पु.) वेदांत में माने हुए पांच कोशों में से पहला, स्थूल शरीर **अन्न वस्त्र** (पु.) रोटी-कपड़ा **अन्न वितरण** (पु.) अन्न की (जनता में) बांट **अन्न-संकट** (पु.) अन्न का अकाल
अन्नपूर्णा–(स्त्री.) अन्न की अधिष्ठात्री देवी, दुर्गा का एक रूप
अन्नागार–(पु.) अन्न का कोठा

अ

अन्नोत्पादन–(पु.) अन्न पैदा करना
अन्य–(वि.) 1 दूसरा 2 भिन्न 3 अतिरिक्त 4 अवशिष्ट **अन्यकृत** (पु.) दूसरे के द्वारा किया हुआ **अन्य गोत्र** (पु.) दूसरा गोत्र **अन्य-जातीय** (वि.) दूसरी जाति का **अन्य देश** (पु.) दूसरा देश **अन्यदेशीय** (वि.) अन्य देश का, विदेशी **अन्य पुरुष** (पु.) अनुपस्थित व्यक्ति या वस्तु के लिए पुरुषवाचक सर्वनाम, दूसरा आदमी
अन्यमनस्क–(वि.) जिसका चित्त कहीं और हो
अन्यतम–(वि.) 1 बहुतों में से एक 2 सर्वश्रेष्ठ
अन्यत्र–(क्रि. वि.) दूसरी जगह, और कहीं
अन्यथा–I (क्रि. वि.) नहीं तो II (वि.) 1 उल्टा 2 और का और
अन्यथावादी–(पु.) उल्टा बोलनेवाला
अन्यान्य–(सर्व.) और दूसरे
अन्याय–(पु.) 1 न्यायविरुद्ध कार्य 2 अनौचित्य
अन्यायपीड़ित–(वि.) अन्याय से पीड़ित
अन्यायपूर्ण–(वि.) अन्याय से पूर्ण
अन्यायपूर्वक–(क्रि. वि.) अन्याय से
अन्यायी–(वि.) अन्याय करनेवाला
अन्यार्थ–(वि.) भिन्न अर्थ वाला
अन्याश्रित–(वि.) दूसरे पर निर्भर
अन्योक्ति–(स्त्री.) अलंकार जिसमें एक से कही हुई बात किसी दूसरे पर घटित हो
अन्योन्याश्रय–I (वि.) एक-दूसरे पर आश्रित होना II (पु.) सापेक्ष ज्ञान
अन्योन्याश्रित–(पु.) एक-दूसरे पर अवलंबित
अन्वय–(पु.) 1 अनुगमन 2 पारस्परिक संबंध 3 आशय 4 हेतु और साध्य का साहचर्य 5 वाक्य में शब्दों का मेल
अन्वय-व्यतिरेक–(पु.) मेल और विरोध, नियम और अपवाद
अन्वीक्षण–(पु.) 1 बारीकी से देखना 2 अन्वेषण 3 मनन 4 विचार
अन्वेषक–(वि.) अन्वेषण करनेवाला, शोधकर्ता
अन्वेषण–(पु.) 1 खोज 2 ढूँढ़ना
अन्वेषण-कर्ता–(वि.) खोज करनेवाला
अन्वेषण-कार्य–(पु.) खोज का काम
अन्वेषण-ग्रंथ–(पु.) खोज-संबंधी पुस्तक
अपंग–(वि.) 1 अंगहीन 2 लँगड़ा-लूला 3 अशक्त
अपकर्म–(पु.) 1 बुरा काम 2 ऋण परिशोध
अपकर्ष–(पु.) 1 अवनति 2 उतार, ह्रास
अपकार–(पु.) 1 उपकार का उल्टा 2 बुराई 3 अहित 4 अपमान 5 अत्याचार 6 नीच कर्म
अपकीर्ति–(स्त्री.) अपयश, बदनामी
अपकृत्य–(पु.) 1 बुरा कार्य 2 अपकार
अपक्रम–I (पु.) 1 पीछे हटना 2 भागना 3 उलटा क्रम II (वि.) 1 क्रम-रहित 2 व्यतिक्रम
अपक्व–(वि.) 1 बिना पका हुआ 2 बिना पकाया
अपक्ष–(वि.) 1 बिना पंख का 2 जिसके साथी-समर्थक न हों 3 निष्पक्ष
अपक्षपात–(पु.) निष्पक्षता
अपक्षपाती–(वि.) पक्षपात न करनेवाला
अपक्षय–(पु.) 1 छीजना 2 नाश 3 कमी
अपक्षरण–(अ. क्रि.) धीरे-धीरे टूटकर नष्ट होना
अपक्षेपण–(अ. क्रि.) 1 फेंकना 2 गिराना 3 पलटाना 4 किसी वस्तु से टकराकर फेंका जाना
अपगत–(वि.) 1 गया हुआ 2 बीता हुआ 3 तिरोहित
अपगमन–(पु.) 1 प्रस्थान 2 अलग होना 3 मृत्यु
अपघटन–(पु.) 1 ह्रास, कमी 2 वियोजन
अपघात–(पु.) 1 हिंसा, हत्या 2 दुर्घटना से मरना
अपच–(पु.) बदहज़मी
अपचनीय–(वि.) अपच्य, हज़म न होनेवाला
अपचय–(पु.) 1 हानि 2 छीनना 3 व्यय 4 क्षय
अपच्छेद, अपच्छेदन–(पु.) 1 काटकर अलग करना 2 हानि 3 बाधा
अपटु–(वि.) 1 अकुशल 2 बोदा 3 सुस्त 4 मंद प्रकाशवाला
अपठनीय–(वि.) जो पढ़ने योग्य न हो

अ

अपठित–(वि.) जो पढ़ा न गया हो

अपढ़–(वि.) बेपढ़ा, अशिक्षित

अपण्य–I (वि.) 1 न बेचने योग्य 2 जिसका बेचना निषिद्ध हो II (पु.) न बेचने योग्य वस्तु

अपत्नी–(वि.) 1 जो किसी की पत्नी न हो 2 विधवा

अपत्नीक–(वि.) जिसकी पत्नी न हो, रँडुआ

अपत्य–(पु.) संतान, वंशज **अपत्यकाम** (वि.) संतान का इच्छुक **अपत्यवाचक** (पु.) वह संज्ञा जिससे किसी की संतान का अर्थ मिले, जैसे–दशरथ से दाशरथि

अपथ्य–I (वि.) 1 बुरा 2 अहितकर 3 रोगकारक II (पु.) प्रतिकूल आहार-विहार

अपदस्थ–(वि.) पद से हटाया हुआ, पदच्युत

अपदार्थ–I (पु.) 1 अनस्तित्व 2 तुच्छता II (वि.) 1 नगण्य, तुच्छ 2 निस्सार

अपदिष्ट–(वि.) बहाने से कथित

अपदेवता–(पु.) 1 दुष्ट देव 2 दैत्य 3 भूत-प्रेत

अपदेश–(पु.) 1 बहाना 2 वेश बदलना 3 छल 4 कार्य करने की आज्ञा देना 5 बहाना 6 इन्कार

अपद्रव्य–(पु.) बुरा द्रव्य, बुरी बात

अपधर्मिता–(स्त्री.) धर्म विरुद्ध आचरण

अपनत्व, अपनपौ–(पु.) अपनापन, निजत्व

अपना–I (सर्व.) 1 आत्म-संबंधी, निज का 2 आप, निज II (पु.) स्वजन **अपनापन** (पु.) 1 आत्मीयता 2 आत्माभिमान, स्वाभिमान **अपना-पराया, अपना-बेगाना** स्वजन-परजन, दोस्त-दुश्मन **अपना-सा मुँह लेकर रह जाना** या **लौट जाना** लज्जित होना, निराश होकर लौट आना **अपनी नींद सोना** आराम से सोना **अपनी बात पर आना** **अपने तक रखना** किसी से मत कहना **अपने पैरों पर कुल्हाड़ी मारना** खुद का नुकसान करना **अपने मुँह मियाँ-मिट्ठू बनना** आत्मप्रशंसा करना **अपने हाथों क़ब्र खोदना** अपना अहित करना

अपनाना–(स. क्रि.) 1 स्वीकार कर लेना 2 अपना बना लेना

अपनापा–(पु.) अपनापन, आत्मीयता

अपनाव–(पु.) अपनाने की क्रिया

अपभाषण–(पु.) निंदा करना, गाली देना

अपभाषा–(स्त्री.) अनुचित या गंदी भाषा

अपभ्रंश–(पु.) 1 नीचे गिरना 2 बिगाड़ 3 शब्द का विकृत रूप 4 प्राकृत से उद्भूत आर्यभाषा

अपमान–(पु.) मान भंग, बेइज़्ज़ती, तिरस्कार, निरादर **अपमानकारक** (वि.) अपमान-जनक **अपमानजनक** (वि.) जिसके फलस्वरूप अपमान होता हो

अपमानित–(वि.) जिसका अपमान किया गया हो, तिरस्कृत

अपमार्ग–(पु.) 1 कुमार्ग 2 अंग-परिमार्जन

अपमार्गी–(वि.) पापी, नीच

अपमार्जन–I (पु.) 1 शुद्धि 2 बाल बनाना II (वि.) नष्ट करनेवाला

अपमार्जित–(वि.) जिसका अपमार्जन किया गया हो

अपमिश्रण–(पु.) 1 किसी वस्तु में घटिया वस्तु को मिलाने की क्रिया 2 खोट 3 मिलावट

अपमृत्यु–(स्त्री.) अकाल मृत्यु

अपयश–(पु.) अपकीर्ति, बदनामी

अपरंच–(क्रि. वि.) 1 और भी 2 दूसरा भी 3 फिर भी

अपरंपार–(वि.) अपार, असीम

अपर–(वि.) 1 अन्य 2 पिछला 3 निकृष्ट 4 दूसरे का 5 दूरवर्ती **अपरकाल** (पु.) बाद का समय **अपर पक्ष** (पु.) 1 महीने का दूसरा पक्ष 2 प्रतिपक्ष, प्रतिवादी पक्ष **अपर भाव** (पु.) अन्य भाव, अंतर **अपर लोक** (पु.) 1 दूसरा लोक 2 स्वर्ग

अपरा–I (स्त्री.) 1 पदार्थ विद्या 2 लौकिक विद्या 3 पश्चिमी दिशा II (वि.) दूसरी

अपराजित–I (वि.) जो जीता न गया हो, अजेय II (पु.) विष्णु

अपराजिता–(स्त्री.) जो जीती न गई हो, अजेय, दुर्गा, विष्णुकांता, अयोध्या नगरी

अ

अपराजेय–(वि.) जो जीता न जा सके, अजेय
अपराध–(पु.) 1 दोष, जुर्म 2 दंड योग्य कर्म 3 ग़लती 4 पाप
अपराध-अन्वेषण–(पु.) अपराध ढूँढ़ना
अपराध-गोपन–(पु.) अपराध छिपाना
अपराधपूर्ण–(वि.) अपराधयुक्त
अपराधमोचन–(पु.) अपराध को दूर करनेवाला
अपराध विज्ञान–(पु.) अपराध के कारणों का विवेचन करनेवाला विज्ञान (क्रिमिनोलॉजी) **अपराध वृत्ति** (स्त्री.) अपराध कर्म से गुज़ारा करना
अपराध वैज्ञानिक–(पु.) अपराध के कारणों का ज्ञाता
अपराधशील–(वि.) स्वभावतः अपराध करनेवाला
अपराधसिद्धि–(स्त्री.) अपराध का प्रमाणित होना
अपराध-स्वीकरण–(पु.) अपराध स्वीकार करना
अपराधशास्त्र–(पु.) अपराध संबंधी तथ्यों का ज्ञान करानेवाला शास्त्र
अपराधिनी–(स्त्री.) अपराधी स्त्री
अपराधी–(वि.) 1 अपराध करनेवाला 2 दोषी
अपराह्न–(पु.) तीसरा पहर
अपरिगणित–(वि.) 1 अनगिनत 2 जिसकी सूची में गणना न की गई हो
अपरिग्रह–I (पु.) 1 दान का अस्वीकार 2 आवश्यकता से अधिक दान न लेना II (वि.) संपत्तिरहित
अपरिग्रही–(वि.) दान अथवा अधिक धन स्वीकार न करनेवाला
अपरिग्राह्य–(वि.) अस्वीकार्य
अपरिचय–(पु.) परिचय का अभाव
अपरिचित–(वि.) 1 अज्ञात 2 अनभिज्ञ 3 अजनबी
अपरिणत–(वि.) अपरिवर्तित, बिना बदला हुआ
अपरिणामी–(वि.) जो बदले नहीं, एकरस
अपरिपक्व–(वि.) जो पका न हो, कच्चा
अपरिपक्वावस्था–(स्त्री.) 1 कच्ची उम्र 2 कच्ची हालत
अपरिभाषित–(वि.) जिसकी परिभाषा निश्चित न की गई हो
अपरिमार्जित–(वि.) साफ या शुद्ध और परिष्कृत न किया हुआ हो
अपरिमित–(वि.) 1 बे-हद 2 बे-हिसाब
अपरिमेय–(वि.) जिसकी नाप-तौल न हो सके
अपरिवर्तन–(पु.) परिवर्तन न होना
अपरिवर्तनीय–(वि.) 1 न बदलनेवाला 2 अटल 3 जो बदले में न दिया जा सके
अपरिवर्तित–(वि.) जिसमें कोई परिवर्तन न हो
अपरिश्रमी–(वि.) परिश्रम न करनेवाला
अपरिष्कार–(पु.) 1 भद्दापन 2 संस्कार का अभाव 3 मैलापन, गंदगी
अपरिष्कृत–(वि.) 1 जो साफ न किया गया हो 2 असंस्कृत
अपरिसीम–(वि.) 1 बेहद 2 बिना हदबंदी का, सीमाहीन
अपरिहार्य–(वि.) 1 अनिवार्य 2 आवश्यक 3 अवश्यंभावी 4 अत्याज्य
अपरीक्षित–(वि.) 1 जिसकी परीक्षा न हुई हो 2 मूर्खतापूर्ण 3 अप्रमाणित
अपरोक्ष–(वि.) 1 जो पीछे न हो, प्रत्यक्ष 2 जो दूर न हो 3 विद्यमान
अपर्याप्त–(वि.) 1 जो पर्याप्त न हो 2 अधूरा 3 अयोग्य
अपर्याय–I (वि.) क्रमहीन II (पु.) 1 क्रमहीनता 2 असमानार्थ
अपलक–I (क्रि. वि.) एकटक II (वि.) जिसकी पलकें न गिरें
अपलक्षण–(पु.) 1 अशुभ या बुरा लक्षण 2 अतिव्याप्ति-दोषयुक्त लक्षण
अपवचन–(पु.) निंदा, अपशब्द
अपवर्ग–(पु.) 1 मोक्ष 2 त्याग 3 दान 4 समाप्ति
अपवर्जित–(वि.) 1 त्याग किया हुआ 2 निकाला हुआ
अपवर्तन–(पु.) 1 परिवर्तन 2 हटाना 3 विभाजक (रिफ्रेक्शन)
अपवर्तित–(वि.) 1 परिवर्तित 2 पृथक् किया हुआ
अपवाद–(पु.) 1 बदनामी 2 लांछन 3 खंडन

अ

4 सामान्य नियम से भिन्न बात

अपवादस्वरूप–(क्रि. वि.) भिन्न नियम के रूप में

अपवादक–(वि.) निंदा करने वाला

अपवित्र–(वि.) 1 अशुद्ध 2 मलिन

अपव्यय–(पु.) अनुचित व्यय, फ़िज़ूलख़र्ची

अपव्ययी–(वि.) व्यर्थ या अनुचित व्यय करनेवाला

अपशकुन–(पु.) असगुन, अशुभ लक्षण

अपशब्द–(पु.) 1 अशुभ शब्द 2 बिगड़ा हुआ शब्द 3 दुर्वचन 4 गाली-गलौज 5 निंदित शब्द

अपस्मार–(पु.) 1 मिरगी रोग 2 स्मरण शक्ति की हानि

अपस्मृति–(वि.) 1 विस्मृति 2 घबराया हुआ

अपहत–(वि.) 1 नष्ट किया हुआ 2 मारा हुआ

अपहरण–(पु.) 1 छीन लेना 2 चुरा ले जाना

अपहरणकर्त्ता–(वि.) 1 चुरानेवाला 2 उठा ले जानेवाला

अपहर्त्ता–(वि.) अपहरणकर्ता

अपहृत–(वि.) चुराया हुआ

अपांग– I (वि.) 1 अंगहीन 2 अशरीरी 3 पंगु II (पु.) आँख की कोर

अपांग-दृष्टि–(स्त्री.) तिरछी नज़र, कटाक्ष

अपाक–I (वि.) अनपका II (पु.) 1 अपच 2 कच्चापन

अपाच्य–(वि.) 1 जो पच न सके 2 जो पकाया न जा सके

अपात्र–(वि.) अनधिकारी

अपाद–(वि.) बिना पैरों का, पंगु

अपादान–(पु.) 1 हटाना 2 अलगाव

अपादान कारक–(पु.) अलगपन दिखाने का अर्थ देनेवाला कारक

अपान–I (पु.) 1 आत्मज्ञान 2 आत्मगौरव II (सर्व.) अपना III (वि.) दुःखहर्ता

अपान वायु–(स्त्री.) गुदा मार्ग से बाहर आनेवाली वायु

अपान द्वार–(पु.) गुदा, मलद्वार

अपाप–I (वि.) पापरहित, निर्दोष II (पु.) पुण्य

अपार–I (वि.) 1 जिसका पार न हो 2 असीम 3 अत्यधिक 4 जिसे पार करना कठिन हो II (पु.) 1 मानसिक संतोष 2 असहमति 3 नदी का दूसरा तट 4 समुद्र

अपारदर्शिता–(स्त्री.) (किसी वस्तु में से) आरपार न दिखाई देना

अपारदर्शी–(वि.) 1 जो पारदर्शी न हो 2 जिससे आरपार न दिखाई दे

अपार्थिव–(वि.) जो पृथ्वी संबंधी न हो

अपालन–(पु.) न पालना

अपावन–(वि.) 1 अशुद्ध 2 मलिन

अपावर्त्तन–(पु.) 1 पीछे लौटना, वापसी 2 अस्वीकृति

अपाहिज–(पु.) 1 अंगहीन 2 काम न करने योग्य 3 आलसी 4 अकर्मण्य

अपितु–(वि.) बल्कि, किंतु

अपील–(स्त्री.) 1 साग्रह प्रार्थना 2 चंदे आदि के लिए सार्वजनिक प्रार्थना 3 (फ़ैसला बदलवाने हेतु उच्च अदालत में) दरख़्वास्त, याचिका

अपीलकर्ता–(पु.) याचक **अपील ख़ारिज करना** (स. क्रि.) प्रार्थना अस्वीकार करना **अपील दायर करना** (स. क्रि.) प्रार्थना करना **अपील मंज़ूर करना** (स. क्रि.) प्रार्थना स्वीकार करना

अपील अदालत–(स्त्री.) अपील सुनने वाली अदालत

अपुत्र–(वि.) जिसे पुत्र न हो

अपुष्ट–(वि.) 1 जिसका पोषण ठीक तरह से न हुआ हो 2 दुर्बल 3 मंद 4 जिसकी पुष्टि न हुई हो

अपुष्टिकर–(वि.) पोषण न करनेवाला

अपूजित–(वि.) जिसकी पूजा न की गई हो

अपूज्य–(वि.) पूजा या सम्मान के अयोग्य

अपूरणीय–(पु.) पूरा न किया जाने योग्य

अपूर्ण–(वि.) 1 जो पूरा न हो, अधूरा 2 न्यून 3 खाली **अपूर्ण सूची** (स्त्री.) अधूरी सूची **अपूर्ण क्रियाद्योतक** (वि.) अधूरे कार्य **अपूर्ण**

भूत (पु.) क्रिया का वह काल जिसमें भूतकाल तो पाया जाय पर क्रिया की समाप्ति न हुई हो

अपूर्णता–(स्त्री.) 1 अधूरापन 2 कमी

अपूर्णांक–(पु.) बिना पूर्ण अंक का

अपूर्ति–(स्त्री.) 1 पूरा न होना, कमी 2 अतृप्ति

अपूर्व–I (वि.) 1 जैसा पहले न हुआ हो, अनूठा 2 अद्भुत 3 अज्ञात II (पु.) 1 परब्रह्म 2 पाप-पुण्य **अपूर्व विधि** (स्त्री.) नया अधिकारिक आदेश

अपेक्षणीय–(वि.) अपेक्षा करने योग्य, वांछनीय

अपेक्षया–(क्रि./वि.) तुलना में

अपेक्षा–I (स्त्री.) 1 चाह 2 आशा 3 आदर 4 आवश्यकता II (क्रि. वि.) तुलना में **अपेक्षाकृत** (क्रि. वि.) किसी की तुलना में

अपेक्षा बुद्धि–(स्त्री.) भेद बुद्धि

अपेक्षित–(वि.) जिसकी चाह या आशा हो

अपौरुष–I (वि.) 1 पुरुषार्थहीन 2 भीरु 3 अपुरुषोचित 4 जो मनुष्य-सा न हो II (पु.) पौरुष का अभाव

अपौरुषेय–I (वि.) 1 जो मनुष्य की शक्ति और सामर्थ्य के बाहर हो, दैवी 2 लोकोत्तर II (पु.) वीरता का अभाव

अपौष्टिक–(वि.) जो हज़्म न हो सके

अप्रकट–(वि.) 1 जो प्रकट न हो 2 गुप्त, छिपा हुआ

अप्रकाशित–(वि.) 1 प्रकाशहीन 2 जो छपा न हो (जैसे–अप्रकाशित कहानी)

अप्रकाश्य–(वि.) प्रकाशित या प्रकट करने के अयोग्य

अप्रचलन–(पु.) जो व्यवहार में न आता हो

अप्रचलित–(वि.) जिसका चलन या व्यवहार न हो

अप्रच्छन्न–(वि.) 1 अनावृत 2 स्पष्ट

अप्रतिबद्ध–(वि.) 1 बे-रोक-टोक 2 मनमाना

अप्रतिभ–(वि.) 1 प्रतिभाहीन 2 उदास 3 लज्जाशील

अप्रतिम–(वि.) बेजोड़, अद्वितीय

अप्रतिष्ठ–(वि.) 1 बेइज़्ज़त 2 अस्थिर 3 निकम्मा

अप्रतिष्ठा–(स्त्री.) 1 आदर-मान का अभाव 2 बेइज़्ज़ती 3 स्थिरता का अभाव **अप्रतिष्ठाजनक** (वि.) अनादर पैदा करनेवाला

अप्रतिष्ठित–(वि.) 1 प्रतिष्ठाहीन 2 जो स्थिर या सुव्यवस्थित न हो

अप्रत्यक्ष–(वि.) 1 जो दिखाई न दे, अगोचर 2 परोक्ष 3 गुप्त

अप्रत्याशित–(वि.) 1 जिसकी आशा न रही हो 2 आकस्मिक

अप्रभावशाली–(वि.) प्रभावहीन

अप्रयुक्त–(वि.) 1 जो काम में न लाया गया हो 2 अप्रचलित

अप्रयोजनीय–(वि.) 1 अनुपयोगी 2 बेमतलब

अप्रवृत्त–(वि.) काम में न लगा हुआ

अप्रवृत्ति–(स्त्री.) 1 इच्छा का अभाव 2 कोष्ठबद्धता

अप्रशिक्षित–(वि.) जो शिक्षित न हो

अप्रसंग–I (पु.) 1 जिसका अवसर न हो II (वि.) अप्रासंगिक

अप्रसन्न–(वि.) 1 असंतुष्ट 2 उदास 3 नाराज़

अप्रसिद्ध–(वि.) 1 जिसे अधिक लोग न जानते हों, गुमनाम 2 असामान्य

अप्राकृतिक–(वि.) 1 अस्वाभाविक 2 जो भौतिक प्रकृति से भिन्न हो, अलौकिक

अप्राप्त–(वि.) 1 न मिला हुआ 2 न आया हुआ 3 न पहुँचा हुआ 4 अप्रस्तुत 5 अल्पवयस्क **अप्राप्त काल** (वि.) जिसका समय न आया हो **अप्राप्त वय** (वि.) नाबालिग **अप्राप्त व्यवहार** (वि.) जो वयस्क न हुआ हो

अप्राप्त-यौवना–(स्त्री./वि.) जो अभी जवान न हुई हो

अप्राप्ति–(स्त्री.) 1 न मिलना 2 पूर्व नियम से प्रमाणित न होना 3 अनुपपत्ति

अप्राप्य–(वि.) न मिलनेवाला, अलभ्य, दुर्लभ

अप्रामाणिक–(वि.) 1 जो प्रमाण से सिद्ध न हो, ऊट-पटाँग 2 अविश्वसनीय 3 अमान्य 4 असंबद्ध

अ

अप्रासंगिक–(वि.) 1 प्रस्तुत विषय से असंबद्ध 2 प्रसंग के विरुद्ध

अप्रिय–I (वि.) 1 जो प्यारा न हो 2 अरुचिकर II (पु.) शत्रु **अप्रियभागी** (वि.) दुर्भाग्य-ग्रस्त

अप्रीति–(स्त्री.) 1 अरुचि 2 बैर 3 दुर्भाव 4 स्नेह का अभाव

अप्रीतिकर–(वि.) 1 कठोर 2 अप्रिय

अप्रैल–(पु.) ईसवी साल का चौथा महीना

अप्सरा–(स्त्री.) 1 स्वर्गलोक की स्त्री 2 परम सुंदरी स्त्री 3 परी

अफ़रना–(अ. क्रि.) 1 जी भर खाना, अघाना 2 पेट फूलना 3 ऊबना

अफ़रा-तफ़री–(स्त्री.) 1 गड़बड़, गोलमाल 2 बदहवासी 3 आतंक

अफ़लातून–(पु.) प्राचीन यूनानी दार्शनिक प्लेटो

अफ़वाह–(स्त्री.) 1 उड़ाई हुई ख़बर 2 गप्प

अफ़सर–(पु.) 1 अधिकारी 2 हाकिम 3 सरदार

अफ़सराना–(वि.) अफ़सरी ढंग का **अफ़सराना अंदाज़** अफ़सर जैसा व्यवहार

अफ़सरी–(स्त्री.) 1 प्रधानता 2 अधिकार

अफ़साना–(पु.) 1 कहानी 2 उपन्यास

अफ़सोस–(पु.) 1 दुःख 2 खेद 3 पछतावा

अफ़ीम–(स्त्री.) एक तरह का कड़ुवा एवं मादक द्रव्य

अब–(क्रि. वि.) 1 इस समय 2 इस क्षण 3 आगे से

अबद्ध–(वि.) 1 न बँधा हुआ 2 आज़ाद 3 अर्थहीन

अबरक–(पु.) 1 अभ्रक धातु 2 एक तरह का पत्थर

अबाध–I (वि.) 1 बाधारहित, बेरोक 2 निर्विघ्न 3 कष्टरहित 4 अपार II (पु.) खंडन न होना

अबाध्य–(वि.) जो रोका न जा सके

अबाबील–(स्त्री.) एक काली चिड़िया

अबीर–(पु.) होली पर प्रयोग में आनेवाला एक रंग, गुलाल

अबूझ–(वि.) जिसे बूझा न जा सके, अज्ञेय

अबे–(क्रि. वि.) तिरस्कारसूचक संबोधन **अबे-तबे करना** अपमानजनक ढंग से बात करना

अबोध–I (पु.) ज्ञान का अभाव II (वि.) 1 अनजान, नासमझ 2 घबड़ाया हुआ

अबोध्य–(वि.) 1 जो समझ में आने योग्य न हो 2 जिसे समझा न जा सके

अब्बा–(पु.) बाप, पिता

अभंग–I (वि.) 1 अखंडित 2 न टूटनेवाला II (पु.) संगीत में एक ताल

अभक्ष्य–I (वि.) 1 न खाने योग्य 2 जिसके खाने का निषेध हो II (पु.) वह खाद्य पदार्थ जो निषिद्ध हो

अभद्र–I (वि.) 1 असभ्य 2 अशुभ II (पु.) 1 अहित 2 शोक

अभय–I (पु.) 1 भय का अभाव, निर्भयता 2 परमात्मा 3 भय से रक्षा II (वि.) 1 भयरहित, निडर 2 निरापद **अभयकर** (वि.) निर्भय करनेवाला **अभयदान** (पु.) भय से रक्षा का वचन देना, शरण देना **अभय-पत्र** (पु.) 1 अभय दान से युक्त पत्र 2 रक्षा का लिखित आश्वासन **अभय मुद्रा** (स्त्री.) महात्मा का हाथ उठाकर अभय का आश्वासन **अभय वचन** (पु.) रक्षा की प्रतिज्ञा

अभयारण्य–(पु.) ऐसा वन जिसमें पशुओं के शिकार पर रोक हो

अभागा–(वि.) जिसका भाग्य अनुकूल न हो

अभागिनी–(स्त्री.) भाग्यहीन स्त्री

अभागी–(वि.) 1 जायदाद में हिस्सा पाने का अनधिकारी 2 अभागिनी

अभाग्य–I (वि.) भाग्यहीन, दुःखी II (पु.) भाग्यहीनता, बदक़िस्मती **अभाग्यवश** भाग्यहीनता के कारण

अभाज्य–(वि.) जिसका भाग न हो सके (जैसे 3, 7, 11)

अभारतीय–(वि.) ग़ैर-हिन्दुस्तानी

अभाव–(पु.) 1 अस्तित्व में न होने की अवस्था, असत 2 कमी

अ

अभावग्रस्त–(वि.) निर्धन, गरीब
अभावात्मक–(वि.) जो अभाव के रूप में हो, अभावसूचक
अभिकरण–(पु.) किसी के अधीन काम करनेवाली संस्था (एजेंसी)
अभिकर्त्ता–(पु.) संस्था की ओर से प्रतिनिधि के रूप में कार्य करनेवाला (एजेंट)
अभिकर्त्ता पत्र–(पु.) वह पत्र जिसके अनुसार कोई किसी का अभिकर्त्ता नियत हुआ हो
अभिकलन–(पु.) परिकलन का वह रूप जिसमें अनुभवों, बाहरी घटनाओं, निश्चित सिद्धांतों आदि से भी सहायता ली जाती है
अभिक्रम–(पु.) 1 आगे बढ़ना 2 प्रयत्न 3 आक्रमण 4 आरोहण
अभिक्रमण–(पु.) आगे की ओर बढ़ना
अभिक्रिया–(पु.) रासायनिक क्रिया
अभिगमन–(पु.) पास जाना
अभिगामी–(वि.) पास जाने वाला
अभिगृहीत–(वि.) 1 जिसे अपनाया गया हो 2 राज्य द्वारा लिया गया
अभिग्रहण–(पु.) 1 राज्य द्वारा ले लेना 2 किसी वस्तु का अपहरण
अभिघात–(पु.) 1 प्रहार, चोट पहुँचाना 2 विनाश
अभिचार–(पु.) बुरे काम के लिए मंत्र का प्रयोग, झाड़-फूँक, टोना
अभिचारी–(वि.) अनुचित कर्म करनेवाला
अभिजात–I (वि.) 1 कुलीन 2 योग्य 3 विद्वान् II (पु.) 1 उच्च वंश 2 कुलीनता **अभिजात तंत्र** (पु.) उच्चवर्ग के व्यक्तियों का शासन
अभिजात वर्ग–(पु.) उच्चकुल के लोग
अभिजात्य–(वि.) उच्च कुल के योग्य व्यवहार
अभिज्ञ–(वि.) 1 जाननेवाला, ज्ञाता 2 कुशल
अभिज्ञान–(पु.) 1 पहचान 2 निशानी 3 अनुस्मरण
अभिज्ञापन–(पु.) 1 पहचान कराना 2 सूचना देना 3 जानकारी कराना
अभिधा–(स्त्री.) 1 नाम, संज्ञा 2 स्पष्ट उक्ति 3 निर्देश 4 वाच्यार्थ प्रकट करनेवाली शब्द शक्ति
अभिधान–(पु.) 1 उपाधि 2 कथन 3 नाम 4 शब्दकोश
अभिनंदन–(पु.) 1 अभिवादन 2 सराहना करना 3 प्रोत्साहन 4 बधाई 5 स्वागत
अभिनंदन पत्र, अभिनंदन कार्ड–(पु.) ऐसा पत्र या कार्ड जिसमें सम्मानित व्यक्ति की सेवाओं का श्रद्धापूर्वक उल्लेख हो और सार्वजनिक रूप से उसे भेंट किया जाए
अभिनंदन ग्रंथ–(पु.) किसी प्रतिष्ठित व्यक्ति की सेवाओं की स्मृति को स्थायी बनाये रखने हेतु उनके नाम से सार्वजनिक रूप में दिया जानेवाला ग्रंथ
अभिनंदन समारोह–(पु.) स्वागत हेतु किया जानेवाला उत्सव, जलसा
अभिनंदनीय–(वि.) 1 अभिनंदन करने योग्य 2 प्रशंसनीय
अभिनंदित–(वि.) जिसका अभिनंदन किया गया हो
अभिनय–(पु.) 1 आंगिक चेष्टाओं का कलात्मक प्रदर्शन 2 अनुकरण 3 आंगिक चेष्टाएँ 4 नाटक खेलना **अभिनय कला** (पु.) नाटक करने की कला **अभिनय मंच** (पु.) नाटक खेलने का मंच (स्टेज)
अभिनयशाला–(स्त्री.) नाटक खेलने का स्थान
अभिनयात्मक–(वि.) अभिनय से संबंधित
अभिनव–(वि.) 1 बिल्कुल नया 2 आधुनिक ढंग का **अभिनवत्व** (पु.) नवीनता, नयापन
अभिनिर्णय–(पु.) 1 निर्णायक का निर्णय 2 पक्का फैसला
अभिनिर्णायक–(वि.) निर्णय करनेवाला
अभिनिष्क्रमण–(पु.) 1 घर से बाहर निकलना 2 संन्यास रूप में घर त्यागना
अभिनीत–(वि.) 1 जिसका अभिनय हुआ हो 2 समीप लाया हुआ 3 पूर्णता को पहुँचा हुआ 4 सज्जित
अभिनेता–(पु.) 1 जो अभिनय करता हो 2 नट
अभिनेत्री–(स्त्री.) 1 अभिनय करनेवाली 2 नटी
अभिनेय–(वि.) जो अभिनय योग्य हो

अ

अभिन्न–(वि.) 1 जो भिन्न न हो 2 एकरूप 3 संबद्ध 4 अटूट 5 अंतरंग

अभिन्न हृदय–(वि.) जिसमें पूर्ण एकता या समानता हो

अभिप्राय–(पु.) 1 आशय, तात्पर्य 2 इरादा 3 नीयत 4 मूल अर्थ 5 कथानक

अभिभावक–I (पु.) माता-पिता, संरक्षक II (वि.) 1 अभिभूत करनेवाला 2 अति प्रबल, श्रेष्ठ

अभिभाविका–(वि./स्त्री.) 1 देख-रेख करनेवाली 2 वशीभूत करनेवाली

अभिभाषण–(पु.) 1 विद्वतापूर्ण भाषण 2 अध्यक्ष का वक्तव्य

अभिभूत–(वि.) 1 पराजित किया हुआ 2 पीड़ित 3 चकित 4 विकल 5 किंकर्तव्यविमूढ़

अभिभूतकारी–(वि.) हरानेवाला

अभिमंत्रण–(पु.) 1 जादू करना 2 मंत्रोच्चारण से शुद्ध करना 3 आवाहन

अभिमंत्रित–(वि.) 1 मंत्र द्वारा शुद्ध किया हुआ 2 जादू किया हुआ **अभिमंत्रित जल** (पु.) मंत्र द्वारा शुद्ध किया हुआ पानी

अभिमंथ–(पु.) आँख का एक रोग

अभिमत–I (वि.) 1 अनुकूल, सम्मत 2 मनचाहा II 1 स्वीकृत मत 2 व्यक्तिगत मत

अभिमन्यु–(पु.) अर्जुन और सुभद्रा का पुत्र

अभिमर्दन–(पु.) 1 कुचलना 2 चूर-चूर करना 3 सताना

अभिमान–(पु.) 1 अहंकार, घमंड 2 अपनी प्रतिष्ठा या मर्यादा एवं सत्ता की अनुचित धारणा

अभिमानी–(वि.) अहंकारी, घमंडी

अभियंता–(पु.) 1 वास्तुकार 2 लोक वास्तु संबंधी चीज़ें बनानेवाला विशेषज्ञ (इंजीनियर)

अभियंत्रण–(पु.) 1 अभियंता का कार्य 2 यंत्र निर्माण विद्या एवं कला

अभियांत्रिकी–(स्त्री.) इंजीनियरिंग

अभियान–(पु.) 1 दल-बल सहित चल पड़ना 2 सैनिक आक्रमण, चढ़ाई **अभियानकारी** (वि.) चढ़ाई या हमला करनेवाला **अभियान दल** (पु.) आक्रमण करनेवाली टुकड़ी

अभियुक्त–(वि.) 1 लगा हुआ, संलग्न 2 अपराधी, दोषी, मुलज़िम 3 आक्रांत

अभियोक्ता–(वि.) अभियोगी

अभियोग–(पु.) 1 दोषारोपण 2 आक्षेप 3 मुक़दमा **अभियोगकारी** (वि.) अभियोग लगानेवाला **अभियोग पक्ष** (पु.) दावा करनेवाली पार्टी **अभियोग-पत्र** (पु.) वह पत्र जिसमें अभियोग संबंधी विवरण लिखा हो **अभियोग-मुक्त** (पु.) दोष से छुटकारा

अभियोग साक्षी–(स्त्री.) अभियोग पक्ष का गवाह

अभियोगी–I (वि.) 1 फ़रियादी 2 आक्रमण करनेवाली 3 मनोयोगपूर्वक लगा हुआ II (पु.) वादी

अभिरक्षक–(वि.) बचाव करनेवाला, संरक्षक

अभिरक्षण–(पु.) बचाव करना, रक्षा करना

अभिरक्षा–(स्त्री.) अच्छी तरह से की जानेवाली रक्षा

अभिराम–I (वि.) 1 अच्छा लगनेवाला 2 मोहक 3 सुखद II (पु.) 1 आराम 2 प्रसन्नता

अभिरुचि–(स्त्री.) 1 शौक़ 2 झुकाव 3 विशेष रुचि 4 कीर्ति आदि की इच्छा, अभिलाषा

अभिलाषा–(स्त्री.) मन की चाह, कामना

अभिलाषी–(वि.) चाहनेवाला, इच्छुक

अभिलिखित–(वि.) रिकार्ड किया हुआ

अभिलेख–(पु.) 1 महत्त्वपूर्ण लेख, दस्तावेज़, रिकार्ड 2 ताम्रपट पर खुदा हुआ लेख

अभिलेखन–(पु.) 1 लिखना 2 खोदना 3 रिकार्ड करना

अभिलेखन-यंत्र–(पु.) रिकार्डिंग मशीन

अभिलेखपाल–(पु.) अभिलेखों की देखभाल करनेवाला कर्मचारी (रिकार्ड कीपर)

अभिलेखागार, अभिलेखालय–(पु.) रिकार्ड-घर

अभिवंदन–(पु.) प्रणाम करना, बंदगी

अभिवादन–(पु.) श्रद्धापूर्वक किया जानेवाला नमस्कार, वंदना

अभिवृद्धि–(स्त्री.) 1 विशेष वृद्धि 2 सफलता 3 समृद्धि, उन्नति

अभिव्यंजक–(वि.) प्रकट करनेवाला, बोधक

अभिव्यंजन (पु.), **अभिव्यंजना**–(स्त्री.) विचारों एवं भावों को प्रकट करना, अभिव्यक्ति

अभिव्यंजनवाद–(पु.) मनोगत भावों को यथार्थ रूप में व्यक्त करने की मान्यता **अभिव्यंजनवादी** (वि.) अभिव्यंजनवाद को माननेवाला

अभिव्यक्त–(वि.) प्रकट किया हुआ

अभिव्यक्ति–(स्त्री.) 1 प्रकट करना 2 प्रकाशन

अभिव्याप्त–(वि.) अच्छी तरह व्याप्त

अभिव्याप्ति–(स्त्री.) 1 सर्वव्यापकता 2 समावेश

अभिशप्त–(वि.) 1 जिस पर मिथ्या आरोप किया गया 2 शापित, शापग्रस्त

अभिशाप–(पु.) 1 बड़ा शाप 2 लांछन 3 मिथ्या आरोप

अभिषिक्त–(वि.) 1 जिसका अभिषेक हुआ हो 2 सींचा हुआ 3 अधिकार प्राप्त

अभिषेक–(पु.) 1 जल छिड़कना 2 राजा के सिंहासनारोहण का अनुष्ठान 3 अभिषेक में काम आनेवाला पवित्र जल

अभिषेचन–(पु.) अभिषेक करना

अभिसंक्रमण–(पु.) 1 सौंपकर छुट्टी पाना 2 पहुँचाना

अभिसंधि–(स्त्री.) 1 जोड़ 2 दुष्ट अभिप्राय 3 समझौता 4 कुचक्र, षड्यंत्र

अभिसार–(पु.) 1 आगे बढ़ना 2 प्रिय से मिलने जाना 3 संकेतस्थल पर पहुँचना

अभिसारिका–(स्त्री.) प्रिय से मिलने के लिए जानेवाली नायिका

अभिसंचित–(वि.) अच्छी तरह सींचा हुआ

अभिहित–I (वि.) 1 कहा हुआ 2 अभिधा वृत्ति द्वारा बोधित 3 उल्लिखित II (पु.) 1 नाम 2 शब्द **अभिहित संधि** (स्त्री.) मौखिक संधि

अभी–(क्रि. वि.) अब ही, इसी समय

अभीत–(वि.) निडर, निर्भीक

अभीति–I (स्त्री.) 1 निर्भीकता 2 हमला II (वि.) निर्भीक

अभीप्सा–(स्त्री.) कामना, प्रबल इच्छा **अभीप्सा पूर्ति** (स्त्री.) कामना का पूरा होना

अभीप्सित–I (वि.) वांछित II (पु.) अभिलाषा

अभीरु–I (वि.) 1 निडर 2 जो डरनेवाला न हो 3 निर्दोष II (पु.) 1 शिव 2 भैरव 3 युद्धभूमि

अभीष्ट–I (वि.) 1 चाहा हुआ 2 अभिप्रेत 3 प्रिय 4 रुचिकर II (पु.) 1 अभिलाषित वस्तु 2 मनोरथ 3 प्रेमी 4 प्रिय व्यक्ति **अभीष्ट लाभ** (पु.) अभिप्रेत वस्तु की प्राप्ति **अभीष्ट-सिद्धि** (स्त्री.) मनचाही बात पूरी होना

अभुक्त–(वि.) 1 न खाया हुआ 2 न भोगा हुआ 3 अछूता 4 जिसने भोजन न किया हो

अभुक्तपूर्व–(वि.) जिसका पहले उपयोग न हुआ हो

अभूत–(वि.) 1 जो हुआ न हो 2 अविद्यमान 3 मिथ्या **अभूत दोष** (वि.) निर्दोष **अभूतपूर्व** (वि.) 1 जो पहले न हुआ हो 2 अनोखा

अभूत शत्रु–(वि.) जिसका कोई शत्रु न हो

अभेद–I (पु.) 1 भेद का अभाव, एकता 2 एकरूपता II (वि.) 1 भेदरहित 2 अविभक्त 3 जिसका रहस्य न जाना गया हो **अभेदवादी** (पु./वि.) जीवात्मा और परमात्मा में कोई भेद न माननेवाला

अभेद्य–I (वि.) जो छेदा न जा सके, अविभाज्य II (पु.) हीरा

अभोग–I (पु.) भोग का अभाव II (वि.) अभुक्त

अभोज्य–(पु.) 1 न खाने योग्य 2 जिसके खाने की मनाही हो

अभौतिक–(वि.) जो पंचतत्वों से न बना हो

अभौम–(वि.) जो भूमि से उत्पन्न न हुआ हो

अभ्यंग–(पु.) 1 लेपन 2 मालिश

अभ्यंतर–I (पु.) 1 वस्तु का भीतरी भाग 2 बीच का अवकाश 3 अंतःकरण II (क्रि. वि.) भीतर, अंदर III (वि.) 1 भीतरी 2 अंतरंग 3 परिचित 4 कुशल **अभ्यंतर**

अ

प्रयत्न (पु.) उच्चारण में वायु को मुख के अन्दर रोकना
अभ्यर्थन–(पु.) 1 प्रार्थना करना 2 दरख़्वास्त 3 अगवानी करना
अभ्यर्थना–(पु.) 1 अनुरोध, विनती 2 मांग, याचना
अभ्यर्थी–(वि.) 1 प्रार्थना करनेवाला 2 उम्मीदवार
अभ्यर्पित–(वि.) सौंप दिया गया
अभ्यस्त–(वि.) 1 अच्छी तरह सीखा हुआ 2 जिसने अभ्यास किया हो 3 पक्का
अभ्यागत–I (वि.) सामने आया हुआ II (पु.) 1 अतिथि 2 साधु-संन्यासी
अभ्यागम–(पु.) 1 पास आना 2 पड़ोस 3 अगवानी 4 मुठभेड़ 5 युद्ध
अभ्यास–(पु.) 1 किसी काम को बार-बार करना 2 आदत **अभ्यास योग** (पु.) किसी एक विषय का बारम्बार चिंतन एवं मनन करना **अभ्यासवश** (क्रि. वि.) अभ्यास के कारण
अभ्यासी–(वि.) अभ्यास करनेवाला
अभ्युक्ति–(स्त्री.) 1 दोष लगाना 2 तर्क उपस्थित करना
अभ्युत्थान–(पु.) 1 उठना 2 उत्कर्ष 3 अभ्युदय
अभ्युत्थायी–(वि.) 1 उन्नति करनेवाला 2 विद्रोही
अभ्युदय–(पु.) 1 वृद्धि 2 उत्तरोत्तर उन्नति 3 इष्टलाभ 4 कल्याण **अभ्युदय काल** (पु.) उन्नति काल
अभ्युदित–(वि.) 1 उगा हुआ 2 निकला हुआ 3 घटित 4 समृद्धिप्राप्त, उन्नत
अभ्र–(पु.) 1 बादल 2 आकाश 3 अभ्रक 4 शून्य **अभ्रपुष्प** (पु.) 1 बेंत का एक प्रकार 2 पानी 3 कोई असम्भव बात **अभ्रभेदी** (वि.) गगनचुम्बी, अत्यधिक ऊँचा **अभ्रस्पर्शी** (वि.) गगन को छूनेवाली
अभ्रांत–(वि.) भ्रमरहित, यथार्थ ज्ञाता
अभ्रांति–(स्त्री.) भ्रमहीनता
अमंगल–I (वि.) 1 अशुभ 2 भाग्यहीन II (पु.) 1 अकल्याण 2 दुर्भाग्य
अमंद–(वि.) 1 तेज़ 2 परिश्रमी 3 उग्र
अमचूर–(पु.) कच्चे आम का सूखा चूर्ण
अमन–(पु.) 1 शांति 2 रक्षा **अमन-अमान** (पु.) शांति और सुरक्षा या सुव्यवस्था **अमन-चैन** (पु.) सुख-शांति और सुरक्षा या सुव्यवस्था **अमन-पसंद** (वि.) शांतिप्रिय
अमनस्क–(वि.) 1 उदासीन 2 अनमना
अमनुष्य–I (वि.) जो मनुष्य के बस का न हो II (पु.) मनुष्य नहीं, दैत्यादि
अमर–I (वि.) 1 न मरनेवाला 2 अविनाशी II (पु.) देवता **अमरता** (स्त्री.), **अमरत्व** (पु.) 1 अमर होना 2 आत्मा का शाश्वत अस्तित्व 3 देवत्व **अमर निधि** (स्त्री.) **अमर पद** (पु.) मोक्ष **अमरपुर** (पु.) इन्द्रपुरी, अमरावती **अमरबेल** (स्त्री.) आकाशबेल (लता) **अमरलोक** (पु.) देवलोक, स्वर्ग
अमर कोश–(पु.) अमरसिंह का बनाया हुआ संस्कृत का प्रसिद्ध कोश
अमरस–(पु.) आम का रस
अमराई–(स्त्री.) 1 आम का बाग़ 2 उद्यान
अमरावती–(स्त्री.) इन्द्रनगरी, स्वर्ग
अमरीकी–I (वि.) अमरीका का II (पु.) अमरीका का रहनेवाला
अमरूद–(पु.) एक प्रसिद्ध फल
अमर्यादा–(स्त्री.) 1 सीमा का उल्लंघन 2 आचरणहीनता 3 अप्रतिष्ठा
अमर्यादित–(वि.) अमर्याद
अमर्ष–(पु.) 1 असहिष्णुता 2 आवेश 3 क्रोध– एक संचारी भाव 4 अपनी अवज्ञा या तिरस्कार आदि से उत्पन्न क्षोभ
अमल–I (वि.) 1 मलरहित 2 निष्पाप 3 उज्ज्वल II (पु.) 1 स्वच्छता 2 अबरक 3 परब्रह्म
अमल–(पु.) 1 काम, क्रिया, व्यवहार 2 कर्म 3 आचरण 4 उम्मीद, आशा 5 आदत 6 अधिकार 7 नशा 8 प्रभाव 9 समय **अमल-दख़ल** (पु.) क़ब्ज़ा-दख़ल, भोग

अमलनामा (पु.) अधिकार पत्र **अमलपट्टा** (पु.) कार्य करने के लिए कारिंदे को दिया जानेवाला अधिकार पत्र

अमलतास–(पु.) एक पेड़ जिसके फूल, फल और बीज दवा के काम आते हैं

अमलदार–(पु.) 1 अधिकारी 2 शासक **अमलदारी**–(स्त्री.) 1 हुकूमत 2 अधिकार

अमला–I (स्त्री.) 1 लक्ष्मी 2 आँवला II (पु.) 1 कर्मचारी मंडल 2 दफ़्तर 3 काठ-कबाड़ **अमलासाज़ी** (स्त्री.) कर्मचारियों को घूस आदि देकर काम निकालना

अमली–I (वि.) 1 व्यावहारिक 2 कामकाजी 3 नशेबाज़ II (स्त्री.) 1 इमली 2 एक झाड़दार वृक्ष **अमली जामा पहनाना** कार्य रूप देना, कार्य में परिणत करना

अमा–(स्त्री.) अमावस्या, शुक्ल पक्ष की पंद्रहवीं रात

अमात्य–(पु.) मंत्री **अमात्य मंडल** (पु.) मंत्रिमंडल **अमात्य सभा** (स्त्री.) मंत्रियों की सभा, बैठक

अमानत–(स्त्री.) 1 धरोहर, थाती 2 थाती रखना 3 अमीन का काम या पद **अमानतदार** (पु.) जिसके पास धरोहर रखी जाये **अमानतनामा** (पु.) धरोहर रखते समय उसके प्रमाण स्वरूप लिखा जानेवाला पत्र **अमानतवाला** (वि.) अमानत या धरोहर रखनेवाला

अमानव–(पु.) मानव नहीं, मानवेतर

अमानवीय–(वि.) 1 जो मनुष्य के योग्य न हो 2 क्रूर

अमानुष–I (पु.) वह जो मनुष्य न हो, देवपुरुष II (वि.) 1 मनुष्य न होनेवाला 2 अलौकिक 3 अमनुष्योचित 4 पाशव 5 पैशाचिक **अमानुषता** (स्त्री.) पैशाचिकता

अमानुषिक–(वि.) 1 अमानवीय 2 पाशविक

अमानुषी–(वि.) मनुष्य स्वभाव के विरुद्ध

अमानुषीय–(वि.) अलौकिक

अमाप–(वि.) 1 जिसके परिमाण का अंदाज़ा न हो 2 अत्यधिक

अमाप्य–(वि.) जो मापा न जा सके

अमार्ग–I (पु.) 1 बुरा रास्ता 2 मार्ग का अभाव II (वि.) मार्गरहित

अमावट–(स्त्री.) 1 पके आम का रस सुखाकर बनायी हुई मोटी परत 2 एक मछली

अमावस, अमावस्या–(स्त्री.) 1 कृष्ण पक्ष की अंतिम रात्रि 2 अमावस की रात

अमिट–(वि.) 1 न मिटनेवाला 2 अटल 3 स्थायी

अमित–(वि.) 1 बेहद 2 अत्यधिक 3 जो मापा न जा सके **अमित बल** (पु.) अत्यधिक बल **अमितव्ययी** (वि.) अधिक खर्च करनेवाला

अमिताभ–I (वि.) बहुत चमकवाला, अत्यंत तेजस्वी II (पु.) बुद्ध का एक नाम

अमित्र–I (वि.) 1 मित्रहीन 2 विरोधी II (पु.) मित्र नहीं, प्रतिपक्षी

अमिश्रित–(वि.) 1 अमिश्र 2 बिना मिला हुआ

अमीन–I (वि.) 1 अमानत रखनेवाला 2 विश्वसनीय II (पु.) माल विभाग का एक कर्मचारी

अमीबा–(पु.) एककोशीय सूक्ष्म जीव जो जल में रहता है

अमीर–(पु.) 1 धनी व्यक्ति 2 सरदार 3 अधिकारी II (वि.) धनवान **अमीरज़ादा** (पु.) 1 धनिक पुत्र 2 कुलीन

अमीराना–(वि.) 1 अमीरी जतानेवाला 2 धनिकोचित

अमीरी–I (स्त्री.) दौलतमंदी II (वि.) अमीर के योग्य

अमुक–(वि.) कोई ख़ास, फ़लाना, अनिश्चित (जैसे–अमुक व्यक्ति)

अमूर्त–I (वि.) 1 जिसका कोई रूप या आकार न हो 2 देहरहित 3 निरवयव (आकाश, वायु, आत्मादि) II (पु.) शिव **अमूर्तपद** (पु.) भाववाचक संज्ञा

अमूल्य–(वि.) 1 अनमोल 2 बहुमूल्य

अ

अमृत–I (वि.) 1 न मरा हुआ 2 न मरनेवाला 3 अमर 4 सुंदर II (पु.) 1 सुधा रस 2 देवता **अमृतत्व** (पु.) अमरता **अमृतमय** मधुर **अमृत लोक** (पु.) स्वर्ग

अमृतबान–(पु.) रोगन किया हुआ मिट्टी का बर्तन, मर्तबान

अमेघ–(पु.) बिना बादल का, मेघ का अभाव

अमेल–(वि.) जिसका किसी से मेल न हो

अमोघ–I (वि.) 1 अचूक 2 अव्यर्थ 3 सफल II (पु.) अव्यर्थता

अमोनिया–(पु.) नौसादर

अमोल–(वि.) 1 अनमोल 2 बहुमूल्य

अमोलक–(वि.) अमूल्य

अमौलिक–(वि.)1 जो मौलिक या स्वतंत्र रचना न हो 2 निर्मूल 3 अयथार्थ

अम्मा, अम्मी–(स्त्री.) अम्माँ, माँ

अम्ल–I (वि.) खट्टा II (पु.) 1 खट्टापन, खटाई 2 सिरका 3 तेज़ाब 4 नींबू **अम्लता** (स्त्री.) खट्टापन, खटाई **अम्लपित्त** (पु.) एक रोग जिसमें आहार आमाशय में पहुँचकर अम्लीय हो जाता है **अम्लसार** (पु.) 1 नीबू 2 चूक खट्टा 3 अमलबेंत 4 आँवला सार, गंधक

अम्लशूल–(पु.) अम्ल पित्त के कारण कलेजे में दर्द

अम्लान–I (वि.) 1 जो मुरझाया या उदास न हो 2 प्रफुल्ल 3 स्वच्छ, निर्मल II (पु.) बाणपुष्प वृक्ष

अम्लीकरण–(पु.) वह क्रिया जिससे वस्तु में खट्टापन आये

अम्लीय–(वि.) 1 अम्ल संबंधी 2 खट्टा

अय–I (पु.) 1 लोहा 2 हथियार 3 अग्नि II (क्रि. वि.) ऐ, हे

अयथार्थ–(वि.) झूठ, ग़लत **अयथार्थता** (स्त्री.) यथार्थ न होने का भाव

अयथावत्–(क्रि. वि.) ग़लत तरीक़े से

अयथेष्ट–(वि.) 1 इच्छानुरूप नहीं 2 अनिच्छित

अयथोचित्–(वि.) 1 अयोग्य 2 निकम्मा

अयन–(पु.) 1 चलना 2 गति का काल 3 मार्ग (राशिचक्र, सूर्य) 4 व्यूह में प्रवेश करने का मार्ग 5 गृह 6 आश्रम 7 जगह **अयन काल** (पु.) सूर्य के उत्तरायण या दक्षिणायन में रहने का समय **अयनवृत्त** (पु.) ग्रहण रेखा **अयन संक्रांति** (स्त्री.) मकर और कर्क की संक्रांति

अयश–(पु.) 1 अपयश 2 लांछन **अयशकारी** (वि.) बदनाम करनेवाला

अयशस्वी–(वि.) जिसे यश न प्राप्त हो

अयस्–(पु.) लोहा

अयस्क–(पु.) कच्ची धातु (ओर)

अयस्कांत–(पु.) चुंबक

अयाचक–(वि.) 1 न माँगनेवाला 2 कामनारहित 3 संतुष्ट

अयाचित–(वि.) बिन माँगा, अप्रार्थित

अयाल–(पु.) 1 घोड़े या शेर की गर्दन के बाल 2 बाल-बच्चे **अयालदार** (पु.) बाल-बच्चोंवाला

अयुक्त–(वि.) 1 न जोता हुआ 2 न जोड़ा हुआ 3 अयोग्य 4 असंबद्ध 5 अनुपयुक्त 6 अन्यमनस्क 7 अनभ्यस्त

अयुक्ति–(स्त्री.) 1 लगाव का अभाव 2 पार्थक्य 3 अतर्क 4 अनौचित्य **अयुक्ति युक्ति** (स्त्री.) जो युक्तिसंगत न हो

अयुग्म–(वि.) 1 अकेला 2 विषम

अयुत–I (पु.) 10 हज़ार की संख्या II (वि.) 1 पृथक् 2 अक्षुब्ध

अयोग्य–(वि.) 1 योग्यताहीन, नाक़ाबिल 2 निकम्मा 3 अनधिकारी 4 नामुनासिब

अयोनि–I (वि.) 1 अजन्मा 2 नित्य 3 कोख से उत्पन्न नहीं II (पु.) 1 ब्रह्मा 2 शिव

अयौगिक–(वि.) अनियमित रूप से उत्पन्न

अरंड–(पु.) एरंड वृक्ष

अरंडी–(स्त्री.) एरंड का तेल, बीज

अर–(पु.) तीली

अरई–(स्त्री.) नुकीली लोहा लगी बैल को हाँकने की छड़ी

अरक–(पु.) 1 रस 2 सिवार 3 सूर्य
अरक्षित–(वि.) जिसकी रक्षा न की जाती हो
अरगजा–(पु.) एक सुगंधित लेप, उबटन
अरगनी–(स्त्री.) वस्त्र टाँगने की रस्सी, बाँस आदि
अरगल–(पु.) ब्योंड़ा, (किवाड़ में) रोक
अरज़ी–I (वि.) प्रार्थना करनेवाला II (पु.) प्रार्थी
अरणि, अरणी–(स्त्री.) अग्निमंथ नाम का वृक्ष जिसकी लकड़ियों की रगड़ से आग जलाई जाती है
अरण्य–(पु.) 1 जंगल 2 संन्यासियों का एक भेद **अरण्य गान** (पु.) 1 एकांत का गाना 2 बेकार का काम **अरण्य चंद्रिका** (स्त्री.) ऐसी चंद्रिका (या शोभा) जिसे देखने या समझनेवाला कोई न हो **अरण्य पंडित** (पु.) वह जो वन में ही अपना गुणगान कर सकें **अरण्यपाल** (पु.) वन का अधिकारी
अरण्यरोदन–(पु.) ऐसा रोना जिस पर कोई ध्यान न दे
अरण्यवास–(पु.) वनवास
अर्थी–(स्त्री.) शव ले जाने की टिकठी
अरदली–(पु.) चपरासी
अरदास–(स्त्री.) 1 प्रार्थना 2 प्रार्थना-पत्र 3 भेंट
अरब–I (वि.) सौ करोड़ II (पु.) 1 सौ करोड़ की संख्या 2 घोड़ा 3 इंद्र III (पु.) 1 दक्षिण-पश्चिम एशिया का एक देश जहाँ मुहम्मद साहब का जन्म हुआ था 2 अरब देश का निवासी
अरबी–I (वि.) अरब देश का II (पु.) 1 अरब निवासी 2 अरबी घोड़ा, अरबी ऊंट III (स्त्री.) अरब की भाषा
अरमान–(पु.) लालसा, इच्छा, कामना **अरमान निकलना** कामना की पूर्ति होना **अरमान रह जाना** कामना का अतृप्त रह जाना
अरविंद–(पु.) कमल का फूल **अरविंद नयन** (पु.) कमलनेत्र
अरवी–(स्त्री.) एक कंद, घुइयाँ, कचालू
अरस–I (वि.) 1 रसहीन, नीरस, फीका 2 असभ्य 3 सुस्त 4 निर्बल 5 अयोग्य II (पु.) 1 रस का अभाव 2 आलस्य 3 आकाश
अरस-परस–(पु.) 1 आँख-मिचौनी का खेल 2 दरस-परस
अरसा–(क्रि. वि.) 1 समय 2 अवधि 3 मैदान 4 देर 5 बहुत दिन **अरसा तंग होना** कठिनाई में पड़ना
अरसिक–(वि.) 1 अरसज्ञ, काव्य, संगीत आदि का रस लेने में असमर्थ 2 स्वादहीन, रूखा 3 रूखे स्वभाव का
अरहर–(स्त्री.) एक प्रकार का पौधा जिसके दाने से दाल बनाई जाती है
अराज–(वि.) 1 बिना राज का (देश) 2 अराजकता
अराजक–(वि.) 1 शासक या शासन से हीन 2 जो शासक या शासन की सत्ता नहीं मानता हो 3 शासन का उल्लंघन करनेवाला 4 विद्रोही या षड्यंत्रकारी
अराजकता–(स्त्री.) 1 देश में राजा या शासक का न होना 2 अनियंत्रित एवं विधि-विरोधी शासनावस्था **अराजकतापूर्ण** पूर्ण अव्यवस्थित राज्य **अराजकतावाद** (पु.) ऐसा सिद्धांत एवं मत जो शासन को अभिशाप एवं पाप की संज्ञा दे **अराजकतावादी** (वि.) अराजकतावाद सिद्धांत एवं मत का माननेवाला
अराजपत्रित–(वि.) जो गज़ट में न आया हो
अरारूट, अरारोट–(पु.) एक पौधा जिसके कंद को कूटकर उसका सत निकाला जाता है
अराष्ट्रीय–(वि.) 1 राष्ट्र से असंबद्ध 2 राष्ट्रविरोधी
अरि–(पु.) 1 विरोधी या वैरी 2 मनुष्य के विकार जो उसका अहित करते हैं 3 वायु 4 स्वामी 5 चक्र **अरिदमन** (पु.) शत्रुघ्न, अरिसूदन **अरिदल** (पु.) शत्रु समूह **अरिमर्दन** (वि.) शत्रु का नाश करनेवाला

अ

अरिष्ट–(पु.) 1 आपत्ति, विपत्ति 2 कष्ट, क्लेश 3 अपशकुन, अशुभ लक्षण 4 प्राकृतिक उत्पात 5 दुर्भाग्य 6 पौष्टिक मद्य 7 दुष्ट ग्रहों का योग
अरिष्टनेमि–(पु.) 1 सोलहवें प्रजापति का नाम 2 जैनियों के बाईसवें तीर्थंकर
अरी–(अ.) संबोधनसूचक शब्द
अरुचि–(स्त्री.) 1 दिलचस्पी न होना 2 अग्निमांद्य रोग 3 अनिच्छा
अरुचिकर–(वि.) जो रुचिकर न हो, नीरस
अरुंधती–(स्त्री.) 1 मुनि वशिष्ठ की पत्नी 2 सप्तर्षि मंडल का एक तारा
अरुण–I (वि.) लाल रंग का, सुर्ख़ II (पु.) 1 गहरा लाल रंग 2 प्रातःकालीन सूर्य 3 सूर्य का सारथि 4 सूर्योदय या सूर्यास्त के समय की लाली 5 कुंकुम 6 सिंदूर
अरुणप्रिया–(स्त्री.) सूर्य की पत्नी (छाया/संज्ञा)
अरुणता–(स्त्री.) 1 अरुण होने की अवस्था या भाव 2 लाली
अरुणाभ–(वि.) ललायी से युक्त, लालिमा युक्त
अरे–(अ.) 1 आश्चर्य, दुःख, आकुलता आदि प्रकट करने वाला उद्‌गार 2 छोटों के लिए व्यवहृत और प्रायः तिरस्कारसूचक सम्बोधन
अरोग–I (वि.) रोगरहित, निरोग II (पु.) आरोग्य
अरोचक–I (वि.) अरुचि पैदा करने वाला, अरुचिकर II (पु.) अरुचि
अर्क–I (पु.) 1 ज्योति, प्रकाश, किरण 2 सूर्य 3 आक या मदार II (वि.) पूजा करने योग्य।
अर्गला–(स्त्री.) 1 अगड़ी 2 सिटकिनी 3 हाथी बाँधने की ज़ंजीर
अर्घ–(पु.) 1 पूजन के लिए दूध-जल 2 हाथ धोने के लिए दिया गया जल 3 दाम, मूल्य 4 मधु, शहद **अर्घदान** (पु.) अर्घ अर्पण करना **अर्घपात्र** (पु.) अर्घ अर्पण करनेवाला पात्र **अर्घवृद्धि** (स्त्री.) महँगाई होना
अर्घ संस्थापन–(पु.) व्यापारिक वस्तुओं का मूल्य निर्धारित करना
अर्चन(पु.), **अर्चना**–(स्त्री.) पूजा, पूजन, वंदन, उपासना **अर्चना वंदना** (स्त्री.) अर्चना करना, वंदन करना
अर्चनीय–(वि.) 1 पूजनीय 2 सम्मान्य
अर्चा–(स्त्री.) 1 पूजा 2 प्रतिमा जिसकी पूजा करनी हो
अर्चित–I (वि.) 1 पूजित 2 सम्मानित II (पु.) विष्णु
अर्ज़–(पु.) 1 निवेदन 2 प्रार्थना 3 चौड़ाई **अर्ज़दाश्त** (पु.) प्रार्थनापत्र, अर्ज़ी
अर्जित–(वि.) इकट्ठा किया हुआ
अर्ज़ी–(स्त्री.) प्रार्थनापत्र, दरख़्वास्त **अर्ज़ी दावा** (पु.) वादी पक्ष का प्रार्थनापत्र **अर्ज़ी पुर्ज़ा** (स्त्री.) प्रार्थनापत्र **अर्ज़ीनवीस** (पु.) अर्ज़ी लिखनेवाला **अर्ज़ी मरम्मत** (स्त्री.) आवेदनपत्र से संशोधन हेतु दिया जानेवाला प्रार्थनापत्र
अर्जुन–I (पु.) 1 महाभारत का एक प्रमुख पांडवों पात्र में से एक 2 हैहय नरेश कार्तवीर्य 3 सफ़ेद रंग के फूलों का एक पेड़ II (वि.) 1 सफ़ेद, उज्ज्वल 2 चमकीला 3 स्वच्छ
अर्णव–(पु.) 1 समुद्र 2 अंतरिक्ष **अर्णवज** (पु.) समुद्र फेन **अर्णवनेमि** (स्त्री.) पृथ्वी
अर्णवपोत, यान–(पु.) जहाज़
अर्थ–(पु.) 1 अभिप्राय, मतलब 2 प्रयोजन 3 काम 4 मामला 5 हेतु 6 धन-संपत्ति 7 इंद्रियों के विषय (शब्द, स्पर्श, रस, रूप, गंध) 8 उपयोग 9 इच्छा 10 मूल्य **अर्थकर** (वि.) जिसका कुछ अर्थ हो **अर्थकारी**–(वि.) धन के विचार से उपयोगी **अर्थगत** (वि.) अर्थ-संबंधी **अर्थगर्भित** (वि.) जिसमें एक या कई अर्थ हो सकते हों
अर्थकष्ट–(पु.) पैसे की कमी
अर्थकाम–(वि.) धनेच्छु, स्वार्थी
अर्थतंत्र–(पु.) अर्थव्यवस्था (इकॉनॉमी)
अर्थबोध–(पु.) तात्पर्य की जानकारी (जैसे–

इस कविता का अर्थबोध सरल नहीं है) **अर्थभेद** (पु.) अर्थ में अंतर

अर्थलाभ–(पु.) सम्पत्ति का लाभ, रुपये-पैसे का लाभ

अर्थलोभ–(पु.) सम्पत्ति लोभ **अर्थलोलुप** (वि.) अर्थ का लोभी **अर्थविकार** (पु.) अर्थों में होनेवाला परिवर्तन या दोष **अर्थविचार** (पु.) शब्दार्थिकी

अर्थशास्त्र–(पु.) 1 पैसे के व्यवहार की विद्या (इक्नोमिक्स) 2 राजनीतिविज्ञान (जैसे–कौटिल्य का अर्थशास्त्र) 3 नीति शास्त्र **अर्थसिद्ध, अर्थसिद्धि** (स्त्री.) उद्देश्य की सिद्धि **अर्थसूचक** (वि.) अर्थ की सूचना देनेवाला

अर्थहीन–(वि.) 1 बिना अर्थ का 2 जिसका कोई अर्थ न हो

अर्थांतर–(वि.) 1 दूसरा विषय 2 नयी स्थिति 3 दूसरा मतलब

अर्थागम–(पु.) धनागम, आय

अर्थात्–(अ.) यानी, मतलब यह कि

अर्थाभाव–(पु.) अर्थ की कमी या अभाव

अर्थार्थी–(वि.) धन की कामना रखने या उसकी प्राप्ति के लिए प्रयास करनेवाला

अर्थालंकार–(पु.) शब्दों में अर्थ का चमत्कार प्रकट करनेवाला अलंकार

अर्थी–I (वि.) 1 चाह या ग़र्ज रखनेवाला 2 प्रार्थी 3 वादी 4 सेवा करनेवाला 5 धनी II (पु.) 1 माँगनेवाला 2 भिक्षुक 3 वादी 4 मालिक

अर्थोपार्जन–(पु.) धन कमाना

अर्दली–(पु.) चपरासी

अर्द्ध–I (वि.) आधा II (पु.) 1 आधा भाग 2 भाग **अर्द्धउष्ण** आधा गरम, कुनकुना **अर्द्धकालिक** (पु.) आधे समय का **अर्द्धगोलाकार** (वि.) गोले के आधे आकार का **अर्द्धचंद्र** (पु.) 1 आधा चंद्रमा 2 सानुनासिक का चिह्न, चंद्रबिंदु 3 वह बाण जिसका फल अर्धचंद्राकार हो 4 मोरपंख की आँख **अर्द्धचंद्राकार** (वि.) आधे चाँद के आकार का **अर्द्धजागृत** (वि.) आधा जागा हुआ **अर्द्धजीवित** (वि.) अधमरा **अर्द्धनग्न** (वि.) अधनंगा **अर्द्धनिशा** (स्त्री.) आधी रात **अर्द्धनिर्मित** (वि.) अधूरा बना हुआ **अर्द्धमागधी** (स्त्री.) मागधी और शोरसेनी के बीच की प्राकृत **अर्द्धमूर्च्छित** (वि.) आधा बेहोश **अर्द्धरात्रि** (स्त्री.) आधी रात **अर्द्धवार्षिक** (वि.) छह माहवाली, छमाही **अर्द्धविक्षिप्त** (वि.) आधा पागल **अर्द्धवृत्त** (पु.) आधा गोल या वृत्त **अर्द्धवृत्ताकार** (वि.) आधे गोले के आकार का **अर्द्धव्यास** (पु.) वृत्त के केंद्र से परिधि तक दूरी **अर्द्धशती** आधी शताब्दी, पचास वर्ष **अर्द्धशिक्षित** (वि.) अधूरा पढ़ा-लिखा **अर्द्ध-साक्षर** (वि.) अधूरा पढ़ा हुआ **अर्द्ध साप्ताहिक** सप्ताह में दो बार निकलने या होनेवाला

अर्द्धचेतन–(वि.) आधे होश में

अर्द्धनारीश्वर–(पु.) शिव का आधा अपना और आधा पार्वती का रूप

अर्द्धशताब्दी समारोह–(पु.) स्वर्ण जयन्ती

अर्द्धांग–(वि.) 1 आधी देह 2 पक्षाघात रोग 3 शिव **अर्द्धांगघत** (पु.) अंगघात रोग, अधरंग

अर्द्धांगिनी–(स्त्री.) पत्नी

अर्ध–I (वि.) आधा II 1 आधा भाग 2 भाग

अर्पण–(पु.) 1 सौंपना 2 भेंट करना

अर्पित–(वि.) अर्पण किया हुआ

अर्बुद–(पु.) 1 अरब, सौ करोड़ की संख्या 2 आबू पर्वत 3 गाँठ का फोड़ा

अर्भक–I (पु.) 1 बच्चा 2 छौना 3 मूर्ख II (वि.) 1 थोड़ा 2 दुबला 3 मूर्ख 4 बच्चों जैसा

अर्राना–(अ. क्रि.) 1 चिल्लाना 2 ज़ोर-से पुकारना 3 व्यर्थ की बात करना

अर्वाचीन–(वि.) 1 आधुनिक 2 नया

अर्श–(पु.) 1 तख़्त 2 छत 3 आकाश

अर्ह–(वि.) 1 पूजनीय 2 सम्मान्य 3 योग्य

अर्हता–(स्त्री.) योग्यता, उपयुक्तता

अ

अलंकरण–(पु.) 1 सजाना 2 सजावट 3 आभूषण

अलंकार–(पु.) 1 रचनागत विशिष्ट शब्द योजना या अर्थ चमत्कार (जैसे–उपमा, रूपक, अनुप्रास आदि) 2 सजावट 3 आभूषण

अलंकार शास्त्र–(पु.) वह शास्त्र जिसमें अलंकारों का वर्णन हो

अलंकृत–(वि.) जिसे सजाया गया हो

अलंघनीय, अलंघ्य–(वि.) 1 जो लाँघा या पार न किया जा सके 2 अटल

अलक–(पु.) 1 माथे पर लटकते बाल 2 जुल्फ़ 3 घुँघराले बाल 4 महावर

अलकतरा–(पु.) (कोलतार) एक गाढ़ा तरल पदार्थ जो पत्थर के कोयले को विशेष रासायनिक क्रिया द्वारा गलाने से बनता है

अलकनंदा–(स्त्री.) 1 पर्वतीय क्षेत्र की एक नदी 2 आठ से दस वर्ष तक की कन्या

अलका–(स्त्री.) 1 कुबेरपुरी 2 आठ-दस वर्ष की बालिका 3 आकाश की बिजली

अलकावलि–(स्त्री.) 1 सँवारे हुए बालों की पंक्तियाँ 2 घुँघराले बाल

अलक्ष्य–(वि.) 1 अदृश्य 2 अज्ञेय 3 चिह्नरहित 4 जिसका लक्षण न बताया जा सके

अलक्ष्यगति–(वि.) अदृश्य रूप से गमन करनेवाला

अलख–I (वि.) 1 जो देखा न जा सके 2 अलक्ष्य 3 अगोचर II (पु.) परमेश्वर

अलख निरंजन–(पु.) ईश्वर, भगवान

अलग–(क्रि. वि.) 1 पृथक्, भिन्न 2 दूर 3 तटस्थ 4 सुरक्षित 5 न्यारा, विशिष्ट

अलग-अलग–(क्रि. वि.) प्रत्येक को या प्रत्येक से **अलग-थलग** (वि.) 1 जुदा 2 दूर **अलग करना** 1 दूर करना, हटाना 2 काम या नौकरी से हटा देना 3 बेचना 4 संयुक्त कुटुंब से पृथक् करना 5 छाँटना **अलग होना** दूर या किनारे होना

अलगनी–(स्त्री.) वस्त्र टाँगने के लिए बँधी रस्सी या बाँस

अलगाना–I (स. क्रि.) 1 अलग करना 2 दूर करना 3 छाँटना II (अ. क्रि.) अलग होना

अलगाव–(वि.) 1 अलग रखने या करने का भाव 2 दूरी **अलगाववाद** (पु.) अलग रहने की प्रक्रिया का सिद्धांत

अलगोज़ा–(पु.) एक प्रकार की बाँसुरी

अलगौझा–(पु.) अलगाव, बँटवारा

अलजबरा–(पु.) बीजगणित

अलता–(पु.) स्त्रियों के पैरों में लगाने का एक प्रकार का लाल रंग, महावर

अलबत्ता–(अ.) 1 बेशक, निस्संदेह 2 हां तो 3 परंतु

अलबम–(पु.) 1 तस्वीरें रखने की किताब या कापी 2 चित्राधार, चित्र संग्रह

अलबेला–I (वि.) 1 सुंदर 2 अनूठा 3 बाँका 4 मनमौजी II (पु.) नारियल का हुक़्क़ा

अलभ्य–(वि.) 1 जो न मिलता हो 2 दुर्लभ 3 बहुमूल्य 4 अनमोल

अलम–(पु.) 1 दुःख 2 शोक 3 झंडा, निशान 4 भाला **अलमबरदार** (पु.) 1 झंडा उठानेवाला 2 आगे रहनेवाला

अलमस्त–(वि.) 1 मस्त, मतवाला 2 मौजी 3 बेफ़िक्र

अलमारी–(स्त्री.) सामानादि रखने के लिए बना कई खानोंवाला ऊँचा संदूक़ या आला

अलल-टप्पू–(वि.) 1 अटकल-पच्चू 2 ऊट-पटाँग

अलविदा–(क्रि. वि.) अच्छा, अब विदा होते हैं (विदाई के समय का पद)

अलस–I (वि.) 1 आलसी 2 अलसाया हुआ 3 ढीला, निष्क्रिय II (पु.) 1 एक वृक्ष 2 एक छोटा विषैला जंतु

अलसाना–(क्रि. वि.) 1 थकावट या सुस्ती मालूम होना 2 कुछ करने को जी न चाहना

अलसी–I (स्त्री.) एक बीज II (वि.) आलसी

अलहदगी–(स्त्री.) अलगाव, अलगोझा

अलहदा–(वि.) अलग, जुदा

अलाप–(पु.) आलाप

अलापना–(अ. क्रि.) 1 बात करना 2 बोलना

अ

3 गाने में तान लेना **अपना-अपना राग अलापना** अपने-अपने हित की बात करना

अलाभ–(पु.) 1 लाभ का अभाव 2 घाटा, हानि **अलाभकर** (वि.) 1 जिससे कोई लाभ न हो, व्यर्थ 2 जो आर्थिक दृष्टि से लाभदायक न हो **अलाभकारी** (वि.) लाभ न करानेवाला **अलाभदायक** (वि.) अलाभकर **अलाभप्रद** (वि.) लाभ न देनेवाला

अलामत–(स्त्री.) 1 चिह्न, पहचान, लक्षण 2 निशानी

अलाय-बलाय–(स्त्री.) अनिष्ट, विपत्ति

अलार्म–(पु.) (ख़तरे की) सूचना **अलार्म घड़ी** (स्त्री.) नियत समय पर घंटी बजानेवाली घड़ी **अलार्म बेल** (स्त्री.) सूचना की घंटी, अलार्म घंटी

अलाव–(पु.) तापने के लिए जलाई हुई आग, कौड़ा, आग का ढेर

अलावा–(क्रि./वि.) सिवाय, अतिरिक्त

अलि–(पु.) भौंरा **अलिकुल** (पु.) भौंरों का समूह

अलिखित–(वि.) जो लिखित न हो, केवल ज़बानी

अलिप्त–(वि.) 1 बिना लेप का 2 निर्लिप्त 3 निर्दोष

अली–(स्त्री.) 1 सखी, सहेली 2 पंक्ति, क़तार

अलीक–I (वि.) 1 अप्रिय 2 मिथ्या 3 अल्प 4 सारहीन II (पु.) 1 ललाट 2 अप्रिय विषय 3 झूठ

अलील–(वि.) बीमार, रुग्ण

अलुब्ध–(वि.) 1 लोभरहित 2 अमोहित

अलोक–I (वि.) 1 अदृश्य 2 निर्जन 3 पुण्यहीन II (पु.) जगत् नहीं, पातालादि लोक **अलोकतंत्रीय** (वि.) जनतंत्र के विरुद्ध

अलोकित–(वि.) जो दिखाई न देता हो

अलोना–(वि.) 1 बिना नमक का 2 बे-मज़ा 3 असुंदर

अलोलुप–(वि.) जो लालची न हो, लोभरहित

अलौकिक–(वि.) 1 जो लोक में न मिलता हो 2 अद्‌भुत, अपूर्व 3 दिव्य

अल्प–(वि.) 1 तुच्छ 2 थोड़ा 3 छोटा **अल्प काल** (पु.) थोड़ा समय **अल्पकालिक** (वि.) कुछ समय का **अल्पकालीन** (वि.) अल्पकालिक **अल्पजीवी** (वि.) अल्पायु **अल्पतंत्र** (पु.) थोड़े से लोगों का शासन, लोकतंत्र का विपरीत शासन **अल्पप्राण** I (वि.) 1 अल्प शक्ति 2 अल्प सत्त्व II (व्याकरण) थोड़े श्वास प्रयत्न से उच्चारित व्यंजन **अल्प बुद्धि** (वि.) कम बुद्धिवाला **अल्प भाग** (पु.) कुछ हिस्सा **अल्प भाषी** (वि.) कम बोलनेवाला **अल्प मत** (पु.) 1 बहुत कम लोगों का मत 2 अल्पसंख्यक पक्ष या समुदाय **अल्प मात्र** (वि.) थोड़ा-सा **अल्प मेधा** (वि.) नासमझ, मूर्ख **अल्पवादी** (वि.) जो कम बोलता हो **अल्प विकसित** (वि.) अधखिला **अल्पवृष्टि** (स्त्री.) बहुत कम वर्षा होना

अल्पज्ञ–(वि.) थोड़ा जाननेवाला, कम समझ

अल्पवयस्क–(वि.) छोटी उम्र का, नाबालिग़

अल्पविराम–(पु.) अर्थबोध के लिए किसी शब्द के बाद थोड़ा ठहरना

अल्पसंख्यक–(वि.) कम जनसंख्यावाला (पक्ष) (माइनॉरिटी)

अल्पशः–(क्रि. वि.) थोड़ा-थोड़ा करके

अल्पांश–(पु.) थोड़ा अंश, कुछ भाग

अल्पाधिक–(वि.) थोड़ा-बहुत, कमोबेश

अल्पायु–(वि.) छोटी उम्रवाला

अल्पावकाश–(पु.) कुछ समय की छुट्टी

अल्पावधि–(स्त्री.) थोड़ा समय

अल्पावस्था–(स्त्री.) छोटी उम्र

अल्पाहार–(पु.) हलका-सा भोजन, नाश्ता

अल्पाहारी–(वि.) थोड़ा खानेवाला

अल्लम-ग़ल्लम–(पु.) फ़ालतू, निरर्थक, अनाप-शनाप

अल्ला, अल्लाह–(पु.) खुदा, ईश्वर, परमेश्वर

अल्हड़–I (वि.) 1 दुनियादारी न जाननेवाला 2 भोला 3 उद्धत और मनमौजी 4 गँवार II (पु.) 1 बिना दाँत का बछड़ा 2 ऐसा बैल जो अभी गाड़ी या हल में न जोता गया हो

अ

अल्हड़पन (पु.) 1 अल्हड़ स्वभाव 2 भोलापन 3 लापरवाही

अव–(उप.) दूर या नीचे, निश्चय, व्याप्ति, अल्पता, ह्रास

अवकर्षण–(पु.) 1 ज़ोर से खींचना 2 हटाना, बाहर निकालना

अवकाश–(पु.) 1 छुट्टी 2 स्थान 3 शून्य स्थान 4 व्यवधान 5 अवसर **अवकाश काल** (पु.) छुट्टी का समय **अवकाशप्राप्त** (वि.) जो काम से निवृत्त हो गया हो (रिटायर्ड)

अवकाशाभाव–(पु.) फ़ुर्सत की कमी

अवकुंचन–(पु.) 1 सिकोड़ना 2 समेटना 3 मोड़ना

अवक्रंदन–(पु.) ज़ोर-ज़ोर से रोना

अवक्षेपण–(पु.) 1 नीचे फेंकना या गिराना 2 पछाड़ना 3 निंदा करना 4 दोष लगाना

अवगत–(वि.) 1 जाना हुआ 2 वादा किया हुआ 3 गिरा हुआ

अवगति–(स्त्री.) 1 समझबूझ, ज्ञान 2 दुर्गति, बुरी गति

अवगाह–I (पु.) 1 गहरा स्थान 2 डुबकी 3 जल में उतरकर नहाना 4 कठिनाई II (वि.) 1 अथाह 2 कठिन

अवगाहन–(पु.) 1 डुबकी लगाना 2 गहरा चिंतन 3 अन्वेषण

अवगुंठन–(पु.) 1 घूँघट 2 बुर्क़ा

अवघर्षण–(पु.) 1 रगड़ना 2 पीसना 3 साफ़ करना

अवघोषणा–(स्त्री.) अनुचित या झूठी घोषणा

अवचन–I (पु.) 1 चुप्पी 2 निंदा II (वि.) मूक

अवचनीय–(वि.) 1 जो कहने योग्य न हो 2 अश्लील

अवचेतन–(वि.) 1 जिसमें चेतना न हो, अचेतन 2 चेतना की गहराई में होनेवाला

अवच्छिन्न–(वि.) 1 छिन्न-भिन्न 2 अलगाया हुआ 3 सीमित

अवच्छेद–(पु.) 1 खंड 2 भेद 3 छेदन

अवच्छेदन–(पु.) 1 काटकर अलग करना, विभाजन 2 सीमा निर्धारित करना

अवज्ञा–(स्त्री.) 1 अनादर 2 उपेक्षा **अवज्ञापूर्वक** (क्रि. वि.) उपेक्षा से

अवतरण–(पु.) 1 उतरना 2 नीचे आना या जाना 3 जल में उतरना 4 पार होना 5 नदी का घाट 6 जन्म लेना 7 देवादि का शरीर धारण करना 8 लेखादि का उद्धृत अंश 9 अनुवाद **अवतरण चिह्न** (पु.) उद्धरण सूचक कामा (' ') **अवतरण पथ** (पु.) वायुयान के उतरकर चलने का मार्ग **अवतरण भूमि** (स्त्री.) वायुयान के उतरने के लिए खुला मैदान, **अवतरण स्थल** (पु.) उतरने की जगह

अवतरण छत्र–(पु.) वायुयान से उतरते समय प्रयोग किया जानेवाला एक छाता (पैराशूट)

अवतरणिका–(स्त्री.) 1 प्रस्तावना, आरम्भिक कथन 2 परिपाटी 3 रीति

अवतरित–(वि.) 1 उतरा हुआ 2 अवतार के रूप में उत्पन्न 3 उद्धृत

अवतार–(पु.) 1 किसी देवता या ईश्वर का मनुष्य रूप में जन्म लेना 2 उतरना 3 नीचे आना 4 अनुवाद 5 भूमिका 6 पार करना 7 सृष्टि **अवतारवाद** (पु.) अवतारों में विश्वास करने का सिद्धांत **अवतारवादी** (वि.) अवतारवाद का समर्थक **अवतार धरना, लेना** जन्म ग्रहण करना

अवतारी–(वि.) 1 अवतार लेनेवाला 2 जिसने किसी देवता का अवतार ग्रहण किया है

अवतीर्ण–(वि.) 1 उतरा हुआ 2 प्रादुर्भूत 3 अवतार के रूप में उत्पन्न 4 पार गया हुआ 5 उद्धृत

अवदान–(पु.) 1 अच्छा काम 2 सफलता 3 अंशदान

अवद्य–I (वि.) 1 सम्मान के अयोग्य 2 अधम 3 दोषी 4 चर्चा के अयोग्य, निंद्य II (पु.) 1 अपराध 2 पाप 3 दोष 4 निंदा 5 लज्जा

अवधान–(पु.) 1 ध्यान 2 मनोयोग 3 मन की एकाग्रता 4 चौकन्नापन 5 देख-रेख

अवधारक–(वि.) निश्चय करनेवाला

अवधारण–(पु.) 1 निश्चय करना 2 हद बाँधना 3 मत बना लेना 4 ज़ोर देना **अवधारण-बोधक** (वि.) निश्चय-सूचक

अवधारणा–(स्त्री.) 1 सुविचारित धारणा 2 विचार

अवधार्य–(वि.) अवधारणीय

अवधावन–(पु.) पीछा करना, पकड़ना

अवधावित–(वि.) पीछा किया हुआ

अवधि–(स्त्री.) 1 निश्चित समय 2 अंतिम सीमा 3 नियत काल, मियाद **अवधि-बाधित** (वि.) जिसकी अवधि बीत चुकी हो

अवधूत–I (पु.) संन्यासी II (वि.) 1 तिरस्कृत 2 विरक्त 3 पराभूत

अवध्य–(वि.) 1 वध के अयोग्य 2 रक्षणीय

अवनत–(वि.) 1 झुका हुआ 2 गिरा हुआ 3 नम्र **अवनत दशा** (स्त्री.) गिरावट

अवनतावस्था–(स्त्री.) गिरावट

अवनति–(स्त्री.) 1 झुकाव 2 गिरावट 3 उतार 4 कमी 5 दंडवत् 6 विनम्रता

अवनमन–(पु.) 1 झुकना 2 पाँव पड़ना

अवनि–(स्त्री.) धरती, पृथ्वी **अवनिचर** (पु.) पृथ्वी पर विचरनेवाले प्राणी **अवनिपति** (पु.) राजा

अवपीड़न–(पु.) पीड़ा, कष्ट पहुँचाना

अवबोध–(पु.) 1 जागना 2 ज्ञान 3 विवेक 4 अनिर्णीत बोध

अवबोधक–I (वि.) ज्ञान देने वाला II (पु.) 1 जगानेवाला सूर्य 2 पहरा देनेवाला 3 शिक्षक

अवबोधन–(पु.) 1 बताना, जताना 2 ज्ञान

अवमान (पु.), **अवमानना**–(स्त्री.) 1 अवज्ञा, अपमान 2 तिरस्कार 3 मूल्य ठीक तरह न आँकना

अवमानित–(वि.) 1 अपमानित 2 तिरस्कृत

अवमानी–(वि.) अपमान या तिरस्कार करने वाला

अवमान्य–(वि.) तिरस्कार के योग्य

अवमूल्यन–(पु.) (सिक्के के) मूल्य में कमी करना या होना

अवयव–(पु.) 1 अंग 2 हिस्सा **अवयवभूत** (वि.) जो उसी का अंग बन गया, अंगीभूत

अवयवी–I (वि.) 1 जिसके अवयव या अंग हों 2 समूचा II (पु.) देह

अवयस्क–(वि.) 1 जो वयस्क न हो, नाबालिग़ 2 अठारह वर्ष से कम उम्र का

अवर–I (वि.) 1 जो श्रेष्ठ न हो, कनिष्ठ, छोटा 2 निचला 3 कम, न्यून 4 अनुवर्ती, बाद में होनेवाला II (पु.) 1 अतीत काल 2 हाथी के पीछे का भाग III (क्रि. वि.) अन्य, दूसरा **अवर सदन** (पु.) दूसरा सदन

अवरुद्ध–(वि.) 1 रुका या रोका हुआ 2 घिरा हुआ 3 बंद

अवरोध–(पु.) 1 रोक 2 घेरा, आवरण 3 बाधा

अवरोधक–I (वि.) 1 रोकनेवाला 2 घेरा डालनेवाला 3 बाधक II (पु.) 1 रोक 2 बाड़ा 3 प्रहरी

अवरोधन–(पु.) 1 रोक 2 बाधा 3 अंतःपुर

अवरोपित–(वि.) उखाड़ा हुआ

अवरोह–(पु.) 1 उतार 2 अवनति, पतन 3 संगीत में स्वरों के ऊपर से नीचे आने का क्रम 4 वर्धमान अलंकार का उल्टा अर्थालंकार का एक भेद 5 मूल या शाखा से तंतुओं का निकलना

अवरोहण–(पु.) 1 उतरना 2 ऊपर से आना

अवरोही–I (वि.) नीचे आनेवाला II (पु.) 1 ऊपर से नीचे आनेवाला स्वर 2 वटवृक्ष

अवर्ग–I (वि.) श्रेणीरहित II (पु.) स्वर वर्ण

अवर्गीकृत–(वि.) जिसका वर्ग न बनाया गया हो

अवर्ण–I (वि.) 1 बिना रंग का 2 बदरंग 3 वर्ण-धर्मरहित II (पु.) निंदा, अपबाद

अवर्णनीय–(वि.) जिसका वर्णन न हो सके

अवर्त्तमान–(वि.) 1 जो वर्तमान या प्रस्तुत न हो, अविद्यमान 2 अनुपस्थित

भवर्धमान्–(वि.) न बढ़नेवाला

अवर्षण–(पु.) वर्षा का न होना, सूखा

अवलंब–(पु.) 1 सहारा 2 ओट 3 परिशिष्ट

अवलंबन–(पु.) 1 सहारा लेना 2 अपनाना 3 अनुसरण 4 छड़ी

अ

अवलंबित–(वि.) 1 आश्रित 2 लटकाया हुआ 3 सत्वर

अवली–(स्त्री.) पंक्ति, क़तार

अवलुंठन–(पु.) 1 लोटना, लुढ़कना 2 लूटना

अवलुंठित–(वि.) 1 लुढ़का हुआ 2 लोटा हुआ 3 लूटा हुआ

अवलेप–(पु.) 1 लेप, चंदन 2 उबटन 3 मलहम 4 आभूषण 5 घमंड

अवलेह–(पु.) 1 चटनी 2 चाटकर खाई जानेवाली दवा

अवलोकन–(पु.) ध्यानपूर्वक देखना

अवलोकनीय–(वि.) देखने योग्य

अवश–(वि.) 1 बेबस, लाचार 2 इंद्रियों का दास 3 जो दूसरे के वश में हो

अवशिष्ट–(वि.) बचा हुआ, बाक़ी

अवशेष–(पु.) बचा हुआ, शेष भाग

अवशोषण–(पु.) 1 सोखना 2 अपने में समा लेना, विलयन

अवश्यंभावी–(वि.) 1 जो अवश्य होने को हो, अनिवार्य

अवश्य–I (वि.) 1 अनिवार्य 2 जो वश में किया जा सके II (क्रि. वि.) 1 ज़रूर 2 निश्चय

अवश्यमेव–(क्रि. वि.) निस्संदेह, यक़ीनन, निश्चयपूर्वक

अवसन्न–(वि.) 1 सुस्त 2 उदास 3 खिन्न 4 उत्साहहीन 5 दबा या धँसा हुआ 6 समाप्त

अवसर–(पु.) 1 मौक़ा 2 सुयोग 3 अवकाश **अवसरवाद** (पु.) जैसा मौक़ा हो वैसा बन जाना **अवसरवादी** (वि.) उपयुक्त अवसर से लाभ उठानेवाला, अवसर के अनुसार बरतनेवाला **अवसर चूकना** अनुकूल परिस्थिति का हाथ से निकल जाना **अवसर ताकना** इष्ट परिस्थिति की प्रतीक्षा में रहना **अवसर हाथ से न जाने देना** समय न गँवाना, अनुकूल परिस्थिति का लाभ उठाना

अवसरानुकूल–(क्रि. वि.) अवसर के अनुरूप

अवसाद–(पु.) 1 सुस्ती, थकावट 2 उदासी 3 खेद 4 हार 5 तलछट, गाद

अवसादक–(वि.) समाप्त करनेवाला, सुस्ती लानेवाला

अवसान–(पु.) 1 विराम 2 समाप्ति, अंत 3 मृत्यु 4 कविता या छंद का अंतिम चरण 5 पतन

अवसेचन–(पु.) 1 सींचना 2 छिड़कना 3 पसीना निकलना 4 रक्त निकलना

अवस्थांतर–(पु.) दूसरी या बदली हुई अवस्था

अवस्था–(स्त्री.) 1 हालत, दशा 2 देहादि की कालकृत स्थिति–लड़कपन, जवानी, बुढ़ापा आदि 3 उम्र 4 स्थिति 5 स्थिरता 6 आकृति

अवस्थित–(वि.) 1 ठहरा हुआ 2 टिका हुआ 3 विद्यमान

अवस्फीति–(स्त्री.) मुद्रा और मूल्यों में कमी

अवहेलना–(स्त्री.) 1 अनादर, अवज्ञा 2 तिरस्कार 3 उपेक्षा

अवहेलनीय–(वि.) जो उपेक्षा योग्य हो

अवहेला–(स्त्री.) अवहेलना, उपेक्षा

अवांछनीय–(वि.) 1 जो इच्छा करने योग्य न हो 2 अप्रिय

अवांछित–(वि.) जिसकी इच्छा न की गयी हो

अवाई–(स्त्री.) 1 आगमन 2 गहरी जोताई

अवाक्–I (वि.) 1 चकित 2 मौन II (क्रि. वि.) नीचे

अवाच्य–(वि.) 1 न कहने योग्य 2 बात करने के अयोग्य

अवाम–(पु.) आम लोग, जनता

अवामी–(वि.) सामान्य, सार्वजनिक

अवारण–(वि.) जिसका निषेध न हो सके, सुनिश्चित

अवारणीय–(वि.) ज़रूरी अनिवार्य, जिसका निवारण न हो सके

अवास्तव–(वि.) 1 जो यथार्थ न हो 2 निराधार

अवास्तविक–(वि.) यथार्थहीन, मिथ्या

अविकल–(वि.) 1 जो घटाया-बढ़ाया न गया हो, पूरा का पूरा 2 व्यवस्थित 3 जो बेचैन न हो

अविकल्प–I (वि.) 1 विकल्परहित

2 अपरिवर्तनीय 3 निश्चित II (पु.) विकल्प या संदेह का अभाव
अविकसित–(वि.) जो खिला न हो
अविकारी–(वि.) 1 जिसमें विकार न हुआ हो 2 नित्य
अविकृत–(वि.) जो बिगड़ा न हो या जो बदला न हो
अविग्रह–(वि.) 1 निराकार, अशरीरी 2 अज्ञात 3 नित्यमास
अविचल–(वि.) अचल, स्थिर
अविचलित–(वि.) जो अटल हो
अविचार–I (पु.) 1 अविवेक, अज्ञान 2 अन्याय 3 अनीति II (वि.) अविवेकी
अविचारित–(वि.) जिस पर विचार न किया गया हो
अविचार्य–(वि.) जो विचारयोग्य न हो
अविचलित–(वि.) 1 अटल, स्थिर 2 विजयी
अविच्छिन्न–(वि.) 1 अविभक्त, अटूट, अखंड 2 लगातार
अविच्छेद–I (वि.) जो टूटा न हो II (पु.) बिलगाव का अभाव
अविजित–(वि.) जो जीता न गया हो
अविज्ञ–(वि.) अनजान, अनाड़ी
अविदित–I (वि.) 1 अज्ञात 2 अप्रकट II (पु.) परमेश्वर
अविद्यमान–(वि.) 1 अनुपस्थित 2 असत्
अविद्या–(स्त्री.) विद्या या ज्ञान का अभाव, अज्ञान 2 मिथ्या या विपरीत ज्ञान 3 भ्रांति 4 माया **अविद्याकृत** (वि.) अविद्या से किया हुआ **अविद्यामूलक** (वि.) अविद्या के कारण होनेवाला
अविनय–I (स्त्री.) 1 विनय या नम्रता का अभाव 2 अशिष्टता 3 धृष्टता 4 उजड्डपन II (वि.) विनयहीन **अविनयशील** (वि.) अशिष्ट, धृष्ट, उजड्ड
अविनश्वर–I (वि.) जिसका नाश न हो II (पु.) परब्रह्म
अविनाश–(वि.) नाशरहित, अक्षय, नित्य
अविनाशी–I (वि.) जिसका नाश न हो, नित्य II (पु.) परमात्मा
अविनीत–(वि.) 1 अशिष्ट 2 गुस्ताख़ 3 घमंडी 4 उजड्ड 5 उद्दंड
अविभक्त–(वि.) 1 अविभाजित 2 साबुत 3 समूचा 4 एक
अविभाजनीय–(वि.) जो बाँटनेयोग्य न हो
अविभाजित–(वि.) जिसे बाँटा न गया हो
अविभाज्य– I (वि.) जो बाँटा न जा सके II (पु.) जिसमें भाग न दिया जा सके वह राशि
अवियुक्त–(वि.) 1 जो बंटा न हो 2 जो अलग न हुआ हो
अवियोग–I (वि.) मिला हुआ II (पु.) 1 उपस्थिति 2 संयोग
अवियोज्य–(वि.) जिसका अलगाव न हो सके
अविरत–I (वि.) 1 विरामहीन 2 लगा हुआ II (क्रि. वि.) निरंतर, लगातार
अविरल–(वि.) 1 मिला या सटा हुआ 2 घना 3 अविरत, लगातार
अविराम–I (वि.) विरामहीन II (क्रि. वि.) लगातार
अविरुद्ध–(वि.) 1 जो विरुद्ध न हो 2 अनुकूल
अविरोध–(पु.) 1 विरोध का अभाव 2 सामंजस्य
अविरोधी–(वि.) विरोध न करनेवाला
अविलंब–I (क्रि.वि.) झटपट, तुरंत II (वि.) विलंबरहित
अविवाहित–(वि.) बिना ब्याहा, क्वाँरा
अविवाहिता–(स्त्री.) कुआँरी लड़की
अविवेक–(पु.) 1 भला-बुरा समझने की शक्ति का अभाव 2 अविचारी 3 नासमझी **अविवेकता** (स्त्री.) = अविवेक **अविवेकपूर्ण** (वि.) विवेकरहित
अविवेकी–(वि.) विवेकरहित, नासमझ
अविश्रांत–I (वि.) 1 न थकनेवाला 2 अविराम 3 जो क्षतिग्रस्त न हो II (क्रि. वि.) लगातार
अविश्वसनीय–(वि.) जो विश्वास के योग्य न हो
अविश्वस्त–(वि.) जिसका विश्वास न हो, संदिग्ध

अ

अविश्वास–(पु.) 1 विश्वास का न होना 2 शंका, संदेह

अविश्वासी–(वि.) 1 विश्वास न करनेवाला 2 श्रद्धाहीन 3 जो विश्वास के योग्य न हो

अविस्मरणीय–(वि.) जो भूल जाने योग्य न हो

अविहित–(वि.) 1 शास्त्रविरुद्ध 2 निषिद्ध 3 अकर्तव्य 4 अनुचित

अवृष्टि–(स्त्री.) अवर्षण, सूखा

अवेस्ता–(स्त्री.) पारसियों की मूल धर्म-पुस्तक

अवैज्ञानिक–(वि.) जो वैज्ञानिक न हो, विज्ञान की रीति के प्रतिकूल हो

अवैतनिक–(वि.) वेतन न पाने या लेनेवाला (आनरेरी)

अवैदिक–(वि.) 1 वेदविरुद्ध 2 अवेदोक्त

अवैध–(वि.) 1 नियम-विरुद्ध, ग़ैर-क़ानूनी 2 विधि-विरुद्ध, अविहित

अवैधानिक–(वि.) जो संविधान के नियमों के अनुरूप न हो या उनके विरुद्ध हो

अव्यक्त–(वि.) 1 अप्रकट, अदृश्य 2 अज्ञेय II (पु.) 1 मूल प्रकृति 2 अविद्या 3 ब्रह्म 4 आत्मा 5 सूक्ष्म शरीर **अव्यक्त पद** (पु.) वह पद जिसका उच्चारण स्पष्ट न हो **अव्यक्त राशि** (स्त्री.) अज्ञात राशि

अव्यभिचार–(पु.) 1 एकनिष्ठता, वफ़ादारी 2 नित्य साहचर्य

अव्यय–I (वि.) 1 अविकारी 2 अक्षय, नित्य 3 समरस II (पु.) 1 वह शब्द जिसके रूप में वचन, लिंग आदि के कारण कोई विकार नहीं होता 2 व्यय न होना 3 परब्रह्म 4 विष्णु 5 शिव

अव्ययीभाव–(पु.) 1 वह समास जिसमें पूर्वपद अव्यय हो (जैसे–यथाशक्ति, अतिकाल) 2 व्यय का अभाव

अव्यर्थ–(वि.) 1 व्यर्थ न होनेवाला 2 सफल 3 अचूक

अव्यवधान–I (वि.) 1 निकट 2 बिना रोक का 3 लापरवाह II (पु.) 1 लापरवाही 2 नैकट्य 3 लगाव

अव्यवस्था–(स्त्री.) 1 व्यवस्था का अभाव, बे-क़ायदगी, बद्अमली 2 शास्त्रविरुद्ध व्यवस्था

अव्यवस्थित–(वि.) 1 व्यवस्थाहीन 2 शास्त्र-मर्यादा के विरुद्ध 3 अस्थिर **अव्यवस्थित चित्त** (वि.) जिसके विचार चंचल हों, अस्थिर चित्त

अव्यवहार्य–(वि.) 1 जो व्यवहार के योग्य न हो 2 जिसके साथ खान-पान का व्यवहार न रखा जा सके, जातिच्युत

अव्याज–I (वि.) बिना छल-कपट का II (पु.) 1 छलकपट का अभाव 2 ईमानदारी

अव्याप्त–(वि.) 1 जो सर्वत्र व्याप्त न हो 2 परिच्छिन्न

अव्याप्ति–(स्त्री.) 1 व्याप्त न होने की अवस्था 2 लक्षण का लक्ष्य पर घटित न होना

अव्वल–I (वि.) 1 पहला, प्रथम 2 सर्वश्रेष्ठ II (पु.) आदि, आरंभ **अव्वल आना, अव्वल रहना** प्रतियोगिता में प्रथम आना, सबसे आगे होना

अशंक, अशंकित–(वि.) 1 जिसमें कोई सन्देह न हो 2 निर्भय, निडर 3 निरापद

अशकुन–(पु.) असगुन, अशुभ लक्षण

अशक्त–(वि.) कमजोर, निर्बल

अशक्ति–(स्त्री.) 1 निर्बलता 2 असामर्थ्य 3 बुद्धि का बेकाम होना

अशक्य–(वि.) 1 जो न हो सके, असाध्य 2 जो क़ाबू में न किया जा सके

अशरण–(वि.) जिसका कोई सहारा न हो

अशरफ़ी–(स्त्री.) 1 सोने का सिक्का, मुहर 2 गुलअशर्फ़ी **अशरफ़ियाँ लुटें और कोयलों पर छाप** क़ीमती वस्तु की अवहेलना करके निरर्थक वस्तु की क़द्र करना

अशरीर–I (वि.) 1 शरीररहित, निराकार II (पु.) 1 परमात्मा 2 कामदेव 3 संन्यासी

अशरीरी–I (वि.) 1 शरीरहीन 2 अपार्थिव II (पु.) 1 ब्रह्मा 2 देवता

अशांत–(वि.) 1 शांतिरहित, बेचैन, उद्विग्न 2 अस्थिर

अशांति–(स्त्री.) 1 बेचैनी 2 क्षोभ, खलबली **अशांतिकारक** अशांति उत्पन्न करनेवाला
अशास्त्रीय–(वि.) शास्त्रविरुद्ध, अविहित
अशिक्षा–(स्त्री.) शिक्षा का अभाव
अशिक्षित–(वि.) जो पढ़ा-लिखा न हो
अशिष्ट–(वि.) असभ्य, उजड्ड
अशिष्टता–(स्त्री.) असभ्यता, उजड्डपन
अशुचि–I (वि.) 1 अपवित्र, नापाक 2 मैला 3 काला II (स्त्री.) अपवित्रता, अपकर्ष
अशुद्ध–(वि.) 1 साफ़ न किया हुआ 2 अपवित्र 3 अशोधित 4 सदोष 5 ग़लत
अशुद्धि–(स्त्री.) 1 अशुद्धता 2 ग़लती 3 गंदगी
अशुद्धि-शोधन–(पु.) ग़लती सुधारना
अशुभ–I (वि.) 1 अमंगलकारी 2 अनिष्टसूचक 3 अपवित्र 4 भाग्यहीन II (पु.) 1 अमंगल 2 पाप 3 दुर्भाग्य
अशेष–(वि.) 1 संपूर्ण, समूचा 2 सबका-सब 3 अपार 4 असंख्य
अशोक–I (वि.) जिसे शोक न हो, शोकरहित II (पु.) 1 एक यशस्वी सम्राट 2 राजा दशरथ का एक मंत्री 3 एक प्रसिद्ध पेड़ जिसकी पत्तियाँ धार्मिक एवं मांगलिक अवसरों पर काम में आती हैं **अशोक पूर्णिमा** (स्त्री.) फाल्गुन की पूर्णिमा
अशोक चक्र–(पु.) सम्राट अशोक के स्तम्भ के ऊपर का चक्र जो इस समय भारत संघ का राष्ट्र चिह्न है
अशोक स्तंभ–(पु.) भारत का राष्ट्रीय प्रतीक
अशोचनीय–(वि.) जो चिंता करने योग्य न हो
अशोच्य–(वि.) जिसके विषय में शोक करना उचित न हो
अशोधित–(वि.) जिसे साफ़ न किया गया हो
अशोभन–(वि.) असुंदर, अभद्र, न फबनेवाला
अशोभनीय–(वि.) 1 जो देखने में सुंदर न लगे 2 अनुचित, अनुपयुक्त
अशौच–(पु.) 1 अपवित्रता, नापाकी 2 जन्म-मरण के कारण लगनेवाली छूत, सूतक
अश्रद्धा–(स्त्री.) 1 श्रद्धा का अभाव 2 अविश्वास
अश्रांत–I (वि.) न थका हुआ, अथक II (पु.) विश्राम का अभाव
अश्रु–(पु.) आँसू **अश्रुकारी** (वि.) आँसू लानेवाला **अश्रु गैस** (स्त्री.) आँसू गैस, गैस जिससे आँसू बहने लगते हैं **अश्रु ग्रंथि** (स्त्री.) आँख के अंदर वह ग्रंथि जिससे आँसू उत्पन्न होते हैं **अश्रुजल** (पु.) आँसू
अश्रु निर्झर–(पु.) आँसुओं की झड़ी
अश्रुपात–(पु.) आँसू बहना
अश्रुत–(वि.) 1 न सुना हुआ 2 विद्याहीन, अशिक्षित 3 अवैदिक
अश्रुतपूर्व–(वि.) 1 जो पहले न सुना गया हो 2 अद्‌भुत, विचित्र
अश्लाघनीय, अश्लाघ्य–(वि.) 1 जो प्रशंसा के योग्य न हो 2 निंद्य
अश्लील–(वि.) 1 भद्दा 2 गंदा 3 फूहड़
अश्व–(पु.) 1 घोड़ा 2 सात की संख्या
अश्व पालन–(पु.) घोड़े पालना
अश्वशाला–(स्त्री.) घुड़साल
अश्वगंधा–(स्त्री.) असगंध (बूटी)
अश्वमेध–(पु.) एक प्रसिद्ध वैदिक यज्ञ जिसे चक्रवर्ती राजा ही कर सकता था
अश्व शक्ति–(स्त्री.) 250 किलो भार को एक फुट ऊँचा उठा सकने की शक्ति की इकाई (हॉर्स पावर)
अश्वत्थ–(पु.) 1 पीपल का पेड़ 2 पीपल का गूदा 3 पीपल में फल लगने का समय 4 सूर्य का एक नाम 5 अश्विनी नक्षत्र
अश्वारूढ़–(वि./पु.) घोड़े पर चढ़ा हुआ
अश्वारोहण–(स. क्रि.) घुड़सवारी
अश्वारोही–(वि./पु.) घोड़े की सवारी करनेवाला
अश्विनीकुमार–(पु.) दो भाई जो देवताओं के वैद्य हैं
अष्ट–I (वि.) 8 की संख्या II (वि.) आठ **अष्टकर्ण** (पु.) आठ कानोंवाला, ब्रह्मा **अष्टकोण** (वि.) अठकोना, अठपहल **अष्ट दल** (पु.) कमल **अष्ट धातु की बेड़ियाँ** (स्त्री.) विवाह होना **अष्टपदी** (स्त्री.) आठ पंक्तियों का पद **अष्टभुजा** (स्त्री.) दुर्गा

अ

अष्टसिद्धि (स्त्री.) योगादि से मिलनेवाली आठ सिद्धियाँ (अणिमा, महिमा, लघिमा, गरिमा, प्राप्ति, प्राकाम्य, ईशित्व और वशित्व)

अष्ट कमल–(पु.) हठयोग में मूलाधार से ब्रह्मरंध्र तक के स्थान

अष्टछाप–(पु.) गोसाईं विट्ठलनाथ जी द्वारा स्थापित आठ कवियों का दल

अष्टम–(वि.) आठवाँ

अष्टमी–(स्त्री.) आठवीं तिथि

अष्टांग–I (वि.) जिसके आठ अंग या भाग हों II (पु.) 1 शरीर के वे आठ अंग जिनसे साष्टांग प्रणाम किया जाता है (घुटना, हाथ, पाँव, छाती, सिर, वचन, दृष्टि, बुद्धि) 2 योगसाधन के आठ अंग (यम, नियम, प्राणायाम आदि)

अष्टावक्र–(पु.) (एक ऋषि) जिसका शरीर आठ जगह से टेढ़ा है

असंगठित–(वि.) जो संगठित न हो (जैसे–असंगठित दल अधिक उन्नति नहीं कर सकते)

असंगत–(वि.) 1 बेमेल, असंबद्ध, प्रसंगविरुद्ध 2 अनुचित 3 असमान 4 उजड्ड

असंगति–(स्त्री.) 1 मेल का न होना, अनौचित्य 2 अर्थालंकार का एक भेद

असंतुलन–(पु.) तोल का बराबर न होना

असंतुलित–(वि.) भार या महत्त्व में असमान

असंतुष्ट–(वि.) जो संतुष्ट न हो, अप्रसन्न या रुष्ट

असंतुष्टि–(स्त्री.) असंतोष

असंतोष–(पु.) 1 संतोष का अभाव 2 अप्रसन्नता 3 बेसब्री 4 लोभ **असंतोषकर** (वि.) जिससे संतोष न हो सके **असंतोषजनक** (वि.) जिससे लोभ हो **असंतोषप्रद** (वि.) संतुष्ट न करनेवाला

असंदिग्ध–(वि.) 1 संदेहरहित 2 निश्चित, पक्का

असंपूर्ण–(वि.) अपूर्ण, असमाप्त, अधूरा

असंबद्ध–(वि.) 1 संबंधहीन 2 बेमेल 3 अलग 4 असंगत

असंभव–I (वि.) जो कभी घटित न हो सकता हो II (पु.) एक काव्यालंकार

असंयत–(वि.) 1 जिसके विचार संयत न हो 2 जिसमें संयम का अभाव हो

असंयम–(पु.) संयम का अभाव

असंयमित–(वि.) जो संयम में न रह सके, जो संयमित न हो

असंयुक्त–I (वि.) जो मिला हुआ न हो II (पु.) विष्णु

असंयोग–(पु.) 1 अवसर का अभाव 2 मेल न होना

असंलग्न–(वि.) जो लगा या सटा न हो **असंलग्नता** (स्त्री.) मिलन का अभाव

असंशय–I (वि.) जिसके मन में संदेह न हो II (क्रि. वि.) निस्संदेह III (पु.) संशय का अभाव

असंसारी–(वि.) 1 विरक्त 2 अलौकिक 3 स्वर्गीय

असंस्कृत–(वि.) 1 असभ्य, अशिष्ट 2 अपरिमार्जित 3 संस्कारहीन

असगंध–(स्त्री.) एक झाड़ी जिसके फल छोटे और गोल होते हैं

असगुन–(पु.) अपशकुन

असज्जन–(पु.) बुरा या दुष्ट आदमी

असत्–I (वि.) 1 असत्य 2 मिथ्या 3 बुरा 4 अनुचित II (पु.) 1 अनस्तित्व 2 अहित 3 मिथ्यात्व

असत्य–(वि.) झूठ, मिथ्या

असफल–(वि.) जो सफल न हो, विफल **असफलता** (स्त्री.) सफल न होना, विफलता

असबाब–(पु.) सामान (घर-गृहस्थी) **असबाब घर** (पु.) (रेलवे में) सामान रखने का कमरा

असभ्य–(वि.) 1 गँवार 2 अशिष्ट 3 सभा के अयोग्य **असभ्यता** (स्त्री.) 1 अशिष्टता 2 गँवारपन

असमंजस–(पु.) दुविधा, संदेहात्मक स्थिति, पशोपेश

असम–I (वि.) 1 जो समान न हो 2 असदृश 3 बेजोड़, विषम II (पु.) पूर्वी भारत का

एक प्रांत (आसाम) **असम भिन्न** (पु.) विषम, भिन्न

असमय–I (पु.) 1 ख़राब या बुरा समय 2 अयोग्य काल II (क्रि. वि.) बे-वक़्त, बे-मौक़े, समय से पहले या बाद में

असमर्थ–(वि.) 1 जो योग्य न हो 2 अपेक्षित शक्ति या योग्यता न रखनेवाला

असमान–I (वि.) जो बराबर न हो II (पु.) आकाश **असमानता** (स्त्री.) ग़ैरबराबरी, विषमता

असमाप्त–(वि.) जो समाप्त न हुआ हो

असमिया, असमी–(वि.) असम प्रांत का रहनेवाला

असमीचीन–(वि.) अयुक्त, अनुचित

असम्मत–I (वि.) 1 मतभेद रखनेवाला 2 अनादृत 3 अस्वीकृत II (पु.) 1 वह जो विरुद्ध सम्मति रखता हो 2 दुश्मन, शत्रु

असम्मान–(पु.) निरादर

असर–(पु.) प्रभाव

असल–I (वि.) 1 जो स्वाभाविक हो 2 यथार्थ, बनाबटी न हो II (पु.) जड़, बुनियाद

असलह–(पु.) हथियार, अस्त्र-शस्त्र **असलहख़ाना** (पु.) अस्त्रागार

असली–(वि.) सच्चा, शुद्ध, ख़ालिस

असवर्ण–(वि.) 1 भिन्न वर्ण या जाति का 2 निम्न जाति का

असहज–(वि.) कठिन

असहन–I (वि.) 1 जो सहनेवाला न हो 2 ईर्ष्यालु 3 न टिकनेवाला II (पु.) 1 शत्रु 2 असहिष्णुता 3 अधीरता **असहनशील** (वि.) जो सहने योग्य न हो, जो सहनशील न हो

असहमत–(वि.) जिसकी राय न मिलती हो

असहमति–(स्त्री.) समर्थन न करना, राय न मिलना

असहनीय–(वि.) बर्दाश्त न करने योग्य

असहयोग–(पु.) 1 सहयोग का अभाव 2 मिलकर काम न करना 3 सत्ता का साथ न देना

असहयोगी–(वि.) सहयोग न देनेवाला

असहाय–(वि.) 1 जिसका कोई साथी न हो, सहायक न हो 2 निरुपाय

असहिष्णु–(वि.) 1 सहन न करनेवाला 2 झगड़ालू **असहिष्णुता** (स्त्री.) सहिष्णु न होने की अवस्था

असांप्रदायिक–(वि.) 1 जिसका किसी संप्रदाय से संबंध न हो 2 परंपरा-विरुद्ध

असांसारिक–(वि.) 1 जो इस संसार का नहीं है 2 अलौकिक

असाढ़–(पु.) आषाढ़ का महीना

असाधारण–I (वि.) 1 जो साधारण न हो (आदमी, फल, फूल) 2 साधारण से अधिक, विशेष II (पु.) 1 एक हेत्वाभास 2 विशेषता

असाधु–I (वि.) 1 खल, दुष्ट 2 असदाचारी 3 खोटा 4 असंस्कृत II (पु.) बुरा आदमी

असाध्य–(वि.) 1 जो साधने योग्य न हो 2 जिसकी सिद्धि न हो सके 3 अच्छा न होनेवाला, ला-इलाज 4 अशक्य, अति दुष्कर, कठिन **असाध्य-साधन** (पु.) असाध्य काम को कर दिखाना

असामंजस्य–(पु.) समता का अभाव

असामयिक–(वि.) जो समय के योग्य न हो, बेवक़्त, बेमौक़ा

असामर्थ्य–I (स्त्री.) योग्यता का अभाव II (वि.) असमर्थ

असामान्य–(वि.) जो साधारण या सामान्य न हो, विशेष

असामी–(पु.) 1 आदमी, मनुष्य 2 पद 3 नौकरी 4 काश्तकार 5 ग्राहक 6 मुलज़िम

असाम्य–(पु.) 1 अंतर 2 असमानता 3 अननुकूलता

असार–I (वि.) 1 सारहीन 2 सत्त्वशून्य 3 पोला 4 निरर्थक 5 बेदम II (पु.) तत्त्वरहित पदार्थ

असावधान–(वि.) जो सावधान न हो, लापरवाह

असावधानी–(स्त्री.) असावधानता, बेख़बरी

असाहित्यिक–(वि.) जो साहित्य से संबंधित न हो

अ

असि–(स्त्री.) 1 तलवार 2 भुजाली **असिक्रीड़ा** (स्त्री.) तलवारबाज़ी

असिद्धि–(स्त्री.) 1 अपूर्णता 2 विफलता 3 साबित न होना 4 कच्चापन

असिदन्त–(पु.) मगरमच्छ

असीम–(वि.) 1 जिसकी सीमा न हो, बेहद 2 बेहिसाब, अपार

असीमित–(वि.) 1 जो सीमित न हो 2 अपरिमित

असीस–(स्त्री.) आशीर्वाद

असीसना–(स. क्रि.) आशीर्वाद देना

असुंदर–(वि.) 1 कुरूप, भद्दा 2 अशोभन

असुर–I (पु.) 1 दैत्य, दानव 2 असभ्य व्यक्ति 3 दुष्ट व्यक्ति 4 पृथ्वी II (वि.) 1 अपार्थिव 2 दानवी

असुरक्षा–(स्त्री.) सुरक्षा का अभाव

असुरारि–(पु.) 1 विष्णु 2 देवता

असुविधा–(स्त्री.) 1 कठिनाई 2 अड़चन 3 सुभीता न होना **असुविधाजनक** (वि.) तकलीफ़देह, कष्टकर

असूझ–I (वि.) 1 जिसे कुछ भी समझ में न आए 2 जिसका आर-पार न दिखाई दे, अपार 3 विकट II (स्त्री.) अदूरदर्शिता

असूया–(स्त्री.) 1 दूसरे के गुण में दोष निकालना 2 जलन, ईर्ष्या 3 रोष 4 एक संचारी भाव

असेंबली–(स्त्री.) विधान सभा

असैनिक–(वि.) 1 जिसका संबंध सेना से न हो 2 मुल्की

असैनिकीकरण–(पु.) सैनिक बलों का हटा देना

असैनिकीकृत, असैन्यीकृत–(वि.) जहाँ से सेनाओं को हटा दिया गया हो

असौंदर्य–(पु.) सुंदरता का अभाव, कुरूपता

असौम्य–(वि.) 1 असुंदर, भद्दा 2 अप्रिय

अस्त–I (वि.) 1 डूबा हुआ 2 फेंका हुआ 3 गत 4 ओझल 5 समाप्त II (पु.) 1 डूबना 2 अदृश्य होना, छिपना 3 पतन 4 अंत 5 नाश 6 कुंडली में लग्न से सातवाँ स्थान **अस्त-व्यस्त** (वि.) इधर-उधर बिखरा हुआ, अव्यवस्था, बेतरतीबी

अस्तबल–(पु.) घुड़साल, अश्वशाला, तबेला

अस्तर–(पु.) 1 सिले कपड़े, जूते आदि के भीतर की तह 2 अँतरौंटा 3 किसी द्रव में अन्य सुगंधित द्रव का मिश्रण 4 चित्र की ज़मीन बाँधने का मसाला 5 नीचे का रंग

अस्ताचल–(पु.) पश्चिम दिशा में स्थित वह कल्पित पर्वत जिसके पीछे सूर्यास्त का होना माना गया है

अस्ति–(स्त्री.) होना, विद्यमानता, सत्ता

अस्तित्व–(पु.) किसी वस्तु या व्यक्ति के होने का भाव, सत्ता, हस्ती, विद्यमान होना **अस्तित्ववाद** (पु.) 1 यह मत कि यथार्थ का ही महत्त्व है (परंपरा का नहीं) 2 चिंतन का मानवीय अस्तित्व केन्द्रित करना **अस्तित्वहीन** (वि.) जो सत्ता में न हो

अस्तु–(अ.) जो हो, यही सही, तो ठीक है

अस्तेय–(पु.) चोरी न करना

अस्त्र–(पु.) 1 हथियार 2 फेंककर चलाया जानेवाला हथियार 3 मंत्र प्रेरित बाण 4 चीर-फाड़ का औज़ार **अस्त्र-शस्त्र** (पु.) अस्त्र और शस्त्र दोनों

अस्त्रागार–(पु.) अस्त्रशाला

अस्थायित्व–(पु.) स्थिर न होना

अस्थायी–(वि.) 1 जो अधिक दिन या समय तक रहनेवाला न हो, आरज़ी 2 अस्थिर

अस्थि–(स्त्री.) हड्डी **अस्थिपंजर** (पु.) हड्डियों का ढाँचा, कंकाल **अस्थि प्रवाह** (पु.) मृत व्यक्ति की अस्थियाँ नदी या जलाशय में डालना **अस्थिभंग** (पु.) हड्डी टूटना **अस्थि-मज्जा** (स्त्री.) हड्डियों के अंदर रहनेवाली मज्जा **अस्थिमात्र** (वि.) जर्जर, जिसमें केवल हड्डियाँ ही बच गई हों **अस्थिसंचय** (पु.) 1 शवदाह के बाद गंगा आदि में प्रवाह के लिए हड्डियों या राख को एकत्र करना

अस्थिर–(वि.) 1 जो स्थिर न हो, डाँवाडोल, चंचल 2 अनिश्चित, बे-भरोसे का **अस्थिरचित्त** (वि.) जिसका मन चंचल हो **अस्थिरता**

(स्त्री.) अस्थिर होने की अवस्था
अस्पताल–(पु.) जहाँ रोगियों की चिकित्सा होती है, चिकित्सालय, दवाख़ाना
अस्पष्ट–(वि.) जो साफ़ न दिखाई दे या समझ में न आए, धुँधला **अस्पष्टता** (स्त्री.) स्पष्ट या साफ़ न होना
अस्पृश्य–(वि.) 1 जो छूने के योग्य न हो, अछूत 2 जिसका स्पर्श न हो सके **अस्पृश्यता** (स्त्री.) छुआछूत, अछूतापन
अस्पृष्ट–(वि.) जिसे छुआ न गया हो, अछूता
अस्मत–(स्त्री.) (स्त्री की) इज़्ज़त
अस्मिता–(स्त्री.) 1 अहंकार, अभिमान 2 अहंभाव, अपनी सत्ता का भाव, आपा
अस्वच्छ–(वि.) गंदा, धुँधला
अस्वतंत्र–(वि.) जो स्वतंत्र न हो, परतंत्र
अस्वस्थ–(वि.) 1 जो स्वस्थ न हो 2 रोगी
अस्वाभाविक–(वि.) 1 स्वभाव-विरुद्ध 2 बनावटी
अस्वास्थ्य–(पु.) रोग, बीमारी
अस्वीकार–(पु.) न मानना, इनकार
अस्वीकारात्मक–(वि.) इनकार भरा
अस्वीकार्य–(वि.) स्वीकार न करने योग्य
अस्वीकृत–(वि.) 1 न माना हुआ 2 ग्रहण न किया हुआ
अस्वीकृति–(स्त्री.) अस्वीकार
अस्सी–(वि./पु.) 80 की संख्या
अहं–I (सर्व.) मैं II (पु.) 1 मनुष्य में होनेवाला यह ज्ञान या धारणा कि मैं हूँ या औरों से मेरी पृथक् सत्ता है, अपने अस्तित्व की कल्पना या भान **अहंकार** (पु.) 1 अपनी सत्ता का बोध 2 गर्व, घमंड **अहंकारी** (वि.) घमंडी
अहम्–I (सर्व.) मैं II (पु.) अहंकार
अहम–(वि.) 1 महत्त्वपूर्ण 2 गंभीर
अहमक–(पु.) मूर्ख, बेवकूफ़
अहमियत–(स्त्री.) 1 महत्त्व 2 गंभीरता
अहम्मन्य–(वि.) अहंकार, घमंडी
अहर्निश–(क्रि. वि.) रात-दिन
अहसान–(पु.) एहसान **अहसान-फ़रामोश** (वि.) किए गए उपकार को न माननेवाला
अहसास–(पु.) अनुभव होना
अहसानमंद–(वि.) कृतज्ञ, आभारी
अहस्तांतरणीय–(वि.) जिसे दूसरे के हाथ न सौंपा जा सके
अहाता–(पु.) 1 चारों ओर से घिरा हुआ मैदान या स्थान 2 चारदीवारी
अहानिकर–(वि.) जो हानिकर न हो
अहिंदू–(पु.) जो हिंदू न हो
अहिंसा–(स्त्री.) 1 किसी प्राणी या जीव को न मारना 2 मन, वचन, कर्म से किसी को दुःख न देना 3 कंटक पाली या हंस नाम की घास या प्राणी को पीड़ित न करने वाली नीति **अहिंसावाद** (पु.) किसी को दुःख न पहुँचाने का सिद्धांत
अहिंसात्मक–(वि.) जिसमें हिंसा न हो
अहि–(पु.) 1 साँप 2 राहु 3 वृत्रासुर 4 ठग, वंचक 5 पृथ्वी 6 सूर्य 7 पथिक 8 सीसा 9 बादल 10 नाभि 11 जल 12 अश्लेषा नक्षत्र **अहिफेन** (पु.) अफ़ीम
अहित–I (पु.) 1 बुराई, अपकार 2 हानि II (वि.) 1 अहितकर, अपथ्य 2 विरोधी **अहितकर, अहितकारी** (वि.) अहित या अपकार करनेवाला
अहीर–(पु.) ग्वाला, आभीर
अहेतु–I (वि.) हेतुरहित II (पु.) 1 हेतु का अभाव 2 अर्थालंकार का एक भेद जिसमें कई कारणों के रहते हुए भी कार्य का न होना पाया जाए
अहेरी–(पु.) शिकारी

आ

आ

आ–(उप.) आदि से अंत तक (जैसे--आजीवन)
आँ–(पु.) विस्मयसूचक शब्द
आँक–(पु.) 1 संख्या का सूचक अंक 2 लक्षण 3 अक्षर 4 अंश, हिस्सा
आँकड़ा–(पु.) 1 अंक (जैसे–1, 2, 3, 4 आदि) 2 तथ्यों की गणना 3 हुक
आँकड़ेबाज़–(पु.) हर मामले में आँकड़ों पर ज़ोर देनेवाला
आँकना–(स. क्रि.) 1 अंदाज़ा लगाना, अनुमान करना 2 मूल्य लगाना 3 निशान लगाना
आँख–(स्त्री.) 1 देखने की इंद्रिय, नयन, चक्षु 2 निगाह, दृष्टि **आँखमिचौनी, आँख-मिचौली** (स्त्री.) आँखें मूँदने का एक खेल **आँख उठाकर न देखना** 1 कुछ भी ध्यान न देना, उपेक्षा करना 2 लज्जावश सामने न देखना **आँख का अंधा** बिलकुल उल्लू, मूर्ख **आँख या आँखों का काँटा बनना** 1 कष्ट होना 2 शत्रु होना 3 कार्य में बाधा उत्पन्न करना **आँख का काजल चुराना** पास या सामने की वस्तु चुरा लेना, सफ़ाई से हाथ मारना **आँख का खुला रहना** सावधान रहना **आँख का परदा उठना** भ्रम दूर होना **आँख का पानी ढल जाना** निर्लज्ज हो जाना, बेशर्म होना **आँख की किरकिरी** आँख का काँटा **आँख की पुतली** अत्यधिक प्यारी वस्तु, अतिप्रिय व्यक्ति **आँख की पुतली फिरना** आँख पथराना **आँख खुलना** 1 पलक खुलना 2 जागना 3 भ्रम दूर होना **आँख खोलना** 1 आँख बनाना 2 सावधान करना 3 होश में आना **आँख गड़ाना** टकटकी लगाकर देखना **आँख चमकाना** आँखों से संकेत, इशारा करना **आँख चुराना, आँख छिपाना** 1 कतरा जाना, सामना न करना 2 लज्जा के कारण सामने न देखना **आँख जमना** दृष्टि स्थिर करना **आँख दिखाना** 1 धमकाना 2 क्रोध करना **आँख न खोलना** ज्वर आदि के कारण बेसुध रहना **आँख बचाना** आँख चुराना, कतराना **आँख बिछाना** सम्मान करना **आँख भर आना** 1 आँसू आना 2 दया आना **आँख में खटकना** अच्छा न लगना **आँख लड़ना** 1 नज़र मिलना 2 प्रेम दृष्टि से देखना **आँखें डबडबाना** आँखों में आँसू आ जाना **आँखें तरेरना** गुस्से में देखना **आँखों में धूल झोंकना, डालना, देना** छल करना, धोखा देना **आँखों में बसना** दिल में घर कर लेना **आँखों में रात काटना** जागकर रात बिताना **आँखों से ओझल होना** सामने न रहना, दृष्टि से दूर रहना, ग़ायब हो जाना **आँखों से गिरना** आदर खो बैठना
आँगन–(पु.) घर के अंदर या सामने का खुला स्थान, सहन
आंग्ल–(वि.) अंग्रेज़, अंग्रेज़ी
आँच–(स्त्री.) 1 गरमी 2 लपट 3 आग 4 संकट **आँच खाना** 1 आग पर पकाया जाना 2 अधिक आँच खा जाना 3 ताव खाना
आँचल–(पु.) 1 पल्ला (धोती, ओढ़नी आदि वस्त्र का एक सिरा) 2 क्षेत्र **आँचल पसारना** माँगने के लिए दीनतापूर्वक पल्ला फैलाना
आंचलिक–(वि.) 1 अंचल का 2 किसी क्षेत्र या प्रांत से संबंधित, क्षेत्रीय
आँजना–(स. क्रि.) अंजन या काजल लगाना
आंजनेय–(पु.) अंजनीपुत्र, हनुमान
आँट–(स्त्री.) 1 अँगूठे और तर्जनी के बीच की जगह 2 दाँव 3 गाँठ **आँट पर चढ़ना** दाँव पर लगाना
आँटी–(स्त्री.) 1 घास का छोटा गट्ठा 2 सूत

का लच्छा 3 गुल्ली 4 कुश्ती का पेंच

आँत–(स्त्री.) अँतड़ी **आँत उतरना** आँत उतरने की बीमारी, हार्निया **आँत ऐंठना** आँतों में मरोड़ होना **आँतें कुलबुलाना** भूख से बेचैन होना

आंतरिक–(वि.) 1 अंदर का 2 भीतरी बातों से संबंधित, अंतरंग

आंतरिकता–(स्त्री.) मित्रता

आंत्र–I (वि.) आँत से संबंध रखनेवाला II (पु.) आँत **आंत्रव्रण** (पु.) आँतों का फोड़ा

आंदोलन–(पु.) किसी उद्देश्य के लिए संगठित रूप से किया गया कार्य (जैसे भारत छोड़ो आंदोलन 1942 से शुरू हुआ था)

आंदोलन-कर्त्ता, आंदोलनकारी–(वि.) आंदोलन करनेवाला

आंदोलनात्मक–(वि.) 1 उथल-पुथल मचाने वाला 2 हलचल करनेवाला

आँधी–I (स्त्री.) धूलभरी ज़ोर की हवा, तूफ़ान, अंधड़ II (वि.) बहुत तेज़ (हवा)

आँधी-पानी आना, आँधी उठना–(पु.) 1 हलचल मचाना 2 तूफ़ान आना

आँव–(पु.) एक तरह का चिकना सफ़ेद मल

आँवला–(पु.) एक खट्टा फल जिसका मुरब्बा एवं अचार बनता है

आँवाँ–(पु.) मिट्टी के बर्तन आदि पकाने का गड्ढा, भट्टा

आंशिक–(वि.) 1 कुछ, थोड़ा 2 अंश से संबंधित

आंसू–(पु.) नेत्रजल, अश्रु **आँसू पीकर रह जाना** मन मसोसकर रह जाना **आँसू पोंछना** धीरज बँधाना, ढाढ़स देना

आइंदा–I (वि.) आनेवाला, भावी II (अ.) आगे से

आईना–(पु.) शीशा, दर्पण **आईनासाज़** आईना बनानेवाला **आईने में अपना मुँह देखना** अपनी योग्यता समझ लेना

आए-गए–(वि.) आने-जानेवाले

आकंठ–(अ.) कंठ तक डूबा हुआ, कंठ तक

आक–(पु.) मदार (एक विशेष पौधा)

आकर्षक–(वि.) 1 सुंदर, मनोहर 2 प्रभावित या मोहित करनेवाला 3 खींचनेवाला

आकर्षण–(पु.) 1 खींचना 2 खिंचाव 3 मंत्र प्रयोग कर किसी को सम्मोहित करना **आकर्षण शक्ति** (स्त्री.) एक प्राकृतिक शक्ति जिससे एक पदार्थ दूसरे पदार्थ को अपनी ओर खींचता है (जैसे - पृथ्वी की आकर्षण शक्ति, चुंबक शक्ति)

आकर्षित–(वि.) 1 जो प्रभावित होकर किसी की तरफ़ अनुरक्त हुआ हो 2 खिंचा हुआ

आकलन–(पु.) 1 गिनना 2 पूर्वानुमान द्वारा गणना करना 3 समझना 4 इकट्ठा करना 5 अनुसंधान, खोज करना 6 इच्छा

आकस्मिक–(वि.) अचानक होनेवाला

आकांक्षा–(स्त्री.) 1 चाह, इच्छा 2 अपेक्षा 3 आवश्यकता (पद विशेष की) 4 खोज-खबर

आकांक्षी–(वि.) इच्छा या अपेक्षा रखनेवाला 2 खोजी

आकार–I (पु.) 1 बनावट 2 शक्ल, रूप 3 लम्बाई-चौड़ाई, फैलाव (छोटा-बड़ा) II आ स्वर **आकार-प्रकार** (पु.) रूप-रंग **आकारहीन** (वि.) निराकार, बिना आकार का

आकाश–(पु.) 1 आसमान 2 शून्य स्थान **आकाश गंगा** (स्त्री.) 1 छोटे-छोटे तारों का समूह, मंदाकिनी (गैलेक्सी) **आकाश-पाताल एक करना** अत्यधिक परिश्रम करना

आकाश-कुसुम, पुष्प–(पु.) 1 असंभव बात 2 अनहोनी

आकाशगामी–(स्त्री.) आसमान को जानेवाली

आकाशबेल–(पु.) अमर बेल

आकाशमंडल–(पु.) 1 खगोल 2 आकाश

आकाशमार्ग–(पु.) हवाई रास्ता

आकाश-यात्रा–(स्त्री.) हवाई सफ़र

आकाशयुद्ध–(पु.) हवाई जंग, युद्ध पोतों द्वारा लड़ाई

आकाशवाणी–(स्त्री.) 1 आसमान से प्रसारित वाणी 2 अभौतिक वाणी, देववाणी

आकुंचन–(पु.) 1 सिकुड़ना, सिमटना 2 टेढ़ा

आ

होना
आकुंठन–(पु.) 1 लज्जा, शर्म 2 कुंठा होना
आकुल–(वि.) 1 परेशान 2 बेचैन 3 उतावला 4 अव्यवस्थित **आकुलता** (स्त्री.) बेचैनी
आकृति–(स्त्री.) 1 रूप, गढ़न 2 चेहरा **आकृति-प्रकृति** (स्त्री.) आकार-प्रकार **आकृतिविज्ञान** (पु.) आकारिकी, आकारविज्ञान, रूप रचनाविज्ञान
आक्रंद, आक्रंदन–(पु.) 1 रोना, चिल्लाना 2 पुकारना 3 घोर युद्ध, घमासान युद्ध
आक्रमण–(पु.) 1 हमला करना, चढ़ाई करना 2 सीमा का बलात् उल्लंघन 3 निंदात्मक आक्षेप (आचरण, कार्य, विचार, सिद्धांत) **आक्रमणकारी** (वि.) आक्रमण करनेवाला **आक्रमणशील** (वि.) आक्रामक स्वभाववाला
आक्रांत–(वि.) 1 जिस पर हमला किया गया हो 2 पराभूत, अभिभूत
आक्रामक–(वि.) हमला या प्रहार करनेवाला
आक्रोश–(पु.) 1 गुस्सा, रोषपूर्ण भावना 2 चिल्लाहट
आक्षेप–(पु.) 1 फेंकना 2 व्यंग्यपूर्ण दोषारोपण करना 3 अर्थालंकार जिसमें पहले कोई बात कहकर फिर अपवादस्वरूप उसका प्रतिषेध करना
आक्षेपक, आक्षेपी–(वि.) 1 फेंकनेवाला 2 व्यंग्यपूर्ण आरोप लगानेवाला
आक्सीजन–(पु.) आक्सीजन (गैस), प्राणवायु
आख़िर–I (वि.) 1 अंत में होनेवाला, अंतिम 2 बाद में होनेवाला II (पु.) 1 अंत 2 परिणाम, फल III (अ.) अंत में **आख़िरकार** (क्रि. वि.) अंततोगत्वा
आख़िरी–(वि.) सबके अंत में होनेवाला, अंतिम
आखेट–(पु.) शिकार, मृगया **आखेट-शिक्षक** शिकार की शिक्षा देनेवाला **आखेट-स्थल** (पु.) शिकार करने की जगह
आख्याता–(वि.) 1 सूचना या विवरण बतलानेवाला 2 कहनेवाला, वक्ता
आख्यान, आख्यानक–(पु.) 1 कहना 2 सूचित करना 3 वर्णन, वृत्तांत 4 कथा
आख्यायिका–(स्त्री.) शिक्षाप्रद लघु कल्पित कथा, कहानी
आगंतुक–(वि.) 1 आया हुआ 2 अचानक आ जानेवाला 3 अभ्यागत, अतिथि
आग–(स्त्री.) 1 अग्नि 2 ताप, गरमी **आगज़नी** (स्त्री.) आग लगाना **आग उठाना** शपथ लेना, कसम खाना **आग पानी का वैर** पुरानी या स्वाभाविक शत्रुता **आग बरसना** ज़ोर की गरमी पड़ना
आगत–(वि.) 1 आया हुआ 2 प्राप्त 3 घटित **आगत सत्कार, आगत स्वागत** (पु.) मेहमान, अतिथि या आनेवाले का सम्मान
आगम–(पु.) 1 उपस्थित होना, अवाई 2 उत्पत्ति 3 शास्त्र 4 आनेवाला समय
आगमन–(पु.) 1 आना, पहुँचना 2 प्राप्त होना, लाभ होना 3 दर्शन-विशेष से सामान्य निष्कर्ष निकालना
आगा–I (पु.) 1 आगे का भाग, अगवाड़ा 2 भविष्य में आनेवाला समय 3 अगवानी **आगा-तागा** आदर-सत्कार, सम्मान **आगा-पीछा** अच्छा-बुरा, शुभ-अशुभ
आग़ा–(पु.) 1 मालिक, सरदार 2 काबुली
आगामी–(वि.) आनेवाला, भावी
आगार–(पु.) 1 रहने का स्थान (मकान आदि) 2 कमरा, कोठरी, ख़ज़ाना
आगाह–(वि.) सचेत
आगे–(क्रि. वि.) जिस ओर अगला भाग हो, उस ओर, सामने वाले भाग की ओर, समक्ष, सामने, सम्मुख **आगे-पीछे** (क्रि. वि.) 1 एक-के-बाद एक 2 मुँह और पीठ पीछे **आगे आना** 1 सामना करना 2 कर्म का फल मिलना 3 घटित होना
आग्नेयास्त्र–(पु.) बंदूक़, तोप आदि अस्त्र
आग्रह–(पु.) 1 हठ 2 हठपूर्वक प्रार्थना **आग्रहपूर्ण** (वि.) हठयुक्त **आग्रहपूर्वक** (क्रि. वि.) आग्रह के साथ
आग्रही–(वि.) आग्रह करनेवाला
आघात–(पु.) 1 ठोकर या धक्का 2 प्रहार

3 मानसिक कष्ट, व्यथा
आघूर्णन–(पु.) घूमना, चक्कर खाना
आघ्राण–I (पु.) 1 सूँघना 2 तृप्ति II (वि.) 1 सूँघा हुआ 2 तृप्त
आचमन–(पु.) 1 जल पीना 2 हाथ से बनाई ओक में जल लेकर पीना (पूजन शुद्धि)
आचमनी–(स्त्री.) आचमन के लिए जल भरने का एक छोटा चम्मच
आचरण–(पु.) 1 चाल-चलन 2 बरतना, व्यवहार 3 चरित्र 4 नियम
आचरणीय–(वि.) आचरण करने योग्य
आचार–(पु.) 1 आचरण 2 चाल-चलन 3 व्यवहार का तरीक़ा 4 आचरण, संबंधी नियम 5 परिपाटी, प्रथा या रीति-रिवाज़
आचारपरायण, आचारवती (स्त्री.), **आचारवान**–(वि.) कर्मनिष्ठ, सदाचारी
आचार-विचार–(पु.) लौकिक कर्म एवं विचार भाव
आचारसंहिता–(स्त्री.) आचरण संबंधी नियम
आचार्य–(पु.) 1 गुरु 2 अध्यापक, शिक्षक 3 मुख्य पुरोहित 4 वेद-शास्त्रों का ज्ञाता, वेदाचार्य (जैसे–शंकराचार्य, वल्लभाचार्य) 5 असाधारण पंडित (जैसे–आचार्य रामचन्द्र शुक्ल, आचार्य महावीर प्रसाद द्विवेदी) 6 पांडवों आदि के गुरु (द्रोणाचार्य)
आचार्यकुल–(पु.) गुरुकुल
आचार्यत्व–(पु.) आचार्य का कार्य करना
आचार्या–(स्त्री.) स्त्री आचार्य या गुरु
आच्छन्न–(वि.) 1 छिपा हुआ 2 ढका हुआ
आच्छादित–(वि.) 1 छाया हुआ 2 ढका हुआ
आच्छेदन–(पु.) 1 काटना 2 काट-छाँट
आज–I (क्रि. वि.) 1 जो दिन इस समय चल रहा है, इस दिन 2 इन दिनों में, इस काल में II (पु.) प्रस्तुत या वर्तमान दिन
आजकल–(पु.) 1 वर्तमान दिनों में 2 एक-दो दिन में **आजकल करना या बताना** टालमटोल करना
आज़माइश–(वि.) जाँच, परीक्षण
आज़माना–(स. क्रि.) जाँचना, परखना
आज़ाद–(वि.) 1 स्वच्छंद 2 मनमौजी
आज़ाद ख़्याल–(वि.) स्वतंत्र विचारोंवाला
आज़ाद तबीयत–(वि.) स्वच्छंद हृदय का
आज़ादी–(स्त्री.) 1 स्वतंत्रता, स्वाधीनता 2 स्वच्छंदता 3 मुक्ति
आजानुबाहु–(वि.) जिसकी बाँहें घुटनों तक लंबी हों, कर्मठ, वीर
आजिज़–(वि.) 1 लाचार, दीन 2 तंग आया हुआ, परेशान **आजिज़ आना** तंग आना
आजीवन–I (क्रि.वि.) जीवन भर, जीवन पर्यन्त II (पु.) जीविका **आजीवन कारावास** (पु.) उम्र क़ैद
आजीविका–(स्त्री.) 1 रोज़ी 2 रोज़गार, धंधा
आज्ञा–(स्त्री.) 1 आदेश, हुक्म 2 अनुमति **आज्ञाकारिणी** (स्त्री.), **आज्ञाकारी** (वि.) आज्ञा का पालन करनेवाला
आज्ञापत्र–(पु.) आदेशपत्र
आज्ञानुसार–(क्रि. वि.) कहने के मुताबिक़
आटा–(पु.) पिसा हुआ गेहूँ, जौ, मकई आदि का चूर्ण, पिसान **आटा गीला होना** कठिनाई में और भी संकट पैदा होना **आटे के साथ घुन पिसना** बड़े आदमी के साथ छोटे को भी हानि पहुँचना **आटे और दाल का भाव मालूम होना** 1 असलियत का पता चलना 2 करनी का फल मिलना **आटे-दाल की फ़िक्र** घर-गृहस्थी की चिंता **आटे-दाल के फेर में रह जाना** रोज़ी-रोटी के चक्कर में पड़े रहना
आठ–(वि./पु.) 8 की संख्या **आठ-आठ आँसू रोना** अत्यधिक विलाप करना **आठ पहर** हर वक़्त **आठ पहर चौंसठ घड़ी** प्रतिपल, हर समय **आठों पहर** हर समय
आडंबर–(पु.) 1 दिखावा 2 अनावश्यक एवं दिखावटी आयोजन 3 बादलों का गर्जन 4 हाथी का चिंघाड़ना 5 युद्ध का डंका बजना 6 शोर-गुल, कोलाहल 7 गर्व
आडंबरी–(वि.) दिखावा करनेवाला
आड़–(स्त्री.) 1 ओट, परदा 2 बचाव, सहारा 3 रोक 4 टेक 5 आड़ा तिलक

आ

आड़ा, आड़ा-तिरछा–I (वि.) खड़ा या सीधा का उलटा, पड़ा II (पु.) 1 एक धारीदार कपड़ा 2 जहाज़ का लट्ठा 3 शहतीर 4 बुनाई में सूत फैलाने की लकड़ी

आड़ू–(पु.) एक खटमिट्ठा फल और उसका पेड़

आढ़त–(स्त्री.) 1 दलाली, कमीशन 2 कमीशन लेकर माल बिकवाने का रोज़गार 3 वह स्थान जहाँ इस तरह का व्यवसाय होता है **आढ़तदार, आढ़तिया, आढ़ती** (पु.) आढ़त का व्यापारी

आणविक–(वि.) अणु संबंधी

आतंक–(पु.) 1 भय, डर 2 दबदबा 3 पीड़ा, दर्द 4 डंके का शब्द **आतंककारी, आतंकवादी** (वि.) 1 आतंकवाद को माननेवाला 2 आतंक फैलानेवाला **आतंकवाद** (पु.) राज्य या विरोधभाव को दबाने के लिए हिंसा या भयोत्पादक उपायों का अवलंबन

आतंकित–(वि.) आतंक से प्रभावित, भयभीत

आततायी–(पु.) दुष्ट और उपद्रवी, अत्याचारी

आतप–I (पु.) 1 गरमी 2 धूप II (वि.) दुःख देनेवाला **आतप स्नान** (पु.) धूप में बैठना

आतिश–(स्त्री.) 1 आग 2 अत्यधिक गर्मी 3 गुस्सा, क्रोध **आतिशदान** (पु.) अँगीठी **आतिशबाज़ी** (पु.) गोले-फुलझड़ियाँ चलाना

आतिशी शीशा–(वि.) एक तरह का शीशा जिसमें सूर्य किरणों से अग्नि निकलती है

आतिथेय–(पु.) 1 अतिथि का सत्कार करनेवाला 2 अतिथि को अपने यहाँ ठहरानेवाला, मेज़बान 3 अतिथि-सत्कार की सामग्री

आतिथ्य–(पु.) अतिथि सत्कार, मेहमानदारी **आतिथ्य-सत्कार** (पु.) अतिथि का आदर-सम्मान करना

आती-पाती–(स्त्री.) पेड़ पर चढ़ने-पकड़ने का खेल

आतुर–I (वि.) 1 उतावला 2 बेचैन 3 उत्कट इच्छावाला II (पु.) बीमारी, रोग III (क्रि. वि.) 1 बहुत जल्दी में 2 घबराहट में **आतुरता** (स्त्री.) उतावलापन, आकुलता

आत्म–I (वि.) 1 आत्मा या मन से संबंधित 2 अपना (जैसे–आत्मकथा, आत्म-परिचय आदि) II (पु.) बाह्य पदार्थों से अलग एवं भिन्न निजी चेतन सत्ता (जैसे–आत्म चेतना, आत्म पुरुष आदि) **आत्म-आलोचना** (स्त्री.) अपनी आलोचना **आत्मकथा** (स्त्री.) आपबीती, अपने जीवन की कथा **आत्मगौरव** (पु.) आत्मसम्मान, स्वाभिमान **आत्मग्लानि** (स्त्री.) अपने-आप में खेद होना **आत्मघात** (पु.) आत्महत्या **आत्मघातक, आत्मघाती** (वि.) आत्महत्या करनेवाला **आत्मचरित, आत्मचरित्र** (पु.) = आत्म-कथा **आत्मचिंतन** (पु.) मन के विषय में सोचना-विचारना **आत्मज** I (पु.) 1 पुत्र 2 कामदेव II (वि.) अपने-से उत्पन्न **आत्मजा** (स्त्री.) बेटी **आत्म-जिज्ञासा** (स्त्री.) = आत्म चिंतन **आत्मज्ञान** (पु.) 1 अपनी आत्मा का ज्ञान 2 जीवात्मा एवं परमात्मा का ज्ञान 3 ब्रह्मज्ञान **आत्मद्रोह** (पु.) स्वयं अपने साथ किया जानेवाला द्रोह या शत्रुता **आत्मनिर्भर** (वि.) आत्मावलंबी **आत्मनिवेदन** (पु.) 1 आत्म समर्पण 2 एक भक्ति जिसमें भक्त इष्टदेव के प्रति स्वयं को समर्पित कर देता है **आत्मनिष्ठ** 1 आत्मनिर्भर 2 स्व पर केंद्रित **आत्मपीड़न** (पु.) स्वयं को कष्ट देकर या अन्य द्वारा कष्ट पाकर संतुष्ट होना **आत्मपौरुष** (पु.) आत्मबल **आत्मप्रचार** (पु.) अपने गुणों का आप ही प्रचार **आत्मप्रतारणा** (स्त्री.) आत्म-वंचना **आत्मप्रतिष्ठा** (स्त्री.) आत्म सम्मान **आत्मप्रशंसा** (स्त्री.) स्वयं की जानेवाली प्रशंसा **आत्मबल** (पु.) 1 आत्मशक्ति 2 अध्यात्म बल **आत्मबलिदान** (पु.) आत्म त्याग **आत्मबोध** (पु.) आत्मज्ञान **आत्मवत्** (क्रि. वि.) अपने समान **आत्मवाद** (पु.) आत्मा और परमात्मा के अस्तित्व का सिद्धांत **आत्मविद्** (पु.) आत्मज्ञानी **आत्मविद्या** (स्त्री.) अध्यात्म ज्ञान, ब्रह्मविद्या **आत्मविभोर** (वि.) अपने में मस्त

आत्मविश्लेषण (पु.) स्वयं की जाँच-पड़ताल, अपनी परख करना **आत्मविश्वास** (पु.) अपनी शक्ति एवं योग्यता पर विश्वास, आत्मनिष्ठा **आत्मविस्मृति** (स्त्री.) अपने को भूल जाना, बेख़ुदी **आत्मशुद्धि** (स्त्री.) आत्म संस्कार **आत्मश्लाघी** (वि.) अपनी प्रशंसा आप ही करनेवाला, आत्म प्रशंसक **आत्मसंतोष** (पु.) अपने आप से संतुष्ट **आत्मसमर्पण** (पु.) 1 अपने को सौंप देना 2 हथियार डाल देना **आत्मसम्मान** (पु.) अपनी इज़्ज़त **आत्मसात्** I (क्रि. वि.) अपने अधिकार में II (वि.) अपने में मिलाया हुआ **आत्मसाधना** (स्त्री.) मोक्ष साधना **आत्महत्या** (स्त्री.) खुदकुशी **आत्महित**(पु.) अपनी भलाई

आत्मा–(स्त्री.) 1 जीव 2 मन 3 अंतःकरण 4 चेतन तत्त्व 5 परमात्म तत्त्व **आत्मा ठंडी करना** संतोष करना

आत्मानुभूति–(स्त्री.) आत्म साक्षात्कार

आत्माभिमान–(पु.) आत्मगौरव, स्वाभिमान

आत्माभिमानी–(पु.) स्वाभिमानी

आत्माभिव्यंजन (पु.), **आत्माभिव्यक्ति**–(स्त्री.) अपने मन के अनुभव को व्यक्त करना

आत्मार्पण–(पु.) स्वयं को दे देना

आत्मालोचना–(स्त्री.) अपनी आलोचना स्वयं करना

आत्मावलंबन–(पु.) अपने पर भरोसा करना

आत्माहुति–(वि.) आत्म-बलिदान

आत्मिक–(वि.) आत्मा का, आत्मा से संबंधित

आत्मीय–I (वि.) अपना II (पु.) अपने लोग

आत्मीयता–(स्त्री.) अपनापन, स्नेह-संबंध

आत्मोत्सर्ग–(वि.) आत्म-त्याग

आत्मोदय–(पु.) अपना विकास

आत्मोद्धार–(पु.) 1 अपना उद्धार 2 अपने प्रयास से अपना छुटकारा

आत्मोन्नति–(स्त्री.) आत्मा की उन्नति

आदत–(स्त्री.) 1 अभ्यास, लत 2 स्वभाव

आदम–(पु.) 1 मनुष्य, व्यक्ति 2 आदि पुरुष

आदमक़द–(वि.) मनुष्य की ऊँचाई के बराबर (जैसे आदमक़द शीशा) **आदमख़ोर** (वि.) नरभक्षी **आदमज़ाद** (पु.) आदम की संतान, मनुष्य

आदमियत–(स्त्री.) मनुष्यता, मानवता

आदमी–(पु.) मनुष्य, व्यक्ति, नौकर, पति

आदर–(पु.) 1 सम्मान, इज़्ज़त 2 सत्कार, क़द्र

आदरणीय–(वि.) आदर के योग्य

आदर्श–(पु.) 1 श्रेष्ठतम अवस्था 2 प्रतिमान, पराकाष्ठागत रूप, नमूना 3 अनुकरणीय वस्तु 4 असल **आदर्श उदाहरण** (पु.) अनुकरणीय उदाहरण

आदर्शवादी–(वि.) आदर्शवाद को माननेवाला

आदर्शीकरण–(पु.) आदर्श रूप देना

आदर्शोन्मुख–(वि.) आदर्शवादी

आदान–(पु.) 1 लेना, ग्रहण 2 बंधन 3 कर, शुल्क आदि के रूप में लिया जानेवाला धन

आदान-प्रदान–(पु.) लेना-देना, अदल-बदल

आदाब–(पु.) 1 नमस्कार 2 अदब-क़ायदा 3 व्यवहार-नियम

आदाब अर्ज़–(स. क्रि.) सलाम करना **आदाब बजा लाना** विनयपूर्वक अभिवादन करना

आदि–I (पु.) 1 आरंभ, शुरू 2 मूल कारण 3 परमात्मा II (वि.) 1 पहला (जैसे–आदि कवि) 2 आरंभ का III (अ.) इत्यादि

आदिकवि–(पु.) 1 वाल्मीकि 2 ब्रह्मा

आदिकाल–(पु.) (इतिहास में) आरंभिक समय **आदिकाव्य** (पु.) वाल्मीकीय रामायण

आदिग्रंथ–(पु.) सिख गुरुओं की वाणी का संग्रह **आदि निवासी** (पु.) पहले से बसने वाले, जनजाति **आदि पुरुष** (पु.) परमेश्वर

आदि युग–(पु.) प्रारंभिक युग

आदिवासी–(पु.) मूल-निवासी

आदित्य–I (पु.) 1 सूर्य 2 देवता II (वि.) 1 अदिति से उत्पन्न 2 आदित्य संबंधी

आदिमंडल–(पु.) सूर्य के चारों ओर का प्रभा-मंडल

आदिम–(वि.) आदि **आदिम काल** (पु.) आदिकाल (स्टोन एज) **आदिम जाति** (स्त्री.) मूल निवासी (ट्राइब्स)

आ

आदी–I (वि.) 1 अभ्यस्त 2 जिसे लत पड़ गई हो, व्यसनी II (अ.) 1 तनिक भी 2 निपट III (स्त्री.) अदरक
आदृत–(वि.) आदरप्राप्त, सम्मानित
आदेश–(पु.) 1 आज्ञा, हुक्म 2 हिदायत 3 ग्रहों का फल **आदेश पंजी** (स्त्री.) आर्डर-बुक **आदेश पत्र** (पु.) हुक्मनामा
आदेशानुसार–(क्रि./वि.) आज्ञा के अनुसार
आद्यंत–I (क्रि. वि.) आदि से अंत तक II (पु.) आदि-अंत
आद्य–(वि.) आदि, मूल **आद्य रूप** (पु.) आदि नमूना
आद्यक्षर–(पु.) नाम के शुरू का अक्षर
आध–(वि.) आधा
आधा–(वि.) वस्तु के दो बराबर भागों में से एक, अर्द्ध **आधा तीतर आधा बटेर** अनमेल, बेमेल
आधान–(पु.) 1 रखना, स्थापन 2 अग्नि का स्थापन 3 धारण 4 उत्पन्न करना 5 पात्र 6 प्रयत्न 7 रेहन 8 गर्भाधान से पहले किया जानेवाला संस्कार
आधार–(पु.) 1 सहारा 2 बर्तन 3 रेखागणित में आधार रेखा 4 संबंध **आधारभूत** (वि.) मौलिक, आधारिक (स्त्री.) मूल शक्ति **आधारशिला** (स्त्री.) नींव का पत्थर **आधारस्तंभ** (पु.) किसी कार्य या वस्तु का मुख्य आधार **आधारहीन** (वि.) निराधार
आधारित–(वि.) आधार पर टिका हुआ
आधि–(स्त्री.) 1 मानसिक पीड़ा 2 विपत्ति, संकट 3 अभिशाप 4 धरोहर **आधिदैविक** (वि.) अतिप्राकृतिक, दैवी **आधिभौतिक** (वि.) पंचभूतों से संबद्ध, सांसारिक **आधिव्याधि** (स्त्री.) मन और शरीर की पीड़ा
आधिक्य–(पु.) 1 अधिकता, अतिशयता 2 प्राधान्य
आधिपत्य–(पु.) 1 प्रभुत्व, अधिकार 2 राज्य
आधुनिक–(वि.) नए ज़माने का, आजकल का, वर्तमान काल का **आधुनिकतम** (वि.) अत्यंत आधुनिक, नवीनतम
आधुनिका–(स्त्री.) आधुनिक आचरण और सभ्यतावाली स्त्री
आधुनिकीकरण–(पु.) आधुनिक रूप देना
आधो-आध–(क्रि. वि.) आधा-आधा करके
आध्यात्मिक–(वि.) 1 परमात्मा और आत्मा से संबंध रखनेवाला 2 मन से संबंध रखनेवाला **आध्यात्मिकता** (स्त्री.) अध्यात्म की भावना
आध्यात्मिकी–(स्त्री.) अध्यात्म विद्या
आनंद–(पु.) 1 उल्लास, खुशी, हर्ष 2 मन का सुख **आनंदकर, आनंददायक** (वि.) आनंद देनेवाला **आनंदपूर्वक** (क्रि. वि.) मज़े-से **आनंदप्रद** (वि.) आनंददायी **आनंदमंगल** (पु.) 1 शुभ अवसर पर होनेवाला रागरंग 2 सुख और चैन **आनंदमग्न** (वि.) आनन्द में डूबा हुआ
आनंदातिरेक–(पु.) अत्यधिक आनंद, बेहद खुशी
आनंदात्मक–(वि.) आनंदमय
आनंदानुभूति–(स्त्री.) आनंद का एहसास
आनंदाश्रु–(पु.) खुशी के आँसू , हर्षातिरेक से आँखों में आनेवाला जल
आनंदित–(वि.) हर्षित, प्रसन्न
आनंदी–I (पु.) सदा आनंद मनानेवाला व्यक्ति II (वि.) खुश या प्रसन्न करनेवाला
आन–(स्त्री.) 1 गौरव की भावना 2 प्रतिज्ञा, संकल्प 3 परंपरा **आनबान** (स्त्री.) शान
आनद्ध–I (वि.) 1 बँधा हुआ 2 रुका हुआ 3 ढका हुआ या मढ़ा हुआ 4 सजाया हुआ II (पु.) 1 ढोल, मृदंग 2 सजावट
आनन–(पु.) 1 मुख, मुँह 2 चेहरा, मुखड़ा
आनन-फानन–(क्रि. वि.) 1 बात की बात में 2 अतिशीघ्र, तुरंत
आना–I (पु.) 1 पूर्व प्रचलित रुपए का सोलहवाँ भाग 2 मूल्य (रुपया, आना, पैसा) II (क्रि.) किसी व्यक्ति या वस्तु का कहीं से चलकर आना, प्राप्य या वर्तमान होना, आगमन होना (जैसे—अतिथि आना)
आनाकानी–(स्त्री.) टालमटोल

आनुक्रमिक–(वि.) 1 अनुक्रम के अनुसार होनेवाला 2 अनुक्रम से लगाया हुआ
आनुतोषिक–(पु.) कार्य या सेवा के बदले वेतन के अतिरिक्त दिया जानेवाला धन
आनुपातिक–(वि.) अनुपात संबंधी
आनुमानिक–(वि.) अनुमान से संबंध रखनेवाला
आनुवंशिक–(पु.) 1 वंश परम्परा से प्राप्त, पुश्तैनी 2 वंशानुक्रमिक
आनुवंशिक विज्ञान–(पु.) वंश परम्परा संबंधी शास्त्र
आनुवंशिकी–(स्त्री.) आनुवंशिक विज्ञान
आनुषंगिक–(वि.) 1 कम महत्व का 2 गौण
आनेवाला–I (वि.) आगामी II (पु.) वह जो आने को है
आप–I (सर्व.) स्वयं, स्वतः, खुद II (पु.) 1 जल 2 प्राप्ति **आपबीती** (स्त्री.) अपना अनुभव
आपत्–(स्त्री.) आपद्, आपत्ति
आपत्कालिक, आपत्कालीन–(वि.) आपत्ति के समय का
आपत्ति–(स्त्री.) 1 संकट 2 कष्ट, कलेश, दुःख व अचानक आ गिरनेवाली विपत्ति, आफ़त, मुसीबत 3 एतराज़ (आपत्ति शब्द) **आपत्तिकर्ता** (पु.) एतराज़ उठानेवाला **आपत्तिजनक** (वि.) जिस बात पर एतराज़ किया जाए
आपद्–(स्त्री.) संकट **आपद्ग्रस्त** (वि.) संकट में फँसा हुआ
आपदा–(स्त्री.) मुसीबत, संकट
आपद्धर्म–(पु.) विवशता से किया जानेवाला वर्जित कर्म
आपराधिक–(वि.) 1 अपराध में गिना जानेवाला (आपराधिक प्रक्रिया) 2 अपराध जैसे विचारों, भावों से संबंध रखनेवाला 3 अपराधशील
आपस–(वि.) एक-दूसरे का, परस्पर (जैसे–आपस का, आपस में, आपस के लोग आदि) **आपसदारी** (स्त्री.) परस्पर निकट संबंध, भाईचारा
आपसी–(वि.) आपस में होनेवाला, पारस्परिक
आपा–I (पु.) 1 अपना अस्तित्व, अपनापा, निजत्व 2 अपनी सत्ता का ज्ञान 3 अहंकार, गर्व 4 होश II (स्त्री.) बड़ी बहन
आपात्–(पु.) 1 गिरना 2 अचानक घटित होने की स्थिति 3 अप्रत्याशित घटना या दृश्य **आपात्काल**–(पु.) संकट काल **आपात् बैठक** (स्त्री.) आकस्मिक बैठक **आपात्स्थिति** (स्त्री.) घोर संकट की अवस्था
आपाद–(क्रि. वि.) 1 पैर से लेकर 2 पैर तक **आपादमस्तक** (क्रि. वि.) 1 पैरों से सिर तक 2 आदि से अंत तक
आपूर्ण–(वि.) पूर्णतः भरा हुआ
आपूर्ति–(स्त्री.) 1 आवश्यक वस्तुओं की उपलब्धि 2 संतुष्टि, तृप्ति
आपेक्षिक–(वि.) 1 अपेक्षा रखनेवाला 2 तुलनात्मक, अपेक्षाकृत 3 निर्भर रहनेवाला
आप्त–I (वि.) 1 मिला हुआ 2 कुशल 3 विश्वास योग्य II (पु.) **आप्त पुरुष** तत्वज्ञ व्यक्ति **आप्त वचन, आप्त वाक्य** (पु.) (ऋषि-मुनियों का) प्रामाणिक वचन
आप्यायित–(वि.) 1 तृप्त 2 प्रसन्न 3 वर्द्धित 4 बलवान्, ताक़तवर 5 मोटा-ताज़ा
आप्रवास, आप्रवासन–(पु.) अन्य देश में जाकर बसना
आप्रवासी–(पु.) दूसरे देश में जाकर बस जानेवाला व्यक्ति
आप्लावन–(पु.) 1 स्नान 2 सिंचन 3 पानी से तर होना 4 बाढ़
आप्लावित, आप्लुत–(वि.) 1 डुबाया हुआ 2 सिक्त 3 नहाया हुआ, स्नात
आफ़त–(स्त्री.) संकट, दुःख, क्लेश **आफ़त उठाना** ऊधम मचाना **आफ़त का टुकड़ा, आफ़त की परकाला** 1 बहुत तेज़, धूर्त स्त्री 2 तूफ़ानी **आफ़त-मारा** संकटग्रस्त, दुर्दैव पीड़ित
आफ़ताब–(पु.) 1 सूरज, सूर्य 2 कड़ी धूप **आफ़ताबी** I (वि.) सूर्य संबंधी II (स्त्री.) 1 आतिशबाज़ी 2 ज़री के काम का पंखा जिस पर सूर्य का चित्र बना होता है

आ

आफ़रीन–(अ.) वाह, बहुत अच्छा किया, धन्य हो, शाबाश

आफ़सेट–(पु.) 1 अनुचित्रण 2 फ़िल्म द्वारा मुद्रण की विधि **आफ़सेट प्रिंटिंग** (स्त्री.) अनुचित्र मुद्रण

आफ़िस–(पु.) कार्यालय, दफ़्तर **आफ़िस कर्मचारी, आफिस कार्यकर्ता** कार्यालय में काम करनेवाला

आफ़िसर–(पु.) अधिकारी, अफ़सर, प्रधान

आब–I (पु.) 1 पानी, जल 2 शराब 3 अर्क़ II (स्त्री.) 1 शोभा 2 चमक, कांति **आबकारी** (स्त्री.) 1 शराब का कारख़ाना 2 शराब खींचना, मद्य व्यवसाय

आबद्ध–I (वि.) 1 बँधा हुआ 2 बाधित 3 जकड़ा हुआ II (पु.) दृढ़ बंधन

आबनूस–(पु.) तेंदू नामक एक जंगली पेड़ (वि.) आबनूस का

आबादानी, आबादी–(स्त्री.) 1 आबाद जगह 2 जनसंख्या 3 बहुतायत 4 आमोद-प्रमोद 5 सभ्यता, संस्कृति

आभरण–(पु.) 1 गहना, आभूषण 2 भरण-पोषण

आभ–(प्र.) आभा, ज्योति (जैसे–मुक्ताभ, पीताभ, अमिताभ)

आभा–(स्त्री.) 1 शोभा 2 कांति, चमक 3 रंगत 4 प्रतिबिंब

आभार–(पु.) 1 भार, बोझा 2 कृतज्ञता 3 उत्तरदायित्व

आभारी–(वि.) कृतज्ञ

आभास–(पु.) 1 चमक, दीप्ति 2 कांति, शोभा 3 भ्रम छाया, प्रतिबिंब 4 झलक 5 मिथ्या प्रतीति

आभासमान, आभासित–(वि.) 1 आलोकित किया हुआ 2 साफ़ दिखाई दिया

आभिजात्य–I (पु.) कुलीनता II (वि.) ऊँचे कुल के अनुरूप

आभूषित–(वि.) अलंकृत, शोभित

आभ्यंतर, आभ्यंतरिक–(वि.) अंदर होनेवाला, अंदरूनी, भीतरी

आभ्यासिक–(वि.) अभ्यास संबंधी

आमंत्रण–(पु.) 1 बुलाना, पुकारना 2 न्यौता, निमंत्रण 3 अनुमति 4 सलाह-मशवरा, विचार-विमर्श

आमंत्रित–I (वि.) निमंत्रित, बुलाया हुआ II (पु.) बुलाना, निमंत्रण देना

आम–I (वि.) 1 कच्चा, अनपका 2 न पचा हुआ II (पु.) 1 कच्चा होने की अवस्था 2 अपक्व 3 रोग 4 अजीर्ण **आमवात** (पु.) 1 जोड़ों का दर्द 2 आँव रोग **आमशूल** (पु.) 1 भयंकर दर्द 2 आँव के कारण पेट मरोड़ने का रोग

आम–(वि.) 1 साधारण, सामान्य 2 प्रसिद्ध 3 व्यापक **आमतौर पर** (क्रि. वि.) सामान्यतः, साधारणतया

आम–(पु.) 1 एक प्रसिद्ध फल और उसका पेड़ 2 आम्र 3 रसाल **आम के आम गुठली के दाम** (पु.) दोहरा लाभ

आमद–(स्त्री.) 1 आगमन, अवाई, आना 2 आमदनी, आय **आमद-ख़र्च** (पु.) आय-व्यय **आमदरफ़्त** (पु.) आना-जाना

आमदनी–(स्त्री.) 1 आय 2 प्राप्ति 3 नफ़ा, लाभ

आमना-सामना–(पु.) 1 सामना 2 भेंट

आमरण–(क्रि. वि.) मरते समय तक, मरण काल तक

आमादा–(वि.) तैयार, तत्पर, उद्यत

आमाशय–(पु.) पेट में भोजन एकत्र होने और पकने की थैली, मेदा

आमिष–(पु.) 1 मांस 2 शिकार 3 भोग्य वस्तु 4 पशुओं का चारा 5 कामना, भोगेच्छा 6 लालच, लोभ **आमिष-प्रिय** (वि.) जिसे मांस पसंद हो

आमीन–(क्रि. वि.) ईश्वर ऐसा ही करे, एवमस्तु , तथास्तु

आमुख–(पु.) 1 आरंभ 2 प्रस्तावना 3 भूमिका

आमूल–(अ.) 1 आरंभ से 2 सब **आमूल चूल** (वि.) एड़ी से चोटी तक

आमोद–(पु.) 1 ख़ुशी, प्रसन्नता 2 महक,

सुगंधि **आमोद-आलाप** (पु.) हर्ष प्रकट करने का भाव **आमोद-प्रमोद** (पु.) सुख-चैन, भोग-विलास

आम्र–(पु.) आम (फल एवं पेड़) **आम्रमंजरी** (स्त्री.) आम का बौर

आयँती-पायँती–(स्त्री.) सिरहाना-पायताना

आय–(स्त्री.) 1 आमदनी 2 लाभ **आयकर** (पु.) इनकम टैक्स **आय-व्यय** (पु.) आमद-ख़र्च **आय-व्ययक** (पु.) आय और व्यय का लेखा-जोखा

आयत–I (वि.) 1 लंबा 2 विस्तृत 3 विशाल II (पु.) समकोण चतुर्भुज

आयत–(स्त्री.) 1 क़ुरान का वाक्य 2 निशान

आयतन–(पु.) लम्बाई-चौड़ाई-ऊँचाई आदि

आयताकार–(वि.) आयत-सी आकृतिवाला

आयन–(पु.) विद्युतीकृत परमाणु

आयन मंडल–(पु.) पृथ्वी से लगभग अस्सी किलोमीटर के बाद का संपूर्ण वायुमंडल आयन मंडल कहलाता है

आया–(स्त्री.) बच्चे को पालने वाली दाई, धाय माँ, धात्री

आयाचित–I (स्त्री.) 1 मांगा हुआ 2 प्रार्थित II (पु.) प्रार्थना

आयात–I (वि.) आया हुआ, आगत II (पु.) 1 विदेश से आया हुआ माल 2 माल आना या माल मँगाना **आयात कर** (पु.) विदेश से आनेवाले माल पर लगनेवाला शुल्क, टैक्स **आयातकर्त्ता** (पु.) = आयातक **आयात-निर्यात** (पु.) सामान मँगाना और भेजना **आयात शुल्क** (पु.) आयात पर लगा कर

आयातित–(वि.) बाहर से मँगाया हुआ

आयाम–(पु.) अधिकतम सीमा, विस्तार

आयास–(पु.) 1 प्रयत्न 2 श्रम 3 थकावट

आयु–(स्त्री.) 1 उम्र, अवस्था 2 जीवनकाल **आयुसीमा** (स्त्री.) अधिकतम आयु

आयुक्त–I (पु.) कमिश्नरी का प्रधान अधिकारी (कमिश्नर)

आयुध–(पु.) 1 हथियार 2 आभूषण बनाने के काम में आनेवाला सोना

आयुधागार–(पु.) हथियार रखने का स्थान, शस्त्रागार

आयुर्वेद–(पु.) भारतीय चिकित्सा शास्त्र

आयुर्वेदाचार्य–(वि.) आयुर्वेद का आचार्य

आयुष्मान–(वि.) लंबी उम्र वाला

आयोजन, आयोजना–(पु.) 1 समारोह 2 तैयारी

आयोजित–(वि.) आयोजन किया हुआ

आरंभ–(पु.) 1 शुरू करना, श्रीगणेश करना 2 प्राथमिक अवस्था 3 शुरू का हिस्सा

आरंभिक–(वि.) 1 शुरू का 2 शुरू में होनेवाला

आरक्त–(वि.) हल्का लाल रंग

आरक्षण–(स. क्रि.) रिज़र्व कराना

आरक्षित–(वि.) रिजर्व किया हुआ

आरज़ू–(स्त्री.) इच्छा, कामना, अभिलाषा

आरज़ूमंद–(वि.) इच्छुक, कामी, अभिलाषी

आरज़ू-मिन्नत–(स्त्री.) ख़ुशामद

आरण्य, आरण्यक–I (वि.) जंगली II (पु.) वन का निवासी, ऋषि-मुनि

आरती–(स्त्री.) धूप-दीप से पूजा **आरती करना** या **उतारना** (स. क्रि.) अभिनंदन करना

आरसी–(स्त्री.) आईना जड़ा अंगूठे का छल्ला, दर्पण, आईना

आरा–(पु.) 1 लकड़ी चीरने का एक दाँतीदार औज़ार 2 चमड़ा सीने का सूजा

आराधक–(वि.) पूजा करनेवाला

आराधनीय, आराध्य–(वि.) पूजा के योग्य, पूज्य

आराम–(पु.) 1 सुख, प्रसन्नता 2 उपवन, बाग़ीचा

आराम–(पु.) 1 सुख 2 चैन 3 विश्राम

आरामगाह, आरामघर–(पु.) सोने का कमरा, शयनगार

आरामतलब–(वि.) 1 सुख चाहनेवाला 2 आलसी

आरी–(स्त्री.) लकड़ी, लोहा आदि चीरने का

आ

दाँतीदार औज़ार, छोटा आरा
आरूढ़–(वि.) 1 चढ़ा हुआ, सवार 2 आसीन 3 दृढ़ 4 तत्पर
आरोग्य–(पु.) स्वस्थ रोग का अभाव
आरोग्यकारी–(वि.) स्वस्थ रखनेवाली
आरोप–(पु.) 1 दोष-संस्थापन 2 किसी वस्तु पर अन्य वस्तु की कल्पना करना 3 ऊपर से लाकर लगाना **आरोप-पत्र** (पु.) ऐसा पत्र जिस पर आरोपों का विवरण लिखा हो
आरोप-प्रत्यारोप–(पु.) इल्ज़ाम और फिर इल्ज़ाम के जवाब में इल्ज़ाम
आरोपण–(पु.) 1 दोष लगाना 2 संस्थापन 3 एक वस्तु में अन्य धर्म की कल्पना
आरोपित–(वि.) 1 दोष लगाया हुआ 2 स्थापित किया हुआ 3 रोपा हुआ
आरोह–(पु.) 1 आरोहण 2 ऊँचे स्वर से उच्चारण **आरोह-अवरोह** (पु.) उतार-चढ़ाव
आरोही–I (वि.) 1 चढ़नेवाला 2 सवार II (पु.) ऊपर जानेवाला स्वर या स्वरों का क्रम (संगीत)
आर्त्त–(वि.) 1 दुःखी 2 अस्वस्थ **आर्त्तध्वनि** (स्त्री.) **आर्त्तनाद, आर्त्तस्वर** (पु.) दर्दभरी पुकार, गुहार
आर्थिक–(वि.) रुपए-पैसे, अर्थसंबंधी से संबंधित
आर्द्र–(वि.) 1 गीला, तरल, नम 2 द्रवित 3 लथपथ **आर्द्रता** आर्द्र होने की अवस्था
आर्द्रतामापी–(पु.) तरलता नापने का यंत्र
आर्द्रा–(पु.) 1 आषाढ़ माह का एक नक्षत्र जिसमें वर्षा एवं खेती का आरंभ होना उत्तम माना गया है 2 अदरक
आर्य–I (वि.) 1 उत्तम, श्रेष्ठ 2 पूज्य, मान्य 3 कुलीन II (पु.) 1 प्रतिष्ठित व्यक्ति 2 धर्म एवं नियमों के प्रति निष्ठावान व्यक्ति 3 सभ्य जाति 4 आचार्य, गुरु, पति आदि सम्माननीय व्यक्ति के लिए प्रयोग किया जानेवाला संबोधन **आर्य धर्म** (पु.) 1 सदाचार, उत्तम आचरण 2 हिंदू धर्म **आर्यपुत्र** (पु.) 1 आदरणीय व्यक्ति का पुत्र 2 राजकुमार, पति आदि के लिए संबोधन **आर्य समाजी** I (पु.) आर्य समाज का अनुयायी II (वि.) आर्य समाज संबंधी
आर्यावर्त्त–(पु.) 1 भारत का उत्तरी प्रदेश 2 भारत का प्राचीन नाम
आर्येतर–(वि.) जो आर्य न हो, आर्य से भिन्न
आर्ष–(पु.) 1 ऋषियों का 2 ऋषियों का बनाया हुआ 3 वैदिक से संबंधित **आर्ष प्रयोग** (पु.) भाषा का प्रयोग जो भले ही व्याकरण-सम्मत न हो पर विद्वानों द्वारा मान्य हो
आलंकारिक–I (वि.) 1 अलंकार संबंधी 2 सजावटी II (पु.) अलंकार शास्त्र का ज्ञाता
आलंब, आलंबन–(पु.) 1 सहारा 2 नींव 3 भाव का आधार
आलथी-पालथी–(स्त्री.) एड़ियों को दूसरी ओर की जंघाओं पर रखकर बैठने का ढंग
आलना–(पु.) चिड़ियों का घोंसला, नीड़
आलपीन–(स्त्री.) घुंडीदार सुई, पिन
आलम–(पु.) 1 संसार, जगत, दुनिया 2 जन-समूह 3 दशा 4 दृश्य 5 संसार में रहनेवाला मनुष्य **आलमगीर** I (वि.) दुनिया को जीतनेवाला II (पु.) चक्रवर्ती राजा
आलमारी–(स्त्री.) अलमारी
आलसी–(वि.) निकम्मा और सुस्त
आलस्य–(पु.) 1 सुस्ती और निकम्मापन
आला[1]–I (पु.) 1 दीवाल में बना ताक, ताखा 2 कुम्हार का आँवा II (वि.) 1 गीला, तर, नम 2 ताज़ा 3 कच्चा और हरा
आला[2]–(वि.) ऊंचे दरजे का और बढ़िया, उत्तम, श्रेष्ठ
आलाप–(पु.) 1 कहना, बोलना 2 वार्तालाप 3 चहचहाहट 4 तानयुक्त स्वरों में आरंभिक धुन प्रदर्शन
आलापना–(पु.) 1 तान लगाना 2 शास्त्रीय पद्धति से गीत गाना
आलिंगन, आलिंगन पाश–(पु.) गले लगाना
आलिम–(वि.) विद्वान, ज्ञानी, पंडित

आली–I (वि.) 1 उच्च 2 मान्य 3 श्रेष्ठ, उत्तम II (स्त्री.) गीली, तर, नम **आलीजाह** (वि.) ऊँचे स्थान पर बैठनेवाला **आलीशान** (वि.) बहुत बड़ा और भव्य अत्यधिक शानदार

आली–III(स्त्री.) 1 सखी, सहेली 2 भ्रमरी

आलू–(पु.) एक कंद जिसकी सब्जी बनती है

आलूचा–(पु.) एक प्रकार का खाया जानेवाला रसीला फल

आलूबुख़ारा–(पु.) आलूचे की जाति का एक फल

आलेख–(पु.) 1 लिखावट, लिपि 2 लेख, पत्र 3 चित्र, ख़ाका

आलेखक–(पु.) 1 लिखनेवाला 2 लिपिबद्ध करनेवाला 3 चित्र आदि बनानेवाला

आलेखन–(पु.) 1 लेखन क्रिया 2 चित्र अंकित करना

आलेप–(पु.) 1 पलस्तर 2 लेप 3 उबटन

आलोक–(पु.) 1 प्रकाश, रोशनी 2 देखना, दर्शन, दृष्टि 3 स्पष्टीकरण

आलोकमय, आलोकित–(वि.) 1 प्रकाश-युक्त 2 चमकता हुआ 3 देखा हुआ

आलोचक–(पु.) 1 देखनेवाला 2 समीक्षक 3 गुण-दोष की विवेचना करनेवाला

आलोचना–(स्त्री.) गुण-दोष निकालना या विवेचन करना **आलोचना साहित्य** (पु.) आलोचना- संबंधी पुस्तकें

आलोचनात्मक–(वि.) आलोचना से पूर्ण

आलोड़न–(पु.) 1 मथना 2 मन में उठनेवाला द्वंद्व, ऊहापोह 3 क्षोभ **आलोड़न-विलोड़न** (पु.) विचार, मंथन

आल्हा–(पु.) 1 एक प्राचीन भारतीय योद्धा 2 बहुत लंबा-चौड़ा वर्णन 3 मात्राओं का एक छंद

आवंटन–(पु.) बाँटना, वितरण करना

आव–(प्र.) प्रत्यय जो क्रिया की धातुओं में लगकर स्थिति, भाव आदि के अर्थ सूचित करता है (जैसे–चढ़ना से चढ़ाव, पढ़ना से पढ़ाव)

आवभगत (स्त्री.) सत्कार

आवक–(पु.) पहुँच, आना, आमद

आवक-जावक–(पु.) आना-जाना

आवक्ष–(वि.) छाती तक (जैसे–आवक्ष चित्र)

आवरण–(पु.) 1 परदा 2 ढक्कन 3 आघात रोकनेवाली वस्तु , ढाल

आवरण पृष्ठ–(पु.) किताब-कापी के जिल्द के ऊपर का पन्ना (कवर)

आवर्त्त–(पु.) 1 किसी तरफ़ घूमना 2 चारों तरफ़ घूमना, चक्कर लगाना

आवर्त्तन–(पु.) 1 चक्कर लगाना 2 किसी की ओर घूमना 3 विचारों का मंथन

आवर्द्धक–(वि.) पदार्थ के मान, शक्ति, आकार को बढ़ानेवाला

आवर्द्धन–(स. क्रि.) पदार्थ के आकार, मान, शक्ति आदि बढ़ाने की क्रिया

आवश्यक–(वि.) 1 ज़रूरी 2 जिसके बिना साधारणतः काम न चल सके, प्रयोजनीय

आवश्यकता–(स्त्री.) ज़रूरत

आवश्यकतावश–(क्रि. वि.) आवश्यकता के कारण

आवाँ–(पु.) मिट्टी के बर्तन पकाने का भट्ठा

आवागमन–(पु.) 1 आना-जाना 2 जन्म-मरण का चक्र

आवाज़–(स्त्री.) 1 ध्वनि, बोल 2 पुकार 3 शोर **आवाज़ उठाना, आवाज़ ऊँची करना** बात के पक्ष या विपक्ष में कहना

आवाजाही–(स्त्री.) आना-जाना

आवारा–(वि.) 1 निकम्मा 2 बेकार इधर-उधर घूमनेवाला 3 कुमार्गगामी 4 दुष्ट, पाजी

आवारागर्द (वि.) इधर-उधर व्यर्थ भटकनेवाला

आवारागर्दी (स्त्री.) **आवारापन** (पु.) बेकार घूमना, भटकना

आवास–(पु.) 1 निवासस्थान, रहने की जगह 2 ठहरने का स्थायी स्थान

आवास गृह–(पु.) रहने का घर

आवासस्थल–(पु.) रहने की जगह

आवासन–(पु.) दूसरे देश में जाकर बसना

आवाहन–(पु.) 1 आह्वान, बुलाना, पुकारना

आ

2 देवता को मंत्र द्वारा बुलाना
आविद्ध–(वि.) 1 बिंधा हुआ 2 फेंका हुआ
आविर्भाव–(पु.) 1 प्रकट होना 2 उत्पत्ति 3 अवतार
आविर्भूत–(वि.) 1 उत्पन्न 2 सामने आया हुआ
आविष्कार–(पु.) खोज, ईजाद (जैसे ग्राहम बेल ने टेलीफोन का आविष्कार किया)
आविष्कारक–(वि.) आविष्कार करनेवाला
आविष्कृत–(वि.) 1 आविष्कार किया हुआ 2 प्रकट किया गया
आवृत–(वि.) 1 छिपा हुआ 2 घिरा हुआ 3 लपेटा हुआ
आवृत्त–(वि.) 1 दुहराया हुआ 2 लौटाया हुआ
आवृत्ति–(स्त्री.) 1 बार-बार होना, दुहराव 2 संस्करण (पुस्तक आदि का)
आवेग–(पु.) 1 जोश 2 बिना सोचे-समझे कर बैठने की अंतःप्रेरणा 3 अशांति
आवेगशील–(वि.) ज़ोरदार
आवेदक–(वि.) आवेदन या प्रार्थना करनेवाला
आवेदन–(पु.) 1 निवेदन 2 प्रार्थना करना
आवेदन-निवेदन–(पु.) आवेदन
आवेदन पत्र–(पु.) प्रार्थनापत्र, अर्ज़ी
आवेश, आवेशन–(पु.) 1 जोश 2 गुस्सा 3 घमंड 4 प्रेत बाधा 5 प्रवेश 6 दबा लेना
आवेष्टन–(पु.) 1 घेरना 2 लपेटना 3 छिपाना
आव्रजन–(पु.) अपना स्थान छोड़कर किसी दूसरी जगह
आशंका–(पु.) 1 संदेह, शक 2 खटका
आशंकित–(वि.) 1 जिसकी शंका हो 2 त्रस्त, भयभीत 3 संदेह
आशनाई–(स्त्री.) 1 प्रेम 2 दोस्ती 3 अवैध संबंध
आशय–(पु.) 1 प्रयोजन, उद्देश्य 2 ठहरने की जगह (जैसे– जलाशय) 3 आश्रय 4 मन, चित्त, हृदय 5 घर
आशा–(स्त्री.) 1 उम्मीद, वस्तु-प्राप्ति का विश्वास 2 साधारण विश्वास या भरोसा
आशावाद–(पु.) यह विश्वास कि जो होगा ठीक और अच्छा ही होगा
आशावादिता–(स्त्री.) आशावादी होना
आशावादी–(वि.) आशावाद को माननेवाला, अच्छे परिणाम में विश्वास रखनेवाला **आशावान्** (वि.) आशा रखनेवाला
आशाहीन–(वि.) निराश
आशातीत–(वि.) आशा से बहुत अधिक
आशिक़–I (वि.) प्रेमी II (पु.) प्रेम करनेवाला व्यक्ति
आशिक़ी–(स्त्री.) आशिक़ होना, प्रेम
आशीर्वचन, आशीर्वाद–(पु.) शुभ वचन, असीस
आशीष–(पु.) असीस, आशीर्वाद
आशु–I (वि.) तेज़ II (क्रि. वि.) 1 तेज़ी-से 2 तुरंत, जल्दी III (पु.) 1 भादों माह में पकनेवाला धान 2 घोड़ा
आशुगामी–(वि.) तेज़ चलनेवाला
आशुतोष–I (वि.) तुरंत प्रसन्न होनेवाला II (पु.) शिव **आशुरचना** (स्त्री.) तुरंत तैयार की गई कृति **आशुलिपि** (स्त्री.) शार्टहैंड **आशुलिपिक, आशुलिपि लेखक**–(पु.) शार्ट-हैंड में लिखनेवाला (स्टेनोग्राफ़र)
आश्चर्य–(पु.) 1 अचरज, अचंभा 2 हैरानी 3 अद्‌भुत रस का स्थायी भाव
आश्चर्यचकित–(वि.) विस्मित हुआ
आश्चर्यजनक–(वि.) विस्मय उत्पन्न करनेवाला
आश्चर्यान्वित, आश्चर्यित–(वि.) आश्चर्यचकित
आश्म–(वि.) पत्थर का बना हुआ
आश्रम–(पु.) 2 साधु-संतों की कुटी, 1 तपस्वियों के रहने का स्थान 3 हिन्दू शास्त्रों की चार अवस्थाएं (जैसे– गृहस्थ आश्रम)
आश्रमवासी (वि.) आश्रम में रहनेवाला
आश्रय–(पु.) 1 सहारा 2 शरण 3 घर 4 (काव्यशास्त्र में) जिसके मन में भाव पैदा हो **आश्रयगृह** (पु.) शरण-घर, शरणस्थल
आश्रयदाता–(पु.) सहारा या शरण देनेवाला
आश्रयस्थल, आश्रयस्थान–(पु.) आश्रयगृह
आश्रयहीन–(वि.) बेसहारा

आश्रित–(वि.) 1 निर्भर 2 टिका हुआ 3 सहारा दिया हुआ

आश्लिष्ट–(वि.) 1 गले लगाया हुआ 2 लिपटा हुआ

आश्लेष–(पु.) 1 गले लगाना, आलिंगन 2 लगाव

आश्वस्त–(वि.) जिसे आश्वासन दिया गया हो

आश्वासन–(पु.) 1 दिलासा देना 2 आशा दिलाना, तसल्ली

आश्विन–(पु.) भादों एवं कार्तिक के बीच में आनेवाला महीना, क्वार का महीना

आषाढ़–(पु.) जेठ के बाद एवं सावन के पहले पड़नेवाला महीना, असाढ़

आसंदी–(स्त्री.) ऊँचा आसन, चौकी

आस–I (स्त्री.) 1 आशा 2 भरोसा 3 सहारा 4 कामना II (पु.) 1 बैठना 2 आसन **आस टूटना** निराश होना **आस तकना** प्रतीक्षा करना **आस तोड़ना** निराश करना **आस देना** उम्मीद दिलाना **आस पूजना, आस पूरना** आशा पूरी होना, मनचाही बात कहना **आस बाँधना** उम्मीद करना **आस लगना** आशा उत्पन्न होना **आस होना** 1 आशा होना 2 गर्भ ठहरना

आसक्त–(पु.) 1 लगा हुआ 2 प्रेम करनेवाला, अनुरक्त 3 लिप्त, लीन

आसक्ति–(वि.) 1 मन का लगाव 2 प्रेम, अनुराग 3 लिप्तता

आसन–(पु.) 1 वह वस्तु जिस पर या जिसे बिछाकर बैठते हैं 2 बैठने का ढंग (विशेषत: योगसाधना में) **आसन जमाना** 1 अडिग भाव से बैठना 2 अपनी स्थिति, अधिकार दृढ़ कर लेना 3 डेरा डालना

आसन्न–(वि.) 1 पास आया हुआ 2 सटा हुआ, संलग्न **आसन्न काल** (पु.) मृत्यु काल

आसन्न कोण–(पु.) ज्यामिति में उन दो कोणों में से प्रत्येक जो एक सरल रेखा के ऊपर खड़ी हुई दूसरी रेखा के दोनों तरफ़ बनते हैं

आसन्न-प्रसवा–(स्त्री.) शीघ्र प्रसव देनेवाली स्त्री

आसन्न मरण, आसन्न मृत्यु–(वि.) जिसकी मृत्यु पास आ गई हो

आसपास–(क्रि. वि.) 1 अगल-बग़ल, चारों तरफ़ 2 क़रीब, पास में

आसमाँ, आसमान–(पु.) 1 आकाश 2 स्वर्ग **आसमाँ के तारे तोड़ना** अनहोनी बात कर डालना **आसमाँ छूना** बहुत ऊँचा होना **आसमाँ टूटना** अचानक भारी विपत्ति आ पड़ना, दैव कोप होना **आसमाँ सिर पर उठा लेना** बहुत शोर, ऊधम, कोलाहल मचाना

आसमानी–(वि.) 1 आसमान के रंग का 2 आसमान का 3 दैवी

आसरा–(पु.) 1 सहारा 2 भरोसा 3 आशा 4 प्रतीक्षा 5 शरण **आसरा देखना** प्रतीक्षा करना, रास्ता देखना **आसरा टूटना** निराश होना

आसव–(पु.) 1 शराब 2 रस 3 अर्क़ (फल-फूल, जड़ी-बूटी)

आसवन–(पु.) भभके आदि की सहायता से अर्क़, शराब आदि टपकाना

आसान–(वि.) सरल, सुगम

आसार–(पु.) 1 शत्रु को घेरकर किया जानेवाला हमला 2 मूसलाधार वर्षा 3 मेघमाला 4 युद्धभूमि में मिलनेवाली सहायता 5 रसद

आसार–(पु.) 1 चिह्न, निशान 2 इमारत की नींव 3 भावी गतिविधि के लक्षण

आसावरी–(स्त्री.) सुबह की एक रागिनी

आसीन–(वि.) 1 बैठा हुआ 2 पद पर नियुक्त

आसीस–(स्त्री.) = आशीर्वाद

आसुरी–(वि.) असुर संबंधी, राक्षसी

आस्तिक–(पु.) 1 ईश्वर में विश्वास करनेवाला व्यक्ति 2 जो पुरानी परंपराओं एवं प्रथाओं में विश्वास करे **आस्तिकता** (स्त्री.) ईश्वर, परलोक, पुनर्जन्म में विश्वास होना **आस्तिकवाद** ईश्वरीय सत्ता का नियम

एवं सिद्धांत **आस्तिकतावादी** (वि.) आस्तिकतावाद को माननेवाला

आस्तीन–(स्त्री.) बाँह **आस्तीन का साँप** वह जो मित्र होकर धोखा दे **आस्तीन में साँप पालना** मित्र के रूप में शत्रु को अपने पास रखना

आस्थगन–(पु.) 1 थोड़े समय के लिए स्थगित करना 2 सत्रावसान

आस्था–(स्त्री./पु.) 1 विश्वास, निष्ठा 2 सहारा 3 स्थित होने की अवस्था **आस्थावाद** (पु.) यह सिद्धांत कि संपूर्ण ज्ञान का आधार आस्था है

आस्वाद–(पु.) खाद्य पदार्थ से मिलनेवाली रस की अनुभूति, स्वाद

आह–(अ.) दुःख, पीड़ा, शोक, पश्चात्ताप आदि को बतलानेवाला शब्द

आहट–(स्त्री.) किसी के आने-जाने, बात करने, हिलने-डुलने से उत्पन्न हुई मंद ध्वनि, पदचाप **आहट पाना, आहट मिलना** किसी के बात करने, आने की सूचना मिलना

आहत–(वि.) घायल, ज़ख़्मी **आहत सूची** (स्त्री.) घायल लोगों की सूची

आहरण–(पु.) 1 चुराकर ले जाना 2 छीन लेना 3 दूषित पदार्थ बाहर निकालना

आहा–(अ.) हर्ष, खुशी, उल्लास आदि का सूचक शब्द

आहार–(पु.) 1 भोजन 2 भोजन करना **आहार-विहार** (पु.) प्रतिदिन के शारीरिक कार्य-व्यवहार

आहारोत्पादन–(वि.) खाने की वस्तुएँ पैदा करना

आहिस्ता–(क्रि. वि.) धीमे से, धीरे

आहुति–(स्त्री.) 1 बलिदान 2 यज्ञ या हवन में अग्नि को समर्पित की जानेवाली वस्तु

आहृत–(वि.) 1 हरण किया हुआ 2 बलपूर्वक लिया गया, छीना हुआ

आह्लाद–(पु.) खुशी, प्रसन्नता, हर्ष

आह्लादित–(वि.) प्रसन्न, हर्षित

आह्वान–(पु.) 1 पुकार, बुलावा 2 यज्ञ आदि में देवता आदि को बुलाना 3 वैधानिक रूप से आदेश करना

इ

इंकार–(पु.) इनकार, मना करना

इंगित–I (पु.) 1 संकेत, इशारा 2 मन का भाव 3 अभिप्राय 4 मनोभाव बतानेवाली अंग चेष्टा II (वि.) 1 संकेत किया हुआ 2 कंपित

इंगुर–(पु.) ईंगुर, सिंदूर

इंगुरौटी–(स्त्री.) सिंदूर रखने की डिबिया, सिंधौरा

इंच–(स्त्री.) एक फुट का बारहवाँ भाग, ढाई सेंटीमीटर की नाप

इंजन–(पु.) बिजली, भाप से चलनेवाला यंत्र जिससे अन्य यंत्र को भी चलाने में मदद मिलती है

इंजील–(पु.) ईसाइयों की धर्म-पुस्तक, बाइबिल

इंतक़ाल–(पु.) 1 मृत्यु 2 एक जगह से दूसरी जगह ले जाना

इंतज़ाम–(पु.) प्रबंध

इंदिरा–(स्त्री.) 1 लक्ष्मी 2 कांति 3 क्वार माह की कृष्ण पक्ष की एकादशी **इंदिरापति** (पु.) विष्णु

इंदीवर–(पु.) नीलकमल (एक फूल)

इंदु–(पु.) 1 चंद्रमा 2 कपूर 3 एक की संख्या

इंदुजा–(स्त्री.) चंद्रमा की पुत्री, नर्मदा नदी

इंद्र–(पु.) 1 देवराज 2 वर्षा का देवता 3 श्रेष्ठ व्यक्ति 4 प्रधान पुरुष **इंद्रजाल** (पु.) 1 जादू, बाज़ीगरी 2 एक रण कौशल **इंद्रधनुष** (पु.) = (रेनबो) **इंद्रधनुषी** (वि.) इंद्रधनुष के समान सात रंगोंवाला **इंद्रप्रस्थ** 1 पांडवों की राजधानी 2 दिल्ली का प्राचीन नाम **इंद्रलोक** (पु.) स्वर्ग **इंद्रसभा** (स्त्री.) स्वर्ग में इंद्र का दरबार 2 विलासयुक्त स्थान

इंद्रजित–(पु.) रावण का पुत्र, मेघनाद

इंद्रवधू–(स्त्री.) किलनी जाति का लाल रंग का बरसाती कीड़ा

इंद्राणी–(स्त्री.) इंद्र की पत्नी, शची

इंद्रिय–(स्त्री.) शरीर के ज्ञान एवं कर्म के साधन रूप अंग (जैसे–आँख, कान, नाक, त्वचा, जिह्वा, हाथ, पैर, मुँह आदि) **इंद्रियगोचर** (वि.) इंद्रिय द्वारा जाना हुआ **इंद्रियजित्** (वि.) संयमी **इंद्रियज्ञान** (पु.) इंद्रियों द्वारा प्राप्त ज्ञान **इंद्रियदमन, इंद्रियनिग्रह** (पु.) इंद्रियों और काम इच्छाओं को वश में रखना **इंद्रियलिप्सा** (स्त्री.) विषय-भोग की लालसा

इंद्रियातीत–(वि.) जिसका ज्ञान इंद्रियों द्वारा न हो, अतीन्द्रिय

इंद्रियाधीन–(वि.) जो इंद्रियों के वश में हो

इंसान–(पु.) आदमी, इन्सान, मनुष्य, मानव

इंसाफ़–(पु.) न्याय, निर्णय **इंसाफ़पसंद** (वि.) न्यायप्रिय (व्यक्ति)

इक–(वि.) एक **इकतार** (वि.) एकरस, समान **इकतारा** (पु.) 1 सितार की तरह एक ही तारवाला बाजा 2 हाथ से बुना जानेवाला एक प्रकार का वस्त्र **इकलौता** (वि.) माँ-बाप का अकेला

इकतीस–(वि./पु.) 31 की संख्या

इकसठ–(वि./पु.) 61 की संख्या

इकट्ठा–(वि.) 1 एक साथ 2 एकत्र

इक़रार–(पु.) 1 स्वीकार करना 2 वचन 3 प्रतिज्ञा **इक़रारनामा** (पु.) प्रतिज्ञापत्र, अनुबंध-पत्र

इकहत्तर–(वि./पु.) 71 की संख्या

इकहरा–(वि.) एकहरा, एक ही परतवाला

इकाई–(स्त्री.) 1 गणना में प्रथम अंक का स्थान 2 यौगिक पदार्थ के मूल अवयव 3 मानक मात्रा, मात्रक

इकार–(पु.) 'इ' स्वर

इकारांत–(वि.) जिसके अंत में 'इ' हो (जैसे–जाति)

इक्का–(वि.) अकेला (पु.) एक घोड़े की गाड़ी **इक्कागाड़ी** (स्त्री.) एक घोड़ेवाली गाड़ी **इक्का-दुक्का** (वि.) अकेला-दुकेला

इक्कीस–(वि./पु.) 21 की संख्या

इक्केवान–(वि./पु.) इक्केवाला

इक्यानवे–(वि./पु.) 91 की संख्या

इक्यावन–(वि./पु.) 51 की संख्या

इक्यासी–(वि./पु.) 81 की संख्या

इक्षु–(पु.) ईख, गन्ना

इक्ष्वाकु–(पु.) सूर्य वंश का पहला राजा

इच्छा–(स्त्री.) कामना, चाह, ख़्वाहिश

इच्छानुकूल, इच्छानुसार–(वि.) मन के मुताबिक़

इच्छित–(वि.) चाहा हुआ, अभीष्ट

इच्छु, इच्छुक–(वि.) इच्छा करनेवाला, चाहनेवाला

इजाज़त–(स्त्री.) अनुमति, आज्ञा

इज़्ज़त–(स्त्री.) 1 मान, प्रतिष्ठा 2 आदर **इज़्ज़त उतारना, इज़्ज़त बिगाड़ना, इज़्ज़त लेना** बेइज़्ज़त करना, अपमानित करना **इज़्ज़त खोना, इज़्जत गँवाना** मर्यादा खोना **इज़्ज़त देना** सम्मान करना, आदर करना **इज़्ज़त पर पानी फिरना** सम्मान ख़त्म हो जाना

इज़्ज़तदार–(वि.) प्रतिष्ठित, सम्मानित

इठलाना–(अ. क्रि.) 1 ठसक, ऐंठ दिखाना, इतराना 2 नख़रा करना

इठलाहट–(स्त्री.) ऐंठ, ऐंठन

इड़ा–(स्त्री.) 1 धरती, पृथ्वी 2 वाणी 3 बुद्धि 4 स्वर्ग 5 यज्ञ में दी जानेवाली आहुति 6 यज्ञ सामग्री, हवि 7 दुर्गा 8 पार्वती

इ

पिंगला नाड़ी
इतना, इतने–I (क्रि. वि.) इस मात्रा में II (वि.) इस मात्रा का **इतने में** इस अवधि में, इतनी देर में
इतर–(वि.) 1 दूसरा, और 2 भिन्न 3 साधारण **इतरदेशीय** (वि.) दूसरे देश का
इतराना–(अ. क्रि.) 1 इठलाना 2 ऐंठना
इतवार–(पु.) रविवार
इति–I (अ.) इस प्रकार I (स्त्री.) अंत, समाप्ति **इतिमात्र** (वि.) इतना ही **इतिवृत्त** (पु.) 1 घटना 2 कहानी 3 विवरण
इतिहास–(पु.) व्यक्ति, समाज, देश की महत्त्वपूर्ण, विशिष्ट एवं सार्वजनिक क्षेत्र की घटनाओं का कालक्रम से लिखा हुआ विवरण, तथ्यों, घटनाओं का कालक्रमानुसार विवेचन **इतिहासकार** (पु.) इतिहास लेखक **इतिहासवेत्ता** (पु.) इतिहास का ज्ञाता
इत्तफ़ाक़–(पु.) 1 अचानक होनेवाली घटना 2 संयोग 3 सहमति 4 मेल, एकता
इत्थं–(क्रि. वि.) इस तरह से, इस प्रकार
इत्मीनान–(पु.) भरोसा, तसल्ली
इत्यादि, इत्यादिक–(वि.) इसी प्रकार और भी
इत्र–(पु.) इतर, अतर **इत्र तैल** (पु.) इत्र-फुलेल **इत्रदान** (पु.) इत्र रखने का डिब्बा
इत्रफ़रोश–(पु.) इत्र बेचनेवाला
इदमित्थं–(वाक्य) 1 यह ऐसा ही है 2 बस
इधर–(क्रि. वि.) इस तरफ़, इस ओर **इधर-उधर** 1 इस तरफ़, उस तरफ़ 2 यहाँ-वहाँ 3 जहाँ-तहाँ **इधर की उधर करना या लगाना** झगड़ा लगाना, चुग़ली करना **इधर की दुनिया उधर हो जाना** असंभव का संभव होना
इनक़लाब–(पु.) क्रांति
इनक़लाब ज़िंदाबाद–(पु.) क्रांति चिरजीवी हो
इनसानियत–(स्त्री.) 1 मनुष्यता 2 भलमनसाहत 3 मानवता
इनाम–(पु.) 1 पुरस्कार, बख़्शीश 2 पारितोषिक
इनाम-इकराम–(पु.) उपहार
इनायत–(स्त्री.) कृपा
इने-गिने–(वि.) 1 गिने-गिनाये, कुछ 2 थोड़े
इन्हें–(सर्व.) इनको
इबादत–(स्त्री.) पूजा, उपासना **इबादतख़ाना** (पु.) **इबादतगाह** (स्त्री.) पूजा करने की जगह, मंदिर, मस्जिद, चर्च आदि
इब्राहीम–(पु.) यहूदियों के आदि पुरुष और पैग़ंबर
इमरती–(स्त्री.) जलेबी जैसी एक मिठाई
इमली–(स्त्री.) एक खट्टा फल जिसकी चटनी बनाई जाती है
इमली घोंटाना–(स्त्री.) ब्याह की एक रस्म
इमाम–(पु.) 1 धर्म का नेता, मुसलमान पुरोहित 2 अगुआ 3 पथ-प्रदर्शक
इमामदस्ता–(पु.) दवा आदि कूटने के काम में आनेवाला खल, खरल
इमारत–(स्त्री.) 1 मकान 2 पक्का मकान, भव्य एवं विशाल भवन
इमारती–(वि.) इमारत के काम आनेवाली लकड़ी
इम्तहान–(पु.) परीक्षा, परख, आज़माइश
इयत्ता–(स्त्री.) सीमा, हद, मानक, परिमाण
इराक़ी–I (वि.) इराक़ देश का II (पु.) इराक़ देश का घोड़ा, इराक़ का निवासी III (स्त्री.) इराक़ की भाषा
इरादा–(पु.) विचार, इच्छा
इर्द-गिर्द–(क्रि. वि.) आस-पास, चारों ओर
इलज़ाम–(पु.) 1 दोष लगाना, आरोप 2 अभियोग
इलाक़ा–(पु.) 1 क्षेत्र 2 रियासत 3 ज़मींदारी 4 संबंध
इलाक़ेदार–(पु.) पूरे गाँव का ज़मींदार
इलाज–(पु.) 1 दवा-दारू, चिकित्सा 2 उपचार 3 उपाय
इलायची–(स्त्री.) एक प्रकार का फल जिसके दाने दवा के काम आते हैं
इल्म–(पु.) जानकारी, ज्ञान, विद्या
इल्ली–(स्त्री.) उड़नेवाले कीड़ों के बच्चों का अंडे से निकलने के बाद का रूप

इशारा–(पु.) संकेत **इशारेबाज़ी** इशारा करना, आँखों से संकेत करना

इश्क़–(पु.) 1 प्रेम 2 आसक्ति **इश्क़पेचा** एक प्रकार की लता और फूल **इश्क़बाज़** (वि.) प्रेमी, आशिक़

इश्तहार–(पु.) 1 सार्वजनिक सूचना 2 विज्ञापन **इश्तहारबाज़ी** (स्त्री.) इश्तहारों द्वारा ज़ोरों से प्रचार करना

इश्तहारी–(वि.) जिसका इश्तहार निकला हो

इष्ट–(वि.) 1 चाहा हुआ 2 वांछनीय 3 प्रिय 4 पूजित **इष्टतम** (पु.) सबसे अधिक वांछित तत्त्व

इसराइली–(पु.) यहूदी

इसलाम–(पु.) 1 मुसलमानों का धर्म 2 ईश्वर के सामने सिर झुकाना

इस्तरी, इस्तिरी–(स्त्री.) कपड़े की शिकन को दूर करनेवाला एक यंत्र

इस्तीफ़ा–(पु.) त्याग-पत्र

इस्तेमाल–(पु.) काम में लाना, व्यवहार

इस्पात–(पु.) वैज्ञानिक विधियों द्वारा बनाया गया अच्छे क़िस्म का मज़बूत लोहा, फ़ौलाद, स्टील

इह–(सर्व.) 1 यहाँ, इस जगह 2 इस लोक में 3 अब, इस काल में **इहकाल** (पु.) यह जीवन **इहलीला** (स्त्री.) इस लोक का जीवन **इहलोक** (पु.) यह जगत् **इहलौकिक** (वि.) इस लोक से संबंध रखनेवाला सांसारिक

ई

ईंगुर–(पु.) सिंदूर, हिंगुल

ईंट–(स्त्री.) 1 आयताकार साँचे में ढालकर पकाया जानेवाला मिट्टी का टुकड़ा जिसे दीवार आदि बनाने के काम में लाया जाता है 2 ताश के खेल में ईंट का पत्ता **डेढ़ या ढाई ईंट की मस्जिद अलग बनाना** अपनी बात पर चलना, अपनी राय आम लोगों से भिन्न रखना **ईंट से ईंट बजाना** ध्वस्त करना, नष्ट-भ्रष्ट कर देना

ईंधन–(पु.) जलाने की लकड़ी, जलावन, उपला, कंडी **ईंधन तेल** (पु.) जलाने का तेल **ईंधन का काम देना** उत्तेजित करना, भड़काना

ईकार–(पु.) 'ई' स्वर

ईकारांत–(वि.) जिसके अंत में 'ई' हो

ईक्षण–(पु.) 1 देखना 2 देखभाल 3 जाँच 4 विवेचन 5 जाँच-पड़ताल

ईख–(स्त्री.) गन्ना, ऊख **ईखराज** (पु.) ईख बोने का त्योहार

ईजाद–(स्त्री.) खोज, आविष्कार

ईति–(स्त्री.) बाधा, उपद्रव

ईद–(स्त्री.) मुसलमानों का त्योहार **ईदगाह** (स्त्री.) ईद के दिन नमाज़ पढ़ने की जगह **ईद का चाँद** बहुत दिनों के बाद मुलाक़ात होना

ईदी–(स्त्री.) ईद के दिन पर मित्रों एवं संबंधियों को दी जानेवाली सौग़ात, भेंट

ईदुल फ़ितर–(स्त्री.) रमज़ान ख़त्म होने पर नया चाँद होने के दूसरे दिन मनाया जानेवाला त्योहार

ईप्सा–(स्त्री.) 1 चाह 2 पाने की कामना

ईमान–(पु.) 1 धर्मविश्वास 2 ईश्वर पर विश्वास 3 धर्म 4 सच्चाई 5 नीयत **ईमानदार** (वि.) 1 सच्चा, विश्वसनीय 2 धर्मनिष्ठ **ईमानदारी** (स्त्री.) सत्यनिष्ठा एवं धर्मपरायणता **ईमान डिगना** नीयत में ख़ामी आना

उ

ईरानी–(वि.) ईरान देश का
ईर्ष्या–(स्त्री.) जलन, डाह **ईर्ष्या द्वेष** (पु.) ईर्ष्या की भावना
ईश–(पु.) 1 ईश्वर 2 स्वामी 3 राजा
ईशत्व–(पु.) ईशिता, सिद्धि, श्रेष्ठता, महत्ता
ईशान–(पु.) 1 स्वामी 2 ईश्वर 3 ज्योति 4 पूर्व और उत्तर के बीच का कोण
ईशु-प्रभु–(पु.) ईसा मसीह
ईश्वर–(पु.) 1 भगवान् 2 स्वामी 3 आत्मा **ईश्वरभक्ति** (स्त्री.) ईश्वर निष्ठा **ईश्वरवाद** (पु.) ईश्वर की सत्ता और कर्तव्य शक्ति पर आस्था एवं विश्वास का सिद्धांत **ईश्वरवादी** (वि.) ईश्वरवाद को माननेवाला
ईश्वराधीन–(वि.) 1 ईश्वर के अधिकार में रहनेवाला 2 ईश्वर की इच्छानुसार होनेवाला
ईश्वरी–(स्त्री.) 1 दुर्गा 2 लक्ष्मी 3 शक्ति
ईश्वरीय–(वि.) 1 ईश्वर का 2 ईश्वर द्वारा किया गया, ईश्वर द्वारा दिया या भेजा गया
ईसा–(पु.) ईसाई धर्म के प्रवर्तक, मसीह, ईसामसीह
ईसाई–I (वि.) ईसा से संबंधित (स्त्री.) ईसाइन II (पु.) ईसाई धर्म
ईस्टर–(पु.) ईसा मसीह को सूली पर चढ़ाने के बाद पुनर्जीवन का उत्सव
ईस्वी–I (वि.) ईसा से संबंध रखने वाला II (पु.) ईसवी सन्

उ

उँगलाना–(स. क्रि.) तंग करना, परेशान करना
उँगली–(स्त्री.) हाथ-पैर के फली के आकार वाले अंतिम भाग **उँगली उठाना** 1 दोष लगाना, बदनाम करना 2 बुरी दृष्टि, हानि पहुँचाने की दृष्टि से देखना **उँगली नचाना, मटकाना** उँगलियों को द्वेष या नख़रे से हिलाना **उँगली पकड़ते पहुँचा पकड़ना** किसी की भलमनसी का अनुचित लाभ उठाने का प्रयत्न करना, थोड़ा पाकर अधिक पाने का प्रयास करना **उँगलियों पर नचाना** इच्छानुसार काम कराना, इशारों पर नचाना, वश में कर रखना **दाँतों तले उँगली दबाना** आश्चर्य प्रकट करना **पाँचों उँगलियाँ घी में होना** हर तरह से यथेष्ट लाभ का अवसर होना
उँडेलना–(स. क्रि.) दूसरे बर्तन में गिराना, डालना, ढालना, उलटना
उँह–(अ.) अस्वीकार, घृणा, वेदना आदि का सूचक शब्द
उकड़ूँ–(पु.) बैठने का एक ढंग जिसमें घुटने मुड़कर छाती को स्पर्श करें
उकताना–(अ. क्रि.) ऊबना, अधीर होना
उकलाई–(स्त्री.) 1 उलटी, कै 2 मिचली
उकसाना–(स. क्रि.) 1 उभारना 2 भड़काना
उकसाव–(पु.) 1 उभार 2 उत्साह 3 उत्तेजना
उकसाहट–(स्त्री.) उकसाव, उत्तेजना
उक़ाब–(पु.) 1 गरुड़ 2 बड़ी जाति का गिद्ध
उकार–(पु.) 'उ' स्वर
उकारांत–(वि.) जिसके अंत में 'उ' हो (जैसे–जंतु, लघु)
उक्त–(वि.) कहा हुआ, कथित
उक्ति–(स्त्री.) 1 कथन 2 वाक्य 3 कवित्वमय वचन, पद्य **उक्ति वैचित्र्य** (पु.) अभिव्यक्ति का चमत्कार **उक्ति वैशिष्ट्य** (पु.) अभिव्यक्ति की विशेषता
उखड़ना–(अ. क्रि.) 1 अपनी जगह से हटना 2 टूटना 3 उपटना 4 तितर-बितर होना

उखड़ा–(वि.) उखड़ा हुआ **उखड़ा-पुखड़ा** (पु.) अस्त-व्यस्त

उखाड़–(स्त्री.) 1 उखाड़ने की क्रिया 2 पेंच की काट 3 दलील की काट **उखाड़-पछाड़** (स्त्री.) 1 उलट-पलट 2 दाँव-पेंच

उखाड़ना–(स. क्रि.) 1 गढ़ी, जमी या बैठाई हुई चीज़ को अपनी जगह से हटा देना 2 ऊपर लाना 3 तितर-बितर करना 4 प्रभाव न जमने देना 5 भगाना 6 नष्ट करना

उगना–(अ. क्रि.) 1 उदय होना 2 उपजना

उगलना–(स. क्रि.) 1 पेट की चीज़ मुँह से निकाल देना 2 छिपी हुई बात या वस्तु को प्रकट करना 3 अपराध स्वीकार कर लेना

उगलवाना, उगलाना–(स. क्रि.) उगलने में प्रवृत्त करना

उगाना–(स. क्रि.) 1 उपजाना 2 उठाना

उगाहना–(स. क्रि.) 1 लोगों से लेकर इकट्ठा करना 2 चंदा करना 3 वसूल करना

उगाही–(स्त्री.) 1 वसूली 2 चंदा 3 लगान

उग्र–I (वि.) 1 भयानक 2 तीव्र 3 क्रूर 4 हिंस्र 5 तेज़ II (पु.) 1 रुद्र 2 सूर्य **उग्रवाद** (पु.) भयानक विध्वंसकारी मार्ग

उग्रता–(स्त्री.) प्रचंडता, तेज़ी

उग्रतारा–(स्त्री.) दुर्गा, मातंगी

उग्रसेन–(पु.) मथुरा का राजा और कंस का पिता

उघड़ना–(अ. क्रि.) 1 खुलना 2 प्रकट होना 3 नंगा होना 4 भंडाफोड़ होना

उघाड़ना–(स. क्रि.) 1 खोलना 2 अनावृत करना 3 पर्दाफ़ाश करना, भेद खोलना

उचंत–(पु.) अतिरिक्त धन रखने की एक परिपाटी

उचंतखाता–(पु.) वह खाता जिसका हिसाब-किताब बाद में होना हो

उचकना–(अ.क्रि.) किसी चीज को देखने या पाने के लिए पंजों के बल खड़े होना

उचक्का–(पु.) चीज़ उठाकर भाग जानेवाला

उचटना–(अ. क्रि.) 1 उचड़ना 2 अलग होना 3 मन का न लगना, विरक्त होना

उचाट–I (पु.) ऊब, उदासी II उचटा हुआ

उचाटना–(स. क्रि.) 1 उचाट कर देना 2 ध्यान भंग करना

उचित–(वि.) 1 ठीक, उपयुक्त 2 प्रिय, ग्राह्य

उच्च–(वि.) 1 ऊँचा 2 बड़ा, श्रेष्ठ 3 तेज़ 4 ऊँचे पद पर बैठा हुआ **उच्च कुल** (वि.) श्रेष्ठ ख़ानदान **उच्च कोटि** (स्त्री.) ऊँचा दर्जा **उच्च रक्तचाप** (पु.) रक्त का वेग बहुत बढ़ जाना (रोग) **उच्च वर्ग** (पु.) धनिक तथा सुखी वर्ग **उच्च स्तरीय** (वि.) उच्चकोटि का, श्रेष्ठ

उच्चतम–(वि.) सबसे ऊँचा

उच्च न्यायालय–(पु.) हाई कोर्ट

उच्चाकांक्षा–(स्त्री.) बड़ा बनने की इच्छा

उच्चाकांक्षी–(वि.) 1 बड़प्पन की इच्छा रखनेवाला 2 महत्त्वाकांक्षी

उच्चाटन–(पु.) 1 खींच कर हटाना 2 उखाड़ना 3 तंत्र-मंत्र से मन को विरक्त करना

उच्चाधिकारी–(पु.) ऊँचे दर्जे का अधिकारी

उच्चाभिलाषा–(स्त्री.) उच्चाकांक्षा

उच्चायुक्त–(पु.) राजदूत की तरह ब्रिटिश संघ के राज्यों में नियुक्त अधिकारी (हाई कमिश्नर)

उच्चायोग–(पु.) उच्चायुक्त का कार्यालय

उच्चारण–(पु.) 1 शब्द को मुँह से बोलना 2 शब्द या उसके वर्णों को कहने का ढंग

उच्छिष्ट–I (वि.) 1 खाने से बचा हुआ 2 बासी 3 जूठा II (पु.) जूठा अन्न, जूठन **उच्छिष्टभोजी** (वि.) जूठन खानेवाला

उच्छृंखल–(वि.) 1 स्वेच्छाचारी 2 निरंकुश, बंधन न माननेवाला 3 क्रमरहित **उच्छृंखलता** (स्त्री.) निरंकुशता

उच्छेद–(पु.) 1 काटना 2 जड़ से उखाड़ना 3 नाश

उच्छेदन–(पु.) 1 उच्छेद करना 2 निराकरण

उच्छ्वसन–(पु.) 1 साँस निकालना 2 गहरी साँस

उच्छ्वास–(पु.) 1 ऊपर छोड़ी जानेवाली साँस 2 आह भरना 3 मरण

उ

उछल-कूद–(स्त्री.) 1 उछलना-कूदना, कूद-फाँद 2 भाग-दौड़ द्वारा प्रयत्न

उछलना–(अ. क्रि.) 1 तेज़ी के साथ नीचे से ऊपर उठना, उझकना, कूदना 2 ऊपर उठकर नीचे गिरना 3 उपटना 4 उतराना

उछालना–(स. क्रि.) 1 ऊपर फेंकना 2 उजागर करना **उछाला** (पु.) 1 उबाल 2 उल्टी

उछाव, उछाह–(पु.) 1 उत्साह 2 हर्ष 3 हौसला

उजड़ना–(अ. क्रि.) 1 बस्ती नष्ट होना 2 बर्बाद होना

उजड़ा–(वि.) 1 तबाह किया हुआ 2 वीरान किया हुआ

उजड्ड–(वि.) 1 गँवार, असभ्य 2 उद्दंड 3 अक्खड़ **उजड्डपन** (पु.) 1 असभ्यता 2 उद्दंडता

उजबक–(वि.) मूर्ख, बेवकूफ़

उजरत–(स्त्री.) 1 मज़दूरी 2 पारिश्रमिक

उजला–(वि.) 1 सफ़ेद 2 स्वच्छ, साफ़ 3 चमकता हुआ 4 प्रकाशयुक्त

उजागर–I (वि.) 1 प्रकट, प्रकाशित 2 दीप्तिमय 3 प्रसिद्ध II (क्रि. वि.) प्रकट रूप से

उजाड़–I (वि.) 1 ध्वस्त, उजड़ा हुआ 2 वीरान, जनशून्य II (पु.) वीरान स्थान

उजाड़ना–(स. क्रि.) नष्ट, बर्बाद करना

उजाला–I (पु.) प्रकाश, रोशनी **घर का उजाला** कुल का दीपक, बेटा II (वि.) 1 उज्ज्वल 2 साफ़

उजास–(पु.) 1 उजाला, रोशनी 2 चमक

उज्ज्वल–(वि.) 1 सफ़ेद 2 स्वच्छ 3 कांतिमान और सुंदर 4 चमकीला, प्रकाशमान् 5 जलता हुआ **उज्ज्वलता** (स्त्री.) 1 स्वच्छता, निर्मलता 2 कांतिमयता और सुंदरता

उज्ज्वलित–(वि.) 1 प्रकाशित 2 चमकाया हुआ 3 जलता हुआ

उज़्र–(पु.) 1 आपत्ति, एतराज़ 2 हेतु, कारण 3 आक्षेप **उज़्रदारी** अदालत की आज्ञा के विरोध में दी जानेवाली दरख़ास्त

उठना–(अ. क्रि.) 1 ऊँचाई में बढ़ना 2 लेटे हुए का बैठना 3 बैठे का खड़ा होना 4 जागना 5 मन में उपजना 6 उगना **दुनिया से उठ जाना** मर जाना, चल बसना

उठाईगीर–(पु.) वह जो छोटी-मोटी चीज़ उठाकर चलता बने, उचक्का

उठाईगीरी–(स्त्री.) चोरी, चीज़ें उठा ले जाना, उचक्कापन

उठान–(स्त्री.) 1 उठने की क्रिया 2 बाढ़ 3 आरंभ 4 ऊँचाई

उठाना–(स. क्रि.) 1 नीचे से ऊपर ले जाना 2 लेटे हुए को बैठाना 3 बैठे हुए को खड़ा करना 4 जगाना 5 निकाल देना, छेड़ना 6 निर्माण करना 7 कसम खाने के लिए हाथ में लेना

उठा-पटक–(पु.) उठाना-पटकना

उठावनी–(स्त्री.) 1 क्रिया-कर्म 2 मृतक संबंधी एक रीति, यज्ञ

उड़द–(स्त्री.) एक प्रकार की दाल

उड़न–(स्त्री.) उड़ने की क्रिया, उड़ान **उड़नखटोला** (पु.) उड़नेवाला खटोला, विमान **उड़नछू** (वि.) एकदम लापता, ग़ायब

उड़ना–(अ. क्रि.) 1 पंख के सहारे हवा में चलना-फिरना 2 विमान आदि में बैठकर आकाशमार्ग से यात्रा करना 3 हवा के साथ डोलना-फिरना 4 बिखरना 5 फहराना, लहराना 6 छलाँग भरना 7 उछलकर लाँघ जाना

उड़ाका, उड़ाकू–(पु.) 1 उड़नेवाला 2 विमान चालक

उड़ान–(स्त्री.) 1 हवा में उड़ने की क्रिया 2 उड़ाई जानेवाली वस्तु की गति 3 उड़नेवाली वस्तु का मार्ग 4 छलाँग **उड़ाना**–(स. क्रि.) 1 उड़ने की क्रिया कराना 2 लहराना, फहराना 3 बिखेरना, फैलाना 4 सफ़ाई से हटाना या चुराना 5 झटक लेना 6 ख़र्च कर डालना 7 भगा देना

उड्डयन–(पु.) 1 उड़ना 2 विमानन **उड्डयन विभाग** (पु.) विमान आदि की व्यवस्था करनेवाला विभाग

उढ़ाना–(स. क्रि.) ओढ़ाना

उतना–I (वि.) 1 उस मात्रा का 2 उस क़दर

II (क्रि. वि.) उस मात्रा में
उतरन–(पु.) 1 पहना हुआ पुराना कपड़ा जो नौकर, भिक्षुक आदि को दिया जाय
उतरना–(अ. क्रि.) 1 नीचे आना 2 ढलना 3 घटना 4 हल्का पड़ना 5 पार होना 6 ढीला होना 7 तौल में ठीक आना 8 अखाड़े में कुश्ती के लिए आना
उतराई–(स्त्री.) 1 उतरने की क्रिया 2 ढाल 3 नदी के पार उतारने का पारिश्रमिक
उतराना–(अ.क्रि.) पानी की सतह पर तैरना
उतान–(वि.) चित्त लेटा हुआ
उतार–(पु.) 1 उतरने की क्रिया, उतराई 2 ढाल 3 उतरने का क्रम 4 उतारना **उतार-चढ़ाव** (पु.) 1 ऊँचाई-निचाई 2 हानि-लाभ
उतारना–(स. क्रि.) 1 नीचे लाना 2 पहने हुए वस्त्र, आभूषण आदि को अलग करना
उतारा–I (पु.) 1 नदी आदि से पार उतरने की क्रिया 2 डेरा डालना, पड़ाव डालना 3 डेरा, पड़ाव II (पु.) 1 भूत-प्रेत, रोग आदि की बाधा के निवारण के लिए टोने-टोटके के रूप में किसी व्यक्ति के चारों ओर कुछ सामग्री उतारकर अलग चौराहे आदि स्थानों पर रखना 2 उतारन
उतारू–(वि.) आमादा, उद्यत, तैयार
उतावला–(वि.) 1 उतावली करनेवाला, जल्दबाज़ 2 आवेश में काम करनेवाला **उतावलापन** (पु.) 1 जल्दबाज़ी 2 अधीरता
उत्कंठा–(स्त्री.) 1 तीव्र अभिलाषा 2 बेचैनी 3 उत्सुकता, आतुरता
उत्कंठित–(वि.) 1 उत्कंठा से भरा हुआ 2 अधीर 3 लालायित
उत्कर्ष–(पु.) 1 ऊपर खींचना 2 उन्नति 3 समृद्धि 4 श्रेष्ठता, बड़प्पन
उत्कीर्ण–(वि.) 1 बिखरा हुआ 2 छिदा हुआ 3 खुदा हुआ
उत्कृष्ट–(वि.) 1 श्रेष्ठ, उत्तम 2 उन्नत **उत्कृष्टता** (स्त्री.) श्रेष्ठता
उत्कोच–(पु.) 1 रिश्वत, घूस 2 भ्रष्टाचार
उत्क्रांति–(स्त्री.) 1 उत्क्रमण 2 विपरीतता
उत्खनन–(पु.) ज़मीन से खोदकर निकालना खुदाई
उत्तप्त–(वि.) 1 अत्यधिक गर्म 2 दुःखी 3 कुपित
उत्तम–(वि.) 1 सबसे अच्छा, श्रेष्ठ 2 प्रधान, सबसे बड़ा **उत्तमता** (स्त्री.) 1 श्रेष्ठता 2 प्रधानता **उत्तम पुरुष** (पु.) 1 श्रेष्ठ व्यक्ति 2 वह पद जो प्रथम पुरुष अर्थात् बोलनेवाले का वाचक हो (जैसे–मैं, हम)
उत्तमांगी–(स्त्री.) उत्तम अंगोंवाली, सुंदर स्त्री
उत्तमा–I (वि.) गुणवती, भली, नेक II (स्त्री.) श्रेष्ठ स्त्री
उत्तमोत्तम–(वि./पु.) अच्छे-से-अच्छा
उत्तर–I (वि.) 1 उत्तर दिशा संबंधी 2 ऊपर वाला 3 पीछे आनेवाला, बाद का 4 अतीत II (पु.) 1 दक्षिण की उल्टी दिशा 2 जवाब 3 बदला 4 परिणाम, हल III (क्रि. वि.) 1 पीछे 2 बाद **उत्तर काल** (पु.) आनेवाला समय, भविष्यत् काल **उत्तर क्रिया** (स्त्री.) अंत्येष्टि **उत्तरदाता** I (वि.) जवाब देनेवाला II (पु.) उत्तरदायी **उत्तरदायित्व** (पु.) जवाबदेही, ज़िम्मेदारी **उत्तरदायित्वहीन** (वि.) ग़ैर-ज़िम्मेदारी **उत्तरदायी** (वि.) जवाब देनेवाला, ज़िम्मेदार **उत्तर-प्रत्युत्तर** (पु.) 1 सवाल-जवाब 2 वाद-विवाद, बहस, जिरह **उत्तर मीमांसा** (स्त्री.) वेदांत दर्शन
उत्तरा–(स्त्री.) 1 उत्तर दिशा 2 एक नक्षत्र
उत्ताधिकार–(पु.) किसी की मृत्यु के बाद संपत्ति पाना, हक़, विरासत
उत्तराधिकारी–(वि.) 1 किसी की मृत्यु के बाद उसकी संपत्ति पाने का अधिकारी, वारिस 2 किसी के बाद पद या अधिकार पानेवाला (स्त्री. उत्तराधिकारिणी)
उत्तरापेक्षी–(वि.) जवाब चाहनेवाला
उत्तरायण–(पु.) 1 सूर्य का मकर रेखा से उत्तर की ओर जाना 2 छः माह की अवधि जब सूर्य की गति कर्क रेखा की ओर रहती है
उत्तरार्द्ध–(पु.) 1 कमर से ऊपर का आधा

उ

भाग 2 पिछला आधा भाग
उत्तरावस्था–(स्त्री.) बाद की स्थिति या दशा
उत्तरीय–I (वि.) 1 उत्तर का 2 ऊपर का II (पु.) दुपट्टा, ओढ़नी, ऊपर पहनने का कपड़ा
उत्तरोत्तर–(क्रि. वि.) 1 क्रमशः 2 लगातार 3 अधिकाधिक, एक-से-एक बढ़कर
उत्ताप–(पु.) 1 अत्यधिक गर्मी 2 दुःख 3 क्षोभ
उत्तारक–I (पु.) शिव II (वि.) उद्धार करनेवाला, उबारनेवाला
उत्तारण–(पु.) 1 तैरकर पार करना 2 उद्धार करना, उबारना
उत्तीर्ण–(वि.) 1 परीक्षा में सफल 2 पारित, पार गया हुआ 3 कर्तव्य से मुक्त
उत्तुंग–(वि.) बहुत ऊँचा, उत्ताल, गगनस्पर्शी
उत्तेजक–(वि.) 1 उभारनेवाला 2 काम, क्रोध आदि को भड़कानेवाला
उत्तेजन (पु.), **उत्तेजना**–(स्त्री.) 1 उभारना, उकसाना 2 भावावेश 3 जोश **उत्तेजनकारी** (वि.) उत्तेजना करनेवाला
उत्तेजित–(वि.) 1 जिसमें उत्तेजना आई हो 2 उकसाया हुआ, भड़काया हुआ
उत्थान–(पु.) 1 उठना 2 उठाना 3 वृद्धि, उन्नति **उत्थान-पतन** (पु.) उतार-चढ़ाव
उत्पत्ति–(स्त्री.) 1 जन्म 2 उत्पादन 3 उद्गम
उत्पन्न–(वि.) 1 जन्मा हुआ 2 उपजा हुआ
उत्पल–(पु.) 1 कमल 2 नील कमल
उत्पात–(पु.) 1 उछलना 2 विपत्सूचक, आकस्मिक घटना 3 उपद्रव
उत्पाती–(वि.) उत्पात मचानेवाला, शरारती
उत्पाद–(पु.) 1 उत्पादित वस्तु 2 पैदावार
उत्पादन–(पु.) 1 पैदा करना 2 उपजाना 3 पैदा किया गया माल
उत्पीड़क–(वि.) कष्ट देनेवाला, आततायी
उत्पीड़न–(पु.) 1 सताना 2 दबाना 3 अत्याचार करना
उत्प्रवास–(पु.) 1 अपना देश छोड़कर अन्य देश में जाना 2 अन्य देश में जाकर रहना
उत्प्रवासी–(पु.) दूसरे देश का रहनेवाला
उत्प्रेक्षा–(पु.) 1 उद्भावना 2 अनुमान 3 उपेक्षा 4 उदासीनता 5 अर्थालंकार जिसमें प्रस्तुत वस्तु में समानता के कारण अन्य वस्तु की कल्पना की जाती है
उत्प्रेरक–I (वि.)उत्प्रेरणा करनेवाला II (पु.) रासायनिक गति बढ़ानेवाला पदार्थ (केटेलिस्ट)
उत्फुल्ल–(वि.) 1 खिला हुआ 2 प्रसन्नता से खिला हुआ 3 खुला हुआ
उत्सर्ग–(पु.) 1 त्यागना 2 बलिदान 3 वैदिक कर्म 4 समापन, अंत
उत्सर्जन–(पु.) 1 उत्सर्ग 2 दान 3 पद से हटाना 4 शौच
उत्सव–(पु.) 1 त्योहार 2 मंगल कार्य 3 जलसा **उत्सवकारी** (वि.) 1 जलसा करनेवाला 2 उत्सव मनानेवाला
उत्साह–(पु.) 1 उमंग, हौसला 2 चेष्टा 3 क्षमता 4 दृढ़ता 5 ऊर्जा, बल, शक्ति 6 उद्यम **उत्साहपूर्वक** (क्रि. वि.) उत्साह के साथ **उत्साहप्रद** उत्साह से भरा हुआ **उत्साहवर्द्धक** (वि.) उत्साह दिलानेवाला
उत्साहित, उत्साही–(वि.) 1 उत्साहयुक्त 2 अध्यवसायी
उत्सुक–(वि.) 1 अत्यधिक इच्छुक 2 बेचैन 3 बहुत चाहनेवाला **उत्सुकता** (स्त्री.) 1 उत्सुक होने की अवस्था 2 अधीरता 3 बेचैनी 4 प्रबल इच्छा **उत्सुकतापूर्वक, उत्सुकतावश** (वि.) उत्सुक होकर, उत्सुकता के साथ
उत्स्वदन–(पु.) नमी से भाप बनने की क्रिया
उथल-पुथल–(स्त्री.) 1 उलट-पलट 2 हलचल
उथला–(वि.) छिछला, कम गहरा
उदक–(पु.) जल, पानी
उद्गाता–(पु.) सामवेद के मन्त्रों का गान करनेवाला
उदग्र–(वि.) 1 ऊर्ध्व, ऊँचा 2 उन्नत 3 बढ़ा हुआ 4 उमड़ा हुआ 5 उग्र, तेज़
उद्जन–(पु.) हाइड्रोजन गैस जो गंधहीन और रंगहीन है
उदधि–(पु.) 1 समुद्र, सागर 2 बादल
उदधि मेखला–(स्त्री.) पृथ्वी

उदय–(पु.) 1 उगना 2 प्रकट होना 3 ऊपर की ओर उठना 4 उद्गम 5 ज्योति **उदयकाल** (पु.) सूर्योदय या चंद्रोदय का समय

उदयाचल–(पु.) एक कल्पित पर्वत जिसके पीछे से सूर्य का उदय होना माना जाता है

उदयास्त–(पु.) उत्थान-पतन

उदर–(पु.) पेट **उदरगुहा** (स्त्री.) भीतरी पेट **उदर-ग्रंथि** (स्त्री.) तिल्ली (रोग) **उदरज्वाला** (स्त्री.) पेट की आग, भूख **उदर-निर्वाह** (पु.), **उदर-पूर्ति** (स्त्री.) पेट पालना

उदरस्थ–(वि.) पेट में स्थित, पचाया हुआ

उदात्त–(वि.) 1 ऊँचा 2 महान् 3 उदार 4 श्रेष्ठ 5 स्पष्ट (उच्चरित)

उदात्तीकरण–(पु.) संवेगों और व्यवहारों को उच्च कोटि के कार्यों में लगाना

उदार–(वि.) 1 दयालु 2 ईमानदार 3 भला 4 विशाल हृदय

उदास–I (वि.) 1 दुःखी 2 खिन्न 3 विरक्त, उदासीन 4 तटस्थ II (पु.) 1 तटस्थता 2 संन्यास

उदासी–(स्त्री.) 1 उदासपन 2 खिन्नता

उदासी–I (वि.) तटस्थता, विरक्ति II (पु.) विरागी, संन्यासी, साधु

उदासीन–(वि.) 1 ध्यान न देना 2 तटस्थ 3 निष्पक्ष **उदासीनता** (स्त्री.) 1 विरक्ति 2 तटस्थता 3 निरपेक्षता

उदाहरण–(पु.) मिसाल (जैसे–उदाहरण के साथ अर्थ लिखें), दृष्टांत

उदित–(वि.) 1 उदय हुआ, उदयप्राप्त 2 प्रकाशित 3 उत्पन्न

उदित यौवना–(स्त्री.) मुग्धा नायिका, अंकुरित यौवना

उदीयमान–(वि.) उठता या उभरता हुआ, होनहार

उदुंबर–(पु.) 1 गूलर का वृक्ष और फल 2 नपुंसक, नामर्द 3 कोढ़

उद्गम–(पु.) 1 जन्म, आविर्भाव 2 उत्पत्ति स्थान **उद्गमस्थल, उद्गमस्थान** (पु.) मूल स्रोत

उद्गार–(पु.) 1 अधीरता, आवेश में, दिल में भरी हुई बात बाहर आना 2 उफान मुँह से बाहर आना

उद्ग्रीव–I (वि.) जो गला ऊपर उठाये हो II (क्रि. वि.) गर्दन ऊपर उठाये हुए

उद्घाटन–(पु.) 1 खोलना, आवरण हटाना 2 शुभारंभ

उद्घोष–(पु.) 1 ऊँची आवाज़ में कहना 2 घोषणा

उद्घोषणा–(स्त्री.) 1 सरकारी घोषणा 2 चिल्लाहट

उद्घोषित–(वि.) 1 घोषणा की गई 2 कही हुई

उद्दंड–(वि.) अक्खड़, निडर **उद्दंडता** (स्त्री.) अक्खड़पन, निडरता

उद्दाम–I (वि.) 1 बंधनहीन, स्वतंत्र 2 निरंकुश II (पु.) यम, वरुण, एक वृत्त

उद्दिष्ट–I (वि.) 1 चाहा हुआ 2 बताया हुआ 3 संकेत किया हुआ II (वि./पु.) आज्ञा बिना वस्तु का किया जानेवाला भोग

उद्दीपन–(पु.) 1 उत्तेजित करना 2 प्रज्वलित करना 3 जगाना 4 रस का पोषण या वर्द्धन करनेवाला तत्त्व या पदार्थ

उद्दीप्त–(वि.) 1 प्रज्वलित किया हुआ 2 चमकता हुआ 3 उत्तेजित किया हुआ

उद्देश्य–I (वि.) 1 संकेत किये जाने योग्य 2 अभिप्राय II (पु.) 1 प्रयोजन 2 (व्या.) कर्ता **उद्देश्य-सिद्धि** (स्त्री.) लक्ष्य की प्राप्ति **उद्देश्यहीन** (वि.) बेमतलब

उद्धत–(वि.) 1 अक्खड़ 2 अविनीत 3 उत्तेजित 4 क्षुब्ध 5 घमंडी

उद्धरण–(पु.) 1 उद्धार करना 2 ऊपर उठाना 3 मुक्ति, छुटकारा 4 लेख या ग्रंथ से गृहीत अंश

उद्धरण चिह्न–(पु.) उद्धरण देने के लिए उलटे अल्प विराम चिह्न (“ ”)

उद्धार–(पु.) 1 उबारना, मुक्त करना 2 ऊपर ले जाना **उद्धारकर्त्ता** (वि.) उद्धारक

उद्धारक–(वि.) उद्धार करनेवाला, संकटमोचन

उ

उद्धृत–(वि.) 1 उबारा हुआ 2 पृथक् किया हुआ 3 लेख आदि से चुना हुआ
उद्‌बुद्ध–(वि.) 1 ज्ञान प्राप्त 2 जगाया हुआ 3 याद आया हुआ 4 प्रकट 5 प्रफुल्लित
उद्‌बोधक–(वि.) 1 ज्ञान करानेवाला 2 उत्तेजित करनेवाला
उद्‌भव–(पु.) 1 जन्म 2 उद्‌गम
उद्‌भावक–(वि.) 1 उद्‌भव करनेवाला, जन्मदाता 2 उद्‌भावना करनेवाला
उद्‌भासित–(वि.) 1 प्रकाशित 2 चमकता हुआ 3 सुशोभित
उद्‌भिज्ज–I (वि.) 1 धरती से बाहर निकलनेवाला 2 उगनेवाला II (पु.) पेड़-पौधे **उद्‌भिज्ज विज्ञान, उद्‌भिज्ज शास्त्र** (पु.) वनस्पति शास्त्र (बॉटनी)
उद्‌भेद, उद्‌भेदन–(पु.) 1 फोड़कर वस्तु का बाहर निकलना 2 प्रकट होना 3 (अलंकार) कौशल से छिपाई हुई बात का प्रकट होना
उद्‌भ्रांत–(वि.) 1 चक्कर खाया हुआ 2 भ्रम में पड़ा हुआ 3 चकित, भौंचक्का 4 उद्विग्न
उद्यत–(वि.) 1 प्रस्तुत 2 तैयार, आमादा
उद्यम–(पु.) 1 श्रम, मेहनत 2 उद्योग-धंधा **उद्यमकर्त्ता** (पु.) उद्यमी
उद्यमी–(वि.) 1 उद्यमशील 2 परिश्रमी 3 साहसी
उद्यान–(पु.) 1 बाग़, बग़ीचा 2 जंगल, वन **उद्यान गोष्ठी** (स्त्री.) बाग़ में होनेवाली मित्रों की सभा
उद्यानिकी–(पु./स्त्री.) बाग़-बग़ीचे लगाने का काम
उद्यापन–(पु.) 1 विधिपूर्वक काम पूरा करना 2 व्रतादि की समाप्ति पर किया जानेवाला धार्मिक कर्म
उद्योग–(पु.) 1 यत्न, श्रम 2 उद्यम 3 कल-कारख़ानों में माल तैयार करना **उद्योग-धंधा** (पु.) कार्य-व्यापार **उद्योगपति** (पु.) कारखाने या मिल का मालिक **उद्योग-व्यवसाय** (पु.) काम-धंधा **उद्योगशाला** (स्त्री.) कारख़ाना
उद्योगी–(वि.) उद्योगशील
उद्रेक–(अ. क्रि.) 1 प्रचुरता 2 प्रमुखता 3 आरंभ 4 (साहि.) अर्थालंकार का एक भेद जिसमें किसी वस्तु के गुण-दोष के आगे कई गुणों-दोषों के मंद पड़ने का वर्णन हो
उद्वासित–(वि.) 1 नष्ट किया हुआ 2 भगाया हुआ
उद्वाह, उद्वाहन–(पु.) 1 ऊपर ले जाना 2 दूर ले जाना 3 विवाह 4 जोते हुए खेत को जोतना 5 सँभालना
उद्विग्न–(वि.) 1 परेशान 2 चिंतित 3 खिन्न **उद्विग्नता** (स्त्री.) उद्विग्न होने की अवस्था, आकुलता, परेशानी
उद्वेग–(पु.) 1 तीव्र वेग, तेज़ी 2 आवेश, जोश 3 घबराहट 4 चित्त की अस्थिरता **उद्वेगजनक** (वि.) उद्वेग पैदा करनेवाला
उद्वेगात्मक, उद्वेगी–(वि.) 1 दुःखी 2 चिंताजनक
उद्वेलन–(पु.) 1 उफनना, उफनकर बहना 2 उल्लंघन
उधड़ना–(अ. क्रि.) 1 खुलना, टूटना 2 अलग होना 3 बिखरना 4 उखड़ना
उधर–(क्रि. वि.) 1 उस ओर 2 उस पक्ष में
उधार–(पु.) 1 कर्ज़ 2 मँगनी **उधार-खाता** (पु.) उधार का हिसाब-किताब
उधेड़-बुन–(स्त्री.) निरंतर विचार, ऊहापोह, तर्क-वितर्क
उधेड़ना–(स. क्रि.) 1 खोलना, तोड़ना 2 उखाड़ना 3 अलग करना 4 बिखेरना **उधेड़कर रख देना** 1 कच्चा-चिट्ठा खोल देना 2 पोल-पट्टी खोल देना, दोष-बुराई कह देना
उनचास–(वि./पु.) 49 की संख्या
उनतालीस–(वि./पु.) 39 की संख्या
उनतीस–(वि./पु.) 29 की संख्या
उनसठ–(वि./पु.) 59 की संख्या
उनहत्तर–(वि./पु.) 69 की संख्या
उनींदा–(वि.) नींद से भरा हुआ, निंद्राल, ऊँघता हुआ
उन्नति–(स्त्री.) 1 ऊँचाई 2 बढ़ती 3 प्रगति 4 तरक़्क़ी **उन्नतिशील** (वि.) आगे बढ़ने वाला

उन्नतोदर–I (वि.) जिसका उदर या बीच का भाग उठा हो II (पु.) वृत्त खंड का उठा हुआ भाग

उन्नयन–I (वि.) जिसकी आँखें ऊपर उठी हुई हों II (पु.) 1 उठाना 2 उन्नत करना

उन्नाब–(पु.) सुखाया हुआ बेर की तरह का एक फल

उन्नायक–(वि.) ऊपर उठानेवाला

उन्नीस-बीस होना–(वि.) 1 कुछ घट-बढ़कर होना 2 भला-बुरा होना

उन्मत्त–(वि.) 1 नशे में चूर, मतवाला 2 पागल 3 सनकी

उन्मत्तता–(स्त्री.) पागलपन

उन्मन–(वि.) 1 उदास 2 उद्विग्न 3 अन्यमनस्क

उन्माद–(पु.) 1 पागलपन, सनक 2 चित्तविभ्रम

उन्मादक–(वि.) नशा करनेवाला, नशीला

उन्मीलन–(पु.) 1 खुलना (आँख का) 2 खिलना 3 स्पष्ट होना

उन्मुक्त–(वि.) आज़ाद

उन्मुक्त हस्त–(वि.) खुले हाथ

उन्मुक्त हृदय–(वि.) उदार हृदय, खुला दिल

उन्मुख–(वि.) 1 तैयार 2 जिसका मुख उस ओर हो 3 उत्सुक

उन्मूलक–(वि.) जड़ से उखाड़ फेंकनेवाला

उन्मूलन–(पु.) जड़ से उखाड़ देना

उन्मूलनकारी–(वि.) नष्ट करने वाला

उन्मेष–(पु.) 1 आँख का खुलना 2 प्रकट होना 3 खिलना 4 हल्का प्रकाश

उप–(उपसर्ग) उस ओर, अनुरूप, पास का, छोटा, डिप्टी (जैसे–उपक्रम, उपग्रह)

उपचुनाव–(पु.) आम चुनाव के अतिरिक्त होनेवाले चुनाव

उपकरण–(पु.) 1 यंत्र 2 अंग-उपांग 3 साधन 4 औज़ार

उपकर्ता–(पु./वि.) उपकार या भलाई करनेवाला

उपकार–(पु.) 1 भलाई 2 सहायता 3 लाभ

उपकुलपति–(पु.) वाइस चांसलर

उपकृत–(वि.) एहसानमंद, कृतज्ञ

उपक्रम, उपक्रमण–(पु.) 1 आरंभ 2 आयोजन 3 व्यवसाय 4 ग्रंथ आदि की भूमिका 5 तैयारी

उपक्रमणिका–(स्त्री.) 1 प्रस्तावना 2 विषय सूची

उपखंड–(पु.) किसी धारा या उपधारा के खंड का कोई विभाग

उपगत–(वि.) 1 पास आया हुआ 2 घटित 3 ज्ञात 4 स्वीकृत

उपग्रह–(पु.) 1 छोटा ग्रह 2 बड़े ग्रह की परिक्रमा करनेवाला पिंड (सैटेलाइट)

उपचय–(पु.) 1 इकट्ठा होना 2 इकट्ठा करना 3 जीवों में रासायनिक परिवर्तनों की प्रक्रिया 4 चयन 5 ढेर, राशि 6 उन्नति, वृद्धि

उपचर्या, उपचार–(पु.) 1 बीमार की सेवा 2 उपचार, इलाज 3 परिपाटी के अनुसार किया जानेवाला व्यवहार

उपचारक–(वि.) उपचार करनेवाला, नर्स (स्त्री.) उपचारिका

उपज–(स्त्री.) 1 पैदावार 2 वह जो उपजा हो, बनकर तैयार हुआ हो 3 मन की उद्‌भावना, मन की कोई सूझ 4 संगीत में नवीन स्वर एवं तान मिलाना 5 नवीन कल्पना आदि

उपजाऊ–(वि.) उर्वर, कृषि के लिए उपयुक्त

उपजाति–(स्त्री.) 1 गोत्र (जैसे सक्सेना कायस्थ जाति की उपजाति है) 2 इंद्रवज्रा और उपेंद्रवज्रा तथा इंद्रवंशा और वशस्थ के मेल से बननेवाले छंद

उपजाना–(स. क्रि.) 1 उत्पन्न करना 2 उगाना 3 नई बात ढूँढ निकालना 4 सुझाना

उपजिह्वा–(स्त्री.) 1 जीभ के मूल में स्थित छोटी जीभ 2 जीभ के नीचे भाग में होनेवाला फोड़ा

उपजीवी–(वि.) दूसरों पर निर्भर रहनेवाला

उपत्यका–(स्त्री.) पहाड़ के पास की ज़मीन

उपदंश–I (पु.) व्यभिचार से उत्पन्न इंद्रिय रोग II (पु.) गरमी नाम का रोग या आतशक

उ

उपदान–(पु.) 1 उपहार 2 अवकाशप्राप्त कर्मचारी को दिया जानेवाला धन (ग्रैच्युटि)

उपदिशा–(स्त्री.) दो दिशाओं के मध्य की दिशा

उपदिष्ट–(वि.) उपदेश दिया हुआ, सिखलाया हुआ

उपदेव, उपदेवता–(पु.) छोटा देवता

उपदेश–(पु.) 1 शिक्षा की बात बतलाना 2 निर्देश 3 आज्ञा 4 गुरु-मंत्र **उपदेशगर्भित** (वि.) उपदेशयुक्त

उपदेशक–(पु.) 1 शिक्षक 2 धर्म प्रचारक

उपद्रव–I (पु.) 1 उत्पात 2 दंगा II (पु.) किसी रोग के बीच में होनेवाला दूसरा विकार, **उपद्रवग्रस्त** (वि.) उपद्रव में पड़ा हुआ

उपद्रवकारी, उपद्रवी–I (वि.) शरारती II (पु.) उपद्रव मचानेवाला

उपद्वीप–(पु.) छोटा द्वीप, टापू

उपधातु–(स्त्री.) 1 अप्रधान धातु 2 मिश्र धातु

उपधारा–(पु.) नियम आदि में धारा का छोटा अंग

उपनक्षत्र–(पु.) छोटा नक्षत्र

उपनगर–(पु.) नगर के आस-पास बसा भाग

उपनयन–(पु.) यज्ञोपवीत, जनेऊ

उपनयन संस्कार–(पु.) यज्ञोपवीत संस्कार, पाँच वर्ष की आयु में विद्यार्थी बनने के लिये किया गया संस्कार

उपनाम–(पु.) 1 पुकारने का नाम

उपनायक–(पु.) 1 जो नायक का प्रधान सहायक हो 2 प्रेमी

उपनायिका–(स्त्री.) नायिका की प्रधान सहायिका

उपनिदेशक–(पु.) डिप्टी डायरेक्टर

उपनियम–(पु.) गौण नियम

उपनिर्वाचन–(पु.) रिक्त स्थान की पूर्ति के लिए चुनाव

उपनिवेश, उपनिवेश देश–(पु.) 1 दूसरे देश से आए हुए लोगों की बस्ती 2 वह जीता हुआ देश जिसमें विजेता राष्ट्र के लोग आकर बस गए हों (कालोनी) **उपनिवेश प्रणाली** (स्त्री.) उपनिवेश बसाने की रीति

उपनिवेशवाद–(पु.) उपनिवेश बसाकर अपनी शक्ति का प्रसार करने की विचारधारा

उपनिवेशवादी–(वि.) दूसरे देशों को अपने अधीन रखने का पक्षपाती

उपनिषत्, उपनिषद्–(पु.) धार्मिक ग्रंथ (जो 18 हैं) 1 ब्रह्म विद्या की प्राप्ति के लिए गुरु के पास जाकर बैठना

उपनीत–(वि.) 1 उपनयन संस्कार किया हुआ 2 पास लाया हुआ 3 उपार्जित

उपन्यास–(पु.) 1 कल्पित और लंबी कहानी जो अनेक पात्रों एवं घटनाओं से युक्त हो 2 अमानत 3 प्रमाण

उपन्यासकार–(पु.) उपन्यास लिखनेवाला

उपपत्नी–(स्त्री.) रखैल

उपपद–(पु.) 1 समास का पहला पद 2 उपाधि 3 पहले आया हुआ शब्द

उपपुराण–(पु.) 1 छोटा पुराण 2 व्यास के अलावा अन्य मुनियों द्वारा रचित पुराण

उपबंध–(पु.) 1 संबंध 2 संयोग 3 प्रावधान

उपबोधन–(पु.) सलाह और सहायता देना

उपबोली–(स्त्री.) उपभाषा, भाषा के साथ प्रयुक्त होनेवाली सहायक भाषा एवं बोली (जैसे-अवधी, भोजपुरी आदि)

उपभाषा–(स्त्री.) बोली

उपभेद–(पु.) गौण भेद, उपविभाग

उपभोक्ता–(वि.) (दैनिक वस्तुओं का) उपभोग करनेवाला **उपभोक्ता सहकारिता** (स्त्री.) उपभोक्ता का सहयोग **उपभोक्ता सामग्री** (स्त्री.) उपभोग की वस्तुएँ

उपभोग–(पु.) 1 भोगना 2 विषय सुख 3 वस्तुओं का उपयोग

उप-महाद्वीप–(पु.) महाद्वीप का बड़ा अंग (जैसे-भारत)

उप-महापौर–(पु.) डिप्टी मेयर

उपमा–(स्त्री.) 1 समता, तुलना 2 अर्थालंकार का एक भेद जिसमें दो वस्तुओं में भेद होते

हुए भी धर्मगत समता दिखाई जाए

उपमान–(पु.) वह वस्तु या व्यक्ति जिससे उपमा दी जाए

उपमेय–I (वि.) उपमा दिए जाने योग्य II (पु.) जिस वस्तु से उपमा दी गई हो

उपयुक्त–(वि.) 1 ठीक 2 उपयोग में लाया हुआ 3 उचित 4 अनुकूल

उपयोग–(पु.) 1 व्यवहार में लाना, इस्तेमाल 2 लाभ 3 सदाचरण 4 संबंध 5 तैयार करना

उपयोगिता–(स्त्री.) उपयोगी होना, उपयुक्तता **उपयोगितावाद** (पु.) वस्तु की केवल उपयोगिता पर ध्यान देकर उसका मूल्यांकन करने का सिद्धांत

उपयोगी–(वि.) 1 काम में आनेवाला 2 लाभदायक 3 सही, उचित

उपरत–(वि.) 1 विरक्त 2 मरा हुआ

उपरांत–(क्रि. वि.) बाद में, अनंतर, तत्पश्चात्

उप-राज्यपाल–(पु.) छोटे प्रदेश का सर्वोच्च पदाधिकारी (लेफ्टिनेंट गवर्नर)

उप-राष्ट्रपति–(पु.) राष्ट्र के उपाध्यक्ष

उपरि–(अ.) ऊपर **उपरिनिर्दिष्ट** (वि.) ऊपर संकेतित

उपरोक्त, उपर्युक्त–(वि.) 1 ऊपर कहा गया 2 पूर्वकथित

उपल–(पु.) 1 ओला 2 पत्थर 3 बादल 4 रत्न **उपलवृष्टि** (स्त्री.) ओले पड़ना

उपलक्ष्य–I (पु.) 1 संकेत 2 अनुमान 3 उद्देश्य II (वि.) 1 लक्ष्य करने योग्य 2 अनुमान लगाने योग्य **के उपलक्ष्य में** के निमित्त

उपलब्ध–(वि.) प्राप्त

उपलब्धि–(स्त्री.) 1 प्राप्ति 2 ग्रहण की योग्यता 3 ज्ञान सिद्धि

उपला–(पु.) गोबर का कंडा

उपवन–(पु.) 1 बाग़, बग़ीचा 2 छोटा जंगल

उपवर्ग–(पु.) वर्ग के अंतर्गत छोटा वर्ग

उपवास–(पु.) 1 भोजन का त्याग 2 व्रत

उपविभाग–(पु.) बड़े विभाग के अधीन एक छोटा विभाग

उपवेद–(पु.) सहायक वेद, वेदों से निकले वेद

उपवेशन–(पु.) 1 बैठना 2 कार्य में लगना

उपशम, उपशमन–(पु.) 1 शांत करना 2 शांत होना 3 निवारण 4 घटाना

उपशामक–(वि.) शांत करनेवाला

उप-शीर्षक–(पु.) मुख्य शीर्षक के नीचे का शीर्षक

उप-संचालक–(पु.) संचालक का सहायक

उप-संपादक–(पु.) संपादक का सहायक

उपसंहार–(पु.) 1 समाप्ति 2 लेख के अंत में दिए जानेवाला सार 3 सारांश

उप-समिति–(स्त्री.) छोटी समिति

उपसर्ग–(पु.) वह अव्यय जो शब्द के पहले लगकर शब्द का अर्थ बदल दे

उपसागर–(पु.) समुद्र की खाड़ी

उपसाधन–(पु.) छोटा ज़रिया

उपस्कर, उपस्करण–(पु.) 1 चोट पहुँचाना 2 हिंसा करना 3 सँवारना 4 निंदा 5 जीवन-यापन हेतु आवश्यक सामग्री 6 उपकरण

उपस्थ–I (वि.) बैठा हुआ II (पु.) 1 जननेंद्रिय 2 नितंब, पेड़ू 3 गोद

उपस्थान–(पु.) 1 सामने आना 2 देवता के सामने खड़े होकर वंदना करना 3 वास स्थान 4 उपासना स्थल

उपस्थित–(वि.) 1 समीप आया हुआ 2 प्रस्तुत, हाज़िर 3 मन में आया हुआ

उपस्थिति–(स्त्री.) 1 हाज़िरी 2 विद्यमानता 3 समीपता **उपस्थिति पंजी** (स्त्री.) हाज़िरी का रजिस्टर

उपहार–(पु.) भेंट, सौग़ात

उपहास–(पु.) 1 हँसी 2 दिल्लगी 3 निंदासूचक हँसी 4 खिल्ली उड़ाना **उपहासजनक** (वि.) उपहास पैदा करनेवाला

उपहासात्मक–(वि.) मज़ाक़-भरा

उपहासास्पद–(वि.) जो उपहास किए जाने योग्य हो

उपाख्यान–(पु.) 1 छोटी कहानी 2 पौराणिक कहानी **उपाख्यान साहित्य** (पु.) पौराणिक साहित्य

उपादान–(पु.) 1 प्राप्त करना 2 उपयोग में

उ

लाना 3 भोग-विषयों से दूर हटना 4 कारण 5 साधन-सामग्री 6 तुष्टि

उपादेय–(वि.) 1 ग्रहण करने योग्य 2 उपयोगी

उपाधि–(स्त्री.) 1 पदवी 2 विशेष लक्षण 3 योग्यता-सूचक शब्द 4 नाम-चिह्न 5 छद्म वेश **उपाधि प्रदान करना** (पु.) योग्यता का प्रमाण-पत्र देना **उपाधि से विभूषित करना** (पु.) प्रतिष्ठा एवं सम्मान देना **उपाधिधारी** (पु.) वह व्यक्ति जिसे उपाधि मिली हो **उपाधि पत्र** (पु.) योग्यता का प्रमाणपत्र

उपाध्यक्ष–(पु.) संस्था, समिति में अध्यक्ष का सहायक जो उसके अधीन काम करता है

उपाध्याय–(पु.) 1 वेदों का अध्ययन करनेवाला पंडित 2 अध्यापक, शिक्षक 3 गुरु 4 ब्राह्मणों की एक उपजाति की उपाधि

उपानह–(पु.) 1 जूता 2 खड़ाऊँ

उपाय–(पु.) 1 साधन 2 युक्ति, तरक़ीब, तरीक़ा 3 व्यवस्था 4 इलाज

उपायोजन–(पु.) छोटा आयोजन

उपार्जन–(पु.) 1 पैदा करना 2 कमाना

उपार्जित–(वि.) 1 कमाया हुआ 2 पैदा किया हुआ 3 प्राप्त

उपासक–(वि.) 1 आराधक 2 भक्त

उपासना–I (स्त्री.) 1 भक्ति 2 आराधना II (स. क्रि.) आराधना करना

उपास्थि–(स्त्री.) कोमल हड्डी

उपाहार–(पु.) 1 हल्का भोजन 2 जलपान 3 नाश्ता

उपेंद्र–I (पु.) विष्णु II (स्त्री.) एक छंद

उपेक्षणीय–(वि.) उपेक्षा करने योग्य, उपेक्षा का पात्र

उपेक्षा–(स्त्री.) 1 तिरस्कार, निरादर, अवहेलना 2 उदासीनता

उपेक्षित–(वि.) 1 अनादृत, तिरस्कृत 2 उदासीन

उपोद्घात–(पु.) 1 प्रस्तावना, भूमिका 2 विशिष्ट कथन 3 साधन

उफ़–I (अ.) दुःख, पीड़ा, आदि का सूचक उद्गार, आह II (स्त्री.) आह, अफ़सोस **उफ़ न करना** पीड़ा को दबा जाना

उफनना–(स. क्रि.) उबलना

उबकाई–(स्त्री.) 1 कै 2 मितली

उबटन–(पु.) सरसों, तिल आदि का लेप

उबरना–(अ. क्रि.) छुटकारा पाना, बचना

उबलना–(अ. क्रि.) खौलना, उफनना

उबाऊ–(वि.) ऊब पैदा करनेवाला

उबाना–(स. क्रि.) 1 ऊबने का कारण होना 2 परेशान करना 3 उगाना

उबारना–(स. क्रि.) उद्धार करना

उबाल–(पु.) 1 उफ़नना 2 जोश, क्रोध आदि का भड़कना **उबाल खाना** क्रोध का भड़क उठना

उबालना–(स. क्रि.) खौलाना, जोश देना

उबासी–(स्त्री.) जँभाई

उभय–(वि.) दोनों **उभयचर** (वि.) जल और थल दोनों में रहनेवाला **उभयनिष्ठ** (वि.) दोनों में सम्मिलित **उभय पक्ष** (पु.) दोनों पक्ष **उभयलिंग** (पु.) जो दोनों लिंगों में प्रयुक्त होता हो **उभयलिंगी** (वि.) दोनों लिंगोंवाला

उभयतः–(क्रि. वि.) दोनों ओर से

उभरना–(अ. क्रि.) 1 ऊपर उठना 2 प्रकट होना 3 खुलना 4 जवानी आना 5 धन, मान आदि की वृद्धि होना

उभार–(पु.) 1 उठान 2 ऊँचाई 3 वृद्धि **उभारदार** (वि.) उभरा हुआ

उमंग–(स्त्री.) 1 उल्लास 2 मौज 3 जोश 4 आकांक्षा

उमड़ना–(अ. क्रि.) 1 बढ़कर फैलना 2 छाना 3 जोश में आना **उमड़ना-घुमड़ना** चारों ओर घूमकर फैलना

उमस–(स्त्री.) हवा बंद होने पर लगनेवाली भीषण गर्मी

उमा–(स्त्री.) 1 पार्वती 2 दुर्गा 3 कांति 4 शांति **उमानाथ, उमापति** (पु.) शंकर, भोलेनाथ

उमेठना–(स. क्रि.) मरोड़ना, ऐंठना

उम्मीद–(स्त्री.) आशा, भरोसा **उम्मीदवार** I (वि.) 1 आशा रखनेवाला 2 नौकरी, पद

विशेष का प्रार्थी II (पु.) चुनाव के लिए खड़ा होनेवाला व्यक्ति

उम्र–(स्त्री.) आयु, अवस्था, वय

उर–(पु.) 1 हृदय 2 छाती **उरस्थल** (पु.) हृदय, मन

उरला–(वि.) इस तरफ़ का

उरु–(वि.) 1 लंबा-चौड़ा 2 विशाल, बड़ा, प्रचुर

उरेब–I (वि.) 1 टेढ़ा, तिरछा 2 छलपूर्ण II (पु.) छल-कपट, धूर्तता

उरोज–(पु.) स्तन, कुच

उरोस्थि–(स्त्री.) छाती की हड्डी, पसली

उर्दू–I (स्त्री.) भाषा का वह रूप जिसमें अरबी, फ़ारसी के शब्द अधिक होते हैं तथा जिसे फ़ारसी लिपि में लिखा जाता है II (पु.) छावनी का बाज़ार

उर्मिल–(वि.) 1 लहरदार 2 चुन्नटदार (वस्त्र)

उर्वर–(वि.) 1 उपजाऊ 2 जिससे बहुत से विचार निकलें (जैसे–उर्वर मस्तिष्क) **उर्वरता** (स्त्री.) उपजाऊपन

उर्वरक–(पु.) रासायनिक खाद **उर्वरक संयंत्र** (पु.) खाद बनाने का कारख़ाना

उर्वरा–(स्त्री.) 1 उपजाऊ भूमि 2 ज़मीन, पृथ्वी **उर्वरा शक्ति** (स्त्री.) उर्वरत्व

उर्वशी–(स्त्री.) एक अप्सरा

उलझन–(स्त्री.) 1 चिंता, सोच 2 कठिनाई 3 झंझट 4 फँसाव

उलझाना–(स. क्रि.) 1 फँसाना 2 अटकाना

उलझाव–(पु.) उलझन, झंझट

उलटना–I (अ. क्रि.) 1 औंधा होना 2 दूसरे रुख़ होना 3 विपरीत स्थिति में आना 4 पलटना 5 घूमना, मुड़ना 6 अस्त-व्यस्त होना 7 ऐंठना II (स. क्रि.) 1 नीचे का ऊपर करना 2 पलटना 3 बदल देना 4 बात दुहराना 5 दूसरा रुख़ करना 6 कै करना

उलटा–(वि.) 1 औंधा 2 विपरीत क्रम का 3 असमान **उलटी गंगा बहाना** 1 रीति विरुद्ध कार्य करना 2 नियम के प्रतिकूल बात करना **उलटे पाँव फिरना, उलटे पाँव लौटना** तुरंत वापस आना **उलटे मुँह गिरना** दूसरे का नुक़सान करने के प्रयास में खुद का अहित कर लेना

उलटी–(स्त्री.) कै, वमन

उलटे–(क्रि. वि.) 1 विपरीत दिशा में, विपरीत स्थिति में 2 बेजा तौर पर, नियमविरुद्ध

उलथा–(पु.) 1 करवट बदलना 2 कलाबाज़ी

उलाँघना–(स. क्रि.) 1 लाँघना 2 आज्ञा का उल्लंघन करना, न मानना

उलार–(वि.) भार के कारण एक ओर झुका हुआ

उलाहना–I (पु.) शिकायत, उपालंभ II (स. क्रि.) दोष देना

उलूक–(पु.) उल्लू

उल्का–(स्त्री.) 1 प्रकाश 2 टूटकर गिरनेवाला तारा, पुच्छल तारा 3 मशाल 4 लुआठी **उल्कापिंड** (पु.) उल्का पत्थर **उल्कापथ** (पु.) तारों के टूटकर गिरने का मार्ग **उल्कापात** (पु.) तारे का टूटकर गिरना

उल्था–(पु.) भाषांतर, अनुवाद

उल्लंघन–(पु.) 1 लाँघना 2 अवज्ञा करना 3 विरुद्ध आचरण

उल्लसित–(वि.) प्रसन्न, हर्षयुक्त

उल्लास–(पु.) 1 खुशी, हर्ष 2 उमंग

उल्लिखित–(वि.) 1 उल्लेख किया हुआ 2 लिखा हुआ 3 वर्णित

उल्लू–I (पु.) एक प्रसिद्ध पक्षी जिसे दिन में दिखाई नहीं देता II (वि.) मूर्ख, निर्बुद्धि **उल्लू का पट्ठा** निरा मूर्ख **उल्लू बोलना** उजड़ जाना, वीरान होना **उल्लू बनाना** 1 बेवकूफ़ बनाना 2 ठगना **उल्लू सीधा करना** स्वार्थ साधना

उल्लेख–(पु.) 1 चर्चा 2 वर्णन 3 एक अर्थालंकार जिसमें एक ही वस्तु का विषय-भेद के कारण अनेक तरह से वर्णन किया जाए

उल्लेखनीय, उल्लेख्य–(वि.) 1 उल्लेख करने योग्य 2 कथनीय

उषा–(स्त्री.) 1 भोर 2 तड़का, अरुणोदय की

उ

ऊ

लाली **उषाकाल** (पु.) भोर का समय
उषापान–(पु.) सुबह नाक से बासी पानी पीना
उष्ट्र–(पु.) ऊँट
उष्ण–(वि.) 1 गरम 2 गरमी उत्पन्न करनेवाला
उष्ण कटिबंध–(पु.) पृथ्वी का वह क्षेत्र जो कर्क और मकर रेखाओं के बीच में पड़ता है तथा जहाँ अत्यधिक गरमी पड़ती है
उसाँस–(स्त्री.) गहरी और लंबी साँस, उच्छ्वास
उसूल–(पु.) सिद्धांत
उस्ताद–I (पु.) 1 गुरु 2 शिक्षक II (वि.) 1 प्रवीण 2 विज्ञ 3 चालाक

ऊ

ऊँघ, ऊँघन–(स्त्री.) 1 नींद का झोंका, झपकी 2 आलस
ऊँघना–(अ. क्रि.) 1 झपकी आना 2 नींद में झूमना
ऊँच–(वि.) 1 ऊँचा 2 बड़ा 3 कुलीन **ऊँच-नीच** (वि.) 1 बड़ा-छोटा 2 ऊँची-नीची जाति का
ऊँचा–(वि.) 1 अधिक बड़ा 2 ऊपर की ओर अधिक उठा हुआ 3 श्रेष्ठ 4 पद-प्रतिष्ठा में बड़ा 5 सम्मानित **ऊँचा-नीचा** (वि.) 1 ऊबड़-खाबड़ 2 भला-बुरा **ऊँची दुकान फीका पकवान** नाम के अनुरूप गुण का न होना
ऊँचे–(क्रि. वि.) 1 ऊँचाई पर 2 ज़ोर-से (ध्वनि) **ऊँचे-नीचे पाँव पड़ना** 1 कुमार्ग पर जाना 2 स्त्री का पथभ्रष्ट होना, ग़लती करना
ऊँट–(पु.) एक रेगिस्तानी पशु जो बोझा ढोने के काम आता है तथा जिस पर सवारी भी की जाती है, उष्ट्र **ऊँट के गले में बिल्ली** असंगत और असाधारण बात **ऊँट के मुँह में ज़ीरा** आवश्यकता से कम
ऊँहूँ–(क्रि. वि.) 1 नहीं 2 कदापि नहीं
ऊकार–(पु.) 'ऊ' अक्षर की ध्वनि
ऊकारांत–(वि.) (शब्द) 'ऊ' से अंत होनेवाला (जैसे-उल्लू, बालू)
ऊख–(पु.) गन्ना, ईख
ऊखल–(पु.) ओखली **ऊखल में सिर देना** जान-बूझकर संकट मोल लेना
ऊजड़–(वि.) उजाड़, उजड़ा हुआ
ऊट-पटांग–(वि.) 1 बेढंगा 2 विसंगत
ऊतक–(पु.) 1 जीवों या वनस्पतियों का वह सूक्ष्म अंश जो एक ही ढंग की कोशिकाओं से बना हो (टिश्यू) 2 रेशा 3 तंतुसमूह, कोशिकाओं का बना अंग **ऊतक विज्ञान** (पु.) जीव-जंतुओं एवं वनस्पतियों के ऊतकों का अध्ययन
ऊदबिलाव–(पु.) जल और थल दोनों में रहनेवाला एक जीव (औटर)
ऊधम–(पु.) 1 हल्ला-गुल्ला, शोरग़ुल 2 उत्पात
ऊधमी–(वि.) ऊधम मचानेवाला
ऊन–(पु.) भेड़ आदि के बाल
ऊनी–(वि.) ऊन का बना हुआ (जैसे-ऊनी कम्बल, ऊनी शाल)
ऊपर–(क्रि. वि.) 1 आकाश की ओर, उर्ध्व दिशा में 2 पृथ्वी के ऊपर 3 उच्च कोटि या वर्ग में 4 आधार पर सहारे पर 5 पास सटकर (जैसे-तालाब के ठीक ऊपर मंदिर है) 6 पद एवं मर्यादा में ऊपर, श्रेष्ठ **ऊपर की आमदनी** वेतन आदि बँधी आमदनी के अतिरिक्त आय **ऊपर की साँस ऊपर और नीचे की नीचे रहना** स्तब्ध रहना **ऊपर के लोग** (पु.) अफसर लोग

ऊपरवाला–(वि.) भगवान्, ईश्वर

ऊपरी–(वि.) 1 ऊपर का (जैसे–बादाम का ऊपरी छिलका, मकान का ऊपरी हिस्सा) 2 बाहरी 4 दिखावटी

ऊब–(स्त्री.) 1 बेचैनी, विकलता 2 नीरसता, अरुचि

ऊबड़-खाबड़–(वि.) 1 ऊँचा-नीचा 2 टेढ़ा-मेढ़ा

ऊर्जस्वी–(वि.) 1 तेजस्वी और बलवान 2 प्रतापी

ऊर्जा–(स्त्री.) 1 शक्ति, बल 2 काम करने में व्यय होनेवाली शक्ति (एनर्जी)

ऊर्जास्रोत–(पु.) शक्ति का कारण-साधन

ऊर्ध्व–I (वि.) 1 ऊपर की ओर गया हुआ, उदग्र 2 ऊँचा 3 खड़ा (जैसे–ऊर्ध्व तल) II (क्रि. वि.) ऊपर की ओर, ऊपर

ऊर्ध्वगति–I (स्त्री.) 1 ऊपर की ओर जाना 2 मुक्ति, मोक्ष II (वि.) जिसकी गति ऊपर की ओर हो

ऊर्ध्वगमन–(पु.) ऊपर को जाना

ऊर्ध्वगामी–(वि.) 1 ऊपर की ओर जानेवाला 2 ऊपर गया हुआ

ऊर्ध्वरेता–I (वि.) पूर्ण ब्रह्मचारी II (पु.) संन्यासी

ऊर्ध्वलोक–(पु.) 1 आकाश 2 स्वर्ग

ऊर्ध्वबाहु–(वि.) बाँहें ऊपर किए हुए (तपस्वी)

ऊर्ध्वारोहण–(पु.) 1 ऊपर चढ़ना 2 मृत्यु

ऊर्ध्वोन्मुख–(वि.) 1 जिसका मुख ऊपर की ओर उठा हो 2 ऊपर उठा हुआ

ऊर्मि–(स्त्री.) 1 छोटी लहर 2 प्रवाह, बहाव 3 वेग

ऊर्मिमान्, ऊर्मिल–(वि.) लहरों से युक्त

ऊलजलूल–(वि.) 1 ऊटपटांग, अंड-बंड 2 विसंगत 3 बेवकूफ, अशिष्ट

ऊष्म–(पु.) 1 गरमी 2 ताप 3 संघर्षी ध्वनि श, ष, स, ह

ऊष्मांक–(पु.) ताप की इकाई, कैलोरी

ऊष्मा–(स्त्री.) 1 गरमी, ताप 2 ग्रीष्म ऋतु

ऊसर–I (पु.) अनुपजाऊ भूमि, बंजर II (वि.) जिसमें कुछ उत्पन्न न हो

ऊह–(अ.) कष्ट एवं पीड़ासूचक ध्वनि, ओह

ऊहात्मक–(वि.) 1 विचारात्मक 2 काल्पनिक बोर करने वाला ऊँट-पटांग, बेसिर पैर का

ऋ

ऋक्–(स्त्री.) 1 स्तुति, पूजा 2 ऋचा

ऋक् संहिता–(स्त्री.) ऋग्वेद

ऋकार–(पु.) 'ऋ' स्वर और उसकी ध्वनि

ऋक्ष–(पु.) 1 भालू, रीछ 2 तारा, नक्षत्र 3 राशि

ऋक्षनेमि–(पु.) विष्णु

ऋग्वेद–(पु.) चारों वेदों में से एक और पहला वेद

ऋग्वेदी–(वि.) 1 ऋग्वेद का ज्ञाता 2 जिसके संस्कार ऋग्वेद के अनुसार हों

ऋजु–(वि.) 1 सीधा (जैसे–ऋजु रेखा) 2 ईमानदार और सच्चा 3 अनुकूल 4 सरल

ऋजुता–(स्त्री.) 1 सरलता 2 सीधापन 3 सच्चाई

ऋजुनीति–(स्त्री.) सदाचार

ऋण–(पु.) 1 क़र्ज़, उधार लिया गया धन 2 वह जिसका दायित्व किसी पर हो (जैसे–देव ऋण, पितृ ऋण) 3 किया गया उपकार, एहसान 4 घटाने का निशान (–) **ऋणकर्ता** (वि.) क़र्ज़ लेनेवाला **ऋणग्रस्त** (वि.) क़र्ज़ में फँसा हुआ **ऋणदेयता**–(स्त्री.)

ए

ऋण चुकाना **ऋणपक्ष** (पु.) बही खाते, लेखे आदि में वह पक्ष जिसमें दी गई वस्तु एवं रक़म का तिथि अनुसार ब्यौरा दिया जाता है **ऋणपत्र** (पु.) ऐसा पत्र जिस पर ऋण देने तथा लेने की शर्तें लिखी हों, रुक्का, बांड **ऋण-भुगतान** ऋण चुकाना

ऋणात्मक–(वि.) नकारात्मक, अभावात्मक (जैसे–आपका यह कार्य ऋणात्मक ही माना जाएगा)

ऋणी–(पु.) 1 क़र्ज़ लेनेवाला, क़र्ज़दार 2 एहसानमंद, अनुगृहीत

ऋतंभरा–(स्त्री.) सदा एकरस रहनेवाली सात्त्विक बुद्धि

ऋत–I (पु.) 1 मुक्ति, मोक्ष 2 सत्य 3 यज्ञ 4 कर्मों का फल 5 निश्चित विधान II (वि.) 1 उज्ज्वल, दीप्त 2 पूजित 3 सच्चा

ऋतु–(पु.) 1 मौसम (ग्रीष्म, वर्षा, शरद, हेमंत आदि) 2 मासिक धर्म **ऋतुचर्या** (स्त्री.) ऋतु के अनुरूप आहार-विहार **ऋतुपति** (पु.) वसंत **ऋतुमती** (स्त्री.) रजस्वला स्त्री **ऋतुराज** (पु.) वसंत ऋतु **ऋतु विज्ञान** (पु.) वायुमंडल में होनेवाले परिवर्तनों का विज्ञान जिसके आधार पर वर्षा, आँधी आदि का अनुमान लगाया जाता है, मौसम विज्ञान

ऋतुकाल–(पु.) 1 उपयुक्त समय 2 रजोदर्शन के पश्चात् गर्भधारण करने योग्य समय

ऋतुस्राव–(पु.) मासिक धर्म, रजस्राव

ऋत्विज–(पु.) यज्ञ करानेवाला

ऋद्ध–(वि.) संपन्न, समृद्ध

ऋद्धि–(स्त्री.) 1 संपन्नता 2 सफलता 3 लक्ष्मी 4 गौरव 5 सिद्धि **ऋद्धिकाम** (वि.) समृद्धि की इच्छा करनेवाला **ऋद्धि-सिद्धि** (स्त्री.) 1 धन-दौलत एवं सफलता 2 हर तरह का वैभव

ऋषभ–I (पु.) 1 बैल 2 नर पशु 3 संगीत के सात स्वरों में से दूसरा 4 बल एवं वीर्य बढ़ानेवाली एक जड़ी II (वि.) श्रेष्ठ

ऋषि–(पु.) 1 मुनि, मनीषी 2 मंत्रद्रष्टा **ऋषिकल्प** (वि.) ऋषितुल्य **ऋषिकुल** (पु.) गुरुकुल

ऋषिऋण–(पु.) ऋषियों द्वारा प्रणीत ग्रंथों के अध्ययन का ऋण

ए

एँच-पेंच–(पु.) 1 घुमाव-फिराव, हेर-फेर 2 टेढ़ी-तिरछी चाल 3 उलझन

एंबुलेंस–(पु.) 1 युद्ध क्षेत्र का अस्पताल जिसे आवश्यकतानुसार दूसरी जगह ले जाया जा सके, मैदानी चिकित्सालय 2 घायलों एवं बीमारों को लिटाकर अस्पताल ले जाने की मोटर गाड़ी

एक–(पु./वि.) 1 एक की संख्या 2 बेजोड़ 3 कोई (जैसे–एक किताब दो) **एकतंत्र** I (वि.) जहाँ शासन एवं शक्ति एक व्यक्ति के अधिकार में हो II (पु.) ऐसा शासन जिसमें एक ही व्यक्ति के आदेश पर शासन चलता है, तानाशाही **एकतंत्रवाद** (पु.) जिस शासन में एक ही शासक द्वारा शासन व्यवस्था एवं उसकी संचालन प्रक्रिया को चलाने का सिद्धांत एवं नियम हो **एकतंत्रीय** (वि.) एक-तंत्र का **एकत्व** (पु.) एकता **एकदम** (क्रि. वि.) 1 तुरंत 2 बिलकुल **एकदलीय** (वि.) एक ही दल का **एकदिल** (वि.) 1 एकचित्त 2 एक विचार के 3 अभिन्न **एकदिली** समान विचारों का होना **एकदेशी, एकदेशीय** (वि.) 1 एक ही देश का 2 सर्वत्र

न होनेवाला 3 एकपक्षीय **एकनिष्ठ** (वि.) एक पर ही श्रद्धा एवं आस्था रखनेवाला, अनन्योपासक **एकपत्नी** (स्त्री.) पतिव्रता नारी **एकपत्नी व्रत** (पु.) केवल पत्नी के प्रति ही प्रेम करनेवाला व्यक्ति **एकप्राण** (वि.) एक दिल, एक जान **एकबद्ध** (वि.) एक में बँधा **एकबारगी** (क्रि. वि.) 1 एक-साथ 2 अचानक **एकमंज़िला** (वि.) एक तल्लेवाला **एकमत** (वि.) समान मत, समान विचार रखनेवाले **एकमात्र** (वि.) केवल एक (जैसे—एकमात्र संतान) **एकमुश्त** एक-साथ, इकट्ठा **एकरस** (वि.) 1 एक ही तरह का, एक जैसा 2 जो घुलमिलकर एक हो गया हो **एकरूपता** समरूपता, अभिन्नता **एकलिंगी** (वि.) किसी एक लिंग से युक्त होनेवाला **एकवचन** (पु.) एक का वाचक शब्द **एक अनार सौ बीमार** थोड़ी वस्तु के बहुत चाहनेवाले **एक आँख न भाना** ज़रा भी पसंद न करना **एक और एक ग्यारह होते हैं** मिलकर काम करने से शक्ति बढ़ जाती है **एक की चार लगाना** 1 बढ़ा-चढ़ाकर कहना, शिकायत करना 2 भड़काना **एक थैली के चट्टे-वट्टे** दोनों में कुछ भी अंतर नहीं **एक पंथ दो काज** 1 एक प्रयत्न से दो सफलताएं अर्जित करना 2 एक कार्य करते समय दूसरा कार्य भी हो जाना **एक लाठी से सबको हाँकना** सबके साथ समान व्यवहार करना **एक से दो होना** शादी होना

एकक–(पु.) इकाई, यूनिट

एकड़–(पु.) 4840 वर्ग गज़

एकता–(स्त्री.) 1 एक होने की अवस्था 2 एका, मेलजोल 3 समानता

एकत्र–(क्रि. वि.) इकट्ठा

एकत्रित–(वि.) इकट्ठा किया हुआ

एकत्व–(वि.) एकता

एकदंत–(पु.) गणेश

एकवारगी–(क्रि. वि.) 1 एक ही वार में 2 बिलकुल

एकमेक–(वि.) जो मिलकर एक हो गया हो

एकरुख़ा–(वि.) 1 एक रुख़वाला 2 एक तरफ़ा 3 एकचश्म

एकल–(वि.) अकेला

एकसाँ, एकसार–(वि.) = एक समान

एकसाला–(वि.) = एकवर्षीय

एकांकी–I (वि.) एक अंकवाला II (पु.) एक अंक का नाटक

एकांग–(वि.) 1 एक अंगवाला 2 विकलांग

एकांगी–(वि.) 1 एकांग 2 एकपक्षीय 3 सीमित

एकांत–I (वि.) 1 अकेला 2 अलग 3 निर्जन II (पु.) निर्जन स्थान **एकांतप्रिय** (वि.), **एकांतवास** (पु.) एकांत स्थान में रहना

एकांश–(पु.) 1 छोटी इकाई 2 मद 3 परीक्षण का प्रत्येक प्रश्न

एका–(स्त्री.) एकता, मेल

एकाएक–(क्रि. वि.) अचानक, एकदम

एकाकार–(वि.) 1 एक ही आकार का, समरूप 2 जो मिलकर एक हुआ हो, तन्मय

एकाकी–(वि.) अकेला

एकाग्र–(वि.) 1 एक ही विषय में ध्यान लगानेवाला, तल्लीन 2 अचंचल **एकाग्रचित्त** (वि.) स्थिरचित्त **एकाग्रता** (स्त्री.) एकाग्र होने का भाव **एकाग्र दृष्टि** (वि.) एकटक देखनेवाला

एकात्म–(वि.) जो मिलकर एक हो गया हो, अभिन्न (जैसे—एकाग्र भावना, एकाग्र निष्ठा) **एकात्मवाद** (पु.) अद्वैतवाद, यह मत कि आत्मा और परमात्मा एक हैं, आत्मा एक ही है और ये अनेक आत्माएँ उसी की अभिव्यक्तियाँ हैं

एकात्मक–(वि.) एक रूप होना, तन्मय **एकात्मकता** (स्त्री.) 1 तादात्म्य, तद्रूपता 2 समानता

एकादशी–(स्त्री.) चन्द्र मास की ग्यारहवीं तिथि

एकाध–(वि.) गिनती में बहुत कम, एक-आध

एकाधिकार–(पु.) 1 एक ही व्यक्ति या संस्था का अधिकार 2 एकाधिपत्य **एकाधिकारी**

ए

(वि.) एकाधिकार रखनेवाला
एकाधिप, एकाधिपति–(पु.) देश पर एकछत्र राज्य करनेवाला, अकेला स्वामी
एकार–(पु.) 'ए' अक्षर
एकार्थ, एकार्थक–(वि.) एक ही अर्थवाला
एकालाप–(पु.) एक ही व्यक्ति या पात्र का बोलते जाना
एकासन–(पु.) जैसे बैठे वैसे ही बैठे रहना
एकीकरण–(पु.) दो या दो से अधिक वस्तुओं को मिलाकर एक रूप देना
एकीकृत–(वि.) मिलाकर एक रूप किया हुआ
एकीभूत–(वि.) 1 जो मिलकर एक हुआ हो 2 एकत्र
एकेश्वरवाद–(पु.) यह मत कि जगत् का सृष्टा एवं संहारक एक ही है
एकेश्वरवादी–(वि.) एकेश्वरवाद को माननेवाला
एकोऽहं–मैं एक ही हूँ, मैं ब्रह्म हूँ
एक्स-रे–(पु.) किरण जिसके सहारे शरीर के भीतरी चित्र लिये जा सकते हैं
एड़–(स्त्री.) पैर के तलवे का उभरा हुआ भाग, एड़ी, एड़ देना **एड़ लगाना** (स्त्री.) घोड़े को आगे बढ़ने के लिए एड़ मारना
एड़ी–(स्त्री.) पैर के तलवे का पीछे का उभरा भाग **एड़ी-चोटी का पसीना एक करना** अत्यधिक परिश्रम करना **एड़ी से चोटी तक** सिर से पैर तक **एड़ियाँ रगड़ना, एड़ी घिसना** बहुत श्रम करना
एतदर्थ–(अ.) 1 इसके लिए 2 इस कारण, इसलिए
एतद्द्वारा–(अ.) इसके माध्यम से
एतबार–(पु.) 1 विश्वास 2 भरोसा 3 यकीन
एतराज़–(पु.) 1 आपत्ति 2 दोष निकालना
एतावत्–(वि.) इतना
एरंड–(पु.) रेंड़, रेंड़ी
एलान–(पु.) घोषणा **एलाननामा** (पु.) घोषणा-पत्र
एवं–(क्रि. वि.) और, ऐसा ही, इसी प्रकार
एवमस्तु–(अ.) ऐसा ही हो
एस्कीमो–(पु.) टुंड्रा निवासी जो बर्फ में (बर्फ के) घर बनाकर रहते हैं
एहतियात–(पु.) सावधानी, होशियारी
एहसान–(पु.) 1 उपकार 2 कृतज्ञता **एहसान-फ़रामोश** (वि.) उपकार को भूल जानेवाला, कृतघ्न **एहसानमंद** (वि.) उपकार माननेवाला

ऐ

ऐं–(अ.) 1 अच्छी तरह से सुनी एवं समझी गई बात को पुनः कहने के लिए किया जानेवाला संबोधन (जैसे–ऐं, क्या कहा) 2 आश्चर्य सूचक अव्यय
ऐंचना–(स. क्रि.) खींचना
ऐंचाताना–(वि.) भेंगा
ऐंचातानी–(स्त्री.) खींचातानी
ऐंठ–(स्त्री.) 1 ऐंठन 2 मरोड़ 3 अकड़ 4 घमंड, शेख़ी **ऐंठदार** (वि.) घमंडी, दम्भी, अहंकारी
ऐंठना–I (अ. क्रि.) 1 संकुचित होना 2 शेख़ी दिखलाना II (स. क्रि.) 1 मरोड़ना (जैसे–कान ऐंठना) 2 झाँसा देना, धोखा देकर लेना (जैसे–मुझे सीधा जानकर वह मुझसे सौ रुपए ऐंठ ले गया) **ऐंठ जाना** 1 ज़िद करना 2 अकड़ना
ऐंड़ना–(अ. क्रि.) ऐंठना
ऐंद्रजालिक–(वि.) जादूगर, बाज़ीगर

ऐ–(अ.) सम्बोधन शब्द–ऐ (जैसे–ऐ दोस्त)
ऐकपद्य–(पु.) शब्दों का एक पद में संगठित हो जाना
ऐकभाव्य, ऐकमत्य–(पु.) विचार एवं भाव की एकता, सहमति
ऐक्य–(पु.) 1 एकता 2 एकरूपता
ऐच्छिक–(वि.) 1 अपनी इच्छा से किया जानेवाला 2 वैकल्पिक
ऐतिहासिक–(वि.) इतिहास से संबंध रखनेवाला
ऐन–(वि.) बिलकुल ठीक
ऐनक–(स्त्री.) चश्मा **ऐनकसाज़** (पु.) चश्मा बनानेवाला
ऐब–(पु.) 1 बुराई, दोष 2 लांछन **ऐबदार** (वि.) दोषी **ऐब लगाना** कलंक लगाना, लांछित करना
ऐरावत–(पु.) 1 इंद्र का हाथी 2 इंद्रधनुष 3 बिजली से चमकता हुआ बादल
ऐश्वर्य–(पु.) 1 ईश्वरता 2 आधिपत्य 3 धन-संपत्ति, वैभव 4 सर्वशक्तिमत्ता **ऐश्वर्यवान्, ऐश्वर्यशाली** (वि.) वैभवशाली
ऐसा–(वि.) इस तरह का **ऐसा-तैसा, ऐसा-वैसा** (वि.) 1 साधारण 2 तुच्छ, नाचीज़ **ऐसी-तैसी** एक गाली **ऐसी की तैसी में जाय** चूल्हे-भाड़ में जाय
ऐसे–(क्रि. वि.) इस प्रकार से, इस ढंग से

ओ

ओं–(पु.) परब्रह्म का वाचक शब्द, ॐ
ओंकार–(पु.) 'ओ३म्', ॐ **ओंकारनाथ** (पु.) एक शिवलिंग
ओंठ–(पु.) होंठ **ओंठ काटना, ओंठ चबाना** अत्यधिक क्रुद्ध होने पर भी प्रतिकार भाव को रोक लेना **ओंठ चाटना** ललचाना **ओंठ बिचकाना** घृणा प्रकट करना **ओंठ पर लाना** मन की बातें कहना **ओंठ सी लेना** चुप रहना
ओ–(अ.) हे, ऐ, अरे आदि संबोधन सूचक शब्द
ओकाई–(स्त्री.) 1 उल्टी 2 मतली
ओकारांत–(वि.) जिसके अंत में ओ की मात्रा हो (जैसे–ऊधो)
ओखली–(स्त्री.) अन्नादि कूटने का पत्थर या काठ का बना पात्र **ओखली में सिर डालना** जान-बूझकर संकट मोल लेना
ओघ–(पु.) 1 ढेर, समूह 2 बाढ़ 3 घनता
ओछा–(वि.) 1 तुच्छ 2 छिछोरा 3 खोटा 4 अशिष्ट 5 हल्का **ओछापन** (पु.) 1 छिछोरापन 2 हल्कापन 3 अशिष्टता
ओज–(पु.) 1 साहित्य में शैली आदि की विशेषता जिससे मन में आवेश एवं साहस का संचार होने लगे 2 उजाला, प्रकाश 3 बल, शक्ति 4 तेज
ओजस्विता–(स्त्री.) प्रकाश, तेज, बलवत्ता
ओजस्विनी, ओजस्वी–(वि.) 1 शक्तिशाली 2 प्रभावशाली 3 तेजपूर्ण 4 ओज से भरा हुआ
ओझल–(वि.) 1 ग़ायब हुआ 2 छिपा हुआ, लुका हुआ 3 लुप्त
ओझा–(पु.) भूत-प्रेत आदि का मंत्रोपचार द्वारा असर ख़त्म करनेवाला व्यक्ति
ओझाई–(स्त्री.) झाड़-फूँक की विद्या
ओट–(स्त्री.) 1 आड़ (जैसे–परदे की ओट में) 2 रोक 3 सहारा (जैसे–किसी की ओट)
ओटना–I (स. क्रि.) 1 कपास को ओटनी से इस रूप में अलग करना कि बिनौले निकल

औ

आएं 2 अपनी बात दोहराते जाना II (अ.क्रि.) छिपना

ओटनी–(स्त्री.) वह चरखी जिससे कपास के बिनौले अलग किए जाते हैं

ओटा–(पु.) 1 ओट के लिए बनाई गई दीवार 2 आड़ 3 सुनारों का एक औज़ार 4 कपास ओटनेवाला

ओठ–(पु.) ओष्ठ, होंठ

ओढ़ना–I (स. क्रि.) 1 कपड़े से बदन ढकना 2 धारण करना II (पु.) तन ढकने के लिए उपयोग में लाया जानेवाला वस्त्र **ओढ़ना उतारना**–अपमानित करना **ओढ़ना ओढ़ाना** विधवा स्त्री के साथ विवाह करना **ओढ़ना-बिछौना बना लेना** हर वक़्त काम में लाना, लापरवाही से इस्तेमाल करना

ओढ़ाना–(स. क्रि.) 1 कपड़े से ढकना 2 कपड़े से लपेटना

ओत–I (पु.) ताने का सूत II (वि.) तारों एवं सूतों आदि से बुना हुआ, गुंथा हुआ **ओत-प्रोत** (वि.) 1 परस्पर गुंथा हुआ 2 पूर्णतः मिश्रित 3 खूब भरा हुआ

ओदन–(पु.) भात

ओ३म्–(पु.) भारतीय आर्यों का मंत्रोच्चारण के आरंभ एवं अंत में प्रयुक्त होनेवाला शब्द, ओंकार, ॐ

ओर–I (स्त्री.) तरफ़, पक्ष, दिशा (जैसे–मेरी ओर, पश्चिम की ओर) II (पु.) 1 छोर, सिरा 2 अंत **ओर-छोर** (पु.) किनारे से अंत तक

ओला–I (पु.) शीतकालीन वर्षा में गिरनेवाले बर्फ़ के छोटे टुकड़े II 1 ओट 2 परदा 3 रहस्य की बात **ओला-वर्षा, ओला-वृष्टि** ओले पड़ना **सिर मुंडाते ही ओले पड़े** कार्य आरंभ करते ही संकट आ पड़ना

ओष्ठ–(पु.) ओंठ **ओष्ठ-पठन** (पु.) ओंठ से पढ़ना

ओस–(स्त्री.) वाष्प का रूप जो जल बिंदु में बदल जाए (जैसे–फूलों पर पड़ी ओस) **ओस का मोती** क्षणिक अस्तित्व की वस्तु एवं बात

ओसाना–(स. क्रि.) भूसा-मिश्रित दाने को कुछ ऊँचाई से हवा में गिराकर अलग करना

ओसार, ओसारा–I (पु.) दालान, बरामदा II (वि.) चौड़ा

ओह–(अ.) दुःख, कष्ट, पश्चात्ताप, आश्चर्य-सूचक अव्यय (जैसे–ओह ! इतना भयंकर दृश्य)

ओहो–(अ.) हर्ष, आश्चर्यसूचक शब्द

औ

औंगना–(स. क्रि.) पहिए की धुरी में तेल देना

औंघना–(अ. क्रि.) नींद आना

औंधना–I (अ. क्रि.) उलट जाना, उलटा होना II (स. क्रि.) उलटा करना, उलट देना

औंधा–(वि.) 1 मुँह या सिर नीचे किया हुआ, उल्टा 2 नीचा **औंधा हो जाना** 1 बेसुध होना 2 गिर जाना **औंधी खोपड़ी** निरा मूर्ख **औंधे मुँह गिरना** 1 धोखा खाना 2 भूल करना

औक़ात–(स्त्री.) हैसियत (जैसे–अपनी औक़ात देखकर ख़र्च करना)

औकार–(पु.) 'औ' अक्षर (की ध्वनि)

औघ–(पु.) 1 बाढ़, प्लावन 2 प्रलय

औघड़–I (वि.) 1 अंड-बंड 2 अनोखा 3 भद्दा II (पु.) 1 अघोरी 2 फक्कड़ 3 मनमौजी

औज़ार–(पु.) कार्य करने के लिए उपयोगी

उपकरण (जैसे–आरी, रेती, छैनी, हथौड़ा आदि)

औटना–(अ. क्रि.) 1 चक्कर खाना 2 ताप से गाढ़ा होना

औटनी–(स्त्री.) एक प्रकार की करछी जो उबलते हुए तरल पदार्थ को चलाने में प्रयुक्त होती है

औटाना–(स. क्रि.) उबालकर गाढ़ा करना (जैसे–दूध औटाना)

औढर–(वि.) 1 मनमौजी 2 थोड़े में प्रसन्न होनेवाला **औढरदानी** (पु.) उदारतापूर्वक दान देनेवाला

औत्कर्ष्य–(पु.) उत्तमता, श्रेष्ठता, उत्कर्षता

औत्सुक्य–(पु.) उत्सुकता, जिज्ञासा

औदर्य–(वि.) उदर संबंधी

औदार्य–(पु.) उदारता

औदास्य, औदासीन्य–(पु.) 1 उदासीनता, उदासी 2 एकाकीपन 3 वैराग्य

औदीच्य–(वि.) उत्तर दिशा का

औदुंबर–I (वि.) 1 गूलर का बना हुआ 2 ताम्र निर्मित II (पु.) 1 गूलर 2 ताँबा

औद्धत्य–(पु.) उजड्डपन, धृष्टता

औद्योगिक–(वि.) उद्योग संबंधी

औद्योगिकी–(स्त्री.) उद्योग-विज्ञान

औद्योगीकरण–(पु.) उद्योग हेतु नए कारखाने आदि खोलने की क्रिया

औना-पौना–(वि.) आधा-तीहा

औपचारिक–(वि.) 1 रस्मी, दिखाऊ 2 उपचार रूप में होनेवाला 3 गौण **औपचारिकता** (स्त्री.) 1 औपचारिक होने की अवस्था 2 दिखाऊपन 3 गौणता **औपचारिकतावाद** (पु.) दुनियादारी के सिद्धांत, नियम आदि

औपनिवेशिक–(वि.) उपनिवेश संबंधी (जैसे–भारत कई सौ साल तक ब्रिटेन का औपनिवेशिक राज्य रहा है)

औपनिवेशीकरण–(पु.) उपनिवेश बना लेना

औपनिषदिक–(वि.) उपनिषद् संबंधी

औपन्यासिक–(वि.) 1 उपन्यास संबंधी 2 उपन्यास के ढंग का

औपसर्गिक–(वि.) 1 उपसर्ग संबंधी 2 उपसर्ग रूप में प्राप्त होनेवाला 3 संक्रामक

और–I (क्रि. वि.) दो शब्दों या वाक्यों को जोड़नेवाला शब्द, तथा II (वि.) 1 दूसरा 2 अधिक (जैसे–मुझे और का भी काम करना है, मुझे कुछ रुपये और चाहिए) **और का और** कुछ का कुछ, उल्टा **और का और हो जाना** बदल जाना

औरत–(स्त्री.) 1 नारी, स्त्री 2 पत्नी, जोरू

औरस–I (वि.) विवाहित स्त्री से उत्पन्न, जायज़ II (पु.) विवाहिता से उत्पन्न पुत्र, वैध पुत्र

औलाद–(स्त्री.) संतान, वंशज

औलिया–(पु.) सिद्ध पुरुष, संत (मुसलमान), वली, फ़क़ीर

औषध (पु.), **औषधि**–(स्त्री.) 1 दवा 2 दवा-दारू **औषध-निर्माण शास्त्र** (पु.) दवाएँ बनाने की विद्या **औषध विज्ञान** (पु.) दवाओं के गुण-धर्म प्रयोग आदि संबंधी शास्त्र

औषधालय–(पु.) दवाख़ाना

औसत–I (पु.) बीच की संख्या, मध्य II (वि.) 1 बीच का 2 साधारण (जैसे–औसत वेतन, औसत अंक, औसत क़द का पुरुष)

औसान–(पु.) 1 अंत 2 परिणाम 3 अवसान

क

कंकड़–(पु.) ईंट-पत्थर का टुकड़ा, गिट्टी **कंकड़-पत्थर** (पु.) कूड़ा-करकट, निरर्थक वस्तुएँ, रद्दी चीज़ें

कंकड़ीला–(वि.) 1 कंकड़ों से भरा हुआ 2 कंकड़ों से बना हुआ

कंकण–(पु.) 1 कंगन 2 विवाह पूर्व वर-वधू के हाथ में बाँधा जाने वाला धागा, कँगना

कंकरीट–(स्त्री.) गिट्टी, सीमेंट आदि का बना मसाला

कंकाल–(पु.) हड्डियों का ढाँचा, ठठरी **कंकालशेष** (वि.) हड्डियों का ढाँचा मात्र, बहुत दुबला-पतला

कंकालिनी–(स्त्री.) 1 कर्कशा स्त्री 2 दुर्गा

कंगन–(पु.) स्त्री की कलाई में पहना जानेवाला आभूषण, कड़ा **हाथ कंगन को आरसी क्या** प्रत्यक्ष के लिए क्या प्रमाण

कँगना–(पु.) = कंकण

कंगला–(वि.) = कंगाल, दरिद्र

कंगारू–(पु.) आस्ट्रेलिया में पाया जानेवाला एक पशु

कंघा–(पु.) 1 बड़ी कंघी 2 जुलाहों का एक औज़ार

कंघी–(स्त्री.) बाल सँवारने का एक दाँतेदार उपकरण **कंघी-चोटी** (स्त्री.) बनाव-सिंगार **कंघी-साज़** (पु.) कंघियाँ बनानेवाला

कंचन–I (पु.) 1 स्वर्ण, सोना 2 धन, संपत्ति II (वि.) निर्मल **कंचन बरसना** अत्यधिक संपत्ति होना

कंचुकी–I (स्त्री.) 1 चोली, अँगिया 2 साँप की केंचुली II (पु.) 1 रक्षक 2 द्वारपाल 3 अंतःपुर का अध्यक्ष

कंज–(पु.) कमल का फूल

कंजका–(स्त्री.) अविवाहित कन्या

कंजड़, कंजर–(पु.) एक यायावार जाति, घुमक्कड़ लोग, ख़ानाबदोश

कंजा–I (पु.) एक कँटीली झाड़ी जिसकी फली औषध के रूप में प्रयोग होती है II (वि.) 1 भूरे रंग का 2 कंजी आँखोंवाला

कंजूस–(पु.) कृपण, सूम

कंटक–(पु.) 1 काँटा 2 बाधा 3 कष्ट पहुँचानेवाला व्यक्ति एवं वस्तु **कंटकफल** (पु.) कटहल **कंटकमय** (वि.) कँटीला

कंटकाकीर्ण, कंटकित–(वि.) 1 काँटों से भरा हुआ, काँटेदार 2 जिसे रोमांच हुआ हो

कँटिया–(स्त्री.) 1 मछली फँसाने की बंसी 2 हुक

कँटीला–(वि.) काँटेदार

कंठ–(पु.) 1 गला 2 गले से निकला स्वर **कंठगत** (वि.) गले तक आया हुआ **कंठ-तालव्य** (वि.) कंठ और तालु से जिसका उच्चारण हो (जैसे–ए, ऐ) **कंठमणि** (स्त्री.) टेंटुआ

कंठा–(पु.) 1 गले का एक ज़ेवर 2 तोते के गले की रंगीन रेखा

कंठाग्र–(वि.) कंठस्थ, बरज़बान

कंठावरोध–(पु.) गला भर आना

कंठी–(स्त्री.) छोटी गुरियों की माला

कंडा–(पु.) 1 सूखा गोबर 2 उपला

कंडिका–(स्त्री.) परिच्छेद (पैराग्राफ़)

कंडौरा–(पु.) 1 उपले पाथने का स्थान 2 उपलों का ढेर

कंथा–(स्त्री.) 1 गुदड़ी 2 कथरी

कंद–(पु.) 1 गाँठदार जड़ 2 शकरकंद

कंदरा–(स्त्री.) 1 गुफा 2 घाटी

क़ंदील–(स्त्री.) 1 कंडील 2 दीप, हंडा

कंदुक–(पु.) गेंद

कंधा–(पु.) 1 स्कंध, मनुष्य के धड़ का ऊपरी भाग 2 बैल की गरदन का ऊपरी भाग जिस पर जुआ रखा जाता है 3 शाना **कंधा देना** 1 शामिल होना 2 सहारा देना 3 अरथी में

कंधा लगाना **कंधे से कंधा छिलना** बहुत ज़्यादा भीड़ होना **कंधे से कंधा मिलाकर चलना** साथ देना
कंप–(पु.) 1 कँपकँपाहट, थरथराहट 2 डोलना
कँपकँपाना–(अ. क्रि.) काँपना, कँपकँपी लगना
कँपकँपाहट, कँपकँपी–(स्त्री.) काँपना, कंप
कंपन–(पु.) 1 काँपने एवं थरथराने की क्रिया 2 हिलते-डुलते रहना (जैसे–प्रकाश में होनेवाला कंपन)
कंपायमान–(वि.) काँपता हुआ, कंपमान
कंपित–(वि.) 1 काँपता हुआ 2 हिलाया हुआ
कंबोज–(पु.) 1 शख 2 हाथी की क़िस्म
कँवल–I (पु.) कमल II कौर, ग्रास
कंस–(पु.) 1 काँसा 2 काँसे का बना पात्र 3 कृष्ण का मामा
कई–(वि.) 1 एक से अधिक, अनेक 2 कुछ
ककड़ी–(स्त्री.) एक तरह की बेल का फल
ककहरा–(पु.) क से ह तक के अक्षर, वर्णमाला
ककार–(पु.) 'क' अक्षर
ककुद्–I (पु.) 1 चोटी, शिखर 2 राजचिह्न 3 बैल के कंधे का डिल्ला II (वि.) उत्तम
कक्ष–(पु.) 1 कमरा 2 पार्श्व भाग 3 अंतःपुर 4 काँख
कक्षा–(स्त्री.) 1 घेरा, परिधि 2 ग्रहों के घूमने का वक्र मार्ग 3 दर्जा (जैसे–वह किस कक्षा का विद्यार्थी है) 4 काँख, बग़ल
कक्षीय–(वि.) कक्ष या कक्षा का
कगार–(पु.) 1 नदी का ऊँचा किनारा 2 टीला 3 ऊँचा सिरा
कच–(पु.) 1 बाल, केश 2 धँसने का शब्द (जैसे–कच से काँटा चुभ गया)
कचकच–(स्त्री.) व्यर्थ का विवाद, किचकिच (जैसे–घर की कचकच से तबीयत ऊब गई है)
कचनार–(पु.) एक सुंदर फूलदार पेड़
कचरना–(स. क्रि.) 1 कुचलना, रौंदना 2 बहुत खाना
कचरा–(पु.) 1 कूड़ा-करकट 2 रुई का बिनौला 3 अनाज का बेकार अंश
कचरी–(स्त्री.) 1 सब्ज़ी के उपयोग में आनेवाली एक लता 2 छिलकेदार दाल 3 आलू के नमकीन कतरे
कचहरी–(स्त्री.) 1 अदालत 2 इजलास 3 दरबार
कचायँध–(स्त्री.) कच्चेपन की गंध
कचालू–(पु.) 1 अरवी 2 उबले हुए नमकीन आलू **कचालू करना** खूब मारना, पीटना
कचूमर–(पु.) अत्यधिक मार से बना भर्ता **कचूमर निकालना** अधमरा कर देना
कचोट, कचोटन–(स्त्री.) रह-रहकर होनेवाली वेदना, टीस
कचोटना–(अ. क्रि.) रह-रहकर मन में पीड़ा होना
कचौड़ी–(स्त्री.) पीठीवाली पूरी
कच्चा–(वि.) 1 जो पका न हो, अपक्व (जैसे–कच्चा आम) 2 आग में न तपाया हुआ (जैसे–कच्ची ईंट) 3 घी में तलकर न पका (जैसे–कच्ची रसोई) 4 नाप-तोल में कम (जैसे–कच्चा बीघा) 5 शुद्ध न किया हुआ (जैसे–कच्चा तेल) 6 साहस में कम (जैसे–कच्चा दिल) **कच्चा असामी** अस्थायी अधिकार **कच्चा काग़ज़** बिना रजिस्ट्री का दस्तावेज़
कच्चा खाना–(पु.) वह भोजन जो घी में न पकाया गया हो, कच्ची रसोई
कच्ची रोकड़–(स्त्री.) रोज़नामचा, याददाश्त की बही **कच्ची सिलाई** (स्त्री.) अस्थायी टाँके लगाना
कच्छ–(पु.) 1 कछार 2 दलदल ज़मीन
कच्छप–(पु.) कछुआ (स्त्री.) कच्छपी
कच्छा–(पु.) 1 जाँघिया 2 विशाल नौका
कछनी–(स्त्री.) कछौटा, छोटी धोती
कछार–(पु.) नदी-तट की भूमि
कछुआ–(पु.) एक जलथलचर जीव, कच्छप
कजरा–I (वि.) 1 काजल के रंग का, काला 2 जिसकी आँख में काजल लगा हो, कजरारा II (पु.) 1 काजल 2 काली आखोंवाला बैल

क

कजरारा–(वि.) 1 काजल लगा हुआ, अंजन युक्त (जैसे–कजरारे नयन) 2 काला

कजली–I (स्त्री.) 1 कालिख 2 काली आँखोंवाली गाय II (स्त्री.) 1 स्त्रियों का एक त्योहार जो भादों माह में होता है 2 एक वर्षागीत

कट–(पु.) काट, तराश

कटक–(पु.) 1 समूह 2 पैर का कड़ा 3 सेना 4 सैनिक शिविर **कटकबंध** (पु.) व्यूह-रचना

कटकट–(स्त्री.) 1 दाँतों के टकराने से उत्पन्न
होनेवाला शब्द 2 अनबन, बिगाड़

कटकटाना–I (अ. क्रि.) दाँतों का आपस में बजना II (स. क्रि.) दाँत पीसना

कटखना–(वि.) 1 काट खानेवाला (जैसे–कटखना कुत्ता आदि) 2 चिड़चिड़ा

कटघरा–(पु.) 1 काठ का घेरा 2 काठ का बना घर जैसे–अदालत का कटघरा

कटड़ा–(पु.) भैंस का बच्चा

कटना–(अ. क्रि.) 1 दो टुकड़े होना 2 अलग होना (जैसे–मेरी बात पर वह ऐसे कटे कि फिर न बोले)

कटपीस–(पु.) नये कपड़ों के टुकड़े

कटरा–I (पु.) छोटा चौकोर बाज़ार II (पु.) कटड़ा, कटहरा

कटवाना–(स. क्रि.) काटने का काम अन्य किसी से कराना

कटहरा–(पु.) = कटघरा

कटहल–(पु.) एक बड़ा फल जिसकी सब्ज़ी और अचार बनाया जाता है

कटाई–(स्त्री.) 1 काटने का काम 2 काटने की मज़दूरी **कटाई-चिराई** काटना-चीरना

कटाकट–(पु.) कटकट का शब्द

कटाक्ष–(पु.) 1 तिरछी निगाह 2 व्यंग्य 3 चोट

कटान–(स्त्री.) 1 कटाई 2 कटाव

कटार–(स्त्री.) 1 ख़ंजर 2 तलवार

कटारी–(स्त्री.) छोटी कटार

कटाव–(पु.) 1 काट 2 पच्चीकारी में फूल-पत्तियों की बनावट **कटावदार** (वि.) जिस पर कटाव का काम किया गया हो

कटाह–(पु.) 1 बड़ी कड़ाही 2 कूप 3 कछुए की पीठ का कड़ा आवरण 4 भैंस का बच्चा जिसकी सींग निकल रही हो

कटि–(स्त्री.) कमर **कटिबंध** (पु.) 1 कमरबंद, पटका 2 ऋतु के विचार से भौगोलिक विभाजन (जैसे-उष्ण कटिबंध, शीत कटिबंध) **कटिबद्ध** (वि.) 1 तत्पर, तैयार

कटीला–(वि.) 1 काटनेवाला (जैसे–कटीली आँखें, कटीले नैन) 2 धारदार, तेज़ 3 चुभने वाला (जैसे–कटीली बातें) 4 अच्छी सजधज वाला (जैसे–कटीला यौवन)

कटु–(पु.) 1 कड़आ (जैसे–कटु स्वाद, कटु गंध आदि) 2 अप्रिय (जैसे–कटु बात, कटु वाणी आदि) 3 कष्टदायक **कटुता** (स्त्री.) 1 कड़आपन 2 दुर्भावना **कटु वचन, कटु वाक्य** (पु.) अप्रिय बात **कटु व्यवहार** (पु.) बुरा बर्ताव

कटुक–(वि.) कड़वा, कटु

कटुतम–(वि.) बहुत कड़वा

कटोरा–(पु.) चौड़े पेंदे का बड़ा पात्र

कटोरी–(स्त्री.) 1 छोटा कटोरा 2 कटोरी की शक्ल की कोई वस्तु

कटौती–(स्त्री.) 1 काटना (जैसे–रक़म कटौती की गई) 2 काटा हुआ धन आदि

कट्टर–(वि.) 1 अनुदार, अनुदार विचारों वाला 3 अपने मत का कठोरता से पालन करनेवाला, हठधर्मी

कट्टरता–(स्त्री.) हठधर्मिता

कट्टरपंथी–(वि.) हठधर्मी, अंधविश्वासी

कट्टा–I (वि.) 1 मोटा-ताज़ा, हट्टा-कट्टा 2 बलवान II (पु.) जबड़ा

कट्ठा–(पु.) 1 ज़मीन की एक नाप 2 पाँच सेर अनाजवाला काठ का बर्तन 3 तौल में पाँच सेर का मान

कठ–(पु./वि.) 1 काठ, लकड़ी 2 काठ से संबंध रखनेवाला, काठ की तरह आदि

कठकीली–(स्त्री.) 1 काठ की बनी कील,

क

खूँटी 2 पच्चर **कठघरा** (पु.) कटघरा **कठफोड़ा** (पु.) ख़ाकी रंग की एक चिड़िया

कठमुल्ला–(पु.) अनपढ़ और नक़ली गुरु, कट्टरपंथी **कठमुल्लापन** (पु.) कट्टरता, दुराग्रह

कठिन–(वि.) 1 मुश्किल, जटिल (जैसे–कठिन काम) 2 टेढ़ा **कठिनता, कठिनाई** (स्त्री.) 1 कड़ाई 2 अड़चन, बाधा

कठिया–(वि.) कड़े छिलकेवाला

कठोर–(वि.) 1 कड़ा 2 निष्ठुर, बेरहम **कठोरता** (स्त्री.), **कठोरपन** (पु.) 1 कड़ापन 2 निर्दयता

कठौता–(पु.) काठ का बना चौड़े मुँह का बर्तन (स्त्री.) कठौती

कड़क–(स्त्री.) 1 कड़ी और भयंकर आवाज़ 2 रुक-रुककर होनेवाली पीड़ा, कसक 3 तड़ित की चमक के बाद होनेवाली ध्वनि (जैसे–बिजली कड़कना)

कड़-कड़–(पु.) वस्तुओं के टूटने से उत्पन्न होनेवाली ध्वनि

कड़कड़ाना–I (अ. क्रि.) कड़-कड़ की ध्वनि करना II (स. क्रि.) अत्यधिक गर्म करना

कड़कड़ाहट–(स्त्री.) कड़-कड़ होने की क्रिया

कड़कना–(अ. क्रि.) 1 वस्तु का चटकना 2 गरजना 3 क्रोध में ज़ोर से बोलना

कड़की–(स्त्री.) ग़रीबी, फ़ाकेमस्ती

कड़छा–(पु.) कलछा

कड़वा–(वि.) 1 कसैला 2 कटु 3 अप्रिय (जैसे–मैं कड़वा वचन नहीं बोलना चाहता) 4 चिड़चिड़ा (जैसे–वह कड़वे स्वभाव का व्यक्ति है) **कड़वा कसैला** (वि.) 1 कटु 2 अप्रिय **कड़वे कसैले दिन** बुरे दिन **कड़वापन** (पु.), **कड़वाहट** (स्त्री.) कटुता

कड़ा–I (वि.) 1 सख़्त, कठोर 2 जो नरम एवं लचीला न हो (जैसे–यह तार बहुत कड़ा है) 3 दृढ़चित्त 4 जो पका न हो 5 जो अप्रिय एवं असह्य हो (जैसे–कड़ा जाड़ा, कड़ी गर्मी आदि)

कड़ाई–(स्त्री.) 1 कड़ापन 2 कटु व्यवहार

कड़ाका–(पु.) ज़ोर का, सख़्त (जैसे–कड़ाके की ठंड पड़ रही है)

कड़ाबीन–(वि.) छोटी बंदूक

कड़ाह, कड़ाहा–(पु.) लोहे का वृत्ताकार बड़ा एवं छिछला बर्तन

कड़ाही–(स्त्री.) छोटा कड़ाहा **कड़ाही में हाथ डालना** 1 अग्निपरीक्षा देना 2 जानबूझकर झंझट में पड़ना

कड़ी–(स्त्री.) 1 लड़ी (जैसे–ज़ंजीर की सबसे कमज़ोर कड़ी) 2 ज़ंजीर (जैसे–इस कड़ी में दस गुरियाँ हैं) 3 घटना आदि का क्रम (जैसे–मेरे जीवन की घटनाओं में यह भी कड़ी है) 4 गीत एवं कविता आदि की पंक्ति (जैसे–काव्य की चौथी कड़ी पढ़ो)

कड़ुआ–(वि.) कड़वा

कड़ुवाहट–(स्त्री.) कड़वापन

कढ़ाई–I (स्त्री.) कड़ाही II (स्त्री.) 1 बेलबूटे बनाने का काम 2 बेल-बूटे करने की मज़दूरी (जैसे–मेज़पोश की कढ़ाई दस रुपए हुई)

कढ़ी–(स्त्री.) बेसन, दही और मसाले के मिश्रण से बना खाद्य **कढ़ी का-सा उबाल** क्षणिक उत्साह

कण–(पु.) 1 टुकड़ा (जैसे–कोयले का कण) 2 दाना (जैसे–चावल का कण)

कणिका–(स्त्री.) छोटा कण, कनी, ज़ीरा

क़तई–I (वि.) निश्चित II (अ.) एकदम, बिलकुल, हरगिज़, तत्काल

कतनी–(स्त्री.) तकली, सूत कातने का यंत्र

कतरन–(स्त्री.) कतरने से बने टुकड़े

कतरना–(स. क्रि.) काटना

कतरनी–(स्त्री.) कतरने का साधन, कैंची

कतरब्योंत–(स्त्री.) 1 काट-छाँट 2 हेर-फेर 3 सोच-विचार

कतरवाना–(स. क्रि.) कतरने का काम कराना

क़तरा–(पु.) 1 बूँद (जैसे–पानी का क़तरा) 2 खंड 3 अंश

कतराना–I (अ. क्रि.) नज़र बचाकर निकल जाना II (स. क्रि.) कतरवाना, कटवाना

कतला–(पु.) कटा हुआ चौकोर टुकड़ा, फाँक

क

कतली–(स्त्री.) जमाई हुई बरफ़ी

कताई–(स्त्री.) 1 कातने का काम 2 कातने की मज़दूरी **कताई-बुनाई** (स्त्री.) कातने और बुनने का काम

क़तार–(स्त्री.) पंक्ति (जैसे–एक क़तार में सजाया गया), क्रम, सिलसिला

कतिपय–(वि.) कुछ, थोड़े से, कई-एक, चंद

कत्थई–(वि.) कत्थे के रंग का

कत्थक–(पु.) एक तरह का नाच

कत्था–(पु.) खैर की लकड़ी का सत् (लाल रंग का)

क़त्ल–(पु.) क़तल, वध, हत्या

क़त्ले आम–(पु.) सार्वजनिक हत्या, अंधाधुंध वध

कथंचित्–(क्रि. वि.) शायद, संभवतः

कथक्कड़–(पु.) अधिक कथाएँ कहनेवाला

कथन–(पु.) 1 कहना 2 वचन 3 वर्णन

कथानुसार–(वि.) कथा के अनुसार

कथनी–(स्त्री.) कही हुई बात, कथन

कथनीय–(वि.) कहने योग्य

कथरी–(स्त्री.) फटे-पुराने कपड़ों को जोड़कर बनाया गया बिछौना

कथांतर–(पु.) 1 दूसरी कथा 2 गौण कथा

कथांश–(पु.) कथा का कोई अंश

कथा–(स्त्री.) 1 पौराणिक आख्यान 2 कल्पित कहानी **कथाकार** (पु.) 1 कहानी कहनेवाला 2 कथा सुनानेवाला **कथातत्त्व** (पु.) सारांश **कथाप्रसंग, कथायोग** (पु.) कथावार्ता **कथावस्तु** (स्त्री.) 1 कथा का सार रूप 2 कथ्य विषय **कथासूत्र** (पु.) कथातत्त्व, कथावस्तु

कथावार्ता–(स्त्री.) 1 अनेक प्रकार के प्रसंग, बातचीत 2 पौराणिक या धार्मिक चर्चा

कथात्मक–(वि.) कहानी से सम्बन्धित

कथानक–(पु.) 1 छोटी कथा 2 रचना का आदि से अंत तक का सामूहिक रूप

कथित–(वि.) कहा हुआ

कथोपकथन–(पु.) बातचीत, संवाद

कदंब–(पु.) 1 कदम नामक वृक्ष और फल 2 ढेर, राशि 3 सरसों का पौधा

क़द–(पु.) ऊँचाई, लम्बाई

क़दम–(पु.) 1 पैर (जैसे–पहला क़दम बढ़ाना) 2 पग, डग (जैसे–चार क़दम चलने पर) 3 पदचिह्न 4 कोशिश **क़दमबोसी** (स्त्री.) सम्मान-प्रदर्शन, चरण स्पर्श करना

क़दर–(अ.) इज्जत

कदर्थ–(वि.) 1 अनुचित अर्थवाला 2 व्यर्थ

कदर्य–(वि.) 1 कंजूस, कृपण 2 कायर, डरपोक 3 बुरा, हीन

कदल (पु.), **कदली**–(स्त्री.) केला

कदाचार–(पु.) बुरा व्यवहार, कुत्सित आचरण

कदाचित्–(अ.) 1 कभी, शायद 2 अगर, यदि

कदापि–(अ.) कभी, हर्गिज़

क़द्दावर–(वि.) बड़े डील-डौलवाला

कद्दू–(पु.) एक सब्ज़ी, सीताफल **कद्दूकश** (पु.) कद्दू रेतने का उपकरण

कन–(पु.) 1 कण 2 प्रसाद 3 भीख 4 कान **कनकटा** (वि.) जिसका कान कटा हो **कनकटी** (स्त्री.) कान की एक बीमारी **कनकूत, कनखजूरा** (पु.) गोज़र की जाति का एक कीड़ा **कनपटी** (स्त्री.) कान और आँख के बीच का स्थान

कनक–(पु.) 1 सोना, स्वर्ण 2 धतूरा 3 गेहूँ

कनकी–(स्त्री.) 1 चावल के दाने 2 किसी वस्तु का अतिसूक्ष्म कण

कनकौए-बाज़ी–(स्त्री.) पतंगबाज़ी

कनकौवा–(पु.) बड़ी पतंग, गुड्डी

कनखियाना–(स. क्रि.) 1 कनखी से देखना 2 इशारा करना 3 वक्र दृष्टि

कनखी–(स्त्री.) 1 तिरछी नज़र से देखना 2 आँख की कोर, चितवन

कनिष्ठ–(वि.) 1 उम्र में सबसे छोटा 2 पद में छोटा

कनिष्ठा, कनिष्ठिका–(स्त्री.) 1 सबसे छोटी उँगली, कानी उँगली 2 ऐसी नायिका जो पति की कम प्यारी हो 3 छोटे भाई की पत्नी 4 छिगुनी

कनी–(स्त्री.) 1 हीरे का छोटा टुकड़ा 2 चावल

का छोटा टुकड़ा 3 कण 4 बालिका, कन्या

कनेर–(पु.) एक पौधा जिसमें सफ़ेद, पीले और लाल फूल लगते हैं

कनेरिया–(वि.) कनेर के फूल के रंग का

कनौती–(स्त्री.) 1 पशु के कान की नोक 2 कान खड़ा करने का ढंग 3 बाली

कन्ना–(पु.) 1 पतंग उड़ाने के लिए बीच में बाँधा जानेवाला धागा, मंझा 2 किनारा, कोर (जैसे–पतंग का कन्ना) **कन्ने से कटना** पतंग का कन्ने से कट जाना

कन्नी–(स्त्री.) 1 पतंग का किनारा 2 किनारा 3 राजमिस्त्री की करनी 4 पेड़ का नया कल्ला **कन्नी काटना** कतराना, किनारे से निकल जाना

कन्या, कन्यका–(स्त्री.) अविवाहित बालिका, कन्या **कन्यादान** (पु.) विवाह में वर को कन्या देने की रीति **कन्याधन** (पु.) दहेज़

कन्यावस्था–(स्त्री.) बालिका अवस्था

कन्हाई, कन्हैया–(पु.) 1 कृष्ण 2 सुंदर बालक 3 प्रिय व्यक्ति 4 एक पहाड़ी वृक्ष

कप–(पु.) 1 वरुण 2 दैत्यों की जाति

कपट–(पु.) 1 धोखा, छल 2 बनावटी व्यवहार **कपट कांड** (पु.) छलकर्म, ठगी **कपटजाल** (पु.) जालसाज़ी **कपटलीला** (स्त्री.) कपट व्यवहार

कपटाचरण–(पु.) ठगबाज़ी

कपटी–(वि.) धोखा देनेवाला, छली

कपड़ा–(पु.) 1 पहनावा 2 ऊन, कपास, रेशम आदि से निर्मित वस्तु (जैसे–कपड़ा मिल, कपड़े का व्यवसाय, रेशमी कपड़ा, सूती कपड़ा आदि)

कपर्द, कपर्दक–(पु.) कौड़ी (स्त्री.) कपर्दिका

कपाट–(पु.) दरवाज़ा, किवाड़ **कपाटवक्ष** (वि.) चौड़ी छातीवाला

कपाल–(पु.) 1 खोपड़ी 2 मस्तक 3 खप्पर **कपालक्रिया** (स्त्री.) शवदाह में मुर्दे की खोपड़ी को बाँस से फोड़ने की क्रिया

कपालिनी–(स्त्री.) दुर्गा, चंडी

कपाली–(पु.) शिव

कपास–(स्त्री.) एक प्रसिद्ध पौधा जिसके फल से रुई निकलती है

कपि–(पु.) बंदर, मर्कट

कपिल–I (वि.) 1 भूरा, बादामी 2 भोला-भाला II (पु.) एक मुनि जिसने राजा सगर के पुत्रों को शाप देकर भस्म कर दिया था

कपूत–(पु.) 1 नालायक़ बेटा 2 कुल का नाम डुबानेवाला लड़का, कुपुत्र

कपूर–(पु.) सफ़ेद रंग का ज्वलनशील एक सुगंधित पदार्थ जो वायु में वाष्प बनकर उड़ जाता है **कपूर खाना** विष खाना

कपोत–(पु.) 1 कबूतर 2 पंडुक

कपोती–I (वि.) कपोत के रंग का II (स्त्री.) कबूतरी

कपोल–(पु.) गाल **कपोल-कल्पना** (स्त्री.) मनगढ़ंत बात **कपोलकल्पित** (वि.) मन से गढ़ी हुई, काल्पनिक

कफ़–(पु.) 1 बलग़म 2 झाग 3 फेन

कफ़न–(पु.) शव पर का आवरण, शव-वस्त्र **कफ़न-चोर** (पु.) अति तुच्छ एवं दुष्ट चोर **कफ़न सिर से बाँधना, कफ़न सिर से लपेटना** 1 मरने को तैयार रहना 2 जान पर खेलना 3 दुःसाहसी कार्य के लिए प्रस्तुत होना

कबंध–(पु.) 1 सिर कटा धड़, रुंड 2 पेट 3 राहु 4 राम द्वारा मारा गया एक राक्षस

कब–(क्रि. वि.) 1 किस समय 2 कभी नहीं (जैसे–वह मेरी सुनता ही कब है) **कब का** 1 कितनी देर से 2 बहुत देर से

कबड्डी–(स्त्री.) एक भारतीय खेल

कबरा–(वि.) अन्य रंगों के धब्बोंवाला, चितकबरा

क़बाइली–(पु.) क़बीलों में रहनेवाले लोग

कबाड़, कबाड़ा–(पु.) टूटा-फूटा सामान, रद्दी वस्तुएँ **कबाड़खाना** (पु.) रद्दी वस्तुओं के रख-रखाव का स्थान

कबाड़िया, कबाड़ी–(पु.) निकृष्ट, फ़ालतू वस्तुओं का व्यापारी **कबाड़िया बाज़ार**

क

(पु.) वह बाज़ार जहाँ रद्दी वस्तुएँ मिलती हैं

कबाब–I (पु.) पकाया हुआ मांस II (वि.) जला-भुना **कबाब करना** अत्यंत दुःख देना, संतप्त करना **कबाब होना** क्रोध से जलना-भुनना, अति क्रुद्ध होना

कबीर–(वि.) 1 महान्, श्रेष्ठ 2 वयोवृद्ध 3 सम्मानित 4 एक संत कवि 5 होली का एक लोकगीत **कबीरपंथ** (पु.) कबीर का चलाया गया संप्रदाय **कबीरपंथी** (पु.) कबीर संप्रदाय का अनुयायी

क़बीला–(पु.) 1 झुंड, समूह 2 परिवार 3 असभ्य या जंगली जाति

कबूतर–(पु.) एक पालतू एवम् जंगली पक्षी **कबूतरख़ाना** (पु.) कबूतर रखने का दरबा **कबूतरबाज़** (पु.) कबूतर पालनेवाला **कबूतरबाज़ी** (स्त्री.) कबूतर पालने का शौक **कबूतरी** (स्त्री.) 1 मादा कबूतर 2 नर्तकी 3 सुंदर नारी

क़बूल–(पु.) मानना, स्वीकार करना

क़बूलना–(स. क्रि.) स्वीकार करना, मानना (जैसे–अपराधी को अपना जुर्म क़बूलना पड़ेगा)

क़ब्ज़–(पु.) 1 पेट साफ़ न होने से होने वाला विकार 2 अधिकार 3 पकड़ 4 अवरोध

कभी–(अ.) किसी समय **कभी-कभार** (क्रि. वि.) कभी-कभी **कभी-कभी** जब-तब, यदा-कदा **कभी न कभी** किसी न किसी समय, एक न एक दिन

कमंडल, कमंडलु–(पु.) दरियाई नारियल का बना भिक्षा-पात्र **कमंडलधारी** (पु.) साधु जिसने कमंडल लिया हो

कमंद–(स्त्री.) 1 फंदा 2 फंदेदार रस्सी जिसके सहारे चोर मकानों पर चढ़ते हैं 3 रस्सी की सीढ़ी

कम–(वि.) थोड़ा, अल्प (जैसे–कम रुपया, कम ताक़त, कम सुंदर आदि) **कमअक़्ल** (वि.) मूर्ख **कमउम्र** (वि.) अल्पवयस्क **कमज़ोर** (वि.) दुर्बल **कमतरीन** (वि.) 1 छोटे से छोटा 2 कम-से-कम **कमनज़र** (वि.) कम दूरी तक देखनेवाला, अदूरदर्शी **कमनसीब** (वि.) अभागा, दुर्भाग्यशाली **कमबख़्त** (वि.) कमनसीब **कमबख़्ती** कमनसीबी **कमसिन** (वि.) छोटी उम्र का

कमची–(स्त्री.) 1 बाँस आदि की पतली छड़ी 2 तीली 3 लचकदार छड़ी **कमची तानना** डराना-धमकाना

कमती–I (वि.) कम, अल्प II (स्त्री.) कमी

कमनीय–(वि.) 1 कामना करने योग्य 2 सुंदर **कमनीयता** (स्त्री.) सुंदरता

कमर–(स्त्री.) शरीर का मध्य भाग जो पेट एवं नितंब के बीच होता है **कमरबंद** I (पु.) 1 कमर में बाँधा जानेवाला दुपट्टा 2 पेटी 3 इज़ारबंद II (वि.) कटिबद्ध, मुस्तैद **कमर कसना** 1 तैयार होना 2 पक्का इरादा करना

कमरबंदी–(स्त्री.) मुस्तैदी

कमरा–(पु.) कोठरी

कमरी–(स्त्री.) 1 छोटा कंबल 2 कमर में बाँधी जानेवाली रस्सी 3 छोटी कुरती

कमल–(पु.) 1 जलाशय में उत्पन्न होनेवाला एक पौधा जिसमें सुंदर फूल लगते हैं 2 आँख का कोया 3 पीलिया रोग **कमलकंद** (पु.) कमल की जड़ **कमलगट्टा** (पु.) कमल के बीज के अंदर की मीठी गरी **कमलनाभ** (पु.) विष्णु **कमलनाल** (स्त्री.) कमल की डंडी

कमलनयन–(वि.) कमल-पंखुड़ी-सी आँखोंवाला

कमला–(स्त्री.) 1 लक्ष्मी 2 धन, संपत्ति

कमलापति–(पु.) विष्णु

कमलाक्ष–(वि.) कमल-सी आँखोंवाला

कमलासन–(पु.) 1 ब्रह्मा 2 पद्मासन

कमलिनी–(स्त्री.) 1 छोटा कमल 2 कमलयुक्त जलाशय

कमाई–(स्त्री.) 1 पैदा किया गया धन (जैसे–अपनी कमाई खाना) 2 मज़दूरी 3 काम, परिश्रम

कमाना–(स. क्रि.) 1 पैदा करना, उपार्जन करना (जैसे–धन कमाना) 2 संचय करना

कमानी–(स्त्री.) 1 लचीली एवं झुकाई गई

क

लोहे की कीली, स्प्रिंग 2 कमान की शक्ल के आकार की वस्तु **कमानीदार** (वि.) कमानीवाला

कमाल–I (पु.) 1 चमत्कारिक कार्य 2 निपुणता 3 पराकाष्ठा 4 पूर्णता II (वि.) 1 सर्वोत्तम 2 अतिअद्‌भुत 3 पूर्ण

कमी–(स्त्री.) 1 कम होना, अल्पता 2 न्यूनता 3 घाटा (जैसे–व्यापार में कमी आई) **कमी-बेशी** (स्त्री.) कम-ज़्यादा होना

कमीज़–(स्त्री.) कफ़ एवं कालरदार कुरता

करंज–(पु.) 1 औषध के काम में आनेवाली फलयुक्त एक झाड़ी, कंजा 2 आतिशबाज़ी

कर–(पु.) 1 हाथ 2 किरण, टैक्स (वि.) हाथ में लिया हुआ, हस्तगत **करग्रह, करग्रहण** (पु.) 1 पाणिग्रहण 2 कर लगाना 3 कर वसूलना **करतल** (पु.) हथेली **करतल ध्वनि** (स्त्री.) ताली **करदाता करदायी** (पु.) (वि.) कर देनेवाला, टैक्स देनेवाला **करनाल** हाथ से चलाई जानेवाली तोप **कर-निर्धारण** (पु.) कर लगाना **करबद्ध** (वि.) हाथ जोड़े **कर-भार** (पु.) टैक्स का बोझ **करमुक्त** (वि.) जिस पर टैक्स न हो

करकट–(पु.) खर-पतवार, कूड़ा-करकट

करकरा–(वि.) 1 खुरखुरा, खुरदरा 2 रवेदार

करकराहट–(स्त्री.) 1 खुरदुरापन 2 करारापन

करघा–(पु.) कपड़े बुनने का यंत्र

करछुल–(पु.) बड़ी कलछी

करण–(पु.) 1 करना 2 काम 3 साधन 4 औज़ार 5 स्थान 6 दस्तावेज़, लिखित प्रमाण 7 कारण **करणकारक** (पु.) तीसरा कारक जिससे साधन का बोध होता है (जैसे–चाक़ू से) **करणवाची** (वि.) साधन का बोध करानेवाला

करणीय–(वि.) करने योग्य

करतब–(पु.) 1 कौशल 2 बाज़ीगरी

करतबी–(वि.) 1 गुणी 2 करतब दिखानेवाला

करतर–(वि.) जो हाथ में हो

करतार–(पु.) सृजन करनेवाला, ईश्वर

करतूत–(स्त्री.) 1 बुरा कर्म 2 करनी 3 कला

करधनी–(स्त्री.) 1 कमर में पहना जानेवाला (स्त्रियों का) आभूषण, पेटी (जैसे–सोने की करधनी) 2 सूत की बनी हुई मेखला

करफूल–(पु.) कान में पहना जानेवाला एक गहना

करना–(स. क्रि.) 1 कार्य में लगना (जैसे-मुझे कार्य करना है) 2 कार्य संपन्न करना 3 पालन करना, निबाहना 4 पेशा करना 5 ग्रहण करना 6 त्यागना (जैसे–पेशाब करना)

करनी–I (स्त्री.) 1 कर्म, कार्य 2 अंत्येष्टि क्रिया II (स्त्री.) राजगीरों का एक उपकरण, कन्नी

करम–(पु.) 1 कर्म 2 भाग्य **करमरेख** (स्त्री.) भाग्य में लिखी हुई बात **करम फूटना** भाग्य का बिगड़ना, भाग्य को दोषी ठहराना

करमकल्ला–(पु.) बंदगोभी, पत्तागोभी

कररंचन–(पु.) कर न देने के लिए तथ्य को छिपाना

करवट–(स्त्री.) 1 दायें या बायें बाज़ू लेटना 2 पहलू 3 बाज़ू **करवट न लेना** प्रयत्न करते रहना **करवट बदलना** 1 लेटने में पहलू बदलना 2 पलटना 3 सो न सकना, आराम न मिलना

कराघात–(पु.) 1 हाथ का प्रहार 2 आघात

कराड़–(पु.) क्रय-विक्रय करनेवाला

कराधान–(पु.) कर या टैक्स लगाना (टैक्सेशन)

कराना–(स. क्रि.) काम में लगाना

करामात (स्त्री.) 1 आश्चर्यभरा कार्य 2 चमत्कार 3 अनोखी बात

करारा–I (वि.) 1 कुरकुरा 2 तेज़ 3 कड़ा (जैसे–करारा जवाब) 4 दृढ़ 5 गहरा (जैसे–करारा दाँव) II (पु.) 1 कगार 2 टीला

करारोपण–(पु.) कर लगाना

कराल–(वि.) 1 डरावना, भयानक 2 बड़े-बड़े दाँतोंवाला

क

कराला, कराली–(स्त्री.) 1 दुर्गा 2 भीषण रूपवाली स्त्री
कराह–(स्त्री.) दर्द की आवाज़, आह
कराहना–(अ. क्रि.) आहें भरना
करिश्मा–(पु.) चमत्कार, अनोखी बात
क़रीब–I (क्रि. वि.) पास, निकट (जैसे–क़रीब आना) II (वि.) निकटस्थ, सामीप्य
करील–(पु.) एक काँटेदार झाड़ी
करुण–(वि.) 1 दयनीय 2 करुणा युक्त
करुणा–(स्त्री.) दया, रहम
करुणाकर–(वि.) दया करनेवाला
करुणाजनक–(वि.) दया उत्पन्न करनेवाला **करुणानिधान, करुणानिधि, करुणामय, करुणाविगलित** (वि.) 1 दूसरों पर दया करनेवाला 2 करुणा से भरा हुआ, करुणायुक्त
करेला–(पु.) एक कड़वा फल, सब्ज़ी
करोड़–(वि./पु.) 100 लाख की संख्या **करोड़पति** (पु.) जिसके पास करोड़ों की संपत्ति हो
करौंदा–(पु.) एक काँटेदार लाल रंग का खट्टे फलवाला पौधा
कर्क, कर्कट–(पु.) 1 कर्क राशि 2 कर्क रेखा 3 कमल की जड़ 4 केकड़ा
कर्कटी–(स्त्री.) 1 मादा केकड़ा 2 ककड़ी का फल 3 सेमल का फल
कर्कश–I (वि.) 1 कठोर 2 निर्दय 3 अप्रिय (जैसे–कर्कश वाणी) II (पु.) 1 कमीला नामक पेड़
कर्कशता–(स्त्री.) 1 कठोरता 2 निर्दयता
कर्कशा–(स्त्री.) झगड़ालू स्त्री, कठोर वाणी वाली स्त्री
क़र्ज़–(पु.) ऋण, उधार
कर्ण–(पु.) 1 कान 2 समकोण के सामने की भुजा 3 पतवार
कर्णकटु–(वि.) कानों को अप्रिय लगनेवाला
कर्णकुहर–(पु.) कान का छेद
कर्णगत–(वि.) करन द्वारा सुना जाने वाला
कर्णगुहा–(स्त्री.) कान का भीतरी छेद
कर्णगोचर–(वि.) जो सुना जा सके
कर्णप्रिय–(वि.) कान को अच्छा लगनेवाला
कर्णफूल–(पु.) कान का एक आभूषण
कर्णेंद्रिय–(स्त्री.) कान की इन्द्रिय
कर्तक–(वि.) काटने या कतरनेवाला
कर्तन–(पु.) 1 काटना 2 कतरना 3 कातना
कर्तनी–(स्त्री.) कैंची, कतरनी
कर्तव्य, कर्त्तव्य–I कर्म (जैसे–कर्तव्य-पालन, सेवा-धर्म मनुष्य का पुनीत कर्तव्य है) **कर्तव्यच्युत** (वि.) कर्तव्य न करनेवाला **कर्तव्य ज्ञान** (पु.), **कर्तव्यता** (स्त्री.) कर्तव्य का भाव **कर्तव्यनिष्ठ** (वि.) कर्तव्य करने में पक्का **कर्तव्यनिष्ठा**(स्त्री.) कर्तव्यपरायणता **कर्तव्यपरायण** (वि.) कर्तव्य के प्रति निष्ठावान् **कर्तव्यपालन** (पु.), फ़र्ज़ पूरा करना II (वि.) करने योग्य, करणीय, **कर्तव्यविमुख** (वि.) कर्तव्य-पालन न करनेवाला
कर्ता, कर्त्ता–(वि.) करनेवाला, रचनेवाला
कर्ता कारक–(पु.) क्रिया करनेवाला रूप
कर्ता-धर्ता (पु.) सब कुछ करने-धरनेवाला
कर्तृ–(पु./वि.) करनेवाला
कर्तृकारक–(पु.), **कर्तृप्रधान** (वि.) जिसमें कर्ता की प्रधानता हो
कर्तृवाचक–(वि.) कर्ता का बोध करानेवाला (शब्द)
कर्तृवाच्य–(पु.) क्रिया जो कर्ता से संबंधित हो
कर्तृवाच्य क्रिया–(स्त्री.) कर्ता से संबंधित क्रिया
कर्तृत्व–(पु.) 1 कर्ता होने की अवस्था 2 कर्ता का धर्म 3 क्रिया, कार्य
कर्दम–(पु.) 1 कीचड़ 2 माँस 3 पाप
कर्पूर–(पु.) कपूर
कर्पूरवर्तिका–(स्त्री.) कपूर की बत्ती
कर्म–(पु.) 1 काम, क्रिया (जैसे–दैनिक कर्म) 2 आचरण 3 कर्म कारक
कर्मकांड–(पु.) 1 पूजा, यज्ञ आदि से संबंधित धार्मिक कर्म 2 ऐसा शास्त्र जिसमें धार्मिक कर्मों के सम्पादन की विधियाँ लिखी हों

कर्मकांडी–(पु.) 1 पूजा, यज्ञ आदि करानेवाला, पुरोहित 2 कर्मकांड का पंडित **कर्मकार** (पु.) 1 मज़दूर 2 कारीगर **कर्मकारक** (पु.) कारक का एक भेद **कर्मक्षेत्र** (पु.) कर्मभूमि, कार्यक्षेत्र **कर्मचारी** (पु.) (वेतन पर) काम करनेवाला, नौकर (पु.) **कर्मचारी वर्ग, कर्मचारी संघ** (पु.) स्टाफ़ यूनियन **कर्मप्रधान** (वि.) जिसमें कर्म की प्रधानता हो **कर्मफल** (पु.) कर्मों का फल **कर्मभूमि** (स्त्री.) कर्मक्षेत्र, संसार **कर्मभोग** (पु.) कर्मफल **कर्मयोगी** (वि.) 1 कर्मयोग का अनुयायी 2 शुद्ध हृदय से कार्य करनेवाला **कर्मस्थली** (स्त्री.) कर्मक्षेत्र **कर्मस्थान** (पु.) 1 कर्मशाला 2 कर्मक्षेत्र **कर्महीन** (वि.) 1 जो अच्छा कार्य न कर सके 2 अभागा

कर्मठ–(वि.) 1 काम में कुशल 2 अच्छी तरह काम करनेवाला 3 कर्मनिष्ठ 4 परिश्रमी

कर्मणा–(अ.) कर्म से, कर्म द्वारा

कर्मनिष्ठा–(स्त्री.) काम के प्रति विश्वास

कर्मी–(वि.) 1 काम करनेवाला 2 फल की इच्छा से कार्य करनेवाला 3 उद्यमी

कर्मेन्द्रिय–(स्त्री.) काम करनेवाली इंद्रिय

कर्षण–(पु.) 1 खींचना 2 हल जोतना 3 खरोंचना 4 खेती का काम

कर्षित–(वि.) 1 जोता हुआ 2 घसीटा हुआ

कलंक–(पु.) 1 दाग़, धब्बा 2 लांछन, बदनामी 3 दोष 4 लोहे का मोरचा

कलंकित, कलंकी–(वि.) 1 कलंक से युक्त 2 जिस पर कलंक लगा हो, लांछित

कल–(वि.) 1 अस्पष्ट किंतु मधुर 2 कोमल 3 सुहावना **कल-कल** (पु.) नदी आदि के प्रवाह की मृदु ध्वनि **कलनाद, कलरव** I (पु.) हंस II (वि.) मंद एवं मधुर स्वरवाला

कल–I (स्त्री.) 1 नीरोग होने की अवस्था 2 आराम (जैसे–रोगी का ज्वर उतर जाने से उसे कल मिल गया) II (क्रि. वि.) 1 आनेवाला कल (जैसे–वह कल जाएगा) 2 बीता हुआ कल (जैसे–वह कल स्कूल गया था) III (स्त्री.) कल-पुरज़ा (पु.) मशीन और उसके पुर्ज़े

कलई–(स्त्री.) 1 चूने की पुताई, सफेदी 2 बर्तन पर चढ़ाया जाने वाला मुलम्मा **कलईगर** (पु.) कलई करनेवाला **कलई खुलना** पोल खुलना

कलगी–(स्त्री.) 1 टोपी 2 पक्षियों के सिर पर निकला हुआ बालों का गुच्छा, चोटी 3 सिर का एक आभूषण 4 इमारत का शिखर

कलछा–(पु.) बड़ी कलछी

कलछी–(स्त्री.) लंबे हैंडल का सपाट गोल चमचा

कलत्र–(स्त्री.) पत्नी

कलधौत–(पु.) सोना, चाँदी

कलयुग–I (पु.) चार युगों में से अंतिम (सत्, गेता, द्वापर, कलयुग), वर्तमान समय II (वि.) मशीनी युग

कलपना–I (अ. क्रि.) 1 विलाप करना 2 दुःख उठाना 3 आह भरना II (स.क्रि.) कल्पना करना

कलपाना–(स. क्रि.) 1 सताना 2 दुःखी करना

कलफ़–(पु.) 2 माँड़ी **कलफ़दार** (वि.) माँड़ी दिया हुआ, स्टार्च लगाया हुआ

क़लम–(स्त्री.) 1 लेखनी 2 काटना 3 काटकर लगाने की टहनी 4 कान तक के बाल 5 हीरे की कनी (पैन) **क़लम का धनी** लेखन में अत्यंत कुशल **क़लमकार** (पु.) 1 लेखक 2 चित्रकार, शिल्पी 3 एक तरह का कपड़ा **क़लमकारी** (स्त्री.) 1 क़लम से बनाए गए बेलबूटे 2 क़लग की कारीगरी **क़लमदान** (पु.) क़लम रखने का पात्र **क़लमबंद** (वि.) लिखा हुआ, लिखित

क़लमी–(वि.) 1 क़लम से लिखा हुआ 2 क़लम काटकर लगाया हुआ 3 आम की एक किस्म

कलरव–(वि.) कोमल, मधुर ध्वनि

कलवार–(पु.) शराब बनाने एवं बेचने का धंधा करनेवाला

क

कलश–(पु.) 1 घड़ा, गगरी 2 मंदिर के शिखर पर कलश की आकृति का कँगूरा

कलशी–(स्त्री.) गगरी, छोटा कलश

कलह–(पु.) 1 लड़ाई-झगड़ा 2 युद्ध

कलहिनी–(स्त्री.) झगड़ालू स्त्री

कला–(स्त्री.) 1 चित्र (जैसे–उसकी कला अच्छी है) 2 नाट्य (जैसे–अभिनय कला) 3 नृत्यकला 4 हुनर (जैसे–उत्तम कलाओंवाला व्यक्ति) 5 इंद्रजालिक कला 6 प्रकाश का भाग (जैसे–चंद्रकला) **कलाकार** (पु.) 1 कला जाननेवाला 2 अभिनेता, नट **कलाकृति** (स्त्री.) कलामयी रचना **कलाकेंद्र** (पु.) कला मंडली **कलाकौशल** (पु.) 1 कला में निपुणता 2 हुनर **कलानिधि** (पु.) 1 चंद्रमा 2 कलाओं का ज्ञाता **कलापक्ष** (पु.) (साहित्य में) भाषा, अलंकार आदि का विवेचन-पक्ष **कला प्रदर्शन** (पु.) कला दिखाना **कला प्रदर्शनी** (स्त्री.) कला की नुमाइश **कला मर्मज्ञ** (पु.) कला का अच्छा ज्ञाता

कलाई–(स्त्री.) हथेली और कोहनी के बीच का वह भाग जहाँ कड़े, चूड़ियाँ आदि पहनी जाती हैं, मणिबंध

कलाकंद–(पु.) खोये की बड़ी बरफ़ी

कलात्मक–(वि.) 1 कला से युक्त 2 अति सुंदर एवं कलापूर्ण ढंग से बनी हुई

कलाबत्तू–(पु.) 1 रेशम पर लपेटा गया सुनहला तार 2 सोने-चाँदी का तार 3 कलाबत्तू का बना पतला फ़ीता

कलाबाज़–(पु.) शारीरिक कला दिखानेवाला व्यक्ति, नट

कलाबाज़ी–(स्त्री.) 1 शारीरिक खेल 2 नट विद्या

कलाभिरुचि–(स्त्री.) कला के प्रति रुचि

कलार, कलाल–(पु.) कलवार

कलावंत–(पु.) 1 कला का विशेषज्ञ 2 कलात्मक ढंग से कार्य करनेवाला व्यक्ति

कलावती–I (स्त्री.) कला जाननेवाली स्त्री II (स्त्री.) रमणी, सुंदरी

कलावा–(पु.) 1 सूत का लपेटा हुआ लच्छा 2 हाथी के गले में पड़ी रहनेवाली रस्सी

कलि–(पु.) 1 कलयुग 2 कलह, झगड़ा **कलियुग** (पु.) वर्तमान समय **कलियुगी** (वि.) कलियुग का

कलिका–(स्त्री.) कली

कली–(स्त्री.) 1 फूल का प्रारंभिक एवं अविकसित रूप (जैसे–कली खिल रही है) 2 अप्राप्तयौवना

कली–(स्त्री.) पत्थर आदि का फूँका हुआ टुकड़ा, चूना पत्थर

कलुष–(पु.) 1 मैल 2 अपवित्रता 3 पाप 4 विकार

कलुषित–(पु.) 1 कलुषयुक्त 2 अपवित्र 3 निंदित 4 क्षुब्ध 5 दुःखी

कलूटा–(वि.) काले रंग का, काला

कलेऊ–(पु.) = कलेवा

कलेजा–(पु.) 1 प्राणियों के भीतर सीने के बायीं तरफ़ एक अवयव जो रक्त-शुद्धता का कार्य करता है, यकृत 2 छाती 3 दिल 4 साहस, हिम्मत 5 अत्यधिक प्रिय व्यक्ति एवं वस्तु (जैसे–कलेजे का टुकड़ा) **कलेजा कटना** 1 दिल को चोट पहुँचना 2 खूनी दस्त आना **कलेजा काँपना** दिल दहलना, डर से काँपना **कलेजा ठंडा होना** किसी की हानि करके मन को शांति मिलना **कलेजा थाम कर रह जाना** सब कुछ सहते जाना **कलेजा धक-धक करना** 1 चित्त का विकल हो जाना 2 दिल दहलना **कलेजा धक से हो जाना** 1 आश्चर्य में पड़ना 2 एकाएक डर जाना **कलेजा निकाल कर धर देना** 1 सर्वप्रिय वस्तु को अर्पण करना 2 जान दे देना 3 पूरी शक्ति से प्रयास करना **कलेजा पत्थर का करना** असह्य दुःख सहने के लिए दिल कठोर बना लेना **कलेजा फट जाना** मार्मिक दुःख होना **कलेजा मुँह को आना** बेचैन हो जाना **कलेजे का टुकड़ा** अत्यधिक प्यारा **कलेजे पर छुरी चलाना** दिल पर गहरी चोट पहुँचाना **कलेजे पर साँप**

लोटना 1 व्यथा से अत्यधिक व्याकुल हो जाना 2 ईर्ष्या से जलना **कलेजे पर हाथ रखना** यथार्थता के लिए अंतरात्मा से पूछना

कलेजी–(स्त्री.) कलेजे का माँस

कलेवर–(पु.) 1 शरीर, देह 2 ऊपरी ढाँचा **कलेवर बदलना** 1 नया शरीर धारण करना 2 नया रूप धारण करना

कलेवा–(पु.) 1 सुबह का जलपान 2 ब्याह की एक रस्म

कलोल–I (पु.) 1 उछल-कूद 2 क्रीड़ा 3 केलि II (स्त्री.) लहर

कलौंजी–(स्त्री.) मसाला भर कर बनाई गई भिंडी आदि

कलौंस–(स्त्री.) 1 हल्का कालापन 2 कलंक

कल्कि–(पु.) विष्णु का होनेवाला दसवाँ और अन्तिम अवतार

कल्प–(पु.) समय (जैसे–हिन्दू धर्म के अनुसार एक कल्प में चार युग होते हैं, सत्, त्रेता, द्वापर तथा कलयुग)

कल्पांत–(पु.) कल्प का अंत, चार युगों के बाद आने वाली प्रलय

कायाकल्प–(पु.) पूरी तरह बदल देना

कल्पद्रुम, कल्पवृक्ष–(पु.) इच्छा पूरी करने वाला वृक्ष

कल्पना–(स्त्री.) 1 नयी बात सोचना 2 मन की उपज 3 मान लेना 4 एक वस्तु में दूसरी वस्तु का आरोप 5 सजाना

कल्पना-लोक–(पु.) ख़्याली दुनिया

कल्पनातीत–(वि.) जो सोचा न जा सके

कल्पांत–(पु.) सृष्टि का अंत, प्रलय

कल्पित–(वि.) 1 कल्पना किया हुआ 2 मनगढ़ंत 3 बनावटी 4 सँवारा हुआ

कल्मष–(पु.) 1 पाप 2 मैल 3 दोष 4 मवाद

कल्याण–I (पु.) 1 मंगल, शुभ 2 सुख 3 सौभाग्य 4 भलाई 5 शुभकर्म II (वि.) 1 मंगलकारी 2 सौभाग्यशाली 3 अच्छा, भला

कल्याणी–I (वि.) 1 कल्याण करनेवाली 2 भाग्यशालिनी 3 रूपवती II (स्त्री.) 1 कामधेनु 2 देवी दुर्गा का नाम

कल्ला–(पु.) अंकुर (जैसे–कल्ला फूटना)

कल्लू–(वि.) 1 काला-कलूटा 2 कालिमायुक्त

कल्लोल–(पु.) 1 क्रीड़ा 2 मन की लहर, मौज 3 लहर, जल-तरंग

कल्लोलिनी–I (स्त्री.) नदी II (वि.) तरंगों वाली

कवच–(पु.) 1 बख़्तर, वर्म (जैसे–युद्ध में रक्षा हेतु योद्धा कवच पहनते थे) 2 छाल 3 तावीज़ 4 नगाड़ा 5 छिलका

कवचभेदी–(वि.) कवच को भेदनेवाला

कवयित्री–(स्त्री.) कविता रचनेवाली स्त्री, महिला कवि

कवर्ग–(पु.) क से ङ तक के पंच वर्ण समूह (क, ख, ग, घ, ङ)

कवलित–(वि.) 1 खाया हुआ 2 निगला हुआ

कवि–(पु.) 1 काव्य की रचना करनेवाला 2 शायर

कवि गोष्ठी–(स्त्री.) कवियों की सभा

कवि प्रसिद्धि–(स्त्री.) 1 कवि की कीर्ति, यश 2 कवियों की चली आ रही ऐसी परंपराएँ एवं उक्तियाँ जो उचित न होने पर भी सही मान ली गई हैं

कविता–(स्त्री.) रसात्मक काव्य, शायरी

कविता पाठ–(पु.) कविता पढ़कर सुनाना

कवित्त–(पु.) 1 कविता 2 घनाक्षरी छंद का एक नाम

कवित्व–(पु.) 1 काव्य का गुण, रस 2 काव्य-रचना की शक्ति

कवींद्र, कवीश्वर–(पु.) सर्वश्रेष्ठ कवि

क़व्वाल–(पु.) क़व्वाली गानेवाले

क़व्वाली–(स्त्री.) भजन का सूफ़ी प्रकार

कश–I (पु.) खींचना, फूँक II (वि.) 1 खींचनेवाला 2 उठानेवाला

कशमकश–(स्त्री.) 1 खींचातानी 2 आंतरिक संघर्ष 3 धक्कम-धक्का 4 सोच-विचार

कशेरु (पु.), **कशेरुका**–(स्त्री.) रीढ़, मेरुदंड

कश्यप–(पु.) 1 एक प्रजापति का नाम 2 सप्तर्षि मंडल के एक तारे का नाम 3 कछुआ 4 हरिण की एक जाति

क

कषाय–I (वि.) 1 कसैला 2 गेरू के रंग में रँगा हुआ (जैसे–कषाय वस्त्र) II (पु.) 1 कसैला स्वाद या रस 2 मनोविकार 3 काढ़ा
कष्ट–I (पु.) 1 पीड़ा, व्यथा (जैसे–कष्ट झेलना, आँख का कष्ट) 2 मुसीबत, विपत्ति 3 दुष्टता 4 श्रम II (वि.) 1 हानिकर 2 कठिन 3 दुखी, संतप्त **कष्ट-सहिष्णु** कष्ट सहनेवाला **कष्टसाध्य** (वि.) जो कठिनाई से किया जा सके
कस–I (पु.) कसाव **कसदार** (वि.) 1 बलवान 2 जाँचा हुआ **कसक** (स्त्री.) 1 रुक-रुक कर होनेवाली पीड़ा, टीस 2 खटक 3 अभिलाषा II (पु.) 1 दाब, क़ाबू 2 दृढ़ता, मज़बूती 3 रुकावट, रोक III (पु.) कसौटी
कसकना–(अ. क्रि.) 1 टीसना 2 कसक होना
कसना–I (स. क्रि.) 1 खींचकर बाँधना 2 पेंच, पुरज़े को कड़ा बैठाना 3 ठूँसकर भरना 4 कसौटी पर घिसना 5 परखना 6 ढीली चीज़ें, गाँठ आदि कड़ा करना II (अ. क्रि.) खिंचना, जकड़ जाना
क़सम–(स्त्री.) 1 शपथ, सौगंध 2 प्रतिज्ञा (जैसे–झूठी क़सम)
कसमसाना–(अ. क्रि.) 1 छटपटाना 2 कुलबुलाना 3 घबड़ाना 4 हिचकिचाना 5 बेचैनी होना
कसर–(स्त्री.) कमी, न्यूनता
कसरत–I (स्त्री.) व्यायाम, वर्ज़िश II (स्त्री.) आधिक्य, बहुलता
कसरती–(वि.) 1 व्यायाम करनेवाला 2 कसरत करके बनाया हुआ
कसरहट्टा–(पु.) कसेरों की हाट
कसा–(वि.) 1 कसा हुआ 2 घना
क़साई–I (पु.) माँस बेचने वाला II (वि.) बेरहम
क़साईख़ाना (पु.) वह स्थान जहाँ माँस के लिए पशुओं को मारा जाता है
कसार–(पु.) पँजीरी
कसाला–(पु.) 1 कठिन, कष्टकर श्रम 2 दुःख कष्ट 3 खटाई
कसाव–I (पु.) कसैलापन II (पु.) 1 कसे जाने की क्रिया 2 खिंचाव
कसावट–(स्त्री.) तनाव, खिंचाव
कसीदा–(पु.) कपड़े पर बेल-बूटे बनाने का काम (जैसे–क़सीदा काढ़ना)
कसीस–I (पु.) लौह जन्य पदार्थ II (स्त्री.) 1 निर्दयता 2 तनाव 3 खिंचाव
क़सूर–(पु.) 1 अपराध 2 दोष 3 भूल
क़सूरमंद, क़सूरवार–(वि.) 1 अपराधी 2 दोषी
कसेरा–(पु.) बर्तन बनानेवाला एवं बेचनेवाला
कसेरिन–(स्त्री.) बर्तन बनाने एवं बेचने का काम करनेवाली जाति
कसेरू–(पु.) एक प्रकार की मीठी और स्वादिष्ट मोथे की जड़
कसैया–(वि.) कसने वाला (जैसे–रस्सी कसैया)
कसोरा–(पु.) 1 मिट्टी का प्याला या कटोरा 2 धातु का कटोरा
कसौटी–(स्त्री.) 1 सोना परखने का एक काला पत्थर 2 परख, जाँच
कस्तूर, कस्तूरा–(पु.) 1 कस्तूरी मृग 2 कस्तूरी के समान एक सुगंधित पदार्थ
कस्तूरी–(स्त्री.) नर हरिण की नाभि के पास की थैली में पाया जानेवाला एक सुगंधित पदार्थ **कस्तूरी मृग** (पु.) ऐसा हरिण जिसकी नाभि के पास की थैली में कस्तूरी पाई जाए
कस्बा–(पु.) छोटा शहर
क़हक़हा–(स्त्री.) खिलखिलाकर हँसना
कहना–I (स. क्रि.) 1 उच्चारण करना, बोलना (जैसे–राम-राम कहना) 2 भाव व्यक्त करना 3 आज्ञा देना 4 बयान करना 5 बहकाना II (पु.) 1 कथन 2 आदेश, आज्ञा
कहलवाना, कहलाना–(स. क्रि.) 1 संदेश भेजना 2 उच्चारण कराना
कहवा–(पु.) एक पेड़ का बीज जिसे भूनकर

दूध-शक्कर मिलाकर चाय की तरह पिया जाता है, चाय-कॉफ़ी जैसा पेय **कहवाख़ाना** कहवे की दुकान

कहाँ–(क्रि. वि.) किस जगह (जैसे–आप कहाँ गए थे)

कहा–(पु.) 1 कहना 2 आदेश 3 सलाह **कहा-कही** I (स्त्री.) सवाल-जवाब II (अ. क्रि.) कहना-सुनना **कहा-सुना** (पु.), **कहा-सुनी** (स्त्री.) असंगत व्यवहार

कहानी–(स्त्री.) 1 मनगढ़ंत बात 2 कथा **कहानीकार, कहानी-लेखक** (पु.) कहानी लिखने वाला **कहानी-संग्रह** (पु.) कथा-संकलन

कहार–(पु.) डोली ढोने और पानी भरने का काम करनेवाला

कहावत–(स्त्री.) 1 मसल, लोकोक्ति 2 कथन

कहीं–(क्रि. वि.) 1 किसी जगह 2 दूसरी जगह

काँइयाँ–(वि.) 1 चालाक 2 धूर्त

कांक्षा–(स्त्री.) इच्छा, चाह, आकांक्षा

कांक्षित–(वि.) चाहा हुआ, इच्छित

कांक्षी–(वि.) इच्छा करनेवाला, इच्छुक

काँख–(स्त्री.) बाहुमूल के नीचे का गड्ढा, बग़ल

काँखना–(अ. क्रि.) 1 ज़ोर से दबने से आह ध्वनि निकलना 2 कठिन परिश्रम का काम करते समय उक्त ध्वनि का प्रस्फुटन

काँगड़ी–(स्त्री.) हैंडलवाली कश्मीरी अँगीठी

काँच–(पु.) शीशा

कांचन–I (पु.) 1 सोना 2 चमक 3 धतूरा II (वि.) 1 उत्तम 2 सुनहरा

काँछना–I (स. क्रि.) काछना I (स. क्रि.) 1 पहनना 2 सँवारना

काँजी–(स्त्री.) 1 सिरका में नमक, राई आदि के मिश्रण से तैयार खट्टा पेय पदार्थ 2 मट्ठा

काँटा–(पु.) 1 पेड़-पौधों की टहनियों में सूई के आकार की वस्तु 2 लोहे की कँटिया 3 कुएँ से गिरी बाल्टी निकालने के प्रयोग में आने वाला अंकुशों का समूह 4 तराज़ू की डाँड़ी में बिलकुल मध्य बिंदु पर लगी सुई **काँटे बोना**–अड़चन पैदा करना **राह में काँटे बिछाना** रोड़े अटकाना, बाधा उत्पन्न करना **काँटे बोना** 1 निंदा करना 2 अनिष्ट का कारण बनना **काँटों पर लोटना** 1 तड़पना, व्याकुल होना 2 कष्ट भोगना 3 ईर्ष्या से जलना **काँटों में घसीटना** 1 संकट में डालना 2 लज्जित करना

काँटेदार–(वि.) काँटोंवाला (जैसे–काँटेदार तार)

कांड–(पु.) 1 ग्रंथ का अध्याय (जैसे– बालकांड, उत्तरकांड) 3 गुच्छा 4 समूह 5 पोरी 6 घटना (जैसे–हत्याकांड) 2 खंड, भाग

कांत–I (वि.) 1 सुंदर 2 प्रिय और रुचिकर 3 कोमल एवं मनोहर II (पु.) 1 प्रेमी 2 पति, स्वामी

कांता–(स्त्री.) 1 सुंदर स्त्री 2 पत्नी, भार्या 3 प्रेमिका

कांति–(स्त्री.) 1 सौंदर्य 2 चमक, आभा (जैसे–स्वर्णिम कांति) **कांतिमय, कांतिमान** (वि.) 1 कांतियुक्त 2 चमकदार

काँपना–(अ. क्रि.) 1 लरज़ना 2 थरथराना

काँय-काँय (स्त्री.), **काँव-काँव**–(पु.) 1 कौए के बोलने का शब्द 2 कर्कश ध्वनि

काँवर–(स्त्री.) बाँस की बनी बड़ी तराज़ू जिसे कंधे पर रखकर तीर्थयात्रा करते हैं, बहँगी

काँवरिया–(पु.) काँवर लेकर चलनेवाला व्यक्ति

काँस–(पु.) शरद ऋतु में फूलनेवाली घास

काँसा–I (वि.) सबसे छोटा, कनिष्ठ (जैसे–काँसा भाई) II (पु.) ताँबा एवं जस्ता के संयोग से बनी एक धातु

कांस्य–I (वि.) काँसे का बना हुआ II (पु.) काँसा, कसकुटा

कांस्य युग–(पु.) ताम्र युग के बाद का समय (ब्रोंज एज)

का–(प्रत्यय) षष्ठी विभक्ति का संबंध सूचक चिह्न (जैसे–छोटी उम्र का लड़का)

काई–(स्त्री.) 1 पानी में भीगे या डूबे हुए पत्थर पर जमने वाली

क

बारीक रेशे जैसी घास, चिकनी कीचड़ (जैसे—काई पर पैर फिसल गया) 2 जमी हुई मैल

काक—(पु.) कौआ पक्षी **काक-गोलक** (पु.) कौवे की पुतली **काक-चेष्टा** कौवे के समान चौकन्ना रहना **काक भुशुंडि** (पु.) राम का एक भक्त जो शापवश कौआ बना **काक-रव** I (वि.) कायर, डरपोक II (पु.) 1 कौए का शोर 2 हल्ला-गुल्ला, शोरगुल

काकली—(स्त्री.) मधुर और प्रिय ध्वनि

काका—I (पु.) 1 पिता का छोटा भाई, चाचा 2 छोटा बच्चा II (स्त्री.) 1 काकजंघा 2 काकोली 3 घुंघची

काकातुआ—(पु.) बड़ा तोता जिसके सिर पर चोटी होती है

काकी—(स्त्री.) 1 चाची 2 छोटी लड़की

काग—(पु.) कौआ

काग़ज़—(पु.) 1 लिखने के काम आनेवाला एक पदार्थ जिसे सन, बाँस एवं लुगदी आदि को गलाकर बनाया जाता है 2 आवश्यक लेख 3 दस्तावेज़

काग़ज़ात—(पु.) काग़ज़-पत्र

काच—(पु.) शीशा

काचमणि—(पु.) स्फटिक

काछ—(पु.) 1 कच्छा 2 धोती का छोर जिसे जाँघों के बीच से ले जाकर पीछे खोंसते हैं (काछ बाँधना) 3 पेड़ू और जाँघ तथा उसके नीचे का स्थान 2

काछी—I (पु.) कोयरी सब्ज़ियाँ बोने एवं बेचने का काम करनेवालों की एक जाति, II (वि.) कच्छी

काज[1]—(पु.) 1 कार्य, काम 2 प्रयोजन 3 व्यवसाय, व्यापार

काज[2]—(पु.) सिले हुए कपड़ों में बटन फँसाने के लिए किए गए छेद (जैसे—काज-बटन)

काजल—(पु.) आँखों में लगाया जानेवाला एक पदार्थ, अंजन

काजू—(पु.) एक मेवा

काट—(स्त्री.) 1 काटने का काम 2 काटने की विधि 3 कपटपूर्ण आचरण, चालबाज़ी 4 पेंच का तोड़ 5 ज़ख़्म में होनेवाली छरछराहट

काटना—(स. क्रि.) 1 टुकड़े करना 2 अलग करना 3 छरछराहट पैदा करना 4 क़त्ल करना 5 डोर काटना 6 कम करना (जैसे—कपड़े का थान काटना) 7 रद्द करना (जैसे—नाम काटना) 8 खंडन करना (जैसे—मत एवं विचार काटना) 9 गुज़ारना (जैसे—समय काटना) 10 पार करना (जैसे—बिल्ली ने रास्ता काट दिया) **काट खाना** 1 डँसना 2 डंक मारना

काठ—(पु.) 1 लकड़ी 2 ईंधन **काठ-कबाड़** (पु.) काठ की रद्दी, टूटी-फूटी वस्तुएँ

काठी—(स्त्री.) 1 घोड़े या ऊँट की पीठ पर रखने की ज़ीन जिसमें नीचे काठ लगा रहता है 2 शरीर की बनावट, शारीरिक गठन 3 लकड़ी

काढ़ना—(स. क्रि.) 1 बेल-बूटे बनाना 2 निकालना 3 छानना 4 उरेहना 5 उधार लेना

काढ़ा—(पु.) औषधियों को उबालकर निकाला गया रस, जोशांदा

कातना—(स. क्रि.) 1 तकली में सूत निकालना 2 सन से सुतली बनाना

कातर—(वि.) 1 भयभीत 2 डरपोक 3 अधीर 4 उद्विग्न, परेशान, व्याकुल **कातरता** (स्त्री.) 1 अधीरता 2 बेचैनी 3 उद्विग्नता

क़ातिल—(वि.) 1 हत्या करनेवाला, हत्यारा 2 अत्यधिक घातक **क़ातिलाना** (वि.) प्राणघातक

कादंबरी—(स्त्री.) 1 बाणभट्ट की रचना 2 कोकिला 3 मैना 4 शराब

कादंबिनी—(स्त्री.) 1 बादलों की घटा, मेघमाला 2 मेघ राग की एक रागिनी

कान—(पु.) सुनने की इंद्रिय, कर्ण **कान उमेठना, कान ऐंठना** 1 दंड देने के लिए कान का मरोड़ना 2 कान पकड़ना **कान कतरना, कान काटना** धूर्तता में बढ़ जाना

कान का कच्चा सुने हुए पर विश्वास कर लेनेवाला **कान खड़े करना, कान खड़े होना** सतर्क रहना **कान गरम करना** कान उमेठना **कान पर जूँ न रेंगना** 1 कुछ भी परवाह न करना 2 कोई प्रभाव न पड़ना **कान भरना** चुग़ली करना **कानों-कान ख़बर न होना** कुछ भी पता न चलना

कानन–(पु.) बड़ा जंगल, घना वन

काना–I (वि.) एक आँख वाला II (वि.) 1 दाग़ी 2 कीड़ा खाया हुआ

काना-कानी, काना-फूसी, काना-बाती–(स्त्री.) कान में धीरे से कही जानेवाली बात, फुसफुसाहट, अस्फुट ध्वनि

कानी–(वि./स्त्री.) 1 एक आँखवाली 2 फूटी हुई आँख 3 सबसे छोटी

क़ानून–(पु.) राजनियम, विधान, विधि

क़ानूनी–(वि.) 1 क़ानून से संबद्ध 2 क़ानून का 3 क़ानून बघारनेवाला

कापालिक–(पु.) वामाचारी, तांत्रिक

कापुरुष–(पु.) कायर, नीच, कुत्सित पुरुष

क़ाफ़ला–(पु.) यात्रियों का पंक्तिबद्ध समूह जो किसी दूसरे देश या प्रांत में जाता है

काफ़िर–(पु.) मुसलिम धर्म को न माननेवाला, ईश्वर को न माननेवाला

काफ़ी–(वि.) 1 बहुत 2 पर्याप्त

क़ाबिल–(वि.) 1 योग्य, लायक़ 2 विद्वान्

क़ाबू–(पु.) 1 अधिकार-वश (जैसे–क़ाबू से बाहर हो जाना, क़ाबू में रखना) 2 ज़ोर

काम–(पु.) 1 कामना, इच्छा 2 इंद्रिय सुख की इच्छा 3 संभोग इच्छा **काम कला** (स्त्री.) 1 मैथुन, रति 2 कामदेव की पत्नी, रति **कामक्रिया** (स्त्री.) संभोग **कामदेव** काम का देवता **कामलिप्सा** (स्त्री.) कामुकता, कामवासना **कामलोलुप** (वि.) वासना से पूर्ण **काम वासना** (स्त्री.) कामेच्छा **कामशास्त्र** (पु.) काम संबंधी तथ्यों एवं विषयों की जानकारी देनेवाला शास्त्र, कोकशास्त्र **कामसूत्र** (पु.) कामशास्त्र का प्रसिद्ध ग्रंथ

कामधेनु–(स्त्री.) स्वर्ग की गाय जो सभी कामनाओं को पूरा करनेवाली मानी गयी है

काम–(पु.) 1 कार्य (जैसे–काम करना, काम बिगाड़ना) 2 मतलब 3 संबंध 4 स्वार्थ (जैसे–काम सिद्ध हो जाने पर वह पहचानना भूल गया) 5 नौकरी **कामकाज** (पु.) काम-धंधा **कामगार** (पु.) 1 कामदार, कार्याधिकारी 2 मज़दूर 1 सलमा-सितारे का काम 2 बेल-बूटेदार कपड़ा **काम तमाम होना** 1 काम समाप्त करना 2 मारा जाना

कामना–(स्त्री.) अभिलाषा, वांछा

कामरूप–(पु.) 1 इच्छानुसार रूप धारण करनेवाला 2 असम प्रदेश का पुराना नाम

कामाक्षी–(स्त्री.) कामाख्या, दुर्गा

कामाग्नि–(स्त्री.) प्रबल कामेच्छा

कामिनी–(स्त्री.) 1 सुंदर स्त्री 2 कामवती

कामी–I (वि.) कामनायुक्त II (पु.) लंपट पुरुष **कामुक** (वि.) कामी, व्यभिचारी

कामोत्तेजक, कामोद्दीपक–(वि.) काम की इच्छा को तीव्र करनेवाला

काम्य–(वि.) 1 कामना करने योग्य, इच्छित 2 सुंदर एवं सुखद

क़ायदा–(पु.) 1 नियम 2 ढंग, तरीक़ा 3 विधान **क़ायदा-क़ानून** तौर-तरीक़ा

कायर–(वि.) 1 डरपोक, बुज़दिल 2 उत्साहहीन **कायरता** (स्त्री.) डरपोकपन

कायस्थ–(पु.) 1 जीवात्मा 2 कायस्थ जाति

काया–(स्त्री.) शरीर, देह **कायाकल्प** (पु.) 1 शरीर का पुनः जवान हो जाना 2 चोला बदल जाना

कायापलट–(पु.) 1 बहुत बड़ा परिवर्तन 2 एक शरीर छोड़कर दूसरा शरीर धारण करना

कायिक–(वि.) शरीर से संबंधित, दैहिक

कायोत्सर्ग–(पु.) शरीर छोड़ना, मरना

कारगुज़ार–(वि.) कार्यकुशल **कारगुज़ारी** (स्त्री.) कर्मठता, कर्मण्यता

कार–(स्त्री.) मोटरकार, मोटरगाड़ी **कारचालक** (पु.) कार चलानेवाला

क

कारक–(वि.) करनेवाला (जैसे–लाभकारक, हानिकारक)
कारक–(पु.) संज्ञा या सर्वनाम की वह स्थिति जो वाक्य में क्रिया के साथ उसका संबंध बतलाती है
कारख़ाना–(पु.) फैक्टरी, काम करने की जगह, यंत्रशाला
कारण–(पु.) 1 वजह, किसी बात के होने का हेतु, निमित्त 2 साधन
कारण-शरीर–(पु.) सूक्ष्म शरीर
कारतूस–(पु.) बंदूक़ आदि में रखकर चलाई जानेवाली गोली (बुलेट)
कारा–I (स्त्री.) 1 बंधन 2 जेल, कारागृह, जेल II (वि.) काला
कारागार, कारागृह–(पु.) जेलख़ाना, बंदीगृह
कारिन्दा–(पु.) कर्मचारी
कारीगर–(पु.) दस्तकार, शिल्पी
कारीगरी–(स्त्री.) 1 दस्तकारी 2 शिल्प-कौशल
कारुणिक–(वि.) 1 करुणायुक्त 2 जिसे देखकर मन में दया उत्पन्न हो
कारुण्य–(पु.) करुणा या दया की अनुभूति
कारूँ–(पु.) 1 धनी किंतु कृपण व्यक्ति 2 हज़रत मूसा का एक चचेरा भाई
कारोबार–(पु.) व्यापार
कार्मिक–I (पु.) कर्म करनेवाला व्यक्ति, कर्मचारी II (वि.) कर्म में तल्लीन
कार्मिक संघ–(पु.) मज़दूर संघ
कार्य–(पु.) 1 काम 2 धंधा, व्यवसाय 3 धार्मिक कृत्य 4 कर्तव्य 5 परिणाम 6 प्रयोजन
कार्यकर्ता–(पु.) कर्मचारी (स्त्री. कार्यकर्त्री)
कार्यकलाप–(पु.) 1 बहुत से कार्य 2 सक्रियता
कार्यकारण–(पु.) कार्य और कारण का आपसी संबंध
कार्यक्रम–(पु.) 1 कार्य किए जाने की सूची 2 क्रमिक रूप से किया जानेवाला कार्य
कार्यक्षम–(वि.) कार्य करने के योग्य
कार्यक्षमता–(स्त्री.) कार्य करने की योग्यता
कार्यक्षेत्र–(पु.) कार्य करने की अधिकार-सीमा
कार्यदिवस–(पु.) काम करने के दिन
कार्यनिपुण–(वि.) काम करने में कुशल
कार्यनिर्देश–(पु.) कार्य करने के लिए नियम, ढंग आदि समझाना
कार्यपद्धति–(स्त्री.) कार्य-प्रणाली
कार्यपालिका–(स्त्री.) संसद द्वारा पारित क़ानूनों को लागू करनेवाला विभाग
कार्यपालिका संस्था–(स्त्री.) ऐसी संस्था जो नियम-विधियों का पालन करने के लिए लोगों को बाध्य करे
कार्यरत–(वि.) काम में लगा हुआ
कार्यवश–(क्रि. वि.) काम के निमित्त
कार्यवाहक–(वि.) अस्थायी कार्यकारी
कार्यवाही–(स्त्री.) कार्य किया जाना
कार्याधिकारी–(पु.) कार्य करानेवाला अधिकारी
कार्याध्यक्ष–(पु.) कार्य का प्रधान अधिकारी
कार्यानुसार–(वि.) काम के हिसाब से
कार्यान्वयन–(पु.) किसी निश्चय को कार्यरूप में बदलना
कार्यान्वित–(वि.) 1 व्यवहार में लाया हुआ, कार्यरूप प्राप्त 2 कार्य से संबद्ध
कार्यालय–(पु.) 1 दफ़्तर, काम करने का स्थान 2 कारखाना
कार्यालय संवाददाता–(पु.) आफ़िस रिपोर्टर
कार्यालयाध्यक्ष–(पु.) कार्यालय का प्रधान अधिकारी
काल–(पु.) 1 परमेश्वर 2 समय, अवसर 3 अवधि 4 मौसम (जैसे–शरदकाल) 5 काला रंग 6 अंत 7 क्रियाओं को सूचित करनेवाला शब्द (जैसे–भूत काल)
कालकोठरी–(स्त्री.) जेल में एक तंग एवं अँधेरा कमरा जहाँ खूंखार अपराधियों को रखा जाता है
कालक्रम–(पु.) 1 समय की गति 2 तिथिवार रखना
कालक्रमानुसार–(वि.) समय के अनुकूल किया जानेवाला
कालखंड–(पु.) समय का एक भाग
कालकूट–(पु.) भयानक विष, हलाहल (विष)
कालांतर–I (वि.) अपने समय के बाद होनेवाला

II (पु.) 1 अंतराल 2 नियत समय के बाद का समय, अन्य समय

काला–(वि.) 1 श्याम, स्याह (जैसे–काला वर्ण) 2 कलुषित (जैसे–काला मन, काला नाग, काला हृदय) **काला-कलूटा** (वि.) अत्यधिक काला **काला क़ानून** (पु.) लोकविरुद्ध क़ानून **काला चोर** (पु.) भारी चोर **कालाज़ीरा** (पु.) स्याह या मीठा ज़ीरा

कालातीत–(वि.) 1 जिसका समय बीत गया हो 2 काल से परे

कालाबाज़ारी–(स्त्री.) व्यापार में अनुचित लाभ उठाने के लिए क्रय-विक्रय

कालिख–(स्त्री.) 1 कलंक (जैसे–कालिख लगाना) 2 स्याही

कालिमा–(स्त्री.) 1 कालापन 2 स्याही 3 अंधकार 4 कालिख (जैसे–चेहरे की कालिमा) 5 लांछन, कलंक

काली–(स्त्री.) 1 दुर्गा का एक रूप, काली देवी 2 अँधेरी रात 3 काले रंग की स्त्री

काल्पनिक–(वि.) 1 कल्पना से उत्पन्न हुआ, कल्पित, मनगढ़ंत 2 कल्पना करनेवाला

काव्य–(पु.) 1 कविता 2 कवि की रसात्मक रचना (जैसे–सरस एवं ओजस्वी काव्य) **काव्य मर्मज्ञ** (वि.) काव्यरसिक, काव्य का ज्ञाता **काव्य रस** (पु.) गीत एवं कविता का स्वाद, गीत एवं काव्य के पढ़ने से मन को मिलनेवाली आनंदानुभूति **काव्य रसिक** (वि.) काव्यरस को ग्रहण करनेवाला **काव्य-शास्त्र** (पु.) ऐसा शास्त्र जिसमें काव्य के भेद एवं रूपों का वर्णन किया गया हो **काव्यशैली** (स्त्री.) काव्य-रचना की भाषा

काव्यत्व–(पु.) काव्यगुण

काव्यमय–(वि.) काव्यपूर्ण, काव्यगुणसंपन्न

काव्यांग–(पु.) काव्य के भेद

काव्यात्मक–(वि.) काव्यगत, काव्य से परिपूर्ण

काश–(अ.) इच्छा आदि की सूचना करने के लिए इस शब्द का प्रयोग किया जाता है (जैसे–काश, मैं वहाँ पहुँच गया होता)

काशीफल–(पु.) कुम्हड़ा

काश्त–(स्त्री.) 1 खेती-बाड़ी, कृषि 2 किसी की जोत की ज़मीन **काश्तकार** (पु.) खेतिहर **काश्तकारी** I (स्त्री.) 1 खेती, किसानी 2 ऐसी भूमि जिस पर काश्तकार का अधिकार हो II (वि.) 1 काश्तकार संबंधी (जैसे–काश्तकारी अधिकार) 2 खेती-बाड़ी संबंधी

काषाय–I (वि.) 1 हरड़, बहेड़े आदि के रंग में रँगा हुआ 2 गेरुआ II (पु.) गेरुआ वस्त्र

काष्ठ–(पु.) 1 काठ, लकड़ी 2 ईंधन **काष्ठ-उद्योग** (पु.) लकड़ी का व्यापार

काष्ठवत्–(वि.) 1 काठ जैसा 2 कड़ा 3 जड़

काष्ठागार–(पु.) काठ का घर

काष्ठाधारित–(वि.) लकड़ी पर आधारित

काहे–(क्रि. वि.) किसलिए, क्यों

किंकर–(पु.) 1 गुलाम, दास 2 सेवक

किंकर्तव्य–(वि.) क्या किया जाए **किंकर्तव्यविमूढ़** (वि.) जो यह न समझ सके कि अब क्या करना चाहिए, भौंचक्का, दुविधा

किंचित्–I (वि.) थोड़ा, कुछ, क्षणिक II (क्रि. वि.) अल्प मात्रा में, बहुत कम

किंजल, किंजल्क–I (वि.) कमल के केसर के रंग का, हल्का पीला II (पु.) 1 कमल का पराग, कमल का केसर 2 नागकेसर

किंतु–(अ.) 1 परंतु, लेकिन 2 बल्कि

किंवदंती–(स्त्री.) 1 अफ़वाह 2 लोकापवाद

किंवा–(अ.) या, या तो, अथवा

किच-किच–(स्त्री.) 1 झगड़ा, विवाद 2 अशांति 3 उलझने-सी स्थिति

किचकिचाना–(अ. क्रि.) क्रोध में दाँत पीसना (जैसे–किचकिचाना अच्छा नहीं लगता)

किचर-पिचर–(वि.) गिचपिच (गचपच)

कितना–I (वि.) 1 किस मात्रा का (जैसे–कितना रुपया चाहिए, कितना अनाज लोगे) 2 किस दरजे का II (अ.) 1 किस मात्रा में 2 कहाँ तक

किताब–(स्त्री.) 1 पुस्तक 2 पोथी 3 बही (जैसे–हिसाब की किताब) **किताब-फ़रोश**

किताबी–(वि.) किताब संबंधी, पुस्तकीय
किताबी कीड़ा–I (पु.) हमेशा पुस्तक पढ़नेवाला
किधर–(क्रि. वि.) किस तरफ़, किस ओर, कहाँ **किधर से चाँद निकला** किधर से भूल पड़े
किन–I (सर्व.) किस का बहुवचन II (क्रि. वि.) क्यों नहीं
किनका–(पु.) 1 टूटा हुआ दाना 2 कण
किनारा–(पु.) 1 तट, तीर (जैसे–नदी का किनारा) 2 हाशिया (जैसे–कापी का किनारा) 3 सिरा, छोर (जैसे–धोती का किनारा) 4 पार्श्व, बग़ल (जैसे–किनारे हो जाओ)
किनाराकशी (स्त्री.) किनारा करना, किनारे रहना
किनारी–(स्त्री.) दुपट्टे आदि में लगाई जानेवाली सुनहले गोटे की पट्टी
किनारीदार–(वि.) जिसमें गोटे की पट्टी लगी हो
किनारे–(क्रि. वि.) 1 सीमा पर 2 तट पर 3 अलग **किनारे-किनारे** पास होते हुए
किन्नर–(पु.) 1 हिजड़ा 2 गाने-बजाने का पेशा करनेवाली एक जाति
किन्हें–(सर्व.) किनको
किफ़ायत–(स्त्री.) 1 बचत (जैसे–किफ़ायत से काम करना) 2 कमी पूरा होना 3 कम मूल्य
किफ़ायती–(वि.) 1 कम खर्च करनेवाला, बचानेवाला 2 कम क़ीमतवाला
किरकिरा–(वि.) कंकड़ या कण मिला हुआ
किरकिराहट–(स्त्री.) 1 ककड़ीलापन 1 किरकिरी पड़ने का अनुभव
किरकिरी–(स्त्री.) 1 अपमान, हेठी 2 बालू आदि का कण 3 अत्यधिक छोटा कण
किरच–(स्त्री.) 1 छोटी बर्छी 2 नुकीला रवा
किरण–(स्त्री.) प्रकाश-रेखा, रश्मि
किरमिच–(पु.) एक तरह का बढ़िया और मोटा कपड़ा (जैसे–किरमिच का जूता)
किरात–(पु.) 1 हिमालय की एक जंगली जाति 2 गड़ेरा 3 बौना
किराया–(पु.) भाड़ा (जैसे–मकान का किराया)
किरायानामा–(पु.) भाड़ा तय करने का अनुबंध-पत्र
किरायेदार–(पु.) भाड़े पर लेनेवाला
किरीट–(पु.) मुकुट
किलक–(स्त्री.) 1 किलकारी 2 हर्षध्वनि
किलकना–(अ. क्रि.) किलकारना
किलकार–(स्त्री.) 1 अत्यंत हर्षित होकर निकलनेवाली अस्पष्ट ध्वनि 2 बंदरों का की-की स्वर
किलकारी–(स्त्री.) किलकार
किलकिल–(स्त्री.) 1 कलह, तक़रार 2 व्यर्थ की किचकिच 3 किलकार
किलनी–(स्त्री.) पशुओं के शरीर में चिपटनेवाला एक छोटा कीड़ा
क़िला–(पु.) गढ़, दुर्ग
क़िलाबंदी–(स्त्री.) 1 मोरचाबंदी, व्यूह-रचना 2 सुरक्षात्मक कार्रवाई **किला फ़तेह करना** 1 क़िला जीत लेना 2 अत्यंत कठिन कार्य पूरा करना **हवाई क़िला/क़िले बनाना** बेकार की कल्पनाएँ करते रहना
किलोग्राम–(पु.) भार की माप, 1000 ग्राम
किलोमीटर–(पु.) दूरी की नाप जो 1000 मीटर या लगभग 5/8 मील के बराबर होती है
किलोवाट–(पु.) बिजली का परिमाण जो 1000 वाट के बराबर होता है
किल्ली–(स्त्री.) 1 खूँटी 2 सिटकनी 3 कल की मुठिया **किल्ली ऐंठना, किल्ली घुमाना** 1 पेच घुमाना 2 मत फेरने की युक्ति करना 3 जोड़-तोड़ लगाना **किल्ली किसी के हाथ में होना** 1 काबू में होना 2 मनचाहा काम करवाने की तरकीब ज्ञात होना
किवाड़–(पु.) दरवाज़ा, कपाट, पट (जैसे–किवाड़ बंद कर देना)
किशमिश–(स्त्री.) सुखाया गया अंगूर
किशमिशी–(वि.) किशमिश के रंग का
किशोर–(पु.) 1 10-15 आयु वर्ग का बालक 2 अल्पवयस्क (स्त्री. किशोरी)

किशोरावस्था–(स्त्री.) किशोर होने की अवस्था, वय

किशोरी–(स्त्री.) 1 दस से पंद्रह वर्ष के बीच की उम्रवाली बालिका 2 सुंदर युवती 3 अल्पवयस्का

किश्त–I (स्त्री.) क़िस्त, अंश (जैसे–क़िश्त अदा करना) II (स्त्री.) खेती-बाड़ी **किश्तवार** थोड़ी-थोड़ी किस्तों में

क़िश्ती–(स्त्री.) कश्ती, नाव, नौका

किस–(सर्व.) कौन और क्या का वह रूप जो उसे विभक्ति लगाने पर मिलता है (जैसे–किसका, किसने)

किसलय–(पु.) कोमल पत्ता, कल्ला, नव-पल्लव, कोंपल

किसान–(पु.) 1 खेतिहर 2 काश्तकार **किसान आंदोलन** (पु.) कृषक क्रांति **किसान संगठन** (पु.) खेतिहरों का संगठन

किसी–(सर्व.) 'कोई' का वह रूप जो उसे विभक्ति लगने पर प्राप्त होता है (जैसे–किसी लड़के को बुला दो)

क़िस्त–(स्त्री.) 1 अंश, भाग 2 देन 3 मालगुज़ारी का नियत समय पर दिया जानेवाला धन या ऋण **क़िस्तबंदी** (स्त्री.) क़िस्त बाँधना **क़िस्तवार** (क्रि. वि.) 1 क़िस्त रूप में 2 क़िस्त पर अलग-अलग

क़िस्म–(स्त्री.) प्रकार, भेद, तरह (जैसे–अच्छी क़िस्म का कपड़ा)

क़िस्मत–(स्त्री.) भाग्य, तक़दीर **क़िस्मत आज़माना** सफलता के लिए प्रयत्न करना **क़िस्मत का धनी** भाग्यशाली **क़िस्मत का फेर** भाग्य परिवर्तन **क़िस्मत का सितारा बुलंद होना** भाग्योदय होना

क़िस्सा–(पु.) 1 कहानी, मनगढ़ंत बात 2 घटना का विवरण 3 समाचार, हाल **क़िस्सा-कहानी** (स्त्री.) 1 कल्पित कथाएँ 2 मिथ्या बात

की–I (विभ.) संबंधकारक चिह्न 'का' का स्त्री रूप (जैसे–राम की किताब) II (अ.) 1 अथवा, या तो 2 क्या

कीकर–(पु.) बबूल का पेड़

कीचड़–(पु.) 1 गीली मिट्टी, पंक 2 आँख से निकलनेवाली मैल **कीचड़ उछालना** बदनाम करना, निंदा करना

कीट–(पु.) कीड़ा **कीटनाशक** (वि.) कीड़ों को मारनेवाली (जैसे–कीटनाशक दवा) **कीट-पतंग** (पु.) कीड़े-मकोड़े **कीट-विज्ञान** (पु.) वह विज्ञान जिसमें कीड़ों-मकोड़ों की जाति-प्रजाति का अध्ययन किया जाता है

कीटाणु–(पु.) अनेक रोगों के मूल कारक सूक्ष्मातिसूक्ष्म कीड़े, रोगाणु **कीटाणुनाशक** (वि.) कीड़ों को नाश करनेवाले (जैसे–कीटाणु नाशक द्रव्य) **कीटाणु-विज्ञान** (पु.) वह विज्ञान जिसमें कीटों का अध्ययन किया जाता है **कीटाणु-शास्त्र** (पु.) कीटाणु-विज्ञान

कीड़ा–(पु.) क्षुद्र जंतु, कीट (जैसे–पानी का कीड़ा, नाली का कीड़ा)

कीड़ी–(स्त्री.) 1 बारीक कीड़ा 2 चींटी

कीड़े-मकोड़े–(पु.) क्षुद्र जीव-जंतु, कीट-पतंगे

कीप–(स्त्री.) तंग मुँहवाले बर्तन आदि में तरल पदार्थ को डालने हेतु प्रयोग में लाई जानेवाली धातु आदि की चोंगी

क़ीमत–(स्त्री.) 1 मूल्य, दाम 2 योग्यता 3 गुण (जैसे–इस बात की क़ीमत कुछ भी नहीं है, कीमत बढ़ाना) **किसी भी क़ीमत पर** हर हालत में

क़ीमती–(वि.) 1 मूल्यवान 2 महत्त्वपूर्ण (जैसे–क़ीमती कागज़)

कीर्तन–(पु.) 1 भगवान् का गुणगान (जैसे–भजन-कीर्तन सुनना) 2 कीर्ति-वर्णन, यशोगान

कीर्तनिया–(पु.) कीर्तनकार

कीर्ति–(वि.) 1 यश 2 प्रसिद्धि, ख्याति 3 चमक (जैसे–यशकीर्ति) **कीर्ति-स्तंभ** (पु.) यादगार के रूप में बनाया गया स्तंभ

कीर्तिमान–(पु.) प्रसिद्ध, यशस्वी

कील–(स्त्री.) 1 लोहे आदि का गोलाकार पतला एवं नुकीला लम्बा टुकड़ा 2 नाक में पहनने का एक अति सूक्ष्म आभूषण (जैसे–नाक की कील) 3 मुँहासे एवं फोड़े की कील

क

की कील 4 खूँटी
कीला–(पु.) 1 बड़ी खूँटी 2 जाँते का खूँटा
कीलाक्षर–(पु.) एक प्राचीन लिपि जिसके अक्षर काँटेदार हुआ करते थे
कीलित–(वि.) 1 कील लगी हुई 2 बद्ध
कीली–(स्त्री.) 1 खूँटी 2 धुरा
कुँआरा–(वि.) कुँवारा, अविवाहित पुरुष
कुँआरी–I (वि.) कुमारी II (स्त्री.) अविवाहिता
कुंकुम–(पु.) 1 रोली 2 केसर 3 कुमकुमा
कुँजड़ा–(पु.) 1 सब्ज़ियाँ बेचनेवालों की एक जाति 2 सब्ज़ी बेचनेवाला
कुँजड़ी–(स्त्री.) सब्ज़ी बेचनेवाली औरत
कुंजर–(पु.) हाथी
कुंजी–(स्त्री.) 1 चाबी 2 सरल साधन
कुंठा–(स्त्री.) 1 हीन भावना 2 निराशा 3 मूर्खता
कुंठित–(वि.) 1 कुंद, भोथरा 2 जड़, मूर्ख 3 गतिहीन
कुंड–(पु.) 1 तालाब 2 चौड़े मुँह का मिट्टी का बड़ा बर्तन 3 हवन का पात्र
कुंडल–(पु.) 1 बाली (जैसे–कान का कुंडल) 2 कड़ा 3 गोलाकार आकृति
कुंडलाकार–(वि.) गोलाकार, वर्तुल
कुंडलिनी–(स्त्री.) एक सर्पाकार नाड़ी
कुंडली–I (स्त्री.) 1 कुंडल 2 ज्योतिष में चौकोर लिखावट, जन्मकुंडली 3 गेंडुरी 4 कुंडलिनी II (वि.) कुंडल धारण करनेवाला
कुंडा, कुंडी–(पु.) किवाड़ में लगा कोंढ़ा
कुंतल–(पु.) सिर के बाल, केश
कुंदन–I (वि.) सोने का शुद्ध एवं निर्मल II (पु.) तपा हुआ सोना
कुंदरू–(पु.) एक तरह की लता जिसमें परवल के आकार के छोटे फल लगते हैं और जिसकी सब्ज़ी बनाई जाती है
कुंदा–I (पु.) 1 लकड़ी का लट्ठा 2 बंदूक़ के पीछे लगा हुआ लकड़ी का टुकड़ा 3 औज़ार में लगाया गया बेंट II (पु.) कुश्ती का एक दाव, रद्दा
कुंभ–(पु.) 1 घड़ा 2 कलश
कुंभकार–(पु.) कुम्हार
कुंभक–(पु.) श्वास रोकने की क्रिया
कुंभीपाक–(पु.) 1 हंडिया में पकाई गई वस्तु 2 एक तरह का ज्वर 3 एक नरक
कुँवर–(पु.) 1 राजकुमार 2 पुत्र, बेटा 3 कुँवारा लड़का
कुँवारपन–(पु.) कुँवारा रहने की अवस्था
कुँवारा–(वि.) जिसका विवाह न हुआ हो
कु–बुरा, एक उपसर्ग जो संज्ञा के पूर्व लगकर अनेक अर्थ देता है
कुकर्म–(पु.) बुरा काम
कुकर्मी–(वि.) बुरा काम करनेवाला
कुख्यात–(वि.) बदनाम **कुचक्र** (पु.) साज़िश, षडयंत्र **कुचाल** (स्त्री.) 1 दुराचार 2 दुष्टता
कुचेष्टा–(स्त्री.) बुरा प्रयत्न **कुजात** (वि.) नीच जाति का **कुटेव** बुरी आदत, लत
कुठाँव–(स्त्री.) बुरी जगह **कुतर्क** (पु.) असंगत बात **कुदृष्टि** (स्त्री.) बुरी निगाह
कुपुत्र–(पु.) कपूत **कुपोषण** (पु.) ठीक आहार-विहार न होना
कुप्रथा–(स्त्री.) बुरा रिवाज **कुबुद्धि** I (वि.) नासमझ II (स्त्री.) नासमझी
कुबेला–(स्त्री.) 1 असमय 2 बुरा समय
कुमंत्रणा–(स्त्री.) अनुचित सलाह
कुमति–I (वि.) बुरी बुद्धिवाला II (स्त्री.) बुरी बुद्धि
कुमार्ग कुराह–(स्त्री.) 1 बुरे लोगों का साथ 2 ऊबड़-खाबड़ रास्ता
कुरीति–(स्त्री.) 1 अनुचित प्रथा 2 बुरा ढंग
कुरुचि–(स्त्री.) बुरी लगन
कुरूप–(वि.) बुरी सूरतवाला, बदसूरत
कुलक्षण, कुलच्छन–(वि.) बुरे लक्षणोंवाला,
कुलच्छनी–(स्त्री.) बुरे लक्षणोंवाली स्त्री
कुविचार–(पु.) दूषित विचार, निंदनीय विचार
कुशासन–(पु.) 1 बुरा राज्य 2 बुरा राज्य-प्रबंध
कुसंग–(पु.), **कुसंगति** (स्त्री.) बुरी सोहबत
कुसंस्कार–(पु.) 1 बुरे विचार 2 बुरे प्रभाव
कुआँ–(पु.) 1 पानी निकालने के लिए खोदा गया गहरा गोल गढा 2 भूगर्भस्थ जल

कुआँ खोदना 1 अहित करने का उपाय करना 2 कठोर परिश्रम करना **कुएँ की मिट्टी कुएँ में लगना** जहाँ का धन वहीं खर्च होना **कुएँ में गिरना** जान-बूझकर संकट में फँसना **कुएँ में ढकेलना** जीवन बर्बाद करना **कुएँ में भाँग पड़ना** सबकी अक़्ल मारी जाना, बेवकूफ़ बनना

कुकड़ूँ कूँ–(स्त्री.) मुर्गे की आवाज़

कुकुद–(पु.) 1 बैल का डिल्ला 2 चोटी

कुकुर–(पु.) कुत्ता **कुकुर खाँसी** (स्त्री.) कष्ट देनेवाली संक्रामक खाँसी **कुकुरमुत्ता** (पु.) सीलनयुक्त जगहों पर उगनेवाला एक पौधा

कुक्कुट–(पु.) 1 मुरग़ा 2 बनमुर्ग़ा

कुक्ष–(पु.) पेट

कुच–(पु.) स्तन, उरोज

कुचलना–(स. क्रि.) 1 मसलना 2 रौंदना

कुचला–I (पु.) एक प्रकार का विष II (स. क्रि.) 1 मसला हुआ (जैसे–कुचला हुआ बैंगन) नष्ट करना (शत्रु को कुचल देना)

कुचालक–(वि.) 1 जिसमें विद्युत एवं ताप का परिचालन न हो सके 2 बुरा चालक

कुछ–I (वि.) थोड़ा-सा, तनिक II (सर्व.) कोई **कुछ एक** (वि.) थोड़ा-सा **कुछ ऐसा** (वि.) विलक्षण **कुछ-कुछ** (अ.) किसी क़दर **कुछेक** (वि.) थोड़ा-सा

कुटना–I (अ. क्रि.) 1 दलाल कूटा जाना 2 मारा-पीटा जाना II (पु.) 1 स्त्रियों को बहकाकर-भगाकर व्यभिचार-मार्ग पर ले जानेवाला व्यक्ति, दलाल 2 फूट डालनेवाला व्यक्ति

कुटनी–(स्त्री.) 1 व्यभिचार-मार्ग पर ले जानेवाली स्त्री 2 झगड़ा करानेवाली स्त्री

कुटाई–(स्त्री.) 1 पिटाई 2 कूटने की मज़दूरी 3 कूटने का काम

कुटिया–(स्त्री.) 1 साधुओं की झोंपड़ी 2 कुटी

कुटिल–(वि.) 1 छली, चालबाज़ 2 टेढ़ा 3 दुष्ट

कुटिलता (स्त्री.) 1 टेढ़ापन 2 धोखेबाज़ी

कुटीर–(पु.) कुटी **कुटीर उद्योग** (पु.) घरेलू उद्योग, छोटे-मोटे काम **कुटीर औद्योगिक** (पु.) कुटीर-उद्योग से संबंधित

कुटुंब–(पु.) परिवार, ख़ानदान

कुटुंबी–(वि.) परिवारवाला

कुटेव–(स्त्री.) बुरी आदत

कुट्टी[1]–(स्त्री.) बच्चों का खेल-खेल में साथी से मैत्री भंग करना

कुट्टी[2]–(स्त्री.) 1 चारा काटने की क्रिया 2 काटा हुआ चारा 3 कूटकर सड़ाया गया काग़ज़

कुठला–(पु.) अनाज रखने का मिट्टी का बना बड़ा बर्तन

कुठार–(पु.) 1 फरसा परशु 2 कुल्हाड़ा

कुठाराघात–(पु.) 1 कुल्हाड़ी से लगी चोट 2 घातक चोट

कुठा ी–(स्त्री.) सोना-चाँदी गलाने की घरिया

कुड़कुड़ाना–I (अ. क्रि.) अस्पष्ट रूप से बड़बड़ाना, कुड़बुड़ाना II (स. क्रि.) चिड़ियों एवं जानवरों को भगाना

कुढ़न–(स्त्री.) 1 खीझ 2 जलन 3 मनस्ताप

कुढ़ना–(अ. क्रि.) 1 खीझना 2 जलना

कुतरन–(पु.) कुतरा हुआ अंश

कुतरना–(स. क्रि.) दाँत से काटना

कुतिया–(स्त्री.) मादा कुत्ता

कुतूहल–(पु.) 1 जिज्ञासा 2 आश्चर्य

कुत्ता–(पु.) 1 गीदड़ की जाति का माँसाहारी पालतू पशु 2 लोभी एवं दुष्ट व्यक्ति **कुत्ते की दुम** प्रकृतिगत दुष्ट व्यक्ति जिस पर कोई प्रभाव न पड़े **कुत्ते की दुम कभी सीधी नहीं होती** जो स्वभाव से दुष्ट है उसे समझाने पर कुछ असर नहीं पड़ता

कुत्सित–I (वि.) 1 निंदित 2 अधम, नीच II (पु.) 1 बुरा 2 नीच व्यक्ति

कुदरत–(स्त्री.) 1 ईश्वरीय शक्ति 2 प्रकृति

कुदरती–(वि.) 1 प्राकृतिक 2 स्वाभाविक

कुदाल–(पु.) मिट्टी खोदने का छोटा फावड़ानुमा औज़ार जिसमें लकड़ी का बेंट लगा होता है

कुनकुना–(वि.) हल्का गर्म

क

कुनबा–(पु.) परिवार, कुटुंब, बाल-बच्चे **कुनबा-परवर** (वि.) बाल-बच्चों को पालनेवाला **कुनबापरस्ती** (स्त्री.) बाल-बच्चों का पालन-पोषण

कुपित–(वि.) 1 अप्रसन्न, नाराज़ 2 क्रोध करनेवाला

कुप्पा–(पु.) चमड़े का बना गोलाकार पात्र (जैसे–तेल का कुप्पा) **कुप्पा होना** 1 रूठना 2 मोटा होना 3 सूजना

कुप्पी–(स्त्री.) छोटा कुप्पा

कुफ्र–(पु.) ईश्वर के अस्तित्व से इनकार, न मानना

कुबड़ा–I (वि.) 1 जिसकी पीठ टेढ़ी हो गई हो 2 टेढ़ा II (पु.) टेढ़ी पीठवाला व्यक्ति

कुबड़ी, कुबरी–I (स्त्री.) टेढ़ी पीठवाली स्त्री II (वि.) टेढ़ी, वक्र

कुबेर–(पु.) धन का देवता, यक्षों का राजा

कुब्जा–(स्त्री.) 1 कुबड़ी स्त्री 2 कृष्ण से प्रेम करनेवाली कंस की एक दासी

कुमंत्रण–(स्त्री.) बुरी सलाह

कुमार–(पु.) 1 छोटा बालक 2 युवक 3 बेटा 4 राजपुत्र (जैसे–राजकुमार) (स्त्री. कुमारी)

कुमारिका, कुमारी–I (स्त्री.) (वि.) 1 बारह वर्ष तक की कन्या 2 कुआँरी कन्या II (वि.) अविवाहिता

कुमार्ग–(पु.) बुरा मार्ग, बुरे लोगों का साथ

कुमुद–(पु.) सफ़ेद कमल

कुम्हड़ा–(पु.) काशीफल (जैसे–कुम्हड़े की सब्ज़ी) **कुम्हड़ बतिया** दुर्बल मनुष्य

कुम्हलाना–(अ. क्रि.) 1 मुरझाना 2 फीका पड़ना

कुम्हार–(पु.) 1 मिट्टी के बर्तन बनानेवाली एक 2 जाति कुम्हार जाति का व्यक्ति

कुरंग–(पु.) 1 हरिण 2 ताँबे के रंग का हरिण **कुरंग सार** (पु.) कस्तूरी

कुरकुरा–(वि.) जो कुरकुर ध्वनि करता हुआ टूटता हो

कुरता–(पु.) कमीज़ की तरह का एक पहनावा

कुरती–(स्त्री.) स्त्रियों का एक पहनावा जिसमें आगे बटन होते हैं

क़ुरबानी–(स्त्री.) 1 बलिदान, त्याग 2 पशुबलि

कुरसी–(स्त्री.) थोड़ी ऊँची चौकी **कुरसीतोड़** (वि.) बैठे-बैठे समय बितानेवाला

क़ुरान, क़ुरानशरीफ़–(पु.) मुसलमानों का धार्मिक ग्रंथ जिसमें हज़रत मुहम्मद की वाणियां संकलित की गयी हैं

कुरेदना–(स. क्रि.) खुरचना, खरोचना

कुरेदनी–(स्त्री.) एक नुकीली लोहे की छड़

क़ुर्क–(वि.) न्यायालय के आदेशानुसार दंड स्वरूप अपराधी का ज़ब्त किया हुआ (माल-संपत्ति) **कुर्कअमीन** (पु.) माल क़ुर्क करनेवाला अधिकारी **कुर्कनामा** (पु.) कुर्की का परवाना

कुल–I (पु.) 1 परिवार, खानदान 2 वंश 3 समूह 4 घर 5 जाति **कुलकलंक** (पु.) कुल को दुःखी करनेवाला **कुलकंटक** (पु.) कुलकंटक **कुलदेवता** ऐसा देवता जिसकी वंदना परिवारवाले परंपरा से करते चले आ रहे हों **कुलमर्यादा** (स्त्री.) 1 कुल की मान-प्रतिष्ठा 2 कुल की पारंपरिक रीति-रिवाज़ **कुलवधू** (स्त्री.) घर की बहू **कुलवान** (वि.) 1 कुलीन 2 परिवारवाला

कुल–II (वि.) सब, सारा, पूरा

कुलकुलाना–(अ. क्रि.) 1 कुल-कुल की ध्वनि करना 2 विकल होना **आँत कुलकुलाना** 1 आँतों में दर्द होना 2 ज़ोर से भूख लगना

कुलकुली–(स्त्री.) 1 खुजली 2 बेचैनी

कुलच्छिनी–(स्त्री.) बुरे लक्षणों वाली

कुलटा–(स्त्री.) बुरे आचरण वाली स्त्री

कुलथी–(स्त्री.) उरद की जाति का एक अन्न

क़ुलफ़ी–(स्त्री.) 1 जमाया हुआ तरल खाद्य पदार्थ 2 दूध-मलाई आदि जमानेवाली नली के आकार का साँचा 3 हुक्के की गोल नली

कुलबुलाना–(अ. क्रि.) 1 हिलना-डुलना एवं शब्द करना 2 परेशान होना, व्यग्र होना

कुलवंत, कुलवंती–(वि.) कुलीन

क

कुलांगना–(स्त्री.) कुलवधू
कुलांगार–(पु.) 1 कुल का नाश करनेवाला व्यक्ति 2 कुलकलंक
कुलाँच–(स्त्री.) छलाँग, चौकड़ी
कुलाचार–(पु.) परंपरागत रीति
कुलाधिपति, कुलाध्यक्ष–(पु.) चांसलर
कुलिश–(पु.) 1 वज्र 2 हीरा 3 कुठार
कुली–(पु.) स्टेशन पर बोझ ढोनेवाला मज़दूर **कुली-कबाड़ी** (पु.) निम्न श्रेणी के लोग **कुलीगीरी** (स्त्री.) कुली का काम
कुलीन–(वि.) उच्च कुल का, अभिजात
कुलेल–(स्त्री.) क्रीड़ा, केलि
कुल्या–(स्त्री.) 1 कुलीन स्त्री 2 छोटी नहर
कुल्ला–(पु.) 1 मुँह में पानी भरकर फेंकने की क्रिया 2 मुँह में लिया गया पानी
कुल्हड़–(पु.) पानी पीने का एक छोटा मिट्टी का पात्र, पुरवा, चुक्कड़
कुल्हाड़ी–(स्त्री.) लकड़ी काटने का एक औज़ार **अपने पैर में कुल्हाड़ी मारना** 1 खुद को ज़ख़्मी करना 2 अपना अहित स्वयं करना
कुल्हिया–(स्त्री.) छोटा कुल्हड़ **कुल्हिया में गुड़ फोड़ना** छिपाकर काम करना
कुश–(पु.) 1 धार्मिक कृत्यों के उपयोग में आनेवाली एक घास 2 राम का एक पुत्र
कुशल–I (वि.) 1 चतुर, होशियार, प्रवीण (जैसे–कुशल व्यक्ति) 2 निपुण, पारंगत (जैसे–कुशल कारीगर) 3 उचित 4 प्रसन्न II (स्त्री.) मंगल (जैसे–कुशल-मंगल) **कुशल क्षेम** (पु.) राज़ी-खुशी, सुख-संपन्न **कुशल प्रश्न** (पु.) कुशल-मंगल पूछना **कुशल मंगल** (पु.) कुशलक्षेम **कुशल समाचार** (पु.) उत्तम संदेश
कुशाग्र–(वि.) कुश की नोक के समान, अति तीक्ष्ण, नुकीला **कुशाग्रबुद्धि** (वि.) तीक्ष्ण बुद्धिवाला
कुश्ती–(स्त्री.) मल्लयुद्ध **कुश्तीबाज़** (पु./वि.) मल्लयुद्ध करनेवाला **कुश्ती लड़ाना** कुश्ती लड़ने के दाँव-पेंच सिखाना
कुष्ठ–(पु.) कोढ़
कुष्ठी–(पु.) कोढ़ी
कुष्मांड–(पु.) कुम्हड़ा
कुसंग–(पु.) बुरे का साथ, बुरी संगत
कुसुंभ–(पु.) 1 कुसुम नाम का पौधा 2 केसर, कुमकुम
कुसुंभी–(वि.) कुसुम के रंग का, लाल
कुसुम–(पु.) 1 फूल, पुष्प 2 लाल रंग **कुसुमरेणु** (पु.) पराग
कुसुमांजलि–(स्त्री.) फूलों से भरी अंजलि, पुष्पांजलि
कुसुमाकर–(पु.) 1 वसंत 2 फुलवारी
कुसुमायुध–(पु.) कामदेव
कुसुमावलि–(स्त्री.) फूलों की पंक्ति
कुहक–(स्त्री.) 1 मुरग़े की बाँग 2 कोयल की कूक 3 कुहकने की क्रिया
कुहनी–(स्त्री.) बाँह और भुजा का मोड़ (जैसे–मेज़ पर कुहनी टिकाना)
कुहरा–(पु.) वायुमंडल में ठंडा होकर गिरनेवाले जलकण, ओस, धुंध
कुहराम–(पु.) 1 भगदड़, हलचल 2 रोना-कलपना
कुहू–(स्त्री.) 1 कोयल की कूक 2 अमावस्या की रात
कूँची–(स्त्री.) 1 ब्रश 2 तूलिका **कूँची देना** 1 कूँची से साफ़ करना 2 रंग चढ़ाना
कूँड़ा–(पु.) 1 पानी रखने का चौड़े मुँह का बड़ा बर्तन, कुंडा 2 गमला 3 कठौता
कूँड़ी–(स्त्री.) 1 पत्थर की कटोरी 2 छोटी नाँद 3 कोल्हू के बीच का गड्ढा
कूक–I (स्त्री.) 1 कुहक 2 लंबी मधुर ध्वनि II (स्त्री.) घडी, बाजे आदि में कुंजी देना
कूकना–I (अ. क्रि.) कुहकना II (स. क्रि.) कुंजी देना, चाबी देना
कूच–(पु.) एक स्थान से दूसरे स्थान जाना, रवानगी
कूजन–(पु.) पक्षियों की कलरव-क्रिया
कूट–I (वि.) 1 मिथ्यावादी, झूठा 2 छली, धोखेबाज़ 3 बनावटी (जैसे–कूट मुद्रा) 4 जटिल (जैसे–कूट प्रश्न) II (पु.) 1 छल,

धोखा 2 बनावट 3 रहस्य 4 असत्य **कूटनीति** (स्त्री.) छिपी हुई चाल, गुप्त चाल **कूटनीतिक** (वि.) कूटनैतिक **कूटनीतिज्ञ** (वि.) कूटनीति जाननेवाला

कूटना–(स. क्रि.) 1 लगातार पीटना (जैसे–अनाज कूटना) 2 मारना-पीटना (जैसे–उस बदमाश को खूब कूटना) 3 बधिया करना **कूट-कूटकर भरना** दबा-दबाकर अधिक मात्रा में भरना

कूड़ा–(पु.) 1 बुहारन 2 रद्दी वस्तुएँ 3 धूल-राख आदि **कूड़ा-कबाड़, कूड़ा-करकट** (पु.) सड़ी-गली वस्तुएँ **कूड़ाख़ाना** (पु.) 1 कूड़ा फेंकने का स्थान 2 कूड़ादान

कूड़ेदान–(पु.) वह पात्र जिसमें कूड़ा फेंका जाता है (डस्टबिन)

कूढ़–(वि.) मूर्ख, बेवकूफ़, निर्बुद्धि **कूढ़मग्ज़** (वि.) 1 अत्यधिक मूर्ख 2 मंदबुद्धि

कूतना–(स. क्रि.) 1 अंदाज़ लगाना, अनुमान करना 2 मन ही मन सोचना, कल्पना करना

कूद–(स्त्री.) कूदने की क्रिया (जैसे–ऊँची कूद, बाँस कूद) **कूद-फाँद** (स्त्री.) उछल-कूद

कूदना–(अ. क्रि.) 1 उछलना 2 छलाँग लगाना, पहाड़ पर कूदना 3 अचानक आ पहुँचना (जैसे–आंदोलन में कूदना) **कूदना-फाँदना** (अ. क्रि.) 1 उछलकर जाना 2 कूदकर किसी ऊँचाई या वस्तु को पार करना

कूप–(पु.) 1 कुआँ 2 गहरा गड्ढा **कूपमंडूक** (पु.) 1 कुएँ का मेंढक 2 संकुचित अनुभव और ज्ञानवाला, अल्पज्ञ

कूबड़–(पु.) किसी वस्तु का उभारदार टेढ़ापन (जैसे–ऊँट का कूबड़)

कूर्म–(पु.) कच्छप, कछुआ

कूल–(पु.) तट, किनारा

कूल्हा–(पु.) 1 धड़ तथा जाँघ का जोड़ 2 कमर के दोनों ओर की हड्डी

कृच्छ–I (वि.) 1 कष्टमय 2 कठिन 3 कष्टसाध्य 4 कष्टकर 5 दुष्ट II (पु.) 1 कष्ट 2 दुःख 3 कठिनाई 4 प्रायश्चित 5 पाप

कृत–I (वि.) 1 किया हुआ 2 बनाया हुआ, निर्मित II (पु.) 1 काम 2 उपकार 3 सतयुग 4 कर्मफल **कृतकृत्य** (वि.) 1 कृतार्थ 2 संतुष्ट तथा प्रसन्न **कृतघ्न** (वि.) किए हुए उपकार को न माननेवाला **कृतघ्नता** (स्त्री.) कृतघ्न होने की अवस्था, **कृतनिश्चय** (वि.) निश्चय करनेवाला **कृतसंकल्प** (वि.) जिसने पक्का निश्चय किया हो, दृढ़-निश्चयी

कृतज्ञ–(वि.) उपकार माननेवाला, एहसानमंद

कृतज्ञता–(स्त्री.) कृतज्ञ होने का भाव

कृतार्थ–(वि.) कृतकृत्य

कृतार्थता–(स्त्री.) प्रसन्नता, धन्यता

कृति–(स्त्री.) 1 किया हुआ कार्य 2 रचना 3 प्रशंसनीय काम **कृतिकार** (पु.) 1 रचनाकार 2 लेखक

कृते–(अ.) के वास्ते

कृत्य–I (वि.) कर्तव्य II (पु.) 1 कर्म 2 धार्मिक कर्म

कृत्रिम–(वि.) 1 बनावटी (जैसे–कृत्रिम ग्रह, कृत्रिम हँसी) 2 नक़ली (जैसे–कृत्रिम सोना, कृत्रिम रत्न)

कृपण–(वि.) 1 सूम, कंजूस 2 लोभी, लालची **कृपणता** (स्त्री.) 1 कंजूसी 2 लालच

कृपया–(क्रि. वि.) कृपापूर्वक

कृपा–(स्त्री.) अनुग्रह, दया (जैसे–कृपा करके) **कृपाकटाक्ष** (पु.) कृपा का भाव **कृपाकांक्षी** (पु.) कृपा चाहनेवाला व्यक्ति (जैसे–आपका कृपाकांक्षी) **कृपादृष्टि** (स्त्री.) कृपा-कटाक्ष **कृपानिधान** (पु.) कृपालु, कृपासागर **कृपापात्र** (पु.), **कृपापात्री** (स्त्री.) जो कृपा के योग्य हो **कृपापूर्वक** (वि.) कृपा करके

कृपाण–(पु.) 1 कटार 2 तलवार

कृपाभिलाषी–(वि.) कृपाकांक्षी

कृपालु–(वि.) कृपा करनेवाला, दयालु

कृमि–(पु.) 1 कीड़ा 2 चींटी **कृमि रोग** (पु.) अमाशय में केंचुए पड़ने से होनेवाला रोग, पेट का रोग **कृमि विज्ञान** (पु.) ऐसा विज्ञान जिसमें विभिन्न रोगों के कीटाणुओं का अध्ययन किया जाता है

कृश–(वि.) 1 दुबला-पतला 2 कमज़ोर 3 अकिंचन 4 अल्प, थोड़ा 5 दरिद्र **कृशता** (स्त्री.) 1 कमज़ोरी 2 दुबलापन

कृषक–I (पु.) किसान II (वि.) खींचनेवाला

कृषि–(स्त्री.) 1 खेती-बाड़ी 2 ज़मीन की बोआई 3 फ़सल (जैसे–कृषि उत्पादन) **कृषि उद्योग** खेती का काम, किसान का पेशा **कृषि उपकरण** (पु.) कृषि के उपयोग में आनेवाले औज़ार एवं मशीनें आदि **कृषिजीवी** (पु.) कृषक **कृषि प्रदर्शनी** (स्त्री.) खेती की चीज़ों की नुमाइश **कृषिप्रधान** (वि.) 1 जो कृषि में मुख्य हो 2 जो उत्तम खेती करनेवाला हो **कृषि बैंक** (पु.) कृषि हेतु आर्थिक मदद देनेवाले बैंक **कृषि यंत्र** (पु.) खेती के औज़ार एवं उपकरण **कृषि विकास** (पु.) कृषि की प्रगति, कृषि-वृद्धि **कृषि विज्ञान** (पु.) ऐसा विज्ञान जिसमें कृषि विषयक अध्ययन किया जाए

कृष्ण–I (वि.) 1 काला, श्याम 2 नीला 3 कुत्सित 4 निंदनीय II (पु.) 1 यदुवंशी कृष्ण 2 काला रंग 3 नीला रंग 4 पापकर्म **कृष्ण पक्ष** (पु.) महीने का अँधेरा पखवारा

कृष्णसार–(पु.) 1 काले रंग का हिरन, कृष्ण मृग 2 शीशम वृक्ष 3 खैर का पेड़

केंचुआ–(पु.) 1 एक लंबा एवं पतला बरसाती कीड़ा 2 आँतों में पैदा हो जानेवाले छोटे-छोटे सफ़ेद कीड़े

केंचुल–(स्त्री.) साँप द्वारा छोड़ी गई झिल्लीदार त्वचा (जैसे–केंचुल छोड़ना)

केंद्र–(पु.) 1 वृत्त का मध्य बिंदु 2 मध्य भाग 3 वस्तु का मुख्य उत्पादन एवं वितरण स्थल (जैसे–औद्योगिक केंद्र) 4 मुख्य कार्यालय **केंद्रबिंदु** (पु.) मध्य बिंदु, मध्यस्थल **केंद्रित**–(वि.) केंद्र में स्थित

केंद्री–(वि.) केंद्रीय **केंद्रीकरण** (पु.) 1 केंद्रित करना 2 सत्ता के अधीन करना (जैसे–उद्योग-धंधों का केंद्रीकरण) **केंद्रीकृत** (वि.) 1 केंद्रित किया हुआ 2 अधिकार में लाया हुआ **केंद्रीभूत** (वि.) केंद्रित

केंद्रीय–(वि.) 1 केंद्र संबंधी 2 मध्य भाग का 3 मुख्य या प्रधान सत्ता का (जैसे–केंद्रीय शासन, केंद्रीय संगठन)

के–I (प्र.) संबंधकारक 'का' विभक्ति का बहुवचन (जैसे–आम के पेड़) II (सर्व.) 1 कौन 2 किसने

केकड़ा–(पु.) आठ पैर एवं दो पंजों का प्रसिद्ध जल-जंतु

केतकी–(स्त्री.) केवड़ा

केतु–(पु.) 1 सौर मंडल का नवाँ ग्रह 2 पताका, झंडा 3 चिह्न 4 पुच्छल तारा

केदार–I (पु.) 1 शिव 2 हिमालय की प्रसिद्ध चोटी केदारनाथ जो शिव का तीर्थ है 3 संगीत का एक राग II (स्त्री.) क्यारी

केला–(पु.) प्रसिद्ध फल एवं पेड़, कदली

केलि–(स्त्री.) 1 क्रीड़ा, खेल 2 हँसी-मज़ाक **केलिकला** (स्त्री.) 1 कामकला, रतिकला 2 केलि-कुशलता

केवट–(पु.) मल्लाह, कैवर्त

केवड़ा–(पु.) सुगंधित एवं लंबे पत्तों वाला एक पौधा और उसका फूल

केवल–I (वि.) 1 अकेला, असंग 2 शुद्ध (जैसे–केवल ज्ञान) II (क्रि. वि.) सिर्फ़, मात्र (जैसे–केवल दूध पीना)

केश–(पु.) सिर के बाल (जैसे–केश गुँथाना) **केशपाश** (पु.) 1 बालों की लट, केशगुच्छ 2 बालों का जूड़ा **केश प्रसाधन** (पु.) बाल सँवारना **केशरंजन** (पु.) बाल रगना **केश रचना** (स्त्री.) बाल सँवारना **केशराशि** (स्त्री.) बालों का गुच्छा **केश बिन्यास** (पु.) माँग-पट्टी (जैसे–केश-विन्यास करना)

केशव–(पु.) 1 लंबे और सुंदर बालोंवाला 2 विष्णु

केशिका–(स्त्री.) 1 छोटे-छोटे रोएँ 2 केशवत् सूक्ष्म शिरा

केशिनी–(स्त्री.) लंबे एवं सुंदर बालोंवाली स्त्री

केस–I (पु.) वस्तु रखने का छोटा डिब्बा, ख़ाना

2 बक्स (जैसे–सूटकेस) II (पु.) 1 दुर्घटना 2 मामला, मुक़दमा (जैसे–केस चलाना)

केसर–(पु.) 1 फूल के बीच का रेशा 2 कुंकुम 3 नागकेसर 4 मौलसरी

केसरिया–(वि.) केसर के रंग का

केसरी–(पु.) शेर

कैंची–(स्त्री.) 1 कतरनी 2 दो फलोंवाला एक प्रसिद्ध औज़ार जिसके बीच में वस्तु रखकर काटी जाती है

क़ै–(स्त्री.) उलटी, वमन

कैथ–(पु.) एक वृक्ष जिसका फल कड़वा होता है, कपित्थ

क़ैद–(स्त्री.) 1 बंधन 2 कारावास **क़ैदख़ाना** (पु.) जेलखाना, बंदीगृह **क़ैदी** (पु.) बंदी, क़ैद की सज़ा पानेवाला व्यक्ति (जैसे–क़ैदी पकड़ना, क़ैदी छोड़ देना)

कैलास–(पु.) 1 हिमालय की एक चोटी जिसे शिव का निवास-स्थल माना गया है 2 स्वर्ग **कैलासनाथ, कैलासपति** (पु.) शिवजी, शंकर भोले **कैलासवास** (पु.) मृत्यु

कैवल्य–(पु.) 1 मोक्ष, मुक्ति 2 निर्लिप्त होने की अवस्था, निःसंग भाव 3 निःश्रेयस **कैवल्य ज्ञान** (पु.) ब्रह्म विद्या

कैसा–(वि.) 1 किस तरह का 2 किस रंग-रूप का (जैसे–कैसा कपड़ा)

कैसे–(क्रि. वि.) 1 किस प्रकार से (जैसे–आप कैसे जानते हैं यह ?) 2 किसलिए (जैसे–आप कैसे आए हैं ?)

कोंचना–(क्रि.) चिकोटी काटना, किसी नुकीली या कड़ी चीज़ या नाखूनों को किसी के शरीर में चुभोना

कोंपल–(पु.) = कोपल

को–I (विभ.) 1 कर्म एवं सम्प्रदान कारक की विभक्ति का चिह्न (जैसे–साँप को मारो) 2 वास्ते, के लिए (जैसे–दिखाने को, मिलने को आना) II (सर्व.) कौन

कोआ–(पु.) 1 कुसियारी 2 टसर नामक रेशम का कीड़ा (सिल्क वर्म) 3 ऊन की पोनी, महुए का फल 4 कटहल का पका हुआ बीजकोष 5 आँख का सफ़ेद भाग 6 आँख का कोना

कोई–I (सर्व.) 1 अनेक लोगों में कोई, अज्ञात व्यक्ति (जैसे–कोई एक, कोई और) 2 अज्ञात वस्तु (जैसे–कोई पुस्तक) 3 चाहे जो एक II (क्रि. वि.) लगभग (जैसे–कोई सौ आदमी)

कोक–(पु.) 1 चकवा पक्षी, सुरख़ाब 2 कोयल 3 कामशास्त्र के प्रसिद्ध आचार्य कोकदेव **कोककला, कोकशास्त्र** (पु.) रति एवं संभोग कला, कामशास्त्र

कोकिल–(स्त्री.) 1 कोयल 2 मीठी बोली **कोकिल कंठ** (वि.) कोयल की तरह मधुर स्वरवाला (स्त्री. कोकिला)

कोख–(स्त्री.) 1 पेट, उदर 2 गर्भाशय **कोखजली** (वि.) (गाली) जिसकी संतान जीवित न रहे

कोट–(पु.) 1 राजमहल 2 पक्का भवन, दुर्ग 3 परकोटा, प्राचीर **कोटपाल** (पु.) दुर्गरक्षक

कोटला–(पु.) छोटा क़िला

कोटि–(स्त्री.) 1 (धनुष का) सिरा 2 नोक 3 दर्जा, वर्ग 4 करोड़ की संख्या **कोटिशः** I (क्रि. वि.) अनेक प्रकार से II (वि.) असंख्य, करोड़ों

कोठरी–(स्त्री.) छोटा कमरा

कोठा–(पु.) 1 बड़ा कमरा, अटारी 2 भंडार, कोठार 3 वेश्याओं का घर **कोठार** (पु.) 1 कोठा 2 भंडार गृह

कोठारी–(पु.) भंडारी

कोठी–(स्त्री.) 1 पक्का एवं ऊँचा मकान, हवेली 2 थोक बिक्री की दुकान 3 कोठा 4 भंडार **कोठेवाली** (स्त्री.) वेश्या

कोड़ा–(पु.) 1 चाबुक 2 सोंटा

कोड़ी–I (स्त्री.) बीस का समूह II (वि.) बीस

कोढ़–(पु.) त्वचा संबंधी संक्रामक रोग जिसमें शरीर के किसी अंग पर चकत्ते पड़ने लगते हैं और वह अंग गलने लगता है (लप्रॉसि)

कोढ़ी–(पु.) 1 कोढ़ से पीड़ित व्यक्ति 2 निकम्मा आदमी

कोण–(पु.) 1 अंतर्दिशा 2 दो दिशाओं के बीच की दिशा 3 कोना
कोणीय–(वि.) कोणों वाला (जैसे त्रिकोणीय)
कोतवाल–(पु.) पुलिस अधिकारी
कोतवाली–(स्त्री.) 1 कोतवाल का कार्यालय 2 कोतवाल का पद
कोदों, कोदो–(पु.) साँवा की जाति का एक मोटा अन्न **कोदो दलना** निकृष्ट एवं परिश्रम का काम करना
कोन, कोना–(पु.) 1 खेत का कोना 2 कोण 3 कमरे आदि का कोना
कोप–(पु.) क्रोध, रोष
कोपल–(पु.) वृक्ष की नई एवं कोमल पत्ती
कोमल–(वि.) 1 मुलायम, नरम 2 सुकुमार, नाज़ुक 3 अपरिपक्व 4 मधुर 5 मनोहर
कोमलांग–(पु.) सुंदर अंगोंवाला पुरुष (स्त्री. कोमलांगी)
कोयल–(स्त्री.) मधुर आवाज़ वाला काला पक्षी
कोयला–(पु.) 1 एक काला खनिज पदार्थ जो ईंधन के रूप में प्रयोग किया जाता है 2 जली हुई लकड़ी का ठोस अवशेष
कोर–(स्त्री.) 1 नुकीला किनारा 2 कोना 3 धार 4 द्वेष, वैर 5 दोष 6 खेत की जुताई 7 चैती फ़सल की पहली सिंचाई
कोर-क़सर–(स्त्री.) 1 कमी 2 सामान्य दोष
कोरा–I (वि.) 1 बिल्कुल ताज़ा और नया (जैसे–कोरा कपड़ा) 2 जिस पर कुछ लिखा न गया हो (जैसे–कोरा काग़ज़) 3 जो धुला न हो (जैसे–कोरी धोती) 4 गुणहीन 5 मूर्ख II (पु.) गोद
कोरा जवाब–(पु.) साफ़ इनकार
कोल–(पु.) 1 एक प्रकार की जंगली जाति 2 सूअर 3 वाराह अवतार 4 गोद 5 आलिंगन
कोलाहल–(पु.) शोर, हल्ला
कोली–I (पु.) 1 गोद 2 सँकरी गली (जैसे–कोली में)
कोल्हू–(पु.) ईख, तिल आदि पेरने का यंत्र
कोल्हू का बैल–(पु.) हर वक़्त पिसनेवाला, कड़ी मेहनत करनेवाला
कोश–(पु.) 1 आवरण (जैसे–अंडकोश) 2 सामान रखने का पात्र 3 गोलक (जैसे–नेत्रकोश) 4 ख़ज़ाना 5 शब्दकोश
कोशिका–(स्त्री.) शरीर के भीतर के छोटे-छोटे जीवकोष
कोशिका विज्ञान–(पु.) जीवकोशों का अध्ययन करने वाली विज्ञान की एक शाखा
कोशिश–(स्त्री.) 1 प्रयत्न 2 श्रम
कोष–(पु.) ख़जाना, भंडार
कोषाध्यक्ष–(पु.) कोशपाल, ख़ज़ांची
कोष्ठ–(पु.) 1 घर का भीतरी भाग 2 भीतरी कमरा 3 शरीर के अंदर का क्रियाशक्ति-प्रधान भाग, आमाशय, पक्वाशय 5 भंडार
कोष्ठबद्धता–(स्त्री.) क़ब्ज़ियत
कोष्ठक–(पु.) 1 ब्रैकेट 2 छोटा कोठा
कोष्ठागार–(पु.) 1 भंडार 2 कोषागार
कोस–(पु.) लगभग दो मील के बराबर एक नाप
कोसना–(स. क्रि.) किसी के प्रति अपशब्द कहकर उसके बुरे की कामना करना
कोसा–(पु.) एक प्रकार का रेशम
कोहनी–(स्त्री.) कुहनी
कोहनूर–(पु.) प्रसिद्ध पुराना हीरा जो ब्रिटिश शाही ताज में लगा है
कोहरा–(पु.) कुहरा, ओस
कौंच–(स्त्री.) सेम जैसी एक फली जिसकी सब्ज़ी बनती है
कौंध–(स्त्री.) बिजली की चमक, चमक
कौआ–(पु.) 1 कौवा 2 धूर्त मनुष्य
कौटिल्य–(पु.) 1 आचार्य चाणक्य का एक नाम, कूटनीतिज्ञ 2 कुटिलता 3 कपट 4 बेईमानी
कौटुंबिक–(वि.) पारिवारिक, कुटुंब संबंधी
कौड़ी–(स्त्री.) 1 घोंघे, शंख आदि के वर्ग का एक कीड़ा जो अस्थिकोश में रहता है 2 द्रव्य, धन, रुपया-पैसा 3 कर, महसूल 4 गिलटी (जैसे–कौड़ी उभरना) **कौड़ी के तीन होना** हीन होना, तुच्छ होना **कौड़ी के**

क

तीन होना तुच्छ होना, हीन होना **कौड़ी के मोल** बहुत कम क़ीमत का **कौड़ी-कौड़ी चुकाना** पूरा ऋण वापस करना

कौतुक–(पु.) 1 कुतूहल, उत्सुकता 2 कुतूहल उत्पन्न करनेवाली वस्तु 3 अचंभा 4 तमाशा 5 आनंद 6 हास्य-विनोद, हँसी-मज़ाक (जैसे–मंगल कौतुक) 7 कंगन

कौतुकी–(वि.) कौतुक करनेवाला, विनोदशील, खेल-तमाशा दिखानेवाला

कौतूहल–(पु.) कुतूहल

कौन–(सर्व.) प्रश्नवाचक सर्वनाम (जैसे–कौन आया ? कौन जाएगा ?)

कौपीन–(पु.) 1 शरीर का गुह्य भाग 2 पुरुष लिंग 3 लँगोटी

क़ौम–(स्त्री.) 1 जाति 2 वंश, नसल (जैसे–वह क्षत्रिय क़ौम का है)

कौमार्य–(पु.) कुँआरापन

कौमुदी–(स्त्री.) 1 कुमुदिनी 2 चाँदनी

कौर–(पु.) 1 कार्तिक मास की पूर्णिमा 2 ग्रास, निवाला **मुँह का कौर छीनना** मिलनेवाला हिस्सा छीन लेना, अंश झपट लेना

क़ौल–(पु.) 1 वचन, उक्ति (जैसे–क़ौल तोड़ना) 2 प्रतिज्ञा (जैसे–क़ौल हारना) **क़ौल-क़रार** (पु.) प्रतिज्ञा करना

कौशल–I (पु.) 1 कुशलता, दक्षता 2 कुशल होने की अवस्था 3 समर्थता (जैसे–कौशल के जीर्ण-शीर्ण मानदंडों को तोड़ना) II कौशल देश

कौशिक, कौशेय–(वि.) रेशमी

कौस्तुभ–(पु.) (विष्णु के गले की) मणि

क्या–I (सर्व.) प्रश्नवाचक सर्वनाम (जैसे–यह क्या करते हो ?) II (वि.) कितना (जैसे–इस पुस्तक का क्या दाम है ?) III (क्रि. वि.) किसलिए (जैसे–यहाँ क्या करने आए थे ?)

क्यारी–(स्त्री.) मेड़ों से बनाए गए छोटे-छोटे वर्गाकार या आयताकार भाग

क्यों–(क्रि. वि.) 1 किस अभिप्राय से, किस उद्देश्य से (जैसे–आप यहाँ क्यों आए हैं ?) 2 किस अधिकार से (जैसे–तुमने यह फूल क्यों तोड़ा ?) 3 किस तरह, किस प्रकार, कैसे (जैसे–यह कार्य क्यों नहीं होगा ?)

क्रंदन–(पु.) विलाप करना, रोना

क्रम–(पु.) 1 डग, पग 2 डग उठाना 3 आरंभ 4 तरतीब, सिलसिला, क्रम 5 नियमित व्यवस्था (जैसे–क्रम से रखना) **क्रम परिवर्तन** (पु.) क्रम में उलट-फेर **क्रमबद्ध** (वि.) क्रमयुक्त, सिलसिलेवार **क्रमविकास** (पु.) 1 सिलसिलेवार प्रगति 2 प्रारंभ की उन्नति **क्रमसंख्या** (स्त्री.) वस्तु, व्यक्ति आदि की क्रमगत संख्या

क्रमशः–(क्रि. वि.) 1 सिलसिलेवार, यथाक्रम, क्रमानुसार, सिलसिले से 2 धीरे-धीरे

क्रमांक–(पु.) क्रम-संख्या

क्रमागत–(वि.) 1 क्रम से आया हुआ 2 परंपरागत

क्रमानुकूल–(क्रि. वि.) सिलसिले के मुताबिक़, सिलसिलेवार

क्रमानुसार–(क्रि. वि.) क्रमशः

क्रमिक–(वि.) 1 एक के बाद दूसरा, क्रमागत 2 परंपरागत

क्रय–(पु.) ख़रीदना **क्रय दर** क्रय मूल्य **क्रय-विक्रय** ख़रीदना-बेचना **क्रयशक्ति** (स्त्री.) ख़रीदने की सामर्थ्य

क्रयी–(पु.) ख़रीददार, ग्राहक

क्रांति–(स्त्री.) 1 लाँघना, क्रमण 2 पूर्ण परिवर्तन, उलट दिया जाना (जैसे–पूँजीवादी या जनवादी क्रांति, समाजवादी क्रांति) **क्रांतिकारिणी** (वि.) क्रांति करनेवाली **क्रांतिकारी** (वि.) क्रांति करनेवाला (जैसे–क्रांतिकारी सिद्धांत) **क्रांतिमय** (वि.) क्रांति से भरा हुआ, क्रांति से ओत-प्रोत

क्रिया–(स्त्री.) 1 कुछ करना (जैसे–स्नान क्रिया, पाठन क्रिया) 2 धार्मिक कर्म (जैसे–अंत्येष्टि क्रिया) 3 संस्कार (जैसे–मुंडन क्रिया) 4 कार्यविधि 5 अभ्यास (जैसे–योग क्रिया, दैनिक क्रिया) 6 व्याकरण में प्रयुक्त होनेवाली क्रिया (जैसे–सकर्मक क्रिया,

भूतकालिक क्रिया) 7 उपचार **क्रियाकर्म** (पु.) मृतक क्रिया, अंत्येष्टि **क्रियापद** (पु.) क्रियावाचक शब्द **क्रियावाचक, क्रियावाची** (वि.) क्रिया का अर्थ देनेवाला **क्रियावान्** (वि.) कर्मनिष्ठ **क्रियाविधि** (स्त्री.) क्रिया के करने का ढंग **क्रिया विशेषण** (पु.) क्रिया की विशेषता बतानेवाला शब्द

क्रियात्मक–(वि.) क्रिया रूप में किया गया, अमल में लाया गया, व्यावहारिक (जैसे–क्रियात्मक अनुभव)

क्रियान्वयन–(पु.) कार्य में लाना

क्रियार्थक–(वि.) क्रियावाचक **क्रियार्थक संज्ञा** (स्त्री.) संज्ञा जो क्रिया का भी अर्थ देती है

क्रीड़ा–(स्त्री.) 1 खेल 2 केलि **क्रीड़ा-कौतुक** (पु.) 1 खेल-कूद 2 आमोद-प्रमोद **क्रीड़ा-क्षेत्र** (पु.) खेल का मैदान

क्रीत–(वि.) ख़रीदा हुआ

क्रुद्ध–(वि.) जो गुस्से से भरा हो, क्रोधित

क्रूर–(वि.) 1 निर्दय, संगदिल 2 निर्मम एवं हिंसक कार्य करनेवाला 3 नीच, बुरा 4 कठिन

क्रूस–(पु.) क्रास, सलीब

क्रेता–(पु.) ख़रीदनेवाला, ख़रीददार

क्रोड़–(पु.) 1 गोद, अंक 2 वक्षःस्थल 3 पेड़ के तने का खोखला भाग 4 वस्तु के बीच का भाग

क्रोड़-पत्र–(पु.) सामयिक पत्र के साथ छपा अतिरिक्त पत्र

क्रोध–(पु.) गुस्सा (जैसे–क्रोध में आना)

क्रोधाग्नि–(स्त्री.) क्रोध की आग

क्रोधावेश–(पु.) क्रोध का ज़ोर

क्रोधित–(वि.) क्रोध से भरा, क्रुद्ध

क्रोधी–(वि.) गुस्सा करनेवाला, गुस्सावर

क्रौंच–(पु.) 1 कराँकुल 2 कुररी (पक्षी)

क्लांत–(वि.) 1 थका हुआ, शिथिल 2 क्षीणकाय

क्लांति–(स्त्री.) शिथिलता, थकावट

क्लिष्ट–(वि.) 1 कष्ट में पड़ा हुआ 2 कठिन, दुरूह, दुर्बोध 3 क्षतिग्रस्त

क्लेश–(पु.) 1 दुःख, पीड़ा 2 चिंता, संताप (जैसे–क्लेश करना)

क्वचित्–(क्रि. वि.) शायद ही, कहीं-कहीं, कोई

क्वारा–(वि.) अविवाहित, कुआँरा

क्विंटल–(पु.) 100 किलोग्राम का एक माप

क्ष-किरण–(स्त्री.) एक्स-रे

क्षण–(पु.) 1 काल का अत्यल्प परिमाण 2 पल, निमेष (जैसे–क्षण मात्र) 3 अवसर, मौक़ा (जैसे–गंभीर क्षण में) **क्षणभंगुर** (वि.) कुछ ही पलों में नष्ट हो जानेवाला, क्षणिक, अस्थिर, अस्थायी

क्षणिक–(वि.) क्षण भर स्थिर रहनेवाला, क्षणभंगुर, अस्थायी

क्षत–I (वि.) 1 घाव लगा हुआ 2 घायल 3 खंडित II (पु.) ज़ख़्म, घाव **क्षत-विक्षत** (वि.) अत्यधिक घायल एवं लहूलुहान

क्षति–(स्त्री.) 1 हानि, नुक़सान (जैसे–क्षति उठाना, क्षति पूरी होना) 2 चोट (जैसे–क्षति पहुँचाना) **क्षतिग्रस्त** (वि.) 1 हानि पहुँचाई गई 2 चोट पहुँचाई गई **क्षतिपूरक** (वि.) हानि पूरा करनेवाला **क्षतिपूर्ति** (स्त्री) 1 घाटा पूरा होना 2 मुआवज़ा, क्षतिपूरक धन

क्षत्र–(पु.) 1 बल, शक्ति 2 सत्ता **क्षत्रपति** (पु.) राज्य का स्वामी **क्षत्रविद्या** (स्त्री.) युद्धविद्या

क्षत्रप–(पु.) 1 क्षत्रपति, राजा 2 प्राचीनकाल का राज्यपाल

क्षत्राणी–(स्त्री.) 1 क्षत्रिय जाति की स्त्री 2 बहादुर स्त्री, वीरांगना

क्षत्रिय, क्षत्री–(पु.) 1 हिंदुओं का दूसरा वर्ण 2 योद्धा जाति

क्षत्रियत्व–(पु.) वीरता का भाव

क्षपणक–(पु.) दिगंबर साधु

क्षमा–(स्त्री.) 1 माफ़ी 2 अपराध को बिना प्रतिकार भावना के सह लेने की प्रवृत्ति, सहनशीलता **क्षमादान** (पु.) क्षमा देना **क्षमाप्रार्थी** (वि.) क्षमायाचना करनेवाला **क्षमायाचना** (स्त्री.) क्षमा प्रार्थना **क्षमावान्, क्षमाशील** (वि.) क्षमा करनेवाला, सहनशील

क

क्षम्य–(वि.) क्षमा किए जाने योग्य

क्षय–(पु.) 1 नाश 2 क्षय रोग, यक्ष्मा रोग **क्षयकारी** (वि.) नाश करनेवाला, यक्ष्मा रोग में होनेवाली खाँसी **क्षय-ग्रंथि** (स्त्री.) क्षयरोग की गिल्टी **क्षयग्रस्त** (वि.) जिसका नाश हो गया हो **क्षय-रोगी** I (पु.) यक्ष्मा का रोगी II (वि.) क्षय रोग से पीड़ित

क्षरण–(पु.) 1 कमज़ोर होना 2 रिसना 3 झड़ना

क्षात्र–(वि.) क्षत्रियों से संबंधित, क्षत्रियोचित

क्षार–(पु.) 1 खार 2 एलकली (शोरा, नमक) 3 राख **क्षारत्रय** (पु.) सज्जी, शोरा और सुहागा **क्षार-भूमि** (स्त्री.) शोरेवाली ज़मीन, ऊसर

क्षारीय–(वि.) क्षारयुक्त, क्षार जैसा

क्षालन–(पु.) साफ़ करना, धोना

क्षिति–(स्त्री.) 1 पृथ्वी 2 निवास-स्थान **क्षितिज** (पु.) 1 वह स्थान जहाँ पृथ्वी और आकाश मिलते दिखाई देते हैं 2 दृष्टिसीमा

क्षिप्र–I (अ.) 1 शीघ्र, जल्दी 2 तुरंत II (वि.) अस्थिर, चंचल

क्षीण–(वि.) 1 जिसका क्षय हुआ हो 2 कमज़ोर, निर्बल **क्षीणकाय** (वि.) अधिक दुर्बल

क्षीर–(पु.) 1 दूध 2 खीर

क्षुद्र–(वि.) 1 नीच, अधम 2 ओछा 3 कम 4 नन्हा, छोटा (जैसे–क्षुद्र जीव) **क्षुद्र-प्रकृति** (वि.) नीच स्वभाववाला, ओछा

क्षुद्र ग्रह–(पु.) छोटे ग्रह जो मंगल एवं बृहस्पति ग्रह के मध्य हैं

क्षुद्रात्मा–(वि.) निम्न विचारोंवाला व्यक्ति

क्षुधा–(स्त्री.) 1 भूख 2 अतृप्ति **क्षुधा-निवृत्ति** (स्त्री.) भूख मिटाना **क्षुधा-वर्धक** (वि.) भूख बढ़ानेवाली

क्षुधातुर, क्षुधार्त–(वि.) भूख से व्याकुल, भूखा

क्षुधित–(वि.) जिसे भूख लगी हो, भूखा

क्षुप–(पु.) 1 झाड़ी 2 छोटे तने

क्षुब्ध–(वि.) 1 जो क्षोभ से भरा हो 2 विकल, परेशान 3 कुपित, क्रुद्ध

क्षुर–(पु.) 1 छुरी 2 उस्तरा

क्षेत्र–(स्त्री.) 1 स्थान 2 भूमि, ज़मीन 3 उत्पत्ति-स्थल 4 खेत 5 मैदान 6 सीमा-बद्ध जगह (जैसे–निषिद्ध क्षेत्र) 7 देह, शरीर **क्षेत्रपाल** (पु.) 1 खेत की रक्षा करनेवाला व्यक्ति 2 व्यवस्थापक, प्रबंधकर्ता **क्षेत्रफल** (पु.) लंबाई एवं चौड़ाई का गुणनफल, रक़बा

क्षेत्रीय–(वि.) क्षेत्र-संबंधी

क्षेप–(पु.) 1 फेंकना 2 उछालना 3 व्यतीत करना, बिताना (जैसे–कालक्षेप) 4 आघात 5 अतिक्रमण 6 निंदा

क्षेपक–I (वि.) 1 फेंकनेवाला 2 नष्ट करनेवाला II (पु.) मूल रचना में दूसरों के जोड़े गए अंश **क्षेपककार** (पु.) मूल रचना में अपना जोड़नेवाला

क्षेपण–(पु.) 1 फेंकना 2 गिराना 3 मारना 4 आक्षेप करना 5 बिताना

क्षेम–(पु.) 1 कुशल-मंगल 2 सुख 3 मुक्ति

क्षोभ–(पु.) 1 खलबली 2 व्याकुलता 3 रोष (जैसे–क्षोभ आना) **क्षोभयुक्त** (वि.) 1 रोषपूर्ण 2 क्षुब्ध

क्षोभित, क्षोभी–(वि.) 1 क्षुब्ध होनेवाला 2 जो क्षुब्ध हुआ हो

क्षौर–(पु.) 1 छुरे से बाल मूँड़ने का काम 2 सिर के बाल काटने का काम **क्षौरकर्म** (पु.) हजामत बनाना

ख

खंग–(पु.) तलवार (जैसे–खंग चलाना)

खंगर–(वि.) 1 सूखा, शुष्क 2 दुबला-पतला, क्षीण

खँगारना, खँगालना–(स. क्रि.) 1 बर्तन में पानी डालकर बर्तन को धोना 2 साफ़ करना

खंजन–(पु.) जाड़े में दिखाई देने वाली एक चंचल चिड़िया

ख़ंजर–(पु.) छोटी तलवार, कटार, छुरा

खँजरी–(स्त्री.) छोटी डफली

खंड–(वि.) 1 टुकड़ा हुआ, खंडित, विभक्त 2 छोटा, आंशिक **खंड-काव्य** (पु.) किसी विस्तृत कथा के छोटे अंश पर लिखा गया काव्य **खंड-ग्रहण** (पु.) अपूर्ण ग्रहण **खंड-पीठ** (पु.) (उच्च न्यायालय का) उपकार्यालय **खंड-प्रलय** (पु.) जब पृथ्वी को छोड़कर सब नष्ट हो जाता है

खंडन–(पु.) 1 टुकड़े-टुकड़े करने की क्रिया 2 विभाजित करना 3 ग़लत ठहराना (जैसे–सरकार द्वारा खंडन) **खंडन-मंडन** (पु.) बहस के दौरान एक पक्ष की सही और दूसरे को गलत ठहराना

खंडनीय–(वि.) खंडन करने योग्य

खंडशः–(अ.) खंड-खंड करके

खँडसार–(स्त्री.) देशी ढंग से चीनी बनाने का कारख़ाना

खँडहर–(पु.) गिरे हुए मकान का अवशेष, भग्न अवशेष

खंडित–(वि.) टूटा हुआ, टुकड़े किया हुआ

खंभ, खंभा–(पु.) 1 स्तंभ (जैसे–ईंटों का खंभा) 2 सहारा, टेक

ख–(पु.) 1 आकाश, शून्य स्थान 2 शून्य 3 सूर्य 4 क्षेत्र 5 ज्ञानेंद्रिय 6 कर्म 7 गड्ढा

खकार–(पु.) 'ख' वर्ण

खखार–(पु.) गाढ़ा लेसदार बलग़म

खखारना–(अ. क्रि.) थूकना, खखार निकालना

खग–(पु.) पंछी, पक्षी **खगपति** (पु.) गरुड़

खगोल–(पु.) 1 आकाश-मंडल 2 आकाशीय पिंडों का अध्ययन **खगोलविज्ञ** (पु.) खगोल विज्ञान का ज्ञाता

खग्रास–(पु.) (सूर्य या चंद्रमा का) पूर्ण ग्रहण

खचाखच–(क्रि. वि.) ठूँसा हुआ (जैसे–खचाखच भरना)

खच्चर–(पु.) घोड़े एवं गधे की मिश्रित संतान

ख़ज़ांची–(पु.) 1 कोषाध्यक्ष 2 रोकड़िया

ख़ज़ाना–(पु.) 1 संचित धनराशि 2 कोष, धनागार 3 राजस्व (जैसे–ख़ज़ाने का मंत्री)

खजूर–(स्त्री.) ताड़ की तरह का एक पेड़ और उसका फल

खट–(स्त्री.) दो वस्तुओं के टकराने की ध्वनि **खट-खट** (स्त्री.) 1 खटखट की ध्वनि 2 झंझट, झमेला

खटक–(स्त्री.) 1 खटकने का भाव 2 चुभन, टीस 3 खटका, आशंका (जैसे–यह बात कुछ खटक पैदा करती है)

खटका–(पु.) 1 आशंका (जैसे–यह बात कुछ खटक पैदा करती है) 2 चिंता 3 खट से होनेवाला शब्द, आहट 4 सिटकनी

खटखटाना–(स. क्रि.) आघात करके खटखट शब्द उत्पन्न करना (जैसे–दरवाज़ा खटखटाना)

खटना–I (स. क्रि.) कमाना, उपार्जन करना II (अ. क्रि.) कठोर श्रम करना

खटपट–(स्त्री.) विरोध, अनबन

खटमल–(पु.) मटमैले उन्नाबी रंग का रक्त चूसनेवाला एक प्रसिद्ध कीड़ा, उड़ुस

खटमिट्ठा, खटमीठा–(वि.) खट्टा और मीठा

खटर-पटर–(पु.) छोटी-छोटी वस्तुओं के इधर-उधर होने का शब्द

खटराग–(पु.) 1 लड़ाई-झगड़ा 2 झंझट, बखेड़ा 3 कूड़ा करकट

ख

खटाई–(स्त्री.) 1 खट्टा होने की अवस्था 2 खट्टी वस्तु **खटाई में डालना** (काम) लटकाए रखना

खटाखट–I (पु.) खट-खट की आवाज़ II (क्रि. वि.) 1 खट-खट की ध्वनि सहित 2 तुरंत, चटपट 3 लगातार शब्द करते हुए

खटास–(स्त्री.) 1 खटाई 2 खट्टापन

खटिया–(स्त्री.) चारपाई, छोटी खाट

खटोला–(पु.) छोटी खाट

खट्टा–(वि.) खटास-युक्त पदार्थ (जैसे–खट्टा फल, खट्टा आम) **खट्टा-मीठा** (वि.) खटमीठा

खड़ंजा–(पु.) ईंटों की खड़ी जोड़ाई

खड़कना–(अ. क्रि.) खटकना

खड़ा–(वि.) 1 ऊपर को सीधा उठा, 2 पाँवों पर स्थित 3 ठहरा हुआ 4 रुका हुआ

खड़ाऊँ–(स्त्री.) लकड़ी की खुली खूँटीदार पादुका

खड़िया–(स्त्री.) 1 सफ़ेद-मुलायम मिट्टी 2 इस मिट्टी की बनी बत्ती जिससे लिखा जाता है

खड़ी बोली–(स्त्री.) हिंदी का आधुनिक रूप

खड्ग–(पु.) तलवार **खड्गहस्त** (वि.) जिसके हाथ में तलवार हो

खड्ड–(पु.) अत्यंत गहरा गड्ढा

ख़त–(पु.) 1 पत्र, चिट्ठी 2 लिखावट 3 जो कुछ लिखा जाए, लेख (जैसे–ख़त लिखना) 4 दाढ़ी एवं मूँछों के बाल की रेख **ख़त-किताबत** (स्त्री.) 1 चिट्ठी-पत्री 2 लिखा-पढ़ी

ख़तम, ख़त्म–(वि.) 1 जो समाप्त हो गया हो (जैसे–पढ़ाई खतम हो गई) 2 जिसकी मृत्यु हो गई हो

ख़तरनाक–(वि.) 1 ख़तरे का, ख़तरे से भरा हुआ (जैसे–ख़तरनाक कार्य) 2 भयजनक

ख़तरा–(पु.) 1 डर, भय 2 आशंका 3 जोख़िम **ख़तरा मोल लेना** संकट में पड़ना

ख़ता–(पु.) 1 अपराध, क़सूर 2 भूल

खतौनी–(स्त्री.) 1 विभिन्न मदों के अलग-अलग खातेवाली बही 2 ऐसी बही जिसमें पटवारी काश्तकार के खेत-संबंधी सभी विवरण रखता है 3 खतियाने का काम

खत्ता (पु.), **खत्ती**–(स्त्री.) 1 गड्ढा 2 ढेर

खदबदाना–(अ. क्रि.) उबलने का शब्द करना

खदान–(स्त्री.) खान

खदेड़ना–(स. क्रि.) बलपूर्वक हटाना, भगाना

खद्दर–(पु.) हाथ का कता-बुना कपड़ा, खादी

खद्योत–(पु.) जुगनूं

खन–I (पु.) मंज़िल, खंड II (पु.) 1 समय का बहुत छोटा भाग, पल, क्षण 2 समय, वक़्त III (स्त्री.) रुपए-पैसे के बजने की ध्वनि (जैसे–खन-खन करना)

खनक–(स्त्री.) (धातुओं की) खन-खन

खनन–(पु.) खोदना, खुदाई

खनि–(स्त्री.) खान

खनिक–(पु.) 1 गड्ढा या खान खोदनेवाला व्यक्ति 2 खान का मालिक

खनिज–I (वि.) खान से निकला हुआ II (पु.) खान से प्राप्त पदार्थ

खनिज-विज्ञान–(पु.) खान से हुए उत्पादन एवं खान-विषयक तथ्यों की जानकारी का विज्ञान (मिनरोलॉजी)

खनित्र–(पु.) खोदने का औज़ार

खपची–(स्त्री.) 1 बाँस की पतली तीली 2 बाँस की फट्टी

खपड़ा–(पु.) मकान छाने के लिए मिट्टी का बना एवं पकाया हुआ कुछ चौड़े आकार का टुकड़ा

खपड़ैल, खपरैल–(स्त्री.) खपड़े की छत, खपड़े से छाई हुई छाजन

खपत–(स्त्री.) 1 खपने का भाव 2 माल की बिक्री 3 ख़र्च (जैसे–माल की खपत)

खपना–(अ. क्रि.) 1 उपयोग में आना, लग जाना 2 समाप्त होना 3 समा जाना 4 नष्ट होना 5 मारा जाना (जैसे–युद्ध में सैनिको का खपना) 6 परेशान होना

खप्पर–(पु.) 1 नारियल का बना हुआ

भिक्षापात्र 2 कपाल

ख़बर–(स्त्री.) 1 संदेश (जैसे–ख़बर पहुँचाना) 2 समाचार, हाल (जैसे–ख़बर मिलना) 3 जानकारी (जैसे–घटना की ख़बर सभी को है) 4 होश, चेत

खब्बा–(वि.) 1 बाएँ हाथ से काम करनेवाला 2 बायाँ

ख़मीर–(पु.) गुँथे आटे में पैदा होनेवाली खटास

ख़याल–(पु.) 1 सोच-विचार 2 कल्पना 3 याद (जैसे–मेरे ख़्याल में बने रहना)

खर–I (पु.) 1 गधा 2 खच्चर **खर-दिमाग़** (वि.) मूर्ख

ख़रगोश–(पु.) खरहा, चौगड़ा

खरब–(पु.) सौ अरब

ख़रबूज़ा–(पु.) एक प्रसिद्ध फल जो गर्मी के मौसम में होता है **ख़रबूज़े को देखकर ख़रबूज़ा रंग पकड़ता है** जैसी संगत वैसी रंगत

ख़रमस्त–(वि.) 1 हमेशा प्रसन्न रहनेवाला 2 पाजी

खरल–(पु.) दवाएँ कूटने की पत्थर की कूँडी जिसमें दवाएँ कूटी जाती हैं

खरहरा–(पु.) 1 दंतपंक्तियों वाली लोहे की चौकोर कंघी 2 अरहर के डंठलों की झाड़ू

खरहा–(पु.) ख़रगोश

खरा–(वि.) 1 विशुद्ध, ख़ालिस 2 सच्चा 3 निष्कपट 4 ईमानदार **खरा-खोटा** (वि.) भला-बुरा **खरा उतरना** ठीक सिद्ध होना

ख़राद–(पु.) लकड़ी, धातु आदि की बनी वस्तुओं के बेडौल अंग को सुडौल बनानेवाला एक यंत्र

खरापन–(पु.) 1 सचाई 2 स्पष्टवादिता 3 निश्छलता 4 सत्यता

ख़राब–(वि.) 1 बुरा, 2 बरबाद 3 दुश्चरित्र (जैसे–लड़के का ख़राब होना) 4 बिगड़ा हुआ (जैसे–ख़राब मशीन)

ख़राबी–(स्त्री.) 1 दोष, बुराई 2 दुर्दशा (जैसे–ख़राबी में पड़ना)

खरी-खोटी–(वि.) कड़वी-कसैली **खरी-खोटी सुनाना** कोरा जवाब देना, कटु वचन कहना

ख़रीद–(स्त्री.) 1 ख़रीदने का काम, ख़रीदा गया सामान (जैसे–थोक ख़रीद, नक़द खरीद) **ख़रीदार** (पु.) ख़रीदने वाला **ख़रीदारी** (स्त्री.) ख़रीद

ख़रीफ़–(स्त्री.) असाढ़-सावन एवं कातिक-अगहन महीनों के बीच उत्पादित फ़सल (जैसे–ख़रीफ़ की बुआई)

खरोंच–(स्त्री.) 1 त्वचा का छिल जाना, ख़राश 2 ख़राश का निशान

खरोंचना–(स. क्रि.) 1 खुरचना 2 छीलना

ख़र्च, ख़र्चा–(पु.) 1 व्यय 2 धन आदि किसी कार्य में लगना (जैसे–उत्पादन का ख़र्च) 3 आवश्यक कार्यों में लगनेवाला पैसा (जैसे–अतिरिक्त ख़र्च)

ख़र्चीला–(वि.) ज़्यादा खर्च करनेवाला

खर्रा–(पु.) 1 लंबा चिट्ठा 2 मसौदा 3 विवरण

खर्राटा–(पु.) सोते समय मुँह से निकलनेवाली खर-खर ध्वनि

खर्व–(पु.) 1 खरब 2 टुंडा 3 नाटा

खल–(वि.) 1 दुष्ट, दुर्जन, पाजी, लुच्चा 2 अधम, नीच 3 निर्लज्ज 4 धोखेबाज़ 5 चुग़लख़ोर **खलनायक** (पु.) नायक का प्रतिद्वंद्वी

खलना–I (अ. क्रि.) 1 बुरा लगना, अखरना 2 खटकना II (स. क्रि.) 1 मोड़ना, झुकाना 2 पोला करना 3 घोंटना

खलबली–(स्त्री.) 1 खलबल होने की अवस्था, हड़बड़ी (जैसे–भूख से पेट में खलबली होना) 2 हलचल 3 क्षोभ

खलिहान–(पु.) 1 काटी हुई फ़सल के रखने का स्थान 2 काटी गई फ़सल के माँडने का स्थान

खली–(स्त्री.) तेल आदि की तलछट

खल्वाट–(वि.) गंजा

खसखस–(पु.) ख़शख़श, पोस्ते के दाने

खसखसा–(वि.) I ख़स्ता II पोस्ते के दानों की तरह (जैसे–खसखसी दाढ़ी)

ख

खसोट–I (स्त्री.) लूट, छीना-झपटी II (वि.) खसोटनेवाला (जैसे–कफ़न खसोट)

खसोटना–(स. क्रि.) बलपूर्वक उखाड़ना, नोचना

ख़स्ता–(वि.) 1 भुरभुरा एवं मुलायम, कुरकुरा (जैसे–ख़स्ता पापड़, ख़स्ता पकौड़ी) 2 दुर्दशाग्रस्त

ख़स्सी–(वि.) बधिया, नपुंसक, हिजड़ा

खाँचा–(पु.) लकड़ी के अंदर काटकर बनाई गई जगह

खाँची–(स्त्री.) छोटी टोकरी

खाँड़ा–(पु.) सीधी एवं चौड़ी तलवार

खाँसना–(अ. क्रि.) 1 झटके से हवा के बाहर निकलते समय होनेवाली आवाज़ 2 बलग़म आदि का बाहर आना

खाँसी–(स्त्री.) 1 खाँसने की क्रिया 2 एक प्रकार का निरंतर खाँसने का रोग

खाई–(स्त्री.) 1 ख़ंदक 2 युद्ध में खोदे जानेवाले गड्ढे (जैसे–रेंगने की खाई)

खाऊ–(वि.) 1 बहुत खानेवाला 2 घूस लेनेवाला, रिश्वतख़ोर

ख़ाक–(स्त्री.) 1 धूल 2 मिट्टी 3 राख **ख़ाक-पत्थर** (अ.) कुछ नहीं **ख़ाकसार** (वि.) 1 तुच्छ, नाचीज़ 2 दीन **ख़ाक उड़ना** 1 बदनामी होना 2 विनाश-चिह्न दिखाई देना **ख़ाक उड़ाना** व्यर्थ इधर-उधर मारे-मारे फिरना **ख़ाक का पुतला** मिट्टी से बना (मनुष्य) **ख़ाक चाटना** धूल चाटना **ख़ाक छानना** मारा-मारा फिरना

ख़ाका–(पु.) 1 ढाँचा 2 मानचित्र

ख़ाकी–(वि.) मिट्टी के रंग का, भूरा

खाज–(स्त्री.) खुजली, ख़ारिश

खाजा–(पु.) 1 खाने की वस्तु 2 मैदे की बनी एक मिठाई

खाट–(स्त्री.) चारपाई, खटिया

खाड़ी–(स्त्री.) 1 समुद्र का भाग जो तीन तरफ़ स्थल से घिरा हो 2 गड्ढा, गर्त

खाता–(पु.) 1 आय-व्यय एवं लेन-देन आदि का लेखा 2 ऐसी बही जिसमें लेन-देन क्रमिक रूप में लिखा जाता है

ख़ातिर–I (स्त्री.) आवभगत, आदर-सत्कार II (अ.) वास्ते, लिए (जैसे–आपकी ख़ातिर)

ख़ातिरदारी–(स्त्री.) आदर-सत्कार, आवभगत

खाद–(स्त्री.) 1 सड़ा-गलाकर बनाई गई गोबर, पत्ते आदि की खाद 2 रासायनिक खाद (जैसे–नाइट्रेट खाद, पोटाश खाद)

खादर–(पु.) 1 कछार, तराई 2 तंग घाटी 3 चरागाह

ख़ादिम–(पु.) नौकर, सेवक, सेवा करने वाला

खादी–(स्त्री.) खद्दर

खाद्य–I (वि.) खाने योग्य II (पु.) खाने की चीज़ **खाद्य-पदार्थ** खाने योग्य वस्तुएँ **खाद्य-संकट** (पु.) खाने की चीज़ों की कमी **खाद्य-सामग्री** (स्त्री.) खाद्य द्रव्य

खाद्यान्न–(पु.) खाने योग्य अन्न

खाद्योत्पादन–(पु.) अन्नादि का उत्पादन

खान–(स्त्री.) 1 खदान (जैसे–नमक की खान, लोहे की खान) 2 ख़ज़ाना, भंडार

ख़ानदान–(पु.) 1 घराना, कुल 2 कुटुंब **ख़ानदानी** (वि.) 1 कुल क्रमागत, पुश्तैनी 2 कुलीन

खानपान–(पु.) खाना-पीना

खाना–I (स. क्रि.) 1 भोजन करना 2 भक्षण करना 3 परेशान करना (जैसे–क्यों मेरी जान खाते हो) 4 रिश्वत लेना (जैसे–आजकल दफ़्तरों के बाबू ख़ूब खाते हैं) 5 आघात सहना (जैसे–गाली खाना, धक्का खाना) II (पु.) 1 खाद्य पदार्थ 2 भोजन **खाना-नाश्ता** (पु.) खान-पान

ख़ाना–(पु.) 1 घर, मकान (जैसे–ग़रीबख़ाना, यतीमख़ाना) 2 स्थान, जगह (जैसे–डाकख़ाना, दवाख़ाना) 3 छोटा बक्सा, डिब्बा (जैसे–चश्मे का ख़ाना, किताबख़ाना) 4 हिस्सा **ख़ाना-ख़राब** (वि.) 1 आवारा 2 दूसरों को बिगाड़ने-वाला 3 बेघरबार का 4 बर्बाद **ख़ानाज़ाद** (वि.) घर में (दासी से) जन्मा **ख़ानातलाशी** (स्त्री.) घर की तलाशी **ख़ानाबदोश** I (वि.) जिसका ठौर-ठिकाना न हो, यायावर II (पु.) स्थायी आवासरहित जन-जाति

ख़ामोश–(वि.) 1 चुप, मौन 2 शांत

ख़ामोशी–(स्त्री.) 1 चुप्पी ख़ामोश रहने की अवस्था, 2 शांति
खार–(पु.) 1 राख 2 क्षार, 3 नमक 4 रेह
खारा–(वि.) 1 नमकीन स्वाद वाला 2 नमकीन 3 अरुचिकर
खारी–(वि.) नमकीन, खारा
खारीपन–(पु.) 1 जिसमें नमक मिला हो 2 कड़वाहट
खाल–I (स्त्री.) 1 चमड़ा, त्वचा (जैसे–खाल उतारना, खाल उधेड़ना) 2 मृत देह की खाल (जैसे–पशु की खाल) II 1 नीची ज़मीन 2 खाड़ी (जैसे–कच्छ की खाल)
ख़ालसा–I (पु.) 1 सिखों का एक प्रमुख संप्रदाय 2 राजा की निजी भूमि II (वि.) खालिस, शुद्ध
ख़ाला–(स्त्री.) मौसी
ख़ाली–(वि.) 1 जिसमें कुछ भरा न हो, रीता, शून्य 2 जिसमें कोई रहता न हो 3 बेरोज़गार
ख़ास–(वि.) विशेष, विशिष्ट
ख़ासा–(वि.) 1 काफी अच्छा, अत्युत्तम (जैसे–अच्छा-ख़ासा) 2 सुंदर 3 यथेष्ट
ख़ासियत–(स्त्री.) 1 विशेषता 2 स्वभाव
खिंचना–(अ. क्रि.) 1 खींचा जाना, तनना (जैसे–तार खिंचना) 2 आकृष्ट होना (जैसे–चित्त खिंचना) 3 बाहर निकलना (जैसे–म्यान से तलवार खिंचना) 4 चित्रित होना (जैसे–तस्वीर खिंचना) 5 सार, अर्क़ निकलना 6 अंकित होना (जैसे–लकीर खिंचना) 7 अप्रसन्न होना
खिंचाई–(स्त्री.) 1 खींचने का काम 2 डाँट-डपट
खिंचाव–(पु.) 1 तनाव 2 नाराज़गी, अप्रसन्नता
खिचड़ी–I (वि.) आपस में मिला-जुला, मिश्रित (जैसे–खिचड़ी भाषा, बाल खिचड़ी होना) II (स्त्री.) दाल-चावल के मिश्रण से बना भोज्य पदार्थ
खिड़की–(स्त्री.) 1 वातायन 2 झरोखा (जैसे–खिड़की की जाली)
खिड़कीदार–(वि.) जिसमें खिड़की हो
ख़िदमत–(स्त्री.) सेवा
खिन्न–(वि.) 1 दुःखी 2 उदास 3 दीन
खिलना–(अ. क्रि.) 1 विकसित होना 2 प्रसन्न होना 3 भला लगना, अच्छा लगना, फबना 4 अलग-अलग होना (जैसे–चावल खिलना)
खिलवाड़–(पु.) खेल, मन-बहलाव
खिलाई–(स्त्री.) 1 खिलाने का काम (जैसे–खिचड़ी खिलाई) 2 खिलाने का नेग 3 खेल खिलाने का काम एवं उसका पारिश्रमिक
खिलाड़ी–(पु.) खेलनेवाला व्यक्ति (जैसे–फुटबाल का खिलाड़ी)
खिलाना–(अ. क्रि.) खाने में प्रवृत्त करना
खिलौना–(पु.) 1 खेलने की वस्तुएँ 2 मन बहलाव की चीज़ 3 बहुत मामूली चीज़
खिल्ली–(स्त्री.) हँसी-मज़ाक़, ठट्ठा
खिल्लीबाज़–(पु.) खिल्ली उड़ानेवाला, मज़ाक उड़ानेवाला
खिसकाना–(स. क्रि.) 1 सरकाना 2 चुपके-से हथिया लेना
खिसिआना–(वि.) 1 अप्रसन्न, नाराज़ 2 लज्जित 3 क्रुद्ध
खींचना–(स. क्रि.) 1 तानना, ऐंचना (जैसे–क्रेन से खींचना) 2 बाहर निकालना (जैसे–तलवार खींचना) 3 आकृष्ट करना (जैसे–किसी का दिल खींचना) 4 दूर करना (जैसे–दर्द खींचना) 5 अर्क़ निकालना
खीज–(स्त्री.) झुँझलाहट, कुढ़न
खीजना, खीझना–(अ. क्रि.) झुँझलाना, चिढ़ना, कुढ़ना
खीर–(स्त्री.) दूध में मिलाकर पकाया गया चावल, सूजी, मखाना आदि
खीर चटाना–(स. क्रि.) अन्न-प्राशन करना
टेढ़ी खीर–कठिन कार्य
खीरा–(पु.) ककड़ी की जाति का एक फल
खील–(स्त्री.) 1 धान का भुना दाना, लावा 2 बहुत छोटा टुकड़ा
खीस–I (स्त्री.) 1 पशुओं के नुकीले एवं लंबे दाँत 2 खुले एवं बाहर से दिखाई देनेवाले दाँत II (स्त्री.) लज्जा, शर्म

ख

खुजलाहट, खुजली–(स्त्री.) 1 सुरसुरी (जैसे–खुजली उठना) 2 एक प्रकार का संक्रामक रोग, खाज

खुटकना–(स. क्रि.) दाँतों से तोड़ना, नोचना

खुड्डी–(स्त्री.) 1 पायदान (जैसे–पाखाने की खुड्डी) 2 पाखाने का चूल्हा

ख़ुद–(अ.) स्वयं, आप

खुद-इख़्तियार–(वि.) स्वतंत्र **ख़ुदकाश्त** I (वि.) खुद जोती-बोई हुई II (स्त्री.) ऐसी ज़मीन जिसे ज़मींदार खुद जोते **ख़ुदकुशी** (स्त्री.) आत्महत्या **ख़ुदग़र्ज़** (वि.) स्वार्थी, मतलबी **ख़ुद्दार** (वि.) स्वाभिमानी **ख़ुद-मुख़्तार** (वि.) जिस पर किसी का नियंत्रण न हो, स्वतंत्र

खुदरा–(वि.) फुटकर (जैसे–खुदरा पैसा, खुदरा सौदा)

ख़ुदा–(पु.) परमात्मा, परमेश्वर **ख़ुदाई** (स्त्री.) 1 ईश्वर की महिमा 2 ईश्वरता 3 दुनिया

खुदावंद–(पु.) मालिक, स्वामी

ख़ुदी–(स्त्री.) 1 आपा, अहंता 2 गर्व, अहंकार, शेख़ी

खुनस–(स्त्री.) नाराज़गी, रोष, क्रोध

ख़ुफ़िया–I (वि.) छिपा हुआ, गुप्त II (क्रि. वि.) गुप्त रूप से, छिपकर III (पु.) गुप्तचर, भेदिया

ख़ुमार–(पु.) नशा, मद **खुमार तोड़ना** नशा दूर करना

खुरंड–(पु.) घाव के ऊपर की पपड़ी

खुर–(पु.) 1 नख, सुम 2 चारपाई के पाये का निचला हिस्सा 3 नख नामक गंध द्रव्य 4 नाल **खुरबंदी** (स्त्री.) नालबंदी

खुरचन–(स्त्री.) 1 खुरचकर निकाली गई वस्तु 2 खुरचने की क्रिया। 3 खुरचकर निकाली गई मलाई

खुरचना–(स. क्रि.) जमी चीज़ को छीलकर अलग करना

खुरदरा–(वि.) जो चिकनी सतह का न हो, दानेदार, रुक्ष

खुरपा (पु.), **खुरपी**–(स्त्री.) घास काटने एवं बाँस आदि छीलने का एक औज़ार

ख़ुराक़–(स्त्री.) 1 दवा की ख़ुराक़ 2 भोजन, खाना 3 भोजन की एक समय की नियत मात्रा

खुरी–(स्त्री.) सुम का निशान, खुर-छाप (जैसे–पशु की खुरी) **खुरी करना** जल्दी मचाना

खुर्राट–(वि.) 1 धूर्त, काइयाँ 2 अनुभवी 3 वृद्ध, बूढ़ा

खुलना–(अ. क्रि.) 1 आवरण हटना 2 रोक हटना (जैसे–फाटक का खुलना) 3 बंधन छूटना (जैसे–बेड़ियाँ खुलना) 4 दरार होना 5 अलग होना (जैसे–साड़ी का पल्ला खुलना) 6 उधड़ना (जैसे–सिलाई खुलना) 7 मनोभाव प्रकट करना 8 (रंग) साफ़ होना 9 उदित होना (जैसे–भाग्य खुलना) 10 स्थापित होना (जैसे–विद्यालय खुलना)

खुला–(वि.) 1 प्रकट 2 ज़ाहिर 3 जो बंद न हो (जैसे–खुला दरवाज़ा) 4 जो बँधा न हो (जैसे–खुला हुआ बैल)

खुलासा–I (पु.) सारांश (जैसे–खुलासा निकालना) II (वि.) 1 खुला हुआ 2 विस्तृत 3 स्पष्ट 4 बिना रुकावट का

खुल्लमखुल्ला–(क्रि. वि.) 1 खुलकर, सबके सामने 2 सबको सूचित करते हुए

ख़ुश–(वि.) 1 प्रसन्न 2 सुखी (जैसे–ख़ुश होना, ख़ुश करना) **ख़ुशक़िस्मत** (वि.) भाग्यवान **ख़ुशख़बरी** (स्त्री.) शुभ समाचार, मंगल संदेश **ख़ुशगवार** (वि.) 1 प्रिय 2 सुखद **ख़ुशमिज़ाज** (वि.) 1 अच्छे स्वभाववाला (जैसे–खुशमिज़ाज इंसान) 2 प्रसन्नचित्त, हँसमुख **ख़ुशहाल** (वि.) संपन्न, सुखी

ख़ुशामद–(स्त्री.) झूठी प्रशंसा, चापलूसी

ख़ुशामदी–(वि.) खुशामद करनेवाला, चापलूस

ख़ुशी–(स्त्री.) 1 प्रसन्नता 2 मरज़ी, इच्छा

ख़ुश्क–(वि.) 1 रूखा 2 सूखा 3 अरसिक, नीरस

खुसुर-फुसुर, खुसफुसाहट–(स्त्री.) कानाफूसी

ख़ूँख़ार, ख़ूँख़्वार–(वि.) 1 हिंसक 2 अत्यधिक क्रूर, निर्दयी

खूँटा–(पु.) मेख (जैसे–गाय बाँधने का खूँटा) **खूँटा गाड़ना** 1 जम जाना 2 केंद्र निश्चित करना

खूँटी–(स्त्री.) 1 छोटी मेख 2 कपड़े आदि टाँगने की दीवार में लगी हुक 3 चक्की की किल्ली

खूँदना–(अ. क्रि.) 1 टाप से ज़मीन खोदना 2 पाँव पटकना 3 पाँव से रौंदना

ख़ून–(पु.) 1 लहू, रक्त 2 हत्या, क़त्ल **ख़ून-खच्चर** (पु.) **ख़ून-ख़राबा** (पु.), **ख़ून-ख़राबी** (स्त्री.) मार-काट, खून-क़त्ल **ख़ून-पसीना** (पु.) कड़ा परिश्रम **ख़ून खौलना** गुस्से से लाल होना **ख़ून सफ़ेद हो जाना** 1 मानवता न रह जाना 2 निष्ठुर होना **ख़ून सिर पर चढ़कर बोलता है** हत्या का पाप नहीं छिपाया जा सकता

ख़ूनी–(वि.) 1 ख़ून संबंधी, ख़ून का 2 ख़ून से भरा हुआ 3 ख़ून करनेवाला, हत्यारा

ख़ूब–I (वि.) 1 अच्छा, बढ़िया 2 सुंदर II (अ.) 1 अच्छी तरह 2 बहुत 3 वाह **ख़ूबसूरत** (वि.) सुंदर, रूपवान **ख़ूबसूरती** (स्त्री.) सुंदरता

ख़ूबानी–(स्त्री.) एक बढ़िया फल, ज़रदालू

खूसट–(वि.) 1 मूर्ख 2 शुष्क हृदय

खेड़ा–(पु.) 1 छोटा गाँव 2 रद्दी अन्न

खेत–(पु.) 1 फ़सल उत्पन्न करने हेतु जमीन एवं क्षेत्र 2 खेत में खड़ी फ़सल 3 युद्ध-क्षेत्र, समरभूमि **खेत-खलिहान** (पु.) खेत आदि

खेतिहर–(पु.) किसान, कृषक

खेती–(स्त्री.) 1 किसानी 2 खेत की फ़सल (जैसे–खेती काटना, खेती मारी जाना) **खेतीबाड़ी, खेतीबारी** (स्त्री.) खेती

खेद–(पु.) दुःख, रंज (जैसे–खेद प्रकट करना, खेद होना)

खेदा–(पु.) 1 हँकवा 2 आखेट, शिकार

खेना–(स. क्रि.) 1 पतवार चलाना, डाँड़ मारना (जैसे–नदी में नाव खेना) 2 व्यतीत करना, गुज़ारना

खेप–(स्त्री.) 1 बोझ 2 एक बार में ढोया जानेवाला बोझ 3 एक फेरा

ख़ेमा–(पु.) डेरा, तंबू

खेल–(पु.) 1 मन बहलाव के लिए की जानेवाली चेष्टा, क्रीड़ा 2 करतब 3 तमाशा 4 अभिनय 5 लीला **खेलकूद** (स्त्री.) उछल-कूद

खेलना–(अ. क्रि.) 1 उछलना-कूदना 2 क्रीड़ा करना 3 कोई ख़ास खेल खेलना (जैसे–जुआ खेलना) 4 अभिनय करना (जैसे–नाटक खेलना)

खेला-खाया–(वि.) जिसने विलासिता के सुख का अनुभव एवं ज्ञान प्राप्त किया हो

खेवट, खेवटिया–(पु.) I पटवारियों की बही II केवट, नाव खेनेवाला

खेवनहार, खेवैया–(पु.) 1 नाव खेनेवाला 2 पार लगानेवाला

खेवाई–(स्त्री.) 1 खेने का काम 2 खेने का पारिश्रमिक

खेस–(पु.) मोटे सूत की बनी चादर

खैनी–(स्त्री.) सुरती के पत्ते का चूर्ण

खैर–(पु.) 1 कथ कीकर, सोन कीकर 2 कत्था

ख़ैर–I (अ.) 1 ऐसा ही सही, अच्छा 2 कोई चिंता नहीं, देखा जाएगा II (स्त्री.) कुशल

ख़ैरात–(स्त्री.) दान

ख़ैराती–(वि.) ख़ैरात के धन से चलनेवाला (जैसे–ख़ैराती अस्पताल)

खोंचा–(पु.) 1 लग्घी 2 छोटी-मोटी चीज़ों को बेचने का बक्सा

खोंसना–(स. क्रि.) अटकाना, फँसाना (जैसे–कमर में धोती खोंसना)

खोई–(स्त्री.) 1 रस निकाले हुए ईख के डंठल 2 लाई, लावा

खोखला–(वि.) 1 पोला 2 थोथा **खोखलापन** (पु.) पोलापन

खोखा–I (पु.) 1 हुंडी लिखा हुआ काग़ज़ 2 अदा की गई हुंडी II बालक, लड़का

खोज–(स्त्री.) 1 तलाश 2 अन्वेषण, शोध

ग

(जैसे—वैज्ञानिक खोज) **खोज-ख़बर** (स्त्री.) जाँच-पड़ताल

खोजना—(स. क्रि.) 1 ढूँढना 2 अनुसंधान, शोध करना

ख़ोट—(पु.) 1 दोष 2 निकृष्टता 3 दुष्टता 4 मिलावट

खोटा—(वि.) 1 सदोष, बुरा 2 घटिया (जैसे—खोटा सोना) 3 खल, दुष्ट 4 मिलावटवाला

खोदना—(स. क्रि.) 1 खुरचना, कुरेदना 2 गड्ढा करना 3 खुदाई करके उखाड़ना (जैसे—पेड़ की जड़ खोदना) 4 नक़्क़ाशी करना (जैसे—पत्थर पर चित्र खोदना) 5 उभारना 6 उकसाना

खोना—I (अ. क्रि.) अन्यमनस्क हो जाना II (स. क्रि.) 1 गुम जाना, गँवाना 2 भूल जाना 3 नष्ट होना, क्षति होना (जैसे—दुर्घटना में आँखें खोना) 4 बरबाद करना (जैसे—सारी दौलत खोना) 5 सदुपयोग न कर पाना (जैसे—अवसर हाथ से खोना)

खोपड़ी—(स्त्री.) 1 सिर की हड्डी, कपाल 2 सिर

खोया—(पु.) दूध औटने से बना हुआ नया पदार्थ

ख़ोल—(पु.) 1 आवरण (जैसे—दाँत पर ख़ोल चढ़ाना) 2 केंचुल 3 गिलाफ़ (जैसे—तकिये का ख़ोल)

खोलना—(स. क्रि.) 1 आवरण हटाना, अवरोध हटाना (जैसे—खिड़की का पर्दा खोलना) 2 बंधन रहित करना (जैसे—पैरों की बेड़ियाँ खोलना) 3 छेद करना (जैसे—फोड़े का मुँह खोलना) 4 उधेड़ना (जैसे—कपड़े की सिलाई खोलना) 5 ज़ाहिर करना, प्रकट करना (जैसे—मन की बात खोलना)

खोली—(स्त्री.) 1 तकिये आदि का ग़िलाफ़ 2 छोटी कोठरी

खोह—(स्त्री.) 1 गुफा, कंदरा 2 गहरा गड्ढा

ख़ौफ़—(पु.) डर, भय, आतंक

खौलना—(अ. क्रि.) 1 उबलना 2 जोश खाना

खौलाना—(स. क्रि.) 1 उबालना (जैसे—पानी खौलाना) 2 क्रुद्ध करना

ख्यात—I (वि.) प्रसिद्ध, मशहूर II (पु.) कालवृत्त, इतिवृत्त

ख्याति—(स्त्री.) प्रसिद्धि, यश, शोहरत

ख़्वाहिश—(स्त्री.) अभिलाषा, चाह

ग

गंगा—(स्त्री.) 1 भारतवर्ष की एक प्रसिद्ध एवं पवित्र नदी जिसे लाने का श्रेय भगीरथ को दिया गया है 2 भागीरथी **गंगाजमनी**, (वि.) गंगा और जमुना के मेल की तरह, दो-रंगा, मिला-जुला

गंगाजली—(स्त्री.) गंगाजल भरने का छोटा सुराहीनुमा पात्र **गंगाजली उठाना** क़सम खाना

गंगाल—(पु.) बड़ा जलपात्र, कंडाल

गंगावतरण—(पु.) गंगा का स्वर्ग से पृथ्वी पर आना

गंगोत्री—(स्त्री.) गंगा के निकलने का स्थान, गंगा का उद्गम स्थल

गंज—(पु.) सिर के बाल झड़ने का रोग, गंजापन

गंजा—(वि.) गंज रोगवाला

गंजी—I (स्त्री.) ढेर, राशि II बनियान, बंडी

गँठकटा—(पु.) गिरहकट

गँठजोड़, गँठजोड़ा, गँठबंधन–(पु.) 1 विवाह की एक रस्म जिसमें वर एवं वधू के कपड़े के छोर बाँध दिए जाते हैं 2 पक्का नाता, अटूट संबंध 3 साँठ-गाँठ, गुप्त संबंध

गंड–I (वि.) 1 बहुत बड़ा 2 बहुत भारी II 1 मंडलाकार चिह्न 2 गाल 3 कनपटी 4 गाँठ 5 कंठमाला रोग **गंडस्थल** (पु.) कनपटी

गंडक, गंडा–(पु.) 1 गाँठ 2 मंत्र-पूत धागा 3 गले का पट्टा **गंडा-तावीज़** (पु.) जंतर-मंतर, झाड़-फूँक

गँड़ासा (पु.), **गँड़ासी**–(स्त्री.) 1 हँसिये के आकार का घास काटने का एक औज़ार 2 चारा काटने का औज़ार

गँडेरी–(स्त्री.) गन्ने के टुकड़े

गंतव्य–I (वि.) जाने योग्य (जैसे–गंतव्य स्थान) II (पु.) मंज़िल, लक्ष्य

गंदगी–(स्त्री.) 1 मलिनता, मैलापन 2 सड़ी-गली वस्तुएँ 3 नापाकी, अपवित्रता 4 मल, सड़ाँध

गँदला–(वि.) गंदा, मटमैला

गंदा–(वि.) 1 मैला 2 अपवित्र 3 ख़राब, बुरा

गंध–(स्त्री.) 1 बास, बू 2 सुगंध 3 सुगंधित द्रव्य 4 लेश, नाममात्र का पता (जैसे–उनमें सौजन्यता की गंध भी नहीं है)

गंधक–(स्त्री.) पीले रंग का उग्र गंधवाला एक खनिज पदार्थ

गंधर्व–(पु.) 1 एक प्रकार के पौराणिक उपदेवता जो स्वर्ग में गाने-बजाने का काम करते हैं 2 एक आधुनिक जाति जिनकी कन्याएँ नाचने-गाने एवं वेश्यावृत्ति का काम करती हैं **गंधर्व विवाह** (पु.) ऐसा विवाह जिसमें माता-पिता की अनुमति लिये बग़ैर वर-कन्या प्रेम से प्रेरित हो गठबंधन कर लें

गंधवाह–I (वि.) गंध फैलाने वाला II (पु.) पवन, हवा

गंधी–I (पु.) सुगंधित तेल, इत्र आदि बनाने एवं बेचनेवाला, अत्तार II (वि.) गंधवाला

गंभीर–(वि.) 1 गहरा 2 ऊँची और भारी (जैसे–गंभीर आवाज़) 3 जटिल, दुरूह (जैसे–गंभीर प्रश्न, गंभीर समस्या) 4 चिंताजनक (गंभीर स्थिति) 5 संजीदा, शांत (गंभीर व्यक्ति)

गँवाना–(स. क्रि.) खोना, नष्ट करना (जैसे–जुए में धन गँवाना)

गँवार–(वि.) 1 गाँव का रहनेवाला, देहाती 2 अनाड़ी 3 उजड्ड (स्त्री. गँवारिन)

गऊ–(स्त्री.) गाय **गऊघाट** (पु.) बिना सीढ़ी का ढलुआ घाट जहाँ पशु पानी पी सकें

गऊशाला–(स्त्री.) गायों के रहने की जगह

गकार–(पु.) 'ग' अक्षर और ध्वनि

गगन–(पु.) आकाश, आसमान **गगनचुंबी** (वि.) आकाश को छूनेवाली, अत्यधिक ऊँची **गगनभेदी** (वि.) आकाश को भेदनेवाला, प्रचंड (जैसे– गगनभेदी नारे) **गगन-मंडल** (पु.) पृथ्वी के ऊपर का आकाशरूपी घेरा

गगरी–(स्त्री.) छोटा घड़ा

गच्चा–(पु.) 1 जोख़िम, हानि आदि की संभावना 2 गड्ढा, गर्त 3 धोखा **गच्चा खाना** धोखे में आकर अपनी हानि कर बैठना

गज–(पु.) हाथी **गजपति** (पु.) 1 हाथी रखनेवाला 2 विशालकाय हाथी **गजराज** (पु.) हाथियों का राजा **गजवदन** (पु.) गणेश

गजवान–(पु.) महावत

गजशाला–(स्त्री.) हाथियों के रहने का स्थान

गजर–(पु.) 1 भोर का घंटा 2 समय-समय पर बजनेवाला घंटा

गजरा–I 1 फूलों की माला 2 हार 3 कलाई में पहना जानेवाला एक गहना 4 मशरू नाम का रेशमी कपड़ा II (पु.) चौपायों को खिलाने हेतु गाजर का पत्ता

ग़ज़ल–(स्त्री.) ऐसी पद्यात्मक रचना जिसमें नायिका के सौन्दर्य एवं उसके प्रति उत्पन्न प्रेम का वर्णन हो

गजानन–(पु.) गणेश

गजेंद्र–(पु.) 1 हाथियों का राजा, ऐरावत

ग

2 बहुत बड़ा हाथी

गटकना–(स. क्रि.) 1 निगलना (जैसे–दूध गटकना) 2 हड़पना

गट्टा–(पु.) 1 कलाई 2 गाँठ 3 मोटा और कड़ा बीज (जैसे–कमल गट्टा)

गट्ठर, गट्ठा–(पु.) 1 बड़ी गठरी (जैसे–रुई का गट्ठा) 2 घास, लकड़ी आदि का बोझा 3 प्याज़ आदि की गाँठ

गठन–(स्त्री.) 1 बनावट, रचना 2 अंगों का कसाव

गठबंधन–(पु.) गँठजोड़

गठरी–(स्त्री.) 1 कपड़े में बँधा हुआ सामान, छोटा गट्ठर 2 बोझ

गठित–(स. क्रि.) बनाना (जैसे–समिति गठित करना)

गठिया–(स्त्री.) 1 शरीर के जोड़ों में होनेवाला एक वात रोग 2 छोटी गठरी 3 ऐसा थैला जिसमें अनाज भरकर घोड़ों आदि पशुओं पर लादा जाता है, खुरजी

गठीला–(वि.) 1 गठा हुआ, कसा हुआ (जैसे–गठीला शरीर, गठीला बदन) 2 पुष्ट, दृढ़, अनेक गाँठोंवाला

गड़गड़–(स्त्री.) बादल की आवाज़

गड़गड़ाहट–(स्त्री.) गड़गड़ाने की आवाज़

गड़ना–(अ. क्रि.) 1 चुभना, धँसना 2 पीड़ा होना 3 घुसना 4 गाड़ा जाना (जैसे–खंभा गड़ना) 5 किरकिराना (जैसे–धूल से आँखें गड़ना) 6 स्थिर होना, टिकना

गड़प–(स्त्री.) पानी में डूबने का शब्द, बिना चबाए निगल जाने की क्रिया

गड़बड़–I (वि.) 1 ऊट-पटाँग 2 अस्त-व्यस्त, विशृंखल II (स्त्री.) 1 अव्यवस्था 2 उपद्रव 3 ख़राबी

गड़बड़झाला–(पु.) गोलमाल, अव्यवस्था

गड़रिया–(वि./पु.) भेड़-बकरियाँ चरानेवाला

गड़ाना–(स. क्रि.) चुभाना, धँसाना

गड़ारी–(स्त्री.) 1 चरखी, घिरनी 2 घेरा

गड़ारीदार–(वि.) 1 घेरदार 2 जिसमें गरारी जैसा गड्ढा हो

गडोलना–(पु.) बच्चों के खेलने की छोटी गाड़ी

गड्ढा–(पु.) 1 गढ़ा, गर्त (जैसे–गड्ढा पाटना, गड्ढे में गिरना) 2 आस-पास के तल से गहरा अंश (जैसे–आँखों का गड्ढा)

गढ़ंत–(वि.) जो सच न हो (जैसे–मनगढ़ंत कहानी)

गढ़–(पु.) 1 क़िला, कोट, दुर्ग 2 मुख्य स्थान (जैसे–उपद्रवियों का गढ़)

गढ़ना–(स. क्रि.) 1 स्थूल पदार्थ को तराशकर तैयार करना (जैसे–पत्थर, शीशे आदि की मूर्ति गढ़ना) 2 काट-छाँटकर सुडौल बनाना 3 कल्पना करना (जैसे–किस्सा गढ़ना)

गढ़ाई–(स्त्री.) 1 गढ़ने का काम 2 गढ़ने का पारिश्रमिक/मज़दूरी

गढ़ी–(स्त्री.) 1 छोटा गढ़ 2 ऊँचाई पर बनी इमारत

गण–(पु.) 1 समूह 2 गिरोह 3 वर्ग, श्रेणी 4 संघ 5 अनुचर वर्ग 6 दूत (जैसे–शिव के गण) 7 सेवक, नौकर 8 छंद शास्त्र में तीन वर्णों का वर्ग 9 आचार्यों एवं आचार्य के शिष्यों का वर्गसमूह

गणतंत्र–(पु.) ऐसा राष्ट्र जिसकी सत्ता जनसाधारण में समाहित हो

गणतंत्रात्मक, गणतंत्रीय–(वि.) गणतंत्र संबंधी

गणभोजन–(पु.) सामूहिक भोज

गणक–(पु.) गणना करनेवाला व्यक्ति या यंत्र (कैलकुलेटर)

गणन–(पु.) 1 गिनना 2 हिसाब करना

गणन यंत्र–(पु.) गणना करनेवाली मशीन

गणना–(स्त्री.) 1 गिनना 2 गिनती 3 हिसाब

गणना विभाग–(पु.) हिसाब-किताब को नियमित रूप से रखने का विभाग (जैसे–जनगणना विभाग)

गणनाथ, गणपति–(पु.) 1 शिवजी 2 गणेश 3 गणस्वामी

गणनीय–(वि.) 1 जो गिना जा सके, गिनने योग्य 2 मान्य

ग

गणिका–(स्त्री.) 1 लोभी स्त्री, वेश्या 2 हथिनी
गणित–(पु.) परिमाण और संख्या आदि का नियमपूर्वक विवेचन करनेवाली विद्या, हिसाब
गणित ज्योतिष–(पु.) गणित के आधार पर नक्षत्रों, ग्रहों का अध्ययन
गणेश–(पु.) एक हिंदू देवता जिनका मुँह हाथी का और शरीर मनुष्य का है
गत[1]–(वि.) 1 बीता हुआ (जैसे–गत वर्ष) 2 मृत, गया हुआ 3 पिछला (जैसे–गत सायंकाल) 4 प्राप्त (जैसे–हस्तगत) 5 नष्ट हो चुका, लुप्त हो गया (जैसे–गत-यौवन) 6 रहित, विहीन (जैसे–गत-चेतना)
गत[2]–(स्त्री.) 1 दुर्दशा 2 अवस्था, दशा
गतका–(पु.) पटा-बनेठी खेलने का डंडा
गतांक–(पु.) पिछला अंक
गतागत–I (वि.) गया-आया II (पु.) जीवन-मरण
गतात्मा–(वि.) मृत व्यक्ति
गतानुगत–(वि.) परंपरा से चला आता हुआ
गतायु–(वि.) 1 जिसकी आयु समाप्त हो चली हो 2 अत्यंत वृद्ध
गति–(स्त्री.) 1 चाल, रफ़्तार 2 जाना, गमन 3 हरकत 4 प्रयत्न की सीमा 5 हालत, दशा
गतिमान–(वि.) गतिशील
गतिरोध–(पु.) कार्य में बाधा उत्पन्न होना
गतिवान–(वि.) जिसमें गति हो, चलता हुआ
गतिविज्ञान (पु.), **गतिविद्या**–(स्त्री.) गतिकी (डायनैमिक्स)
गतिशील–(वि.) निरंतर चलने, बढ़नेवाला
गतिशीलता, गतिमयता–(स्त्री.) आगे बढ़ते चलने का गुण
गत्ता–(पु.) एक तरह की मोटी दफ़्ती
गत्यात्मक–(वि.) गतिशील
गत्यावरोध–(पु.) गतिरोध
गदबदा–(वि.) 1 मुलायम, कोमल 2 दोहरे शरीरवाला
गदराना–(अ. क्रि.) 1 सुडौल होना, रूप निखरना (जैसे–गदराया बदन) 2 पकने पर होना
गदला–(वि.) गंदा, मिट्टी मिला हुआ
गदहा–(पु.) गधा
गदा–(स्त्री.) 1 मुग्दर 2 बाँस के डंडे में पहनाया हुआ पत्थर का गोला
गदाधर–(वि.) गदा धारण करनेवाला
गदेला–(पु.) गद्दा (जैसे–मोटा गदेला)
गद्गद–(वि.) 1 अत्यधिक प्रसन्न 2 आवेगातिरेक से जो अवरुद्ध हो 3 आनंदविभोर
गद्दा–(पु.) 1 मोटा तोशक 2 हाथी के पीठ पर हौदे के नीचे रखा जाने का गद्दा, मोटा बिस्तर 3 मुलायम चीज़ों का बोझ
ग़द्दार–(पु.) किसी के विरुद्ध होकर हानि पहुंचाने वाला
ग़द्दारी–(स्त्री.) 1 ग़द्दार होने की अवस्था 2 बाग़ीपन
गद्दी–(स्त्री.) 1 छोटा गद्दा 2 सम्मानित व्यक्ति का आसन 3 राजा आदि का पद **गद्दीनशीन** (वि.) जो राजगद्दी पर बैठा हुआ हो
गद्य–(पु.) 1 बोल-चाल की भाषा में किया हुआ लेखन, जो पद्य न हो 2 बनावटहीन रचना एवं भाषा **गद्य-काव्य** (पु.) ऐसा गद्य जिसमें भावनाएँ कवित्वपूर्ण हों **गद्य-पद्य** (पु.) गद्य एवं पद्य युक्त रचना **गद्य-साहित्य** (पु.) गद्य रूप में लिखी गई रचनाएँ (जैसे–कहानी, उपन्यास, निबंध आदि)
गद्यात्मक–(वि.) 1 गद्य रूप में लिखा हुआ 2 गद्य संबंधी 3 कवित्वहीन
गधा–I (पु.) घोड़े की नस्ल का जानवर जो बोझा ढोने के काम आता है, खर, गदहा II (वि.) मूर्ख, बेवक़ूफ़
गधेड़ी–(स्त्री.) फूहड़ औरत
गन्ना–(पु.) ईख, ऊख
गप[1]–I (स्त्री.) इधर-उधर की बातें, व्यर्थ की बातें **गपबाज़ी** (स्त्री.) गपोड़ेबाज़ी
गप[2]–II (पु.) निगलने की क्रिया (जैसे–मिठाई गप कर जाना)
गपड़-चौथ–(पु.) व्यर्थ की बात-चीत
गपशप–(स्त्री.) 1 इधर-उधर की बात-चीत,

व्यर्थ की बातें 2 मन बहलाव की बातचीत

गपोड़ा, गप्पी–(पु.) बढ़ा-चढ़ाकर कहने वाला

गफ़–(वि.) जो घना बुना हो, घना बुना हुआ

गबरू–(वि.) 1 नौजवान 2 हृष्टपुष्ट

गबरून–(पु.) मोटा एवं चारख़ानेदार कपड़ा

गब्बर–(वि.) 1 घमंडी, अभिमानी 2 ढीठ, हठी 3 अड़ियल 4 मालदार, धनी

ग़म–(पु.) 1 गहरा दुःख 2 शोक 3 चिंता,

ग़मगीन–(वि.) 1 उदास 2 संतप्त, दुःखी **ग़म ग़लत करना** 1 दुःखदायक बात भूलना 2 मन बहलाना

गमक–(स्त्री.) 1 महक, सुगंध 2 संगीत का विशेष कंपन

गमछा–(पु.) अँगोछा, शरीर को पोंछने का कपड़ा, तौलिया

गमन–(पु.) 1 जाना, चलना 2 प्रस्थान

गमन पथ–(पु.) जाने का रास्ता

गमनागमन–(पु.) 1 आना-जाना 2 यातायात

गमला–(पु.) मिट्टी का बना बाल्टी जैसा पात्र जिसमें फूल-पौधे लगाए जाते हैं

गयंद–(पु.) हाथी, गजेंद्र

गया–I (अ. क्रि.) 'जाना' भूतकालिक रूप II (वि.) गया हुआ (जैसे–आदमी गया)

गया-गुज़रा, गया-बीता–(वि.) 1 ख़राब, रद्दी 2 निकृष्ट

ग़रज़–(स्त्री.) 1 आवश्यकता, ज़रूरत (जैसे–अपनी ग़रज गाँठना) 2 स्वार्थजन्य इच्छा

ग़रज़मंद–(वि.) 1 ज़रूरतवाला 2 इच्छुक 3 स्वार्थी

गरजना–(अ. क्रि.) 1 गंभीर एवं तीव्र ध्वनि करना (जैसे–बादल गरजना) 2 चटकना, तड़कना

गरदन–(स्त्री.) गला, ग्रीवा **गरदन उठाना** विरोध करना **गरदन उड़ाना, गरदन उतारना** खून करना **गरदन नापना** गरदन पकड़कर बाहर निकालना **गरदन पर छुरी फेरना** 1 हलाल करना 2 घोर अन्याय करना **गरदन पर जुआ रखना** बहुत बड़ा काम सौंपना

गरम–(वि.) 1 तपा हुआ (जैसे–गरम हवा, गरम पानी) 2 जिसका तापमान स्वाभाविक तापमान से कुछ अधिक हो (जैसे–गरम शरीर, सिर गरम है) 3 उत्तेजक (जैसे–गरम मिज़ाज, गरम स्वभाव)

गरमाई–(स्त्री.) 1 गरमी 2 शक्ति एवं ऊर्जा प्रदान करनेवाली वस्तु

गरमाना–(अ. क्रि.) 1 गरम होना 2 आवेश, उग्रता आदि तीव्र भावनाओं से युक्त होना 3 कार्य करने के लिए तैयार होना

गरमी–(स्त्री.) 1 गरम होने की अवस्था (जैसे–आग की गरमी) 2 ग्रीष्म ऋतु (जैसे–गरमी की छुट्टी) 3 मानसिक आवेग, उमंग आदि (जैसे–ऐसी गरमी से बात नहीं बनती) **गरमी निकालना** क्रोध उतारना, मन शांत करना

गरल–(पु.) विष

गरलधर–(पु.) साँप

गरारा–I (पु.) स्त्रियों द्वारा पहना जाने वाला वस्त्र जो ढीली मोहरी के पायजामे जैसा होता है

ग़रारा–II (पु.) 1 गर-गर शब्द करते हुए कुल्ली करना 2 घुर-घुर शब्द का पशु रोग

गरारी–(स्त्री.) गड़ारी

गरिमा–(स्त्री.) 1 महिमा, महत्त्व 2 गुरुत्व, भारीपन 3 आत्मश्लाघा, शेख़ी 4 आठ सिद्धियों में से एक

गरिमान्वित–(वि.) गरिमा से भरा हुआ

गरिष्ठ–(वि.) कठिनता से पचनेवाला, बहुत भारी (जैसे–गरिष्ठ भोजन)

गरी–(स्त्री.) 1 देवताड़ 2 नारियल का खाया जानेवाला गूदा

ग़रीब–(वि.) 1 दरिद्र, निर्धन 2 दीन एवं नम्र **ग़रीब की जोरू सबकी भाभी** ग़रीब की हर चीज़ पर मज़ाक किया जाना

ग़रीबख़ाना–(पु.) ग़रीब का घर

ग़रीबनवाज़–(वि.) ग़रीबों पर दया करनेवाला,

दयालु

ग़रीबपरवर–(वि.) ग़रीब को पालनेवाला,

ग़रीबी–(स्त्री.) 1 ग़रीब होने की अवस्था 2 दीनता, नम्रता 3 दरिद्रता, निर्धनता

गरुआना–(अ. क्रि.) घमंड करना

गरुड़–(पु.) पुराणों में मान्य पक्षीराज जो विष्णु के वाहन हैं

ग़र्क़–(वि.) 1 डूबा हुआ 2 बरबाद, नष्ट

गर्ज (स्त्री.), **गर्जन**–(पु.) घोर ध्वनि की क्रिया, भीषण शब्द का भाव, गरज

गर्जन-तर्जन–(पु.) डाँट-डपट

गर्जना–(स्त्री.) गरज

गर्त–(पु.) 1 गड्ढा, गढ़ा 2 छेद 3 दरार

गर्द–(स्त्री.) गरदा, धूल

गर्दग़ुबार–(पु.) आँधी-बवंडर में धूल एवं मिट्टी का इधर-उधर गिरना

गर्दभ–(पु.) गधा (स्त्री. गर्दभी)

गर्दिश–(स्त्री.) 1 संकट (जैसे–गर्दिश के दिन) 2 चक्कर

गर्भ–I (पु.) माँ के पेट में बच्चा जिसने अभी जन्म नहीं लिया II (वि.) भीतर स्थित

गर्भगृह–(पु.) 1 मकान के मध्य की कोठरी 2 मंदिर के बीच का मूर्तिगृह

गर्भस्थ–(वि.) गर्भ में आया हुआ

गर्मी–(स्त्री.) गरमी

गर्व–(पु.) 1 अहंभाव 2 घमंड

गर्विणी–(स्त्री.) गर्वीली, मानिनी

गर्वित–(वि.) घमंडी, स्वाभिमान से भरा

गर्विता–(स्त्री.) नायिका जिसे अपने या पति पर गर्व हो

गर्हित, गर्ह्य–(वि.) जिसकी भर्त्सना की गई हो, निंदित

गल–(पु.) गला

गलगंड–(पु.) गले का एक रोग,

गलघोंटू–(वि.) गला दबानेवाला एक रोग (डिफ़्थीरिया)

गलबहियाँ, गलबाँही–(स्त्री.) गले में हाथ डालकर आलिंगन करने की अवस्था

गलदश्रु–(वि.) जिसके आँसू बह रहे हों

गलगल–(पु.) 1 मैना जाति की एक काली चिड़िया 2 नीबू की जाति का एक बड़ा फल

ग़लत–(वि.) 1 जो असत्य हो 2 जो उचित न हो 3 जो नियमतः ठीक न हो 4 जो व्याकरणिक दोषयुक्त हो

ग़लतफ़हमी–(स्त्री.) बात का सही अर्थ न समझना, बात समझने में धोखा खा जाना

ग़लतबयानी–(स्त्री.) किसी की बात ग़लत ढंग से बताना

ग़लती–(स्त्री.) 1 उचित रूप से कार्य न करने की अवस्था 2 नियम, रीति, व्याकरण आदि की दृष्टि से होनेवाली भूल, अशुद्धि 3 गणना संबंधी भूल

गलनांक–(पु.) किसी पदार्थ का वह निश्चित तापक्रम जिसपर कोई पदार्थ पिघलने लगता है

गलन–I (पु.) 1 सर्दी से गलने की अवस्था गलन बिंदु 2 गलनाँक 3 गलनशील II (वि.) जो गलने योग्य हो (जैसे गलनशील पदार्थ)

गलना–(अ. क्रि.) 1 ठोस पदार्थ का तरल होना 2 पक जाना (जैसे–दाल गलना) 3 नरम हो जाना (जैसे–काग़ज़ गलना) 4 दुर्बल एवं निस्सार होना (जैसे–शरीर गलना) 5 रोग आदि के कारण नष्ट होना

गलफड़ा–(पु.) (मछली के) गाल का चमड़ा

गलमुच्छा, गलमोछा–(पु.) गालों तक बढ़ी मूँछें

गला–(पु.) गरदन, ग्रीवा **गलाकाटू, गला काटना** (पु.) 1 हत्या करना 2 बहुत बड़ी हानि करना। (जैसे–दूसरों का गला काट कर ही तो लोग बड़े बन रहे हैं) **गला दबाना** 1 मार डालना 2 विवश करना, दबाव डालना **गले पड़ना** ज़बरदस्ती भार आ पड़ना **गले मढ़ना** भार सौंपना **गले से नीचे न उतरना** समझ में न आना

गलाना–(स. क्रि.) 1 तपाना (जैसे–सोना गलाना) 2 पकाना 3 दुर्बल एवं क्षीण बनाना 4 नष्ट करना 5 घुलाना 6 बोझ डालना

ग

गलित–(वि.) 1 गला हुआ 2 जो निस्सार हो गया हो

गलियारा–(पु.) गली की तरह का लंबा सीधा रास्ता

गली–(स्त्री.) सँकरा रास्ता **गली-गली ढिंढोरा पीटना** सब को सुनाते फिरना **अपनी गली में कुत्ता भी शेर होता है** अपने ठिकाने पर सब बहादुर हैं

ग़लीचा–(पु.) ऊन की मोटी चादर, क़ालीन

गल्प–(स्त्री.) 1 छोटी कहानी 2 डींग, शेख़ी 3 मिथ्या प्रलाप, गप्प

गल्ला[1]–(पु.) 1 जानवरों का समूह, विशिष्ट पशु दल (जैसे–भेड़ों का गल्ला) 2 ऐसा बक्सा, थैली जिसमें दुकानदार रोज़ की बिक्री का धन रखते हैं, गुल्लक

ग़ल्ला[2]–(पु.) अनाज, अन्न (जैसे–ग़ल्ला मंडी)

ग़ल्लाफ़रोश–(पु.) अनाज बेचनेवाला व्यापारी

गवाक्ष–(पु.) 1 खिड़की 2 झरोखा

गवारा–(वि.) 1 स्वीकार किए जाने योग्य 2 अनुकूल, रुचिकर 3 सहने योग्य

गवाह–(पु.) 1 साक्षी (जैसे–अनेक लोग इस घटना के गवाह हैं) 2 तथ्य एवं सच्चाई का समर्थन करनेवाला व्यक्ति

गवाही–(स्त्री.) गवाह का कथन, साक्ष्य

गवेषणा–(स्त्री.) 1 खोज 2 अध्ययन एवं अनुसंधान 3 इच्छा करना

गवेषणापूर्ण–(वि.) खोज से भरा हुआ

गवैया–(पु.) गायक

गव्य–(वि.) गौ से प्राप्त (दूध, घी आदि)

गव्यशाला–(स्त्री.) गायों के रहने का स्थान

ग़स्सा–(पु.) भोजन का कौर, ग्रास

गहन–I (वि.) 1 गहरा 2 घना 3 कठिन, गूढ़ II (पु.) 1 गहराई, गहरापन 2 दुर्गम स्थान 3 घिरा हुआ स्थान

गहना–(पु.) 1 ज़ेवर 2 बंधक (जैसे–गहना रखना)

गहमागहमी–(स्त्री.) चहल-पहल, रौनक़

गहरा–(वि.) 1 जिसका तल आसपास के स्थान से नीचे की ओर अधिक दूरी तक हो (जैसे–गहरा कुआँ, गहरी खाई) 2 जिसकी थाह बहुत नीचे हो, गंभीर 3 गूढ़, रहस्यमय

गहराई–(स्त्री.) 1 गहरापन 2 गंभीरता, गहनता 3 घनता

गह्वर–I (पु.) 1 गहरा गड्ढा 2 अत्यधिक गहरा एवं अँधेरा स्थान 3 गुफा 4 वन II (वि.) 1 दुर्गम 2 छिपा हुआ 3 गंभीर

गाँगन–(स्त्री.) छोटा फोड़ा, फुंसी

गाँजना–(स. क्रि.) ढेर लगाना (जैसे–भूसा गाँजना)

गाँजा–(पु.) भाँग की जाति का एक मादक पौधा और उसकी सूखी कलियाँ एवं फूल

गाँठ–(स्त्री.) 1 रस्सी आदि के सिरों को घुमाकर एक-दूसरे में फँसाकर कसने से बननेवाला उभरा हुआ रूप, ग्रंथि, गिरह 2 कपड़े के छोर में कुछ रखकर लगाई गई गिरह 3 गठरी (जैसे–कपड़े की गाँठ, रुई की गाँठ) 4 जेब **गाँठ कटना** 1 जेब कटना 2 जेब से पैसा निकल जाना 3 ठगा जाना

गाँठना–(स. क्रि.) 1 गाँठ देना 2 मोटी सिलाई करना (जैसे–जूता गाँठना) 3 स्वार्थ हेतु संबंध बनाना 4 अनुचित रूप से कार्य पूरा करना (जैसे–मतलब गाँठना)

गांडीव–(पु.) अर्जुन को अग्निदेव द्वारा दिया गया धनुष

गांधर्व–(वि.) 1 गंधर्व का 2 गंधर्व जाति का 3 गंधर्व देश का

गांधर्वी–(स्त्री.) 1 गंधर्व की स्त्री 2 गाने-बजाने वाली

गाँधी–(पु.) 1 गुजराती वैश्यों का एक वर्ग 2 सुगंधित तेल बनाने और बेचनेवाला **गाँधी टोपी** (स्त्री.) खद्दर की बनी किश्तीनुमा लंबोतरी टोपी **गाँधी दर्शन** (पु.) गाँधीजी का जीवनसंबंधी दृष्टिकोण **गाँधीवाद** (पु.) महात्मा गाँधी द्वारा प्रतिपादित वह सिद्धांत एवं विचारधारा जिसमें सत्य एवं अहिंसा तथा तप एवं त्याग को ध्यान में रखते हुए

अपने उद्देश्य को प्राप्त करने का प्रयत्न किया जाता है **गाँधीवादी** (वि.) गाँधीवाद का अनुसरण करनेवाला

गांभीर्य–(पु.) गंभीरता

गाँव–(पु.) 1 ग्राम, छोटी बस्ती 2 मनुष्यों की बस्ती जहाँ खेती-बाड़ी पेशा प्रधान है **गाँव पंचायत** (स्त्री.) ग्राम पंचायत

गाँस–(स्त्री.) 1 तीर, बरछी, भाले आदि का नुकीला फल 2 मनोमालिन्य 3 गाँठ (जैसे–मन की गाँस)

गागर–(स्त्री.) गलेवाला घड़ा **गागर में सागर भरना** 1 थोड़े स्थान में बहुत-सी वस्तुएँ भरना 2 थोड़े शब्दों में अधिक-से-अधिक भाव प्रकट करना

गाज–I (स्त्री.) वज्र, बिजली (जैसे–गाज गिरना) II (पु.) फेन, झाग III (स्त्री.) काँच की चूड़ी

गाजर–(स्त्री.) एक प्रसिद्ध मीठा, लंबोतरा कंद जो सब्ज़ी और अचार आदि के काम आता है **गाजर-मूली समझना** 1 तुच्छ समझना 2 असमर्थ समझना

गाड़ना–(स. क्रि.) 1 दफ़न करना (जैसे–मुर्दा गाड़ना) 2 छिपाकर रखना

गाड़ी–(स्त्री.) पहिये के सहारे चलनेवाली सवारी (जैसे–मालगाड़ी, तोप की गाड़ी) **गाड़ीवान** (पु.) 1 गाड़ी हाँकनेवाला 2 गाड़ी चलानेवाला

गाढ़ा–(वि.) 1 जो कम तरल हो (जैसे–गाढ़ा शहद, गाढ़ा दूध) 2 जो बहुत गहरा हो (जैसे–गाढ़ा हरा, गाढ़ा पीला) 3 ठस बुनावटवाला 4 पक्का 5 अति घनिष्ठ (जैसे–गाढ़ी मित्रता) **गाढ़े पसीने की कमाई** बहुत अधिक परिश्रम से कमाया गया धन एवं पैसा आदि

गात–(पु.) 1 शरीर, देह 2 नारियों का यौवनकाल

गात्र–(पु.) देह, शरीर **गात्ररूह** (पु.) शरीर के रोएँ

गाथा–(स्त्री.) 1 गीत-कथा 2 कथा, वृत्तांत 3 प्रशंसा

गाद–(स्त्री.) 1 तलछट 2 गाढ़ी चीज़

गान–(पु.) 1 गाना 2 गीत 3 वर्णन **गान-विद्या** (स्त्री.) संगीत का ज्ञान **गान-वृंद** (पु.) गानमंडली

गाना–(स. क्रि.) 1 कविता, गीत आदि का सुर एवं लय के साथ उच्चारण करना 2 स्तुति करना 3 पक्षियों आदि का मृदु स्वर में बोलना, कलरव करना

गाभिन, गाभिनी–(वि.) (मादा पशु) जिसके पेट में बच्चा हो, गर्भिणी

गामा किरण–(स्त्री.) नाभिक से निकलने वाली विद्युतचुंबकीय किरण

गामी–(वि.) जानेवाला (जैसे–दूरगामी, कुपथगामी)

गाय–(स्त्री.) 1 दो सींगोंवाला एक पशु जिसका दूध बहुत स्वादिष्ट एवं पुष्टिकारक होता है 2 अत्यधिक सीधा-सादा एवं निरीह व्यक्ति

गायक–(पु.) 1 गानेवाला, गवैया 2 गाकर अपनी जीविका चलानेवाला व्यक्ति 3 स्तुति करनेवाला व्यक्ति

गायकी–(स्त्री.) 1 गान विद्या 2 गाने की उच्चकला

गायत्री–(स्त्री.) 1 एक वैदिक छंद 2 वैदिक छंद में रचित एक प्रसिद्ध वैदिक मंत्र 3 वेदमाता सावित्री

गायन–(पु.) 1 गाने की क्रिया 2 गीत, गान **गायन-वादन, गायन-वाद्य** (पु.) गाना बजाना

गायिका–(वि./स्त्री.) 1 गानेवाली स्त्री 2 ऐसी स्त्री जो गाकर अपनी जीविका चलाती हो

गारा–(पु.) 1 मिट्टी एवं पानी आदि का लेसदार घोल 2 सुर्खी, चूने आदि का बनाया गया मसाला

गार्हस्थ्य–(पु.) 1 गृहस्थ होने की अवस्था 2 गृहस्थाश्रम 3 गृहस्थ धर्म **गार्हस्थ्य विज्ञान** (पु.) घर-गृहस्थी संबंधी विज्ञान

गाल–(पु.) 1 कपोल, रुख़सार 2 मुँहज़ोरी, वाचालता 3 एक बार मुट्ठी से चक्की में डाला गया अन्न, झींक **गाल बजाना**

ग

1 बढ़-बढ़ कर बातें करना 2 बकवास करना
गाली–(स्त्री.) 1 दुर्वचन, अश्लील बात (जैसे–गाली देना, गाली बकना) 2 कलंक सूचक बातें **गाली-गलौज** (स्त्री.) **गाली-गुफ़्ता** (पु.) एक-दूसरे को अपशब्द कहना
गावदी–(वि.) 1 नासमझ 2 मूर्ख, जड़ जैसे–तू तो बड़ा गावदी निकला
गाहना–(स. क्रि.) 1 थाह लेना 2 बिलोड़ना 3 ग्रहण करना (जैसे–अनाज गाहना)
गिंदौड़ा–(पु.) जमाई हुई चीनी की गोलाकार मोटी परत
गिच-पिच, गिचिर-पिचिर–(वि.) अस्पष्ट लिखा हुआ
गिजगिजा–(वि.) 1 मुलायम एवं गीला (जैसे–गिजगिजा आम) 2 गुदगुदा, मांसल (जैसे–गिजगिजा गाल)
गिट-पिट–(स्त्री.) खुसुर-फुसुर करना
गिट्टी–(स्त्री.) 1 ईंट-पत्थर के तोड़े हुए छोटे टुकड़े, रोड़ी 2 चिलम की गिट्टक
गिड़गिड़ाना–(अ. क्रि.) सहायता हेतु दीनता पूर्वक प्रार्थना करना (जैसे–अफसर के सामने नौकर गिड़गिड़ा रहा था)
गिद्ध–(पु.) 1 शव खानेवाला लंबी गर्दन का प्रसिद्ध पक्षी, गीध 2 धूर्त व्यक्ति **गिद्धराज** (पु.) जटायु
गिनती–(स्त्री.) 1 गिनने की क्रिया, गणना 2 संख्या, तादाद
गिनना–(स. क्रि.) 1 संख्या मालूम करना, गिनती करना 2 हिसाब लगाना 3 महत्त्वपूर्ण समझना
गिना-चुना–(वि.) 1 विशिष्ट 2 थोड़ा-सा
गिरगिट–(पु.) रंग बदलनेवाला छिपकली की जाति का एक जंतु **गिरगिट की तरह रंग बदलना** किसी बात पर स्थिर न रहना
गिरजाघर–(पु.) ईसाइयों का उपासनागृह
गिरते-पड़ते–(क्रि. वि.) ठोकरें खाते हुए किसी तरह
गिरना–(अ. क्रि.) 1 अचानक तीव्र गति से ज़मीन पर आ पड़ना 2 टूटकर नीचे आ पड़ना 3 स्थिर एवं गतिमान वस्तु का गिर जाना 4 नदी का समुद्र में मिलना (जैसे–गंगा नदी का बंगाल की खाड़ी में गिरना) 5 नीचे आना (जैसे–वायुमंडल का तापक्रम गिरना) 6 अवनति होना 7 कार्य-व्यापार ठप्प होना
गिरफ़्तार–(वि.) जिसे अपराध के सिलसिले में पकड़ा गया हो
गिरफ़्तारी–(स्त्री.) 1 गिरफ़्तार होने की अवस्था 2 क़ैद
गिरा–(स्त्री.) 1 वाणी 2 बोली, भाषा 3 सरस्वती
गिराना–(स. क्रि.) 1 किसी वस्तु को बलपूर्वक नीचे उतारना (जैसे–परदा गिराना) 2 खड़ी वस्तु को आघात द्वारा ज़मीन पर लाना 3 ध्वंस करना (जैसे–डी. डी. ए. ने दिल्ली के अनेक अवैध निर्माण गिरा दिये हैं) 4 कम करना
गिरा-पड़ा–(वि.) 1 ज़मीन पर गिरकर पड़ा हुआ 2 टूटा-फूटा, जीर्ण-शीर्ण 3 बिना महत्त्व का
गिराव–(पु.), **गिरावट**–(स्त्री.) 1 गिरने की अवस्था 2 अधःपात, पतन
गिरि–(पु.) पर्वत, पहाड़ **गिरिजा** (स्त्री.) पार्वती, गौरी **गिरिधर** (पु.) कृष्ण **गिरिनाथ** (पु.) शंकर जी
गिरिप्रस्थ–(पु.) पहाड़ के ऊपर का चौरस मैदान
गिरी–(स्त्री.) गरी
गिरीश–(पु.) पर्वतों का राजा, हिमालय पर्वत
गिलगिला–(वि.) 1 गीला और नरम 2 करुणा आदि के कारण रोमांचित
गिलटी–(स्त्री.) शरीर के अंदर संधि स्थल पर होनेवाली गोल गाँठ
गिलहरी–(स्त्री.) चूहे की तरह का एक छोटा जंतु जो प्रायः बग़ीचों एवं पेड़ों पर रहता है
गिलौरी–(स्त्री.) पान का बीड़ा **गिलौरीदान** (पु.) पान रखने का डिब्बा, पानदान
गिल्ली–(स्त्री.) 1 गुल्ली 2 गुल्ला **गिल्ली-डंडा** (पु.) गुल्ली डंडा, एक खेल जिसमें गिल्ली को डंडे से मारते हैं

गीत–I (वि.) गाया हुआ II (पु.) 1 छोटी पद्यात्मक रचना 2 प्रशंसा, बड़ाई 3 कथन, चर्चा **गीतकार** (पु.) गीत की रचना करनेवाला

गीता–(स्त्री.) गुरु-शिष्य संवाद रूप में अध्यात्म तत्त्व का उपदेश करनेवाला पद्यग्रंथ (जैसे–शिवगीता, श्रीमद्भगवद्गीता)

गीति, गीतिका–(स्त्री.) गान, गीत

गीदड़–(पु.) भेड़िए की जाति का एक जानवर जो लोमड़ी से मिलता-जुलता है, सियार, शृगाल **गीदड़ भभकी** (स्त्री.) डराने के लिए झूठी धमकी

गीध–(पु.) गिद्ध

गीला–(वि.) भीगा हुआ, तर, नम

गुंज (स्त्री.), **गुंजन**–(पु.) 1 भौंरे का गुंजार 2 पक्षियों का कलरव

गुंजान–(वि.) घना (गुंजान आबादी)

गुंजायमान–(वि.) गूँजता हुआ

गुंजरित, गुंजित–(वि.) गूँजता हुआ

गुंठन–(पु.) 1 ढकना 2 छिपाना 3 घूँघट

गुंड–(वि.) चूर्ण किया हुआ, पीसा हुआ

गुंडई–(स्त्री.) गुंडापन

गुंडली–(स्त्री.) 1 गेंडुरी 2 कुंडली

गुंडा–(पु.) उद्दंडतापूर्वक आचरण करनेवाला व्यक्ति, बदमाश **गुंडागर्दी, गुंडागिरी** (स्त्री.), **गुंडापन** (पु.) गुंडई बदमाशी **गुंडाशाही** (वि.) गुंडागर्दी, गुंडा राज

गुँथना–(अ. क्रि.) गुथना

गुँधना–I (अ. क्रि.) 1 गूँधा जाना 2 माँड़ा जाना, साना जाना (जैसे–आटा गुँधना) II (अ. क्रि.) गुँथना

गुँधाई, गुँधावट–(स्त्री.) 1 गूँधने की क्रिया 2 गूँधने की मज़दूरी

गुंफित–(वि.) 1 गूँथा हुआ 2 सजाया हुआ

गुग्गुल–(पु.) सलई का पेड़ और उसकी राल

गुच्ची–(स्त्री.) 1 छोटा गड्ढा 2 गुल्ली-डंडा का छोटा गड्ढा **गुच्चीपाला** (पु.) कौड़ी का खेल खेलने के लिए बनाया गया छोटा गड्ढा

गुच्छ, गुच्छक–(पु.) 1 गुच्छा 2 फूलों का गुच्छा 3 गुलदस्ता

गुच्छपत्र–(पु.) ताड़ का पेड़

गुच्छा–(पु.) 1 एक प्रकार की एकत्रित वस्तुओं का समूह (जैसे–चाबी का गुच्छा) 2 झब्बा, फुँदना 3 एक साथ उत्पन्न हुई वस्तुओं का समूह (जैसे–अंगूर का गुच्छा)

गुजराती–(वि.) 1 गुजरात प्रांत का रहनेवाला 2 गुजरात का बना हुआ

गुजरिया–(स्त्री.) गूजरी

गुजरी–(स्त्री.) कलाई में पहनने का कड़ा

गुझिया–(स्त्री.) खोए की एक मिठाई

गुट–I (पु.) गुट्ट **गुटतंत्र** (पु.) किसी विशिष्ट गुट का शासन

गुट निरपेक्ष (वि.) जो किसी गुटविशेष से संबद्ध न हो **गुटनिरपेक्ष नीति** (स्त्री.) किसी गुट में शामिल न होने के नियम

गुट–II (पु.) कबूतर आदि के बोलने का शब्द, गुट ध्वनि

गुटकना–I (अ. क्रि.) गुट-गुट शब्द करना II (स. क्रि.) गटकना

गुटका–(पु.) छोटे आकार की पुस्तक (जैसे–गुटका रामायण)

गुटरगूँ–(स्त्री.) कबूतरों की आवाज़

गुटिका–(स्त्री.) गोली

गुट्टा–I (पु.) चौकोर छोटी गोटी II (वि.) छोटे क़द का, ठिगना, नाटा

गुट्ठल–(वि.) गुठलीवाला

गुठला–I (वि.) कुंद, भोथरा II (पु.) बड़ी और मोटी गुठली

गुठली–(स्त्री.) फल का कड़ा और कुछ बड़ा बीज, कुसली (जैसे–आम की गुठली)

गुड़–(पु.) ऊख के रस को पकाकर खूब गाढ़ा करने पर प्राप्त होनेवाला कड़ा पदार्थ **गुड़गोबर करना** चौपट करना, नष्ट करना **गुड़गोबर हो जाना** बरबाद होना, नष्ट होना (जैसे–तुम्हारी करनी से सब गुड़गोबर हो गया)

ग

गुड़-गुड़–(स्त्री.) 1 हुक्क़ा पीने से उत्पन्न होनेवाला शब्द 2 वायु संचार से पेट में होनेवाला शब्द

गुड़गुड़ाना–I (अ. क्रि.) गुड़गुड़ शब्द होना II (स. क्रि.) गुड़गुड़ शब्द उत्पन्न करना (जैसे–हुक़्क़ा गुड़गुड़ाना)

गुड़हर, गुड़हल–(पु.) 1 अड़हुल का पेड़ 2 अड़हुल का फूल, जपाकुसुम

गुड़ाई–(स्त्री.) खेत गोड़ने का काम

गुड़ाकू–(पु.) गुड़ मिलाकर बनाया गया पीने का तंबाकू

गुडाकेश–(पु.) 1 शिव 2 अर्जुन

गुड़िया–(स्त्री.) कपड़े, लकड़ी आदि का बना एक खिलौना जिससे लड़कियाँ खेलती हैं

गुड्डा–(पु.) कपड़े का बना हुआ पुतला

गुड्डी–I (स्त्री.) गुड़िया II पतंग

गुण–(पु.) 1 निजी विशेषता 2 निपुणता 3 हुनर 4 प्राकृतिक वृत्तियाँ (जैसे–सत्व, रज, तम) 5 लक्षण **गुणगान** (पु.) गुण कथन **गुणग्राहक** (पु.) गुण और गुणी का सम्मान करनेवाला व्यक्ति **गुणग्राही** (वि.) गुण को परखकर उसका आदर करनेवाला **गुणधर्म** (पु.) वस्तुगत विशेषताएँ **गुणवती** (स्त्री.) विशिष्ट गुणवाली महिला **गुणवाचक** (वि.) गुण या विशेषता सूचित करनेवाला (जैसे–गुणवाचक विशेषण) **गुणवान** (वि.) गुणी

गुणक–(पु.) वह अंक जिससे गुणा किया जाए

गुणकारक, गुणकारी–(वि.) लाभकारी

गुणन–(पु.) 1 गुणा करना 2 हिसाब करना, गिनना **गुणनफल** (पु.) गुणा करने पर प्राप्त संख्या (जैसे–गुणनफल निकालना)

गुणांक–(पु.) वह संख्या जिसको गुणा किया जाए

गुणा–(पु.) वह क्रिया जिससे यह पता चलता है कि किसी अंक को एक-से-अधिक बार जोड़ने पर कितना प्राप्त होता है

गुणाकर–(वि.) गुण-सागर, गुणों की खान

गुणातीत–(वि.) तीनों गुण सत्व रज तम से परे

गुणात्मक–(वि.) गुणों पर आधारित

गुणानुवाद–(पु.) गुण-कथन, बड़ाई

गुणित–(वि.) गुणा किया हुआ

गुणी–I (वि.) गुण से युक्त, गुण संपन्न II (पु.) 1 कला-कुशल व्यक्ति, हुनरमंद 2 अलौकिक गुणवाला

गुत्थम-गुत्था–(पु.) 1 भिड़ंत, द्वंद्वयुद्ध 2 उलझाव, फँसाव

गुत्थी–(स्त्री.) 1 धागे आदि का उलझा हुआ रूप 2 उलझाव, समस्या (जैसे–गुत्थी सुलझाने पर ही कार्य आगे बढ़ सकेगा)

गुथना–(अ. क्रि.) 1 आपस में उलझना 2 पिरोया जाना 3 सीया जाना 4 कसकर दबाना

गुद–(स्त्री.) गुदा **गुदभ्रंश** (पु.) गुदा से काँच निकलने का रोग

गुदकार, गुदकारा, गुदगुदा–(वि.) 1 मुलायम एवं अच्छा 2 जिसमें कोई मुलायम चीज़ भरी गई हो 3 मांसल

गुदगुदाना–(स. क्रि.) कोमल मांसल अंग सहलाना

गुदगुदी–(स्त्री.) 1 पुलक 2 हल्की वासना, उमंग 3 उल्लास

गुदड़िया–I (पु.) 1 गुदड़ी पहननेवाला 2 रद्दी ख़रीदकर बेचनेवाला व्यापारी II (वि.) गूदड़ी, गूदड़ संबंधी

गुदना–(अ. क्रि.) 1 गोदा जाना 2 चुभना

गुदा–(स्त्री.) मलद्वार

गुनगुना–I (वि.) जो नाक से बोलता हो II हल्का गरम, कुनकुना

गुनगुनाना–(अ. क्रि.) 1 भौंरों का गुनगुन शब्द करना 2 नाक से बोलना 3 अस्पष्ट एवं धीरे-धीरे बोलना

गुनना–(अ. क्रि.) 1 गुणों आदि से युक्त होना (जैसे–पढ़ना और गुनना) 2 मन में सोच-विचार करना

गुनहगार–(वि.) 1 गुनाह करनेवाला, पापी

2 अपराधी

गुना–I (वि.) संख्यावाचक शब्दों के अंत में लगनेवाला प्रत्यय (जैसे–चौगुना, दस गुना) II (पु.) गुणन-क्रिया

गुप-चुप–(क्रि. वि.) बिना कहे हुए

गुप्त–(वि.) 1 छिपा हुआ (जैसे–गुप्त पत्रों द्वारा) 2 अपरिचित (जैसे–गुप्त दान) **गुप्तचर** (पु.) छिपकर टोह लेनेवाला, जासूस **गुप्तचर-विभाग** (पु.) गुप्त रूप से अपराधियों का पता लगाने का विभाग **गुप्तदान** (पु.) 1 छिपाकर दिया जानेवाला दान 2 ऐसा दान जिसके दाता का पता न हो

गुप्तांग–(पु.) स्त्री एवं पुरुष के गुप्त अंग, उपस्थ

गुफा–(स्त्री.) ज़मीन या पहाड़ के अंदर का गहरा एवं अँधेरा गड्ढा, कंदरा

ग़ुबारा, ग़ुब्बारा–(पु.) रबर की थैली जिसमें हवा से हल्की गैस भरने से वह हवा में उड़ती है

गुम–(वि.) 1 छिपा हुआ, गुप्त 2 खोया हुआ 3 जिसका पता न हो 4 जो ख्यात न हो (जैसे–गुमनाम) **गुमराह** (वि.) 1 भटका हुआ 2 पथभ्रष्ट **गुमसुम** (वि.) कुछ भी न बोलना

गुर–(पु.) 1 अत्यंत अच्छी युक्ति 2 अमोघ साधन 3 गुरु 4 गुरुमंत्र **गुरमुखी** (स्त्री.) गुरु के मुख से निकली, देवनागरी लिपि का एक रूप जिसमें पंजाबी भाषा लिखी जाती है

गुरगा–(पु.) 1 दास, सेवक 2 अनुचर 3 जासूस

गुरिया–(स्त्री.) माला के दाने

गुरु–I (वि.) 1 पूज्य 2 वज़नदार, भारी 3 बड़ा 4 कठिन II (पु.) 1 शिक्षक 2 पूज्य पुरुष 3 बुजुर्ग 4 कला आदि सिखानेवाला व्यक्ति, उस्ताद 5 दीर्घ मात्रा **गुरुकुल** (पु.) 1 गुरु का घराना 2 गुरुगृह **गुरु-गंभीर** (वि.) बहुत भारी गंभीर/संजीदा **गुरु-दक्षिणा** (स्त्री.) सारी विद्या पढ़ लेने पर गुरु को दी जानेवाली दान-दक्षिणा **गुरु पूर्णिमा** (स्त्री.) गुरु पूजा का पर्व, आषाढ़ पूर्णिमा **गुरु मंत्र** (पु.) गुरु द्वारा दिया गया मंत्र या सीख

गुरुआनी–(स्त्री.) 1 गुरु पत्नी 2 शिक्षिका

गुरुघंटाल–(पु.) चालाक आदमी

गुरुत्व–(पु.) 1 गुरु होने की अवस्था 2 गुरु का कार्य 3 भारीपन 4 बड़प्पन, श्रेष्ठता

गुरुत्वाकर्षण–(पु.) वह शक्ति जिसके द्वारा कोई पिंड दूसरे पिंड को अपनी ओर आकृष्ट करता है, पिंडों की एक-दूसरे को आकृष्ट करने की वृत्ति (ग्रैविटेशन)

गुरुवार–(पु.) सप्ताह का पाँचवाँ दिन, बृहस्पतिवार

गुरेरना–(स. क्रि.) आँखें फाड़कर क्रोधपूर्वक देखना, घूरना

गुर्जर–(पु.) 1 गुजरात प्रांत 2 गुजरात का निवासी 3 गुजर (स्त्री. गुर्जरी)

गुर्राना–(अ. क्रि.) 1 गुर्र-गुर्र शब्द करना (जैसे–कुत्ते का गुर्राना) 2 कर्कश ध्वनि में बोलना (जैसे–कुत्ते का गुर्राना) 3 कर्कश ध्वनि में बोलना (जैसे–परस्पर गुर्राना)

गुलगुला–(वि.) कोमल, नरम

गुलछर्रा–(पु.) भोग विलास, मौज-मस्ती

गुलझटी–(स्त्री.) 1 तागों आदि के उलझने से पड़ी गाँठ 2 कपड़े की सिकुड़न, सिलवट (जैसे–गुलझटी दूर करना)

गुलथी–(स्त्री.) 1 गाढ़ी चीज़ की जमी हुई गाँठ 2 गिल्टी

गुलाब–(पु.) एक तरह का प्रसिद्ध कँटीला पौधा जिसमें अनेक रंग के सुगंधित फूल खिलते हैं (जैसे–लाल गुलाब) **गुलाब जल** (पु.) गुलाब के फूलों का अरक़ **गुलाब पाश** (पु.) गुलाब जल छिड़कने का झारी के आकार का लंबा पात्र

गुलाब जामुन–(पु.) जामुन की शक्ल की एक प्रसिद्ध मिठाई

गुलाबी–(वि.) गुलाब संबंधी, गुलाब का, गुलाब के रंग का, गुलाब के फूल की तरह, गुलाब से सुगंधित किया हुआ

गुलाम–(पु.) 1 दास, नौकर 2 ताश का एक

ग

पत्ता जिसपर गुलाम का चित्र बना होता है
गुलाल–(पु.) होली पर एक-दूसरे को लगाया जानेवाला रंगीन चूर्ण, अबीर
गुलेल–(स्त्री.) लकड़ी की दो सिरों वाली कमान जिस पर कंकड़ या मिट्टी की गोली रखकर चिड़ियों को मारते हैं
गुल्फ–(पु.) एड़ी के ऊपर की गाँठ, गट्टा, टखना
गुल्लक–(पु.) गोलक
गुल्ली–(स्त्री.) 1 लकड़ी का लंबोतरा टुकड़ा जिसके दोनों तरफ़ का सिरा नुकीला होता है 2 छापेखाने में फरमा कसने का लंबोतरा धातु का टुकड़ा **गुल्ली-डंडा** (पु.) हाथ भर का लंबा डंडा तथा चार-छह अंगुल की गुल्ली जिससे बच्चे खेलते हैं
गुस्ताख़ी–(स्त्री.) बेअदबी, ढिठाई
गुस्सा–(पु.) क्रोध, कोप (जैसे–उसके दुर्व्यवहार से अध्यापक को गुस्सा आ गया, गुस्से के मारे लाल होना) **गुस्सा थूक देना** क्षमा करना
गुह–(पु.) 1 पाख़ाना, मल 2 कंदरा, गुफा
गुहा–(स्त्री.) 1 गुफा, कंदरा 2 पशुओं की माँद 3 अंतःकरण, हृदय 4 सृष्टि के उद्भव एवं विकास का कल्पित मूल **गुहामानव** (पु.) पाषाण युग में पर्वत-कंदराओं में रहनेवाले मनुष्य
गुहाभिलेख–(पु.) पत्थरों, गुफाओं आदि पर खुदा हुआ लेख
गुहार–(स्त्री.) रक्षा के लिए पुकार
गुह्य–I (वि.) 1 गुप्त रखने योग्य 2 रहस्यमय II (पु.) 1 छल, कपट 2 रहस्य, भेद 3 गुप्त अंग
गूँगा–(वि.) 1 जो बोल न सके, मूक 2 न बोलने वाला, जो मौन साधे हो
गूँज–(स्त्री.) 1 भौरों का गुनगुन शब्द करना, गुंजन 2 टकराकर सुनाई पड़नेवाली आवाज, प्रतिध्वनि 3 विस्तृत चर्चा, धूम
गू–(पु.) मल **गू-मूत** (पु.) पाख़ाना-पेशाब
गूढ़–(वि.) 1 छिपा हुआ, गुप्त (जैसे–गूढ़ पुरुष) 2 दुर्बोध, जटिल, दुरूह (जैसे–गूढ़ विषय) 3 अभिप्राय को छिपाए हुए, गंभीर
गूढ़-मार्ग–(पु.) सुरंग, छिपा रास्ता
गूढ़त्व–(पु.) गूढ़ता
गूढ़ा–(स्त्री.) 1 वह बात जिसका अभिप्राय जल्दी न समझा जा सके 2 पहेली
गूढ़ोक्ति–(स्त्री.) 1 गूढ़ कथन 2 अर्थालंकार जिससे कोई बात संबंधित व्यक्ति को न कहकर अन्य को लक्ष्य करके कही जाये
गूथना–(स. क्रि.) 1 पिरोना 2 टाँकना
गूदड़–(पु.) फटा-पुराना कपड़ा
गूमड़ा–(पु.) माथे पर की कड़ी सूजन
गूलर–(पु.) पीपल की जाति का एक पेड़ एवं उसका फल, उदुंबर **गूलर का फूल** (पु.) 1 दुर्लभ फूल 2 असंभव बात
गृध्र–(पु.) गीध, गिद्ध **गृध्रराज** (पु.) जटायु
गृह–(पु.) घर, भवन **गृह उद्योग** (पु.) घरेलू उद्योग **गृहकलह** (पु.) 1 आपस का लड़ाई-झगड़ा, घरेलू झगड़े 2 राष्ट्र या देश में होनेवाला झगड़ा-लड़ाई (जैसे–आंतरिक गृह कलह) **गृहत्याग** (पु.) घर को छोड़कर चले जाना **गृहदेवता** (पु.) घर के विभिन्न कार्यों के विभिन्न देवता **गृहनिर्माण** (पु.) घर बनाने की क्रिया **गृहपति** (पु.) 1 घर का मालिक 2 परिवार का मुख्य व्यक्ति **गृहपत्नी** (स्त्री.) गृहिणी **गृह प्रबंध** (पु.) घर-गृहस्थी का इंतज़ाम **गृह प्रवेश** (पु.) नए घर में पहली बार विधिपूर्वक पूजन आदि करने के बाद जाना **गृहभेदी** (वि.) घर में फूट डालनेवाला **गृह मंत्रालय** (पु.) ऐसा विभाग जहाँ राष्ट्र, देश के लोग राष्ट्र के गृह संबंधी कार्यों की देख-भाल करते हैं **गृहयुद्ध** (पु.) देशवासियों के बीच बड़ी लड़ाई **गृहशिल्प** (पु.) घरेलू दस्तकारी **गृह सचिव** (पु.) गृह मंत्रालय का प्रधान शासनिक अधिकारी **गृहस्वामिनी** (स्त्री.) गृहिणी
गृहस्थ–(पु.) 1 घर-बार बनाकर परिवार के साथ रहनेवाला व्यक्ति 2 ब्रह्मचर्य का पालन

ग

समाप्त करके विवाहित होकर गृहस्थ आश्रम में प्रवेश करनेवाला व्यक्ति

गृहस्थाश्रम–(पु.) 1 ब्रह्मचर्य के बाद का आश्रम 2 विवाहित जीवन

गृहस्थी–(स्त्री.) 1 गृहस्थ का जीवन 2 घर-बार और बाल-बच्चे 3 घर का सामान, माल-असबाब

गृहाश्रम–(पु.) गृहस्थाश्रम

गृहासक्त–(वि.) 1 घर से दूर रहने के कारण जो चिंतित एवं दुःखी हो 2 जिसे हर समय घर-गृहस्थी की चिंता लगी हो, घरघुस्सू

गृहिणी–(स्त्री.) 1 घर की मालकिन, गृहस्वामिनी 2 पत्नी

गृहीत–(वि.) 1 प्राप्त किया गया 2 पकड़ा हुआ 3 धारण किया हुआ

गृहोद्यान–(पु.) घर में लगा बग़ीचा

गेंद–(पु.) 1 रबड़, कपड़े आदि का बना गोला जिससे बच्चे खेलते हैं, कंदुक 2 टोपियाँ एवं पगड़ियाँ आदि बनाने का कलबूत 3 तार की जालियों का बना गोला **गेंद-बल्ला** (पु.) गेंद और लकड़ी का बना कुछ चौड़ाई एवं लम्बाई का बल्ला

गेंदनुमा–गेंद की आकृति का

गेय–(वि.) 1 गाया जाने योग्य 2 जो गाया जा सके

गेरुआ–I (वि.) 1 गेरू के रंग का, मटमैलापन लिए लाल रंग का 2 गेरू मिट्टी के रंग में रँगा हुआ, जोगिया, भगवा II (पु.) गेरू से तैयार किया हुआ रंग

गेरू–(पु.) खानों से प्राप्त होनेवाली एक तरह की लाल मिट्टी जो रँगने एवं दवा आदि के काम आती है

गेहुँआ–(वि.) गेहूँ के रंग का, हल्का बादामी

गेहूँ–(पु.) छोटे दानोंवाला एक प्रकार का अन्न एवं उसका पौधा जिसके आटे की रोटियाँ आदि पकवान बनाए जाते हैं

गैंडा–(पु.) भैंसे की शक्ल का एक पशु जिसके थुथने पर एक या दो सींग होते हैं

गैंती–(स्त्री.) ज़मीन खोदने की कुदाल

ग़ैर–(वि.) 1 अन्य, दूसरा 2 कोई और, प्रस्तुत से भिन्न 3 जिसके साथ आत्मीयता का संबंध न हो (जैसे–ग़ैर आदमी)

गैरिक–I (पु.) 1 गेरू 2 सोना, स्वर्ण II (वि.) 1 गेरू के रंग में रँगा हुआ 2 गेरू के रंग का

गैला, गैलारा–(पु.) 1 गाड़ी के पहियों की लीक 2 बैलगाड़ी आदि के चलने का रास्ता 3 बटोही

गोंठ–(स्त्री.) धोती की लपेट, मुर्री

गोंठना–I (स. क्रि.) धार, नोंक कुंठित करना II 1 लकीरें बनाकर घेरना 2 गुझिया आदि पकवान का मुँह मोड़ना

गोंड–(पु.) 1 असभ्य, जंगली जाति 2 गोंड जाति का व्यक्ति

गोंद–(स्त्री.) 1 लसीला तरल पदार्थ जो काग़ज़ आदि चिपकाने के काम आता है 2 पेड़ से निकलनेवाला लसीला द्रव

गो–(स्त्री.) 1 गाय 2 इंद्रिय 3 वाणी 4 जिह्वा 5 देखने की शक्ति, दृष्टि 6 दिशा 7 माता, जननी **गोकर्ण** I (वि.) गाय के समान कानोंवाला II (पु.) गाय के कान **गोखुर** (पु.) 1 गाय का खुर 2 गाय के खुर का निशान **गोचर** (वि.) इंद्रिय-ग्राह्य **गोचर-भूमि** (स्त्री.) चरागाह, चरी **गोदान** (पु.) 1 गाय का दान 2 विवाह पूर्व किया जानेवाला एक संस्कार, केशांत **गोदोहन** (पु.) गाय का दूध दुहने की क्रिया **गोधन** (पु.) गायों के रूप में संपति **गोपुर** (पु.) किला, मंदिर आदि का ऊँचा बड़ा और मुख्य द्वार **गोमुख** (पु.) 1 गाय का मुख 2 गंगा का उद्‌गम स्थान 2 गंगोत्री की गोमुखाकृति गुहा जिसमें से गंगा निकलती है **गोरस** (पु.) 1 गाय का दूध 2 दही 3 छाछ, मट्ठा आदि

गोखरू–(पु.) 1 कड़ा एवं कँटीला फलवाला एक प्रकार का क्षुप 2 क्षुप का फल जो दवा के काम आता है 3 गोखरू के फल के आकार के धातु के कँटीले टुकड़े 4 पाँवों में पहनने का एक गहना

ग

गोजई–(स्त्री.) जौ मिला हुआ गेहूँ

गोजर–(पु.) कनखजूरा, एक ख़तरनाक जानवर

गोट–I (स्त्री.) चुनरी, धोती, लिहाफ़ आदि के किनारों पर लगाई जानेवाली कपड़े की पट्टी, मगज़ी II 1 सभा, गोष्ठी 2 गोशाला III चौसर आदि खेल की गोटी IV (पु.) छोटा गाँव

गोटी–(स्त्री.) 1 छोटा कंकड़ 2 मोहरा (जैसे–शतरंज की गोटी)

गोठ–(स्त्री.) 1 गोष्ठ 2 गोशाला

गोड़ना–(स. क्रि.) मिट्टी खोदकर उसे भुरभुरी कर देना (जैसे–खेत गोड़ना)

गोडा–(पु.) घुटना **गोडे थकना** अत्यधिक शिथिल होना

गोड़ी–(स्त्री.) 1 पैर की नली 2 पैर

गोणी–(स्त्री.) 1 दोहरे टाट का बोरा 2 अनाज की पुरानी तौल 3 झीना कपड़ा

गोत–I (पु.) 1 गोत्र 2 वंश, कुल II (स्त्री.) डुबाया जाना

गोती–(वि.) जो अपने ही गोत्र का हो

गोत्र–(पु.) 1 संतति, संतान 2 वर्ग, समूह 3 कुल, वंश

गोदंती–(स्त्री.) कच्ची एवं सफ़ेद हरताल

गोद–(स्त्री.) 1 क्रोड़, पहलू 2 आँचल, अंचल (जैसे–शिशु माँ की गोद में छिप गया) **गोद भरना** सौभाग्यवती स्त्री के आँचल को नारियल आदि से भरना

गोदना–I (स. क्रि.) 1 चुभाना, गड़ाना (जैसे–चमड़े में सुई गोदना) 2 ताना मारना 3 अंकुश देना II (पु.) नील या कोयले से किसी अंग पर बना चिह्न

गोदी–(स्त्री.) 1 गोद 2 जहाज़ी घाट, डॉक

गोध–(स्त्री.) छिपकली की तरह का गोह नामक जंगली जंतु

गोधूलि–(स्त्री.) साँझ, शाम

गोप–I (पु.) गले में पहनने का एक गहना

गोप–II (पु.) 1 गोपाल, गोपालक 2 ग्वाला, अहीर 3 गोशाला का अध्यक्ष

गोपनीय–(वि.) छिपाने योग्य, गुप्त रखने योग्य

गोपा–I (वि.) 1 छिपानेवाला 2 रहस्य प्रकट न करनेवाला II (स्त्री.) 1 गोप जाति की स्त्री, गोपी 2 अहीरिन, ग्वालिन

गोपाष्टमी–(स्त्री.) कार्तिक शुक्ला अष्टमी

गोपिका–(स्त्री.) 1 गोप जाति की स्त्री, गोपी 2 ग्वालिन

गोपेंद्र–(पु.) 1 गायों का स्वामी 2 श्रीकृष्ण

गोप्य–(वि.) गोपनीय

गोबर–(पु.) गाय का मल, गोमल **गोबर गणेश** (वि.) 1 अत्यधिक भद्दा 2 बिल्कुल भोंदू, मूर्ख

गोबरी–(स्त्री.) 1 गोबर की लिपाई 2 कंडा, उपला

गोभी–(स्त्री.) एक प्रसिद्ध पौधा जिसके फूल की सब्ज़ी बनती है

गोमेद, गोमेदक–(पु.) अनेक रंग का बहुमूल्य रत्न

गोरख डिब्बी–(स्त्री.) 1 पानी का कुंड जिसमें से खनिज पदार्थ युक्त जल निकलता हो 2 पानी का कुंड जिसमें से गर्म जल निकलता हो

गोरख धंधा–(पु.) 1 झंझट, बखेड़ा 2 कठिन और जटिल समस्या

गोरखा–(पु.) 1 नेपाल देश का एक प्रदेश 2 नेपाल में रहनेवाली एक जाति 3 गोरखा जाति का व्यक्ति

गोरा–(वि.) जो बर्फ़ की तरह सफ़ेद और स्वच्छ हो, गौर वर्णवाला **गोरा-चिट्टा** (वि.) अत्यधिक गोरा **गोरा-भभूका** (वि.) जो बेहद गोरा हो

गोरिल्ला–(पु.) 1 अफ़्रीकी बनमानुस 2 छापामार (युद्ध)

गोरी–(स्त्री.) 1 गौर वर्णवाली स्त्री 2 रूपवती स्त्री

गोरू–(पु.) मवेशी, जानवर

गोल–I (पु.) 1 वृत्ताकार रचना 2 गोलाकार पिंड, गोला II (वि.) वृत्ताकार, वर्तुल (जैसे–गोल पहिया, गोल अँगूठी) **गोल मेज़** (स्त्री.) वह गोलाकार मेज़ जिसके चारों ओर

बैठकर समस्या पर न्यायोचित रूप से विचार-विमर्श किया जाय

गोलक–(पु.) 1 गोल पिंड 2 विधवा की जारज संतान 3 कुंडा 4 आँख का डेला 5 आँख की पुतली 6 गुंबद आकार की गोल रचना

गोलगप्पा–I (पु.) घी, तेल में तली गई छोटी फुलकी II (वि.) जो गोलगप्पे के समान फूला हो

गोलमाल–(पु.) गड़बड़, घपला

गोलमिर्च–(स्त्री.) काली मिर्च

गोला–(पु.) 1 गेंद के आकार का गोलाकार पिंड, गोलाकार वस्तु 2 सूत, ऊन आदि का गोला 3 भाँग आदि का गोला **गोलाबारी** (स्त्री.) तोप से की जानेवाली गोलों की वर्षा **गोलाबारूद** (स्त्री.) 1 गोला और बारूद 2 युद्धसामग्री

गोलाकार–(वि.) जिसकी आकृति गोल हो

गोलार्द्ध, गोलार्ध–(पु.) गोले का आधा भाग (जैसे–पृथ्वी का गोलार्द्ध, पूर्वी एवं पश्चिमी गोलार्द्ध)

गोली–(स्त्री.) 1 छोटा गोलाकार पिंड, छोटी गोल वस्तु (जैसे–दवा की गोली, बंदूक की गोली, शीशे की गोली) 2 बच्चों का गोली खेलने का छोटा गोलाकार पिंड (जैसे–मिट्टी की गोली) **गोलीकांड** (पु.) हत्या की वारदात, हत्या कांड

गोलोक–(पु.) स्वर्ग **गोलोकवास** परलोक वास

गोविंद–(पु.) 1 श्रीकृष्ण 2 परमात्मा 3 गौओं का मालिक 4 गोशाला का स्वामी 5 इंद्रियों का स्वामी

गोष्ठी–(स्त्री.) 1 मित्र मंडली (जैसे–गोष्ठी जमना) 2 औपचारिक बैठक (जैसे–उद्यान गोष्ठी)

गोसाईं–I (पु.) 1 गृहस्थ होने पर भी गेरुए वस्त्र धारण करनेवाली एक जाति 2 जितेंद्रिय 3 साधु-संन्यासियों का सम्बोधन, गोस्वामी II (वि.) बड़ा, श्रेष्ठ

गोह–(स्त्री.) छिपकली की जाति का एक बड़ा एवं ज़हरीला जंगली जंतु

गौ–(स्त्री.) गाय **गौझुंड** (पु.) गायों का समूह

गौड़–(पु.) 1 भारतीय ब्राह्मणों की एक उपजाति 2 बंगाल का पुराना नाम 3 प्रदेश के निवासी 4 कायस्थों की एक उपजाति 5 एक राग जो संध्या समय हर जाति में गाई जाती है

गौड़ी–(स्त्री.) 1 गुड़ से बनाई गई शराब 2 संध्या समय संपूर्ण जाति में गाई जानेवाली एक रागिनी

गौण–(वि.) 1 अप्रधान 2 जो मूल अर्थ से भिन्न हो **गौण कर्म** साधारण कर्म, सामान्य कार्य

गौना–(पु.) विवाह पश्चात् पति का अपने ससुराल से अपनी पत्नी को पहली बार अपने घर ले जाना, द्विरागमन

गौर–(वि.) 1 गौर वर्ण का, गोरा 2 उज्ज्वल, स्वच्छ 3 श्वेत, सफ़ेद

गौरव–(पु.) 1 बड़प्पन, महत्त्व 2 गुरुता, भारीपन 3 आदर, सम्मान 4 मर्यादा, प्रतिष्ठा

गौरवान्वित–(वि.) महिमा से युक्त

गौरांग–I (पु.) 1 विष्णु 2 श्रीकृष्ण 3 चैतन्य महाप्रभु II (वि.) गोरे अंगवाला

गौरा, गौरी–(स्त्री.) 1 पार्वती 2 गोरी स्त्री **गौरीकांत** (पु.) शिव **गौरीशंकर** (पु.) 1 शिव और पार्वती 2 हिमालय की सबसे ऊँची चोटी

गौरैया–(स्त्री.) एक प्रसिद्ध छोटी चिड़िया जो अक्सर घरों में भी रहती है

ग्यारस–(स्त्री.) एकादशी

ग्रंथ–(पु.) 1 मोटी एवं बड़ी महत्त्वपूर्ण पुस्तक (जैसे–रामचरितमानस एक धार्मिक ग्रंथ है) 2 किताब (जैसे–साहित्यिक ग्रंथ) **ग्रंथकार** (पु.) ग्रंथ लिखनेवाला, लेखक **ग्रंथमाला** (स्त्री.) एक ही प्रकार की पुस्तकों की प्रकाशित होनेवाली पुस्तकों की शृंखला **ग्रंथ विवरणी** (स्त्री.) विवरण सहित पुस्तक सूची **ग्रंथ संग्रह** (पु.) ग्रंथावली **ग्रंथ सारिणी** (स्त्री.) ग्रंथ सूची **ग्रंथसाहब** (पु.) सिक्खों का धार्मिक ग्रंथ

ग्रंथालय–(पु.) पुस्तकालय

ग

ग्रंथावली–(स्त्री.) ग्रंथमाला

ग्रंथावलोकन–(पु.) पुस्तक, ग्रंथ का अध्ययन

ग्रंथि–(स्त्री.) गाँठ, गिरह बंधन (जैसे–ग्रंथि सुलझाना) **ग्रंथिबंधन** (पु.) 1 गाँठ बाँधकर दो वस्तुओं को एक साथ करना 2 विवाह, गँठबंधन, गँठजोड़ा

ग्रंथित–(वि.) गाँठ लगाकर बाँधा हुआ

ग्रंथी–I (पु.) 1 ग्रंथकर्ता 2 ग्रंथ का पाठ करनेवाला व्यक्ति II (वि.) जिसके पास बहुत से ग्रंथ हों

ग्रंथित–(वि.) 1 बँधा हुआ 2 रचा हुआ, रचित 3 गुथा हुआ

ग्रसन–(पु.) 1 पकड़ना, पकड़ 2 निगलना 3 कौर, ग्रास

ग्रसनी–(स्त्री.) गले की नली

ग्रसिका–(स्त्री.) भोजन नली, ग्रास नली

ग्रसित, ग्रस्त–(वि.) 1 पकड़ा हुआ 2 निगला हुआ 3 पीड़ित (जैसे–रोगग्रस्त)

ग्रस्तोदय–(पु.) सूर्य या चन्द्रमा का ग्रहण लगे ही उदय होना

ग्रह–(पु.) आकाशस्थ पिंड (जो सूर्य के गिर्द घूमते हैं) (जैसे–शनि ग्रह, बृहस्पति ग्रह आदि) **ग्रहचिंतक** (पु.) ज्योतिषी **ग्रहदशा** (स्त्री.) 1 गोचर ग्रहों की स्थिति 2 ज्योतिष के अनुसार ग्रहों की स्थिति में होने के परिणामस्वरूप मनुष्य की होनेवाली अवस्था

ग्रहण–(पु.) 1 पकड़ने की क्रिया 2 लेने की क्रिया 3 अंगीकार करना, स्वीकार करना 4 पृथ्वी की छाया पड़ने से सूर्य-चंद्रमा की ज्योति का कुछ समय के लिए लुप्त हो जाना 5 मान, प्रतिष्ठा पर धब्बा लगना (जैसे–चंद्रग्रहण, सूर्यग्रहण)

ग्रहणी–(स्त्री.) 1 उदर एवं पक्वाशय के बीच की आँत 2 दस्त की बीमारी, संग्रहणी

ग्रहणीय–(वि.) 1 स्वीकार किए जाने योग्य 2 मानने योग्य

ग्राम–(पु.) 1 गाँव 2 बस्ती **ग्रामकूट, ग्रामकूटक** (पु.) गाँव का मुखिया **ग्राम देवता** (पु.) 1 गाँव का अधिष्ठाता 2 गाँव की रक्षा करनेवाला देवता **ग्रामवासी** (वि.) गाँव में रहनेवाला **ग्राम सभा** (स्त्री.) गाँव की पंचायत **ग्राम सुधार** (पु.) गाँव के जीवन को सुधारने का काम **ग्राम सेवक** (पु.) ग्राम-सुधार करनेवाला

ग्राम–(पु.) एक अंग्रेज़ी तौल

ग्रामाचार–(पु.) गाँव की विशिष्ट प्रथाएँ और रीति-रिवाज़

ग्रामाधिकारी–(पु.) गाँव का प्रधान, ग्राम प्रधान

ग्रामी, ग्रामीण–(वि.) 1 गाँव में रहनेवाला 2 गाँव का, ग्राम्य

ग्रामोद्योग–(पु.) गाँव के उद्योग-धंधे, खेती-बाड़ी आदि कार्य

ग्रास–(पु.) 1 ग्रसना 2 कौर, निवाला 3 सूर्य-चंद्रमा की ग्रहण स्थिति

ग्राह–(पु.) 1 मगर, घड़ियाल 2 ग्रहण

ग्राहक–I (पु.) 1 लेनेवाला 2 ख़रीदार, गाहक II (वि.) ग्रहण करनेवाला (जैसे– ग्राहक यंत्र)

ग्राही–(वि.) लेनेवाला, ग्रहण करनेवाला (जैसे–गुणग्राही)

ग्राह्य–(वि.) 1 ग्रहण करने योग्य 2 लिए जाने योग्य

ग्रीवा–(स्त्री.) गरदन, गला

ग्रीष्म–I (स्त्री.) 1 गर्मी की ऋतु 2 गरमी, ताप II (वि.) उष्ण, गरम **ग्रीष्मकालीन** (वि.) ग्रीष्म ऋतु से संबंधित

ग्रीष्माकुल–(वि.) गर्मी से परेशान, व्याकुल

ग्रीष्मावकाश–(पु.) गर्मी की छुट्टियाँ

ग्लानि–(स्त्री.) 1 मानसिक शिथिलता 2 शारीरिक शिथिलता 3 दुःख, खेद (जैसे–किसी पर ग्लानि होना)

ग्वार–(स्त्री.) एक पौधा जिसकी फलियाँ सब्जी बनाने के काम आती हैं तथा उसकी फलियों से निकले हुए बीजों से दाल बनाई जाती है **ग्वारपाठा** घी-कुआँर

ग्वाल, ग्वाला–(पु.) अहीर, गोपालक

ग्वालिन–(स्त्री.) 1 ग्वाल जाति की स्त्री 2 ग्वाले की पत्नी

घ

घंट, घंटा–(पु.) 1 धातु का बना हुआ गोलाकार टुकड़ा (जैसे–घंटा बजाना, घंटा घनघनाना) 2 घंटा बजाकर समय पर दी जानेवाली सूचना 3 दिन-रात का चौबीसवाँ भाग (जैसे–साठ मिनट का एक घंटा होता है) **घंटाघर** (पु.) ऊँची मीनार जिस पर बड़ी घड़ी लगी होती है

घंटी–(स्त्री.) जीभ की जड़ के ऊपर लटकनेवाला मांसखंड, कौआ

घकार–(पु.) 'घ' अक्षर

घघरा (पु.), **घघरी**–(स्त्री.) 1 स्त्रियों का लंबा, गोल घेरेवाला प्रसिद्ध पहनावा 2 लहँगा

घट–(पु.) 1 कलश, घड़ा 2 देह, शरीर 3 अन्तःकरण, मन **घटकार** (पु.) कुंभकार, कुम्हार

घटक–I (वि.) 1 रचनेवाला, बनानेवाला 2 प्रस्तुत करनेवाला II (पु.) 1 संबंध स्थिर करानेवाला, दलाल 2 तत्त्व 3 घटित करनेवाला अंश

घटती–I (स्त्री.) 1 कमी, घटाव 2 उच्च स्तर से निम्न स्तर पर आना 3 अवनति, ह्रास II (वि.) जिसमें कुछ कमी आ रही हो **घटती का पहरा** अवनति के दिन, बुरा जमाना

घटना–I (अ. क्रि.) 1 घटित होना 2 वचन का यथार्थ सिद्ध होना 3 काम आना

घटना–II (अ. क्रि.) 1 कम होना 2 तौल में कम होना 3 अभाव होना 4 छीजना **घटना-बढ़ना** (अ. क्रि.) 1 कमो-बेश होना 2 छोटा-बड़ा होना

घटना–III (स्त्री.) 1 कार्य रूप में सामने आनेवाली बात 2 अप्रत्याशित या विलक्षण बात, वाक़या 3 अनिष्टकारी बात **घटना-क्रम, घटना-चक्र** (पु.) घटनाओं का सिलसिला, एक के बाद दूसरी घटना होना (जैसे–ऐतिहासिक घटनाक्रम) **घटनास्थल** (पु.) वह स्थान जहाँ घटना घटित हुई हो

घटवाना–(स. क्रि.) कम कराना

घटवाह–(पु.) घाट का ठेकेदार

घटहा–I (पु.) 1 घाट का ठेका लेनेवाला व्यक्ति, ठेकेदार 2 नाव II (वि.) घाट पर का, घाटवाला

घटा–I (वि.) कम हुआ (जैसे–अनाज का भाव सरकार ने दस रुपए घटा दिया)

घटा–II (स्त्री.) बादलों का समूह, मेघमाला **घटाटोप** (पु.) घने बादलों की छाई हुई घटा, घनघोर घटा

घटाना–(स. क्रि.) कम करना (जैसे–मज़दूरी घटाना)

घटिका–(स्त्री.) 1 घड़ी 2 छोटा घड़ा, गगरी

घटित–(वि.) 1 जो अर्थ रूप में सही उतरा हो, घटा हुआ 2 जो घटना रूप में सामने आया हो

घटिया–(वि.) 1 जो बढ़िया न हो, तुच्छ 2 निकृष्ट

घट्ठा–(पु.) उभारदार गाँठ (जैसे–लाठी की चोट में घट्ठा पड़ना)

घड़घड़ाहट–(स्त्री.) घड़-घड़ होने की ध्वनि

घड़ना–(स. क्रि.) गढ़ना

घड़ा–(पु.) मिट्टी का बना गोलाकार पात्र (जैसे–घड़े में पानी भरा है) **घड़ों पानी पड़ना** अत्यधिक लज्जित होना **चिकना घड़ा** बहुत बड़ा निर्लज्ज, बिल्कुल बेहया

घड़ियाल–I (पु.) बड़ा घंटा II (पु.) छिपकली की जाति का गहरे जल में पाया जानेवाला बहुत बड़ा, भीषण एवं हिंसक जंतु, ग्राह

घड़ी–(स्त्री.) 1 समय बतलानेवाला छोटा यंत्र 2 काल का एक प्राचीन मान जो चौबीस मिनट का होता है **घड़ीसाज़** (पु.) घड़ी की मरम्मत करनेवाला कारीगर

घ

घड़ौची–(स्त्री.) घड़ा रखने की चौकी

घतियाना–(स. क्रि.) 1 घात में लाना 2 छिपाना

घन–I (पु.) 1 मेघ, बादल 2 बहुत बड़ा हथौड़ा 3 किसी अंक को उसी अंक से दो बार गुणा करने पर प्राप्त होनेवाला गुणनफल (जैसे–पाँच का घन = 5×5×5 = 125 होगा) 4 पदार्थ के लंबाई, चौड़ाई एवं ऊँचाई के गुणनफल का मान 5 क्यूब II (वि.) 1 घना, ठस 2 ठोस 3 अभेद्य 4 दृढ़, पक्का 5 गंभीर

घनफल–(पु.) पदार्थ की लंबाई, चौड़ाई एवं मोटाई का गुणनफल

घनमूल–(पु.) किसी घन का मूल अंक (जैसे–सत्ताईस का घनमूल तीन है)

घनघनाहट–(स्त्री.) 1 घन-घन ध्वनि 2 घंटे की आवाज़

घनघोर–I (वि.) 1 अत्यधिक घना (जैसे–घनघोर बादल) 2 भीषण, विकट (जैसे–घनघोर युद्ध) II (पु.) 1 भीषण ध्वनि, तुमुल नाद 2 बादलों की गरज

घनचक्कर–(पु.) 1 चंचल बुद्धिवाला व्यक्ति 2 बेवकूफ़

घनत्व–(पु.) घनता, घनापन, ठोसपन

घनपति–(पु.) इंद्र

घना–(वि.) 1 जिसके विभिन्न अंश, अवयव अभिन्न रूप से आपस में मिले हों (जैसे–घना कुहरा, घने बादल) 2 जिसमें बहुत-सी वस्तुएँ सट-सटकर पड़ी हों (जैसे–घना जंगल, घना शहर) 3 गफ़, गुंफित (जैसे–घना वस्त्र)

घनात्मक–(वि.) 1 लम्बाई, चौड़ाई और मोटाई में बराबर 2 लंबाई, चौड़ाई और मोटाई को गुणा करने से प्राप्त होनेवाला

घनिष्ठ–(वि.) 1 जिसके साथ अत्यधिक मित्रता का संबंध हो 2 बहुत घना या गहरा मित्रता का संबंध

घनीभूत–(वि.) 1 गहरा (जैसे–घनीभूत पीड़ा) 2 जो घना हो गया हो 3 ठोस

घनेरी–(वि.) घनी, अधिक

घपला–(पु.) 1 गड़बड़ी, अव्यवस्था 2 गोलमाल

घपलेबाज़–(वि.) घपला करनेवाला

घबड़ाना, घबराना–(अ. क्रि.) 1 अधीर होना 2 उद्विग्न होना 3 हक्का-बक्का होना 4 आशंकित होना

घबराहट–(स्त्री.) घबराने की अवस्था, व्यग्रता

घमंड–(पु.) 1 अहंकार, दर्प 2 शेख़ी, अभिमान

घमंडी–(वि.) घमंड करनेवाला, अभिमानी

घमासान–I (पु.) 1 भीषण मारकाट 2 भयानक युद्ध II (वि.) भीषण, अत्यंत घोर

घर–(पु.) 1 मकान 2 निवास-स्थान 3 ठिकाना 4 घराना, कुल 5 कार्यालय (जैसे–बिजली घर, तार घर) 6 घर का माल-असबाब, घर-बार, गृहस्थी 7 घर के समान ही सुख-आराम मिलने का स्थान (जैसे–यह आपका ही घर है, बेफ़िक्र रहिए) 8 जन्मभूमि, स्वदेश 9 विशेष उद्देश्य की पूर्ति के लिए बनाया गया कमरा

घर-गृहस्थ–(पु.) अपने परिवार के साथ रहनेवाला एवं गृहस्थी के निर्वाह हेतु काम करनेवाला व्यक्ति

घरघाट–(पु.) 1 ठौर-ठिकाना 2 रंग-ढंग

घरघुसना–(वि.) जो सदा घर में ही घुसा रहे, ज़नानख़ाने में ही बैठा रहना

घरजँवाई–(पु.) ससुराल में बस जानेवाला दामाद

घरबार–(पु.) 1 घर, वास-स्थान 2 गृहस्थी, परिवार, बाल- बच्चोंवाला व्यक्ति, गृहस्थ

घरवाला–(पु.) 1 घर का मालिक, गृह स्वामी 2 स्त्री का पति **घर का अच्छा** खुशहाल, संपन्न **घर का चिराग़** 1 घर भर का प्यारा 2 घर की शोभा **घर का न घाट का** 1 निकम्मा 2 जो कहीं का न हो **घर का भेदिया, घर का भेदी** घर का भेद जाननेवाला **घर की बात** 1 घर का मामला 2 घर का भेद **घर की मुर्ग़ी दाल बराबर, घर की मुर्ग़ी साग बराबर** घर की अच्छी वस्तु की भी क़द्र नहीं होती **घर फूँक तमाशा देखना** घर तबाह करके मौज-मस्ती करना **घर भरना**

1 धन जोड़ना 2 घर को धन-धान्य से भरना 3 घर का धन-जन से भरा होना **घर भाँय-भाँय करना** सूनेपन के कारण घर डरावना लगना **घर सिर पर उठा लेना** ऊधम मचाना **घर से पाँव निकालना** मर्यादा का उल्लंघन करना, स्वच्छंदाचारी

घरघराना–(अ. क्रि.) घर-घर शब्द निकालना

घरणी, घरनी–(स्त्री.) 1 गृह-स्वामिनी 2 पत्नी, भार्या **बिन घरनी घर भूत का डेरा** बिना घरवाली के घर सूना-सूना लगता है

घराती–(पु.) कन्यापक्ष के लोग

घराना–(पु.) 1 ख़ानदान, वंश 2 (संगीत में) वंश-परंपरा

घरेलू–(वि.) 1 घर संबंधी (जैसे–घरेलू धंधा, घरेलू काम) 2 निजी 3 घर का (जैसे–घरेलू झगड़ा) 4 पालतू (जैसे–घरेलू पशु)

घरौंदा, घरौना–(पु.) 1 छोटा घर 2 मिट्टी का छोटा घर

घर्म–(पु.) 1 गरमी 2 धूप **घर्मबिन्दु** (पु.) पसीना

घर्र-घर्र–(स्त्री.) ज़ोर की रगड़ की आवाज़

घर्षक–(पु., वि.) घिसनेवाला, पालिश करनेवाला

घर्षण–(पु.) रगड़ने की क्रिया, घिस्सा, रगड़

घर्षित–(वि.) रगड़ा हुआ

घलुआ–I (पु.) तौल के अतिरिक्त दिया जानेवाला पदार्थ II (वि.) घालनेवाला

घसियारा–(पु.) घास खोदने एवं बेचनेवाला व्यक्ति (स्त्री घसियारी)

घसीट–(स्त्री.) 1 घसीटने की क्रिया 2 जल्दी-जल्दी लिखने की क्रिया 3 घसीट कर लिखी हुई लिखावट

घसीटना–(स. क्रि.) वस्तु को इस प्रकार खींचना कि वह रगड़ खाती हुई खींचनेवाले की तरफ़ बढ़ती जाये

घहराना–I (अ. क्रि.) 1 भीषण आवाज़ होना 2 सहसा गिरना, आ पहुँचना 3 चारों ओर से आकर घिरना II (स. क्रि.) 1 भीषण शब्द करना 2 घेरना, छाना

घाँटी–(स्त्री.) गले के अंदर का कौवा

घाई–(स्त्री.) 1 ओर, तरफ़ 2 बार, दफ़ा 3 दो उँगलियों के बीच की जगह, अंटी

घाघ–(पु.) 1 चालाक एवं धूर्त व्यक्ति 2 एक अनुभवी कवि जिनकी कहावतें बहुत प्रसिद्ध हैं

घाट–(पु.) जलाशय या नदी का नाव से पार उतरने का किनारा, तट (जैसे–गंगा नदी का किनारा, सरयू घाट) **घाट-घाट का पानी पीना** तरह-तरह के अनुभव पाना

घाटा–(पु.) 1 नुकसान, हानि 2 घटना 3 कमी

घाटी–(स्त्री.) 1 दो पर्वतों के बीच का सँकरा मार्ग 2 पर्वतीय प्रदेशों के मध्य का मैदान (जैसे–कश्मीर की घाटी) 3 पहाड़ की ढाल **घाटी-मार्ग** (पु.) 1 पर्वतों के बीच में नदी की धारा आदि से बना तंग रास्ता 2 दर्रा

घात–(स्त्री.) 1 अनुकूल अवसर 2 दाँव-पेच 3 विश्वासघात 4 घात या छल करने का स्थान (जैसे–घात लगाए बैठना) **घात लगना** उपयुक्त अवसर मिलना

घात–(पु.) 1 चोट, प्रहार 2 जान से मार डालना, वध, हत्या (जैसे–गोघात) 3 धोखे में रखकर की जानेवाली बुराई 4 कितनी बार गुणा करने का चिह्न **घात प्रतिघात** (पु.) 1 चोट और उसके बदले में की गई चोट 2 संघर्ष

घातक–I (वि.) 1 प्रहार करनेवाला 2 मार डालनेवाला, वधिक 3 हानि, कष्ट पहुँचानेवाला (जैसे–घातक विचार, घातक भाव) 4 जिसके कारण कोई मर जाये (जैसे–घातक रोग) II (पु.) हिंसक, हत्यारा

घान–(पु.) 1 एक बार में पीसने के लिए डाला गया अनाज 2 एक बार में पेरने के लिए डाला, उँड़ेला गया पदार्थ 3 एक बार में पकाया गया पदार्थ 4 एक निश्चित मात्रा का बार-बार डालना, उँड़ेलना, पीसना

घानी–(स्त्री.) 1 ऐसा स्थान जहाँ घान डाले जाते हैं 2 ऊख, तेल आदि पेरने का कोल्हू 3 ढेर, राशि

घायल–(वि.) जिसे चोट लगी हो, ज़ख़्मी

घ

(जैसे–वह बुरी तरह से घायल हो गया था)

घालना–(स. क्रि.) 1 डलना 2 रखना 3 फेंकना (जैसे–शस्त्र घालना) 4 मार डालना 5 नष्ट करना

घालमेल–(पु.) 1 मिलावट, गड्डमड्ड 2 अनुचित संबंध 3 मेल-जोल

घाव–(पु.) 1 ज़ख़्म, क्षत (जैसे–घाव पर मरहम लगाना) 2 विकृत अंग (जैसे–घाव भरना, घाव पूजना) 3 मन की दुःख पूर्ण स्थिति (जैसे–घाव हरा होना) **घाव खाना** आहत होना **घाव देना** दुःख पहुँचाना **घाव पर नमक छिड़कना** पीड़ित को और पीड़ा पहुँचाना

घास–(स्त्री.) 1 पशुओं को खिलानेवाली हरी वनस्पतियाँ (जैसे–दूब की घास) 2 तृण, तिनका **घासपात, घासफूस** (पु.) 1 कूड़ा-करकट 2 तृण या वनस्पति

घिग्घी–(स्त्री.) 1 अधिक रोने के कारण थकावट हो जाने पर श्वास अवरोध से घी-घी शब्द निकलना 2 भयभीत होने से साफ़ ध्वनि न बोल पाना (जैसे–घिग्घी बँधना)

घिघियाना–(अ. क्रि.) 1 चिल्लाना 2 करुण स्वर में प्रार्थना करना, गिड़गिड़ाना (जैसे–नौकर का घिघियाना)

घिचपिच–I (स्त्री.) 1 अस्पष्ट या न पढ़ी जा सकनेवाली लिखावट 2 भीड़, तंगी II (वि.) अस्पष्ट

घिन–(स्त्री.) घृणा, नफ़रत

घिनौना–(वि.) घृणित

घिरना–(अ. क्रि.) 1 घेरे में आना (जैसे–घटाओं का घिरना) 2 ढक लिया जाना (जैसे–बादलों से आकाश घिरना)

घिरनी–(स्त्री.) 1 चरख़ी, गरारी 2 चक्कर, फेरा

घिराव–(पु.) 1 घेरने की क्रिया 2 घेराबंदी

घिर्री–(स्त्री.) एक ही घेरे में बार-बार चक्कर लगाने की क्रिया **घिर्रीखाना** बार-बार आना-जाना

घिसटना–(अ. क्रि.) 1 घसीटा जाना 2 रगड़ खाते हुए धीरे-धीरे चलना

घिसना–(स. क्रि.) 1 रगड़ना (जैसे–चंदन घिसना) 2 मलना

घिसा-घिसाया, घिसा-पिटा, घिसा-पिसा–(वि.) 1 उपयोग में लाया हुआ, पुराना 2 जीर्ण-शीर्ण, कमज़ोर

घिस्सम-घिस्सा–(पु.) 1 धक्कम-धक्का, रेल-पेल 2 नख में डोरी फँसाकर खेलनेवाला खेल 3 बार-बार रगड़ने की क्रिया

घिस्सा–(पु.) 1 रगड़ 2 धक्का 3 धोखा

घी–(पु.) मक्खन को तपाकर बनाया गया चिकना पदार्थ **घी का कुप्पा लुढ़कना** 1 महान् क्षति होना 2 धनी व्यक्ति का मर जाना **घी के दीये जलाना** खुशी मनाना, प्रसन्न होना **पाँचों उँगलियाँ घी में होना** अत्यधिक लाभ होना

घी-खिचड़ी–(स्त्री.) अत्यधिक घनिष्ठता (जैसे–वे दोनों कैसे घी-खिचड़ी हो रहे हैं)

घीया–(पु.) 1 लौकी 2 कद्दू

घीयातोरी–(स्त्री.) 1 सब्ज़ी बनाई जानेवाली छोटे लंबोतरे से फूल की लता 2 सब्ज़ी बनाई जानेवाली लता का फल

घुँघराला–(वि.) घूँघरवाला, छल्लेदार (जैसे–घुँघराले बाल)

घुँघरू–(पु.) 1 गोल एवं पोली गुरिया जिसमें कंकड़, लोहे आदि का छोटा टुकड़ा पड़ा होता है जिसके हिलने पर घनघन की ध्वनि होती है 2 पैरों में पहना जानेवाला एक गहना जिसमें कई घुँघरू लगे होते हैं

घुंडी–(स्त्री.) 1 कपड़े का गोल बटन 2 सिरे पर बनी गोलाकार छोटी आकृति 3 टेढ़ापन, मन का खोट

घुग्घी–(स्त्री.) 1 घोघी 2 फ़ाख़्ता 3 पंडुक

घुग्घू, घुघुआ–(पु.) उल्लू

घुघुआना–(अ. क्रि.) 1 उल्लू पक्षी का बोलना 2 उल्लू की तरह स्पष्ट स्वर में बोलना 3 बिल्ली की तरह गुर्राना

घुटन–(स्त्री.) 1 दम घुटने की अवस्था

घ

2 घबराहट

घुटना–I (अ. क्रि.) 1 साँस रुकना 2 अटकना 3 कसा जाना **घुट-घुटकर मरना** असह्य कष्ट सहते हुए मरना

घुटना–II (अ. क्रि.) 1 घिसना 2 घनिष्ठ संबंध होना **घुटना, घुटा हुआ** काइयाँ, चालाक, धूर्त

घुटना III (पु.), **घुटनी**–(स्त्री.) जाँघ और टाँग के बीच का जोड़ (जैसे–घुटनों के बल चलना) **घुटना-टेकू** (वि.) 1 घुटना टेकनेवाला 2 हार स्वीकार करनेवाला, आत्म समर्पण करनेवाला **घुटनों में सिर देना** 1 सोच में बैठना, उदास होना 2 लज्जित होना

घुटन्ना–(पु.) 1 घुटनों तक पहुँचनेवाला पायजामा 2 तंग मोहरीवाला पायजामा

घुटवाना–(स. क्रि.) 1 घोटने का काम अन्य से कराना, मुँडाना 2 रगड़वाना 3 पिसवाना (जैसे–भाँग घुटवाना)

घुटाई–(स्त्री.) 1 घोटने की क्रिया 2 घोटने की मज़दूरी

घुट्टी–(स्त्री.) नवजात शिशु को पिलाई जानेवाली रेचक-पाचक दवा **घुट्टी में पड़ना** स्वभाव बनना

घुड़कना–(स. क्रि.) धमकी के स्वर में डाँटना, डपटकर बोलना

घुड़की–(स्त्री.) 1 घुड़कने की क्रिया 2 धमकी भरी डाँट **घुड़की खाना** डाँट पड़ना

घुड़चढ़ी–(स्त्री.) 1 वर का घोड़े पर चढ़कर वधू के घर चलना 2 घुड़नाल 3 घोड़े पर चढ़कर एक स्थान से दूसरे स्थान पर जानेवाली गाँव की वेश्याएँ

घुड़दौड़–I (स्त्री.) 1 घोड़ों की दौड़ 2 घोड़े की तरह तेज़ चाल II (क्रि. वि.) घोड़ों की तरह बहुत तेज़ी से आगे बढ़ते हुए

घुड़सवारी–(स्त्री.) घोड़े पर सवार होने की क्रिया

घुड़साल–(स्त्री.) घोड़ बाँधने का थान, अस्तबल

घुणाक्षर–(पु.) लकड़ी में घुन लगने से बने अक्षर **घुणाक्षर न्याय** (पु.) घटनाएँ संयोगवश हो जाती हैं

घुन–(पु.) 1 अनाज को खाकर पोला कर देनेवाला लाल रंग का कीड़ा 2 काग़ज़ एवं लकड़ी आदि खानेवाला सफ़ेद कीड़ा (जैसे–घुन लगना)

घुनना–(अ. क्रि.) घुन द्वारा खाया जाना

घुन्ना–(वि.) मन के भावों को गुप्त रखनेवाला, चुप्पा

घुप–(वि.) गहरा, निबिड़ (अँधेरा)

घुमंतू–(वि.) इधर-उधर घूमनेवाला

घुमक्कड़–(वि.) बहुत अधिक घूमनेवाला, रमता

घुमड़ना–(अ. क्रि.) 1 इकट्ठा होना 2 बादलों का उमड़-उमड़कर इकट्ठा होना

घुमाना–(स. क्रि.) 1 घूमने में प्रवृत्त करना (जैसे–आँखें घुमाना) 2 चक्कर देना 3 इधर-उधर दिखाने के लिए ले जाना (जैसे–शहर घुमाना)

घुमाव–(पु.) 1 घूमने, घुमाने का भाव 2 मोड़, घूम (जैसे–सड़क का घुमाव) 3 बात की जटिलता, चक्कर (जैसे–घुमाव की बात)

घुर-घुर–(पु.) 1 गले में कफ संचय होने से साँस लेने में निकलनेवाला शब्द 2 बिल्ली, सूअर आदि के गले से निकलनेवाली आवाज़

घुरघुराहट–(स्त्री.) घुर-घुर शब्द निकलने की क्रिया

घुलनशील–(वि.) घुलनेवाला

घुलना–(अ. क्रि.) 1 तरल पदार्थ में अच्छी तरह मिलना (जैसे–चीनी पानी में घुलनशील है, दूध और पानी में शक्कर आदि घुलना) 2 पककर नरम होना (जैसे–दाल का घुलना) 3 खूब मिल जाना 4 क्षीण होना **घुलना मिलना** (अ. क्रि.) मेल-जोल रखना **घुल-घुलकर काँटा होना** बहुत कमज़ोर हो जाना **घुल-घुलकर बातें करना** घनिष्ठतापूर्वक बातें करना

घुलनीय–(वि.) जो घुल जाए

घुलाना–(स. क्रि.) 1 तरल पदार्थ में घुलनशील

घ

पदार्थ डालकर हिलाना 2 पिघलाना, गलाना

घुसना–(अ. क्रि.) 1 प्रवेश करना, भीतर जाना 2 धँसना 3 बलपूर्वक आगे बढ़ना (जैसे–शत्रु का देश की सीमा में घुस आना)

घुस-पैठ–(स्त्री.) 1 घुसने और पैठने की क्रिया 2 पहुँच 3 ज़बरदस्ती घुसना

घुसेड़ना–(स. क्रि.) 1 ठूँसना 2 धँसाना

घूँघट–(पु.) पल्लू से मुँह ढँकना (जैसे–घूँघट उठाना, घूँघट उलटना)

घूँ-घूँ–(स्त्री.) सन्नाटे में गहरी और मंद आवाज़

घूँट–(पु.) मुँह से एक बार में ली जानेवाली तरल पदार्थ की मात्रा, चुसकी

घूँटना–(स. क्रि.) घूँट-घूँट करके पीना

घूँसा–(पु.) 1 मुक्का 2 मुक्के का प्रहार **घूँसा मारना** मुक्के से प्रहार करना

घूम–I (स्त्री.) 1 घूमने की क्रिया, घुमाव, मोड़ 2 चक्कर, घेरा 3 मोड़ II निद्रा, नींद

घूमना–(अ. क्रि.) 1 टहलना (जैसे–सबेरे का घूमना सेहत के लिए बहुत अच्छा है) 2 चक्कर लगाना (जैसे–गोले के चारों ओर घूमना)

घूरना–(अ. क्रि.) आँखें निकालकर क्रोधपूर्वक देखना (जैसे–अध्यापक का घूरना देखकर लड़के कक्षा में चले गए)

घूरा–(पु.) कूड़े-करकट का ढेर

घूर्ण–I (पु.) चारों ओर घूमना II (वि.) घूमता हुआ

घूर्णन–(पु.) चक्कर लगाना

घूर्णित–(वि.) 1 घुमाया हुआ 2 भ्रमित

घूस–I (पु.) रिश्वत (जैसे–घूस लेना, घूस देना) II (स्त्री.) चूहे के वर्ग का ऐसा बड़ा जंतु जो ज़मीन में बिल खोदकर रहता है

घृणा–(स्त्री.) नफ़रत, घिन **घृणासूचक** (वि.) घृणा का संकेत करनेवाला

घृणास्पद–(वि.) घृणा योग्य, घृण्य

घृत–(पु.) घी **घृतपूर** (पु.) घेवर

घेंटा–(पु.) सूअर का बच्चा

घेंटी–(स्त्री.) चने की फली

घेघा–(पु.) 1 गला 2 गले की आहार नलिका 3 गले का एक रोग, गलगंड

घेरना–(स. क्रि.) 1 घेरा बनाना 2 सीमा निर्धारित करना 3 छेंकना (जैसे–पुलिस ने चोर को घेर लिया है) 4 छा जाना (जैसे–बादलों ने आकाश को घेर लिया)

घेरा–(पु.) 1 विस्तार, फैलाव 2 घेरने की क्रिया 3 मंडलाकार रूप (जैसे–दीवार का घेरा) 4 परिधि (जैसे–वृत्त का घेरा) 5 घेरनेवाली दीवार **घेराबंदी** (स्त्री.) घेरा डालने की क्रिया

घेवर–(पु.) मैदे, घी एवं चीनी के मिश्रण से बनी मिठाई, फेनी

घोंघा–I (पु.) 1 शंख के आकार का एक कीड़ा 2 निरर्थक वस्तु II (वि.) बेवकूफ़, मूर्ख

घोंघाबसंत–(वि.) बिलकुल मूर्ख

घोंचा–(पु.) 1 फूलों, फलों आदि का गुच्छा, स्तबक 2 कानों तक मुड़कर पहुँची हुई सींगवाला बैल

घोंचू–(वि.) बुद्धू

घोंपना–(स. क्रि.) 1 गड़ाना, चुभाना 2 धँसाना (जैसे–छुरा घोंपना)

घोंसला–(पु.) नीड़, खोता

घोटना–I (स. क्रि.) ज़ोर से दबाना (जैसे–गला घोटना) II 1 मलना, रगड़ना 2 महीन करना, पीसना 3 अभ्यास करना 4 याद करना 5 बाल साफ़ करना

घोटा–(पु.) 1 रगड़ाई, घुटाई 2 घोटी हुई वस्तु

घोटाला–(पु.) 1 गोलमाल, घपला 2 अव्यवस्था, गड़बड़ी

घोटू–I (वि.) 1 घोटनेवाला 2 कसकर दबानेवाला II (पु.) घोटा

घोड़ा–(पु.) 1 एक प्रसिद्ध पालतू पशु जिस पर सवारी की जाती है तथा जो रथ आदि खींचता है, अश्व, तुरंग (जैसे–घोड़ा बहुत तेज़ दौड़नेवाला पशु है) 2 घोड़े के आकार का बंदूक आदि का खटका (जैसे–घोड़ा दबाना) 3 शतरंज का एक मोहरा 4 घोड़े की

आकृति की खूँटी **घोड़ागाड़ी** (स्त्री.) ऐसी गाड़ी जिसमें घोड़े जुतते हों, घोड़े द्वारा खींची जानेवाली गाड़ी

घोड़ी–(स्त्री.) 1 घोड़े की मादा 2 विवाह की एक रस्म जिसमें वर घोड़ी पर चढ़कर कन्या के घर जाता है

घोर– (वि.) 1 डरावना 2 गहरा (जैसे–घोर निद्रा) 3 कठोर, कठिन (जैसे–घोर साधना) 4 अत्यंत बुरा

घोलना–(स. क्रि.) किसी तरल पदार्थ में घुलनशील पदार्थ मिलाना (जैसे–दूध में शक्कर घोलना) **घोलकर पी जाना** संपूर्णतया अंत कर देना (जैसे–लज्जा घोलकर पी जाना)

घोष–I (पु.) बस्ती गाँव II 1 शब्द, नाद 2 ज़ोर से की गई पुकार, गर्जन 3 नारा

घोषणा–(स्त्री.) 1 सार्वजनिक रूप से की गई राजाज्ञा 2 सार्वजनिक बात 3 ऐलान, ढिंढोरा 4 मुनादी, डुग्गी **घोषणा पत्र** (पु.) 1 राजाज्ञा 2 राजनैतिक दल का नीति-पत्र

घोसी–(पु.) अहीर, ग्वाला

घ्राण–(स्त्री.) 1 सूँघने की इंद्रिय, नाक 2 सूँघने की शक्ति

घ्राणेन्द्रिय–(स्त्री.) नाक

च

चंग–(वि.) 1 दक्ष, कुशल 2 स्वस्थ 3 सुंदर

चंगा–(वि.) 1 तंदुरुस्त, स्वस्थ (जैसे–रोगी चंगा हो गया) 2 उत्तम, अच्छा 3 पवित्र, स्वच्छ (जैसे–मन चंगा तो कठौती में गंगा)

चंगुल–(पु.) 1 पशु-पक्षियों का टेढ़ा पंजा 2 उँगलियों को हथेली की ओर मोड़ने से बनी आकृति (जैसे–एक चंगुल आटा देना) 3 पकड़, अधिकार **चंगुल में फँसना, चंगुल में होना** पूरी तरह वश में होना

चँगेर, चँगेरी, चँगेली–(स्त्री.) 1 बाँस की खमचियों से बनी छोटी डलिया 2 चमड़े की मशक 3 पालने के आकार की टोकरी

चंचरी–(स्त्री.) भ्रमरी, भौंरी

चंचल–(वि.) 1 जो बराबर गतिशील हो, हिलने-डुलनेवाला (जैसे–चंचल नयन) 2 अस्थिर 3 चुलबुला 4 चलचित्त (जैसे–चंचल किशोर) 5 नटखट, शरारती

चंचला–(स्त्री.) 1 बिजली, विद्युत् 2 लक्ष्मी

चंचु–(स्त्री.) चोंच **चंचुपुट** (पु.) बंद चोंच **चंचु प्रवेश** (पु.) 1 किसी विषय का थोड़ा-सा या प्राथमिक ज्ञान मात्र 2 संपर्क मात्र

चंट–(वि.) 1 अत्यधिक चालाक 2 चालबाज़, धूर्त 3 तेज़

चंड–(वि.) 1 अति प्रखर, बहुत उग्र 2 क्रोधी 3 प्रबल

चंडाल–(वि.) चांडाल **चंडालपक्षी** (पु.) कौआ **चंडाल वीणा** (स्त्री.) तँबूरा, चिकारा

चंडालिनी–(स्त्री.) 1 चंडाल स्त्री 2 दुष्ट एवं निकृष्ट स्त्री

चंडिका, चंडी–(स्त्री.) 1 दुर्गा 2 उग्र स्वभाववाली नारी, कर्कशा एवं दुष्ट स्त्री

चंडू–(पु.) तंबाकू की तरह पिया जानेवाला अफ़ीम से बनाया हुआ अवलेह **चंडूख़ाना** (पु.) चंडू पीने का स्थान **चंडूबाज़** (पु.) चंडू पीनेवाला व्यक्ति **चंडूख़ाने की गप** झूठी बात

चंडूल–(पु.) 1 भद्दी शक्ल का आदमी, कुरूप व्यक्ति 2 मधुर स्वरवाली ख़ाकी रंग की चिड़िया

चंडोला–(पु.) 1 पालकी 2 मिट्टी का एक

च

खिलौना, चौघड़ा

चंद–(पु.) चंद्रमा

चंदन–(पु.) 1 एक सुगंधित वृक्ष जिसकी लकड़ी को घिसकर मस्तक पर लगाया जाता है, मलयज 2 चंदन वृक्ष की लकड़ी 3 चंदन वृक्ष की लकड़ी का लेप **चंदनगिरि** (पु.) मलय पर्वत **चंदनपुष्प** (पु.) लौंग **चंदनलेप** (पु.) घिसकर बनाया गया चंदन का लेप

चँदला–(वि.) गंजा, खल्वाट

चंदा–(पु.) चंद्रमा (जैसे–चंदा मामा)

चंदा–(पु.) 1 चाँद 2 सार्वजनिक कार्य हेतु दी गई आर्थिक सहायता (जैसे–होली का चंदा, अनाथालय को दिया गया चंदा)

चंद्र–(पु.) 1 चंद्रमा, चाँद 2 मोर पंख का अर्द्धचंद्राकार चिह्न 3 अर्द्ध अनुनासिक का चिह्न 4 इड़ा नाड़ी **चंद्रकक्षा** (स्त्री.) वह पथ जिस पर चंद्र घूमता है **चंद्रकला** (स्त्री.) 1 चंद्रमा की सोलह कलाएँ 2 चंद्रमा की सोलहों कलाओं में से एक कला **चंद्र कलाधर** (पु.) शिव **चंद्रकांत** (पु.) 1 एक प्रसिद्ध कल्पित मणि जो लोक-मान्यतानुसार चंद्र किरण पड़ने से पसीजने लगती है **चंद्रकांता** (स्त्री.) 1 चंद्रमा की पत्नी 2 रात्रि, रात (पु.) **चंद्रक्षय** (पु.) अमावस्या **चंद्रग्रहण** (पु.) पृथ्वी की छाया पड़ने से चंद्रमा का बिंब न दिखाई देने की स्थिति, चंद्रमंडल का पृथ्वी की छाया पड़ने से छिप जाना **चंद्रचूड़** (पु.) शिव **चंद्रपरिक्रमा** (स्त्री.) चाँद का चक्कर लगाना **चंद्रप्रभा** (स्त्री.) चंद्रमा की ज्योति, चाँदनी **चंद्रबिंदु** (पु.) सानुनासिक वर्ण के ऊपर लगाई जानेवाली अर्द्ध चंद्र बिंदी (ँ) **चंद्रमणि** (पु.) चंद्रकांत मणि **चंद्रमुखी** (स्त्री./वि.) चंद्रमा के समान मुखवाली **चंद्रयात्री** (पु.) चाँद पर जानेवाला **चंद्रयान** (पु.) चाँद पर जानेवाला यान **चंद्रशेखर** (पु.) शिव **चंद्रहार** (पु.) गले का हार जो अर्द्धचंद्राकार धातु के अनेक टुकड़ों से युक्त होता है तथा जिसके बीच में पूर्ण चंद्र के आकार का गोल टिकड़ा लगा होता है **चंद्रहास** (पु.) 1 खड्ग, चमकीली तलवार 2 रावण की तलवार का नाम

चंद्रमा–(पु.) सौर मंडल का एक उपग्रह जो रात में पृथ्वी को चाँदनी से उजाला करता है, चाँद, शशि

चंद्रवार–(पु.) सोमवार

चंद्रातप–(पु.) 1 चाँदनी 2 खुला दालान 3 वितान, चँदोवा

चंद्रालोक–(पु.) चंद्रमा का प्रकाश, चाँदनी

चंद्रालोकित–(वि.) चाँदनी से प्रकाशित

चंद्रिका–(स्त्री.) 1 चंद्रमा का प्रकाश, चाँदनी 2 मोर पंख का चंद्राकार चिह्न

चंद्रिकोत्सव–(पु.) शरद् पूर्णिमा का कौमुदी महोत्सव

चंद्रोदय–(पु.) 1 चंद्रमा का उदित होना 2 चँदोआ

चंपई–(वि.) चंपा के फूल के रंग का, पीला

चंपक–(पु.) 1 चंपा 2 चंपा की कली

चंपत–(वि.) 1 बिना कुछ बताए जो भाग गया हो 2 जो ग़ायब कर दिया गया हो

चंपा–(पु.) 1 पीले रंग के फूलोंवाला तीव्र गंधयुक्त एक वृक्ष 2 तीव्र गंधयुक्त पीले रंग का फूल

चंपू–(पु.) गद्य एवं पद्य में लिखा गया नाटक (जैसे–चंपू काव्य)

चंबल–I (स्त्री.) 1 विंध्य पर्वत से निकलकर यमुना में मिलनेवाली एक नदी 2 पानी की बाढ़

चंबल–II (पु.) तलुए, हथेली में होनेवाला चर्म रोग

चँवर–(पु.) पशुओं की पूँछ के लंबे बालों का गुच्छा जिसे दस्ते के अगले भाग में लगाया जाता है और जो राजाओं आदि के ऊपर मक्खियाँ आदि उड़ाने के लिए डुलाया जाता है, पशुओं के पूँछ के लंबे बालों का बना पंखा

चँवरी–(स्त्री.) छोटा चँवर

चक–(पु.) 1 ज़मीन का बड़ा खंड 2 चकवा 3 चाक, पहिया 4 चक्र नामक अस्त्र

च

5 अधिकार, प्रभुत्व (जैसे—चक जमना, चक बँधना) **चकबंदी** (स्त्री.) 1 बड़े भू-भाग को कई भागों में बाँटने की क्रिया 2 छोटे-छोटे भू-खंडों को बड़े चक का रूप देने की क्रिया

चकई–(स्त्री.) मादा चकवा, मादा सुरख़ाब

चकत्ता–(पु.) 1 शरीर पर पड़ा गोल दाग़, चमड़ी पर उभरा हुआ धब्बा 2 शरीर पर गड़ाए हुए दाँतों का निशान

चकनाचूर–(वि.) 1 चूर-चूर, टुकड़े-टुकड़े (जैसे—चकनाचूर कर देनेवाली चोट) 2 थका-माँदा

चकमक–(पु.) एक प्रकार का पत्थर जिस पर प्रहार करने से आग पैदा होती है

चकमा–(पु.) धोखा, भुलावा (जैसे—चकमा देकर भाग जाना)

चकराना–(अ. क्रि.) 1 चकित होना 2 भ्रमित होना, भटकना 3 चक्कर में पड़ना 4 (सिर) चक्कर खाना

चकरी–(स्त्री.) 1 चक्की 2 चक्की का पाट 3 चकई (जैसे—चकरी नचाना)

चकला–I (पु.) 1 रोटी बेलने का पाटा, चौका 2 व्यभिचार से जीविका चलानेवाली स्त्रियों की बस्ती, कसबीख़ाना II (वि.) अधिक विस्तारवाला, चौड़ा **चकलाख़ाना** (पु.) वेश्याओं का अड्डा **चकला बेलन** (पु.) चौका-बेलना

चकलाना–(स. क्रि.) पौधे को मिट्टी समेत उखाड़ना

चकली–(स्त्री.) 1 छोटा चकला 2 गड़ारी, घिरनी

चकल्लस–(स्त्री.) 1 झंझट, झगड़ा 2 हास-परिहास, हँसी-मज़ाक़

चकवा–(पु.) जलाशयों के किनारे पाया जाने वाला एक पक्षी जिसके बारे में कल्पना की जाती है कि रात को वह अपने जोड़े से अलग हो जाता है, सुरख़ाब

चकाचक–I (क्रि. वि.) अच्छी तरह से (जैसे—चकाचक भोजन किया गया) II (स्त्री.) तलवार का निरंतर आघात होने से उत्पन्न शब्द III (वि.) चटकीला

चकाचौंध, चकाचौंधी–(स्त्री.) 1 चुँधियानेवाली चमक 2 आँख का झपकना, दृष्टि का स्थिर न रह सकना 3 धन का प्रदर्शन

चकार–(पु.) च की ध्वनि

चकित–(वि.) 1 आश्चर्य में आया हुआ, विस्मित 2 शंकित 3 घबराया हुआ

चकोटना–(स. क्रि.) चिकोटी काटना, बकोटना

चकोतरा–(पु.) नीबू की जाति का खट्टे-मीठे फलोंवाला पेड़ और उसका बड़ा-सा फल

चकोर–(पु.) तीतर जाति का एक पक्षी जो चंद्रमा का प्रेमी माना जाता है (स्त्री. चकोरी)

चक्कर–(पु.) 1 चाक 2 चक्र 3 पहिया 4 घेरा, मंडल 5 मोड़ोंवाला मार्ग 6 मोड़, घुमाव (जैसे—इस मार्ग में कई चक्कर पड़ेंगे) 7 फेरा 8 हैरानी, उलझन (जैसे—इस प्रश्न ने सबको चक्कर में डाल दिया है) 9 धोखा, भुलावा 10 असमंजस की स्थिति 11 सिर का घूमना, घुमटा

चक्करदार–(वि.) घुमाववाला (जैसे—चक्करदार मार्ग) **चक्कर में आना** धोखे में आना **चक्कर में डालना** उलझन में डालना

चक्का–(पु.) 1 पहिया (जैसे—रेलगाड़ी का चक्का) 2 कुम्हार का चाक 3 ईंट-पत्थर आदि का टुकड़ा

चक्का फेंक–(स्त्री.) चक्र फेंकने का व्यायाम

चक्की–I (स्त्री.) 1 पीसने का यंत्र 2 जाँता (जैसे—हाथ की चक्की)

चक्की-चूल्हा–(पु.) घर का काम-काज **चक्की पीसना** 1 कड़ी मेहनत करना 2 अन्न पीसना

चक्की–II (स्त्री.) 1 पैर के घुटने की गोल हड्डी 2 ऊँट के बदन पर का गोल घट्ठा

चक्र–(पु.) 1 पहिया 2 गोलाकार वस्तु 3 कुम्हार का चाक 4 चक्की 5 प्राचीन गोलाकार अस्त्र (जैसे—सुदर्शन चक्र) 6 सैनिक व्यूह (जैसे—चक्रव्यूह) 7 कोल्हू 8 पानी का भँवर 9 हवा का बवंडर 10 फेरा, चक्कर

च

11 सुदर्शन चक्र 12 सैन्य पुरस्कार 13 योग में शरीर अंतस्थान **चक्रधर** I (वि.) चक्र धारण करनेवाला II (पु.) 1 विष्णु 2 श्रीकृष्ण **चक्रयान** (पु.) पहिए वाली गाड़ी **चक्रवाक** (पु.) चकवा **चक्रवात** (पु.) बवंडर, बगूला **चक्रवृद्धि** (स्त्री.) वह ब्याज जिसमें संचित ब्याज भी मूलधन में शामिल हो जाए **चक्रव्यूह** (पु.) चक्र के रूप में सेना की स्थापना (जैसे—महाभारत के युद्ध में अभिमन्यु ने चक्रव्यूह तोड़ा था)

चक्रवर्ती–I (वि.) सार्वभौम II (पु.) 1 समुद्रपर्यंत पृथ्वी का अधिपति 2 सम्राट् 3 समूह का नायक

चक्राकार–(वि.) चक्र के आकार का, मंडलाकार, गोल

चक्रिका–(स्त्री.) चक्की

चक्री–I (पु.) 1 चक्र धारण करनेवाला व्यक्ति 2 विष्णु 3 चकवा पक्षी II (वि.) 1 जिसमें पहिया लगा हो 2 गोलाकार

चक्षण–(पु.) 1 कृपा-दृष्टि 2 अनुग्रह-पूर्ण व्यवहार

चक्षु–(पु.) आँख, नेत्र **चक्षुगह्वर, चक्षुघर** (पु.) नेत्रगुहा

चक्षुष्य–I (वि.) 1 नेत्र संबंधी 2 जो आँखों को प्रिय लगे 3 नेत्र से उत्पन्न II (पु.) आँखों में लगाया जानेवाला काजल, सुरमा

चखना–(स. क्रि.) 1 स्वाद लेना 2 रसास्वादन करना

चचा–(पु.) चाचा

चचिया–(वि.) चाचा या चाची के स्थान पर पड़नेवाला (जैसे—चचिया ससुर, चचिया सास)

चचेरा–(वि.) चाचा से उत्पन्न (जैसे—चचेरा भाई, चचेरी बहन)

चचोड़ना–(स. क्रि.) दाँत से दबाकर खाना, रस चूसना (जैसे—आम चचोड़ना)

चट–I (क्रि. वि.) 1 जल्दी से, तुरंत (जैसे—चट से खा जाओ) 2 चट शब्द करते हुए II (वि.) चाट कर समाप्त कर दिया गया, खाया हुआ

चटक–(वि.) 1 चटकीला, चमकीला 2 फुरतीला, तेज़ **चटकदार** (वि.) 1 चमक-दमकवाला, चमकीला 2 तेज़, स्फूर्तिवान

चटक–(पु.) गौरैया, चिड़ा

चटकना–(अ. क्रि.) 1 'चट' शब्द करके टूटना, फूटना (जैसे—गिलास का चटकना, शीशा चटकना) 2 दरार पड़ना (जैसे—दीवार चटकना) 3 लकड़ी का जलते समय चट-चट शब्द करना 4 कलियों का चट-चट शब्द करते हुए खिलना (जैसे—गुलाब की कलियाँ चटकना)

चटकनी–(स्त्री.) सिटकिनी (जैसे—दरवाज़े की चटकनी बंद कर देना)

चटक-मटक–(स्त्री.) 1 नाज़-नख़रा, हाव-भाव 2 सजधज

चटकल–(स्त्री.) ऐसा कारख़ाना जहाँ जूट की चीज़ें बनाई जाती हैं, पटसन की वस्तुएँ बनाने का कारख़ाना

चटकारना–(स. क्रि.) जीभ का स्वाद लेना

चट-चट–(स्त्री.) 1 वस्तु के टूटते समय होनेवाला चट-चट शब्द 2 जलने से होनेवाला चट-चट शब्द (जैसे—लकड़ियाँ चट-चट कर जल रही थीं) 3 उँगलियाँ चटकाने पर होनेवाला चट-चट शब्द

चटनी–(स्त्री.) 1 चाटकर खाई जानेवाली वस्तु, अवलेह 2 घोला हुआ गाढ़ा चरपरा अवलेह (जैसे—आम की चटनी, इमली की चटनी) **चटनी करना, चटनी बनाना** 1 पदार्थ आदि को चूर-चूर करना 2 व्यक्ति आदि को बहुत मारना

चट-पट–(क्रि. वि.) 1 बहुत जल्दी, तुरंत 2 अपेक्षाकृत कम समय में (जैसे—काम चट-पट करके चले जाना)

चटपटा–(वि.) मसालेदार (जैसे—चटपटा पदार्थ)

चटशाला, चटसार, चटसाल–(स्त्री.) छोटे बच्चों की पाठशाला, शिशुमंदिर

चटाई–(स्त्री.) बाँस आदि की खपचियों को गूथकर बनाया गया आसन, साथरी (जैसे—

चटाई बुनना)

चटाक–(पु.) 1 वस्तु के टकराने से उत्पन्न होनेवाला शब्द 2 वस्तु के गिरकर टूटने से उत्पन्न शब्द 3 थप्पड़ मारने से उत्पन्न होनेवाली ध्वनि

चटाक-पटाक–(क्रि. वि.) 1 चटाक शब्द उत्पन्न करते हुए 2 बहुत जल्दी, तुरंत

चटाना–(स. क्रि.) 1 चाटने की क्रिया में किसी को प्रवृत्त करना (जैसे–बच्चे को खीर चटाना) 2 घूस देना, रिश्वत देना (जैसे–दफ़्तर में बाबुओं को बग़ैर कुछ चटाए कोई काम नहीं पूरा होता है)

चटियल–(वि.) उजाड़ और सपाट

चटोर, चटोरा–(वि.) 1 चटपटी चीज़ खाने का शौक़ीन 2 अधिक खाने का लोभी (जैसे–चटोरा आदमी)

चट्टा–I (पु.) चेला, शिष्य II 1 चकत्ता, ददोरा 2 ईंट, बालू आदि को गिनने, नापने के लिए लगाया गया थाक, ईंट, बालू आदि का लगाया हुआ ढेर

चट्टान–(स्त्री.) 1 पत्थर का अत्यधिक विशाल खंड (जैसे–यह चट्टान नहीं तोड़ी जा सकेगी) 2 वस्तु का बहुत बड़ा ठोस टुकड़ा

चट्टी–I (स्त्री.) पड़ाव, मंज़िल II खुली एड़ी की काठ की बनी चप्पल III 1 क्षति 2 दंड

चड़–(पु.) 1 लकड़ी आदि के टूटने, फटने से उत्पन्न होनेवाला शब्द 2 सूखी लकड़ी के जलने से होनेवाला शब्द

चड्डा–I (पु.) जाँघ की जड़ II (पु.) जाँघ और पेट का जोड़

चड्डी–(स्त्री.) पीठ की सवारी

चढ़त–(स्त्री.) चढ़ाया हुआ पदार्थ, भेंट, चढ़ावा

चढ़ना–(अ. क्रि.) 1 ऊपर की ओर बढ़ना (सीढ़ी पर चढ़ना) 2 सवार होना (जैसे–घोड़े पर चढ़ना) 3 चढ़ाई करना 4 भेंट किया जाना 5 आवेश होना 6 अग्रसर होना (जैसे–वह दसवीं कक्षा में चढ़ गया) 7 समर्पित होना 8 उठना, तनना (जैसे–आकाश में पतंग चढ़ गई) 9 मान, मूल्य आदि बढ़ना

चढ़ाई–(स्त्री.) 1 चढ़ने की क्रिया 2 ऊँचाई की ओर जानेवाली भूमि (जैसे–उस रास्ते से ज़्यादा चढ़ाई पड़ेगी) 3 आक्रमण, हमला (जैसे–शत्रु ने देश पर अचानक चढ़ाई कर दी)

चढ़ाना–(स. क्रि.) 1 किसी को ऊपर जाने में प्रवृत्त करना 2 कोई वस्तु ऊपर ले जाना 3 गाड़ी आदि में बैठाना (जैसे–उसे रेलगाड़ी में चढ़ाना है) 4 अग्रसर करना, बढ़ाना 5 मान, मूल्य आदि बढ़ाना

चढ़ाव–(पु.) 1 चढ़ने-चढ़ाने की क्रिया 2 चढ़ाई 3 बढ़ती, वृद्धि 4 भाव की तेज़ी **चढ़ाव-उतार** (पु.) 1 ऊँचा-नीचा स्थान 2 उन्नति-अवनति

चढ़ावा–(पु.) 1 देवताओं आदि को चढ़ाई जानेवाली सामग्री, पुजापा 2 विवाह में वर पक्ष की तरफ से कन्या को दिए गए आभूषण

चतुरंग–I (वि.) चार रंगोंवाला II (पु.) 1 चतुरंगिणी सेना 2 चतुरंगिणी सेना का सेनापति 3 शतरंज का खेल

चतुर–(वि.) 1 कुशल 2 अपना मतलब निकालनेवाला 3 दक्ष, निपुण **चतुरता** (स्त्री.) दक्षता

चतुरई, चतुराई–(स्त्री.) चतुर होने की अवस्था

चतुरानन–(पु.) ब्रह्मा

चतुर्गुण–(वि.) 1 चौगुना 2 चार गुणोंवाला 3 चौपहला

चतुर्थ–(वि.) चौथा **चतुर्थ काल** (पु.) 1 दिन का चौथा पहर 2 संध्या का समय

चतुर्थाश्रम–(पु.) आश्रमों में चौथा, संन्यास

चतुर्थी–(स्त्री.) चांद्र मास के किसी पक्ष की चौथी तिथि, चौथ

चतुर्दशी–(स्त्री.) चांद्र मास के किसी पक्ष की चौदहवीं तिथि, चौदस

चतुर्दिक्–(क्रि. वि.) चारों दिशाओं में, चारों ओर

चतुर्दिश–I (पु.) चारों दिशाएँ II (क्रि. वि.) चारों ओर से, दिशाओं से

चतुर्धाम–(पु.) चार प्रमुख तीर्थस्थल (बद्रीनाथ,

द्वारका, रामेश्वरम्, जगन्नाथ पुरी)
चतुर्भुज–I (वि.) 1 चार भुजाओंवाला 2 आकृति जिसमें चार भुजाएँ हों (जैसे–समांतर चतुर्भुज) II (पु.) 1 चार भुजाओंवाला क्षेत्र 2 विष्णु
चतुर्मास–(पु.) चौमासा, आषाढ़ शुक्ला एकादशी से लेकर चार मास
चतुर्मुख–I (वि.) चार मुँह वाला II (क्रि. वि.) चारों ओर III (पु.) ब्रह्मा (स्त्री. चतुर्मुखी)
चतुर्युगी–(स्त्री.) सतयुग, द्वापर, त्रेता और कलियुग इन चार युगों का समूह
चतुर्वर्ण–(पु.) हिंदुओं के चार वर्ण–ब्राह्मण, क्षत्रिय, वैश्य, शूद्र
चतुर्वेदी–(पु.) चारों वेदों को जाननेवाला
चतुश्शती–(स्त्री.) चार सौ वर्ष का समय
चतुष्कोण–I (वि.) चार कोणोंवाला, चौकोर, चौकोना II (पु.) चार कोणोंवाला क्षेत्र
चतुष्पथ–(पु.) चौराहा, चौमुहानी
चतुष्पद–I (वि.) 1 चार पैरोंवाला 2 चार पदोंवाला II (पु.) चौपाया
चतुष्पर्णी–(वि.) चार पत्तोंवाला
चतुष्पाठी–(स्त्री.) ऐसा विद्यालय जहाँ बच्चों को चारों वेदों का ज्ञान दिया जाता है
चतुस्सूत्री–(वि.) चार मुद्दोंवाला (कार्यक्रम)
चत्वर–(पु.) 1 चौकोर स्थान 2 चौकोर टुकड़ा 3 चौमुहानी, चौराहा 4 चार रथों का समूह 5 वेदी
चना–(पु.) चैती की फ़सल का एक प्रसिद्ध पौधा जो हाथ भर ऊँचा होता है और जिसके दानों की गिनती अन्न में की जाती है **चना-चबेना** (पु.) चबाकर खाने योग्य भुना हुआ चना
चपटी–(वि.) I सपाट, समतल (जैसे–धरती चपटी दिखाई देती है।) II (स्त्री.) जानवरों को लगने वाला एक छोटा कीड़ा
चपड़-चपड़–I (स्त्री.) कुत्ते आदि जानवरों के पानी पीते समय होनेवाला शब्द II (क्रि. वि.) चपड़-चपड़ ध्वनि करते हुए
चपड़ा–(पु.) 1 साफ़ की गई लाख का पत्तर 2 किसी चीज़ का पत्तर 3 लाल रंग का फतिंगा
चपत–(पु.) 1 तमाचा 2 क्षति, नुक़सान **चपत बैठना, चपत लगना** नुक़सान होना
चपरासी–(पु.) 1 नौकर 2 अरदली 3 सिपाही
चपल–(वि.) 1 गतिमान 2 अस्थिर, चंचल 3 चुलबुला 4 फुर्तीला 5 जल्दबाज़
चपलता–(स्त्री.) चंचलता
चपाती–(स्त्री.) रोटी, फुलका
चप्पल–(स्त्री.) खुली एड़ी का जूता जिसमें पंजा खुला रहता है
चप्पा–I (पु.) 1 चौथाई भाग 2 टुकड़ा, भाग 3 चार अंगुल की नाप II (वि.) एक चौथाई
चप्पा-चप्पा–(पु.) 1 हर जगह 2 रत्ती-रत्ती
चप्पू–(पु.) पतवार का काम देनेवाला डाँड़
चबाना–(स. क्रि.) दाँतों से कुचलना, चूर करना **चबा-चबाकर बातें करना** धीरे-धीरे रुक-रुककर बातें करना
चबूतरा–(पु.) खुली हुई चौकोर और चौरस जगह, चौंतरा
चबेना–(पु.) 1 चबाकर खाने योग्य सूखा भुना हुआ चना 2 चबाकर खाने योग्य भुना हुआ पदार्थ, भुना हुआ अन्न
चमक–(स्त्री.) 1 चमकने की क्रिया 2 प्रकाश, रोशनी 3 आभा, कांति 4 झटका लगने से होनेवाला दर्द
चमक चाँदनी–(स्त्री.) हमेशा बन-ठनकर रहनेवाली स्त्री
चमक-दमक–(स्त्री.) 1 कांति-दीप्ति 2 तड़क-भड़क, ठाट- बाट
चमकदार–(वि.) चमकीला
चमकना–(अ. क्रि.) 1 जगमगाना 2 प्रकाश देना 3 उज्ज्वल एवं प्रकाश पूर्ण होना 4 उन्नति एवं वृद्धि होना 5 कीर्ति, वैभव से युक्त होना
चमकारा, चमकाव–(पु.) चकाचौंध उत्पन्न करनेवाला
चमकी–(स्त्री.) सुनहले तारों के छोटे-छोटे गोल टुकड़े
चमगादड़–(पु.) एक छोटा जंतु जो रात के

समय उड़ता है, जिसके पैर झिल्लीदार होते हैं तथा जो दिन में वृक्ष की डालों आदि में लटका रहता है, इस जंतु को दिन में दिखाई नहीं देता

चमचम–I (वि.) चमकता हुआ, चमकीला II (क्रि. वि.) ख़ूब चमक-दमक से III (स्त्री.) एक लंबोतरी बँगला मिठाई

चमचमाना–I (अ. क्रि.) खूब चम-चम करना, चमकना, प्रकाशयुक्त होना II (स. क्रि.) क्रिया से चमक पैदा करना

चमड़ी–(स्त्री.) 1 चर्म, खाल 2 त्वचा **चमड़ी उधेड़ना** इतना अधिक मारना जिससे शरीर की त्वचा उधड़कर रक्त बहने लगे

चमत्कार–(पु.) 1 आनंदरूप विस्मय 2 विलक्षण बात, करामात 3 विलक्षण शक्ति

चमत्कृत–(वि.) अचम्भे में आया हुआ, विस्मित, चकित

चमन–(पु.) हरा-भरा स्थान, बाग

चमर–(पु.) 1 सुरा गाय 2 सुरा गाय की पूँछ का बना हुआ चँवर, चामर

चमरस–(पु.) चमड़े के जूते की रगड़ से पैर में होनेवाला घाव

चमार–(पु.) चमड़े के जूते, मोट आदि बनाने का पेशा करने वाली जाति (स्त्री. चमारी)

चमू–(स्त्री.) 1 सेना, फ़ौज 2 सेना का एक भाग **चमूपति** (पु.) सेनानायक

चमेली–(स्त्री.) 1 सुगंध से युक्त पीलापन लिए सफ़ेद रंग के छोटे-छोटे फूलोंवाली एक लता 2 उक्त लता में लगनेवाले सफ़ेद एवं पीलापन लिए हुए सुगंधित पुष्प

चम्मच–(पु.) छोटा चमचा

चयन–(पु.) 1 चुनकर अलग करने की क्रिया, चुनना 2 चुनी गई वस्तुओं का समूह, संकलन **चयनकर्ता** (वि.) चुननेवाला, चुनकर अलग करनेवाला **चयनशील** (वि.) संग्रह करने में लगा रहनेवाला

चयनिका–(स्त्री.) चुनी हुई कविताओं आदि का संग्रह

चर–I (पु.) कपड़े आदि के फटने का शब्द

चर–II (वि.) 1 चलने-फिरनेवाला 2 विचरण करनेवाला (जैसे–नभचर, जलचर) III (पु.) 1 जासूस, गुप्तचर, गूढ़ पुरुष 2 दूत

चरक–(पु.) 1 दूत, चर 2 गुप्तचर, जासूस, भेदिया 3 पथिक 4 भिक्षुक, भिखारी

चरका–(पु.) 1 हल्का घाव, ज़ख़्म 2 धातु के गरम टुकड़े से दाग़ने का निशान 3 धोखा, चकमा

चरचरा–I (वि.) चिड़चिड़ा II तीखे स्वादवाला

चरण–(पु.) 1 पाँव (जैसे–चरण कमल बंदौ हरिराई) 2 सामीप्य, सान्निध्य 3 श्लोक का चतुर्थांश 4 काल, मान आदि का चौथाई भाग **चरण-चिह्न** (पु.) 1 पैर के तलुवों की रेखाएँ 2 चलने से ज़मीन पर पड़े पैर के निशान **चरण-रज** (स्त्री.) पैरों की धूल **चरणस्पर्श** (पु.) चरण छूना, पूज्य एवं महान् व्यक्ति के चरणों पर अपना मस्तक झुकाकर प्रणाम करना

चरणतल–(पु.) तलुआ

चरणामृत–(पु.) 1 वह जल जिससे किसी देवी-देवतादि के पाँव पखारे गए हों 2 पंचामृत

चरना–I (अ. क्रि.) 1 इधर-उधर फिरना 2 विचरण करना II (स. क्रि.) खाना (जैसे–घोड़ा खेत में घास चरता है)

चरम–(वि.) 1 हद दरजे का, अंतिम सीमा को प्राप्त 2 सबसे अधिक, सबसे आगे बढ़ा हुआ 3 अंतिम, आख़िरी **चरम बिंदु** (पु.) परमोत्कर्ष, पराकाष्ठा **चरम लक्ष्य** (पु.) अंतिम उद्देश्य **चरम सीमा, चरम स्थिति** (स्त्री.) अंतिम स्थिति

चरमरा–(वि.) चरमर ध्वनि करनेवाला

चरमावस्था–(स्त्री.) अंतिम अवस्था

चरमोत्कर्ष–(पु.) चरम बिंदु

चरवाहा–(पु.) पशुओं को चराकर अपनी जीविका चलानेवाला

चरवाही–(स्त्री.) 1 पशु चराने का काम 2 पशु चराने की मज़दूरी

चरस–(स्त्री.) गाँजे के पेड़ से निकला हुआ गोंद जो गाँजे की तरह ही पिया जाता है

च

(जैसे–चरस पीना स्वास्थ्य के लिए हानिकारक है) **चरस गाँजा** (पु.) चरस और गाँजा

चरसा–(पु.) 1 चमड़े का मोट 2 ज़मीन की एक नाप जो 2000 हाथ लंबी एवं इतनी ही चौड़ी होती है

चरसी–I (पु.) चरसिया II (पु.) मोट खींचनेवाला

चरागाह–(स्त्री.) चरने का स्थान (जैसे–पशुओं को चरागाह में छोड़कर तुम चले आना)

चराचर–I (वि.) जड़ और चेतन, स्थावर और जंगम II (पु.) 1 संसार 2 संसार के सभी प्राणी

चराना–(स. क्रि.) 1 पशुओं को चरने में प्रवृत्त करना 2 चातुर्यपूर्ण आचरण करना (जैसे–मुझे चराने की कोशिश मत करना)

चरित–(पु.) 1 आचरण और व्यवहार, रहन-सहन 2 जीवन की घटनाओं का उल्लेख, जीवन-चरित्र 3 अनुचित काम, निंदनीय कर्म, करतूत (जैसे–इनके चरित की तो बात मत कीजिए) **चरितकाव्य** (पु.) काव्य जिसमें जीवन-वृत्तांत हो **चरितनायक** (पु.) कथा-कहानी आदि का प्रधान पात्र

चरितार्थ–(वि.) 1 जिसका अभिप्राय पूरा हो गया हो, सार्थक, कृतकार्य, कृतार्थ 2 जिसके अस्तित्व का उद्देश्य पूर्ण हो गया हो 3 जो अपने सही अर्थ में पूर्ण हो

चरितावली–(स्त्री.) अनेक चरित्रों का वर्णन

चरित्र–(पु.) आचरण, चाल-चलन, सदाचार **चरित्र-चित्रण** (पु.) चरित्र का चित्रात्मक वर्णन **चरित्र-भ्रष्ट** (वि.) निंदनीय आचरणवाला **चरित्रवान्** (वि.) उत्तम चरित्रवाला, सदाचारी **चरित्रहीन** (वि.) बुरे आचरणवाला, बदचलन

चरित्रांकन–(पु.) चरित्र का वर्णन

चरी–(स्त्री.) 1 ज्वार के हरे पेड़ जो पशुओं के चारे के काम आते हैं, कड़बी 2 चरागाह 3 संदेशा ले जानेवाली स्त्री, दूती 4 दासी

चर्चा–(स्त्री.) 1 किसी विषय की बातचीत 2 ज़िक्र, बयान 3 वार्तालाप

चर्चित–(वि.) 1 जिसकी चर्चा की गई हो 2 लेपा हुआ

चर्म–(पु.) 1 चमड़ा, शरीर की खाल, त्वचा 2 स्पर्शेंद्रिय **चर्मकार** (पु.) चमड़े का काम करनेवाला, चमार **चर्मशोधक** (वि.) चमड़े को साफ़-सुथरा बनानेवाला **चर्म शोधनालय** (पु.) वह कारख़ाना जहाँ चर्म-शोधन का कार्य होता है

चर्या–(स्त्री.) 1 आचरण, चाल-चलन 2 वह कार्य जो नियत किया जाए (जैसे–आपकी कल दिनचर्या क्या है) 3 काम-धंधा 4 जीविका, वृत्ति 5 सेवा

चर्वण–(पु.) 1 चबाना 2 चबेना 3 चबाकर खाई जानेवाली वस्तु

चर्वित–(वि.) चबाया हुआ **चर्वित-चर्वण** (पु.) कही हुई बात को फिर-फिर कहना, पिष्टपेषण

चल–I (वि.) 1 जो चल रहा हो 2 जो चल सकता हो 3 चलता हुआ 4 चंचल, अस्थिर 5 अनित्य II (पु.) चलने, हिलने, काँपने की क्रिया **चलचित्त** (वि.) चंचल मनवाला **चल पूँजी** (स्त्री.) जो पूँजी प्रचलन में है **चल मुद्रा** (स्त्री.) प्रचलित सिक्का **चल संपत्ति** (स्त्री.) ऐसी संपत्ति जो एक स्थान से दूसरे स्थान पर ले जाई जा सके

चलचित्र–(पु.) मूवी, सिनेमा

चलता–(वि.) 1 जो गतिवान् हो (जैसे–चलती गाड़ी से नहीं उतरना चाहिए) 2 जो व्यवहार में होता आ रहा है 3 जो ठीक प्रकार से काम करने की स्थिति में हो 4 होशियार, चतुर, चालू **चलता करना** निपटाना **चलता-फिरता** (वि.) स्वस्थ

चलती–I (स्त्री.) 1 कार्य करने का अधिकार 2 कार्य करा सकने का अधिकार II (वि.) 1 जो गति करता हो 2 जिसका प्रचलन हो रहा हो (जैसे–हिंदी स्कूलों में विदेशी भाषा नहीं चलती है) 3 धूर्त एवं चतुर (जैसे–वह बहुत चलती-फिरती औरत है) 4 जिस पर विशेष ध्यान न दिया जाता हो (जैसे–यह पुस्तक चलती निगाह से देखी गई है)

चलन–(पु.) 1 चाल, गति 2 चलने की

अवस्था 3 प्रचलन 4 रीति-रिवाज, आचार-व्यवहार, प्रथा 5 अच्छा आचरण

चलना–(अ. क्रि.) 1 पैदल आगे बढ़ना 2 पहियों आदि की सहायता से अग्रसर होना 3 गति युक्त होकर आगे बढ़ना (जैसे–आकाश में ग्रहों का चलना देखो) 4 सक्रिय रहना 5 निर्वाह होना (जैसे–सौ रुपये में काम नहीं चलेगा) 6 शरीर के अंग का कार्य में प्रवृत्त होना (जैसे–काम करने के लिए हाथ-पैर का चलना ज़रूरी है) 7 बात आरंभ होना 8 अस्त्र-शस्त्र आदि का प्रहार होना (जैसे–सभा में लाठी चल पड़ी) 9 प्रस्थान करना, मर जाना (जैसे–एक न एक दिन हम सभी को संसार से चलना ही है) **चल बसना** स्वर्गवासी होना, मर जाना (जैसे–वह हमेशा के लिए संसार से चल बसा)

चलवाना–(स. क्रि.) 1 चलने का काम अन्य से कराना 2 चलाने में प्रवृत्त करना

चला–(स्त्री.) बिजली, दामिनी

चलाऊ–(वि.) 1 किसी तरह काम चलानेवाला (जैसे–सस्ता कपड़ा केवल काम चलाऊ ही होता है) 2 अधिक समय तक न ठहरनेवाला

चलाचल–(वि.) चंचल, चपल

चलाचली–(स्त्री.) 1 चलने की क्रिया 2 चलने की तैयारी

चलाना–(स. क्रि.) 1 किसी को चलाने में प्रवृत्त करना (जैसे–बच्चे को पैदल चलाना) 2 यान सवारी आदि को आगे बढ़ाना (जैसे–वायुयान चलाना आसान नहीं है, रेलगाड़ी चलाना कठिन है) 3 गति रूप देना, हिलाना-डुलाना 4 सक्रिय रखना 5 उत्तरदायित्व वहन करना (जैसे–गृहस्थी चलाना अब कठिन हो गया है) 6 प्रचलित करना, जारी करना (जैसे–अकबर ने दीन-ए-इलाही धर्म चलाया था) 7 धोखे से देना (जैसे–मैंने खोटी अठन्नी दुकान पर चला दी)

चलायमान–(वि.) 1 जो चलता हो, चलनेवाला 2 अस्थिर 3 विचलित

चवर्ग–(पु.) च, छ, ज, झ, ञ वर्णों का समूह

चवालीस–(वि./पु.) 44 की संख्या

चश्मा–(स्त्री.) आँखों पर लगाया जानेवाला शीशा लगा हुआ कमानीदार धातु आदि का ढाँचा, ऐनक

चषक–(पु.) प्याला, सुरापात्र

चसक–(स्त्री.) हल्का दर्द, कसक

चसकना–(अ. क्रि.) टीस उठना, कसक होना

चस्का–(पु.) 1 एक बार सुख प्राप्त होने के फलस्वरूप बार-बार वैसा ही सुख प्राप्त करने की मनोवृत्ति 2 लत, आदत

चहकना–(अ. क्रि.) 1 चिड़ियों का चह-चह ध्वनि करना, चहचहाना 2 खुशी में खिलकर बोलना

चहचहाना–(पु.) 1 चहचहाने की क्रिया 2 खूब ज़ोरों से होनेवाला हँसी-ठट्ठा

चहचहाहट–(स्त्री.) चहक

चहल–I (स्त्री.) आनंद मनाना II (वि.) 1 अच्छा, बढ़िया 2 चटकीला, तेज़ 3 चंचल, चुलबुला **चहल-पहल** (स्त्री.) 1 रौनक़ 2 धूमधाम

चहार, चहारदीवारी–(स्त्री.) मैदान, क्षेत्र आदि को चारों ओर से घेरने हेतु बनाई गई दीवार, प्राचीर

चहेता–(वि.) जिसे कोई बहुत अधिक चाहता हो, अत्यधिक प्रिय, अति प्यारा (जैसे–अपने चहेते से पूछकर मेरे घर आना)

चांचल्य–(पु.) चंचलता

चाँटा–(पु.) तमाचा, थप्पड़

चांडाल–(पु.) 1 नीच और बर्बर जाति, मातंग 2 अत्यंत पतित व्यक्ति **चांडाल-चौकड़ी** (स्त्री.) नीच लोगों का समूह

चांडाली–(स्त्री.) चांडाल जाति की स्त्री

चाँद–I (पु.) 1 चंद्रमा 2 दूज की चाँद की शक्ल का एक गहना 3 चंद्रमा के आकार का अर्ध गोलाकार धातु-खंड 4 कलाई पर गोदा जानेवाला एक तरह का गोदना **चाँद**

च

का टुकड़ा अति सुंदर **चाँद को ग्रहण लगना** सुंदर वस्तु में दोष लगना **चाँद पर ख़ाक उड़ाना, चाँद पर धूल उड़ाना** निर्दोष व्यक्ति आदि में दोष निकालना **चाँद-सा मुखड़ा** अत्यधिक प्यारा मुखड़ा

चाँद–II (स्त्री.) 1 खोपड़ी का सबसे ऊँचा और मध्य भाग 2 खोपड़ी

चाँदनी–(स्त्री.) 1 चाँद का प्रकाश, ज्योत्स्ना 2 लंबी-चौड़ी सफ़ेद चादर 3 छतगीर

चाँदला–(वि.) 1 टेढ़ा, वक्र 2 चँदला, गंजा

चाँदा–(पु.) 1 ज्यामिति में धातु आदि का अर्ध वृत्ताकार कोण नापने का प्रसिद्ध उपकरण 2 दूरबीन का लक्ष्य स्थान 3 आधार

चाँदी–(स्त्री.) एक प्रसिद्ध नरम एवं चमकदार धातु जिसके गहने बनते हैं, रजत **चाँदी का जूता मारना** रिश्वत देना

चांद्र–I (वि.) 1 चंद्रमा संबंधी 2 चंद्रमा का II (पु.) 1 चांद्रायण व्रत 2 चंद्रकांत मणि **चांद्र-मास** (पु.) पूर्णिमा के दूसरे दिन से लेकर अगली पूर्णिमा तक का महीना **चांद्र-वर्ष** (पु.) बारह चांद्र मासों का समय

चाँपना–(स. क्रि.) दबाना

चाक[1]–(पु.) 1 कील पर घूमनेवाला गोलाकार पत्थर जिस पर कुम्हार मिट्टी के बर्तन बनाता है 2 पहिया

चाक[2]–I (पु.) 1 फटा हुआ अंश 2 आस्तीन की खुली हुई मोहरी II (वि.) फटा हुआ, फाटा हुआ III (स्त्री.) खड़िया

चाक़–(वि.) 1 दृढ़, मज़बूत 2 हृष्ट-पुष्ट **चाक़चौबंद** (वि.) 1 चारों ओर से ठीक एवं दुरुस्त 2 चुस्त

चाक़ू–(पु.) फल, सब्ज़ी आदि काटने का औज़ार

चाक्षुष–I (वि.) 1 नेत्र संबंधी 2 दृश्य 3 जिसने आँखों से देखा हो II (पु.) आँखों से होनेवाला प्रत्यक्ष प्रमाण

चाचा–(पु.) 1 पिता का छोटा भाई 2 संबोधन के लिए प्रचलित शब्द (जैसे–चाचा जी, नमस्ते) (स्त्री. चाची)

चाट–I (स्त्री.) 1 चाटने की क्रिया 2 चटपटी चीज़ 3 खाने की आदत 4 लत, बुरी आदत

चाट–II (पु.) 1 विश्वासपात्र बनकर किसी का धन हरण करनेवाला, ठग 2 उचक्का, उठाईगीर

चाटना–(स. क्रि.) 1 ज़बान से समेटना (जैसे–दवा के साथ शहद चाटना) 2 लोलुपता पूर्वक खाना (जैसे–वह पूरी-खीर चाटकर खा गया)

चाटु–(पु.) 1 मधुर वचन 2 खुशामद, चापलूसी **चाटुकार** (पु.) खुशामद करनेवाला व्यक्ति, चापलूस **चाटुकारी** (स्त्री.) चापलूसी

चाटूक्ति–(स्त्री.) चापलूसी की बात, खुशामद भरी बात

चातक–(पु.) पपीहा पक्षी

चातुर्मास्य–(पु.) 1 चार महीने 2 चौमासा, वर्षाकाल

चातुर्य–(पु.) चतुरता, चतुराई **चातुर्यपूर्ण** (वि.) चालाकी भरा

चाप[1]–(स्त्री.) 1 चापने की क्रिया 2 पैरों की आहट

चाप[2]–(पु.) 1 धनुष 2 वृत्त की परिधि का कोई भाग (जैसे–दो इंच की त्रिज्या का एक चाप बनाओ) 3 मेहराब

चापल्य–(पु.) चंचलता, चपलता, अस्थिरता

चाबी–(स्त्री.) 1 ताली, कुंजी (जैसे–चोर ने बिना चाबी के ताला कैसे खोला) 2 यंत्र को गतिशील रखने के लिए कमानी कसना 3 युक्ति, साधन

चाम–(पु.) चमड़ा, खाल

चामरी–(स्त्री.) सुरा गाय नामक एक विशेष गाय, याक

चामुंडा–(स्त्री.) चंड-मुंड का नाश करनेवाली देवी, दुर्गा

चाय–(स्त्री.) एक प्रसिद्ध पौधा जिसकी पत्तियाँ पानी में उबालकर दूध एवं चीनी मिलाकर पीने योग्य होती हैं **चायख़ाना** (पु.) चायघर **चायदान** (पु.), **चायदानी** (स्त्री.) चाय बनाने का पात्र **चायपान** (पु.) चाय पीना

चार–I (वि.) 1 तीन और एक 2 कुछ 3 अनेक II (पु.) चार की संख्या **चार आँखें करना** आँखें मिलना **चार चाँद लगना** अत्यधिक सुंदर होना, सुंदरता में वृद्धि होना

चार–III (पु.) 1 सेवक, दास 2 गुप्तचर, जासूस **चारकर्म** (पु.) जासूस का काम, जासूसी

चारख़ाना–(पु.) 1 चौकोर ख़ानोंवाली रचना 2 चौकोर ख़ानोंवाला कपड़ा

चारण–(पु.) 1 राजा की कीर्ति का गान करने वाले, भाट 2 भाट जाति का व्यक्ति

चारपाई–(स्त्री.) खाट (जैसे–वह चारपाई पर लेटा है)

चारा–(पु.) 1 घास-फूस, भूसा (जैसे–गाय को चारा डाल दो) 2 निकृष्ट भोजन 3 प्रलोभन

चारित्र्य–(पु.) चरित्र, आचरण

चारु–I (वि.) सुंदर (जैसे–चारु कपोल, चारु चंद्र की चंचल किरणें) II (पु.) कुंकुम, केसर **चारुता** (स्त्री.) सुंदरता

चार्वाक दर्शन–(पु.) वह दर्शन जो सांसारिक भोगों को महत्त्व देता है

चाल[1]–(स्त्री.) 1 गति 2 स्थान-परिवर्तन के साथ आगे बढ़ने की क्रिया 3 चलने का ढंग 4 चलने की सायत 5 आचरण, चलन 6 ढंग, प्रकार 7 छल, धोखे की बात **चालबाज़** (वि.) कपट-भरी चालें चलनेवाला, कपटी

चाल[2]–(पु.) 1 छप्पर, छाजन 2 छत, पाटन

चालक–I (वि.) 1 चलानेवाला 2 बिजली की धारा को आगे बढ़ानेवाला II (पु.) इंजन, यंत्र आदि को गतिमान करनेवाला व्यक्ति

चालचलन–(पु.) 1 नैतिक आचरण, चरित्र 2 आचरण एवं व्यवहार का ढंग

चालढाल–(स्त्री.) तौर-तरीक़ा, रंग-ढंग

चालीस–(वि./पु.) 40 की संख्या

चालीसा–(पु.) 1 चालीस वस्तुओं का समूह 2 चालीस पदों का समूह (जैसे–हनुमान चालीसा) 3 चालीस दिनों का समय 4 मृत्यु के चालीसवें दिन होनेवाला, चालीसवाँ

चालू–(वि.) 1 जो चलता हो 2 चलन में होनेवाला, प्रचलित (जैसे–चालू सिक्का, चालू प्रथा) 3 चालाक (जैसे–वह चालू लड़का है)

चाव–(पु.) 1 शौक़ 2 इच्छा 3 उत्साह **चाव निकालना** 1 अभिलाषा पूरी होना 2 शौक़ पूरा होना

चावल–(पु.) 1 धान के बीजों के दाने 2 तंडुल 3 पकाया हुआ चावल, भात 4 रत्ती का आठवाँ भाग **चावल भर** 1 बहुत कम 2 रत्ती के आठवें भाग के बराबर

चाह–(स्त्री.) 1 लालसा, इच्छा 2 अनुराग, प्रेम 3 आवश्यकता, ज़रूरत

चाहत–(स्त्री.) चाह, प्रेम

चाहना–(स. क्रि.) 1 इच्छा करना 2 प्रेम करना

चिंघाड़ना–(अ. क्रि.) 1 हाथी का ज़ोर से चिल्लाना 2 चिल्लाना, चीख़ना

चिंतक–(वि.)[1] चिंतन करनेवाला, विचारक 2 ध्यान रखनेवाला

चिंतन–(पु.) 1 मन ही मन में किया जानेवाला विवेचन, ग़ौर (जैसे–यह बात अधिक चिंतन योग्य है) 2 ध्यान, स्मरण **चिंतन-प्रक्रिया** (स्त्री.) चिंतन विधि **चिंतनशील** (वि.) जो चिंतन करता हो

चिंतनीय–(वि.) 1 जो चिंतन के योग्य हो 2 जो चिंता का विषय हो (जैसे–मरीज़ की हालत चिंतनीय है)

चिंता–(स्त्री.) 1 चिंतन (एक संचारी भाव) 2 ध्यान, स्मरण 3 मन में कुछ क्षण तक बनी रहनेवाली भावना 4 सोच, फ़िक्र, रंज

चिंताग्रस्त–(वि.) चिंता में डूबा हुआ, चिंता में पड़ा हुआ

चिंताजनक–(वि.) 1 चिंतित करनेवाला 2 जिसकी अवस्था शोचनीय हो (जैसे–रोगी की हालत चिंताजनक है)

चिंतामुक्त–(वि.) निश्चिंत

चिंदी–(स्त्री.) छोटा टुकड़ा **चिंदी-चिंदी करना** टुकड़े-टुकड़े करना, धज्जियाँ उड़ाना

च

चिउड़ा–(पु.) उबालकर और कूटकर सुखाया गया चावल

चिकना–(वि.) 1 जिसका तल खुरदरा न हो 2 जो बिल्कुल कोमल एवं सम हो 3 जिस पर हाथ-पैर फिसले 4 जिसे मोहक एवं स्वच्छ बनाया गया हो (जैसे–चिकना चेहरा देखते ही वह उस पर मुग्ध हो गया) 5 स्निग्ध पदार्थ लगा हुआ (जैसे–घी लगने से रोटी चिकनी हो गई) **चिकना-चुपड़ा** (वि.) अच्छी तरह सजाया हुआ

चिकनाई–(स्त्री.) 1 चिकनापन, चिकनाहट 2 स्निग्धता, सरसता 3 चिकना पदार्थ

चिकारा–I (पु.) एक वाद्य II हरिण का एक प्रकार

चिकित्सक–(पु.) दवा-इलाज करनेवाला, वैद्य

चिकित्सा–(स्त्री.) इलाज, उपचार **चिकित्सा शास्त्र** (पु.) वह विद्या जिसमें विभिन्न रोगों, उनके लक्षणों एवं निदान का विवेचन रहता है

चिकित्सालय–(पु.) अस्पताल, दवाख़ाना

चिकुटी–(स्त्री.) चिकोटी

चिकोटी–(स्त्री.) चुटकी

चिक्कट–(वि.) 1 चिकनाहट या मैल से भरा हुआ 2 अत्यधिक गंदा 3 चिपचिपा, लसीला

चिक्कण–(वि.) चिकना

चिचिंडा–(पु.) चचींड़ा

चिचियाना–(अ. क्रि.) बार-बार ज़ोर से चिल्लाना

चिचोड़ना–(स. क्रि.) चचोड़ना

चिट–(स्त्री.) 1 छोटा पत्र, रुक्का 2 काग़ज़ का छोटा टुकड़ा

चिटकाना–(स. क्रि.) चटकाना

चिट्टा–(वि.) सफ़ेद, गोरा

चिट्ठा–(पु.) 1 खाता 2 आय-व्यय आदि का वार्षिक विवरण 3 मज़दूरी या वेतन का हिसाब 4 काम में लगनेवाले धन का विवरण, ख़र्च के मदों की सूची 5 काम आदि का पूरा ब्योरा

चिट्ठी–(स्त्री.) 1 ख़त, पत्र 2 आज्ञापत्र 3 निमंत्रण पत्र 4 पुरजे डालकर विशेष वस्तु के अधिकारी का नाम निश्चित करना **चिट्ठी-पत्री** (स्त्री.) 1 एक स्थान से दूसरे स्थान पर आने-जानेवाला ख़त, पत्र 2 पत्राचार, पत्र-व्यवहार

चिड़चिड़ा–I (वि.) 1 बात-बात पर क्रुद्ध हो जानेवाला 2 जिसमें चिड़चिड़ापन हो II (पु.) भूरे रंग का एक छोटा पक्षी

चिड़चिड़ाना–(अ. क्रि.) 1 ज़रा-ज़रा-सी बात पर नाराज़ होना 2 पदार्थ आदि के जलने पर चिड़-चिड़ शब्द होना

चिड़ा–(पु.) गौरैया पक्षी का नर, गौरा

चिड़िया–(स्त्री.) 1 पक्षी 2 गौरैया 3 सुंदर किन्तु कुछ चंचल स्त्री 4 ताश का रंग चिड़ी 5 बैसाखी आदि के सिर पर लगाई जानेवाली चिड़िया की शक्ल की लकड़ी **चिड़ियाख़ाना, चिड़ियाघर** (पु.) पशु-पक्षियों के रखने का स्थान **चिड़िया फँसाना** 1 शिकार फँसाना 2 सुंदर युवती को फुसलाना **सोने की चिड़िया** बहुत बड़ा और मालदार व्यक्ति

चिड़ी–(स्त्री.) 1 चिड़िया 2 ताश का चिड़िया नामक रंग 3 बैडमिंटन की गुड़िया

चिड़ीमार–(पु.) बहेलिया, चिड़ियाँ मारने वाला

चिढ़–(स्त्री.) 1 चिढ़ने की अवस्था, खीझ 2 नाराज़गी

चिढ़ना–(अ. क्रि.) 1 नाराज़ होना 2 बुरा मानना

चित्–(स्त्री.) 1 हृदय, मन 2 चेतना, ज्ञान 3 ब्रह्म 4 अनुभूति, विचार 5 आत्मा

चित–I (वि.) पीठ के बल लेटा हुआ, पड़ा हुआ (जैसे–मैंने उसे चित कर दिया) II (क्रि. वि.) पीठ के बल (जैसे–चित गिरना, चित लेटना) III (पु.) कुश्ती **चारों खाने चित होना** परास्त होना

चितकबरा–(वि.) 1 रंग-बिरंगा 2 चितला

चित-पट–(पु.) 1 बाज़ी लगाकर खेला जानेवाला खेल 2 मल्लयुद्ध, कुश्ती

चितवन–(स्त्री.) 1 प्रेमपूर्वक देखने का ढंग, कटाक्ष 2 दृष्टि

चिता–(स्त्री.) शव जलाने हेतु लकड़ियों का

ढेर **चिताभूमि** (स्त्री.) श्मशान घाट **चितारोहण** (पु.) चिता पर रखना **चिता सजाना** शवदाह हेतु चिता तैयार करना

चितेरा–(पु.) चित्रकार (स्त्री. चितेरिन)

चित्त–(पु.) 1 अंतःकरण, मन 2 दृष्टि, चितवन **चित्त-निवृत्ति** (स्त्री.) संतोष और सुख, संयम **चित्त-भ्रंश** (पु.) पागलपन **चित्त-विकृति** (स्त्री.) 1 मन का विकार 2 मानसिक सदोषता **चित्त-विक्षेप** (पु.) मन की अस्थिरता **चित्त-वृत्ति** (स्त्री.) 1 चित्त की अवस्था 2 मन का भाव **चित्त-शुद्धि** (स्त्री.) चित्त का निर्मल होना

चित्ताकर्षक, चित्तापहारक–(वि.) मन को मोहित करनेवाला, लुभानेवाला

चित्ती–(स्त्री.) 1 छोटा धब्बा 2 वस्त्रों पर छापे गए छोटे-छोटे चिह्न 3 काढ़े गए छोटे-छोटे चिह्न **चित्तीदार** (वि.) धब्बेवाला

चित्र–(पु.) 1 तस्वीर (जैसे–चित्र खींचना मना है) 2 आलेख्य (जैसे–सुंदर चित्र बनाना) **चित्रकला** (स्त्री.) चित्र बनाने की कला **चित्रकारी** (स्त्री.) 1 चित्र बनाने की विद्या 2 चित्रकार का काम 3 बनाए हुए चित्र **चित्र प्रतियोगिता** (स्त्री.) अनेक चित्रों में श्रेष्ठ एवं सुंदर चित्र का चुनाव **चित्र प्रदर्शनी** (स्त्री.) चित्रों का मेला

चित्रगुप्त–(पु.) यमराज का लेखाकार

चित्रण–(पु.) 1 चित्र अंकित करने की क्रिया 2 चित्र में रंग भरने का भाव **चित्रण फलक** (पु.) चित्र बनाने का फट्टा

चित्रपट–(पु.) 1 जिस पर चित्र बनाया जाय वह तख़्ता, कपड़ा आदि 2 सिनेमा का परदा

चित्रशाला–(स्त्री.) 1 वह स्थान जहाँ चित्र बनाए जाते हों 2 वह कमरा, गैलेरी आदि जहाँ अनेक चित्र लगे हों

चित्रांकन–(पु.) हाथ से तस्वीर बनाने का काम

चित्रांग–I (वि.) जिसके अंग पर चित्तियाँ, धारियाँ, चिह्न आदि हों II (पु.) 1 चीता नाम का पेड़ 2 चीतल साँप

चित्राधार–(पु.) 1 चित्रपट 2 चित्र आदि को सुरक्षित रखने की किताब, अल्बम

चित्रावली–(स्त्री.) चित्रों की माला, अल्बम

चित्रित–(वि.) चित्र रूप में अंकित किया हुआ

चित्रोपयोगी–(वि.) चित्र बनाने के लिए उपयोगी

चिथड़ा–(पु.) फटा-पुराना कपड़ा, गूदड़

चिदात्मा, चिदानंद–(वि.) आनन्द और चैतन्य स्वरूप, ब्रह्म

चिनक–(स्त्री.) 1 चुनचुनाहट 2 हल्की जलन एवं पीड़ा

चिनगारी, चिनगी–(स्त्री.) अग्निकण, स्फुलिंग

चिन्हाना–(स. क्रि.) 1 पहचान करना, परिचय कराना 2 पहचानने में प्रवृत्त करना

चिपकना–(अ. क्रि.) 1 सटना, जुड़ना (जैसे–काग़ज़ चिपकना) 2 लिपटना 3 सटकर बैठना

चिपकाना–(स. क्रि.) 1 जोड़ना (जैसे–इस चित्र को कापी में चिपका दो) 2 लिपटाना, आलिंगन करना

चिपकाव–(पु.) जोड़

चिपचिपा–(वि.) चिपकनेवाला, लसदार

चिपटना–(अ. क्रि.) 1 चिपकना, सटना 2 चिमटना 3 आलिंगन में लेना

चिपटाना–(स. क्रि.) 1 चिपकाना, सटाना 2 आलिंगन करना, लिपटाना

चिप्पड़–(पु.) लकड़ी की छाल आदि का टुकड़ा

चिप्पी–(स्त्री.) धातु आदि का छोटा चिप्पड़

चिबुक–(पु.) ठोड़ी

चिमटना–(अ. क्रि.) 1 सट जाना (जैसे–गुड़ में च्यूँटों का चिमटना) 2 मतलब के लिए बराबर साथ लगे रहना

चिमटा–(पु.) धातु का बना दो फलवाला एक लंबा उपकरण

चिमटी–(स्त्री.) चिमटे के आकार का छोटा उपकरण

चिरंजीव–I (वि.) बहुत समय तक जीवित रहनेवाला, दीर्घजीवी, दीर्घायुवाला II (अ.) आशीर्वादात्मक विशेषण जिसका अर्थ है

च

दीर्घायु हो

चिरंतन–(वि.) बहुत दिनों से चला आता रहनेवाला, पुरातन **चिरंतनता** (स्त्री.) पुरातनता, पुरानापन

चिर–I (वि.) 1 दीर्घकालीन 2 जो बहुत दिनों तक बना रहे, दीर्घकालव्यापी 3 दीर्घ, बहुत II (पु.) देर, विलंब III (क्रि. वि.) बहुत दिनों तक **चिरकुमार** (वि.) विवाह न करनेवाला **चिरजीवन** (पु.) अमर जीवन **चिरपरिचित** (वि.) जो बहुत दिनों से जान-पहचानवाला हो **चिररोगी** (वि.) सदा बीमार रहनेवाला **चिरवियोग** (पु.) दीर्घ काल की जुदाई **चिरशत्रु** (पु.) 1 सदा का दुश्मन 2 पुराना दुश्मन **चिरसखा** (पु.) पुराना दोस्त **चिरस्थ, चिरस्थायी** (वि.) देर तक रहनेवाला, टिकाऊ **चिरस्मरणीय** (वि.) जिसे बहुत दिनों तक याद रखा जा सके

चिरकाल–(पु.) बहुत समय, दीर्घकाल **चिरकालिक, चिरकालीन** (वि.) 1 बहुत दिनों से चला आता हुआ, पुराना 2 बहुत दिनों तक बना रहनेवाला

चिरना–(अ. क्रि.) 1 कट जाना 2 फट जाना

चिरनिद्रा–(स्त्री.) मृत्यु

चिरायँध–(स्त्री.) चमड़े, चरबी, बाल आदि के जलने से फैलनेवाली दुर्गंध

चिरायता–(पु.) कड़वे स्वादवाला एक छोटा पौधा जो दवा के काम आता है

चिरायु–(वि.) लंबी उम्रवाला, दीर्घायु

चिरौटा–(पु.) चिड़िया का बच्चा

चिरौरी–(स्त्री.) प्रार्थना, विनती

चिलकना–(अ. क्रि.) 1 रह-रहकर दर्द होना, पीड़ा होना 2 रह-रहकर चमकना

चिलगोज़ा–(पु.) चीड़ का फल जिसकी गिरी खाई जाती है

चिलचिलाना–(अ. क्रि.) चिलकना, चमकना

चिलड़ा–(पु.) बेसन आदि की बनी पूरी

चिलबिला, चिलबिल्ला–(वि.) चंचल, चपल, नटखट

चिल्ल-पों–(स्त्री.) 1 चिल्लाहट 2 शोरगुल

चिल्लर–(पु.) रेज़गारी, खुदरा

चिल्लाहट–(स्त्री.) शोरगुल, हो-हल्ला

चिहुँकना–(अ. क्रि.) चौंकना

चिहुँटना–(स. क्रि.) 1 चिकोटी काटना 2 मर्म-भेदी पीड़ा पहुँचाना 3 दबोच लेना 4 लिपटना

चिह्न–(पु.) 1 निशान 2 दाग़ 3 घर्षण, दाब से बना निशान 4 जन्मजात शरीर पर बना दाग़

चिह्नांकन–(पु.) 1 विराम चिह्न लगाना 2 निशान लगाना

चीं–(स्त्री.) 1 चिड़ियों के बोलने का शब्द 2 कष्ट, पीड़ा से निकलनेवाली बारीक़ आवाज़

चीं-चपड़–(स्त्री.) हल्का प्रतिवाद, मामूली विरोध

चींटा–(पु.) च्यूँटा, चिउँटा

चीकू–(पु.) आलू जैसे छिलकेवाला एक मीठा फल

चीख़–(स्त्री.) 1 तीव्र ध्वनि 2 तीव्र एवं कटु ध्वनि **चीख़-पुकार** (स्त्री.) चिल्लाकर मचाई जानेवाली पुकार

चीज़–(स्त्री.) 1 वस्तु, पदार्थ 2 बहुमूल्य, अनूठी वस्तु 3 महत्त्व की वस्तु 4 बात 5 साहित्य, कला की वस्तु

चीड़, चीढ़–(पु.) 1 एक प्रकार का देशी लोहा 2 चमड़ा छीलकर साफ़ करने की क्रिया 3 एक सुंदर सदाबहार वृक्ष

चीतल–(पु.) 1 चित्तीदार और सुंदर बारहसिंघा 2 चित्तीदार सर्प

चीता–I (पु.) धारीदार प्रसिद्ध हिंसक एवं विशाल जंतु, बाघ II एक प्रकार का झाड़ जिसकी पत्तियाँ दवा के काम आती हैं

चीत्कार–(पु.) 1 चिल्लाहट 2 चीख़-पुकार

चीनांशुक–(पु.) 1 चीन से आनेवाला रेशमी वस्त्र 2 रेशमी कपड़ा

चीनिया–(वि.) जो चीन देश से संबंधित हो

चीनी[1]–(वि.) चीन देश का

चीनी[2]–(स्त्री.) सफ़ेद शक्कर

चीपड़–(पु.) 1 आँख का कीचड़ 2 चिप्पड़

चीर[3]–(पु.) 1 कपड़ा, वस्त्र 2 कपड़े, काग़ज़

आदि का कम चौड़ा और लंबा टुकड़ा
चीर[2]–(स्त्री.) 1 फाड़ने या काटने की क्रिया 2 चीरकर बनाई गई दरार
चीर-हरण–(पु.) वस्त्र चुरा ले जाना
चीर-फाड़–(स्त्री.) 1 चीरने-फाड़ने की क्रिया 2 शल्य चिकित्सा, ऑपरेशन
चीरना–(स. क्रि.) फाड़कर अलग करना
चीरा[1]–(पु.) 1 पगड़ी के काम आनेवाला लहरदार रंगीन कपड़ा 2 लहरदार रंगीन कपड़े की बनी पगड़ी
चीरा[2]–(पु.) 1 चीरने की क्रिया 2 चीरकर बनाया हुआ घाव
चील–(स्त्री.) बाज़ की जाति का प्रसिद्ध माँसाहारी पक्षी
चील-झपट्टा–(पु.) चील की तरह झपट्टा मारकर ले भागना
चीवर–(पु.) योगियों-भिक्षुओं आदि के पहनने का वस्त्र
चुंगी–(स्त्री.) वह कर जो बाहरी माल के शहर में प्रवेश करने पर लिया जाता है (टोल टैक्स)
चुँघाना–(स. क्रि.) 1 माँ का शिशु को अपना स्तन चूसने में प्रवृत्त करना 2 पशुओं का अपने बच्चों को थन पिलाना
चुंदरी–(स्त्री.) चुनरी
चुंदी–(स्त्री.) कुटनी, दूती
चुंधा–(वि.) 1 जिसे कुछ दिखाई न देता हो, अंधा 2 बहुत छोटी आँखोंवाला
चुंबक–I (वि.) 1 चुंबन करनेवाला 2 कामुक II (पु.) एक तरह का पत्थर जो लोहे को अपनी ओर खींचता है
चुंबकीय–(वि.) 1 चुंबक संबंधी 2 जिसमें चुंबक का गुण हो
चुंबन–(स. क्रि.) चुम्मा, चूमना
चुंबन-आलिंगन–(पु.) चूमना और गले लगाना
चुंबी–(वि.) 1 जो किसी को स्पर्श करता हो, बहुत ऊँचा (जैसे–गगनचुंबी इमारतें) 2 चूमनेवाला
चुआना–(स. क्रि.) बूँद-बूँद गिराना, टपकाना
चुकंदर–(पु.) लाल रंग का प्रसिद्ध मीठा फल जो सब्ज़ी के काम आता है
चुकता–(वि.) 1 लेना-देना बराबर हुआ 2 चुकाया हुआ
चुकना–(अ. क्रि.) 1 समाप्त होना, बाक़ी न रहना 2 निबटना
चुकाई–(स्त्री.) 1 चुकने-चुकाने की क्रिया 2 चुकने-चुकाने की मज़दूरी
चुकाना–(स. क्रि.) 1 वापस करना 2 क्षतिपूर्ति करना (जैसे–ट्रक दुर्घटना में ट्रक मालिक को दस हज़ार रुपये चुकाने पड़े) 3 निपटाना
चुक्कड़–(पु.) कुल्हड़, पुरवा
चुगना–(स. क्रि.) पक्षियों का चोंच से अन्न के दाने उठा-उठाकर खाना
चुगाना–(स. क्रि.) चिड़ियों को दाना खिलाना
चुग्गा–(पु.) चिड़ियों का दाना-दुनका
चुचकना–(अ. क्रि.) 1 सूखकर सिकुड़ना 2 मुरझा जाना
चुचुकना–(अ. क्रि.) 1 सूख जाना 2 रस समाप्त हो जाना
चुटकी–(स्त्री.) 1 चिकोटी 2 अँगूठे, तर्जनी और बीच की अँगुली को मिलाने से बनी हुई मुद्रा 3 व्यंग्यपूर्ण बात (जैसे–मीठी चुटकियाँ देना) 4 अँगूठे एवं तर्जनी को मिलाकर चटकाने की क्रिया (जैसे–चुटकी बजाना) **चुटकी भरना** 1 चुटकी काटना 2 चुटकी लेना
चुटकुला–(पु.) लतीफ़ा, चमत्कारपूर्ण और विलक्षण उक्ति, बढ़िया और मज़ेदार बात
चुटफुट–I (वि.) बिखरा हुआ किंतु छोटा और साधारण II (स्त्री.) इधर-उधर फैली हुई फुटकर और मामूली वस्तुएँ
चुटिया–(स्त्री.) चोटी, शिखा (पु.) चोरों, ठगों आदि का सरदार
चुटीला–(वि.) 1 चोट खाया हुआ 2 चोट करनेवाला 3 ठाठ-बाटवाला, भड़कीला
चुड़ैल–(स्त्री.) 1 भूत की स्त्री, डायन 2 अत्यंत दुष्ट स्वभाववाली स्त्री 3 अत्यंत कुरूप एवं घृणित स्त्री

च

चुन–(पु.) 1 गेहूँ, जौ आदि का आटा 2 चूर्ण, बुकनी

चुनचुना–(पु.) मलाशय में पैदा होनेवाला सफ़ेद कीड़ा

चुनचुनाहट, चुनचुनी–(स्त्री.) 1 चुनचुनाने की अवस्था 2 हल्की जलन

चुनट–(स्त्री.) 1 सिलवट, शिकन 2 चुनना

चुनटदार (वि.) जो चुना गया हो, चुनट डाली हुई

चुनन–(स्त्री.) 1 चुनने की क्रिया 2 अनाज का कूड़ा-कंकड़

चुनना–(स. क्रि.) 1 एक-एक करके इकट्ठा करना, बीनना 2 चोंच से दाना आदि उठाना, चुगना 3 अलग करना, छाँटना 4 पसंद करना 5 वोट, मतदान द्वारा पसंद करना

चुनरी–(स्त्री.) चुन्नी, लाल रंग का कपड़ा जिस पर अनेक रंग की बुंदियाँ पड़ी हों

चुनाई–(स्त्री.) 1 चुनने की क्रिया 2 चुनने की मज़दूरी 3 चुनने का ढंग (जैसे–इस दीवार की चुनाई अच्छी नहीं है)

चुनाव–(पु.) 1 पद के लिए उम्मीदवारों में से बहुमत के आधार पर चुनना 2 चुनने की क्रिया 3 रुचि, पसंद आदि के अनुरूप ग्रहण करना

चुनाव आंदोलन–(पु.) चुनाव के लिए हलचल मचाना

चुनाव-क्षेत्र–(पु.) निर्वाचन-क्षेत्र

चुनाव घोषणा-पत्र–(पु.) चुनाव के लिए किसी दल का नीति संबंधी प्रचार-पत्र

चुनाव अभियान–(पु.) चुनाव के लिए लोगों के पास जाना

चुनिन्दा–(वि.) बढ़िया, चुना हुआ, छँटा हुआ

चुनौटिया–I (पु.) 1 कत्थई रंग 2 काकरेजी रंग II (वि.) 1 काकरेजी रंग का 2 कत्थई रंग का

चुनौती–(स्त्री.) ललकार (चैलेंज)

चुन्नी–(स्त्री.) 1 ओढ़नी, चुनरी 2 सुनहले, रुपहले सितारे

चुप–(वि.) जो कुछ भी बोल न रहा हो, मौन, ख़ामोश

चुपचाप–(अ.) 1 गुपचुप 2 बिना कुछ कहे-सुने, मौन रहकर

चुपड़ना–(स. क्रि.) 1 तेल, घी आदि लगाना (जैसे–रोटी पर मक्खन चुपड़ना) 2 चापलूसी करना

चुपाना–(स. क्रि.) चुप कराना, मौन कराना (जैसे–दाई, ज़रा बच्चे को चुपाना)

चुप्पा–(वि.) 1 मन की बात मन में ही रखनेवाला, घुन्ना 2 बहुत कम बोलने वाला

चुप्पी–(स्त्री.) ख़ामोशी, मौन

चुभकाना–(स. क्रि.) बार-बार गोता देना

चुभकी–(स्त्री.) 1 चुभकने की क्रिया 2 गोता, डुबकी

चुभन–(स्त्री.) 1 चुभने की क्रिया 2 टीस, कसक, पीड़ा

चुभना–(अ. क्रि.) 1 घुसना, धँसना (जैसे–पैर में काँटा चुभना) 2 कष्टदायक जान पड़ना, खलना 3 मन में घर करना

चुभाना–(स. क्रि.) गड़ाना, धँसाना (जैसे–हाथ में सूई चुभाना)

चुमकार–(स्त्री.) 1 पुचकार 2 चुम शब्द

चुमकारना–(स. क्रि.) पुचकारना (जैसे–बच्चे को चुमकारना), चुम-चुम शब्द करते हुए दुलार करना

चुम्मा–(स्त्री.) बार-बार चूमना

चुर–(पु.) 1 माँद, गड्ढा 2 कुछ लोगों के मिलकर बैठने का स्थान

चुरकना–(अ. क्रि.) 1 चूर-चूर होना 2 चटकना

चुरकुट–(वि.) 1 चूर-चूर किया हुआ, चूर्णित 2 सहमा हुआ

चुराई–(स्त्री.) 1 पकाने की क्रिया, पकाना (चावल, खाना आदि) 2 पकाने की उजरत

चुराना–(स. क्रि.) 1 चोरी करना (जैसे–घड़ी चुराना) 2 छिपाना, बचाना (जैसे–उसने मेरी किताब चुरायी है) 3 अधिकार या वश में करना (जैसे–उसने मेरा मन चुरा लिया है)

चुल–(स्त्री.) खुजली, खुजलाहट

चुलचुलाहट–(स्त्री.) खुजलाना

चुलबुला–(वि.) 1 नटखट 2 चपल 3 वाक्पटु 4 चंचल

चुलबुलाना–(अ. क्रि.) 1 बार-बार हिलना-डुलना, चुलबुल करना 2 चंचलता दिखाना 3 स्थिर न रह सकना

चुलबुलापन–(पु.), **चुलबुलाहट**–(स्त्री.) चंचलता, नटखटी

चुल्लू–(पु.) 1 उँगलियों को अंदर की तरफ़ मोड़कर हथेली को गहरा करके बनाया गया रूप, अंजलि (जैसे–चुल्लू बनाओ) 2 मुड़ी हुई उँगलियों एवं हथेली की बनी गहराई में आनेवाला जल, द्रव आदि **चुल्लू भर पानी में डूब मरना** लज्जा से मुँह न दिखा सकना

चुसकी–(स्त्री.) 1 सुड़कने की क्रिया 2 एक बार में सुड़का जानेवाला द्रव पदार्थ 3 हुक्के का कश

चुसना–I (अ. क्रि.) 1 चूसा जाना 2 सोखा जाना 3 शोषण किया जाना II (पु.) बड़ी चुसनी

चुसनी–(स्त्री.) 1 बच्चों को दूध पिलानेवाली शीशी में लगी कटोरीनुमा लंबी नली, निपिल 2 चूसने की क्रिया

चुसाई–I (स्त्री.) चूसने-चुसाने की अवस्था II (स.क्रि.) चूसने-चुसाने का पारिश्रमिक

चुसाना–(स. क्रि.) चूसने का काम अन्य से कराना, चुसवाना

चुहचुहाना–(अ. क्रि.) 1 चहचहाना 2 रस टपकना

चुहड़ा–I (पु.) 1 भंगी, मेहतर 2 चमार II (वि.) निकृष्ट और नीच व्यक्ति

चुहल–(स्त्री.) हलका हँसी-मज़ाक़, हँसी-ठिठोली

चुहलबाज़–(वि.) हँसी-ठिठोली करनेवाला, दिल्लगी करनेवाला

चुहलबाज़ी–(स्त्री.) हँसी-मज़ाक़, मसख़रापन

चुहिया–(स्त्री.) 1 चूहे का बच्चा 2 मादा चूहा, चूही

चुहकना–(स. क्रि.) पशुओं के बच्चों का थन चूसना

चूक–I (स्त्री.) 1 भूल, ग़लती 2 अपराध II (पु.) 1 खट्टे फल के रस से बनी तेज़ खटाई 2 खट्टा साग

चूकना–(अ. क्रि.) 1 भूल करना 2 निशाना खाली जाना 3 समय से लाभ न उठा पाना, खोना, गँवाना

चूड़–(पु.) 1 चोटी, शिखा 2 (पक्षियों आदि की) कलगी

चूड़ांत–I (वि.) 1 चरम सीमा तक पहुँचा हुआ, पराकाष्ठा को प्राप्त हुआ 2 बहुत अधिक, अत्यंत II (पु.) शिखर का अंतिम और ऊपरी भाग

चूड़ा–I (पु.) 1 सिर 2 शिखर 3 केश II (पु.) चिड़वा, चिउड़ा

चूड़ाकरण, चूड़ाकर्म–(पु.) बालक के सिर के बाल को पहले-पहल मूँड़ना, मुंडन संस्कार

चूड़ामणि–(पु.) 1 सिर पर पहनने का गहना, शीशफूल 2 कुल-ख़ानदान का श्रेष्ठ व्यक्ति 3 सर्वश्रेष्ठ

चूड़ी–(स्त्री.) 1 काँच आदि या धातु का बना वृत्ताकार गहना जिसे स्त्रियाँ कलाइयों में पहनती हैं (जैसे–सोने की चूड़ियाँ बनवा लेना) 2 कल-पुर्ज़ों आदि में चूड़ी की शक्ल की बनाई गई गहरी रेखाएँ (जैसे–नल की चूड़ी ढीली हो गई है, पेंच की चूड़ी घिस गई है) **चूड़ियाँ ठंडी करना, चूड़ियाँ तोड़ना** विधवा होने पर अपने हाथ की चूड़ियाँ तोड़ देना **चूड़ियाँ पहनना** 1 स्त्रियों जैसा व्यवहार करना 2 ज़नाना भेस बनाना

चून–(पु.) 1 चूर्ण, चूरा 2 आटा 3 चुगने या खाने की वस्तु

चूनर, चूनरी–(स्त्री.) ओढ़नी, दुपट्टा, रंगीन बुँदकियोंवाला महीन पतला कपड़ा

चूना–I (पु.) पत्थर, कंकड़ आदि को फूँककर बनाया जानेवाला तीक्ष्ण और दाहक क्षार जो पलस्तर आदि के काम आता है

चूना–II (अ. क्रि.) 1 बूँद-बूँद करके गिरना,

च

टपकना (जैसे–घड़ा चूना, छत चूने लगना) 2 घाव आदि से रक्त निकलकर टपकना 3 नीचे आ गिरना

चूमना–(स. क्रि.) प्रेमवश, स्नेहपूर्वक किसी प्रिय के किसी अंग को होंठों से स्पर्श करना, चुंबन करना **चूमना-चाटना** (स. क्रि.) 1 बार-बार चुंबन करना एवं चाटना 2 चूमना एवं दुलारना

चूमा–(पु.) चुंबन, चुम्मा **चूमाचाटी** (स्त्री.) चुंबन और आलिंगन, चूमना-चाटना

चूर–(वि.) 1 छोटे-छोटे टुकड़ों में बँटा हुआ (जैसे–काँच की प्लेट गिरकर चूर हो गई) 2 परिश्रम आदि के कारण शिथिल हो जाना 3 आवेग, उमंग आदि भावों में बेसुध (जैसे–घमंड में चूर होना)

चूरण, चूरन–(पु.) अत्यधिक महीन औषधि आदि की बुकनी

चूरमा–(पु.) रोटी को घी में गूँध एवं भूनकर तथा चीनी मिलाकर बनाया गया खाद्य पदार्थ

चूरी–(स्त्री.) 1 बुकनी 2 चूरमा

चूर्ण–I (पु.) 1 चूरा, बुकनी 2 चूरन (जैसे–हिंगाष्टक का चूर्ण पेट-दर्द दूर करता है) II (वि.) 1 चूर किया हुआ 2 शक्तिहीन किया हुआ (जैसे–घमंड चूर्ण करना)

चूर्णित–(वि.) 1 पीसकर चूर्ण किया हुआ 2 अच्छी तरह तहस-नहस किया हुआ

चूल–I (स्त्री.) 1 लकड़ी, बाँस आदि का पतला सिरा 2 किवाड़ के नीचे-ऊपर का गोल लंबोतरा भाग **चूलें ढीली होना** पस्त हो जाना, थक जाना

चूल–II (पु.) 1 सिर के बाल 2 शिखा, चोटी

चूल्हा–(पु.) मिट्टी, लोहे आदि का बना वह उपकरण जिसमें लकड़ियाँ आदि जलाकर खाना पकाया जाता है **चूल्हे में जाय, चूल्हे में पड़े** भले ही नष्ट हो जाय **चूल्हे से निकलकर भट्ठी में पड़ना** छोटी मुसीबत से निकलकर बड़ी मुसीबत में फँसना

चूसना–(स. क्रि.) 1 मुँह से रस अंदर खींचना (जैसे–आम चूसना) 2 दाँतों से दबाकर रस पीना (जैसे–गन्ना चूसना) 3 चाटते हुए रस लेना (जैसे–दवा की गोली चूसना) 4 शिशु का माँ के स्तन का दूध पीना 5 अनुचित रूप से सत्त्व शोषित करना (जैसे–मालिक ने अत्यधिक परिश्रम कराके रक्त चूस लिया)

चूहड़, चूहड़ा–(पु.) 1 भंगी, मेहतर

चूहा–(पु.) लंबी पूँछ और चार पैरोंवाला एक प्रसिद्ध छोटा घरेलू जंतु, मूषक

चूहेदानी–(स्त्री.) चूहे फँसाने का पिंजरानुमा यंत्र

चें–(स्त्री.) चिड़ियों का शब्द, चीं **चें-चें** (स्त्री.) 1 चीं-चीं 2 बक-बक **चें-पें** (स्त्री.) चीं-चपड़

चेक–(पु.) बैंक आदि के नाम किसी व्यक्ति, संस्था आदि को रुपया देने का लिखित आदेश

चेचक–(स्त्री.) शीतला नामक रोग

चेटक–(पु.) 1 इंद्रजाल, बाज़ीगरी 2 तमाशा 3 जादू

चेटी–(स्त्री.) दासी, नौकरानी

चेत–(पु.) 1 चेतना, होश (जैसे–चेत में रहकर काम करो) 2 ज्ञान, बोध 3 सावधानी, होशियारी 4 याद 5 मन

चेतक–I (वि.) 1 सचेत रहनेवाला 2 चेतन II (पु.) राणाप्रताप का प्रसिद्ध घोड़ा

चेतन–I (पु.) 1 आत्मा 2 जीव, प्राणी 3 आदमी 4 परमात्मा II (वि.) जिसमें चेतना हो, जो ज्ञानमय हो, सजीव **चेतनता** (स्त्री.) 1 चेतन होने की अवस्था 2 चैतन्य, सज्ञानता 3 सजीवता

चेतना–I (स्त्री.) 1 ज्ञानमूलक मनोवृत्ति 2 बुद्धि, समझ 3 होश-हवास 4 स्मृति, याद

चेतना–II (अ. क्रि.) 1 होश में आना 2 सावधान होना **चेतनाशक्ति** (स्त्री.) चैतन्यता **चेतनाशून्य** (वि.) अचेतन

चेताना–(स. क्रि.) 1 ध्यान दिलाना 2 सावधान करना

चेतावनी–(स्त्री.) 1 सावधान करने के लिए कही जानेवाली बात 2 ख़तरे की पूर्व सूचना 3 अधिकारिक एवं आदेशात्मक तौर पर दी जानेवाली सूचना 4 शिक्षा

चेप–(पु.) 1 लसीला पदार्थ 2 पक्षियों को फँसाने हेतु फैलाया जानेवाला लासा **चेपदार** (वि.) जो चिपचिपा हो, लसीला

चेपी–(स्त्री.) चिप्पी

चेरा–(पु.) 1 चेला, शिष्य 2 नौकर, सेवक 3 गुलाम, दास (स्त्री. चेरी)

चेला–(पु.) 1 शिष्य 2 वह व्यक्ति जो गुरु-मंत्र लेकर शिष्य बना हो 3 जिसने गुरु से शिक्षा पाई हो वह व्यक्ति

चेष्टा–(स्त्री.) 1 कोशिश, प्रयत्न 2 मनोभाव सूचित करनेवाली शारीरिक चंचलता, अंगभंगिमा 3 मनोभाव प्रकट करनेवाली मुख की आकृति 4 हिलना-डोलना, गति

चैत–(पु.) फागुन के बादवाला महीना

चैतन्य–I (पु.) 1 चेतन में होने का भाव, चेतनता 2 चेतन आत्मा 3 प्राणियों में होनेवाला ज्ञान, प्रज्ञा 4 परमात्मा 5 प्रकृति II (वि.) 1 सचेत 2 जो सोचने-समझने की स्थिति में हो

चैती–(वि.) I चैत महीने में होनेवाला II (स्त्री.) चैत माह में होनेवाली फ़सल, रबी की फ़सल

चैत्य–I (वि.) 1 चिता संबंधी 2 चिता का II (पु.) 1 देवालय, मंदिर 2 यज्ञशाला 3 शवदाह के स्थान पर बना चबूतरा 4 घर, मकान 5 चिता 6 मठ **चैत्य विहार** (पु.) बौद्ध मंदिर के साथ लगा आश्रम, मठ

चैत्र–(पु.) फागुन महीने के बाद एवं बैसाख माह के पहले का महीना, फागुन एवं बैसाख के बीच का महीना

चैन–(पु.) 1 आराम 2 मानसिक शांति 3 आनंद एवं सुखभोग **चैन की बंसी बजाना** मौज-मस्ती में दिन गुज़ारना, ऐश्वर्यपूर्ण, सुखभरी ज़िंदगी बिताना

चोंगा–(पु.) 1 बाँस की खोखली नली जिसका एक सिरा बंद होता है 2 काग़ज़, धातु आदि की बनी नली जिसका एक भाग बंद रहता है

चोंच–(स्त्री.) पक्षियों के मुँह का अगला नुकीला भाग, टोंट **चोंच बंद करना** मुँह बंद करना, चुप रहना **दो-दो चोंच होना** कहा-सुनी होना

चोंड़ा–I (पु.) कच्चा कुआँ II (पु.) 1 स्त्रियों के सिर के बाल, झोंटा 2 सिर

चोंधर–(वि.) 1 बहुत छोटी आँखोंवाला 2 मूर्ख

चोई–(स्त्री.) 1 मछली के शरीर के खुरंड जैसे गोल चमकदार टुकड़े 2 दाल आदि का छिलका

चोकर–(पु.) गेहूँ, जौ आदि के आटे को छानने पर उसका बचा हुआ छिलके का अंश जो दरदरा तथा मोटे कणों के रूप में रहता है

चोखा–(वि.) 1 उत्तम, अच्छा 2 आलू का भरता

चोखाना–I (स. क्रि.) 1 बछड़ों आदि को थन पीने में प्रवृत्त करना 2 स्तन पान कराना II (अ. क्रि.) 1 स्तन पान किया जाना 2 दूहा जाना

चोचला–(पु.) 1 नाज़-नख़रा, हाव-भाव 2 आडंबर

चोट–(स्त्री.) 1 घाव 2 आघात, प्रहार 3 क्लेश, दुःख 4 संताप 5 व्यंग्य, कटाक्ष 6 छल, कपट **चोट करना** 1 हमला करना, वार करना 2 डँसना, काटना **चोट खाना** 1 घायल होना 2 आघात सहना **चोट पर चोट करना** सदमे पर सदमे बैठना

चोटी–(स्त्री.) 1 स्त्री के सिर के गूँथे हुए बाल, वेणी (जैसे–कंघी-चोटी करना) 2 चुंदी, शिखा 3 चोटी बाँधने के काम में आनेवाला रंगीन डोरा 4 चोटी, जूड़े में खोंसनेवाला पान के आकार का गहना 5 पहाड़ आदि का सबसे ऊँचा भाग, शिखर

चोट्टा–(पु.) छोटे दरजे का चोर (जैसे–चोट्टा कहीं का)

चोदन–(पु.) 1 उकसाना 2 प्रेरणा

चोबदार–(पु.) खबर या सूचना देने वाला सिपाही

चोर–(पु.) 1 चोरी करनेवाला 2 छिपकर काम

च

करनेवाला 3 मोह लेनेवाला 4 कम माल देनेवाला, बेईमान 5 मन में छिपी बुराई, दुर्भाव **चोर दरवाज़ा, चोर द्वार** (पु.) महल आदि में पिछवाड़े की ओर का वह छोटा दरवाज़ा जो आड़ में हो और जिसका पता सबको न हो **चोरबाज़ारी** (स्त्री.) कर बचाने के लिए नाजायज़ तरीक़े से माल ख़रीदने और बेचने का धंधा **चोर रास्ता** (पु.) वह गुप्त मार्ग जिसे जन-साधारण न जानता हो, चोर गली

चोरी–(स्त्री.) 1 चुराने की क्रिया 2 छिपाने की क्रिया (जैसे–मन की चोरी) 3 ठगी, धोखेबाज़ी (जैसे–चोरी-छिपे भाग जाना) **चोरी-चकारी** (स्त्री.) चोरी आदि अपराध **चोरी-चोरी, चोरी-छिपे** (क्रि. वि.) चुपके-चुपके

चोल–(पु.) 1 दक्षिण भारत का एक प्राचीन जनपद 2 चोल देश का निवासी 3 कवच, ज़िरह-बख़्तर

चोला–(पु.) 1 फ़क़ीरों का एक ढीला-ढाला लंबा और घेरदार कुर्ता 2 तन, शरीर 3 शिशु को पहली बार पहनाया जानेवाला कपड़ा

चोली–(स्त्री.) स्त्रियों का एक पहनावा जिससे केवल वक्षस्थल ही ढका जा सकता है, अँगिया **चोली-दामन का साथ** सदा बने रहनेवाला साथ

चौंकना–(अ. क्रि.) 1 यकायक उत्तेजित एवं विकल हो उठना 2 सहसा घबरा जाना

चौंकाना–(स. क्रि.) 1 भड़काना 2 ऐसा कार्य करना जिससे कोई चौंक उठे

चौंतिस, चौंतीस–(वि./पु.) 34 की संख्या

चौंधियाना–(अ. क्रि.) चकाचौंध होना

चौंरी–(स्त्री.) 1 छोटा चँवर, चँवरी 2 रेशम, सूत आदि का लच्छा, चोटी 3 सफ़ेद पूँछवाली गाय

चौंसठ–(वि./पु.) 64 की संख्या

चौ–(वि.) चार का संक्षिप्त रूप जो यौगिक पदों के आरंभ में लगने से प्राप्त होता है (जैसे–चौकोना, चौगुना)

चौआ–(पु.) गाय, बैल आदि पशु, चौपाया

चौक–(पु.) 1 नगर का मुख्य बाज़ार 2 चौमुहानी, चौराहा 3 चौखूँटा चबूतरा 4 आँगन, सेहन 5 पूजन आदि में आटे आदि की रेखाओं से बनाया जानेवाला क्षेत्र (जैसे–चौक पूरना)

चौकड़ी–(स्त्री.) 1 चौपायों की दौड़, छलाँग 2 चार घोड़ों, बैलों से जुती हुई गाड़ी 3 चार आदमियों की बैठकबाज़ी **चौकड़ी भरना** छलाँग लगाना, कुलाँचें भरना

चौकन्ना–(वि.) 1 आहट लेनेवाला 2 ध्यान रखनेवाला 3 सावधान, चौकस

चौकस–(वि.) 1 ठीक, दुरुस्त 2 चारों ओर से अच्छी तरह कसा हुआ 3 जो पूर्णतः सचेत हो

चौका–(पु.) 1 चार वस्तुओं का समूह (जैसे–क्रिकेट में चौका लगाया) 2 पत्थर आदि का बना गोलाकार टुकड़ा, चकला (जैसे–चौका-बेलन) 3 रसोईघर (जैसे–चौका साफ़ कर देना) 4 चार बूटियोंवाला ताश का पत्ता **चौका-बरतन, चौका-बासन** (पु.) चौका-बरतन को धोने-माँजने की क्रिया

चौकी–(स्त्री.) 1 लकड़ी आदि का बना हुआ चार पायोंवाला आसन, चौकोर आसन 2 वह स्थान जहाँ सेना या पुलिस के कुछ सिपाही निगरानी हेतु रखे जाते हैं 3 पहरा, रखवाली 4 पड़ाव, ठिकान 5 मंदिर आदि की चौकोर भूमि **चौकीदारी** (स्त्री.) 1 चौकीदार का काम, रखवाली 2 चौकीदार का पद

चौखट–(स्त्री.) 1 लकड़ी आदि का चौकोर ढाँचा 2 लकड़ी आदि के ढाँचे की ऊपरी लकड़ी 3 डेहरी, ड्योढ़ी

चौखटा–(पु.) 1 लकड़ी आदि का वह ढाँचा जिसमें आईना आदि जड़ा जाता है, फ्रेम 2 शरीर का ढाँचा

चौखूँट–I (पु.) 1 चारों दिशाएँ 2 सारी पृथ्वी मंडल II (क्रि. वि.) 1 चारों ओर 2 सब ओर III (वि.) चौखूँटा

चौगड्डा–(पु.) चार वस्तुओं का समूह

चौगुना–(वि.) वस्तु का चार गुना **मन चौगुना**

बढ़ना अत्यधिक उत्साह बढ़ना

चौगोड़िया–(स्त्री.) 1 चिड़ियों को फँसाने हेतु बाँस की तीलियों का बना ढाँचा 2 चार पायों की ऊँची सीढ़ीदार डंडियाँ लगी तिपाई

चौघड़–(पु.) दोनों जबड़ों के चारों सिरों पर होनेवाले एक-एक चिपटे तथा चौड़े दाँतों की सामूहिक संज्ञा

चौघड़ा–(पु.) 1 चार ख़ानोंवाला डिब्बा 2 ऐसा दीवट जिसमें चारों ओर जलाने हेतु चार दीये होते हैं 3 एक साथ बँधे हुए पान के चार बीड़े 4 चौडोल नामक बाजा

चौघड़िया–I (वि.) चार घड़ियों का II (स्त्री.) चार पायोंवाली ऊँची चौकी

चौड़ा–(वि.) 1 जिसके दोनों पार्श्वों के बीच में अधिक फैलाव हो (जैसे–गंगा नदी यमुना नदी से चौड़ी है) 2 जो सँकरा न हो **चौड़ा-चकला** I (वि.) फैला हुआ, विस्तृत II (पु.) अनाज रखने का गड्ढा

चौड़ाई, चौड़ान–(स्त्री.) चौड़ा होने की अवस्था, चौड़ापन

चौतरफ़ा–(वि.) चारों ओर का, चतुर्मुखी, चौगिर्द (जैसे–चौतरफ़ा दृश्य)

चौतही–(स्त्री.) चार तहोंवाला कपड़ा

चौताल–(पु.) 1 मृदंग की एक ताल जिसमें चार आघात और दो खाली होते हैं 2 मृदंग की ताल पर गाया जानेवाला गीत

चौतुका–I (वि.) चार तुकोंवाला II (पु.) वह छंद जिसके चारों चरणों में अनुप्रास होते हैं, वह छंद जिसके चारों चरणों के तुक मिलते हों

चौथ–I (स्त्री.) 1 चांद्रमास के प्रत्येक पक्ष की चौथी अवस्था, चतुर्थी 2 चौथाई अंश, चतुर्थांश II (वि.) चौथा **चौथपन** 1 मानव जीवन की चौथी अवस्था, संन्यास आश्रम का समय 2 बुढ़ापा, वृद्धावस्था

चौथा–(वि.) चार की जगह पड़नेवाला (जैसे–वह चौथी कक्षा में पढ़ता है)

चौथाई–(स्त्री.) चौथा भाग, चतुर्थांश

चौथी–(स्त्री.) 1 विवाह के चौथे दिन वर-वधू के कंगन खोलने की रस्म 2 विवाह के चौथे दिन कन्या के घर से कपड़े, मिठाइयाँ आदि भेजे जाने की रस्म

चौदंता–(वि.) 1 चार दाँतोंवाला 2 छोटी उम्र का और अल्हड़

चौदस–(स्त्री.) चांद्रमास के प्रत्येक पक्ष की चौदहवीं तिथि, चतुर्दशी

चौदह–(वि./पु.) 14 की संख्या

चौधराइन–(स्त्री.) चौधरी की स्त्री

चौधराना–(पु.) 1 चौधरी का पद 2 चौधरी का हक़ 3 चौधरी का काम

चौधरी–(पु.) 1 प्रधान, मुखिया 2 अगुआ 3 जाटों, कुर्मियों आदि की पदवी

चौपखा–(पु.) 1 चारों ओर की दीवारें 2 चहारदीवारी

चौपट–(वि.) 1 नष्ट-भ्रष्ट, बर्बाद (जैसे–सारा काम-काज चौपट कर दिया) 2 बिगड़ा हुआ

चौपड़–(स्त्री.) 1 चौसर (खेल) 2 चौसर की आकृति की खाट-पलंग आदि की बुनावट 3 मंदिर आदि के आँगन में चौसर आकृति की बनावट

चौपतिया–(वि.) 1 चार पत्तोंवाला 2 जिसमें चार पत्तियाँ एक साथ दिखाई दें

चौपत्ती–(स्त्री.) चार लोगों में खेला जानेवाला ताश का खेल

चौपथ–(पु.) 1 चौराहा, चौमुहानी 2 वह पत्थर जिसकी कील पर कुम्हार का चाक रहता है

चौपदा–(पु.) 1 चार पैरोंवाला पशु, चौपाया 2 चार चरणोंवाला पद्य

चौपहिया–I (वि.) चार पहियोंवाला II (पु.) चार पहियोंवाली गाड़ी

चौपाई–(स्त्री.) चार चरण का प्रसिद्ध मात्रिक छंद जिसके प्रत्येक चरण में 16 मात्राएँ होती हैं

चौपाया–(पु.) चार पैरोंवाला पशु, मवेशी

चौफेरी–(स्त्री.) चारों ओर लगाई जानेवाली फेरी, परिक्रमा

चौबंदी–(स्त्री.) 1 चारों ओर से बाँधने की क्रिया 2 एक कुरती जिसके दोनों तरफ़

छ

दो-दो बंद लगते हैं, बग़लबंदी 3 घोड़े के चारों सुमों में नाल जड़ने की क्रिया

चौबरसी–(स्त्री.) घटना आदि के चौथे साल होनेवाला उत्सव, कर्म

चौबीस–(वि./पु.) 24 की संख्या

चौबे–(पु.) ब्राह्मणों की एक उपजाति

चौबोला–(पु.) 15 मात्राओं का एक मात्रिक छंद

चौमंज़िला–(वि.) चार तल्लोंवाला, चार खंडोंवाला

चौमार्ग–(पु.) चौरस्ता, चौमुहानी

चौमास, चौमासा–I (पु.) 1 वर्षाऋतु के चार महीने, चातुर्मास 2 वर्षा ऋतु में गाया जानेवाला गीत 3 गर्भवती के चौथे माह का कृत्य II (वि.) चातुर्मास में होनेवाला

चौमुखा–(वि.) 1 जिसके चारों ओर चार मुख हों 2 जो चारों ओर उन्मुक्त हो (जैसे–चौमुखी लड़ाई छिड़ गई)

चौरंगा–(वि.) 1 चार रंगोंवाला 2 चारों ओर समान रूप से होनेवाला 3 सब तरह से एक जैसा

चौरस–(वि.) 1 जो ऊबड़-खाबड़ न हो, समतल 2 सब तरफ़ से एक जैसा

चौरानवे–(वि./पु.) 94 की संख्या

चौरासी–(वि./पु.) 84 की संख्या

चौराहा–(पु.) चारों ओर से आकर मिलनेवाले रास्तों का केंद्र-बिंदु, चौमुहानी, चौरस्ता

चौर्य–(पु.) चोरी **चौर्य-वृत्ति** (स्त्री.) 1 चोरी का पेशा 2 चोरी के धन से जीविकोपार्जन करनेवाला

चौलड़ा–(वि.) जिसमें चार मालाएँ हों, चार लड़ियोंवाला

चौलाई–(स्त्री.) एक पौधा जिसका साग खाए जाने योग्य होता है, खाद्य साग का पौधा

चौवन–(वि./पु.) 54 की संख्या

चौवालिस–(वि./पु.) 44 की संख्या

चौस–I (पु.) 1 बार-बार जोता हुआ खेत 2 खेत की चौथी जोताई II चूर्ण, बुकनी

चौसर–(पु.) 1 चार रंगों की चार-चार गोटियों और तीन पासों से खेला जानेवाला खेल, चौपड़ 2 चौपड़ की बिसात

चौहट्टा–(पु.) ऐसा स्थान जिसके चारों ओर दुकानें हों

चौहत्तर–(वि./पु.) 74 की संख्या

चौहद्दी–(स्त्री.) किसी स्थान के चारों ओर की सीमा (जैसे–महल की चौहद्दी)

चौहान–(पु.) अग्निकुल के अंतर्गत क्षत्रिय वंश की एक शाखा

च्यवन–(पु.) 1 चूना, टपकना 2 एक ऋषि

च्युत–(वि.) 1 गिरा हुआ, पतित (जैसे–कर्तव्यच्युत, पदच्युत) 2 टपका हुआ

च्यूँटा–(पु.) च्यूँटी की जाति या प्रकार का किंतु आकार में उससे बड़ा कीड़ा

च्यूँटी–(स्त्री.) गुड़, शक्कर आदि चीज़ें खानेवाला अत्यंत छोटा कीड़ा, चींटी

छ

छंगा–(वि.) जिसके हाथ में छह उँगलियाँ हों

छँटना–(अ. क्रि.) 1 छाँटा जाना 2 अलग होना 3 अनावश्यक अंश निकलना 4 तितर-बितर होना **छँटा हुआ** 1 चालाक 2 धूर्त

छँटनी–(स्त्री.) छाँटने की क्रिया, छँटाई (विशेषतः कर्मचारियों की)

छँटाई–(स्त्री.) 1 छाँटने की क्रिया 2 छाँटने की मज़दूरी

छ

छंद–I (पु.) 1 मात्राओं का निश्चित मान जिनके अनुसार पद्य-रचना की जाती है (जैसे–मात्रिक छंद, मुक्तक छंद) 2 मात्रा की गणना के अनुसार बना पद्यबंध

छंद–II (पु.) 1 अभिलाषा, इच्छा 2 अभिप्राय, मतलब 3 कपट, छल 4 तरक़ीब, युक्ति, उपाय

छंदशास्त्र–(पु.) वह शास्त्र जिसमें विभिन्न छंदों के रूप और लक्षण बतलाए जाते हैं

छंदा–(वि.) दोनों पैर बाँधकर चरने हेतु छोड़ा हुआ (पशु)

छंदाघात–(पु.) (शब्द पर) संगीतात्मक बल

छंदात्मक–(वि.) छंद रूप में रचा हुआ, पद्यमय

छंदोबद्ध–(वि.) छंदात्मक, पद्य रूप में, पद्यबद्ध

छंदोभंग–(पु.) छंद-रचना में लय और गति का अभाव, छंददोष

छंदोयोजना–(स्त्री.) छंद बनाना

छः–(वि./पु.) 6 की संख्या **छःकोना** (वि.) षड्कोण **छःमाही** (वि.) छः महीने में होनेवाला

छक–(स्त्री.) तृप्ति

छकड़ा–I (वि.) 1 ढीले ढाँचेवाला 2 धीमे चलनेवाली गाड़ी II (पु.) माल ढोनेवाली गाड़ी

छकड़ी–(स्त्री.) 1 छह कहारों द्वारा उठाई जानेवाली पालकी 2 छह का समूह

छकना–(अ. क्रि.) 1 पूर्ण संतुष्ट होना, जी भरकर खाना, अघाना 2 नशे में चूर, मदमस्त होना 3 कौशल

छकाना–I (स. क्रि.) 1 पूर्णतः संतुष्ट करना 2 भरपेट खिलाना II (स. क्रि.) 1 चक्कर में डालना 2 परेशान करना 3 खिला-पिलाकर तृप्त करना

छकार–(पु.) 'छ' वर्ण

छक्का–(पु.) 1 छह का समूह 2 छह अवयवोंवाली वस्तु 3 ताश का छह बूटियोंवाला पत्ता (जैसे–पान का छक्का) 4 चौसर के खेल में पासे का छह बिंदियोंवाला पहलू 5 छह रनों का समूह (क्रिकेट) **छक्का-पंजा भूल जाना** अक़्ल का काम न करना, उपाय न चलना **छक्के छुड़ाना** हौसला पस्त करना, पैर उखाड़ देना

छगन–(पु.) छोटा बच्चा, छोटा बालक **छगन-मगन** (पु.) छोटे-छोटे हँसते-खेलते बच्चे

छगल–(पु.) बकरा (स्त्री. छगली)

छछूँदर–(पु.) 1 चूहे की जाति का दुर्गंधयुक्त प्रसिद्ध जंतु 2 एक तरह की आतिशबाज़ी जिसके छूटने पर छू-छू ध्वनि निकलती है

छज्जा–(पु.) 1 दीवार से बाहर निकली हुई छत का भाग, बारजा 2 ओलती, ओरी

छटंकी–I (स्त्री.) छटाँक भर तौल का बटखरा II बहुत छोटा एवं हल्का

छटकना–(अ. क्रि.) 1 उछलकर दूर जा गिरना 2 बंधन से निकल जाना 3 उछलना-कूदना 4 दूर रहना 5 बंधन से निकलने का प्रयत्न करना

छटपटाना–(अ. क्रि.) 1 पीड़ा के कारण हाथ-पैर आदि पटकना (जैसे–दर्द से बच्चे का छटपटाना) 2 अधिक दुःख के कारण परेशान होना 3 उद्देश्य आदि की सिद्धि हेतु अत्यंत चिंतित होना

छटपटाहट, छटपटी–(स्त्री.) 1 छटपटाने की क्रिया 2 घबराहट 3 आतुरता, आकुलता

छटाँक–(स्त्री.) 1 एक सेर का सोलहवाँ भाग, पाँच तोला 2 सेर के सोलहवें भाग का बटखरा

छटा–(स्त्री.) 1 शोभा, छवि 2 दीप्ति, चमक

छठ–(स्त्री.) पक्ष की छठी तिथि, षष्ठी

छठी–(स्त्री.) 1 चांद्रमास के प्रत्येक पक्ष की छठवीं तिथि 2 शिशु के जन्म के छठे दिन होनेवाला उत्सव **छठी का दूध याद आना** 1 अत्यधिक कष्ट मिलने से बचपन का सुख याद आ जाना 2 अत्यधिक कठिन मेहनत पड़ना

छठे-छमासे–(क्रि. वि.) कभी-कभार, कभी-कभी

छड़–(पु.) धातु आदि का लंबा डंडा **छड़दार** (वि.) छड़वाला

छ

छड़ना–(स. क्रि.) अनाज के दाने-भूसी अलग करना

छड़ा–I (पु.) पैर में पहनने का एक गहना II (वि.) अकेला, एकाकी

छड़ी–(स्त्री.) 1 बाँस आदि का पतला एवं छोटा डंडा, सोटी 2 क़ब्र, मज़ार पर लगाई जानेवाली झंडी

छत–(स्त्री.) 1 कमरे की पाटन, छाजन 2 पाटन का ऊपरी भाग 3 पाटन का निचला तल **छतदार** (वि.) छतवाला, छत पड़ा हुआ

छतरी–(स्त्री.) 1 लोहे की तीलियों पर कपड़ा चढ़ाकर वर्षा आदि से बचने के लिए बनाया हुआ आच्छादन या आवरण, छाता 2 खुले स्थान के ऊपर का मंडप 3 चँदोवा 4 पैराशूट **छतरी फ़ौज** (स्त्री.) छतरी के सहारे वायुयान से नीचे उतरनेवाली सेना

छत्ता–(पु.) 1 मधुमक्खियों आदि का घर 2 वह पौधा जिसकी शाखाएँ छतरीनुमा फैली हों 3 कमल का बीजकोष 4 छतरी, छाता

छत्तीस–(वि./पु.) 36 की संख्या

छत्र–(पु.) 1 राज-सिंहासन के ऊपर लगाया जानेवाला बड़ा छाता 2 छतरी **छत्रछाया** (स्त्री.) ऐसा आश्रय जो छाते की तरह सुरक्षित रखनेवाला और सुखद हो, शरण **छत्रधारी** (वि.) छत्र धारण करनेवाला

छत्रक–(पु.) 1 कुकुरमुत्ता, खुंभी 2 शहद का छत्ता 3 छतरी

छत्रपति–(पु.) बहुत बड़ा राजा

छद, छदन- (पु.) 1 ढकनेवाली चीज़, आवरण 2 खाल 3 छाल 4 खोल, ग़िलाफ़

छद्म–I (पु.) 1 छल, कपट, ढोंग 2 असली रूप छिपाना 3 बदला हुआ रूप, भेस II (वि.) बनावटी, कृत्रिम **छद्म नाम** (पु.) बनावटी नाम **छद्म लीला** (स्त्री.) कपटलीला **छद्म वेश** (पु.) बनावटी रूप

छद्मी–(वि.) 1 छद्म वेशवाला 2 छली

छन–I (पु.) 1 क्षण, पल 2 पुण्यकाल II (स्त्री.) 1 जलते तवे आदि पर पानी, कलकलाते घी, तेल आदि में आटे की लोई आदि के पड़ने से होनेवाली आवाज़ 2 घुँघरू आदि की ध्वनि, झनकार

छनकना–I (अ. क्रि.) 1 छन-छन शब्द होना, झनकार होना 2 छनछनाना II (अ. क्रि.) चौंकना, भड़कना

छनछनाना–I (अ. क्रि.) 1 छन-छन शब्द होना 2 खौलते घी, तेल में तलने हेतु वस्तु आदि डालने पर छन-छन की आवाज़ होना, बजना II (स. क्रि.) छन-छन ध्वनि उत्पन्न करना

छनना–I (अ. क्रि.) 1 छोटे-छोटे छिद्रों से होकर निकलना 2 छाना जाना, छानने की क्रिया होना 3 अलग होना II (पु.) 1 छानने का साधन, महीन कपड़ा आदि (जैसे–दूध छनना, चाय छनना) 2 खौलते तेल आदि में सिक्त होकर पूरी-कचौरी आदि निकलना **गाढ़ी छनना** घनिष्ठ संबंध होना (जैसे–आजकल दोनों मित्रों में गाढ़ी छन रही है)

छनाका–(पु.) 1 छन की आवाज़ 2 झनकार

छन्ना–(पु.) 1 द्रव पदार्थ आदि छानने का महीन कपड़ा 2 चलनी, छलनी

छपका–I (पु.) 1 बाँस आदि की कमाची 2 पतली छड़ी II 1 वस्तु को कीचड़, जल आदि में फेंककर उसे उछालने की क्रिया 2 कपड़े आदि पर पड़ा कीचड़ आदि का धब्बा III सिर पर पहनने का एक गहना

छपना–(अ. क्रि.) 1 मुद्रित होना 2 ठप्पे आदि की छाप से युक्त होना

छपरखट, छपरखाट–(स्त्री.) वह पलंग जिसके ऊपर डंडों के सहारे कपड़ा तना हो

छपाई–(स्त्री.) 1 छपने-छापने की क्रिया 2 छपने-छापने का पारिश्रमिक

छपाका–(पु.) 1 कीचड़, पानी आदि में कोई वस्तु फेंकने से होनेवाला शब्द 2 धाराओं के टकराने से उत्पन्न शब्द 3 छींटा (जैसे–ज़ोर का छपाका मारना)

छपाछप–(स्त्री.) पानी पर हाथ मारने की

छ

आवाज़

छपाना–(स. क्रि.) छापने का काम दूसरे से कराना

छप्पन–(वि.) 56 की संख्या

छप्पर–(पु.) बाँस, लकड़ी, फूस आदि से बनाई गई झोंपड़ी, पर्णकुटी **छप्पर टूट पड़ना** एकाएक कोई बड़ा संकट आ पड़ना **छप्पर फाड़कर देना** अनायास बहुत अधिक धन देना

छबड़ा–(पु.) टोकरा, झाबा (स्त्री. छबड़ी)

छबीला–(वि.) 1 जो बन-ठनकर रहता हो, छैला, बाँका 2 छवियुक्त, सुंदर

छब्बीस–(वि.) 26 की संख्या

छम-छम–(स्त्री.) 1 पायल, घुँघरू आदि के बजने का शब्द होना 2 ज़ोर से पानी बरसने का शब्द

छमाही–(स्त्री.) छः माह बाद होनेवाला

छरहरा–(वि.) 1 दुबला-पतला 2 चुस्त, फुर्तीला

छरा–(पु.) 1 माला, हार की लड़ी 2 इज़ारबंद

छरोरा–(पु.) शरीर के छिलने से बना हुआ ज़ख़्म, घाव

छर्रा–(पु.) 1 सीसे, लोहे के छोटे-छोटे टुकड़े जो बारूद के साथ बंदूक़ में भरे जाते हैं 2 घुँघरुओं, गहनों आदि में भरी जानेवाली कंकड़ी

छल–(पु.) 1 धोखा, कपट 2 बहाना **छलकपट** (पु.) धोखेबाज़ी **छलछंद, छलछद्म** (पु.) 1 छलपूर्ण व्यवहार 2 कपट-जाल, चालबाज़ी

छलकना–(अ. क्रि.) 1 उमड़कर बाहर गिरना (जैसे–आँखों से आँसू छलकना) 2 झटके से उछलकर बाहर आना 3 चारों ओर से फैला हुआ दिखाई पड़ना (जैसे–हृदय में प्रेम का छलकना)

छलकाना–(स. क्रि.) हिलाकर गिराना

छल-छल–(पु.) पानी के छलकने की ध्वनि

छलछलाना–(अ. क्रि.) आँखों में आँसू भर आना, आर्द्र हो जाना

छलना–I (स. क्रि.) धोखा देना, ठगना II (स्त्री.) 1 छलने का भाव 2 धोखा, वंचना 3 छल करनेवाली स्त्री

छलाँग–(स्त्री.) वेग पूर्वक उछलकर अन्य स्थान पर जाने की क्रिया **छलाँग भरना, छलाँग मारना** 1 बहुत तेज़ चलना 2 शीघ्र तरक़्क़ी करना

छलावा–(पु.) 1 धोखा 2 भ्रांति, माया 3 जंगलों और दलदलों में दिखाई देनेवाला फ़ासफ़ोरस का प्रकाश, भूत-प्रेतादि की तुरंत अदृश्य हो जानेवाली छाया

छलिया, छली–(वि.) छलनेवाला

छल्ला–(पु.) धातु आदि की बनी अँगूठी के आकार की गोलाकार रचना

छल्ली–(स्त्री.) 1 कच्ची दीवार के रक्षार्थ खड़ी की हुई पक्की दीवार

छवाना–(स. क्रि.) छाने का काम अन्य से कराना

छवि–(स्त्री.) 1 सुंदरता 2 शोभा **छवि चित्र** (पु.) सुंदर फ़ोटो, तस्वीर **छवि चित्रकार** (वि.) सुंदर तस्वीर, फ़ोटो निकालनेवाला

छाँट–(स्त्री.) 1 छाँटने की क्रिया 2 छाँटकर अलग किया गया रद्दी अंश 3 चुनाव

छाँटना–(स. क्रि.) 1 काम की वस्तुएँ अलग करना 2 अनाज की भूसी अलग करना 3 साफ़ करना 4 काटकर अलग करना

छाँह–(स्त्री.) 1 छाया 2 ऊपर से छाया हुआ स्थान 3 शरण

छाग–(पु.) 1 बकरा 2 बकरी का दूध

छागल–I (स्त्री.) पानी भरने की बकरे की खाल की मशक, डोला II (पु.) बकरी का बच्चा

छागल–II(स्त्री.) पाँव में पहनने का एक गहना

छाछ–(स्त्री.) मट्ठा

छाज–(पु.) 1 सूप 2 छप्पर 3 छज्जा

छाजन–(स्त्री.) 1 त्वचा रोग जिसमें जलन होती है 2 छाने की मज़दूरी, छवाई 3 छप्पर 4 छद्म रूप 5 छाने की क्रिया

छाजना–(अ. क्रि.) 1 सुंदर लगना 2 सुशोभित होना

छ

छाता–(पु.) 1 छतरी 2 छत्ता **छाताधारी** (वि.) छतरीधारी **छाता सैनिक** (पु.) छतरीधारी सैनिक

छाती–(स्त्री.) 1 वक्षःस्थल, सीना 2 (स्त्रियों के) स्तन 3 हृदय, मन 4 साहस, हिम्मत **छाती छलनी होना** दुःख, आघात सहते-सहते ऊब जाना, कलेजा पक जाना **छाती जलना** 1 मन का अत्यधिक संतप्त होना 2 अति द्वेष, ईर्ष्या होना **छाती ठंडी करना** जी की जलन को शांत करना **छाती ठोंककर कहना** कठिन कार्य करने की प्रतिज्ञा करना, विश्वास दिलाना **छाती धड़कना** आशंका आदि से हृदय का जल्दी-जल्दी स्पंदित होना **छाती पत्थर की करना** हृदय को कठोर बनाना **छाती पर मूँग दलना** 1 दिखा-दिखाकर जलाने-कुढ़ानेवाली बात कहना 2 सौत लाना **छाती पर साँप लोटना** 1 अत्यंत गहरी वेदना होना 2 ईर्ष्या से हृदय जल उठना **छाती फटना** 1 दुःख का असह्य हो जाना 2 ईर्ष्या, डाह करना

छात्र–(पु.) 1 विद्यार्थी 2 शिष्य **छात्रवृत्ति** (स्त्री.) विद्यार्थी को सहायतार्थ मिलनेवाला धन, वज़ीफ़ा

छात्रा–(स्त्री.) 1 महिला विद्यार्थी 2 शिष्या

छात्रालय, छात्रावास–(पु.) स्कूल या कालेज से संबद्ध इमारत जिसमें विद्यार्थी रहते हैं (हॉस्टल)

छानना–(स. क्रि.) 1 आटे आदि का मोटा कण छलनी से निकालना 2 दूध आदि को साफ़ करने के लिए बारीक़ कपड़े आदि से निकालना

छान-बीन–(स्त्री.) 1 छानने और बीनने की क्रिया 2 जाँच-पड़ताल

छाना–I (स. क्रि.) 1 ढकना, आवरण डालना (जैसे–झोंपड़ी पर छप्पर छाना) 2 तानना, फैलाना 3 निर्मित करना II (अ. क्रि.) ऊपर फैलना, पसरना (जैसे–बादल छाना, अंधकार छाना)

छाप–(स्त्री.) 1 छापने की क्रिया 2 छापने का ठप्पा, साँचा 3 छापने से बननेवाला चिह्न (जैसे–कलाई पर शंख की छाप) 4 मुहर का निशान 5 असर, प्रभाव (जैसे–किसी की छाप पड़ना, छाप डालना)

छापना–(स. क्रि.) 1 मुद्रित करना 2 तल पर काला काग़ज़ रखकर लिखना, चित्र बनाना जिससे दूसरी तरफ़ छप जाए

छापा–(पु.) 1 ठप्पा 2 ठप्पे से बना निशान 3 तप्त मुद्रा से शरीर पर अंकित चिह्न 4 मांगलिक अवसर पर पाँचों उँगलियों में हल्दी लगाकर दीवारों आदि पर लगाया गया निशान 5 छापने का यंत्र 6 अचानक किया जानेवाला हमला (जैसे–आक्रमणकारियों द्वारा छापा मारना) **छापाख़ाना, छापाघर** (पु.) वह स्थान जहाँ छपाई का काम होता है, मुद्रणालय, प्रेस **छापामार** आकस्मिक आक्रमण करनेवाला

छाबड़ी–(स्त्री.) खोंचा, टोकरी

छायांकन–(पु.) फ़ोटो लेना

छाया–(स्त्री.) 1 अंधकार पूर्ण वातावरण जहाँ प्रकाश की किरणें आड़/आवरण आदि के कारण न पहुँच सकें 2 परछाईं, प्रतिबिंब

छाया-पुरुष (पु.) काल्पनिक झलक **छायाभास** (पु.) झूठी छाया **छाया यंत्र** (पु.) 1 छाया द्वारा समय का ज्ञान करानेवाला यंत्र 2 धूपघड़ी **छायावाद** (पु.) आत्माभिव्यक्ति का वह ढंग जिसके अनुसार सौंदर्यमय प्रकृति की कल्पना करके ध्वनि-लक्षणा आदि के द्वारा उसके संबंध में अपनी अनुभूति प्रकट की जाती है **छायावादी** (वि.) छायावाद का अनुयायी

छायाचित्र–(पु.) अक्सी तस्वीर, फ़ोटो **छायाचित्रण** (पु.) छायाचित्र उतारने का काम फ़ोटोग्राफ़ी)

छायानुवाद–(पु.) अधूरा परंतु निकटस्थ अनुवाद

छाल–(स्त्री.) वृक्ष आदि के तने पर का कड़ा खुरदरा और मोटा छिलका

छाला–(पु.) 1 फफोला 2 छाल, चर्म

छावनी–(स्त्री.) 1 सैनिकों की बस्ती 2 पड़ाव, डेरा

छावा–(पु.) 1 बच्चा 2 बेटा 3 हाथी का पट्ठा

छिः–(अ.) घृणा, तिरस्कार आदि का सूचक शब्द (जैसे–छिः, तुमने क्या कर दिया)

छिकना–(अ. क्रि.) 1 घेरा जाना 2 रोका जाना

छिगुनी, छिगुली–(स्त्री.) कानी/छोटी उँगली, कनिष्ठिका

छिछला–(वि.) 1 जो कम गहरा हो 2 उथला

छिछोरपन–(पु.) ओछापन, क्षुद्रता

छिछोरा–(वि.) 1 ओछा, क्षुद्र 2 कमीना

छिटकना–(अ. क्रि.) 1 कणों का इधर-उधर बिखरना (जैसे–चाँदनी छिटक रही है) 2 छिड़कना

छिट-फुट–(क्रि. वि.) 1 छितराया हुआ, कुछ यहाँ-कुछ वहाँ 2 कहीं-कहीं 3 कोई-कोई

छिड़कना–(स. क्रि.) 1 जल आदि के छींटे फेंकना (जैसे–पानी छिड़कना, होली में रंग छिड़कना) 2 छिटकना

छिड़काना–(स. क्रि.) छिड़कने का काम कराना

छिड़काव–(पु.) छिड़काई, पानी छिड़कना

छिड़ना–(अ. क्रि.) 1 छेड़ा जाना (जैसे–बात छिड़ना) 2 शुरू होना (जैसे–युद्ध छिड़ना)

छितराना–(अ. क्रि.) 1 चारों ओर बिखरना 2 विशाल भूभाग में फैलना

छितराव–(पु.) छितरे-छितराए हुए होने की अवस्था

छिदना–(अ. क्रि.) 1 छेद होना (जैसे–कान छिदना) 2 सुराख़ होना, छेदा जाना

छिदवाना, छिदाना–(स. क्रि.) सूराख़ करवाना

छिद्र–(पु.) 1 छेद, सुराख़ (जैसे–कपड़े में अनेक छिद्र हो गए) 2 कुछ अंश निकाल लेने से हुआ गहरा रिक्त स्थान 3 दोष, ऐब **छिद्रदर्शी** (पु.) दोष निकालनेवाला व्यक्ति

छिद्रान्वेषण–(पु.) दोष ढूँढना

छिद्रान्वेषी–(पु.) दोष निकालनेवाला व्यक्ति

छिनना–(अ. क्रि.) छीना जाना (जैसे–रुपया-पैसा छिनना)

छिनवाना–(स. क्रि.) छीनने का काम अन्य से कराना

छिनाल–I (वि.) पर-पुरुषों से संबंध रखनेवाली II (स्त्री.) दुश्चरित्रा स्त्री, पुंश्चली **छिनालपन** (पु.) दुश्चरित्र, व्यभिचार

छिन्न–(वि.) 1 कटा हुआ 2 काटकर अलग किया हुआ, खंडित 3 नष्ट किया हुआ 4 क्षीण **छिन्नमस्तक** (वि.) जिसका सिर कट गया हो **छिन्नमस्ता** (स्त्री.) काली का एक रूप **छिन्नमूल** (वि.) जड़ से कटा

छिपकली–(स्त्री.) एक प्रसिद्ध चार पैरों एवं लंबी दुमवाला सरीसृप, गृहगोधी (जैसे–दीवार पर छिपकली चिपकी है)

छिपना–(अ. क्रि.) 1 आड़ में होना, परदे में होना 2 दृश्य न होना 3 अस्त होना (जैसे– सूर्य देवता छिप गए)

छिपा–(वि.) गुप्त (जैसे–छिपा धन) **छिपाछिपी** (स्त्री.) लुका-छिपी

छिपाना–(स. क्रि.) 1 आड़ में, परदे में करना 2 ढकना 3 प्रकट न करना

छिपाव–(पु.) छिपने-छिपाने की क्रिया (जैसे–दुराव-छिपाव)

छियानबे–(वि./पु.) 96 की संख्या

छियालिस–(वि./पु.) 46 की संख्या

छियासठ–(वि./पु.) 66 की संख्या

छियासी–(वि./पु.) 86 की संख्या

छिलका–(पु.) फल का ऊपरी आवरण

छिलना–(अ. क्रि.) 1 फलों आदि का छिलका उतारा जाना 2 वृक्ष, पशु आदि की खाल उतारी जाना 3 शरीर के किसी अंग की त्वचा रगड़ से उधड़ जाना

छिलवाना–(स. क्रि.) छीलने का काम अन्य से कराना

छिलाई–(स्त्री.) 1 छिलने-छिलाने की क्रिया 2 छीलने की मज़दूरी

छिहत्तर–(वि./पु.) 76 की संख्या

छींक–(स्त्री.) 1 श्वास की वायु का अचानक नाक एवं गले से एक-साथ एक विशेष ध्वनि करती हुई बाहर निकलना 2 छींकने की ध्वनि या आवाज़

छींकना–(अ. क्रि.) ज़ोर से नाक एवं मुँह से

छ

अचानक श्वास-वायु फेंकना

छींका–(पु.) 1 खूँटी आदि में लटकाया जानेवाला तारों, रस्सियों का बना एक उपकरण 2 बैलों के मुँह पर बाँधी जानेवाली रस्सी की जाली

छींट–(स्त्री.) 1 रंग-बिरंगी बूटियोंवाला कपड़ा 2 जलकण, पानी की बूँद 3 किसी तरल पदार्थ की बूँद पड़ने से बना धब्बा, दाग़ 4 चित्र आदि में बनाए जानेवाले बेल-बूटे, फूल-पत्तियाँ

छींटा–(पु.) 1 जल आदि द्रव पदार्थ की उछली-उछाली गई बूँदें (जैसे–मुँह पर पानी का छींटा मारना) 2 हल्की वृष्टि, बौछार 3 खेतों में बीज बिखेरने की प्रक्रिया 4 बोआई का एक ढंग जिसमें बीज खेत में छींटे जाते हैं 5 चुभती हुई व्यंग्यपूर्ण बात

छींटाकशी–(स्त्री.) हल्के-फुल्के दोष लगाना

छी–(अ.) घृणा, तिरस्कार आदि का सूचक शब्द

छीछालेदर–(स्त्री.) दुर्गति, फ़ज़ीहत **छीछालेदर होना** दुर्दशा होना

छीजन–(स्त्री.) 1 नष्ट किया गया अंश 2 क्षय, नाश

छीजना–(अ. क्रि.) 1 क्षीण होना 2 घटना

छीनना–(स. क्रि.) ज़बरदस्ती ले लेना, ऐंठ लेना

छीना–(स. क्रि.) छूना **छीनाखसोटी, छीनाछीनी, छीनाझपटी** (स्त्री.) छीन-झपट

छीपी–(पु.) 1 कपड़े पर बेल-बूटे आदि छापने का काम करनेवाला व्यक्ति, रंगरेज़ 2 दरज़ी

छीलन–(स्त्री.) 1 छीलने की क्रिया 2 छीलने पर निकले हुए छोटे-छोटे टुकड़े

छीलना–(स. क्रि.) 1 खरोंचना 2 खुरचकर अलग करना

छुआछूत–(स्त्री.) 1 छूत-छात का ख़्याल 2 अस्पृश्य को छूना

छुई-मुई–(स्त्री.) छुई-मुई (पौधा), लाजवंती

छुटकारा–(पु.) 1 बंधन से मुक्त होना, रिहाई 2 छुट्टी, फ़ुरसत

छुटपन–(पु.) 1 छोटाई 2 बचपन 3 लड़कपन

छुट-फुट–(वि.) 1 मूल अंग से कटकर छोटे-छोटे टुकड़ों के रूप में इधर-उधर फैला हुआ 2 चुट-फुट (जैसे–छुट-फुट वर्षा होना)

छुटभैया–(पु.) बड़ों की तुलना में अपेक्षया निम्न स्थिति का व्यक्ति

छुट्टा–I (वि.) 1 जो स्वतंत्र हो, बंधनमुक्त 2 जो अपने दल से अलग हो गया हो 3 एकाकी 4 फुटकर (जैसे–पाँच रुपये का छुट्टा दीजिएगा) II (पु.) छोटे सिक्के, रेज़गारी

छुट्टी–(स्त्री.) 1 अवकाश-काल, फ़ुरसत 2 छुटकारा 3 काम बंद रहने का दिन 4 जाने की अनुमति

छुड़वाना–(स. क्रि.) छोड़ने का काम अन्य से कराना

छुड़ाना–(स. क्रि.) 1 बंधन-मुक्त कराना, स्वतंत्र कराना 2 चिपकी, लगी वस्तु आदि अलग करना (जैसे–कपड़े पर से दाग़ छुड़ाना, लिफ़ाफ़े पर से टिकट छुड़ाना) 3 कुछ कमी कराना

छुतहा–(वि.) 1 छूत से होने वाला, संक्रामक (जैसे–छुतहा रोग) 2 जो अस्पृश्य हो गया हो 3 जिसे छूना निषिद्ध हो

छुद्र–(वि.) छोटा, क्षुद्र, हीन

छुनन-मुनन, छुन-मुन–(पु.) बच्चों की पैजनियों आदि की आवाज़

छुरा–(पु.) 1 बड़ा चाकू 2 उस्तरा **उलटे छुरे से मूँड़ना** मूर्ख बनाकर काम निकालना

छुरी–(स्त्री.) छोटा छुरा **छुरी-कटारी रहना** दुश्मनी होना, लड़ाई-झगड़ा होते रहना **छुरी चलाना** 1 बहुत सताना, कष्ट देना 2 भारी हानि करना

छुहारा–(पु.) खजूर की जाति का सूखा मेवा

छू–(पु.) 1 मंत्र पढ़कर फूँकने की आवाज़ 2 फूँकने की आवाज़ **छूमंतर** (पु.) 1 मंत्र, जादू 2 मंत्र फूँकना

छूट–(स्त्री.) 1 बंधन आदि से मुक्त होने की अवस्था 2 नियम, मर्यादा आदि से मिली हुई स्वतंत्रता 3 रियायत, सुविधा 4 कम करना

(जैसे—दंड में छूट देना) 5 संबंध त्याग

छूटना—(अ. क्रि.) 1 बंधनमुक्त होना 2 रह जाना 3 किसी बात या वस्तु पर ध्यान न जाना 4 अलग होना 5 हटना

छूत—(स्त्री.) 1 छूने की क्रिया 2 निषिद्ध संसर्ग जिससे रोग आदि फैलने की आशंका हो (जैसे—हैज़ा छूत का रोग है) 3 घृणित वस्तु का संसर्ग 4 अपवित्र वस्तु को छूने से लगनेवाला दोष 5 छूने से अपवित्र होने की धारणा (जैसे—हरिजन को छूने से छूत लगना) **छूतछात** (स्त्री.) छुआछूत **छूत उतारना, छूत झाड़ना** भूत-प्रेतादि की छाया को झाड़-फूंक से दूर करना

छूना—(स. क्रि.) हाथ आदि अंग से स्पर्श करना

छेंकना, छेकना—(स. क्रि.) 1 स्थान घेरना 2 सामने से रोकना 3 लकीर आदि से घेरना 4 मार्ग अवरुद्ध करना

छेकानुप्रास—(पु.) एक ही चरण में एक-से-अधिक वर्णों की आवृत्ति

छेकोक्ति—(स्त्री.) अलंकार जिसमें किसी बात को सिद्ध करने के लिए उसके साथ लोकोक्ति का उल्लेख करते हैं

छेड़—(स्त्री.) 1 छेड़ने की क्रिया 2 चिढ़ानेवाली बात 3 नोंक-झोंक, झगड़ा 4 पहल **छेड़ख़ानी, छेड़छाड़** (स्त्री.) अनुचित रूप से कोई बात कहना, अशिष्ट व्यवहार करना, तंग करना (जैसे—राह चलती लड़कियों से छेड़-खानी, छेड़-छाड़ करना)

छेड़ना—(स. क्रि.) चिढ़ाने, तंग करने के उद्देश्य से परिहास के रूप में कोई बात कहना

छेद—(पु.) 1 काटने या छेदने की क्रिया 2 सूराख़, बिल **छेददार** (वि.) जिसमें सूराख़ हो

छेदना—(स. क्रि.) 1 सूराख़ करना (जैसे—चारपाई का पावा छेदना) 2 घाव करना 3 काटना

छेना—(पु.) फटे हुए दूध का गाढ़ा अंश जिसका पानी निकाल दिया जाता है

छेनी—(स्त्री.) पत्थर, धातु आदि काटने, खुदाई करने का औज़ार, टाँकी

छेरी—(स्त्री.) बकरी

छोकरा—(पु.) लड़का (स्त्री. छोकरी)

छोटा—(वि.) 1 उमर, अवस्था की तुलना में कम 2 मान, विस्तार आदि में कम, थोड़ा 3 मान-प्रतिष्ठा आदि में औरों से घटकर, तुच्छ

छोटाई—(स्त्री.) 1 क्षुद्रता 2 ओछापन **छोटाई-बड़ाई** (स्त्री.) अमीरी-ग़रीबी

छोड़ना—(स. क्रि.) 1 बंधन से मुक्त करना, स्वतंत्र करना 2 अभियोग, अपराध से मुक्त करना 3 त्याग देना, संबंध विच्छेद करना

छोर—(पु.) 1 अंतिम सिरा, किनारा (जैसे—कपड़े का छोर पकड़ो) 2 सीमा (जैसे—नगर का छोर ख़त्म हो गया)

छौंक—(स्त्री.) 1 छौंकने की क्रिया, तड़का, बघार 2 सब्ज़ी आदि छौंकने का मसाला **छौंकबघार** (स्त्री.) 1 छौंकने की क्रिया 2 बातें बनाकर कहना

छौंकना—(स. क्रि.) बघारना, सौंधा करना

छौना—(पु.) 1 पशु का बच्चा (जैसे—मृग छौना) 2 बच्चा

ज

जंगम–(वि.) 1 जो चल सकता हो 2 जिसे कहीं ले जाया जा सके 3 सजीव

जंगल–(पु.) 1 ऐसा स्थान जहाँ अनेक वृक्ष, वनस्पतियाँ आप-से-आप उग आई हों, सघन वनस्पतिवाला क्षेत्र, वन, अरण्य 2 रेगिस्तान 3 उजाड़ स्थान

जंगला–(पु.) 1 खिड़की आदि की वह चौखट जिसमें लोहे की छड़ें लगी होती हैं 2 खिड़की

जंगलात–(पु.) बहुत से वन

जंगली–I (वि.) 1 जंगल में उपजनेवाला 2 जो आप-से-आप उग आई हो (जैसे–जंगली गुलाब) 3 जंगल में रहनेवाला (जैसे–जंगली जानवर, जंगली जातियाँ) 4 असभ्य एवं असंस्कृत, गँवार 5 मूर्ख

जंघा–(स्त्री.) पैर का घुटने एवं पेड़ू के बीच का भाग, जाँघ, रान

जँचना–(अ. क्रि.) 1 जाँचा जाना, जाँचा-परखा जाना 2 जान पड़ना, प्रतीत होना 3 भला जान पड़ना

जंजाल–(पु.) 1 प्रपंच, झंझट, बखेड़ा 2 उलझन 3 माया

जंजालिया, जंजाली–(वि.) 1 जंजाल में फँसा हुआ 2 झगड़ा-बखेड़ा करनेवाला 3 प्रपंची

जंतर–(पु.) 1 तावीज़ 2 गले में पहनने का गहना 3 यंत्र 4 वाद्ययंत्र **जंतर-मंतर** (पु.) 1 जादू-टोना 2 वेधशाला

जंतरी–I (स्त्री.) 1 छोटा जंतर 2 पंचांग, पत्रा 3 सुनारों का एक तार खींचने का औज़ार II (पु.) जंतर-मंतर करनेवाला

जंतु–(पु.) 1 प्राणी, जीव 2 कीड़ा-मकोड़ा 3 पशु **जंतु कोष** (पु.) शरीर के भीतर की जीव इकाई **जंतु जगत्** (पु.) जानवरों की दुनिया, पशुवर्ग **जंतु नाशक** (वि.) कीड़ों, जंतुओं को मारनेवाला

जंतु विज्ञान, जंतु शास्त्र–(पु.) पशु-पक्षियों, जीव-जंतुओं आदि की उत्पत्ति, विकास, स्वभाव आदि का विवेचन करनेवाला शास्त्र

जंत्री–I (पु.) वीणा आदि बजानेवाला व्यक्ति II (स्त्री.) तिथि-पत्र

जंदरा–(पु.) 1 जाँता 2 ताला

जंबक–(पु.) एक प्रकार का मलहम जो घाव पर लगाया जाता है

जंबु–(पु.) जामुन का पेड़ एवं उसका फल

जंबुक–(पु.) 1 जामुन 2 गीदड़, शृगाल, सियार

जंबुद्वीप–(पु.) संसार के सात महाद्वीपों में से एक जिसमें भारत भी है

जंबुमणि–(पु.) जमुनिया, याकूत (रत्न)

जंभ–(पु.) 1 दाढ़ 2 जबड़ा 3 जँभाई

जँभाई–(स्त्री.) शारीरिक क्रिया जिसमें गहरी श्वास हेतु मनुष्य को मुँह खोलना पड़ता है

जँभाना–(अ. क्रि.) पूरा मुँह खोलकर गहरी साँस लेना, जँभाई लेना

जई–(स्त्री.) जौ की जाति का एक अनाज

ज़ईफ़–(वि.) 1 बूढ़ा, वृद्ध 2 कमज़ोर, दुर्बल

जकड़–(स्त्री.) 1 जकड़ने की क्रिया 2 दृढ़ बंधन में होने की अवस्था **जकड़बंद** (वि.) कसकर बाँधा हुआ

जकड़ना–I (स. क्रि.) कसकर बाँधना II (अ. क्रि.) 1 जकड़ा जाना, कसकर बाँधा जाना 2 अकड़ना (जैसे–ठंड से शरीर जकड़ना)

जकार–(पु.) 'ज' व्यंजन या वर्ण

ज़ख़्मी–(वि.) घायल, जिसे चोट लगी हो

जग–I (पु.) 1 संसार, जगत् 2 चेतन सृष्टि

जग–II (पु.) लोटे की तरह का एक पात्र

जगज़ाहिर–(वि.) सर्वविदित **जगबीती** (स्त्री.) किस्सा-कहानी **जग-हँसाई** (स्त्री.) लोक निंदा

जगत्–(पु.) 1 दुनिया, विश्व, संसार (जैसे–जगत् के जंजाल से छूटना) 2 विशिष्ट प्रकार का कार्य-क्षेत्र (जैसे–हिंदी जगत्, सौर जगत्) 3 पृथ्वी के निवासी (जैसे–जगत् तो हँसी

उड़ाने पर तुला है)

जगत–(स्त्री.) कुएँ के ऊपर चारों तरफ़ बनी हुई दीवार

जगती–(स्त्री.) 1 जगत् 2 पृथ्वी 3 लोग, मनुष्य 4 जीवन **जगती-तल** (पु.) 1 धरती 2 संसार

जगदंबा–(स्त्री.) दुर्गा

जगदीश–(पु.) ईश्वर, परमेश्वर

जगद्गुरु–(पु.) विश्वगुरु, जगत् का गुरु (जैसे–जगद्गुरु शंकराचार्य)

जगद्धात्री–(स्त्री.) 1 दुर्गा 2 सरस्वती

जगद्विख्यात–(वि.) जगत्प्रसिद्ध

जगना–(अ. क्रि.) 1 जागना 2 प्रज्वलित होना, जलना

जगन्नाथ–(पु.) 1 संसार का स्वामी, ईश्वर 2 विष्णु

जगन्नियंता–(पु.) संसार का नियंत्रण करनेवाला, ईश्वर

जगन्माता–(स्त्री.) दुर्गा

जगमग, जगमगा–(वि.) चमकदार, जगमगाता हुआ

जगमगाहट–(स्त्री.) जगमगाने की अवस्था

जगर-मगर–(वि.) जगमग

जगह–(स्त्री.) 1 स्थान 2 अवकाश, विस्तार 3 पद

जगाना–(स. क्रि.) 1 सोते से उठाना 2 सावधान करना 3 प्रदीप्त करना

जघन–(पु.) 1 स्त्रियों का पेड़ू 2 जंघा, जाँघ

जघनास्थि–(स्त्री.) जाँघ की हड्डी

जघन्य–(वि.) 1 अति निंदनीय और बुरा, गर्हित 2 क्षुद्र, नीच (जैसे–जघन्य पुरुष)

जटा–(स्त्री.) 1 गुथे एवं लिपटे हुए बालों की लट (जैसे–साधु-संतों की जटा) 2 उलझे हुए रेशे 3 जूट, पाट 4 जटामासी **जटाजूट** (पु.) जटा को लपेटकर बनाया गया जूड़ा **जटाधर, जटाधारी** I (वि.) जिसके सिर पर जटा हो II (पु.) 1 शिवजी 2 ऐसा साधु जिसके सिर पर जटाएँ हों

जटामांसी–(स्त्री.) एक सुगंधित वनस्पति जो दवा के काम आती है, बालछड़

जटित–(वि.) 1 जड़ा हुआ 2 जड़ाऊ

जटिल–(वि.) 1 कठिन, दुर्बोध (जैसे–जटिल समस्या सुलझाना) 2 उलझा हुआ, पेचीदा **जटिलता** (स्त्री.) 1 पेचीदगी 2 कठिनाई 3 उलझन

जठर–(पु.) 1 पेट 2 पेट का भीतरी भाग, मेदा **जठर-शोथ**–(पु.) पेज की सूजन

जठराग्नि–(स्त्री.) 1 पाचक शक्ति 2 पेट के अंदर का शारीरिक ताप जो भोजन पचाने का काम करता है

जड़–I (स्त्री.) 1 पेड़-पौधों आदि का वह मूल भाग जो ज़मीन के अंदर रहता है, मूल 2 नींव आधार स्थल 3 बिलकुल नीचेवाला भाग **जड़ उखाड़ना, जड़ काटना, जड़ खोदना** 1 ऐसा काम करना जिससे कोई आगे न बढ़ सके 2 बहुत बड़ी हानि करना **जड़ जमना** अच्छी तरह प्रगति की स्थिति में आना

जड़–II (वि.) 1 जिसमें जीवन न हो, निर्जीव 2 जिसमें व्यावहारिक बुद्धि न हो **जड़ता** (स्त्री.) 1 मूर्खता 2 जड़ होने की अवस्था, अचेतनता 3 साहित्य में एक संचारी भाव एवं पूर्वराग की अवस्था जिसमें मनुष्य आश्चर्य एवं भय के कारण अत्यधिक स्तब्ध हो जाता है कि उसे कर्तव्य बोध नहीं हो पाता **जड़पूजक** (पु.) जड (मूर्ति आदि) की पूजा करनेवाला **जड़पूजा** (स्त्री.) जड़ (मूर्ति आदि) की पूजा

जड़ना–(स. क्रि.) 1 ठोंक-ठाककर नियत स्थान पर बैठाना (जैसे–दीवार में कील जड़ना) 2 जमाकर अच्छी तरह बैठाना (जैसे–अँगूठी में नगीना जड़ना) 3 आघात करना, मारना

जड़बुद्धि–(वि.) मूर्ख, उल्लू

जड़ाई–(स्त्री.) 1 जड़ने की क्रिया 2 जड़ने की मज़दूरी

जड़ाऊ–(वि.) जिसमें नग, मोती आदि जड़े

ज

गए हों

जड़ाना–I (स. क्रि.) जड़ने का काम कराना, II (अ. क्रि.) जाड़ा लगना, ठंड से सिकुड़ना

जड़ित–(वि.) 1 जड़ा हुआ 2 जकड़ा हुआ

जड़िया–(पु.) नग जड़ने का काम करनेवाला, कुंदनसाज़

जड़ी–(स्त्री.) औषधि के काम आनेवाली वनस्पति की जड़

जड़ी-बूटी–(स्त्री.) वन औषधि

जड़ीभूत–(वि.) जो जड़ हो गया, निस्पंद, स्तब्ध

जतलाना–(स. क्रि.) बताना, जताना

जताना–(स. क्रि.) 1 जानकारी कराना, ज्ञात कराना, बतलाना 2 पूर्व सूचना देना, चेताना

जत्था–(पु.) छोटा संगठित दल जो कार्य विशेष से कहीं आता-जाता हो, यूथ

जत्थेदार–सिख धर्म का नेता/ओहदा, संगठित दल का नेता

जत्थेबंदी–(स्त्री.) जत्था बनाना, दलबंदी

जन–I (पु.) 1 लोग 2 प्रजा 3 जनता **जन-आदेश** (पु.) लोकतंत्र में जनता की राय **जन-क्रांति** (पु.) जनता द्वारा क्रांति **जनगणना** (स्त्री.) मनुष्यों की गणना **जनतंत्र** (पु.) ऐसा शासन जो देश की जनता के प्रतिनिधियों द्वारा चलाया जाता है, लोकतंत्र **जनतंत्रवादी** I (वि.) जनतंत्रवाद संबंधी II (पु.) जनतंत्रवाद का अनुयायी **जनतंत्रात्मक, जनतंत्री** (वि.) जनतंत्र संबंधी **जननेता** (पु.) जननायक **जन न्यायालय** (पु.) लोक अदालत **जनपद** (पु.) 1 ज़िला 2 राज्य विशेष का ग्राम-क्षेत्र **जनपदीय** (वि.) जनपद का **जनप्रिय** (वि.) 1 लोकप्रिय 2 जिसे जनसाधारण उचित एवं वांछनीय समझते हों **जनबल** (पु.) जन शक्ति **जन-भावना** (स्त्री.) लोगों के विचार **जनमत** (पु.) जनता की राय, लोकमत **जनमत संग्रह** (पु.) जनता की राय की जानकारी **जनवाणी** (स्त्री.) जनता की आवाज़, लोकवाणी **जनवाद** (पु.) यह मत कि सत्ता सामान्य जनता के हाथ में होनी चाहिए **जनवादी** (वि.) समाजवादी, कम्युनिस्ट **जनशून्य** (वि.) सुनसान, निर्जन **जनसंकुल** (वि.) घनी आबादीवाला, लोगों की भीड़वाला **जनसंघर्ष** (पु.) लोक द्वारा संघर्ष **जनसंहार** (पु.) आम लोगों की हत्या **जनसत्ता** (स्त्री.) लोक शक्ति **जनसमर्थन** (पु.) जनता द्वारा समर्थन **जनसमुदाय** (पु.) लोगों की भीड़, मजमा **जनसाधारण, जनसामान्य** (पु.) 1 साधारण जन 2 जन समाज 3 जनता **जनहित** (पु.) 1 जन-साधारण की भलाई 2 जनता के हित का काम

जनआंदोलन–(पु.) विशेष उद्देश्य की पूर्ति हेतु जनता द्वारा चलाया गया आंदोलन

जनजाति–(स्त्री.) जंगलों और पहाड़ी स्थानों में रहनेवाली जातियाँ

जनजीवन–(पु.) सार्वजनिक जीवन

जनक–I (वि.) जन्म देनेवाला II (पु.) 1 पिता 2 मिथिला के राजवंश की उपाधि, मिथिला के राजा

जनकसुता–(स्त्री.) सीता

जनता–(स्त्री.) प्रजा, जनसाधारण

जनन–(पु.) 1 उत्पत्ति 2 आविर्भाव 3 संतान को जन्म देने की क्रिया **जनन-काल** (पु.) जन्म देने का समय

जनना–(स. क्रि.) जन्म देना, प्रसव करना

जननी–(स्त्री.) माँ, माता, जन्म देनेवाली स्त्री

जनम–(पु.) 1 जन्म 2 जीवनकाल, ज़िंदगी **जनम-घूँटी** (स्त्री.) बच्चों के जन्म के बाद कुछ समय तक दी जानेवाली घुट्टी, नवजात शिशु को पिलाई जानेवाली घुट्टी **जनमदिन** (पु.) जन्म तिथि **जनमपत्री** (स्त्री.) जन्म पत्री, कुंडली

जनश्रुति–(स्त्री.) वह बात जिसे लोग परंपरा से सुनते आए हों, अफवाह

जनसंख्या–(स्त्री.) 1 राज्य, प्रदेश, स्थान पर बसे हुए कुल लोग 2 देश, राज्य, स्थान आदि पर बसे लोगों की संख्या, आबादी

जनसंपर्क अधिकारी–(पु.) जनता से संपर्क बनानेवाला अधिकारी
जनवासा–(पु.) बरातियों के ठहरने की जगह
जनाकीर्ण–(वि.) 1 घनी बस्तीवाला 2 जो मनुष्यों से भरा हुआ हो
जनाधार–(पु.) 1 लोक का आधार 2 आधार के रूप में लोक
जनाधिकार–(पु.) जनता को क़ानून द्वारा प्राप्त अधिकार
जनाधिक्य–(पु.) जन की अधिकता, भीड़
जनाना–I (स. क्रि.) 1 अवगत कराना, बतलाना 2 ज़नानख़ाना II (स. क्रि.) प्रसवकाल में गर्भिणी की सहायता करना, प्रसव कराना
ज़नाना–(वि.) 1 स्त्रियों जैसा आचरण करने वाला व्यक्ति 2 स्त्रियों में होने वाला 3 स्त्रियों का-सा
जनानुमोदित–(वि.) लोक द्वारा समर्थित
जनाश्रय–(पु.) 1 मकान 2 शामियाना 3 धर्मशाला, सराय
जनित–(वि.) 1 जन्मा हुआ 2 जना हुआ 3 उत्पन्न होनेवाला (जैसे–रोगजनित दुर्बलता)
जनेंद्र–(पु.) राजा
जनेऊ–(पु.) 1 यज्ञोपवीत संस्कार 2 यज्ञोपवीत
जनोन्मुख–(वि.) जन की ओर रुख़ किए हुए
जनोपयोगी–(वि.) जन-साधारण के लिए उपयोगी
जन्म–(पु.) 1 उत्पत्ति, पैदाइश 2 अस्तित्व में आना **जन्म-जन्मांतर** (पु.) अनेक जन्म **जन्मजात** (वि.) पैदाइशी (जैसे–वह जन्मजात साधु प्रकृति का है) **जन्मतिथि** (स्त्री.) जन्म दिन **जन्मदाता** (पु.) पिता **जन्मदात्री** (स्त्री.) माता, माँ **जन्मदिन, जन्मदिवस** (पु.) वह दिन जिसमें किसी ने जन्म लिया हो **जन्म नक्षत्र** (पु.) वह नक्षत्र जिसमें किसी का जन्म हुआ हो **जन्म-नियंत्रण** (पु.) जन्म दर पर रोक लगाना **जन्मभूमि** (स्त्री.) वह देश, राज्य, गाँव जहाँ किसी का जन्म हुआ हो **जन्म-मरण** (पु.) जीना-मरना **जन्म-राशि** (स्त्री.) वह राशि जिसमें किसी का जन्म हुआ हो **जन्मशताब्दी, जन्मशती** (स्त्री.) जन्म से सौवाँ वर्ष
जन्म-कुंडली–(स्त्री.) फलित ज्योतिष में जन्म काल के ग्रहों की स्थिति बतानेवाली कुंडली या चक्र
जन्मपत्रिका, जन्मपत्री–(स्त्री.) वह खर्रा जिसमें किसी के जन्म-काल के समय के ग्रहों की स्थिति, दशा, अंतर्दशा आदि का विस्तार से उल्लेख रहता है
जन्मना–I (अ. क्रि.) 1 जन्म होना, जन्म ग्रहण करना, पैदा होना 2 अस्तित्व में आना II (स. क्रि.) 1 जन्म देना, प्रसव करना 2 अस्तित्व में लाना
जन्मांतर–(पु.) मरने के बाद होनेवाला दूसरा जन्म
जन्मांध–(वि.) जो जन्म से अंधा हो
जन्मा–I (पु.) जिसका जन्म हुआ हो वह शिशु, जन्म लेनेवाला शिशु, वस्तु आदि (जैसे–अग्रजन्मा) II (वि.) जन्मा हुआ, जो पैदा हुआ हो
जन्माष्टमी–(स्त्री.) भाद्र पक्ष की कृष्णाष्टमी
जन्मोत्सव–(पु.) 1 जन्म के समय होनेवाला उत्सव 2 जन्म दिन के स्मरण में होनेवाला उत्सव
जप–(पु.) 1 जाप करने की क्रिया 2 वह पद, वाक्य या शब्द जिसका उच्चारण बारंबार किया जाए (जैसे–राम-राम जप) **जपजी** (पु.) सिक्खों का प्रसिद्ध ग्रंथ **जप-तप** (पु.) पूजा-पाठ **जपध्यान** (पु.) जपना और ध्यान लगाना **जपमाला** (स्त्री.) जप करते समय हाथ में ली जानेवाली माला, जपनी
जपनी–(स्त्री.) जप करने की माला
जपा–I (स्त्री.) अड़हुल (फूल) II (पु.) जप करनेवाला व्यक्ति
जब–(अ.) 1 जिस समय, जिस वक्त 2 जिस अवस्था में, जिस हालत में
जबड़ा–(पु.) मुँह में नीचे-ऊपर की हड्डी जिसमें दाँत जमे होते हैं

ज

जभी–(क्रि. वि.) जब ही, जिस ही समय में
जमघट–(पु.) भीड़
जमना–(अ. क्रि.) 1 ठोस रूप धारण करना (जैसे–पानी जमना) 2 ठोस रूप धारण करके स्थित होना (जैसे–पर्वत पर बर्फ़ जमना) 3 तरल पदार्थ में विकार उत्पन्न किए जाने पर उसका ठोस रूप में आना (जैसे–दही जमना) 4 दृढ़तापूर्वक स्थित होना
जमा–I (वि.) 1 जोड़कर रखा हुआ, बचा 2 प्राप्त होनेवाला धन II (स्त्री.) 1 मूलधन, पूँजी 2 धन, रुपया-पैसा 3 जोड़ **जमाख़ोर** (पु.) अवैध माल जमा रखनेवाला **जमाख़ोरी** (स्त्री.) अवैध माल जमा रखना, काला बाज़ारी **जमापूँजी** (स्त्री.) इकट्ठा किया गया धन
ज़मानत–(स्त्री.) 1 ज़िम्मेदारी 2 किसी के कोई काम करने, समय पर हाज़िर होने, ऋण चुकाने आदि की दूसरे द्वारा ली जानेवाली ज़िम्मेदारी **ज़मानतनामा** (पु.) ज़ामिन होने की लिखित स्वीकृति
ज़मानती–I (पु.) ज़मानत करनेवाला व्यक्ति, ज़िम्मेदार II (वि.) ज़मानत संबंधी
जमाना–(स. क्रि.) 1 तरल पदार्थ को ठोस बनाना 2 मज़बूती से बैठाना 3 दिल में बैठाना 4 सजाकर रखना, चुनाई करना
ज़माना–(पु.) 1 काल 2 युग 3 अवधि 4 संसार, दुनिया 5 सौभाग्यकाल
जमालगोटा–(पु.) एक पौधा जिसका बीज अत्यधिक रेचक होता है, दंतीफल
जमाव–(पु.) 1 जमने का भाव 2 भीड़, मजमा (जैसे–सेनाओं का जमाव कैसा है)
जमावड़ा–(पु.) एक स्थान पर इकट्ठा होनेवाले व्यक्तियों का समूह
ज़मींदारी–(स्त्री.) 1 ज़मींदार होने की अवस्था 2 ज़मींदार की वह भूमि जिसका लगान वह काश्तकारों से वसूल करता है
ज़मीन–(स्त्री.) 1 पृथ्वी 2 पृथ्वी का धरातल, धरती, भूमि 3 पृथ्वी का स्थल भाग 4 ज़मीन का टुकड़ा 5 आधार, सतह **ज़मीन-जायदाद** (स्त्री.) अचल संपत्ति
जयंत–(वि.) 1 जय प्राप्त करनेवाला, विजयी 2 बहुरूपिया 3 इंद्र का पुत्र
जयंती–I (स्त्री.) किसी महापुरुष या संस्था की जन्म-तिथि II (वि.) विजय प्राप्त करनेवाली, विजयिनी
जय–(स्त्री.) महत्त्वपूर्ण विजय, सफलता **जयकार** (पु.) 'जय' कहने की क्रिया **जयघोष** (पु.) ज़ोर से कही जानेवाली जय (जैसे–श्री रामचंद्र जी की जय) **जय-जयकार** (स्त्री.) सामूहिक रूप से बार-बार जय कहने की क्रिया
जयमाला–(स्त्री.) विजेता को पहनाई जानेवाली माला, विजयहार
जया–(स्त्री.) 1 दुर्गा 2 भाँग 3 पताका
जयिष्णु–(वि.) 1 जय दिलानेवाला 2 विजय प्राप्त करनेवाला 3 सदा जीतनेवाला
जयी–(वि.) विजयी
जरठ–I (वि.) 1 बुड्ढा, वृद्ध 2 जीर्ण 3 कठिन, कठोर 4 कर्कश 5 ज़र्दी लिए हुए सफ़ेद रंग का II (पु.) बुढ़ापा
जरा–(स्त्री.) बुढ़ापा, वृद्धावस्था **जराग्रस्त** (वि.) वृद्धावस्था के कारण कमज़ोर एवं शिथिल **जराजीर्ण** (वि.) जरा से जर्जर
ज़रा–I (वि.) अल्प, कम II (अ.) काम, बात आदि की अल्पता, तुच्छता, सामान्यता आदि पर ज़ोर देने हेतु प्रयोग किया जानेवाला अव्यय
जरायु–(पु.) 1 वह झिल्ली जिसमें लिपटा हुआ बच्चा माँ के गर्भ से बाहर आता है, आँवल 2 गर्भाशय
ज़रूर–I (क्रि. वि.) अवश्य, अवश्यमेव II (वि.) आवश्यक, अवश्य करणीय, ज़रूरी
ज़रूरत–(स्त्री.) 1 आवश्यकता 2 प्रयोजन
ज़रूरी–(वि.) 1 आवश्यक 2 वाजिब
जर्जर–(वि.) जो कमज़ोर एवं बेकाम हो (जैसे–जर्जर झोंपड़ी, जर्जर कपड़ा) टूटा-फूटा, वृद्ध, बुड्ढा

जर्जरित–(पु.) जर्जर किया हुआ, जीर्ण

ज़र्रा–(पु.) कण, बहुत ही बारीक टुकड़ा

जल–(पु.) पानी (जैसे–वर्षा का जल, कुएँ का जल, नदी का जल आदि) **जलकल** (स्त्री.) पानी का नल (पाइप) **जलकीट** (पु.) जल में रहनेवाले कीड़े **जलकुक्कुट** (पु.) मुरग़ाबी नामक पक्षी **जलकेलि** (स्त्री.) जल-विहार, जल क्रीड़ा **जलक्रीड़ा** (स्त्री.) जलाशय में नहाते समय की जानेवाली क्रीड़ा, जल विहार **जलचर** (पु.) पानी में रहनेवाले जीव-जंतु **जलचरी** (स्त्री.), **जलचारी** (पु.) 1 मछली 2 जल के जीव-जंतु **जल चिकित्सा** (स्त्री.) जल के माध्यम से इलाज **जलजंतु** (पु.) पानी में रहनेवाले प्राणी, जलप्राणी **जलजात** (वि.) जो जल से उत्पन्न हुआ हो **जल-डमरूमध्य** (पु.) दो समुद्रों को मिलानेवाली जल-रेखा **जलथल** (पु.) जल और स्थल **जलधर** (पु.) 1 बादल 2 समुद्र **जलधारा** (स्त्री.) जल प्रवाह **जलनिकासी** (स्त्री.) जल निकलने का रास्ता **जलनिधि** (पु.) समुद्र **जलपरी** (स्त्री.) कल्पित जल जंतु जिसका धड़ स्त्री की शक्ल का तथा निचला भाग मछली जैसा माना गया है **जल प्रपात** (पु.) ऊँचे से गिरनेवाला प्राकृतिक झरना **जल प्रलय** (पु.) सृष्टि का जलमग्न होना **जल प्रवाह, जलप्लावन** (पु.) 1 जलप्रलय 2 विस्तृत बाढ़ **जलमग्न** (वि.) 1 जल प्लावित 2 पानी में डूबा हुआ **जलमल** (पु.) 1 फेन 2 जल की गंदगी **जलमापक** (पु.) जल की मात्रा अंकित करनेवाला यंत्र, पानी की घड़ी **जलमार्ग** (पु.) 1 जलपथ 2 नदी, समुद्र आदि में जलयानों के आने-जाने का रास्ता **जलयान** (पु.) 1 पानी में चलनेवाला जहाज़, पोत 2 जल नौका **जलरोधक** (वि.) जल रोकनेवाला **जलवाहक** (पु.) पानी ढोनेवाला **जलविहार** (पु.) जल-क्रीड़ा **जलविहीन** (वि.) जिसमें जल न हो **जल समाधि** (स्त्री.) 1 जल में डूबकर मरना 2 जल में डुबाया जाना **जल सेना** (स्त्री.) 1 जंगी जहाज़ों पर से जल में लड़नेवाली सेना, नौसेना 2 जंगी जहाज़ों का बेड़ा **जल सेनापति** (पु.) जल-सेना का उच्चतम अधिकारी

जलतरंग–I (पु.) एक प्रकार का वाद्य यंत्र जिसमें जल पूरित कटोरियों पर छड़ी से आघात कर ध्वनि उत्पन्न की जाती है II (स्त्री.) पानी की लहर

जलद–I (वि.) जल देनेवाला II (पु.) मेघ, बादल, जलधर

जलधि–(पु.) समुद्र

जलन–(स्त्री.) 1 जलने की अवस्था 2 जलने से होनेवाली पीड़ाकारक चुनचुनाहट 3 किसी अन्य कारण से शरीर में होनेवाली कष्टकारक चुनचुनाहट 4 ईर्ष्या, द्वेष

जलना–(अ. क्रि.) 1 किसी पदार्थ आदि में आग पकड़ना 2 प्रकाश देना 3 ताप (जैसे–तवा का जलना) 4 जलकर भस्म हो जाना (जैसे–शव जलना) 5 अत्यधिक उत्तप्त होना (जैसे–क्रोध में उसका शरीर जल रहा था) उन्नति होने से शत्रु का जलना **जल-भुनना** (अ. क्रि.) जलना, कुढ़ना **जलती आग में कूदना** जान-बूझकर विपत्ति में फँसना **जलती आग में घी डालना** झगड़ा बढ़ाना, क्रोध बढ़ाना **जले पर नमक छिड़कना** जले को जलाना

जलपान–(पु.) नाश्ता, कलेवा, **जलपान गृह, जलपान घर** (पु.) नाश्ता करने का स्थान

जलवाना–(स. क्रि.) जलाने का काम अन्य व्यक्ति से कराना

जलवायु–(पु.) देश की प्राकृतिक स्थिति जिसकी गरमी-सर्दी का विशेष प्रभाव जीव-जंतुओं आदि पर पड़ता है **जलवायु-परिवर्तन** (पु.) प्राकृतिक स्थिति का बदलना **जलवायु-विज्ञान** (पु.) जलवायु संबंधी विद्या **जलवायु-विज्ञानी** (पु.) जलवायु-विज्ञान का ज्ञाता

जलांजलि–(स्त्री.) तर्पण के लिए अंजलि-भर जल

जलाऊ–(वि.) 1 जलानेवाला 2 जो जलाने को हो (जैसे–जलाऊ लकड़ी)

ज

जलातंक–(पु.) पागल कुत्ते के काटने से जल से लगनेवाला भय (हाइड्रोफ़ोबिया)

जलाना–(स. क्रि.) 1 जलने में प्रवृत्त करना, प्रज्चलित होना 2 प्रकाश उत्पन्न करना (जैसे–चिराग़ जलाना, लैम्प जलाना) 3 नष्ट कर देना (जैसे–मकान जलाना) **जला-जलाकर मारना** घुला-घुलाकर मारना, अत्यधिक कष्ट पहुँचाना

जला-भुना–(वि.) कुढ़ा हुआ, चिढ़ा हुआ

जलाशय–(पु.) जल भरा हुआ गहरा स्थल, झील, तालाब

जली-कटी–(वि.) बहुत चुभनेवाली

ज़लील–(वि.) 1 जिसका अपमान हुआ हो, अपमानित 2 तुच्छ, नीच 3 जो अपमानित होने पर भी हठवश वही काम करे

जलूस–(पु.) प्रदर्शन, प्रचार हेतु निकलनेवाला व्यक्तियों का समूह

जलेबी–(स्त्री.) घी में तलकर शीरे में पकाई गई मैदे की कुंडलाकार प्रसिद्ध मिठाई

जलोदर–(पु.) नाभि के पास पेट के चमड़े के नीचे की तह में पानी जमा होकर पेट फूलने का रोग

जल्द–(क्रि. वि.) जल्दी, शीघ्र

जल्दी–I (स्त्री.) तेज़ी, शीघ्रता II (क्रि. वि.) शीघ्रता से (जैसे–जल्दी लिखो, जल्दी जाओ)

जल्पक–(वि.) 1 कहनेवाला 2 बकवादी, वाचाल 3 मिथ्या तर्क-वितर्क करनेवाला

जल्पना–(अ. क्रि.) 1 बहुत बोलना 2 बकवास करना 3 व्यर्थ का तर्क-वितर्क करना

जवा–I (पु.) 1 जौ के आकार का दाना 2 लहसुन का दाना II (स्त्री.) अड़हुल का पौधा

जवाखार–(पु.) जौ के क्षार से बनाया जानेवाला नमक

जवान–I (वि.) 1 युवा, तरुण 2 वीर, बलवान् II (पु.) 1 वीर पुरुष 2 सिपाही

जवानी–(स्त्री.) 1 तरुणाई, यौवन, युवावस्था 2 यौवन का जोश

जवाब–(पु.) 1 उत्तर 2 बदला चुकाने के उद्देश्य से किया गया कार्य (जैसे–ईंट का जवाब पत्थर से देना) 3 जोड़, बराबरी (जैसे–ताजमहल के रचना-सौंदर्य का जवाब नहीं है) 4 सवाल का हल (जैसे–प्रश्न-पत्र के किन्हीं चार सवालों का जवाब देना है) 5 नकारात्मक आदेश **जवाब-तलबी** (स्त्री.) जवाब माँगना

जवाबी–(वि.) 1 जवाब संबंधी 2 जो जवाब दिए जाने योग्य हो 3 जो जवाब रूप में हो

जस्त, जस्ता–(पु.) मटमैले रंग की एक धातु

ज़हन–(पु.) बुद्धि, दिमाग

ज़हर–I (स्त्री.) 1 विष 2 अत्यंत कटु एवं दोषयुक्त कार्य 3 अप्रिय एवं अति क्लेशप्रद बात (जैसे–ज़हर भरी बातें कहना) II (वि.) 1 विषाक्त 2 घातक 3 अत्यंत कटु 4 विषमय

जहाँ–(अ.) जिस जगह, जिस स्थान पर (जैसे–जहाँ-कहीं जाओगे वह मिलेगा)

जहाँपनाह–(पु.) दुनिया की रक्षा करने वाला, शरण देने वाला

जहाज़–(पु.) 1 जलयान, जलपोत 2 वायुयान 3 समुद्र में चलनेवाली बहुत बड़ी नाव (जैसे–जहाज़ पर माल लादना) **जहाज़रानी** (स्त्री.) 1 जहाज़ चलाना 2 जहाज़ चलाने का काम

जहाज़ी–I (वि.) 1 जहाज़ पर रहनेवाला 2 जहाज़ के कर्मचारियों से संबंध रखनेवाला II (पु.) 1 जहाज़ का कर्मचारी, ख़लासी 2 जहाज़ पर यात्रा करनेवाला व्यक्ति

जह्नु–(पु.) 1 विष्णु 2 गंगा को पी जाने वाले एक ऋषि **जह्नुसुता** गंगा

जांगल–I (पु.) 1 ऐसा ऊसर एवं निर्जन प्रदेश जहाँ वनस्पतियाँ बहुत कम होती हैं 2 ऊसर एवं निर्जन तथा अल्प वनस्पति वाले क्षेत्र में रहनेवाले लोग, जीव-जंतु II (वि.) 1 जंगल संबंधी 2 जो पालतू न हो, जंगली

जाँघ–(स्त्री.) घुटने एवं कमर के बीच का भाग **जाँघ उघाड़ना** स्वयं कलंक की बात करना

जाँघिया–(पु.) कमर में पहना जानेवाला एक

प्रकार का सिला हुआ छोटा पहनावा

जाँच–(स्त्री.) 1 जाँचने की क्रिया, परख (जैसे–सोने की अँगूठी की जाँच करना) 2 परीक्षा (जैसे–अध्यापक गणित की जाँच करेंगे) 3 छान-बीन, तहकीकात (जैसे–पुलिस अपराध की जाँच कर रही है) 4 अनुसंधान (जैसे–मेडिकल जाँच, खून की जाँच करना) **जाँच आयोग** (पु.) जाँच-पड़ताल हेतु गठित कमीशन **जाँचकर्ता** (पु.) जाँच करनेवाला व्यक्ति **जाँच-पड़ताल** (स्त्री.) छान-बीन, तफ़तीश

जाँचना–(स. क्रि.) 1 परखना (जैसे–सोने की शुद्धता जाँचना) 2 गुण-दोष का पता लगाना 3 सिद्धांत, बात की सत्यता का पता लगाना 4 सही-ग़लत देखना 5 योग्यता, क्षमता का पता लगाना 6 अनुसंधान करना 7 पूछ-ताछ करना

जाँता–(पु.) हाथ से चलाई जानेवाली बड़ी चक्की

जाई–(स्त्री.) 1 कन्या, पुत्री 2 चमेली

जाग–I (स्त्री.) 1 जगह, स्थान 2 गृह, घर II (स्त्री.) जागने की क्रिया **जागता** (वि.) 1 जागा हुआ 2 जो जाग रहा हो 3 सतर्क, सावधान (जैसे–जागते रहो)

जागतिक–(वि.) 1 जगत्-संबंधी, जगत् का 2 संसार में होनेवाला, सांसारिक

जागना–(अ. क्रि.) 1 सोकर उठना 2 निद्रा रहित होना 3 सावधान होना

जागर, जागरण–(पु.) 1 जागने की क्रिया 2 अंतःकरण की वह अवस्था जिसमें सब वृत्तियाँ जाग्रत हों 3 उन्नति एवं रक्षा हेतु सचेष्ट रहने की स्थिति

जागरूक–I (वि.) 1 सजग, जाग्रत 2 सतर्क एवं सावधान II (पु.) पहरेदार **जागरूकता** (स्त्री.) 1 जागते रहने की अवस्था, जाग्रतावस्था 2 सतर्कता, सावधानी

जागा–(पु.) रात भर जागते रहने की क्रिया

जागीर–(स्त्री.) वह भूमि जो राजाओं, नवाबों आदि की ओर से विशिष्ट सेवा के उपलक्ष्य में सदा के लिए दी जाती है

जागृत–(वि.) 1 सावधान 2 जागा हुआ

जागृति–(स्त्री.) जागरण

जाग्रत–(वि.) 1 जागा हुआ 2 सचेत, सावधान

जाज्वल्य, जाज्वल्यमान्–(वि.) 1 चमकता हुआ, प्रकाशमान् 2 प्रज्वलित, तेजपूर्ण, तेजोमंडित (जैसे–जाज्वल्यमान् नक्षत्र)

जाट–(पु.) भारत में खेती बाड़ी करने वाली एक जाति जो पंजाब, हरियाणा और पश्चिमी उत्तर प्रदेशों में रहती है

जाटू–(स्त्री.) करनाल, रोहतक, हिसार आदि के जाटों की बोली, बाँगड़ू, हरियाणवी

जाड़ा–(पु.) 1 शीतकाल 2 शीत, सरदी

जात[1]–(वि.) 1 जिसने जन्म लिया हो, उत्पन्न (जैसे–नवजात, जलजात) 2 जिसे कुछ उत्पन्न हुआ हो

जात[2]–(स्त्री.) जाति **जात-निकाला** (पु.) अपनी बिरादरी से अलग किया हुआ व्यक्ति **जात-पाँत, जात-पाँति** (स्त्री.) जाति एवं उपजाति से संबंध रखनेवाला विभाग

जातक–(पु.) 1 बच्चा, बालक 2 नवजात शिशु 3 फलित ज्योतिष का वह अंग जिससे नवजात शिशु का शुभाशुभ फल कहा जाता है 4 बुद्ध के जन्मों की कहानी

जातकर्म–(पु.) बालक के जन्म के समय में होनेवाला एक संस्कार

जाति–(स्त्री.) 1 वंश, कुल 2 जन्म, उत्पत्ति 3 वर्ण 4 वर्ग 5 जात (जैसे–परिगणित जाति) **जातिच्युत** (वि.) जिसे–बिरादरी से निकाल दिया गया हो, जिसके साथ व्यवहार न किया जाता हो **जाति-पाँति** (स्त्री.) जात-पाँत **जातिप्रथा** (स्त्री.) जाति-पाँति का रिवाज **जाति बिरादरी** (स्त्री.) अपनी जाति और भाई-चारे के लोग **जातिभेद** (पु.) जातियों का अलगपन **जातिवाचक** (वि.) 1 जाति बतानेवाला 2 जाति के प्रत्येक सदस्य का समान रूप से सूचक **जातिवाद** (पु.) अपनी जाति को सर्वश्रेष्ठ मानने का सिद्धांत **जातिवादी** (वि.) जातिवाद को मानने वाला

ज

जातीय–(वि.) 1 जाति संबंधी, जाति का 2 जाति में होनेवाला

जातीयता–(स्त्री.) 1 जाति के गुण, क़ौमियत 2 जातिगत अभिमान

जातुधान–(पु.) राक्षस, असुर

जात्याभिमान–(पु.) जाति के प्रति गौरव की भावना

जादू–(पु.) 1 जंतर-मंतर, टोना-टोटका (जैसे–जादू करना) 2 वशीकरण 3 मोहिनी 4 इंद्रजाल 5 हाथ की सफ़ाई का काम

जादूगर–(पु.) 1 जादू करनेवाला मदारी 2 बाज़ीगर

जादूगरी–(स्त्री.) 1 जादू का काम 2 जादू करने की विद्या

जादू-टोना–(पु.) टोना-टोटका, झाड़-फूँक

जादू-मंतर–(पु.) जंतर-मंतर

जान–I (स्त्री.) 1 जानकारी, परिज्ञान, परिचय 2 ख़्याल, समझ

जान–II (स्त्री.) 1 जीवन, प्राण 2 शारीरिक शक्ति

जानजोख़िम–(स्त्री.) जान का ख़तरा

जानदार–(वि.) 1 हिम्मतवाला 2 सजीव 3 जिसमें बल हो 3 स्वामिभक्त

जानमाल–(पु.) प्राण एवं धन

जानलेवा–(वि.) जानी दुश्मन **जान पर खेलना** 1 प्राणों के जोखिम का काम करना 2 साहस, वीरता का काम करना **जान बची लाखों पाए** मरने से बच गए यही परम लाभ है **जान लड़ाना** जी-तोड़ कोशिश करना, भरसक प्रयत्न करना **जान सूली पर होना** 1 जान ख़तरे में होना 2 भारी परेशानी

जानकार–(वि.) 1 जाननेवाला 2 परिचित 3 अच्छा ज्ञाता

जानकारी–(स्त्री.) जानकार होने की अवस्था

जानना–(स. क्रि.) 1 ज्ञान होना 2 सूचना पाना, परिचय होना 3 जानकारी तथा समर्थता होना (जैसे–वह मोटर चलाना जानता है) 4 सत्यता पर विश्वास होना 5 भाँप लेना

जानपहचान–(स्त्री.) जानने-पहचानने की क्रिया

जानवर–(पु.) 1 पशु 2 प्राणी 3 पशुओं का-सा आचरण करनेवाला 4 गँवार आदमी, उजड्ड, मूर्ख व्यक्ति

जाना–(अ. क्रि.) 1 प्रस्थान करना, गमन 2 विशेष उद्देश्य हेतु प्रस्थान करना 3 नियमित रूप से यात्रा आरंभ करना 4 प्रसारित होना 5 बहना, रिसना (जैसे–आँखों से पानी जाना, फोड़े से मवाद जाना) **जाना-माना** प्रसिद्ध, मशहूर **जा धमकना** एकाएक पहुँच जाना

जानु–(पु.) घुटना

जाने–(अ.) मालूम नहीं कि

जाप–(पु.) जप

जापा–(पु.) 1 स्त्री का संतान उत्पन्न करना, प्रसव 2 सौरी

जाम–I (पु.) 1 जामुन का पेड़ 2 जामुन का फल II (पु.) 1 मद्य पीने का विशेष पात्र 2 मद्य पीने का प्याला III (वि.) 1 रुका हुआ 2 अड़ा हुआ

जामन–(पु.) दूध जमाने हेतु छोड़ी गई खट्टी दही

जामाता–(पु.) दामाद, कन्या का पति

जामुन–(पु.) गर्म देशों में होनेवाला वह सदाबहार वृक्ष जिसमें गोल, छोटे एवं काले कसैलापन युक्त मीठे फल लगते हैं

जामेवार–(पु.) 1 बेल-बूटेदार दुशाला 2 बेल-बूटे छपी हुई छींट

जायफल–(पु.) एक सुगंधित फल जो मसाले और दवा के रूप में काम में लाया जाता है

जारी–(वि.) 1 जिसका प्रचलन हो 2 प्रवाहित 3 जो इस समय लागू हो

जाल–(पु.) 1 सूत, सन आदि की जालीदार बुनी हुई चीज़ 2 कोई जालीदार रचना (जैसे–मकड़ी का जाल) 3 झरोखा 4 वस्तुओं को परस्पर काटती हुई जालदार रचना (जैसे–रेल लाइनों का जाल बिछाना) 5 आपस में गुथी एवं फैली हुई चीज़ों का विस्तार 6 इंद्रजाल 7 धोखा

ज

जाल-जंजाल–(पु.) झंझट

जाला–(पु.) 1 मकड़ी द्वारा बनाया गया जाल 2 घास, भूसा आदि बाँधने का जाल 3 आँखों की पुतली पर पड़नेवाली झिल्ली

जाली–I (स्त्री.) 1 छेद, कटाव 2 जालीदार रचना

जाली–II (वि.) झूठा एवं नक़ली (जैसे–जाली सिक्का, जाली हस्ताक्षर), फ़र्ज़ी

जावित्री–(स्त्री.) जायफल के ऊपर का छिलका

जासूस–(पु.) गुप्त रूप से किसी बात का पता लगाने वाला, गुप्तचर, भेदिया

जासूसी–I (स्त्री.) 1 जासूस होने की अवस्था, भेदियापन 2 जासूस का काम II (वि.) जासूस संबंधी (जैसे–जासूसी उपन्यास)

ज़िंदाबाद–(वि.) जीवित रहे, बड़ी उम्र वाला हो–का नारा

जिगीषा–(स्त्री.) जीतने की इच्छा, विजय कामना

जिगीषु–(वि.) विजयकामी, जीत का इच्छुक

ज़िच–(स्त्री.) 1 शतरंज में खेल की ऐसी स्थिति जिसमें बादशाह को शह तो न लगे पर उसके चलने को कोई घर न हो 2 ऐसी स्थिति जहाँ वाद-विवाद में समझौते का कोई रास्ता न दिखाई दे

जिजीविषा–(स्त्री.) जीने की चाह

जिज्ञासा–(स्त्री.) 1 जानने की इच्छा, ज्ञान की चाह 2 ज्ञान प्राप्ति के लिए उत्सुकता

जिज्ञासु–(वि.) जिज्ञासा करनेवाला, उत्सुक

जिठानी–(स्त्री.) जेठानी

जितू–(पु.) जीतनेवाला

जितना–I (वि.) जिस मान, मात्रा में हो (जैसे–जितना चाहो लूट लो) II (क्रि. वि.) जिस मात्रा में

जितवैया–(वि.) विजय प्राप्त करनेवाला

जितात्मा–(वि.) जितेंद्रिय

जिताना–(स. क्रि.) 1 जीतने का कारण होना 2 जीतने में किसी की सहायता करना

जितेंद्रिय–(वि.) जिसने इंद्रियों को अपने वश में कर लिया हो, संयमी

जिधर–(क्रि. वि.) जिस तरफ़, जिस तरह

जिन–I (सर्व.) 'जिस' का बहुवचन (जैसे–जिनको, जिनसे आदि)

जिन–II (पु.) जैनों के तीर्थंकर

जिन–III (पु.) भूत-प्रेत

जिन्हें–(सर्व.) जिनको

जिम्मा–(पु.) उत्तरदायित्व

ज़िम्मेदार–(पु.) किसी कार्य, बात आदि का दायित्व लेनेवाला व्यक्ति

ज़िम्मेदारी–(स्त्री.) ज़िम्मेदार होने की अवस्था

ज़िला–(पु.) 1 प्रदेश, प्रांत 2 प्रांत का सबसे बड़ा भाग, जनपद **ज़िला परिषद** (स्त्री.) डिस्ट्रिक्ट बोर्ड

ज़िलाधीश–(पु.) ज़िला मजिस्ट्रेट

जिलाना–(स. क्रि.) 1 मृत शरीर को पुनः जीवित करना, जीवन देना 2 मरते हुए को मरने से बचाना 3 पालना-पोसना

ज़िलेवार–(क्रि. वि.) ज़िले के अनुसार

जिल्द–(स्त्री.) 1 काग़ज़, चमड़े आदि से मढ़ी हुई दफ़्ती 2 पुस्तक की प्रति 3 त्वचा **जिल्दसाज़ी** (स्त्री.) जिल्दबंदी

जिस–(सर्व.) 'जो' का विकारी रूप एकवचन (जैसे–जिसको, जिसका, जिसने)

जिसे–(सर्व.) जिसको

जिस्म–(पु.) शरीर, बदन

जिहाद–(पु.) धर्म के लिए विधर्मियों से युद्ध

जिह्वा–(स्त्री.) जीभ, रसना **जिह्वा मूल** (पु.) जीभ की जड

जिह्वाग्र–I (पु.) जीभ का अगला भाग II (वि.) जो हमेशा जीभ के अगले भाग पर रहे

जी–I (पु.) 1 जान, जीव 2 मन, चित्त, तबीयत 3 जीवट, साहस **जी जान से** (क्रि. वि.) दिल और जान से **जी आना** किसी पर आसक्त होना, आशिक़ होना **जी उचटना** किसी काम में मन न लगना **जी करना** 1 इच्छा होना, दिल चाहना 2 हिम्मत करना **जी खट्टा होना** मन में विरक्ति उत्पन्न हो जाना **जी खोलकर** जी भरकर, यथेष्ट **जी चुराना** काम से भागना, जान चुराना **जी**

ज

छोटा करना उत्साह कम करना **जी जलना** 1 संताप होना 2 कुढ़ना **जी दुखाना** मन को कष्ट पहुँचाना **जी धक-धक करना** भय से घबराना, दिल धड़कना **जी बहलाना** चित्त को किसी प्रिय कार्य में लगाना **जी भरकर** जितना जी चाहे (जैसे–जी भरकर सता लो) **जी हलका होना** चिंता दूर होना

जी–II (अ.) 1 नाम, अल्ल, पदवी के साथ प्रयुक्त होनेवाला आदर सूचक शब्द (जैसे–अच्छा गुरुजी, आया पिताजी) 2 बड़ों के प्रति स्वीकृति, समर्थन आदि में प्रयुक्त होनेवाला शब्द

जीजा–(पु.) बहन का पति, बहनोई

जीजी–(स्त्री.) बड़ी बहन, दीदी

जीत–(स्त्री.) 1 विजय 2 सफलता, कामयाबी

जीत-हार–(स्त्री.) जय-पराजय

जीतना–(स. क्रि.) 1 विजय प्राप्त करना, विजयी होना 2 सफल होना

जीता–(वि.) ज़िंदा, जीवित **जीता जागता** (वि.) भला-चंगा, सशक्त, सजीव **जीती मक्खी निगलना** जान-बूझकर ग़लती करना

जीना–(अ. क्रि.) जीवित रहना, शरीर में प्राण रहना

जीभ–(स्त्री.) 1 जुबान, रसना, जिह्वा 2 जीभ के आकार की चिपटी तथा लंबोतरी कोई वस्तु, निब (जैसे–क़लम की जीभ टूट गई)

जीभी–(स्त्री.) धातु आदि की बनी पतली धनुषाकार पत्ती जिससे ज़बान साफ़ करते हैं

जीमना–(स. क्रि.) भोजन करना

ज़ीरा–(पु.) 1 सुगंधित बीज जो दवा एवं मसाले के रूप में प्रयोग किया जाता है 2 उक्त सुगंधित बीज का पौधा

जीर्ण–(वि.) 1 फटा-पुराना 2 जर्जर एवं शिथिल 3 क्षय प्राप्त 4 बहुत दिनों का **जीर्ण शीर्ण** (पु.) टूटा-फूटा, बहुत पुराना, सड़ा-गला

जीर्ण ज्वर–(पु.) पुराना बुख़ार

जीर्णोद्धार–(पु.) मरम्मत करना, पुरानी इमारत का उद्धार

जीवंत–(वि.) जीता-जागता, जीवित, प्राणवान् **जीवंतता** (स्त्री.) प्राणशक्ति, ओज

जीव–(पु.) 1 प्राण, जान 2 जीवन 3 जीवात्मा 4 जीवधारी, प्राणी **जीवकोष** (पु.) सूक्ष्म शरीर जो मृत्यु के बाद फल भोगता है **जीव जंतु** (पु.) 1 प्राणी 2 छोटे प्राणी **जीव जगत्** (पु.) 1 प्राणिसमिष्ट, संसार के समस्त जीव-जंतु **जीवधारी** (वि.) जीव युक्त, सजीव **जीव रसायन** (पु.) जीव विज्ञान और रसायन शास्त्र का योग, सजीव शरीर-रचना का रसायन **जीव रसायन शास्त्र** (पु.) जीव रसायन संबंधी विद्या **जीव विज्ञान** (पु.) जीव-जंतुओं एवं पौधों की रचना, वर्गीकरण, जीने का ढंग आदि का जिसमें अध्ययन किया जाए, प्राणि शास्त्र (बायलॉजी) **जीवहत्या** (स्त्री.) जीवों को मारना **जीवहिंसा** (स्त्री.) प्राणि-वध

जीवट–(पु.) 1 साहस, हिम्मत 2 पराक्रम

जीवन–I (पु.) 1 जीता रहना, प्राण धारण 2 जीवित दशा, ज़िंदगी 3 प्राणी 4 जीविका II (वि.) अत्यधिक प्यारा, परम-प्रिय **जीवन क्रम** (पु.) जीवन यात्रा, रहन-सहन का ढंग **जीवन चक्र** (पु.) जीवन क्रम **जीवनचरित, जीवन चरित्र** (पु.) जीवन वृत्तांत, जीवन वृत्त, जीवन-कथा **जीवनचर्या** (स्त्री.) रहन-सहन का कार्यक्रम **जीवन तत्त्व** (पु.) 1 जीवन का स्वरूप 2 जीवन सार **जीवन दर्शन** (पु.) जीवन संबंधी विचार **जीवन दाता** (पु.) परमात्मा, ईश्वर **जीवनदान** (पु.) 1 जान बख़्श देना, ज़िंदा छोड़ देना 2 सेवा में जीवन अर्पित कर देना **जीवनदायिनी** (स्त्री.) जीवन देनेवाली स्त्री, माँ, माता **जीवन निर्वाह** (पु.) जीवन बसर करना **जीवन पथ** (पु.) जीवन का मार्ग **जीवन बीमा** (पु.) जीवन पर कोई ख़तरा होने पर कंपनी ज़मानत **जीवन-मरण** (पु.) जीना-मरना, ज़िंदगी-मौत **जीवन्मुक्त** (वि.) जीवन-मरण के बंधन से मुक्त **जीवन-यापन** (पु.) जीवन निर्वाह **जीवन रक्षक** जीवन की रक्षा करनेवाला **जीवन लीला** (स्त्री.) जीवन के कार्य-कलाप

जीवन वृत्त, जीवन वृत्तांत (पु.) जीवन-कथा, जीवन-चरित **जीवन शक्ति** (स्त्री.) जीवन का बल **जीवन शैली** (स्त्री.) जीवन चर्या **जीवन संग्राम, जीवन संघर्ष** (पु.) जीवित बने रहने के लिए किया जानेवाला कठिन प्रयत्न **जीवन-संध्या** (स्त्री.) बुढ़ापा

जीवन संगिनी–(स्त्री.) पत्नी **जीवन संगी** (पु.) पति

जीवनानंद–(पु.) जीवन का सुख

जीवनी–(स्त्री.) जीवन-कथा, ज़िंदगीनामा

जीवनोद्देश्य–(पु.) जीवन का ध्येय

जीवनोपयोगी–(वि.) जीवन के लिए लाभदायक

जीवन्मृत–(वि.) जो जीवित होने पर भी मरे हुए के समान हो

जीवाणु–(पु.) 1 विकार से उत्पन्न होनेवाले अतिसूक्ष्म जीव जो अनेक रोगों की उत्पत्ति के कारण होते हैं तथा कुछ शरीर के लिए लाभदायक भी होते हैं 2 क्षुद्रतम जीव **जीवाणु तत्त्व** (पु.) जीवाणु विज्ञान **जीवाणुनाशक, जीवाणुनाशी** (वि.) जो रोग उत्पन्न करनेवाले जीवाणुओं का नाश करने में समर्थ हो, रोगजन्य जीवाणुओं का नाश करनेवाला (जैसे–जीवाणुनाशक दवाएँ)

जीवाणु विज्ञान–(पु.) वह विज्ञान जिसमें जीवाणुओं की उत्पत्ति, विकास आदि का विवेचन होता है

जीवात्मा–(पु.) 1 जीव, प्राणियों में रहनेवाली आत्मा 2 हृदय (जैसे–किसी की जीवात्मा को मत सताओ)

जीवावशेष, जीवाश्म–(पु.) मृत जीवों के अवशेष, पुराजीव **जीवाश्म विज्ञान** (पु.) वह विज्ञान जिसमें पुराजीवों एवं उनके मिलने के स्थानों के विषय में अध्ययन किया जाता है

जीविका–(स्त्री.) जीवन निर्वाह का साधन, रोज़ी **जीविका वृत्ति** (स्त्री.) जीविका का काम

जीविकोपार्जन–(पु.) रोज़ी-रोटी कमाना

जीवित–(वि.) 1 जीता हुआ, जीवन युक्त 2 जो क्रिया रूप में वर्तमान हो

जुआ–I (पु.) बैलगाड़ी, हल आदि के आगे की लकड़ी जो पशुओं के कंधे पर रखी जाती है

जुआ–II (पु.) बाज़ी लगाकर खेला जानेवाला खेल, द्यूत (जैसे–जुआ खेलना बुरा है)

जुआरी–(पु.) ऐसा व्यक्ति जिसे जुआ खेलने की लत, आदत हो, जुआ खेलनेवाला

जुकाम–(पु.) सरदी-गरमी के योग से होनेवाला एक रोग जिसमें नाक से कफ मिश्रित पानी निकलता है तथा सिर में हल्का दर्द होता है, प्रतिश्याय, सरदी

जुगत–(स्त्री.) 1 तरकीब, युक्ति 2 कौशल

जुगनूँ–(पु.) एक प्रसिद्ध कीड़ा जिसके रात में उड़ने पर उसके पिछले भाग से चमक पैदा होती है, खद्योत

जुगाड़–(पु.) 1 आवश्यक साधन, वस्तु आदि को हाज़िर करना 2 कठिन कार्य सिद्ध करने की युक्ति

जुगाली–(स्त्री.) गाय, भैंस आदि पशुओं का निगले हुए चारे को थोड़ा-थोड़ा निकालकर चबाना, पागुर

जुगुप्सा–(स्त्री.) 1 निंदा, बुराई 2 उपेक्षापूर्वक की जानेवाली घृणा, बीभत्स

जुझारू–I (वि.) योद्धा, लड़ाका, वीर II (पु.) युद्ध, रण, लड़ाई

जुट–(पु.) 1 जोड़ा, युग्म 2 अनेक वस्तुओं का समूह (जैसे–कपड़ों, गहनों आदि का जुट) 3 दल, जत्था

जुटना–(अ. क्रि.) 1 जुड़ना, संयुक्त होना, सटना 2 समीप होना 3 कार्य में योग देना 4 एक जगह एकत्र होना

जुटाना–(स. क्रि.) 1 इकट्ठा करना 2 जोड़ना 3 मिलाना

जुठारना, जुठालना–(स. क्रि.) 1 खाने-पीने की वस्तु को खा-पीकर जूठी करना 2 नाम मात्र का ज़रा-सा खाकर छोड़ देना (जैसे–थाली जुठारना) 3 बहुत कम खाना

जुड़ना–(अ. क्रि.) 1 जोड़ा जाना, संयुक्त

ज

होना 2 इकट्ठा होना, जुटना (जैसे—रोटी-कपड़ा आदि जुड़ना) 3 प्राप्त होना 4 जोता जाना 5 सम्मिलित होना

जुड़वाँ–(वि.) 1 जिसका जन्म एक साथ या तुरंत आगे-पीछे हुआ हो 2 जो आपस में एक साथ जुड़े या सटे हों

जुड़वाना–(स. क्रि.) 1 मिलवाना, लगवाना 2 जुड़ाना

जुतना–(अ. क्रि.) 1 जोता जाना (जैसे—गाड़ी में या हल में बैल जुतना) 2 खेत आदि जोता जाना 3 मनोयोग से काम में लगना

जुतवाना–(स. क्रि.) जोतने का काम किसी अन्य से कराना

जुतिऔवल–(स्त्री.) जूतों से होनेवाली लड़ाई

जुतियाना–(स. क्रि.) जूतों से प्रहार करना

जुलाहा–(पु.) कपड़ा बुननेवाला कारीगर, बुनकर

जुहार–(स्त्री.) अभिवादन, प्रणाम

जूँ–(स्त्री.) सिर के बालों में पसीने एवं मैल से पैदा हो जानेवाला कीड़ा (लाउस) (जैसे—जूँ पड़ना) **जूँ की चाल** अत्यंत धीमी गति **कानों पर जूँ तक न रेंगना** स्थिति पर ध्यान न देना, होश न आना

जूझना–(अ. क्रि.) 1 उठा-पटक और हाथापाई करना (जैसे—बदमाशों का आपस में जूझना) 2 तकरार करना, हुज्जत करना

जूट–I (पु.) जटा, केशजाल

जूट–II (पु.) पटसन **जूट उद्योग** (पु.) जूट का व्यवसाय **जूट मिल** (स्त्री.) जूट का कारख़ाना

जूठन–(स्त्री.) खाने-पीने से बची हुई जूठी वस्तु, अवशिष्ट

जूठा–(वि.) 1 जिसे अशुद्ध कर दिया गया हो (जूठा खाना) 2 खाने से बचा हुआ, उच्छिष्ट 3 जिसमें कुछ खाया-पिया गया हो (जैसे—जूठा बर्तन) 4 जिसका पहले ही व्यवहार, उपयोग हो चुका हो

जूड़ा–(पु.) सिर के बालों को लपेटकर बनाया गया गुच्छा

जूड़ी–(स्त्री.) जाड़ा देकर आनेवाला ज्वर (जैसे—जूड़ी आना) **जूड़ी-ताप** (पु.) जड़ैया बुख़ार

जूता–(पु.) उपानह, पनही, पदत्राण (जैसे—चमड़े का जूता, जूता-चप्पल) **जूता चलना** मारपीट होना **जूता चाटना** 1 ज़लील ख़िदमत करना 2 खुशामद करना **जूता पड़ना, जूता बरसना** जूतों की मार पड़ना **जूता मारना** 1 जूता से मारना 2 बेइज़्ज़त करना, ज़लील करना 3 मुँहतोड़ जवाब देना

जूती–(स्त्री.) ज़नाना जूता **जूतीकारी** (स्त्री.) लगातार जूतों की मार **जूती-पैज़ार** (स्त्री.) परस्पर होनेवाली जूतों की मारपीट **जूती चटखाते फिरना** मारा-मारा फिरना **जूती बग़ल में दबाना** धीरे से खिसक जाना **जूती सिर पर रखना** चापलूसी करना

जून–I (पु.) समय, बेला

जून–II (पु.) तिनका, तृण

जूना–I (पु.) 1 घास-फूस को बटकर बनाई गई रस्सी 2 घास-फूस आदि का पूला II (वि.) पुराना

जूही–(स्त्री.) 1 चमेली की तरह का सुगंधित एवं सुंदर फूलोंवाला पौधा 2 उक्त पौधे का फूल

जेठ–(पु.) 1 पति का बड़ा भाई 2 बैसाख और आषाढ़ के बीच का चांद्रमास

जेठा–(वि.) वय, उम्र में बड़ा

जेठानी–(स्त्री.) पति के बड़े भाई की पत्नी

जेठी–I (वि.) 1 जेठ संबंधी, जेठ मास का 2 जेठ मास में होनेवाला II (स्त्री.) 1 जेठ मास का शेषांश जिसमें अगली फ़सल के लिए ज़मीन जोती जाती है 2 जेठ मास में होनेवाली कपास 3 जेठ में होनेवाला धान

जेता–(वि.) विजयी

जेब–(पु.) खीसा (पॉकेट) **जेबकट, जेबकतरा** (पु.) जेब काटकर पैसे निकाल लेनेवाला व्यक्ति, पाकिटमार **जेबख़र्च** (पु.) 1 निजी ख़र्च 2 वह रक़म जो खुद व्यय करने को मिलती है

जेली–(स्त्री.) घास-भूसा इकट्ठा करने का उपकरण, पाँचा

जेवड़ी–(स्त्री.) रस्सी
ज़ेवरात–(पु.) बहुत से आभूषण
ज़ैतून–(पु.) एक सदाबहार वृक्ष जिसके फल दवा के काम आते हैं (जैसे–ज़ैतून का तेल)
जैन–(पु.) 1 एक अनीश्वरवादी धार्मिक संप्रदाय 2 उक्त संप्रदाय का व्यक्ति **जैन मत** (पु.) अनीश्वरवादी धार्मिक संप्रदाय के विचार एवं सिद्धांत **जैन मतावलंबी** (पु.) जैन मत का अनुयायी
जैनी–I (वि.) 1 जैन धर्म संबंधी 2 जैनियों का II (पु.) जैन धर्म को माननेवाला व्यक्ति, जैन धर्मावलंबी
जैव–(वि.) 1 जीव संबंधी, जीव का 2 जीवों से उत्पन्न होनेवाला **जैव रसायन** (पु.) जीव रसायन (बायोकेमिस्ट्री) **जैव रसायनज्ञ** (पु.) जीव रसायन विशेषज्ञ
जैविक–(वि.) जीव का (जैसे–जैविक क्रियाएँ) **जैविक रासायनिक** (वि.) जैव रसायन संबंधी
जैविकी–(स्त्री.) जीव विज्ञान
जैसा–(वि.) 1 जिस तरह का 2 समान, सदृश 3 जितना **जैसे को तैसा** जो जैसा है उसके साथ वैसा, तदनुरूप, तदनुसार **जैसा करेगा वैसा भरेगा** कर्म के अनुसार फल मिलेगा
जैसे–(क्रि. वि.) 1 जिस तरह से, जिस प्रकार (जैसे–तुम जैसे पढ़ोगे वैसे मैं भी पढ़ूँगा) 2 उदाहरणार्थ, यथा
जोंक–(स्त्री.) 1 पानी का कीड़ा जो प्राणियों का रक्त चूसता है, जलौका 2 चिपकू व्यक्ति
जो–I (सर्व.) संबंधवाचक सर्वनाम (जैसे–जो लड़का कल मेरे पास आया था वह बदमाश था) II (वि.) अनिश्चयवाचक विशेषण (जैसे–जो बात कहना चाहते हो सो कहो) III (अ.) यदि, अगर
जोख–(स्त्री.) तौल
जोखिम–(स्त्री.) 1 ख़तरा, संकट 2 हानि, अनिष्ट
जोग–I (पु.) 1 जादू-टोना 2 कन्या एवं वर दोनों पक्षों में विवाह से पहले गाया जानेवाला गीत II (वि.) 1 योग्य 2 संयोग 3 वैराग्य 4 योग
जोगड़ा–(पु.) 1 जोगी 2 बनावटी योगी
जोगिन, जोगिनी–(स्त्री.) 1 विरक्त स्त्री 2 योगियों के समान संयमपूर्वक रहनेवाली स्त्री
जोगिया–I (वि.) 1 जोगी जैसा 2 गेरुआ, गैरिक II (पु.) गेरू के रंग की तरह का लाल रंग
जोगी–(पु.) 1 नाथपंथी कनफटा साधु 2 योगी
जोगीड़ा–(पु.) 1 होली के समय गाया जानेवाला गँवारू गाना 2 गँवारू गाना गानेवालों का दल
जोड़–(पु.) 1 दो वस्तुओं का आपस में मिला होना, सटा होना 2 दो या दो से अधिक वस्तुओं के मिलने का स्थान, संधिस्थल 3 वह अंग जो किसी अन्य वस्तु के साथ जोड़ा गया हो 4 दो वस्तुओं के संधि-स्थल का चिह्न (जैसे–कुरसी के हत्थे में का जोड़) 5 ऐसा संयोग, मिलान जो अच्छा लगे (जैसे–वर-कन्या का जोड़ सराहनीय है) 6 समानता (जैसे–तुम्हारा उनके साथ कुछ जोड़ नहीं बैठता) 7 संख्याओं को जोड़ने की क्रिया 8 जोड़ने से प्राप्त होनेवाली संख्या (जैसे–तीन और दो का जोड़ पाँच होता है) **जोड़-तोड़** (पु.) 1 जोड़ने-तोड़ने की क्रिया 2 दाँव-पेंच से मिली हुई कार्रवाई
जोड़ना–(स. क्रि.) 1 अच्छी तरह दृढ़तापूर्वक मिलाना 2 बैठाना, लगाना 3 यथास्थान बैठाना 4 संगृहीत करना, संचय करना (जैसे–धन-संपत्ति जोड़ना) 5 संख्याओं का योगफल प्रस्तुत करना 6 उपयुक्त क्रम से लगाना (जैसे–शब्द जोड़कर वाक्य बनाना)
जोड़ा–(पु.) 1 एक साथ दो व्यक्ति 2 एक साथ दो वस्तुएँ (जैसे–धोतियों का जोड़ा, कंगन का जोड़ा) 3 एक साथ पहने जानेवाले दो या दो से ज़्यादा कपड़े, जोड़ 4 एक ही प्रकार के पशु-पक्षियों, जीवों आदि के नर एवं मादा का युग्म

ज

जोड़ी–(स्त्री.) 1 साथ-साथ रहनेवाले जीवों के नर एवं मादा की सामूहिक संज्ञा (जैसे–पति-पत्नी की जोड़ी सुंदर है) 2 एक साथ जोते जानेवाले दो बैल 3 दो घोड़ों की गाड़ी, बग्घी **जोड़ीदार** I (पु.) बराबरी करनेवाला व्यक्ति II (वि.) मुक़ाबले का

जोत–(स्त्री.) 1 ज़मीन जोतने की क्रिया 2 खेती, काश्त 3 उतनी भूमि जितनी एक काश्तकार जोतता है 4 चमड़े आदि की लंबी पट्टियाँ जो घोड़ों, बैलों आदि के पार्श्वों में उनकी गर्दन से इक्के-गाड़ी, हल तक बाँधी जाती हैं 5 तराज़ू की रस्सी जिसमें पलड़े लटकते हैं **जोतदार** (पु.) काश्तकार

जोतना–(स. क्रि.) 1 नाँधना, बाँधना (जैसे–बग्घी में घोड़े जोतना) 2 हल से ज़मीन को चीरना (जैसे–खेत जोतना)

जोताई–(स्त्री.) 1 जोतने की क्रिया 2 जोतने की मज़दूरी **जोताई-बोवाई** (स्त्री.) जोतने-बोने का काम

जोबन–(पु.) 1 यौवन 2 युवावस्था में लावण्य एवं सौंदर्य मिश्रित शारीरिक गठन 3 यौवन जनित सुंदरता 4 उभरती एवं खिलती जवानी 5 स्त्रियों के कुच, स्तन, उरोज

ज़ोर–I (पु.) 1 शारीरिक ताक़त, बल, शक्ति 2 दृढ़ता, ओज, उत्साह 3 आर्थिक, मानसिक, शारीरिक किसी प्रकार की योग्यता (जैसे–धन-दौलत का ज़ोर, विद्या का ज़ोर, भुजाओं का ज़ोर) 4 सहारा, साधन (जैसे–किसके ज़ोर पर इतना गुमान करते हो) 5 उत्कर्ष, वृद्धि की होनेवाली प्रवृत्ति 6 अधिकार, वश (जैसे–दुष्टों पर किसका ज़ोर चलता है) 7 अधिक काम करने से होनेवाला हानिकारक परिणाम (जैसे–अधिक पढ़ने से आँखों पर ज़ोर पड़ना) II (क्रि. वि.) कार्य, फल आदि के विचार से असाधारण तेज़, बहुत अधिक, काफ़ी, खूब **ज़ोर आज़माई** (स्त्री.) बल की परीक्षा **ज़ोर आज़माना** बल की परीक्षा करना **ज़ोर देकर** आग्रहपूर्वक, दृढ़ता के साथ **ज़ोर देना** 1 सहारा देना 2 बढ़ना **ज़ोर पर होना** बाढ़ पर होना, प्रबल होना **ज़ोर मारना** 1 बहुत ज़ोर लगाना 2 बहुत कोशिश करना

जोरू–(स्त्री.) पत्नी, भार्या, स्त्री **जोरू-जाँता** (पु.) पत्नी एवं घर-बार **जोरू का गुलाम** जो पत्नी के वश में हो, स्त्री-भक्त

जोश–(पु.) 1 उत्तेजना, गर्मी, उत्साह 2 आवेश, रोष 3 उबाल, उफान **जोश-ख़रोश** (पु.) अत्यंत उत्सुकतापूर्ण आवेश **जोशपूर्ण** (वि.) उत्साह से भरा हुआ

जोशाँदा–(पु.) 1 जड़ी-बूटियों को उबालकर बनाया गया काढ़ा 2 काढ़ा बनाने के लिए एक साथ मिलाई गई जड़ी-बूटियाँ

जोशीला–(वि.) जोश में भरा हुआ, ओजपूर्ण

जोहड़–(पु.) कच्चा तालाब

जोहना–(स. क्रि.) 1 ध्यानपूर्वक देखना 2 तलाश करना, खोजना 3 प्रतीक्षा करना

जौ–(पु.) 1 गेहूँ जैसा एक प्रसिद्ध पौधा जिसके दानों को पीसकर रोटी बनाई जाती है 2 उक्त पौधे का दाना

जौहड़–(पु.) 1 वह गड्ढा जिसमें बरसाती जल जमा होता हो 2 छोटा तालाब

जौहर–I (पु.) आत्म-सम्मान की रक्षा हेतु (स्त्रियों द्वारा) की जानेवाली आत्महत्या II (पु.) 1 बहुमूल्य पत्थर, रत्न 2 गुणवत्ता 3 राजपूत स्त्रियों का सती होना

जौहरी–(पु.) 1 बहुमूल्य रत्न परखने एवं बेचनेवाला व्यापारी 2 पारखी (जैसे–शब्दों का जौहरी)

ज्ञप्ति–(स्त्री.) 1 सूचना 2 जानी-जनाई हुई बात

ज्ञात–(वि.) जाना हुआ, विदित **ज्ञात-यौवना** (स्त्री.) नायिका जिसे अपने यौवनारंभ का एहसास हो

ज्ञातव्य–(वि.) 1 जानने योग्य 2 जो जाना जा सके, बोधगम्य 3 जिसकी जानकारी आवश्यक हो

ज्ञाता–(वि.) जानकार

ज्ञान–(पु.) 1 बोध, जानना, जानकारी 2 विद्या

3 पदार्थ को ग्रहण करनेवाली मन की वृत्ति **ज्ञानकोश, ज्ञानकोष** (पु.) ऐसा कोश जिसमें ज्ञातव्य विषयों का विवरण दिया गया हो **ज्ञानगोचर** (वि.) जो ज्ञान का इच्छुक हो **ज्ञान योग** (पु.) शुद्ध ज्ञान की प्राप्ति **ज्ञानवान्** (वि.) 1 जो बहुत जानकार हो 2 योग्य एवं समझदार (वि.) ज्ञान के कारण बड़ा, विद्या-वृद्ध **ज्ञानवृद्धि** (स्त्री.) ज्ञान की बढ़ोतरी **ज्ञानशून्य** (वि.) नासमझ, मूर्ख

ज्ञानचक्षु–I (पु.) ज्ञानी व्यक्ति II (वि.) ज्ञान-दृष्टि रखनेवाला, विद्वान

ज्ञानपीठ–(पु.) विद्या का केंद्र

ज्ञानमय–I (वि.) ज्ञान से भरा हुआ, ज्ञान-युक्त II (पु.) ईश्वर

ज्ञानात्मक–(वि.) ज्ञान संबंधी

ज्ञानार्जन–(पु.) ज्ञानोपलब्धि

ज्ञानाश्रयी–(वि.) 1 ज्ञान पर आश्रित 2 ज्ञान संबंधी

ज्ञानी–I (वि.) 1 जो जानकार हो 2 योग्य एवं समझदार II (पु.) 1 दैवज्ञ 2 ऋषि

ज्ञानेंद्रिय–(स्त्री.) विषयों का ज्ञान करानेवाली इंद्रियाँ (जैसे–आँख, कान, नाक, जीभ एवं त्वचा ज्ञानेंद्रियाँ हैं)

ज्ञानोपलब्धि–(स्त्री.) ज्ञान प्राप्त करना

ज्ञापक–(वि.) 1 ज्ञान प्राप्त करानेवाला 2 परिचय देनेवाला 3 सूचक

ज्ञापन–(पु.) 1 जताना, बताना 2 प्रकट करना 3 याद दिलाने का परिपत्र (मेमोरेंडम) **ज्ञापन पत्र** (पु.) स्मरण-पत्र

ज्ञेय–(वि.) 1 जो जानने योग्य हो 2 जो जाना जा सके

ज्यादा–(वि.) 1 आवश्यकता से अधिक, अतिरिक्त 2 बहुत अधिक

ज्येष्ठ–I (वि.) 1 सबसे बड़ा (जैसे–ज्येष्ठ पुत्र) 2 श्रेष्ठ II (पु.) 1 बड़ा भाई 2 जेठ का महीना **ज्येष्ठता** (स्त्री.) बड़प्पन, श्रेष्ठता

ज्येष्ठा–(स्त्री.) 1 एक नक्षत्र 2 पति की सर्वाधिक प्रिय पत्नी 3 सबसे बड़ी उँगली

ज्यों–(अ.) 1 जिस प्रकार, जिस तरह 2 जिस क्षण, जिस पल

ज्योति–(स्त्री.) प्रकाश, रोशनी

ज्योतित–(वि.) प्रकाशित

ज्योतिर्मंडल–(पु.) आकाश में स्थित तारों, नक्षत्रों आदि का मंडल

ज्योतिर्मय–(वि.) जगमगाता हुआ, अत्यंत प्रकाशमान्

ज्योतिर्विज्ञान–(पु.) ज्योतिष

ज्योतिर्विद–(पु.) ज्योतिषी

ज्योतिष–(पु.) 1 ग्रह-नक्षत्रों की गति, स्थिति आदि का विचार करनेवाला शास्त्र 2 ग्रह, नक्षत्रों आदि के शुभाशुभ फल बतानेवाला शास्त्र **ज्योतिष शास्त्र** (पु.) वह विद्या जिसके अंतर्गत ग्रह-नक्षत्र का सम्यक ज्ञान किया जाए

ज्योतिषाचार्य–(पु.) ज्योतिष का ज्ञाता

ज्योतिषी–(पु.) 1 ज्योतिष शास्त्र का विद्वान, दैवज्ञ 2 आधुनिक फलित ज्योतिष का ज्ञाता जो ग्रहों की गतिविधियों के अनुसार भविष्यवाणी करता है एवं पर्व आदि का समय स्थिर करता है

ज्योत्स्ना–(स्त्री.) 1 चंद्रमा का प्रकाश 2 पृथ्वी पर छिटकी हुई चाँदनी 3 चाँदनी रात

ज्योनार–(स्त्री.) 1 पका हुआ भोजन 2 भोज, दावत

ज्वर–(पु.) बुख़ार (जैसे–ज्वर आना, ज्वर उतरना) **ज्वरग्रस्त** (वि.) बुख़ार से पीड़ित **ज्वरनाशक** (वि.) ज्वर को दूर करनेवाला

ज्वरांतक–(वि.) ज्वर का अंत करनेवाला

ज्वराक्रांत–(वि.) ज्वरग्रस्त

ज्वलंत–(वि.) 1 जलता और चमकता हुआ, देदीप्यमान् 2 स्पष्ट रूप से दिखाई देनेवाला (जैसे–ज्वलंत प्रमाण)

ज्वलन–(पु.) 1 जलना, दहन 2 जलन, दाह 3 अग्नि, आग **ज्वलनशील** (वि.) 1 जो आसानी से जल उठे (जैसे–ज्वलनशील पदार्थ) 2 ज्वलनीय, दहनशील

ज्वार–I (स्त्री.) ख़रीफ़ की फ़सल में होनेवाला एक मोटा अनाज और इसका पौधा II (स्त्री.)

ज

झ

समुद्र के जल का ऊपर उठना **ज्वार-भाटा** (पु.) समुद्र के जल का वेगपूर्वक ऊपर उठना और पुनः नीचे गिरना, चढ़ाव-उतार

ज्वाल–(पु.) ज्वाला

ज्वाला–(स्त्री.) 1 आग की लपट, अग्निशिखा 2 दुःख, कष्ट आदि के कारण होनेवाली पीड़ा, संताप 3 अत्यधिक गर्मी

ज्वालामुखी–(पु.) पृथ्वी के तल पर कुछ ऐसे स्थानों मुख्यतः पर्वतों में मुख के आकार के बड़े-बड़े गड्ढे जिनमें से आग की लपटें, लावा, गली धातुएँ आदि धुएँ सहित निकलती हैं

झ

झंकार–(स्त्री.) 1 झनझन शब्द, झनकार (जैसे–पायल की झंकार) 2 कीड़ों आदि का झन-झन शब्द (जैसे–झींगुर की झंकार)

झंकारना–I (स. क्रि.) झन-झन शब्द उत्पन्न करना II (अ. क्रि.) झन-झन शब्द उत्पन्न होना

झंकृत–(वि.) झंकार उत्पन्न करता हुआ

झंखाड़–I (पु.) 1 काँटेदार एवं अन्य घने पौधों का समूह 2 कूड़े-करकट का ढेर II (वि.) जिसके पत्ते झर गए हों

झंझट–(स्त्री.) झगड़ा, बखेड़ा (जैसे–झंझट पैदा करना)

झँझरी–(स्त्री.) 1 कोई जालीदार चीज़ 2 झरोखा 3 जालीदार चादर 4 चलनी **झँझरीदार** (वि.) जालीदार

झंझा–(स्त्री.) तेज़ हवा, अंधड़, आँधी

झंझानिल, झंझावात–(पु.) प्रचंड वायु, आँधी-तूफ़ान

झंझोटी–(स्त्री.) एक रागिनी

झँझोड़ना–(स. क्रि.) झटकना, झकझोरना

झंडा–(पु.) पताका, ध्वजा (जैसे–राष्ट्रीय झंडा फहराना) **झंडाबरदार** (पु.) झंडा ले चलनेवाला **झंडे तले आना** एक हो जाना

झंडी–(स्त्री.) 1 छोटा झंडा 2 कागज़ों की झंडाकार कतरन

झँडूला–I (वि.) 1 जिसका मुंडन संस्कार न हुआ हो 2 जो गर्भ काल से चला आता हो II (पु.) 1 वह बालक जिसके सिर पर गर्भ के बाल हों 2 गर्भ के समय से चले आते बाल

झंडोत्तोलन–(पु.) झंडा फहराना

झँवाना–I (अ. क्रि.) 1 काला, झाँवला हो जाना (जैसे–धूप से शरीर का रंग झँवाना) 2 आग का जलते-जलते बुझने को होना, आँच मंद पड़ना 3 कुम्हलाना, मुरझाना 4 निर्जीव, बेदम होना 5 झेंपना II (स. क्रि.) 1 काला करना 2 बुझाना 3 कुम्हलाने में प्रवृत्त करना 4 लज्जित करना 5 बेदम करना

झक–I (स्त्री.) हल्का पागलपन, ख़ब्त (जैसे–झक सवार होना) II (वि.) 1 स्वच्छ तथा उज्ज्वल 2 चमकदार

झक-झक–(स्त्री.) व्यर्थ की तकरार, किचकिच

झकझका–(वि.) बिल्कुल साफ़, स्वच्छ

झकझोर–I (पु.) 1 झकझोरना 2 झोंका 3 झटका II (वि.) 1 झकझोरा हुआ 2 तीव्र, तेज़

झकार–(पु.) 'झ' वर्ण

झकोरना–(अ. क्रि.) हवा का झोंका मारना

झकोरा–(पु.) हवा का झोंका

झक्कड़–I (पु.) तेज़ आँधी, अंधड़ II (पु.) झक्की

झक्की–(वि.) बक-बक करने वाला, सनकी, ख़ब्ती

झख–(स्त्री.) 1 झींखना 2 मछली **झख मारना** तुच्छ काम करने को मजबूर होना (जैसे–वहाँ झख मारने क्यों जाते हो)

झगड़ना–(अ. क्रि.) झगड़ा करना, भिड़ना

झगड़ा–(पु.) 1 लड़ाई 2 कहा-सुनी **झगड़ा-झंझट, झगड़ा-टंटा, झगड़ा-फ़साद** (पु.) लड़ाई- झगड़ा **झगड़ा मोल लेना** 1 जान-बूझकर संकट में पड़ना 2 जान-बूझकर झगड़ा करना

झगड़ालू–(वि.) झगड़ा करनेवाला, कलहप्रिय

झगला–(पु.) ढीला-ढाला कुरता

झज्झर–(स्त्री.) झंझर छोटे मुँह का, पानी का बर्तन

झट–(वि.) 1 झटपट, तुरंत 2 फुर्ती से, तेज़ी से

झटकना–(स. क्रि.) 1 झटका देना 2 ज़बरदस्ती ले लेना 3 हड़प लेना

झटका–(पु.) 1 झटकने की क्रिया 2 हल्का धक्का, झोंका 3 आकस्मिक और अल्पकालिक बीमारी 4 अचानक आई विपत्ति 5 पशु आदि की गर्दन को एक ही बार में हलाल करना

झटकारना–(स. क्रि.) ज़ोर से झटका देना (जैसे–कपड़ा झटकारना)

झटपट–(क्रि. वि.) अतिशीघ्र, तुरंत ही, फ़ौरन

झड़–I (स्त्री.) झड़ी II (स्त्री.) ताले के भीतर का खटका

झड़ना–(अ. क्रि.) 1 टूट-टूटकर गिरना (जैसे–पेड़ से पत्तियाँ झड़ना) 2 छोटे-छोटे कणों का अलग होकर गिरना

झड़प–(स्त्री.) 1 झड़पने की क्रिया 2 अल्पकालिक भिड़ंत 3 क्रोधपूर्ण कहा-सुनी, कटु बातचीत

झड़बेरी–(स्त्री.) जंगली बेर

झड़ी–I (स्त्री.) 1 लगातार झड़ते रहने की क्रिया 2 लगातार कुछ समय तक होनेवाली वर्षा II झड़

झनक–(स्त्री.) झन-झन की ध्वनि

झनकना–(अ. क्रि.) 1 झन-झन शब्द निकलना 2 बकना-झकना 3 झीखना 4 आवेश में हाथ-पाँव पटकना

झनकार–(स्त्री.) झंकार

झन-झन–(स्त्री.) नृत्य के समय पैरों में पहनी हुई पायलों से होनेवाली झंकार

झनझनाना–I (अ. क्रि.) झन-झन शब्द होना II (स. क्रि.) झन-झन शब्द उत्पन्न करना

झनझनाहट–(स्त्री.) 1 झंकार 2 झुनझुनी

झन्नाहट–(स्त्री.) झनझनाहट

झपक–(स्त्री.) 1 बार-बार पलक खोलने एवं बंद करने की क्रिया 2 एक बार पलक गिरने में लगनेवाला समय 3 झपकी

झपकना–(अ. क्रि.) 1 पलकें गिरना 2 पलकों का खुलना और बंद होना 3 झपकी लेना, ऊँघना

झपकी–(स्त्री.) 1 हल्की नींद 2 चकमा, धोखा

झपट–(स्त्री.) 1 झपटने की क्रिया 2 टूट पड़ना, झपट्टा

झपटना–I (अ. क्रि.) 1 वेगपूर्वक किसी की ओर बढ़ना (जैसे–बिल्ली का चूहे पर झपटना) 2 लपक कर लेना (जैसे–उसने मेरी मिठाई झपट ली) II (स. क्रि.) झपटकर छीन लेना, पकड़ लेना

झपट्टा–(पु.) 1 झपट 2 सहसा किया जानेवाला आक्रमण, धावा **झपट्टामार** (वि.) झपटनेवाला

झपड़ियाना–(स. क्रि.) लगातार कई झापड़ (थप्पड़) लगाना

झपना–(अ. क्रि.) 1 पलक गिराना 2 ऊपर से नीचे यकायक आना

झपताल–(पु.) संगीत का एक ताल

झपाका–(पु.) जल्दी, शीघ्रता

झपेटना–(स. क्रि.) 1 झपटना 2 दबोच लेना

झपेटा–(पु.) 1 धक्का 2 चपेट 3 प्रेतबाधा

झबरा–(वि.) बड़े-बड़े बालोंवाला (जैसे–झबरा कुत्ता)

झबरीला–(वि.) जिसके शरीर पर चारों ओर बाल बिखरे हों (जैसे–झबरीला भालू)

झ

झब्बा–(पु.) 1 गुच्छा 2 कपड़ों, गहनों आदि में लगाया जानेवाला फुँदना 3 टोकरा

झमक–(स्त्री.) 1 झम-झम की आवाज़ 2 ठसक

झमकना–(अ. क्रि.) 1 रह-रहकर चमकना 2 झम-झम शब्द होना 3 झम-झम ध्वनि करते हुए उछलना-कूदना

झमकाना–(स. क्रि.) 1 चमकाना 2 मटकाना

झम-झम–I (स्त्री.) 1 घुँघरुओं आदि के बजने से उत्पन्न ध्वनि 2 ज़ोर से वर्षा होने की आवाज़, छम-छम II (वि.) 1 झम-झम शब्द करते हुए पानी बरसना 2 ख़ूब चमकता हुआ

झमाका–(पु.) 1 झम-झम शब्द 2 ठसक, नख़रा

झमाझम–I (क्रि. वि.) 1 झमझम (रिमझिम) की आवाज़ करते हुए 2 चमचमाते हुए II (वि.) 1 झमाझम शब्द करता हुआ 2 चमकता-दमकता हुआ

झमेला–(पु.) 1 झगड़ा 2 झंझट-बखेड़ा

झर–(स्त्री.) 1 झरना, निर्झर, सोता 2 झड़ी 3 लपट

झरझराना–I (अ. क्रि.) 1 झर-झर शब्द होना 2 झर-झर की आवाज़ करते हुए बहना II (स. क्रि.) झर-झर की आवाज़ करते हुए गिराना

झरना–I (पु.) 1 सोता, निर्झर 2 पहाड़ आदि ऊँचे स्थान से नीचे गिरनेवाला जल-प्रवाह

झरना–II (अ. क्रि.) झड़ना, गिरना

झरोखा–(पु.) रोशनदान, गवाक्ष

झर्झर–I (पु.) 1 पानी के गिरने की आवाज़ 2 झरना II (स्त्री.) झाँझ

झर्राटा–(पु.) कपड़ा फटने या फाड़ने से होनेवाला शब्द

झल–(पु.) 1 स्वाद आदि की तीक्ष्णता, झाल 2 जलन, ताप 3 काम-वासना 4 कामना, इच्छा 5 ख़ब्त

झलक–(स्त्री.) 1 चमक, प्रभा 2 आभास 3 क्षणिक दर्शन **झलकदार** (वि.) चमकदार, चमकीला

झलकना–(अ. क्रि.) 1 चमकना 2 आभास होना 3 दिखाई देना

झलकाना–(स. क्रि.) 1 चमकाना 2 चटकदार बनाना 3 आभास कराना 4 दिखाना

झलकी–(स्त्री.) 1 झाँकी 2 झलक 3 रेडियो नाटिका

झल-झल–I (स्त्री.) चमक-दमक II (वि.) चमकता-दमकता हुआ III (क्रि. वि.) 1 चमक-दमक से 2 प्रकाशयुक्त होकर

झलना–I (स. क्रि.) हिलाना-डुलाना (जैसे–पंखा झलना) II (अ. क्रि.) हिलना-डुलना

झलमल–(स्त्री.) 1 रह-रहकर होनेवाला प्रकाश 2 चमक-दमक

झलमलाना–I (अ. क्रि.) चमचमाना II (क्रि. वि.) रह-रहकर चमकाना

झलवाना–(स. क्रि.) झलने का काम करवाना (जैसे– पंखा झलवाना)

झलाई–(स्त्री.) 1 टाँका लगाना 2 धातुओं को जोड़ने की मज़दूरी

झल्ला–I (पु.) बहुत बड़ा टोकरा, झाबा II (पु.) झंझा III (वि.) पागलों का आचरण करनेवाला, सिड़ी IV (वि.) बहुत तरल

झल्लाना–I (अ. क्रि.) 1 क्रोध में चिल्लाना 2 बहुत चिढ़ना II (स. क्रि.) खीझने में प्रवृत्त करना

झल्लाहट–(स्त्री.) क्रोध

झल्ली–(स्त्री.) 1 चमड़े से मढ़ा हुआ एक छोटा बाजा 2 टोकरी

झल्लीवाला–(पु.) टोकरी पर सामान ढोनेवाला मज़दूर

झाँई–(स्त्री.) 1 छाया, परछाईं 2 अंधकार, अँधेरा 3 छल, धोखा 4 धब्बा 5 झलक, आभा **झाँई-माँई** (स्त्री.) बच्चों का एक खेल जिसमें वे गाते हुए झूमते हैं **झाँई आना** आँखों के सामने अँधेरा छाना

झाँकना–(अ. क्रि.) 1 आड़ से, झरोखे आदि से देखना 2 झुककर देखना (जैसे–कुआँ झाँकना)

झाँकी–(स्त्री.) 1 सुखद अवलोकन, संक्षिप्त

दर्शन 2 झाँकने की क्रिया 3 मनोहर दृश्य (जैसे–दशहरा की झाँकी) 4 झरोखा

झाँझ–I (स्त्री.) 1 काँसे, पीतल आदि के मोटे पत्तर की बनी कम उभारदार कटोरियों का जोड़ा, झाल, छैना 2 क्रोध, गुस्सा 3 पाजीपन, शरारत

झाँझर–(स्त्री.) पैजनी, पायल

झाँझी–(स्त्री.) 1 एक उत्सव जिसमें बालिकाएँ रात के समय झँझरीदार हाड़ी में दीपक रखकर गीत गाती हुई घर-घर जाती हैं तथा वहाँ से पैसे या अनाज पाती हैं 2 उक्त अवसर पर गाया जानेवाला गीत

झाँट–(स्त्री.) 1 अत्यन्त तुच्छ एवं निकम्मी चीज़ 2 पशम, जननेंद्रिय पर के बाल

झाँव-झाँव–(स्त्री.) तकरार, हुज्जत

झाँवा–(पु.) 1 भट्टे में पकी काली ईंट 2 जली ईंट का टुकड़ा

झाँसा–(पु.) 1 धोखा 2 छलपूर्ण बात **झाँसा-पट्टी** (स्त्री.) दमबाज़ी, चकमा

झाऊ–I (पु.) छोटा झाड़ II (पु.) मोरपंखी की जाति का एक पौधा जिसकी पत्तियाँ दवा के काम आती हैं

झाग–(पु.) फेन, गाज़

झागदार–(वि.) जो झागयुक्त हो

झागना–(अ. क्रि.) फेन निकालना

झागिया–(वि.) झागदार

झाड़–I (पु.) 1 छोटे उलझे-छितराए पेड़-पौधों का वर्ग 2 झाड़ की तरह का अनेक शाखाओंवाला चिराग़ आदि जलाने का शीशे का बहुत बड़ा आधार **झाड़-झंखाड़** (पु.) 1 काँटेदार झाड़ियों का समूह 2 व्यर्थ के पेड़-पौधों का समूह **झाड़दार** (वि.) 1 कँटीला 2 घना

झाड़–II (स्त्री.) 1 झाड़ने की क्रिया 2 झाड़ने पर निकलनेवाली धूल आदि, झाड़न **झाड़-पोंछ** (स्त्री.) सफ़ाई (जैसे–झाड़-पोंछ करना) **झाड़-फूँक** (स्त्री.) 1 झाड़ना-फूँकना 2 प्रेत-बाधा दूर करना **झाड़-बुहार** (स्त्री.) झाड़-पोंछ

झाड़न–(स्त्री.)1 झाड़ने से निकलनेवाली धूल आदि 2 झाड़ने का कपड़ा

झाड़ना–(स. क्रि.) 1 झटकारना (जैसे–दरी झाड़ना) 2 साफ़ करना (जैसे–अलमारी झाड़ना) 3 आघात करना जिससे सटी, जुड़ी वस्तुएँ अलग हो जाएँ (जैसे–पेड़ से आम झाड़ना, इमली झाड़ना) 4 मंत्र पढ़कर फूँकना (जैसे–भूत-प्रेत झाड़ना, नज़र झाड़ना) 5 कंघी करना (जैसे–बाल झाड़ना) 6 फटकारना (जैसे–अधिकारी ने लिपिक को खूब झाड़ा) 7 योग्यता दिखाकर धाक जमाने के लिए उल्टी-सीधी बातें करना (जैसे–क़ानून झाड़ना) **झाड़ना-पोंछना** साफ़-सुथरा करना

झाड़ा–I (पु.) मंत्रोपचार II (पु.) 1 पाख़ाना फिरने की क्रिया 2 पाखाना

झाड़ी–(स्त्री.) 1 कँटीले पौधों का समूह 2 एक झुंड में मिले हुए कँटीले पौधे

झाड़ीदार–(वि.) 1 काँटेदार 2 छोटे झाड़

झाड़ू–(पु.) लंबी सींकों आदि का मुट्ठा जिससे कूड़ा साफ़ करते हैं, बुहारी **झाड़ू फिरना** कुछ बाक़ी न रहना, बर्बाद हो जाना **झाड़ू मारना** ठोकर मारना, तिरस्कार करना

झापड़–(पु.) थप्पड़, तमाचा

झाबा–(पु.) 1 टोकरा 2 कुप्पा 3 चमड़े का बड़ा थाल, सफरा 4 शीशे का बड़ा झाल

झारखंड–(पु.) 1 भारत का एक राज्य 2 उजाड़ जगह

झारी–(स्त्री.) टोंटीदार बर्तन

झाल–I (स्त्री.) 1 गंध, स्वाद आदि की तीव्रता 2 स्वाद का चरचरापन, तीक्ष्णता II (स्त्री.) 1 झालने की क्रिया 2 धातु आदि का वह अंश जिसमें टाँका लगा हो

झालना–(स. क्रि.) धातु की बनी वस्तु को टाँके से जोड़ना

झालर–(स्त्री.) 1 लटकनेवाला हाशिया 2 लहरदार किनारा

झालरदार–(वि.) जिसमें झालर लगी हो

झिंझोटी–(स्त्री.) एक रागिनी जो दिन के चौथे पहर में गाई जाती है

झ

झिझक–(स्त्री.) संकोच, हिचक

झिझकना–(अ. क्रि.) संकोच करना

झिड़कना–(स. क्रि.) 1 डाँटना, फटकारना 2 तिरस्कार के साथ फेंक देना

झिड़की–(स्त्री.) डाँट-फटकार

झिरझिरा–(वि.) झीना, पतला

झिरी, झिर्री–(स्त्री.) 1 छोटा सूराख़, छेद, दरार 2 गड्ढा जिसमें आस-पास का पानी इकट्ठा होता हो 3 बड़े जलाशय के पास का छोटा झरना

झिलना–(अ. क्रि.) 1 सहा जाना 2 अंदर धँसना 3 तृप्त होना, अघाना 4 मगन होना

झिलमिल–I (स्त्री.) 1 प्रकाश की किरणों के हिलते रहने की स्थिति (जैसे–तारों का झिलमिल करना) 2 अंधकार एवं प्रकाश के मध्य की स्थिति जो संध्या एवं सबेरे दिखाई देती है 3 रह-रहकर चमकती हुई रोशनी II (वि.) झिलमिलाता हुआ

झिलमिला–(वि.) थोड़ा अँधेरा एवं थोड़ा उजाला (समय)

झिलमिलाना–(अ. क्रि.) 1 रह-रहकर चमकना (जैसे–लौ का झिलमिलाना) 2 टिमटिमाना (जैसे–तारों का झिलमिलाना)

झिलमिलाहट–(स्त्री.) टिमटिमाहट

झिल्ली–(स्त्री.) 1 पारदर्शक आवरण (जैसे–गर्भस्थ शिशु के चारों ओर लिपटी झिल्ली) 2 फल आदि का छिलका 3 खाल की पतली तह 4 आँख का जाला नामक रोग

झींकना–I (अ. क्रि.) झींखना II (स. क्रि.) 1 पटकना 2 फेंकना, सज्जित करना

झींखना–(अ. क्रि.) 1 दुःखी होना 2 कुढ़ना

झींगा–(पु.) 1 एक मछली जिसके मुँह एवं पूँछ पर लंबे बाल होते हैं 2 बढ़िया अगहनी धान 3 कपास की फ़सल में लगनेवाला कीड़ा

झींगुर–(पु.) बरसाती कीड़ा जो झीं-झीं की ध्वनि करता है

झीखना–I (अ. क्रि.) कुढ़-कुढ़कर अपना दुखड़ा रोते रहना II (पु.) कुढ़-कुढ़कर कही जानेवाली बात

झीना–(वि.) 1 बारीक, महीन (जैसे–झीना कपड़ा) 2 जिसकी बुनावट ठस न हो, पतला-पतला

झील–(स्त्री.) प्राकृतिक जलाशय, बहुत बड़ा ताल, सरोवर

झीली–(स्त्री.) 1 दही, दूध आदि के ऊपर की मलाई 2 झिल्ली

झीवर–(पु.) मल्लाह, माँझी, केवट

झुँझलाना–(अ. क्रि.) क्रुद्ध एवं व्यथित होकर बोलना

झुँझलाहट–(स्त्री.) झुँझलाने की क्रिया, गुस्सा

झुंड–(पु.) समूह, टोली (जैसे–हरिणों का झुंड)

झुकना–(अ. क्रि.) 1 लटकना (जैसे–सिर झुकना, गर्दन झुकना) 2 मुड़ना 3 नमित होना, दबना 4 पक्षपात करना 5 नीचा होना 6 किसी कार्य की ओर प्रवृत्त होना

झुकवाना–(स. क्रि.) झुकने में प्रवृत्त करना

झुकाना–(स. क्रि.) 1 टेढ़ा करना, लटकाना 2 मोड़ना 3 नीचा करना

झुकाव, झुकावट–(स्त्री.) 1 झुकने की क्रिया 2 झुके होने की अवस्था 3 प्रवृत्ति, रुख़ (जैसे–दर्शन के प्रति मेरा विशेष झुकाव है)

झुग्गी–(स्त्री.) ग़रीब की झोंपड़ी

झुटपुटा–(पु.) थोड़ा-थोड़ा अँधेरा हो जाने का समय

झुठलाना–(स. क्रि.) झूठा ठहराना

झुठाना–(स. क्रि.) झूठा सिद्ध करना

झुनझुन–(स्त्री.) घुँघरुओं आदि के बजने से उत्पन्न शब्द

झुनझुना–(पु.) बच्चों का एक खिलौना, बाजा

झुनझुनाना–(अ. क्रि.) झुन-झुन की आवाज़ होना

झुनझुनियाँ–(स्त्री.) 1 पैरों में पहनने का एक गहना 2 पैरों में पहनाई जानेवाली बेड़ी

झुमका–(पु.) कानों में पहनने का एक आभूषण

झुमरी–(स्त्री.) छोटी मुँगरी

झुमाना–(स. क्रि.) झूमने में प्रवृत्त करना

झुरझुरी–(स्त्री.) हल्की कँपकँपी

झुरमुट–(पु.) 1 घनी झाड़ियों का समूह (जैसे–झुरमुट में छिप जाना) 2 बहुत-से लोगों का समूह

झुर्री–(स्त्री.) त्वचा पर पड़नेवाली शिकन **झुर्रीदार** (वि.) जिसके शरीर पर झुर्रियाँ पड़ी हों

झुलना–I (पु.) 1 ढीला कुर्ता 2 झूला II (वि.) झूलनेवाला

झुलसना–(अ. क्रि.) 1 त्वचा का कुछ-कुछ जल जाने के कारण काला पड़ जाना (जैसे–रोटी पकाते समय हाथ झुलसना) 2 वस्तु का केवल ऊपरी भाग जलना 3 सूखकर काला पड़ना (जैसे–गेहूँ की बालियाँ झुलसना)

झुलसाना–(स. क्रि.) 1 आग से हल्का-सा जल जाना 2 अंग या वस्तु का ऊपरी भाग जला देना

झुलाना–(स. क्रि.) 1 इधर-उधर हिलाना (जैसे–पालना झुलाना) 2 लटकाकर हिलाना (जैसे–पंखा झुलाना)

झूठ–I (पु.) मिथ्या, असत्य II (वि.) झूठा, असत्य **झूठ-मूठ** (अ.) बिना सत्य आधार के, झूठ ही (जैसे–झूठ-मूठ तंग करना)

झूठा–I (वि.) 1 जो सत्य न हो, मिथ्या 2 असत्य, झूठ बोलनेवाला (जैसे–झूठा गवाह) 3 जो विश्वसनीय एवं सत्यनिष्ठ न हो 4 जिसमें वास्तविकता न हो, आडंबरपूर्ण II (वि.) जूठा **झूठों का पीर (बादशाह)** बहुत बड़ा झूठा

झूम–(स्त्री.) 1 झूमने की क्रिया 2 ऊँघने की अवस्था

झूमक–(पु.) 1 झूम-झूमकर नाचनेवाला नाच, नृत्य, झुमकरा 2 झूमर नृत्य के साथ होनेवाला गीत 3 झुमका 4 मोतियों आदि का गुच्छा

झूमना–(अ. क्रि.) 1 इधर-उधर हिलना, झोंके खाना 2 लड़खड़ाना (जैसे–शराब के नशे में झूमना) 3 लहराना (जैसे–सिनेमा के गीत सुनकर मस्ती में झूमना)

झूमर–(पु.) 1 होली में नाच के साथ गाया जानेवाला गीत 2 सिर का एक गहना 3 कान में पहनने का झुमका 4 स्त्रियों का घेरे में नाच-गाना

झूल–(स्त्री.) 1 झूलने की क्रिया 2 हाथी-घोड़े आदि की पीठ पर डाला जानेवाला कपड़ा 3 ढीला-ढाला भद्दा पहनावा

झूलना–I (अ. क्रि.) 1 इधर-उधर लहराना 2 पेंग लगाकर बार-बार आगे-पीछे होना 3 किसी आशा में लटके रहना 4 लटक जाना (जैसे–फाँसी पर झूलना) II (पु.) हिंडोला III (वि.) झूलनेवाला

झूला–(पु.) 1 झूलने का साधन 2 हिंडोला 3 ज़ंजीरों आदि का बना खंभे का पुल, झूलता पुल

झेंपना–(अ. क्रि.) संकोच करना, लज्जित होना

झेंप–(स्त्री.) संकोच, लज्जा

झेंपाना–(स. क्रि.) लज्जित करना

झेंपू–(वि.) झेंपनेवाला, लज्जालु, संकोची

झेलना–(स. क्रि.) 1 सहना 2 बर्दाश्त करना

झोंक–(स्त्री.) 1 झोंकने की क्रिया 2 मन की प्रवृत्ति 3 धुन, आवेश

झोंकना–(स. क्रि.) 1 आगे की ओर फेंकना (जैसे–कोयला झोंकना) 2 धकेलना (जैसे–आग में झोंकना) 3 उड़ाना, ख़र्च करना (जैसे–नाच-गाने में उसने हज़ारों रुपए झोंक दिए)

झोंका–(पु.) 1 वेगपूर्वक चलनेवाली हवा 2 हिलोरा 3 झटका, आघात 4 अचानक आनेवाली नींद

झोंटा–(पु.) सिर पर के लंबे-लंबे बालों का समूह **झोंटा-झोंटी** (स्त्री.) स्त्रियों की आपस में झोंटा पकड़कर होनेवाली लड़ाई **झोंटा-झोंटी करना** झोंटा पकड़कर लड़ना

झोंपड़पट्टी–(स्त्री.) झोंपड़ियों का मुहल्ला

झोंपड़ा–(पु.) घास-फूस से छाया हुआ छोटा कच्चा घर

ट

झोंपड़ी–(स्त्री.) छोटा झोंपड़ा, कुटी

झोल–I (पु.) 1 झूलना, लटकना 2 लटकनेवाला अंश 3 आँचल 4 परदा **झोल-झाल** (वि.) 1 ढीला-ढाला 2 व्यर्थ, बेकार 3 बुरा, दूषित II (पु.) 1 वह झिल्ली जिसमें लिपटा हुआ बच्चा पैदा होता है, जरायु 2 गर्भ III (पु.) 1 जलन, दाह 2 भस्म, राख IV (पु.) 1 रसा, घोल 2 कढ़ी V (पु.) अंडे-बच्चे

झोला–(पु.) 1 कपड़े आदि का बना थैला 2 खोली, गिलाफ़ 3 साधुओं का ढीला-ढाला कुर्ता

झोली–(स्त्री.) छोटा थैला, थैली

ट

टंक–I (पु.) 1 चार माशे की एक तौल 2 उक्त तौल का बटखरा 3 उक्त तौल का चाँदी का सिक्का

टंक–II (पु.) 1 पत्थर काटने की टाँकी 2 कुदाल 3 कुल्हाड़ी 4 तलवार 5 तलवार की म्यान 6 अभिमान 7 क्रोध

टंकक–(पु.) टाइप करनेवाला (टाइपिस्ट)

टंकण–(पु.) 1 टाइप करना 2 सिक्कों आदि की ढलाई **टंकण यंत्र** (पु.) टाइप-राइटर

टँकना–(अ. क्रि.) 1 टाँका जाना 2 सिलना 3 सिलाई द्वारा अटकाया जाना 4 सिल आदि का कुटना

टँकाई–(स्त्री.) 1 टाँकने की क्रिया 2 टाँकने का पारिश्रमिक

टँकाना–I (स. क्रि.) 1 टाँके लगवाना 2 सिल आदि कुटवाना II (स. क्रि.) याददाश्त, स्मरण हेतु लिखवा देना

टंकार–(स्त्री.) 1 धनुष की ध्वनि 2 धातु की टन-टन

टंकारना–(स. क्रि.) 1 धनुष की प्रत्यंचा तानकर छोड़ना जिससे टन-टन ध्वनि उत्पन्न हो 2 टन-टन शब्द उत्पन्न करना

टँगड़ी–(स्त्री.) 1 टाँग, पैर 2 अड़ंगा **टँगड़ीबाज़** अड़ंगे लगानेवाला

टँगना–I (अ. क्रि.) 1 टाँगा जाना 2 अटकाया जाना, जड़ा जाना 3 फाँसी पर चढ़ाया जाना II (पु.) अलगनी

टंच–(वि.) 1 तैयार 2 हृष्ट-पुष्ट 3 ठीक-ठाक

टंट-घंट–(पु.) पूजा-पाठ की आडंबरपूर्ण पद्धति

टंटा–(पु.) 1 झंझट 2 सारहीन लड़ाई-झगड़ा

टकटकी–(स्त्री.) स्थिर दृष्टि, एकटक

टकराना–I (अ. क्रि.) 1 दो वस्तुओं का आपस में भिड़ जाना 2 ठोकर लगना 3 छेड़ना, बाधा डालना 4 संघर्ष करना (जैसे–उस बदमाश से टकराना अच्छा नहीं है) 5 सहसा आघात करना (जैसे–किले की दीवार से लहरों का टकराना) 6 इधर-उधर मारा-मारा फिरना, ठोकरें खाना II (स. क्रि.) दो वस्तुओं को आपस में लड़ा देना

टकराव (पु.), **टकराहट**–(स्त्री.) भिड़ंत

टकसाल–(स्त्री.) 1 सिक्के आदि ढालने का कारख़ाना 2 जो हर तरह से निर्दोष एवं प्रामाणिक हो

टकसाली–(वि.) 1 टकसाल का 2 टकसाल में ढला हुआ 3 खरा 4 चलनसार एवं मान्य, सम्मत 5 प्रामाणिक

टका–(पु.) 1 चाँदी का पुराना सिक्का, रुपया 2 अंग्रेज़ी शासन काल में प्रचलित दो पैसे का सिक्का, अधन्ना 3 आधी छटाँक की तौल 4 धन-संपत्ति, रुपया-पैसा **टका-सा जवाब देना** साफ़ इनकार कर देना

टकार–(पु.) 'ट' वर्ण

टकुआ–(पु.) 1 चरखे में प्रयोग किए जाने वाला तकला 2 अँकुसीदार औज़ार (जैसे–मोची का टकुआ)

टकुली–(स्त्री.) 1 पत्थर काटने की छेनी 2 नक़्क़ाशी करने का एक औज़ार 3 छोटा टकुआ

टकोर–(स्त्री.) 1 टंकार 2 डंके की चोट, नगाड़े की आवाज़ 3 हलका आघात, हलकी चोट 4 सेंक

टकोरना–(स. क्रि.) 1 धीरे से आघात करना 2 बजाना 3 डंके आदि पर चोट करना 4 सेंक देना

टक्कर–(स्त्री.) आपस में भिड़ जाना, भिड़ंत (जैसे–रेल और बस की टक्कर में अनेक लोग मारे गए) **टक्कर का** मुक़ाबले का

टख़ना–(पु.) पिंडली एवं एड़ी के बीच की दोनों ओर उभरी हड्डी, गुल्फ

टटका–(वि.) 1 हाल का 2 ताज़ा 3 कोरा, नया

टटोल–(स्त्री.) टटोलने की क्रिया, तलाश

टटोलना–(स. क्रि.) 1 छूकर पता लगाना 2 तलाश करना, ढूँढना 3 (मन की) थाह लेना 4 आज़माना

टट्टर–(पु.) परदे के लिए बनाया बाँस की फट्टियों का जालीदार पल्ला

टट्टा–(पु.) 1 टट्टर, बड़ी टट्टी 2 लकड़ी का तख़्ता, पल्ला

टट्टी–(स्त्री.) 1 ओट, परदा, चिक 2 छोटा टट्टर, पल्ला 3 पल्ले की दीवार 4 शिकार खेलने की आड़ 5 पाख़ाना 6 अंगूर आदि की लतर चढ़ाने के लिए बनाई गई बाँस की फट्टियों की दीवार **टट्टी की आड़ से शिकार खेलना** छिपाकर चाल चलना, गुप्त कार्रवाई करना

टट्टू–(पु.) छोटे क़द का घोड़ा **भाड़े का टट्टू** पैसे के लालच में काम करनेवाला

टन–I (पु.) घंटा बजने का शब्द, टंकार

टन–II (पु.) 1000 किलोग्राम वज़न की अंग्रेजी तौल

टनकना–(अ. क्रि.) टन-टन शब्द होना

टनटनाना–(स. क्रि.) टन-टन शब्द उत्पन्न करना

टना–(पु.) 1 भग, योनि 2 स्त्रियों की योनि में का निकला हुआ वह टुकड़ा जो दोनों किनारों के मध्य होता है, टिंगा, भगनासा

टनाटन–I (स्त्री.) लगातार घंटा बजने से होनेवाला टन-टन शब्द II (क्रि. वि.) 1 टन-टन शब्द करते हुए 2 अच्छी एवं ठीक अवस्था में

टप–(स्त्री.) तरल पदार्थ की बूँद के गिरने से होनेवाला शब्द

टपक–(स्त्री.) 1 टपकने की क्रिया 2 टप-टप शब्द

टपकना–(अ. क्रि.) 1 बूँद-बूँद गिरना (जैसे–भीगे कपड़े से पानी टपकना) 2 ऊपर से सहसा गिरना (जैसे–पेड़ से आम टपकना) 3 सहसा आ पहुँचना (जैसे–अरे आप कहाँ से आ टपके)

टपका–(पु.) 1 टप-टपकर गिरने की अवस्था 2 टपका हुआ फल आदि 3 रह-रहकर होनेवाली पीड़ा, दर्द 4 चौपायों के खुर में होनेवाली एक बीमारी

टपकाना–(स. क्रि.) 1 छोटे-छोटे टुकड़ों के रूप में गिराना 2 चुआना

टपना–I (अ. क्रि.) 1 बिना खाए-पिए पड़े रहना 2 व्यर्थ किसी के भरोसे बैठे रहना 3 पशु-पक्षियों की काम-क्रीड़ा, संभोग करना 4 उछलना, कूदना II (स. क्रि.) लाँघना

टपाटप–(क्रि. वि.) 1 टप-टप शब्द करते हुए (जैसे–टपाटप आँसू गिरना) 2 निरंतर, लगातार 3 चटपट, तुरंत

टपाना–(स. क्रि.) 1 बिना खिलाए-पिलाए रखना 2 झूठ-मूठ परेशान करना 3 व्यर्थ आसरे में रखना 4 लँघाना, पार कराना 5 पशु-पक्षियों का जोड़ा मिलाना, संभोग कराना

टप्पर–(पु.) 1 झोंपड़ा, छप्पर 2 बिछाने का टाट

ट

टप्पा–(पु.) 1 उछलती हुई वस्तु का बीच-बीच में पृथ्वी छूना 2 वह फ़ासला जहाँ तक कोई वस्तु पहुँचे 3 उछाल, फलाँग

टमाटर–(पु.) एक हरा या लाल फल (सब्ज़ी), उस फल का पौधा

टर–(स्त्री.) 1 कर्कश ध्वनि (जैसे–मेंढक की टर-टर) 2 ईद के चाँद का मेला 3 ज़िद्द

टरकाना–(स. क्रि.) टालना

टरकुल–(वि.) 1 घटिया, निकम्मा 2 बहुत ही साधारण

टरटराना–(अ. क्रि.) 1 अंड-बंड बकना, लगातार व्यर्थ की बात करना 2 ज़ोर-ज़ोर से बोलना (जैसे–मेंढक का टरटराना)

टर्र-टर्र–(स्त्री.) मेंढक की तीव्र एवं कर्कश ध्वनि

टर्राना–(अ. क्रि.) 1 गर्व के साथ बातें करना 2 कटुवचन कहना

टर्रू–(पु.) 1 अनावश्यक रूप से बोलनेवाला व्यक्ति 2 टर्रा आदमी 3 मेंढक

टलना–(अ. क्रि.) 1 विचलित होना 2 खिसकना 3 अपने स्थान से हटना, सरकना 4 मिटना 5 खंडित होना 6 स्थगित होना

टलुआ–(पु.) काम को टालने वाला

टल्लेबाज़ी–(पु.) बहानेबाज़ी

टवर्ग–(पु.) वर्णमाला के ट, ठ, ड, ढ एवं ण व्यंजनों का समूह

टस–(स्त्री.) 1 भारी वस्तु के खिसकने का शब्द 2 ज़ोर लगाए जाने पर भी भारी चीज़ के अपने स्थान से न हिलने की अवस्था **टस से मस न होना** ज़रा-सा भी न हिलना

टसक–(स्त्री.) टीस, कसक

टसकना–I (अ. क्रि.) 1 खिसकना 2 विचलित होना 3 टीस उठना 4 फलों आदि का पककर गदराना II धीरे-धीरे रोते हुए आँसू बहाना

टसर–(पु.) 1 मटमैले पीले रंग का मोटा रेशम 2 ऐसे ही रेशम का बना हुआ कपड़ा

टसुआ–(पु.) आँसू, अश्रु

टहना–(पु.) बहुत बड़ी तथा मोटी टहनी

टहनी–(स्त्री.) वृक्ष की शाखा, डाली

टहल–(स्त्री.) सेवा-सुश्रूषा, ख़िदमत

टहलना–(अ. क्रि.) धीरे-धीरे चलना, मंद गति से भ्रमण करना, हवाख़ोरी करना

टहलनी–(स्त्री.) 1 सेविका 2 मज़दूरनी

टहलाना–(स. क्रि.) चलाना, घुमाना-फिराना

टहलुआ–(पु.) सेवा करनेवाला व्यक्ति

टाँक–I (स्त्री.) 1 चार माशे की एक तौल 2 अंश, हिस्सा II 1 टाँकने की क्रिया 2 लिखावट 3 क़लम का अगला भाग III मान, मूल्य आदि का अनुमान, कूत

टाँकना–(स. क्रि.) 1 सिलाई करके जोड़ना, सिलाई करके दृढ़ करना (जैसे–रज़ाई टाँकना) 2 सुई-डोरे से सीकर लगाना (जैसे–बटन टाँकना)

टाँका–(पु.) 1 सीवन (जैसे–कमीज़ के टाँके खुल गए) 2 सिलाई के दिखनेवाले चिह्न, निशान 3 टाँका लगाकर जोड़ा जानेवाला टुकड़ा, चकती 4 धातुओं का जोड़ 5 धातुएँ जोड़ने का मसाला 6 छेनी

टाँकी–(स्त्री.) 1 छेनी 2 काटकर बनाया गया छेद 3 आरी का दाँत

टाँग–(स्त्री.) 1 जाँघ से लेकर एड़ी तक का भाग 2 कुश्ती का एक पेंच जिसमें प्रतिद्वंद्वी की टाँग में टाँग अड़ाकर उसे चित गिराते हैं **टाँग अड़ाना** अनाधिकार हस्तक्षेप करना

टाँगना–(स. क्रि.) 1 लटकाना 2 फाँसी देना

टाँगा–I दो ऊँचे पहियोंवाली घोड़ागाड़ी II (पु.) कुल्हाड़ा

टाँच–(स्त्री.) 1 टाँचने की क्रिया 2 टाँका 3 चकती 4 काटकर निकाला गया अंश 5 छीलन

टाँचना–(स. क्रि.) 1 टाँकना 2 सिलाई करना 3 काट-छाँट करना

टाँट–(पु.) खोपड़ी **टाँट के बाल तक उड़ जाना** अत्यधिक दुर्दशा होना

टाँड़–(स्त्री.) 1 सामान रखने के लिए बनी हुई लकड़ी या ईंट-सीमेंट की पाटन 2 मचान

टाँड़ा–(पु.) 1 चौपायों का झुंड जिस पर

व्यापारी सामान लादकर चलते हैं 2 चौपायों पर माल लादकर ले जाने की व्यवस्था

टाँय-टाँय–(स्त्री.) कर्कश स्वर में कही गई निरर्थक बात **टाँय-टाँय फिस होना** लंबी-चौड़ी बातों के बाद भी कोई परिणाम न निकलना

टाइप–(पु.) धातु आदि का वह टुकड़ा जिस पर कोई अक्षर या चिह्न खुदा हो

टाट–(पु.) 1 पटसन का बना मोटा कपड़ा 2 मोटा कपड़ा 3 बिरादरी 4 महाजन की गद्दी

टाप–(स्त्री.) 1 खुर का निचला हिस्सा 2 खुर के ज़मीन पर आघात होने से उत्पन्न शब्द

टापना–(अ. क्रि.) 1 टाप मारना जिससे टप-टप शब्द हो, खूँद करना 2 लाँघना, पार करना

टापू–(पु.) ज़मीन का वह भाग जो चारों ओर जल से घिरा हो, द्वीप

टाल–(स्त्री.) 1 लकड़ी, पुआल आदि का ढेर, अटाला 2 बहाना 3 टरकाने की क्रिया **टालटूल, टालमटूल, टालमटोल** (स्त्री.) बहानेबाज़ी, हीला-हवाला

टालना–(स. क्रि.) 1 खिसकाना, हटाना 2 टरकाना 3 स्थगित कर देना 4 उल्लंघन करना, उपेक्षा करना

टिंड–I (पु.) रहट में लगा हुआ धातु आदि का वह पात्र जिसके द्वारा कुएँ का पानी सिंचाई हेतु खींचकर बाहर निकाला जाता है II (पु.) घुटा, मूड़ा हुआ सिर

टिंडा–(पु.) एक लता जिसके छोटे गोल फलों की तरकारी बनाई जाती है

टिकट–(पु.) निश्चित मूल्य पर दिया जानेवाला काग़ज़, दफ़्ती आदि का टुकड़ा (जैसे–रेल टिकट, सिनेमा टिकट)

टिक-टिक–(स्त्री.) 1 घड़ी के चलते समय उसमें से उत्पन्न होनेवाला शब्द 2 घोड़े आदि को हाँकने के लिए किया जानेवाला शब्द

टिकटिकी–(स्त्री.) 1 अपराधी को बाँधकर बेंत लगाने के लिए बना हुआ ढाँचा 2 टकटकी

टिकठी–(स्त्री.) 1 अरथी 2 फाँसी का तख़्ता 3 तिपाई

टिकड़ा–(पु.) 1 चिपटा गोल टुकड़ा 2 जड़ाऊ गहने में लगा गोल या चौकोर टुकड़ा 3 आँच पर पकाई गई चिपटी मोटी रोटी

टिकना–(अ. क्रि.) 1 ठहरना 2 कुछ समय के लिए वास करना 3 अड़ना 4 युद्ध में डटना

टिकरी–(स्त्री.) 1 बेसन और मैदे की टिकियों को एक में बेलकर एवं घी में तलकर बनाया गया नमकीन पकवान 2 टिकिया

टिकली–(स्त्री.) 1 माथे पर लगाई जानेवाली काँच आदि की छोटी टुकड़ी, बिंदी 2 टीका नामक आभूषण

टिकाऊ–(वि.) टिकनेवाला

टिकाना–(स. क्रि.) 1 ठहराना 2 वास के लिए स्थान देना

टिकाव–(पु.) 1 टिके होने की अवस्था 2 स्थिरता

टिकिया–(स्त्री.) गोली, दवा की गोली

टिकुली–(स्त्री.) माथे पर लगाई जानेवाली धातु आदि की बनी बिंदी, टिकली

टिकैत–(पु.) 1 राजा के बाद तिलक का अधिकारी राजकुमार, युवराज 2 अधिष्ठाता

टिकोरा–(पु.) आम का कच्चा छोटा फल

टिक्कड़–(पु.) 1 बाटी 2 बड़ी टिकिया

टिक्का–(पु.) 1 टिकड़ा 2 टीका

टिक्की–(स्त्री.) 1 छोटी पूरी या छोटी रोटी 2 छोटी टिकिया 3 ताश के पत्ते पर की बूटी, बुंदकी

टिचन–(वि.) 1 दुरुस्त, बिलकुल ठीक 2 तैयार, उद्यत

टिटकारी–(स्त्री.) टिक-टिक करने की क्रिया

टिटिहरी–(स्त्री.) पानी के किनारे रहनेवाली एक चिड़िया, कुररी

टिड्डी–(स्त्री.) दल बाँधकर उड़नेवाला बड़ा फतिंगा जो फ़सल को नष्ट कर देता है **टिड्डी दल** (पु.) बड़ा झुंड

टिप-टिप–(स्त्री.) जल की बूँदें गिरने से होनेवाला शब्द

ट

टिप्पणी–(स्त्री.) 1 संक्षिप्त रूप में लिखने की क्रिया 2 संक्षिप्त रूप में लिखा गया लेख, नोट 3 संक्षिप्त विचार, उपकथन 4 संक्षिप्त टीका **टिप्पणीकार** (पु.) टिप्पणी करनेवाला

टिप्पस–(स्त्री.) 1 उपाय, युक्ति 2 प्रयोजन, सिद्धि का ढंग

टिब्बा–(पु.) ढूह, टीला, भीटा

टिमटिमाना–(अ. क्रि.) 1 रह-रहकर हल्का प्रकाश होना 2 बुझने से पहले रह-रहकर हल्का प्रकाश देना

टिमटिमाहट–(स्त्री.) रह-रहकर होनेवाला प्रकाश

टिलवा–(पु.) 1 ठिंगना आदमी 2 चापलूस आदमी

टिल्ला–I (पु.) 1 चोट 2 धक्का II (वि.) निठल्ला

टिल्लेबाज़–(स्त्री.) 1 निठल्ला 2 बहानेबाज़

टिल्लेबाज़ी–(स्त्री.) 1 निठल्लापन 2 बहानेबाज़ी

टीका–I (पु.) 1 माथे का तिलक 2 विवाह के पूर्व की एक रस्म, तिलक, सगाई 3 राजतिलक 4 सुई द्वारा शरीर में औषध प्रवेश कराने की क्रिया 5 भेंट

टीका–II (स्त्री.) अर्थ का विवरण, व्याख्या (जैसे–रामायण की टीका) **टीकाकार** (पु.) टीका करनेवाला व्यक्ति, भाष्यकार **टीका-टिप्पणी** (स्त्री.) गुण-दोष आदि का विवेचन

टीप–I (स्त्री.) 1 दबाना, मसलना 2 ठोकने-पीटने की क्रिया 3 ईंटों की बनी दीवार और फ़र्श की संधियों में मसाला भरकर बंद करने का काम **टीप-टाप** (स्त्री.) 1 टीप करने का काम 2 ठाट-बाट, सजावट

टीप–II (स्त्री.) 1 जन्मपत्री 2 हुंडी 3 दस्तावेज़ 4 टिप्पणी **टीपदार** (वि.) 1 जो जन्मपत्री बनाता हो 2 जो टिप्पणी आदि करता हो

टीबा–(पु.) टीला

टीम-टाम–(स्त्री.) 1 ऊपरी बनाव-शृंगार 2 तड़क-भड़क 3 व्यर्थ का आडंबर, दिखावा

टीला–(पु.) 1 मिट्टी या बालू का ऊँचा ढेर, ढूह 2 छोटी पहाड़ी

टीस–(स्त्री.) सहसा रह-रहकर उठनेवाली पीड़ा

टीसना–(अ. क्रि.) रह-रहकर तीव्र पीड़ा होना

टुंटा, टुंड, टुंडा–(वि.) 1 जिसकी डाल या पत्तियाँ कटकर या झड़कर गिर गईं हों 2 जिसका एक या दोनों हाथ कटे हों 3 जिसका एक या दोनों सींग टूटकर अलग हो गये हों

टुंडी–I (स्त्री.) नाभि, ढोंढी II बाँह, मुश्क

टुइयाँ–I (पु.) एक तरह का छोटा तोता II (वि.) 1 बहुत छोटा 2 ठिंगना, नाटा

टुक–I (वि.) ज़रा-सा, थोड़ा II (क्रि. वि.) ज़रा, तनिक

टुकड़ख़ोर–(वि.) टुकड़ा माँगकर खानेवाला

टुकड़ा–(पु.) वस्तु का खंड (जैसे–ईंट, पत्थर आदि का टुकड़ा)

टुकड़ी–(स्त्री.) 1 छोटा टुकड़ा 2 छोटा झुंड 3 सैनिकों का छोटा दल, कंपनी

टुकुर-टुकुर–(क्रि. वि.) 1 ललचाई हुई नज़र से 2 विवशता की दशा में

टुक्कड़–(पु.) रोटी का टुकड़ा

टुच्चा–(वि.) 1 ओछा, कमीना 2 दुष्ट 3 अनुचित एवं हेय

टुटपुँजिया–(वि.) बहुत कम पूँजीवाला

टुटरूँ–(पु.) पेंडुकी नामक चिड़िया **टुटरूँ-टूँ** I (स्त्री.) पेंडुकी के बोलने का शब्द II (वि.) 1 एकदम अकेला 2 बहुत कम

टूँगना–(स. क्रि.) काटना, कुतरना

टूँड़–(पु.) 1 जौ, गेहूँ, धान आदि की बाल में ऊपर की ओर निकला हुआ भाग 2 मच्छर आदि कीड़ों के मुँह के आगे सूँड़ की तरह निकली हुई पतली नली

टूँड़ी–(स्त्री.) 1 गाजर, मूली आदि की नोंक 2 लंबी नोंक 3 नाभि

टूक–(पु.) टुकड़ा, खंड **दो टूक जवाब देना** साफ़ इनकार कर देना

टूट, टूटन–(स्त्री.) 1 टूटने की क्रिया 2 टूटने या कटने पर निकला हुआ अंश 3 भूल-चूक, कमी, त्रुटि

टूटना–(अ. क्रि.) 1 खंडित होना, भग्न होना 2 व्यतिक्रम उत्पन्न होना (जैसे–खाँसते-खाँसते

दम टूटना, व्रत या उपवास टूटना) 3 शक्ति का ह्रास होना 4 मनोदशा का सबल एवं स्वस्थ न होना (जैसे—दिल टूटना)

टूटा—(वि.) खंडित **टूटा-फूटा** (वि.) 1 जीर्ण-शीर्ण 2 सामान्य कोटि का

टें—(स्त्री.) 1 तोते की बोली 2 कर्कश स्वर **टें बोलना** अचानक मर जाना

टेंट—I (स्त्री.) धोती का कमर पर मुड़ा हुआ हिस्सा II (पु.) ख़ेमा

टेंटुवा—(पु.) 1 गर्दन, नटई 2 घंटी

टेक—(स्त्री.) 1 सहारा 2 हठ 3 आदत 4 संकल्प, प्रतिज्ञा

टेकना—(स. क्रि.) 1 सहारा लेना 2 सहारे के लिए कोई वस्तु पकड़ना 3 थाम लेना 4 हठ पकड़ना, हठ करना

टेकनी—(स्त्री.) टेक लगाने की छड़ी

टेकरी—(स्त्री.) ढूह, ऊँची भूमि, भीटा

टेका—(पु.) बैठने-ठहरने का स्थान, टिकाव, पड़ाव, आश्रम

टेकी—(वि.) 1 टेक पर अड़ा रहनेवाला 2 ज़िद्दी

टेढ़—(स्त्री.) 1 टेढ़ापन, वक्रता 2 उजड्डपन 3 दुष्टता

टेढ़ा—(वि.) 1 जो सीधा न हो, वक्र, झुका हुआ 2 कुटिल, बाँका 3 कठिन, दुःसाध्य

टेढ़े, टेढ़े-मेढ़े—(क्रि. वि.) तिरछे, टेढ़ेपन के साथ

टेर—(स्त्री.) 1 पुकार, हाँक 2 ऊँचा स्वर, तान

टेरना—I (स. क्रि.) 1 चिल्लाकर पुकारना 2 ऊँचा स्वर निकालना II टालना, टरकाना

टेव—(स्त्री.) आदत, बान

टेवा—(पु.) 1 छोटी जन्मपत्री 2 लग्नपत्री, कुंडली

टेसू—(पु.) पलाश जाति का पौधा और फूल

टोंटा—(पु.) 1 नोंक की तरह निकली हुई गोलाकार लंबी खोखली वस्तु (जैसे—बाँस का टोंटा) 2 बंदूक़ की गोली का ऊपरी आवरण, कारतूस

टोंटी—(स्त्री.) पात्र या नल में आगे की ओर लगा हुआ छोटा मुँह, टैप (जैसे—नल की टोंटी बंद कर दो) **टोंटीदार** (वि.) जिसमें टोंटी लगी हो

टोक—(स्त्री.) 1 टोकना, रुकावट, विघ्न 2 पूछ-ताछ 3 बुरी दृष्टि का प्रभाव, नज़र **टोकटाक** (स्त्री.) पूछ-ताछ

टोकना—(स. क्रि.) 1 चलते समय यात्रा के विषय में पूछ-ताछ करना 2 किसी बात की याद दिलाना 3 एतराज़ करना

टोकनी—(स्त्री.) 1 देगची, बटलोई 2 छोटा हंडा 3 टोकरी

टोकरा—(पु.) झाबा, खाँचा, डाला

टोकरी—(स्त्री.) छोटा टोकरा, खँचिया, डलिया

टोका-टाकी—(स्त्री.) रोक-टोक, निरंतर बाधा

टोटका—(पु.) टोना

टोटा—(पु.) 1 घाटा 2 कमी

टोड़ी—(स्त्री.) सुबह गाई जानेवाली एक रागिनी

टोना—(पु.) जादू, टोटका **टोना-टोटका** (पु.) जादू-टोना

टोप—(पु.) 1 बड़ी टोपी 2 युद्ध में सिर पर पहना जानेवाला खोल, शिरस्त्राण 3 ख़ोली, गिलाफ़

टोपा—I (पु.) 1 टोप 2 टोकरा, दौरा II तोपा (सिलाई का)

टोपी—(स्त्री.) 1 सिर पर का एक हल्का पहनावा (जैसे—गाँधी टोपी, तुर्की टोपी) 2 राजमुकुट, ताज 3 टोपी के आकार का धातु आदि का बना गहरा ढक्कन **टोपीदार** (वि.) जिस पर टोपी लगी हो **टोपी उछालना** अपमानित करना, बेइज़्ज़त करना

टोल—(पु.) मंडली

टोला—(पु.) 1 छोटी बस्ती, मुहल्ला 2 एक पेशे, जातिवालों की बस्ती (जैसे—महाजनी टोला में जाऊँगा)

टोली—(स्त्री.) 1 छोटा मुहल्ला 2 मंडली, जत्था 3 झुंड

टोह—(स्त्री.) 1 थाह 2 खोज 3 टटोल

टोहना—(स. क्रि.) 1 थाह लेना 2 छूकर देखना, टटोलना 3 खोजना

टोही—I (वि.) पता लगानेवाला II (पु.) ख़ुफ़िया जासूस

ठ

ठ

ठंड–(स्त्री.) सर्दी
ठंडक–(स्त्री.) ठंढक
ठंडा–(वि.) ठंढा, शीतल
ठंडाई–(स्त्री.) 1 शीतलता 2 मसालेदार ठंढा पेय
ठक–I (स्त्री.) ठोकने का शब्द II (वि.) सन्नाटे में आया हुआ, स्तब्ध, भौंचक्का **ठक-ठक** (स्त्री.) बार-बार आघात करने से होनेवाला शब्द
ठकठकाना–(स. क्रि.) ठक-ठक ध्वनि करना
ठकार–(पु.) 'ठ' अक्षर
ठकुरसुहाती–(स्त्री.) ख़ुशामद, चापलूसी
ठकुराइन–(स्त्री.) ठकुरानी
ठकुराई–(स्त्री.) 1 ठाकुर होने की अवस्था 2 ठाकुरों का-सा आधिपत्य 3 मनमानापन 4 बड़प्पन, महत्त्व 5 ज़मींदारी
ठकुरानी–(स्त्री.) 1 राजपूत जाति की स्त्री 2 ठाकुर, ज़मींदार की पत्नी 3 मालकिन, स्वामिनी
ठग–(पु.) 1 धोखा देकर लूटनेवाला 2 धोखेबाज़ आदमी 3 छली **ठगलीला** (स्त्री.) ठगी, धोखाधड़ी **ठगविद्या** (स्त्री.) धोखा देने का हुनर
ठगई–(स्त्री.) धोखेबाज़ी, ठगी
ठगण–(पु.) छंद शास्त्र में पाँच मात्राओं का एक गण
ठगना–(स. क्रि.) 1 धोखा देकर लूटना 2 दग़ाबाज़ी करना 3 धोखा देना, छलना 4 अधिक दाम लेना
ठगनी–(स्त्री.) 1 ठग की पत्नी 2 धोखा देनेवाली स्त्री 3 कुटनी
ठगाठगी–(स्त्री.) धोखेबाज़ी, वंचकता
ठगाना–(अ. क्रि.) 1 ठगा जाना, धोखा खा जाना 2 अविश्वासी को अपना धन दे बैठना
ठगिन, ठगिनी–(स्त्री.) ठगनी
ठगिया–(पु.) ठग
ठगी–(स्त्री.) 1 ठगने का काम 2 ठग का पेशा 3 ठगपना
ठट्ट–(पु.) ढेर, समूह
ठट्टी–(स्त्री.) 1 ढाँचा 2 शरीर का ढाँचा, कंकाल 3 भूसा रखने कां जाल 4 अरथी
ठट्ठा–(पु.) मज़ाक, ठठोली
ठट्ठेबाज़–मज़ाक बनानेवाला
ठट्ठेबाज़ी–मज़ाक बनाने की लत
ठठ–(पु.) 1 जमाव, भीड़ 2 ठाट, सजावट
ठठरी–(स्त्री.) 1 हड्डियों का ढाँचा, कंकाल 2 ढांचा 3 अरथी 4 भूसा बाँधने का जाल
ठठाना–(अ. क्रि.) ज़ोर से हँसना, अट्टहास करना
ठठेरा–(पु.) 1 ताँबे-पीतल आदि के बर्तन बनानेवाला कारीगर, कसेरा 2 बर्तन बेचनेवाला दूकानदार
ठठेरिन–(स्त्री.) ठठेरे की स्त्री
ठठोल–I (वि.) ठठोली करनेवाला, हँसोड़ II (पु.) ठठोली **ठठोलबाज़** (वि.) हँसी-मज़ाक करनेवाला **ठठोलबाज़ी** (स्त्री.) हँसी-मज़ाक
ठठोली–(स्त्री.) हँसी-दिल्लगी (जैसे–हँसी-ठठोली मारना)
ठड़ा–(वि.) खड़ा, सीधा स्थित
ठन–(स्त्री.) 1 धातु के बर्तन की आवाज़ 2 रुपये के गिरने, बजने से उत्पन्न शब्द
ठनक–(स्त्री.) 1 ठन-ठन का शब्द 2 रह-रहकर उठनेवाली पीड़ा, टीस
ठनकना–(अ. क्रि.) ठन-ठन शब्द होना **माथा ठनकना** संदेह पैदा होना
ठनकाना–(स. क्रि.) ठन-ठन शब्द उत्पन्न करना
ठन-ठन–(स्त्री.) 1 धातु बजने का शब्द, ठनक 2 ठनठन, हठ **ठन-ठन गोपाल** (वि.) 1 निर्धन 2 जिसमें कुछ भी सार न हो,

निस्सार

ठनना–(अ. क्रि.) छिड़ जाना (जैसे–दो देशों में युद्ध ठनना)

ठनाठन–(क्रि. वि.) 1 ठन-ठन शब्द करते हुए 2 टनाटन

ठप–I (वि.) पूर्णतः बंद (जैसे–घनघोर वर्षा से सारा काम ठप हो गया) II (पु.) खुली पुस्तक सहसा बंद करने से उत्पन्न शब्द, बंद करने की अवस्था

ठपना–(स. क्रि.) 1 इस प्रकार बंद करना कि ठप शब्द हो 2 कार्य-व्यापार बंद करना 3 बंद करके रखना

ठप्पा–(पु.) चिह्न विशेष, छाप लगाने के काम में आनेवाला साँचा (जैसे–कपड़े छापने का ठप्पा, सिक्का बनाने का ठप्पा)

ठमक–(स्त्री.) चाल का सौष्ठव, ठसक, लचक

ठरना–(अ. क्रि.) 1 ठिठुरना 2 ठंड पड़ना

ठर्रा–(पु.) 1 देशी घटिया शराब 2 बटा हुआ कड़ा मोटा सूत, डोरा 3 अँगिया, चोली का बंद

ठलुआ–(पु.) निठल्ला, निकम्मा, बैठा-ठाला

ठवन–(स्त्री.) 1 अंग-संचालन की मुद्रा 2 भावाभिव्यक्ति हेतु बनाई गई विशेष मुद्रा 3 अंदाज़, ढंग

ठस–I (वि.) दृढ़ एवं मज़बूत 2 घना, सघन 3 घनी बुनावटवाला 4 अत्यधिक वज़नदार 5 कंजूस 6 आलसी 7 हठी, ज़िद्दी II गंभीर

ठसक–(स्त्री.) 1 नख़रा 2 अभिमान, गर्व 3 टीस, पीड़ा **ठसकदार** (वि.) 1 नाज़-नख़रा करनेवाला

ठसका–(पु.) 1 सूखी खाँसी 2 धक्का, ठेस

ठसाठस–(वि.) 1 खचाखच 2 ठूँस-ठूँसकर

ठस्सा–(पु.) 1 अभिमान भरी चाल, ठसक, ठाठबाट, शान 2 खाँसी का गहरा शब्द

ठहरना–(अ. क्रि.) 1 रुकना 2 टिकना 3 अस्थायी रूप से रहना 4 स्थित होना 5 चेष्टा, व्यापार से रहित होना (जैसे–वर्षा का ठहरना) 6 निश्चित या पक्का होना 7 गर्भ रहना

ठहराना–(स. क्रि.) 1 ठहरने में प्रवृत्त करना 2 रोककर खड़ा करना 3 स्थिर करना 4 दृढ़तापूर्वक स्थापित करना

ठहराव–(पु.) 1 ठहरने-ठहराने की अवस्था 2 स्थिरता 3 समझौता 4 निर्णय 5 मूल्य-निर्धारण

ठहाका–(पु.) 1 ज़ोर की हँसी 2 ज़ोर से हँसने का शब्द

ठाँ–(स्त्री.) 1 ठाँव 2 ठाँय

ठाँय–I (क्रि. वि.) निकट, समीप

ठाँय–II (स्त्री.) 1 बंदूक़ के चलने से उत्पन्न शब्द 2 किसी क्रिया से उत्पन्न 'ठाँय' शब्द **ठाँय-ठाँय** (स्त्री.) 1 लगातार बंदूक़ से गोलियाँ छोड़ते रहने से उत्पन्न ध्वनि 2 ऐसा झगड़ा जिसमें व्यर्थ की बक-बक हो

ठाँव–(पु.) 1 जगह, स्थान 2 ठिकाना

ठाकुर–(पु.) 1 क्षत्रियों की उपाधि 2 नाइयों के लिए एक संबोधन 3 देवमूर्ति 4 मालिक, स्वामी 5 मुखिया 6 नायक, सरदार 7 पूज्य व्यक्ति 8 परमेश्वर **ठाकुरद्वारा**–(पु.) देवालय, मंदिर **ठाकुरबाड़ी** (स्त्री.) देवस्थान

ठाट–(पु.) ठाठ, शान **ठाट-बाट** (पु.) शान-बान

ठाठ–(पु.) 1 रक्षा या रोक के लिए बनाया गया बाँस का ढांचा (जैसे–नाव का ठाठ) 2 लंबी-चौड़ी कोई बनावट या रचना 3 तड़क-भड़क वाला, केश-विन्यास, सजधज 4 आयोजन, व्यवस्था (जैसे–मतलब के सब ठाठ)

ठाड़ा–(वि.) 1 सीधा खड़ा, दंडायमान 2 जो मूल रूप में वर्तमान हो (जैसे–ठाड़ा चना खाना) 3 हट्टा-कट्टा, हृष्ट-पुष्ट

ठानना–(स. क्रि.) 1 दृढ़तापूर्वक आरंभ करना, छेड़ देना 2 दृढ़ संकल्प करना 3 पक्का करना

ठार–(पु.) कड़ा जाड़ा, गहरी सर्दी, पाला

ठाला–I (पु.) निठल्ला II (पु.) कुछ भी बिक्री-बट्टा न होने की स्थिति

ठाली–(वि.) बिलकुल निकम्मा

ठिंगना–(वि.) छोटे क़दवाला, नाटा

ठ

ठिकाना–(पु.) 1 स्थान, जगह 2 वासस्थान 3 रहने, ठहरने की जगह 4 अवलंब 5 गुज़र करने का स्थान 6 नियत अनुकूल स्थान **ठिकाना लगना** सहारा प्राप्त होना **ठिकाना लगाना** 1 रहने का स्थान ठीक करना 2 नौकरी आदि का प्रबंध करना 3 मार डालना, ख़त्म करना

ठिगना–(वि.) छोटे क़द का

ठिठक–(स्त्री.) संकोच

ठिठकना–(अ. क्रि.) 1 सहसा रुक जाना 2 सहम जाना, स्तब्ध होना, ठक रह जाना

ठिठरना, ठिठुरना–(अ. क्रि.) सर्दी से सिकुड़ जाना, काँपना

ठिया–(पु.) अड्डा

ठिलना–(अ. क्रि.) ठेला जाना, ढकेला जाना

ठिलुआ–I (वि.) निठल्ला II (वि.) जो ठेला जाता हो

ठीक–I (वि.) 1 उपयुक्त 2 युक्तिसंगत 3 अच्छा 4 मनोनुकूल 5 उचित 6 शुद्ध, सही 7 यथार्थ 8 दुरुस्त 9 न इधर न उधर 10 जैसा चाहिए वैसा, न ढीला न कसा II (पु.) निश्चित होने की अवस्था III (क्रि. वि.) 1 उचित प्रकार से 2 नियत समय पर **ठीक-ठाक** (वि.) जो बिल्कुल दुरुस्त अवस्था में हो, पक्का

ठीकम-ठीक–(अ.) बिल्कुल ठीक

ठीकरा–(पु.) 1 मिट्टी के टूटे बर्तन का बड़ा टुकड़ा 2 भीख माँगने का मिट्टी का बर्तन, भिक्षा पात्र 3 पुराना बर्तन

ठीकरी–(स्त्री.) 1 छोटा ठीकरा 2 तुच्छ वस्तु 3 चिलम पर रखने का मिट्टी का तवा

ठीका–(पु.) 1 नियत समय, दर पर कोई काम, बात करने-कराने का इक़रार, ठेका (जैसे–पुल बनाने का ठीका, अफ़ीम का ठीका) 2 कर आदि वसूलने का ज़िम्मा **ठीका-पत्र** (पु.) ठीके का इक़रारनामा

ठीकेदार–(पु.) ठीके पर काम करनेवाला व्यक्ति

ठी-ठी–(स्त्री.) हल्की हँसी, बेहूदा हँसी

ठीहा–(पु.) 1 लकड़ी या लोहे का टुकड़ा जिस पर रखकर कोई वस्तु गढ़ी, काटी जाती है 2 बढ़ई, लुहार आदि का कुंदा 3 सीमा 4 वेदी

ठुकना–(अ. क्रि.) 1 ठोंका जाना 2 पीटा जाना

ठुकराना–(स. क्रि.) 1 ठोकर मारना 2 तिरस्कार पूर्वक हटाना 3 दुतकारना

ठुकवाना–(स. क्रि.) 1 पिटवाना, मार खिलाना 2 ठोकने का काम कराना

ठुड्डी–(स्त्री.) होंठ के नीचे निकली हुई हड्डी, ठोड़ी

ठुन-ठुन–(पु.) 1 बर्तन, धातु के टुकड़ों के बजने से उत्पन्न ध्वनि 2 रुक-रुककर एवं ठुन-ठुन करते हुए रोने का शब्द

ठुमक–(स्त्री.) लुभावनी चाल

ठुमकना–(अ. क्रि.) 1 बच्चों का धीरे-धीरे पैर पटकते और इठलाते हुए चलना 2 नाच में धीरे-धीरे पैर पटकते हुए आगे बढ़ना 3 नख़रे से चलना

ठुमका–(पु.) 1 हल्का आघात 2 हल्का झटका

ठुमकी–(स्त्री.) 1 ठुमककर चलने की क्रिया 2 धीरे से किया जानेवाला आघात

ठुमरी–(स्त्री.) छोटा मधुर गीत जिसे गाते समय प्रायः कई रागों का मिश्रण कर दिया जाता है

ठुसकना–(अ. क्रि.) ठुस-ठुस शब्द करते हुए रोना

ठूँठ–(पु.) 1 वृक्ष का बचा हुआ धड़ 2 कटा हाथ

ठूँठा–(वि.) 1 बिना डाली-पत्ती का, शाखा-रहित 2 जिसका हाथ कटा हुआ हो, लुंज 3 ख़ाली, रिक्त 4 थोथा, निस्सार

ठूँठी–(स्त्री.) फ़सल काट लेने के बाद पौधे की जड़ के पास रह जानेवाली अरहर, ज्वार, बाजरे आदि के डंठल, खूँटी

ठूँस, ठूँस-ठाँस–(स्त्री.) अत्यधिक (भरना)

ठूँसना–(स. क्रि.) दबा-दबाकर भरना

ठेंगा–(पु.) 1 हाथ का अँगूठा 2 डंडा, सोंटा

ठेंगा दिखाना 1 साफ़ इनकार करना 2 निराश करना

ठेंठी–(स्त्री.) 1 कान की मैल 2 कान के छेद पर लगाई जानेवाली रूई 3 बोतल या शीशी का काग, डाट

ठेका–I (पु.) 1 ठहरने-ठहराने की जगह 2 ठेकनेवाली वस्तु 3 हल्का आघात, थपेड़ा 4 डुग्गी 5 तबला बजाने की वह रीति जिसमें केवल ताल दी जाए

ठेका–II (पु.) ठीका **ठेकापत्र** (पु.) ठीका पत्र

ठेकेदार–(पु.) ठेके पर काम करने वाला

ठेठ–(वि.) जो बिल्कुल मूल रूप में हो, निर्विकार **ठेठपन** (पु.) 1 अकृत्रिमता 2 विशुद्धता, निराशुद्ध 3 निर्विकारता

ठेलना–I (स. क्रि.) 1 ढकेलना 2 अपना दायित्व दूसरे पर डालना II (अ. क्रि.) बल प्रयोग करना

ठेलमठेल–I (स्त्री.) धक्कम-धक्का II (क्रि. वि.) एक-दूसरे को ठेलते हुए

ठेला–(पु.) 1 ठेलकर चलाई जानेवाली गाड़ी 2 धक्का 3 भीड़-भाड़ **ठेलाठेल** (स्त्री.) धक्कमधक्का

ठेस–(स्त्री.) 1 हलकी चोट 2 हलका मानसिक कष्ट

ठोंकना–(स. क्रि.) चोट देना **ठोंकना-बजाना** (स. क्रि.) अच्छी तरह परखना

ठोंग–(स्त्री.) 1 चोंच 2 चोंच की मार 3 मुड़ी हुई उँगली से किया गया आघात

ठोंगना–(स. क्रि.) 1 चोंच मारना 2 मुड़ी हुई उँगली से चोट करना

ठोंगा–(पु.) काग़ज़ की थैली

ठो–(अ.) संख्यावाचक शब्दों के साथ लगनेवाला एक अव्यय (जैसे–एक ठो किताब, बीस ठो रुपया)

ठोक–(स्त्री.) प्रहार, आघात

ठोकना–(स. क्रि.) 1 आघात करना 2 धँसाना 3 प्रहार करना 4 मारना 5 पीटना

ठोकर–(स्त्री.) 1 चलते हुए कंकड़, पत्थर आदि से टकराने से लगी चोट 2 ऐसी वस्तु जिससे चोट लगने की संभावना हो 3 पैर से किया गया आघात 4 धक्का (जैसे–भीड़-भाड़ में) **ठोकर खाते फिरना** 1 मारा-मारा फिरना 2 असफल होते रहना

ठोड़ी, ठोढ़ी–(स्त्री.) ठुड्डी, चिबुक **ठोड़ी तारा** (पु.) ठुड्डी पर का गोदना **ठोड़ी पकड़ना** मिन्नत के लिए किसी की ठोढ़ी छूना

ठोस–(वि.) 1 ठस और पक्का 2 जो पोला न हो 3 जो पुष्ट एवं सारगर्भित हो

ठौर–(पु.) 1 जगह, स्थान 2 अवसर, मौक़ा **ठौर-कुठौर** (पु.) जा-बेजा, जगह-बेजगह **ठौर-ठिकाना** (पु.) आश्रय

ड

डंक–(पु.) 1 बिच्छू, मधुमक्खी, भिड़ आदि छोटे जंतुओं का ज़हरीला काँटा, दंश 2 डंक द्वारा किया गया भेदन 3 चुभनेवाली द्वेषपूर्ण बात 4 क़लम का निब **डंकदार** (वि.) डंकवाला

डंका–(पु.) नगाड़ा **डंका बजना** युद्ध आरंभ होना **डंका पीटना** प्रचार करना **डंके की चोट पर कहना** निडर होकर खुलेआम कहना

डंकिनी बंदोबस्त–(पु.) स्थायी व्यवस्था

डंगर–I (पु.) चौपाया, पशु II (वि.) पशुओं की तरह निर्बुद्धि

ड

डंगवारा–(पु.) किसानों की बैल आदि की आपस की सहायता

डँगोरी–(स्त्री.) 1 लाठी, डाँग 2 वृद्ध की लाठी

डंठल–(पु.) पौधों आदि का धड़ जो पतला और लंबा होता है

डंठी–(स्त्री.) 1 डंठल 2 किसी वस्तु में लगा हुआ लंबा अंश

डंड–(पु.) 1 डंडा 2 बाँह, भुजा 3 प्रसिद्ध भारतीय व्यायाम जो हाथ-पैर के पंजों के सहारे पेट के बल की जाती है (जैसे–डंड पेलना) 4 सज़ा, दंड 5 जुर्माना 6 घाटा **डंडपेल** (पु.) 1 डंड पेलनेवाला पहलवान 2 मौज-मस्ती करने वाला

डँड़हरा–(पु.) 1 पतली, गोल लंबोतरी लकड़ी जो दरवाज़ों को खुलने से रोकने के लिए अंदर से लगाई जाती है 2 दरवाज़ों को बंद करने के लिए उनमें लगाया जानेवाला लोहे आदि का उपकरण

डंडा–(पु.) 1 बाँस आदि का लंबा टुकड़ा, लाठी, सोंटा 2 लकड़ी की सीढ़ी में पैर रखकर चढ़ने के लिए लगा बाँस का गोल लंबोतरा टुकड़ा 3 सोपान **डंडाबेड़ी** (स्त्री.) वह बेड़ी जिसमें छड़ लगे हों **डंडाशाही** (स्त्री.) डंडे के बल पर राज्य करना

डंडी–(स्त्री.) 1 पंखे की डंडी, पतली-लंबी छड़ी 2 तराज़ू की लकड़ी 3 विशिष्ट पौधों का बड़ा एवं लंबा डंठल (जैसे–कमल की डंडी) 4 तने का ऊपरी भाग जिस पर फूल-फल लगते हैं (जैसे–गेंदे की डंडी)

डंडीमार–I (वि.) कम तौलनेवाला II (पु.) बनिया

डँसना–(स. क्रि.) काट लेना

डकरना, डकराना–(अ. क्रि.) 1 बैल, भैंस आदि का बोलना 2 डकार लेना

डकार[1]–(स्त्री.) आवाज़ के साथ पेट से मुँह के रास्ते निकलती हवा, उर्ध्ववायु

डकार[2]–(स्त्री.) 'ड' वर्ण

डकारना–I (अ. क्रि.) डकार लेना II (स. क्रि.) हज़म कर जाना

डकैत–(पु.) डाकू, लुटेरा

डकैती–(स्त्री.) 1 चोरी 2 डाका

डग–(पु.) क़दम (जैसे–डग भरना, डग मारना)

डगना–(पु.) 1 लम्बे-लम्बे कदम रखना 2 डगमगाना

डगमग–I (वि.) 1 जिसके क़दम लड़खड़ा रहे हों 2 विचलित II (पु.) अस्थिरता

डगमगाना–(अ. क्रि.) 1 क़दम ठीक से नहीं पड़ना 2 ज़ोर से इधर-उधर हिलना

डगर–(स्त्री.) 1 रास्ता, मार्ग 2 तंग रास्ता

डटना–(अ. क्रि.) 1 साहसपूर्वक खड़े रहना 2 जगह से न हटना 3 लगना

डढ़ियल–(वि.) दाढ़ीवाला

डपट–I (स्त्री.) 1 डपटने की क्रिया 2 घुड़की, डाँट

डपट–II (स्त्री.) घोड़े की सरपट चाल

डपटना–(स. क्रि.) 1 झिड़कना 2 घुड़की, डाँट

डब–(पु.) 1 धोती आदि का छोर जिसमें रुपये-पैसे लपेटकर रखे जाते हैं 2 जेब 3 थैला 4 कुप्पे बनाने का चमड़ा

डबडबाना–(अ. क्रि.) आँसू भर आना, अश्रुपूर्ण होना

डबरा–(पु.) 1 वह खेत जिसमें आस-पास का पानी जमा हो 2 छिछला गंदा गड्ढा

डबरी–(स्त्री.) छोटा गड्ढा, तालाब

डभकना–(अ. क्रि.) 1 आँसू भर आना 2 डूबना-उतराना 3 भर जाने से बाहर गिरना, छलकना 4 जी भरकर खाना-पीना

डमर–(पु.) 1 दो गाँवों के बीच होनेवाली लड़ाई 2 उपद्रव, उत्पात 3 हलचल, भगदड़

डमरू–(पु.) एक बाजा जिसके दोनों तरफ़ चमड़ा मढ़ा होता है तथा बीच का भाग पतला होता है

डमरूमध्य–(पु.) दो बड़े भूखंडों को मिलानेवाला स्थल का संकीर्ण भाग

डर–(पु.) 1 भय, त्रास, ख़ौफ़ 2 अंदेशा, आशंका 3 संकोच

डरना–(अ. क्रि.) 1 भय खाना, भयभीत

होना, खौफ़ होना

डरपोक–(वि.) कायर, भीरु

डरवाना, डराना–(स. क्रि.) 1 भयभीत करना 2 सशंकित करना

डरावना–(वि.) भयानक, डरा देने वाला

डरावा–(पु.) 1 डराने के लिए कही जानेवाली बात 2 डराने की वस्तु

डल–(स्त्री.) 1 झील 2 कश्मीर की एक झील का नाम

डलवाना–(स. क्रि.) डालने का काम करवाना

डला–I (पु.) ठोस चीज़ का टुकड़ा, खंड II बाँस आदि का बना पात्र

डलिया–(स्त्री.) टोकरी

डली–(स्त्री.) 1 छोटा टुकड़ा 2 सुपारी

डसना–(स. क्रि.) सर्प आदि ज़हरीले जंतु का काटना

डाँक–I (स्त्री.) चाँदी आदि का अत्यंत पतला पत्तर II (स्त्री.) 1 लाँघने की क्रिया 2 कै, वमन

डाँकना–I (अ. क्रि.) उल्टी करना, कै करना

डाँकना–II (स. क्रि.) 1 लाँघना 2 कूदते हुए पार करना (जैसे–रस्सी डाँकना)

डाँगर–I (वि.) 1 अत्यधिक दुबला-पतला 2 बेवकूफ़, मूर्ख II (पु.) चौपाया, डंगर

डाँट–(स्त्री.) 1 फटकार, झिड़क 2 दबाव, शासन **डाँट-डपट, डाँट-फटकार** (स्त्री.) झिड़की, घुड़की

डाँटना–(स. क्रि.) फटकारना, झिड़कना

डाँड़–(पु.) 1 डंडा 2 नाव खेने का डंडा, पतवार 3 मेंड़ 4 सीमा, हद 5 दंड, अर्थ-दंड

डाँड़ना–(स. क्रि.) दंड लगाना, जुर्माना करना

डाँड़ा–(पु.) 1 डंडा 2 डाँडा, पतवार 3 सीमा, हद

डाँड़ी–I (स्त्री.) 1 पतली लंबी लकड़ी 2 वृक्ष आदि की पतली शाखा, टहनी 3 सीधी रेखा 4 तराज़ू की डंडी 5 तने का वह भाग जिस पर फल-फूल लगे हों 6 हिंडोले में की चारों लकड़ियाँ 7 डंडे में बँधी हुई झोली के आकार की पहाड़ी सवारी, डांडी, झम्पान 8 चरख़ी में डाली जानेवाली जुलाहे की लकड़ी II (पु.) 1 डाँड़ खेनेवाला आदमी 2 सुस्त आदमी

डाँवाँडोल–(वि.) 1 चंचल, अधीर 2 इधर-उधर हिलनेवाला (जैसे–भूकंप के कारण पृथ्वी का डावाँडोल होना) 3 अस्थिर

डाँस–(पु.) 1 बड़ा मच्छर 2 डंक

डाइन–(स्त्री.) 1 भूतनी, चुड़ैल 2 कुरूपा एवं डरावनी स्त्री 3 जादू करनेवाली स्त्री 4 अत्यंत दुष्ट एवं क्रूर स्त्री

डाक–(स्त्री.) 1 डाँकने की क्रिया 2 सवारी का ऐसा प्रबंध जिसमें हर पड़ाव पर वाहन आदि मिला करे 3 पत्र आदि पहुँचाने की सरकारी व्यवस्था 4 पहुँचाया जानेवाला पत्र **डाक ख़र्च** (पु.) डाक शुल्क **डाकख़ाना** (पु.) डाक कार्यालय, पोस्ट ऑफ़िस **डाकघर** (पु.) डाकख़ाना **डाक टिकट** (पु.) पत्र आदि पर लगाया जानेवाला सरकारी टिकट

डाका–(पु.) लुटेरों द्वारा किया गया धावा, छापा (जैसे–डाका पड़ना) **डाकाज़नी** (स्त्री.) डाका मारना, लूट, डकैती

डाकिन, डाकिनी–(स्त्री.) 1 काली देवी की एक अनुचरी 2 चुड़ैल, डाइन

डाकिया–(पु.) वह सरकारी कर्मचारी जो घर-घर चिट्ठियाँ आदि पहुँचाता है, डाकवाला

डाकू–(पु.) डकैत, लुटेरा

डाट–(स्त्री.) 1 टेक 2 मेहराब के बीच का पत्थर, ईंट 3 काग 4 रोक, अटकाव

डाटना–(स. क्रि.) 1 टेक लगाना 2 मुँह को डाट लगाकर बंद करना

डाढ़–(स्त्री.) 1 चबाने के दाँत, दाढ़, चौभड़ 2 सूअर का निकला हुआ दाँत

डाढ़ी–(स्त्री.) 1 ठुड्डी के बाल 2 ठुड्डी

डाबर–I (पु.) 1 वह गड्ढा जिसमें गंदा पानी इकट्ठा हो, झाँवर 2 छोटा तालाब, पोखरा 3 चिलमची

डाभ–(पु.) 1 ऊसर भूमि में उत्पन्न होनेवाली घास, दर्भ 2 कुश 3 आम के वृक्ष के आरंभिक अंकुर जो मंजरी का रूप लेते हैं

ड

डामर–(पु.) 1 अलकतरा, गाढ़ा तारकोल 2 साल वृक्ष का गोंद, राल

डाल–I (स्त्री.) 1 शाखा, टहनी II (स्त्री.) डलिया, टोकरी

डालना–(स. क्रि.) 1 गिराना 2 ऊपर से नीचे पहुँचाना 3 मिलाना 4 घुसाना, प्रविष्ट कराना

डाली–I (स्त्री.) टहनी, शाखा II 1 भेंट के रूप में भेजे हुए फल-मिठाई आदि 2 डलिया

डासन–(पु.) 1 बिछावन, बिस्तर 2 चटाई का आसन

डासना–I (स. क्रि.) बिछाना II 1 डसना 2 काटना

डाह–(स्त्री.) ईर्ष्या, जलन, कुढ़न

डाहना–(स. क्रि.) 1 सताना 2 जलाना 3 तंग करना

डिंगल–I (वि.) दूषित और नीच

डिंगल–II (स्त्री.) राजपूताना के भाटों या चारणों की पुरानी काव्यभाषा

डिंडिम–(पु.) डुगडुगी, डुग्गी, एक प्रकार का प्राचीन बाजा

डिंब–(पु.) 1 स्त्री के गर्भ की आरंभिक अवस्था, भ्रूण 2 अंडा 3 गर्भाशय **डिंब ग्रंथि** (स्त्री.) गर्भाशय की गिल्टी **डिंब प्रणाली** (स्त्री.) गर्भाशय की नली

डिंभ–(पु.) 1 छोटा बच्चा 2 छौना, शावक 3 मूर्ख

डिक्की–1 (स्त्री.) मोटरकार के पीछे सामान भरने की जगह 2 सींगों का आघात

डिगना–(अ. क्रि.) 1 हिलना 2 डोलना 3 वचन भंग करना, विचलित होना

डिगाना–(स. क्रि.) 1 हटाना 2 विचलित करना 3 हिलाना

डिग्गी–(स्त्री.) 1 छोटा तालाब, पोखरा 2 बावली

डिठौना–(पु.) काला टीका, कुदृष्टि से बचाने के लिए लगाई जानेवाली काली बिंदी

डिबिया, डिब्बी–(स्त्री.) छोटा डिब्बा

डिब्बा–(पु.) डब्बा, ढक्कनदार पात्र

डींग–(स्त्री.) 1 शेख़ी 2 अभिमान भरी कोरी गप 3 लंबी-चौड़ी आत्मप्रशंसा **डींगमार** (वि.) गप मारनेवाला **डींग हाँकना** लंबी-चौड़ी बातें कहना

डीठ–(स्त्री.) 1 दृष्टि, नज़र 2 ज्ञान चक्षु, अंतर्दृष्टि 3 ऐसी दृष्टि जिसके पड़ने से वस्तु की अच्छाई कम हो जाए, नज़र

डील–(पु.) 1 क़द 2 व्यक्तित्व 3 कलेवर, काठी **डील-डौल** (पु.) 1 शरीर, देह 2 शरीर का विस्तार

डीह–(पु.) 1 आबादी, बस्ती 2 छोटा गाँव 3 उजड़े हुए गाँव का अवशेष 4 टीला

डुगडुगी–(स्त्री.) चमड़े से बना एक छोटा बाजा **डुगडुगी फेरना** डुग्गी बजाते हुए सार्वजनिक रूप से सूचना देना, मुनादी करना

डुग्गी–(स्त्री.) 1 चमड़े से मढ़ा चौड़े मुँहवाला बाजा 2 डुगडुगी

डुबकनी–(स्त्री.) पनडुब्बी

डुबकी–(स्त्री.) 1 पानी में डूबकर निकलना, गोता 2 एक स्थान से गोता लगाकर दूसरी जगह निकलने की क्रिया

डुबाना–(स. क्रि.) 1 गोता देना, बोरना 2 कलंकित करना 3 प्रतिष्ठा नष्ट करना 4 बर्बाद करना

डुबाव–(पु.) डूबने भर की गहराई (जैसे–नदी में दो हाथियों का डुबाव है)

डुब्बी–(स्त्री.) 1 डुबकी 2 पनडुब्बी

डुलना–(अ. क्रि.) 1 इधर-उधर घूमना-फिरना 2 हिलना

डुलाना–(स. क्रि.) 1 हिलाना, चालित करना 2 झलना

डूँगर–(पु.) 1 पहाड़ी 2 टीला 3 ढूह, भीटा

डूँगरी–(स्त्री.) छोटी-सी पहाड़ी

डूँगा–(पु.) 1 चम्मच, चमचा 2 डूँगर 3 काठ को खोदकर बनाई गई नाव

डूबना–(अ. क्रि.) 1 जल में समाना (जैसे–नाव डूबना) 2 गोता खाना 3 लीन होना 4 डूबकर ख़त्म हो जाना, मर जाना (जैसे–उनका

लड़का नदी में डूब गया) 5 अस्त होना 6 कलंकित होना **डूबना-उतराना** (अ. क्रि.) रह-रहकर चिंता-सोच में लीन होना, उलझन में पड़ना **डूबते को तिनके का सहारा** असहाय, अवलंबहीन को थोड़ी मदद मिलना **डूब मरना** लज्जा के मारे मुँह न दिखाना

डेढ़–(वि.) एक और आधा

डेरा–(पु.) 1 टिकाव, पड़ाव 2 अल्पकालिक निवास 3 निवास-स्थान

डेला–(पु.) 1 आँख का गोलक 2 ढेला, रोड़ा

ड्योढ़ा–I (वि.) डेढ़ गुना II (पु.) डेढ़ गुनी संख्या

डेवढ़ी–(स्त्री.) 1 ड्योढ़ी 2 डेढ़ी

डैना–(पु.) 1 बड़ा पंख, पर 2 डाँड़

डोंगा–(पु.) 1 बिना पाल की नाव 2 बड़ी नाव

डोंगी–(स्त्री.) छोटी नाव

डोंड़ी–(स्त्री.) 1 टोंटी 2 डोंगी 3 डौंडी, डुगडुगी

डोकरा–(पु.) बूढ़ा आदमी

डोकरी–(स्त्री.) बूढ़ी औरत

डोड़ा–(पु.) 1 विशिष्ट पौधों की बड़ी फली–बौंडी (जैसे–पोस्ते का डोड़ा, सेमल का डोड़ा) 2 फली

डोम–(पु.) 1 श्मशान में मृतकों के लिए आग देने का काम करनेवाली जाति 2 गाने-बजाने का पेशा करनेवाली एक जाति, मीरासी

डोमनी–(स्त्री.) डोम जाति की स्त्री

डोर–(स्त्री.) 1 धागा, तागा 2 सूत 3 सूत आदि का बटा मोटा तार 4 आसरा, सहारा

डोरा–(पु.) 1 मोटा तागा 2 धारी, रेखा 3 आँख की पतली लाल नसें 4 सुराग़, सूत्र 5 प्रेम का बंधन **डोरा डालना** किसी को प्रेम पाश में बाँधने हेतु मधुर आचरण करना

डोरिया–(पु.) एक धारीदार कपड़ा

डोरी–(स्त्री.) 1 रस्सी 2 जुलूसों, सवारियों आदि के आगे दोनों ओर लेकर चलनेवाली रस्सी 3 कलाबत्तू, रेशम आदि की वह रचना जो कपड़ों पर शोभा के लिए टाँकी जाती हैं 4 आकर्षण, बंधन, पाश (जैसे–प्रीति की डोरी में उलझना) **डोरी ढीली करना** देख-रेख कम करना

डोल–I (पु.) पानी भरने का लोहे का गोल बर्तन II 1 पालकी 2 झूला 3 चौकी

डोलची–(स्त्री.) 1 छोटी टोकरी 2 छोटा गोल बर्तन

डोलना–(अ. क्रि.) 1 हिलना (जैसे–भूकंप से पृथ्वी का डोलना) 2 इधर-उधर आना-जाना, दोलित होना

डोला–(पु.) 1 पालकी 2 पालकी की तरह की छायी हुई चौकोर सवारी जिसे कहार उठाकर चलते हैं 3 झोंका, पेंग

डोली–(स्त्री.) छोटा डोला

डौंडी–(स्त्री.) 1 डुग्गी, ढिंढोरा 2 डुग्गी पीटकर की जानेवाली घोषणा, मुनादी

डौल–(पु.) 1 बाहरी आकृति, ढाँचा 2 बनावट, गठन 3 ढंग, सलीक़ा 4 उपाय, युक्ति 5 रंग-ढंग, तौर-तरीक़ा, लक्षण **डौल-डाल** (पु.) 1 उपाय 2 कोशिश

ड्योढ़ी–(स्त्री.) 1 दहलीज़ 2 पौरी **ड्योढ़ीदार** (पु.) दरबान, द्वारपाल **ड्योढ़ीवान** (पु.) ड्योढ़ी की रखवाली करनेवाला

ढ

ढ

ढंग–(पु.) 1 तरीक़ा 2 चलन 3 तरह, प्रकार 4 बनावट, रूप (जैसे–काम-काज का ढंग) 5 आचरण (जैसे–बातचीत का ढंग) 6 कुशलता (जैसे–वैज्ञानिक शोधकर्ताओं का ढंग) 7 उपाय

ढँढोरची–(पु.) ढँढोरा फेरनेवाला, ढिंढोरिया

ढँढोरा–(पु.) 1 डुग्गी 2 मुनादी

ढँढोरिया–(पु.) डुगडुगी बजाकर घोषणा करनेवाला, ढँढोरची

ढँपना–(अ. क्रि.) ढकना ढापा जाना (स. क्रि.)

ढकना–I (स. क्रि.) 1 छिपाना, आच्छादित करना 2 आवरण डालना (जैसे–देगची को कटोरे से ढकना) 3 आड़ में करना 4 प्रकट न होने देना (जैसे–अपना ऐब ढकना) II (अ. क्रि.) छिपना III (पु.) ढक्कन

ढकनी–(स्त्री.) 1 छोटा ढकना 2 कसोरा

ढकार–(पु.) 'ढ' वर्ण

ढकेलना–(स. क्रि.) धक्का देकर आगे बढ़ाना

ढकोसना–(स. क्रि.) बड़े-बड़े कौर खाना

ढकोसला–(पु.) 1 झूठा दिखावा 2 आडंबर, पाखंड

ढकोसलेबाज़ी–(स्त्री.) आडंबर, पाखंड

ढक्कन–(पु.) ढकना, ढाँकने की वस्तु

ढड्ढा–I (वि.) 1 जिसमें दिखावा अधिक हो 2 अनावश्यक विस्तारवाला II (पु.) 1 बाँस आदि की वह रचना जिस पर खड़े होकर मिस्त्री, राज आदि ऊँची दीवार बनाते हैं 2 दिखावटी ठाट-बाट, व्यर्थ का आडंबर

ढड्ढो–(स्त्री.) 1 बूढ़ी स्त्री 2 बकवासिन औरत

ढपोरशंख–(वि.) बहुत बोलनेवाला, पाखंडी, गप्पी

ढब–(पु.) 1 ढंग, तौर-तरीक़ा, रीति 2 तरह, प्रकार 3 बनावट 4 प्रकृति, स्वभाव 5 आदत, बान 6 उपाय, युक्ति

ढम-ढम–I (पु.) ढोल आदि की ध्वनि II (क्रि. वि.) ढम-ढम शब्द करते हुए

ढरकना–(अ. क्रि.) 1 ढलकना 2 लेटना

ढरकी–(स्त्री.) जुलाहों का शटल

ढर्रा–(पु.) 1 मार्ग, रास्ता 2 परंपरागत पद्धति, प्रणाली 3 आदत 4 उपाय

ढलकना–(अ. क्रि.) 1 ढलना, बहना (जैसे–आँखों से आँसू ढलकना) 2 लुढ़कना 3 नीचे की ओर जाना

ढलना–(अ. क्रि.) 1 ढरकना 2 लुढ़कना 3 नीचे की ओर जाना 4 अस्ताचल की ओर जाना (जैसे–सूरज का ढलना) 5 साँचे में ढाला जाना 6 अंत की ओर जाना (जैसे–उम्र ढलना)

ढलवाँ–(वि.) 1 ढाला हुआ (जैसे–ढलवाँ सिक्का) 2 ढलुआँ

ढलाई–(स्त्री.) 1 ढालने की क्रिया 2 ढालने की मज़दूरी

ढलान–(स्त्री.) 1 ढालवाला भूखंड 2 ढालू होने की अवस्था

ढलाव–(पु.) 1 ढलने-ढालने का ढंग 2 उतारपन, शिथिलता

ढलुवाँ–(वि.) ढलवाँ, ढालू, ढालदार

ढहना–(अ. क्रि.) 1 मकान आदि का गिरना 2 ध्वस्त होना

ढहाना–(स. क्रि.) गिराना, ध्वस्त करना

ढाँकना, ढाँपना–(स. क्रि.) ढकना

ढाँचा–(पु.) 1 बनावट (जैसे–सामाजिक ढाँचा) 2 वस्तु आदि की रचना का आरंभिक रूप 3 आरंभिक रूप (जैसे–भवन का ढाँचा)

ढाई–(वि.) दो और आधा (जैसे–ढाई मीटर कपड़ा)

ढाक–(पु.) 1 पलाश, छिउल 2 ढक्का, बड़ा ढोल

ढाका-पाटन–(पु.) बढ़िया मलमल जिस पर

बूटियाँ बनी होती हैं, बूटियोंवाला मलमल

ढाटा–(पु.) दाढ़ी बाँधने की कपड़े की पट्टी

ढाढ़स–(पु.) हौसला, धैर्य

ढाढ़ी–(पु.) 1 घूम-घूमकर जन्मोत्सव के गीत गानेवाली एक जाति 2 मुसलमान गवैयों की एक जाति

ढाना–(स. क्रि.) 1 गिराना 2 ध्वस्त करना 3 ज़ोरदार बात प्रस्तुत करना (जैसे–ग़ज़ब ढाना)

ढाबा–(पु.) 1 खाने-पीने की दुकान 2 ओलती 3 जाल

ढार–I (पु.) 1 ढालुई ज़मीन 2 मार्ग, रास्ता 3 ढाँचा 4 उतार

ढारस–(पु.) 1 कष्ट में बनी रहनेवाली हिम्मत, धीरज 2 दिलासा, सांत्वना 3 मन की दृढ़ता

ढाल–I (स्त्री.) 1 आगे की ओर क्रमशः नीची होती गई ज़मीन 2 उतार (जैसे–ढाल की तरफ मत जाना) 3 ढंग, प्रकार

ढाल–II (स्त्री.) तलवार आदि के आघात को रोकने के लिए लोहे आदि का बना हुआ गोलाकार फलक

ढालना–(स. क्रि.) 1 गिराना, उँड़ेलना (जैसे–गिलास में दूध ढालना) 2 पिघली हुई धातु को साँचे में उँड़ेलना

ढालुआँ–(वि.) जिसमें ढाल हो, क्रमशः उतारवाला (जैसे–पहाड़ का ढालुआँ किनारा)

ढालू–(वि.) ढालुआँ (तल), ढालदार

ढासना–(पु.) 1 टेक, सहारा 2 तकिया

ढिंढोरची–(पु.) ढिंढोरा पीटनेवाला

ढिंढोरा–(पु.) 1 डुग्गी बजाकर की गई घोषणा, मुनादी 2 डुग्गी, डुगडुगी **ढिंढोरा पीटना, ढिंढोरा बजाना** ढोल बजाकर सर्वसाधारण को सूचना देना, मुनादी करना

ढिंग–I (क्रि. वि.) पास, नज़दीक, निकट I (स्त्री.) 1 समीपता, नज़दीकी 2 जलाशय का किनारा, तट 3 छोर

ढिठाई–(स्त्री.) 1 धृष्टता 2 उद्दंडतापूर्ण आचरण 3 दुस्साहस

ढिबरी–(स्त्री.) 1 टीन आदि की कुप्पी, 2 चूड़ीदार छल्ला (जैसे–ढिबरी कसना)

ढिमका–(सर्व.) अमुक, फ़लाँ, फ़लाना

ढिलाई–(स्त्री.) 1 ढीलापन 2 शिथिलता, सुस्ती 3 छूट

ढिल्लड़–(वि.) 1 आलसी 2 ढिलाई करनेवाला

ढीठ (स्त्री.) 1 धृष्ट, बेअदब 2 संकोचरहित, उद्दंड 3 साहसी 4 निडर 5 चपल

ढीठता (स्त्री.) धृष्टता, बेअदबी

ढील–(स्त्री.) 1 ढिलाई, सुस्ती 2 व्यर्थ की देर 3 शिथिलता

ढीला–(वि.) 1 सुस्त 2 जिसमें तनाव या खिंचाव न हो 3 जो कसा न हो, शिथिल **ढीला-ढाला** (वि.) शिथिल

ढुलकना–(अ. क्रि.) 1 लुढ़कना 2 नीचे की ओर बहना 3 अनुरक्त होना

ढुलकाना–(स. क्रि.) 1 लुढ़काना 2 गिराना

ढुल-मुल–(वि.) 1 ढीला, शिथिल 2 अस्थिर

ढुलवाना–(स. क्रि.) ढोने का काम कराना

ढुलाई–(स्त्री.) 1 ढोने की क्रिया 2 ढोने की मज़दूरी

ढूँढ–(स्त्री.) खोज, तलाश **ढूँढ-ढाँढ** (स.क्रि.) खोज करना

ढूँढना–(स. क्रि.) खोजना, तलाश करना

ढूह–(पु.) 1 ढेर, अटाला 2 टीला, भीटा

ढेंकली, ढेंकुली–(स्त्री.) 1 धान कूटने का एक यंत्र, ढेंकी 2 सिंचाई के लिए पानी निकालने का एक यंत्र

ढेंका–(पु.) 1 कोल्हू में जाठ के सिरे से लगाया जानेवाला बाँस 2 बड़ी ढेंकी

ढेंकी–(स्त्री.) धान कूटने का यंत्र, ढेंकली

ढेर– (पु.) राशि, पुंज, अटाला, टाल **ढेर करना** मार डालना **ढेर हो जाना** मर जाना

ढेरी–(स्त्री.) छोटा ढेर (जैसे–आमों की ढेरी)

ढेला–(पु.) मिट्टी, पत्थर आदि का टुकड़ा

ढैया–(स्त्री.) ढाई सेर या किलो

ढोंग–(पु.) 1 आडंबर, पाखंड 2 छल

ढोंगबाज़ी–(स्त्री.) पाखंड, आडंबर

ढोंगिया–(पु.) ढोंग करनेवाला व्यक्ति

ढोंगी–(वि.) ढोंग करनेवाला, पाखंडी, बगुला

भगत

ढोंढी–(स्त्री.) 1 नाभि 2 कली, डोड़ी

ढोना–(स. क्रि.) बोझ एक स्थान से दूसरे स्थान पर पहुँचाना

ढोर–(पु.) चौपाया, मवेशी **ढोर-डंगर** (पु.) पशु आदि

ढोल–(पु.) 1 एक प्रकार का गोल और लंबोतरा बाजा जिसके दोनों तरफ़ चमड़ा मढ़ा होता है 2 कान के भीतर का पर्दा, कर्ण-पटह **ढोल-ढमक्का** (पु.) 1 बाजा-गाजा 2 चहल-पहल, धूम-धाम 3 आडंबर **ढोल पीटना** चारों ओर कहते फिरना **ढोल के भीतर पोल** केवल ऊपर का दिखावा

ढोलक–(स्त्री.) छोटा ढोल

ढोलकिया–(पु.) ढोल बजानेवाला व्यक्ति (वि.) 1 तंत्र संबंधी 2 जिसमें पतले तार लगे हों 3 तंत्रशास्त्र का अनुयायी

ढोलकी–(स्त्री.) छोटी ढोलक

ढोला–I (पु.) 1 फल आदि में पड़नेवाला एक सफ़ेद कीड़ा 2 हद, सीमा का निशाना 3 देह, शरीर

ढोलिया–(पु.) ढोल बजानेवाला व्यक्ति

ढोली–(स्त्री.) दो सौ पानों की गड्डी

ढौंका–(पु.) बड़ा पत्थर

ढौंचा–(पु.) साढ़े चार

त

तंग–I (वि.) 1 परेशान, हैरान (जैसे–तंग करना) 2 जिसमें उदारता, सहृदयता का अभाव हो (जैसे–तंग दिल का आदमी) 3 सँकरा, संकीर्ण (जैसे–तंग कमरा, तंग गली) 4 आवश्यकता से अधिक कसा हुआ एवं कुछ छोटा II (पु.) ज़ीन कसने की पेटी

तंगी–(स्त्री.) 1 तंग होने की अवस्था 2 संकीर्णता 3 परेशानी 4 निर्धनता, ग़रीबी

तंतु–(पु.) 1 सूत 2 तागा 3 रेशा, ताँत 4 नस **तंतुवादक** (पु.) तारवाला बाजा बजानेवाला व्यक्ति **तंतुवाद्य** (पु.) तारवाला बाजा

तंतुनाभ–(पु.) मकड़ा

तंत्र–(पु.) 1 डोरा, सूत 2 चमड़े की डोरी, ताँत 3 शासन प्रबन्ध 4 शासन प्रणाली 5 राज्य 6 वीणा आदि का तार 7 शिव-शक्ति की पूजा एवं अभिचार आदि का विधान करनेवाला शास्त्र 8 झाड़-फूँक, टोना **तंत्र-मंत्र** (पु.) 1 जादू-टोना 2 उपाय-युक्ति

तंत्री–I (स्त्री.) 1 वीणा आदि में लगा तार 2 तारवाला बाजा 3 वीणा II (पु.) 1 गवैया, संगीतज्ञ 2 एक तारवाला बाजा, वीणा

तंदुरुस्त–(वि.) जो स्वस्थ हो

तंदुरुस्ती–(स्त्री.) स्वास्थ्य, आरोग्य

तंद्रा–(स्त्री.) 1 हल्की नींद, ऊँघाई 2 थकान

तंद्रित–(वि.) अलसाया हुआ

तंबाकू–(पु.) 1 सुरती से बनायी हुई एक नशीली वस्तु जिसे चिलम आदि पर रखकर पीते हैं 2 ज़र्दा

तँबियाना–(अ. क्रि.) 1 पीला पड़ना 2 ताँबे के बर्तन में खाद्य-पदार्थ अधिक समय तक रखने से उसमें ताँबे की गंध एवं स्वाद आ जाना

तंबू–(पु.) ख़ेमा, शामियाना

तंबूरा–(पु.) तानपूरा वाद्य

तंबोलिन–(स्त्री.) पान बेचनेवाली स्त्री

तंबोली–(पु.) पान का व्यवसाय करनेवाला व्यक्ति, तमोली

त

तईं–(अ.) 1 अव्यय, इसका प्रयोग व्यक्तियों के संबंध में 'को', 'प्रति' के अर्थ में होता है (जैसे–आपके तईं) 2 लिए, वास्ते

तक–I (अ.) सीमा, अवधि सूचित करनेवाला अव्यय (जैसे–103 डिग्री तक, चार बजे तक)

तक–II (स्त्री.) 1 तराजू 2 तराजू का पल्ला

तक़दीर–(स्त्री.) भाग्य, क़िस्मत

तकना–(स. क्रि.) 1 ताक में रहना 2 देखना 3 प्रतीक्षा करना 4 बुरी दृष्टि से देखना

तक़रीबन–(अ.) लगभग, क़रीब-क़रीब

तकला–(पु.) सूत कातने और लपेटने के काम आनेवाली चर्खे से लगी लोहे की सलाई, टेकुआ

तकली–(स्त्री.) 1 छोटा तकला 2 बिना चर्खे के सूत कातने और लपेटने का एक आला

तकलीफ़–(स्त्री.) 1 दुःख, कष्ट 2 विपत्ति, संकट (जैसे–तकलीफ़ में परेशान होना)

तकल्लुफ़–(पु.) 1 शिष्टाचार, बनावट, औपचारिकता

तकिया–(पु.) 1 रुई से भरी बड़े मुँह की थैली 2 विश्राम-स्थान 3 आश्रय, सहारा 4 फ़क़ीर का डेरा

तकुआ, तकुला, तकुवा–(पु.) तकला

तक्र–(पु.) छाछ, मट्ठा

तक्षक–I (पु.) सर्प, साँप II (वि.) 1 लकड़ी काटनेवाला 2 लकड़ी आदि की मूर्ति बनाना

तक्षण–(पु.) लकड़ी काटना **तक्षण कृति** (स्त्री.) काटकर बनाई गई मूर्ति

तखान–(पु.) तक्षण, बढ़ई

तख़्त (पु.) 1 राजसिंहासन 2 तख़्तों की बनी बड़ी चौकी

तख़्ता–(पु.) 1 ऊँची चौकी 2 लकड़ी का लंबा और कम मोटा चौकोर टुकड़ा, पल्ला 3 अरथी, टिकटी

तख़्ती–(स्त्री.) 1 छोटा तख़्ता 2 काठ की छोटी पटिया

तगड़ा–(वि.) 1 मज़बूत एवं हट्टा-कट्टा 2 अच्छा, बड़ा और भारी 3 अधिक प्रबल, सशक्त

तजना–(स. क्रि.) छोड़ना, त्यागना

तजुर्बा–(पु.) 1 अनुभव 2 जानकारी

तजुर्बेकार–(वि.) अनुभवी

तट–I (पु.) 1 किनारा, कूल 2 नदी के किनारे की भूमि II (क्रि. वि.) निकट, पास

तट कर–(पु.) जलमार्ग द्वारा आयात-निर्यात वस्तुओं पर लगनेवाला कर, महसूल **तट प्रदेश** (पु.) तटवर्ती प्रदेश **तटबंध** (पु.) बाँध

तटवर्ती–(वि.) तट के पास होनेवाला

तटस्थ–I (वि.) 1 जो समीप रहता हो, निकटस्थ 2 तीर पर रहनेवाला II (क्रि. वि.) किसी का पक्ष न लेनेवाला, दलबंदी से दूर रहनेवाला

तटावरोध–(पु.) तट पर बाधा खड़ी करना

तटीय–(वि.) तटवर्ती

तड़–(पु.) टूटने, फटने, फूटने आदि से होनेवाला शब्द

तड़क–(स्त्री.) 1 तड़कने की क्रिया 2 चमकने की क्रिया

तड़क-भड़क–(पु.) 1 दिखावा 2 ठाट-बाट

तड़कना–(अ. क्रि.) 1 क्रोधपूर्ण व्यवहार करना 2 तड़ शब्द करते हुए टूटना, चटकना (जैसे–शीशा तड़कना) 3 दरार पड़ना 4 ज़ोर का तड़ शब्द होना 5 कर्कश स्वर में बोलना

तड़का–I (पु.) सवेरा, प्रभात

तड़का–II (पु.) 1 छौंकने का मसाला 1 छोड़ने की क्रिया, बघार

तड़प–(स्त्री.) 1 छटपटाहट, तड़पने की अवस्था 2 बेचैनी 3 बिजली की चमक

तड़पना–(अ. क्रि.) अत्यंत दुःखी होना, कलपना

तड़पाना–(स. क्रि.) अत्यधिक कष्ट पहुँचाना, कलपाना

तड़ाक–I (पु.) तालाब तड़ाग II (क्रि. वि.) 1 तड़-तड़ शब्द करते हुए 2 जल्दी-जल्दी, चटपट **तड़ाक-फड़ाक** (क्रि. वि.) चटपट, फ़ौरन

तड़ाग–(पु.) 1 तालाब, सरोवर 2 हरिण

त

फँसाने का फंदा

तड़ातड़–(क्रि. वि.) 1 तड़-तड़ शब्द करते हुए 2 निरंतर, लगातार

तड़ातड़ी–(स्त्री.) 1 जल्दी 2 उतावलापन

तड़ित्–(स्त्री.) 1 आकाशीय विद्युत् 2 बिजली

तड़ित लता–(स्त्री.) बिजली की रेखा

तड़ी–(स्त्री.) 1 चपत, थप्पड़ 2 धोखा, छल 3 बहाना 4 झूठी शान

तत्–(सर्व.) 1 वही, वह 2 उस, उसी (जैसे–तत्काल, तत्क्षण)

ततैया–I (स्त्री.) बर्र, भिड़ II (वि.) तीखा, तीक्ष्ण, चपल और तीव्र बुद्धिवाला

तत्काल–(अ.) उसी समय, फ़ौरन

तत्कालीन–(वि.) 1 उस समय का 2 उन दिनों का

तत्क्षण–(अ.) उसी क्षण, तुरंत (जैसे–तत्क्षण प्रभाव डालना)

तत्ता–(वि.) अधिक तपा हुआ, गर्म, उष्ण

तत्ताथेई–(स्त्री.) नाच के बोल, शब्द

तत्त्व–(पु.) 1 आकाश, अग्नि, जल, थल और पवन ये पाँच तत्त्व 2 रसायन शास्त्र के अनुसार ऐसा पदार्थ जिसमें दूसरे पदार्थों का कुछ भी अंश न पाया जाता हो, अमिश्र एवं विशुद्ध एलिमेंट 3 सार-वस्तु 4 असलियत 5 ईश्वर **तत्त्वज्ञ** (पु.) 1 ब्रह्म ज्ञानी 2 दार्शनिक **तत्त्वज्ञान** (पु.) अध्यात्मज्ञान **तत्त्वतः** (क्रि. वि.) मूल गुण के विचार से, वस्तुतः

तत्पर–(वि.) 1 जो काम करने को तैयार हो, उद्यत, मुस्तैद 2 मनोयोगपूर्वक लगा हुआ 3 दक्ष, निपुर्ण **तत्परता** (स्त्री.) 1 मुस्तैदी 2 दक्षता

तत्पश्चात्–(अ.) उसके बाद, अनंतर

तत्पुरुष–(पु.) 1 संस्कृत व्याकरण में एक समास जिसमें दो संज्ञाओं के बीच की विभक्ति लुप्त हो जाती है तथा दूसरा पद प्रधान होकर यह बतलाता है कि वह पहले पद का कार्य है (जैसे–देश-भक्ति में देश की भक्ति तत्पुरुष है) 2 ईश्वर, परमेश्वर

तत्र–(अ.) उस स्थान पर, उस जगह, वहाँ

तत्रापि–(अ.) तथापि, तो भी

तत्व–(पु.) 1 वास्तविकता 2 सार 3 जगत् का मूल कारण, ईश्वर 4 घटक **तत्वज्ञ** (वि.) ब्रह्म को जाननेवाला **तत्व ज्ञान** (पु.) आत्मा, परमात्मा एवं उसकी सृष्टि के संबंध में होनेवाला सच्चा ज्ञान, ब्रह्मज्ञान **तत्वज्ञानी** (पु.) तत्वज्ञ **तत्व-दर्शन** (पु.) तत्व ज्ञान **तत्वदर्शी** (पु.) तत्त्वज्ञ **तत्त्वमसि** 1 तू वही है 2 तत्सत् **तत्व-मीमांसा** (स्त्री.) 1 ईश्वरीय सत्ता तथा सृष्टि की उत्पत्ति से संबंधित विद्या 2 अध्यात्म ज्ञान **तत्ववाद** (पु.) 1 दर्शन शास्त्र संबंधी विचार 2 दार्शनिक विचार

तत्वतः–(अ.) यथार्थतः, वस्तुतः

तत्वावधान–(पु.) देखरेख, निरीक्षण

तत्सम–(पु.) शब्द जो मूल भाषा के शुद्ध रूप में हो

तथा–(अ.) 1 और, व 2 किसी के अनुरूप, वैसा ही (जैसे–यथा नाम तथा गुण) **तथाकथित, तथाकथ्य** (वि.) जो इस नाम से प्रसिद्ध हो परंतु ऐसा होना विवादास्पद हो

तथागत–(पु.) भगवान् बुद्ध

तथापि–(अ.) तो भी, तिस पर भी, फिर भी

तथास्तु–(अ.) 1 ऐसा ही हो 2 एवमस्तु

तथैव–(अ.) उसी प्रकार, वैसे ही

तथ्य–(पु.) 1 यथार्थ 2 वास्तविक घटना 3 सार 4 सच्चाई **तथ्यहीन** (वि.) 1 निस्सार 2 झूठा

तथ्यात्मक–(वि.) वास्तविक

तद्–I (वि.) वह II (क्रि. वि.) उस समय, तब

तदंतर, तदनंतर–(अ.) उसके बाद, उसके उपरांत

तदनुकूल–(वि.) उसके अनुकूल, तदनुसार

तदनुरूप–(वि.) उसी के रूप का, उसी के जैसा

तदनुसार–I (क्रि. वि.) उसी के अनुसार, उसी तरह II (वि.) उसके अनुसार होनेवाला

तदपि–(अ.) तो भी, तिस पर भी, तथापि

तदर्थ–(अ.) केवल इसके वास्ते

तदाकार–(वि.) 1 उसी के आकार का 2 तन्मय, तल्लीन

तदुपरांत–(अ.) उसके बाद, उसके पीछे

तद्भव–(पु.) किसी भाषा से विकसित शब्द

तद्रूप–I (वि.) उसी के रूप का, वैसा ही II (पु.) एक अर्थालंकार जिसमें उपमेय को उपमान से पृथक् मानते हुए भी उसे उपमान का दूसरा रूप और उसके कार्य का कर्ता बतलाया जाता है

तन–(पु.) शरीर, देह **तन-बदन** (पु.) सारा शरीर **तन-मन** (पु.) शरीर और हृदय (जैसे– तन-मन से प्यार करना)

तनख़ा, तनख़ाह, तनख़्वाह–(स्त्री.) वेतन **तनख़ादार** (पु.) वेतनभोगी

तनना–(अ. क्रि.) 1 खिंचकर कड़ा होना 2 फैलना 3 खिंचना, रुष्ट होना 4 खड़ा होना

तनय–(पु.) बेटा

तनया–(स्त्री.) बेटी, पुत्री

तनवाना–(स. क्रि.) तानने का काम कराना

तना–(पु.) पेड़ का ज़मीन के ऊपर का मोटा भाग जहाँ से शाखाएँ निकलती हैं, धड़

तनाव–(पु.) 1 तनने की अवस्था 2 खींचतान, द्वेष की स्थिति (टेंशन) **तनावपूर्ण** (वि.) क्षोभपूर्ण, उत्तेजनामय

तनिक–I (वि.) थोड़ा, अल्प II (अ.) कुछ, ज़रा

तनी–(वि./अ.) तनिक

तनु–I (वि.) 1 दुबला-पतला, कृश 2 अल्प, थोड़ा 3 तुच्छ 4 छिछला 5 कोमल, सुकुमार 6 अच्छा, बढ़िया 7 विरल II (पु.) 1 देह, शरीर 2 चर्म, त्वचा III (स्त्री.) 1 औरत, स्त्री 2 केंचुली IV (क्रि. वि.) ओर, तरफ़ **तनुधारी** (वि.) शरीर धारण करनेवाला, शरीरधारी

तनू–(पु.) 1 शरीर, देह 2 व्यक्ति 3 पुत्र, बेटा **तनूजा** (स्त्री.) पुत्री, बेटी

तन्मय–(वि.) तल्लीन, दत्तचित्त, मग्न (जैसे– तन्मय होकर पढ़ना) **तन्मयता** (स्त्री.) तल्लीनता

तन्वंगी–(स्त्री.) सुकुमार और दुबले-पतले अंगोंवाली स्त्री

तन्वी–I (वि.) कोमल अंगोंवाली II (स्त्री.) सुकुमार स्त्री, दुबली-पतली स्त्री

तपःपूत–(वि.) तपस्या के द्वारा पवित्र

तप–(पु.) 1 तपस्या 2 ताप, दाह

तपन–I (वि.) 1 तपनेवाला 2 दुःख देनेवाला II (पु.) सूर्य III (स्त्री.) 1 तपे हुए होने की अवस्था 2 तपिश

तपना–(अ. क्रि.) 1 तप्त होना 2 तपस्या करना

तपश्चरण–(पु.), **तपश्चर्या**–(स्त्री.) तपस्या

तपसी–(पु.) तपस्वी

तपस्या–(स्त्री.) 1 तप, साधना (जैसे–सफलता हेतु कठिन तपस्या करना) 2 अभीष्ट की सिद्धि के लिए किया जानेवाला कठोर एवं कष्टदायक आचरण

तपस्विनी–(स्त्री.) 1 तपस्या करने वाली स्त्री 2 तपस्वी की पत्नी 3 पतिव्रता स्त्री

तपस्वी–(पु.) तपस्या करनेवाला व्यक्ति, तपी

तपाक–(पु.) 1 जोश, आवेश 2 उत्साह और प्रेम (जैसे–बड़े तपाक से स्वागत करना) 3 तेज़ी, वेग

तपाना–(स. क्रि.) 1 खूब गर्म करना 2 आग पर पिघलाना 3 शरीर को कष्ट देना

तपोभूमि–(स्त्री.) तपोवन, तपस्थल

तपोधन–(पु.) तप ही जिसका धन है, तपस्वी

तपोनिधि–(पु.) बहुत बड़ा तपस्वी

तपोनिष्ठ–(वि.) तप में लीन

तपोमूर्ति–(पु.) 1 ईश्वर 2 तपस्वी

तपोवन–(पु.) वह आश्रम, वन जहाँ बहुत-से तपस्वी तपस्या करते हैं

तप्त–(वि.) 1 गर्म 2 तपाया हुआ

तब–(क्रि. वि.) 1 विशिष्ट परिस्थिति में 2 इसके पश्चात्, तुरंत बाद

तबियत, तबीयत–(स्त्री.) 1 शरीर की स्थिति

त

2 मन की स्थिति 3 मन, हृदय, जी 4 समझ **तबियतदार** (वि.) 1 मिलनसार 2 रसिक, भावुक **तबियत आना** 1 प्रेम उत्पन्न होना 2 वस्तु-प्राप्ति की इच्छा होना **तबियत फड़क उठना** अत्यधिक प्रसन्न होना

तभी–(अ.) 1 उसी समय 2 विशिष्ट स्थिति में ही 3 उसी कारण से

तम–I (पु.) 1 अँधेरा, अंधकार 2 कालिख, कालिमा 3 अज्ञान, अविद्या 4 माया, मोह 5 क्रोध, गुस्सा II (वि.) 1 काला 2 दूषित 3 बुरा III (पु.) एक प्रत्यय जो संस्कृत विशेषणों के अंत में लगकर सबसे बढ़कर का अर्थ देता है (जैसे–अधिकतम, श्रेष्ठतम)

तमकना–(अ. क्रि.) क्रोधपूर्वक बोलने को उद्यत होना

तमतमाना–(अ. क्रि.) क्रोध या धूप के कारण चेहरे का लाल हो जाना

तमस्–(पु.) 1 अंधकार 2 अज्ञान

तमसा–(स्त्री.) एक नदी

तमसावृत्त–(वि.) अंधकारयुक्त, तमाच्छन्न

तमाचा–(पु.) थप्पड़

तमाच्छादित–(वि.) अंधकारमय

तमाम–(वि.) 1 कुल, सारा, समस्त 2 समाप्त, ख़त्म **काम तमाम करना** मार डालना

तमाल–(पु.) एक सदाबहार पेड़

तमाशा–(पु.) 1 खेलकूद, हँसी आदि की कोई घटना 2 अद्भुत बात 3 ऐसा कार्य जिसे सुगमता से किया जा सके 4 मनोरंजक दृश्य

तमिस्रा–(स्त्री.) अँधेरी रात, श्यामा

तमीज़–(स्त्री.) 1 अदब, शिष्टाचार 2 अच्छे-बुरे की पहचान, विवेक

तमोगुण–(पु.) अंधकार, अज्ञान आदि गुण

तमोमय–(वि.) 1 अंधकारपूर्ण 2 तमोगुणी

तमोली–(पु.) पान बेचने वाला

तय–(वि.) निश्चित, निर्णीत

तरंग–(स्त्री.) 1 पानी की लहर, हिलोर 2 मौज, उमंग **तरंग-दैर्घ्य** (पु.) 1 अनुप्रस्थ तरंग में एक शृंग से निकटवर्ती शृंग तक की दूरी 2 अनुदैर्घ्य तरंग में एक संपीडन से निकटवर्ती संपीडन तक की दूरी

तरंगित–(वि.) 1 लहराता हुआ 2 कंपायमान 3 जो मग्न हो रहा हो

तरंगी–(वि.) 1 जिसमें लहरें उठती हों 2 भावुक, रसिक 3 मन की तरंग के अनुसार काम करनेवाला

तरकारी–(स्त्री.) सब्ज़ी, शाक

तरकीब–(स्त्री.) 1 उपाय, युक्ति 2 ढंग, तरीक़ा 3 बनावट, रचना 4 मिलान, मेल

तरक़्क़ी–(स्त्री.) 1 पदोन्नति 2 उन्नत दशा प्राप्त करना 3 अभिवृद्धि

तरखान–(पु.) बढ़ई, तक्षक

तरण–(पु.) 1 पार जाना, पार करना 2 पार करने का साधन 3 छुटकारा, निस्तार 4 उद्धार

तरण ताल–(पु.) तैरने के लिए तालाब, तैराकी के लिए विशेष रूप से बनाया गया ताल

तरणी–(स्त्री.) नाव, नौका

तरतीब–(स्त्री.) क्रम से एक के बाद एक

तरना–(अ. क्रि.) 1 पार होना 2 तैरना 3 भव बंधन से मुक्ति, सद्गति प्राप्त करना

तरफ़–(स्त्री.) 1 ओर, बग़ल 2 दो या अधिक पक्षों आदि में से प्रत्येक, हर एक 3 दो या अधिक तलों में से कोई तल 4 किनारा, तट

तरफ़दारी–(स्त्री.) पक्षपात

तरबूज़, तरबूज़ा–(पु.) बलुई ज़मीन पर फैलनेवाला एक गोल बड़ा फल जो तासीर में ठंडा होता है

तरल–(वि.) 1 बहनेवाला पदार्थ, द्रव (जैसे–पानी तरल होता है) 2 अस्थिर, चंचल

तरस–(पु.) करुणा, दया, रहम

तरसना–(अ. क्रि.) बेचैन रहना, लालायित रहना (जैसे–इस बार तो हम खरबूज़ों के लिए तरस गए)

तरसाना–(स. क्रि.) 1 ललचाना 2 दुःखी करना

तरह–(स्त्री.) प्रकार, ढंग (जैसे–अनेक तरह के आदमी)

तराई–(स्त्री.) पहाड़ के नीचे का समतल मैदानी भू-भाग

तराज़ू–(पु.) सामान तौलने हेतु दो पलड़ों का बना एक यंत्र, तुला

तराना–(पु.) अच्छे ढंग से गाया जानेवाला गीत (जैसे–क़ौमी तराना)

तरावट–(स्त्री.) 1 शीतलता, ठंडक 2 तरी

तरी–(स्त्री.) नौका, नाव

तरीक़ा–(पु.) 1 ढंग, प्रकार 2 उपाय, युक्ति

तरु–(पु.) पेड़, वृक्ष

तरुण–(वि.) नवजवान, नवयुवक

तरुणाई, तरुणावस्था–(स्त्री.) युवावस्था, जवानी

तरुणी–(वि./स्त्री.) नवयुवती

तरुवर–(पु.) उत्तम पेड़, वृक्ष

तरेरना–(स. क्रि.) रोषपूर्वक देखना, घूरना

तरेरा–(पु.) रोषपूर्ण दृष्टि

तर्क–I (पु.) 1 दलील, सुविचारित बात 2 जानने-समझाने हेतु किया जानेवाला यत्न **तर्कपूर्ण** (वि.) तर्क से भरा हुआ, तर्कयुक्त **तर्क-वितर्क** (पु.) तर्कपूर्ण विचार **तर्क-शास्त्र** (पु.) वह विद्या जिसमें प्रतिपादित सिद्धांतों आदि के खंडन-मंडन करने की पद्धतियों का विवेचन होता है **तर्कसिद्ध** (वि.) जो तर्क से प्रमाणित हो **तर्क** II (स.क्रि.) छोड़ना, परित्याग

तर्ज़–(पु.) 1 रीति, शैली, ढंग 2 बनावट

तर्जन–(पु.) 1 डराना 2 धमकाना 3 डाँटना 4 क्रोध **तर्जन-गर्जन** (पु.) डराना-धमकाना

तर्जनी–(स्त्री.) अँगूठे के बाद की उँगली

तर्पण–(पु.) 1 देवताओं, ऋषियों एवं पितरों को जलदान 2 तृप्त करने की क्रिया

तल–(पु.) 1 पेंदा, तला 2 जलाशय आदि के बिल्कुल नीचे की ज़मीन, पैर का तलवा **तलछट** (स्त्री.) द्रव पदार्थ के नीचे बैठनेवाला मैल, तलौंछ

तलघर–(पु.) तहखाना (बेसमेंट)

तलना–(स. क्रि.) गर्म, स्निग्ध द्रव्य में खाद्य-वस्तु पकाना (जैसे–पापड़ तलना)

तलब–(स्त्री.) 1 खोज, तलाश 2 प्राप्त करने की इच्छा 3 आवश्यकता 4 बुलावा, बुलाहट

तलवा–(पु.) पैर के बिल्कुल नीचे का चपटा अंश, पद-तल

तलवार–(स्त्री.) 1 लोहे का लंबा धारदार प्रसिद्ध हथियार 2 तेग 3 खड्ग

तलवारबाज़–(पु.) तलवार चलाने वाला

तलवारबाज़ी–(स्त्री.) तलवार चलाने का काम

तलस्पर्शी–(वि.) तल को छूनेवाला

तलहटी–(स्त्री.) तराई

तला–(पु.) 1 तल, पेंदा 2 तलवा 3 जूते के नीचे का भाग जो ज़मीन पर पड़ता है

तलाशना–(स. क्रि.) 1 खोजना 2 चाहना

तलाशी–(स्त्री.) 1 तलाश करने के लिए किया जानेवाला प्रयत्न 2 अवैध रूप से छिपाई गई वस्तु का पता लगाने के लिए संदिग्ध व्यक्ति के शरीर, घर आदि की होनेवाली देख-भाल

तली, तलुवा–(स्त्री.) 1 पेंदी 2 हथेली 3 तलवा

तलुआ–(पु.) तालू, तलवा

तले–(क्रि. वि.) 1 नीचे वाले भाग में 2 वश में, शासन में

तलेटी–(स्त्री.) 1 पेंदी 2 तलहटी, तराई

तलैया–(स्त्री.) छोटा तालाब

तलौंछ–(स्त्री.) तलछट

तल्ला[1]–(पु.) जूते का वह भाग जो पाँव तले रहता है

तल्ला[2]–(पु.) मंज़िल, खंड

तल्लीन–(वि.) मग्न, दत्तचित

तवर्ग- (पु) देवनागरी वर्णमाला के त, थ, द, ध और न इन पाँच वर्णों का समूह

तवा–(पु.) लोहे का गोलाकार टुकड़ा

तश्तरी–(स्त्री.) छोटी थाली, प्लेट

तसला–(पु.) कटोरे की शक्ल का बड़ा एवं गहरा बर्तन

तसल्ली–(स्त्री.) दिलासा, ढाढस

तसवीर, तस्वीर–(स्त्री.) चित्र, प्रतिमा, आकृति

तस्कर–(पु.) 1 दो देशों, प्रदेशों की सीमा पर

त

चुंगी आदि दिए बिना चोरी से माल ले आनेवाला (स्मगलर) 2 चोर

तस्करी–I (स्त्री.) 1 चोरी 2 टैक्स की चोरी 3 चोरी से सीमा पर माल ले जाने की क्रिया II (वि.) 1 तस्कर संबंधी 2 चोरी से लाया हुआ

तहबाज़ारी–(स्त्री.) हाट, बाजार, में दुकान लगानेवालों से लिया जानेवाला कर

तहत–(पु.) 1 अधीनता, मातहती 2 अधिकार, वश

तहरी–(स्त्री.) चने, मटर, पेठे आदि मिलाकर बनाई गई खिचड़ी (जैसे–तहरी पकाना)

तहस-नहस–(वि.) नष्ट-भ्रष्ट, बर्बाद

तहसील–(स्त्री.) 1 ज़िले का वह भाग जो तहसीलदार के अधीन रहता है 2 तहसीलदार का कार्यालय 3 मालगुजारी वसूल करना **तहसीलदार** (पु.) 1 तहसील का प्रधान अधिकारी 2 लगान वसूल करनेवाला

तहाँ–(क्रि. वि.) उस स्थान पर, वहाँ

तहाना–(स. क्रि.) तह करना, परतें लगाना

ताँगा–(पु.) पीछे की ओर लटकी एक प्रकार की गाड़ी जिसमें एक घोड़ा जोता जाता है

तांडव–(पु.) 1 शिव का उग्र नृत्य 2 उग्र तथा औद्धत्यपूर्ण क्रिया-कलाप 3 पुरुषों का नृत्य **तांडव नृत्य** (पु.) 1 शिव का उग्र नाच 2 रौद्र रूप

ताँत–(स्त्री.) 1 पशुओं के चमड़े या नसों को बटकर बनाई गई डोरी 2 धनुष की डोरी 3 जुलाहों का राछ नामक औज़ार

ताँता–(पु.) 1 लगातार चलते रहनेवाला क्रम 2 सिलसिला, अटूट 3 क़तार

ताँती–(पु.) 1 जुलाहा 2 जुलाहों का एक औज़ार, राछ

तांत्रिक–(वि.) तंत्र शास्त्र का ज्ञाता

ताँबा–(पु.) लाल रंग की एक धातु

ताँबिया–(वि.) 1 ताँबे का बना हुआ 2 ताँबे के रंग का

तांबूल–(पु.) तंबोल, पान

ताई–(स्त्री.) पिता के बड़े भाई की पत्नी

ताऊ–(पु.) पिता का बड़ा भाई **बछिया का ताऊ** अत्यंत मूर्ख व्यक्ति

ताक–(स्त्री.) 1 अवसर की प्रतीक्षा, घात 2 ताकने की क्रिया **ताक-झाँक** (स्त्री.) छिपकर बुरी नीयत से ताकने की क्रिया

ताक़–(पु.) ताखा, आला

ताक़त–(स्त्री.) 1 बल, शक्ति 2 साहस

ताकना–(स. क्रि.) 1 देखना 2 ध्यानपूर्वक देखना

ताकि–(अ.) इसलिए कि

तागड़ी–(स्त्री.) करधनी, क्षुद्रघंटिका

तागा–(पु.) सूत, डोरा

ताज़गी–(स्त्री.) 1 ताज़ा होने का भाव 2 नयापन

ताज़ा–(वि.) 1 हरा-भरा 2 जो मुर्झाया न हो 3 तुरंत का तैयार किया हुआ

ताज्जुब–(पु.) आश्चर्य

ताड़–(पु.) एक बहुत ऊँचा और लंबा पेड़ जिसमें शाखाएँ नहीं होतीं तथा इसी का मादक रस ताड़ी कहलाता है

ताड़ना–I (स. क्रि.) 1 मारना-पीटना 2 डाँटना-डपटना

ताड़ना–II (स. क्रि.) भाँपना, समझना

ताड़ी–(स्त्री.) ताड़ के वृक्ष से निकलनेवाला सफ़ेद मादक रस **ताड़ीख़ाना** (पु.) देशी शराबघर

तात–I (पु.) 1 पिता 2 आदरणीय व्यक्ति 3 प्रयोग किया जानेवाला संबोधन II (वि.) 1 पूज्य 2 प्रशस्त

ताताथेई–(स्त्री.) 1 नृत्य में विशेष प्रकार से पैर रखने के बोल 2 नाच, नृत्य

तात्कालिक–(वि.) तत्काल का, तुरंत का

तात्पर्य–(पु.) अभिप्राय, आशय, मंशा

तात्त्विक–(वि.) 1 तत्त्व संबंधी 2 वास्तविक

तादात्म्य–(पु.) 1 तल्लीनता 2 एक जान होना

तान–(स्त्री.) 1 संगीत में स्वर का विस्तार 2 तानने की क्रिया, खिंचाव 3 समुद्र की तरंग

तानना–(स. क्रि.) 1 फैलाना 2 खींचकर कड़ा करना 3 खड़ा करना 4 खिंचाव पैदा करना

5 मारने के लिए अस्त्र आदि उठाना **तानकर सोना** निश्चिंत होकर सोना

तानपूरा–(पु.) सितार की तरह का एक बाजा

ताना–I (पु.) व्यंग्यपूर्ण चुटीली बात (जैसे–ताना मारना)

ताना–II (पु.) 1 करघे में लंबाई के बल फैलाया गया सूत 2 तानी हुई वस्तु 3 तानने की क्रिया 4 कालीन, दरी आदि बुनने का करघा **ताना-बाना** (पु.) लंबाई के बल ताने और चौड़ाई के बुने जानेवाले तागे

तानाशाह–(पु.) अपने अधिकारों का मनमाना दुरुपयोग करने वाला व्यक्ति

ताप–(पु.) 1 गर्मी, तपिश 2 आँच 3 ज्वर, बुख़ार 4 मानसिक कष्ट **ताप-अवरोधक** (वि.) ताप को रोकनेवाला **तापक्रम** (पु.) 1 ताप का उतार-चढ़ाव 2 ताप का क्रम सूचित करनेवाली संख्या (जैसे–शरीर का तापक्रम 98.4 डिग्री होता है) **ताप बिजलीघर** (पु.) ईंधन की गर्मी से बिजली उत्पन्न करने का स्थान **तापरोधक** (वि.) ताप अवरोधक

तापमान–(पु.) थर्मामीटर द्वारा मापी गई ताप की मात्रा **तापमापक, तापमापी** (वि.) ताप नापनेवाला (जैसे–तापमापक यंत्र) (थर्मामीटर)

तापना–I (अ. क्रि.) आँच से शरीर गरमाना II (स. क्रि.) धूनी आदि के सामने बैठकर ताप सहना

तापस–(पु.) साधु, तपस्वी

तापसी–I (वि.) 1 तापस संबंधी 2 तपस्या संबंधी II (स्त्री.) 1 तपस्विनी 2 तपस्वी की स्त्री

तापी–(वि.) 1 ताप देनेवाला 2 ताप से युक्त

तापोपचार–(पु.) गरमी पहुँचाकर प्रभाव उत्पन्न करने की विधि

ताबड़तोड़–(अ.) लगातार

तामचीनी–(स्त्री.) इनैमल, मीना चढ़ाने का काम

तामड़ा–(वि.) ताँबे के रंग का, लाली लिए हुए भूरा

तामस–I (वि.) 1 जिसमें तमो गुण की अधिकता हो (जैसे–तामस स्वभाव) 2 ज्ञानहीन 3 कुटिल 4 पापी II (पु.) 1 अंधकार, अँधेरा 2 खल, दुष्ट

तामसिक, तामसी–(वि.) 1 तमोगुण संबंधी 2 अंधकार संबंधी

तामेसरी–(स्त्री.) गेरू के फूल से बना रंग

ताम्र–(पु.) 1 ताँबा 2 कोढ़ **ताम्र-पट्ट, ताम्र-पत्र** (पु.) 1 ताँबे पर दानपत्र 2 ताँबे का पत्तर 3 प्रशस्ति-पत्र **ताम्र-युग** (पु.) इतिहास का वह युग जिसमें ताँबे के औज़ार, पात्र आदि काम में लाए जाते थे **ताम्र-वर्ण** (वि.) तामड़ा रंग का

ताया–(पु.) बाप का बड़ा भाई, ताऊ

तार–(पु.) 1 धातु से तैयार किया गया डोर (जैसे–अल्युमिनियम का तार, सोने का तार) 2 वह तार जिसके द्वारा बिजली की शक्ति से समाचार भेजे जाते हैं (जैसे–तार भेजने का पता) 3 तार द्वारा भेजी गई ख़बर (जैसे–दिल्ली से तार आया है) **तारघर** (पु.) तार द्वारा संदेश पाने एवं भेजने का सरकारी कार्यालय

तारक–I (वि.) तारनेवाला II (पु.) आँख की पुतली **तारक-चिह्न** (पु.) पादटिप्पणी दर्शित करने के लिए प्रयुक्त तारा जैसा निशान

तारकांकित–(वि.) तारांकित

तारकोल–(पु.) अलकतरा

तारण–I (पु.) 1 तारने की क्रिया, उद्धार करने की क्रिया 2 निस्तार 3 मोक्ष दिलाने की क्रिया II (वि.) 1 तारनेवाला 2 उद्धार करनेवाला

तारतम्य–(पु.) 1 जोड़मेल 2 क्रम या सिलसिला

तारन–I (पु.) 1 छत, छज्जे की ढाल 2 छाजन में कड़ियों के नीचे रहनेवाला बाँस II (वि.)/(पु.) तारण

तारना–(स. क्रि.) 1 पार लगाना 2 सद्गति देना 3 डूबते को किनारे पर पहुँचाना

तारांकित–(वि.) जिसके साथ सितारे का चिह्न दिया गया हो

तारा–(पु.) 1 आकाश में चमकनेवाला नक्षत्र,

त

सितारा 2 आँख की पुतली (जैसे—पुत्र-पिता की आँखों का तारा है) **तारा-पुंज** (पु.) तारा मंडल **तारा-भौतिकी** (स्त्री.) खगोल का भौतिक विज्ञान **तारा-मंडल** (पु.) 1 नक्षत्रों का समूह 2 कृत्रिम नक्षत्र कक्ष (प्लेनिटेरियम) **तारा-मृग** (पु.) मृगशिरा नक्षत्र

तारिका—(स्त्री.) 1 छोटा तारा 2 ताड़ी 3 अभिनेत्री (जैसे—सिने तारिका)

तारीख़—(स्त्री.) 1 तिथि 2 मिति 3 ऐतिहासिक घटना-तिथि

तारीफ़—(स्त्री.) 1 परिचय 2 प्रशंसा, बड़ाई

तारुण्य—(पु.) यौवन, जवानी

तार्किक—I (वि.) तर्क का II (पु.) 1 तर्कशास्त्र का ज्ञाता 2 तत्त्ववेत्ता, तर्क करनेवाला

ताल—I (पु.) 1 हथेली 2 करतल ध्वनि, ताली 3 नाचने-गाने का मान 4 जाँघ या बाँह पर हथेली से उत्पन्न किया जानेवाला शब्द 5 संगीत में नियत मात्राओं पर हथेली से स्वर उत्पन्न करना **तालबद्ध** (वि.) (संगीत में) तालयुक्त

ताल—II (पु.) 1 तालाब, तड़ाग 2 प्राकृतिक गड्ढा **तालमखाना** (पु.) सफ़ेद रंग का एक गोल बीज

ताल ठोंकना—(स. क्रि.) पहलवानों का जाँघ पर थापी मारना

तालमेल—(पु.) 1 ताल और स्वरों का मिलान 2 संगति

तालव्य—I (वि.) तालू संबंधी II (पु.) तालू की सहायता से उच्चारित होनेवाले वर्ण (जैसे—चवर्ण)

ताला—(पु.) 1 लोहे, पीतल आदि का बना यंत्र जो खास कुंजी से बंद होता है और खुलता है **तालाबंदी** (स्त्री.) 1 ताला बंद करने की क्रिया 2 कारख़ाने के मालिक द्वारा अनिश्चित काल के लिए कारख़ाने को बंद रखना, लाक आउट

तालाब—(पु.) छोटा जलाशय

तालिका—(स्त्री.) 1 नाम सूची 2 कुंजी

ताली—I (स्त्री.) दोनों हथेलियों को मिलाकर पीटने से होनेवाली आवाज़ II (स्त्री.) कुंजी

तालू—(पु.) मुँह के अंदर का वह ऊपरी भाग जो ऊपरवाले दाँतों की पंक्ति और गले तक विस्तृत रहता है

तावत्—(अ.) उस समय तक, तब-तक

तावीज़—(पु.) 1 काग़ज़ आदि पर अंकित मंत्र 2 सोने-चाँदी आदि का संपुट

ताश—(पु.) 1 काग़ज़ का चौकोर टुकड़ा जिस पर पान, ईंट आदि रंगों के छापे हों 2 ताश का खेल

ताहीं—(सर्व.) उसे, उसको

तिकड़म, तिकड़मबाज़ी—(स्त्री.) 1 घात 2 उपाय 3 चालाकी

तिकड़मी—(वि.) तिकड़म से काम करनेवाला

तिकोना—(वि.) जिसमें तीन कोने हों (जैसे—तिकोना मकान)

तिकोनिया—(वि.) तीन कोनोंवाला

तिक्का—(पु.) तीन बूटियोंवाला ताश का पत्ता

तिक्की—(स्त्री.) ताश का तीन बूटियोंवाला पत्ता

तिक्त—I (वि.) तीता, चरपरा II (पु.) 1 सुगंध 2 पित्त **तिक्तता** (स्त्री.) तीतापन

तिखंडा—(वि.) तिमंज़िला

तिखूँटा—(वि.) तिकोना

तिगुना—(वि.) जो मात्रा, अनुपात आदि में तीन गुना हो

तिजोरी—(स्त्री.) लोहे की मज़बूत, छोटी एवं भारी अलमारी

तिड़ी—(स्त्री.) 1 ताश की तिक्की 2 ग़ायब होना

तिड़ीबाज़—(पु.) खिसक जानेवाला व्यक्ति, हट जानेवाला व्यक्ति

तितरफ़ा—(वि.) तीन ओर का

तितर-बितर—(वि.) 1 अस्त-व्यस्त 2 अनियमित रूप से बिखरा हुआ (जैसे—सारा सामान तितर-बितर पड़ा है)

तितली—(स्त्री.) 1 रंग-बिरंगे पंखवाला एक छोटा कीड़ा जो प्रायः फूलों का रस चूसता

है 2 बनी-ठनी रहनेवाली सुंदर एवं चंचल बालिका

तितारा–I (पु.) तीन तारोंवाला ताल देने का बाजा II (वि.) तीन तारोंवाला

तितिक्षा–(स्त्री.) 1 सरदी-गरमी, दुःख आदि सहन करने की शक्ति 2 क्षमा

तिथि–(स्त्री.) 1 तारीख़ 2 वह काल विशेष जिसमें चंद्रमा एक कला बढ़ता-घटता है 3 दिनांक **तिथिक्रम** (पु.) एक के बाद दूसरी तिथि आना

तिनका–(पु.) सूखी घास आदि का छोटा टुकड़ा, तृण (जैसे–आँख में तिनका पड़ गया) **तिनके का सहारा** थोड़ी-सी सहायता **तिनके की ओट पहाड़** छोटी-सी बात में बड़े रहस्य का छिपा होना

तिनपहला–(वि.) तीन परतोंवाला

तिपहिया–(वि.) तीन पहिएवाला

तिपाई–(स्त्री.) तीन पायोंवाली बैठने की चौकी

तिबारा–I (क्रि. वि.) तीसरी बार II (पु.) 1 तीन बार चुआने पर तैयार की गई शराब 2 तीन दरवाज़ोंवाला कमरा

तिबासी–(वि.) तीन दिन का बासी

तिमंज़िला–(वि.) तीन मंज़िलवाला (मकान)

तिमाही–(वि.) तीन माह पर होनेवाला

तिमिर–(पु.) अंधकार, अँधेरा **तिमिरहर** (वि.) अंधकार दूर करनेवाला **तिमिराच्छन्न, तिमिराच्छादित, तिमिरावृत** (वि.) अंधकार से छाया हुआ, अंधकारमय

तिय–(स्त्री.) औरत, स्त्री

तिया–(पु.) स्त्री, औरत

तिरंगा–(वि.) तीन रंगोंवाला (जैसे–तिरंगा झंडा)

तिखूँटा–(वि.) तिकोना

तिरछा–(वि.) 1 जो एक ओर कुछ झुका हो, वक्र, बाँका 2 कुटिल **तिरछापन** (पु.) तिरछा होने का भाव

तिरछे–(क्रि. वि.) तिरछेपन की अवस्था में

तिरपन–(वि./पु.) 53 की संख्या

तिरपाल–(पु.) रोगन चढ़ाया हुआ मोटा कपड़ा

तिरमुहानी–(स्त्री.) 1 वह स्थान जहाँ से तीन तरफ़ को रास्ता जाता हो 2 जहाँ तीन ओर से नदियाँ आकर मिलती हों

तिरसठ–(वि./पु.) 63 की संख्या

तिरस्कार–(पु.) 1 अपमान, अनादर 2 अवज्ञा

तिरस्कृत–(वि.) 1 अपमानित 2 जिसकी अवज्ञा की गई हो

तिरहुत–(पु.) मिथिला प्रदेश

तिरानवे–(वि./पु.) 93 की संख्या

तिरासी–(वि./पु.) 83 की संख्या

तिराहा–(पु.) तिरमुहानी, तीन राहों का केन्द्र

तिरिया–(स्त्री.) औरत, लुगाई **तिरिया-चरित्तर** (पु.) स्त्रियों द्वारा दूसरों को बेवक़ूफ़ बनाने की चतुराई, अभिनय, ढोंग

तिरोधान–(पु.) अंतर्धान, लोप

तिरोभाव–(पु.) अदृश्य हो जाना, अदर्शन

तिरोहित–(वि.) 1 छिपा हुआ, अदृश्य 2 नष्ट

तिल–(पु.) 1 काले-सफ़ेद रंग का एक छोटे दाने का तेलहन 2 तिल का पौधा 3 तिल के बराबर एक गोदना 4 पदार्थ का बहुत छोटा टुकड़ा, कण 5 आँख की पुतली के बीच का बिंदु **तिलकुट** (पु.) तिल का लड्डू **तिलचट्टा** एक प्रकार का झींगुर, चपड़ा **तिल का ताड़ करना** बात का बतंगड़ करना, थोड़ी-सी बात को बड़ा रूप देना **तिल की ओट पहाड़** छोटी बात के अंदर बहुत बड़ी बात होना **तिल-तिल करके** थोड़ा-थोड़ा करके **तिल धरने की जगह न होना** ठसाठस भरा होना, रत्ती भर जगह न होना

तिलक–(पु.) 1 शोभा हेतु घिसे चंदन, केसर आदि से मस्तक पर बनाया हुआ विशेष आकार का चिह्न, टीका 2 सिंहासनारूढ़ होते समय युवराज के मस्तक पर लगाया जानेवाला टीका 3 विवाह की एक रस्म जिसमें कन्या पक्ष के लोग वर के मस्तक पर टीका लगाते हैं 4 स्त्रियों का एक शिरोभूषण 5 किसी

त

ग्रंथ पर लिखी गई टीका, भाष्य **तिलक कामोद** (पु.) एक राग जो रात के दूसरे पहर में गाया जाता है

तिलड़ी–(स्त्री.) तीन लड़ियोंवाली माला

तिलमिलाना–(अ. क्रि.) 1 बेचैन होना 2 चकाचौंध होना

तिलस्म–(पु.) 1 जादू के काम 2 अलौकिक व्यापार

तिलस्मी–(वि.) जादू संबंधी

तिलहन–(पु.) तेल देने वाली फसलें

तिलांजलि–(स्त्री.) 1 हमेशा के लिए साथ छोड़ना 2 तिल एवं जल मृतक के नाम से छोड़ने की रस्म

तिल्ली–(स्त्री.) शरीर का एक भीतरी अंग

तिल्लेदार–(वि.) जिसमें कलाबत्तू आदि के तार भी बुने हों, गोटेदार, जरी का

तिस–(सर्व.) 'तो' का रूप जो कई विभक्तियों में प्रयुक्त होता है (जैसे–तिस पर भी वो नहीं आए)

तिहद्दा–(पु.) वह स्थान जहाँ तीन हद्दें मिलती हों

तिहरा–(वि.) तिगुना, तीन तहों या परतों वाला, तेहरा

तिहाई–(स्त्री.) 1 तीसरा भाग, तीसरा अंश 2 फ़सल, उपज **तिहाई मारी जाना** फ़सल का न उपजना, नष्ट होना

तिहुँ-लोक–(पु.) तीन लोक–स्वर्ग, पृथ्वी, पाताल

तीक्ष्ण–(वि.) 1 तेज़ नोकवाला 2 तीव्र बुद्धिवाला, कुशाग्र 3 प्रखर, तेज़ 4 मर्मभेदी 5 उग्र, तीखा 6 चरपरे स्वादवाला 7 उत्कट गंधवाला

तीक्ष्णता–(स्त्री.) पैनापन

तीक्ष्ण-दृष्टि–(वि.) जिसकी नज़र तेज़ हो

तीखा–(वि.) 1 तीक्ष्ण 2 कटु

तीज–(स्त्री.) प्रत्येक पक्ष की तीसरी तिथि, तृतीया

तीजा–I (वि.) तीसरा II (पु.) मुसलमानों में मृत्यु के बाद का तीसरा दिन

तीतर–(पु.) मुर्गी की जाति का एक प्रसिद्ध पक्षी **आधा तीतर आधा बटेर** न इधर का न उधर का, दोग़ला

तीता–(वि.) तीखा और चरपरा

तीन–(वि./पु.) 3 की संख्या **तीन-पाँच करना** 1 बहानेबाज़ी करना 2 हुज्जत की बात करना **तीन तेरह करना** 1 तितर-बितर करना 2 वर्ग-भेद उत्पन्न करना

तीर–I (पु.) 1 नदी का किनारा, तट 2 किसी वस्तु का किनारा

तीरवर्त्ती–(वि.) किनारे का

तीर–II (पु.) 1 वाण, शर

तीर-कमान–(स्त्री.) धनुष-वाण

तीरस्थ–(वि.) नदी किनारे पहुँचा हुआ

तीर्थंकर–(पु.) जैनियों के 24 महान् व्यक्ति

तीर्थ–(पु.) 1 पुण्यस्थान (जैसे–गया एवं बद्रीनाथ पवित्र तीर्थ हैं) 2 क्षेत्र 3 घाट

तीर्थ-यात्रा–(स्त्री.) तीर्थ हेतु की गई यात्रा, तीर्थाटन

तीर्थ-यात्री–(पु.) तीर्थ यात्रा करनेवाला पुरुष

तीर्थराज–(पु.) प्रयाग

तीर्थाटन–(पु.) तीर्थयात्रा

तीली–(स्त्री.) सलाई, सींक

तीव्र–(वि.) 1 तेज़, तीक्ष्ण 2 अत्यधिक, अत्यंत 3 कड़आ, कटु 4 ऊँचा (जैसे–तीव्र स्वर) 5 उग्र, प्रचंड

तीव्रगामी–(वि.) तेज़ गतिवाला

तीसमार खाँ–(पु.) बहुत बड़ा बहादुर

तीसरा–(वि.) 1 तीन के स्थान पर पड़नेवाला 2 जो दो में से किसी पक्ष का न हो, ग़ैर, पराया

तीसी–(स्त्री.) 1 तिलहन, अलसी 2 तीस वस्तुओं का एक मान

तुंग–I (वि.) 1 बहुत ऊँचा 2 उग्र, तीव्र 3 प्रधान, मुख्य II (पु.) पर्वत

तुंगभद्र–(पु.) मस्त हाथी

तुंड–(पु.) 1 मुख, मुँह 2 चोंच 3 थूथन 4 तोंद 5 तलवार का अगला भाग

तुंडि–I (वि.) 1 तुंडवाला 2 चोंचवाला

3 थूथनवाला II (पु.) 1 गणेश 2 शिव का नंदी II (स्त्री.) 1 ढोंढ़ी 2 तोंद

तुंडिल–(वि.) तोंदवाला

तुंडी–(स्त्री.) 1 नाभि 2 बिंबाफल, कुंदरू

तुंद–(पु.) उदर, पेट, तोंद

तुंबी–(स्त्री.) 1 छोटा कड़क कद्दू , तितलौकी 2 छोटा तूंबा **तुंबी-पात्र** (पु.) तुंबी का बना भिक्षापात्र

तुंबरु–(पु.) गंधर्व जाति का एक देवता का नाम

तुक–(स्त्री.) छंद के चरणों के अंतिम अक्षरों का मेल, सामंजस्य

तुकबंदी–(स्त्री.) 1 तुक मिलाना 2 साधारण पद्य-रचना

तुकांत–(वि.) तुकबंद, तुक में अंत होनेवाला

तुक्कड़–(पु.) तुकबंदी करनेवाला, साधारण कवि

तुच्छ–(वि.) 1 निःसार, सत्त्वरहित 2 महत्त्वहीन 3 घटिया, क्षुद्र 3 अल्प, थोड़ा **तुच्छता**–(स्त्री.) 1 निःसारता 2 घटियापन, क्षुद्रता, हीनता 3 अल्पता, कमी **तुच्छ-बुद्धि** (वि.) हीन बुद्धिवाला

तुच्छातितुच्छ–(वि.) अत्यंत तुच्छ, एकदम गया-गुज़रा, घटिया-से-घटिया

तुझ–(सर्व.) 'तू' का वह रूप जो कर्ता एवं संबंध कारक के अतिरिक्त अन्य कारकों में प्रयुक्त होने के पहले प्राप्त होता है (जैसे–तुझको, तुझसे)

तुझे–(सर्व.) 'तू' का कर्म एवं संप्रदान कारक का रूप (जैसे–तुझे भी मिलेगा)

लगाना तुड़वाना–(स. क्रि.) तोड़ने में लगाना, तुड़ाना

तुड़ाई–(स्त्री.) 1 तोड़ने की क्रिया 2 तोड़ने का पारिश्रमिक

तुड़ाना–(स. क्रि.) 1 तुड़वाना 2 बंधन तोड़ना

तुतला–(वि.) तुतलाकर बोलने वाला

तुतलाना–(अ. क्रि.) 1 अस्पष्ट उच्चारण करना 2 अस्पष्ट एवं रुक-रुककर बोलना (जैसे–तुतलाना बंद करो)

तुतलाहट–(स्त्री.) तुतलाने की क्रिया

तुम–(सर्व.) संबोधित व्यक्ति के लिए प्रयोग किया जानेवाला शब्द

तुमुल–I (पु.) 1 हो-हल्ला, कोलाहल, हलचल 2 रणभेरी 3 भीषण युद्ध, भिड़ंत II (वि.) घोर, प्रचंड

तुम्हारा–(पु.) (सर्व.) 'तुम' का संबंध कारक रूप (जैसे–तुम्हारा घर कहाँ है)

तुम्हें–(सर्व.) 'तुम' का कर्म और संप्रदान कारक रूप (जैसे–तुम्हें मिठाई दूँगा)

तुरंग, तुरंगम–(पु.) घोड़ा

तुरंगी–I (पु.) घुड़सवार II (स्त्री.) घोड़ी

तुरंत–(क्रि. वि.) 1 जल्दी-से-जल्दी 2 ठीक इसी समय

तुरई–(स्त्री.) तोरी नामक बेल जिसके लंबे फलों की तरकारी बनाई जाती है, तोरी

तुरत–(क्रि. वि.) तुरंत **तुरत-फुरत** (अ.) तत्काल, चटपट

तुरपन–(स्त्री.) 1 तुरपने की क्रिया 2 सीवन

तुरपना–(स. क्रि.) एक प्रकार की सीवन जो हाथ से की जाती है

तुरही–(स्त्री.) फूँककर बजाया जानेवाला लंबा बाजा

तुरीयावस्था–(स्त्री.) चौथी अवस्था, ब्रह्मलीनता

तुरुप–I (पु.) ताश के खेल में वह पत्ता जो अन्य पत्तों से बड़ा मान लिया जाता है (ट्रंप) II (पु.) सेना का दस्ता

तुलना–I (अ. क्रि.) 1 तौला जाना, मापित होना 2 तौल में समान होना 3 सन्नद्ध या उतारू होना

तुलना–II (स्त्री.) 1 समता, सादृश्य, बराबरी 2 मिलान 3 उपमा, उठाना

तुलनात्मक–(वि.) कई वस्तुओं के गुणों की समानता और असमानता दिखानेवाला (जैसे–तुलनात्मक अध्ययन)

तुलनी–(वि.) तराजू की डांडी का कांटे के दोनों ओर का हिस्सा

तुलनीय–(वि.) तुलना किए जाने योग्य

तुलवाना–(स. क्रि.) वज़न कराना

त

तुलसी–(स्त्री.) तीक्ष्ण गंधवाला एक प्रसिद्ध पवित्र पौधा **तुलसी-दल** (पु.) तुलसी के पौधे का पत्ता, तुलसी पत्र

तुला–(स्त्री.) 1 तराजू, काँटा 2 समानता, मिलान 3 भार का मान, तौल 4 तुला राशि **तुला-दंड** (पु.) तराजू की डंडी **तुला-दान** (पु.) शरीर के वज़न के बराबर तौलकर दिया जानेवाला दान

तुलाई–(स्त्री.) 1 तौलने की क्रिया 2 तौलने की मज़दूरी

तुलित–(वि.) 1 तुला हुआ 2 समान, बराबर

तुल्य–(वि.) 1 बराबर, समान 2 अनुरूप, सदृश

तुवर–I (वि.) 1 कसैला 2 बिना दाढ़ी-मूँछ का II (पु.) 1 कसैला स्वाद 2 अरहर

तुषार–I (पु.) 1 बर्फ़, हिम II (वि.) बर्फ़ की तरह ठंडा 2 हवा में मिली हुई भाप जो जमकर श्वेत कणों के रूप में दिखाई देते हैं, पाला

तुषारांशु–(पु.) चंद्रमा

तुषारावृत्त–(वि.) पाले से घिरा हुआ

तुष्ट–(वि.) 1 तृप्त, संतुष्ट 2 प्रसन्न, खुश

तुष्टि–(स्त्री.) 1 तुष्ट होने की अवस्था 2 संतोष, प्रसन्नता

तुहिन–(पु.) 1 पाला, तुषार 2 बर्फ़, हिम

तूँबा–(पु.) 1 कडुआ गोल कद्दू, तितलौकी 2 कडुवे कद्दू को खोखला कर बनाया गया पात्र

तूँबी–(सर्व.) 1 छोटा तूँबा 2 तूँबे का बना छोटा पात्र

तू–(सर्व.) 1 संबोधित किए जानेवाले व्यक्ति के लिए प्रयोग किया जानेवाला सर्वनाम 2 'तुम' का एकवचन रूप

तूणीर–(पु.) तरकश, तीर रखने का चोंगा

तूत–(पु.) 1 एक पेड़ जिसके पत्ते पान की तरह अनीदार होते हैं 2 उक्त पेड़ की मीठी फलियाँ, शहतूत

तूतिया–(पु.) गंधक के तेज़ाब के योग से बना ताँबे का क्षार, नीला थोथा

तूफ़ान–(पु.) 1 ज़ोर की बाढ़, सैलाब 2 बहुत तेज़ आँधी जिसमें वर्षा भी हो 3 भारी आपत्ति, कहर 4 हंगामा 5 दंगा-फ़साद **तूफ़ान-ग्रस्त, तूफ़ान-पीड़ित** (वि.) आपदा में फँसा हुआ, मुसीबत का मारा हुआ

तूफ़ानी–(वि.) 1 तूफ़ान का 2 तूफ़ान जैसा प्रचंड 3 उपद्रवी 4 फ़सादी

तूमड़ी–(स्त्री.) 1 तूँबी 2 तूँबी से बनाया गया एक बाजा

तूर्य–(पु.) 1 तुरही नामक बाजा **तूर्यघोष**–(पु.) तुरही की आवाज़

तूल–(पु.) 1 सूती वस्त्र, सूती कपड़ा 2 रुई

तूलि, तूलिका–(स्त्री.) चित्रकार के रंग भरने की कूँची (ब्रुश)

तूस–(पु.) 1 बढ़िया और मुलायम ऊन, पशम 2 उक्त ऊन का जमाया हुआ उम्दा कंबल 3 पशमीना

तृण–(पु.) 1 तिनका 2 घास 3 खर-पात, खरपतवार **तृण-चर** I (वि.) घास चरनेवाला II (पु.) पशु **तृण-द्रुम** (पु.) 1 ताड़ का पेड़ 2 सुपारी का पेड़ 3 खजूर का पेड़ 4 नारियल का पेड़ **तृण-भक्षक, तृण-भक्षी** (वि.) घास-भूसा खानेवाला **तृण-शय्या** (स्त्री.) 1 घास का बिछौना 2 चटाई **तृण पकड़ना** 1 शरण में आना 2 दैन्य प्रकट करना

तृणवत्–(वि.) जिसका तिनके के समान महत्व हो, अत्यंत तुच्छ

तृतीय–(वि.) तीसरा

तृतीयांश–(पु.) तिहाई, तीसरा भाग

तृतीया–I (स्त्री.) पक्ष की तीसरी तिथि, तीज II (वि.) तीसरी

तृप्त–(वि.) 1 जो संतुष्ट हो चुका हो 2 प्रसन्न 3 अघाया हुआ

तृप्ति–(स्त्री.) 1 आवश्यकता पूरी होने पर मिलनेवाली मानसिक शांति 2 तृप्त होने का भाव

तृषा–(स्त्री.) 1 प्यास 2 अभिलाषा, इच्छा

तृषातुर, तृषालु (वि.) अत्यंत प्यासा, प्यास

से विकल

तृष्णा–(स्त्री.) 1 प्यास 2 विशेष कामना रखनेवाला

तेंदुआ, तेंदुवा–(पु.) चीते की जाति का एक हिंसक पशु

तेंदू–(पु.) 1 एक पेड़ जिसकी लकड़ी आबनूस के नाम से बिकती है 2 आबनूस का फल जो नीबू की तरह होता है

तेईस–(वि./पु.) 23 की संख्या

तेज–(पु.) 1 चमक 2 प्रताप 3 पराक्रम, बल 4 गर्मी 5 तीव्रता 6 तत्त्व, सार

तेज़–(वि.) 1 उग्र, प्रबल, प्रचंड (जैसे–तेज़ धूप) 2 वेगवान् द्रुतगामी 3 चोखी, पैनी धारवाला 4 योग्यता एवं सामर्थ्यवाला (जैसे–तेज़ विद्यार्थी) **तेज़-तर्रार** (वि.) 1 चालाक 2 शोख़ **तेज़-मिज़ाज** (वि.) गुस्सेवाला

तेजड़िया, तेजड़ी–(पु.) 1 सट्टेबाज़ 2 व्यापारी

तेजपत्ता, तेजपात, तेजपत्र–(पु.) खुशबूदार, मसाले में काम आने वाला पत्ता

तेजवंत, तेजवान्–(वि.) 1 तेज से युक्त, तेजस्वी 2 वीर्यवान् 3 बलवान्, शक्तिशाली 4 कांतिमान्, चमकीला

तेजस्विता–(स्त्री.) तेजस्वी होने का गुण

तेजस्विनी–I (स्त्री.) 1 तेज से युक्त स्त्री 2 मालकंगनी, महाज्योतिष्मती II (वि.) तेजवाली

तेजस्वी–(वि.) 1 तेजवाला 2 प्रतापी 3 शक्तिशाली 4 प्रभावशाली

तेज़ाब–(पु.) अम्ल, एसिड (जैसे–गंधक का तेज़ाब)

तेजोमय–(वि.) 1 तेज से परिपूर्ण 2 तेजस्वी

तेरस–(स्त्री.) पखवारे की तेरहवीं तिथि

तेरह–(वि./पु.) 13 की संख्या

तेरहीं–(स्त्री.) हिंदुओं में किसी के मरने के दिन से तेरहवाँ दिन

तेरा–(सर्व.) 'तू' का संबंध कारक रूप

तेल–(पु.) 1 वनस्पतियों आदि से निकलनेवाला स्निग्ध तरल पदार्थ 2 वर-वधू को विवाह के पूर्व हल्दी मिला हुआ तेल लगाने की रीति **तेल-उत्पादक** (वि.) तेल उत्पन्न करनेवाला **तेल-कुआँ, तेल-कूप** (पु.) प्राकृतिक तेल के बहुत बड़े गड्ढे **तेल-क्षेत्र** (पु.) वह क्षेत्र जहाँ तेल निकलता है **तेल-वाहक** (वि.) तेल ले जानेवाला (जैसे–तेलवाहक जहाज़) **तेल-शोधक** (वि.) तेल साफ़ करनेवाला **तेल-शोधन** (पु.) तेल की सफ़ाई **तेल-स्रोत** (पु.) तेल का उद्‌गम **तेल चढ़ना** विवाह संबंधी तेल की रस्म पूरी होना **तेल तिलों से ही निकलता है** हर चीज़ का ख़र्च उसी में से निकाला जाता है **तेल देखो तेल की धार देखो** सोच-समझकर काम करो

तेलहन–(पु.) कुछ वनस्पतियों के बीज जिनसे तेल प्राप्त होता है (जैसे–सरसो, अलसी, तिल आदि)

तेलहा–(वि.) 1 जिसमें तेल हो 2 तेल से बना हुआ (जैसे–तेलही जलेबी) 3 जिसपर तेल गिरा हो (जैसे–तेलहा कपड़ा) 4 जिसमें तेल-सी सुगंध हो 5 जो तेल-सा चिकना हो

तेलिन–(स्त्री.) 1 तेली की स्त्री 2 तेली जाति की स्त्री

तेली–(पु.) 1 हिंदुओं की एक जाति जो तेल का व्यापार करती है 2 तेलहन पेरकर तेल निकालने एवं बेचनेवाला व्यक्ति **तेली का बैल** रात-दिन परिश्रम करनेवाला व्यक्ति, कठोर परिश्रम करनेवाला

तेवर–(पु.) 1 क्रोधपूर्ण दृष्टि 2 भौंह, भृकुटी

तेहरा–(वि.) 1 तीन परतों में लपेटा हुआ 2 जिसमें तीन परतें हों 3 जिसे तीसरी बार करना पड़े (जैसे–तेहरा काम, तेहरी मेहनत) 4 जो एक साथ तीन हो 5 तिगुना

तेहराना–(स. क्रि.) 1 तीन परतों में करना 2 फिर से तीसरी बार करना

तैंतालिस–(वि./पु.) 43 की संख्या

तैंतीस–(वि./पु.) 33 की संख्या

तै–I (वि.) तय **तैतमाम** (क्रि. वि.) पूरे तौर पर तय

तै–II (अ.) उस मात्रा का, उस मान का

तैनात–(वि.) नियुक्त, काम पर लगाया हुआ

त

तैयार–(वि.) 1 जो बनकर बिल्कुल ठीक हो गया हो 2 जो पककर खाने योग्य हो गया हो 3 पूर्णतः व्यवहार योग्य, बिल्कुल दुरुस्त 4 उद्यत, कटिबद्ध

तैयारी–(स्त्री.) 1 तैयार होने की क्रिया 2 तत्परता, मुस्तैदी 3 आयोजन 4 शारीरिक पुष्टता 5 धूम-धाम

तैरना–(स. क्रि.) जीव का हाथ-पाँव आदि चलाते हुए पानी पर चलना, बढ़ना

तैराक–I (पु.) तैरनेवाला व्यक्ति II (वि.) तैरने में कुशल

तैराकी–(स्त्री.) तैरने की क्रिया

तैल–I (वि.) तिल संबंधी, तिल का II (पु.) 1 तिल को पेरकर निकाला गया तेल 2 कोई तेल

तैसा–(वि.) उस जैसा, वैसा

तैसे–(क्रि. वि.) वैसे

तोंद–(स्त्री.) बढ़ा हुआ पेट, फूला हुआ पेट

तोंदल, तोंदिल–(वि.) तोंदवाला

तोंदीला, तोंदूमल–(वि.) तोंदल

तो–I (अ.) एक अव्यय जिसका प्रयोग वाक्य में किसी संभावित बात पर ज़ोर देने, विशिष्टता आदि सूचित करने के लिए किया जाता है (जैसे–तो मैं क्या करूँ, वे किसी तरह आवें तो सही) II उस अवस्था में (जैसे–यदि वह जाएगा तो मैं भी जाऊँगा)

तोड़–I (पु.) रेज़गारी, फुटकर (जैसे–दस रूपये का तोड़)

तोड़–II (पु.) 1 टूट-फूट 2 नदी आदि के जल का ज़ोरदार बहाव 3 कुश्ती में एक दाँव के जवाब में किया गया दूसरा दाँव 4 अप्रभावी साधन 5 झोंक 6 दही का पानी

तोड़ना–(स. क्रि.) 1 झटके से दो या दो से अधिक टुकड़े करना 2 अलग करना (जैसे–कुर्सी का पावा तोड़ना) 3 खंडित करना, बेकाम करना (जैसे–हाथ तोड़ना) 4 बल प्रभाव आदि नष्ट करना 5 फुसलाना 6 फोड़ना 7 नियम आदि रद्द करना (जैसे–प्रतिज्ञा तोड़ना) 8 आज्ञा का उल्लंघन करना (जैसे–क़ानून तोड़ना) 9 नाता-रिश्ता न निभाना 10 दूर करना **तोड़ना-मरोड़ना** (स. क्रि.) पूर्णतः नष्ट करना

तोड़ा–I (पु.) 1 तोड़ने की क्रिया, टूट 2 टूटा हुआ अंश, खंड, टुकड़ा (जैसे–मिसरी का तोड़ा) 3 घाटा, टोटा

तोड़ा–II (पु.) 1 रुपये रखने की थैली जिसमें एक हज़ार रुपये अट सकें (जैसे–तोड़े उलटना) 2 अभिमान, घमंड

तोड़ा–III (पु.) 1 पैर या कलाई में पहनने का एक गहना 2 चाँदी आदि की लच्छेदार और चौड़ी ज़ंजीर 3 पलीता

तोड़ेदार–(वि.) पलीते से चलनेवाली (बंदूक़)

तोतई–(वि.) तोते के रंग का

तोता–(पु.) 1 लाल चोंचवाला हरे रंग का एक प्रसिद्ध पालतू पक्षी, कीर, शुक 2 बंदूक़ का घोड़ा

तोताचश्म–(वि.) बेवफ़ा, तोते की तरह आँखें फेर लेनेवाला, बेमुरौवत

तोप–(स्त्री.) युद्ध में गोलाबारी करने का एक प्रसिद्ध यंत्र **तोपख़ाना** (पु.) तोप एवं उसके उपकरण रखने का स्थान

तोबा करना–(स.क्रि.) प्रायश्चित करना, गलती स्वीकारना

तोमर–(पु.) 1 भाले की तरह का एक प्रसिद्ध अस्त्र 2 राजपूतों की एक जाति 3 बारह मात्राओं का एक छंद जिसके अंत में एक गुरु और एक लघु होता है

तोरण–(पु.) 1 मंडपाकार सजावटी फाटक, बहिर्द्वार 2 बहिर्द्वार को सजाने के लिए लगाई जानेवाली पताकाएँ, मालाएँ आदि

तोरा–(पु.) 1 स्वागत-सत्कार के लिए रखा मिठाइयों का थाल 2 वर पक्ष को विवाह के अवसर पर भेजा जानेवाला मिठाई भरा थाल

तोरिया–(स्त्री.) गोटा-किनारी बुननेवालों का छोटा बेलन

तोल–I (स्त्री.) तौल, वज़न

त

तोल–II (वि.) तुल्य, समान (पु.) नाव का डाँड़

तोल-जोख–(स्त्री.) तौलना-नापना, नाप-तौल

तोला–(पु.) 1 बारह माशे की या दस ग्राम से कुछ अधिक की एक तौल 2 इस तौल का बाट

तोहफ़ा–I (पु.) 1 अद्‌भुत और सुंदर पदार्थ, बढ़िया एवं विलक्षण वस्तु 2 भेंट, उपहार 3 सौगात II (वि.) अच्छा, उत्तम

तौल–I (पु.) 1 तराजू , तुला 2 तुला राशि

तौल–II (स्त्री.) 1 तौलने की क्रिया 2 माप, जोख, वज़न, परिमाण 3 तौलने की नियत प्रणाली 4 कल्पना, थाह

तौलना–(स. क्रि.) 1 जोखना 2 साधना (जैसे–हाथ में लेकर तौलना) 3 परखना 4 अनुमान लगाना

तौला–I (पु.) 1 तौलने का काम करनेवाला व्यक्ति 2 मटका

तौला–II (पु.) महुए की शराब

तौलाई–(स्त्री.) 1 तौलने की क्रिया 2 तौलने का पारिश्रमिक

तौलिया–(पु.) मोटा अँगोछा

त्यक्त–(वि.) त्यागा हुआ, छोड़ा हुआ

त्यक्ता–(वि.) 1 त्यागनेवाला, छोड़नेवाला 2 त्यागी हुई (स्त्री.)

त्याग–(पु.) 1 वस्तु पर से अपना स्वत्व हटा लेना, उत्सर्ग 2 नाता तोड़ देने की क्रिया 3 सांसारिक विषयों एवं व्यवहारों आदि को छोड़ देने की क्रिया 4 स्वार्थ की उपेक्षा 5 उदारतापूर्वक दिया गया दान **त्याग-पत्र** (पु.) इस्तीफ़ा

त्यागना–(स. क्रि.) त्याग करना, छोड़ना

त्यागी–(वि.) 1 जो सांसारिक सुख-साधनों में लिप्त न हो 2 जिसने स्वार्थ-भोग की इच्छाओं को छोड़ दिया हो, विरक्त

त्याज्य–(वि.) छोड़ने योग्य (जैसे–त्याज्य पदार्थ)

त्यों–(क्रि. वि.) 1 उस प्रकार, उस तरह 2 उसी समय

त्योरी–(स्त्री.) 1 भौंह 2 माथे का बल 3 विशिष्ट दृष्टि, तेवर **त्योरी चढ़ना, त्योरी बदलना** क्रोध से माथे पर बल पड़ना **त्योरी चढ़ाना** भौंहें चढ़ाना

त्योहार, त्यौहार–(पु.) 1 वह दिन, तिथि जिसमें धार्मिक उत्सव मनाया जाता है (जैसे–ईद का त्योहार, होली का त्योहार) 2 पर्व-दिन

त्योहारी–(स्त्री.) त्योहार के उपलक्ष्य में बाँटा जानेवाला धन आदि

त्रय–(वि.) 1 तीन 2 तीसरा 3 तीन अंगों, अंशों, इकाइयोंवाला

त्रयी–(स्त्री.) तीन विभिन्न इकाइयों का योग (जैसे–वेदत्रयी, लोकत्रयी, देवत्रयी)

त्रयोदशी–(स्त्री.) तेरहवीं तिथि, तेरस

त्रस्त–(वि.) 1 भयभीत 2 आक्रांत

त्राण–(पु.) 1 रक्षा, बचाव 2 आश्रय, शरण 3 सहायता, मदद 4 रक्षा का साधन

त्राता–(वि.) 1 रक्षा करनेवाला 2 शरण देनेवाला

त्रास–(स्त्री.) 1 अनिष्ट का डर या भय, ख़ौफ़ 2 कष्ट

त्रासदी–(स्त्री.) दुःखांत घटना (ट्रेजेडी)

त्राहि–(अ.) रक्षा करो, बचाओ

त्रिंश–(वि.) तीसवाँ

त्रि–(वि.) तीन (जैसे–त्रिदेव, त्रिकाल) **त्रिकर्मा** (पु.) तीन कार्य (वेदाध्ययन, यज्ञ और दान) करनेवाला ब्राह्मण

त्रिकाल–(पु.) 1 भूत, वर्तमान एवं भविष्य ये तीनों काल 2 प्रातः, मध्याह्न और शाम ये तीन समय **त्रिकालज्ञ** (पु.) त्रिकाल जाननेवाला

त्रिकुटी–(स्त्री.) भौंहों के मध्य के ऊपर का स्थान जहाँ त्रिकूट चक्र की स्थिति मानी जाती है

त्रिकूट (पु.) 1 वह पर्वत जिसपर लंका की स्थापना मानी गई है 2 तीन शृंगोंवाला पर्वत 3 क्षीरोद समुद्र में स्थित एक कल्पित पर्वत

त्रिकोण I (वि.) तीन कोणोंवाला II (पु.) 1 तीन कोणोंवाली वस्तु 2 वह आकृति जिसमें तीन कोण हों (जैसे–त्रिभुज Δ)

त्रिकोणात्मक (वि.) तीन कोणों वाला
त्रिगुण–I (पु.) सत्व, रज और तम II (वि.) 1 जिसमें तीनों गुण हों 2 तिगुना **त्रिगुणात्मक** (वि.) जो तीनों गुणों से युक्त हो **त्रिगुणित** (वि.) तिगुना किया हुआ
त्रिदेव–(पु.) ब्रह्मा, विष्णु एवं महेश
त्रिदोष–(पु.) 1 वात, पित्त एवं कफ ये तीन दोष 2 काम, क्रोध, लोभ
त्रिनेत्र–(वि.) तीन आँखोंवाला (शंकर भगवान्)
त्रिपिटक–(पु.) तीन बौद्ध महाग्रंथ
त्रिभुज–I (वि.) तीन भुजाओंवाला II (पु.) तीन भुजाओंवाली आकृति **त्रिभुजाकार** (वि.) त्रिभुज के आकारवाला, त्रिभुज की तरह का (जैसे–त्रिभुजाकार यंत्र)
त्रिभुवन–(पु.) 1 त्रिलोक 2 त्रिपुर
त्रिमूर्ति–(पु.) ब्रह्मा, विष्णु और महेश ये तीन देवता
त्रिरत्न–(पु.) बुद्ध, धर्म और संघ
त्रिलोक–(पु.) स्वर्ग, मर्त्य एवं पाताल ये तीन लोक
त्रिलोचन (पु.) भगवान शिव का नाम
त्रिशंकु–(पु.) प्रसिद्ध सूर्य वंशी राजा जो यज्ञ करके स-शरीर स्वर्ग पहुँचना चाहते थे
त्रिशूल–(पु.) लोहे का एक अस्त्र जिसमें तीन नोकदार फल होते हैं (जैसे–शिव का त्रिशूल)
त्रुटि–(स्त्री.) 1 भूल, चूक 2 कमी, क़सर **त्रुटिपूर्ण** (वि.) जो कमियों से भरा हो, जिसमें कमियाँ हों
त्रेता–(पु.) 1 चार युगों में से दूसरा युग 2 तीन वस्तुओं का समूह
त्रैमासिक–(वि.) 1 हर तीसरे महीने होनेवाला (जैसे–त्रैमासिक परीक्षा) 2 तीन महीनों का 3 तीन महीनों में होनेवाला
त्रैलोक्य–(पु.) त्रिलोक
त्रैवार्षिक–(वि.) 1 तीन वर्षों का 2 तीन वर्षों में होनेवाला 3 हर तीसरे वर्ष होनेवाला
त्र्यंबक–(पु.) 1 शिव 2 एक कर्नाटकी राग
त्वचा–(स्त्री.) 1 चर्म, चमड़ा 2 छाल **त्वचा-शोथ** (पु.) चमड़े की सूजन
त्वरा–(स्त्री.) 1 शीघ्रता 2 तेज़ी **त्वरा-लिपि** (स्त्री.), **त्वरा-लेखन** (पु.) शीघ्रलिपि (शार्टहैंड)
त्वरित–I (वि.) तीव्र गतिवाला II (अ.) तेज़ी से, तुरंत

थ

थंब, थंभ–(पु.) 1 खंभा, स्तंभ 2 सहारा
थकना–(अ. क्रि.) 1 शिथिल होना, श्रांत होना 2 धीमा पड़ना
थका–(वि.) जो शिथिल हो गया हो **थकामाँदा, थकाहारा** (वि.) 1 थका-हारा हुआ 2 पूर्णतः शिथिल
थकान–(स्त्री.) 1 थकावट (जैसे–काम करते-करते थकान आना) 2 शैथिल्य
थकार–(पु.) 'थ' वर्ण
थकावट–(स्त्री.) थकने का भाव, श्रांति
थकित–(वि.) 1 शिथिल 2 थका हुआ 3 मुग्ध
थक्का–(पु.) जमी हुई बूँद
थड़ा–(पु.) 1 चबूतरा 2 बैठने की जगह
थन–(पु.) गाय-भैंस आदि का स्तन, गाय-भैंस का थैलीनुमा वह अंग जिसमें दूध रहता है
थपकना–(स. क्रि.) हाथ से धीरे-धीरे ठोंकना
थपकी–(स्त्री.) हथेली का हल्का आघात **थपकी देना, थपकी लगाना** हाथ से धीरे-धीरे ठोकना
थपथपाना–(स. क्रि.) थपकी देना

थ

थपथपाहट, थपथपी–(स्त्री.) थपकी

थपेड़ा–(पु.) 1 चपत, चपेटा 2 घात-प्रतिघात 3 दरेरा, धक्का

थप्पड़–(पु.) तमाचा, झापड़

थमना–(अ. क्रि.) रुकना

थर-थर–(क्रि. वि.) 1 थरथराहट के साथ 2 इस प्रकार कि सभी अंगों में कंपन हो जाए

थरथराना–(अ. क्रि.) 1 भय के मारे काँपना 2 काँपना

थरथराहट, थरथरी–(स्त्री.) कँपकँपी

थर्राना–I (अ. क्रि.) काँप उठना, दहलना II (स. क्रि.) भयभीत करना

थल–(पु.) 1 स्थान, जगह, स्थल 2 जलरहित भूमि **थलचर** (पु.) पृथ्वी पर रहनेवाले जीव-जंतु **थलचारी** (वि.) पृथ्वी पर विचरण करनेवाला **थलजल** (पु.) ज़मीन और पानी **थल यातायात** (पु.) सड़कों पर होनेवाला आवागमन **थल सेना** (स्त्री.) युद्ध भूमि में लड़नेवाली सेना

थलथलाना–(अ. क्रि.) शरीर की स्थूलता के कारण मांस का नीचे-ऊपर हिलना

थली–(स्त्री.) 1 स्थान 2 जल के नीचे का तल 3 प्रदेश 4 भूमि 5 वह भूखंड जो अपने प्रकृत रूप में हो

था–(अ. क्रि.) 'होना' का भूतकालिक रूप

थाक–(पु.) 1 सीमा 2 राशि, समूह 3 थकान

थाती–(स्त्री.) 1 धरोहर, अमानत 2 संचित धन, पूँजी

थान–(पु.) 1 बँधी हुई लंबाई का कपड़े का बड़ा टुकड़ा (जैसे–चार थान कपड़ा) 2 गहनों आदि की संख्या 3 पशुओं के बाँधे जाने की जगह 4 देवता, ब्रह्म आदि का स्थान 5 स्थान

थाना–(पु.) पुलिस की चौकी

थाना अधिकारी, थानाध्यक्ष–(पु.) थाने का प्रधान अधिकारी, दारोग़ा

थानेदार–(पु.) थानाध्यक्ष

थानेदारी–(स्त्री.) दारोग़ा का पद एवं पेशा

थाप–(स्त्री.) 1 हथेली का आघात जिससे थप ध्वनि निकले 2 थप्पड़ 3 हाथ आदि का पूरा-पूरा पड़ा हुआ चिह्न

थापना–(स. क्रि.) 1 स्थापित करना 2 उखड़ी हुई जड़ को मज़बूत करना 3 साँचे आदि में ढालकर वस्तु तैयार करना

थापा–(पु.) 1 हाथ का छापा 2 चिह्न डालने का छापा 3 साँचा 4 नेपालियों की एक जाति

थामना–(स. क्रि.) 1 पकड़ना (जैसे–प्याला थामना) 2 अवरुद्ध करना 3 सेके रहना 4 सँभालना 5 उत्तरदायित्व लेना

थाल–(पु.) थाली की शक्ल का बड़ा बर्तन

थाला–(पु.) पौधे, वृक्ष की जड़ के चारों ओर मिट्टी से बनाया गया घेरा, आलवाल, थाँवला

थाली–(स्त्री.) पीतल आदि धातु का बना गोलाकार छिछला पात्र

थाव, थाह–(स्त्री.) 1 नदी, ताल, समुद्र आदि के नीचे की धरती 2 नदी आदि में वह स्थान जहाँ बिना डूबे पाँव टिक सके 3 गहराई की सीमा, गाध

थिगली–(स्त्री.) पैबंद, चकती

थिरक, थिरकन–(स्त्री.) नाच में चंचलता के साथ पैरों का उठना, गिरना एवं हिलना

थिरकना–(अ. क्रि.) 1 चंचलता के साथ पैरों को उठाते, गिराते एवं हिलाते हुए नाचना 2 नाचते समय अंगों को हाव-भाव के साथ संचालित करना 3 आगे-पीछे डोलना

थुक्का-फ़ज़ीहत–(स्त्री.) धिक्कार और तिरस्कार

थुलथुल–(वि.) 1 स्थूल, भारी 2 मांसल

थुलमा–(पु.) पहाड़ी कंबल जिसमें ऊपर से बाल जमाए जाते हैं

थू–I (पु.) थूकने का शब्द II (अ.) घृणा एवं धिक्कारसूचक शब्द, छिः

थूक–(पु.) लार की तरह का रस जो मुँह से अपने-आप छूटा करता है, पीक **थूककर चाटना** कुछ देकर वापस ले लेना।

थूकना–(अ. क्रि.) 1 मुँह से बाहर निकालना

द

2 धिक्कारना, छिः-छिः करना

थूथन, थूथुन (पु.), **थूथनी** (स्त्री.)–लंबे मुँह का आगे को निकला हुआ भाग

थूहर–(पु.) सेहुँड़ का पेड़

थूहा–(पु.) 1 अटाला, ढेर 2 टीला

थेगली–(स्त्री.) = थिगली

थेर–(पु.) बौद्ध भिक्षु

थैला–(पु.) 1 एक प्रकार का झोला 2 रुपयों का तोड़ा

थैली–(स्त्री.) 1 छोटा थैला 2 रुपए आदि रखने की थैली 3 थैली में रखा हुआ धन जो समर्पित किया जाता है (जैसे–राष्ट्रपति को दस हज़ार रुपयों की थैली भेंट की गई) 4 थैली जैसी कोई वस्तु

थोक–(पु.) 1 ढेर 2 एकत्र किया हुआ माल 3 माल की बड़ी राशि

थोक भाव–(पु.) माल को एक साथ ख़रीदने की दर **थोक व्यापार** थोक बेचना, खरीदना

थोड़ा–I (वि.) कम, ज़रा-सा II (क्रि. वि.) कुछ, ज़रा (जैसे–थोड़ा सँभलकर चलो)

थोथरा, थोथा–I (वि.) 1 तत्त्वरहित, निःसार (जैसे–थोथा विवाद) 2 निकम्मा, बेढंगा और भद्दा 3 भोथरा 4 खोखला

थोथा–II (पु.) 1 खाली 2 खोखला

थोपना–(स. क्रि.) 1 मोटा लेप लगाना 2 आरोपित करना, मत्थे मढ़ना

थोबड़ा–(पु.) 1 थूथन 2 फुलाया हुआ मुँह 3 तोबड़ा

द

दंग–I (वि.) 1 आश्चर्य में पड़ा हुआ, चकित 2 हक्का-बक्का, स्तब्ध II (पु.) 1 घबराहट 2 डर, भय **दंग रह जाना** चकित हो जाना

दंगई–(वि.) 1 दंगा करनेवाला, झगड़ालू 2 दंगल

दंगा–(पु.) 1 मार-पीट, लड़ाई-झगड़ा 2 उपद्रव 3 हो-हल्ला **दंगा-फ़साद** (पु.) लड़ाई-झगड़ा

दंड–(पु.) 1 सज़ा (जैसे–अपराधी को दंड मिलेगा) 2 डंडा, लाठी 3 राजा के हाथ में रहनेवाला डंडा 4 डंडे के समान कड़ी एवं सीधी वस्तु **दंडनायक** (पु.) 1 न्यायाधीश 2 दंड विधायक 3 राजा 4 सेनापति **दंडनीति** (स्त्री.) दंड देकर वश में करने की नीति **दंडभोगी** (वि.) जिसे सज़ा मिली हो

दंडनीय–(वि.) 1 दंडित किए जाने योग्य 2 दंड योग्य

दंडपाणि–(पु.) 1 वह जिसके हाथ में दंड हो 2 संन्यासी 3 यमराज

दंडपाल–(पु.) 1 मजिस्ट्रेट 2 पहरेदार

दंडवत्–(पु.) साष्टांग प्रणाम

दंडात्मक–(वि.) दंड संबंधी

दंडादेश–(पु.) दंड मिलने का आदेश

दंडाधिकारी–(पु.) आपराधिक अभियोगों पर विचार कर अपराधियों को दंड देनेवाला अधिकारी, मजिस्ट्रेट

दंडी–(पु.) 1 दंडधारण करनेवाला संन्यासी 2 शिव

दंत–(पु.) दाँत **दंतकथा** (स्त्री.) कल्पित कथा, किंवदंती, जनश्रुति **दंत-चिकित्सा** (स्त्री.) दाँत का इलाज **दंत-चिकित्सा विज्ञान** (पु.) वह विद्या जिसमें दाँत के रोग आदि के विषय में अध्ययन किया जाता है **दंत-तालव्य** (वि.) दाँत और तालु से बोला जानेवाला **दंतहीन** (पु.) बिना दाँत का

दंताघात–(पु.) दाँतों से किया गया आघात

दंतुर, दँतुला, दंतैल–(वि.) बड़े-बड़े दाँतों वाला

द

दंतोष्ठ्य–(वि.) दाँत एवं ओठ से उच्चारित होनेवाला (जैसे–'व')

दंत्य–(वि.) 1 दाँतों का (जैसे–दंत्य-चिकित्सा) 2 जो दाँत से उच्चारित हो (जैसे–तवर्ग) **दंत्यमूलीय** (वि.) जिसका उच्चारण दंत मूल से होता हो

दंद–I (स्त्री.) गर्मी II (पु.) 1 झगड़ा 2 उपद्रव **दंद-फंद** (पु.) लड़ाई-झगड़ा

दंभ–(पु.) 1 झूठा घमंड (जैसे–जातीय दंभ) 2 आडंबर, पाखंड

दंभी–(वि.) 1 ढकोसलेबाज़ 2 पाखंडी

दंपति–(पु.) पति-पत्नी का जोड़ा

दंश–(पु.) 1 दाँत काटने की क्रिया 2 दाँत काटने का घाव 3 डंक मारने, काटने का घाव (जैसे–सर्प-दंश) 4 एक ज़हरीली मक्खी, डाँस

दई–(पु.) 1 ईश्वर 2 भाग्य, दैव

दकार–(पु.) तवर्ग का तीसरा अक्षर 'द'

दकियानूसी–(वि.) पुराने ख्याल का, पुराणपंथी

दक्खिन–(पु.) दक्षिण दिशा

दक्खिनी–I (वि.) दक्षिण दिशा का II (पु.) दक्षिण दिशा में पड़नेवाला देश III (स्त्री.) दक्षिण देश की भाषा

दक्ष–I (वि.) कुशल, निपुण II (पु.) प्रजापति **दक्षता** (स्त्री.) कुशलता, निपुणता **दक्षकन्या** (स्त्री.) सती

दक्षिण–I (पु.) उत्तर के सामने पड़नेवाली दिशा, दक्खिन II (वि.) 1 दाहिना 2 उत्तर दिशा के सामने पड़नेवाला **दक्षिणपंथी** (पु.) सरकार के पक्षधर **दक्षिण-पूर्वी** (वि.) दक्षिण और पूर्व संबंधी **दक्षिण मार्ग** (पु.) एक तंत्रोक्त आचार

दक्षिणा–(स्त्री.) 1 दक्षिण दिशा 2 यज्ञ आदि की समाप्ति पर दिया जानेवाला द्रव्य, दान 3 उपपत्नी के होते हुए भी अपने प्रेमी से पूर्ववत् प्रेम करनेवाली नायिका **दक्षिण पथ** (पु.) दक्षिण दिशा को जानेवाला रास्ता

दक्षिणाभिमुख–(वि.) जो दक्षिण को मुँह किए हो

दक्षिणायन–I (वि.) दक्षिण की ओर रहनेवाला II (पु.) 1 विषुवत् रेखा की ओर से मकर रेखा की ओर सूर्य का गमन 2 वह छः माह का समय जब सूर्य विषुवत् रेखा से दक्षिण दिशा में रहता है

दक्षिणी–(वि.) दक्षिण प्रदेश से संबंध रखनेवाला **दक्षिणी ध्रुव** (पु.) पृथ्वी के गोले का दक्षिणी सिरा

दग्ध–(वि.) 1 जला हुआ 2 जलाया हुआ 3 अत्यंत दुःखी एवं संतप्त 4 दाग़ा हुआ

दचक–(स्त्री.) 1 दचकने की क्रिया 2 धक्का, ठोकर 3 दबाव 4 दबाव से लगी चोट

दचकना–I (अ. क्रि.) 1 धक्का खाना 2 झटका खाना 3 दबना II (स. क्रि.) 1 धक्का लगाना 2 झटका देना 3 दबाना

दढ़ियल–(वि.) दाढ़ीवाला

दतुवन, दतुन, दतौन–(स्त्री.) = दातुन

दत्त–I (वि.) 1 दिया हुआ 2 चुकता किया हुआ II (पु.) दान **दत्तचित्त** (वि.) एकाग्र मनवाला

दत्तक–(पु.) विधिवत्, विधि विधान पूर्वक **दत्तक-पत्र** (पु.) इक़रारनामा, अनुबंधपत्र **दत्तक-पुत्र** (पु.) दत्तक रूप में लिया गया लड़का, गोद लिया गया लड़का

ददिया ससुर–(पु.) ससुर का पिता (स्त्री. ददिया सास)

ददौड़ा, ददौरा–(पु.) चकत्ता

दद्रु–(पु.) दाद (रोग)

दधि–(पु.) दही **दधि-काँदो** (पु.) जन्माष्टमी के बाद होनेवाला वह उत्सव जिसमें एक-दूसरे पर हल्दी मिला दही फेंका जाता है

दनदनाना–I (अ. क्रि.) 1 दन-दन शब्द होना 2 आनंद करना, ख़ुशी मनाना II (स. क्रि.) दन-दन ध्वनि उत्पन्न करना

दनादन–(अ.) 1 दन-दन शब्द करते हुए 2 निरंतर, लगातार 3 चटपट, तुरंत

दफ़ा–(स्त्री.) 1 बार, मर्तबा 2 क़ानून का एक नियम, धारा

द

दबंग–(वि.) 1 जो किसी से न दबे, निधड़क 2 प्रभावशाली
दबकना–(अ. क्रि.) छिप जाना, दुबकना
दबड़-घुसड़–(वि.) डरपोक, कायर
दबना–(अ. क्रि.) 1 दाब के नीचे पड़ना (जैसे–संदूक़ के नीचे कपड़ा दबा है) 2 दाब में आना 3 संकटपूर्ण स्थिति में आना 4 असमर्थ होना 5 मंद पड़ना (जैसे–रोग का प्रकोप दबना) 6 मनोविकार शांत होना
दबाना–(स. क्रि.) 1 दबाव के नीचे लाना (जैसे–पत्थर से पैर दबाना) 2 भार पहुँचाना (जैसे–गुटका से काग़ज़ दबाना) 3 गाड़ना
दबाव–(पु.) 1 दाब (जैसे–पैर का दबाव कम करना) 2 प्रभाव 3 असर
दबोचना–(स. क्रि.) 1 झपटकर दबा बैठना, धर दबाना 2 छिपाना
दब्बू–(वि.) दब कर रहनेवाला, डरपोक
दम–(पु.) 1 जान, प्राण 2 साँस, श्वास 3 जीवन शक्ति 4 चरस आदि पीने की क्रिया 5 ताक़त, ज़ोर 6 धोखा, फ़रेब **दमख़म** (पु.) शक्ति और दृढ़ता **दमघोंटू** (वि.) दम घोटनेवाली (जैसे–दमघोंटू स्थिति) **दमदार** (वि.) 1 मज़बूत, दृढ़ 2 ताक़तवर **दम टूटना** 1 साँस रुक जाना 2 दौड़ने आदि के कारण हाँफने लगना **दम तोड़ना** मर जाना **दम निकलना** मर जाना, मृत्यु
दमकना–(अ. क्रि.) चमकना, सुलग उठना
दमकल–(स्त्री.) आग बुझाने की मशीन
दमड़ी–(स्त्री.) पैसे का आठवाँ हिस्सा
दमन–(पु.) 1 आत्मनियंत्रण 2 बलपूर्वक शांत करने का काम **दमनकारी** (वि.) दमन करनेवाली **दमन चक्र** (पु.) लोगों को दबाने के लिए चलाया गया अभियान
दमनीय–(वि.) दमन योग्य, दम्य
दयनीय–(वि.) दया करने योग्य
दया–(स्त्री.) करुणा, रहम **दयादृष्टि** (स्त्री.) करुणा भरी दृष्टि **दया निधि** (पु.) 1 दया का भंडार, अत्यंत दयालु 2 ईश्वर **दयाहीन** (वि.) निष्करुण
दयामय–(वि.) दयापूर्ण, परम दयालु
दयार्द्र–(वि.) दया से द्रवित होनेवाला, दयालु
दयालु–(वि.) दयावान्, कृपालु
दयावंत, दयावान्–(वि.) दयालु
दर–I (पु.) 1 दरवाज़ा 2 दहलीज़ **दरबार साहब** (पु.) सिक्खों का प्रधान गुरुद्वारा
दर–II (स्त्री.) भाव, क़ीमत, मूल्य **दर-अनुसूची** (स्त्री.) भाव तालिका
दर–III (क्रि. वि.) में, अंदर
दरअसल–(क्रि. वि.) वास्तव में **दरकार, दरकारी** I (वि.) आवश्यक, जरूरी II (स्त्री.) आवश्यकता
दरकिनार–I (वि.) अलग, जुदा II (क्रि. वि.) 1 बग़ल में 2 एक तरफ़
दरकना–(अ. क्रि.) दबाव से फटना
दरका–(पु.) चीर, दरार
दरकाना–I (स. क्रि.) फाड़ना, विदीर्ण करना II (अ. क्रि.) फटना, विदीर्ण होना
दरख़ास्त–(स्त्री.) 1 प्रार्थना 2 प्रार्थनापत्र
दरगाह–(स्त्री.) किसी सिद्ध पुरुष का समाधि स्थान, मकबरा (जैसे–पीर की दरगाह)
दरदरा–(वि.) बारीक कणवाला
दरदराना–(स. क्रि.) दरदरे कण के रूप में पीसना, दरदरा पीसना (जैसे–गेहूँ दरदराना)
दरम्यान–(अ.) मध्य (में), बीच (में)
दरवाज़ा–(पु.) 1 फाटक 2 किवाड़
दरस–(पु.) 1 दर्शन 2 भेंट, मुलाक़ात
दराँत (पु.), **दराँती**–(स्त्री.) हँसिया
दरार–(स्त्री.) रेखा की तरह का अवकाश, दरज (जैसे–दरवाज़े की दरार)
दरिद्र–I (वि.) ग़रीब, निर्धन II (पु.) निर्धन व्यक्ति **दरिद्रता** (स्त्री.) निर्धनता
दरियादिली–(स्त्री.) उदारता, दिल खोलकर खर्च करना
दरी–(स्त्री.) मोटे सूत का बिछावन
दरोग़ा–(पु.) दारोग़ा
दर्जन–I (वि.) बारह (जैसे–एक दर्जन अंडा) II (पु.) बारह का समाहार
दर्ज़ी–(पु.) कपड़ा सीने का धंधा करनेवाला

व्यक्ति **दर्ज़ीगिरी** (स्त्री.) दर्ज़ी का काम

दर्द–(पु.) 1 पीड़ा, व्यथा 2 कष्ट, दुःख **दर्दतोड़** (वि.) दर्द हटानेवाला **दर्दनाक** (वि.) दर्द से भरा हुआ **दर्दमंद** (वि.) 1 पीड़ित 2 हमदर्द, करुणाशील

दर्प–(पु.) 1 घमंड, अभिमान 2 मान 3 अक्खड़पन

दर्पण–(पु.) शीशा, आईना

दर्पोन्नत, दर्पोन्मद–(वि.) अभिमानी, घमंड के नशे में चूर

दर्भ–(पु.) घास, कुशा, कुश

दर्शक–I (वि.) 1 देखनेवाला, द्रष्टा 2 दिखानेवाला, निर्देश करनेवाला (जैसे–मार्गदर्शक, दिग्दर्शक) II (पु.) व्यक्तियों का समूह (जैसे–सिनेमा में आए दर्शक बैठ जाएँ) **दर्शक दीर्घा** (स्त्री.) दर्शकों के बैठने हेतु ऊँचाई पर बना स्थान, (विजिटर्स गैलरी) **दर्शक-वृंद** (पु.) दर्शकगण

दर्शन–(पु.) 1 देखना (जैसे–नाट्य दर्शन) 2 साक्षात्कार 3 प्रेम भक्ति से देखना (जैसे–महात्माजी के दर्शन) 4 भेंट, मुलाक़ात

दर्शनाभिलाषी–(वि.) दर्शन की इच्छा करनेवाला

दर्शनार्थी–(पु.) दर्शन करनेवाले लोग

दर्शनीय–(वि.) दर्शन करने योग्य (जैसे–दर्शनीय स्थल)

दर्शाना–(स. क्रि.) दिखाना

दर्शी–(वि.) देखनेवाला (जैसे–दूरदर्शी), साक्षात्कार करनेवाला

दल–(पु.) 1 गुट, गिरोह (जैसे–डाकुओं का दल) 2 झुंड, टोली (जैसे–पर्वतारोही दल) 3 पौधों के छोटे एवं कोमल पत्ते (जैसे–तुलसी दल) 4 एक जाति, वर्ग आदि का समूह (जैसे–कांग्रेस कर्मियों का दल) 5 फ़ौज का दस्ता, सैनिक दल 6 सामूहिक रूप से कार्यकर्ताओं का संगठन **दलबंदी** (स्त्री.) दल का निर्माण एवं संगठन करना **दल-बदल** (पु.) दल परिवर्तन **दल-बदलू** (पु.) दल बदलनेवाला व्यक्ति **दल-बल** (पु.) 1 फ़ौज, लाव-लश्कर 2 नौकर-चाकर, संगी-साथी आदि

दलगत–(वि.) दल में शामिल

दलदल–(स्त्री.) 1 बहुत गीला और मुलायम पदार्थ 2 कीचड़

दलन–I (पु.) 1 पीसना, कुचलना 2 नाश, संहार II (वि.) संहारक, नाशकारक

दलना–(स. क्रि.) 1 चक्की में पीसना (जैसे–गेहूँ दलना) 2 कुचलना, मसलना 3 नष्ट करना

दलहन–(पु.) तैयार दाल के बीज

दलान–(पु.) दालान, बरामदा

दलाल–(पु.) 1 वह व्यक्ति जो सौदा मोल लेने या बेचने में सहायता करे, बिचवई, बिचौलिया, मध्यस्थ 2 कुटना

दलाली–(स्त्री.) 1 दलाल का काम 2 दलाल का पारिश्रमिक

दलित–(वि.) 1 कुचला हुआ, दबाया हुआ (जैसे–दलित वर्ग) 2 नष्ट किया हुआ

दलिद्दर–I (वि.) दरिद्र, कंगाल II (पु.) दरिद्रता

दलिया–(पु.) दला हुआ अनाज

दलीय–(वि.) दल संबंधी

दलील–(स्त्री.) 1 युक्ति, तर्क 2 बहस

दवा–(स्त्री.) 1 उपचार, इलाज (जैसे–तपेदिक की दवा) 2 औषध (जैसे–कड़वी दवा का प्रयोग) 3 ठीक करने का उपाय, तरीक़ा (जैसे–इस बदमाश की दवा दारोग़ा कर सकता है) **दवाख़ाना** (पु.) औषधालय **दवा-दारू** (स्त्री.) इलाज, उपचार

दवाई–(स्त्री.) दवा

दवात–(स्त्री.) मसि या स्याही का पात्र

दश–(वि.) दस **दशछिद्र, दशद्वार** दो कान, आँख, नाक, एक मुख, गुदा, लिंग तथा ब्रह्मांड शरीर के दश छिद्र

दशक–(पु.) 1 दस का समूह 2 दस वर्ष का समय

दशग्रीव–(पु.) रावण

दशन–(पु.) दाँत **दशनच्छद** (पु.) होंठ

दशनामी–(पु.) शंकराचार्य के शिष्यों द्वारा चलाया गया एक धार्मिक संप्रदाय

दशम–(वि.) दसवाँ (जैसे–दशम भाग, दशम

द

अंश) **दशम भाव** (पु.) ज्योतिष में जन्मलग्न का दसवाँ घर

दशमलव–(पु.) 1 दसवें, सौवें आदि के मध्य किसी अंश को बतलाने हेतु लगाया गया बिंदु (जैसे–दस दशमलव पाँच, 10.5) 2 दशमलव से सूचित की गई संख्या (जैसे–5. 82) **दशमलव पद्धति** (स्त्री.) दशमलव से सूचित करने की प्रणाली

दशमांश–(पु.) दसवाँ भाग

दशमी–(स्त्री.) चांद्र मास के प्रत्येक पक्ष की दसवीं तिथि

दशहरा–(पु.) विजयादशमी

दशांश–(पु.) दसवाँ भाग

दशा–(स्त्री.) 1 अवस्था, हालत 2 जीवन की कालगति के अनुसार अनेक अवस्था

दशानन–(पु.) दशमुख, रावण

दशाब्दी–(स्त्री.) दस वर्ष का समय

दशावतार–(पु.) विष्णु के दस अवतार

दस–(पु./वि.) 10 की संख्या **दस गुना** (वि.) जो दस का गुणा करने से प्राप्त हो (जैसे–सौ का दसगुना रुपया) **दस नंबरी** (वि.) बहुत चालाक और बदमाश

दसवाँ–(वि.) दस के स्थान पर आनेवाला

दस्ता–(पु.) 1 बेंत, मूठ (जैसे–चाकू का दस्ता) 2 डंडा 3 चपरास 4 जत्था (पहरेदार दस्ता) 5 सैनिकों की टोली 6 काग़ज़ के चौबीस तख़्तों की गड्डी 7 फूलों का गुच्छा

दस्तावेज़–(स्त्री.) परस्पर व्यवहार संबंधी कागज़ात (जैसे–सभी दस्तावेज़ जमा करते हैं)

दस्यु–(पु.) 1 डाकू, लुटेरा 2 खल, दुष्ट **दस्यु वृत्ति** (स्त्री.) डाकू का पेशा

दह–I (पु.) नदी का बहुत गहरा भाग II (स्त्री.) ज्वाला

दहकना–(अ. क्रि.) 1 धधकना 2 तपना 3 संतप्त होना, दुःखी होना

दहकाना–(स. क्रि.) 1 जलाना (जैसे–आग दहकाना) 2 भड़काना, उत्तेजित करना

दहन–(पु.) 1 जलना, दाह (जैसे–लंका दहन) 2 आग **दहन-कक्ष** (पु.) जलाने का कमरा **दहनशील** (वि.) 1 शीघ्र जलनेवाला 2 जलानेवाला, दाहक

दहल–(स्त्री.) 1 डर से काँपना 2 थर्राना (जैसे–शेर की दहाड़ से जी दहल जाना)

दहलना–(अ. क्रि.) 1 डर से काँपना 2 थर्राना (जैसे–शेर की दहाड़ से जी दहलना)

दहला–(पु.) दस रंगीन चिह्नोंवाला ताश का पत्ता (जैसे–पान का दहला), (पु.) थाँवला, थाला

दहलाना–(स. क्रि.) डराकर कँपा देना

दहलीज़–(स्त्री.) देहरी, डेहरी, देहली

दहाई–(स्त्री.) दाहिनी ओर से दूसरा स्थान (जैसे–बीस में दहाई का अंक दो है)

दहाड़–(स्त्री.) 1 गर्जन (जैसे–सिंह की दहाड़) 2 ज़ोर की चिल्लाहट (जैसे–दहाड़ मार कर रोना)

दहाड़ना–(अ. क्रि.) 1 गरजना 2 चिल्ला-चिल्लाकर रोना 3 डपटकर बोलना (जैसे–दारोग़ा का दहाड़ना सुनकर चोर भाग निकला)

दही–(पु.) जामन डालकर जमाया दूध (जैसे–दही जमाना, दही जमना) **दहीवड़ा** (पु.) दही में पड़ा हुआ वड़ा

दहेज–(पु.) विवाह के अवसर पर कन्या पक्ष द्वारा वर पक्ष को दिया जानेवाला धन, रुपया आदि, दायज़ा, दाय

दाँत–(पु.) 1 रीढ़वाले प्राणियों के मुख में अर्धचंद्राकार रूप में पंक्तिबद्ध छोटे-छोटे अस्थिखंड, दंत (जैसे–दाँत से काटना, दाँत से दबाना) 2 आरी, कंघी आदि का दाँता **दाँत-काटी रोटी** प्रगाढ़ मित्रता, गाढ़ी दोस्ती **दाँत खट्टे करना** 1 परास्त करना, हराना 2 नाक में दम करना, बहुत तंग करना **दाँत निकालना, दाँत निपोरना** 1 गिड़गिड़ाना 2 व्यर्थ हँसना 3 टें बोल देना

दांत–(वि.) 1 दबाया हुआ 2 वश में किया हुआ 3 जितेन्द्रिय

दाँता–(पु.) दाँत-सा बड़ा एवं नुकीला सिरा,

दंदाना

दाँती–(स्त्री.) 1 हँसियाँ 2 नाव बाँधने का खूँटा 3 दंतावली

दांपतिक, दांपत्य–I (वि.) पति-पत्नी से संबंधित (जैसे–दांपत्य प्रेम, दांपत्य सम्पत्ति) II (पु.) 1 दंपती होने की अवस्था 2 पति-पत्नी का संबंध **दांपतिक जीवन** (पु.) पति-पत्नी का जीवन

दाँव–(पु.) 1 दफ़ा, बार, मर्तबा (जैसे–दो दाँव का खेल) 2 पारी, बारी (जैसे–हम दो दाँव से जीत गए) 3 खेलने की पारी, अवसर (जैसे–अब हमारा दाँव है) 4 हाथ (जैसे–जुए में दाँव मारना) 5 अनुकूल अवसर **दाँव-पेंच** (पु.) चाल, फ़रेब

दाई–(स्त्री.) 1 बच्चा जनानेवाली औरत (जैसे–दाई से पेट छिपाना) 2 उपमाता, धाय 3 दासी, नौकरानी **दाईगिरी** (स्त्री.) दाई का काम **दाई से पेट छिपाना** ऐसे व्यक्ति से बात आदि छिपाना जो सारा रहस्य जानता हो

दाऊ–(पु.) 1 बड़ा भाई 2 बलराम, बलदेव

दाएँ–(क्रि. वि.) दाहिनी ओर को **दाएँ-बाएँ** (क्रि. वि.) इधर-उधर

दाक्षिणात्य–(वि.) दक्षिण का, दक्षिणी

दाक्षिण्य–I (वि.) दक्षिण संबंधी II (पु.) 1 अनुकूलता 2 निपुणता, पटुता

दाख–(स्त्री.) 1 अंगूर 2 मुनक्का

दाख़िल–(वि.) 1 प्रविष्ट 2 शामिल (जैसे–बिना इजाज़त दाख़िल होना) **दाख़िल-ख़ारिज** (पु.) एक का स्वामित्व काटकर दूसरे का स्वामित्व काग़ज़ में दर्ज करना

दाख़िला–(पु.) प्रवेश

दाग–(पु.) 1 जलने का चिह्न 2 जलन, 3 दाह 4 डाह, ईर्ष्या 5 दग्धकर्म (जैसे–दाग देना) ताप

दाग़–(पु.) 1 धब्बा (जैसे–स्याही का दाग़) 2 विकार-सूचक चिह्न (जैसे–सेव पर सड़ने का दाग़ है) 3 लांछन, कलंक 4 गर्म लोहे का निशान (जैसे–घोड़े को दाग़ देना)

दाड़िम–(पु.) 1 अनार 2 इलायची

दाढ़ा–I (पु.) लंबी दाढ़ी II (पु.) डाढ़ा

दाढ़ी–(स्त्री.) 1 ठुड्डी पर के बाल (जैसे–दाढ़ी बनवाना) 2 ठुड्डी, ठोढ़ी **दाढ़ीदार** (वि.) दाढ़ीवाला (जैसे–दाढ़ीदार आदमी)

दातव्य–I (वि.) 1 देनेयोग्य 2 दान का काम II (पु.) दान

दाता–I (वि.) 1 देनेवाला 2 दानशील II (पु.) 1 ईश्वर 2 दानी व्यक्ति

दातुन–(स्त्री.) वृक्ष की पतली, नरम टहनी का छोटा टुकड़ा

दात्री–(स्त्री.) देनेवाली

दाद–(स्त्री.) चकत्तेदार चर्म रोग

दादा–(पु.) 1 पिता का पिता 2 बड़े-बूढ़ों के लिए प्रयुक्त आदर सूचक शब्द 3 बड़ा भाई **दादागिरी** (स्त्री.) गुंडागर्दी

दादी–(स्त्री.) पिता की माता, पितामही

दान–(पु.) 1 देना 2 ख़ैरात (जैसे–ग़रीबों को दान देना) 3 दी गई कोई वस्तु **दान-पुण्य** (पु.) = दान धर्म **दानशील** (वि.) बहुत बड़ा दानी

दानव–(पु.) राक्षस, असुर, दैत्य **दानवगुरु** (पु.) शुक्राचार्य

दानवी–I (वि.) दानव संबंधी II (स्त्री.) दानव जाति की स्त्री, राक्षसी

दाना–(पु.) 1 अन्न कण 2 अनाज 3 भाड़ में भूँजा गया अन्न, चबेना 4 भोजन (जैसे– दाना-पानी देना) **दाना-पानी** (पु.) 1 अन्न- जल 2 खाना-पीना

दानी–I (वि.) 1 दानशील 2 देनेवाला II (पु.) बहुत बड़ा दाता

दानेदार–(वि.) जो कण रूप में हो

दाब–(स्त्री.) 1 दबाव (जैसे–वाष्पदाब, वायुदाब) 2 शासन 3 नियंत्रण (जैसे–किसी के दाब में रहना) 4 अधिकार, रोब (जैसे–दाब दिखाना) 5 भार, वज़न **दाब-मापक** (पु.) वायुदाब, वाष्पदाब आदि नापनेवाला यंत्र

दाम–(पु.) 1 मूल्य, क़ीमत 2 रुपया-पैसा 3 दमड़ी का तीसरा अंश 4 सिक्का

द

दामाद–(पु.) पुत्री का पति, दमाद, जँवाई

दामिनी–(स्त्री.) आकाश में चमकनेवाली बिजली, तड़ित

दाय–I (पु.) 1 दान 2 देने योग्य धन 3 दायज़ा, दहेज़ 4 बँटवारे में मिला धन II (वि.) 1 दिए जाने योग्य 2 जिसे दिया जाना आवश्यक हो III (स्त्री.) दाई **दायभाग** (पु.) 1 पैतृक संपत्ति का उत्तराधिकारियों में बँटवारा 2 इस बँटवारे की व्यवस्था, दायाधिकार

दायाँ–(वि.) दाहिना

दायाद–I (वि.) दान का अधिकारी II (पु.) 1 दान का अधिकारी व्यक्ति 2 सपिंड संबंधी 3 पुत्र, बेटा

दायित्व–(पु.) 1 ज़िम्मेदारी 2 कार्यभार **दायित्वपूर्ण** (वि.) ज़िम्मेदारी से भरा हुआ, दायित्वयुक्त **दायित्वशून्य, दायित्वहीन** (वि.) ग़ैरज़िम्मेदार

दायी–(वि.) 1 देनेवाला 2 जो जवाबदेही हो, उत्तरदायी

दायें–(क्रि. वि.) दाहिनी तरफ़, दाहिने

दार, दारा–(स्त्री.) पत्नी, भार्या

दारिद्र्य–(पु.) दरिद्रता

दारु–I (पु.) 1 देवदारु (वृक्ष) 2 काष्ठ, काठ II (वि.) दानशील, दानी **दारु-कर्म** (पु.) लकड़ी का काम **दारु-नारी** (स्त्री.) कठपुतली

दारुण–I (वि.) 1 कड़ा, कठोर 2 निर्दय (जैसे–दारुण दृश्य) 3 उग्र 4 तीव्र 5 भयानक 6 घोर II (पु.) भयानक रस

दारोग़ा–(पु.) 1 थानेदार 2 निगरानी करनेवाला 3 हिफ़ाज़त करनेवाला

दार्शनिक–I (वि.) दर्शन शास्त्र संबंधी II (पु.) दर्शन शास्त्र का ज्ञाता (फिलॉसाफर)

दाल–(स्त्री.) 1 दली हुई अरहर, मूँग, उरद आदि के दाने 2 इनका पका कर तैयार किया गया नया पदार्थ (जैसे–दाल से रोटी खाना)

दालचीनी–(स्त्री.) एक मसाला

दालान–(पु.) बरामदा

दावत–(स्त्री.) 1 निमंत्रण, बुलावा 2 भोज 3 भोज का निमंत्रण (जैसे–दावत देना)

दावाग्नि–(स्त्री.) जंगल में लगी आग, दावानल

दावात–(स्त्री.) दवात, स्याही का पात्र

दावानल–(पु.) दावाग्नि

दाशमिक–(वि.) 1 दशम संबंधी 2 दशमलव संबंधी

दास–(पु.) 1 गुलाम (जैसे–दास-प्रथा का अंत) 2 नौकर, सेवक 3 जो वश में हो **दासता** (स्त्री.) 1 गुलामी 2 दास का काम **दास-प्रथा** (स्त्री.) दासत्व-प्रथा **दास-व्यापार** (पु.) गुलामों को ख़रीदना और बेचना

दासानुदास–(पु.) दास का भी दास

दासी–(स्त्री.) 1 दास वर्ग की स्त्री 2 लौंडी

दाह–(पु.) 1 जलाना 2 शव जलाने का काम (जैसे–दाह-कर्म) 3 जलन, ताप 4 शोक, दुःख **दाह-कर्म** (पु.) 1 शव जलाने का काम 2 दाह संस्कार **दाह-गृह** (पु.) विद्युत द्वारा शव जलाने का कमरा **दाह-संस्कार** (पु.) मुर्दा जलाने का संस्कार

दाहक–I (वि.) 1 जलानेवाला 2 दाह कर्म करनेवाला II (पु.) आग, अग्नि **दाहकता** (स्त्री.) जलाने का गुण

दाहिना–(वि.) 1 दायाँ (जैसे–दाहिना हाथ) 2 दाहिने हाथ की दिशा में स्थित

दिक्–(स्त्री.) दिशा, तरफ़ **दिक्पति** (पु.) दिशाओं के स्वामी **दिक्शूल** (पु.) ऐसा समय जब विशेष दिशा में जाना वर्जित हो

दिखना–(अ. क्रि.) दिखायी देना, देखने में आना

दिखाई–(स्त्री.) 1 देखा जाना 2 देखने के बदले में दिया जानेवाला धन 3 दिखाने का पारिश्रमिक

दिखाऊ–(वि.) 1 देखने योग्य 2 दिखौआ

दिखाना–(स. क्रि.) 1 देखने में प्रवृत्त करना 2 प्रकट करना (जैसे–गुस्सा दिखाना) 3 प्रदर्शित करना (जैसे–जादू दिखाना, नाटक दिखाना) 4 सिद्ध करना

दिखावट–(स्त्री.) 1 दिखलाने का ढंग 2 बाह्य

रूप-रंग, तड़क-भड़क 3 बनावट (जैसे–दिखावट का शिष्टाचार)

दिखावटी–(वि.) 1 भड़कीला किंतु सारहीन 2 दिखौआ 3 झूठा, मिथ्या

दिखावा–(पु.) आडंबर, ढोंग

दिगंत–(पु.) 1 दिशा का अंत 2 क्षितिज 3 दिशा, ओर

दिगंबर–(वि.) 1 शिव 2 जैनियों का एक सम्प्रदाय

दिग्गज–(वि.) बहुत बड़ा या भारी (जैसे–दिग्गज नेता को हराना कठिन है)

दिग्दर्शक–(वि.) 1 दिशा ज्ञान करानेवाला 2 दिग्दर्शन करानेवाला **दिग्दर्शक यंत्र** (पु.) कुतुबनुमा, कंपास

दिग्दर्शन–(पु.) 1 दिशा दिखलाना 2 जानकारी अभिज्ञता

दिग्दिगंत–(पु.) अनेक दिशाएँ और उनके अंत, सब ओर

दिग्मंडल–(पु.) दिशाओं का समूह

दिग्व्यापी–(वि.) सभी दिशाओं में व्याप्त

दिग्विजय–(स्त्री.) संपूर्ण दिशाओं पर विजय प्राप्त करना

दिग्विजयी–(वि.) दिग्विजय प्राप्त करनेवाला

दिठाना–I (अ. क्रि.) 1 नज़र लगना 2 दिखाई देना II (स. क्रि.) नज़र लगाना

दिठौना–(पु.) काजल का गोल चिह्न

दिन–I (पु.) 1 सूर्योदय से सूर्यास्त तक के मध्य का समय 2 सूर्योदय से सूर्योदय तक का समय, चौबीस घंटे का पूर्ण काल 3 समय, काल 4 तिथि, तारीख़ 5 काल-विशेष (जैसे–दशहरा के दिन मेला लगेगा) **दिन को तारे नज़र आना** घोर अंधकार होना **दिन गिनना** प्रतीक्षा करना **दिन चढ़ना** 1 सूर्योदय के पश्चात् कुछ और समय बीतना 2 गर्भ ठहरना **दिनदहाड़े** खुलेआम **दिन दूना रात चौगुना होना** बहुत जल्द उन्नति करना II (क्रि. वि.) 1 नित्य-प्रति, हर रोज़ 2 सदा, निरंतर (जैसे–रात-दिन काम करना)

दिनकर–(पु.) सूर्य

दिनमान (पु.) सूर्योदय से सूर्यास्त के समय का मान

दिनचर्या–(स्त्री.) नित्य किए जानेवाले काम **दिन-प्रतिदिन** (क्रि. वि.) दिनोंदिन

दिनांक–(पु.) तारीख़, तिथि

दिनांत–(पु.) सायंकाल, संध्या

दिनोंदिन–(क्रि. वि.) दिन-प्रति-दिन

दिमाग़–(पु.) 1 बुद्धि , समझ 2 मस्तिष्क 3 भेजा 4 घमंड, अभिमान **दिमाग़चट** (वि.) दिमाग़ चाटनेवाला, बकवादी **दिमाग़दार** (वि.) 1 समझदार 2 विवेकी 3 अभिमानी, घमंडी **दिमाग़ सातवें आसमान पर होना** अत्यधिक घमंड होना

दिया–I (स. क्रि.) देना का भूतकाल (जैसे–मैंने सौ रुपया दिया) II (पु.) दीपक

दियासलाई (स्त्री.) माचिस

दिल–(पु.) 1 हृदय, मन (जैसे–दिल की बात) 2 शरीर में रुधिर संचार का एक अंग 3 इच्छा (जैसे–पढ़ने को दिल नहीं करता) **दिलबहलाव** (पु.) मन लुभाने का साधन **दिल का खोटा** दग़ाबाज़, कपटी **दिल का गुबार निकालना** मन का मलाल दूर करना **दिल की कली खिलना** चित्त प्रसन्न होना **दिल की दिल में रहना** इच्छा का पूर्ण न होना **दिल जलाना** सताना **दिल पर साँप लोटना** 1 विकल होना 2 सदमा होना **दिल में गाँठ पड़ना** 1 ईर्ष्या होना 2 फूट पैदा होना **दिल लगाना** मन से काम करना

दिलचस्प–(वि.) मनोरंजक, चित्ताकर्षक **दिलचस्पी** (स्त्री.) 1 मनोरंजकता 2 शौक़

दिलजमई–(स्त्री.) इतमीनान, तसल्ली **दिलजोई** (स्त्री.) ढाढ़स, दिलासा

दिलदार–(वि.) 1 जिसके प्रति प्रेम हो 2 अच्छे दिल व स्वभाववाला 3 रसिक 4 उदार

दिलाना–(स. क्रि.) 1 प्राप्त कराना 2 प्राप्त करने में मदद करना

दिलोदिमाग़–(पु.) मन-बुद्धि

दिल्लगी–(स्त्री.) हँसी-मज़ाक़

दिवंगत–(वि.) जो मर चुका हो

द

दिवस–(पु.) दिन (जैसे–स्वतंत्रता दिवस)
दिवांध–I (वि.) दिन में न देखनेवाला II (पु.) 1 दिनौंधी 2 उल्लू
दिवा–(स्त्री.) दिन, दिवस
दिवाकर–(पु.) दिनकर, सूर्य
दिवाला–(पु.) 1 ऋण चुकाने में असमर्थता 2 पूर्ण अभाव
दिवालिया–(वि.) ऋण चुकाने में असमर्थ
दिवाली–(स्त्री.) दीवाली, प्रसिद्ध हिन्दू त्योहार
दिवालियापन–(पु.) दिवाला
दिवास्वप्न–(पु.) अकर्मण्य एवं निराश व्यक्ति का बैठे-बैठे हवाई क़िले बनाना (डे-ड्रीम) अवास्तविक
दिव्य–(वि.) 1 अलौकिक 2 अति सुंदर, भव्य 3 स्वर्गीय 4 आकाशीय 5 चमकीला **दिव्यचक्षु** I (पु.) दिव्य-दृष्टिवाला व्यक्ति II (वि.) सुंदर आँखोंवाला **दिव्य दृष्टि** (स्त्री.) 1 सूक्ष्म दृष्टि, आंतरिक दृष्टि 2 ज्ञान दृष्टि
दिव्या–(स्त्री.) अलौकिक नायिका, स्वर्गीय नायिका
दिव्यास्त्र–(पु.) देवता से प्राप्त अस्त्र
दिश्–(स्त्री.) दिशा
दिशा–(स्त्री.) 1 ओर, तरफ़ (जैसे–उस दिशा मत जाना) 2 क्षितिज मंडल के चार भागों में से कोई **दिशा-ज्ञान** (वि.) दिशाओं की जानकारी **दिशा-निर्देशक** (वि.) दिशा का ज्ञान करानेवाला
दिष्ट–I (वि.) 1 निश्चित 2 बतलाया हुआ 3 दिखलाया हुआ II (पु.) 1 भाग्य, क़िस्मत 2 उपदेश 3 समय, काल
दिसा–(स्त्री.) 1 दिशा 2 झाड़ा फिरना, पैखाने जाना
दिसावर–(पु.) दूसरा देश, परदेश, विदेश
दिसावरी–(वि.) 1 परदेश का 2 परदेश से आया हुआ
दिहाड़ी–(स्त्री.) 1 दैनिक मज़दूरी 2 श्रमिकों के प्रतिदिन के काम का निर्धारित समय
दीक्षांत–(पु.) 1 विशेष अध्ययन काल की समाप्ति (जैसे–दीक्षांत समारोह) 2 पूर्व यज्ञ में हुए दोष मार्जन हेतु किया गया पूरक **यज्ञ** **दीक्षांत भाषण** (पु.) उपाधि वितरण के समय विद्वान द्वारा दिया गया भाषण
दीक्षा–(स्त्री.) 1 गुरु से नियमपूर्वक मंत्र ग्रहण करना 2 यज्ञ करना 3 पवित्र मंत्रोपदेश
दीक्षित–I (वि.) जिसने दीक्षा ग्रहण की हो II (पु.) ब्राह्मणों की उपजाति
दीठ, दीठि–(स्त्री.) 1 दृष्टि, निगाह 2 आँख, नेत्र 3 देखने की शक्ति 4 अनुग्रह, कृपा
दीदी–(स्त्री.) बड़ी बहन, अग्रजा, जीजी
दीन–(वि.) 1 दयनीय दशावाला 2 ग़रीब, दरिद्र 3 उदास, खिन्न **दीनता** (स्त्री.) दयनीय अवस्था **दीन-दयालु** I (वि.) दीनों पर दया करनेवाला II (पु.) ईश्वर **दीनबंधु** (पु.) गरीबों का सहायक, ईश्वर
दीनानाथ–(पु.) 1 दुखियों का सहायक 2 परमात्मा, ईश्वर
दीनार–(पु.) 1 सोने का सिक्का 2 एक निष्क की तौल
दीप, दीपक–(पु.) दीया **दीप-दान** (पु.) देवता के समक्ष दीपक जलाना **दीप-माला** (स्त्री.) 1 जलते दीपों की पंक्ति 2 आरती हेतु जलायी गई बत्तियों की पंक्ति **दीप-मालिका** (स्त्री.) 1 दीपावली का त्योहार 2 दीपावली **दीप-शिखा** (स्त्री.) 1 दीपक की लौ 2 दीपाग्नि
दीपन–(पु.) 1 जलाना 2 प्रज्वलित करना
दीपाधार–(पु.) दीयट, चिराग़दान
दीपावली–(स्त्री.) 1 दीवाली 2 दीपों की क़तार
दीपोत्सव–(पु.) 1 दीवाली 2 दीप जलाकर मनाया जानेवाला उत्सव
दीप्त–(वि.) 1 जलता हुआ 2 प्रज्वलित 3 प्रकाशित
दीप्ति–(स्त्री.) 1 प्रकाश, उजाला, रोशनी 2 आभा, चमक 3 शोभा, छवि
दीप्तिमान–(वि.) 1 चमकता हुआ 2 क्रांतिमान्, शोभन
दीप्यमान–(वि.) चमकता हुआ
दीमक–(स्त्री.) सफ़ेद चींटी (जैसे–काग़ज़ में

दीमक लग गए)

दीया–(पु.) तेल-घी के योग से जलनेवाली बत्ती का आधार **दीया-बत्ती का समय** सायंकाल, शाम का समय

दीर्घ–(वि.) 1 बड़ा (जैसे–दीर्घ क्षेत्र, दीर्घकाय) 2 ऊँचा (जैसे–दीर्घ फाटक) 3 गहरा (दीर्घ श्वास) 4 विस्तृत 5 गुरु (जैसे–दीर्घ मात्रा) **दीर्घकाय** (वि.) लंबा-तगड़ा, डील-डौलवाला

दीर्घकाल–(पु.) लंबा समय **दीर्घकालिक, दीर्घकालीन** (वि.) लंबे समयवाला

दीर्घा–(स्त्री.) गैलरी

दीर्घाकार–(वि.) दीर्घ आकार का, लंबा-चौड़ा

दीर्घायु–(वि.) लंबी उम्रवाला

दीर्घावकाश–(पु.) लंबी छुट्टी

दीर्घावधि–(स्त्री.) लंबी अवधि **दीर्घावधि ऋण** (पु.) लंबे समय तक का क़र्ज़

दीर्ण–(वि.) फटा हुआ, विदारित

दीवट–(स्त्री.) दीपाधार

दीवा–(पु.) दीया

दीवार–(स्त्री.) भीत (जैसे–दीवार बनाना)

दीवाली–(स्त्री.) कार्तिक अमावस्या को होनेवाला प्रसिद्ध हिंदू त्यौहार

दुंदभि, दुंदभी–(स्त्री.) डंका, नगाड़ा

दुंबा–(पु.) एक प्रकार की भेड़

दुःख–(पु.) 1 कष्ट, क्लेश (जैसे–माँ के निधन से दुःख होना) 2 संकट, विपत्ति (जैसे–उसने कौन-सा दुःख नहीं झेला)

दुःखदायक, दुःखदायी, दुःखप्रद (वि.) दुःखद

दुःखद–(वि.) क्लेशकर (जैसे–दुःखद समाचार)

दुःखमय–(वि.) दुःखों से भरा हुआ, दुःखपूर्ण

दुःखांत–(वि.) जिसका अंत दुःखमय हो (जैसे–दुःखांत नाटक)

दुःखित, दुःखी–(वि.) अत्यंत पीड़ित

दुःसह–(वि.) जिसे सहन करना कठिन हो, असह्य

दुःसाध, दुःसाध्य–(वि.) 1 दुष्कर 2 असाध्य

दुःसाहस–(पु.) अनुचित साहस

दुःसाहसी–(वि.) दुःसाहस करनेवाला

दुःस्वप्न–(पु.) 1 बुरा स्वप्न, भयानक स्वप्न 2 बुरे फलवाला स्वप्न

दु–(वि.) 'दो' का संक्षिप्त रूप जो पदों के आरंभ में लगने पर प्राप्त होता है

दुअर्थी–(वि.) दो अर्थवाला

दुकड़ी–(स्त्री.) 1 एक साथ मिली हुई दो वस्तुएँ 2 दो बूटियोंवाला ताश का पत्ता 3 दो घोड़ों की बग्घी

दुकान–(स्त्री.) 1 वह स्थान जहाँ सामान आदि रखकर बेचा जाए (जैसे–कपड़े की दुकान, मिठाई की दुकान) 2 वह स्थान जहाँ अन्य तरह की सेवाएँ की जाएँ (जैसे–नाई की दुकान, दर्ज़ी की दुकान) **दुकानदारी** (स्त्री.) 1 दुकानदार का धंधा 2 अर्थोपार्जन हेतु रचा गया साधन

दुकाल–(पु.) अकाल, दुर्भिक्ष

दुकूल–(पु.) 1 रेशमी कपड़ा 2 चिकना एवं बारीक कपड़ा

दुकेला–(वि.) जो अकेला न हो

दुकेले–(क्रि. वि.) किसी एक के साथ (जैसे–अकेले-दुकेले)

दुक्का, दुक्की–I (वि.) 1 दुकेला 2 जोड़ा, युग्म II (पु.) दो बूटियोंवाला ताश का पत्ता (जैसे–पान का दुक्का) **दुक्का-तिक्का** (क्रि. वि.) दो या तीन की संख्या में

दुख–(पु.) दुःख **दुःखदर्द** (पु.) संकट, मुसीबत

दुखड़ा–(पु.) 1 दुःखगाथा, करुणकथा (जैसे–दुखड़ा रोना) 2 संकट, विपत्ति

दुखना–(अ. क्रि.) 1 दर्द करना (जैसे–आँखें दुखना) 2 पीड़ा बढ़ना (जैसे–फोड़ा दुखना)

दुखी–(वि.) दुःखी

दुगना–(वि.) दूना (जैसे–दो का दुगना चार होगा)

दुग्ध–I (पु.) 1 दूध 2 पौधों का दूध जैसा रस II (वि.) दूहा हुआ **दुग्ध-चूर्ण** (पु.) दूध का पाउडर

दुछत्ता–(वि.) दो छतवाला

दुछत्ती–(स्त्री.) एक ही छत के नीचे बना दूसरा कमरा

दुतकार–(स्त्री.) 1 अपमान 2 उपेक्षापूर्वक

द

कहना

दुतरफ़ा, दुतर्फ़ा–(वि.) 1 दोनों पक्ष में रहनेवाला 2 दोनों ओर का

दुद्धी–(स्त्री.) 1 दूधवाली घास 2 खड़िया मिट्टी

दुध–(पु.) दूध का समागत रूप (जैसे–दुधमुँहा) **दुधमुँहा** (वि.) माँ का दूध पीनेवाला (छोटा बच्चा)

दुधार–(वि.) 1 दूध देनेवाली (जैसे–दुधार गाय) 2 जिसमें दूध हो 2 दोनों ओर धारवाला (जैसे–दुधारा तलवार)

दुधारू–(वि.) दुधार

दुनाली–I (वि.) दो नली वाली (जैसे–दुनाली बंदूक़) II (पु.) दो नली की बंदूक़

दुनियाँ, दुनिया–(स्त्री.) 1 संसार, विश्व, जगत् 2 संसार के लोग, लोक, जनता 3 संसार एवं घर-गृहस्थी के लड़ाई-झगड़े **दुनियादार** (वि.) 1 संसारी 2 लोक चतुर **दुनियादारी** (स्त्री.) 1 सांसारिक प्रपंच 2 सांसारिक व्यवहार-कुशलता, लोक चातुरी 3 बनावटी व्यवहार

दुनियावी–(वि.) सांसारिक, दुनिया का

दुपट्टा–(पु.) ओढ़ने की चादर, उत्तरीय (जैसे–कंधे पर दुपट्टा डालना) **दुपट्टा बदलना** सहेली बनाना

दुपल्ला–(वि.) दो पल्लोंवाला

दुपहरिया–(स्त्री.) दोपहरी, दुपहरिया

दुबकना–(अ. क्रि.) दबकना

दुबला–(वि.) 1 हल्के एवं कमज़ोर शरीरवाला (जैसे–दुबला-पतला आदमी) 2 निर्बल **दुबला-पतला** (वि.) बहुत कमज़ोर

दुभाषिया–(वि.) दो भाषा का ज्ञान रखनेवाला

दुमंज़िला–(वि.) दो तल्लेवाला (जैसे–दुमंज़िला मकान)

दुम–(स्त्री.) 1 पूँछ (जैसे–कुत्ते की दुम) 2 वस्तु का पिछला लंबा एवं लचीला सिरा (जैसे–पतंग की दुम)

दुमुँहा–(वि.) दो मुँह वाला

दुरंगा–(वि.) 1 दो रंगोंवाला 2 दो प्रकार का 3 दोहरी चालवाला (जैसे–दुरंगा आदमी) **दुरंगापन** (पु.) दुरंगा होने का भाव

दुरंगी–(स्त्री.) 1 दोरंगापन 2 दो तरह का आचरण

दुरंत–(वि.) 1 जिसका पार पाना कठिन हो, अपार 2 अत्यंत कठिन, दुस्तर 3 तीव्र, प्रचंड

दुर्–बुरा, कठिन (जैसे–दुरुपयोग)

दुर–(क्रि. वि.) तिरस्कारपूर्वक हटाने के लिए प्रयोग में लाया जानेवाला शब्द

दुरभिमान–(पु.) बदगुमानी, झूठी शेख़ी

दुरभिसंधि–(स्त्री.) कुमंत्रणा, षड्यंत्र

दुरमुट–(पु.) ज़मीन समतल करने वाला पत्थर

दुरवस्था–(स्त्री.) दुर्दशा

दुरागमन–(पु.) गौना विवाह के बाद वधू का अपने ससुराल दूसरी बार आना

दुराग्रह–(पु.) अनुचित ज़िद, हठ

दुराग्रही–(वि.) दुराग्रह करनेवाला

दुराचरण, दुराचार–(पु.) बुरा चाल-चलन

दुराचारी–(वि.) बदचलन

दुरात्मा–(वि.) दुष्ट प्रकृतिवाला, नीच

दुराव–(पु.) छिपाव

दुराशय–(वि.) ख़राब नीयत वाला, बदनीयत

दुराशा–(स्त्री.) 1 बुरी आशा 2 व्यर्थ की आशा

दुरुपयोग–(पु.) अनुचित उपयोग, बुरा इस्तेमाल

दुरूह–(वि.) 1 दुर्बोध (जैसे–दुरूह विषय) 2 कठिन

दुर्गंध–(स्त्री.) बुरी गंध, बदबू

दुर्गंधमय–(वि.) दुर्गंधवाला, बदबूदार

दुर्ग–I (वि.) 1 दुर्गम 2 दुर्बोध II (पु.) 1 गढ़, किला **दुर्गपाल** (पु.) दुर्गरक्षक

दुर्गति–(स्त्री.) 1 दुर्दशा 2 दरिद्रता

दुर्गम–I (वि.) 1 जहाँ पहुँचना कठिन हो 2 दुर्बोध 3 कठिन, विकट II (पु.) 1 किला, गढ़ 2 जंगल, वन 3 बीहड़ क्षेत्र

दुर्गा–(स्त्री.) आदि शक्ति, पार्वती **दुर्गा नवमी** (स्त्री.) 1 दुर्गा पूजन की कार्तिक शुक्ला नवमी 2 चैत्र शुक्ल नवमी 3 आश्विन शुक्ल नवमी

दुर्गाष्टमी–(स्त्री.) 1 आश्विन शुक्ल पक्ष की अष्टमी 2 चैत्र शुक्ल पक्ष की अष्टमी

दुर्गुण–(पु.) 1 ऐब 2 दोष, विकार

दुर्घटना–(स्त्री.) 1 अशुभ घटना 2 विपत्ति, आफ़त **दुर्घटनाग्रस्त** (वि.) क्षतिग्रस्त (जैसे–विमान दुर्घटनाग्रस्त हो गया)

दुर्जन–(पु.) दुष्ट व्यक्ति

दुर्जेय–(वि.) जिस पर विजय पाना कठिन हो

दुर्दमनीय, दुर्दम्य–(वि.) जिसका दमन बहुत कठिन हो, दुर्दम

दुर्दशा–(स्त्री.) दुर्गति, दुरावस्था

दुर्दांत–(वि.) 1 बेक़ाबू 2 धृष्ट

दुर्दिन–(पु.) 1 बुरे दिन 2 बुरा समय

दुर्दैव–(पु.) दुर्भाग्य, अभाग्य

दुर्द्धर्ष–(वि.) 1 जिसे जल्दी वश में न किया जा सके 2 जिसे परास्त करना कठिन हो 3 प्रबल, प्रचंड

दुर्निवार्य, दुर्निवार–(वि.) 1 जिसे जल्दी न रोका जा सके 2 जिसका निवारण कठिन हो 3 जिसे हटाना दुष्कर हो

दुर्नीति–I (स्त्री.) नीतिविरुद्ध आचरण II (वि.) नीतिविरुद्ध आचरण करनेवाला

दुर्बल–(वि.) 1 कमज़ोर 2 दुबला-पतला, शिथिल (जैसे–दुर्बल चरित्रवाला) **दुर्बलता** (स्त्री.) कमज़ोरी

दुर्बुद्धि–I (वि.) नीच बुद्धिवाला II (स्त्री.) नीच बुद्धि

दुर्बोध–(वि.) 1 जिसे सरलता से न जाना जा सके (जैसे–दुर्बोध काव्य, दुर्बोध ज्ञान) 2 क्लिष्ट, अत्यंत कठिन

दुर्भाग्य–(पु.) बद-क़िस्मती, बुरा भाग्य **दुर्भाग्यग्रस्त, दुर्भाग्यशाली** (वि.) दुर्भाग्य में फँसा हुआ, बदक़िस्मत, अभागा **दुर्भाग्यवश** (वि.) बदक़िस्मती से

दुर्भावना–(पु.) 1 बुरी भावना, कुविचार 2 आशंका, खटका

दुर्भिक्ष–(पु.) अकाल (जैसे–दुर्भिक्ष से मरना) **दुर्भिक्ष-पीड़ित** (वि.) अकालग्रस्त

दुर्भेद्य–(वि.) 1 जिसे भेदना कठिन हो 2 जिसे जल्दी पार न किया जा सके (जैसे–दुर्भेद्य किला)

दुर्मति–I (वि.) 1 दुर्बुद्धि, बुरी मतिवाला 2 खल, दुष्ट II (स्त्री.) दुष्ट बुद्धि

दुर्मुख–(वि.) 1 गंदे मुँहवाला 2 कड़वी और बुरी बात कहनेवाला

दुर्लभ–(वि.) 1 कठिनता से प्राप्त होनेवाला, दुष्प्राप्य 2 अति प्रशस्त 3 प्रिय

दुर्वचन–(पु.) 1 बुरा वचन, दूषित कथन 2 गाली, अपशब्द

दुर्वासना–(स्त्री.) 1 बुरी वासना, बुरी इच्छा 2 ओछी कामना 3 विषय जनित वासना

दुर्विनीत–(वि.) अविनीत, उद्दंड

दुर्वृत्ति–(स्त्री.) 1 बुरी वृत्ति 2 बुरा आचरण, बुरा स्वभाव

दुर्व्यवस्था–(स्त्री.) अव्यवस्था

दुर्व्यवहार–(पु.) 1 बुरा बर्ताव, अनुचित व्यवहार 2 ग़लत

दुर्व्यसन–(पु.) बुरी लत, बुरी आदत

दुर्व्यसनी–(वि.) बुरी आदत वाला

दुलकी–(स्त्री.) घोड़े की उछल-उछलकर मध्य गति से दौड़ने की चाल

दुलड़ा–I (वि.) दो लड़ोंवाला II (पु.) दो लड़ों की माला

दुलत्ती–(स्त्री.) 1 घोड़े आदि का पिछली दोनों टाँगों को झटकार कर मारना (जैसे–दुलत्ती चलाना) 2 दुलत्ती से किया गया आघात

दुलराना–(स. क्रि.) दुलारना

दुलहन–(स्त्री.) 1 नई बहू, नवोढ़ा स्त्री 2 पत्नी

दुलाई–(स्त्री.) हलकी रज़ाई

दुलार–(पु.) स्नेहपूर्ण व्यवहार (जैसे–दुलार करना)

दुलारा, दुलारी–(वि.) लाड़ला, लाडली

दुविधा–(स्त्री.) 1 असमंजस, पशोपेश 2 अनिर्णय **दुविधाजनक** (वि.) असमंजसपूर्ण

दुश्चक्र–(पु.) षड्यंत्र

दुश्चरित, दुश्चरित्र–I (वि.) बद-चलन, चरित्रहीन II (पु.) बुरा चाल-चलन

द

दुश्चिंता–(स्त्री.) बुरी चिंता
दुश्चेष्टा–(स्त्री.) बुरी चेष्टा, कुचेष्टा
दुश्मन–(पु.) शत्रु, वैरी
दुश्मनी–(पु.) शत्रुता, वैर
दुष्कर–(वि.) कठिन
दुष्कर्म–(पु.) 1 बुरा और अनुचित काम 2 कठिन कार्य
दुष्कर्मी–(वि.) बुरा काम करने वाला, दुराचारी
दुष्काल–(पु.) 1 बुरा समय, कुसमय 2 अकाल, दुर्भिक्ष
दुष्ट–(वि.) 1 दूषित, सदोष 2 निकम्मा 3 परेशान करनेवाला **दुष्ट-चरित्र** (वि.) बुरे आचरणवाला **दुष्ट-व्रण** (पु.) 1 दुर्गंधयुक्त घाव 2 असाध्य रोग
दुष्टा–(वि.) 1 बुरा सोचनेवाली 2 बुरा चाहने वाली
दुष्टाचरण, दुष्टाचार–(पु.) दुराचार
दुष्टाचारी–(वि.) दुराचारी
दुष्टात्मा–(वि.) दुरात्मा
दुष्पच–(वि.) 1 कठिनता से पकनेवाला 2 कठिनता से पचनेवाला
दुष्परिणाम–(पु.) कुपरिणाम, कुफल
दुष्प्रकृति–I (वि.) बुरे स्वभाववाला II (स्त्री.) बुरा स्वभाव
दुष्प्रभाव–(पु.) बुरा प्रभाव, कुप्रभाव, बुरा असर
दुष्प्रवृत्ति–I (स्त्री.) बुरी प्रवृत्ति II (वि.) बुरी प्रवृत्तिवाला
दुष्प्राप्य–(वि.) कठिनता से प्राप्त होनेवाला
दुसाध–(पु.) एक छोटी जाति
दुसूती–(स्त्री.) दो-दो तागोंवाला बुना मोटा मज़बूत कपड़ा
दुस्तर–(वि.) 1 जिसे तैर कर पार करना मुश्किल हो 2 कठिन, दुर्घट
दुःस्वप्न–(पु.) बुरा सपना
दुस्साहस–(पु.) अति साहस
दुस्साहसी–(वि.) बहुत साहसी
दुहत्थड़–I (वि.) दोनों हाथों से किया जानेवाला (जैसे–दुहत्थड़ प्रहार करना) II (पु.) दोनों हाथों से किया गया प्रहार III (क्रि. वि.) दोनों हाथों से प्रहार करते हुए
दुहत्था–I (वि.) 1 दोनों हाथों से होनेवाला 2 दो मूठोंवाला II (क्रि. वि.) दोनों हाथों से
दुहना–(स. क्रि.) 1 दूध निकालना (गाय, भैंस) 2 निचोड़ना 3 धन अपहरण करना 4 (किसी) को चूसना
दुहरा–(वि.) दोहरा **दुहरापन** (पु.) दोहरा होने का भाव
दुहराना–(स. क्रि.) दोहराना **दुहराना-तिहराना** (स. क्रि.) दो-तीन बार करना
दुहाई–(स्त्री.) 1 दीनतापूर्वक चिल्लाकर की जानेवाली याचना (जैसे–दुहाई देना) 2 उच्च स्वर में पुकार कर दी गई सूचना, मुनादी
दुहाग–(पु.) 1 दुर्भाग्य, बद-क़िस्मती 2 वैधव्य, विधवापन
दुहाजू–(वि.) 1 पत्नी के मरने पर दूसरा विवाह करनेवाला पुरुष 2 पति के मरने पर दूसरा विवाह करनेवाली स्त्री
दुहिता–(स्त्री.) पुत्री, बेटी
दूकान–(स्त्री.) दुकान
दूज–(स्त्री.) चांद्रमास के प्रत्येक पक्ष की दूसरी तिथि, दुइज, द्वितीया **दूज का चाँद** बहुत कम दिखाई पड़नेवाला
दूजा–(वि.) 1 दूसरा 2 पराया
दूत–(पु.) 1 संदेश पहुँचानेवाला व्यक्ति (जैसे–राजा का दूत) 2 राष्ट्र का प्रतिनिधि (जैसे–राजदूत) 3 प्रेमी-प्रेमिका के संदेश को एक-दूसरे तक पहुँचानेवाला व्यक्ति
दूतालय, दूतावास–(पु.) राजदूत का कार्यालय
दूतिका, दूती–(स्त्री.) 1 संदेश पहुँचानेवाली स्त्री 2 कुटनी
दूध–(पु.) 1 स्तनपायी मादा पशुओं के थन से निकलनेवाला सफ़ेद तरल पदार्थ (जैसे–गाय का दूध) 2 माँ के स्तन से निकलनेवाला सफ़ेद तरल पदार्थ **दूधदानी** (स्त्री.) दूध रखने का बर्तन **दूध-पूत** (पु.) धन-संतति **दूधमुँहा** (वि.) दूध-पीता **दूध का जला छाछ फूँक-फूँककर पीता है** विपत्ति सहने के बाद बच-बच कर कदम रखना **दूध का दूध पानी का पानी** सच्चा-सच्चा न्याय **दूध के दाँत न**

टूटना अनुभवहीन होना

दूध-धुला–(वि.) बिल्कुल पवित्र

दूधिया–I (वि.) 1 दूध मिला हुआ (जैसे–दूधिया चाय, दूधिया पेड़ा) 2 दूध के रंग का II (स्त्री.) एक तरह का सफ़ेद पत्थर

दून–I (पु.) तराई, घाटी (जैसे–दून, देहरादून) II (वि.) दुगुना, दोहरा

दूब–(स्त्री.) एक प्रसिद्ध लंबी एवं नर्म घास, दूर्वा

दूभर–(वि.) 1 भारी, बोझिल 2 कठिन, मुश्किल

दूर–(वि.) पास न होनेवाला, पास न रहनेवाला **दूरगामी** (वि.) दूर तक जानेवाला (जैसे–दूरगामी दृष्टि) **दूरदर्शक** I (वि.) 1 दूरदर्शी 2 बुद्धिमान II (पु.) दूर-बीन **दूरदर्शक-यंत्र** (पु.) दूर-बीन **दूरदर्शिता** (स्त्री.) दूरंदेशी **दूरदर्शितापूर्ण, दूरदर्शी** I (वि.) दूर की बात सोचनेवाला, दूरंदेश II (पु.) 1 पंडित, विद्वान् 2 गिद्ध **दूरदृष्टि** (स्त्री.) पहले से सोचने-समझने की शक्ति **दूरभाष** (पु.) टेलिफोन **दूरवीक्षक** (पु.) दूरबीन **दूरवीक्षण** (पु.) दूर वीक्षक यंत्र से दूर की वस्तुएँ देखना

दूरदर्शन–(पु.) 1 दूर की चीज़ देखना 2 विद्युत तरंगों की मदद से अत्यधिक दूर के दृश्य को प्रत्यक्ष रूप से देखने की प्रणाली, (टेलीविज़न)

दूरसंचार–(पु.) दूर तक संदेश, समाचार भेजने का कार्य

दूरागत–(वि.) दूर से आया हुआ

दूरी–(स्त्री.) अंतर, फ़ासला

दूर्वा–(स्त्री.) = दूब

दूलह, दूल्हा–(पु.) 1 वर, नौशा 2 पति, स्वामी 3 बहुत बना-ठना आदमी

दूषण–I (पु.) 1 दोष लगाना 2 आक्षेप करना 3 अवगुण, बुराई II (वि.) विनाशक, संहारक

दूषित–(वि.) 1 दोषयुक्त 2 बुरा, ख़राब 3 दोष लगाया हुआ, आरोपित

दूषिता–(स्त्री.) विवाह से पहले दूषित कन्या

दूसरा–I (वि.) 1 पहले के बाद का (जैसे–दूसरा मकान) 2 प्रस्तुत से भिन्न 3 अन्य, अतिरिक्त II (सर्व.) 1 बचा हुआ 2 दोनों पक्षों में से किसी के साथ जिसका संबंध न हो

दृढ़–(वि.) 1 प्रगाढ़ (जैसे–दृढ़ आलिंगन) 2 पक्का, मज़बूत 3 बलवान् और हृष्ट-पुष्ट 4 विचलित न होनेवाला, अटल (जैसे–दृढ़ विश्वास, दृढ़ प्रतिज्ञा) 5 जिसमें परिवर्तन न हो सके **दृढ़चित्त** (वि.) दृढ़ हृदयवाला **दृढ़चेता** (वि.) दृढ़ विचारोंवाला **दृढ़ता** (स्त्री.) 1 मज़बूती 2 प्रतिज्ञा एवं विचारों आदि पर अडिग रहने की अवस्था 3 दृढ़ रहने का भाव **दृढ़प्रतिज्ञ** (वि.) प्रतिज्ञा पर अटल रहनेवाला

दृढ़तापूर्वक–(वि.) मज़बूती से

दृढ़निश्चय–(वि.) अडिग, अटल रहनेवाला

दृश्य–I (पु.) जो सामने दिखाई दे, नज़ारा II (वि.) देखने योग्य, दर्शनीय

दृश्यमान्–(वि.) दिखाई देनेवाला

दृश्यलेख–(पु.) दृश्यों के संबंध में लिखित संकेत, पटकथा

दृश्यात्मक–(वि.) दृश्य संबंधी

दृश्यादृश्य–(वि.) दिखाई पड़नेवाला और न दिखाई देनेवाला

दृश्याभास–(पु.) आँखें बंद कर लेने पर भी देखी गई वस्तु का प्रतिबिंब, विद्यमान-सा प्रतीत होना

दृश्यावली–(स्त्री.) दृश्यों की श्रेणी

दृश्यावलोकन–(पु.) दृश्य का देखना

दृष्ट–I (वि.) 1 देखा हुआ 2 दिखाई पड़नेवाला II (पु.) 1 दर्शन 2 साक्षात्कार

दृष्टव्य–(वि.) दिखाई देने योग्य

दृष्टांत–(पु.) 1 निश्चित एवं प्रामाणिक रूप देखना 2 मिसाल **दृष्टांतपरक** (वि.) दृष्टांत पर आधारित

दृष्टि–(स्त्री.) 1 अवलोकन, निगाह, नज़र 2 देखने की शक्ति 3 दीठ, टक 4 प्रकाश 5 ज्ञान 6 मत, विचार **दृष्टिकोण** (पु.) देखने, सोचने-समझने का पहलू (व्यू-प्वाइंट)

द

दृष्टिगोचर (वि.) स्पष्ट दिखाई पड़नेवाला **दृष्टि-दोष** (पु.) देखने में त्रुटि होना **दृष्टि-पटल** (पु.) आँख की पुतली के पिछले भाग में निहित कोशिका का तंत्र **दृष्टिपथ** (पु.) दृष्टि का प्रसार, नज़र की पहुँच **दृष्टिपात** (पु.) 1 सरसरी निगाह से देखना 2 अवलोकन **दृष्टि गड़ाना** ग़ौर से देखना **दृष्टि रखना** देखते रहना **दृष्टि फिरना** पहले जैसा प्रेम न रह जाना

देख–(स्त्री.) देखना, अवलोकना (जैसे–देख-भाल)

देखना–(स. क्रि.) 1 अवलोकन करना, निहारना (जैसे–पहाड़ पर का दृश्य देखना) 2 बुद्धि से समझना एवं सोचना (जैसे–मैंने जीवन में बहुत उतार-चढ़ाव देखे हैं) 3 भोगना **देखना-भालना** (स. क्रि.) देखभाल करना

देख-भाल–(स्त्री.) 1 देखना, निगरानी 2 परवरिश (जैसे–बच्चों की देख-भाल)

देख-रेख–(स्त्री.) 1 देख-भाल (जैसे–क़ैदियों की देख-रेख) 2 सेवा-सुश्रूषा (जैसे–रोगी की देख-रेख)

देखा-देखी–I (स्त्री.) 1 नक़ल, किसी को देखकर काम करने का भाव (जैसे–देखादेखी सबने हड़ताल कर दी) 2 दर्शन 3 साक्षात्कार II (क्रि. वि.) अनुकरणवश

देदीप्यमान–(वि.) चमकता-दमकता हुआ, जाज्वल्यमान

देन–(स्त्री.) 1 देना 2 दी जानेवाली वस्तु 3 दी गई महत्त्वपूर्ण वस्तु (जैसे–साहित्यकार की देन सदैव स्मरणीय है, संतान तो ईश्वर की देन है) 4 भार (लायबिलिटी) **देनदार** (पु.) 1 ऋणी, कर्ज़दार 2 आभारी **देनदारी** (स्त्री.) देनदार होने की अवस्था **देन-लेन** (पु.) देने और लेने की क्रिया, लेना-देना

देना–(स. क्रि.) 1 सुपुर्द करना, हवाले करना 2 हस्तांतरित करना 3 अर्पित करना (जैसे–दक्षिणा देना) 4 थमाना, पकड़ाना (जैसे–भिखारी को रोटी देना) 5 पाने में सहायक होना

देय–(वि.) देने योग्य, दातव्य **देयता** (स्त्री.) देने का उत्तरदायित्व **देय राशि** (स्त्री.) दिया जानेवाला धन

देयादेय–(पु.) आय-व्यय **देयादेय-फलक** (पु.) आय-व्यय फलक (बैलेंस शीट)

देयादेश–(पु.) अमुक व्यक्ति को दिए गए धन से संबंधित पत्र (पे-आर्डर)

देर–(स्त्री.) 1 विलंब 2 वक़्त, समय

देव–(पु.) स्वर्ग का दिव्य शक्ति संपन्न अमर प्राणी **देव-कन्या** (स्त्री.) 1 देवता की कन्या, पुत्री 2 देवी **देव-कुंड** (पु.) 1 प्राकृतिक जलाशय 2 देव मंदिर, तीर्थ आदि के पास का पवित्र कुंड, जलाशय **देव-गंगा** (स्त्री.) स्वर्गगंगा, आकाश गंगा **देव-गण** (पु.) 1 देव समूह 2 देवता का अनुचर **देव-गति** (स्त्री.) मृत्योपरांत उत्तम गति, स्वर्ग-प्राप्ति **देव-गुरु** (पु.) 1 बृहस्पति 2 देवताओं के पिता, कश्यप **देवदत्त** (वि.) देवता का दिया हुआ **देवदास** (पु.) देवालय में काम करनेवाला नौकर **देवदासी** (स्त्री.) 1 देव मंदिर की नर्तकी 2 वेश्या, रंडी **देवदूत** (पु.) 1 देवता का दूत 2 ईश्वर का दूत 3 फ़रिश्ता **देव-भाषा** (स्त्री.) संस्कृत भाषा **देव-मंदिर** (पु.) देवालय **देवराज** (पु.) इंद्र **देव-लोक** (पु.) स्वर्ग **देव-वाणी** (स्त्री.) 1 संस्कृत भाषा 2 देवता के मुख से निकली हुई बात 3 आकाशवाणी

देवकी–श्रीकृष्ण की माता

देवत्व–(पु.) देवता होने की अवस्था

देवदार, देवदारु–(पु.) एक प्रसिद्ध पहाड़ी पेड़ जिसकी लकड़ी कड़ी, हल्की और पीले रंग की होती है

देवनागराक्षर–(पु.) देवनागरी लिपि के वर्ण

देवनागरी–(स्त्री.) एक लिपि जिसमें हिन्दी, संस्कृत, मराठी आदि भाषाएं लिखी जाती हैं।

देवर–(पु.) पति का छोटा भाई

देवरानी–(स्त्री.) पति के छोटे भाई की स्त्री

देवाधिदेव–(पु.) विष्णु

देवाधिप–(पु.) इंद्र

देवनांप्रिय–(पु.) 1 देवताओं को प्रिय 2 बड़ों के लिए प्रयुक्त किया जानेवाला आदर-सूचक संबोधन 3 बेवकूफ़

देवालय–(पु.) 1 स्वर्ग 2 मंदिर

देवासुर-संग्राम–(पु.) देव और राक्षसों का युद्ध

देवी–(स्त्री.) 1 स्त्री देवता 2 देव की पत्नी 3 शील एवं उत्तम गुणोंवाली स्त्री 4 स्त्री हेतु प्रयुक्त आदरसूचक संज्ञा 5 स्त्रियों के नाम के अंत में प्रयुक्त शब्द (जैसे–संध्या देवी)

देवोत्थान–(पु.) विष्णु का शेष की शैया से उठना

देवोद्यान–(पु.) नंदन-कानन

देवोपासना–(स्त्री.) देवता की आराधना

देश–(पु.) 1 प्राकृतिक आधार पर विभाजित विशिष्ट भू-भाग (जैसे–भारत एक विशाल देश है) 2 उक्त भू-भाग के निवासी 3 सर्वत्र व्याप्त वह अवकाश जिसमें सभी वस्तुएँ दिखाई देती हैं, स्पेस 4 स्थान, जगह 5 क्षेत्र 6 मुल्क **देशत्याग** (पु.) देशांतरण **देशद्रोह** (पु.) देश के प्रति विश्वासघात **देशद्रोही** (वि.) देश के साथ विश्वासघात करनेवाला **देश-निष्कासित** (वि.) देश निष्कासित **देश-निष्कासन** (पु.) देश निकाला **देशप्रेम** (पु.) देश भक्ति **देशप्रेमी** (वि.) देश भक्त **देशबंधु** (पु.) देश का हितैषी **देशभक्त** (वि.) देशानुरागी व्यक्ति **देशवासी** (वि.) देश में रहनेवाला **देश-विभाजन** (पु.) देश का बँटवारा **देश-सेवा** (स्त्री.) देश की सेवा **देश-हित** (पु.) देश की भलाई **देश हितैषी** (वि.) देशभक्त

देशांतर–(पु.) 1 दूसरा देश, परदेश 2 भूगोल में उत्तरी ध्रुव से दक्षिणी ध्रुव तक गई हुई रेखा, मध्य रेखा से पूरब या पश्चिम की ओर की दूरी (लोंगीट्यूड)

देशांतर रेखा–(स्त्री.) मानचित्र में उत्तर से दक्षिण तक खींची गई रेखाएँ

देशांतरण–(पु.) 1 परदेश में जाकर रहना 2 निर्वासन दंड

देशाचार–(पु.) देश के रीति-रिवाज

देशाटन–(पु.) देश-भ्रमण, पर्यटन करना

देशानुराग–(पु.) देश-भक्ति

देशी–(वि.) 1 देश का (जैसे–देशी शराब, देशी भाषा) 2 देश संबंधी **देशीकरण** (पु.) स्वदेशी बनाना

देशीय–(वि.) देश से संबंध रखनेवाला

देशोन्नति–(स्त्री.) देश की उन्नति

देस–(पु.) देश

देसावर–(पु.) परदेश, विदेश

देह–(स्त्री.) शरीर, तन, बदन **देहत्याग** (पु.) देहांत, मृत्यु **देह-धारण** (पु.) जन्म लेना **देह-धारी** (वि.) शरीरी, प्राणी **देह-रक्षक** (पु.) अंगरक्षक **देह छूटना** मृत्यु होना

देहरी, देहली–(स्त्री.) दहलीज़

देहवान्–I (वि.) शरीरधारी II (पु.) जीव, प्राणी

देहांत–(पु.) मृत्यु

देहात–(पु.) गाँव, ग्राम

देहाती–I (वि.) 1 गाँव का रहनेवाला, देहात का 2 देहातियों जैसा II (पु.) गँवार

देहावसान–(पु.) देहांत, मृत्यु

देही–I (पु.) आत्मा II (वि.) शरीरी, प्राणी

देहोत्सर्ग–(पु.) मरना, मृत्यु, देहावसान

दैत्य–(पु.) 1 असुर, राक्षस 2 डील-डौलवाला कुरूप व्यक्ति 3 दुराचारी एवं नीच 4 राक्षस-प्रवृत्ति का व्यक्ति

दैत्याकार–(वि.) दैत्य के आकार-प्रकारवाला

दैनंदिन, दैनिक–I (वि.) प्रतिदिन होनेवाला, नित्य का II (क्रि. वि.) 1 प्रतिदिन, नित्य 2 दिनोंदिन, लगातार

दैनिकी–(स्त्री.) जेब में रखने योग्य छोटी पुस्तिका, डायरी

दैन्य–(पु.) 1 दीनता 2 दरिद्रता, ग़रीबी 3 नम्रता 4 एक संचारी भाव जिसमें दुःख, कष्ट आदि के कारण मनुष्य कातर एवं नम्र हो जाता है

दैया–I (पु.) दई, दैव II (स्त्री.) 1 माता, माँ 2 दाई III (क्रि. वि.) आश्चर्य, भय आदि का सूचक शब्द (जैसे–हाय दैया)

द

दैव–I (पु.) 1 ईश्वर, विधाता 2 होनी, प्रारब्ध I (वि.) 1 देवता संबंधी 2 देवता की ओर से होनेवाला

दैवगति–(स्त्री.) 1 ईश्वरीय घटना 2 भाग्य, क़िस्मत

दैवयोग–(पु.) ईश्वरीय संयोग, इत्तफ़ाक

दैवागत–(वि.) संयोग से होनेवाला, आकस्मिक

दैवी–I (वि.) 1 आकस्मिक 2 देवता द्वारा किया गया 3 संबंधी II दैव द्वारा विवाहित पत्नी III (पु.) ज्योतिषी

दैहिक–(वि.) शारीरिक (जैसे–दैहिक दंड)

दो–I (वि.) 1 एक से एक और अधिक 2 विभिन्न, परस्पर-विरोधी (जैसे–इसमें दो राय नहीं है) II (पु.) 1 दो की संख्या 2 एक और एक का जोड़ 3 जोड़ा 4 दुक्की

दोअर्थी–(वि.) 1 दो अर्थवाला

दोनाली–(वि.) दो नलीवाला

दोमुँहा, दोमुखी–(वि.) जिसके दो मुँह हों

दोगला–(पु.) वर्णसंकर

दो गुना–(वि.) दुगना

दो टूक–(वि.) साफ़-साफ़ खरा

दोन–(पु.) 1 दो नदियों का संगम 2 दो पहाड़ों के बीच की नीची ज़मीन, दून 3 दोआबा 4 दो वस्तुओं का मेल 5 बाँस का खोखला लंबा टुकड़ा

दोना–(पु.) 1 पत्ते का बना हुआ कटोरानुमा पात्र 2 दोने में भर कर रखी गई वस्तु (जैसे–मुझे भी एक दोना देना)

दोनों–(वि.) दो में से प्रत्येक, उभय

दोपट्टा–(पु.) दुपट्टा

दोपल्लू–(वि.) दोपल्ली

दोपहर–(स्त्री.) दिन के मध्य का समय, मध्याह्न

दोपाया–(वि.) दो टाँगोंवाला

दोपीठा–(वि.) 1 दोरुख़ा 2 दोनों ओर छपा हुआ

दोफ़सली–(वि.) 1 जिसमें दो फ़सलें उगाई जा सकें (जैसे–दोफ़सली खेत) 2 दोनों फ़सलों से संबंधित

दोबरसी–(वि.) दोसाला

दोबारा–(क्रि. वि.) दूसरी दफ़ा, पुनः, फिर (जैसे–दोबारा पढ़ना)

दोमंज़िला–(वि.) दो मंज़िल वाला

दोराहा–(पु.) वह स्थान जहाँ से दो रास्ते निकलते हों

दोलन–(पु.) झूलना

दोलन गति–(स्त्री.) डोलने की चाल

दोला–(स्त्री.) 1 झूला 2 डोली, पालकी **दोला यंत्र** (पु.) अर्क़ उतारने का भबका

दोलायमान–(वि.) 1 झूलता हुआ 2 संशयग्रस्त 3 अस्थिर, दुलमुल

दोष–(पु.) 1 ख़राबी, ऐब फाल्ट 2 अपराध, क़सूर 3 लांछन, कलंक 4 कलुष, पाप 5 अशुद्धि 6 कमी 7 रोग-द्वेष आदि

दोषपूर्ण–(वि.) दोष से भरा हुआ

दोषमुक्त–(वि.) इलज़ाम से मुक्त

दोषारोपण–(पु.) लांछन लगाना, दोष लगाना

दोषी–(वि./पु.) 1 अपराधी, अभियुक्त 2 ऐबी, दुष्ट

दोस्त–(पु.) मित्र, यार

दोस्ताना–I (पु.) मित्रता, दोस्ती II (वि.) मित्रों का सा (जैसे–दोस्ताना व्यवहार)

दोस्ती–(स्त्री.) मित्रता, सौहार्द, यारी (जैसे–पड़ोसिन से दोस्ती गांठना)

दोहता–(पु.) बेटी का बेटा (नाती)

दोहती–(स्त्री.) बेटी की बेटी (नातिन)

दोहद–(पु.) 1 गर्भवती स्त्री के मन में उत्पन्न अनेक इच्छाएँ 2 गर्भवती को गर्भकाल में उत्पन्न कामनाएँ 3 गर्भावस्था में होनेवाली मिचली 4 गर्भावस्था

दोहदी–(स्त्री.) गर्भवती

दोहन–(पु.) गाय-भैंस आदि का दूध दुहना

दोहरा–(वि.) 1 दो परतोंवाला 2 दो बार किया गया

दोहराना–(स. क्रि.) 1 दोहरा करना 2 पुनरावृत्ति करना

दोहा–(पु.) चार चरणोंवाला छंद

दौड़–(स्त्री.) 1 दौड़ना 2 एकाएक वेगपूर्वक

आ पहुँचना

दौड़ना–(अ. क्रि.) 1 अत्यंत वेग से आगे बढ़ना 2 अत्यंत वेग से चलना 3 बार-बार कहीं आना-जाना 4 दौड़ प्रतियोगिता में शामिल होना 5 तरल पदार्थ का वेगपूर्वक बढ़ना (जैसे–नसों में खून दौड़ना)

दौड़ा-दौड़ी–(स्त्री.) 1 जल्दबाजी 2 दौड़-धूप

दौड़ाना–(स. क्रि.) 1 दौड़ने में प्रवृत्त करना (जैसे–घोड़ा दौड़ाना) 2 तुरंत काम हेतु भेजना

दौत्य–I (वि.) दूत संबंधी II (पु.) दूतत्व

दौर–(पु.) 1 चक्कर, फेरा 2 क्रम, व्यवस्था 3 सौभाग्य एवं दुर्भाग्य का चक्र 4 आतंक, दबदबा **दौर-दौरा** (पु.) 1 प्रधानता 2 प्रबलता

दौरान–(पु.) 1 दौर, चक्र 2 काल का चक्र, दिनों का फेर 3 भोगकाल (जैसे–बुख़ार के दौरान खाना मना है) 4 फेरा, बारी

दौर्बल्य–(पु.) दुर्बलता, कमज़ोरी

दौलत–(स्त्री.) धन-संपत्ति **दौलतख़ाना** (पु.) 1 संपत्ति गृह 2 निवास-स्थान **दौलतमंद** (वि.) मालदार, धनवान

दौहित्र–(पु.) दुहता, नाती (स्त्री.-दौहित्री)

द्युति–(स्त्री.) 1 चमक 2 कांति 3 लावण्य, सुंदरता, छवि

द्युतिमान्–(वि.) 1 प्रकाशवाला 2 चमकदार

द्यूत–(पु.) जुआ **द्यूतकार** (वि.) जुआरी

द्योतक–(वि.) 1 प्रकाश करनेवाला 2 प्रकट करनेवाला 3 व्यक्त करनेवाला

द्योतित–(वि.) 1 प्रकाशित 2 व्यक्त किया हुआ

द्रव–I (वि.) 1 तरल 2 गीला, आर्द्र, तर 3 पिघला हुआ II (पु.) 1 द्रव पदार्थ 2 आसव 3 रस **द्रवगति विज्ञान** (पु.) जल आदि की गति से संबंधित विज्ञान (हाइड्रोडायनामिक्स) **द्रवचालित** (वि.) पानी आदि से चलाया जानेवाला **द्रव पदार्थ** (पु.) पानी जैसी वस्तु, तरल पदार्थ

द्रवण–(पु.) 1 बहना 2 रसना 3 पिघलना 4 चित्त का द्रवित होना **द्रवणशील** (वि.) 1 पिघलनेवाला 2 पसीजनेवाला

द्रवणांक–(पु.) ताप की वह मात्रा जिस पर वस्तु पिघलती है (मेल्टिंग प्वाइंट)

द्रविड़–(पु.) 1 दक्षिण भारत का एक प्रदेश 2 द्रविड़ प्रदेश का निवासी

द्रवित–(वि.) पिघला हुआ, पसीजा हुआ

द्रवीकरण–(पु.) द्रव में परिवर्तित करना

द्रवीभूत–(वि.) 1 पिघला हुआ 2 द्रव रूप में आया हुआ, तरलित 3 दयार्द्र

द्रवीय–(वि.) द्रव संबंधी

द्रव्य–(पु.) 1 चीज़, वस्तु, पदार्थ 2 सामान 3 धन-दौलत, रुपया-पैसा (जैसे–व्यापार में बहुत द्रव्य लगाना) 4 उपादान 5 ठोस, द्रव, गैस द्रव्य की तीन अवस्था **द्रव्यमान** (पु.) पिंड पर लगनेवाले बल और त्वरण का अनुपात अर्थात बल त्वरण **द्रव्यवाचक** (वि.) जिससे द्रव्य का बोध हो

द्रव्यार्जन–(पु.) धन कमाना, धनोपार्जन

द्रष्टा–I (वि.) 1 देखनेवाला 2 दिखलानेवाला II (पु.) साक्षी

द्राक्षा–(स्त्री.) अंगूर **द्राक्षा-शर्करा** (स्त्री.) अंगूर के रस से बनी चीनी, ग्लूकोज़

द्राक्षासव–(पु.) अंगूर का अर्क़

द्रावक–(वि.) 1 पिघलाने या गलानेवाला 2 पिघलानेवाला 3 दया-भाव उत्पन्न करनेवाला

द्रुत–I (वि.) 1 शीघ्रतापूर्वक आगे बढ़नेवाला, पिघला हुआ II (क्रि. वि.) जल्दी, शीघ्र **द्रुत गति** (वि.) शीघ्रगामी **द्रुतगामी** (वि.) तेज चलनेवाला

द्रुति–(स्त्री.) 1 गति, चाल 2 द्रव

द्रुम–(पु.) वृक्ष, पेड़

द्रोणमेघ–(पु.) बहुत जल बरसानेवाला मेघ

द्रोणी–(स्त्री.) 1 छोटी नाव, डोंगी 2 छोटा दोना, कठौता

द्रोह–(पु.) अनिष्ट चाहना

द्रोही–I (वि.) द्रोह करनेवाला II (पु.) शत्रु, बैरी

द्वंद्व–(पु.) 1 लड़ाई-झगड़ा 2 संघर्ष 3 मानसिक संघर्ष 4 उत्पात, उपद्रव 5 दो वस्तुओं का

द

जोड़ा, युग्म **द्वंद्व-युद्ध** (पु.) दो व्यक्तियों का पारस्परिक संघर्ष

द्वंद्वात्मक–(वि.) संघर्षपूर्ण

द्वंद्वी–I (वि.) 1 परस्पर युद्ध करनेवाले 2 द्वंद्व मचानेवाले II (पु.) झगड़ालू व्यक्ति

द्वादश–I (वि.) 1 दस और दो, बारह 2 बारहवाँ II (पु.) 12 की संख्या

द्वादशी–(स्त्री.) चांद्रमास की किसी पक्ष की बारहवीं तिथि

द्वापर–(पु.) त्रेता एवं कलियुग के मध्य का युग

द्वार–(पु.) 1 दरवाज़ा 2 माध्यम, साधन **द्वारपाल** (पु.) दरबान, ड्योढ़ीदार **द्वारपूजा** (स्त्री.) विवाह में कन्या पक्ष द्वारा दरवाज़े पर बरात का स्वागत एवं पूजन आदि

द्वारस्थ–I (वि.) दरवाज़े पर बैठा हुआ II (पु.) द्वारपाल

द्वारा–I (पु.) 1 द्वार, दरवाज़ा 2 स्थान, जगह (जैसे–गुरुद्वारा) II (क्रि. वि.) 1 ज़रिये 2 मारफत 3 प्रयत्न

द्वाराचार–(पु.) विवाह की एक रसम जो लड़की वाले के द्वार पहुँचने पर होती है

द्वि–(उप./वि.) दो **द्विकर्मक** (वि.) दो कर्मवाली (जैसे–द्विकर्मक क्रिया) **द्विगुणित** (वि.) दुगुना किया हुआ **द्वितंत्री** (स्त्री.) दो ताँतवाला बाजा **द्विदल शासन-प्रणाली** (स्त्री.) वह शासन पद्धति जिसमें दो दल मिलकर शासन करते हैं **द्विदिवसीय** (वि.) दो दिनवाला **द्विध्रुव** (पु.) दो ध्रुव–उत्तर और दक्षिण ध्रुव **द्विपक्षी, द्विपक्षीय** (वि.) 1 दोनों पक्ष में पड़नेवाला 2 दो पार्श्वों से संबंध रखनेवाला (जैसे–द्विपक्षी समझौता, द्विपक्षीय निर्णय) **द्विपथ** (पु.) दोराहा **द्विपद** (वि.) दो पैरवाला **द्विभाषावाद** (पु.) दो भाषाओं के समर्थन का सिद्धांत **द्विभाषी** (वि.) दुभाषिया **द्विमासिक** (वि.) दो महीनेवाला

द्विज–I (पु.) ब्राह्मण II (वि.) जिसने दो बार जन्म लिया हो

द्वितीय–(वि.) 1 दूसरा 2 दूसरी श्रेणी का

द्वितीयक–(वि.) 1 दूसरी बार होनेवाला 2 दूसरा

द्वितीया–(स्त्री.) चांद्र मास के प्रत्येक पक्ष की दूसरी तिथि

द्विधा–I (क्रि. वि.) 1 दो प्रकार से 2 दोनों ओर 3 दो खंडों में II (स्त्री.) दुविधा

द्विरागमन–(पु.) 1 दूसरी बार आना, पुनरागमन 2 गौना

द्विरुक्ति–(स्त्री.) दुबारा कही गई बात

द्विविध–I (वि.) दो प्रकार का II (क्रि. वि.) दो प्रकार से

द्विविधा–(स्त्री.) 1 अंदेशा, असमंजस 2 अनिश्चय

द्विवेदी–(पु.) ब्राह्मणों की एक उपजाति, दूबे

द्वीप–(पु.) 1 चारों ओर समुद्र से घिरा भू-भाग, टापू 2 जल के बीच का स्थल

द्वीपांतरण–(पु.) 1 काले पानी की सज़ा 2 एक द्वीप से दूसरे में होनेवाला अंतरण

द्वेष–(पु.) 1 राग का विरोधी भाव, वैमनस्यता, विरोध 2 शत्रुता, वैर **द्वेषजनक** (वि.) वैर पैदा करनेवाला **द्वेषपूर्ण** (वि.) द्वेष से भरा हुआ

द्वेषी–I (वि.) द्वेष करनेवाला II (पु.) वैरी, शत्रु

द्वैत–(पु.) 1 दो होने का भाव 2 जोड़ा, युग्म 3 पराया समझने का भाव **द्वैतवाद** (पु.) अद्वैतवाद से भिन्न एवं उसका विरोध करनेवाला सिद्धांत, जीव एवं आत्मा में भेद मानने का सिद्धांत, आत्मा-परमात्मा के भेद का सिद्धांत **द्वैतवादी** (वि.) द्वैतवाद का अनुयायी

द्वैध–(पु.) दो प्रकार के होने का भाव

द्वैधीकरण–(पु.) दो भागों में बाँटना

द्वैमासिक–(वि.) प्रति दो मास में होनेवाला

ध

धंधा–(पु.) 1 काम-काज 2 पेशा, रोज़गार, व्यवसाय
धँसना–(अ. क्रि.) 1 गड़ना 2 बैठना, भीतर घुसना 3 नीचे बैठ जाना 4 चुभना 5 घुसा-सा प्रतीत होना
धँसान–(स्त्री.) 1 धँसना 2 दलदल 3 ढालू ज़मीन 4 ढकेलते हुए आगे बढ़ना (जैसे–भेड़िया-धँसान)
धकधकना, धकधकाना–(अ. क्रि.) हृदय का धक-धक करना, हृदय धड़कना
धकधकाहट, धकधकी–(स्त्री.) 1 हृदय की धड़कन 2 आशंका, खटका 3 असमंजस
धकार–(पु.) 'ध' वर्ण
धकेलना–(स. क्रि.) 1 धक्का देकर आगे बढ़ाना, ढकेलना 2 धक्का देकर गिराना
धक्कम-धक्का–(पु.) धका-पेल
धक्का–(पु.) 1 धकेलने के लिए पीछे से किया जानेवाला आघात 2 वेगपूर्वक लगनेवाला आघात **धक्का-मुक्की** (स्त्री.) मुठ-भेड़ **धक्का खाना** 1 धक्का सहना 2 ठोकर खाना, अपमानित होना 3 भटकते रहना
धचकना–I (अ. क्रि.) 1 दलदल में धँसना 2 संकट में पड़ना II (स. क्रि.) हल्के आघात से दबाना
धचका–(पु.) धक्का
धज–(स्त्री.) 1 बनाव-सिंगार 2 सुंदर चाल-ढाल, रंग-ढंग 3 काम करने का सुंदर ढंग
धजा–(स्त्री.) ध्वजा, पताका
धज्जी–(स्त्री.) कपड़े आदि का लंबा पतला टुकड़ा **धज्जी उड़ाना** 1 फाड़कर टुकड़े-टुकड़े कर देना 2 अत्यधिक मारना-पीटना
धड़ंग–(वि.) नंगा (जैसे–नंग-धड़ंग)
धड़–(पु.) 1 कमर से गले तक का भुजा रहित भाग, कबंध 2 पशु-पक्षियों आदि में पैर, दुम, पंख एवं सिर को छोड़कर बीच का भाग 3 वृक्ष का सबसे मोटा व कड़ा भाग, तना
धड़कन–(स्त्री.) हृदय का स्पंदन, कलेजे की धकधक
धड़कना–(अ. क्रि.) 1 हृदय का स्पंदन करना 2 जी का धक-धक करना
धड़ल्ला–(पु.) 1 धड़ाका, तेज़ी, वेग (जैसे–धड़ल्ले से कमरे में घुसना) 2 बेखटक एवं निर्भीकता से कार्य करने की प्रवृत्ति
धड़ा–(पु.) 1 चार या पाँच सेर की पुरानी तौल 2 तौलने का बटखरा, बाट 3 तराज़ू, तुला
धड़ाका–(पु.) 'धड़' से होनेवाला ज़ोर का शब्द, धमाका
धड़ाधड़–(क्रि. वि.) धड़-धड़ शब्द करते हुए (जैसे–धड़ाधड़ गोलियाँ चलाना)
धड़ाम–(पु.) ज़ोर से कूदने, गिरने आदि से उत्पन्न शब्द
धत्–(क्रि. वि.) तिरस्कार का सूचक शब्द
धता–(वि.) दूर किया हुआ, हटाया हुआ
धतूरा–(पु.) 1 एक प्रसिद्ध विषैला पौधा 2 इस पौधे का फल **धतूरा खाए फिरना** पागल बना घूमना
धधक–(स्त्री.) 1 धधकना 2 आग की लपट 3 आँच, ताप
धधकना–(अ. क्रि.) 1 दहकना 2 भड़कना
धनंजय–(पु.) अर्जुन
धन–(पु.) 1 रुपया-पैसा (जैसे–धन इकट्ठा करना) 2 जीवन-निर्वाह हेतु साधन भूत द्रव्य 3 यथेष्ट संख्या के रूप में कोई वस्तु 4 गणित में जोड़ (+) का निशान 5 विशिष्ट गुण एवं धर्म आदि की वर्तमान स्थिति (जैसे–विद्युत धारा में धन आवेश) **धन-कुबेर** (पु.) अत्यंत धनी एवं संपन्न व्यक्ति **धन**

ध

चिह्न (पु.) गणित में प्रयुक्त जोड़ का निशान **धन-धान्य** (पु.) धन-दौलत एवं खाद्य पदार्थ **धन-लोलुप** (वि.) धन का लालच करनेवाला

धनवंत, धनवान, धनाढ्य–(वि.) दौलतमंद, धनी

धनात्मक–(वि.) 1 धन पक्ष संबंधी 2 धनवाले तत्त्व से संबद्ध (जैसे–धनात्मक ध्रुव)

धनादेश–(पु.) 1 डाकखाने द्वारा भेजा जानेवाला धन, मनीआर्डर 2 धन देने की आज्ञा

धनाभाव–(पु.) धन की कमी

धनार्जन–(पु.) धनोपार्जन

धनार्थ–(क्रि. वि.) धन के लिए

धनिया–(स्त्री.) एक मसाला

धनिष्ठा–(स्त्री.) सत्ताईस नक्षत्रों में तेईसवाँ नक्षत्र

धनी–I (वि.) 1 धनवाला, दौलतमंद 2 कुशल II (पु.) सिद्धहस्त व्यक्ति (जैसे–क़लम का धनी) **धनी-धोरी** (पु.) 1 हाल-चाल पूछनेवाला, खोज-ख़बर लेनेवाला 2 मालिक, संरक्षक 3 क़द्र करनेवाला **धनी-मानी** (वि.) धनवान् और प्रतिष्ठित

धनु–(पु.) धनुष, कमान

धनुआ–(पु.) 1 रूई धुनने का यंत्र 1 धनुष

धनुर्द्धर, धनुर्द्धारी, धनुर्धारी–(पु.) धनुष-बाण चलानेवाला व्यक्ति

धनुर्यज्ञ–(पु.) सीता के लिए वर चुनने के लिए किया गया यज्ञ

धनुर्विद्या–(स्त्री.) धनुष चलाने की विद्या, तीरंदाज़ी

धनुर्वेद–(पु.) यजुर्वेद का उपवेद जिसमें धनुर्विद्या का निरूपण है

धनुषाकार–(वि.) धनुष के आकारवाला

धनेश–(पु.) 1 धन का स्वामी 2 कुबेर 3 एक पक्षी

धनोपार्जन–(पु.) धन कमाना

धन्ना सेठ–(पु.) अत्यधिक धनवान् व्यक्ति

धन्य–(वि.) 1 श्रेष्ठ कर्म करनेवाला एवं पुण्यवान्, सुकृति 2 कृतार्थ (जैसे–आपके दर्शन से मैं धन्य हो गया) **धन्य-भाग्य** (पु.) अहोभाग्य **धन्यवाद** (पु.) 1 धन्य कहना, धन्य मानना 2 साधुवाद 3 कृतज्ञता प्रकट करना 4 कृतज्ञता प्रकट करने का एक शब्द

धन्वंतरि–(पु.) देवताओं के प्रधान चिकित्सक

धन्वाकार–(वि.) धनुष की आकृति का, अर्धचंद्राकार

धप–(स्त्री.) 1 भारी वस्तु के मुलायम वस्तु पर गिरने से उत्पन्न शब्द 2 सिर पर मारा जानेवाला थप्पड़

धबला–(पु.) 1 कमर के नीचे पहनने का ढीला-ढाला पहनावा 2 घाघरा, लहँगा

धब्बा–(पु.) 1 भद्दा और बेमेल निशान (जैसे–स्याही का धब्बा) 2 कलंक, दाग़

धब्बेदार–(वि.) 1 जिस पर धब्बा लगा हो 2 दाग़वाला, कलंकी

धमक–I (स्त्री.) 1 वज़नदार वस्तु के गिरने से उत्पन्न धम शब्द 2 भारी वस्तु के चलने से आस-पास होनेवाली कंपन (जैसे–रेल के चलने से होनेवाली धमक) 3 रोग, ज्वर आदि से हल्का कष्टदायक कंप II (वि.) धौंकनेवाला III (पु.) लोहार

धमकाना–(स. क्रि.) धमकी देना, डराना

धमकी–(स्त्री.) धमका कर कही गई बात, घुड़की

धमधमाहट–(स्त्री.) धम-धम की आवाज़

धमनी–(स्त्री.) नाड़ी, सिरा (आर्टरी) (जैसे–रक्तवाहिनी धमनी)

धमाका–(पु.) 1 वज़नदार वस्तु के गिरने से उत्पन्न गंभीर शब्द 2 बहुत ज़ोर से होनेवाला 'धम' शब्द (जैसे–बंदूक़ छूटने का धमाका)

धमा-चौकड़ी–(स्त्री.) 1 उछल-कूद, कूद-फाँद 2 उपद्रव

धमाधम–(क्रि. वि.) 1 धम-धम शब्द करते हुए 2 लगातार, निरंतर

धमार–(पु.) 1 फाग का लोकगीत 2 लोकगीत के साथ बजनेवाला ताल

धर–(स्त्री.) पृथ्वी (वि.) 1 धारण करनेवाला 2 समस्त पदों के अंत में, उठानेवाला, धारण करनेवाला (जैसे–चक्रधर, गिरिधर)

धरणी–(स्त्री.) पृथ्वी **धरणीधर** (पु.) 1 शेषनाग 2 भूधर, पर्वत

धरती–(स्त्री.) 1 पृथ्वी, ज़मीन 2 संसार, जगत

धरन–(स्त्री.) 1 पकड़ 2 हठ, ज़िद (जैसे–धरन पकड़ना) 3 कड़ी, धरनी (जैसे–धरन खड़ी करना) 4 धरती

धरना–(स. क्रि.) 1 पकड़ना, थामना 2 ग्रहण करना, धारण करना 3 अधिकार में लेना 4 रखना 5 अधिकार में देना

धर-पकड़–(स्त्री.) धरना-पकड़ना

धरम–(पु.) धर्म **धरम-करम** (पु.) धर्म के काम **धरमसाला** (स्त्री.) धर्मशाला

धरहरा–(पु.) मीनार, धौरहर

धरा–(स्त्री.) पृथ्वी, धरती **धरातल** 1 पृथ्वी की सतह 2 क्षेत्रफल 3 पृथ्वी **धरातलीय** (वि.) धरातल का

धराधाम–(पु.) घर और ज़मीन

धराना–(स. क्रि.) 1 पकड़ाना, थमाना 2 पकड़वाना 3 रखने में प्रवृत्त करना (जैसे–चोरों से माल धराना) 4 रखवाना, रखाना 5 निश्चित कराना, स्थिर कराना (जैसे–शादी-ब्याह का दिन धराना)

धराशायी–(वि.) 1 पृथ्वी पर लेटा हुआ (जैसे–वीरों का धराशायी होना) 2 गिर जाना

धरित्री–(स्त्री.) पृथ्वी

धरोहर–(स्त्री.) 1 अमानत 2 थाती (जैसे–पूर्वजों से प्राप्त सांस्कृतिक धरोहर)

धर्ता–(वि.) 1 धारण करनेवाला 2 ज़िम्मेदारी लेनेवाला

धर्म–(पु.) 1 ईश्वरीय श्रद्धा व पूजा पाठ, ईश्वरीय उपासना, आराधना आदि 2 लौकिक एवं सामाजिक कर्तव्य 3 पदार्थ का मूलभूत गुण (जैसे–जलाना आग का धर्म है) 4 नैतिक एवं व्यावहारिक नियम (जैसे–मानवता के सिद्धांत मानना हमारा धर्म है) 5 सदाचार 6 पुण्य, सत्कर्म 8 न्यायशीलता और विवेक **धर्म-कर्म, धर्म-कृत्य** (पु.) 1 मनुष्य हेतु निहित वेद कर्म 2 धर्मानुसार किए जानेवाले लौकिक कर्म **धर्मक्षेत्र** (पु.) धर्म संबंधी स्थान, तीर्थस्थान **धर्मखाता** (पु.) परोपकार आदि कार्यों का व्यय-विभाग **धर्मगुरु** (पु.) 1 धार्मिक उपदेश देनेवाला 2 संप्रदाय का प्रधान आचार्य **धर्म-ग्रंथ** (पु.) धर्म संबंधी साहित्य **धर्म-चर्या** (स्त्री.) धर्मसिद्धांतों के अनुसार आचरण और व्यवहार **धर्म-निरपेक्ष** (वि.) जहाँ धर्म के प्रति पक्षपात न हो **धर्म-निष्ठा** (स्त्री.) धर्म में विश्वास **धर्म-परायणता** (स्त्री.) = धर्म-निष्ठा **धर्म-भीरु** (वि.) धर्म से डरनेवाला **धर्म-युद्ध** (पु.) 1 धर्म की रक्षा हेतु किया जानेवाला युद्ध 2 न्यायपूर्ण युद्ध **धर्मरक्षक** (पु.) धर्म की रक्षा करनेवाला व्यक्ति **धर्मराज** (पु.) राजा, यम, युधिष्ठिर **धर्म-शास्त्र** (पु.) मानव के कर्तव्याकर्तव्य एवं दाय विधान संबंधित ग्रंथ

धर्म-दाय–(पु.) दान की ऐसी संपत्ति जिससे संस्था या व्यक्ति को निरंतर आय होती रहे

धर्म-पत्नी–(स्त्री.) धर्मशास्त्र के अनुसार ब्याही गई स्त्री

धर्मांतरण–(पु.) दूसरा धर्म ग्रहण करना

धर्मांध–(वि.) 1 स्वधर्म में अंधश्रद्धा होने से दूसरे के धर्म को द्वेष भावना से देखनेवाला 2 स्वधर्म के अतिरिक्त अन्य धर्म की बातों को न माननेवाला 3 धर्म के नाम पर लड़नेवाला

धर्माचार्य–(पु.) धर्मगुरु

धर्मात्मा–(वि.) 1 धर्मानुसार आचरण करनेवाला 2 बहुत नेक एवं भला

धर्मादा–(पु.) धर्मार्थ निकाला गया धन

धर्माधर्म–(पु.) धर्म और अधर्म

धर्माधिकारी–(पु.) धर्म-अधर्म का विचारक

धर्माधिपति–(पु.) न्याय करनेवाला व्यक्ति, जज

धर्माध्यक्ष–(पु.) धर्माधिकारी

धर्मानुकूल–(क्रि. वि.) धर्म के अनुरूप

धर्मानुयायी–(पु.) धर्मावलंबी

धर्मानुराग–(पु.) धर्मनिष्ठा

धर्मार्थ–I (वि.) 1 धार्मिक कार्य हेतु निकाला

गया 2 धर्म हेतु किया गया II (क्रि. वि.) मात्र धर्मार्थ निमित्त III (पु.) धार्मिक दान

धर्मावतार–(पु.) 1 न्यायाधीश 2 परम धर्मात्मा

धर्मावलंबी–(वि.) धर्म का आश्रय लेनेवाला

धर्मिष्ठ–(वि.) 1 धार्मिक धर्म पर स्थित रहनेवाला, 2 पुण्यात्मा

धर्मोन्माद–(पु.) 1 धार्मिक विचारों में डूबे रहने का पागलपन 2 धर्मांधता में धर्म के नाम पर अनुचित कार्य कर जाना

धर्मोपदेशक–(पु.) धर्म-गुरु

धर्षण–(पु.) 1 दबोचना 2 पराभव 3 अनादर, अपमान

धर्षिता–(स्त्री.) 1 कुलटा 2 पराजित स्त्री 3 भ्रष्टा

धवरी–(स्त्री.) 1 सफ़ेद रंग की गाय 1 धवर पक्षी की मादा

धवल–(वि.) 1 सफ़ेद, उजला 2 निर्मल, स्वच्छ

धाँधली–(स्त्री.) 1 शरारत, पाजीपन 2 उत्पात, उपद्रव 3 कपट, छल 4 शीघ्रता

धाँय–(स्त्री.) बंदूक़, तोप आदि के चलने से उत्पन्न होनेवाला शब्द

धाँस–(स्त्री.) 1 तंबाकू आदि गंध से उत्पन्न खाँसी 2 खाँसी पैदा करनेवाला तेज़ गंध

धाँसना–(अ. क्रि.) 1 पशुओं का खाँसना 2 पशुओं की तरह खाँसना, ढाँसना

धाक–I (स्त्री.) 1 दबदबा, आतंक 2 ख्याति, शोहरत II (पु.) ढाक, पलास **धाक जमना** रोब, जमना, दबदबा होना

धाकड़–(वि.) 1 जिसने रोब जमा रखा हो 2 हृष्ट-पुष्ट, तगड़ा

धागा–(पु.) तागा, महीन सूत, डोरा (जैसे–सूई-धागा)

धाड़–I (स्त्री.) 1 आक्रमण, चढ़ाई 2 डाकुओं का आक्रमण II (अ.क्रि.) ज़ोर-ज़ोर से रोने का शब्द (जैसे–धाड़ मारकर रोना)

धातु–(स्त्री.) 1 खनिज पदार्थ (जैसे–सोना, चाँदी आदि मूल्यवान् धातुएँ हैं) 2 पदार्थ का मूल तत्त्व 3 क्रियाओं के मूल रूप (जैसे–कृ, भू आदि धातुएँ) 4 पुरुष का वीर्य, शुक्र 5 पंच महाभूत (जैसे–जल, अग्नि, आकाश, पृथ्वी और वायु) **धातु-कर्म** (पु.) धातु का काम **धातु-क्षीणता** (स्त्री.) वीर्य की कमी **धातु शिल्प** (पु.) धातु की कारीगरी **धातु- शोधन** (पु.) धातु को साफ़ करने का काम

धात्री–(स्त्री.) 1 माता, माँ 2 दूध पिलानेवाली दाई, धाय 3 पृथ्वी **धात्री विद्या** (स्त्री.) प्रसव कराने की विद्या

धात्वर्थ–(पु.) धातु से निकलनेवाला अर्थ, प्राथमिक अर्थ

धान–(पु.) 1 तृण जाति का एक प्रसिद्ध पौधा जिसके बीज को चावल कहा जाता है, शालि

धानी–I (वि.) धान की हरी पत्तियों के रंग जैसा, हल्का हरा (जैसे–धानी दुपट्टा)

धान्य–(पु.) 1 अनाज, गल्ला 2 धान

धान्यागार–(पु.) अनाज का कोठा

धाप–(स्त्री.) संतोष, तृप्ति

धाम–(पु.) 1 रहने का स्थान 2 घर, मकान, तीर्थ स्थान

धार–I (स्त्री.) 1 धारा (जैसे–पानी के नल की धार) 2 पानी का सोता 3 पशुओं आदि के स्तन दबाने पर निकलनेवाली दूध की धारा 4 हथियार आदि का पैना किनारा II (वि.) धारवाला **धारदार** (वि.) जिसमें धार हो **धार चढ़ाना** देवता आदि को दूध चढ़ाना **धार टूटना** धार का प्रवाह खंडित होना

धार–II (पु.) 1 मूसलाधार वर्षा 2 वर्षा का इकट्ठा किया हुआ जल

धारण–(पु.) 1 पकड़ना, सँभालना (जैसे–शस्त्र धारण करना) 2 पहनना 3 स्थिर करना

धारणा–(स्त्री.) 1 धारण करने की शक्ति 2 व्यक्तिगत विश्वास

धारा–(स्त्री.) 1 लगातार बहनेवाली धार, लगातार बहाव (जैसे–नदी की धारा) 2 निरंतर चलने वाला क्रम 3 निरंतर प्रवाह (जैसे–विद्युत धारा) **धारा-प्रवाह** (पु.) धारा का बहाव, धारा का वेग **धारा-वर्षण** (पु.) तेज़ एवं

अधिक वृष्टि, ज़ोर की वर्षा **धारावाहिक, धारावाही** (वि.) जिसका क्रम सदा चलता रहे (जैसे–धारावाहिक उपन्यास)

धारी–I (स्त्री.) 1 कपड़े आदि पर की लकीर 2 रेखा

धारी–II (वि.) 1 धारण करनेवाला (जैसे–चक्रधारी) 2 पहननेवाला (जैसे–खद्दरधारी)

धारोष्ण–(पु.) तुरंत का दुहा गया दूध

धार्मिक–(वि.) 1 धर्म के अनुसार 2 धर्मशील, पुण्यात्मा 3 धर्म संबंधी

धावक–I (वि.) दौड़नेवाला II (पु.) धोबी

धावा–(पु.) आक्रमण, दल-बल सहित बढ़ना

धिक्–(क्रि. वि.) लानत है, तिरस्कार करने का शब्द

धिक्कार–(स्त्री.) तिरस्कार, लानत

धिक्कारना–(स. क्रि.) निंदा करना

धींगा, धींगड़ा–I (वि.) 1 मोटा-ताज़ा 2 दुष्ट, पाजी II (पु.) 1 गुंडा 2 उपपति 3 उठा-पटक, लड़ाई-झगड़ा, उपद्रव, ऊधम (जैसे–धींगा-धींगी से काम निकालना) **धींगामुश्ती** (स्त्री.) मार-पीट से युक्त उपद्रव

धी–(स्त्री.) बुद्धि

धीमा–(वि.) 1 कम वेगवाला 2 जिसमें प्रखरता न हो 3 निस्तेज, अप्रतिभ

धीमे, धीरे–(क्रि. वि.) हल्की गति में, हल्की गति से

धीर–(वि.) 1 शांत स्वभाववाला 2 नम्र, विनीत

धीरता–(स्त्री.) 1 धैर्य 2 स्थिरता

धीरज–(पु.) धैर्य

धीरोदात्त–(पु.) भावनाओं पर पूर्ण नियंत्रण रखनेवाला नायक

धीवर–(पु.) मल्लाह, केवट, नाव चलानेवाला

धुआँरा–(वि.) धुआँ निकलने की चिमनी

धुंध–(स्त्री.) 1 अँधेरा 2 धुँधलेपन की स्थिति 3 हवा में उड़ती हुई धूल

धुँधला–(वि.) 1 धुंध से भरा 2 धुएँ-सा हलका काला

धुंधलापन–(पु.) अँधेरा होना, अस्पष्टता की स्थिति

धुँधलाना–I (अ. क्रि.) धुँधला पड़ना II (स. क्रि.) धुँधला करना

धुआँ (पु.) धूआँ **धुआँकश** (पु.) भाप से चलनेवाली नाव (स्टीमर)

धुआँधार–(वि./क्रि. वि.) 1 ज़ोरदार 2 धुएँ से भरा 3 लगातार एवं ज़ोर से

धुआँसा–I (वि.) कालिख लगा हुआ II (पु.) कालिख

धुकड़-पुकड़–(स्त्री.) मन का डाँवाँडोल होना, असमंजस

धुकधुकी–(स्त्री.) 1 कलेजा, हृदय 2 भय आदि से उत्पन्न कलेजे की धड़कन 3 पेट एवं छाती के मध्य का गहरा भाग

धुत्त–(वि.) नशे में चूर, बेसुध, धुत

धुन–I (स्त्री.) 1 लगन 2 मौज 3 विचार, चिंतन II (स्त्री.) स्वर के आरोह-अवरोह का विशेष ढंग

धुनकी–(स्त्री.) 1 रूई धुनने का उपकरण, फटका 2 धनुष

धुनना–(स. क्रि.) 1 रूई के रेशे अलग-अलग करना 2 अत्यधिक शारीरिक कष्ट देना, खूब पीटना

धुनियाँ–(पु.) धुनकी की सहायता से रूई धुनने का पेशा करनेवाला व्यक्ति, बेहना

धुनी–(वि.) जिसे किसी बात की धुन हो

धुरंधर–(वि.) 1 अधिक बढ़ा-चढ़ा, श्रेष्ठ (जैसे–धुरंधर विद्वान) 2 प्रधान, मुख्य

धुर–I (पु.) 1 धुरा, अक्ष 2 श्रेष्ठ स्थान 3 ज़मीन की एक नाप, धूर, बिस्वांसी 4 बोझ

धुर–II (क्रि. वि.) और परे (जैसे–धुर उत्तर)

धुरा–(पु.) धुरी

धुरी–(स्त्री.) छोटा धुरा

धुलना–(अ. क्रि.) 1 धोया जाना, साफ़ किया जाना 2 पानी से कटकर बह जाना

धुलवाना–(स. क्रि.) धोने का काम अन्य से करवाना

धुलाई–(स्त्री.) 1 धोना 2 धोने का पारिश्रमिक

ध

धुलेंडी–(स्त्री.) 1 होली जलने के दूसरे दिन चैत बदी 2 चैत बदी का दिन
धुस्सा–(पु.) ऊन की मोटी लोई
धू-धू–(पु.) आग के ज़ोर से जलने का शब्द
धूना–(पु.) एक वृक्ष जिससे वारनिश तैयार की जाती है
धूनी–(स्त्री.) 1 धुआँ करने के लिए कोई पदार्थ जलाना 2 गूगल, धूप, लोबान आदि जलना, सुगंधित धुआँ करना 3 ठंड से बचने हेतु साधुओं द्वारा जलाई जानेवाली आग
धूप–I (स्त्री.) 1 घाम, सूर्य का प्रकाश (जैसे–कपड़े धूप में सुखाना) 2 आतप
धूप–II (पु.) धूनी **धूपदान** (पु.) धूप नामक सुगंधित द्रव्य रखने का बर्तन
धूप-दीप–(पु.) धूप और दीया (पूजा सामग्री)
धूप-घड़ी–(स्त्री.) धूप के सहारे समय ज्ञात करने का एक यंत्र
धूप-छाँह–(स्त्री.) कई रंग दिखाई पड़नेवाला एक तरह का कपड़ा
धूम–(स्त्री.) उल्लासपूर्ण चहल-पहल
धूम-धड़ाका–(पु.), **धूमधाम** (स्त्री.) अत्यधिक उमंग एवं उल्लासपूर्ण चहल-पहल
धूमकेतु–(पु.) 1 आग, अग्नि 2 केतु ग्रह 3 पुच्छल तारा (कोमेट)
धूमिल–(वि.) 1 धुएँ के रंग का 2 धुँधला 3 मलिन, गंदा **धूमिलता** (स्त्री.) धुँधलापन
धूम्र–I (वि.) धुएँ के रंग का II (पु.) धुएँ का सा रंग **धूम्र वर्ण** (वि.) धुएँ के रंग का
धूम्रपान–(पु.) बीड़ी-सिगरेट आदि पीना (जैसे–धूम्रपान करना)
धूम्राच्छन्न, धूम्रावेष्टित–(वि.) धुएँ से घिरा हुआ
धूर्जटी–(पु.) भगवान शिव
धूर्त–I (वि.) 1 बहुत झूठा 2 कपटी, छली 3 लंपट II (पु.) 1 शठ नायक 2 जुआरी
धूर्तता–(स्त्री.) 1 कपट, छल 2 लंपटता 3 धूर्त का गुण, वंचना
धूल–(स्त्री.) सूखी मिट्टी के सूक्ष्म कण
धूल-धूसर, धूल-धूसरित–(वि.) धूल से लथपथ **धूल फाँकना** इधर-उधर घूमते फिरना **धूल में मिलना** नष्ट होना, बर्बाद होना **धूल में मिलाना** मटियामेट करना
धूलि–(स्त्री.) धूल **धूलि कण** (पु.) धूल के सूक्ष्म कण **धूलि-धूसरित** (वि.) धूल से सना हुआ
धूसर–(वि.) धूल के रंग का, खाकी
धृति–(स्त्री.) 1 धारण 2 ग्रहण 3 पकड़ना 4 धैर्य 5 ठहराव 6 प्रीति 7 तुष्टि
धृष्ट–I (वि.) 1 लज्जारहित 2 दुस्साहसी 3 ढीठ, उद्दंड II (पु.) अपराध करके बेफ़िक्र रहने वाला
धेनु–(स्त्री.) 1 दुधारू गाय 2 गाय, गौ
धेवता–(पु.) बेटी का बेटा
धैर्य–(पु.) 1 धीरज, सब्र 2 चित्त की दृढ़ता, स्थिरता 3 धीरता
धोखा–(पु.) 1 भूल, भ्रम 2 भ्रम में डालने का काम, वंचना 3 भ्रम उत्पन्न करनेवाली बात 4 अज्ञानवश की गई भूल 5 अनिष्ट की संभावना
धोखेबाज़–(वि.) धोखा देनेवाला, छली, कपटी
धोती–(स्त्री.) कमर से लेकर शरीर के नीचे का भाग ढकनेवाला लंबा-चौड़ा कपड़ा
धोबिन–(स्त्री.) धोबी की स्त्री
धोबी–(पु.) 1 कपड़े धोने का पेशा करनेवाली एक जाति 2 उक्त जाति का व्यक्ति
धोया-धाया–(वि.) धुला हुआ
धौंकना–(स. क्रि.) आग तेज़ करने के लिए पंखे आदि से हवा करना
धौंकनी–(स्त्री.) 1 फुकनी 2 आग दहकाने की चमड़े की थैली का बना उपकरण
धौंस–(स्त्री.) 1 आतंक, भय 2 झाँसा, भुलावा 3 धाक 4 अनुचित आचरण
धौंस-पट्टी–(स्त्री.) 1 झाँसा-पट्टी 2 आतंक भरी बात
धौरी–(स्त्री.) सफ़ेद गाय, कपिला
धौल–(स्त्री.) 1 हथेली से किया गया आघात 2 आर्थिक आघात **धौलधप्पा**–(पु.) 1 मारपीट 2 उपद्रव, दंगा

धौला–(वि.) सफ़ेद, उजला, धवल
ध्यान–(पु.) 1 स्वरूप चिंतन (जैसे–ईश्वरीय ध्यान) 2 चित्त की एकाग्रता, ग़ौर
ध्यानपूर्वक–(क्रि. वि.) ध्यान से
ध्यानमग्न–(वि.) ध्यान में लीन, ध्यान में लगा हुआ
ध्यान योग–(पु.) ध्यान लगाने की योग क्रिया
ध्यानस्थ–(वि.) ध्यानमग्न
ध्यानावस्था–(स्त्री.) ध्यान की स्थिति
ध्यानी–(वि.) 1 ध्यान लगानेवाला 2 ध्यानशील
ध्येय–I (पु.) 1 उद्देश्य, लक्ष्य 2 ध्यान का विषय II (वि.) 1 ध्यान योग्य 2 जिसका ध्यान किया जाय
ध्रुव–I (वि.) 1 अटल, अचल 2 नित्य, शाश्वत 3 बिल्कुल निश्चित और पक्का II (पु.) 1 उत्तर दिशा में स्थित एक प्रसिद्ध तारा 2 भूगोल में पृथ्वी के दो नुकीले सिरे (जैसे–उत्तरी ध्रुव एवं दक्षिणी ध्रुव)
ध्रुव तारा–(पु.) उत्तर दिशा में सदा एक ही स्थान पर स्थित रहनेवाला तारा
ध्वंस–(पु.) विनाश
ध्वंसकारी–(वि.) विनाश करनेवाला
ध्वंसावशेष–(पु.) 1 खँडहर 2 टूट-फूट जाने पर बचे टुकड़े
ध्वज–(पु.) 1 झंडा, पताका 2 निशान **ध्वजदंड** (पु.) झंडा या पताका का कपड़ा लगाने का डंडा
ध्वज भंग–(पु.) नपुंसकता, हिजड़ापन
ध्वजारोहण–(पु.) झंडा फहराना
ध्वज समारोह–(पु.) झंडा फहराने का समारोह
ध्वजोत्तोलन–(पु.) विशेष अवसर पर झंडे को कुछ ऊँचाई तक उठाकर फहराना
ध्वनि–(स्त्री.) 1 आवाज़, शब्द 2 बाजे आदि से उत्पन्न शब्द
ध्वनि तरंग–(स्त्री.) हवा में ध्वनि का होनेवाला कंपन (साउंड वेव)
ध्वनि-विस्तारक–ध्वनि फैलानेवाला
ध्वन्यात्मक–(वि.) ध्वनि से युक्त
ध्वन्यात्मकता–(स्त्री.) ध्वनात्मक होने का भाव
ध्वन्यालेख–(पु.) रिकार्ड
ध्वस्त–(वि.) नष्ट, ढहा हुआ
ध्वनिकी–(स्त्री.) ध्वनि विज्ञान

न

नंग–I (वि.) 1 नंगा 2 बदमाश, लुच्चा II (पु.) नगापन, नग्नता
नंग-धड़ंग–(वि.) एकदम नंगा
नंगई–(स्त्री.) 1 नंगापन 2 बेहयाई
नंगा–(वि.) 1 बिना वस्त्र का, नग्न 2 खुला हुआ 3 बेहया **नंगाझोरी, नंगाझोली** (स्त्री.) कपड़ों की तलाशी **नंगा नाच** (पु.) 1 निर्लज्जतापूर्ण आचरण 2 घृणित व्यवहार
नंद–I (पु.) 1 आनंद, हर्ष 2 परमात्मा, सच्चिदानंद II (वि.) 1 सुख देनेवाला 2 उत्तम, श्रेष्ठ 3 शुभ
नंदन–I (पु.) 1 पुत्र, बेटा 2 राजा 3 मित्र **नंदन वन** (पु.) नंदन नाम का वन, इंद्र का उद्यान II (वि.) आनंद देनेवाला
नंदिनी–(स्त्री.) 1 पुत्री, बेटी 2 दुर्गा 3 उमा
नंदी–I (वि.) प्रसन्न, खुश II (पु.) 1 शिव का गण विशेष 2 शिव का वाहन, बैल
नंबर–(पु./वि.) 1 अदद, संख्या 2 संख्यासूचक अंक 3 गणना 4 सामयिक पत्र-पत्रिका का अंक

न

नकचढ़ा–(वि.) 1 चिड़चिड़ा, बदमिज़ाज 2 बात- बात पर चिढ़ जानेवाला
नकटा–(वि.) जिसकी नाक कट गई हो
नक़द–(वि./पु.) नगद **नक़द भुगतान** (पु.) नक़द पैसा अदा करना
नक़दी–(स्त्री.) रुपया-पैसा, कैश
नक़ल–(स्त्री.) 1 लेख आदि की प्रतिलिपि, कापी 2 परीक्षा में परीक्षार्थी द्वारा एक-दूसरे की छिपकर नक़ल करना।
नक़ली–(वि.) 1 अनुकरण पर बना हुआ 2 बनावटी, कृत्रिम 3 काल्पनिक 4 झूठ, मिथ्या
नकसीर–(स्त्री.) गरमी आदि के कारण नाक से ख़ून बहने का रोग
नकारना–(स. क्रि.) मना करना, न मानना
नकारात्मक–(वि.) जिसमें कोई बात न मानी गई हो
नकियाना–(अ. क्रि.) 1 नाक से बोलना 2 नाक में दम होना
नकेल–(स्त्री.) 1 ऊँट, भालू आदि की नाक में आर-पार पहनाई जानेवाली रस्सी, मुहार 2 वश में रखने की शक्ति
नक़्क़ाशी–(स्त्री.) धातु, लकड़ी आदि पर खोदकर बेल-बूटे बनाने का काम
नक़्शा–(पु.) 1 तस्वीर, चित्र 2 पृथ्वी एवं उसके विशिष्ट अंश पर स्थित मुख्य-मुख्य वस्तु आदि का परिचायक चित्र, मानचित्र 3 चेहरा- मोहरा, आकृति
नक्षत्र–(पु.) 1 तारा, सितारा 2 मोती **नक्षत्र-गृह** (पु.) तारामंडल घर **नक्षत्र-पथ** (पु.) नक्षत्रों के चलने का मार्ग **नक्षत्रविद्** (पु.) नक्षत्रों का ज्ञाता **नक्षत्र-विद्या** (स्त्री.) ज्योतिष विद्या
नक्सलपंथी, नक्सलवादी, नक्सली–(पु.) उग्रवादियों का एक दल
नख–(पु.) नाख़ून **नखी** (पु.) बड़े-बड़े नाख़ूनोंवाला शेर, चीता आदि
नखशिख–(पु.) पैर के नाख़ून से सिर के बाल तक के सब अंग **नखपति** (पु.) 1 हिमालय 2 चंद्रमा
नख़रा–(पु.) 1 हाव-भाव, विलास-चेष्टा 2 नाज़ो-अदा
नग–(पु.) 1 बहुमूल्य पत्थर, नगीना 2 संख्या सूचक एक शब्द
नगण्य–(वि.) 1 जो गिने जाने योग्य न हो 2 अत्यंत तुच्छ
नगर–(पु.) 1 शहर 2 मुहल्ला (जैसे–आज़ाद नगर, पटेल नगर) **नगर निगम** (पु.) नगर-पालिका **नगरपालिका** (स्त्री.) नगर की सफ़ाई, रोशनी, पानी आदि की व्यवस्था करनेवाली संस्था, म्युनिसिपलिटि **नगर महापालिका** (स्त्री.) म्युनिसिपल कारपोरेशन
नगीना–(पु.) बहुमूल्य पत्थर का चमकदार टुकड़ा, मणि, रत्न
नग्न–(वि.) नंगा **नग्नता** (स्त्री.) नंगापन
नचनिया–(पु.) नाचकर जीविका कमानेवाला व्यक्ति
नज़दीक–(क्रि. वि.) पास, निकट
नज़र–I (स्त्री.) 1 निगाह, दृष्टि 2 कृपा-दृष्टि 3 सतर्कतापूर्ण ध्यान 4 ख़्याल, ध्यान (जैसे–ज़रा इस पर भी नज़र डाले रहना) 5 परख 6 प्रभावकारी **नज़रअंदाज़** (वि.) उपेक्षित, अनदेखा करना **नज़रबंद** (वि.) नज़रबंदी की सज़ा प्राप्त, एक स्थान में क़ैद
नज़र–II (स्त्री.) उपहार, भेंट
नज़ला–(पु.) 1 जुकाम, सर्दी 2 नाक, आँख से पानी गिरने का रोग
नज़ाकत–(स्त्री.) 1 शारीरिक कोमलता, सुकुमारता 2 नाजुक होने का भाव
नज़ारा–(पु.) दृश्य
नट–(पु.) 1 नाटक खेलनेवाला व्यक्ति, अभिनेता 2 खेल-तमाशा दिखानेवाली एक जाति **नटनागर, नटराज** (पु.) 1 श्रीकृष्ण, नटेश्वर 2 शिव 3 नटों में प्रधान, कुशल नट
नटखट–(वि.) 1 उपद्रवी 2 शरारती
नटना–(अ. क्रि.) 1 अभिनय करना 2 प्रतिज्ञा, वचन से मुकरना
नटनी–(स्त्री) नटी
नटवर–(पु.) 1 कुशल एवं प्रवीण व्यक्ति

2 श्रीकृष्ण

नटी–(स्त्री.) 1 नट जाति की स्त्री 2 नाटक की अभिनेत्री 3 नर्तकी 4 सूत्रधार की स्त्री 5 रंडी, वेश्या

नत–(वि.) 1 झुका हुआ 2 विनीत, नम्र 3 कुटिल, टेढ़ा **नतमस्तक, नतशिर** (वि.) विनीत होनेवाला

नतीजा–(पु.) 1 फल, परिणाम 2 परीक्षाफल 3 अंत

नतोदर–(वि.) जिसका ऊपरी तल कुछ अंदर की ओर हो, अवतल (कॉनकेव)

नत्थी–(स्त्री.) कागज़ आदि के टुकड़ों को एक में गूँथना।

नथ–(स्त्री.) नाक में पहनने का एक गोलाकार गहना

नथना–I (पु.) नाक के छेदोंवाला अगला भाग II (अ. क्रि.) 1 नाथा जाना 2 नत्थी होना 3 जोड़ा जाना, बाँधा जाना 4 छेदा जाना

नथनी–(स्त्री.) 1 छोटी नथ 2 बैल नाथने की रस्सी, नाथ **नथनी उतारना** वेश्या बननेवाली स्त्री से पहले-पहल संभोग करना

नदी–(स्त्री.) 1 पहाड़, झील आदि से निकलकर विशिष्ट मार्ग से बहनेवाली जल की बड़ी प्राकृतिक धारा **नदीमुख** (पु.) समुद्र में नदी के गिरने का स्थान, मुहाना

ननद–(स्त्री.) पति की बहन

ननदोई–(पु.) ननद का पति

ननिया ससुर–(पु.) पत्नी का नाना (स्त्री. ननिया सास)

ननिहाल–(पु.) 1 नाना का घर 2 नाना का घराना

नन्हा–(वि.) सबसे छोटा (जैसे–नन्हा बच्चा)

नपाई–(स्त्री.) 1 नापना 2 नापने की मज़दूरी

नपुंसक–I (पु.) 1 काम शक्ति से हीन पुरुष, नामर्द 2 हिजड़ा II (वि.) 1 काम-शक्ति रहित 2 कायर 3 क्लीव

नफ़ा–(पु.) 1 लाभ 2 आर्थिक लाभ 3 प्राप्ति **नफ़ा-नुकसान** (पु.) लाभ-हानि

नब्ज़–(स्त्री.) नाड़ी

नब्बे–(वि./पु.) 90 की संख्या

नभ–(पु.) आकाश, आसमान **नभचर** I (पु.) 1 पक्षी 2 बादल II (वि.) नभ में विचरण करनेवाला।

नभोवाणी–(स्त्री.) आकाशवाणी

नमक–(पु.) खारे जल से तैयार किया गया प्रसिद्ध क्षार पदार्थ, लवण (जैसे–नमक की खान) **नमक क़ानून** (पु.) नमक बनाने के खिलाफ़ लगाया गया क़ानून **नमक छिड़कना** दुःखी को और भी दुःख देना **नमकहराम** (वि.) उपकार न माननेवाला, कृतघ्न **नमकहलाल** (वि.) उपकार माननेवाला, कृतज्ञ

नमकीन–(वि.) 1 नमक मिला हुआ 2 नमक के स्वाद जैसा 3 सलोना, सुंदर

नमन–(पु.) 1 नमस्कार, प्रणाम 2 अभिवादन

नमस्कार, नमस्ते–(पु.) अभिवादन करना, प्रणाम करना

नमूना–(पु.) 1 गुण, स्वाद आदि का पता लगाने हेतु वस्तु का कुछ अंश 2 ढाँचा

नम्र–(वि.) 1 विनीत 2 झुका हुआ, नत **नम्रता** (स्त्री.) नम्र होने का भाव

नय–I (वि.) 1 ले जानेवाला 2 मार्गदर्शक 3 उचित, उपयुक्त II (पु.) 1 ले जाना 2 व्यवहार, बर्ताव 3 ढंग, आचरण 4 बुद्धिमता 5 नम्रता, विनय 6 नीति

नयन–(पु.) आँख, नेत्र **नयनपट** (पु.) पलक

नयनाभिराम–(वि.) 1 नयनों को सुंदर लगनेवाला 2 सुंदर

नया–(वि.) 1 नवीन, नूतन (जैसे–नया मकान) 2 हाल में उत्पन्न होनेवाला (जैसे–नया चावल, नया आलू) 3 ताज़ा 4 परिवर्तन किया हुआ 5 कार्य में पहले-पहल लगना 6 फिर से शुरू होनेवाला

नर–(पु.) पुरुष, मर्द, मनुष्य **नरपति** (पु.) राजा, नृपति **नर-पशु** (वि.) 1 नर पिशाच 2 नृसिंह अवतार **नर-बलि** (स्त्री.) मनुष्यों की बलि **नर-भक्षक** (पु.) 1 मनुष्य को खानेवाला 2 राक्षस **नर-मेध** (पु.) 1 ऐसा यज्ञ जिसमें मानव की बलि दी जाए

न

2 सामूहिक नर संहार **नरसंहार** (पु.) मनुष्य को मार डालना **नरसिंह** (पु.) नृसिंह

नरक–(पु.) 1 धर्म शास्त्रानुसार पापात्माओं, पापियों के रहने का स्थान 2 गंदी एवं घृणित जगह

नरकट, नरकल–(पु.) बेंत की जाति का पौधा

नरगिस–(पु.) प्याज़ के आकार का एक पौधा और उसका पीले रंग का फूल

नरम–(वि.) 1 मुलायम 2 कोमल, मृदुल

नरसिंघा–(पु.) तुरही के आकार का एक बाजा

नरसों–(क्रि. वि.) परसों के बाद आनेवाले दिन में

नराधम–(पु.) नीच व्यक्ति

नरेंद्र–(पु.) राजा, नरेश

नरोत्तम–(वि.) मनुष्यों में श्रेष्ठ

नर्तक–(पु.) नाचनेवाला व्यक्ति, नचनियाँ

नर्तकी–(स्त्री.) 1 नाचने का पेशा करनेवाली स्त्री 2 नटी

नर्तन–(पु.) 1 नाचना 2 नाच, नृत्य

नल, नलका–I (पु.) 1 जल की टोटी **नलकूप** (पु.) ज़मीन से पानी निकालने का एक आधुनिक यंत्र (ट्यूब वेल) II (पु.) 1 नरकट 2 कमल 3 राम की सेना का एक बंदर 4 विदर्भ नरेश की पुत्री दमयंती का पति

नलिन–(पु.) कमल

नलिनी–(स्त्री.) कमल का फूल

नली–(स्त्री.) 1 छोटा एवं पतला नल 2 बंदूक के आगे लगा धातु का पोला भाग

नव–I (वि.) नवीन **नवगठित, नवगढ़ंत** (वि.) नया गढ़ा हुआ **नवजागरण** (पु.), **नव जागृति** (स्त्री.) नवीन चेतना **नवजात** (वि.) तुरंत का पैदा हुआ **नवजीवन** (पु.) नया जीवन, नई ज़िंदगी **नवदंपति** (पु.) नव विवाहित जोड़ी **नवनिर्वाचित** (वि.) नया चुना हुआ (जैसे–नव निर्वाचित सदस्य) **नवपरिणीता** (स्त्री.) नवविवाहिता **नवप्रसूत** (वि.) नवजात **नवप्रसूता** (स्त्री.) तुरंत जन्म देनेवाली स्त्री **नवयुग** (पु.) नया युग **नवयुवक** (पु.) नौजवान लड़का **नवयुवती** (स्त्री.) नौजवान लड़की **नव वर्ष** (पु.) नया साल

नव–II (वि.) 1 आठ से एक अधिक 2 नौ तरह का (जैसे–नवरत्न) **नवनिधि** (स्त्री.) कच्छप, खर्व, नद, नील, पद्म, मकर, महा पद्म, मुकुट, शंख **नवरस** (पु.) शृंगार, करुण, हास्य, रौद्र, वीर, भयानक, वीभत्स, अद्भुत और शांत ये नौ रस **नवरात्र** (पु.) 1 नौ दिनों का समय 2 वसंती नवरात्र 3 शारदीय नव रात्र

नवग्रह–(पु.) सूर्य, चंद्र, मंगल, बुध, गुरु, शुक्र, शनि, राहु एवं केतु ये नौ ग्रह

नवरत्न–(पु.) मोती, पन्ना, मानिक, गोमेद, हीरा, लहसुनियाँ, मूँगा, पद्मराग और नीलम ये नौ रत्न

नवधा–(क्रि. वि.) 1 नौ प्रकार से (जैसे–नवधा भक्ति) 2 नौ भागों में

नवनीत–(पु.) मक्खन, माखन

नवम–(वि.) नवाँ

नवमी–(स्त्री.) पक्ष की नवीं तिथि

नवल–(वि.) 1 नया, नवीन 2 अनोखा और बढ़िया **नवलकिशोर** (पु.) कृष्ण

नवागंतुक–(वि.) नया आनेवाला

नवागत–(वि.) नया आया हुआ

नवाना–(स. क्रि.) 1 झुकाना (जैसे–सिर नवाना) 2 नम्र होने के लिए प्रेरित करना

नवान्न–(पु.) 1 नया अन्न 2 हाल में तैयार किया गया अन्न 3 पितरों के नाम पर बाँटा गया अन्न

नवाब–(पु.) 1 प्रदेश का प्रधान शासक 2 अंग्रेज़ सरकार द्वारा मुसलमान रईसों को प्रदान की गई उपाधि

नवासी–(वि./पु.) 89 की संख्या

नवीन–(वि.) 1 नया, नूतन 2 पहले-पहल बना हुआ 3 अनोखा

नवीनतम–(वि.) बिल्कुल नया

नवीनीकरण–(पु.) 1 नया रूप देना 2 अवधि बढ़ाना, रिन्यूअल

नवेला–(पु.) नवयुवक (स्त्री. नवेली)

नवोढ़ा–(स्त्री.) 1 नौजवान स्त्री 2 नव-विवाहिता 3 लज्जाशील नायिका

नवोन्मेषी–(वि.) नई-नई चीज़ें प्रकट करनेवाला

नव्य–(वि.) 1 नया, नवीन 2 आधुनिक

नशा–(पु.) 1 मादक द्रव्यों के सेवन से उत्पन्न दशा 2 मादक द्रव्य 3 बुरी आदत, लत 4 मनोविकार की प्रबलता से उत्पन्न स्थिति, मद 5 मस्ती **नशाख़ोर, नशेबाज़** (पु.) नशा करनेवाला व्यक्ति **नशाख़ोरी, नशेबाज़ी** (स्त्री.) नशेबाज़ी **नशाबंदी** (स्त्री.) नशा बंद करना

नश्वर–(वि.) नाश होनेवाला (जैसे–नश्वर वस्तुएँ, नश्वर शरीर) **नश्वरता** (स्त्री.) नाश होने की अवस्था

नष्ट–I (वि.) 1 चौपट, बर्बाद 2 मरा हुआ 3 निष्फल, व्यर्थ 4 पतित एवं हीन II (पु.) 1 नाश, विनाश 2 तिरोहित होना **नष्टप्राय** (वि.) नष्ट होने के क़रीब **नष्ट-भ्रष्ट** (वि.) चौपट, बर्बाद

नष्टात्मा–(वि.) अधम, नीच

नष्टेंद्रिय–(वि.) 1 संज्ञाहीन, अचेष्ट 2 बेहोश

नस–(स्त्री.) 1 रुधिर वाहिनी नलिका 2 पेशियों को बाँधनेवाला तंतु **नस फड़क उठना** प्रसन्नता की लहर दौड़ना

नसवार–(स्त्री.) सूँघनी, सुँघनी

नसीब–(पु.) 1 भाग्य, क़िस्मत, तक़दीर 2 हिस्सा **नसीबजला** (वि.) अभागा, भाग्यहीन

नसीहत–(स्त्री.) शिक्षा

नस्य–(पु.) सुँघनी, नसवार

नहर–(स्त्री.) कृत्रिम जलमार्ग

नहला–(पु.) नौ बूटियोंवाला ताश का पत्ता

नहान–(पु.) 1 नहाना 2 नहाने का शुभ पर्व

नहीं–(क्रि. वि.) असहमति, विरोध का शब्द

नाँद–(स्त्री.) चौड़े मुँह का गोल पेंदेवाला मिट्टी, पत्थर आदि का बना पात्र

नाइन–(स्त्री.) 1 नाई जाति की स्त्री 2 नाई की स्त्री

नाई–(पु.) हज्जाम

नाक–I (स्त्री.) 1 साँस लेने एवं सूँघने की इंद्रिय 2 नाक से निकलनेवाला गंदा तरल पदार्थ (जैसे–नाक बहना) 3 गौरव, सम्मान की बात (जैसे–उन्होंने मेरी नाक बचा ली, नाकदार आदमी) II (पु.) 1 मगर 2 घड़ियाल **नाक-नक़्शा** (पु.) अंगों की बनावट **नाक की सीध में** ठीक सामने **नाक पर मक्खी न बैठने देना** 1 अत्यंत सावधान रहना **नाक-भौं चढ़ाना, नाक-भौं सिकोड़ना** 1 गुस्सा दिखाना, नाराज़ होना 2 घृणा प्रकट करना **नाक में दम करना** ख़ूब तंग करना **नाक रख लेना** इज़्ज़त बचाना **नाक रगड़ना** आरज़ू-मिन्नत करना, गिड़गिड़ाना

नाका–(पु.) 1 थाना, चौकी 2 मुहाना 3 रास्ते आदि का मोड़ 4 प्रवेश द्वार 5 पहरा देने का स्थान **नाकाबंदी** (स्त्री.) 1 नाके पर पहरा बैठाना 2 अवरोध, रुकावट

नाखुश–(वि.) अप्रसन्न, नाराज़ **नाख़ुशगवार** (वि.) अप्रिय, अप्रीतिकर

नाख़ून–(पु.) उँगलियों के ऊपरी तल का सफ़ेद एवं कड़ा आवरण

नाग–(पु.) 1 साँप, सर्प 2 काले रंग का बड़ा और फनवाला साँप, करैत 3 हाथी 4 पाताल में रहनेवाला एक उपदेवता 5 अत्यंत क्रूर एवं दुष्ट व्यक्ति **नागदंत** (पु.) 1 हाथी दाँत 2 दीवार पर गड़ी खूँटी **नागपंचमी** (स्त्री.) नाग की पूजा करने का श्रावण शुक्ला पंचमी का दिन **नागफनी** (स्त्री.) साँप के फन के आकार का गूदेदार काँटों से भरा एक पौधा

नागर–I (वि.) 1 नगर का 2 चतुर, होशियार II (पु.) 1 सभ्य पुरुष 2 गुजराती ब्राह्मणों की एक जाति

नागर-बेल–(स्त्री.) पान की बेल

नागरिक–I (वि.) 1 नगर का रहनेवाला II (पु.) राज्य का वह निवासी जिसे राज्य में रहने, व्यापार आदि करने का अधिकार प्राप्त हो, राज्य का अधिकार प्राप्त निवासी, सिटिजन **नागरिक शास्त्र** (पु.) नागरिकों के अधिकारों, देश संबंधी विचारों एवं कर्तव्यों

न

से संबंध रखनेवाला शास्त्र

नागरी लिपि–(स्त्री.) संस्कृत, हिंदी, मराठी भाषा लिखने की देवनागरी लिपि की वर्णमाला

नागा–(पु.) 1 शैव संप्रदाय का साधु, नंगा रहनेवाला साधु 2 अवकाश 3 व्यतिक्रम

नागिन–(स्त्री.) 1 नाग जाति की स्त्री 2 नाग की मादा 3 क्रूर एवं दुष्ट स्वभाव की स्त्री

नागेंद्र–(पु.) बहुत बड़ा साँप

नाच–(पु.) संगीत का एक विशेष अंग जिसमें कलात्मक ढंग से हाव-भाव का प्रदर्शन होता है **नाच-रंग** (पु.) आमोद-प्रमोद

नाचीज–(वि.) साधारण, मामूली, निकम्मा

नाज–I (पु.) 1 अनाज, अन्न 2 भोजन सामग्री

नाज–II (पु.) नखरा, किसी को लुभाने के लिए दिखाए जाने वाले हाव-भाव, गर्व

नाज़ुक–(वि.) 1 कोमल, सुकुमार 2 पतला, महीन 3 संकट पूर्ण (जैसे–नाजुक समय) **नाज़ुक-मिज़ाज** (वि.) अत्यंत कोमल एवं मृदु प्रकृतिवाला

नाटक–(पु.) 1 अभिनय, ड्रामा 2 रूपक 3 नट **नाटककार** (पु.) नाटक लिखनेवाला **नाटक गृह** (पु.) नाटकशाला

नाटकीय–(वि.) 1 नाटक संबंधी, नाटक का 2 कुशलता एवं चतुरतापूर्वक किया जानेवाला

नाटा–(वि.) छोटे क़द का

नाट्य–(पु.) 1 अभिनय कर्म 2 स्वाँग करना 3 नट का काम **नाट्य-कला** (स्त्री.) अभिनय कला **नाट्यकार** (पु.) नाटककार **नाट्यधर्मी** (वि.) नाटक खेलने का व्यवसायी **नाट्यमंच** (पु.) रंगमंच **नाट्य-शाला** (स्त्री.) अभिनय मंच युक्त भवन, रंगशाला **नाट्य-शास्त्र** (पु.) नाचने, गाने एवं अभिनय कला से संबंध रखनेवाला शास्त्र

नाड़–(स्त्री.) 1 गर्दन 2 नाल

नाड़ा–(पु.) इज़ारबंद (जैसे–पाजामे का नाड़ा)

नाड़ी–(स्त्री.) 1 नली 2 रक्तवाहिनी शिराएँ 3 कलाई पर की नाड़ी

नाता–(पु.) पारिवारिक संबंध, रिश्ता

नाती–(पु.) लड़की का लड़का

नाते–(क्रि. वि.) 1 संबंध के विचार से, संबंध से 2 संबंध के बहाने 3 लिए, वास्ते **नातेदार** (वि.) रिश्तेदार, संबंधी **नातेदारी** (स्त्री.) रिश्तेदारी, संबंध **नाते-रिश्ते** (पु.) संबंध

नाथ–I (पु.) 1 स्वामी, प्रभु 2 अधिपति, मालिक 3 स्त्री का पति 4 गोरखपंथी संप्रदाय **नाथ पंथ** (पु.) कनफटे जोगियों का मत

नाथ–II (स्त्री.) 1 नाथना 2 नाथने की रस्सी

नाथना–(स. क्रि.) 1 नथने में छेद करना (जैसे–ऊँट नाथना) 2 नथने में हुए छेद में रस्सी पहनाना 3 नत्थी करना

नाद–(पु.) आवाज़, शब्द (जैसे–भीषण नाद)

नादमय–(वि.) शब्दयुक्त, ध्वनियुक्त

नादान–(वि.) मूर्ख, नासमझ

नानकपंथी–(पु.) नानक पंथ को माननेवाला, नानक पंथ का अनुयायी

नाना–I (पु.) माँ का पिता II (वि.) 1 अनेक प्रकार के 2 अनेक **नानारूप** (वि.) नाना आकार का **नानावर्ण** (वि.) अनेक रंग के

नानार्थ–(वि.) 1 अनेक अर्थोंवाला 2 अनेक कामों में काम आनेवाला

नानी–(स्त्री.) माँ की माँ, मातामही

नानुकर–(पु.) 'नहीं'-'नहीं' कहना, मना करना

नाप–(स्त्री.) 1 नापना 2 वस्तु का नापने से प्राप्त परिमाण, माप, मानक पात्र **नापजोख, नापतौल** (स्त्री.) नापना और तौलना

नापसंद–(वि.) अप्रिय होना

नापित–(पु.) नाई, हज्जाम

नाभि–(स्त्री.) 1 तुंदी, धुन्नी 2 कस्तूरी, पहिए के बीच का धुरा पहनाया जानेवाला गड्ढा

नाभिक–(पु.) परमाणु का केंद्रीय भाग

नाभिकीय–(वि.) केंद्रक, केंद्रकीय

नाम–(पु.) 1 वस्तु, प्राणी आदि का बोध सूचक शब्द, संज्ञा 2 प्रसिद्धि 3 धाक 4 इज़्ज़त **नामकरण** (पु.) नाम रखने की रस्म **नामधारी** (वि.) नाम मात्र का **नाम-मात्र** (क्रि. वि.) कहने भर को, अत्यल्प **नाम-राशि** (स्त्री.) एक ही नाम के व्यक्ति **नामलेवा**

(पु.) 1 मृतक को याद करनेवाला व्यक्ति 2 संतान **नामवाचक** I (वि.) नाम बतलानेवाला II (पु.) व्यक्तिवाचक संज्ञा **नामशेष** 1 अस्तित्वहीन 2 ध्वस्त 3 मृत **नाम उछालना** बदनाम करना **नाम उठ जाना** अस्तित्व समाप्त होना **नाम कमाना** प्रसिद्ध होना **नाम डुबाना** मर्यादा नष्ट करना **नाम तक मिट जाना** कुछ भी चिह्न शेष न रहना **नाम बदनाम करना** कलंक लगाना

नामक–(वि.) नाम का, नामवाला

नाम-निशान–(पु.) पता-ठिकाना, चिह्न

नामर्द–(वि.) 1 नपुंसक 2 कायर, भीरु

नामांकन–(पु.) 1 नाम अंकित करना 2 नाम प्रस्तावित करना 3 नामिनेशन **नामांकन-पत्र** (पु.) वह पत्र जिसमें उम्मीदवार के रूप में खड़े होनेवाले व्यक्ति द्वारा अपनी योग्यता आदि का विवरण दिया जाता है

नामांकित–(वि.) 1 जिस पर नाम अंकित किया गया हो 2 नामज़द, नामिनेटेड 3 प्रसिद्ध

नामानुक्रमणिका–(स्त्री.) नाम तालिका

नामावली–(स्त्री.) 1 नाम, व्यक्तियों आदि की सूची 2 राम, कृष्ण आदि देवताओं के नाम का छपा वस्त्र

नामी, नामी-गिरामी–(वि.) 1 प्रसिद्ध, नामवर 2 नामवाला

नामोल्लेख–(पु.) नाम का उल्लेख

नायक–(पु.) 1 रचना का महान् पुरुष 2 अधिपति, स्वामी 3 प्रधान अधिकारी

नायाब–(वि.) उत्तम, बहुत अच्छा

नायिका–(स्त्री.) 1 स्वामिनी 2 पत्नी 3 नाटक आदि की प्रधान पात्री 4 श्रृंगार रस में पुरुष से संबंध रखनेवाली पात्री

नारंगी–(स्त्री.) नीबू की जाति का एक पेड़ एवं उसका फल, संतरा

नार–(पु.) 1 नवजात शिशु की गर्भ से बँधी रहनेवाली नाड़ी, नली, नाल 2 नाड़ा, नाला

नारकीय–(वि.) 1 नर्क से संबद्ध 2 नर्क में होनेवाला 3 अत्यंत दुराचारी, घोर पापी

नारद–(पु.) 1 ईश्वर के परम भक्त एवं ब्रह्मा के पुत्र 2 लड़ाई-झगड़ा लगानेवाला व्यक्ति

नारा–(पु.) ज़ोर का शब्द, बुलंद की जानेवाली सामूहिक आवाज़

नाराज़–(वि.) नाख़ुश, अप्रसन्न **नाराज़गी** (स्त्री.) अप्रसन्नता

नारायण–(पु.) भगवान, ईश्वर

नारायणी–(स्त्री.) 1 दुर्गा 2 लक्ष्मी

नारिकेल, नारियल–(पु.) नारियल का पेड़ एवं उसका फल

नारी–(स्त्री.) स्त्री, महिला

नारीत्व–(पु.) नारी होने की अवस्था, नारी-भाव

नाल–I (स्त्री.) 1 कमल, कुमुद आदि की लंबी डंडी 2 बंदूक़ की नली II (पु.) नाभि एवं गर्भाशय से जुड़ी रहनेवाली नली, आँवल (जैसे–नाल काटना) III (पु.) अर्द्धचंद्राकार लोहे का टुकड़ा (जैसे–घोड़े के खुर का नाल) **नाल-कटाई** (स्त्री.) 1 नाभि की नाड़ी काटने की रस्म 2 नालकटाई का पारिश्रमिक **नालबंदी** (स्त्री.) नाल जड़ने का काम

नाला–(पु.) जल निकासी का मार्ग

नालायक़–(वि.) 1 अयोग्य 2 मूर्खतापूर्ण आचरण करनेवाला

नाली–(स्त्री.) 1 छोटा नाला, मोरी 2 छिछला जलमार्ग

नाव–(स्त्री.) नौका, किश्ती

नाविक–(पु.) माँझी, मल्लाह **नाविक दल** (पु.) मल्लाहों का समूह

नाश–(पु.) 1 अस्तित्व न रहना, सत्ता समाप्त हो जाना 2 बर्बादी 3 ध्वस्त होना **नाशकारक, नाशकारी** (वि.) नाश करनेवाला, नाशक

नाशक–(वि.) 1 नाश करनेवाला 2 वध करनेवाला

नाशपाती–(स्त्री.) सेब की जाति का एक प्रसिद्ध पेड़ एवं उसका फल

नाशवान्–(वि.) नष्ट हो जानेवाला, नश्वर

नाश्ता–(पु.) हल्का-फुल्का जलपान, कलेवा

नास–(स्त्री.) 1 नाक से सूँघी जानेवाली

न

न

औषध, नस्य 2 सुँघनी, नसवार **नासदान** (पु.) सुँघनी रखने की डिबिया
नासपीटा–(वि.) नष्ट हो जाने योग्य
नासमझ–(वि.) 1 मूर्ख 2 नादान
नासा–(स्त्री.) 1 नाक 2 नथना **नासा-पुट** (पु.) नथना **नासा-मल** (पु.) नाक की मैल **नासा-स्राव** (पु.) नाक से पानी निकलना
नासाग्र–(पु.) नाक का अगला नुकीला भाग
नासिका–(स्त्री.) नाक, नासा **नासिका-विवर** (पु.) नाक का छेद
नासूर–(पु.) ऐसा घाव जिसमें से बराबर मवाद निकलता हो, नाड़ी व्रण
नास्तिक–(पु.) ईश्वर की सत्ता को न माननेवाला **नास्तिकवाद** (पु.) ईश्वर को न मानने का सिद्धांत
नाहर–(पु.) 1 शेर, सिंह 2 बाघ 3 वीर एवं साहसी पुरुष
निंदक–(वि.) निंदा करनेवाला
निंदनीय–(वि.) निंदा किए जाने योग्य
निंदा–(स्त्री.) 1 बुराई करना 2 झूठ-मूठ दोष निकालना 3 बदनामी, अपकीर्ति, अपयश
निंदिया–(स्त्री.) नींद
निंब–(पु.) नीम
निंबू–(पु.) नीबू
निंबोली–(पु.) नीम का फल
निःशुल्क–(वि.) 1 शुल्करहित 2 शुल्क न देनेवाला
निःश्वास–(पु.) साँस छोड़ना, लंबी साँस, साँस का बाहर निकलना
निःसीम–(वि.) 1 सीमारहित 2 अत्यधिक
निःसृत–(वि.) बाहर आया हुआ
निःस्नेह–(वि.) जिसमें प्रेम न हो
निःस्पृह–(वि.) 1 इच्छा, कामना आदि से रहित 2 निःस्वार्थ भाषावाला
निःस्वार्थ–I (वि.) जो अपने लाभ के लिए न हो II (क्रि. वि.) बिना स्वार्थ के
निःस्वार्थी–(पु.) स्वार्थहीन व्यक्ति
निकट–I (क्रि. वि.) पास ही II (वि.) पास का (जैसे–निकट संबंधी) **निकटवर्ती** (वि.) निकट का
निकटस्थ–(वि.) पास का, नज़दीकी
निकम्मा–(वि.) 1 बिना काम का 2 व्यर्थ का
निकलना–(अ. क्रि.) 1 बाहर आना, बाहर होना (जैसे–घर से निकलना) 2 प्रकट होना, उदित होना 3 परिधि, मर्यादा, सीमा आदि से बाहर आना 4 उद्गम स्थान से बाहर आना (जैसे–अंडे से बच्चा निकलना) 5 रहस्योद्घाटन होना, उद्देश्य आदि का स्पष्टीकरण होना (जैसे–श्लोक का अर्थ निकलना, मुहूर्त निकलना) 6 नए सिरे से सामने आना 7 मनोरथ पूर्ण होना 8 बढ़ना, चलना (जैसे–जुलूस में आगे-आगे निकलना)
निकष–(पु.) 1 घिसना 2 कसना 3 कसौटी
निकाय–(पु.) 1 समुदाय 2 निवासस्थान
निकालना–(स. क्रि.) 1 बाहर लाना, निर्गत करना 2 बाहर करना, दूर करना (जैसे–समाज से निकालना) 3 मिश्रण से अलग करना (जैसे–चावल से कंकड़ियाँ निकालना) 4 पृथक् करना 5 प्रकट करना (जैसे–वाक्य का अर्थ निकालना, मुहूर्त निकालना) 6 समाधान प्रस्तुत करना (जैसे–गणित के प्रश्नों के उत्तर निकालना) 7 वास्तु रचना प्रस्तुत करना (जैसे–नई रेल लाइन निकालना) 8 स्वर उत्पन्न करना 9 व्यतीत करना, गुज़ारना 10 ले जाना
निकास–(पु.) 1 निकलना 2 उद्गम स्थान 3 दरवाज़ा, द्वार 4 निकलने का मार्ग 5 खुला स्थान, मैदान **निकास-द्वार** (पु.) निकलने का दरवाज़ा **निकास-नली** (स्त्री.) (गैस आदि) निकलने की नली
निकासी–(स्त्री.) 1 निकलना 2 प्रस्थान 3 माल आदि का बिकना और बाहर आना 4 खपत, बिक्री 5 चुंगी
निकुंज–(पु.) वन-वाटिका, कुंज
निकृष्ट–(वि.) नीच, अधम **निकृष्टता** (स्त्री.) नीचता
निकेत, निकेतन–(पु.) घर, मकान
निक्षेपक–I (वि.) 1 फेंकनेवाला 2 छोड़नेवाला

II (पु.) 1 निक्षेपकर्ता 2 धरोहर रखनेवाला 3 जमा करनेवाला, डिपाज़िटर
निक्षेपण–(पु.) 1 फेंकना 2 त्यागना 3 जमा करना 4 धरोहर रूप में रखना
निखरना–(अ. क्रि.) 1 निर्मल होना, साफ़ होना 2 रूप आदि खिलना 3 परिमार्जित होना
निखार–(पु.) 1 निखरना 2 निर्मलता, स्वच्छता
निखारना–(स. क्रि.) साफ़ करना, निर्मल बनाना
निख़ालिस–(वि.) विशुद्ध, पवित्र
निखिल–(वि.) 1 अखिल, संपूर्ण 2 सारा, समस्त
निगम–(पु.) 1 विधान के अनुसार अस्तित्व में आई हुई संस्था (जैसे–जल-निगम, सेतु-निगम) 2 रोज़गार, व्यापार 3 रास्ता, वेद का कोई अंश 4 मेला 5 कारवाँ 6 कायस्थ जाति का एक भेद 7 महापालिका **निगम अधिकारी** (पु.) निगम का मुख्य अधिकारी, प्रशासक **निगम प्रशासन** (पु.) निगम के सभी कार्य- व्यापार, काम-धंधे **निगम निकाय** (पु.) संस्था
निगमन–(पु.) संस्था आदि को निगम का रूप देना
निगमागम–(पु.) वेद-शास्त्र
निगमायुक्त–(वि.) 1 निगम-कमिश्नर 2 निगम का प्रधान अधिकारी
निगमी–(वि.) वेद का ज्ञाता, वेदज्ञ
निगरानी–(स्त्री.) देख-भाल, निरीक्षण
निगलना–(स. क्रि.) 1 घोंट जाना 2 हड़प लेना
निगाली–(स्त्री.) हुक्के की नली का मुँह में लगा हुआ भाग
निगूढ़, निगूढ़ार्थ–(वि.) 1 रहस्यपूर्ण अर्थवाला 2 अत्यंत गुप्त
निगोड़ा–(वि.) 1 अकर्मण्य 2 अभागा
निग्रह–(पु.) 1 अवरोध 2 वश में करना 3 बाँधना 4 दंड 5 अनुग्रह का अभाव 6 पीड़ित करना
निग्रही–(वि.) 1 निग्रह करनेवाला 2 दमन करनेवाला 3 दंड देनेवाला
निघंटु–(पु.) 1 वैदिक शब्दों की सूची 2 शब्दों की सूची, शब्दकोश
निचय–(वि.) 1 ढेर, राशि 2 समूह 3 संचय 4 निश्चय
निचला–(वि.) नीचेवाला
निचाई–(स्त्री.)1 नीचापन 2 नीचे की ओर का फैलाव 3 नीचता, खोटाई
निचोड़–(पु.) 1 निचोड़ने पर निकला हुआ रस, पानी आदि 2 सारांश (जैसे–बात का निचोड़)
निचोड़ना–(स. क्रि.) दबाकर, ऐंठकर तरल पदार्थ निकालना
निछावर–(स्त्री.) 1 रूप, गुण, समृद्धि आदि की सुरक्षा हेतु व्यक्ति, शिशु के ऊपर चारों ओर से कोई वस्तु घुमाकर उत्सर्ग करना 2 नेग 3 इनाम
निज–(वि.) 1 अपना 2 मुख्य, प्रधान 3 ठीक, यथार्थ **निजता** (स्त्री.) अपनापन, निजस्व **निजवाचक** स्वयं का बोध करानेवाला (जैसे–मैं, आप, तू आदि)
निजस्व–(पु.) अपना भाग **निजस्वता** (स्त्री.) अपना भाग होना, अपनी भागदारी
निजी–(वि.) 1 निज का (जैसे–निजी मामला, निजी बात) **निजीपन** (पु.) अपनापन **निजी सहायक** (पु.) उच्चाधिकारी के काम में सहायता देनेवाला सहायक, पर्सनल असिस्टेंट
निठल्ला, निठल्लू–(वि.) निकम्मा, अकर्मण्य **निठल्लापन** (पु.) निकम्मापन, बेकारी
निठुर–(वि.) 1 निष्ठुर 2 कठोर हृदय
निडर–(वि.) 1 निर्भय, निर्भीक 2 साहसी **निडरता** (पु.) 1 निर्भयता 2 साहस
निढाल–(वि.) अत्यंत थका हुआ, शिथिल
नितंब–(पु.) चूतड़
नितंबिनी–(स्त्री.) 1 सुंदर नितंबोंवाली स्त्री 2 सुंदरी
नित–(क्रि. वि.) नित्य
नितांत–(वि.) 1 अत्यधिक 2 असाधारण

न

3 बिल्कुल
नित्य–I (वि.) अविनाशी, शाश्वत, निरंतर II (क्रि. वि.) 1 प्रतिदिन, हर रोज़ 2 हर समय, हमेशा **नित्य कर्म** (पु.) 1 रोज़ का धार्मिक काम 2 रोज़ का काम **नित्य-प्रति** (क्रि. वि.) प्रति-दिन, हर-रोज़
नित्यशः–(क्रि. वि.) 1 प्रतिदिन 2 सदा
निथारना–(स. क्रि.) तरल पदार्थ को इस तरह स्थिर करना जिससे कि भारी पदार्थ तल में बैठ जाय
निदर्शक–(वि.) दिखानेवाला
निदाघ–(पु.) 1 गर्मी, ताप 2 धूप **निदाघकर** (पु.) सूर्य
निदान–I (पु.) 1 कारण 2 रोग का कारण 3 अंत, अवसान II (क्रि. वि.) 1 अंत में 2 इसलिए **निदान कारण** (पु.) अंतिम कारण
निदारुण–(वि.) 1 भयानक, भीषण 2 निर्दय, निष्ठुर
निदेश–(पु.) 1 आज्ञा 2 शासन 3 कथन 4 निर्देश
निदेशक–(पु.) निदेश देनेवाला
निदेशालय–(पु.) निदेशक कार्यालय
निद्रा–(स्त्री.) नींद **निद्राग्रस्त** (वि.) सोया हुआ **निद्राचारी** (पु.) नींद में चलनेवाला व्यक्ति
निद्राकुल–(वि.) नींद से व्याकुल
निद्राच्छन्न–(वि.) सोया हुआ
निद्रालु–(वि.) 1 सोनेवाला 2 निद्राशील 3 जिसे नींद आ रही हो
निधड़क–(क्रि. वि.) 1 बेधड़क 2 बिना हिचके
निधन–(पु.) 1 मृत्यु 2 नाश 3 मरण **निधनकारी** (वि.) घातक, नाशक **निधन-क्रिया** (स्त्री.) 1 शवदाह 2 अंत्येष्टि
निधि–(स्त्री.) 1 संपत्ति, धन-दौलत 2 आश्रय स्थान (जैसे–दयानिधि) 3 विशेष उद्देश्य हेतु संचित धन, फंड
निनाद–(पु.) ज़ोर की आवाज़
निनादित–(वि.) शब्द से भरा हुआ, गुंजायमान
निन्यानवे–(वि./पु.) 99 की संख्या
निपट–I (स्त्री.) निपटने की अवस्था II (क्रि. वि.) निरा, एकदम (जैसे–निरा मूर्ख)
निपटना–(अ. क्रि.) 1 पूर्ण एवं संपन्न होना 2 निवृत होना 3 निपटारा होना 4 लड़ना, जूझना (जैसे–शत्रु से निपटना)
निपटाना–(स. क्रि.) 1 कार्य संपादित करना 2 झगड़ा ख़त्म करना 3 क़र्ज़ आदि चुकाना
निपटारा–(पु.) निर्णय, फ़ैसला
निपात–(पु.) 1 पतन, अधःपतन 2 विनाश 3 मृत्यु 4 आक्रमण 5 फेंकना
निपुण–(वि.) चतुर, प्रवीण, कुशल **निपुणता** (स्त्री.) कुशलता, प्रवीणता
निपूत, निपूता–(वि.) निःसंतान
निबंध–(पु.) 1 बंधन 2 विचारपूर्ण लेख **निबंधकार** (पु.) निबंध लिखनेवाला
निबटना–(अ. क्रि.) निपटना
निबद्ध–(वि.) 1 बँधा हुआ 2 रुका हुआ
निबाह–(पु.) 1 निर्वाह, गुज़ारा 2 पालन 3 पूर्ति 4 छुटकारे का उपाय
निबौरी–(स्त्री.) नीम के फल का बीज
निभना–(अ. क्रि.) प्रेम-व्यवहार बना रहना
निभाना–(स. क्रि.) 1 निर्वाह करना 2 पालन करना 3 प्रेम व्यवहार बनाए रखना
निमंत्रण–(पु.) भोज देना, दावत, न्योता **निमंत्रण पत्र** (पु.) निमंत्रण का समय, दिन, कार्य आदि का विवरण लिखा हुआ पत्र, कार्ड
निमंत्रित–(वि.) बुलाया हुआ, आहूत
निमग्न–लीन, मग्न
निमज्जन–(पु.) 1 गोता लगाकर स्नान करना 2 डुबाना 3 लीन होना
निमित्त–(पु.) 1 कारण 2 साधनभूत कारण 3 लक्ष्य, उद्देश्य 4 लक्षण, चिह्न **निमित्त कारण** (पु.) मूल कारण
निमिष–(पु.) आँखें मिचना, निमेष
निमीलन–(पु.) पलक का गिरना, झपकना
निमेष–(पु.) 1 आँख की पलक झपकना 2 एक बार पलक झपकने में लगा समय
निम्न–(वि.) 1 नीचा 2 नीचे स्तर का 3 साधारण से कम (जैसे–निम्न रक्त चाप)

निम्नलिखित (वि.) निम्नांकित, अधोलिखित **निम्न वर्ग** (पु.) नीचे का वर्ग **निम्न सदन** (पु.) निचला सदन, लोअर हाउस **निम्न स्तर** (पु.) निम्न स्तर का व्यक्ति, वस्तु आदि बातें

निम्नतम–(वि.) कम-से-कम

नियंता–(वि.) 1 नियंत्रण रखनेवाला 2 प्रबंधक, प्रशासक 3 संचालक 4 चलानेवाला

नियंत्रक–(पु.) नियंता

नियंत्रण–(पु.) 1 नियम में बाँधकर रखना 2 प्रतिबंधन **नियंत्रण कक्ष** (पु.) नियंत्रण करने का कमरा

नियत–(वि.) 1 नियम-बद्ध 2 निश्चित

नियतांश–(पु.) निश्चित किया गया अंश, कोटा (जैसे–नियतांश स्थिर करना)

नियताहार–(वि.) नियत मात्रा में भोजन

नियति–(स्त्री.) 1 नियत होने की अवस्था 2 नियमन 3 अदृष्ट, भाग्य 4 आत्मसंयम 5 प्रकृति **नियतिवाद** (पु.) प्रकृति की प्रेरणा एवं ईश्वरीय इच्छा ही सर्व प्रधान एवं सर्वस्व है, का सिद्धांत, डिटरमिनिज़्म **नियतिवादी** (वि.) नियतिवाद से संबंधित, डिटरमिनिस्ट

नियम–(पु.) 1 विधान के अनुरूप नियंत्रण (जैसे–प्राकृतिक नियम) 2 स्थायी कार्यक्रम 3 अनिश्चित व्यवस्था 4 रीति, क़ायदा 5 प्रतिज्ञा 6 निश्चित सिद्धांत 7 अनुशासन **नियमनिष्ठा** (स्त्री.) नियम पालन **नियमपरायण** (वि.) नियम को माननेवाला **नियमपूर्वक** (क्रि. वि.) नियमित रूप से **नियमबद्ध** (वि.) 1 नियमों से जकड़ा हुआ 2 नियमों के अनुकूल

नियमतः–(क्रि. वि.) नियम के अनुसार

नियमन–(पु.) नियम में बाँधने का कार्य

नियमानुरूप–(वि.) नियम के अनुरूप

नियमानुसार–(वि.) नियम के अनुसार

नियमावली–(स्त्री.) नियमों का संग्रह

नियमित–(वि.) 1 नियमबद्ध 2 नियमानुकूल

नियामक–(वि.) 1 नियम बनानेवाला 2 बंधन में रखनेवाला 3 व्यवस्था करनेवाला

नियुक्त–(वि.) 1 लगाया हुआ, तैनात 2 नियोजित 3 प्रेरित 4 स्थिर किया हुआ

नियुक्ति–(स्त्री.) 1 तैनाती 2 प्रेरणा

नियोग–(पु.) 1 नियत करना 2 काम में लाना 3 आज्ञा, आदेश 4 निश्चय 5 प्रेरणा 6 अवधारणा 7 प्रयत्न, कोशिश

नियोगी–(वि.) 1 नियोग करनेवाला 2 नियुक्त

नियोजक–(पु.) नियोक्ता

नियोजन–(पु.) नियुक्त करना **नियोजन केंद्र** (पु.) नौकरी आदि की व्यवस्था करने का कार्यालय

निरंकार–(वि./पु.) निराकार

निरंकुश–(वि.) स्वेच्छाचारी, उद्दंड (जैसे–निरंकुश शासन) **निरंकुशता** (स्त्री.) स्वेच्छाचारिता

निरंजन–(वि.) दुर्गुण एवं दोष रहित (पु.) निर्गुण ब्रह्म, परमात्मा

निरंतर–I (वि.) 1 सदा चलनेवाला 2 स्थायी II (क्रि. वि.) 1 लगातार 2 हमेशा, सदा

निरक्षर–(वि.) 1 अपढ़ 2 गँवार, मूर्ख **निरक्षरता** (स्त्री.) 1 अपढ़ता 2 गँवारपन, मूर्खता **निरक्षरता-निवारण** (पु.) निरक्षरता दूर करना

निरखना–(स. क्रि.) ध्यानपूर्वक देखना

निरत–(वि.) काम में लगा हुआ, लीन

निरन्न–(वि.) 1 अन्नरहित 2 निराहार

निरपराध–I (वि.) निर्दोष II (क्रि. वि.) बिना अपराध

निरपवाद–(वि.) 1 बिना अपवाद का 2 अच्छा, भला 3 निरपराध

निरपेक्ष–I (वि.) 1 अपेक्षा न रखनेवाला 2 निराश्रित, निरबलंबित 3 लगाव न रखनेवाला, तटस्थ 4 अलग रहनेवाला II (पु.) 1 अनादर 2 अवज्ञा, अवहेलना

निरपेक्षित–(वि.) 1 उपेक्षित 2 संपर्करहित, असंबद्ध

निरभिमान–(वि.) जो घमंड न करे

निरभिलाष–(वि.) जो इच्छा न करे

निरभ्र–(वि.) बिना बादल था

निरर्थक–(वि.) बेकार, व्यर्थ

न

निरलस–वि.) आलस्यहीन
निरसन–(पु.) 1 दूर करना 2 निवारण 3 रद्द करने का अधिकार 4 निराकरण, परिहार 5 रद्द करना 6 बाहर करना
निरस्त–(वि.) रद्द किया हुआ, फेंका हुआ, त्यक्त, पृथक् किया हुआ
निरस्त्र–(वि.) बिना हथियार का
निरस्त्रीकरण–(पु.) 1 अस्त्रविहीन करना 2 युद्ध की आशंका समाप्त करने हेतु सैनिक शक्ति कम करना (डिस-आर्मामेंट) (जैसे–निरस्त्रीकरण के सिद्धांत)
निरहंकार–(वि.) अभिमान से रहित
निरा–(वि.) 1 एकमात्र 2 एकदम, कोरा
निराई–(स्त्री.) बेकार वनस्पतियाँ खोदकर निकालना (जैसे–खेती की निराई)
निराकरण–(पु.) 1 अलग करना 2 दूर करना, हटाना 3 निर्वासन 4 निरस्त करना
निराकार–(वि.) 1 आकाररहित 2 भद्दा, कुरूप
निराकृत–(वि.) अलग किया हुआ
निरादर–(पु.) अपमान
निरादृत–(वि.) अपमानित
निराधार–(वि.) 1 बिना आधार का, निराश्रय 2 बेबुनियाद 3 बिना प्रमाण का 4 निरावलंब, असहाय
निराना–(स. क्रि.) निरर्थक वनस्पतियाँ खोदकर निकालना (जैसे–खेत निराना)
निरापद–I (वि.) आपत्तिरहित, निर्विघ्न II (क्रि. वि.) बिना संकट के
निरामय–(वि.) 1 नीरोग 2 निष्कलंक 3 निर्दोष
निरामिष–(वि.) 1 मांसरहित 2 मांस न खानेवाला, शाकाहारी
निरालंब–(वि.) 1 बिना सहारे का, बेसहारा 2 निराश्रित 3 आधारहीन
निराला–I (वि.) 1 अनोखा, अनूठा 2 विचित्र असाधारण II (पु.) एकांत और निर्जन स्थान **निरालापन** (पु.) 1 अनोखापन 2 विचित्रता
निरावरण–I (वि.) खुला हुआ II (पु.) पर्दा हटाना
निराश–(वि.) हताश (जैसे–निराश रोगी, निराश प्रेमी)
निराशा–(स्त्री.) 1 आशा का अभाव 2 निराश होने की अवस्था **निराशाजनक, निराशाजन्य** (वि.) निराशा से उत्पन्न **निराशावाद** (पु.) संसार को दुःखमय एवं निराशापूर्ण समझने का सिद्धांत (पेसिमिज़्म)
निराश्रय–(वि.) निरालंब
निराहार–I (वि.) 1 जिसने भोजन नहीं किया 2 उपासा II (पु.) उपवास
निरीक्षक–(पु.) निरीक्षण करनेवाला
निरीक्षण–(पु.) 1 देखना 2 ग़ौर से देखना 3 देख-रेख करना (इन्सपेक्शन) **निरीक्षणकारी** (वि.) निरीक्षण करनेवाला
निरीश्वर–(वि.) ईश्वर के अस्तित्व को न माननेवाला, नास्तिक **निरीश्वरवाद** (पु.) ईश्वर को न माननेवाला सिद्धांत
निरीह–(वि.) 1 इच्छा एवं तृष्णा से रहित 2 उदासीन, विरक्त 3 निष्क्रिय, चेष्टारहित 4 नम्र एवं शांत
निरुक्त–I (वि.) 1 निःसंदेह एवं स्पष्ट 2 स्पष्ट रूप से कहा हुआ 3 ज़ोर से कहा गया, उद्घोषित II (पु.) शब्द-शास्त्र
निरुक्ति–(स्त्री.) 1 शब्दों की व्युत्पत्ति एवं सिद्धांत बताने की विद्या, शब्द शास्त्र 2 शब्द की व्युत्पत्ति (डेरिवेशन)
निरुत्तर–(वि.) 1 उत्तर देने में अक्षम 2 जिसका उत्तर न दिया गया हो
निरुत्साह–(वि.) उत्साहरहित
निरुद्देश्य–(वि.) बिना उद्देश्य का
निरुद्ध–(वि.) 1 निरोध किया हुआ 2 रोका हुआ 3 बंधन में पड़ा हुआ
निरुद्यम–(वि.) 1 उद्यम न करनेवाला 2 बिना उद्यम का
निरुद्योगी–(वि.) उद्योग न करनेवाला
निरुद्विग्न, निरुद्वेग–(वि.) उत्तेजनारहित, धीर और शांत
निरुपद्रव–(वि.) शांतिमय, विघ्नरहित
निरुपयोगी–(वि.) 1 निकम्मा 2 बेकार
निरुपाय–I (वि.) 1 साधनहीन 2 जिसका

उपाय न हो सके II (क्रि. वि.) लाचार होकर

निरूपण–(पु.) 1 विवेचना करना 2 अच्छी तरह समझाना

निरूपित–(वि.) निरूपण किया हुआ

निरोग, निरोगी–(वि.) स्वस्थ

निरोध–(पु.) रुकावट, रोध **निरोध-शक्ति** (पु.) 1 रोकने की ताक़त 2 वश में करने की क्षमता

निरोधक–(वि.) निरोध करनेवाला

निर्गंध–(वि.) गंधहीन

निर्गत–(वि.) बाहर आया हुआ, निःसृत

निर्गम–(पु.) 1 बाहर जाना, निकासी 2 निकास मार्ग **निर्गम-द्वार** (पु.) बाहर जाने का रास्ता **निर्गम-व्यापार** (पु.) माल बाहर भेजने का व्यापार

निर्गमित–(वि.) बाहर निकाली हुई

निर्गुट–(वि.) बिना दल बंदी का **निर्गुटता** (स्त्री.) ग़ैर दलबंदी

निर्गुण–I (वि.) 1 गुणरहित 2 त्रिगुणातीत II (पु.) त्रिगुणातीत परब्रह्म, परमात्मा

निर्घोष–I (वि.) घोषरहित II (पु.) 1 घोर शब्द 2 आवाज़

निर्जन–(वि.) एकांत

निर्जर–I (वि.) वृद्ध न होनेवाला II (पु.) देवता

निर्जल–I (वि.) 1 जहाँ पानी न हो 2 जिसमें जल पीना भी निषेध हो II (पु.) 1 मरुभूमि 2 निर्जल उपवास

निर्जलीकरण–(पु.) रासायनिक विधि से वनस्पतियों आदि से जल का अंश निकालना

निर्जीव–(वि.) 1 मरा हुआ, मृत 2 जीवन-शक्ति से रहित 3 जो ओजमय, सजीव न हो 4 उत्साहहीन

निर्झर–(पु.) झरना

निर्झरिणी–(स्त्री.) सरिता, नदी

निर्णय–(पु.) 1 फ़ैसला 2 उचित ठहराना 3 निष्कर्ष (जैसे–निर्णय पर पहुँचना)

निर्णयात्मक–(वि.) 1 निर्णय संबंधी 2 निर्णय रूप में होनेवाला

निर्णायक–(वि.) निर्णय करनेवाला

निर्णीत–(वि.) निर्णय किया गया

निर्दय–(वि.) 1 दया-हीन 2 अत्यंत कठोर, निष्ठुर **निर्दयता** (स्त्री.) कठोरता, निष्ठुरता

निर्दल, निर्दलीय–(वि.) 1 दलरहित 2 दल से अलग

निर्दिष्ट–(वि.) 1 बतलाया हुआ 2 निर्देश किया गया 2 निश्चित किया हुआ

निर्देश–(पु.) 1 समझाना 2 नियत करना 3 आदेश 4 उल्लेख

निर्देशक–(वि.) निर्देश देनेवाला

निर्देशन–(पु.) निर्देश देना

निर्देशानुसार–(वि.) निर्देश के अनुसार

निर्देशिका–(स्त्री.) निर्देश-ग्रंथ

निर्दोष–(वि.) 1 बिना दोष का 2 निरपराध

निर्द्वंद्व–(वि.) द्वंद्वहीन

निर्धन–(वि.) ग़रीब **निर्धनता** (स्त्री.) ग़रीबी

निर्धारक–(वि.) निर्धारण करनेवाला

निर्धारण–(पु.) 1 नियत करना 2 निश्चित करना 3 निर्णय, निश्चय

निर्धारित–(वि.) निर्धारण किया हुआ

निर्धूम–(वि.) धुएँ से रहित

निर्निमेष–I (क्रि. वि.) एकटक II (वि.) जिसकी पलक न गिरे

निर्बंध–I (वि.) बंधन-मुक्त II (पु.) 1 अड़चन, बाधा 2 रोक, रुकावट

निर्बल–(वि.) 1 कमज़ोर 2 जिसमें यथेष्ट सजीवता न हो **निर्बलता** (स्त्री.) कमज़ोरी

निर्बाध–I (वि.) बिना बाधा का, प्रतिबंधरहित II (क्रि. वि.) 1 बिना बाधा के 2 निरंतर, लगातार

निर्बीजन–(पु.) बीज नष्ट करना

निर्बुद्धि–(वि.) मूर्ख, बेवकूफ़

निर्बोध–(वि.) अज्ञान, अंजान

निर्भय–(वि.) निडर, भयहीन

निर्भर–(वि.) 1 ठहरा हुआ, अवलंबित 2 भरा हुआ 3 आश्रित **निर्भरता** (स्त्री.) निर्भर होने की अवस्था

न

निर्भीक–(वि.) निडर
निर्भ्रांत–(वि.) जिसे भ्रांति न हो
निर्मम–(वि.) 1 ममतारहित, निष्ठुर 2 कठोरतापूर्वक किया जानेवाला (जैसे–निर्मम हत्या) **निर्ममता** (स्त्री.) निष्ठुरता, कठोरता
निर्मल–(वि.) 1 साफ़, स्वच्छ 2 पवित्र
निर्माण–(पु.) 1 बनाना, रचना (जैसे–भवन निर्माण) 2 पुस्तक आदि का निर्माण **निर्माणकारी** (वि.) निर्माण करनेवाला **निर्माण-कार्य** (पु.) बनाने का काम, निर्माण **निर्माण-काल** (पु.) निर्माण में लगनेवाला समय
निर्माता–(वि.) बनानेवाला
निर्मित–(वि.) बनाया हुआ, रचा हुआ
निर्मुक्त–(वि.) 1 छुटकारा प्राप्त 2 बंधनमुक्त
निर्मूल–(वि.) 1 बिना जड़ का 2 पूर्णतः विनष्ट (जैसे–निर्मूल काटना) 3 बेबुनियाद
निर्मेघ–(वि.) बिना बादल का, निरभ्र
निर्मोही–(वि.) अनुराग न रखनेवाला, निर्दय
निर्यात–(पु.) माल बाहर भेजना, एक्सपोर्ट
निर्यातक–(वि.) माल बाहर भेजनेवाला
निर्लज्ज–(वि.) बेशर्म, बेहया **निर्लज्जता** (स्त्री.) बेशर्मी, बेहयापन
निर्लिप्त–(वि.) 1 लगाव न रखनेवाला, संबंधविहीन 2 सांसारिक माया-मोह से दूर रहनेवाला
निर्लेप–(वि.) बिना लेप का
निर्लोभ–(वि.) बिना लोभ का, लोभरहित
निर्वसन, निर्वस्त्र–(वि.) बिना वस्त्र का, नंगा
निर्वहण–(पु.) 1 निबाह, निर्वाह, गुज़र 2 अंत
निर्वाचक–I (पु.) निर्वाचन करनेवाला II (पु.) मत देनेवाला व्यक्ति **निर्वाचक मंडल** (पु.) जनता द्वारा चुने गए प्रतिनिधियों का दल जो अप्रत्यक्ष रूप से विशेष अधिकारी का चुनाव करता है, एलेक्टोरल कालेज **निर्वाचक-वर्ग, निर्वाचक-समूह** (पु.) चुनाव करनेवाले लोग
निर्वाचन–(पु.) वोट द्वारा चुनाव करना, चुनाव, इलेक्शन **निर्वाचन-अधिकारी** (पु.) चुनाव अधिकारी **निर्वाचन-आयुक्त** (पु.) चुनाव कमिश्नर **निर्वाचन-क्षेत्र** (पु.) चुनाव हलका
निर्वाचित–(वि.) चुना गया, चुनाव हुआ
निर्वाण–I (वि.) 1 शून्य स्थिति को प्राप्त 2 निश्चल 3 अस्त 4 मंद प्राप्त 5 बुझा हुआ II (वि.) बिना बाण का III (पु.) 1 बुझना 2 अंत 3 अस्त होना 4 मुक्ति, मोक्ष 5 मृत्यु **निर्वाण-काल** (पु.) स्वर्गवास का समय
निर्वात–(वि.) 1 वायुरहित, वैक्यूम 2 शांत
निर्वासन–(पु.) 1 बलपूर्वक निकाल देना 2 देश निकाले का दंड
निर्वासित–(वि.) देश निकाला हुआ
निर्वाह–(पु.) 1 वहन करना, निबाहना 2 निष्पादन 3 अंत, समाप्ति **निर्वाह-भत्ता** (पु.) गुज़ारे के लिए भत्ता
निर्विकल्प–(वि.) 1 सदा एक रस एवं एक रूप रहनेवाला 2 निश्चल, स्थिर
निर्विकार–(वि.) जिसमें कोई विकार या कमी न हो
निर्विघ्न–I (वि.) बाधारहित II (क्रि. वि.) बिना बाधा के
निर्विचार–(वि.) विचारशून्य
निर्विरोध–I (पु.) 1 बिना विरोध का 2 बिना रुकावट II (क्रि. वि.) बिना विरोध किए
निर्विवाद–I (वि.) बिना विवाद का II (क्रि. वि.) बिना विवाद किए
निर्वीज–(वि.) 1 बीजरहित 2 कारणरहित
निर्वीर्य–(वि.) 1 नपुंसक 2 शक्तिहीन
निर्वृत्ति–(स्त्री.) वापस आना, लौटना
निर्वेग–(स्त्री.) वेग-हीन, स्थिर
निर्वेद–(पु.) 1 ग्लानि 2 घृणा 3 ग्लानि एवं निराशा 4 संचारी भाव
निर्वैयक्तिक–(वि.) जो अपना न हो
निर्वैर–(वि.) वैर भाव आदि से रहित
निर्व्याधि–(वि.) रोग से मुक्त, नीरोग
निर्व्यापार–(वि.) 1 व्यापाररहित 2 गतिहीन
निर्हेतु–I (वि.) हेतुरहित, अकारण II (क्रि. वि.) बिना किसी हेतु के
निलंबन–(पु.) 1 संदेह होने पर पद से हटाना 2 अप्रभावी कर देना, टाल देना
निलंबित–(वि.) 1 पदच्युत किया गया

2 मुअत्तल

निलय–(पु.) 1 रहने की जगह 2 वास-स्थान, घर 3 छिपना 4 लुप्त हो जाना

निलहा–(वि.) 1 नीले रंगवाला 2 नीलवाला

निवर्तक–(वि.) 1 लौटानेवाला 2 निवर्तन करनेवाला, लौटने वाला

निवर्तन–(पु.) 1 रोकना, निवारण 2 लौटाना 3 लौटना 4 पीछे हटना-हटाना 5 क़ानून आदि रद्द करना 6 घूमना, मुड़ना

निवर्तमान–(वि.) पद से हट जानेवाला, रिटायर्ड व्यक्ति

निवारक–(वि.) निवारण करनेवाला

निवारण–(पु.) 1 रोकना 2 दूर करना

निवार्य–(वि.) 1 रोके जाने योग्य 2 हटाए जाने योग्य

निवास–(पु.) 1 वास 2 वास-स्थान 3 घर

निवासी–(वि.) बसनेवाला, निवास करनेवाला

निविड़–(वि.) 1 घना, सघन 2 गंभीर 3 भारी डील-डौल **निविड़ता** (स्त्री.) 1 घनापन, सघनता 2 गंभीरता 3 स्थूलता

निविदा–(स्त्री.) आवश्यक रक़म लेकर वांछित वस्तुएँ जुटा देने या काम पूरा करने का लिखित वादा (टेंडर)

निविष्ट–(वि.) 1 बैठा हुआ, आसीन 2 डेरा डालकर ठहरा हुआ 3 एकाग्र क्रिया हुआ 4 प्रविष्ट 5 ठहरा हुआ, स्थित

निविष्टि–(स्त्री.) 1 विश्राम करना 2 संभोग करना 3 खाते आदि में दर्ज करना 4 चढ़ाई गई रक़म, बात आदि

निवृत्त–(वि.) 1 वापस आया हुआ 2 विरत 3 मुक्त 4 हटाया हुआ 5 समाप्त

निवृत्ति–(स्त्री.) 1 निवृत्त होना (रिटायरमेंट) 2 वापस आना 3 त्याग 4 मुक्ति **निवृत्ति मार्ग** (पु.) विरक्ति का मार्ग **निवृत्तिवाद** (पु.) विरक्त रहने का सिद्धांत

निवेदक–(वि.) निवेदन करनेवाला

निवेदन–(पु.) 1 नम्रतापूर्वक कहना 2 प्रार्थना, विनती

निवेश–(पु.) कंपनी आदि में लाभ हेतु रक़म लगाना

निशस्त्रीकरण–(पु.) अस्त्रविहीन करना (डिसआर्मामेंट)

निशांत–I (वि.) 1 अत्यधिक शांत 2 शांतियुक्त II (पु.) निशा का अंत

निशा–(स्त्री.) रात, रात्रि **निशाचर** I (वि.) रात में विचरण करनेवाला II (पु.) 1 राक्षस 2 उल्लू

निशान–(पु.) 1 चिह्न, लक्षण 2 प्राकृतिक चिह्न 3 मोहर आदि की छाप 4 कलंक, धब्बा 5 हस्ताक्षर के बदले लगाया गया चिह्न 6 यादगार 7 परिचायक चिह्न

निशाना–(पु.) 1 वह बिंदु या पदार्थ जिस पर आघात किया जाय 2 वार, जिसके प्रति कोई चुटकीली बात कही जाय वह व्यक्ति

निशानी–(स्त्री.) यादगार, स्मृति-चिह्न

निशि–(स्त्री.) रात

निशिदिन–(पु.) रात-दिन

निशीथ–(स्त्री.) 1 अर्ध रात्रि 2 रजनी

निशुंभ–(पु.) 1 वध 2 हिंसा 3 दुर्गा द्वारा मारा गया एक राक्षस

निश्चय–(पु.) 1 संकल्प करना 2 प्रस्ताव (रिजोल्यूशन) 3 निर्णय 4 विश्वास **निश्चय-वाचक** (वि.) निश्चय का बोध करानेवाला

निश्चयात्मक–(वि.) निश्चय रूप में होनेवाला, निःसंदेह

निश्चयार्थ–(वि.) निश्चित अर्थवाला

निश्चल–(वि.) 1 अचल, स्थिर 2 अपरिवर्तनशील

निश्चित–(वि.) 1 निश्चय किया गया 2 स्थिर हुआ 3 अपरिवर्तनीय, बेफ़िक्र **निश्चितता** (स्त्री.) बेफ़िक्री

निश्चेतन–(वि.) संज्ञाहीन, बेहोश (पु.) संज्ञाहीन करना, बेहोश करना

निश्चेष्ट–(वि.) चेष्टा न करनेवाला

निश्छल–(वि.) निष्कपट, छलरहित

निश्रेयस–(पु.) 1 कल्याण 2 मोक्ष

निश्वास–(पु.) 1 साँस बाहर निकालना 2 गहरी साँस

न

निश्शंक–(वि.) निःशंक, निडर (क्रि. वि.) बिना डर के
निश्शक्त–(वि.) शक्तिहीन, अशक्त
निश्शब्द–(वि.) निःशब्द, बिना शब्द का
निश्शस्त्रीकरण–(पु.) शस्त्रविहीन करना
निश्शुल्क–(वि.) निःशुल्क
निषंग–(पु.) 1 तरकश, तूणीर 2 तलवार
निषंगी–(वि.) 1 आसक्त 2 धनुर्धारी 3 खड्गधारी
निषाद–(पु.) 1 प्राचीन अनार्य जंगली जाति 2 संगीत में सरगम का सातवाँ स्वर
निषादी–(वि.) 1 बैठा हुआ 2 महावत
निषिद्ध–(वि.) 1 निषेध किया गया 2 रोका गया 3 अत्यंत बुरा एवं त्याज्य
निषेचन–(पु.) 1 छिड़कना 2 सींचना 3 गर्भ धारण कराना
निषेध–(पु.) 1 मना करना 2 रोक, बाधा 3 अपवाद 4 मनाही 5 अस्वीकृति, इनकार
निषेधाज्ञा–(स्त्री.) निषेध संबंधी आदेश, आज्ञा
निषेधात्मक–(वि.) मनाही करनेवाला
निष्कंटक–I (वि.) 1 बाधा, आपत्ति आदि से रहित, निर्विघ्न 2 जिसमें काँटे न हों II (क्रि. वि.) 1 बेखटके 2 बिना रुकावट के
निष्क–(पु.) 1 सोलह माशे के मान के बराबर सोने का एक सिक्का 2 सोना
निष्कपट–(वि.) कपटरहित
निष्करुण–(वि.) जिसमें दया न हो, बेरहम
निष्कर्म–(वि.) बिना काम का
निष्कर्ष–(पु.) 1 परिणाम 2 निश्चय 3 निचोड़
निष्कलंक–(वि.) बेदाग़
निष्कलुष–(वि.) निर्मल, पवित्र
निष्काम–(वि.) कामना एवं वासना से रहित, निर्लिप्त **निष्काम वृत्ति** (स्त्री.) निष्काम रहने का भाव
निष्कारण–I (वि.) बिना कारण का II (क्रि. वि.) 1 बिना कारण के 2 व्यर्थ
निष्कासन–(पु.) 1 बाहर करना 2 हटाना 3 निकालना
निष्कृति–(स्त्री.) 1 छुटकारा, मुक्ति 2 उपेक्षा, तिरस्कार
निष्क्रिय–(वि.) 1 काम-धाम न करनेवाला 2 निश्चेष्ट 3 विहित कर्म न करनेवाला **निष्क्रियता** (स्त्री.) निष्क्रिय होने की अवस्था
निष्ठ–(वि.) 1 विश्वास करनेवाला (जैसे–धर्म-निष्ठ) 2 लगा रहनेवाला (जैसे–कर्म-निष्ठ) 3 मन से लगा रहनेवाला (जैसे–कर्तव्य-निष्ठ) 4 निष्ठा रखनेवाला
निष्ठा–(स्त्री.) 1 अवस्था, दशा 2 दृढ़ निश्चय 3 श्रद्धा एवं भक्ति 4 आधार
निष्ठावान–(वि.) निष्ठा रखनेवाला
निष्ठुर–(वि.) 1 कठोर, कड़ा 2 निर्दय, बेरहम 3 उग्र, तेज़।
निष्णात–(वि.) 1 अच्छा ज्ञान रखनेवाला 2 पूरा किया हुआ, निष्पन्न 3 उत्तम, श्रेष्ठ
निष्पक्ष–(वि.) 1 बिना पक्ष का 2 तटस्थ **निष्पक्षता** (स्त्री.) निष्पक्ष होने की अवस्था
निष्पत्ति–(स्त्री.) 1 आविर्भाव, उत्पत्ति 2 पूर्णता 3 समाप्ति 4 उद्देश्य आदि की सिद्धि 5 निर्वाह
निष्पंद–(वि.) कंपरहित
निष्पन्न–(वि.) भली-भाँति पूरा किया हुआ
निष्पलक–(क्रि. वि.) बिना पलक गिराए
निष्पादक–(वि.) नियम के अनुसार काम करने वाला
निष्पादन–(पु.) पूरा करना, निष्पन्न करना
निष्पाप–(वि.) पाप न करनेवाला
निष्पीड़न–(पु.) 1 दबाकर रस निकालना 2 निचोड़ना
निष्प्रयोजन–I (वि.) 1 बिना मतलब का 2 निरर्थक II (क्रि. वि.) बिना प्रयोजन के
निष्प्राण–(वि.) 1 बिना प्राण का, मृत 2 महत्त्वहीन (जैसे–निष्प्राण साहित्य)
निष्फल–(वि.) 1 बिना परिणाम का 2 व्यर्थ, बेकार 3 बिना फल का
निसंशय–(वि.) निःशंक, निडर
निसर्ग–(पु.) 1 छोड़ना, त्यागना 2 बाहर निकालना 3 मल त्यागना 4 दान, भेंट आदि देना 5 सृष्टि प्रकृति **निसर्ग नियम** (पु.)

शाश्वत नियम

निसृष्टार्थ–(पु.) 1 संदेशवाहक 2 दूत (प्रेमिका एवं प्रेमी को मिलाने की व्यवस्था करनेवाला व्यक्ति) 3 महत्त्वपूर्ण व्यक्ति, प्रबंधक

निस्तब्ध–(वि.) 1 निश्चेष्ट 2 गतिहीन 3 स्तब्ध (जैसे–निस्तब्ध रात्रि) **निस्तब्धता** (स्त्री.) 1 निश्चेष्टता 2 गतिहीनता

निस्तरण–(पु.) 1 पार उतरना 2 छुटकारा मिलना

निस्तार–(पु.) 1 तैरकर पार होना 2 छुटकारा, उद्धार 3 अभीष्ट प्राप्ति

निस्तारक–(वि.) बचानेवाला

निस्तेज–(वि.) तेज-हीन

निस्पंद–(वि.) जिसमें कंपन न हो, स्पंदनरहित

निस्पृह–(वि.) इच्छारहित, वासनारहित

निस्संकोच–(वि.) संकोचरहित

निस्संग–(वि.) 1 बिना साथ का 2 अकेला 3 विषय-वासनारहित 4 एकांत, निर्जन

निस्संतान–(वि.) संतान-हीन

निस्संदिग्ध–(वि.) निस्संदेह

निस्संदेह–I (वि.) असंदिग्ध, संदेहरहित II (क्रि. वि.) 1 बिना संदेह के, बेशक 2 अवश्य

निस्सहाय–(वि.) असहाय

निस्सार–(वि.) सारहीन

निस्सीम–(वि.) सीमारहित, असीम

निस्सृत–(वि.) निकला हुआ

निहंग–I (वि.) 1 अकेला, एकाकी 2 अविवाहित एवं परिवार-हीन 3 नंगा 4 निर्लज्ज, बेशर्म II (पु.) 1 विरक्त साधु 2 एक सिक्ख संप्रदाय

निहंता–(वि.) 1 नाश करनेवाला, विनाशक 2 हत्या करनेवाला

निहत्था–(वि.) 1 शस्त्रहीन 2 जिसके हाथ में कुछ भी न हो

निहाई–(स्त्री.) लोहे का बड़ा टुकड़ा

निहानी–(स्त्री.) एक तरह की रुखानी (औज़ार)

निहारना–(स. क्रि.) टक लगाकर देखना

निहाल–(वि.) 1 हर तरह से तृप्त, सफल-मनोरथ 2 प्रसन्न एवं संतुष्ट

निहित–(वि.) 1 स्थापित 2 सौंपा हुआ 2 अंदर छिपा हुआ **निहित स्वार्थ** (पु.) बीच में पड़ा हुआ हित

निहितार्थ–(पु.) छिपा हुआ अर्थ

नींद–(स्त्री.) निद्रा **नींद उचटना, नींद उचाट होना** नींद में बाधा उत्पन्न होना **नींद हराम होना** कष्ट, चिंता आदि के कारण नींद न आना

नींबू–(पु.) एक खट्टा फल व उसका वृक्ष

नींव–(स्त्री.) 1 ज़मीन के अंदर रहनेवाला महल 2 नींव हेतु खोदा जानेवाला गड्ढा

नीच–I (वि.) 1 अधम, निकृष्ट 2 खल, दुष्ट II (पु.) नीच पुरुष

नीचा–(वि.) 1 कम ऊँचाईवाला (जैसे–नीची दीवार, नीची छत) 2 झुका हुआ (जैसे–नीचा सिर) 3 निम्न स्तर पर स्थित (जैसे–नीची सड़क) 4 अधिकार, पद, मर्यादा में घटकर छोटा

नीचाशय–(वि.) तुच्छ विचारवाला, ओछा

नीचे–(क्रि. वि.) 1 नीचे की तरफ़ 2 अधीनता में

नीड़–(पु.) चिड़ियों का घोंसला

नीड़ज–(पु.) पक्षी

नीति–(स्त्री.) 1 व्यवहार का ढंग, बर्ताव का तरीक़ा 2 लोक-व्यवहार हेतु नियत किया गया आचार 3 सदाचार-व्यवहार आदि के नियम और रीतियाँ 4 शासन की रक्षा एवं व्यवस्था हेतु स्थिर किए गए तत्त्व एवं सिद्धांत 5 नीतिशास्त्र **नीतिकुशल** (वि.) नीति में कुशल या चतुर **नीतिगत** (वि.) नीति संबंधी **नीतिज्ञ** (वि.) नीति कुशल **नीतिपरायण** (वि.) नीति का पालन करनेवाला **नीतिभ्रष्ट** (वि.) आचारहीन **नीतिमत्ता** (स्त्री.) नीति के अनुसार आचरण करना

नीतिमान्–(वि.) 1 नीति-कुशल 2 नीति-पूर्ण

नीबू–(पु.) एक खट्टा फल **नीबूनिचोड़** (वि.) थोड़ा देकर बहुत लेनेवाला

नीम–(पु.) एक प्रसिद्ध पेड़ जिसकी पत्तियाँ, छाल आदि सभी कड़ुवा होता है

न

नीयत–(स्त्री.) इरादा, इच्छा
नीर–(पु.) 1 पानी 2 आँसू,
नीर-क्षीर विवेक–(पु.) भले-बुरे का स्पष्ट भेद करने की शक्ति
नीरज–(वि.) जल से उत्पन्न, कमल, मोती
नीरद–(पु.) मेघ, बादल
नीरव–(वि.) 1 शब्दरहित 2 शब्द न करनेवाला
नीरस–(वि.) 1 फीका 2 रस-हीन 3 शुष्क
नीरा–(स्त्री.) ताड़ी
नीरोग–(वि.) 1 स्वस्थ 2 विकाररहित
नील–I (वि.) 1 गहरे आसमानी रंग का II (पु.) 1 नीले फूलों से युक्त नील का पौधा 2 नीला रंग (इंडिगो) 3 राम की सेना का एक बंदर, 4 सौ खरब की संख्या, 1,00,00,00,00,00,000 **नीलकांत** (पु.) 1 विष्णु 2 नीलम 3 एक पहाड़ी चिड़िया,
नीलमणि–(पु.) नीलम
नील-लोहित–I (वि.) बैंगनी II (पु.) शिव
नीलकंठ–I (वि.) नीले कंठवाला II (पु.) 1 शिव 2 मोर 3 नीले कंठ एवं नीले डैनोंवाला एक पक्षी
नीलगाय–(स्त्री.) गाय के आकार का एक वन्य-पशु
नीलम-(पु.) नीले रंग का प्रसिद्ध रत्न
नीलांजन–(पु.) 1 नीला सुरमा 2 तूतिया
नीलांबर–(वि.) नीला वस्त्र पहननेवाला
नीला–(वि.) आसमानी, गहरा नीला (ब्लू)
नीला थोथा–(पु.) तूतिया
नीलाकाश–(पु.) नीला आसमान
नीलाम–(पु.) सार्वजनिक बिक्री
नीलामकर्ता -(पु.) नीलाम करनेवाला व्यक्ति
नीलामी–(वि.) नीलाम के रूप में बिकनेवाला
नीलिमा–(स्त्री.) 1 नीलापन 2 श्यामलता
नीलोत्पल–(पु.) नील-कमल
नीहार–(पु.) 1 कोहरा 2 तुषार, पाला
नीहारिका–(स्त्री.) धुएँ की तरह का आकाश में छाया रहनेवाला प्रकाशपुंज (नेब्युला)
नुकती–(स्त्री.) महीन और मीठी बुंदिया
नुक़सान–(पु.) 1 हानि 2 क्षति
नुक़सानदेह–(वि.) नुक़सान पहुँचानेवाला
नुकीला–(वि.) 1 नोकदार 2 तेज़ नोकवाला
नुक्कड़–(पु.) 1 नुकीला कोना 2 कोना 3 मकान, गली आदि का मोड़
नूतन–(वि.) 1 नया 2 हाल का, ताज़ा
नूतनीकरण–(पु.) नया रूप देना
नून–(पु.) नमक
नूपुर–(पु.) 1 घुँघरू 2 पायल
नूर–(पु.) प्रकाश, ज्योति
नृ–(पु.) नर, मनुष्य **नृविज्ञान** (पु.) मानव उत्पत्ति तथा उसके रूप, आकार आदि का विवेचन करनेवाला शास्त्र (एन्थ्रोपोलॉजी) **नृतत्व** (पु.) नृ-वंश-विज्ञान **नृविज्ञान** (पु.) नृ-वंश-विज्ञान
नृवैज्ञानिक–(वि.) नृ-विज्ञान को जाननेवाला
नृत्य–(पु.) नाच **नृत्य-कला** (स्त्री.) नाचने की कला **नृत्य-संगीत** (पु.) संगीत सहित नाच
नृशंस–(वि.) 1 अत्याचारी 2 निर्दय
नृप–(पु.) राजा, नरपति, भूपाल
नेक–I (वि.) ज़रा-सा, थोड़ा-सा II (क्रि. वि.) ज़रा, थोड़ा, अच्छा, उम्दा, भला
नेकनाम–(वि.) जिसका अच्छा नाम हो, यशस्वी
नेग–(पु.) शुभ अवसर पर नौकर-चाकर एवं अन्य आश्रितों को धन आदि देने की प्रथा
नेता–(पु.) नायक, अगुआ **नेतागिरी** (स्त्री.) नेता बनकर मार्ग दर्शन कराना
नेति–(पु.) एक औपनिषदिक वाक्य जिसका अर्थ है 'अंत नहीं है' अर्थात् ब्रह्म की महिमा अपार है
नेतृत्व–(पु.) मार्ग दर्शन एवं संचालन करना।
नेत्र–(पु.) आँख **नेत्र-कनीनिका** (स्त्री.) आँख की पुतली **नेत्रगोलक** (पु.) आँख का डेला
नेत्री–(स्त्री.) नेतृत्व करनेवाली
नेपथ्य–(पु.) 1 रंग-मंच के पर्दे के पीछे की जगह 2 वेश-भूषा 3 रंग-भूमि, रंगशाला
नेपाली–I (वि.) नेपाल राज्य से संबंधित 2 नेपाल में बसनेवाला II (पु.) 1 नेपाल देश का नागरिक 2 नेपाल देश की भाषा
नेफ़ा–भारत का पूर्वोत्तरी भूभाग

नेम–(पु.) 1 नियम, क़ायदा 2 प्रथा, रीति

नेमी–(वि.) नियम-धरम का पालन करनेवाला **नेमी-धरमी** (वि.) धार्मिक सिद्धांतों का कठोरता से पालन करनेवाला

नेवला–(पु.) भूरे रंग का एक प्रसिद्ध जंतु जो सर्प को मार डालता है

नेह–(पु.) स्नेह, प्रीति, प्यार

नैकट्य–(पु.) निकटत्व

नैगम–(वि.) 1 वेद की व्याख्या करने वाला 2 निगम संबंधी

नैतिक–(वि.) 1 नीति संबंधी 2 नीति युक्त आचरण **नैतिकता** (स्त्री.) नीति शास्त्र का ज्ञान एवं उसके अनुरूप किया जानेवाला आचरण **नैतिकतापूर्ण** (वि.) नैतिकता से युक्त

नैन–(पु.) आँख, नयन **नैनसुख** (पु.) सफ़ेद, चिकना सूती कपड़ा

नैपुण्य–(पु.) निपुणता

नैमित्तिक–(वि.) 1 शकुन जाननेवाला 2 कभी-कभी किया जानेवाला

नैया–(स्त्री.) नौका, नाव

नैयायिक–(पु.) न्याय-दर्शन का ज्ञाता, न्याय-वेत्ता

नैराश्य–(पु.) निराशा **नैराश्यपूर्ण** (वि.) निराश

नैरुक्त–I (वि.) 1 शब्द व्युत्पत्ति से संबंध रखनेवाला 2 निरुक्त शास्त्र से संबद्ध II (पु.) 1 शब्दों की व्युत्पत्ति जाननेवाला व्यक्ति 2 शब्दों की निरुक्ति संबंधी ग्रंथ

नैवेद्य–(पु.) भोग

नैश्य–(वि.) 1 निशा का 2 रात में होनेवाला

नैषध–I (वि.) निषध देश का II (पु.) 1 निषध देश का राजा 2 राजा नल 3 हर्ष- रचित प्रसिद्ध संस्कृत काव्य

नैष्ठिक–(वि.) 1 निष्ठावान् 2 निश्चित रूप से किया जानेवाला 3 दृढ़, पक्का

नैसर्गिक–(वि.) 1 प्राकृतिक 2 स्वाभाविक

नैहर–(पु.) मायका

नोक–(स्त्री.) 1 शंकु की तरह का अग्रभाग 2 वस्तु का आगे का नुकीला भाग 3 रेखाओं का मिलन बिंदु **नोकदार** (वि.) 1 नोकवाला 2 चुभनेवाला

नोक-झोंक–(स्त्री.) कहा-सुनी

नोच–(स्त्री.) 1 नोचने का काम 2 बलपूर्वक लेने का कार्य

नोचना–(स. क्रि.) 1 झटके से खींचना 2 खींचकर अलग करना 3 बार-बार परेशान करना **नोचना-खसोटना** (स. क्रि.) छीनाझपटी करना

नोट–(पु.) सरकार द्वारा काग़ज़ के रूप में चलाया गया रुपया (जैसे–दस रुपए का नोट)

नोन–(पु.) नमक **नोन-तेल** (पु.) घर का सामान

नोना–I (वि.) 1 खारा 2 नमकीन 3 अच्छा, बढ़िया 4 सलोना, सुंदर II (पु.) 1 क्षार 2 नोनी मिट्टी

नोनिया–I (पु.) लोनी मिट्टी से नमक निकालने का काम करनेवाली एक जाति II (स्त्री.) लोनिया नामक पौधा

नौ–(वि./पु.) 9 की संख्या

नौ-आबादी–(स्त्री.) नई आबादी

नौकर–(पु.) 1 सेवक, भृत्य 2 कर्मचारी

नौकरानी–(स्त्री.) घर-गृहस्थी का काम करनेवाली स्त्री, दासी

नौकरी–(स्त्री.) 1 वेतन के रूप में की जानेवाली सेवा 2 नौकर बनकर सेवा करना **नौकरीपेशा** (पु.) नौकरी करके जीवन निर्वाह करनेवाला व्यक्ति

नौका–(स्त्री.) नाव **नौका दंड** (पु.) नाव का डंडा **नौका दौड़** (स्त्री.) नावों की दौड़ **नौका विहार** (पु.) नदी में नौका से की जानेवाली सैर

नौ-चालन–(पु.) नदी, समुद्र आदि के मार्ग से आना-जाना

नौजवान–(वि.) 1 चढ़ती जवानीवाला 2 जवान

नौटंकी–(स्त्री.) संगीत प्रधान लोक-नाट्य

नौनगा–I (वि.) नौ रत्नवाला, नौ नगवाला (जैसे–नौनगा हार) II (पु.) नौ नगवाला

प

हार

नौनिहाल–(पु.) 1 नया पौधा 2 बालक

नौ-परिवहन–(पु.) समुद्री जहाज़ आदि चलाना

नौ-युद्ध–(पु.) नौकाओं के बीच में युद्ध

नौ-विज्ञान–(पु.) नौ-गमन या नौका-नयन संबंधी विज्ञान (नाटिकल सायंस)

नौ-शक्ति–(स्त्री.) नौसेना

नौसिखिया, नौसिखुआ–(वि.) हाल में काम सीखनेवाला

नौ-सेना–(स्त्री.) समुद्री जहाज़ों पर रहकर युद्ध करनेवाली सेना (नेवी)

नौ-सेनाध्यक्ष, नौ-सेनापति–(पु.) नौ-सेना का सर्वोच्च अधिकारी (एडमिरल)

नौ-सैनिक–(वि.) नौ-सेना संबंधी

न्यस्त–(वि.) 1 रखा हुआ 2 स्थापित किया हुआ 3 फेंका हुआ 4 त्यागा हुआ, परित्यक्त

न्याय–I (पु.) 1 उचित-अनुचित का विवेक, नीति-संगत बात, इंसाफ़ 2 फ़ैसला II (वि.) उचित, ठीक, वाजिब **न्यायकर्ता** I (वि.) न्याय करनेवाला II (पु.) 1 न्यायाधीश, जज 2 फ़ैसला करनेवाला व्यक्ति **न्यायपालिका** (स्त्री.) न्याय तंत्र **न्यायपीठ** (पु.) न्यायालय की सामूहिक बैठक **न्यायमूर्ति** (पु.) न्यायज्ञ की उपाधि, जस्टिस **न्यायशास्त्र** (पु.) न्याय संबंधी शास्त्र **न्यायसंगत** (वि.) न्याय पूर्ण

न्यायतः–(क्रि. वि.) न्याय के अनुसार, न्याय से

न्यायाधिवक्ता–(पु.) एडवोकेट

न्यायाधीश–(पु.) विवाद-ग्रस्त मामलों पर अपना फ़ैसला देनेवाला अदालत का अधिकारी, न्यायकर्ता, जज

न्यायालय–(पु.) अदालत, कोर्ट

न्यायिक–(वि.) न्याय संबंधी

न्यायोचित–(वि.) न्यायसंगत

न्यारा–(वि.) 1 पास न होनेवाला, दूरस्थ 2 अलग, जुदा 3 अन्य, भिन्न 4 निराला

न्यास–(पु.) 1 स्थापित करना 2 यथास्थान रखना 3 निशान, चिह्न (जैसे–शस्त्र-न्यास, नख-न्यास) 4 अमानत, थाती, धरोहर **न्यासधारी** (वि.) 1 धरोहर रखनेवाला 2 ट्रस्टी

न्यासी–(पु.) संपत्ति की देखभाल करने वाला

न्यून–(वि.) 1 कम, थोड़ा 2 घटकर, हल्का **न्यूनता** (स्त्री.) 1 अल्पता 2 हल्कापन 3 नीचता

न्यूनतम–(वि.) सबसे कम, अल्पतम

न्यूनाधिक–(वि.) कुछ कम और कुछ अधिक

न्योछावर–(स्त्री.) निछावर

न्यौता–(पु.) 1 निमंत्रण, दावत 2 न्योता आने पर दिया जानेवाला धन

प

पंक–(पु.) 1 कीचड़ 2 दलदल **पंकज** I (वि.) कीचड़ में उत्पन्न होनेवाला II (पु.) कमल

पंकिल–(वि.) 1 कीचड़ से युक्त 2 गंदा, मैला

पंक्ति–(स्त्री.) 1 क़तार 2 पाँत 3 समूह (जैसे–पशुओं का पंक्ति में खड़ा होना) **पंक्तिबद्ध** (वि.) 1 क़तार में लगाया हुआ 2 क़तार में लगा हुआ **पंक्तिबाह्य** (वि.) बिरादरी से निकाला हुआ

पंख–(पु.) पर, डैना **पंखकटा** (वि.) जिसका पंख कट गया हो **पंख जमना, पंख निकलना** बुरे रास्ते पर जाने, बहकने का लक्षण प्रकट होना **पंख लगना** वेगपूर्वक दौड़ना

पंखा–(पु.) हवा देनेवाली वस्तु

पंखड़ी–(स्त्री.) पंखडी

पंखेरू–(पु.) पक्षी, खग, पंछी

पंगत–(स्त्री.) 1 पंक्ति 2 पाँति 3 भोज 4 समाज, समूह

पंगु–I (वि.) 1 लँगड़ा 2 गतिहीन 3 शक्तिहीन II 1 शनि ग्रह 2 वात रोग से ग्रस्त व्यक्ति

पंच–(पु.) पाँच मनुष्यों का समुदाय (जैसे–पंच परमेश्वर) **पंचकन्या** (स्त्री.) अहल्या, द्रौपदी, कुंती, तारा तथा मंदोदरी ये पाँच कन्याएँ **पंचकृत्य** (पु.) सृष्टि, स्थिति, ध्वंस, विधान और अनुग्रह ये पाँच प्रकार के ईश्वरीय कर्म **पंचकोण** I (वि.) पाँच कोनोंवाला II (पु.) पाँच भुजाओंवाला **पंच-कोश** वेदांत के अनुसार आत्मा के आवरण रूप पाँच कोश **पंच-गव्य** (पु.) गाय से प्राप्त होनेवाले पाँच द्रव्य (जैसे–दूध, दही, घी, गोबर, गो मूत्र) **पंच-ग्रह** (पु.) मंगल, बुध, गुरु, शुक्र और शनि ये पाँच ग्रह **पंच-तत्त्व, पंचभूत** (पु.) पाँच प्रकार के तत्त्व, पंचभूत (जैसे–आकाश, पृथिवी, जल, अग्नि, हवा) **पंचतन्मात्र** (पु.) शब्द, स्पर्श, रूप, रस और गंध ये पाँच तत्त्व **पंचतपा** (वि.) पंचाग्नि तापनेवाला **पंचनद** (पु.) पाँच नदियों का समूह **पंच-निर्णय** (पु.) पंचों द्वारा किया गया फ़ैसला **पंच-परमेश्वर** (पु.) पंच में न्यायकारी ईश्वर **पंचप्राण** (पु.) प्राण, अपान, समान, व्यान तथा उदान ये पाँच प्राण **पंच-भुज** (पु.) पंचकोण **पंच-मकार** (पु.) मद्य, मांस, मत्स्य, मुद्रा और मैथुन ये पाँच मकार **पंचवटी** (स्त्री.) पीपल, वट, बेल, हरड़ और अशोक वृक्षों का समूह

पंचतंत्र–(पु.) नीति शास्त्र का ग्रंथ जो संस्कृत भाषा में लिखा गया है

पंचनामा–(पु.) वह पत्र जिसपर पंचों ने अपना निर्णय लिखा हो

पंचम–(वि.) पाँचवाँ

पंचमी–(स्त्री.) चांद्रमास के प्रत्येक पक्ष की पाँचवीं तिथि

पँचमेल–(वि.) जिसमें पाँच चीज़ों का मिश्रण हो (जैसे–पँचमेल मिठाई)

पँचरंगा–(वि.) पाँच रंगोंवाला

पंचांग–I (वि.) पाँच अंगों वाला II (पु.) 1 किसी वस्तु के पाँच अंग 2 पाँच अंगोंवाली वस्तु 3 वारों, नक्षत्रों, तिथियों, योगों और करणों वाली एक पंजी, पत्रा

पंचाग्नि–(वि.) पाँच प्रकार की अग्नियों का आधान करनेवाला

पंचाट–(पु.) पंचों द्वारा किया गया निर्णय

पंचानन–(पु.) पाँच मुखवाला, शिव

पंचानवे–(वि./पु.) 95 की संख्या

पंचामृत–(पु.) दूध, दही, चीनी, मधु, घी के मिश्रण से बना घोल

पंचायत–(स्त्री.) पंचों की सभा (जैसे–पंचायत घर, पंचायत बुलाना) **पंचायत राज** पंचों द्वारा शासन प्रबंध

पंचाली–(वि.) I पंचाल देश का रहनेवाला II (स्त्री.) द्रौपदी

पंचेंद्रिय–(स्त्री.) 1 पाँच ज्ञानेंद्रियाँ 2 पाँच कर्मेंद्रियाँ

पंछी–(पु.) चिड़िया, पक्षी

पंजर–(पु.) 1 हड्डियों का ढाँचा 2 देह, शरीर **अंजर-पंजर ढीला होना** शरीर का सही ढंग से कार्य न करना

पंजा–(पु.) 1 उँगलियों सहित हथेली का अगला भाग 2 पैर की उँगलियों सहित पैर का अगला भाग

पंजाबी–I (वि.) पंजाब का II (पु.) पंजाब का नागरिक (स्त्री. पंजाबिन) III (स्त्री.) पंजाब प्रदेश की भाषा

पंजारा–(पु.) रूई धुनने का काम करने वाला

पंजिका–(स्त्री.) हिसाब-किताब लिखने की पुस्तिका

पंजी–(स्त्री.) बही, रजिस्टर **पंजीकरण** (पु.) 1 हिसाब आदि का पंजी में लिखा जाना 2 नाम सूची में नाम लिखा जाना **पंजीकृत** (वि.) जिसका पंजीकरण हुआ हो

पंजीयक–(पु.) 1 पंजी पर विवरण आदि लिखनेवाला 2 अभिलेख सुरक्षित रखनेवाला

पँड़वा–(पु.) भैंस का बच्चा, पड़वा

पंडा–(पु.) तीर्थ यात्रियों को मंदिर आदि

प

का दर्शन करानेवाला तथा उनसे प्राप्त धन से अपनी जीविका चलानेवाला ब्राह्मण

पंडाल–(पु.) बहुत बड़ा मंडप

पंडित–I (वि.) निपुण, कुशल II (पु.) 1 विद्वान 2 शास्त्रज्ञ विद्वान 3 ब्राह्मण

पंडिता–(स्त्री./वि.) विदुषी

पंडिताई–(स्त्री.) पांडित्य, विद्वत्ता

पंडितानी–(स्त्री.) पंडित की स्त्री

पंडुक–(पु.) फ़ाख़्ता पक्षी

पंथ–(पु.) 1 मार्ग 2 रीति 3 धर्म, सम्प्रदाय

पंथी–(पु.) 1 पथिक, राही 2 सम्प्रदाय का अनुयायी

पंद्रह–(वि./पु.) 15 की संख्या

पँसरहट्टा–(पु.) पंसारियों का बाज़ार

पंसारी–(पु.) बनिया

पंसेरी–(स्त्री.) 1 पाँच सेर की तौल 2 पाँच सेर बाट

पकड़–(स्त्री.) 1 पकड़ने की क्रिया 2 पकड़ने का ढंग 3 कुश्ती में एक बार की भिड़त **पकड़ ढीली पड़ जाना** नियंत्रण शिथिल हो जाना

पकड़-धकड़–(स्त्री.) धर-पकड़

पकड़ना–(स. क्रि.) 1 दृढ़ता से हाथ में थामना 2 वेगपूर्वक आती चीज़ को बढ़ने से रोकना 3 गिरफ़्तार करना 4 खोज निकालना (जैसे–अशुद्धियाँ पकड़ना)

पकड़ाना–I (स. क्रि.) 1 किसी को कुछ देना 2 देकर पकड़वाना II (अ. क्रि.) पकड़ लिया जाना, पकड़ा जाना

पकना–(अ. क्रि.) 1 मुलायम होना (जैसे–फल पकना) 2 आग की आँच पर उबलकर बिल्कुल गल जाना 3 कड़ा होना (जैसे–ईंट पकना) 4 बिगड़ जाना (जैसे–घाव पकना) 5 सफ़ेद होना (जैसे–सिर के बाल पक गए हैं)

पकवान–(पु.) तलकर बनाया गया खाद्य

पकाना–(स. क्रि.) 1 पकने में प्रवृत करना 2 उबालना

पका-पकाया–(वि.) तैयार (जैसे–पका-पकाया खाना)

पकौड़ा–(पु.) घी-तेल आदि में फुलाई हुई बेसन की बरी (स्त्री. पकौड़ी)

पक्का–(वि.) 1 पका हुआ 2 पकाया हुआ 3 जो मधुर और स्वादिष्ट हो गया हो 4 जो मज़बूत कर लिया गया हो (जैसे–पक्की ईंट, पक्का घड़ा) 5 जिसमें खोट एवं मिलावट न हो (जैसे–पक्का सोना) 6 जिसमें हेर-फेर न हो (जैसे–पक्की सलाह, पक्की नौकरी) 7 जिसमें दोष न हो, त्रुटिरहित (जैसे–पक्का चिट्ठा) 8 जो प्रामाणिक एवं मान्य हो (जैसे–पक्का वज़न, पक्की तौल) 9 जिसका संशोधन हो चुका हो

पक्व–(वि.) 1 पका हुआ 2 पक्का

पक्वाशय–(पु.) पेट का वह भीतरी भाग जहाँ खाया गया भोजन जाकर पचता है

पक्ष–(पु.) 1 किसी वस्तु का दायाँ भाग 2 किसी वस्तु का बायाँ भाग 3 पार्श्व 4 किसी वाद-विवाद में किसी की तरफ़ से बोलना 5 चंद्रमास के दो बराबर भागों में से प्रत्येक (जैसे–शुक्ल पक्ष, कृष्ण पक्ष) **पक्षधर** (वि.) पक्ष लेनेवाला, पक्षपाती

पक्षाघात–(पु.) लकवा, फ़ालिज

पक्षी–I (वि.) 1 पक्ष लेनेवाला, तरफ़दार 2 पक्षपात करनेवाला II (पु.) चिड़िया **पक्षी-पालन** (पु.) चिड़ियों के पालने का पेशा **पक्षी-विज्ञान** (पु.) वह विज्ञान जिसमें पक्षियों के प्रकारों, जातियों, रहन-सहन के ढंगों, उनकी प्रकृति आदि का विवेचन होता है

पखवाड़ा, पखवारा–(पु.) 1 चांद्र मास का कोई पक्ष 2 पूरे पंद्रह दिनों का समय

पखारना–(स. क्रि.) धोकर साफ़ करना

पखावज–(स्त्री.) मृदंग के आकार का छोटा बाजा

पखावजी–(पु.) पखावज बजानेवाला

पग–(पु.) 1 पैर, पाँव 2 चलने में एक पैर से दूसरे पैर तक की दूरी, फाल **पगचाप** (स्त्री.) चलने में पैर के तलवे से निकलनेवाली ध्वनि

प

पगचिह्न (पु.) चलने से ज़मीन पर बने पैर के तलुवों के निशान

पगडंडी–(स्त्री.) पतला रास्ता, सँकरा मार्ग

पगड़ी–(स्त्री.) 1 साफा, पाग 2 प्रतिष्ठा, मान-मर्यादा 3 अवैध रूप से पेशगी दिया जानेवाला धन **पगड़ी उछलना** अपमान होना **पगड़ी उछालना** अपमान करना, मान-प्रतिष्ठा का मखौल उड़ाना **पगड़ी उतारना** अपमानित करना, बेइज़्ज़त करना

पगला–(वि.) पागल

पगहा–(पु.) पशुओं के गले में बाँधी जानेवाली रस्सी, पघा

पगार–(पु.) 1 गारा 2 कीचड़

पगोडा–(पु.) बौद्ध मंदिर

पच–(वि.) पाँच **पचगुना** (वि.) जो पाँच का गुणा करने से प्राप्त हो

पचड़ा–(पु.) 1 व्यर्थ की झंझट 2 ओझा लोगों द्वारा गाया जानेवाला गीत

पचना–(अ. क्रि.) 1 भोजन का जठराग्नि की सहायता से रस आदि में परिणत होना 2 दूसरे का धन अधिकार में आना

पचनीय–(वि.) पचनेयोग्य

पचपन–(वि./पु.) 55 की संख्या

पचहत्तर–(वि./पु.) 75 की संख्या

पचाना–(स. क्रि.) 1 खाई गई वस्तु को पक्वाशय की जठराग्नि से रस आदि में परिणत करना 2 माल हज़म करना, हड़प लेना

पचास–(वि./पु.) 50 की सख्या

पचासी–(वि./पु.) 85 की संख्या

पचीस–(वि./पु.) 25 की संख्या

पचीसी–(स्त्री.) एक ही तरह की पचीस वस्तुओं का समूह

पच्चड़, पच्चर–(पु.) 1 बाँस, लकड़ी आदि का छोटा तथा पतला टुकड़ा 2 अड़चन, रुकावट

पच्ची–(स्त्री.) धातुओं, पत्थरों आदि पर नगीने आदि के छोटे-छोटे टुकड़े जड़ने की क्रिया **पच्चीकारी** (स्त्री.) पच्ची की जड़ाई करने की क्रिया

पच्छिम–(पु.) पश्चिम

पछताना–(अ. क्रि.) पश्चात्ताप करना

पछतावा–(पु.) पछताने की क्रिया, पश्चात्ताप

पछवाँ–I (वि.) 1 पश्चिम दिशा संबंधी 2 पश्चिम की ओर से आनेवाला (जैसे–पछवाँ हवा) II (स्त्री.) पश्चिम से आनेवाली हवा III (अ.) पीछे

पछाँह–(पु.) पश्चिम का प्रदेश

पछाड़–(स्त्री.) 1 पछाड़ने की क्रिया 2 पछाड़े जाने की अवस्था 3 बेसुध होने की अवस्था **पछाड़ खाना** बेसुध होना, बेहोश होना

पछाड़ना–(स. क्रि.) 1 कुश्ती आदि में चित करना 2 वाद-विवाद आदि में हराना

पट–I (पु.) 1 वस्त्र, कपड़ा 2 पोशाक 3 परदा, आवरण **पटकथा** (स्त्री.) मुख्य कथा **पट-परिवर्तन** (पु.) 1 परदा बदलना 2 दृश्य बदलना **पट**–II 1 चिपटा एवं चौरस तल 2 चौरस ज़मीन (जैसे–पट उघड़ना) 3 दरवाज़ा II (वि.) 1 खाली पड़ा हुआ 2 औंधा III (अ.) तुरंत, शीघ्र, तत्काल (जैसे–पट से बोल पड़ना)

पटकना–I (स. क्रि.) 1 गिराना (जैसे–उसने थाली पत्थर पर पटक दी) 2 रखना (जैसे–सिर पर हाथ पटकना)

पटकना–II (अ. क्रि.) 1 सिकुड़ना 2 पट ध्वनि करते हुए टूटना (जैसे–मिट्टी का घड़ा पटकना) 3 पचकना

पटकनी–(स्त्री.) पटकने की क्रिया

पटका–(पु.) कमर में बाँधने का दुपट्टा, कमरबंद

पटना–(अ. क्रि.) 1 पाटा जाना 2 बराबर होना 3 पाटन पड़ना 4 सहमति होना 5 चुकता होना

पटबीजना–(पु.) जुगनू

पटरा–(पु.) 1 काठ का लंबा, चौकोर एवं चौरस टुकड़ा, तख़्ता, पल्ला 2 धोबी का पाट 3 काठ का पीढ़ा 4 पाटा, हैंगा

पटरानी–(स्त्री.) वह स्त्री जिसके साथ किसी राजा का पहला विवाह होता था

प

पटरी–(स्त्री.) 1 लकड़ी का लंबा, छोटा एवं पतला टुकड़ा 2 लिखने की तख़्ती 3 रेलगाड़ी के चलने की लोहे की मज़बूत छड़ 4 सड़क के दोनों तरफ़ पैदल चलनेवालों के लिए बना रास्ता 5 व्यवहार में हेल-मेल की स्थिति

पटवाना–(स. क्रि.) पाटने का काम अन्य से कराना

पटवारी–(पु.) लेखपाल

पटसन–(पु.) 1 जूट, पटुआ 2 सनई का पौधा

पटाई–(स्त्री.) 1 पाटने की क्रिया 2 पाटने की मज़दूरी (जैसे–खेत की पटाई सौ रुपए हुई)

पटाक, पटाका, पटाखा–(पु.) 1 पट से होनेवाला ज़ोर का शब्द 2 तमाचा, थप्पड़ 3 आतिशबाज़ी की गोली 4 युवा और सुंदर स्त्री

पटाक्षेप–(पु.) 1 परदा गिरना 2 परदा गिराना 3 एक दृश्य के पश्चात् कुछ समय के लिए होनेवाला अंतराल, अल्प अवकाश

पटाना–I (स. क्रि.) 1 गड्ढा आदि को पाटने के लिए अन्य को लगाना 2 छाजन आदि डलवाना II (अ. क्रि.) 1 कार्य आदि हल करना 2 बात तय करना

पटिया–(स्त्री.) 1 पत्थर का आयताकार, चौरस टुकड़ा 2 लकड़ी का आयताकार चौरस टुकड़ा, तख़्ती, पाटी 3 छोटा हेंगा 4 लंबा किंतु कम चौड़ा खेत का टुकड़ा 5 सिर के सँवारे हुए बाल

पटीलना–(स. क्रि.) 1 फुसलाकर काम के लिए राज़ी करना 2 छलना 3 परास्त करना 4 पीटना

पटु–(वि.) 1 कुशल, प्रवीण 2 चालाक **पटुता** (स्त्री.) 1 निपुणता 2 चालाकी

पटेबाज़–I (पु.) 1 पटा हाथ में लेकर लड़नेवाला व्यक्ति, पटैत 2 आतिशबाज़ी II (वि.) चालाक एवं धूर्त

पटेल–(पु.) 1 गाँव का चौधरी 2 नंबरदार

पटोला–(पु.) कपड़े का छोटा टुकड़ा

पट्ट–I (पु.) 1 मोटा ऊनी देशी कपड़ा 2 एक तरह का चारख़ानेदार कपड़ा II (पु.) 1 लकड़ी का वह टुकड़ा जिस पर सूचनाएँ आदि लगाई जाती हैं (जैसे–सूचना-पट्ट) 2 लिखने की तख़्ती **पट्टशिष्य** (पु.) सबसे बड़ा शिष्य

पट्टन–(पु.) शहर, नगर

पट्टा–(पु.) 1 स्थायी संपत्ति के उपयोग का अधिकार पत्र, सनद 2 ज़मींदार की ज़मीन जोतने-बोने के लिए दिया जानेवाला लेख 3 पशुओं आदि के गले में बाँधी जानेवाली पट्टी 4 काठ का पटरा, पीढ़ा **पट्टाधारी** (पु.) पट्टे पर ज़मीन आदि लेनेवाला

पट्टिका–(स्त्री.) तख़्ती, पटिया

पट्टी–I (स्त्री.) 1 तख़्ती, पटिया 2 पट्टी पर दिया जानेवाला पाठ 3 बुरी नीयत से दी जानेवाली सलाह (जैसे–उसने तुमको पट्टी पढ़ा दी थी) 4 कपड़े, धातु, काठ आदि का टुकड़ा 5 ज़ख़्म, सूजन आदि पर बाँधने के काम में आनेवाला कपड़े का लंबा एवं कम चौड़ाई का टुकड़ा 6 स्कूलों में बिछाया जानेवाला टाट **पट्टीदार** (पु.) 1 हिस्सेदार 2 बराबरी का हिस्सेदार

पट्टू–(पु.) 1 मोटा ऊनी देशी कपड़ा 2 तोता

पट्टोला–(पु.) 1 रेशमी कपड़ा 2 कपड़े की क़तरन

पट्ठा–I (वि.) 1 जो हृष्ट-पुष्ट तथा नौजवान हो 2 नवयुवक II (पु.) पहलवान

पठन–(पु.) पढ़ने की क्रिया, पढ़ना

पठनीय–(वि.) जो पढ़ने योग्य हो, पाठ्य

पठान–(पु.) 1 मुसलमानों की उपजाति 2 अफ़ग़ानिस्तान का निवासी

पठार–(पु.) दूर तक फैली ऊँची ज़मीन

पठित–(वि.) जो पढ़ा जा चुका हो

पड़ता–(पु.) 1 माल की ख़रीद का ख़र्च 2 माल की तैयारी में लगी लागत 3 बिक्री के दाम में से लागत निकाल देने पर होनेवाली बचत

पड़ताल–I (स्त्री.) छानबीन, देखभाल II (पु.) संशोधन, सुधार

पड़ना–(अ. क्रि.) 1 पहुँचाया जाना, छोड़ा

जाना (जैसे–कान में दवा पड़ना, तरकारी में नमक पड़ना) 2 विद्यमान होना, गिरना 3 कष्टदायक घटना घटित होना (जैसे–जिस पर पड़ती है वही दर्द जानता है) 4 लेटना 5 बीमार होना

पड़पोता–(पु.) परपोता (स्त्री.) पड़पोती

पड़वा–I (स्त्री.) प्रत्येक पक्ष की प्रथम तिथि

पड़ाव–(पु.) 1 ठहरने की जगह, ठिकाना 2 मार्ग में कहीं ठहरना

पड़िया–(स्त्री.) भैंस का मादा बच्चा

पड़ोस–(पु.) निवास स्थान के बग़ल का घर

पड़ोसी–(पु.) पड़ोस में रहनेवाला व्यक्ति

पढ़ंत–(स्त्री.) 1 पढ़ने की क्रिया 2 पढ़ा हुआ पाठ

पढ़त–(स्त्री.) पठन, वाचन

पढ़ना–(स. क्रि.) 1 उच्चारण आदि का ज्ञान प्राप्त करना (जैसे–अंग्रेज़ी पढ़ना) 2 उच्च स्वर में बोलते जाना, उच्चारण करना (जैसे–दस्तावेज़ पढ़ना ज़रूरी हो गया है) 3 अभ्यास के रूप में रटना, याद करना (जैसे–गिनती-पहाड़ा पढ़ लेना) 4 विधिवत् अध्ययन करना 5 अध्ययन एवं मनन करना

पढ़ाकू–(वि.) ख़ूब पढ़नेवाला

पढ़ाना–(स. क्रि.) शिक्षा देना, शिक्षित बनाना

पढ़ा-लिखा–(वि.) शिक्षित

पण–(पु.) 1 पासों से खेला जानेवाला खेल 2 जूआ, द्यूत 3 बाज़ी, शर्त 4 प्रतिज्ञा

पणन–(पु.) 1 क्रय करना, मोल लेना 2 विक्रय 3 शर्त लगाने की क्रिया 4 व्यापार आदि करने की क्रिया

पण्य–I (वि.) क्रय-विक्रय के योग्य II (पु.) 1 माल, सौदा 2 व्यापार 3 बाज़ार 4 दूकान

पण्यसुंदरी–(स्त्री.) वेश्या

पण्यवीथी–(स्त्री.) बाज़ार, हाट

पतंग–I (पु.) 1 पतिंगा, शलभ 2 सूर्य II (स्त्री.) कनकौआ, गुड्डी **पतंगबाज़ी** (स्त्री.) पतंग उड़ाने की क्रिया

पतंगा–(पु.) 1 फतिंगा 2 दीये का फूल 3 चिनगारी

पत–I (स्त्री.) प्रतिष्ठा, आबरू, इज़्ज़त II (पु.) 1 पति 2 स्वामी **पत उतारना** अपमान करना **पत रखना** इज़्ज़त बचाना

पतझड़–(स्त्री.) 1 शिशिर ऋतु जिसमें पेड़ की पत्तियाँ झड़ जाती हैं 2 पत्तों का झड़ना

पतन–(पु.) 1 गिरने की क्रिया 2 निंदनीय आचरण करने में प्रवृत्त होना 3 प्रभुता एवं महत्ता का नष्ट होने की स्थिति में आना 4 च्युत होना **पतनशील** (वि.) जिसका पतन हो रहा हो

पतनोन्मुख–(वि.) जो पतन की ओर उन्मुख हो, पतन की ओर जानेवाला

पतला–(वि.) 1 जिसका फैलाव कम हो 2 जो मोटा न हो 3 तल के विचार से जो महीन हो 4 जो अत्यधिक तरल हो **पतलापन** (पु.) पतला होने का भाव

पतवार–(स्त्री.) 1 नाव में पीछे की ओर लगी तिकोनी लकड़ी, कर्ण 2 पार उतारने का साधन

पता–(पु.) पत्र आदि के ऊपर लिखा गया विवरणात्मक लेख जिसके द्वारा पत्र उचित व्यक्ति को दिया जा सके

पताका–(स्त्री.) झंडा, ध्वजा, झंडी

पति–(पु.) 1 स्वामी, मालिक 2 शौहर, कांत, दूल्हा **पतिधर्म** (पु.) पति के प्रति पत्नी का कर्तव्य **पतिव्रत** (पु.) तन-मन से पति की सेवा करना **पतिव्रता** (वि.) पतिधर्म ही जिसका व्रत हो, पति के प्रति अनन्य अनुराग एवं भक्ति रखनेवाली

पतित–(वि.) 1 गिरा हुआ 2 जिसका नैतिक पतन हो चुका हो 3 पापी 4 अपवित्र **पतित-पावन** (वि.) पतितों को पवित्र करनेवाला

पतितावस्था–(स्त्री.) पतित होने की स्थिति

पतित्व–(पु.) 1 पति होने की अवस्था 2 प्रभुत्व, स्वामित्व

पतुरिया–(स्त्री.) 1 नाचने-गाने का पेशा करनेवाली वेश्या, पातुरी 2 व्यभिचारिणी

प

स्त्री

पतोहू–(स्त्री.) पुत्र की स्त्री, पुत्रवधू

पत्तन–(पु.) 1 बंदरगाह, पोताश्रय 2 बंदरगाही शहर

पत्तर–(पु.) काग़ज़ के समान धातु आदि का पतला टुकड़ा

पत्तल–(स्त्री.) थाली के स्थान पर उपयोग लाने के लिए पलाश आदि के पत्तों से बनाया गया पात्र **जिस पत्तल में खाना उसी में छेद करना** उपकार करनेवाले का अहित करना, कृतघ्न होना

पत्ता–(पु.) 1 पर्ण, पत्र 2 ताश की गड्डी में कोई एक काग़ज़ का टुकड़ा (जैसे–पान का पत्ता, ईंट का पत्ता) **पत्ता खड़कना** किसी की आहट मिलना, कोई खटका होना

पत्ती–(स्त्री.) 1 पेड़-पौधों का बहुत छोटा पत्ता 2 तम्बाकू के बड़े-बड़े पत्तों का चूरा 3 फूलों की पंखुड़ियाँ 4 लोहे का छोटा एवं धारदार टुकड़ा 5 ताश का कोई पत्ता

पत्थर–(पु.) 1 सड़क के किनारे गाड़ा जानेवाला पत्थर का टुकड़ा 2 वह द्रव्य जिससे पृथ्वी का कड़ा स्तर बना होता है

पत्थर-कोयला–(पु.) खान का कोयला, कोक **पत्थर का कलेजा** अति कठोर हृदय **पत्थर की छाती** घोर दुःख एवं कष्ट में भी अस्थिर न होनेवाला **पत्थर की लकीर** सदा बनी रहनेवाली वस्तु **पत्थर पसीजना, पत्थर पिघलना** निष्ठुर हृदय में दया का संचार होना

पत्नी–(स्त्री.) भार्या, परिणीता स्त्री

पत्नीव्रत–(पु.) केवल अपनी परिणीता के संग संबंध बनाए रखनेवाला व्यक्ति

पत्र–(पु.) 1 चिट्ठी, ख़त 2 पत्ता 3 ऐसा काग़ज़ जिस पर कोई बात लिखी हो 4 समाचार पत्र **पत्रकार** (पु.) समाचार पत्र का संपादक **पत्रपाल** (पु.) डाकपाल **पत्रपुष्प** (पु.) फूल पत्ता **पत्रपेटिका, पत्रपेटी** (स्त्री.) पत्र डालने के लिए डाक विभाग द्वारा विभिन्न जगहों पर लगाया गया लाल रंग का बड़ा डिब्बा **पत्र-मित्र** (पु.) पत्र-व्यवहार के द्वारा बनाए गए मित्र **पत्र-वाहक** (पु.) 1 डाकिया 2 पत्र ले जानेवाला व्यक्ति

पत्र-व्यवहार–(पु.) पत्राचार

पत्रकारिता–(स्त्री.) 1 पत्रकार का काम 2 पत्रकार के कार्यों, उद्देश्यों आदि का विवेचन करनेवाली विधा (जर्नलिज़्म)

पत्रांक–(पु.) पत्र का अंक

पत्रा–(पु.) 1 पंचांग 2 तिथिपत्र 3 पन्ना, पृष्ठ

पत्राचार–(पु.) लिखा-पढ़ी, पत्र-व्यवहार **पत्राचार पाठ्यक्रम**–(पु.) पत्र-व्यवहार द्वारा पढ़ाई

पत्राचार विद्यालय–(पु.) पत्र-व्यवहार द्वारा पढ़ाई कराने का स्कूल

पत्रिका–(स्त्री.) नियमित रूप से निकलनेवाली पुस्तिका

पत्रोत्तर–(पु.) चिट्ठी का जवाब

पथ–(पु.) 1 रास्ता, मार्ग 2 व्यवहार की पद्धति

पथगामी (पु.) मार्ग पर चलनेवाला

पथदर्शक, पथप्रदर्शक–(पु.) रास्ता दिखानेवाला

पथभ्रष्ट–(वि.) जो अपने उचित मार्ग, व्यवहार आदि के प्रतिकूल हो गया हो

पथराना–(अ. क्रि.) पत्थर जैसा कड़ा हो जाना

पथराव–(पु.) बार-बार पत्थर फेंकते रहने की क्रिया

पथरी–(स्त्री.) एक प्रकार का रोग

पथरीला–(वि.) 1 जिस ज़मीन में पत्थर के टुकड़े हों 2 जो पत्थरों से बना हो 3 पत्थर के समान कठोर एवं ठोस

पथिक–(पु.) यात्री, राही, बटोही

पथ्य–I (वि.) 1 जो स्वास्थ्य के लिए उपयोगी हो 2 लाभकर, हितकर II (पु.) रोगी को दिया जानेवाला हल्का भोजन

पद–(पु.) 1 पाँव, पैर 2 डग, क़दम 3 योग्यतानुसार नियत स्थान, ओहदा, दर्जा 4 स्थान, काव्य आदि का पद्यांश (जैसे–सूरदास के पद कृष्ण आदि से संबंधित हैं) 5 आधार 6 चिह्न, निशान **पदचाप** (स्त्री.)

पैदल चलने से पैर से उत्पन्न होनेवाली ध्वनि **पदचिह्न** (पु.) ज़मीन पर पड़नेवाले पैर के निशान **पदच्युत** (वि.) 1 जो अपने पद से हटा दिया गया हो 2 बर्ख़ास्त किया हुआ **पदतल** (पु.) पैर का तलवा **पदत्याग** (पु.) पद से हट जाना **पददलित** (वि.) 1 पैरों से कुचला हुआ, रौंदा हुआ 2 जो हीन अवस्था में पड़ा हो **पदभार** (पु.) उत्तरदायित्व **पदभार-ग्रहण** (पु.) पद ग्रहण **पदमुक्त** (वि.) अपना पद छोड़कर अन्यत्र जानेवाला, निवर्तमान **पदयोजना, पदरचना** (स्त्री.) पद, चरण, वाक्य आदि में शब्दों का बैठाना **पदलालसा, पदलिप्सा** (स्त्री.) पद पाने का लोभ **पदलोलुप** (पु.) पद का लोभी **पद-विन्यास** (पु.) पदों, शब्दों को वाक्य में ठीक स्थान पर रखने की क्रिया

पदक–(पु.) 1 देवता के चरणों की बनाई गई प्रतिमूर्ति 2 उपहारस्वरूप दिया जानेवाला सोने, चाँदी आदि धातु का गोल टुकड़ा

पदच्छेद–(पु.) प्रत्येक पद को नियमानुसार अलग-अलग करने की क्रिया

पदत्राण–(पु.) जूता

पदवी–(स्त्री.) राजकीय आदि सेवाओं में ऊँचा पद

पदाघात–(पु.) पैर से लगाई जानेवाली ठोकर

पदाति–(पु.) 1 प्यादा 2 पैदल सिपाही

पदाधिकार–(पु.) पद पर काम करनेवाले को प्राप्त अधिकार

पदाधिकारी–(पु.) ओहदेदार

पदाना–(स. क्रि.) 1 पदाने में प्रवृत्त करना 2 बार-बार हराना और दौड़ाना 3 हैरान करना

पदारूढ़–(वि.) पदासीन

पदार्थ–(पु.) 1 वस्तु 2 पद का अर्थ 3 अभिधेय वस्तु **पदार्थवाद** (पु.) वह सिद्धांत जिसमें भौतिक पदार्थ को ही सब-कुछ माना जाता है **पदार्थ विज्ञान** (पु.), **पदार्थ विद्या** (स्त्री.) वह विद्या जिसमें पदार्थों का निरूपण किया गया हो, भौतिक शास्त्र, भौतिक विज्ञान

पदार्पण–(पु.) आगमन

पदावधि–(स्त्री.) किसी पद पर काम करते रहने की अवधि

पदावनत–(वि.) जिसे पद से हटाकर निम्न पद पर कर दिया गया हो

पदावली–(स्त्री.) 1 रचना में अनेक पदों का क्रम 2 पदों की परंपरा 3 कवि की कविताओं एवं पदों का संग्रह

पदासीन–(वि.) जो पद पर बैठा हो

पदे-पदे–(क्रि. वि.) क़दम-क़दम पर

पदेन–(अ.) पद की हैसियत से

पदोन्नति–(स्त्री.) तरक़्क़ी, पदवृद्धि

पद्धति–(स्त्री.) 1 प्रणाली, ढंग 2 रिवाज़, परिपाटी 3 पथ

पद्म–(पु.) कमल का पौधा और फूल **पद्मकोश** (पु.) कमल का बीजकोश, **पद्मजा** I (वि.) कमल से उत्पन्न II (पु.) ब्रह्मा **पद्मनाभ** (पु.) विष्णु

पद्मा–(स्त्री.) विष्णु की पत्नी, लक्ष्मी

पद्माकर–(पु.) कमल का तालाब, कमल-युक्त जलाशय

पद्मासन–(पु.) कमल का आसन, एक योगासन

पद्मिनी–(स्त्री.) 1 कमल की नाल 2 कमल का पौधा 3 कमलों का समूह 4 कमल युक्त जलाशय 5 स्त्रियों के चार वर्गों में प्रथम वर्ग

पद्य–I (वि.) 1 पदोंवाला 2 पद संबंधी II (पु.) 1 चार चरणोंवाला छंद, छंदोबद्ध रचना 2 काव्य **पद्यबद्ध** (वि.) जो पद्य रूप में संकलित हो

पधारना–I (अ. क्रि.) 1 पदार्पण करना 2 सम्मिलित होना, पहुँचना 3 आ पहुँचना II (स. क्रि.) आदरपूर्वक बैठाना

पनघट–(पु.) पानी भरने का घाट

पनचक्की–(स्त्री.) पानी के बहाव से चलनेवाली चक्की

पनबिजली–(स्त्री.) झरनों-नदियों के पानी से तैयार की जानेवाली बिजली

प

पनडुब्बी–(स्त्री.) पानी में डूबकर चलनेवाली पोत

पनपना–(अ. क्रि.) विकास एवं वृद्धि होना

पनपाना–(स. क्रि.) पनपने में मदद देना

पनवाड़ी–I (स्त्री.) वह भूमि, खेत जहाँ पान पैदा होता है II (पु.) तमोली

पनही–(स्त्री.) जूता

पना–(पु.) आम, इमली आदि का बना खट-मीठा शरबत

पनाला–(पु.), **पनाली**–(स्त्री.) 1 नाबदान 2 नाला

पनिहारी–(स्त्री.) पानी भरनेवाली स्त्री

पनीर–(पु.) फटे दूध का थक्का, छेना

पनीरी–(स्त्री.) 1 फूल-पत्तों के बेहन 2 वह क्यारी जिसमें फूल-पत्तों के बेहन लगाए जायें

पन्ना–(पु.) हरे रंग का बहुमूल्य रत्न, पृष्ठ

पन्नी–(स्त्री.) रंगीन चमकीला काग़ज़ **पन्नीसाज़** (पु.) पन्नी बनानेवाला कारीगर

पपड़ा–(पु.) लकड़ी का रूखा, करकरा एवं पतला छिलका

पपड़ी–(स्त्री.) 1 सूखकर ऐंठी हुई वस्तु की ऊपरी परत 2 पापड़ के आकार का पकवान 3 ज़ख़्म का खुरंड

पपीता–(पु.) लंबोतरे आकार का मीठा फल जिसमें छोटे-छोटे काले बीज रहते हैं

पपीहा–(पु.) 'पी कहाँ, पी कहाँ' की रट लगानेवाला काले रंग का पक्षी जो वसंत ऋतु में अक्सर मधुर ध्वनि में बोलता है, चातक

पपैया–(पु.) आम की गुठली से बनाई गई सीटी

पपोटा–(पु.) पलक

पय–(पु.) 1 दूध, दुग्ध 2 जल, पानी

पयस्विनी–(स्त्री.) 1 नदी 2 दुधारू गाय

पयाल–(पु.) धान आदि के दाने झड़े हुए सूखे डंठल

पयोधर–(पु.) 1 स्तन 2 बादल 3 थन 4 नारियल 5 समुद्र

पयोधि–(पु.) समुद्र

परंच, परंतु–(अ.) 1 परंतु 2 और भी 3 तो भी 4 लेकिन

परंपरा–(स्त्री.) 1 चला आता हुआ क्रम, अटूट सिलसिला 2 प्रथा, प्रणाली 3 रीति-रिवाज़ **परंपरामुक्त** (वि.) जो परंपरा के बंधन में न हो **परंपरावाद** (पु.) परंपरा से चले आ रहे सिद्धांत एवं मत ही ठीक हैं, ऐसा विचार एवं कर्म **परंपरावादी** I (वि.) परंपरावाद संबंधी II (पु.) परंपरावाद का अनुयायी एवं समर्थक

परंपरागत–(वि.) परंपरा से चला आया

पर–I (अ.) परंतु II (अ.) अधिकरण का चिह्न जिससे आधार एवं आधेय का संबंध सूचित होता है

पर–प्रत्यय

पर–I (अ.) 1 उपरांत, बाद 2 निरंतर II (वि.) दूसरे का, पराया **परजीवी** (पु.) दूसरे जीवों को आहार बनाकर जीवित रहनेवाला पौधा एवं प्राणी **परतंत्र** (वि.) जो दूसरे के वश में हो, **परदेश** (पु.) दूसरा देश **परनिंदा** (स्त्री.) दूसरों की बुराई **परब्रह्म** (पु.) निर्गुण ब्रह्म **परमुखापेक्षी** (वि.) दूसरों से अपेक्षा करनेवाला **परलोक** (पु.) दूसरा लोक, स्वर्ग **परसेवा** (पु.) दूसरों की सेवा

पर–II (पु.) डैना, पंखा **परकटा** (वि.) जिसके पंख कट गए हों

परक–शब्द के अंत में लगकर अनेक अर्थ का बोधक एक प्रत्यय (जैसे–सौंदर्यपरक)

परकार–(पु.) वृत्त की परिधि बनाने, नापने आदि का दो भुजाओंवाला उपकरण

परकीया–(स्त्री.) अपने पति की उपेक्षा कर परपुरुष से प्रेम करनेवाली नायिका

परकोटा–(पु.) 1 गढ़ की रक्षा के लिए ऊँची और बड़ी चहारदीवारी 2 बाँध

परख–(स्त्री.) 1 परखने की क्रिया 2 गुण-दोष को निश्चय करने के लिए वस्तु की परीक्षा

परखचा–(पु.) टुकड़ा, खंड **परखचे उड़ाना**

धज्जियाँ उड़ाना

परखना–(स. क्रि.) 1 गुण, दोष आदि को जानना 2 अच्छे-बुरे की पहचान करना

परचना–(अ. क्रि.) 1 हिल-मिल जाना 2 चसका लगना

परचा–(पु.) 1 काग़ज़ का टुकड़ा 2 काग़ज़ के टुकड़े पर लिखी हुई बात 3 विद्यार्थियों को दिया जानेवाला प्रश्न-पत्र

परचून–(पु.) आटा, दाल, चावल आदि भोजन सामग्री **परचूनी** (पु.) बेचनेवाला बनिया

परछत्ती–(स्त्री.) टाँड़, मियानी

परछाईं–(स्त्री.) प्रकाश में पड़नेवाली व्यक्ति, वस्तु आदि की छाया, छायामय आकृति, प्रतिच्छाया

परत–(स्त्री.) तह, स्तर (जैसे–सफ़ाई न होने से किताबों पर गर्द की मोटी परत जम गई है) **परतदार** (वि.) अनेक तहवाला, तहोंवाला

परती–I (स्त्री.) हवा करके अनाज के दानों का भूसा उड़ानेवाली चादर II (स्त्री.) पड़ती (जैसे–परती ज़मीन) **परती ज़मीन** (स्त्री.) वह ज़मीन जिसे जोता-बोया न गया हो

परत्व–(पु.) ग़ैर, पराया होने का भाव

परदा–(पु.) 1 पट 2 रंगमंच पर लगाया जानेवाला आड़ करने का वह कपड़ा जो समयानुकूल उठाया और गिराया जाता है 3 अभिनय, खेल-तमाशों आदि का वह लंबा-चौड़ा कपड़ा जिस पर दृश्य अंकित होते रहते हैं, यवनिका 4 वह प्रचलित प्रथा जिसमें सभ्य घराने की स्त्रियाँ आड़ में रहती हैं (जैसे–परदा-प्रथा का आधुनिक युग में अंत होता जा रहा है) 5 मुस्लिम महिलाओं द्वारा पहना जानेवाला वस्त्र जिससे सारा शरीर नख-शिख ढका रहता है, नकाब 6 झिल्ली (जैसे–उसके कान का परदा फट गया था) **परदानशीन** (वि./स्त्री.) परदे में रहनेवाली **परदा-फ़ाश** (पु.) रहस्य प्रकट होना

परदादा–(पु.) दादा का पिता, प्रपितामह (स्त्री. परदादी)

परदेश–(पु.) विदेश, अन्य देश

परदेशी–(वि./पु.) अन्य देश का वासी, विदेशी

परनाती–(पु.) नाती का लड़का

परनाला–(पु.) बड़ी नाली जिससे होकर गदा पानी बहता है

परपोता–(पु.) पोते का लड़का (स्त्री. परपोती)

परम–(वि.) 1 अत्यंत 2 मुख्य, प्रधान 3 उत्कृष्ट **परमगति** (स्त्री.) मोक्ष **परमतत्त्व** (पु.) 1 ब्रह्म 2 मूलतत्त्व **परमधाम** (पु.) स्वर्गलोक **परमपिता, परमपुरुष** (पु.) परब्रह्म, ईश्वर

परमाणविक–(वि.) परमाणु संबंधी

परमाणु–(पु.) 1 अत्यंत सूक्ष्म कण 2 पदार्थ का ऐसा अति सूक्ष्म कण जो अविभाज्य हो **परमाणु अस्त्र** (पु.) परमाणु-निर्मित अस्त्र **परमाणु ऊर्जा** (स्त्री.) परमाणु से उत्पन्न शक्ति **परमाणु परीक्षण** (पु.) परमाणु शक्ति से निर्मित नवीन अस्त्रों आदि का परीक्षण **परमाणु बम** (पु.) ऐसा बम जिसमें रासायनिक क्रियाओं द्वारा अणु का विस्फोट होता है, एटम बम **परमाणु विखंडन** (पु.) परमाणुओं का अलग होकर रासायनिक क्रिया करना **परमाणु शक्ति** (स्त्री.) परमाणु ऊर्जा

परमात्मा–(पु.) परब्रह्म, ईश्वर

परमानंद–(पु.) 1 उत्तम आनंद 2 आनंद स्वरूप ब्रह्म

परमान्न–(पु.) चावल की खीर

परमार्थ–(पु.) 1 उत्कृष्ट वस्तु 2 नित्य एवं अबाधित पदार्थ 3 यथार्थ तत्त्व 4 सत्य 5 मोक्ष 6 ब्रह्म, ईश्वर 7 परोपकार **परमार्थी** (वि.) 1 मोक्ष चाहनेवाला 2 वास्तविक तत्त्व को ढूंढनेवाला 3 परोपकारी

परमावश्यक–(वि.) बहुत ज़रूरी, अपरिहार्य

परमेश्वर–(पु.) सगुण ब्रह्म जो संपूर्ण सृष्टि का रचयिता एवं संचालक

परमोत्कृष्ट–(वि.) जो सर्वोत्तम हो

परला–(वि.) उस ओरवाला, उधर का

परवर्ती–(वि.) 1 बाद के समय का 2 बाद में होनेवाला

परवाह–(स्त्री.) फ़िक्र, ख़्याल, चिन्ता

प

परशु–(पु.) कुल्हाड़ी के आकार का प्रसिद्ध शस्त्र

परस–(पु.) 1 स्पर्श, छूना 2 परसने की क्रिया

परसना–I (स.क्रि.) परोसना II (अ.क्रि.) भोजन लगाया जाना

परसों–(अ.) 1 बीते हुए दिन से ठीक पहलेवाला दिन 2 आगामी कल के बादवाला दूसरा दिन

परस्पर–(अ.) 1 एक-दूसरे के साथ 2 दो या दो से अधिक पक्षों में 3 एक-दूसरे के प्रति **परस्पर-संबद्ध**–(वि.) जो एक-दूसरे से जुड़े हों

परस्परावलंब–(पु.) एक-दूसरे पर आश्रित रहना

परहेज़–(पु.) 1 हानिकारक एवं अहितकर वस्तुओं का सेवन न करना 2 संयमपूर्वक रहना 3 बुरी आदतों से बचना

पराँठा–(पु.) तवे पर घी लगाकर सेंकी गई रोटी

परा–I (पु.) 1 एक उपसर्ग जो कई अर्थों में प्रयुक्त होता है दूरी पर (जैसे--पराकरण) 2 आगे की ओर 3 विपरीतता II (वि.) 1 जो सबसे दूर हो 2 उत्तम, श्रेष्ठ III (स्त्री.) 1 नादरूपिणी वाणी 2 ब्रह्मविद्या

पराकाष्ठा–(स्त्री.) हद, चरम सीमा, सीमांत

पराक्रम–(पु.) 1 वीरता 2 शौर्य 3 बल 4 पुरुषार्थ **पराक्रमी** (वि.) 1 शूर, वीर 2 पुरुषार्थी

पराग–(पु.) 1 चंदन 2 पुष्परज 3 केसर का चूर्ण **पराग केसर** (पु.) फूलों के बीच का वह केसर जो उसका पुल्लिग अंश माना जाता है

पराङ्मुख–(वि.) 1 मुँह फेरे हुए, विमुख 2 विपरीत

पराजय–(स्त्री.) हार, शिकस्त

पराजित–(वि.) हराया हुआ

परात–(स्त्री.) थाली के आकार का ऊँचे किनारेवाला बड़ा बरतन

पराधीन–(वि.) जो दूसरों के वश में हो

परा-बैंगनी–(वि.) सूर्य की सात-रंगी किरणों में से अत्यंत बैंगनी रंगवाली विद्युत चुम्बकीय तरंग (अल्ट्रावायलेट)

पराभव–(पु.) 1 हार, पराजय 2 तिरस्कार 3 विनाश

पराभूत–(वि.) 1 पराजित 2 विनष्ट, ध्वस्त

परामर्श–(पु.) विवेचन हेतु आपस में होनेवाली सलाह

परामर्शदाता–(पु.) दूसरों को सलाह देनेवाला

परायण–(वि.) 1 अति आसक्त 2 भागकर शरण लेने की जगह

पराया–(वि.) 1 जिसका संबंध दूसरे से हो, अपने से भिन्न 2 आत्मीय से भिन्न

परार्थ–I (वि.) जो दूसरे के निमित्त हो II (पु.) उपकार की दृष्टि से दूसरों का किया गया कार्य

परावर्तक–(वि.) 1 लौटकर पीछे आनेवाला 2 अदल-बदल जानेवाला

परावर्तन–(पु.) 1 लौटकर पीछे आना, प्रत्यावर्तन (रिफ्लेक्शन) 2 उलटाया जाना 3 उलटने पर फिर ज्यों का त्यों हो जाना

परावर्तित–(वि.) पीछे की ओर लौटाया हुआ

परावलंबी–(वि.) पराधीन

परा-विद्या–(स्त्री.) अध्यात्म विद्या

परा-शक्ति–(स्त्री.) मानवेतर शक्ति

पराश्रय–(पु.) 1 दूसरे का सहारा 2 परवशता, पराधीनता

पराश्रित–(वि.) जो दूसरे के भरोसे हो

परास्त–(वि.) पराजित

परिंदा–(पु.) चिड़िया, पक्षी

परिकथा–(स्त्री.) बड़ी कहानी के अंतर्गत आई हुई छोटी कहानी, अनुकथा

परिकलन–(पु.) जटिल गणना

परिकलित–(वि.) जिसका परिकलन हो चुका हो, अनुमान लगाया हुआ

परिकल्पन–(पु.), **परिकल्पना** (स्त्री.) 1 अनुमान करना, 2 तर्क के लिए किसी बात की कल्पना करना

परिकल्पित–(वि.) 1 अनुमानित 2 मन

गढ़ा हुआ, मनगढ़ंत 3 तर्क के लिए माना हुआ
परिक्रमा–(स्त्री.) चारों तरफ़ घूमना
परिक्लांत–(वि.) अत्यधिक थका हुआ
परिखा–(स्त्री.) 1 दुर्ग, नगर आदि के चारों तरफ़ बनी हुई गहरी खाई 2 गहराई
परिगणक–(पु.) परिगणन करनेवाला कर्मचारी
परिगणित–(वि.) 1 जिसका परिगणन हो चुका हो 2 जिसका उल्लेख हो चुका हो
परिगमन–(पु.) चारों ओर जाना
परिग्रह–(पु.) 1 दान लेना 2 धन आदि का संग्रह 3 अनुग्रह, दया 4 पाणिग्रहण 5 परिजन
परिग्रहण–(पु.) पूरी तरह से ग्रहण करना
परिचय–(पु.) 1 प्रत्यक्ष भेंट के आधार पर किसी को जानना 2 साहित्य आदि के अध्ययन से होनेवाला ज्ञान 3 गुण, स्वभाव, धर्म आदि प्रदर्शित करने की क्रिया **परिचय पत्र** (पु.) किसी व्यक्ति का नाम, पद, पता आदि का उल्लेख किया हुआ पत्र,
परिचयात्मक–(वि.) परिचय संबंधी
परिचर–(पु.) सेवक, टहलुआ
परिचर्चा–(स्त्री.) किसी विषय, पुस्तक आदि पर विस्तृत रूप से की जानेवाली बातचीत
परिचर्या–(स्त्री.) 1 रोगी की देख-भाल, तीमारदारी 2 सेवा, ख़िदमत
परिचायक–(वि.) परिचय देनेवाला संकेत
परिचारिका–(स्त्री.) 1 सेविका 2 नर्स
परिचालन–(पु.) 1 हिलाना-डुलाना 2 संचालन 3 ठीक तरह से गति देना, चलाना
परिचित–(वि.) 1 जिसकी जानकारी हो चुकी हो, जाना-बूझा 2 जिससे मेल-जोल हो
परिच्छद–(पु.) 1 ढाँकनेवाला कपड़ा 2 ढाकने की वस्तु 3 पहनावा 4 राजचिह्न 5 सामान
परिच्छेद–(पु.) 1 अध्याय, प्रकरण, काट-छाँटकर अलग करना 2 बँटवारा 3 खंड
परिछत्र–(पु.) पैराशूट, बहुत बड़ी छतरी
परिजन–(पु.) परिवार के सदस्य और संबंधित नौकर-चाकर
परिज्ञात–(वि.) अच्छी तरह से जाना हुआ
परिणत–(वि.) परिवर्तन युक्त 1 चारों ओर से झुका हुआ 2 झुकाया हुआ 3 अत्यधिक नम्र
परिणति–(स्त्री.) 1 अंत, समाप्ति 2 परिणत होने की अवस्था 3 झुकाव, नति
परिणय–(पु.) विवाह, शादी
परिणाम–(पु.) 1 फल, नतीज़ा 2 परिवर्तन 3 निष्कर्ष **परिणाम-स्वरूप** (क्रि. वि.) परिणाम के तौर पर
परिणीत–(वि.) जिसका विवाह हो चुका हो
परिणीता–I (वि.) विवाहिता II (स्त्री.) 1 विवाहिता स्त्री 2 पत्नी
परितप्त–(वि.) 1 अत्यधिक गर्म, तपाया हुआ 2 अत्यधिक दुःखी एवं संतप्त
परिताप–(पु.) 1 दुःख, संताप 2 पश्चात्ताप 3 अत्यधिक ताप, अति गर्मी
परितुष्ट–(वि.) 1 जो बहुत संतुष्ट हो 2 अच्छी तरह संतुष्ट
परितृप्ति–(वि.) पूर्णतः तृप्त होने का भाव
परितोष–(पु.) 1 इच्छा-पूर्ति से होनेवाली प्रसन्नता 2 संतोष
परित्यक्त–(वि.) जिसे उपेक्षापूर्वक छोड़ दिया गया हो
परित्याग–(पु.) पूर्णतः छोड़ देना
परित्राण–(पु.) पूर्ण रक्षा, पूरा बचाव
परिधान–(पु.) 1 पोशाक 2 पहनना, धारण करना
परिधि–(स्त्री.) 1 वृत्त की रेखा 2 गोलाकार वस्तु के चारों तरफ खिंची हुई रेखा (सर्कमफ्रेन्स) 3 सूर्य-चंद्रमा के आस-पास दिखाई पड़नेवाला घेरा, परिवेश, मंडल
परिनिर्वाण–(पु.) मोक्ष, पूर्ण मोक्ष
परिपक्व–(वि.) विकास की दृष्टि से जो पूर्णता को प्राप्त हुआ हो, अच्छी तरह पका हुआ
परिपक्वता–(स्त्री.) परिपक्व होने की अवस्था
परिपत्र–(पु.) अधिकारियों आदि को सूचनार्थ भेजा जानेवाला आधिकारिक पत्र
परिपथ–(पु.) वृत्ताकार वस्तु के किनारे-किनारे

प

प

बना हुआ पथ
परिपाक–(पु.) पूरी तरह पकाया हुआ, पूर्णता
परिपाटी–(स्त्री.) 1 रिवाज, प्रथा 2 ढंग 3 चलता हुआ क्रम, सिलसिला
परिपार्श्व–I (वि.) बग़ल का, बहुत पास II (पु.) सामीप्य
परिपालक–(वि.) पालन करनेवाला
परिपुष्ट–(वि.) जिसका भली-भाँति पोषण हुआ हो
परिपूर्ण–(वि.) जो हर तरह से पूर्ण हो
परिप्रेक्ष्य–(पु.) संदर्भ
परिप्लावित–(वि.) जो जलमग्न हो चुका हो
परिभाषा–(स्त्री.) 1 शब्द का अर्थ स्पष्ट करने की क्रिया, वाक्य में प्रयुक्त पद 2 नपा-तुला परिचय जिससे वस्तु, व्यक्ति आदि का स्वरूप, गुण आदि को जाना जा सके 3 कला, विद्या आदि क्षेत्रों में प्रयुक्त होनेवाला शब्द
परिभूषित–(वि.) अलंकृत किया हुआ
परिभ्रमण–(पु.) 1 चक्कर लगाना 2 चारों तरफ़ घूमना
परिभ्रमणकारी–(पु.) घुमानेवाला
परिमंडल–I (वि.) गोल, वर्तुलाकार II (पु.) 1 चक्कर 2 घेरा, परिधि
परिमल–(पु.) 1 खुशबू 2 चंदन आदि घिसना
परिमाण–(पु.) गिनने, तौलने, मापने आदि से प्राप्त होनेवाला फल
परिमाणात्मक–(वि.) परिमाण संबंधी
परिमाप–(पु.) 1 ज्यामिति में किसी आकृति, क्षेत्र आदि को चारों ओर से घेरनेवाली रेखा की लंबाई (पैरीमीटर) 2 नापने की क्रिया
परिमार्जन–(पु.) 1 शुद्ध करना, साफ़ करना 2 त्रुटियों को दूर करना
परिमार्जित–(वि.) शुद्ध किया हुआ
परिमित–(वि.) जिसे मापा जा चुका हो, सीमित, अल्प
परिमित व्यय–(पु.) कम ख़र्च
परिमेय–(वि.) 1 नापने-तौलने योग्य 2 जिसे मापा जा सके
परियोजना–(स्त्री.) व्यवस्थित रूप से स्थिर किया गया विचार एवं स्वरूप
परिरंभ, परिरंभण–(पु.) कसकर गले मिलना प्रगाढ़ आलिंगन
परिरक्षण, परिरक्षा–(पु.) हर तरह से रक्षा करना
परिलक्षित–(वि.) अच्छी तरह देखा-भाला हुआ
परिवर्तक–(वि.) 1 घूमनेवाला 2 विनिमय करनेवाला
परिवर्तन–(पु.) 1 बदल, एक वस्तु के बदले दूसरी वस्तु देना 2 आकृति, गुण, रूप आदि में होने वाला फेर-बदल, सुधार
परिवर्तन काल–(वि.) परिवर्तन का समय
परिवर्तनकारी–(पु.) परिवर्तन करने वाला
परिवर्तनवादी–(पु.) परिवर्तन को अच्छा समझनेवाला व्यक्ति
परिवर्तनशील–(वि.) जिसमें परिवर्तन होता रहे
परिवर्तनीय–(वि.) परिवर्तन के योग्य
परिवर्तित–(वि.) बदला हुआ
परिवर्द्धन–(पु.) बढ़ाया जाना, सम्यक् वृद्धि
परिवर्द्धित–(वि.) जिसे बढ़ाया गया हो
परिवहन–(पु.) माल, यात्रियों आदि को एक स्थान से दूसरे स्थान पर ले जाने का कार्य
परिवार–(पु.) 1 एक घर में और एक के ही संरक्षण में रहनेवाले लोग 2 एक ही पूर्व पुरुष के वंशज **परिवार-नियोजन** (पु.) आवश्यकता से अधिक संतान उत्पन्न न करने की योजना (फ़ैमिली प्लानिंग)
परिवास–(पु.) 1 ठहरना, टिकना 2 घर, मकान
परिविष्ट–(वि.) 1 घेरा हुआ 2 घिरा हुआ
परिवीक्षण–(वि.) अच्छी तरह देखना
परिवृत्ति–(स्त्री.) 1 घेरा, वेष्टन 2 घुमाव, चक्कर 3 अंत, समाप्ति 4 विनिमय
परिवेद–(पु.) 1 पूर्ण ज्ञान 2 अनेक विषयों का ज्ञान
परिवेश–(पु.) 1 वातावरण 2 वेष्टन, परिधि 3 सूर्य, चंद्रमा के चारों तरफ़ दिखाई देनेवाला घेरा 4 प्रकाश पिंडों के चारों तरफ़ कुछ दूरी

तक दिखाई पड़नेवाला मंडलाकार प्रकाश
परिवेष्टित–(वि.) 1 आच्छादित, घिरा हुआ
परिव्याप्त–(वि.) अच्छी तरह से समाया हुआ
परिव्रज्या–(स्त्री.) 1 भ्रमण 2 तपस्या 3 भिक्षा माँगकर जीवन निर्वाह करने का नियम
परिव्राजक–(पु.) संन्यासी
परिशिष्ट–I (वि.) छूटा हुआ, अवशिष्ठ II (पु.) पुस्तकों के अंत में दी जानेवाली पूरक सामग्री
परिशीलन–(पु.) गंभीर अध्ययन **परिशीलन-कर्ता** (वि.) गंभीर अध्ययन करनेवाला
परिशुद्ध (वि.), **परिशुद्धि**–(स्त्री.) बिल्कुल शुद्ध, खरा, पूर्ण शुद्धि, सम्यक् शुद्धि
परिशेष–I (वि.) जो अब भी शेष हो II (पु.) बचा हुआ तत्त्व
परिशोध–(पु.) अच्छी तरह शुद्ध करना
परिश्रम–(पु.) मेहनत **परिश्रमशील** (वि.) परिश्रम करने के स्वभाववाला **परिश्रमी** (वि.) मेहनती
परिश्रांत–(वि.) थका-माँदा
परिश्रुत–(वि.) भली-भाँति सुनी हुई
परिषद्–(स्त्री.) 1 सभा 2 वैदिक युग में राजा द्वारा बुलाई जानेवाली विद्वानों की सभा 3 सलाह देनेवाले सदस्यों की सभा
परिष्कार–(पु.) 1 अच्छी तरह से साफ़ करने की क्रिया 2 सुरुचिपूर्ण 3 स्वच्छता, निर्मलता
परिष्कृत–(वि.) 1 साफ़ किया हुआ 2 सुधारा हुआ
परिसंवाद–(पु.) तर्कसंगत वाद-विवाद
परिसमापन–(पु.) ख़त्म करना, ख़ात्मा **परिसमाप्त** (वि.) जो पूर्णतः समाप्त हो चुका हो, ख़त्म
परिसर–I (पु.) फैला हुआ, विस्तृत II (पु.) 1 खुला मैदान 2 भूमि
परिसीमा–(स्त्री.) चरम सीमा, अंतिम सीमा **परिसीमित** (वि.) जिसका सीमांकन किया जा चुका हो
परिस्थिति–(स्त्री.) व्यक्ति के चारों ओर की वे बातें जिनके परिणामस्वरूप वह कार्य करने को विवश होता है **परिस्थितिवश** (क्रि. वि.) परिस्थिति के कारण
परिस्फुट–(वि.) 1 स्पष्ट 2 पूर्ण विकसित
परिस्फुरण–(पु.) 1 कल्लों आदि का निकलना 2 कंपन
परिहार–(पु.) 1 त्यागना, छोड़ना 2 दोष आदि को दूर करना 3 त्याग करने की क्रिया
परिहार्य–(वि.) 1 त्यागने योग्य 2 निवारण योग्य
परिहास–(पु.) 1 ज़ोरों की हँसी 2 हँसी-मज़ाक
परीक्षक–(पु.) परीक्षा करनेवाला, परीक्षा लेनेवाला
परीक्षण–(पु.) परीक्षा लेने की क्रिया, जाँच, परख **परीक्षण-काल** (पु.) नौकरी आदि पर जाने के लिए व्यक्ति की क्षमता की परीक्षा का समय **परीक्षण-केंद्र** (पु.) परीक्षा देने-लेने का स्थान **परीक्षण-गृह** (पु.) परीक्षा भवन परखनली
परीक्षा–(स्त्री.) 1 योग्यता, क्षमता आदि को परखना 2 इम्तहान 3 प्रयोग आदि के द्वारा वस्तु के गुण का निश्चय करना 4 तर्क-प्रमाण आदि द्वारा वस्तु के तत्त्व का निश्चय करना 5 जाँच-पड़ताल 6 देखभाल
परीक्षार्थी–(वि.) परीक्षा देनेवाला
परुष–(वि.) 1 कठोर एवं कर्कश 2 उग्रतापूर्ण, तीव्र 3 नीरस, रसहीन 4 दयाहीन
परे–(अ.) 1 उस ओर 2 और आगे (जैसे–परे हटकर देखो) 3 बहुत दूर 4 बाद, पीछे
परेशान–(वि.) 1 व्याकुल 2 हैरान 3 सताया हुआ **परेशानी** (स्त्री.) 1 विकलता, हैरानी 2 झंझट
परोक्ष–I (वि.) 1 जो आँखों के सामने न हो, 2 जो सामने उपस्थित न हो, ग़ैरहाज़िर 3 छिपा हुआ, गुप्त 4 अप्रत्यक्ष संबंध वाला II (पु.) 1 आँखों के सामने न रहने की अवस्था, अनुपस्थिति 2 वर्तमान न होने की स्थिति, भूतकाल 3 पूर्ण भूतकाल III ग़ैरहाज़िरी में, पीठ-पीछे
परोपकार–(पु.) दूसरों के हित का काम

प

परोपकारी (वि.) भलाई करनेवाला

परोपजीवी–(वि.) दूसरे के सहारे जीवित रहनेवाला

परोसना–(स. क्रि.) थाली आदि में खाद्य पदार्थ रखना

परोसा–(पु.) एक आदमी को खाने के लिए दिये जानेवाला भोजन

पर्ण–(पु.) पेड़ का पत्ता, पत्र **पर्ण-कुटी** (स्त्री.), **पर्ण-कुटीर** (पु.) पत्तों की बनी छाजनवाली कुटिया

पर्त–(पु.) परत

पर्दा–(पु.) परदा

पर्पटी–(स्त्री.) एक प्रकार की सुगंधित मिट्टी

पर्यंक–(पु.) पलंग

पर्यंत–(वि.) तक, भर, घिरा हुआ

पर्यटक–(पु.) दूसरे देशों में घूमने-फिरनेवाला **पर्यटक-शिविर, पर्यटक-स्थल** (पु.) सैलानियों के लिए रुकने का स्थान

पर्यटन–(पु.) विस्तृत भू-भाग में किया जानेवाला भ्रमण **पर्यटन दल** (पु.) सैलानियों का दल

पर्यवसान–(पु.) 1 अंत, समाप्ति 2 अंतर्भाव

पर्यवेक्षक–(पु.) काम की देखभाल करनेवाला अधिकारी **पर्यवेक्षण** (पु.) निगरानी करने का काम

पर्याप्त–(वि.) काफ़ी, यथेष्ट

पर्याय–(पु.) 1 समानार्थक शब्द 2 क्रम, सिलसिला 3 प्रकार, भेद 4 अनेक आश्रय ग्रहण करनेवाला एक अर्थालंकार **पर्याय-क्रम** (पु.) 1 पद, मान आदि के विचार से स्थिर किया जानेवाला क्रम 2 उत्तरोत्तर होनेवाली वृद्धि **पर्यायवाची** (वि.) समानार्थक

पर्यालोचन–(पु.) 1 सम्यक् विवेचन 2 अच्छी तरह से की जानेवाली देख-भाल

पर्यावरण–(पु.) 1 वातावरण 2 परिस्थिति

पर्व–(पु.) 1 उत्सव, त्योहार 2 धार्मिक कृत्य करने का दिन 3 विशिष्ट अंश 4 भाग (जैसे–महाभारत में अठारह पर्व हैं) 5 संधिस्थान, जोड़ **पर्व-संधि** (स्त्री.) 1 पूर्णिमा एवं प्रतिपदा का संधिकाल 2 चंद्र-ग्रहण, सूर्य-ग्रहण का समय

पर्वत–(पु.) 1 पहाड़ 2 अनेक वस्तुओं का बहुत ऊँचा ढेर **पर्वत-क्षेत्र** (पु.) पहाड़ी इलाका **पर्वत-श्रेणी** (स्त्री.) पहाड़ों की क़तार

पर्वतारोहण–(वि.) पहाड़ पर चढ़ना **पर्वतारोही** (वि.) पहाड़ पर चढ़नेवाला

पर्वतीय–(वि.) 1 पहाड़ का 2 पहाड़ पर रहनेवाला, पहाड़ी

पलंग–(पु.) निवार की बुनी हुई बड़ी एवं मज़बूत चारपाई **पलंगतोड़** (वि.) आलसी एवं निकम्मा **पलंगपोश** (पु.) पलंग पर बिछाई जानेवाली चादर

पल–(पु.) समय का बहुत ही छोटा भाग **पल भर में** बहुत ही कम समय में, तुरंत

पलक–(स्त्री.) आँख के ऊपर का पतला आवरण

पलटन–(स्त्री.) पैदल सैनिकों की वह टुकड़ी जिसमें 200 सैनिक हों

पलटना–(अ. क्रि.) 1 उलट जाना 2 एकदम बदल जाना 3 मुड़ना 4 वापस आना

पलटा–(पु.) 1 पलटने की क्रिया 2 बदला 3 प्रतिफल **पलटा खाना** पूर्णतः परिवर्तित हो जाना

पलड़ा–(पु.) तराजू के दोनों लटकते भागों में प्रत्येक **पलड़ा भारी होना** अधिक शक्तिमान होना

पलथी–(स्त्री.) दाहिने और बायें पैर के पंजे को क्रम से बायीं और दाहिनी जाँघों के नीचे दबाकर बैठने का एक आसन

पलना–(अ. क्रि.) पाला-पोसा जाना

पलस्तर–(पु.) 1 दीवारों, फ़र्श आदि पर सीमेंट, बालू आदि का लेप 2 कोई मोटा लेप

पलायक–(वि./पु.) भागनेवाला, भगोड़ा

पलायन–(पु.) भागना, अन्यत्र चले जाना **पलायनवाद**–(पु.) ज़िम्मेदारियों और कठिनाइयों से भागने की प्रवृत्ति

पलाश–(पु.) टेसू का वृक्ष और/या फूल

पलित–I (वि.) 1 वृद्ध, बुड्ढा 2 पका हुआ

सफ़ेद II (पु.) 1 सिर के बालों का सफ़ेद होना 2 असमय बाल पकने का एक रोग
पली–(स्त्री.) 1 तेल नापने की छोटी एवं गहरी कटोरी 2 तेल की कटोरी में भरे हुए तेल की मात्रा
पलेथन–(पु.) सूखा आटा जिसे रोटी बेलने के पहले चौके पर बिखेरते हैं, परथन
पल्लव–(पु.) नया एवं कोमल पत्ता
पल्लवित–(वि.) 1 जिसमें पल्लव लगे हों 2 विकसित 3 हरा-भरा एवं लहराता हुआ
पल्लवी–(वि.) नए पत्तों से युक्त
पल्ला–I (पु.) 1 किवाड़ 2 तराज़ू के दोनों पलड़ों में से प्रत्येक 3 कैंची के दो भागों में से एक भाग 4 आँचल, छोर 5 ओढ़नी 6 चादर **पल्ला करना** घूँघट करना **पल्ला छुड़ाना** बंधन से निकलना **पल्ला पकड़ना** साथ होना, साथ करना **पल्ला पसारना** याचना करना, माँगना **पल्ले बाँधना** 1 सौंपना 2 ब्याहना
पल्लू–(पु.) आँचल, छोर
पल्लेदार–I (वि.) जिसमें पल्ले लगे हों II (पु.) 1 अनाज तौलने या ढोनेवाला मज़दूर 2 अनाज ढोनेवाला मज़दूर
पवन–(पु.) हवा, वायु **पवनचक्र** (पु.) चक्रवात
पवन-चक्की–(स्त्री.) पवन के वेग से चलनेवाली चक्की
पवित्र–I (वि.) 1 निर्मल, स्वच्छ 2 निश्छल II (पु.) शुद्ध करनेवाली वस्तु **पवित्रता** (स्त्री.) 1 निर्मलता 1 निश्छलता **पवित्र-हृदय** (वि.) शुद्ध हृदयवाला
पवित्रात्मा–(वि.) शुद्ध हृदयवाला
पशु–(पु.) 1 जानवर, चौपाया 2 जंतु, प्राणी **पशु-चिकित्सा** (स्त्री.) पशुओं के रोगों एवं उनके निदान का कार्य एवं पद्धति **पशु-चिकित्सालय** (पु.) पशुओं का दवाख़ाना **पशुतुल्य** (वि.) जो पशु के समान आचरण वाला **पशु-धन** (पु.) वो पालतू पशु जो आर्थिक उत्पादन एवं सुरक्षा दृष्टि से उपयोगी है **पशु-पालन** (पु.) पशु पालने की क्रिया **पशु-वध** (पु.) पशु-हत्या **पशु-विक्रेता** (पु.) पशु बेचनेवाला **पशु-विशेषज्ञ** (पु.) पशुओं का जानकार
पशुवत्–(वि.) पशु के समान स्वभाववाला
पश्च–(वि.) 1 पिछला 2 बाद का, परवर्ती 3 पश्चिमी
पश्चगमन–(पु.) 1 पीछे की ओर चलना 2 अवनति होना, पतनोन्मुख होना
पश्चलेख–(पु.) पत्र लिखने के बाद लिखा जानेवाला कोई अंश, लेखांश
पश्चात्–(अ.) बाद में, उपरांत, पीछे से
पश्चात्ताप–(पु.) पछतावा, दुःख
पश्चिम–I (पु.) सूर्य के अस्त होने की दिशा, प्रतीची II (वि.) अंतिम, पिछला
पश्चिमी, पश्चिमीय–(वि.) 1 पश्चिम दिशा का 2 पश्चिम देशों में रहनेवाला 3 पछवाँ
पश्चिमोत्तर–(वि.) पश्चिम एवं उत्तर दिशाओं का मध्य
पसंद–(वि.) रुचि के अनुकूल
पसरना–(अ. क्रि.) 1 लेटना 2 फैलना
पसली–(स्त्री.) स्तनपायी जीवों की छाती के दोनों ओर की गोलाकार हड्डियों में से प्रत्येक **पसलियाँ ढीली करना, पसलियाँ तोड़ना** बुरी तरह पीटना
पसारना–(स. क्रि.) 1 फैलाना 2 आगे बढ़ाना 1 विस्तृत करना **अपने पैर पसारना** आराम से लेटना
पसीजना–(अ. क्रि.) 1 अति ताप के प्रभाव से शरीर से जलकणों का निकलना 2 दया भाव उमड़ना
पसीना–(पु.) गरमी लगने से शरीर से निकलनेवाले जल बिन्दु, **पसीना छूटना** बहुत परेशान होना, घबरा जाना **पसीने-पसीने होना** घबरा जाना, बहुत शर्म महसूस करना
पसेरी–(स्त्री.) 1 पाँच सेर का बाट, पंसेरी 2 पांच सेर की तौल
पहचान–(स्त्री.) 1 जानने की क्रिया 2 वस्तु के गुण-दोष, स्वाद आदि को जानने की

प

शक्ति **पहचानना** (स. क्रि.) व्यक्ति आदि को देखते ही जान लेना, पूर्व परिचित वस्तु

पहनना–(स. क्रि.) शरीर पर वस्त्र, गहने आदि धारण करना

पहनावा–(पु.) 1 पोशाक 2 विशेष प्रकार का वेश

पहर–(पु.) तीन घंटे का समय **पहर रात** (स्त्री.) रात के तीन घंटे

पहरा–(पु.) 1 सुरक्षा हेतु किसी व्यक्ति को नियुक्त करने की स्थिति 2 रक्षक का रक्षा कार्य में लगा हुआ समय 3 सावधान करनेवाली पहरेदार की आवाज़ **पहरा बैठाना** पहरेदार नियुक्त करना **पहरे में रखना** हिरासत में रखना

पहरावा–(पु.) पहनावा

पहरुआ–(पु.) पहरा देनेवाला

पहरेदार–(पु.) 1 चौकीदार 2 रक्षक

पहरेदारी–(स्त्री.) चौकीदारी

पहल–I (पु.) 1 कोरों के बीच का तल, पार्श्व पहलू, बग़ल 2 मोटी तह, परत, II (स्त्री.) 3 नए कार्य का पहली बार होनेवाला आरंभ

पहलवान–I (पु.) 1 वह व्यक्ति जो कुश्ती लड़े या लड़ना सिखाए 2 मोटा-ताज़ा, हट्टा-कट्टा II (वि.) अत्यधिक बलवान् और मोटा-ताज़ा **पहलवानी** I (वि.) पहलवानों की तरह का II (स्त्री.) 1 पहलवान होने की अवस्था 2 पहलवान का पेशा

पहला–(वि.) 1 समयानुसार जो पहले शुरू हो (जैसे–राम दशरथ की पहली संतान थे) 2 प्रारंभिक अंशवाला (जैसे–पुस्तक का पहला अध्याय पढ़ो) 3 विगत

पहलू–(पु.) 1 करवट, बल 2 पार्श्व, बग़ल 3 गुण-दोष की दृष्टि से कोई पक्ष

पहले–(क्रि. वि.) 1 शुरू में, सर्वप्रथम 2 आगे, पूर्व

पहलौठा–(वि.) जो सबसे पहले जन्मा हो, प्रथम प्रसव

पहाड़–(पु.) 1 प्राकृतिक रूप से उठी हुई पृथ्वी तल के ऊपर पत्थर, चूने आदि की बड़ी-बड़ी चट्टानें जो प्रायः ऊबड़-खाबड़ रूप में होती हैं, पर्वत 2 वस्तु का बहुत बड़ा भारी ढेर **पहाड़ उठाना** अत्यधिक भारी काम करना, बहुत बड़ी ज़िम्मेदारी लेना **पहाड़ से टक्कर लेना** अपने से अधिक शक्तिशाली व्यक्ति से भिड़ना

पहाड़ा–(पु.) अंक की गुणन-सूची

पहाड़िन–(स्त्री.) पहाड़ी औरत

पहाड़िया, पहाड़ी–I (वि.) 1 पहाड़ संबंधी 2 पहाड़ पर मिलनेवाला 3 पहाड़ पर रहनेवालों से संबंधित II (स्त्री.) छोटा पहाड़

पहिया–(पु.) 1 चक्का 2 यंत्र आदि में लगा हुआ गोलाकार चक्र

पहुँच–(स्त्री.) 1 पहुँचने की शक्ति 2 पहुँच जाने की खबर 3 किसी स्थान तक गति 4 समझने की सामर्थ्य 5 जानकारी 6 प्रवेश **पहुँचना** (अ. क्रि.) 1 एक स्थान से चलकर दूसरे स्थान पर जाना 2 उपस्थित होना

पहुँचा–(पु.) कलाई, गट्टा **उँगली पकड़ के पहुँचा पकड़ना** अनुकूल देखकर स्वार्थ-सिद्धि हेतु उसके पीछे पड़ जाना

पहुँचाना–(स. क्रि.) 1 वस्तु आदि को एक स्थान से दूसरे स्थान पर ले जाना 2 थोड़ी दूर तक किसी के संग चलकर उसे छोड़ने जाना

पहुँची–(स्त्री.) कलाई पर पहनने का गहना

पहुनाई–(स्त्री.) 1 अतिथि सत्कार, आतिथ्य सत्कार 2 सेवा-सत्कार आदि कराना

पहेली–(स्त्री.) 1 प्रश्नात्मक उक्ति जिसमें बात का लक्षण बतलाते हुए यह कहा जाता है कि बताओ वह कौन-सी बात है 2 कोई गूढ़ बात जिसका निराकरण सहजपूर्ण न हो

पाँच–(वि./पु.) 5 की संख्या **पाँचसाला** (वि.) पाँच साल का **पाँचों उँगलियाँ घी में होना** हर काम में सफलता प्राप्त होना

पाँचवाँ–(वि.) पाँच के स्थान पर पड़ने वाला **पाँचवाँ सवार बनना** ज़बरदस्ती अपने को

श्रेष्ठ लोगों में गिनना

पांचाली–(स्त्री.) 1 पांचाल देश की स्त्री 2 पांचाल देश की राजकुमारी

पांडव–I (वि.) पांडु संबंधी II (पु.) 1 पांडु के पुत्र 2 पांडु प्रदेश का निवासी

पांडित्य–(पु.) 1 पंडित होने की अवस्था 2 विद्वान् को होनेवाला ज्ञान, विद्वता

पांडु–I (वि.) हल्का पीला रंग का II (पु.) 1 सफ़ेद रंग 2 लालिमा युक्त पीला रंग **पांडु रोग** (पु.) पीलिया रोग

पांडुलिपि–(स्त्री.) पुस्तक की हस्तलिखित प्रति

पाडे, पाडेय–(पु.) 1 ब्राह्मणों की एक उपाधि 2 अध्यापक

पाँत–(स्त्री.) 1 पंक्ति, क़तार 2 पंगत 3 समूह

पाँति–(स्त्री.) 1 एक साथ खानेवालों का समूह 2 क़तार

पाँव–(पु.) 1 पैर 2 कोई आधार **पाँव अड़ाना** व्यर्थ दख़ल देना **पाँव उखड़ जाना** युद्ध में न ठहर सकना **पाँव की जूती** तुच्छ सेवक **पाँव की बेड़ी** जंजाल, झंझट **पाँव घिसना** थक जाना **पाँव जमना** दृढ़तापूर्वक स्थित रहना **पाँव डिगना** स्थिर न रह सकना **पाँव तले की धरती खिसकना** अत्यधिक घबड़ा जाना **पाँव धरती पर न रखना** घमंड में चूर रहना **पाँव पर पाँव रखकर बैठना** बेख़बर होना, निश्चित रहना **पाँव पूजना** 1 अत्यधिक आदर-सम्मान करना 2 वर पूजन करके कन्या वर को समर्पित करना **पाँव भारी होना** गर्भवती होना **पाँव में बेड़ी पड़ना** जंजाल में फँसना

पाँवड़ा–(पु.) 1 आदरणीय व्यक्ति के मार्ग पर बिछाया गया कपड़ा जिस पर वह पैर रखकर चलता है 2 पाँवदान

पांशुल–I (वि.) 1 गर्दयुक्त, धूल-धूसरित 2 अपवित्र 3 लंपट, व्यभिचारी II (पु.) 1 व्यभिचारी पुरुष 2 पूरितकंज, एक प्रकार की झाड़ी

पांशुला–(स्त्री.) 1 बदचलन औरत 2 ज़मीन, भूमि

पाँसा–(पु.) पासा

पाइका–(पु.) 12 प्वाइंट टाइप

पाई–(स्त्री.) 1 खड़ी लक़ीर, सीधी लकीर 2 हिंदी वाक्यों आदि के अंत में लगाया जानेवाला पूर्णविराम का संकेत करनेवाली रेखा

पाउडर–(पु.) चेहरे पर लगाया जानेवाला सुगंधित चूर्ण

पाक–I (पु.) 1 भोजन आदि पकाने की क्रिया 2 पकाया हुआ भोजन II (वि.) 1 छोटा 2 प्रशंसनीय 3 जो परिपुष्ट एवं पूर्ण अवस्था प्राप्त हुआ हो **पाकगृह** (पु.) रसोईघर **पाकविज्ञान** (पु.) पकाने की कला **पाकशाला** (स्त्री.) पाकगृह **पाकशास्त्र** (पु.) पकाने की विद्या

पाक्षिक–(वि.) 1 जो एक पक्ष में एक बार होता हो 2 चांद्र मास के पक्ष से संबंध रखनेवाला

पाखंड–(पु.) 1 आडंबर, ढकोसला 2 वेद विरुद्ध किया जानेवाला आचरण 3 छल, 4 मिथ्या धर्माचरण

पाखंडी–(वि.) 1 ढोंगी, छली 2 वेद विरुद्ध आचरण करनेवाला, वेद-निंदक 3 मिथ्या धर्माचरण करनेवाला, प्रवंचक

पाख–(पु.) 1 पंद्रह दिन का समय 2 चांद्र मास का कोई पक्ष

पाख़ाना–(पु.) 1 मल, गू 2 शौचालय

पाग–(पु.) 1 चाशनी 2 चाशनी में डुबाई गई मिठाई **पागना** (स. क्रि.) चाशनी में डुबाना

पागल–(वि.) 1 बावला, विक्षिप्त 2 जिसे कुछ भी सुध-बुध न हो, आसक्त हो गया हो **पागलख़ाना** (पु.) वह स्थान जहाँ विक्षिप्त लोगों का उपचार किया जाता है

पागुर–(पु.) सींग वाले जानवारों का निगले चारे को थोड़ा-थोड़ा करके चबाना, जुगाली

पाचक–I (पु.) पाचन की क्रिया करनेवाला II 1 पकानेवाला, रसोइया 2 पाचन शक्ति बढ़ानेवाली

पाचन–I (पु.) 1 पचाने की क्रिया 2 भोजन

प

प

पचानेवाली औषध II (वि.) **पाचन प्रणाली** (स्त्री.) 1 शरीर में खाने को पचाने की शक्ति 2 हाज़मा

पाजामा–(पु.) कमर से एड़ी तक का भाग ढकनेवाला एक प्रकार का सिला हुआ वस्त्र जिसके ऊपरी भाग के नेफे में नारा डालकर कमर में बाँधा जाता है

पाजी–(पु./वि.) दुष्ट, लुच्चा **पाजीपन** दुष्टता, बदमाशी

पाज़ेब–(स्त्री.) नूपुर, पायल

पाटंबर–(पु.) रेशमी कपड़ा, रेशमी वस्त्र

पाट–(पु.) 1 रेशम 2 रेशम का बटा हुआ महीन डोरा 3 रेशम का कीड़ा 4 पटसन 5 तख़्ता

पाटन–I (पु.) चीरने-फाड़ने, तोड़ने-फोड़ने की क्रिया II (स्त्री.) 1 पाटने की क्रिया 2 पटाव 3 दीवारों को पाटकर बनाई गई छत

पाटना–(स. क्रि.) 1 गड्ढे आदि को समतल करना 2 मकान की छत बनाना 3 भरमार करना

पाटल–I (पु.) गुलाब II (वि.) गुलाब के रंग का

पाटा–(पु.) 1 काठ का पीढ़ा 2 लंबी धरन की तरह आयताकार लकड़ी जिससे जुते हुए खेत की मिट्टी को समतल करते हैं 3 आयताकार लकड़ी का छोटा टुकड़ा जो पलस्तर को समतल करने के काम आता है

पाटी–(स्त्री.) 1 पाठ, सबक़ 2 माँग पट्टी 3 पलंग आदि के चौखट की लंबाई के बल की लकड़ी 4 चट्टान, शिला

पाठ–(पु.) 1 पढ़नेवाला विषय 2 पढ़ने की क्रिया, पढ़ाई 3 सबक़ **पाठभेद** (पु.) एक ही ग्रंथ की दो प्रतियों के पाठ में मिलनेवाला अंतर, पाठांतर

पाठक–I (वि.) 1 पाठ पढ़नेवाला 2 पाठ पढ़ानेवाला II (पु.) 1 विद्यार्थी 2 अध्यापक 3 धर्मोपदेशक

पाठशाला–(स्त्री.) जहाँ विद्यार्थियों को पढ़ना-लिखना सिखाया जाए, स्कूल

पाठा–I (स्त्री.) पाढ़ा नाम की लता II (वि.) 1 पट्ठा, जवान 2 हृष्ट-पुष्ट III (पु.) 1 जवान बकरा 2 जवान बैल 3 जवान भैंसा

पाठ्य–(वि.) जिसे पढ़ा जा सके **पाठ्य-क्रम** (पु.) निर्धारित विषय एवं उनकी पुस्तकें **पाठ्य-ग्रंथ** (पु.) पाठ्य पुस्तक **पाठ्य-पुस्तक** (स्त्री.) पढ़ाई की पुस्तक **पाठ्य-सामग्री** (स्त्री.) पढ़ने-लिखने की आवश्यक वस्तुएँ

पाड़–(पु.) 1 धोती, साड़ी आदि का किनारा 2 मचान 3 तख़्ता 4 बासों का ढाँचा 5 पाटा

पाड़ा–I (वि.) 1 मुहल्ला, टोला 2 खेत की सीमा, हद II (पु.) भैंस का नर बच्चा, पँड़वा

पाड़ी–(स्त्री.) 1 भैंस की बच्ची, पड़िया

पाणि–(पु.) हाथ, कर **पाणिग्रहण** (पु.) स्त्री को पत्नी के रूप में स्वीकारने हेतु उसका हाथ पकड़ना

पात–(पु.) 1 पत्ता, पत्र 2 पत्ते के आकार का कान में पहना जानेवाला गहना 3 पतन 4 उचित स्थान से नीचे आने की क्रिया

पातक–I (वि.) गिरानेवाला II (पु.) नरक में गिरानेवाला पाप **पातकी** (वि.) अत्यधिक पाप करनेवाला

पाताल–(पु.) 1 अत्यधिक गहरा और नीचा स्थान 2 पृथ्वी के नीचे कल्पित लोक–नाग लोक **पाताल गंगा** (स्त्री.) भूगर्भ में बहनेवाली नदी

पातिव्रत, पातिव्रत धर्म, पातिव्रत्य–(पु.) पति के प्रति होनेवाली पूर्ण निष्ठा-भावना

पात्र–I (पु.) 1 बरतन 2 पानी पीने, रखने का बरतन 3 यज्ञ में काम आने वाले उपकरण 4 उपन्यास, नाटक आदि में काम करनेवाले व्यक्ति II (वि.) जिसे योग्यता के कारण चुना जा सके

पात्री–(स्त्री.) 1 पात्र का स्त्री रूप 2 छोटा पात्र 3 साहित्यिक रचना का स्त्री पात्र 4 अभिनेत्री

पाथना–(स. क्रि.) गीली मिट्टी आदि को थपथपाते हुए छोटे-बड़े पिंड बनाना

पाथेय–I (वि.) पथ संबंधी, पथ का II (पु.)

रास्ते का भोजन

पाद–(पु.) चरण, पैर

पाद-टिप्पणी, पाद-टीका–(स्त्री.) ग्रंथ के पृष्ठ के निचले भाग में सूचना एवं निर्देश हेतु लिखी गई बात, तलटीप **पाद-प्रहार** (पु.) लात मारना

पादना–(अ. क्रि.) मलद्वार से शब्द करती हुई वायु निकालना

पादप–(पु.) वृक्ष, पेड़

पादरी–(पु.) मसीही धर्मोपदेशक

पादाक्रांत–(वि.) पैरों से कुचला हुआ, पददलित

पादुका–(स्त्री.) 1 खड़ाऊँ 2 जूता 3 पैरों में पहनने का कोई उपकरण, पदत्राण

पादोदक–(पु.) 1 वह जल जिसमें पाँव धुलाया गया हो, चरणोदक 2 चरणामृत

पाधा–(पु.) 1 उपाध्याय 2 आचार्य

पान–I (पु.) पीना (जैसे–मद्यपान स्वास्थ्य के लिए हानिकारक है) **पान-गोष्ठी** (स्त्री.) मद्य पान करनेवालों की मंडली

पान–II (पु.) कत्था, चूना आदि लगाकर खाया जानेवाला एक प्रसिद्ध लता का पत्ता, गिलौरी, बीड़ा

पानदान–(पु.) पनडब्बा **पान पत्ता** (पु.) पान का पत्ता

पाना–(स. क्रि.) 1 किसी वस्तु का अपने अधिकार में आना, हासिल करना 2 प्राप्त होना, मिलना

पानी–(पु.) 1 जल 2 जल का ऐसा रूप जो अन्य पदार्थ में से आपसे-आप निकला हो 3 वर्षा 4 जलीय पदार्थ 5 ठंडा पदार्थ 6 कलई, मुलम्मा 7 मान-प्रतिष्ठा की भावना, पुरुषत्व **पानीदार** (वि.) 1 जिसमें आभा हो, कांतिमय 2 पानी चढ़ाया हुआ 3 मान-प्रतिष्ठावाला, स्वाभिमानी **पानी का बताशा, पानी का बुलबुला** जो तुरंत नष्ट हो जाए वह पदार्थ, क्षण भंगुर पदार्थ **पानी के मोल** बहुत सस्ता **पानी चढ़ाना** चमक लाना **पानी जाना** अपमानित होना **पानी पर लकीर खींचना** बेकार काम करना **पानी-पानी होना** बहुत लज्जित होना, झेंपना **पानी पी-पीकर कोसना** बहुत देर तक कोसना **पानी फिरना** चौपट होना, बरबाद होना **पानी फेरना, पानी फेर देना** चौपट कर देना

पाप–(पु.) 1 धर्म एवं नीति विरुद्ध किया जानेवाला आचरण, गुनाह (जैसे–गो हत्या जघन्य पाप है) 2 अपराध, क़सूर (जैसे–भगवान् मुझे किस पाप की सज़ा देते हो) **पापकर्म** (पु.) बुरा एवं निंदनीय कार्य **पापदृष्टि** I (वि.) 1 अशुभ दृष्टिवाला 2 पाप दृष्टि से देखनेवाला II (स्त्री.) 1 पाप पूर्ण दृष्टि 2 कुदृष्टि **पापबुद्धि** (वि.) जो सदा पाप कर्म में रत हो

पापघ्न–(वि.) पाप का नाश करनेवाला

पापड़–(पु.) आलू, उर्द की दाल को उबालकर, पीसकर बनाई गई मसालेदार पतली चपाती जिसे तलकर, भूनकर खाया जाता है

पापाचार–I (वि.) पापपूर्ण आचरण करनेवाला, पापी II (पु.) पापपूर्ण आचरण

पापी–I (वि.) पाप में रत रहनेवाला II (पु.) पाप करनेवाला व्यक्ति

पामर–(वि.) 1 अत्यधिक दुष्ट एवं नीच, अधम 2 पापी 3 नीच कुल में उत्पन्न हुआ

पायँचा–(पु.) पायजामे का निचला भाग

पायँता (पु.), **पायँती**–(स्त्री.) 1 पैताना 2 वह दिशा जिधर पैर फैलाकर सोया जाए

पायजेब–(स्त्री.) पाजेब

पायताना–(पु.) पलंग पर पैर के ओर की दिशा

पायल–(स्त्री.) 1 पैर में पहनने का घुंघरूदार गहना, पाज़ेब 2 नूपुर

पायस–(पु.) खीर

पारंगत–(वि.) 1 अत्यधिक ज्ञान प्राप्त करनेवाला 2 जो पार जा चुका हो

पारंपरिक–(वि.) परंपरा के अनुसार

पार–(पु.) 1 नदी, समुद्र आदि का दूसरी ओर का किनारा 2 वस्तु आदि का दूसरा किनारा **पारदर्शी** (वि.) 1 दूरदर्शी 2 दूसरे किनारों को दिखानेवाला, पारदर्शक **पार लगाना** 1 उद्धार करना 2 नदी के पार पहुँचाना

पारदर्शक–(वि.) 1 जिसमें से दूसरी तरफ़ की वस्तु आदि को देखा जा सके 2 पारदर्शी

पारपत्र–(पु.) विदेशों में जाने हेतु दिया जानेवाला अनुज्ञा पत्र (पासपोर्ट)

पारखी–(पु.) परखने की योग्यता रखनेवाला व्यक्ति

पारण–(पु.) 1 पार करने की क्रिया 2 पार ले जाने की क्रिया 3 उपवास के बाद भोजन 5 व्रत के बाद पहला भोजन करने की क्रिया 5 उत्तीर्ण होना

पारतंत्र्य–(पु.) परतंत्रता

पारद–(पु.) पारा (मरक्यूरी)

पारधि, पारधी–(पु.) 1 शिकारी 2 बहेलिया, व्याध 3 वधिक

पारमार्थिक–(वि.) 1 परोपकार का परमार्थ संबंधित 2 परमार्थ का शुभ फल दिलानेवाला

पारलौकिक–I (वि.) परलोक संबंधी, परलोक का II (पु.) अंत्येष्टि क्रिया

पारस–(पु.) 1 लोहे से सोना बनानेवाला एक कल्पित पत्थर 2 ईरान का पुराना नाम

पारस्परिक–(वि.) आपस का, आपसी

पारा–(पु.) चमकदार एवं सफ़ेद धातु जो आनुपातिक तौर पर बहुत वज़नी होती है तथा साधारण गर्मी एवं सरदी में द्रव रूप में रहती है, पारद **पारा चढ़ना** गुस्से से बेहाल होना

पारायण–(पु.) 1 धार्मिक ग्रंथ का किया जानेवाला पाठ 2 अनुष्ठान की समाप्ति

पारावार–(पु.) समुद्र

पारिजात–(पु.) 1 हरसिंगार का वृक्ष 2 कचनार 2 सुगंध

पारित–(वि.) 1 जिसका पारण हुआ हो 2 जो स्वीकृत किया जा चुका हो

पारितोषिक–(पु.) पुरस्कार, इनाम

पारिभाषिक–(वि.) परिभाषा संबंधी

पारिभाषिकी–(स्त्री.) पारिभाषिक शब्दों की सूची

पारिवारिक–(वि.) 1 परिवार से संबंध रखनेवाला 2 परिवार का

पारिश्रमिक–(पु.) मज़दूरी, उजरत

पारिस्थितिकी–(स्त्री.) पर्यावरण संबंधी विज्ञान

पारी–(स्त्री.) 1 बारी, अवसर 2 पाली

पार्थक्य–(पु.) अलग होने की अवस्था

पार्थक्यवाद (पु.) अलगाववाद

पार्थिव–I (वि.) 1 पृथ्वी से संबंध रखनेवाला 2 पृथ्वी से उत्पन्न 3 पृथ्वी पर शासन करनेवाला II (पु.) काया, देह, शरीर

पार्श्व–(पु.) 1 छाती के दाहिने और बाएँ भागों में से प्रत्येक भाग, बग़ल 2 अगल-बग़ल की जगह 3 सामीप्य 4 हाशिया 5 वस्तु के क्षेत्र का वह अंग जो एक ओर पड़ता हो 6 पंजर, पाँजर **पार्श्व टिप्पणी** (स्त्री.) हाशिये में लिखी गई टिप्पणी **पार्श्व भूमि** (स्त्री.) बग़ल की भूमि, आस-पास की ज़मीन

पार्श्वरक्षक–(वि./पु.) 1 सेना में पार्श्व (साइड) की रक्षा करने वाले सैनिक 2 अंगरक्षक

पार्श्वसंगीत–(पु.) चलचित्र में अभिनय के साथ नेपथ्य में होनेवाला संगीत

पार्श्ववर्ती, पार्श्वस्थ–(वि.) पास रहनेवाला

पार्षद–(पु.) 1 सभा का सदस्य 2 पास रहने वाला

पाल–(पु.) 1 फलों को पकाने की विधि **पाल डालना** फलों को पकाना 2 नाव के मस्तूल के सहारे ताना जानेवाला कपड़ा जिसमें हवा के भरने से नाव चलती है 3 शामियाना, तंबू

पालक–I (वि.) पालन करनेवाला II (पु.) 1 पालकर अपने पास रखा हुआ लड़का 2 प्रधान शासक, राजा 2 एक तरह का प्रसिद्ध साग

पालकी–(स्त्री.) एक प्रकार की प्रसिद्ध सवारी जिसे कहार अपने कंधे पर उठाकर चलता है

पालतू–(वि.) जो पकड़कर पाला गया हो

पालथी–(स्त्री.) पैर के ऊपर पैर रखकर ज़मीन पर बैठने का भारतीय ढंग

पालन–(पु.) 1 भरण-पोषण करने की क्रिया

2 आज्ञा, कर्तव्य आदि का निर्वाह 3 पशु आदि को पालकर उनके वंश, सामर्थ्य एवं उपज आदि को बढ़ाने का काम **पालन-पोषण** (पु.) पालना-पोसना

पालना–I (स. क्रि.) 1 पालन, भरण-पोषण करना 2 व्यवहार करना 3 खिलाना-पिलाना II (पु.) छोटा झूला, हिंडोला

पाला–(पु.) 1 हवा में मिले हुए भाप के सूक्ष्म कण जो अधिक ठंड पड़ने पर सफ़ेद तह के रूप में पेड़-पौधों आदि पर जम जाते हैं, तुषार 2 किसी प्रकार के व्यवहार का अवसर, साबिका **पाला पड़ना** काम पड़ना

पालागन–(स्त्री.) पैर छूने की क्रिया, चरण-स्पर्श

पालि–(स्त्री.) 1 कान के नीचे लटकने वाला कोमल मांस खंड, कान की लौ 2 वस्तु का किनारा 3 एक प्राचीन भाषा जिसमें बौद्ध साहित्य मिलता है

पालिका–(स्त्री.) 1 पालन करने वाली स्त्री 2 पदों के अंत में लगकर अनेक अर्थ देने वाला शब्द (जैसे–नगर पालिका, राज्यपालिका आदि)

पालित–(वि.) पाला हुआ

पाली–(स्त्री.) 1 श्रमिकों के एक दल के लिए बँधा हुआ काम करने का समय 2 पारी

पालू–(वि.) पालतू

पाँव–(पु.) पैर, पाँव, आधार

पाव–(पु.) 1 तौल में एक सेर का चौथाई भाग, चार छटाँक 2 सेर के चौथाई भाग का बाँट 3 250 ग्राम का तौल

पावक–I (वि.) पवित्र करनेवाला II (पु.) आग, अग्नि

पावती–(स्त्री.) 1 दी जाने वाली पक्की रसीद 2 वस्तु के पहुँचने की लिखित सूचना, प्राप्ति की स्वीकृति

पावदान–(पु.) 1 पाँव रखने का स्थान 2 पैर पोंछने के लिए जटा, सन आदि का बनाया गया चौकोर टुकड़ा

पावन–I (वि.) 1 पवित्र, शुद्ध 2 पवित्र करनेवाला II (पु.) पावक, अग्नि, पावकाग्नि

पावनता (स्त्री.) पवित्रता

पावना–I (पु.) 1 प्राप्त किया जानेवाला अधिकार 2 प्राप्त किया जानेवाला धन II (स. क्रि.) प्राप्त करना, पाना

पावरोटी–(स्त्री.) डबल रोटी

पावस–(स्त्री.) 1 बरसात, वर्षा काल 2 वर्षा

पाश–(पु.) 1 रस्सी से बनाया गया घेरा 2 वह वस्तु जिसमें कोई वस्तु आदि फँसाई जा सके

पाशविक–(वि.) पशुवत् आचरण करनेवाला

पाशविकता–(स्त्री.) पशुवत् आचरण

पाशुपत–I (वि.) 1 पशुपति संबंधी 2 पशुपति का, शिव का II (पु.) शिव के उपासक, शैव

पाशुपतास्त्र–(पु.) शिव का अस्त्र

पाश्चात्य–(वि.) 1 पश्चिमी देशों का (जैसे–पाश्चात्य दर्शन में अरस्तू का विशेष योगदान रहा है) 2 पश्चिम दिशा का

पाश्चात्यीकरण–(पु.) देश-जाति को पाश्चात्य ढंग का बनाना

पाषाण–I (पु.) पत्थर, शिला II (वि.) निर्दय, कठोर (जैसे–पाषाण हृदयवाला) **पाषाण-प्रतिमा, पाषाण-मूर्ति**–(स्त्री.) पत्थर की मूर्ति **पाषाण-युग** (पु.) पत्थर काल **पाषाण-लेख**–(पु.) पत्थर पर खुदा लेख **पाषाण-हृदय**–(वि.) क्रूर हृदयवाला, निर्दय

पाषाणी–I (स्त्री.) पत्थर का बटखरा II (वि.) कठोर हृदयवाली

पासंग–(पु.) 1 तराज़ू के दोनों पल्लों पर बिना कोई वज़न रखे होने वाला सूक्ष्म अंतर, 2 दोनों पल्लों के इस सूक्ष्म अंतर को दूर करने हेतु अंतर युक्त पल्ले के विपरीत पल्ले में बाँधा गया पत्थर आदि का छोटा टुकड़ा

पास–I (क्रि. वि.) 1 निकट, समीप 2 अधिकार में **पास-पड़ोस** (पु.) आसपास रहनेवाले लोग

पास–II (पु.) पारपत्र, पारक (जैसे–रेलगाड़ी का पास साथ लेना मत भूलना) I (वि.) 1 उत्तीर्ण 2 आगे बढ़ने योग्य (जैसे–संसद

प

ने दहेज संबंधी कानून पास कर दिया)
पास–(पु.) स्वीकृत किया गया, माना गया
पासपोर्ट–(पु.) अनुमतिपत्र, पारपत्र
पासा–(पु.) चौपड़ का खेल, चौसर का खेल **पासा पलटना** चौसर में हार-जीत का दाँव पड़ना
पासी–I (पु.) 1 सूअर पालने आदे का पेशा करनेवाली एक जाति 2 बहेलिया
पाहन–(पु.) पत्थर
पाहि–(क्रि. वि.) रक्षा करो, बचाओ
पाहुना–(पु.) 1 अतिथि, मेहमान 2 दामाद
पिंगल–I (वि.) 1 पीला 2 भूरापन लिये हुए पीला रंग 3 भूरापन लिये हुए लाल रंग II (पु.) छंद शास्त्र
पिंगला–(स्त्री.) हठयोग में चर्चित एक नाड़ी, सूर्य नाड़ी
पिंगलाक्ष–(पु.) शिव
पिंजर–I (वि.) 1 लालिमा युक्त पीले रंग का 2 पीला 3 सुनहला II (पु.) 1 पिंजरा 2 पंजर 3 हरताल
पिंजरा, पिंजड़ा–(पु.) धातु आदि की तीलियों का बना हुआ बक्स की तरह का आधान
पिंजरापोल–(पु.) 1 पशुशाला 2 गोशाला
पिंजा–I (स्त्री.) 1 हल्दी 2 रूई II (पु.) पिंजारा
पिंजाई–(स्त्री.) धुनने का काम और मज़दूरी
पिंड–I (पु.) 1 ढेला 2 गोलाकार पदार्थ 3 श्राद्ध में पितरों को तर्पण किया जानेवाला आटे, भात आदि का बनाया हुआ गोलाकार खंड 4 मांस, गोश्त 5 गर्भ की आरंभिक अवस्था 6 मनुष्य का शरीर, देह 7 पैर की पिंडली II (वि.) 1 घन, ठोस 2 घना **पिंड खजूर** (पु.) खजूर की जाति का एक पेड़, फल **पिंडदान** (पु.) कर्म कांड के अनुसार पितरों को पिंड देने का कर्म
पिंडली–(स्त्री.) घुटने के पीछे का निचला मांसल भाग
पिंडाकार–(वि.) पिंड के आकार का, गोल
पिंडारी–(पु.) कर्नाटक निवासी लूटमार करनेवाली एक जाति
पिंडालू–(पु.) एक प्रकार का शकरकंद जिसके ऊपर कड़े सूत की तरह रेशे होते हैं, पिंडिया
पिंडी–(स्त्री.) गीली वस्तु का गोलमटोल टुकड़ा, लुगदी
पिक–(पु.) कोयल
पिकी–(स्त्री.) मादा कोयल
पिघलना–(अ. क्रि.) 1 द्रव रूप में बदलना 2 द्रवित होना, पसीजना
पिघलाना–(स. क्रि.) 1 पिघलने में प्रवृत्त करना (जैसे–भट्टी में शीशा पिघलाना) 2 कोमल करना
पिचकना–(अ. क्रि.) फूले हुए अंग के उभार का कम होना
पिचकना–(अ. क्रि.) फूले हुए अंग के उभार का कम होना
पिचकाना–(स. क्रि.) पिचकने में प्रवृत्त करना
पिचकारी–(स्त्री.) 1 नली के आकार का धातु का बना उपकरण जिसके मुँह पर बने छोटे-छोटे छिद्रों से नली में भरा तरल पदार्थ दबाव से बाहर आता है 2 पिचकारी से निकलने वाली द्रव की पतली धार 3 मरीज़ आदि को सूई लगाने का एक छोटा यंत्र
पिच्छ–(पु.) 1 पशु की बालदार पूँछ 2 मोर की दुम 3 मोर की चोटी
पिच्छल–I (वि.) फिसलनेवाला II (पु.) 1 सर्प 2 शीशम का पेड़ 3 आकाश बेल
पिच्छिल–I (वि.) 1 सरस एवं स्निग्ध, गीला और चिकना 2 जिसके सिर पर चोटी हो 3 जो खट्टा, कोमल, फूला हुआ और कफकारी हो II (पु.) लिसोड़ा
पिछड़ना–(अ. क्रि.) 1 पीछे रह जाना 2 उन्नति न कर सकने के कारण पीछे रह जाना
पिछड़ा–(वि.) 1 जो पीछे रह गया हो 2 जो उन्नति न कर सका
पिछलगा, पिछलगू, पिछलग्गू–I (वि.) पीछे-पीछे लगा रहनेवाला II (पु.) सेवक, दास
पिछला–(वि.) 1 पीछे का (जैसे–मकान का पिछला हिस्सा टूटा पड़ा है) 2 पहले

होनेवाला (जैसे—अभी आपने पिछला हिसाब चुकता नहीं किया) **पिछलापहर** 1 दोपहर का समय 2 आधी रात के बाद का समय

पिछवाड़ा–(पु.) 1 घर का पृष्ठ भाग 2 घर के पीछेवाले भाग के पास की ज़मीन 3 घर के पीछे पास का मकान

पिछाड़ी–(स्त्री.) 1 पिछला भाग, पीछे का हिस्सा 2 घोड़े के पिछले दोनों पैर बाँधने की रस्सी

पिछौरा–(पु.) पुरुषों की चादर या दुपट्टा

पिटक–(पु.) 1 पिटारा 2 कोठार 3 फुंसी

पिटना–(अ. क्रि.) 1 पीटा जाना 2 हारना 3 गोटी, मोहरे आदि का मारा जाना 4 मार खाना

पिटवाना–(स. क्रि.) पीटने का काम दूसरे से कराना

पिटा-पिटाया–(वि.) 1 मार खाया हुआ 2 पीटा हुआ 3 बेकार

पिटारा–(पु.) बाँस, बेंत आदि के नर्म छिलकों से बना ढक्कनदार बड़ा पात्र

पिटारी–(स्त्री.) छोटा पिटारा

पिट्ठी–(स्त्री.) पीठी

पिट्ठू–(पु.) 1 पिछलगा, अनुयायी 2 लुक-छिपकर मदद करनेवाला 3 साथी

पिठौरी–(स्त्री.) 1 पीठी की पकौड़ी 2 पीठी की बरी

पिड़की–(स्त्री.) पेंडुकी नामक एक पक्षी

पितर–(पु.) परलोकवासी पूर्वज

पिता–(पु.) जनक, बाप **पितातुल्य** (वि.) जो पिता के समान हो

पितामह–(पु.) पिता का पिता, दादा (स्त्री. पितामही)

पितृ–(पु.) 1 पिता 2 मृत पूर्वज **पितृऋण** (पु.) पुत्र उत्पन्न करने से होनेवाली ऋण मुक्ति **पितृकर्म** (पु.) पितरों के उद्देश्य से किया जानेवाला तर्पण आदि कर्म **पितृकुल** (पु.) बाप, दादा आदि का कुल, परिवार, खानदान **पितृघात** (पु.) पिता की हत्या **पितृतर्पण** (पु.) 1 पितरों के उद्देश्य से किया गया जलदान 2 गया नामक तीर्थ **पितृदाय** (पु.) पिता का धन, पैतृक सम्पत्ति **पितृपक्ष** (पु.) 1 कृष्ण पक्ष 2 पितृ कुल **पितृप्रधान** (वि.) जहाँ पिता मुखिया हो **पितृभक्ति** (स्त्री.) पिता के प्रति होनेवाली श्रद्धा **पितृभूमि** (स्त्री.) पिता की जन्म भूमि **पितृयज्ञ** (पु.) पितृ तर्पण **पितृलोक** (पु.) पितरों का निवास-स्थान

पित्त–(पु.) यकृत में बननेवाला तरल पदार्थ **पित्तकोष** (पु.) पित्ताशय **पित्तज्वर** (पु.) पित्त बिगड़ने से होनेवाला बुखार **पित्तप्रकृति** (वि.) जिसमें वात और कफ की अपेक्षा पित्त की अधिकता हो

पित्तघ्न–(वि.) पित्त को नाश करनेवाला

पित्ता–(पु.) शरीर में पाया जानेवाला पित्त **पित्ता मारना** 1 मन में दूषित भाव उमड़ने न देना 2 मन की उमंग आदि को दबाकर रखना

पित्ताशय–(पु.) शरीर के अंदर यकृत के पीछे की ओर रहनेवाली थैली के आकार का वह अंग जिसमें पित्त एकत्र होता है, पित्त-कोष

पित्ती–(स्त्री.) 1 रक्त में अति उष्णता होने से पित्त प्रकोप के कारण शरीर के अंगों में निकलनेवाले ददोरे 2 अंभौरी **पित्त उछलना** पित्ती की बीमारी होना

पिद्दी–(स्त्री.) 1 बया की तरह एक सुंदर छोटी चिड़िया 2 अत्यंत तुच्छ जीव

पिन–(स्त्री.) काग़ज़ नत्थी करने की धातु की पतली पिन, आलपीन

पिनपिनाना–(अ. क्रि.) 1 रोते समय पिन-पिन स्वर निकालना 2 रुक-रुककर रोना

पिनाक–(पु.) शिव का धनुष

पिनाकी–(पु.) शिव, महादेव

पिन्नी–(स्त्री.) 1 आटे में चीनी, मसाले आदि को मिलाकर तैयार किया गया लड्डू 2 धागे आदि को लपेटकर बनाया गया गोलाकार पिंड

पिपासा–(स्त्री.) 1 प्यास, तृष्णा 2 इच्छा, लोभ

प

पिपासु–(वि.) 1 जो प्यासा हो 2 पीने का इच्छुक 3 जो उग्र कामना युक्त हो
पिपीलिका–(स्त्री.) चींटी
पियक्कड़–(पु.) ज्यादा शराब पीनेवाला
पिया–(पु.) प्रिय, प्रियतम, पति
पिराना–(अ. क्रि.) 1 पीड़ा होना 2 दुःख अनुभव करना 3 दुःख से दुःखी होना
पिरोना–(स. क्रि.) धागा डालना
पिलना–(अ. क्रि.) 1 भिड़ जाना 2 अंदर की ओर वेगपूर्वक धँसना 3 पूरी शक्ति से कार्य में लगना
पिलपिला–(वि.) अत्यधिक कोमल, पिचपिचा
पिलाना–(स. क्रि.) 1 पीने में प्रवृत्त करना 2 तरल पदार्थ उड़ेलना 3 बात अच्छी तरह जमाना, बात बैठाना
पिल्ला–(पु.) कुत्ते का बच्चा
पिशाच–(पु.) भूत, प्रेत **पिशाच-बाधा** (स्त्री.) पिशाच के कारण होनेवाला कष्ट
पिशाचघ्न–(वि.) पिशाच को नष्ट या दूर करनेवाला
पिशाचिनी, पिशाची–(स्त्री.) पिशाच योनि की स्त्री
पिशुन–I (वि.) 1 नीच 2 चुग़लख़ोर II (पु.) 1 गर्भिणी स्त्रियों को बाधा पहुँचाने वाला प्रेत 2 लड़ाई लगानेवाला व्यक्ति **पिशुनता** (स्त्री.) चुग़लख़ोरी
पिष्ट–I (वि.) पिसा हुआ, पीसा हुआ II (पु.) पानी के साथ पिसा अन्न **पिष्टपेषण** (पु.) पुनः पीसना, एक बात बार-बार दोहराना
पिष्टान्न–(पु.) पिसे हुए अन्न का बना पकवान
पिष्टि–(स्त्री.) 1 अन्नचूर्ण 2 पीठी
पिसनहारा–(पु.) अन्न पीसकर जीविकोपार्जन करनेवाला व्यक्ति
पिसना–(अ. क्रि.) 1 पीसा जाना 2 बुरी तरह दबाया जाना, कुचला जाना 3 अत्यधिक काम करने से शिथिल हो जाना 4 शोषित होना
पिसान–(पु.) पीसा हुआ अन्न, आटा
पिसाना–I (स. क्रि.) पिसवाना II (अ. क्रि.) पिसना
पिस्ता–(पु.) एक प्रकार का प्रसिद्ध मेवा
पिस्सू–(पु.) 1 मच्छर की तरह रक्त चूसनेवाला उड़नेवाला कीड़ा 2 मच्छर
पींग–(स्त्री.) पेंग
पींजना–I (स. क्रि.) रूई धुनना, पिंजना II (पु.) धुनिया
पी–I (पु.) प्रियतम, कांत
पी–II (स्त्री.) पपीहे के बोलने का शब्द
पीक–(स्त्री.) थूक **पीकदान** (पु.) थूकने का पात्र, उगालदान
पीछा–(पु.) पीठ की ओर का भाग, पृष्ठ भाग
पीछे–(क्रि. वि.) 1 पीठ की ओर, पृष्ठ देश में 2 मर जाने पर, मरणोपरांत
पीटना–I (स. क्रि.) 1 आघात करना (जैसे–कुत्ते को डंडे से मत पीटना) 2 निरंतर प्रहार करना (जैसे–हथौड़ी से पत्थर पीटना) 3 अपने शरीर के अंग पर अपने हाथ से ज़ोरों से आघात करना (जैसे–पति की मृत्यु का समाचार सुनते ही वह छाती पीटने लगी) 4 विपक्ष की गोट मारना (जैसे–वज़ीर से प्यादा पिटना) II (पु.) 1 मृत्यु, शोक 2 मुसीबत, आपद
पीठ–I (स्त्री.) प्राणियों के शरीर में छाती एवं पेट आदि की विपरीत दिशा में पड़नेवाला भाग जिसमें लंबाई के बल रीढ़ होती है **पीठ ठोंकना** 1 शाबासी देना 2 बढ़ावा देना
पीठ–II (पु.) 1 लकड़ी, पत्थर आदि का बना हुआ बैठने का आधार, आसन 2 मूर्ति स्थापित करने का नीचे का स्थान 3 उपदेश, शिक्षा आदि देने का स्थान (जैसे–धर्मपीठ, विद्यापीठ) 4 सम्मानित व्यक्ति के बैठने का स्थान 5 न्यायाधीशों का वर्ग
पीठा–(पु.) आटे की लोई में पीठी भरकर बनाया जानेवाला पकवान
पीठासीन–(वि.) जो अध्यक्ष के आसन पर बैठा हो
पीठिका–(स्त्री.) 1 छोटा पीढ़ा, पीढ़ी 2 वह

आधार जिस पर देवमूर्ति आदि लगाई गई हो 3 ग्रंथ के विशिष्ट भागों में से कोई एक

पीड़ा–(स्त्री.) 1 दर्द 2 तकलीफ़, वेदना

पीड़ित–(वि.) 1 जो सताया गया हो 2 जो ज़ुल्म आदि से आक्रांत हो 3 जो पीड़ा से ग्रस्त हो (जैसे–ज्वर पीड़ित)

पीढ़ा–(पु.) लकड़ी का पाएदार छोटा आसन

पीढ़ी–(स्त्री.) कुल, वंश परंपरा में क्रम-क्रम से बढ़नेवाली संतान की प्रत्येक कड़ी

पीत–(पु./वि.) पीले रंग का, पीला **पीतकंद** (पु.) गाजर **पीतमणि** (पु.) पुखराज **पीतराग** I (पु.) 1 पीला रंग 2 पद्म केसर II (वि.) पीले रंग का **पीतवर्ण** (पु.) पीला रंग

पीतल–(पु.) ताँबे एवं जस्ते के मेल से बनी प्रसिद्ध धातु

पीतांबर–(पु.) 1 पीला कपड़ा, पीले रंग का वस्त्र 2 पीला वस्त्र धारण करनेवाला व्यक्ति

पीताभ–I (वि.) जिसमें पीले रंग की झलक हो II (पु.) पीला चंदन

पीन–I (वि.) 1 पुष्ट 2 भरा-पूरा, संपन्न II (पु.) स्थूलता, मोटाई

पीनक–(स्त्री.) पिनक, ऊँघ

पीनस–(पु.) सर्दी या ज़ुकाम

पीना–(स. क्रि.) 1 वनस्पतियों का जड़ों द्वारा पानी आदि तरल पदार्थ सोखना 2 धूम्रपान करना 3 मुँह के द्वारा तरल पदार्थ को आत्मसात करना 4 मनोविकार को दबा लेना

पीप–(स्त्री.) मवाद (जैसे–फोड़े से पीप बहना)

पीपल–(पु.) बरगद की जाति का एक वृक्ष

पीपा–(पु.) काठ, लोहे का ढोल के आकार का बना हुआ बड़ा पात्र

पीयूष–(पु.) अमृत, सुधा

पीयूष ग्रंथि–(स्त्री.) मस्तिष्क के निचले भाग में स्थित ग्रंथि

पीर–I (वि.) 1 बड़ा और पूज्य, बुज़ुर्ग 2 वृद्ध

पीर–II (पु.) 1 मार्गदर्शक, धर्मगुरु 2 महात्मा एवं सिद्ध पुरुष

पीर–III (स्त्री.) 1 दर्द, वेदना 2 तकलीफ़, दुःख 3 पीड़ा

पीला–I (पु.) पीला रंग II (वि.) 1 पीत 2 रक्त की कमी के कारण हल्का सफ़ेद 3 भय, लज्जा आदि के कारण

पीलिया–(पु.) पांडु रोग (जौंडिस)

पीवरी–(स्त्री.) 1 युवती स्त्री 2 गाय, गौ

पीसना–(स. क्रि.) 1 चूर्ण रूप में करना, 2 कुचलना, दबाना 3 दबाते हुए रगड़ना 4 कठोर परिश्रम करना

पीहर–(पु.) विवाहिता के माता-पिता का घर, मैका, मायका

पुंकेसर–(पु.) स्त्री केसर से संयोग करनेवाला फूलों का पुंसत्व-युक्त केसर

पुंगव–I (पु.) बैल, साँड II (वि.) उत्तम, श्रेष्ठ

पुंगीफल–(पु.) सुपारी

पुंज–(पु.) 1 ढेर 2 राशि, समूह

पुंजीभूत–(वि.) जो राशि रूप में हो गया हो

पुंड–(पु.) तिलक, चंदन आदि का टीका

पुंडरीक–(पु.) सफ़ेद कमल

पुंडरीकाक्ष–(वि.) कमल जैसे नेत्रों वाला

पुंलिंग–I (पु.) 1 संज्ञा शब्दों में पुरुष का सूचक शब्द 2 पुरुष लिंग 3 पुरुष का चिह्न II (वि.) पुरुषवाचक

पुंश्चली–I (वि.) पराये पुरुषों से गुप्त संबंध रखनेवाली, व्याभिचारिणी II (स्त्री.) कुलटा, व्यभिचारिणी स्त्री

पुंसत्व–(पु.) 1 पुरुषत्व 2 पुरुष की काम शक्ति

पुआल–(पु.) 1 इमारतों के काम में आनेवाली जंगली पेड़ की पीली लकड़ी 2 पयाल

पुकार–(स्त्री.) 1 फ़रियाद 2 किया जानेवाला निवेदन 3 आत्मरक्षा हेतु ज़ोर से चिल्लाना 4 उपस्थित होने के लिए ज़ोर से बुलाना 5 ज़ोर से नाम लेकर संबोधित करने की क्रिया

पुकारना–(स. क्रि.) 1 नाम लेकर बुलाना 2 आवाहन करना 3 धुन लगाना, रटना 4 चिल्लाकर माँगना

प

पुखराज–(पु.) पीले रंग का एक रत्न

पुचकार–(स्त्री.) पुचकारने की क्रिया, चुमकार **पुचकारना** (स. क्रि.) प्यार जतलाते हुए मुँह से पुच-पुच शब्द करना

पुचारा–(पु.) 1 पोतने का काम 2 वह गीला कपड़ा जिससे पोताई आदि का काम हो

पुच्छ–(स्त्री.) 1 दुम, पूँछ 2 पिछला नुकीला भाग

पुच्छल–(वि.) जिसमें दुम हो, दुमदार **पुच्छल तारा** (पु.) धूमकेतु

पुछल्ला–(पु.) 1 लंबी दुम 2 पूँछ की तरह जोड़ी गई लंबी चीज़

पुछवैया–(वि.) 1 पूछनेवाला 2 खोज-ख़बर लेनेवाला

पुजाना–(स. क्रि.) 1 पूजा कराना 2 आदर, सम्मान कराना 3 पूरा करना, पूर्ति करना

पुजापा–(पु.) पूजन की सामग्री

पुजारिन–(स्त्री.) पूजा करनेवाली स्त्री

पुजारी–(पु.) पूजा करनेवाला व्यक्ति

पुट–(पु.) 1 तरल पदार्थ का छींटा 2 हल्के रंग में डुबाना 3 थोड़ी-सी मिलावट **पुटपाक** (पु.) औषध पकाने की एक क्रिया

पुटकी–I (स्त्री.) छोटी गठरी, पोटली II (स्त्री.) 1 यकायक होनेवाली मृत्यु 2 आकस्मिक दैवी विपत्ति, आफ़त 3 आलन

पुटी–I (स्त्री.) 1 छोटा होना 2 खाली स्थान II (वि.) जो पुट पाक विधि में प्रस्तुत हो

पुट्ठा–(पु.) 1 चूतड़ के ऊपर का माँसल भाग 2 चौपायों विशेषकर घोड़े का चूतड़ **पुट्ठे पर हाथ न रखने देना** सवार को पास न आने देना **पुट्ठे पर हाथ रखना** राज़ी कर लेना

पुड़िया–(स्त्री.) कागज़ को विशेष प्रकार से मोड़कर एक नया रूप देना जिसमें कोई चीज़ बंद हो जाय

पुण्य–I (वि.) 1 पवित्र, शुद्ध 2 मंगलकारक, शुभ 3 उत्तम फल देनेवाला II (पु.) 1 धर्म-विहित कर्म, सुकृत 2 अच्छा एवं भला कार्य **पुण्यकर्म, पुण्यकार्य** (पु.) शुभ काम, भला काम **पुण्यतिथि** (स्त्री.) पुण्यकाल **पुण्यतीर्थ** (पु.) पुण्य क्षेत्र **पुण्यपर्व** (पु.) शुभ त्योहार **पुण्ययोग** (पु.) पूर्वजन्म के किये गये शुभ कर्मों का फल **पुण्यवान्** (वि.) शुभ कर्म करने वाला **पुण्यश्लोक** (वि.) शुभ चरित्र **पुण्यस्थान** (पु.) पुण्य क्षेत्र

पुण्यात्मा–(वि.) पुण्य कर्म करने वाला

पुण्यार्थ–(वि.) पुण्य के विचार से किया जानेवाला

पुतना–(अ. क्रि.) पुताई होना

पुतला–(पु.) कागज़, कपड़े आद की पुरुष की बनाई गई आकृति **पुतला जलाना** निंदा करने के उद्देश्य से पुतला बनाकर जलाना

पुतली–I (स्त्री.) आँख के बीच का वह काला भाग जिसके मध्य में प्रकाश की किरणें प्रवेश करती हैं तथा जिसके फलस्वरूप मस्तिष्क में पदार्थ का प्रतिबिंब उभरता है

पुतली–II(स्त्री.) 1 लकड़ी, धातु आदि की बनी हुई स्त्री, आकृति 2 सुंदर और कोमलांगी स्त्री 3 कपड़ा बुनने का यंत्र **पुतलीघर** (पु.) कपड़ा बनाने की मिल

पुताई–(स्त्री.) 1 पोतने की क्रिया 2 पोतने की मज़दूरी

पुत्र–(पु.) 1 बेटा 2 प्यारा बच्चा

पुदीना–(पु.) एक तरह का सुगंधित पौधा जिसकी पत्तियों से चटनी बनती है

पुनः–(क्रि. वि.) फिर, दोबारा (जैसे–पुनः लिखना, पुनः पढ़ना) **पुनःपंजीयन** (पु.) फिर से रजिस्टर में दर्ज करना **पुनः-पुनः** (क्रि. वि.) बार-बार, फिर-फिर **पुनःप्रकाशन** (पु.) फिर से प्रकाशित करना **पुनःरचना** (स्त्री.) फिर से बनाना **पुनःसंस्थापन** (पु.) पुनः संगठन **पुनःस्थापित** (वि.) पुनः संगठित

पुनरपि–(अ.) 1 फिर भी 2 बार-बार

पुनरभ्यास–(पु.) फिर से बार-बार करना

पुनरावलोकन–(पु.) 1 फिर से देखना 2 दुबारा जाँचना

पुनरागमन–(पु.) दोबारा जाना

पुनरारंभ–(पु.) फिर से शुरू करना

पुनरावर्तक–I पुनः पुनः आनेवाला II (पु.)

प

पुनः-पुनः आनेवाला ज्वर
पुनरावृत्ति–(स्त्री.) 1 फिर से घूमकर आना 2 किये गये काम की फिर से होनेवाली आवृत्ति, काम का दोहराया जाना
पुनरीक्षण–(पु.) 1 दुबारा देखना 2 पुनरावलोकन
पुनरुक्ति–(स्त्री.) 1 कही गई बात को फिर से कहना 2 दुबारा कही गयी बात
पुनरुज्जीवन–(पु.) फिर से जीवित होना
पुनरुत्थान–(पु.) 1 पुनः उन्नति करना 2 फिर से उठना
पुनरुत्पादन–(पु.) दोबारा माल या उपज तैयार करना
पुनरुद्धार–(पु.) टूटी-फूटी वस्तु को फिर से सुधारना
पुनर्गठन–(पु.) फिर से गठन करना
पुनर्ग्रहण–(पु.) फिर से ग्रहण करना
पुनर्जन्म–(पु.) पुनः होनेवाला जन्म
पुनर्जन्मवाद–(पु.) यह सिद्धांत कि आत्मा एक शरीर छोड़ने पर पुनः जन्म लेती है
पुनर्जागरण–(पु.) फिर से जागना
पुनर्नवा–(स्त्री.) औषधि के काम आनेवाली एक विशेष वनस्पति
पुनर्नियुक्ति–(स्त्री.) फिर से नियुक्त करना या होना
पुनर्निरीक्षण–(पु.) पुनः देखना, दोबारा जाँचना
पुनर्निर्धारण–(पु.) फिर से निश्चय करना
पुनर्निर्माण–(पु.) फिर से बनाना
पुनर्निर्वाचन–(पु.) फिर चुनाव करना
पुनर्परीक्षण–(पु.) पुनः परीक्षण करना, दोबारा जाँचना
पुनर्प्रकाशन–(पु.) पुनः प्रकाशन
पुनर्भू–(स्त्री.) पति के मरने पर पुनः विवाह करनेवाली स्त्री
पुनर्मिलन–(पु.) फिर से मिलना, पुनः मिलाप होना
पुनर्मुद्रण–(पु.) 1 फिर से छापना 2 पुनः प्रकाशन
पुनर्मूल्यांकन–(पु.) फिर से मूल्य आँकना
पुनर्रचना–(पु.) पुनः रचना
पुनर्वचन–(पु.) पुनरुक्ति
पुनर्विचार–(पु.) फिर से विचार करना
पुनर्विचार न्यायालय (पु.) वह अदालत जहाँ पुनर्विचार किया जाए
पुनर्वितरण–(पु.) फिर से बाँटना
पुनर्विभाजन–(पु.) विभाजित की गई वस्तु का पुनः विभाजन करना
पुनर्विवाह–(पु.) दूसरा ब्याह
पुनश्च–I (अ.) इसके बाद, फिर II (पु.) कह चुकने के बाद कही गई बात
पुनीत–(वि.) 1 पवित्र 2 उत्तम
पुरः–(अ.) 1 समक्ष, सामने 2 पहले, पूर्वी 3 पूर्व दिशा का, पूर्वी **पुरःसर** I (वि.) 1 मिला हुआ, युक्त 2 साथ होनेवाला II (पु.) आगे-आगे चलनेवाला, अगुआ **पुरस्थ** (वि.) आगे रखा हुआ
पुरंदर–(पु.) इंद्र, अग्नि
पुर–I (वि.) भरा हुआ, पूर्ण II (पु.) 1 बस्ती 2 घर 3 नगर 4 अटारी, कोठा **पुरद्वार**–(पु.) 1 नगर का फाटक 2 पुर का मुख्य दरवाज़ा **पुरवासी**–(पु.) नगर का रहनेवाला
पुर–(पु.) कुएँ से पानी खींचने का मोट, चरसा
पुरखा–(पु.) 1 पूर्वज 2 सयाना और वृद्ध व्यक्ति
पुरज़ा–(पु.) 1 टुकड़ा, खंड 2 क़तरन
पुरबिया–I (पु.) 1 पूरब का, पूर्व देश का 2 पूर्व दिशा से आनेवाला II (वि.) पूर्वी देश का निवासी
पुरवा–(स्त्री.) पूरब की ओर से बहनेवाली हवा
पुरस्कार–(पु.) 1 इनाम 2 उपहार, भेंट **पुरस्कार-विजेता** (पु.) पुरस्कार प्राप्त करनेवाला **पुरस्कार-वितरण** (पु.) इनाम देना
पुरस्कृत–(वि.) जिसने पुरस्कार प्राप्त किया हो
पुरा–I (स्त्री.) छोटी बस्ती, गाँव
पुरा–II (अ.) 1 पुराने समय में 2 थोड़े समय में 3 अब-तक **पुराकथा** (स्त्री.) 1 इतिहास 2 पुरानी कहानी **पुराकल्प** (पु.) प्राचीन

प

समय, पुराना युग **पुराकालीन** (वि.) 1 बहुत पुराना 2 अत्यधिक प्राचीन युग का

पुराकोश–(पु.) ऐसा शब्दकोश जिसमें प्राचीन भाषाओं के अत्यधिक पुराने शब्दों की व्याख्या हो **पुराजीव संग्रहालय** (पु.) पुराने ज़माने के जीव-जंतुओं का अजायबघर **पुराजैविकी** (स्त्री.) जीवाश्म विज्ञान **पुरातत्त्व** (पु.) प्राचीन अनुसंधान एवं अध्ययन से संबंधित ज्ञान (आर्केयोलोजिस्ट) **पुरातत्त्ववेत्ता** (वि.) प्राचीन संबंधी खोजों एवं विधाओं को जाननेवाला **पुरापाषाण** (वि.) पत्थर युग से पहले का **पुरालेख** (पु.) प्राचीन स्मारक पर अंकित किया हुआ लेख

पुराण–I (वि.) 1 पुराना, प्राचीन 2 जीर्ण-शीर्ण II (पु.) हिन्दुओं के अनेक धार्मिक ग्रंथ (जैसे–विष्णु पुराण, गरुण पुराण आदि) **पुराणपंथी** (वि.) जो पुराण आदि धर्म ग्रंथों का अनुयायी हो

पुरातन–(वि.) 1 पुराना, प्राचीन 2 सबसे पहले का, आद्य

पुराना–(वि.) 1 प्राचीन काल का, बहुत पहले का 2 दीर्घ काल का 3 जीर्ण-शीर्ण

पुरी–(स्त्री.) छोटा पुर, नगरी

पुरुष–(पु.) 1 नर 2 मानव जाति 3 स्त्री का पति 4 सर्वनामों का वर्गीकरण (जैसे–प्रथम पुरुष में 'मैं')

पुरुषत्व–(पु.) पुरुष होने की अवस्था

पुरुषार्थ–(पु.) 1 पुरुष के उद्देश्य एवं लक्ष्य का विषय 2 मनुष्योचित बल, पौरुष

पुरुषार्थी–(वि.) पुरुषार्थ के काम करने वाला

पुरुषोचित–(वि.) जो पुरुषों के लिए उचित हो

पुरुषोत्तम–I (वि.) जो पुरुषों में सबसे उत्तम हो II (पु.) सर्वश्रेष्ठ पुरुष

पुरोगामी–I (वि.) 1 अगुआ, अग्रगामी 2 बराबर उन्नति करता हुआ II (पु.) 1 नायक 2 अग्रदूत

पुरोधा–(पु.) पुरोहित

पुरोभाग–(पु.) अगला हिस्सा, अग्रभाग

पुरोहित–(वि.) धार्मिक कृत्य करनेवाला **पुरोहिताई** (स्त्री.) पुरोहित का काम एवं पद

पुल–I (पु.) 1 सेतु 2 बात आदि का बहुत लंबा क्रम, झड़ी, ताँता II (वि.) 1 बहुत अधिक 2 अतिविशाल, विस्तृत

पुलक–(पु.) 1 हर्ष, भय आदि मनोविकारों की प्रबलता में रोंगटे खड़े होना, रोमांच 2 कामना, वासना **पुलकित** (वि.) प्रेम, हर्ष आदि से गद्‌गद, रोमांचित

पुलाव–(पु.) 1 मांस एवं चावल के मिश्रण से बना व्यंजन 2 पकाया हुआ मीठा चावल

पुलिंदा–(पु.) काग़ज़, कपड़े आदि की बँधी बड़ी गठरी

पुलिन–(पु.) 1 गीली भूमि 2 रेतीला किनारा, तट 3 नदी में पड़ी रेत का ढूह

पुलिस–(स्त्री.) 1 अपराधियों को पकड़ने के लिए बनाया गया राजकीय विभाग 2 सिपाही **पुलिस महानिरीक्षक** (पु.) इंस्पेक्टर जनरल पुलिस **पुलिस अधीक्षक** (पु.) पुलिस सुपरिंटेंडेंट

पुली–(स्त्री.) पहियों का यांत्रिक रूप

पुवाल–(पु.) पयाल

पुष्कर–(पु.) 1 जलाशय, पोखरा 2 जल 3 कमल 4 नील कमल

पुष्ट–(वि.) 1 मोटा-ताज़ा एवं बलवान 2 जिसमें कोई कोर-क़सर न हो

पुष्टि–(स्त्री.) 1 दृढ़ता, मज़बूती 2 पोषण 3 बढ़ती 4 पुष्ट किया गया तर्क 5 कही हुई बात का अनुमोदन, समर्थन **पुष्टिकारक** (वि.) 1 पोषण करनेवाला 2 शक्ति बढ़ानेवाला

पुष्टीकरण–(पु.) कही गई बात, काम आदि का समर्थन करना

पुष्प–(पु.) फूल, कुसुम **पुष्पकीट** (पु.) 1 फूल का कीड़ा 2 भौंरा, भ्रमर **पुष्पधन्वा** (पु.) कामदेव **पुष्पमाला** (स्त्री.) फूलों की माला **पुष्परज** (पु.) पराग **पुष्पवाटिका** (स्त्री.) फुलवारी **पुष्पवृष्टि** (स्त्री.) पुष्पवर्षा **पुष्प-वेणी** (स्त्री.) फूलों की माला जिसे स्त्रियाँ शृंगार के लिए जूड़े में लगाती हैं

पुष्पक–(पु.) कुबेर का विमान

पुष्पांजलि–(स्त्री.) फूलों से भरी अंजलि

प

पुसाना–(अ. क्रि.) 1 पोषण होना, पोसा जाना 2 पूरा पड़ना 3 उचित जान पड़ना, भला लगना

पुस्तक–(स्त्री.) 1 किताब, ग्रंथ 2 हाथ की लिखी हुई पोथी **पुस्तक प्रकाशक** (पु.) पुस्तकें छपवाकर प्रकट करनेवाला पब्लिशर **पुस्तक-भंडार** (पु.) पुस्तकालय **पुस्तकमाला** (स्त्री.) एक ही प्रकार की पुस्तक श्रेणी **पुस्तक-लेखक**–(पु.) किताब लिखनेवाला **पुस्तक-विक्रेता**–(पु.) पुस्तक बेचनेवाला **पुस्तक-संपादक**–(पु.) पुस्तक को प्रकाशन के योग्य बनानेवाला व्यक्ति

पुस्तकालय–(पु.) वह भवन जहाँ अध्ययन हेतु पुस्तकों का संग्रह किया गया हो **पुस्तकालयाध्यक्ष** (पु.) पुस्तकालय का प्रधान अधिकारी

पुस्तकीय–(वि.) 1 पुस्तक संबंधी, पुस्तक से प्राप्त होनेवाला (जैसे–पुस्तकीय ज्ञान)

पुस्तिका–(स्त्री.) छोटी पुस्तक

पुहुप–(पु.) फूल, पुष्प

पूँछ–(स्त्री.) दुम, पुच्छ, लाँगूल, **पूँछदार** (वि.) पूँछवाला (जैसे–पूँछदार जानवर)

पूँजी–(स्त्री.) 1 जमा किया हुआ धन 2 आय देने हेतु व्यवसाय में लगाया धन **पूँजीगत** (पु.) पूँजी संबंधी **पूँजीनिवेश** (पु.) पूँजी लगाना **पूँजीवादी** (वि.) 1 पूँजीवाद सिद्धांत को माननेवाला 2 पूँजीवाद संबंधी **पूँजी-विनियोग** (पु.) पूँजी लगाना

पूआ–(पु.) पूरी की तरह का मीठा पकवान

पूछ–(स्त्री.) 1 पूछने की क्रिया, जिज्ञासा 2 चाह, तलब 3 अनुसंधान आदि के लिए जिज्ञासा प्रकट करना

पूछना–(स. क्रि.) 1 प्रश्न करना 2 जिज्ञासा करना 3 हाल-चाल, खोज-ख़बर लेना

पूजन–(पु.) 1 आराधना एवं वंदना 2 आदर

पूजना–I (स. क्रि.) 1 पूजन करना 2 सेवा-सत्कार करना 3 प्रसन्न करने हेतु कुछ धन आदि देना (जैसे–रिश्वत देकर पूजना) 4 ख़ूब मारना-पीटना

पूजनीय–(वि.) 1 पूजने योग्य, अर्चनीय, वंदनीय 2 आदरणीय, सम्माननीय

पूजा–(स्त्री.) 1 अर्चना, पूजन 2 यथेष्ट आदर-सत्कार, आव-भगत 3 संतुष्ट करने हेतु किया जानेवाला कार्य 4 रिश्वत, घूस 5 दंडित करने का भाव **पूजागृह, पूजाघर** (पु.) 1 उपासना मंदिर 2 देवालय मंदिर **पूजापाठ** (पु.) भजन-कीर्तन, वंदना पाठ

पूज्य–(वि.) 1 पूजा किए जाने योग्य 2 आदर योग्य **पूज्यपाद** (वि.) पूजनीय

पूड़ा–(पु.) पूआ

पूड़ी–(स्त्री.) पूरी

पूत–I (पु.) पुत्र, बेटा II (वि.) पवित्र, शुद्ध

पूति–(स्त्री.) 1 पवित्रता, शुद्धता 2 दुर्गंध

पूतिव्रण–(पु.) अत्यंत दुर्गंधवाला एक फोड़ा

पूनी–(स्त्री.) सूत कातने की रूई की बत्ती

पूनो–(स्त्री.) पूर्णिमा

पूरक–(वि.) 1 पूरा करनेवाला 2 तुष्ट करनेवाला (जैसे–वे एक-दूसरे के पूरक हैं)

पूरणीय–(वि.) पूर्ण किए जाने योग्य

पूरना–(अ. क्रि.) पवित्र स्थान पर चौक बनाना (जैसे–चौक पूरना)

पूरब–I (पु.) 1 सूर्य उदित होने की दिशा, पूर्व, प्राची 2 पूर्व में पड़नेवाला क्षेत्र, प्रदेश, स्थान II (वि.) पूर्व III (क्रि. वि.) पूर्व, पहले

पूरा–(वि.) 1 भरा हुआ, परिपूर्ण 2 यथेष्ट, भरपूर 3 समग्र, समूचा, सारा

पूरी–(स्त्री.) रोटी की तरह तेल, घी में छाना हुआ प्रसिद्ध पकवान

पूर्ण–(बि.) 1 पूर्णतः भरा हुआ 2 पूरी तरह से युक्त 3 हर प्रकार से तृप्त और संतुष्ट 4 सब का सब, समूचा, पूरा, समस्त 5 सफल, सिद्ध **पूर्णकाम** (वि.) 1 जिसकी कामनाएँ पूर्ण हो गई हों **पूर्णकालिक** (वि.) जो पूरे समय का हो **पूर्णचंद्र** (पु.) पूर्णिमा का चंद्रमा **पूर्णरूपेण** (वि.) पूरी तरह से **पूर्ण वयस्क** (वि.) पूरा बालिग़ **पूर्णविराम** (पु.) वाक्य की समाप्ति का सूचक चिह्न, फ़ुलस्टाप

प

पूर्णतः, पूर्णतया–(अ.) पूर्णरूपेण
पूर्णांक–(पु.) 1 पूरी संख्या 2 प्रश्न पत्र के लिए निर्धारित अंक 3 अविभक्त संख्या
पूर्णायु–(वि.) पूरी उम्रवाला
पूर्णाहुति–(स्त्री.) यज्ञ समाप्ति पर दी जानेवाली आहुति
पूर्णिमा–(स्त्री.) चांद्र मास के शुक्ल पक्ष की अंतिम तिथि, पूर्णमासी
पूर्ति–(स्त्री.) 1 पूरा होने की क्रिया, पूर्णता 2 अपेक्षित, अभाव की वस्तुओं को लाकर प्रस्तुत करना, कमी पूरी करने का काम
पूर्व–I (पु.) सूर्य उदित होने की दिशा II (वि.) 1 जो सबसे आगे हो 2 सबसे पहले होनेवाला 3 अति प्राचीन, पुराना III (अ.) पहले, आगे **पूर्व-इतिहास काल** (पु.) इतिहास से पहले का काल **पूर्वकथन** (पु.) 1 पहले कही गई बात 2 आमुख **पूर्वकल्पित** (वि.) पूर्व अनुमानित **पूर्वकाल** (पु.) 1 बीता हुआ समय 2 पुराना ज़माना **पूर्वग्रह** (पु.) किसी विषय के संबंध से वह आग्रहपूर्ण धारणा जो पहले से बिन सोचे-समझे मन में स्थिर कर ली गई हो **पूर्वदर्शन** (पु.) पूर्वज्ञान **पूर्वदृष्टि** (स्त्री.) वह विचार शक्ति जिसके द्वारा होनेवाली बात के सभी पहलुओं को पहले से ही समझ लिया जाता है **पूर्वदैहिक** (वि.) पूर्व जन्म में किया हुआ **पूर्वधारणा** (स्त्री.) पहले से निश्चित किया गया मत **पूर्वनिर्मित** (वि.) पहले से बना हुआ **पूर्वनिश्चित** (वि.) जो पहले से निश्चय हो **पूर्वलेख** (पु.) पहले दिया गया लेख **पूर्ववत्** I (अ.) पहले की ही तरह, ज्यों-का-त्यों II (पु.) कार्य का वह अनुमान जो उसके कारणों को समझकर उसके होने से पहले ही किया जाता है **पूर्ववर्ती** (वि.) पहले रहनेवाला, पहले का **पूर्वसंस्कार** (पु.) पहले के संस्कार **पूर्वसूचना** (स्त्री.) पहले दी गई सूचना
पूर्वतः–(अ.) 1 पहले की तरह 2 सामने
पूर्वाकलन–(पु.) पूर्व की गणना
पूर्वागम–(पु.) भाषा विज्ञान में शब्द के आदि में रहनेवाले व्यंजन के साथ स्वाभाविक रूप से 'इ', 'उ' स्वर का लगना
पूर्वाग्रह–(पु.) पहले से निश्चित कर रखा गया मत
पूर्वानुमान–(पु.) पहले से की जानेवाली कल्पना, पूर्वकल्पना (जैसे–घटना का पूर्वानुमान)
पूर्वापर–I (अ.) आगे-पीछे II (वि.) आगे का और पीछे का
पूर्वापेक्षया–(क्रि. वि.) पहले की तुलना में
पूर्वाभास–(पु.) पूर्वज्ञान
पूर्वाभिनय–(पु.) नियत समय से किया जानेवाला यथा-तथ्य अभ्यास, रिहर्सल
पूर्वाभ्यास–I (पु.) किसी कार्य आदि को दर्शकों के समक्ष प्रस्तुत करने के पहले उसका किया जानेवाला अभ्यास, रिहर्सल II (वि.) पूर्वाभिनय
पूर्वार्द्ध–(पु.) शुरू का आधा हिस्सा
पूर्वाह्न–(पु.) सबेरे से दोपहर तक का समय, दिन का पहला भाग
पूर्वी–(वि.) पूरब का, पूरबी
पूर्वोक्त–(वि.) जो पहले कहा जा चुका हो
पूला–(पु.) घास-फूस आदि का बँधा गट्ठर
पूली–(स्त्री.) छोटा पूला
पूस–(पु.) विक्रमी संवत् का दसवाँ महीना, पौष
पृथक्–(वि.) 1 अलग, भिन्न 2 हटाया हुआ **पृथकता** (स्त्री.) पार्थक्य **पृथकतावाद** (पु.) अलगाववाद
पृथक्करण–(पु.) अलग करने की क्रिया
पृथा–(स्त्री.) कुंती का एक नाम
पृथु, पृथुल–(वि.) 1 अधिक विस्तारवाला, विस्तीर्ण 2 बड़ा, महान् 3 अगणित, अत्यधिक 4 चतुर, होशियार 5 महत्त्वपूर्ण **पृथुल लोचन** (वि.) बड़ी-बड़ी आँखोंवाला
पृथ्वी–(स्त्री.) 1 धरती, ज़मीन, स्थल 2 सौर्य मंडल का प्रसिद्ध ग्रह जिस पर मर्त्यलोक स्थित है 3 विश्व जिसमें हम लोगों की सत्ता है **पृथ्वी-तल** (पु.) 1 ज़मीन का ऊपरी धरातल जिस पर सभी चर, अचर जीवधारियों

एवं वस्तुओं का अस्तित्व है 2 दुनिया, संसार **पृथ्वी-परिक्रमा** (स्त्री.) पृथ्वी का चक्कर

पृष्ठ–(पु.) 1 पन्ना 2 वस्तु, पदार्थ आदि के पीछे का भाग, पीठ **पृष्ठपोषक** (वि.) पृष्ठ पोषण करनेवाला, सहायक **पृष्ठपोषण** (पु.) सहायता करना **पृष्ठभूमि** (स्त्री.) 1 पीछे का हिस्सा 2 भूमिका

पृष्ठांकन–(पु.) धनादेश आदि की पीठ पर कुछ लिखना और हस्ताक्षर करना

पेंच–(पु.) पेच

पेंदा–(पु.) वस्तु का निचला भाग, तला

पेंदी–(स्त्री.) 1 वस्तु का बिल्कुल निचला भाग, सबसे निचला हिस्सा 2 ऐसा आधार जिसके सहारे कोई वस्तु टिकी हो **बिना पेंदी का लोटा** ऐसा व्यक्ति जिसका कोई सिद्धांत न हो

पेंशन–(स्त्री.) पूर्ण अवकाश प्राप्त होने पर दिया जानेवाला वेतन, निवृत्ति वेतन

पेच–(पु.) 1 एक तरह की कील जिसमें चूड़ी की तरह कई घुमाव, चक्कर होते हैं, चूड़ीदार कील (स्क्रू) 2 घुमाव-फिराव, हेर-फेर की स्थिति 3 कठिनाइयाँ 4 पतंग की डोर का परस्पर रगड़ खाकर किसी की डोर का काट जाना 5 कुश्ती का दाँव

पेचकश–(पु.) बढ़इयों, लोहारों आदि का वह उपकरण जिससे वे पेच कसते एवं निकालते हैं **पेचदार** I (वि.) 1 पेचवाला 2 पेचीला 3 जिसमें घुमाव-फिराव, हेर-फेर हो II (पु.) कसीदे का काम जिसमें सीधी रेखा के इधर-उधर फंदें भी लगाए जाते हैं

पेचिश–(स्त्री.) आमाशय में मरोड़ की बीमारी

पेट–(पु.) 1 शरीर का वह भीतरी भाग जिसमें भोजन पचता है, आमाशय, उदर 2 गर्भाशय 3 अंतःकरण, मन **पेट काटना** 1 कंजूसी करना 2 कम पारिश्रमिक देना **पेट का धंधा** जीविका **पेट का हल्का** जो गंभीर न हो **पेट का हाल** तहे दिल की बात **पेट की बात** रहस्य की बात **पेट की मार मारना** आहार न देना, भूखा रखना **पेट दिखाना** भूखे रहने का संकेत करना **पेट पालना** किसी तरह पेट का निर्वाह करना **पेट पीठ एक हो जाना** बहुत कमज़ोर हो जाना। **पेट में चूहे कूदना** भूख से व्याकुल होना **पेट में दाढ़ी होना** अल्पायु में अत्यधिक बुद्धिमान होना **पेट रहना** गर्भ रहना

पेटा–(पु.) 1 गहरी वस्तु का मध्य भाग 2 वस्तु का भीतरी भाग 3 गर्भ 4 घेरा, वृत्त 5 फैलाव विस्तार 6 शीर्षक के अंतर्गत होनेवाला अंश

पेटिका–(स्त्री.) 1 छोटी पेटी 2 छोटी पिटारी

पेटी–I (स्त्री.) कमर में लपेटकर बाँधने का तस्मा, कमरबंद II 1 छोटा संदूक, संदूक़ची 2 छोटी पिटारी

पेटू–(वि.) बहुत अधिक खानेवाला

पेट्रोल–(पु.) वाहन आदि के चलने में प्रयोग किया जानेवाला शोधित खनिज तेल

पेठा–(पु.) 1 सफ़ेद कुम्हड़ा 2 सफ़ेद कुम्हड़े की मिठाई

पेड़–(पु.) वृक्ष, दरख़्त

पेड़ा–(पु.) खोए और चीनी के मिश्रण से बनी मिठाई

पेड़ू–(पु.) 1 मानव शरीर में नाभि के नीचे तथा मूत्रेंद्रिय से ऊपर का स्थान 2 गर्भाशय

पेय–(पु.) पीने योग्य तरल पदार्थ **पेय जल** (पु.) पीने का पानी

पेरना–I (स. क्रि.) कोल्हू आदि में दबाकर पदार्थ का रस निकालना II प्रेरित करना

पेलना–(स. क्रि.) दबाकर, ढकेलकर अंदर धुसाना।

पेशा–(पु.) जीविकोपार्जन का साधन, धंधा, काम

पेशाब–(पु.) मूत्र, मूत

पेशी–(स्त्री.) 1 शरीर के भीतर मांस के रेशों की गुलथी (मसल्स)

पैंठ–(स्त्री.), **पैंठौर**–(पु.) वह खुला स्थान जहाँ निश्चित दिन छोटे व्यापारी अपना माल बेचने के लिए बैठते हों

प

पैंड़ा–(पु.) 1 पैदल चलने का रास्ता 2 नियत रूप से आने-जाने की प्रथा, चलन **पैंड़े पड़ना** बाधा खड़ी करना, परेशान करना
पैंतरा–(पु.) तलवार आदि चलाने, कुश्ती आदि में पहलेवाली मुद्रा से दूसरी ओर अधिक उपयुक्त मुद्रा में आना
पैंतरेबाज़–(स्त्री.) जो हथियार आदि चलाने का सही ढंग जानता हो
पैंतालीस–(वि./पु.) 45 की संख्या
पैंतीस–(वि./पु.) 35 की संख्या
पैंसठ–(वि./पु.) 65 की संख्या
पैग़ाम–(पु.) संदेशा, संवाद
पैठ–(स्त्री.) 1 पैठने की क्रिया 2 पहुँच
पैडल, पैडिल–(पु.) पैर से गति देने का एक उपकरण
पैड़ी–(स्त्री.) मकान आदि की सीढ़ी, जीना
पैतृक–(वि.) 1 पिता संबंधी 2 पुश्तैनी
पैदल–(वि.) अपने पैरों से चलनेवाला
पैदा–I (वि.) 1 नव प्रसूत, उत्पन्न 2 जो अभी प्रकट हुआ हो 3 यत्नपूर्वक अर्जित किया हुआ II (स्त्री.) आय, आमदनी
पैदाइश–(स्त्री.) 1 उत्पत्ति 2 जन्म **पैदाइशी** (वि.) जन्मजात
पैदावार–(स्त्री.) उपज
पैना–(वि.) धारदार, चोखा, तेज़
पैमाना–(पु.) 1 मानदंड (जैसे–तौल का आधुनिक पैमाना 2 शराब का प्याला (जैसे–पैमाना गिरकर टूटना)
पैर–(पु.) 1 पाँव, चरण 2 पैर से बना निशान **पैर उखड़ जाना** पराजित होना **पैर जमाना** अपनी स्थिति मज़बूत करना **पैर टिकना** 1 आश्रय मिलना 2 स्थिर भाव से रहना **पैर तले ज़मीन खिसकना** होश-हवास ग़ायब होना **पैर दबामा** सेवा-टहल करना **पैर पड़ना** 1 झुककर प्रणाम करना 2 दीनतापूर्वक आग्रह करना **पैर भारी होना** गर्भवती होना, हमल रहना **फूँक-फूँककर पैर रखना** बहुत सँभलकर काम करना
पैरा–(पु.) लेख का उतना हिस्सा जितने में कोई बात कही गई हो (पैराग्राफ़)
पैशाचिक–(वि.) 1 वहशियाना 2 पिशाचों की तरह वीभत्स, राक्षसी
पैसा–(पु.) 1 ताँबे का सिक्का जो रुपए का सोलहवाँ भाग होता था और अब चलन में नहीं है 2 धन-संपत्ति, दौलत **पैसाकमाऊ** (वि.) पैसा कमानेवाला
पैसेवाला–(वि.) मालदार, धनवान, दौलतमंद
पों–(स्त्री.) 1 भोंपा 2 भोंपा से निकलनेवाला पों शब्द
पोंकना–(अ. क्रि.) पतला पाख़ाना फिरना
पोंगला, पोंगा–I (पु.) 1 बाँस की नली 2 धातु की नली II (वि.) 1 नासमझ, निरा मूर्ख, बेवकूफ़ 2 निकम्मा **पोंगापंथी** I (वि.) वज्र मूर्ख II (स्त्री.) मूर्खतापूर्ण आचरण, व्यवहार
पोंछना–(स. क्रि.) कपड़े से नमी, आर्द्रता सोखना
पोई–(स्त्री.) पान की तरह हरी मोटी पत्तियोंवाली प्रसिद्ध लता जिसके साग, पकौड़े आदि बनते हैं
पोखर, पोखरा–(पु.) छोटा ताल
पोट–(स्त्री.) 1 टाट, कपड़े की बनी गठरी 2 ढेर, राशि 3 पुस्तकों की सिलाई में उसका पुट्ठा
पोटली–(स्त्री.) 1 छोटी गठरी 2 छोटी थैली
पोढ़ा–(वि.) पुष्ट, मज़बूत
पोत–I (पु.) जलयान **पोतनायक** (पु.) जहाज़ का कप्तान **पोतनिर्माण** (पु.) जहाज़ बनाना **पोतवाह** (पु.) मल्लाह **पोतसंतरण** (पु.) जहाज़ का तैरना
पोत–II (पु.) ज़मीन का लगान, भूमि-कर **पोतदार** (पु.) 1 कर इकट्ठा करनेवाला व्यक्ति 2 ख़ज़ांची
पोतड़ा–(पु.) छोटे बच्चों के नीचे बिछाया जानेवाला कपड़ा **पोतड़ों के अमीर** संपन्न घर में उत्पन्न होनेवाला
पोतना–I (स. क्रि.) 1 लेप करना 2 लगाना 3 पवित्र करने के उद्देश्य से लीपकर साफ़

करना II (पु.) 1 पोतने का कपड़ा 2 पोतने का अन्य साधन, उपकरण

पोता–(पु.) बेटे का बेटा, पौत्र

पोती–(स्त्री.) बेटे की बेटी, पौत्री

पोथा–(पु.) बहुत बड़ी पुस्तक

पोथी–(स्त्री.) 1 छोटी पुस्तक 2 प्याज़, लहसुन आदि की गाँठ

पोदना–(पु.) 1 छोटी चिड़िया 2 ठिंगना

पोना–(स. क्रि.) गुँधे आटे से रोटी का आकार देना

पोपला–(वि.) 1 जिसके सभी दाँत टूट गए हों 2 पिचका एवं सिकुड़ा हुआ

पोर–(स्त्री.) 1 उँगली, अँगूठे आदि का कोई जोड़ 2 वस्तु के दो भागों, जोड़ों के बीच का भाग (जैसे–ईख का पोर)

पोल–I (स्त्री.) निःसारता, खोखलापन II (पु.) प्रवेश द्वार

पोला–(वि.) 1 खोखला 2 जो कड़ा एवं ठोस न हो 3 जिसमें कोई तत्त्व या सार न हो

पोशाक़–(स्त्री.) वस्त्र, पहनने के कपड़े

पोषक–(पु./वि.) पालनेवाला

पोषण–(पु.) 1 पोसने की क्रिया, पालन 2 बढ़ाने की क्रिया, वर्द्धन 3 सहायता देना

पोषाहार–(पु.) पोषण एवं वर्द्धन करनेवाला खाद्य, पदार्थ

पोसना–(स. क्रि.) 1 पालना 2 पालन करना 3 आदत को बनाए रखना

पोस्त–(पु.) 1 पोस्ता 2 त्वचा 3 पेड़ की छाल

पोस्ता–(पु.) एक तरह का पौधा। जिसके डोडों से अफ़ीम बनायी जाती है

पोस्ती–(पु) 1 अफ़ीम खानेवाला 2 मदक पीनेवाला 3 सुस्त आदमी

पौंडा–(पु.) एक प्रकार का मोटा गन्ना

पौ–(स्त्री.) 1 भोर का प्रकाश 2 पासे का एक दाँव

पौआ–(पु.) 1 एक सेर का चौथाई भाग 2 पाव भर के मान का बटखरा

पौढ़ना–(अ. क्रि.) आराम करने के लिए लेटना

पौढ़ाना–(स. क्रि.) लेटाना, सुलाना

पौत्र–(पु.) बेटे का लड़का, पोता

पौधा–(पु.) छोटा पेड़

पौन–(वि.) पूरे में चौथाई कम, तीन चौथाई

पौना–I (पु.) पौने का पहाड़ा II (वि.) पौन III (पु.) कलछी

पौर–I (वि.) 1 पुर का, नगर संबंधी 2 पुर में उत्पन्न होनेवाला II (पु.) नगर निवासी, नागरिक **पौरजन** (पु.) नागरिक

पौर–(स्त्री.) 1 ड्योढ़ी 2 दरवाज़ा

पौरव–I (वि.) 1 पुरु संबंधी, पुरु का 2 पुरु के वंश का II (पु.) पुरु का वंशज

पौरस्त्य–(वि.) पूर्व का, प्राच्य

पौराणिक–I (वि.) 1 पुराण संबंधी 2 जिसका उल्लेख पुराण में हुआ हो 3 प्राचीन काल का II (पु.) पुराण का जाननेवाला विद्वान

पौरी–(स्त्री.) ड्योढ़ी

पौरुष–I (वि.) 1 पुरुष की शक्ति 2 पुरुष से संबंध रखनेवाला II (पु.) 1 पुरुष होने का भाव 2 पुरुष में सामान्य रूप से होनेवाले गुण 3 पुरुष का कर्म, पुरुषार्थ

पौरुषेय–I (वि.) 1 पुरुष संबंधी 2 मनुष्यकृत II (पु.) पुरुष कर्म, पुरुषार्थ

पौरोहित्य–(पु.) पुरोहित का काम

पौली–I (स्त्री.) पौरी, ड्योढ़ी II 1 पैर का तलुआ 2 पैर का निशान, पद-चिह्न

पौष–(पु.) पूस का महीना

पौष्टिक–I (वि.) शक्तिवर्द्धक II (पु.) धन-जन की वृद्धि करनेवाले कर्म **पौष्टिकता** (स्त्री.) शक्तिवर्द्धकता

पौसरा, पौसला–(पु.) जहाँ लोगों को परोपकार की दृष्टि से पानी पिलाया जाता है वैसा स्थान

पौसार–(स्त्री.) करघे में की वह लकड़ी जिसे पैर से दबाने पर राछ ऊँचा-नीचा होता है

पौसेरा–(पु.) पाव सेर की तौल, उसका बाट

प्याऊ–I (पु.) पौसरा II (वि.) पानी पिलानेवाला स्थान

प्याज़–(पु.) 1 एक छोटा पौधा जिसमें गुच्छे

प

के रूप में सफ़ेद फूल लगता है 2 उक्त पौधे का कंद

प्याज़ी–(वि.) प्याज़ के ऊपरी छिलके के रंग का, हल्का गुलाबी

प्यार–(पु.) 1 प्रीति, मुहब्बत 2 प्रेमपूर्वक किया जानेवाला आलिंगन, चुंबन आदि 3 लाड़-प्यार **प्यारा** (वि.) 1 जिसे प्यार किया जाए 2 जिसके प्रति अत्यधिक प्रेम एवं मोह हो

प्याला–(पु.) 1 चीनी मिट्टी, धातु आदि का बना कटोरी के आकार का पात्र 2 शराब पीने का कटोरीनुमा विशेष पात्र, जाम **प्याली** (स्त्री.) छोटा प्याला

प्यास–(स्त्री.) 1 पिपासा, तृष्णा 2 उत्कट इच्छा **प्यासा** (वि.) 1 जिसे प्यास लगी हो, तृषित, पिपासित 2 जिसे किसी काम, बात आदि की प्रबल कामना हो

प्र–(उप.) 1 आगे का, आगे 2 दूर 3 अधिक (जैसे–प्रकर्ष)

प्रकंप–(पु.) कँपकँपी, अत्यधिक थरथराहट

प्रकंपित–(वि.) 1 कँपाया हुआ 2 हिलाया हुआ 3 काँपता हुआ, थरथराता हुआ 4 हिलता हुआ

प्रकट–(वि.) 1 जो सामने हो, प्रत्यक्ष 2 ज़ाहिर, स्पष्ट 3 जिसका प्रादुर्भाव हुआ हो 4 जो गुप्त, छिपा न हो

प्रकटीकरण–(पु.) प्रकट करने की क्रिया

प्रकर–(पु.) 1 कुशल व्यक्ति 2 अगर नामक गंध-द्रव्य 3 खिला हुआ फूल 4 अधिकार 5 सहायता 6 दोस्ती 7 गुलदस्ता

प्रकरण–(पु.) 1 प्रसंग, संदर्भ 2 ग्रंथ या पुस्तक का वह भाग जिसमें एक विषय का प्रतिपादन हो, परिच्छेद 3 निर्माण, रचना

प्रकर्ष–(पु.) 1 उत्कर्ष, उत्तमता 2 अतिरेक

प्रकल्पित–(वि.) 1 जिसकी प्रकल्पना हुई हो 2 निश्चित एवं स्थिर किया हुआ

प्रकांड–(वि.) 1 विशाल 2 बहुत अधिक 3 उत्तम

प्रकार–(पु.) 1 भेद, क़िस्म 2 ढंग 3 सादृश्य 4 विशेषता

प्रकारांतर–(पु.) दूसरी तरह

प्रकाश–I (पु.) 1 रोशनी 2 ज्योति 3 वह स्रोत जिससे हमारी दृष्टि-शक्ति वस्तु को देखने में सफल होती है 4 ऐसा तत्त्व जिससे किसी विषय का ज्ञान स्पष्टतः समझ में आता हो 5 ख्याति, प्रसिद्धि 6 सूर्य का आतप, धूप 7 किरण **प्रकाश-परावर्तक** (पु.) प्रकाश को परावर्तित करनेवाला **प्रकाश-पुंज** (पु.) ढेर सारी रोशनी **प्रकाश-स्तंभ** (पु.) रोशनी का मीनार **प्रकाश-वर्ष** (पु.) एक वर्ष में प्रकाश द्वारा तय की गई दूरी, लाइट ईयर

प्रकाशक–I (वि.) 1 प्रकाश उत्पन्न करनेवाला 2 प्रकाशित करनेवाला II (पु.) 1 सूर्य 2 समाचारपत्र, पुस्तकें आदि प्रकाशित करनेवाला

प्रकाशन–(पु.) 1 प्रकाश करने की क्रिया 2 ग्रंथ आदि छपवाकर बेचने एवं प्रचारित करने का व्यवसाय

प्रकाशनार्थ–(वि.) प्रकाशन के निमित्त

प्रकाशित–(वि.) 1 प्रकाशयुक्त, प्रकाशवान् 2 जो छापा एवं प्रचारित किया गया हो

प्रकाश्य–I (वि.) 1 प्रकाश में लाए जाने योग्य 2 प्रकट करने योग्य II (अ.) प्रकट रूप से

प्रकीर्ण–(वि.) 1 फैला हुआ, विस्तृत 2 छितराया हुआ 3 मिश्रित 4 अस्त-व्यस्त किया हुआ

प्रकुपित–(वि.) अति क्रुद्ध

प्रकृत–(वि.) 1 जो प्रकृति से उत्पन्न हुआ हो, प्रकृतिजन्य 2 जिसमें कोई बनावट, कृत्रिमता न हो 3 सहज, साधारण, नार्मल

प्रकृति–(स्त्री.) 1 स्वभाव, मिज़ाज 2 वह मूलतत्त्व जिसका परिणाम जगत् है 3 माया 4 परमात्मा 5 सदा बना रहनेवाला 6 मूल गुण, धर्म 7 स्त्री 8 चराचर संसार **प्रकृतिदत्त** (वि.) जो प्रकृति द्वारा दिया गया हो **प्रकृति-पूजा** (स्त्री.) प्रकृति की आराधना, वंदना **प्रकृतिविद् प्रकृतिवेत्ता** (पु.) प्रकृति विज्ञान का ज्ञाता

प्रकृति विज्ञान–(पु.) 1 वह शास्त्र जिसमें

सृष्टि की उत्पत्ति, विकास, लय आदि का अध्ययन किया जाता है 2 वह विज्ञान जिसमें भौतिक जगत के भिन्न-भिन्न अंगों, क्षेत्रों, रूपों आदि का विचार एवं विवेचन होता है (नैचुरल साइंस)

प्रकृतिस्थ–(वि.) जो अपने स्वभाव एवं स्वरूप में स्थित हो, क्षोभ-विकार से रहित हो

प्रकृष्ट–(वि.) 1 उत्तम, श्रेष्ठ 2 प्रधान, मुख्य 3 खींचा हुआ, निकाला हुआ

प्रकोप–(पु.) 1 प्रबलता 2 अत्यधिक क्रोध 3 क्षोभ 4 उत्तेजना

प्रकोष्ठ–(पु.) 1 महल के सदर फाटक के पास का कमरा 2 इमारत के भीतर का आँगन 3 इमारतों से घिरा हुआ सहन 4 बाँह का कलाई से लेकर कोहनी तक का भाग, पहुँचा

प्रक्रम–(पु.) 1 क्रम, सिलसिला 2 आरंभ

प्रक्रिया–(स्त्री.) 1 क्रिया 2 अमल 3 प्रकरण 4 उच्च पद 5 ग्रंथ का अध्याय 6 पुस्तक का आरंभिक अध्याय 7 विशेषाधिकार

प्रक्षालन–(पु.) 1 साफ़ करना, धोना 2 शुद्ध करने का साधन

प्रक्षिप्त–(वि.) 1 फेंका हुआ 2 मिलाया हुआ

प्रक्षेपण–(पु.) 1 सामने की ओर फेंकने की क्रिया 2 ऊपर से मिलाना 3 निश्चय करना

प्रक्षेपणास्त्र, प्रक्षेपास्त्र–(पु.) फेंककर मारनेवाला अस्त्र, मिसाइल

प्रखंड–(पु.) विभाग का छोटा विभाग

प्रखर–(वि.) 1 तीक्ष्ण, तेज़ 2 उग्र, प्रचंड

प्रख्यात–(वि.) अति प्रसिद्ध, मशहूर

प्रगति (स्त्री.) आगे की ओर बढ़ना **प्रगति-मूलक** (वि.) प्रगति पर आधारित **प्रगति-रोधक** (वि.) प्रगति बाधक **प्रगतिवाद** (पु.) सामाजिक यथार्थवाद को प्रतिष्ठित करने का सिद्धांत **प्रगतिशील** (वि.) प्रगति करनेवाला

प्रगल्भ–(वि.) 1 चतुर 2 होशियार 3 प्रतिभाशाली 4 उत्साही, हिम्मती 5 वाचाल 6 निर्लज्ज 7 अभिमानी **प्रगल्भता** (स्त्री.) 1 चतुरता 2 प्रतिभा 3 उत्साह 4 वाचालता

प्रगाढ़–(वि.) 1 बहुत अधिक (जैसे–प्रगाढ़ मित्रता) 2 गहरा, बहुत गाढ़ा (जैसे–प्रगाढ़ संबंध) 3 घना 4 कठिन

प्रचंड–(वि.) 1 अति तीव्र 2 अत्यधिक गर्म 3 भयंकर, भीषण 4 कठिन, कठोर 5 असह्य **प्रचंडता** (स्त्री.) 1 प्रचंड होने की अवस्था, उग्रता 2 भयंकरता, भीषणता 3 कठोरता, कठिनता 4 असहनीयता

प्रचलन–(पु.) 1 उपयोग-व्यवहार आदि में आना 2 प्रथा

प्रचलित–(वि.) 1 चलनसार 2 जो चल चुका हो (जैसे–प्रचलित सिक्का)

प्रचार–(पु.) 1 प्रसिद्धि व्यवहार में आना 2 प्रयोग 3 आचरण 4 चलन, रिवाज 6 प्रकट होना **प्रचार-कार्य** (पु.) प्रचार का काम, प्रोपेगेंडा **प्रचार-प्रसार** (पु.) प्रचार करना

प्रचारक–(वि.) प्रचार करनेवाला

प्रचारित–(वि.) 1 चलाया हुआ 2 प्रचार किया हुआ 3 फैलाया हुआ

प्रचुर–I (वि.) 1 विपुल, बहुत अधिक 2 भरा-पूरा, पूर्ण 3 पर्याप्त II (पु.) चोर **प्रचुरता** (स्त्री.) अधिकता, विपुलता

प्रचोदन–(पु.) 1 प्रेरित करना 2 उत्तेजित करना 3 आदेश करना 4 आदेश 5 सिद्धांत

प्रच्छन्न–(वि.) ढका हुआ, आच्छादित

प्रच्छादक–(वि.) 1 छिपानेवाला 2 ढँकनेवाला

प्रजनन–(पु.) 1 संतान उत्पन्न करना 2 जन्म 3 पशुओं आदि को पाल-पोसकर उनकी उन्नति एवं वृद्धि करना 4 संतान **प्रजनन-क्रिया** (स्त्री.) संतान उत्पन्न करने की क्रिया

प्रजा–(स्त्री.) 1 राज्य की जनता, रिआया 2 छोटी जाति के लोग 3 प्रजनन 4 संतति, औलाद 5 सृष्टिकर्ता **प्रजाजन** (पु.) प्रजा के लोग **प्रजातंत्र** (पु.) प्रजा के प्रतिनिधियों द्वारा परिचालित शासन-व्यवस्था **प्रजातंत्रात्मक, प्रजातंत्री, प्रजातंत्रीय** (वि.) प्रजातंत्रवाद का समर्थक, प्रजातंत्रवादी **प्रजातांत्रिक** (वि.) 1 प्रजातंत्रवाद का अनुयायी

प

2 प्रजातंत्रवाद से संबंधित

प्रजाति–(स्त्री.) मानव जाति की विभिन्न नस्लें

प्रज्ञ–I (वि.) 1 चतुर एवं बुद्धिमान, प्रज्ञा-शक्ति संपन्न 2 जाननेवाला II (पु.) 1 विद्वान, पंडित 2 बुद्धिमान् **प्रज्ञता** (स्त्री.) 1 प्रज्ञ होने की अवस्था 2 पांडित्य, विद्वता

प्रज्ञप्ति–(स्त्री.) 1 सूचित करने की क्रिया 2 सूचना

प्रज्ञा–I (स्त्री.) 1 बुद्धि 2 समझ 3 विदुषी एवं सभ्य स्त्री 4 सरस्वती **प्रज्ञा-चक्षु** (पु.) 1 बुद्धिरूपी नेत्र 2 अंधा व्यक्ति 3 ज्ञानी पुरुष II (वि.) जिसकी बुद्धि ही आँख हो **प्रज्ञाशील** (वि.) जिसमें न्याय-बुद्धि हो

प्रज्ञान–(पु.) 1 प्राप्त किया गया ज्ञान 2 विवेक, बुद्धि 3 विद्वान, चैतन्य

प्रज्ञापन–(पु.) ज्ञान कराना

प्रज्वलन–(पु.) जलाना (जैसे–दीप प्रज्वलन) **प्रज्वलित** (वि.) 1 जलाया हुआ 2 चमकता हुआ, चमकीला

प्रण–(पु.) प्रतिज्ञा (जैसे–प्रण तोड़ना)

प्रणत–I (वि.) 1 झुका हुआ 2 नम्र, विनीत 3 जो प्रणाम करने के लिए झुका हो II (पु.) 1 दास 2 नौकर, सेवक 3 उपासक, भक्त **प्रणतपाल, प्रणतपालक** (वि.) शरणागत का रक्षक

प्रणम्य–(वि.) प्रणाम के योग्य

प्रणय–(पु.) 1 प्रेम, प्रीति 2 प्रीतियुक्त प्रार्थना 3 भरोसा, विश्वास 4 उदारता, कृपा 5 श्रद्धा **प्रणय-सूत्र** (पु.) प्रेम का बंधन

प्रणयालाप–(पु.) प्रेमपूर्वक की जानेवाली बातचीत, प्यार करनेवालों की आपसी बातचीत

प्रणयिनी–(स्त्री.) 1 प्रेमिका 2 कांता, पत्नी

प्रणयी–I (वि.) 1 प्रेम करनेवाला, अनुरागी 2 चाहनेवाला, इच्छुक II (पु.) 1 प्रेमी 2 प्रार्थी 3 पति

प्रणव–(पु.) 1 ओंकार 2 परमेश्वर 3 त्रिदेव

प्रणाम–(पु.) 1 नत-मस्तक होकर अभिवादन, नमस्कार करने का ढंग 2 झुकना

प्रणामांजलि–(स्त्री.) करबद्ध प्रणाम

प्रणाली–(स्त्री.) 1 परंपरा, प्रथा 2 पद्धति 3 ढंग 4 परनाला

प्रणिधान–(पु.) 1 देखा जाना 2 प्रयत्न 3 योग-साधन में समाधि 4 श्रद्धा एवं भक्तिपूर्ण उपासना 5 एकाग्रचित्त ध्यान 6 आग्रह, अभिनिवेश 7 कर्मफल का त्याग

प्रणिपात–(पु.) प्रणाम, नमन

प्रणीत–I (वि.) 1 बनाया हुआ, निर्मित 2 फेंका हुआ 3 अलग किया हुआ 4 संशोधित, संस्कृत 5 लाया हुआ II (पु.) 1 मंत्र द्वारा संस्कार किया गया जल 2 मंत्र द्वारा संस्कृत अग्नि 3 पकाया गया पदार्थ

प्रणेता–(वि.) 1 ले जानेवाला 2 बनानेवाला, रचयिता 3 सिद्धांत का प्रवर्तक

प्रणोदित–(वि.) 1 प्रेरित 2 प्रेषित करना

प्रताड़ना–(स्त्री.) डाँट-फटकार, कष्ट पहुँचाने की क्रिया

प्रताप–(पु.) 1 तेज 2 वीरता, प्रभुत्व आदि का प्रभाव 3 अत्यधिक गर्मी 4 पौरुष 5 बहादुरी 6 साहस

प्रतापी–(वि.) 1 प्रताप संबंधी 2 दुःख देनेवाला 3 जिसके चारों ओर प्रताप फैला हो

प्रतारणा–(स्त्री.) 1 वंचना, ठगी 2 धूर्तता 3 चालाकी 4 धोखेबाज़ी

प्रति–I (अ.) संस्कृत अव्यय जो शब्दों के पहले लगकर अनेक अर्थ देता है (जैसे–प्रतिवर्ष, प्रतिदिन) II (स्त्री.) नक़ल (जैसे–बिल की प्रति)

प्रतिकार–(पु.) 1 बदला 2 कार्य आदि को रोकने के लिए किया जानेवाला प्रयत्न, उपाय 3 क्षति-पूर्ति के निमित्त दिया जानेवाला धन 4 इलाज, चिकित्सा

प्रतिकूल–(वि.) 1 विरुद्ध पक्ष का अवलंबन करनेवाला 2 विपरीत 3 जो किसी कार्य आदि में बाधक हो **प्रतिकूलता** (स्त्री.) 1 प्रतिकूल होने की अवस्था, विपरीतता 2 विरोध

प्रतिकृति–(स्त्री.) 1 प्रतिरूप, प्रतिमा 2 बदला, प्रतिकार 3 सादृश्य, प्रतिबिंब 4 प्रतिनिधि

प्रतिक्रम–I (पु.) विपरीत क्रम II (वि.) जो विपरीत क्रम से लगा हो

प्रतिक्रांति–(स्त्री.) क्रांति को रोकने के लिए होनेवाली क्रांति

प्रतिक्रिया–(स्त्री.) 1 प्रतिकार, बदला 2 क्रिया के विरोध में होनेवाली घटना 3 प्राकृतिक नियम के अनुसार होनेवाली क्रिया के विपरीत स्वाभाविक क्रिया 4 दो या दो से अधिक द्रव्यों के पारस्परिक संयोग से पड़नेवाला प्रभाव, परिणाम **प्रतिक्रियावाद** (पु.) पहले से चली आ रही बात में सुधार करनेवालों का विरोध करने का सिद्धांत **प्रतिक्रियावादी** (वि.) जो परिवर्तन और विकास का विरोधी हो

प्रतिक्षण–(अ.) प्रत्येक पल, हरदम

प्रतिगामी–(पु.) पीछे चलनेवाला

प्रतिग्रह–(पु.) 1 लेना 2 वश में करना 3 स्वीकृति, मंजूरी 4 दान आदि ग्रहण करने का अधिकार 5 उपहार, भेंट 6 अभ्यर्थना

प्रतिघात–(पु.) 1 आघात के बदले किया गया आघात 2 रुकावट, बाधा 3 मारण, वध

प्रतिच्छवि–(स्त्री.) प्रतिबिंब, परछाईं

प्रतिच्छाया–(स्त्री.) 1 प्रतिरूप 2 प्रतिमा 3 प्रतिबिंब 4 चित्र

प्रतिज्ञा–(स्त्री.) 1 दृढ़ संकल्प 2 वादा 3 निश्चय **प्रतिज्ञा पत्र** (पु.) 1 ऐसा पत्र जिस पर प्रतिज्ञा लिखी हो 2 इक़रारनामा **प्रतिज्ञापन** (पु.) विशेष रूप से ज़ोर देकर कोई बात कहना **प्रतिज्ञाबद्ध** (वि.) वचन-बद्ध **प्रतिज्ञा-भंग** (पु.) प्रतिज्ञा तोड़ देना

प्रतिदान–(पु.) 1 वापस करना 2 बदले में दूसरी वस्तु देना, विनिमय

प्रतिदिन–(अ.) प्रत्येक दिन, हर रोज़

प्रतिद्वंद्व–(पु.) बराबर शक्तियों का पारस्परिक विरोध, बराबरवालों का झगड़ा

प्रतिद्वंद्विता–(स्त्री.) प्रतिद्वंद्वी होने की अवस्था

प्रतिद्वंद्वी–I (पु.) विपक्षी II (वि.) मुक़ाबला करनेवाला, प्रतिपक्षी

प्रतिध्वनि–(स्त्री.) तल से परावर्तित होकर सुनाई पड़नेवाली ध्वनि-तरंगें, गूँज, प्रतिशब्द

प्रतिनिधि–(पु.) 1 किसी के स्थान पर कार्य करनेवाला व्यक्ति, किसी का स्थानापन्न व्यक्ति 2 प्रतिरूप, प्रतिमा 3 संसद आदि का वह सदस्य जो निर्वाचन क्षेत्र से चुना गया हो 4 प्रतिभू, ज़ामिन **प्रतिनिधि मंडल, प्रतिनिधि सभा** (स्त्री.) प्रतिनिधियों की सामूहिक बैठक

प्रतिनिधित्व–(पु.) 1 प्रतिनिधि का कार्य 2 प्रतिनिधि का भाव

प्रतिनियुक्त–(वि.) प्रतिनिधि के रूप में भेजा हुआ

प्रतिपक्ष–(पु.) 1 विरोधी का पक्ष, विपक्ष 2 प्रतिवादी 3 विरोधी

प्रतिपक्षी–(वि.) विरोधी पक्ष का

प्रतिपत्ति–(स्त्री.) 1 कार्य रूप में लाना 2 अनुमान 3 प्राप्ति, पाना 4 ज्ञान 5 विषय का प्रतिपादन, निरूपण 6 ग्रहण, स्वीकार

प्रतिपदा–(स्त्री.) पक्ष की पहली तिथि

प्रतिपल–(पु.) प्रत्येक क्षण

प्रतिपादन–(पु.) 1 भली-भाँति ज्ञात कराना 2 निरूपण, निष्पादन 3 प्रमाण 4 उत्पत्ति, जन्म **प्रतिपादित** (वि.) 1 जिसका प्रतिपादन हो चुका हो 2 निर्धारित, निश्चित

प्रतिपाद्य–(वि.) जो समझाने योग्य हो

प्रतिपाल–(वि.) 1 प्रतिपालन करनेवाला 2 रक्षक

प्रतिपालन–(पु.) 1 पालन करना 2 रक्षा करना

प्रतिपीड़न–(पु.) पीड़ा पहुँचाना, कष्ट देना

प्रतिपूर्ति–(स्त्री.) कहीं से ली गई पूँजी को जमा करना

प्रतिपोषण–(पु.) सहायता, मदद

प्रतिप्रश्न–(पु.) प्रश्न के बदले में पूछा गया प्रश्न

प्रतिफल–(पु.) 1 परिणाम 2 पुरस्कार 3 प्रतिबिंब

प्रतिबंध–(पु.) 1 बाँधने की क्रिया, बंधन 2 रुकावट, बाधा 3 प्रतिरोध

प

प्रतिबंधात्मक–(वि.) रुकावटवाला, पाबंदीवाला

प्रतिबद्ध–(वि.) 1 बँधा हुआ 2 लगाया हुआ 3 जिस पर प्रतिबंध हो 4 जिसमें बाधा डाली गई हो 5 जिसे अलग न किया जा सके **प्रतिबद्धता** (स्त्री.) वचनबद्धता

प्रतिबिंब–(पु.) 1 परछाईं 2 छाया 3 प्रतिमूर्ति 4 चित्र

प्रतिबिंबित–(वि.) छाया दिखना, जिसका प्रतिबिंब पड़ा हो

प्रतिबोधन–(पु.) 1 जगाना 2 ज्ञान उत्पन्न करना

प्रतिभा–(स्त्री.) 1 विलक्षण बौद्धिक शक्ति 2 बुद्धि 3 प्रभा, दीप्ति 4 समझ **प्रतिभावान्** (वि.) 1 प्रतिभाशाली 2 दीप्तिमान, चमकीला

प्रतिभाशाली–(वि.) 1 प्रभावशाली 2 जिसमें प्रतिभा हो **प्रतिभा-संपन्न** (वि.) 1 जो प्रतिभामय हो 2 दीप्तिमय

प्रतिभा-पलायन–(पु.) प्रतिभावान व्यक्तियों का दूसरे देश चला जाना

प्रतिभू–(पु.) ज़मानत करनेवाला, जामिन

प्रतिभूति–(स्त्री.) 1 निश्चित आश्वासन, मुचलका (सिक्योरिटी) 2 ऋण आदि से संबंधित सरकारी काग़ज़, साख-पत्र 3 प्रतिभू के द्वारा दी गई ज़मानत

प्रतिमा–(स्त्री.) 1 मूर्ति 2 जिसकी पूजा की जाती है 3 प्रतिबिंब 4 चित्र

प्रतिमान–(पु.) 1 परछाईं 2 प्रतिमूर्ति 3 मानक

प्रतिमास–(क्रि. वि.) हर महीने

प्रतियोग–(पु.) 1 विरोध 2 विरुद्ध संबंध 3 मारक 4 पुनः किया जानेवाला प्रयत्न

प्रतियोगिता–(स्त्री.) प्रतिद्वंद्विता **प्रतियोगी परीक्षा** (स्त्री.) किसी पद के उम्मीदवारों की वह परीक्षा जो उनकी योग्यता की जाँच हेतु की जाती है

प्रतियोगी–(पु.) 1 प्रतिद्वंद्वी, जोड़ 2 साझेदार, हिस्सेदार 3 सामना करनेवाला व्यक्ति

प्रतिरक्षण–(पु.), **प्रतिरक्षा** (स्त्री.) रक्षा, हिफ़ाज़त **प्रतिरक्षण व्यवस्था** (स्त्री.) रक्षा प्रबंध

प्रतिरूप–I (पु.) 1 प्रतिमा, मूर्ति 2 चित्र, तस्वीर 3 प्रतिनिधि II (वि.) नक़ली, जाली

प्रतिरोध–(पु.) 1 रोक, बाधा 2 तिरस्कार 3 दुराव, छिपाव 4 विरोध

प्रतिरोधी–(वि.) 1 रोकनेवाला 2 प्रतिरोध करनेवाला 3 बाधा पहुँचानेवाला 4 घेरा डालनेवाला

प्रतिरोपण–(पु.) पुनः रोपा जाना

प्रतिलिपि–(स्त्री.) लिखी हुई चीज़ की नक़ल

प्रतिलिपिकार–(पु.) प्रतिलिपिक

प्रतिलिपिक–(पु.) प्रतिलिपि बनानेवाली मशीन, अनुलिपित्र

प्रतिलोम–(वि.) 1 विपरीत, उल्टा 2 नीच, अधम।

प्रतिलोम विवाह–(पु.) वह विवाह जिसमें पुरुष निम्न वर्ण तथा स्त्री उच्च वर्ण की हो

प्रतिवक्ता–(पु.) 1 उत्तर देनेवाला 2 व्याख्या करनेवाला

प्रतिवचन–(पु.) 1 उत्तर, जवाब 2 गूंज, प्रतिध्वनि

प्रतिवर्तन–(पु.) 1 लौटना 2 लौटाना 3 बदले में किया गया आचरण 4 अनुदर्शन

प्रतिवर्ष–(अ.) प्रत्येक वर्ष, हर साल

प्रतिवस्तु–(स्त्री.) 1 वह वस्तु जो किसी अन्य वस्तु के बदले में दी जाए 2 समानांतर 3 उपमान

प्रतिवाद–(पु.) 1 वादी की बात के विरोध में कही जानेवाली बात 2 खंडन 3 विवाद

प्रतिवादी–I (वि.) 1 बचाव में विरोध करनेवाला 2 खंडन करनेवाला 3 प्रतिपक्षी II (पु.) 1 दूसरों द्वारा लगाए गए अभियोगों का उत्तर देनेवाला व्यक्ति 2 मुद्दालेह

प्रतिवार्ता–(स्त्री.) उत्तर में भेजा गया संवाद

प्रतिविष–I (पु.) विष का प्रभाव नष्ट करनेवाला पदार्थ II (वि.) विषमारक

प्रतिवेदन–(पु.) 1 प्रार्थना 2 जाँच-पड़ताल के बाद तैयार किया गया विवरण, रिपोर्ट

प्रतिवेश–(पु.) पड़ोस

प्रतिशंका–(स्त्री.) 1 शंका के उत्तर में की जानेवाली दूसरी शंका 2 बराबर बनी रहनेवाली शंका

प्रतिशत–(अ.) हर सौ पर, फीसदी, परसेंट
प्रतिशपथ-पत्र–(पु.) (मुक़दमे में) शपथ-पत्र के उत्तर में दिया गया शपथ-पत्र
प्रतिशोध–(पु.) बदला
प्रतिषेध–(पु.) 1 निषेध 2 निवारण 3 खंडन
प्रतिषेधाधिकार–(पु.) निषेधाधिकार, वीटो
प्रतिष्ठा–(स्त्री.) 1 स्थापन 2 ठहराव, स्थिति 3 मान-मर्यादा 4 ख्याति 5 गौरव 6 यश 7 यश की प्राप्ति **प्रतिष्ठाता** (पु.) प्रतिष्ठापन करनेवाला **प्रतिष्ठावान्** (वि.) 1 गौरवशाली 2 इज़्ज़तदार
प्रतिष्ठान–(पु.) 1 बैठाना 2 देवमूर्ति की स्थापना 3 उपाधि, पदवी 4 स्थान 5 संस्था
प्रतिष्ठापन (पु.), **प्रतिष्ठापना**–(स्त्री.) स्थापित करने की क्रिया
प्रतिष्ठित–I (वि.) 1 सम्मान प्राप्त, आदर प्राप्त 2 स्थापित 3 जिसे बैठाया गया हो (जैसे–आसन पर प्रतिष्ठित) II (पु.) विष्णु
प्रतिसंधि–(स्त्री.) 1 वियोग 2 खोज 3 समाप्ति 4 दो युगों का संधिकाल
प्रति-संवेदन–(पु.) परीक्षण
प्रतिसंहार–(पु.) 1 रद्द करना 2 त्यागना
प्रतिसर्ग–(पु.) 1 ब्रह्मा के मानस पुत्रों द्वारा की गई सब सृष्टियाँ 2 प्रलय 3 सृष्टि एवं प्रलय से संबंधित पुराण का अंश
प्रति-सैकड़ा–(वि.) प्रतिशत
प्रतिस्थापन–(पु.) वस्तु के नष्ट होने पर या हट जाने पर उसी स्थान पर अन्य वस्तु का रखा जाना। **प्रतिस्थापित** (वि.) कार्य चलाने हेतु किसी के पद पर नियुक्त किया हुआ
प्रतिस्नेह–(पु.) प्रेम के बदले किया गया प्रेम
प्रतिस्पर्द्धा–(स्त्री.) लाग-डाट, होड़ **प्रतिस्पर्द्धी** (पु.) प्रतिद्वंद्वी
प्रतिस्राव–(पु.) नाक से पीला एवं गाढ़ा कफ निकलने का रोग
प्रतिहत–(वि.) 1 ठोकर लगा हुआ 2 विघ्न में पड़ा हुआ 3 हटाया हुआ 4 निराश किया हुआ
प्रतिहस्ताक्षरण–(पु.) हस्ताक्षर के अनुमोदन हेतु अन्य बड़े अधिकारी का भी हस्ताक्षर पूर्व हस्ताक्षर के साथ करना
प्रतिहार–(पु.) 1 द्वारपाल, ड्योढ़ीदार 2 निवारण 3 चोबदार 4 जादूगर, ऐंद्रजालिक
प्रतिहिंसा–(स्त्री.) हिंसा के बदले में की गई हिंसा **प्रतिहिंसावाद** (पु.) यह मत कि हिंसा का जवाब हिंसा ही है
प्रतीक–I (पु.) 1 किसी तरफ़ बढ़ाया हुआ 2 विपरीत रूप में लाया हुआ 3 प्रतिकूल, विरुद्ध 4 विलोम, प्रतिलोम II (पु.) 1 अंग, अवयव 2 भाग, अंश 3 आकृति, रूप 4 प्रतिमा, मूर्ति 5 प्रतिरूप 6 ऐसा वाक्य, अक्षर आदि जो पूर्णता के द्योतक हों 7 सामने का हिस्सा, सामना **प्रतीकवाद** (पु.) वह अभिव्यंजनात्मक प्रणाली जिसके अनुसार प्रतीकों के आधार पर भावों एवं विषयों आदि का ज्ञान कराया जा सके **प्रतीकवादी** I (वि.) प्रतीकवाद से संबंधित II (पु.) जो प्रतीकवाद का समर्थक हो
प्रतीकात्मक–(वि.) प्रतीक संबंधी
प्रतीकार–(पु.) बदला, प्रतिकार
प्रतीक्षा–(स्त्री.) आसरा, इंतज़ार
प्रतीक्षाकुल–(वि.) प्रतीक्षा में परेशान
प्रतीक्षालय–(पु.) वह स्थान जहाँ ठहरकर किसी का इंतज़ार किया जाय
प्रतीक्षित–(वि.) जिसकी प्रतीक्षा की गयी हो
प्रतीची–(स्त्री.) पश्चिम
प्रतीत–(वि.) 1 ज्ञात 2 प्रसिद्ध 3 संतुष्ट
प्रतीति–(स्त्री.) 1 प्रतीत होने की क्रिया 2 जानकारी, ज्ञान 3 दृढ़ निश्चय, यक़ीन 4 हर्ष
प्रत्यंग–(पु.) 1 शरीर का कोई छोटा अंग 2 वस्तु आदि का गौण अंश 3 ग्रंथ का अध्याय
प्रत्यंचा–(स्त्री.) धनुष की डोरी, चिल्ला
प्रत्यक्ष–I (वि.) 1 स्पष्ट दिखाई पड़नेवाला 2 जिसका ज्ञान इंद्रिय द्वारा स्पष्ट हो 3 जिसमें घुमाव-फिराव न हो (जैसे–प्रत्यक्ष कर) II (क्रि. वि.) आँखों के सामने **प्रत्यक्ष ज्ञान**

प

(पु.) इंद्रिय एवं विषय के सन्निकर्ष से उत्पन्न ज्ञान **प्रत्यक्षवादी** I (वि.) प्रत्यक्षवाद संबंधी II (पु.) प्रत्यक्षवाद को माननेवाला

प्रत्यक्षतः, प्रत्यक्षतया–(क्रि. वि.) प्रत्यक्ष रूप से

प्रत्यक्षदर्शी–(वि.) साक्षात देखनेवाला

प्रत्यक्षी–(वि.) गवाह, साक्षी, प्रत्यक्ष-दर्शी **प्रत्यक्षीकरण** (पु.) 1 स्वयं आँखों से देखना 2 इंद्रिय द्वारा ग्रहण करना **प्रत्यक्षीकृत** (वि.) 1 आँखों से देखा हुआ 2 इंद्रिय द्वारा ग्रहण किया हुआ

प्रत्यभिज्ञा–(स्त्री.) 1 आन्तरिक ज्ञान, जानना 2 पहचानना

प्रत्यभिज्ञान–(पु.) 1 प्रत्यभिज्ञा 2 स्मृतिजन्य ज्ञान

प्रत्यभिभूत–(वि.) जीता हुआ

प्रत्यभियोग–(पु.) प्रतिवादी की तरफ़ से वादी पर लगाया गया अभियोग

प्रत्यभिवादन–(पु.) प्रणाम के बदले प्रणाम करना

प्रत्यय–(पु.) 1 विश्वासम्य दृढ़ धारणा (आइडिया) 2 प्रमाण 3 विचार, ख़्याल 4 ज्ञान 5 व्याख्यान 6 आवश्यकता 7 हेतु, कारण 8 चिह्न, लक्षण **प्रत्ययकारी** (वि.) विश्वास उत्पन्न करनेवाला

प्रत्यर्थ–I (वि.) उपयोगी II (पु.) 1 जवाब, उत्तर 2 विरोध

प्रत्यर्थी–(पु.) 1 प्रतिवादी 2 प्रतिद्वंद्वी 3 शत्रु

प्रत्यर्पण–(पु.) वापस करना, लौटाना

प्रत्याक्रमण–(पु.) जवाबी हमला

प्रत्याख्यान–(पु.) 1 इनकार 2 निराकरण 3 उपेक्षा, अवज्ञा 4 आपत्ति, विरोध

प्रत्यागत–(वि.) वापस आया हुआ

प्रत्यागमन–(पु.) वापस आना

प्रत्याघात–(पु.) आघात के बदले में किया जानेवाला आघात

प्रत्याभास–(पु.) तेज, शक्ति के फलस्वरूप होनेवाला आभास

प्रत्यारोप–(पु.) आरोप के बदले आरोप

प्रत्यावर्तन–(पु.) वापस आना, लौट आना

प्रत्याशा–(स्त्री.) आशा, उम्मीद, भरोसा

प्रत्याशित–(वि.) पूर्वानुमानित

प्रत्याशी–I (वि.) उम्मीद या भरोसा करनेवाला II (पु.) 1 पद का इच्छुक व्यक्ति 2 उम्मीदवार

प्रत्याहार–(पु.) 1 पीछे खींचना, हटाना 2 आशा, वचन आदि वापस लेना

प्रत्याहूत–(वि.) वापस बुलाया हुआ

प्रत्युक्ति–(स्त्री.) जवाब

प्रत्युत–(क्रि. वि.) बल्कि, वरन्

प्रत्युत्तर–(पु.) जवाब का जवाब

प्रत्युत्पन्न–(वि.) 1 तत्काल उत्पन्न हुआ 2 पुनः उत्पन्न हुआ

प्रत्युत्पन्न-मति–(वि.) वाक्पटु, हाज़िरजवाब

प्रत्युपकार–(पु.) नेकी के बदले की गई नेकी, हित के बदले हित

प्रत्यूष–(पु.) सुबह का समय

प्रत्येक–(वि.) हर एक

प्रथम–(वि.) 1 पहला, अव्वल 2 सर्वश्रेष्ठ **प्रथमता** I (स्त्री.) 1 प्राथमिकता 2 प्रथम होने की अवस्था II (क्रि. वि.) साधारणतः देखने पर

प्रथमतः–(क्रि. वि.) सबसे पहले

प्रथमा–(स्त्री.) कर्ताकारक (जैसे–प्रथमा विभक्ति)

प्रथमाक्षर–(पु.) पहला अक्षर

प्रथा–(स्त्री.) 1 रीति, परिपाटी 2 प्रसिद्धि 3 नियम

प्रद–(वि.) देनेवाला (जैसे–आनंदप्रद)

प्रदक्षिणा–(स्त्री.) परिक्रमा (जैसे–देवता की प्रदक्षिणा)

प्रदत्त–(वि.) दिया हुआ

प्रदर–(पु.) 1 तितर-बितर होना 2 तोड़ना-फोड़ना 3 स्त्रियों के गर्भाशय से निकलनेवाला लसदार गंदा तरल पदार्थ का रोग

प्रदर्शक–I (वि.) 1 प्रदर्शन करनेवाला 2 दिखलानेवाला II (पु.) 1 गुरु 2 दर्शक

प्रदर्शन–(पु.) दिखलाना, दिखाना **प्रदर्शन कक्ष** (पु.) दिखाने का कमरा, शोरूम **प्रदर्शनकारी**

(वि.) दिखानेवाला

प्रदर्शनी–(स्त्री.) 1 नुमाइश 2 नज़ारा

प्रदर्शित–(वि.) 1 दिखाया गया 2 जनाया हुआ 3 प्रदर्शनी में रखा हुआ

प्रदान–(पु.) 1 देना 2 दी जानेवाली वस्तु 3 कन्यादान 4 इनाम, पुरस्कार

प्रदाय–(पु.) 1 दी गई वस्तु 2 भेंट, उपहार

प्रदाह–(पु.) 1 दाह, जलन 2 कष्ट, ताप

प्रदीप–I (वि.) प्रकाश करनेवाला II (पु.) 1 दीया 2 प्रकाश 3 संपूर्ण जाति का राग

प्रदीप्त–(वि.) 1 जलता हुआ 2 प्रकाशित

प्रदीप्ति–(स्त्री.) 1 रोशनी, प्रकाश 2 चमक

प्रदूषण–(पु.) 1 नष्ट करना 2 अपवित्र करना

प्रदेश–(पु.) 1 संघ राज्य की इकाई (जैसे–मध्य प्रदेश) 2 प्रांत 3 अंग, अवयव 4 भू-भाग का कोई खंड, भूखंड **प्रदेशगत** (वि.) प्रदेशीय

प्रदोष–(पु.) 1 सूर्यास्त का समय, संध्या 2 त्रयोदशी व्रत 3 बहुत बड़ा दोष

प्रद्योत–(पु.) 1 किरण, रश्मि 2 आभा

प्रधान–I (वि.) मुख्य (जैसे–सभा का प्रधान व्यक्ति) II (पु.) 1 नेता, मुखिया 2 सचिव 3 संस्था का सबसे बड़ा अधिकारी 4 सृष्टि का उपादान कारण **प्रधान सचिव** (पु.) मुख्य सचिव

प्रधानमंत्री–(पु.) 1 देश, राज्य का सबसे बड़ा मंत्री (जैसे–भारत का प्रधानमंत्री) 2 संस्था आदि का सबसे बड़ा मंत्री (जनरल सेक्रेटरी)

प्रधानतः–(क्रि. वि.) मुख्य रूप से

प्रधानाचार्य–(पु.) कालेज का प्रधान अधिकारी (प्रिंसिपल)

प्रधानाध्यापक–(पु.) स्कूल का सर्वप्रमुख अध्यापक (हेडमास्टर)

प्रपंच–(पु.) 1 छल-कपट से भरा कार्य 2 झंझट, बखेड़ा 3 मायावी एवं मिथ्या दृश्य 4 विस्तार 5 प्रतिकूलता

प्रपंची–(वि.) 1 धोखेबाज़, छलिया 2 झगड़ा करनेवाला 3 प्रपंच करनेवाला

प्रपत्र–(पु.) छपा हुआ पत्र जिसमें पूछी गई बातें भरी जाती हैं, फार्म

प्रपात–(पु.) 1 तेज़ी से गिरना (जैसे–जल प्रपात) 2 झरना

प्रपाती–(पु.) 1 ऐसी चट्टान जिसका किनारा खड़ा हो 2 ऊँची-नीची चट्टानों में होनेवाला जलप्रपात

प्रपितामह–(पु.) पितामह, परदादा (स्त्रीः प्रपितामही)

प्रपीड़क–(वि.) 1 पेरनेवाला 2 सतानेवाला

प्रपीड़न–(पु.) 1 पेरना 2 सताना

प्रपुत्र–(पु.) पोता

प्रपौत्र–(पु.) परपोता (स्त्री. प्रपौत्री)

प्रफुल्ल–(वि.) 1 खिला हुआ 2 जिसमें फूल लगे हों 3 प्रसन्न

प्रफुल्लित–(वि.) खिला हुआ, कुसुमित

प्रबंध–(पु.) 1 इंतज़ाम 2 आयोजन 3 व्यवस्था 4 काव्य का भेद 5 बाँधने की वस्तु, बंधन **प्रबंध अभिकर्ता** (पु.) संस्था का प्रबंध करनेवाला एजेंट **प्रबंधकार** (पु.) प्रबंध काव्य का लिखनेवाला **प्रबंधकारिणी** (वि.) प्रबंध करनेवाली **प्रबंध-काव्य** (पु.) महाकाव्य एवं खंड काव्य

प्रबंधक–I (वि.) व्यवस्था करनेवाला II (पु.) व्यवस्थापक, मैनेजर

प्रबल–(वि.) 1 बलवान 2 उग्र, तेज़, प्रचंड

प्रबुद्ध–I (वि.) 1 चैतन्य, सचेत 2 जागा हुआ, जाग्रत 3 प्रबोधयुक्त 4 विकसित II (पु.) 1 ज्ञानी 2 विद्वान, पंडित

प्रबोध–(पु.) 1 जागना 2 यथार्थ ज्ञान 3 ढारस, दिलासा 4 सतर्कता, चेतावनी 5 विकास

प्रबोधक–(वि.) 1 जगानेवाला 2 सचेत करनेवाला 3 ज्ञान देनेवाला 4 सांत्वना देनेवाला

प्रबोधित–(वि.) 1 जगाया हुआ 2 ज्ञान दिया हुआ 3 समझाया-सिखलाया हुआ

प्रभंजन–(पु.) 1 प्रचंड वायु 2 तोड़ना-फोड़ना

प्रभा–(स्त्री.) 1 प्रकाश, दीप्ति 2 किरण **प्रभामंडल** (पु.) दीप्ति-मंडल, परिवेश

प्रभाग–(पु.) 1 विभाग का भाग 2 भिन्न का

प

भिन्न

प्रभात–(पु.) प्रातःकाल, सवेरा **प्रभात-कालीन** (वि.) भोर के समय का **प्रभात फेरी** (स्त्री.) प्रचार के उद्देश्य से प्रातःकाल जुलूस बनाकर बस्तियों में घूमना **प्रभात वेला** (स्त्री.) प्रभात **प्रभात संस्करण** (पु.) सुबह निकलने वाले समाचार पत्र का अंक

प्रभाती–I (स्त्री.) प्रातःकाल गाया जानेवाला गीत II (वि.) प्रभात संबंधी

प्रभामय–(वि.) प्रकाशपूर्ण

प्रभार–(पु.) कार्यभार (चार्ज)

प्रभारी–(वि.) कार्यभार चलानेवाला

प्रभाव–(पु.) 1 अस्तित्व में आना, उद्‍भव 2 सामर्थ्य 3 अच्छा एवं बुरा परिणाम 4 आतंक **प्रभाव क्षेत्र** (पु.) वह क्षेत्र जिस पर किसी का प्रभाव हो

प्रभावशाली, प्रभावशील–(वि.) असरदार, प्रभाववाला,

प्रभावान्–(वि.) 1 प्रतापी 2 प्रभावशाली

प्रभावित–(वि.) प्रभाव पड़ा हुआ

प्रभावी–(वि.) प्रभावशील

प्रभावोत्पादक–(वि.) प्रभावशाली

प्रभु–(पु.) 1 ईश्वर, परमात्मा 2 स्वामी, मालिक 3 आदरसूचक संबोधन **प्रभुता** (स्त्री.) 1 ईश्वरता 2 स्वामित्व, प्रभुत्व 3 महत्त्व 4 हुकूमत 5 वैभव **प्रभुभक्ति** (स्त्री.) 1 ईश्वर की पूजा 2 वफ़ादारी **प्रभुराज्य** (पु.) प्रभुसत्ता संपन्न वैधानिक राज्य **प्रभुवर्ग** (पु.) स्वामी समुदाय, स्वामी लोग

प्रभुत्व–(पु.) अधिकार, गौरव, महत्त्व

प्रभुसत्ता–(स्त्री.) संप्रभुता, पूर्ण अधिकार

प्रभूत–(वि.) 1 भूत 2 उत्पन्न, उद्‍गत 3 बहुत ज़्यादा, प्रचुर 4 उन्नत

प्रभृति–(क्रि. वि.) इत्यादि, आदि, वग़ैरह

प्रभेद–(पु.) 1 भेद, प्रकार, क़िस्म 2 अंतर

प्रभेदक–(वि.) अंतर करनेवाला

प्रभेदन–(पु.) 1 अंतर उत्पन्न करना 2 तोड़ना-फोड़ना

प्रमत्त–(वि.) 1 नशे में चूर 2 बावला; प्रमादयुक्त 3 असावधान

प्रमदा–(स्त्री.) सुंदर एवं युवती स्त्री

प्रमाण–I (पु.) 1 सबूत 2 साक्षी 3 सत्यता 4 सच्चा ज्ञान 5 नाप-तौल आदि की नियत इकाई 6 विस्तार II (वि.) 1 सिद्ध हुआ 2 जो सर्वमान्य हो III (क्रि. वि.) 1 अवधि-सूचक शब्द, पर्यंत, तक 2 किसी के समान

प्रमाणपत्र–(पु.) प्रमाणक (सर्टिफिकेट)

प्रमाणांतर–(पु.) एक और प्रमाण

प्रमाणाभाव–(पु.) प्रमाण का न होना

प्रमाणित–(वि.) प्रमाण द्वारा सिद्ध हुआ

प्रमाणीकृत–(वि.) प्रमाण स्वरूप ठहराया हुआ

प्रमातामह–(पु.) परनाना, नाना का पिता

प्रमाद–(पु.) 1 नशा, मद 2 अनवधानता 3 भूल-चूक 4 अंतःकरण की दुर्बलता 5 उन्माद 6 विपत्ति

प्रमादी–(वि.) 1 पागल 2 लापरवाह

प्रमीलन–(पु.) आँख बंद करना, मूँदना

प्रमुक्त–(वि.) 1 बंधन मुक्त 2 परित्यक्त

प्रमुख–I (वि.) 1 मुख्य, प्रधान 2 प्रथम 3 श्रेष्ठ 4 सम्मानित, प्रतिष्ठित II (पु.) 1 प्रधान 2 प्रधान शासक III (क्रि. वि.) 1 आगे, सामने 2 उसी समय, तत्काल **प्रमुखता** (स्त्री.) प्रमुख होने की स्थिति

प्रमुद, प्रमुदता–(स्त्री.) प्रसन्नता, खुशी **प्रमुदित** (वि.) हर्षित, आनंदित

प्रमेय–I (वि.) 1 जिसे समझा जा सके 2 जिसे प्रमाण द्वारा सिद्ध किया जा सके II (पु.) सिद्ध करने का विषय, प्रमाण का विषय (थियोरम) (जैसे–पैथागोरस का प्रमेय)

प्रमेह–(पु.) थोड़ी-थोड़ी देर बाद धातु सहित पेशाब होने का एक रोग डायबिटिज

प्रमोद–(पु.) 1 प्रसन्नता, खुशी, हर्ष 2 सुख

प्रयत्न–(पु.) 1 प्रयास, कोशिश 2 उद्योग, कृत्य 3 क्रियाशीलता, सक्रियता 4 सतर्कता, सावधानी **प्रयत्नपूर्वक** (क्रि. वि.) प्रयत्न करते हुए **प्रयत्नवान्** (वि.) 1 प्रयत्न में लगा

हुआ 2 उद्योगशील **प्रयत्नशील** (वि.) उद्योग में लगा हुआ

प्रयाण–(पु.) 1 प्रस्थान, कूच 2 यात्रा, सफ़र 3 अभियान, चढ़ाई 4 अनुष्ठान 5 संसार से विदा होना **प्रयाण-काल** (पु.) 1 यात्रा का समय 2 मृत्यु का समय

प्रयास–(पु.) 1 उद्योग 2 प्रयत्न, कोशिश

प्रयुक्त–(वि.) 1 प्रयोग में लाया हुआ 2 सम्मिलित, मिलाया हुआ 3 काम में लगाया हुआ

प्रयोक्ता–I (वि.) 1 प्रयोग करनेवाला 2 नियुक्त करनेवाला II (पु.) 1 ऋण देनेवाला 2 नाटक का सूत्रधार

प्रयोग–(पु.) 1 इस्तेमाल, व्यवहार 2 प्रत्यक्ष रूप से सिद्ध करने की क्रिया 3 जाँच, परीक्षण 4 अभिनय 5 तरकीब 6 परिणाम **प्रयोगवाद** (पु.) साहित्यिक परंपराओं को प्रयोगात्मक परीक्षण द्वारा जाँचने का आधुनिक साहित्यिक सिद्धांत **प्रयोगशाला** (स्त्री.) वह स्थान जहाँ पदार्थ विज्ञान, रसायन विज्ञान आदि का परीक्षण किया जाता है

प्रयोगात्मक–(वि.) प्रयोग संबंधी

प्रयोगार्थ–(पु.) कार्य सिद्धि हेतु किया जानेवाला गौण कार्य

प्रयोजन–(पु.) 1 अभिप्राय, मतलब 2 उपयोग, प्रयोग, व्यवहार 3 साधन, उपाय 4 हेतु 5 लाभ

प्रयोज्य–(वि.) काम में आने लायक

प्रलंबित–(वि.) 1 प्रलंब रूप में लाया हुआ 2 लटका हुआ

प्रलयंकर–(वि.) सर्वनाशकारी, प्रलयकारी

प्रलय–(पु.) नाश, विलीनता, लय **प्रलयकारक, प्रलयकारी** (वि.) प्रलयंकर

प्रलाप–(पु.) 2 पागलों जैसी बात करना 1 वार्तालाप 3 व्यथा सुनाना

प्रलापी–(वि.) 1 प्रलाप करनेवाला 2 अंडबंड बकनेवाला

प्रलुब्ध–(वि.) 1 लोभ में पड़ा हुआ, लालच में पड़ा हुआ 2 मोहित 3 वंचक

प्रलेख–(पु.) 1 लेख्य 2 अनुबंधक पत्र

प्रलेप–(पु.) 1 लेप चढ़ाना 2 मलहम

प्रलोभन–(पु.) 1 लोभ उत्पन्न करना 2 लोभ 3 लुभाना

प्रवंचक–(पु.) 1 धोखेबाज़ 2 ठग

प्रवंचन–(पु.) 1 ठगना 2 धोखा देना

प्रवंचित–(वि.) 1 धोखा खाया हुआ 2 ठगा हुआ

प्रवक्ता–I (वि.) 1 अच्छी तरह समझानेवाला 2 प्रवचन करनेवाला II (पु.) 1 विद्वान 2 मत प्रकट करनेवाला व्यक्ति

प्रवचन–(पु.) 1 उपदेशपूर्ण भाषण 2 विशेष रूप से कहना, समझाना 3 वेद, पुराण आदि का उपदेश करना **प्रवचनकर्ता** (पु.) 1 प्रवक्ता 2 प्रवचन करनेवाला व्यक्ति

प्रवण–(वि.) 1 नत 2 नम्र 3 सच्चा 4 ढालुआँ 5 उदार एवं सहृदय

प्रवर–(वि.) 1 श्रेष्ठ 2 अवस्था में बड़ा 3 अधिकार में बड़ा माना जानेवाला (सुपीरियर) **प्रवर समिति** (स्त्री.) विषय की जाँच-पड़ताल एवं विचार-विमर्श के पश्चात् अपनी राय देने के लिए बनाई गई समिति (सिलेक्टिव कमिटी)

प्रवर्तक–(वि.) 1 किसी काम को चलानेवाला 2 प्रतिष्ठाता 3 प्रेरित करनेवाला 4 आविष्कार करनेवाला

प्रवर्तन–(पु.) 1 आरंभ करना 2 प्रवृत्त करना, ठानना 3 उकसाना 4 आविष्कार करना

प्रवर्तित–(वि.) 1 स्थापित 2 ठाना हुआ, आरब्ध 3 चालित 4 उत्तेजित

प्रवर्धक–(वि.) बढ़ानेवाला (ऐंपिलीफ़ायर)

प्रवर्द्धित–(वि.) बढ़ाया हुआ

प्रवाद–(पु.) 1 बात-चीत, वार्तालाप 2 जनरव, जनश्रुति 3 झूठी बदनामी

प्रवाल–(पु.) 1 मूँगा, विद्रुम 2 नया एवं मुलायम पत्ता, कोंपल **प्रवाल द्वीप** (पु.) समुद्र में पाये जानेवाले मूँगे के विशाल ढूह

प्रवास–(पु.) 1 परदेश जाकर रहना 2 विदेश जाना **प्रवास गमन** (पु.) परदेश की यात्रा

प

करना **प्रवास गृह** (पु.) प्रवास में टिकने का ठौर **प्रवास पत्र** (पु.) परदेश जाने का अनुमति-पत्र

प्रवासी–(वि.) परदेश में रहनेवाला

प्रवाह–(पु.) 1 बहाव 2 जल आदि की धारा 3 अटूट क्रम 4 विद्युत गति **प्रवाहपूर्ण** (वि.) प्रवाहमय **प्रवाह-संस्कार** (पु.) (भस्मी) बहा देने की रस्म

प्रवाहमय–(वि.) बहता हुआ

प्रवाहित–(वि.) 1 बहाया हुआ 2 प्रवाहयुक्त

प्रविधि–(स्त्री.) 1 यंत्र-निर्माण आदि क्षेत्र में कार्य करने की विशेष क्रियात्मक पारिभाषिक विधि 2 उक्त विधि द्वारा अर्जित कौशलपूर्ण दक्षता, **प्रविधिज्ञ** (पु.) प्रविधि का ज्ञाता

प्रविधि शास्त्र–(पु.) तकनीकी विज्ञान

प्रविष्ट–(वि.) जिसका प्रवेश हो चुका हो

प्रविष्टि–(स्त्री.) 1 प्रवेश 2 विवरण आदि लिखना 3 विवरण

प्रवीण–(वि.) निपुण, कुशल **प्रवीणता** (स्त्री.) निपुणता, कौशल

प्रवृत्त–(वि.) 1 ग्रहण किया हुआ 2 कार्य आदि में लगा हुआ

प्रवृत्ति–(स्त्री.) 1 मन का झुकाव 2 आरंभ 3 प्रवाह, बहाव 4 आचार-व्यवहार 5 अध्यवसाय

प्रवेश–(पु.) 1 अंदर जाना (जैसे–गृह प्रवेश) 2 संस्था आदि में प्रवेश (एडमिशन) 3 विषय आदि की जानकारी, अभिज्ञता 4 भीतर जाने का रास्ता **प्रवेश द्वार** (पु.) अंदर जाने का रास्ता **प्रवेश पत्र** (पु.) 1 प्रवेश करने हेतु दिया गया अनुमति-पत्र, पास 2 टिकट **प्रवेश परीक्षा** (स्त्री.) प्रवेश के पूर्व ली जानेवाली परीक्षा **प्रवेश शुल्क** (पु.) संस्था आदि में प्रवेश करते समय दिया जानेवाला शुल्क

प्रवेशार्थी–(पु.) प्रवेश का इच्छुक व्यक्ति

प्रवेशिका–(स्त्री.) 1 प्रवेश-पत्र 2 प्रवेश शुल्क

प्रव्रज्या–(स्त्री.) 1 विदेश गमन 2 संन्यास ग्रहण करना 3 देश निकाला **प्रव्रज्या ग्रहण** (पु.) संन्यास लेना

प्रशंसक–(वि.) प्रशंसा करनेवाला

प्रशंसनीय–(वि.) प्रशंसा करने योग्य

प्रशंसा–(स्त्री.) 1 तारीफ़ 2 बड़ाई **प्रशंसा पत्र** (पु.) स्तुति-पत्र **प्रशंसायुक्त** (वि.) प्रशंसापूर्ण **प्रशंसासूचक, प्रशंसात्मक** (वि.) प्रशंसापूर्ण

प्रशंसित–(वि.) प्रशंसा किया हुआ

प्रशम, प्रशमन–I (पु.) 1 शांत करना 2 रोग, क्रोध आदि दबाना 3 नाशन II (वि.) शमन करनेवाला

प्रशस्त–(वि.) 1 प्रशंसा किया हुआ 2 प्रशंसा योग्य 3 उत्तम, शुभ

प्रशस्ति–(स्त्री.) प्रशंसा

प्रशांत–(वि.) 1 अत्यधिक शांत, स्थिर 2 निश्चल एवं शांत वृत्तिवाला **प्रशांतचित्त** (वि.) शांत मनवाला **प्रशांतचेष्ट** (वि.) जिसने प्रयत्न करना त्याग दिया हो

प्रशाखा–(स्त्री.) 1 शाखा से निकली हुई शाखा 2 टहनी

प्रशासक–(पु.) 1 शासन करनेवाला अधिकारी 2 नगर, संस्था आदि का प्रधान अधिकारी

प्रशासन–(पु.) नगर, संस्था आदि के अधिकारों, कर्तव्यों को कार्य रूप देना **प्रशासन तंत्र** (पु.) प्रशासन प्रणाली **प्रशासन सेवा** (स्त्री.) प्रशासकीय सेवा

प्रशासनाधिकारी–(पु.) प्रशासक

प्रशासनिक–(वि.) प्रशासन संबंधी

प्रशिक्षक–(पु.) कोई व्यावहारिक काम या कोई कला सिखाने वाला

प्रशिक्षण–(पु.) नियमित रूप से दी जानेवाली व्यावहारिक शिक्षा, ट्रेनिंग **प्रशिक्षण कार्यक्रम** (पु.) प्रशिक्षण संबंधी कार्य एवं योजना **प्रशिक्षण केंद्र** (पु.) जहाँ प्रशिक्षण प्रदान किया जाए, ट्रेनिंग सेंटर **प्रशिक्षण शिविर, प्रशिक्षण स्थल** (पु.) प्रशिक्षण केंद्र

प्रशिक्षित–(वि.) प्रशिक्षण प्राप्त (ट्रेंड)

प्रशीतक–I (वि.) अत्यंत ठंडा रखनेवाला II (पु.) हिमकर (रेफ़्रिजरेटर)

प्रशीतन–(पु.) ठंडा रखना

प

प्रश्न–(पु.) 1 सवाल 2 पूछ-ताछ 3 विचारणीय विषय

प्रश्नकर्ता–(पु.) प्रश्न पूछनेवाला व्यक्ति

प्रश्नचिह्न–(पु.) प्रश्नात्मक वाक्यों के अंत में लगाया जानेवाला निशान

प्रश्नपत्र–(पु.) प्रश्न लिखा हुआ परचा

प्रश्नवाचक, प्रश्नवाची, प्रश्नसूचक–(वि.) प्रश्न की सूचना देनेवाला

प्रश्नात्मक–(वि.) प्रश्नों के रूप में होनेवाला

प्रश्नावली–(स्त्री.) प्रश्नों की सूची

प्रश्नोत्तर–(पु.) प्रश्न एवं उसका उत्तर

प्रश्नोत्तरी–(स्त्री.) प्रश्न एवं उत्तर का संग्रह

प्रश्रय–(पु.) 1 आश्रय-स्थान 2 आधार, टेक, सहारा 3 नम्रता, विनय

प्रश्वास–(पु.) 1 साँस बाहर निकालना 2 बाहर निकली हुई साँस

प्रसंग–(पु.) 1 वार्तालाप का पूर्व अंश (कान्टेक्स्ट) 2 प्रकरण 3 संबंध, लगाव 4 अनुराग, आसक्ति

प्रसंगी–(वि.) 1 प्रसंग-युक्त 2 अनुरागी

प्रसंगोचित–(वि.) प्रसंग के अनुकूल

प्रसन्न–(वि.) 1 ख़ुश, हर्षित 2 संतुष्ट

प्रसन्नचित–(वि.) प्रसन्न मनवाला

प्रसन्नता–(स्त्री.) ख़ुशी, हर्ष

प्रसन्नमुख–(वि.) प्रसन्न दिखाई देनेवाला

प्रसरण–(पु.) 1 फैलना 2 आगे बढ़ना 3 सेना का इधर-उधर घूमना

प्रसव–(पु.) 1 बच्चा जनना, प्रसूति (डिलीवरी) 2 जन्मा हुआ बच्चा 3 जन्म

प्रसव गृह–(पु.) बच्चा जनने का घर, सौरी

प्रसविनी–I (वि.) जन्म देनेवाली II (स्त्री.) माँ, माता

प्रसाद–(पु.) 1 देवता को चढ़ाई गई वस्तु 2 अनुग्रह, कृपा 3 ईश्वरीय कृपा 4 महात्मा एवं गुरु की जूठन 5 काव्य का विशेष रूप से सुबोध एवं सरल होना

प्रसादन–I (पु.) 1 प्रसन्न रखना 2 अन्न II (वि.) 1 प्रसन्न करनेवाला 2 सुख देनेवाला

प्रसादी–I (वि.) 1 प्रसन्न करने वाला 2 प्रेम उत्पन्न करने वाला, प्रीतिकर II (स्त्री.) 1 नैवेद्य, प्रसाद 2 प्रसाद का अंश

प्रसाधन–(पु.) 1 सजावट की सामग्री (टॉयलेट) 2 सजाना 3 वेश-भूषा 4 कार्य का संपादन 5 परिष्कृत करने योग्य, ड्रेसिंग 6 सज्जा, उपस्कर

प्रसार–(पु.) 1 फैलाव 2 संचार 3 फैलने की सीमा

प्रसार क्षेत्र–(पु.) प्रसार की सीमा

प्रसारवाद–(पु.) अपनी सीमा बढ़ाते रहने का सिद्धांत

प्रसारक–(वि.) फैलानेवाला

प्रसारण–(पु.) 1 फैलाना 2 बढ़ाना 3 दूर-दूर तक फैलाना (जैसे–रेडियो का प्रसारण) (ब्राडकास्टिंग)

प्रसारित–(वि.) 1 फैलाया हुआ 2 प्रसारण किया हुआ

प्रसिद्ध–(वि.) मशहूर, ख्यात

प्रसिद्धि–(स्त्री.) ख्याति, मशहूरी

प्रसुप्त–(वि.) 1 गहरी नींद में सोया हुआ, अंदर छिपा हुआ, सुषुप्त (जैसे–प्रसुप्त कीटाणु)

प्रसूत–I (वि.) उत्पन्न II (पु.) प्रसव-काल में होनेवाला एक रोग

प्रसूति–(स्त्री.) 1 शिशु को जन्म देना 2 उत्पत्ति 3 संतति

प्रसूति गृह–(पु.) बच्चा जनने का घर, सौरी

प्रसून–I (वि.) 1 जन्मा हुआ 2 उत्पन्न, पैदा II (पु.) फूल, पुष्प

प्रस्तर–(पु.) पत्थर

प्रस्तरमूर्ति–(स्त्री.) पत्थर की बनाई गई प्रतिमा

प्रस्तरयुग–(पु.) पाषाण युग (स्टोन एज)

प्रस्तरीभूत–(वि.) पत्थर की तरह बेकार

प्रस्ताव–(पु.) 1 बात, प्रस्तावना, प्राक्कथन 2 शुरू, आरंभ 3 विषय-चर्चा, बात 4 विषय, प्रकरण 5 उपयुक्त समय, अवसर, मौक़ा 6 उद्देश्य के विचारार्थ रखी गई बात, ऑफर, प्रोप्रोज़ल

प्रस्तावकर्ता–(पु.) प्रस्ताव करनेवाला व्यक्ति

प्रस्तावना–(स्त्री.) 1 आरंभ 2 प्रस्ताव

प

3 विषय-चर्चा के पूर्व का तत्संबंधी आरंभिक संक्षिप्त कथन, भूमिका, प्राक्कथन, इंट्रोडक्शन

प्रस्तावित–(वि.) 1 प्रस्ताव रूप में रखा गया 2 आरंभ किया हुआ 3 कथित

प्रस्तुत–I (वि.) 1 उपस्थित 2 विशेष रूप से स्तुत 3 आरंभ किया हुआ 4 अभिलाषित 5 तैयार II (पु.) 1 प्रकरण प्राप्त विषय 2 चल रही बात, चर्चा में प्रसंगवश अन्य बात का भी उल्लेख होना **प्रस्तुतकर्ता** (पु.) प्रस्तुत करनेवाला व्यक्ति

प्रस्तुति–(स्त्री.) 1 प्रस्तुत होने की अवस्था 2 प्रशंसा, स्तुति 3 प्रस्तावना, भूमिका

प्रस्तुतिकरण, प्रस्तुतीकरण–(पु.) प्रस्तुत करना

प्रस्तोता–I (पु.) सामवेदी ऋत्विक् II (पु.) प्रस्ताव करनेवाला व्यक्ति, प्रस्तावक

प्रस्थान–(पु.) 1 जाना, रवानगी 2 सेना का युद्ध-क्षेत्र में जाना, कूच 3 गमन (जैसे–शुभ मुहूर्त में प्रस्थान करना) 4 मरण, मरना

प्रस्थापन–(पु.) 1 भेजना 2 प्रेरणा 3 स्थापना 4 प्रतिष्ठित करना 5 व्यवहार करना 6 संस्थापन

प्रस्थापित–(वि.) 1 प्रस्थापन किया गया 2 भेजा हुआ, प्रेषित

प्रस्फुटन–(पु.) 1 खिलना 2 व्यक्त होना

प्रस्फुटित–(वि.) 1 खिला हुआ, विकसित 2 प्रकट हुई

प्रस्फुरण–(पु.) 1 काँपना 2 फैलना 3 चमकना

प्रस्फुरित–(वि.) काँपता हुआ

प्रस्फोट–(पु.) फूटकर बाहर निकलना

प्रस्वेद–(पु.) पसीना

प्रस्वेदित–(वि.) 1 पसीने से भीगा हुआ 2 पसीना लानेवाला

प्रहर–(पु.) पहर, 3 घंटे का समय

प्रहरी–(पु.) 1 पहरेदार 2 समय-समय पर घंटा बजानेवाला कर्मचारी

प्रहसन–(पु.) 1 प्रसन्नतापूर्वक हँसना 2 परिहास, दिल्लगी 3 भाण की तरह का हास्य रस प्रधान रूपक

प्रहार–(पु.) 1 आक्रमण, वार 2 चोट

प्रहेलिका–(स्त्री.) पहेली

प्रह्लाद–(पु.) 1 हिरण्यकशिपु का पुत्र 2 आनंद

प्रांगण–(पु.) आँगन

प्रांजल–(वि.) सरल एवं स्पष्ट

प्रांत–(पु.) 1 प्रशासनिक इकाई 2 अंत, सीमा 3 छोर, सिरा 4 तरफ़, दिशा

प्रांतर–(पु.) दो प्रदेशों के बीच का स्थान

प्रांतीय–(वि.) प्रांत संबंधी **प्रांतीयता** (स्त्री.) 1 प्रांतीय होने की अवस्था 2 प्रांत के प्रति होनेवाला पक्षपात

प्राकार–(पु.) नगर या क़िले के चारों ओर सुरक्षा की दृष्टि से बनाई गई दीवार

प्राकृत–I (वि.) 1 प्रकृति का 2 प्रकृति से उत्पन्न, नैसर्गिक 3 लौकिक, सांसारिक 4 स्वाभाविक 5 साधारण, मामूली 6 अशिक्षित II (स्त्री.) 1 संस्कृत के नाटकों में प्रयुक्त प्राचीन भाषा 2 प्रांत की बोली (जैसे– प्राकृत-भाषा)

प्राकृतिक–(वि.) 1 प्रकृति से उत्पन्न, नैसर्गिक 2 प्रकृति संबंधी 3 लौकिक, सांसारिक 4 प्रकृति 5 साधारण

प्राक्कथन–(पु.) 1 प्रस्तावना 2 पहले कही गई बात (प्रिफ़ेस)

प्राक्कलन–(पु.) पहले से की जानेवाली गणना, अनुमान आदि (एस्टिमेशन)

प्रागैतिहासिक–(वि.) लिखित इतिहास से पहले का (प्री-हिस्टॉरिक)

प्राग्वैदिक–(वि.) वेदकाल के पहले का

प्राचार्य–(पु.) प्रधानाचार्य

प्राची–(स्त्री.) पूरब

प्राचीन–(वि.) 1 पुराना 2 पूरब का

प्राचीनतम–(वि.) पुराने से पुराना

प्राचीर–(पु.) चहारदीवारी, प्राकार

प्राचुर्य–(पु.) प्रचुरता, आधिक्य

प्राच्य–(वि.) 1 पुराना 2 पूरब का **प्राच्य विज्ञान** (पु.) प्राचीन देश की सभ्यता, विज्ञान एवं साहित्य आदि **प्राच्य विद्या** (स्त्री.) प्राच्य देशों की भाषा, धर्म, इतिहास, साहित्य का विवेचन करनेवाला पुरातत्त्व का

अंग **प्राच्यवेत्ता** (पु.) प्राच्य विज्ञानी (ओरिएंटलिस्ट) **प्राच्य संस्थान** (पु.) प्राच्य विज्ञान एवं विद्या का अध्ययन करानेवाली संस्था

प्राज्ञ–I (वि.) 1 बुद्धिमान 2 चतुर, दक्ष II (पु.) 1 विद्वान व्यक्ति 2 चतुर व्यक्ति

प्राण–(पु.) 1 जीवनी शक्ति, जान (लाइफ़) 2 साँस, श्वास 3 साँस के अंदर-बाहर आने-जानेवाली हवा, वायु 4 प्राणों के समान प्रिय (जैसे–प्राण-प्रिया, प्राण-नाथ) **प्राणघात** (पु.) मार डालना, मारण **प्राणघातक** (वि.) प्राण लेनेवाला **प्राणदंड** (पु.) मृत्यु-दंड **प्राणदान** (पु.) 1 जीवनदान 2 प्राण युक्त करना **प्राणदायी** (वि.) प्राण देनेवाला **प्राणधन** (पु.) प्रियतम, प्राणप्रिय, प्राणनाथ **प्राणधारी** I (वि.) प्राण धारण करनेवाला, प्राणयुक्त II (पु.) जीव, प्राणी **प्राणनाथ** (पु.) प्राण-पति **प्राण-पखेरू** (पु.) आत्मा, प्राण रूपी पक्षी **प्राणपण** (पु.) जान की बाज़ी **प्राण-प्रतिष्ठा** (स्त्री.) 1 मंत्र द्वारा देवता का उसकी प्रतिमा में निवास कराना 2 प्राण-युक्त करना **प्राणप्रिय** I (वि.) प्राण के समान प्रिय II (पु.) 1 अत्यंत प्रिय व्यक्ति 2 प्रियतम, पति, स्वामी **प्राणरक्षा** (स्त्री.) जान की रक्षा **प्राणवायु** (पु.) प्राण, श्वास, ऑक्सीजन **प्राण देना** 1 मरना 2 अत्यधिक कष्ट पाना 3 अत्यंत प्यार करना **प्राण मुँह को आना** दुःख से बहुत परेशान, बेचैन होना **प्राण मुट्ठी में लिए रहना, प्राण हथेली पर लिए रहना** मरने को तैयार रहना

प्राणमय–(वि.) प्राणयुक्त

प्राणवान्–(वि.) जीवित, सप्राण

प्राणांत–(पु.) मृत्यु

प्राणायाम–(पु.) 1 प्राण को अपने वश में करना 2 श्वास-प्रश्वास की गति का नियमन

प्राणार्पण–(पु.) जान दे देना

प्राणिज–(वि.) प्राणी से उत्पन्न

प्राणि-भूगोल–(पु.) जलवायु एवं प्राणि संबंधी विज्ञान

प्राणि-मंडल–(पु.) जीव-मंडल (बायोस्फीयर)

प्राणि-मात्र–(पु.) प्राणी-जगत्

प्राणि-शास्त्र–(पु.) प्राणियों की जाति, वर्ग, भेद आदि का अध्ययन करानेवाला विज्ञान (जूलॉजी)

प्राणि-शास्त्री–(पु.) प्राणि-शास्त्र का ज्ञाता

प्राणी–I (पु.) 1 प्राणयुक्त शरीर 2 मनुष्य, व्यक्ति II (वि.) जीवधारी, प्राणधारी

प्रातः–I (पु.) सवेरा, तड़का II (क्रि. वि.) सवेरे, तड़के **प्रातःकर्म** (पु.) प्रातःकाल किया जानेवाला काम **प्रातःकाल** (पु.) सवेरे का समय, प्रभात **प्रातःक्रिया** (स्त्री.) प्रातःकर्म **प्रातःस्नान** (पु.) सवेरे का स्नान **प्रातः-स्मरण** (पु.) सवेरे देवता, ईश्वर से संबंधित किया जानेवाला भजन-पाठ

प्रातराश–(पु.) प्रातःकाल का जलपान, कलेवा

प्राथमिक–(वि.) 1 शुरू का, आरंभिक 2 शुरू में, पहले-पहल होनेवाला **प्राथमिकता** (स्त्री.) 1 प्राथमिक अवस्था 2 प्रथमता, वरीयता

प्रादुर्भाव–(पु.) 1 प्रकट होना 2 उत्पत्ति 3 अस्तित्व-ग्रहण, पनपना 4 विकास

प्रादुर्भूत–(वि.) 1 प्रकट हुआ 2 उत्पन्न 3 विकसित 4 अस्तित्व में आया हुआ **प्रादुर्भूत मनोभवा** (स्त्री.) एक प्रकार की मध्या नायिका

प्रादेशिक–(वि.) प्रदेश संबंधी **प्रादेशिकता** (स्त्री.) प्रांतीयता

प्राधान्य–(पु.) प्रधान होने की अवस्था

प्राधिकरण–(पु.) 1 प्राधिकार देना 2 प्राधिकारी का अधिकार (अथॉरिटी)

प्राधिकार–(पु.) 1 आदेश देने का अधिकार 2 पदाधिकारी को पद के कारण प्राप्त विशेष अधिकार

प्राधिकृत–(वि.) 1 विधिविहित अधिकार प्राप्त 2 जिसके लिए अधिकार प्राप्त हो

प्राध्यापक–(पु.) महाविद्यालय का अध्यापक (प्रोफ़ेसर)

प्राध्यापन–(पु.) उच्च श्रेणी के विद्यार्थियों को पढ़ाना

प

प्राप्त–(वि.) 1 पाया हुआ, हस्तगत 2 उपस्थित 3 अनुभूत हुआ (जैसे–सुख-प्राप्त) **प्राप्तबुद्धि** (वि.) 1 होश में आया हुआ 2 बुद्धिमान **प्राप्तयौवन** (वि.) जवानी-प्राप्त

प्राप्तव्य–(वि.) प्राप्त करने योग्य

प्राप्तांक–(पु.) मिले हुए अंक (नंबर)

प्राप्ति–(स्त्री.) 1 पाया-जाना, उपलब्धि 2 प्रत्यक्ष होना 3 फ़ायदा 4 उपस्थित होना 5 ग्रहण करना **प्राप्तिकर्ता** (पु.) प्राप्त करनेवाला व्यक्ति **प्राप्ति-स्वीकार** (स्त्री.) पहुँच की स्वीकृति

प्राप्य–(वि.) 1 प्राप्त करने योग्य 2 पावना 3 गम्य

प्राबल्य–(पु.) प्रबलता, प्रधानता

प्रामाणिक–(वि.) 1 प्रमाण द्वारा सिद्ध 2 प्रमाण स्वरूप माना जानेवाला 3 सत्य, ठीक 4 सभी जगह ठीक माना जानेवाला 5 शास्त्र आदि से प्रमाणित **प्रामाणिकता** (स्त्री.) प्रामाणिक होने की स्थिति

प्रामाण्य–(पु.) 1 प्रमाण 2 प्रमाणत्व 3 विश्वसनीयता

प्रायः–(क्रि. वि.) 1 अक्सर 2 क़रीब-क़रीब

प्राय–I (वि.) समान, अनुरूप (जैसे–नष्ट-प्राय, मृत-प्राय) II (पु.) 1 मृत्यु, मौत 2 अनशन मृत्यु

प्रायद्वीप–(पु.) तीन ओर से समुद्र से घिरा भू-भाग (पेनिन्सुला)

प्रायद्वीपीय–(वि.) प्रायद्वीप से संबद्ध

प्रायशः–(क्रि. वि.) अकसर, बहुधा

प्रायश्चित्त–(पु.) 1 पाप कर्म के फल, भोग से बचने हेतु किया जानेवाला शास्त्र विहित कर्म 2 ग्लानिवश किया गया कठोर आचरण 3 कष्ट

प्रायोगिक–(वि.) 1 प्रयोग संबंधी 2 प्रयोग किया जानेवाला (एक्सपेरिमेंटल) 3 व्यावहारिक

प्रायोजना–(स्त्री.) योजना का प्रस्तावित रूप

प्रयोज्य–I (वि.) प्रयोग में आने योग्य II (पु.) व्यावहारिक वस्तु

प्रारंभ–(पु.) 1 शुरू का अंश 2 जारी होना

प्रारंभिक–(वि.) शुरू का

प्रारब्ध–I (वि.) आरंभ किया हुआ II (पु.) 1 भाग्य, तक़दीर 2 पूर्व-जन्म के कार्य 3 पूर्व कर्मों का फल भोग **प्रारब्ध-लेख** (पु.) क़िस्मत का लिखा

प्रारूप–(पु.) 1 मसौदा, प्रालेख 2 पूर्वगामी रूप

प्रार्थना–(स्त्री.) 1 निवेदन 2 भक्ति एवं श्रद्धापूर्वक ईश्वर, देवता आदि से माँगना, निवेदन करना 3 अरज़ी, दावा **प्रार्थनापत्र** (पु.) अरज़ी

प्रार्थी–(वि.) 1 प्रार्थना करनेवाला 2 प्रार्थना पत्र देनेवाला 3 उम्मीदवार

प्राविधानिक–(वि.) प्रविधि संबंधी

प्राविधिज्ञ–(पु.) तकनीकी ज्ञान रखनेवाला

प्रासंगिक–(वि.) 1 प्रसंग का 2 प्रसंग से संबंध रखनेवाला 3 प्रसंग-प्राप्त

प्रासाद–(पु.) 1 राज-भवन 2 देवमंदिर

प्रियंवद–(वि.) प्रियभाषी, मधुरभाषी

प्रिय–I (वि.) 1 अत्यंत प्यारा 2 संबोधक विशेषण (जैसे–प्रिय मित्र) 3 शुभ II (पु.) 1 प्रेमी 2 पति **प्रियदर्शन** (वि.) भला एवं सुंदर लगनेवाला **प्रियदर्शी** (वि.) प्रेमपूर्वक दूसरों को देखनेवाला **प्रियपात्र** (वि.) प्रेम-पात्र, प्यारा **प्रियभाषी** (वि.) प्रिय बोलनेवाला, प्रियवादी

प्रियतम–I (वि.) परम-प्रिय II (पु.) पति, स्वामी (स्त्री. प्रियतमा)

प्रिया–(स्त्री.) 1 नारी 2 प्रेमिका 3 पत्नी, भार्या

प्रीतम–(वि.) प्रियतम

प्रीति–(स्त्री.) 1 प्यार, प्रेम 2 हर्ष, आनंद **प्रीतिकारक** (वि.) प्रीतिकर **प्रीतिपूर्वक** (क्रि. वि.) प्यार के साथ **प्रीति भोज** (पु.) दावत **प्रीति सम्मेलन** (पु.) स्नेहपूर्वक किया जानेवाला सम्मेलन, स्नेह सम्मेलन

प्रीतिकर–(वि.) प्रसन्नता उत्पन्न करनेवाला

प्रीमियम–(पु.) 1 बीमा क़िस्त 2 अधिमूल्य

प्रेक्षक–(पु.) दर्शक

प्रेक्षण–(पु.) देखना, निगरानी **प्रेक्षण चौकी** (स्त्री.) निगरानी चौकी

प्रेक्षा–(स्त्री.) 1 देखना 2 दृष्टि 3 विवेक **प्रेक्षागार, प्रेक्षागृह** (पु.) रगशाला

प्रेक्ष्य–(वि.) देखे जाने योग्य

प्रेत–I (वि.) मरा हुआ, मृत II (पु.) 1 मृतात्मा 2 मृत व्यक्ति का शरीर 3 प्रेत शरीर 4 नर्क में रहनेवाला प्राणी 5 कठिन काव्य रचनेवाला 6 चालाक व्यक्ति **प्रेत तर्पण** (पु.) मृतक के लिए पिंडदान **प्रेतविद्या** (स्त्री.) प्रेत संबंधी ज्ञान (स्त्री. प्रेतनी)

प्रेतात्मा–(स्त्री.) मृत्यु के बाद प्राप्त होनेवाली आत्मा की अवस्था (स्पिरिट)

प्रेम–(पु.) 1 प्रीति, प्यार 2 माया, लोभ 3 लगाव (जैसे–साहित्य के प्रति प्रेम) **प्रेमकथा** (स्त्री.) प्रेम कहानी **प्रेमपत्र** (पु.) प्रेम में लिखा गया पत्र **प्रेमबंधन** (पु.) प्रेम का बंधन **प्रेमभक्ति** (स्त्री.) प्रेम भाव से की गई भक्ति **प्रेममार्ग** (पु.) भक्ति के अंतर्गत भगवान से प्रेम करने की पद्धति **प्रेममूलक** (वि.) प्रेम पर आधारित

प्रेममय–(वि.) प्रेमपूर्ण

प्रेमानुभूति–(स्त्री.) प्रेम में होनेवाला अनुभव

प्रेमानुराग–(पु.) प्रेम और अनुराग

प्रेमालाप–(पु.) प्रेम में होनेवाली बातचीत

प्रेमालिंगन–(पु.) 1 प्रेम में गले लगाना 2 नायक-नायिका का पारस्परिक आलिंगन

प्रेमाश्रु–(पु.) प्रेम-जल

प्रेमिका–(स्त्री.) 1 प्रेम करनेवाली स्त्री 2 प्रेम की जानेवाली स्त्री

प्रेमी–I (वि.) प्रेम करनेवाला II (पु.) प्रेम करनेवाला व्यक्ति

प्रेयसी–(स्त्री.) 1 प्रेमिका 2 पत्नी

प्रेरक–(वि.) 1 प्रेरित करनेवाला 2 भेजनेवाला

प्रेरण–(पु.) 1 उत्साहित करना 2 काम में प्रवृत्त करना

प्रेरणा–(स्त्री.) 1 काम में लगाना 2 मन में उत्पन्न भाव, विचार 3 संकेत **प्रेरणामूलक** (वि.) प्रेरणा पर आधारित

प्रेरणात्मक–(वि.) प्रेरणा संबंधी

प्रेरणास्पद–(वि.) प्रेरणामय

प्रेरित–(वि.) प्रेरणा-प्राप्त

प्रेषक–(पु.) भेजनेवाला

प्रेषण–(पु.) भेजना

प्रेषणीय–(वि.) प्रेषितव्य

प्रेषित–(वि.) भेजा हुआ

प्रोत–(वि.) 1 मिला हुआ (जैसे–ओत-प्रोत) 2 पिरोया हुआ 3 छिपा हुआ, गुप्त

प्रोत्साहन–(पु.) 1 उत्साह बढ़ाना 2 हिम्मत बँधाना

प्रोत्साहित–(वि.) 1 उत्साहित 2 हिम्मत बँधाया हुआ

प्रोन्नत–(वि.) उन्नत, बढ़ा-चढ़ा

प्रौढ़–(वि.) 1 पूर्णतः बढ़ा हुआ 2 मध्य अवस्था को प्राप्त 3 दृढ़, मज़बूत 4 गंभीर, गूढ़

प्रौढ़ा–(स्त्री.) प्रौढ़ वयसवाली स्त्री

प्रौढ़ावस्था–(स्त्री.) प्रौढ़ अवस्था

प्रौद्योगिक–(वि.) उद्योग विशेष से संबंधित

प्रौद्योगिकी–(स्त्री.) प्राविधिकी (टेक्नोलॉजी)

प्लवन–(पु.) 1 उछलना, कूदना 2 तैरना

प्लावन–(पु.) उमड़कर बहना

प्लावित–(वि.) 1 डूबा हुआ 2 बाढ़ में समाया हुआ

फ

फ

फंकी–(स्त्री.) 1 फाँककर खाई जानेवाली वस्तु 2 फाँकने की क्रिया

फंद–(पु.) 1 फंदा, फाँस 2 जाल, पाश 3 कपट, छल 4 क्लेश, दुःख

फंदा–(पु.) 1 रस्सी में गाँठ लगाकर बनाया गया घेरा 2 रस्सियों आदि का बुना हुआ जाल 3 छल, प्रपंच, धोखा 4 दुःख, कष्ट

फँसना–(अ. क्रि.) 1 फंदे में पड़ना 2 उलझना 3 धोखा खाना (जैसे–माया जाल में फँसना)

फँसाना–(स. क्रि.) 1 उलझाना 2 वश में करना 3 अटकाना 4 अनुचित संबंध स्थापित करना

फक–(वि.) स्वच्छ, शुभ्र, फीका, बदरंग

फ़क़ीर–(पु.) 1 महात्मा 2 संत, साधु 3 परम दरिद्र, कंगाल 4 भिखारी **लकीर का फ़क़ीर** दक़ियानूसी, परंपरावादी

फक्कड़–(पु.) 1 उच्छृंखल एवं उद्धत व्यक्ति 2 भिखमंगा 3 फ़क़ीर

फगुआ–(पु.) 1 होली 2 होली पर होनेवाला आमोद-प्रमोद

फट–(स्त्री.) 1 फटने की क्रिया 2 वस्तु के फटने से उत्पन्न शब्द, मशीन आदि के चलने से उत्पन्न होनेवाला शब्द **फट से** अति शीघ्र, तत्काल

फटकना–I (स. क्रि.) फट-फट शब्द करना **फटकना-पछोरना** (स. क्रि.) 1 सूप द्वारा अन्न साफ़ करना 2 देखभाल कर दोष या त्रुटि का पता लगाना

फटकना–II (अ. क्रि.) उपस्थित होना

फटकार–(स्त्री.) डाँट, झिड़की, दुतकार

फटकारना–(स. क्रि.) 1 क्रोधपूर्वक कड़ी बातें कहना 2 छितराना 3 पटकना, पछारना (जैसे–चादर फटकारना) 4 झटकारना

फटना–(अ. क्रि.) 1 विभक्त हो जाना 2 दरार पड़ जाना 3 अलग हो जाना, विकृत हो जाना 4 पीड़ा होना

फटफटिया–(स्त्री.) मोटर-साइकिल

फटा–(वि.) जो फट गया हो **फटा-पुराना** (वि.) जीर्ण-शीर्ण

फटीचर (वि.), **फटेहाल**–(क्रि. वि.) 1 फटे-पुराने कपड़े पहननेवाला 2 अत्यंत तुच्छ

फट्टा–(पु.) 1 छोटा तख़्ता 2 बाँस का पतला खंड 3 टाट **फट्टा उलटना** दिवाला निकालना

फड़–(पु.) 1 दुकानदार का वह कपड़ा जिसे वह ज़मीन पर बिछाकर अपनी विक्रय सामग्री सजाता है 2 बिछावन 3 जुआ खेलने का स्थान **फड़बाज़** जुआरी

फड़कन–I (स्त्री.) 1 फड़कने की क्रिया, फड़फड़ाहट 2 धड़कन II (वि.) फड़कनेवाला

फड़फड़ाना–I (अ. क्रि.) 1 फड़-फड़ शब्द होना 2 चंचल होना II (स. क्रि.) फड़फड़ ध्वनि उत्पन्न करना (जैसे–पंख फड़फड़ाना)

फण–(पु.) साँप का सिर (जैसे–फण उठाना) **फणधर** (पु.) साँप

फणी–(पु.) नाग, साँप

फतह–(स्त्री.) विजय, जीत

फतिंगा–(पु.) आग की लपट के चारों तरफ़ घूमनेवाला पाँवोंवाला छोटा कीड़ा (ग्रासहौपर)

फन–(पु.) फण **फन मारना** आवेश में विशेष प्रयत्न करना

फ़न–(पु.) 1 गुण 2 कला 3 कौशल **फ़नकार** (पु.) कलाकार **हरफ़नमौला** अत्यंत कुशल व्यक्ति

फनकार–(स्त्री.) फन-फन होने वाला शब्द

फप्फस–(वि.) अत्यधिक मोटा एवं भद्दे शरीरवाला

फफूंद–(स्त्री.) भुकड़ी **फफूँदनाशक** (पु.) फफूंद को नष्ट करनेवाली दवा आदि

फफूँदी–(स्त्री.) भुकड़ी (फंगुस)

फफोला–(पु.) जलने से त्वचा पर पड़नेवाला छाला

फ़बती–(स्त्री.) व्यंग्यात्मक एवं हास्यपूर्ण बात

फ़बती उड़ाना, फ़बती कसना चुटकी लेना
फबना–(अ. क्रि.) 1 शोभा देना, सजना 2 भला मालूम होना
फरफंद–(पु.) 1 दाँव-पेंच 2 झूठा आचरण
फरफंदी–(वि.) 1 चालबाज़, फरफंद करनेवाला 2 नख़रेबाज़
फरफराना–I (स. क्रि.) फर-फर शब्द उत्पन्न करना II (अ. क्रि.) फर-फर शब्द करते हुए हिलना
फरसा–(पु.) 1 एक प्रकार की कुल्हाड़ी 2 फावड़ा, परशु
फल–(पु.) 1 नतीजा, परिणाम 2 सुख-दुःख का भोग 3 पेड़-पौधों का गूदेदार बीजकोश 4 गणित क्रिया से प्राप्त अंक 5 तीर, बर्छी आदि का अगला भाग 6 तलवार आदि की धार
फलकंटक–(पु.) कटहल
फलदाता, फलदायक–(वि.) फल देनेवाला
फलदार–(वि.) 1 फलनेवाला 2 फलयुक्त
फलपूर्ण–(वि.) 1 फलयुक्त 2 फलदायक
फलप्रद–(वि.) फल देनेवाला
फल-फूल–(पु.) फल और फूल
फलसिद्धि–(स्त्री.) फल-प्राप्ति
फलस्वरूप–(क्रि. वि.) परिणामस्वरूप
फलदार–(वि.) धारदार
फलक–(पु.) 1 तख़्ता 2 पटल
फलतः–(क्रि. वि.) फलस्वरूप, इसलिए
फलना–(अ. क्रि.) 1 फल आना, फलयुक्त होना 2 फल देना 3 संतानवती होना
फलना-फूलना–(अ. क्रि.) सुख-सौभाग्ययुक्त होना
फलवान्–(वि.) फल से भरा हुआ
फलाँग–(स्त्री.) 1 छलाँग 2 छलाँग में तै की गई दूरी
फलाँगना–(स.क्रि.) छलाँग मारना, कूदना
फलाकांक्षा–(स्त्री.) फल की इच्छा
फलागम–(पु.) 1 फल आना 2 फल आने का काल 3 फलयोग
फलादेश–(पु.) ग्रहों आदि का फल बताना
फलाहार–(पु.) फल का आहार
फलाहारी–(वि.) फलाहार करनेवाला
फलित–I (वि.) 1 फला हुआ 2 फलीभूत II (पु.) फल-वृक्ष
फलित ज्योतिष–(पु.) ग्रह-नक्षत्रों की गति से शुभाशुभ अदृष्ट बतानेवाला ज्योतिष का एक अंग
फलितार्थ–(पु.) 1 निचोड़, सारांश 2 तात्पर्य
फली–(स्त्री.) 1 एक तरह की मछली 2 फल के रूप में होने वाला लंबोतरा अंग
फलीदार–(वि.) फलियों से युक्त
फलीभूत–(वि.) फल रूप में परिणत
फल्गु–(वि.) 1 निस्सार 2 निरर्थक 3 तुच्छ
फ़व्वारा–(पु.) 1 अनेक छिद्रोंवाली टोंटी 2 इस टोंटी से निकलनेवाली अनेक धाराएँ
फ़सल–(स्त्री.) 1 अनाज आदि की पैदावार 2 खड़े अनाज के पौधे
फहरना–(अ. क्रि.) फर-फर करके उड़ना
फहराना–(स. क्रि.) इस तरह फैलाना कि फर-फर करते हुए लहराए
फ़ाँक–(स्त्री.) 1 फल आदि का लंबोतरा टुकड़ा 2 नारंगी, चकोतरे आदि का प्राकृतिक रूप में विभाजित अंश
फाँट–(स्त्री.) 1 कई भागों में बाँटना 2 बाँटे गए भाग
फाँद–I (पु.) फंदा II (स्त्री.) लाँघना
फाँदना–I (स. क्रि.) 1 कूदकर लाँघना (जैसे–नाला फाँदना) 2 जाल में फँसाना II (अ. क्रि.) कूदना, उछलना
फाँस–(स्त्री.) 1 रस्सी का फंदा 2 फाँसा 3 सूखी लकड़ी आदि का सूक्ष्म किंतु कड़ा तंतु 4 अप्रिय बात 5 पतली तीली
फाँसना–(स. क्रि.) 1 फंदे में फँसाना 2 फंदे में कसना 3 दाँव-पेंच में बाँधना
फाँसी–(स्त्री.) 1 रस्सी आदि का फंदा 2 फंदा लगाकर दिया जानेवाला प्राणदंड
फाँसीकाठ–(पु.) फाँसी का तख़्ता
फाँसीघर–(पु.) फाँसी देने का स्थान

फ

फाग–(पु.) फागुन का उत्सव, फागुन का गीत
फागुन–(पु.) हिंदू क़ैलेंडर का महीना
फाटक–(पु.) 1 बड़ा दरवाज़ा 2 मवेशीख़ाना, काँजीहौस
फाटकबंदी–(स्त्री.) वह बाड़ा जिसमें लावारिस पशु बंद किए जाते हैं
फाटका–(पु.) सट्टा, खेला (स्पेक्युलेशन)
फाटकाबाज़–सट्टा खेलने वाला
फाड़–(पु.) फाड़ना (जैसे–चीर-फाड़)
फाड़ना–(स. क्रि.) 1 चीरना 2 टुकड़े करना 3 जलीय अंश अलग करना
फ़ायदा–(पु.) 1 लाभ 2 प्राप्ति 3 अच्छा असर
फ़ायदेमंद–(वि.) लाभदायक
फ़ारसी–I (वि.) फ़ारस का II (स्त्री.) ईरान की भाषा
फ़ालतू–(वि.) 1 बेकार, निरर्थक 2 निकम्मा
फालसई–I (वि.) फालसे के रंग का, ललाईयुक्त काला II (पु.) ललाईयुक्त काला रंग
फाल्गुन–(पु.) हिंदू कैलेंडर का महीना
फाल्गुनी–(स्त्री.) फाल्गुन मास की पूर्णिमा
फावड़ा–(पु.) फरसा **फावड़ा बजना** खुदाई का काम शुरू होना
फाहा–(पु.) 1 इत्र, घी आदि में तर की गई रूई 2 मलहम लगी पट्टी
फिंकवाना–(स. क्रि.) फेंकने का काम कराना
फ़िक्र–(स्त्री.) 1 चिंता 2 ध्यान 3 विचार
फिटकिरी–(स्त्री.) दवा आदि के काम आनेवाला एक प्रसिद्ध सफ़ेद रंग का खनिज पदार्थ, (एलम)
फिटन–(स्त्री.) एक पुराने ढंग की घोड़ा-गाड़ी
फिर–(क्रि. वि.) 1 दोबारा 2 भविष्य में किसी समय 3 उपरांत 4 इसके सिवाय
फिरकी–(स्त्री.) 1 दफ़्ती आदि का गोल, चक्राकार टुकड़ा 2 फिरहरी, भँभीरी 3 चकई, चकरी नामक खिलौना
फिरनी–(स्त्री.) चीनी, मेवे आदि से युक्त एक प्रकार का खाद्य
फिरौती–(स्त्री.) 1 अपहरण किये गये व्यक्ति को लौटाने के बदले में माँगा गया धन 2 बिकी हुई वस्तु की लोटाते समय उसके मूल्य में की गई कटौती 3 लौटाना
फ़िलहाल–(क्रि. वि.) अभी, इसी समय
फ़िल्म–(स्त्री.) 1 चल-चित्र 2 एक्स-रे की छायाचित्र-पट्टी **फ़िल्म उत्सव** (पु.) चलचित्र समारोह **फ़िल्म उद्योग** (पु.) सिनेमा व्यवसाय
फिसड्डी–(वि.) 1 निकम्मा 2 पिछड़ा हुआ
फिसलना–(अ. क्रि.) 1 रपटना 2 प्रवृत्त होना (जैसे–निगाह फिसलना)
फिसलाव (पु.), **फिसलाहट**–(स्त्री.) 1 फिसलन 2 फिसलने का भाव
फींचना–(स. क्रि.) कचारना (कपड़ा फींचना)
फीका–(वि.) 1 बेमज़ा, बेस्वादवाला, हल्का 2 धूमिल, मलिन 3 व्यर्थ **फीकापन** (पु.) 1 हल्कापन 2 मलिनता 3 फीका होने का भाव
फ़ीता–(पु.) 1 सूत आदि की पतली पट्टी 2 इंच, सेंटीमीटर आदि के चिह्न बने हुए कपड़े आदि की पट्टी, टेप 3 जूता बाँधने का फ़ीता
फ़ीरोज़ी–I (वि.) हरापन लिए नीला II (पु.) हरापन-युक्त नीला रंग
फ़ीस–(स्त्री.) 1 शुल्क 2 पारिश्रमिक रूप में दिया गया धन
फ़ीसदी–(अ.) प्रतिशत
फुँकनी–(स्त्री.) बाँस, धातु आदि की लंबी, पतली नली
फुँकार–(स्त्री.) साँप फुफकार
फुँदना–(पु.) 1 सूत, ऊन आदि का गुच्छा 2 झब्बा 3 सूत आदि की गाँठ
फुँदनेदार–(वि.) फुँदनेवाला
फुँदी–(स्त्री.) 1 फंदा, गाँठ 2 बिंदी, टीका
फुंसी–(स्त्री.) त्वचा पर निकलनेवाला मवादयुक्त छोटा दाना
फुकनी–(स्त्री.) बाँस आदि की पतली नली
फुटकर, फुटकल–(वि.) 1 अकेला, अलग 2 कई मेल का 3 थोक में न होनेवाला

फुटका–(पु.) 1 फफोला, छाला 2 फफोले के आकार का दाग़, धब्बा

फुदकना–(अ. क्रि.) 1 उछलते हुए चलना, कूदना 2 उमंग में उछलना (जैसे–बच्चा फुदकता है)

फुदकी–(स्त्री.) 1 उछलना 2 एक छोटी चिड़िया

फुनगी–(स्त्री.) पेड़ की शाखा का अग्र भाग

फुप्फुस–(पु.) फेफड़ा **फुप्फुस क्षय** (पु.) फेफड़ा ख़राब होना **फुप्फुस प्रदाह** (पु.) निमोनिया

फुफकारना–(अ. क्रि.) क्रोध में फूँ-फूँ करना

फुफिया–(वि.) फूफी के संबंध का (जैसे–फुफिया ससुर)

फुफेरा–(वि.) 1 फूफा से संबंध रखनेवाला 2 फूफा से उत्पन्न (जैसे–फुफेरा भाई)

फुर–(स्त्री.) पक्षियों के उड़ने पर पंख से उत्पन्न ध्वनि

फुरती–(स्त्री.) 1 चुस्ती 2 जल्दी 3 तेज़ी **फुरतीबाज़** (वि.) तेज़ी से काम

फुरतीला–(वि.) 1 चुस्त 2 तेज़ 3 फुरती से काम करनेवाला

फुरहरी–(स्त्री.) 1 फुरफुराहट 2 पंख फड़फड़ाने का शब्द 3 थरथराहट

फुरेरी–(स्त्री.) 1 सींक के सिरे पर लपेटी गई रूई 2 थरथरी, रोमांच

फुर्ती–(स्त्री.) फुरती

फुर्तीला–(वि.) स्फूर्तिवान्

फुर्र–(पु.) पक्षी के उड़ने का शब्द

फुर्सत–(स्त्री.) फ़ुरसत

फुलका–(पु.) चपाती

फुलकारी–(स्त्री.) 1 फूल-पत्तियाँ बनाने का काम 2 फूल-बूटियोंवाला कपड़ा

फुलझड़ी–(स्त्री.) फूल-सी चिनगारियाँ निकालनेवाली पतली डंडी की आतिशबाज़ी

फुलवारी–(स्त्री.) 1 पुष्प-वाटिका 2 बाल-बच्चे

फुलाना–(स. क्रि.) 1 पुष्पित करना 2 हवा भरकर फैलाना 3 गर्व उत्पन्न करना 4 प्रसन्न करना

फुलौरी–(स्त्री.) बेसन आदि से बनी पकौड़ी

फुल्ल–I (वि.) 1 विकसित 2 प्रसन्न II (पु.) फूल **फुल्ल नेत्र** (वि.) हर्षित नेत्रोंवाला

फुस–(स्त्री.) अत्यंत धीमी आवाज़

फुसकी–(स्त्री.) कान में धीरे से कहना

फुस-फुस–(स्त्री.) 1 कान में बहुत धीमे से कहना 2 काना-फूसी

फुसफुसा–(वि.) 1 कमज़ोर और नरम 2 मंद

फुसफुसाना–(अ. क्रि.) अत्यंत मंद स्वर में कहना

फुसलाना–(स. क्रि.) 1 अनुकूल बनाना 2 मनाना

फुहार–(स्त्री.) 1 नन्ही-नन्ही बूँदों की झड़ी, झींसी 2 तरल पदार्थ की छोटी-छोटी बूँदें

फुहारा–(पु.) 1 जल-यंत्र 2 जल, तरल पदार्थ की तेज़ धार

फूँ–(स्त्री.) ओठों से हवा निकलने की आवाज़

फूँक–(स्त्री.) 1 मुँह से तेज़ गति में निकली हवा 2 श्वास-प्रश्वास 3 मंत्र पढ़कर छोड़ी जानेवाली वायु

फूँकना–(स. क्रि.) 1 मुँह से तेज़ हवा फेंकना, फूँक मारना 2 मंत्र पढ़कर मुँह से हवा छोड़ना 3 फूँककर बजाना 4 फूँककर जलाना 5 भस्म करना 6 बर्बाद करना 7 फैलाना

फूट–(स्त्री.) 1 आपसी अनबन, बिगाड़ 2 फूटना 3 एक प्रकार की बड़ी ककड़ी

फूटना–(अ. क्रि.) 1 टूटना (जैसे–घड़ा का फूटना) 2 भग्न होना (जैसे–सिर फूटना) 3 फटना (जैसे–गुब्बारा फटना) 4 भेदकर बाहर आना (जैसे–फ़ोड़ा फूटना) 5 ख़राब हो जाना (जैसे–आँख फूटना, किस्मत फूटना) 6 उगना, अंकुरित होना 7 शाखा रूप में निकलना 8 खिलना (जैसे–कली फूटना) **फूट पड़ना** बिगाड़ होना

फूटनीति–(स्त्री.) फूट डालने की नीति, चाल

फूत्कार–(पु.) फूँक, फुफकार (जैसे–साँप की फूत्कार)

फूफा–(पु.) बुआ का पति **फूफी** (स्त्री.) पिता की बहन, बुआ

फ

फूल–(पु.) 1 पुष्प, सुमन 2 शरीर पर पड़नेवाला लाल-सफ़ेद धब्बा 3 फूल के आकार-सी वस्तु 4 दीपक की बत्ती पर पड़े गोल दमकते दाने, गुल 5 फूल के आकार की बनाई गई रचना (जैसे–नाक में पहनने का फूल, कर्णफूल) **फूलदान** (पु.) गुलदस्ता रखने का पात्र, गुलदान **फूल उतारना** फूल चुनना **फूल झड़ना** मुँह से मीठे शब्द निकलना **फूल सूँघकर जीना** अल्पाहारी होना **फूल की सेज पर सोना** सुख-चैन से पूर्ण स्थिति

फूलना–(अ. कि.) 1 पुष्पित होना, कुसुमित होना 2 कली का खिलना 3 गर्व से इतराना 4 हवा भरने से फैलना 5 मोटा होना 6 नाराज़ होना

फूला–(पु.) 1 खीला, लावा 2 पुतली पर सफ़ेद दाग़ पड़ जाने का एक रोग

फूली–(स्त्री.) आँख की पुतली पर पड़ा सफ़ेद दाग़

फूस–I (पु.) 1 सूखी घास 2 तिनका, तृण II (वि.) अत्यंत तुच्छ, हीन

फूहड़–(वि.) 1 अश्लील एवं हेय 2 गँवार **फूहड़पन** (पु.) 1 भद्दापन 2 फूहड़ होने का भाव

फेंकना–(स. क्रि.) 1 झटके से छोड़ना (जैसे–भाला फेंकना) 2 छोड़ देना, गिरा देना (जैसे–नाली में कूड़ा फेंकना) 3 उछालना (जैसे–सिक्का फेंकना) 4 वेगपूर्वक पहुँचाना (जैसे–क्रिकेट की गेंद फेंकना) 5 दूर हटाना

फेंटना–(स. क्रि.) 1 हाथ की उँगलियों से मिलाना (जैसे–दही में चीनी फेंटना) 2 अच्छी तरह मिलाना (जैसे–ताश के पत्ते फेंटना)

फेंटा–(पु.) 1 कमर का घेरा 2 कमरबंद 3 कमर पर लपेटा हुआ धोती का भाग 4 पगड़ी

फेन–(पु.) झाग

फेनिल–I (वि.) झागयुक्त II (पु.) रीठा

फेनी–(स्त्री.) लच्छे की तरह मैदे की एक प्रसिद्ध मिठाई

फेफड़ा–(पु.) छाती की हड्डियों के नीचे का अंग जिससे जीव सांस लेते हैं, फुफ्फुस

फेर–(पु.) 1 फेरना 2 घुमाव, चक्कर 3 क्रम, सिलसिला 4 कुछ से कुछ हो जाना, परिवर्तन 5 धोखा 6 अनिश्चय, दुविधा की स्थिति 7 छलपूर्ण युक्ति 8 उपाय 9 जंजाल (जैसे–प्रेम का फेर बुरा होता है)

फेरना–(स. क्रि.) 1 घुमाना (जैसे–माला फेरना) 2 इधर-उधर ले जाना, पोतना (जैसे–दीवार पर रंग फेरना) 3 वापस करना (जैसे–सौदा फेरना) 4 लौटाना

फेरा–(पु.) 1 चक्कर, परिक्रमण 2 लपेटना 3 लपेट 4 बार-बार आना-जाना 5 मंडल, घेरा 6 विवाह में की जानेवाली परिक्रमा, भाँवर **फेराफारी, फेराफेरी** I (स्त्री.) 1 उलट-पलट 2 क्रम बदलना II (क्रि. वि.) 1 बारी-बारी से 2 रह-रहकर

फेरी–(स्त्री.) 1 परिक्रमा, प्रदक्षिणा 2 भाँवर 3 चक्कर **फेरीवाला** (पु.) घूम-घूमकर सौदा बेचनेवाला व्यापारी

फैलना–(अ. क्रि.) 1 विस्तार से युक्त होना 2 अधिक जगह घेरना 3 प्रभावपूर्ण एवं सक्रिय होना 4 आकार, रूप आदि में परिवर्तन होना 5 कार्यक्षेत्र की सीमा बढ़ना 6 चर्चा का विषय बनना

फैलाना–(स. क्रि.) 1 विस्तार बढ़ाना, पसारना 2 आगे बढ़ाना, तानना 3 जगह घेरना (जैसे–मेज़ पर कॉपी-किताब फैलाना)

फैलाव–(पु.) 1 विस्तार, प्रसार 2 प्रचार 3 लंबाई-चौड़ाई **फैलावदार** (वि.) फैलाववाला, फैलनेवाला

फोक–I (पु.) 1 नीरस अंश, सीठी 2 निरर्थक वस्तु II एक तरह का साग

फोकट–(वि.) 1 निस्सार 2 मुफ़्त का

फोका–(वि.) 1 रसहीन और बेस्वाद 2 खोखला

फोड़ना–(स. क्रि.) 1 तोड़ना 2 विदीर्ण करना 3 कड़े छिलके तोड़ना (जैसे–नारियल फोड़ना) 4 सेंध लगाना (जैसे–दीवार फोड़ना) 5 ख़राब

करना (जैसे–आँख फोड़ना)
फोड़ा–(पु.) शरीर पर मवादयुक्त घाव
फ़ौज–(स्त्री.) 1 सेना 2 झुंड
फ़ौजदार–(पु.) सेना का छोटा अधिकारी
फ़ौजदारी–(स्त्री.) मार-पीट, हत्या आदि से संबंध रखनेवाला
फ़ौरन–(क्रि. वि.) 1 तुरंत, जल्दी ही 2 तत्काल
फ़ौलाद–(पु.) असली लोहा

ब

बंक–(वि.) 1 तिरछा 2 वीर, पराक्रमी 3 दुर्गम
बंकिम–(वि.) टेढ़ा, तिरछा
बँगला–I (वि.) बंगाल प्रदेश का II (स्त्री.) 1 बंगाल की भाषा व लिपि III (पु.) खुली जगह में बना सुंदर हवादार मकान
बंगालिन–(स्त्री.) बंगाल की औरत
बंगाली–I (पु.) बंगाल का निवासी II (वि.) बंगाल देश का III (स्त्री.) बंगला भाषा
बँचवाना–(स. क्रि.) पढ़वाना
बंजर–(वि.) अनुपजाऊ, ऊसर
बँटना–(अ. क्रि.) 1 बँट जाना
बँटवारा–(पु.) 1 बाँटने का काम 2 विभाजन
बँटाई (स्त्री.), **बँटाना**–(स. क्रि.) 1 बाँटने का काम 2 बाँटने का पारिश्रमिक 3 ज़मीन बंदोबस्त की एक रीति, बटाई
बंटाधार–(वि.) पूर्णतः नष्ट, सत्यानाश
बंडी–(स्त्री.) बिना आस्तीन की कुर्ती, फतूही
बंदगोभी–(स्त्री.) करमकल्ला, पातगोभी
बंदनवार–(पु.) फूल-पत्तों से बनाई गई झालर
बंदनी–(स्त्री.) सिर पर आगे की ओर पहना जानेवाला स्त्रियों का एक आभूषण
बंदर–(पु.) एक प्रसिद्ध स्तनधारी, कपि
बंदर-घुड़की (स्त्री.) झूठी धमकी
बंदर-बाँट (स्त्री.) अन्यायपूर्ण बँटवारा **बंदर भबकी** (स्त्री.) बंदर-घुड़की **बंदरगाह** (स्त्री.) समुद्र के किनारे जहाज़ों के ठहरने का स्थान
बंदा–(पु.) 1 दास, सेवक 2 भक्त
बंदिनी–(स्त्री.) क़ैदी महिला
बंदी–(पु.) क़ैदी
बंदीख़ाना, बंदीगृह, बंदीघर–(पु.) क़ैदख़ाना
बंदी शिविर–(पु.) क़ैदियों का कैंप
बंदी-प्रत्यक्षीकरण–(पु.) बंदी को न्यायाधीश के सामने उपस्थित करने का लिखित आदेश
बंदीछोर–(पु.) बंधन से छुड़ाने वाला
बंदूक़–(स्त्री.) कारतूस भरकर चलाया जानेवाला एक प्रसिद्ध अस्त्र
बंदूक़ची (पु.) बंदूक़ चलानेवाला, सिपाही
बंदोबस्त–(पु.) प्रबंध, इन्तजाम
बंध–(पु.) 1 बंधन 2 ज़ंजीर 3 व्यवस्था
बंधक–I (वि.) बाँधनेवाला II (पु.) गिरवी
बंधक ऋण (पु.) गिरवी रखी वस्तु के बदले दिया गया ऋण
बंधन–(पु.) 1 बाँधना 2 क़ैद 3 रोक
बंधनग्रस्त (वि.) बाँधा हुआ, फँसा हुआ
बँधना–(अ. क्रि.) 1 बाँधा जाना 2 नियम, प्रतिज्ञा आदि से युक्त होना 3 क़ैद होना
बंधनी–(स्त्री.) 1 शरीर के संधि स्थानों को बाँधनेवाली नसें 2 बाँधने का साधन
बँधा-बँधाया–(वि.) बाँधकर तैयार रखा हुआ
बंधु–(पु.) 1 भाई, भ्राता 2 आत्मीय व्यक्ति

ब

बंधुजन–(पु.) भाई-बंद
बंधुता–(स्त्री.) बंधुत्व
बंधुभाव–(पु.) भाईचारा, बंधुता
बँधुआ–I (वि.) 2 बँधा रहनेवाला 2 बांधकर रखा हुआ II (पु.) क़ैदी, बंदी
बंधुत्व–(पु.) 1 भाईचारा 2 दोस्ती, मित्रता
बंधेज–(पु.) 1 प्रतिबंध, रुकावट 2 नियत एवं परंपरागत प्रथा
बंध्यकरण–(पु.) 1 ख़स्सी करना 2 नसबंदी
बंध्या–(स्त्री.) बाँझ स्त्री **बंध्यापुत्र** (पु.) अनहोनी बात
बंबा–(पु.) 1 पानी का नल 2 सोता
बंसवाड़ा–(पु.) 1 बाँस का झुरमुट 2 बाँस बाज़ार
बंसी–(स्त्री.) 1 बाँसुरी, बंशी 2 मछली फँसाने की कँटिया
बँसोड़–(पु.) बाँस की चटाई, टोकरी आदि बनानेवाली एक जाति
बक–(स्त्री.) 1 बकना 2 बकवाद 3 बात
बकझक (स्त्री.) 1 बकवाद 2 कहासुनी
बकबक (स्त्री.) अनाप-शनाप बकना
बकवाद (स्त्री.) व्यर्थ की बात
बक–I (पु.) बगुला II (वि.) बगुले के समान ढोंगी व्यक्ति
बकना–I (स. क्रि.) अनुचित बोलना II (अ. क्रि.) बड़बड़ाना
बकरा–(पु.) एक प्रसिद्ध नर पशु, अज, छाग
बकरी–(स्त्री.) मादा बकरा
बकवास–(स्त्री.) बेकार की बातें, बकवाद
बकुची–(स्त्री.) 1 सवा हाथ ऊँचा औषधि के काम में आनेवाला एक पौधा 2 छोटी गठरी
बकुल–I (पु.) मौलसिरी II (वि.) टेढ़ा
बखान–(पु.) 1 तारीफ़ लंबा 2 चौड़ा विस्तृत वर्णन
बखेड़ा–(पु.) 1 झगड़ा-विवाद 2 आडंबर
बग़ल–(स्त्री.) 1 समीप का स्थान 2 पहलू 3 काँख 4 कुरते आदि में कंधे के नीचे लगाया जानेवाला कपड़े का टुकड़ा, बग़ली **बग़लगीर होना** आलिंगन करना
बगला, बगुला–(पु.) सारस की जाति का सफ़ेद रंग का एक पक्षी **बगला भगत** (पु.) अत्यधिक धूर्त एवं कपटी
बग़ली–(स्त्री.) 1 अँगरखे आदि में कंधे के नीचे लगाया जानेवाला टुकड़ा 2 सुई, तागा रखने की थैली 3 सेंध
बगिया–(स्त्री.) छोटा बाग़
बग़ीचा–(पु.) फुलवारी
बगूला–(पु.) बवंडर, चक्रवात
बग़ैर–(क्रि. वि.) बिना
बग्घी–(स्त्री.) चार पहियों की घोड़ा-गाड़ी
बघनखा–(पु.) 1 बाघ के नख के आकार का एक अस्त्र, शेरपंजा 2 गले में पहना जानेवाला एक गहना
बघार–(पु.) तड़का, छौंक
बघारना–(स. क्रि.) 1 छौंकना 2 निरर्थक प्रदर्शन करना (जैसे–शेख़ी बघारना)
बघेरा–(पु.) लकड़बग्घा
बचकाना–(वि.) 1 बच्चों के काम का 2 बच्चों की नाप का 3 बच्चों के स्वभाव का
बचत–(स्त्री.) 1 बचने का भाव 2 बचाव 3 बची हुई रक़म 4 लाभ, नफ़ा **बचत पत्र** (पु.) बचत का प्रमाणपत्र
बचना–I (अ. क्रि.) 1 शेष रहना 2 सुरक्षित रहना 3 प्रभाव आदि से अछूता रहना 4 सामना न करना (जैसे–दुश्मन से बचना) II (स. क्रि.) कहना, बोलना
बचपन–(पु.) लड़कपन, बाल्यावस्था
बचपना–(पु.) सयाने लोगों द्वारा किये गये अविचारपूर्ण कार्य
बचा-खुचा, बचा-बचाया–(वि.) अवशिष्ट, रहा-सहा
बचाव–(पु.) 1 बचने की अवस्था 2 रक्षा, त्राण 3 बचने हेतु किया गया प्रयत्न **बचावपक्ष** (पु.) सफ़ाई पेश करनेवाले लोग
बच्चा–I (पु.) 1 नवजात शिशु (जैसे–बिल्ली का बच्चा) 2 मानव जाति का कम अवस्था का प्राणी II (वि.) 1 कम उमरवाला

2 नादान

बछड़ा–(पु.) गाय का बच्चा

बछिया–(स्त्री.) गाय का मादा बच्चा **बछिया का ताऊ** 1 सीधा सादा 2 मूर्ख

बछेड़ी–(स्त्री.) घोड़े का मादा बच्चा

बजंत्री–(पु.) 1 बाजा बजानेवाला, बजनियाँ 2 बाजा बजानेवालों की मंडली

बजना–(अ. क्रि.) 1 ध्वनि निकलना 2 प्रसिद्ध होना (जैसे–किसी के नाम का डंका बजना) II (पु.) 1 बाजा 2 बजनेवाली वस्तु

बजरंग–I (वि.) 1 अत्यंत शक्तिशाली एवं हृष्ट-पुष्ट 2 वज्र के समान कठोर अंगोंवाला II (पु.) हनुमान **बजरंगबली** (पु.) हनुमान

बजर–I (वि.) 1 बहुत मज़बूत, पक्का 2 कठोर II (पु.) वज्र **बजरबट्टू** (पु.) एक प्रकार के वृक्ष के फूल का दाना

बजरी–(स्त्री.) 1 ककड़ी 2 ओला 3 छोटा कंगूरा 4 बाजरा

बजाना–I (स. क्रि.) 1 आवाज़ निकालना 2 आघात से ध्वनि उत्पन्न करना II (स. क्रि.) पालन करना (जैसे–हुक्म बजाना)

बजाय–(क्रि. वि.) बदले में

बट–(पु.) मार्ग, रास्ता **बटमार** (पु.) राह में लूटनेवाला, राहज़न **बटमारी** (स्त्री.) बटमार का पेशा

बटखरा–(पु.) बाट, वज़न

बटन–(पु.) 1 सीप, सींग आदि की बनी कमीज़ आदि के काज में लगाने की वस्तु, बुताम 2 बिजली आदि की घुंडी (स्विच)

बटना–(स. क्रि.) 1 ऐंठन देकर मिलाना (जैसे–रस्सी बटना) 2 रस्सी बटने का आला, यंत्र 3 उबटन (जैसे–बटना मलना)

बटाई–(स्त्री.) 1 फ़सल का बँटवारा 2 बटने या ऐंठन डालने का काम 3 बटने की मज़दूरी

बटाऊ–(पु.) राही, पथिक

बटिया–(स्त्री.) छोटा गोल-मटोल टुकड़ा

बटुआ–(पु.) छोटा ख़ानेदार थैला

बटेर–(स्त्री.) तीतर की जाति की एक छोटी चिड़िया **बटेरबाज़** (पु.) बटेर पालनेवाला व्यक्ति

बटोरना–(स. क्रि.) 1 साफ़ करना 2 इकट्ठा करना 3 समेटना

बटोही–(पु.) पथिक, राहगीर, मुसाफ़िर

बट्टा–I (पु.) 1 रुपए, नोट, हुंडी आदि भुनाने या बदलने पर उसके मूल्य से काटी गई रक़म 2 कमी, घाटा **बट्टाखाता** (पु.) घाटे का खाता II (वि.) 1 गोल लंबोतरा पत्थर, लोढ़ा 2 पत्थर का चिकना छोटा गोला **बट्टा ढाल** (वि.) खूब चौरस एवं चिकना

बट्टी–(स्त्री.) 1 छोटा बट्टा 2 टिकिया 3 भेली (जैसे–गुड़ की बट्टी)

बट्टेबाज़–(पु.) 1 नज़रबंद का खेल करनेवाला जादूगर 2 चालाक एवं धूर्त व्यक्ति

बड़–I (स्त्री.) 1 बड़-बड़ शब्द उत्पन्न करना 2 व्यर्थ की बात, प्रलाप **बड़बड़** (स्त्री.) प्रलाप करना

बड़–II (वि.) 'बड़ा' का संक्षिप्त रूप (जैसे–बड़-भाग्य, बड़-बोला) **बड़पेटू** (वि.) बड़े पेटवाला **बड़बोल, बड़बोला** (वि.) डींग मारनेवाला

बड़का–(वि.) सबसे बड़ा

बड़प्पन–(पु.) श्रेष्ठता, महानता

बड़बड़ाना–(अ. क्रि.) धीरे-धीरे बोलना

बड़हार–(पु.) ब्याह के बाद कन्या पक्ष की ओर से बरातियों की होनेवाली ज्योनार

बड़ा–I (वि.) 1 डील-डौलवाला 2 उम्र में अधिक 3 पद, प्रतिष्ठा, अधिकार आदि में अधिक 4 कठिन 5 विस्तार, परिमाणवाला 6 बहुत ज़्यादा II (पु.) उर्द की पीठी से बनाया गया एक पकवान

बड़ाई–(स्त्री.) 1 बड़ा होना, बड़ापन 2 प्रशंसा, तारीफ़ 3 श्रेष्ठता 4 मान-मर्यादा, महिमा

बढ़ई–(पु.) लकड़ी का काम करनेवाली एक जाति **बढ़ईगिरी** (स्त्री.) बढ़ई का काम

बढ़ना–(अ. क्रि.) 1 अधिक होना 2 धन-धान्य आदि की वृद्धि होना 3 आगे जाना 4 लाभ

ब

होना

बढ़ा-चढ़ाकर–(क्रि. वि.) अतिशयोक्ति पूर्वक

बढ़ाना–(स. क्रि.) 1 आकार, परिमाण आदि में वृद्धि करना 2 ऊपर उठाना 3 मान-मर्यादा आदि की वृद्धि करना 4 महँगा करना 5 आगे करना

बढ़ावा–(पु.) 1 प्रोत्साहन 2 उत्तेजन

बढ़िया–(वि.) बहुत अच्छा, उम्दा

बढ़ोतरी–(स्त्री.) उत्तरोत्तर होनेवाली वृद्धि

बत–(स्त्री.) 'बात' का संक्षिप्त रूप **बतकही** (स्त्री.) बातचीत

बतख़–(स्त्री.) हंस की जाति का जल पक्षी

बतलाना, बताना–(स. क्रि.) 1 कहना, बयान करना 2 जताना, समझाना 3 सूचित करना, प्रकट करना

बताशा, बतासा–(पु.) ख़ालिस शक्कर की बनी एक तरह की मिठाई

बतिया–(स्त्री.) छोटा, कच्चा एवं ताज़ा फल

बतियाना–(अ. क्रि.) बात करना

बतौर–(क्रि. वि.) 1 किसी तरह 2 के समान

बत्ती–(स्त्री.) 1 रूई आदि से बनाई गई पूनी 2 बुना हुआ निवाड़ जैसा फीता 3 कपड़े की ऐंठी कड़ी धज्जी 4 दीपक 5 रोशनी 6 पलीता 7 अगरबत्ती 8 मोमबत्ती

बत्तीसी–(स्त्री.) 1 बत्तीस चीज़ों का समूह 2 मनुष्य के मुँह में बत्तीस दाँतों का समूह

बथुआ–(पु.) एक चिकने पत्तोंवाला साग

बद–I (स्त्री.) 1 गिलटी 2 चौपायों के मुँह से लार बहने का संक्रामक रोग II (वि.) 1 दुराचारी 2 ख़राब, बुरा **बदक़िस्मत** (वि.) अभागा, दुर्भाग्यशाली **बदक़िस्मती** (स्त्री.) दुर्भाग्य **बदचलन** (वि.) दुराचारी, कुमार्गी **बदज़बान** (वि.) कटुभाषी, गाली गलौज करनेवाला **बदतमीज़** (वि.) 1 असभ्य 2 गँवार **बदतमीज़ी** (स्त्री.) असभ्यता, अशिष्टता **बद्दुआ** (स्त्री.) शाप **बदनाम** (वि.) कुख्यात **बदनामी** (स्त्री.) कुख्याति, अपकीर्ति **बदबख़्त** (वि.) अभागा, बदकिस्मत **बदबू** (स्त्री.) दुर्गंध **बदबूदार** दुर्गंधयुक्त **बदमाशी** (स्त्री.) 1 बदचलनी 2 गुंडापन एवं लुच्चई 3 दुष्टता **बदमिज़ाज** (वि.) चिड़चिड़े स्वभाव का **बदरंग** (वि.) फीका, मटमैला **बदहवास** (वि.) जिसने होश खो दिया हो

बदन–(पु.) शरीर, देह

बदना–(स. क्रि.) 1 ठहराना 2 पक्का करना, नियत 3 शर्त लगाना 4 गिनना, समझना

बदरा–(पु.) बादल, मेघ

बदल–(पु.) 1 परिवर्तन 2 बदला, एवज़

बदलना–I (अ. क्रि.) 1 एक दशा से दूसरी दशा में जाना 2 आकार-प्रकार, गुण-धर्म, रूप-रंग का पहले से भिन्न हो जाना 3 मुकरना II (स. क्रि.) 1 दूसरा रंग-रूप देना 2 एक के बदले दूसरी चीज़ लेना

बदला–(पु.) 1 बदलने की क्रिया 2 आदान-प्रदान 3 क्षति-पूर्ति 4 प्रतिकार 5 प्रतिफल 6 मुआवज़ा, एवज़

बदलाव–(पु.) बदली

बदली–I (स्त्री.) छाए हुए बादल, घटा II (स्त्री.) तबादला, स्थानांतरण

बदा–(वि.) भाग्य में लिखा हुआ, नियत

बदी–(स्त्री.) कृष्ण पक्ष, अँधेरा पाख

बद्ध–(वि.) 1 बँधा हुआ 2 भव बंधन में फँसा हुआ 3 जुड़ा हुआ 4 प्रतिबंधित (जैसे–प्रतिज्ञा-बद्ध) 5 स्थित (जैसे–पंक्ति-बद्ध) 6 विशेष रूप में लाया हुआ (जैसे–छंद-बद्ध) 7 रुका हुआ **बद्धकोष्ठ** I (वि.) क़ब्ज़ से पीड़ित II (वि.) क़ब्ज़, क़ब्ज़ियत **बद्धमूल** (वि.) 1 जड़ पकड़ा हुआ 2 दृढ़ और अटल

बद्धी–(स्त्री.) डोर, रस्सी

बधाई–(स्त्री.) 1 मुबारकबाद 2 उत्सव, बधावा 3 मंगलाचार (जैसे–बधाई गीत) उपहार

बधावना, बधावा–(पु.) बधाई

बधिक–(पु.) 1 वध करनेवाला 2 बहेलिया

बधिया–(वि.) नपुंसक किया हुआ

बधिर–(पु.) बहरा

बन–(पु.) वन, जंगल, कानन (जैसे–बन-उपवन)

बनजारन–(स्त्री.) बनजारा की स्त्री

ब

बनजारा–(पु.) 1 टाँडा लादनेवाला व्यक्ति, टँड़ैया, टँड़वरिया 2 सौदागर, व्यापारी
बनमानुस–(पु.) आदमी से मिलता-जुलता एक तरह का बंदर
बनना–(अ. क्रि.) 1 तैयार होना 2 काम के योग्य होना 3 नई चीज़ तैयार होना 4 संबंध स्थापित होना **बनना-ठनना, बनना-सँवरना** (अ. क्रि.) सजना-सँवरना
बनफ़शा–(पु.) दवा के काम में आनेवाला पौधा
बनरा–(पु.) 1 दूल्हा 2 विवाह के समय का गीत 3 बंदर
बनरी–(स्त्री.) दुलहिन, नववधू
बना-ठना–(वि.) सजा-सँवरा
बनात–(स्त्री.) बढ़िया रंगीन ऊनी कपड़ा
बनाना–(स. क्रि.) 1 अस्तित्व में लाना, रचना 2 तैयार करना 3 प्रस्तुत करना 4 लाभ करना
बनारसी–I (वि.) बनारस नगर से संबंधित II (पु.) बनारस का निवासी
बनावट–(स्त्री.) 1 रचना, गठन 2 रूप, श्रृंगार 3 आडंबर, पाखंड, दिखावा
बनावटी–(स्त्री.) 1 दिखाऊ 2 नक़ली
बनिक–(पु.) 1 बनिया, वणिक् 2 अनाज साफ़ करना
बनिज–(पु.) रोज़गार, व्यापार
बनिया–(पु.) 1 व्यापारी, वैश्य 2 आटा-दाल आदि बेचनेवाला
बनियाशाही–(स्त्री.) 1 बनियों का आधिपत्य 2 केवल पैसे से मतलब रखना
बनियाइन– (स्त्री.) 1 बनिया की स्त्री 2 गंजी (जैसे–आधी बाँह की बनियाइन)
बनैला–I (वि.) जंगली II (पु.) जंगली सुअर
बन्ना–(पु.) 1 दूल्हा, वर 2 एक लोकगीत
बन्नी–(स्त्री.) 1 दुलहिन 2 अन्न रूप में मिलने वाली दैनिक मज़दूरी
बपतिस्मा–(पु.) ईसाई धर्म की दीक्षा के समय किया जानेवाला एक संस्कार
बपौती–(स्त्री.) बाप-दादा की संपत्ति **बपौती अधिकार** (पु.) बाप-दादा के बाद पुत्र को मिलनेवाला अधिकार
बफारा–(पु.) 1 भाप 2 दवा मिले पानी की भाप से शरीर को सेंकना 3 पानी में उबालनेवाली दवा
बबूल–(पु.) एक प्रसिद्ध कँटीला पेड़
बम–(पु.) 1 इक्के, ताँगे के आगे लगे हुए बाँस 2 शिव को प्रसन्न करने के लिए उच्चारित शब्द (जैसे–बम भोले) 3 विस्फोटक रासायनिक गोला
बया–(पु.) 1 गौरैया से मिलती-जुलती एक चिड़िया 2 अनाज तौलनेवाला, तौलैया
बयान–(पु.) 1 अदालत में दिया गया वक्तव्य 2 चर्चा, ज़िक्र 3 हाल, वृत्तांत
बयार–(स्त्री.) हवा, पवन
बयालीस–(वि./पु.) 42 की संख्या
बर–(वि.) 1 फल से युक्त 2 उत्तम, श्रेष्ठ **बरदाश्त** (स्त्री.) सहनशीलता, सहन **बरबाद** (वि.) 1 नष्ट 2 तबाह, चौपट **बरबादी** (स्त्री.) विनाश, तबाही
बरखा–(स्त्री.) 1 वर्षा, बारिश 2 बरसात (जैसे-बरखा होना, बरखा का मौसम)
बरगद–(पु.) बड़ का पेड़, वट-वृक्ष
बरच्छा–(पु.) विवाह निश्चित करने की एक रस्म
बरछा–(पु.) भाला नामक अस्त्र
बरछी–(स्त्री.) छोटा बरछा
बरजना–(स. क्रि.) 1 मना करना, रोकना 2 त्यागना 3 प्रयोग न करना
बरज़ोर–(वि.) 1 ज़बरदस्ती 2 प्रबल 3 अत्याचारी 4 बहुत कठिन
बरज़ोरी–(स्त्री.) बल प्रयोग
बरतन–(पु.) धातु, मिट्टी आदि का बना पात्र
बरतना–I (अ. क्रि.) बर्ताव किया जाना II (स. क्रि.) 1 व्यवहार में लाना 2 बर्ताव करना
बरताव–(पु.) व्यवहार
बरनेत–(स्त्री.) विवाह के मुहूर्त से कुछ पहले वर पक्ष के लोगों को मंडप में बुलाकर गणेश आदि का पूजन कराने की एक रस्म

ब

बरबस–I (क्रि. वि.) 1 ज़बरदस्ती, बलपूर्वक 2 निरर्थक, व्यर्थ II (वि.) लाचार

बरमा–(पु.) 1 लकड़ी आदि में छेद करने का एक औज़ार 2 बर्मा देश

बरवै–(पु.) एक छंद जिसमें 12, 14, 12, 14 मात्राएँ होती हैं

बरस–(पु.) 1 वर्ष, साल

बरसगाँठ (स्त्री.) 1 साल-गिरह, जन्म-दिन 2 साल-गिरह पर मनाया जानेवाला उत्सव

बरसना–(अ. क्रि.) 1 वर्षा होना 2 वर्षा के समान गिरना 3 डाँटना-डपटना

बरसात–(स्त्री.) 1 पानी बरसने का समय 2 वर्षा ऋतु

बरसाती–I (वि.) 1 बरसात संबंधी, बरसात का 2 वर्षाकाल में होनेवाला II (स्त्री.) 1 प्लास्टिक का बना ढीला-ढाला कोट 2 मकान आदि के सामने बना हुआ छतदार फाटक

बरसाना–(स. क्रि.) 1 वर्षा करना 2 लगातार प्रहार करना 3 वर्षा के समान गिराना

बरसी–(स्त्री.) 1 मृत्यु की प्रथम वार्षिक तिथि 2 मृतक का वार्षिक श्राद्ध

बरहा–(पु.) 1 खेतों की सिंचाई हेतु बनाई गई नाली 2 मोटा रस्सा

बरही–(स्त्री.) शिशु जन्म के बारहवें दिन प्रसूता को कराया जानेवाला स्नान एवं तत्संबंधी उत्सव आदि

बरात–(स्त्री.) 1 वर के साथ कन्या पक्ष के यहाँ जानेवालों का समूह, जनेत 2 भीड़, मजमा

बराती–I (वि.) 1 बारात संबंधी 2 बारात में शामिल होनेवाला II (पु.) बरात में आनेवाले लोग (जैसे–घराती-बराती)

बराबर–I (वि.) 1 समान (जैसे–वज़न में बराबर, क़ानून में बराबर है) 2 समतल (जैसे–मैदान बराबर कर दो) 3 चुकता किया हुआ II (क्रि. वि.) 1 लगातार, सदा 2 एक सीध में 3 बग़ल, पार्श्व (जैसे–प्रेमी के बराबर प्रेमिका की क़ब्र बनेगी) 4 समानांतर

बराबरी–(स्त्री.) 1 समानता, तुल्यता 2 मुक़ाबला, प्रतिस्पर्द्धा

बरामदा–(पु.) 1 दालान, ओसारा 2 छज्जा

बराह–(पु.) सूअर, विष्णु का अवतार

बरोठा–(पु.) 1 ड्योढ़ी, पौरी 2 बैठक

बरौनी–(स्त्री.) पलकों के आगे की बालों की पंक्ति

बर्तन–(पु.) पात्र

बर्ताव–(पु.) बरताव (जैसे–बर्ताव करना)

बर्दाश्त–(स्त्री.) बरदाश्त, सहनशक्ति

बर्फ़–(स्त्री.) जमा हुआ पानी

बर्फ़ख़ाना (पु.) बर्फ़घर

बर्फ़ी–(स्त्री.) खोए आदि से बनी एक तरह की मिठाई

बर्फ़ीला–(वि.) 1 बर्फ़ से युक्त 2 बर्फ़ के समान ठंडा (जैसे–बर्फ़ीली हवा)

बर्बर–(वि.) असभ्य एवं जंगली

बर्बरता (स्त्री.) असभ्यता एवं जंगलीपन

बर्र–(स्त्री.) भिड़, भिर्र

बर्राना (अ. क्रि.),

बर्राहट–(स्त्री.) बड़-बड़ करना, बकना

बल–I (पु.) 1 ताक़त 2 सेना 3 भरोसा सहारा

बलकारक (वि.) बल देनेवाला

बलपूर्वक (क्रि. वि.) 1 ज़बरदस्ती 2 बल लगाकर **बलबूता** (पु.) ताक़त, ज़ोर

बलवर्धक (वि.) बल देनेवाला

बलशाली (वि.) बलयुक्त, ताक़तवर

बलहीन (वि.) कमज़ोर

बल–II (पु.) 1 पहलू, बग़ल, करवट 2 ऐंठन 3 शिकन 4 फेरा 5 टेढ़ापन 6 फ़र्क़ **बल आना** 1 शिकन पड़ना 2 फ़र्क़ आना **बल उतरना** शिकन दूर होना

बलबलाना–I (अ. क्रि.) ऊँट का बोलना II (स. क्रि.) बड़बड़ाना

बलाघात–(पु.) कार्य, वस्तु आदि पर साधारण से कुछ अधिक बल लगाने का भाव

बलात्–(क्रि. वि.) 1 बलपूर्वक 2 हठपूर्वक

बलात्कार–(पु.) ज़बरदस्ती करना 2 स्त्री की

इच्छा के विरूद्ध बलपूर्वक किया गया संभोग
बलाधिक्य–(पु.) बल की अधिकता
बलाबल–(पु.) बल एवं बल का अभाव
बलि–(पु.) 1 विष्णु द्वारा छला गया पाताल लोक का राजा एवं विरोचन का पुत्र 2 चढ़ावा 3 बलिपशु
बलिकर्म (पु.) बलि देना
बलिदान (पु.) 1 कुर्बानी 2 पूजन सामग्री का अर्पण
बलिपशु (पु.) देवता के नाम पर वध किया जानेवाला पशु
बलिवेदी (स्त्री.) बलि चढ़ाने का चबूतरा
बलिष्ठ–(वि.) सर्वाधिक शक्तिशाली
बलिहारी–(स्त्री.) कुर्बान जाना, निछावर होना
बली–(वि.) बलशाली, बलवाला
बलुआ–(वि.) बालू मिला हुआ, रेतीला भूमि
बलूची–I (पु.) बलूचिस्तान का निवासी II (स्त्री.) बलूचिस्तान की भाषा
बल्कि–(क्रि. वि.) 1 प्रत्युत, वरन् 2 अच्छा हो कि
बल्ब–(पु.) बिजली की बत्ती युक्त पतले शीशे का खोखला लट्टू
बल्लम–(पु.) बरछा, भाला
बल्ला–(पु.) 1 गेंद मारने का चपटा डंडा, बैट 2 लंबी, सीधी एवं मोटी लकड़ी, लट्ठा 3 नाव खेने का डंडा
बल्ली–(स्त्री.) 1 छोटा बल्ला 2 नाव खेने का बाँस
बल्लेबाज़–(पु.) (क्रिकेट के खेल में) बल्ले से खेलनेवाला
बवंडर–(पु.) 1 आँधी-तूफ़ान 2 चक्रवात
बवाई–(स्त्री.) पैर की एड़ी फटने का एक रोग
बवाल–(पु.) झंझट
बवासीर–(स्त्री.) गुदेन्द्रिय में मस्से निकलने का रोग (पाइल्स)
बशर्ते–(क्रि. वि.) शर्त यह है कि
बस–I (पु.) अधिकार, शक्ति II (क्रि. वि.) 1 पर्याप्त है कि 2 समाप्ति सूचक एक अव्यय 3 केवल, सिर्फ़ III (स्त्री.) बड़ी मोटर गाड़ी **बस कंडक्टर** (पु.) बस का गार्ड **बस- चालक** (पु.) बस चलानेवाला व्यक्ति **बस स्टाप** (पु.) बस अड्डा
बसना–I (अ. क्रि.) 1 निवास करना 2 टिकना 3 महक से भरना II (स्त्री.) 1 बेठन 2 थैली 3 रुपए रखने की थैली
बसर–(स्त्री.) 1 जीवन निर्वाह 2 गुज़ारा
बसाना–I (स. क्रि.) 1 जीवन निर्वाह हेतु उचित साधन देना 2 व्यवस्था करना 3 घर-गृहस्थी से युक्त करना
बसूला–(पु.) लकड़ी छीलने और गढ़ने का एक औज़ार
बसेरा–(पु.) 1 मार्ग में ठहरने की जगह 2 अस्थायी निवास 3 पक्षियों के रात बिताने का स्थान
बस्ता–(पु.) पुस्तक आदि रखने का कपड़े या चमड़े का थैला
बस्ती–(स्त्री.) 1 आबादी 2 गाँव
बहँगी–(स्त्री.) बांस के दोनों छोर पर बोझ ढोने का साधन
बहक–(स्त्री.) 1 बहकने का भाव 2 पथभ्रष्टता 3 बढ़-चढ़कर की जानेवाली बातें, बड़बड़ाहट
बहकना–(अ. क्रि.) 1 पथभ्रष्ट होना 2 भुलावे में आना 3 अंड-बंड बकना
बहकावा–(पु.) भुलावा
बहना–(अ. क्रि.) 1 प्रवाहित होना 2 धारा में आगे बढ़ना (जैसे–नदी में नाव बहना) 3 मवाद रिसना 4 हवा चलना
बहनेली–(स्त्री.) बनाई गई बहन
बहनोई–(पु.) बहन का पति
बहरा–(वि.) 1 न सुननेवाला 2 ऊँचा सुननेवाला **बहरा बनना** अनसुनी करना
बहलना–(अ. क्रि.) मनोरंजन होना
बहलाना–(स. क्रि.) 1 मनोरंजन करना, दिल खुश करना 2 भुलावा देना
बहली–(स्त्री.) सवारी बैलगाड़ी

ब

बहस–(स्त्री.) बातचीत, तर्क-वितर्क

बहादुर–(वि.) वीर, शूर

बहादुरी–(स्त्री.) वीरता, शूरता

बहाना–I (स. क्रि.) 1 धारा रूप में चलाना (जैसे–जल बहाना, दूध बहाना) 2 ढालना (जैसे–आँसू बहाना) 3 बर्बाद करना (जैसे–व्यर्थ के सामान में पैसा बहाना) II (पु.) अवास्तविक बात, मिथ्या

बहानेबाज़ी–(स्त्री.) बहाना करना

बहार–(स्त्री.) 1 बसंत ऋतु 2 आनंद 3 उभरता यौवन 4 शोभा

बहाव–(पु.) 1 प्रवाह 2 धारा (जैसे–नदी का बहाव) 3 गति (जैसे–हवा का बहाव)

बहिनापा–(पु.) बहिन का नाता

बहिर–(वि.) बाहरी **बहिरंग** I (वि.) बाहरी, बाहर का II (पु.) 1 बाहरी अंग (जैसे–अंतरंग एवं बहिरंग) 2 औपचारिक कृत्य 3 ऊपर का काम **बहिर्गत** (वि.) 1 बाहर निकला हुआ 2 बाहरवाला, बाहर का 3 अलग, जुदा **बहिर्गमन** (पु.) बाहर जाना **बहिर्गामी** (वि.) बाहर जानेवाला **बहिर्जगत्** (पु.) बाह्य जगत् **बहिर्मुख, बहिर्मुखी** (वि.) 1 बाहर की ओर मुँह किया हुआ 2 विमुख

बहिष्कार–(पु.) 1 बाहर निकालना 2 दूर करना 3 त्याग (जैसे–सामाजिक बहिष्कार) **बहिष्कृत** (वि.) बहिष्कार किया गया

बही–(स्त्री.) हिसाब-किताब लिखने की पुस्तक **बहीखाता** (पु.) हिसाब की किताबें

बहु–(वि.) अधिक, अनेक **बहु उत्पादन** (पु.) अधिक उपज **बहुद्देश्यीय** (वि.) अनेक उद्देश्यवाली **बहुकोशिकी** (वि.) अनेक कोशोंवाला **बहुखंडीय** (वि.) अनेक खंडोंवाला **बहुगुण** (वि.) 1 अनेक सूतोंवाला 2 अनेक गुणों से संपन्न **बहुचर्चित** (वि.) जिसकी बहुत चर्चा हुई हो **बहुजन** (पु.) अनेक लोग **बहुज्ञ** (वि.) 1 अनेक विषयों का ज्ञाता 2 बहुत जाननेवाला **बहुधंधी** (वि.) अनेक कामों में फँसा रहनेवाला **बहुपक्षीय** (वि.) अनेक पक्षोंवाला **बहुपठित** (वि.) बहुत पढ़ा हुआ **बहुपत्नीक** (वि.) अनेक पत्नीवाला **बहुप्रचलित** (वि.) जिसका चलन अधिक हो **बहुप्रतीक्षित** (वि.) जिसकी अधिक प्रतीक्षा की गई हो **बहुप्रयोजनीय** (वि.) बहुउद्देश्यीय **बहुभाषाविद्** (पु.) बहुभाषज्ञ **बहुमंज़िला** (वि.) अनेक मंज़िलवाला **बहुमत** I (वि.) 1 कई मत रखनेवाला 2 अति सम्मानित II (पु.) 1 अनेक लोगों का मत 2 अनेक मत **बहुमत प्राप्त** (वि.) बहुत मत पानेवाला **बहुमुखी** (वि.) अनेक विषय, दिशा आदि में प्रयुक्त होनवाली **बहुमूल्य** (वि.) अधिक क़ीमतवाला, बेशक़ीमती **बहुरंगा, बहुरंगी** I (वि.) 1 अनेक रंगोंवाला 2 मन-मौजी II (पु.) बहुरूपिया **बहुरूपता** (स्त्री.) बहुरूप होने का भाव **बहुरूपिया** I (वि.) 1 अनेक तरह के रूपोंवाला 2 अनेक प्रकार के रूप धारण करनेवाला II (पु.) अनेक रूप धारण करके जीविका चलानेवाला व्यक्ति **बहुवचन** (पु.) संज्ञा आदि का एक-से-अधिक का बोध कराने वाला रूप **बहुविध** (वि.) अनेक प्रकार का **बहुविवाह** (पु.) अनेक विवाह करना **बहुसंख्यक** (वि.) 1 कई संख्यावाला 2 बड़ी संख्यावाला (जैसे–बहुसंख्यक दल)

बहुत–I (वि.) 1 अधिक, ज़्यादा 2 उचित से अधिक 3 यथेष्ट II (क्रि. वि.) अधिक मात्रा में, ज़्यादा

बहुतायत–(स्त्री.) अधिकता, ज़्यादती

बहुतेरा–I (वि.) 1 मान में बहुत अधिक 2 प्रचुर, यथेष्ट II (क्रि. वि.) अनेक प्रकार से

बहुतेरे–(वि.) अत्यधिक, बहुत ज़्यादा

बहुत्व–(पु.) आधिक्य, अधिकता

बहुधा–(क्रि. वि.) अक्सर, प्रायः

बहुल–(वि.) अधिक, बहुत **बहुलता** (स्त्री.) प्रचुरता, अधिकता

बहुलांश–(पु.) अधिक भाग, ज़्यादा अंश

बहुसंख्य–(स्त्री.) अधिक संख्यावाले लोग

बहू–(स्त्री.) 1 पुत्र की पत्नी, पतोहू 2 नव विवाहिता स्त्री, दुलहिन **बहू-बेटी** (स्त्री.) बहू

और बेटी

बहेड़ा–(पु.) एक जंगली पेड़ एवं उसका फल

बहेलिया–(पु.) चिड़ीमार

बाँ–I (पु.) गाय के रँभाने का शब्द II (पु.) बार, दफ़ा

बाँक–I (पु.) 1 टेढ़ापन, वक्रता 2 सरौते की शक्ल का एक औज़ार 3 टेढ़ी छुरी II (वि.) 1 घुमावदार, टेढ़ा 2 बाँका **बाँकपन** (पु.) टेढ़ापन

बाँकनल–(पु.) सुनारों की फूँक मारने की नली

बाँकना–I (स. क्रि.) टेढ़ा करना II (अ. क्रि.) टेढ़ा होना

बाँका–I (वि.) 1 टेढ़ा, तिरछा 2 अनोखा एवं सुंदर 3 वीर एवं साहसी II (पु.) 1 लोहे का एक तरह का टेढ़ा हथियार 2 हथियार रखनेवाला बदमाश 3 लुच्चा

बाँगड़ू–(वि.) असभ्य, उजड्ड और पूरा गँवार

बाँगर–(पु.) 1 बाढ़ में न डूबनेवाली ज़मीन, ऊँची ज़मीन 2 एक तरह का बैल

बाँगुर–(पु.) फंदा, जाल

बाँचना–(स. क्रि.) 1 पढ़ना 2 पढ़कर सुनाना

बाँझ–(स्त्री.) वंध्या **बाँझपन** (पु.) बाँझ होना, बंध्यत्व

बाँट–(स्त्री.) 1 बटवारा 2 हिस्सा, भाग 3 ताश आदि पत्तों का बाँटा जाना

बाँड़ा–I (पु.) 1 पूँछ कटा पशु 2 असहाय व्यक्ति II (वि.) 1 पूँछ कटा 2 असहाय

बाँड़ी–(स्त्री.) 1 बिना पूँछ की गाय 2 छोटी लाठी

बाँदी–(स्त्री.) दासी, लौंडी **बाँदी का बेटा** 1 तुच्छ, हीन 2 अधीन किया हुआ 3 दोग़ला, वर्णसंकर

बाँध–(पु.) जलाशय का जल रोकने हेतु पत्थर आदि का बनाया गया धुस्स, बंद, पुश्ता (डैम)

बाँधना–(स. क्रि.) 1 लपेटना 2 आबद्ध करना 3 संबद्ध करना 4 फंदे में फँसाना (जैसे–गाय बाँधना) 5 सीमा में बंद रखना 6 बंधन में डालना

बाँधनू–(पु.) 1 उपक्रम, मंसूबा 2 मन में बनाई गई योजना 3 मनगढ़ंत बात 4 झूठा अभियोग 5 बाँधकर रँगा गया कपड़ा (टाई एंड डाई)

बांधव–(पु.) 1 भाई-बंधु 2 नाते-रिश्ते के लोग 3 घनिष्ठ मित्र

बाँबी–(स्त्री.) 1 दीमकों द्वारा बनाया गया मिट्टी का घर, बँबीठा 2 सर्प का बिल

बाँस–(पु.) तिनके की जाति का एक लंबा, सीधा, गिरहदार पौधा **बाँसपूर** (पु.) एक तरह का बढ़िया महीन मलमल

बाँसा–I (पु.) 1 रीढ़ की हड्डी 2 नाक के ऊपर की हड्डी II 1 बाँस का बना चोंगे आकार का एक छोटा नल, अरना 2 पियाबाँसा नाम का पौधा 3 इस पौधे का फूल

बाँसुरी–(स्त्री.) वंशी, मुरली

बाँह–(स्त्री.) 1 कंधे से लेकर कलाई के बीच का भाग, भुजा, बाहु 2 भरोसा, शरण **बाँह की छाँह लेना** शरण में आना **बाँह गहना, बाँह पकड़ना** भरण-रक्षण की ज़िम्मेदारी लेना

बाइबिल–(स्त्री.) ईसाइयों की धर्म-पुस्तक

बाइस्कोप–(पु.) तस्वीरें दिखाने का एक यंत्र, चित्रदर्शी

बाई–I (स्त्री.) स्त्रियों का एक आदरसूचक शब्द (जैसे–लक्ष्मीबाई) II (स्त्री.) 1 हवा, वायु 2 वात व्याधि

बाईस–(वि./पु.) 22 की संख्या

बाएँ–(क्रि. वि.) बाएँ हाथ की तरफ़

बाकली–(स्त्री.) एक प्रकार का वृक्ष जिसके पत्ते रेशम के कीड़े खाते हैं

बाक़ी–I (वि.) 1 बचा हुआ, शेष 2 बिना चुकाया हुआ 3 लेन-देनवाला 4 व्यतीत न हुआ हो 5 सबसे अंत में होनेवाला II (स्त्री.) घटाना

बाग–(स्त्री.) लगाम, रास **बागडोर** (स्त्री.) लगाम में बाँधी जानेवाली रस्सी

बाग़–(पु.) बग़ीचा, उपवन, वाटिका **बाग़-बाग़**

ब

(वि.) अत्यधिक प्रसन्न, प्रमुदित **बाग़बान** (पु.) माली

बाग़ान–(पु.) बग़ीचे (विशेषकर चाय के) **बाग़ान मज़दूर** (चाय के) बग़ीचों के मज़दूर

बाग़ीचा–(पु.) छोटा बाग़

बाघंबर–(पु.) 1 बाघ की खाल 2 रोयेंदार कंबल

बाघ–(पु.) शेर की जाति का उससे छोटा हिंसक पशु, व्याघ्र

बाघनी, बाघिन–(स्त्री.) व्याघ्री, मादा बाघ

बाज़–(पु.) प्रसिद्ध शिकारी एवं हिंसक पक्षी

बाजरा–(पु.) अन्न का प्रसिद्ध पौधा एवं उसके दाने

बाजा–(पु.) बजाने का यंत्र **बाजागाजा** (पु.) अनेक प्रकार के एक साथ बजनेवाले बाजे

बाज़ार–(पु.) 1 हाट, मंडी 2 पैंठ **बाज़ार दर** (स्त्री.) बाज़ार भाव **बाज़ार गरम होना** बाज़ार में चहल-पहल होना **बाज़ार गिरना** मंदी होना **बाज़ार तेज़ होना** भाव चढ़ना

बाज़ारू–(वि.) 1 बाज़ार से संबंधित 2 सभ्य समाज में न होनेवाला 3 घटिया

बाज़ी–(स्त्री.) 1 शर्त 2 दाँव बारी 3 करतब 4 खेल

बाज़ू–(पु.) 1 बाहु, बाँह 2 पक्ष, पार्श्व 3 बाज़ूबंद नाम का गहना 4 पक्षियों का डैना

बाट–I (पु.) रास्ता **बाट जोहना, बाट देखना** प्रतीक्षा करना **बाट परना** डाका पड़ना II (पु.) 1 बटखरा 2 बट्टा

बाटी–(स्त्री.) 1 गोली, पिंड 2 सेंका हुआ आटे का गोलाकार लोंदा 3 चौड़े मुँह की बड़ी कटोरी

बाड़–(स्त्री.) झाड़बंदी

बाड़ा–(पु.) 1 घेरा 2 पशुशाला

बाड़ी–(स्त्री.) 1 वाटिका, फुलवारी 2 घर, मकान

बाढ़–I (स्त्री.) नदी आदि के जल का फैलना, सैलाब 2 बढ़ाव, वृद्धि 3 बहुतायत, अधिकता **बाढ़ग्रस्त** (वि.) बाढ़ पीड़ित

बाण–(पु.) 1 तीर, शर, सायक 2 बाण का फल, गाँसी 3 लक्ष्य

बात–I (स्त्री.) 1 सार्थक वाक्य, कथन, वचन 2 चर्चा, प्रसंग 3 विषय, मामला 4 घटना 5 संयोग, प्रसंग 6 बहाना 7 मतलब, तात्पर्य 8 आदेश **बात उठना** चर्चा चलना, ज़िक्र होना **बात काटना** बीच में बोलना, टोकना **बात का धनी, बात का पूरा** कहे को करनेवाला **बात का बतंगड़ करना/बनाना** ज़रा-सी बात को तूल देना, तिल का ताड़ बनाना **बात खुलना** छिपी बात प्रकट होना **बात पलटना** बात बदलना **बात पी जाना** बात को सह लेना **बात पूछना** खोज-खबर लेना **बात फेरना** बात पलटना **बात फैलना** चर्चा फैलना **बात बढ़ना** मामले का तूल पकड़ना **बात बनाना** बहाना करना **बात रखना** 1 कहा मान लेना, बात का सम्मान करना 2 मान रखना 3 अपने वचन का पालन करना 4 दुराग्रह करना, हठ करना **बात लगना** बात से आहत होना

बाती–(स्त्री.) बत्ती

बाथू–(पु.) बथुआ नाम का साग

बाद–(क्रि. वि.) 1 पीछे, अनंतर 2 अतिरिक्त, सिवा

बादल–(पु.) 1 वायुमंडल में संचित घनीभूत वाष्पकण, मेघ 2 चारों तरफ़ छाया रहनेवाला (जैसे–दुःख के बादल) **बादल गरजना** बादलों के संघर्ष से घोर ध्वनि उत्पन्न होना **बादल घिरना** मेघों का छाना

बादशाह–(पु.) 1 सम्राट् 2 सुल्तान, राजा 3 शतरंज का एक मोहरा 4 ताश का एक पत्ता

बादाम–(पु.) प्रसिद्ध मेवा तथा उसका पेड़

बाधक–(वि.) 1 रुकावट डालनेवाला 2 कष्ट देनेवाला

बाधा–(स्त्री.) 1 रुकावट, विघ्न 2 पीड़ा, कष्ट 3 डर, भय **बाधादौड़** (स्त्री.) रुकावटों को पार करने की दौड़

बाध्य–(वि.) 1 पीड़ित 2 मजबूर, विवश

3 रोकने योग्य
बान–1 (पु.) बाण, तीर 2 मूँज की रस्सी, बाध II (स्त्री.) 1 वेष 2 सजधज
बानक–I (पु.) 1 भेस, वेष 2 सजावट 3 तरीक़ा II संयोग
बानगी–(स्त्री.) नमूना (सैंपल)
बानवे–(वि./पु.) 92 की संख्या
बाना–(पु.) 1 पहनावा, पोशाक़ 2 वेष-विन्यास 3 युद्धभूमि में पहनने की पोशाक़ 4 बुनावट, बुनाई 5 बटा हुआ महीन रेशम
बाप–(पु.) पिता, जनक **बापदादा** पुरखे, पूर्वज **बापदादा का नाम डुबाना** कुल की इज़्ज़त मिटाना **बापदादा से** पीढ़ियों से
बापू–(पु.) 1 बाप, पिता 2 पितातुल्य वृद्ध पुरुष
बाबा–(पु.) 1 पितामह, दादा 2 वृद्ध पुरुष के लिए किया जानेवाला आदरसूचक संबोधन 3 साधु-महात्माओं के लिए प्रयुक्त आदरसूचक संबोधन
बाबुल–(पु.) 1 बाबू 2 पिता
बाबू–(पु.) 1 क्लर्क 2 पिता 3 सम्मानित व्यक्ति **बाबूगिरी** (स्त्री.) क्लर्क का काम
बायाँ–I (वि.) 1 दाहिना का उलटा (लेफ्ट) 2 प्रतिकूल, विरुद्ध II (पु.) बायें हाथ से बजाया जानेवाला तबला **बायें हाथ का काम** बहुत आसान काम
बाय–(पु.) एक वायुरोग जिसमें जोड़ दुखने लगते हैं
बारंबार–(क्रि. वि.) अनेक बार, पुनः-पुनः
बार–I (स्त्री.) दफ़ा, मर्तबा II (पु.) दरवाज़ा, द्वार
बारजा–(पु.) छतदार बरामदा
बारह–(वि./पु.) 12 की संख्या **बारहदरी** (स्त्री.) बारह दरवाज़ोंवाला कमरा **बारह-बाट करना** 1 तितर-बितर करना 2 बर्बाद करना
बारहमासा–(पु.) ऐसा पद्य जिसमें बारहों महीने की प्राकृतिक विशेषताओं का वर्णन हो **बारहमासी** (वि.) 1 बारहों मास होनेवाला 2 सदाबहार (जैसे–बारहमासी जंगल) **बारहसिंगा** (पु.) अनेक सींगोंवाला नर जाति का हरिण
बारहखड़ी–(स्त्री.) बारह अक्षर और उनकी मात्राएँ
बारात–(स्त्री.) बरात
बारी–I (स्त्री.) 1 पारी (जैसे–बारी बाँधना) 2 बाग़, उपवन 3 क्यारी 4 मकान, घर II (पु.) दोने-पत्तल आदि बनाने का काम करनेवाली एक हिंदू जाति
बारीक–(वि.) 1 महीन 2 पतला 3 छोटा 4 बहुत **सूक्ष्म** 5 गूढ़
बारूद–(स्त्री.) गंधक, शोरे, कोयले आदि का मिश्रण (जैसे–बारूद का गोला) **बारूद-ख़ाना** (पु.) बारूद तैयार करने की जगह
बाल[1]–(पु.) जीव-जंतुओं के शरीर में त्वचा में से निकले सूक्ष्म तंतु, केश **बाल की खाल निकालना** बहुत छानबीन करना **बाल धूप में पकाना** अनुभव से कोरा होना **बाल बराबर** 1 बहुत बारीक 2 ज़रा-सा, रत्ती भर **बाल बाँका न होना** 1 ज़रा भी कष्ट न होना 2 कुछ भी हानि न होना **बाल-बाल** 1 पूरा 2 सिर से पैर तक **बाल-बाल बचना** साफ़-साफ़ बचना
बाल[2]–(स्त्री.) कुछ अनाज के पौधों के डंठल का अगला भाग
बाल[3]–(पु.) I 1 बच्चा, बालक 2 नेत्रवाला, सुगंधवाला II (वि.) 1 नासमझ 2 नवोदित **बाल-गृह** (पु.) शिशु मंदिर **बाल-गोपाल** (पु.) 1 बाल-बच्चे 2 बालकृष्ण **बालचर** (पु.) लोक सेवा हेतु बच्चों को प्रेरित करने वाली संस्था का सदस्य **बाल भवन** (पु.) शिशु मंदिर **बालचर्या** (स्त्री.) बाल शुश्रूषा **बाललीला** (स्त्री.) बाल क्रीड़ा **बालबाड़ी** (स्त्री.) बालोद्यान **बाल-विधवा** (स्त्री.) बचपन में ही विधवा हो जानेवाली **बाल-विवाह** (पु.) बाल्यावस्था में होनेवाली शादी **बाल साहित्य** (पु.) बालकों के मनोरंजन हेतु लिखी गई पुस्तकें **बालहठ** (पु.) बच्चे की ज़िद
बालक–(पु.) बच्चा

ब

ब

बालटी–(स्त्री.) पानी आदि लाने का डोल

बालम–(पु.) 1 प्रेमी 2 पति

बाला–I (पु.) 1 कान में पहनने का छल्ला 2 गेहूँ, जौ की फ़सल में लगनेवाला एक कीड़ा

बाला II (वि.) 1 कमसिन 2 बाल स्वभाव, भोला 3 निश्छल, निष्कपट 4 सब से ऊपर

बाला–III (स्त्री.) 1 बारह वर्ष से सत्रह वर्ष तक की उम्रवाली लड़की 2 जवान स्त्री, युवती 3 औरत, स्त्री 4 लड़की, बच्ची 5 कन्या, पुत्री 6 सुगंधवाला

बालावस्था–(स्त्री.) बचपन, बालपन

बालि–(पु.) किष्किंधा का एक प्राचीन राजा

बालिका–(स्त्री.) कन्या, लड़की

बाली–(स्त्री.) 1 स्त्रियों का कान में पहनने का एक आभूषण 2 अनाजों के डंठल का ऊपरी भाग

बालुका–(स्त्री.) बालू, रेत **बालुका यंत्र** (पु.) दवा फूँकने का एक यंत्र

बालू–(पु.) रेत **बालू कागज़** (पु.) सरेस, कागज़, रेगमाल **बालूशाही** (स्त्री.) मैदे की बनी एक प्रसिद्ध मिठाई

बालेन्दु–(पु.) द्वितीया का चाँद

बालोचित–(वि.) बच्चे के लिए उचित

बालोद्यान–(पु.) बाल वाटिका

बालोपयोगी–(वि.) बालकोपयोगी

बाल्यावस्था–(स्त्री.) लड़कपन, बचपन

बावजूद–(क्रि. वि.) 1 यद्यपि 2 इतना होने पर भी

बावड़ी–(स्त्री.) बावली, जलाशय

बावन–(वि./पु.) 52 की संख्या

बावरा, बावला–(वि.) 1 पागल 2 वातरोग उत्पन्न करनेवाला **बावलापन** (पु.) पागलपन

बावली–(स्त्री.) 1 सोपानयुक्त छोटा तालाब 2 पगली

बास–(स्त्री.) 1 गंध, महक 2 बहुत थोड़ा अंश

बासन–(पु.) बरतन

बासठ–(वि./पु.) 62 की संख्या

बासर–(पु.) 1 दिन 2 प्रातःकाल, सवेरा

बासी–(वि.) एक या कई दिन पहले का बना हुआ **बासी कढ़ी में उबाल आना** 1 बुढ़ापे में जवानी का जोश आना 2 समय बीत जाने पर कुछ करने की इच्छा होना **बासी बचे न कुत्ता खाय** गुंजाइश न रहना, कुछ भी न शेष रहना

बाहर–(क्रि. वि.) 1 सीमा के पार 2 अलग 3 दूर

बाहरी–(वि.) 1 बाहर की ओर का 2 पराया और भिन्न

बाहु–(स्त्री.) भुजा, बाँह **बाहुपाश** (पु.) भुज पाश **बाहुबंधन** (पु.) बाहुपाश **बाहुबल** (पु.) 1 भुजबल 2 पराक्रम, वीरता

बाहुल्य–(पु.) अधिकता, ज़्यादती

बाह्य–(वि.) 1 बाहरी 2 ग़ैर, बेगाना 3 बहिर्गत, बहिष्कृत 4 ऊपरी, दिखाऊ **बाह्य जगत्** (पु.) दृश्य जगत

बाह्यतः–(क्रि. वि.) बाहर से, बाहरी तौर पर

बाह्याडंबर–(पु.) बाहर का दिखावा, बाहरी ढोंग

बाह्यावरण–(पु.) बाहरी खोल

बाह्येंद्रिय–(स्त्री.) आँख, नाक, कान, त्वचा एवं जीभ ये पाँच इंद्रिय

बिंदी–(स्त्री.) 1 माथे पर लगाया जानेवाला गोल टीका 2 टिकुली 3 सुन्ना, सिफ़र

बिंदु–(पु.) 1 सिफ़र, शून्य 2 पदार्थ का बहुत सूक्ष्म कण 3 अत्यंत सूक्ष्म गोलाकार निशान 4 अनुस्वार सूचक बिंदी 5 बूँद

बिंधना–(अ. क्रि.) 1 बींधा जाना, छेदा जाना 2 उलझना

बिंब–(पु.) 1 पारदर्शक पदार्थ में दिखाई देनेवाली आकृति की झलक 2 परछाँही 3 प्रतिमूर्ति 4 गोलाकार चिह्न, मंडल 5 झलक

बिंबित–(वि.) प्रतिबिंब पड़ा हुआ

बिकना–(अ. क्रि.) मूल्य लेकर दिया जाना

बिकाऊ–(वि.) बिक्री के योग्य

बिक्री–(स्त्री.) 1 बिकने का भाव 2 बेचने का भाव 3 वस्तुओं के बिकने पर प्राप्त धन

ब

बिखरना–(अ. क्रि.) 1 फैल जाना 2 दूर-दूर होना
बिखराव–(पु.) 1 आपस की फूट 2 बिखरे होने की अवस्था
बिखेरना–(स. क्रि.) 1 फेंकना 2 फैलना
बिगड़ना–(अ. क्रि.) 1 ख़राब होना 2 काम योग्य न रहना 3 दुर्गति को प्राप्त होना 4 दोष उत्पन्न होना
बिगाड़–(पु.) 1 आपस का द्वेष 2 ख़राबी, दोष 3 नुक़सान 4 विकार
बिगाड़ना–(स. क्रि.) 1 ख़राब करना 2 विकार पैदा करना 3 कुमार्ग पर लगाना
बिचकना–(अ. क्रि.) चिढ़ना
बिचला–(वि.) 1 बीच का 2 मध्यम श्रेणी का
बिचौलिया, बिचौली–(पु.) 1 मध्यस्थ 2 दलाल
बिच्छू–(पु.) एक छोटा एवं ज़हरीला जंतु
बिछड़ना–(अ. क्रि.) अलग होना, जुदा होना
बिछना–(अ. क्रि.) फैलाया जाना
बिछाना–(स. क्रि.) 1 फैलाना (जैसे–खटिया पर चादर बिछाना) 2 मारकर गिरा देना
बिछावन–(पु.) बिछौना
बिछिया–(स्त्री.) पाँव की उँगलियों का एक गहना
बिछुड़ना–(अ. क्रि.) बिछड़ना
बिछुवा–(पु.) 1 पाँव की उँगलियों का एक गहना 2 बिच्छू 3 एक तरह की छुरी, कटार
बिछोह–(पु.) 1 अलग होना 2 वियोग
बिछौना–(पु.) बिस्तर
बिजली–(स्त्री.) 1 विद्युत 2 तड़ित 3 रासायनिक शक्ति से प्राप्त शक्ति विशेष **बिजलीघर** (पु.) वह स्थान जहाँ से विद्युत कल-कारख़ानों, घरों आदि जगह पहुँचाई जाती है **बिजली-चालित** (वि.) बिजली से चलनेवाला
बिजाई–(स्त्री.) बोआई
बिजूका, बिजूखा–(पु.) 1 पुतला 2 धोखा
बिझरा–(पु.) मटर, गेहूँ, चना, जौ का मिश्रण
बिटिया–(स्त्री.) बेटी
बिट्टुआ–(पु.) बेटा
बिठलाना, बिठाना–(स. क्रि.) बैठाना
बिड़ाल–(पु.) बिल्ली, बिलाव
बिताना–(स. क्रि.) व्यतीत करना
बित्ता–(पु.) हाथ के अँगूठे एवं कनिष्ठिका के सिरों के बीच की अधिकतम दूरी, बालिश्त
बिदकना–(अ. क्रि.) 1 भड़कना 2 फटना 3 घायल होना
बिदरी–(स्त्री.) बिदर नामक धातु के बर्तन बनाने का काम
बिदा–(स्त्री.) 1 रवानगी, रुख़सत 2 गौना (जैसे–लड़की विदा हो गई)
बिध–(स्त्री.) 1 तरह, प्रकार 2 जमा एवं ख़र्च की मदों को मिलाना
बिन–(स. क्रि.) बग़ैर, बिना
बिनब्याहा–(वि.) जिसका विवाह न हुआ हो
बिनना–I (स. क्रि.) 1 छाँटना, चुनना 2 बुनना
बिना–(क्रि. वि.) 1 बग़ैर 2 अतिरिक्त, सिवा
बिनाई–(स्त्री.) 1 चुनने का काम 2 चुनने, बिनने का पारिश्रमिक, बुनावट
बिनौला–(पु.) कपास का बीज
बिपता–(स्त्री.) विपत्ति, मुसीबत
बिपिन–(पु.) वन, जंगल, विपिन
बिफरना–(अ. क्रि.) 1 नाराज़ होना 2 हठ करना 3 अभिमान में फूलना 4 लड़ने को तैयार होना
बियाना–(वि.) पशुओं का बच्चा देना, ब्याना
बिरवा–(पु.) 1 पौधा 2 पेड़, वृक्ष
बिरहा–(पु.) दो पंक्तियोंवाला भोजपुरी का एक प्रसिद्ध लोकछंद
बिराना–(वि.) बेगाना, पराया
बिरियाँ–(स्त्री.) 1 समय, वक़्त, बेला 2 बार, दफ़ा 3 पारी, बारी
बिल–(पु.) दीवाल, ज़मीन में बना लंबा छेद
बिलकुल–(क्रि. वि.) 1 सब, कुल, सारा 2 निरा, निपट 3 तनिक भी, कुछ भी
बिलखना–(अ. क्रि.) विलाप करना, रोना
बिलनी–(स्त्री.) 1 आँख पर होनेवाली फुंसी 2 मिट्टी की बाँबी बनानेवाली काली भौंरी

ब

बिलबिलाना–(अ. क्रि.) 1 रोना-चिल्लाना 2 प्रलाप करना 3 कीड़ों का रेंगना, कुलबुलाना
बिलसना–I (स. क्रि.) उपयोग में लाना, भोग करना (जैसे–सुख बिलसना) II (अ. क्रि.) बहुत शोभा देना
बिला–(क्रि. वि.) बिना, बग़ैर
बिलाना–(अ. क्रि.) 1 खो जाना 2 नष्ट होना 3 छिपना
बिलैया–(स्त्री.) 1 बिल्ली 2 काठ की सिटकनी 3 कुएँ में गिरा बर्तन आदि निकालने का काँटा 4 कद्दूकश **बिलैया भगत** (पु.) कपटी, छली
बिलोना–I (स. क्रि.) 1 घँघोलना 2 मथना 3 गिराना, बहाना 4 अस्त-व्यस्त करना II (वि.) बिना नमक का, अलोना
बिल्ला–(पु.) 1 बिल्ली का नर 2 संस्था आदि की सदस्यतासूचक पट्टी (बैज)
बिल्ली–(स्त्री.) चीते आदि की जाति का मांसाहारी एक पालतू जंतु
बिल्लौर–(पु.) शीशे जैसा सफ़ेद पारदर्शक पत्थर, स्फटिक
बिल्व–(पु.) बेल का वृक्ष और फल
बिवाई–(स्त्री.) पाँव के तलुए का चमड़ा फटने का एक रोग
बिसराना–(स. क्रि.) भुला देना, विस्मृत करना
बिसाती–(पु.) 1 फुटकर सामान बेचनेवाला 2 सामान फैलाकर बेचनेवाला
बिसारना–(स. क्रि.) भुलाना
बिसूरना–I (अ. क्रि.) 1 सोच करना, खेद करना 2 चुपके-चुपके रोना II (पु.) चिंता, फ़िक्र
बिस्तर–(पु.) बिछावन, बिछौना **बिस्तरबंद** (पु.) कैनवस आदि का बना होलडाल
बिस्तुइया–(स्त्री.) छिपकली
बिस्वा–(पु.) एक बीघे का बीसवाँ भाग
बिहँसना–(अ. क्रि.) 1 मुस्कराना 2 हँसना
बिहाग–(पु.) ओड़व संपूर्ण जाति का राग
बिहागड़ा–(पु.) बिहाग राग का एक भेद
बिहान–(पु.) 1 सबेरा 2 आगामी कल
बिहारी–I (पु.) बिहार राज्य का निवासी II (स्त्री.) बिहार की बोली III (वि.) 1 बिहार का 2 बिहार में होनेवाला
बींड़–(पु.) एक के ऊपर एक रखे गए रुपयों का ढेर
बींड़ा–(पु.) 1 पयाल का बना गोल आसन 2 गेंडुरी 3 गोल पिंड, लुंडा
बींधना–I (स. क्रि.) छेदना, बेधना II (अ. क्रि.) 1 आबद्ध होना 2 उलझा रहना
बीघा–(पु.) एक एकड़ का 3/5वाँ भाग
बीच–I (पु.) 1 केंद्रीय अंश 2 जगह, स्थान 3 अंतर, फ़र्क़ 4 मध्यस्थता 5 दूरी, अवकाश II (क्रि. वि.) अंदर, दरमियान, में **बीच-बचाव** (पु.) मध्यस्थता, बिचवई **बीच में कूदना** दख़ल देना, टाँग अड़ाना
बीचोंबीच–(क्रि. वि.) बिलकुल बीच में
बीछी–(स्त्री.) बिच्छू
बीज–(पु.) 1 बोने के लिए कोई दाना (जैसे–फल का बीज, अन्न का बीज) 2 वीर्य, शुक्र 3 मूल कारण 4 कथा-वस्तु का मूल **बीजकोश, बीजकोष** (पु.) वनस्पति का वह अंश जिसके अंदर उसके बीज बंद हों **बीजगणित** (पु.) गणित का एक भेद जिसमें संख्या की जगह अक्षरों का प्रयोग करते हैं **बीजपुरुष** (पु.) कुल आदि का मूल पुरुष
बीजक–(पु.) 1 बिजौरा नींबू 2 बीज, दाना 3 संत, महात्मा के प्रामाणिक पदों का संग्रह 4 सूची
बीजना–(स. क्रि.) 1 बीज बोना 2 काम आदि का बीजारोपण करना
बीजांकुर–(पु.) बीज से निकलनेवाला अंकुर
बीजमंत्र (पु.) 1 देवता के लिए निश्चित मंत्र 2 मूल मंत्र, गुर
बीजाक्षर–(पु.) मंत्र का पहला अक्षर
बीजारोपण–(पु.) 1 बीज बोना 2 काम शुरू करना
बीट–(स्त्री.) 1 पक्षियों का गुह, विष्ठा 2 मल
बीड़ा–(पु.) 1 गिलौरी (जैसे–पान का बीड़ा) 2 म्यान के मुँह के पास बँधी डोरी **बीड़ा**

उठाना काम की ज़िम्मेदारी लेना

बीड़ी–(स्त्री.) 1 पत्ती लपेटकर बनाई हुई सिगरेट जैसी वस्तु 2 छोटा बीड़ा 3 तंबाकू 4 मिस्सी

बीतना–(अ. क्रि.) 1 घटना, कम होना (जैसे–समय बीतना) 2 फलभोग सहन किया जाना 3 समाप्त होना, अंत होना

बीती–(स्त्री.) 1 घटित घटना 2 वृत्तांत

बीन–(स्त्री.) 1 वीणा 2 तूमड़ी 3 तूमड़ी से निकलनेवाला शब्द 4 बाँसुरी

बीनना–(स. क्रि.) 1 चुनना 2 बुनना

बीभत्स–(वि.) घृण्य, गंदा

बीमा–(पु.) 1 ज़मानत 2 ठेका 3 ज़िम्मेदारी (इंश्योरेंस) (जैसे–जीवन बीमा) **बीमा एजेंट** (पु.) बीमा कंपनी का दलाल **बीमा कंपनी** (स्त्री.) जीवन बीमा करनेवाली संस्था

बीमार–I (पु.) मरीज़ II (वि.) रोगी

बीर–(स्त्री.) 1 स्त्रियों में प्रचलित सखी का संबोधन 2 बिरिया नामक कान का गहना, 3 चरागाह

बीर-बहूटी–(स्त्री.) किलनी की जाति का गहरे लाल रंग का एक बरसाती कीड़ा

बीस–I (वि./पु.) 20 की संख्या II (वि.) तुलना में बढ़कर, अच्छा

बीसी–(स्त्री.) 1 एक प्रकार की बीस वस्तुओं का समूह 2 भूमि की नाप 3 पूरे बीघे के हिसाब से लगनेवाला लगान

बीहड़–(वि.) 1 ऊबड़-खाबड़, विषम 2 बहुत विकट

बुँदकी–(स्त्री.) 1 छोटी गोल बिंदी 2 छोटा गोल निशान 3 छोटा बुंदा **बुँदकीदार** (वि.) बुँदकीवाला

बुंदा–(पु.) 1 कान में पहनने का एक गहना, लोलक 2 बड़ी टिकली के आकार का गोदना

बुंदेला–(पु.) बुंदेलखंड के एक तरह के राजपूत

बुआई–(स्त्री.) 1 बोने का काम 2 बोने की मज़दूरी

बुकनी–(स्त्री.) महीन पीसा हुआ चूर्ण

बुख़ार–(पु.) 1 ज्वर (जैसे–बुख़ार आना) 2 दिल का गुबार, भड़ास

बुजुर्ग–I (वि.) वृद्ध, बूढ़ा II (पु.) पूर्वज, पुरखे

बुझना–(अ. क्रि.) 1 जलना बंद हो जाना 2 गर्म वस्तु का पानी में पड़कर ठंडा होना 3 शांत होना

बुझाना–(स. क्रि.) 1 जलती वस्तु को ठंडा करना (जैसे–चूल्हे की लकड़ी बुझाना) 2 गुल करना (जैसे–चिराग़ बुझाना)

बुझौवल–(स्त्री.) पहेली

बुड्ढा–(वि.) बूढ़ा

बुढ़ाई–(स्त्री.) बुढ़ापा, वृद्धावस्था

बुढ़ापा–(पु.) वृद्धावस्था, बुढ़ाई

बुतपरस्त–(पु.) मूर्तिपूजा करनेवाला, मूर्तिपूजक

बुदबुदाना–(अ. क्रि.) बुलबुले आना

बुद्ध–I (वि.) 1 जागरित 2 ज्ञान-संपन्न, ज्ञानी 3 पंडित II (पु.) बौद्धधर्म के प्रवर्तक सिद्धार्थ गौतम

बुद्धि–(स्त्री.) 1 समझ, अक़्ल, मनीषा 2 अंतःकरण की निश्चयात्मक वृत्ति **बुद्धिगम्य, बुद्धिग्राह्य** (वि.) समझ में आने योग्य **बुद्धिबल** (पु.) बुद्धि की शक्ति **बुद्धिभ्रंश** (पु.) अक़्ल का मारा जाना **बुद्धिमत्ता** (स्त्री.) समझदारी, अक़्लमंदी **बुद्धिवाद** (पु.) बुद्धि द्वारा ही समस्त ज्ञान प्राप्त होने का सिद्धांत **बुद्धिजीवी** (पु.) 1 विचारशील 2 बुद्धि से जीविका चलानेवाला

बुद्धिमान–(वि.) समझदार, अक़्लमंद

बुद्धिमानी–(स्त्री.) बुद्धिमत्ता, अक़्लमंदी, होशियारी

बुद्धू–(पु.) नासमझ व्यक्ति, मूर्ख

बुध–(पु.) 1 सौर जगत् का सबसे छोटा ग्रह 2 बुद्धिमान् एवं विद्वान् व्यक्ति 3 देवता **बुधवार** (पु.) मंगलवार एवं गुरुवार के बीच का वार (दिन)

बुनकर–(पु.) कपड़ा बुननेवाला कारीगर

बुनना–(स. क्रि.) 1 धागे से कपड़ा बनाना

ब

2 सलाई आदि के द्वारा वस्त्र का रूप देना 3 तार आदि द्वारा नया रूप देना
बुनाई–(स्त्री.) 1 बुनने का काम 2 बुनने का पारिश्रमिक 3 बुनने का ढंग
बुनावट–(स्त्री.) सूतों के बुनने का प्रकार
बुभुक्षा–(स्त्री.) खाने की इच्छा, भूख
बुभुक्षित–(वि.) भूखा
बुभुत्सु–(वि.) जिज्ञासु
बुरकना–(स. क्रि.) छिड़कना
बुरक़ापोश–(वि.) जिसने बुरक़ा पहना हुआ हो
बुरा–(वि.) 1 ख़राब, निकृष्ट 2 दूषित 3 अनुचित एवं निंदनीय **बुरा कहना** निंदा करना, बदनाम करना **बुरा चाहना** बुराई चाहना, अनिष्ट की कामना करना
बुराई–(स्त्री.) 1 बुरा होना, ख़राबी होना 2 खुटाई, दुष्टता 3 निंदा 4 अवगुण **बुराई-भलाई** (स्त्री.) नेकी-बदी, अच्छा-बुरा काम
बुरादा–(पु.) 1 लकड़ी का चूरा 2 चूर्ण
बुलबुल–(स्त्री.) मधुर आवाज़ वाली चिड़िया
बुलबुला–(पु.) बुल्ला, बुदबुदा
बुलाना–(स. क्रि.) 1 पुकारना 2 बोलने में प्रवृत्त करना
बुलावा–(पु.) निमंत्रण, आवाहन
बुवाना–(स. क्रि.) बोआई कराना
बुहारना–(स. क्रि.) झाड़ लगाना, साफ़ करना
बुहारनी, बुहारी–(स्त्री.) झाड़ू, बढ़नी
बूँद–(स्त्री.) तरल पदार्थ का कण, क़तरा
बूँदा-बाँदी–(स्त्री.) हल्की वर्षा
बूँदी–(स्त्री.) 1 बुँदिया 2 वर्षा के जल की बूँद
बू–(स्त्री.) 1 बदबू, दुर्गंध 2 गंध, महक (जैसे–खुशबू)
बूआ–(स्त्री.) पिता की बहन, फूफी
बूकना–(स. क्रि.) पीसकर चूर्ण करना
बूझ–(स्त्री.) 1 समझ, बुद्धि 2 बूझने का भाव **बूझ-बुझौवल** (स्त्री.) पहेली **बुझक्कड़** (वि.) अटकल से बतानेवाला
बूझना–(स. क्रि.) 1 जानना और समझना 2 गूढ़ बात जानना
बूट–(पु.) 1 हरा चना 2 चने का पौधा
बूटा–(पु.) 1 कपड़े आदि पर बनी हुई फूल-पत्ती 2 छोटा वृक्ष, पौधा
बूटी–(स्त्री.) 1 दवा में काम आनेवाली एक जंगली वनस्पति 2 भंग 3 कपड़े पर बने बेल-बूटे 4 ताश के पत्तों पर बनी हुई बिंदी
बूढ़ा–I (पु.) अधिक उम्र का, वृद्ध II (स्त्री.) वृद्धा स्त्री
बूता–(पु.) 1 बल, पराक्रम 2 शक्ति
बूर–1 गाय-भैंस आदि पशुओं का दूध बढ़ानेवाली एक तरह की घास, खोई 2 कटा हुआ चारा
बूरा–(पु.) 1 शक्कर 2 बढ़िया चीनी 3 महीन चूर्ण
बृहत्, बृहद्–(वि.) 1 बहुत बड़ा, विशाल 2 दृढ़ 3 शक्तिशाली 4 घना, निविड़ 5 पर्याप्त 6 ऊँचा
बृहत्तर–(वि.) 1 और बड़ा 2 मूल के अतिरिक्त और भी अंश
बृहदारण्यक–(पु.) एक उपनिषद
बृहस्पति–(पु.) 1 सौरमंडल का पाँचवाँ और सबसे बड़ा ग्रह 2 देवताओं के गुरु
बृहस्पतिवार (पु.) गुरुवार
बेंट, बेंठ–(स्त्री.) मूठ, दस्ता
बेंत–(पु.) 1 मज़बूत और लचीले डंठलवाली लता 2 बेंत की छड़ी
बे–I (क्रि. वि.) अरे, अबे
बे–II (क्रि. वि.) बिना, बग़ैर (जैसे–बेक़सूर, बेदाग़) **बेअक़्ल** (वि.) नासमझ, निर्बुद्धि
बेअक़्ली (स्त्री.) नासमझी, मूर्खता **बेअदब** (वि.) 1 अदब न करनेवाला, अशिष्ट 2 गुस्ताख़ **बेइंसाफ़ी** (स्त्री.) अन्याय **बेइज़्ज़त** (वि.) 1 अपमानित 2 प्रतिष्ठा-रहित, ज़लील
बेइज़्ज़ती (स्त्री.) 1 अप्रतिष्ठा 2 अपमान
बेईमान (वि.) 1 अविश्वसनीय 2 बदनीयत 3 अधर्मी **बेक़रार** (वि.) 1 बेचैन, विकल 2 अत्यंत उत्सुक **बेखटक, बेखटके** (क्रि. वि.) बिना संकोच के, बेधड़क **बेख़बर** (वि.)

1 असावधान, लापरवाह 2 अनजान **बेगाना** (वि.) 1 ग़ैर, पराया 2 अनजान **बेचैन** (वि.) व्याकुल, बेकल **बेझिझक** (क्रि. वि.) निःसंकोच **बेढंगा** (वि.) 1 बुरे ढंग का 2 अव्यवस्थित 3 भद्दा **बेढब** I (वि.) 1 निराले ढंग का 2 भद्दा, भोंडा II (क्रि. वि.) 1 अनुचित रूप में 2 अनुपयुक्त रूप से **बेतकल्लुफ़ी** (स्त्री.) सादगी, सरलता **बेदिल** (वि.) उदास, खिन्न **बेफ़िक्र** (वि.) निश्चित, बेपरवाह **बेबस** (वि.) विवश, लाचार **बेभाव** I (क्रि. वि.) बेहिसाब **बेमिसाल** (वि.) अद्वितीय, अनुपम **बेरोज़गारी** (स्त्री.) बेकारी **बेवकूफ़ी** (स्त्री.) नासमझी, मूर्खता **बेवफ़ा** (वि.) 1 कृतघ्न 2 धोखा देनेवाला **बेशुमार** (वि.) 1 अगणित 2 बेहिसाब **बेसब्र** (वि.) अधीर **बेहया** (वि.) बेशर्म **बेहयाई** (स्त्री.) बेशर्मी **बेहूदगी** (स्त्री.) 1 बेहूदापन 2 अशिष्टता, असभ्यता

बेकली–(स्त्री.) बेचैनी

बेगम–(स्त्री.) 1 महिला, संभ्रांत स्त्री 2 बादशाह की पत्नी 3 ताश का एक पत्ता (जैसे–पान की बेगम)

बेचारा–(वि.) दीन और निस्सहाय, ग़रीब

बेचू–(पु.) विक्रेता, बेचनेवाला

बेझड़–(पु.) कई तरह का मिश्रित अन्न

बेटा–(पु.) पुत्र, सुत

बेटे-पोते–(पु.) पुत्र-पौत्र

बेठन–(पु.) पुस्तक आदि पर लपेटा गया कपड़ा, खोल, पढ़ा-लिखा मूर्ख

बेड़ा–I (पु.) 1 लट्ठों, लकड़ियों को बाँधकर उस पर टट्टर बिछाकर बनाई गई नाव 2 नावों, जहाज़ों का समूह (जैसे–जहाज़ी बेड़ा) 3 नाव II (वि.) कठिन, मुश्किल

बेड़िन–(स्त्री.) नाचने-गाने का पेशा करनेवाली स्त्री, नटिनी

बेड़ी–(स्त्री.) पाँव की ज़ंजीर

बेध–(पु.) 1 छेद 2 मोती, मूँगे आदि में किया गया छेद

बेधना–(स. क्रि.) 1 छेदना, भेदना 2 घाव करना

बेनी–(स्त्री.) 1 स्त्रियों की चोटी 2 दूसरे पल्ले को रोकने हेतु किवाड़ के एक पल्ले के किनारे लगाई जानेवाली लकड़ी

बेबसी–(स्त्री.) विवश भाव, लाचारी का भाव, असहायता का भाव

बेर–I (स्त्री.) 1 बार, दफ़ा 2 देर, विलंब II (पु.) एक प्रसिद्ध पेड़ तथा उसका फल

बेरवा–(पु.) 1 कलाई पर पहनने का एक प्रकार का कड़ा 2 ब्योरा, विवरण

बेरी–(स्त्री.) 1 सरसों और अलसी का मिश्रण 2 बेर का पेड़

बेल–(स्त्री.) 1 बिना तने का पौधा, लता 2 कपड़े आदि पर रंग, रेशम आदि से बनाए गए लता की शक्ल के फूल-पत्ते 3 कपड़े पर टाँका जानेवाला फीता 4 वंश परंपरा **बेलदार** (वि.) बेल-बूटेवाला

बेलचा–(पु.) 1 छोटी कुदाल 2 लंबा खुरपा

बेलन–(पु.) 1 पत्थर, लौह आदि का बना भारी गोल दंड के आकार का खंड (रोलर) 2 यंत्र आदि में लगा इसी प्रकार का एक पुरज़ा 3 रोटी आदि बेलने का एक उपकरण

बेलना–(स. क्रि.) चकले पर बेलने से रोटी, पूरी आदि बनाना

बेलनाकार–(वि.) बेलन के आकारवाला

बेल-बूटा–(पु.) वस्तु पर अंकित लताओं, पेड़-पौधों आदि के चित्र

बेला–I (स्त्री.) समय II (पु.) चमेली की जाति का पौधा, फूल

बेशुमार–(वि.) अगणित, अनगिनत, बेहिसाब

बेसन–(पु.) चने का आटा

बेह–(वि.) अच्छा, भला **बेहतर** (वि.) अधिक अच्छा **बेहतरी** (स्त्री.) भलाई, हित

बैंक–(पु.) रुपया जमा करके ब्याज सहित लौटाने का कारोबार करनेवाला दफ़्तर **बैंक ड्राफ़्ट** (पु.) बैंक की हुंडी

बैंगन–(पु.) एक सब्ज़ी, भंटा

बैंगनी–(वि.) बैंगन के रंग का, बैंजनी

बैजंती–(स्त्री.) 1 विजयमाल 2 झंडा, पताका

बैटरी–(स्त्री.) रासायनिक पदार्थों के योग से

ब

विद्युत उत्पन्न करने का एक यंत्र
बैठक–(स्त्री.) 1 बैठने का कमरा, चौपाल 2 बैठने का आसन 3 बैठने का ढंग 4 अधिवेशन उठने-बैठने की कसरत
बैठकख़ाना–(पु.) बैठने, मिलने-जुलने का कमरा
बैठकी, बैठनी–(स्त्री.) 1 बैठने का आसन, बैठक 2 उठना-बैठना 3 कपड़ा बुनते समय जुलाहों के बैठने का स्थान, आसन
बैठाना–(स. क्रि.) 1 बैठने में प्रवृत्त करना 2 नियुक्त करना 3 ससम्मान स्थान देना
बैताल–(पु.) 1 एक प्रकार की भूतयोनि 2 द्वारपाल
बैन–(पु.) 1 वचन, बोल 2 रो-रोकर गुणगान करना
बैर–(पु.) 1 शत्रुभाव, दुश्मनी 2 विरोध 3 बेर का पेड़ और उसका फल
बैरिन–(स्त्री.) 1 शत्रुतापूर्ण व्यवहार करनेवाली स्त्री 2 सौत
बैरी–(वि.) 1 विरोधी 2 शत्रुता रखनेवाला
बैल–(पु.) 1 गौ जाति का नर 2 मूर्ख व्यक्ति
बैलगाड़ी (स्त्री.) बैल से खींचा जानेवाला छकड़ा
बैसवाड़ी–(स्त्री.) 1 अवध के प्रांत बैसवाड़ की बोली 2 अवधी का एक-एक भेद
बैसाख–(पु.) हिंदू कैलेंडर का एक महीना, वैशाख
बैसाखी–(स्त्री.) 1 वैशाख की पूर्णिमा 2 लँगड़े लोगों के चलने के लिए एक प्रकार का डंडा
बोआई–(स्त्री.) 1 बोने का काम 2 बोने की मज़दूरी
बोका–I (पु.) 1 बकरे की खाल 2 चमड़े का ढोल II (वि.) मूर्ख
बोझ–(पु.) 1 भार 2 भारी वस्तु 3 भारी लगनेवाला काम 4 ज़िम्मेदारी
बोझिल–(वि.) 1 भारी, वज़नदार 2 विकट
बोटी–(स्त्री.) मांस का टुकड़ा
बोतल–(स्त्री.) काँच का बना लंबी गर्दन का एक पात्र, शीशी **बोतल चढ़ाना** शराब पीना
बोता–(पु.) ऊँट का बच्चा जिसपर अभी सवारी न की जाती हो
बोदा–(वि.) 1 कम समझवाला 2 दब्बू 3 सुस्त
बोध–(पु.) 1 ज्ञान 2 जानकारी 3 धीरज
बोधगम्य (वि.) समझ में आने लायक़
बोधिवृक्ष–(पु.) एक पीपल का पेड़ जिसके नीचे बुद्ध ने ज्ञान प्राप्त किया था
बोधिसत्व–(पु.) बुद्धत्व प्राप्त करने का अधिकारी
बोरका–(पु.) 1 मिट्टी की दवात 2 दवात
बोरना–(स. क्रि.) 1 डुबाना 2 नष्ट करना, नाश करना 3 डुबाकर तर करना
बोरा–(पु.) टाट का बना थैला
बोरी–(स्त्री.) छोटा बोरा
बोल–(पु.) 1 बात, वचन 2 शब्द 3 ताना, बोली 4 बाजे की ध्वनि
बोलती–(स्त्री.) 1 वाणी 2 बोलने में पटु, जीभ **बोलती बंद होना** बोल न सकना
बोलना–(अ. क्रि.) 1 उच्चारित करना 2 विचार प्रकट करना
बोलाचाली–(स्त्री.) बातचीत
बोली–(स्त्री.) 1 बोल, वचन 2 भाषा, बोलचाल 3 नीलाम की आवाज़ 4 व्यंग्य, कटाक्ष
बोवाई–(स्त्री.) बोआई
बोहड़–(पु.) बरगद, बड़
बोहनी–(स्त्री.) पहली बिक्री
बोहरा–(पु.) 1 व्यापार करनेवाली एक मुस्लिम जाति 2 रोज़गारी
बौखलाना–(अ. क्रि.) 1 अंड-बंड बकना 2 पागलों-सा आचरण करना
बौखलाहट–(स्त्री.) 1 बदहवासी, पागलपन 2 क्रोधावेश
बौछार–(स्त्री.) 1 हवा के झोंके से वर्षा की तिरछी आती हुई बूँदों का समूह (जैसे बौछार पड़ना) 2 भरमार
बौड़म–(पु.) पागल, सनकी
बौद्ध–(वि.) 1 बुद्ध संबंधी 2 बुद्ध द्वारा प्रचारित (जैसे–बौद्ध मत) 3 गौतम बुद्ध

ब

के धर्म के अनुयायी **बौद्ध धर्म** (पु.) बुद्ध द्वारा चलाया गया धर्म **बौद्ध संघ** (पु.) बौद्ध धर्म के अनुयायियों का समूह, संगठन

बौद्धिक–(वि.) 1 बुद्धि संबंधी 2 बुद्धि के योग्य

बौना–(पु.) बहुत ही छोटे क़द का आदमी

बौर–(पु.) आम की मंजरी

बौरना–(अ. क्रि.) आम का फूलना

बौरा –(वि.) 1 बावला, पागल 2 भोला-भाला, सीधा-सादा 3 गूँगा

बौराना–(अ. क्रि.) पागल हो जाना

ब्याज–(पु.) मूलधन के अतिरिक्त दिया जानेवाला धन, सूद

ब्याजख़ोर ब्याज की कमाई खानेवाला

ब्याज-बट्टा (पु.) नफ़ा- नुक़सान

ब्यान–(पु.) मादा पशु का प्रसव करना

ब्याह–(पु.) विवाह, शादी

ब्याहना–(स. क्रि.) शादी करना (जैसे—लड़की ब्याहना)

ब्योंत–(स्त्री.) 1 कपड़े की काँट-छाँट (जैसे—क़तर-ब्योंत) 2 तरीक़ा, विधि 3 उपाय, युक्ति 4 तैयारी, इंतज़ाम, प्रबंध

ब्यौरा–(पु.) 1 बात या घटना का उल्लेख, कथन, वर्णन 2 सारा वृत्तांत, सार हाल

ब्यौरेवार–(वि.) विस्तार के साथ, विवरण युक्त

ब्रह्म–(पु.) 1 ईश्वर, परमात्मा 2 सच्चिदानंद-स्वरूप जगत् का मूल तत्त्व 3 अंतरात्मा, विवेक 4 पदों के शुरू में लगनेवाला शब्द (जैसे—ब्रह्मज्ञान, ब्रह्महत्या)

ब्रह्मचर्य (पु.) 1 वेदाध्ययन काल 2 वर्णाश्रमी हिन्दू के लिए विहित चार आश्रमों में से प्रथम

ब्रह्मज्ञानी (पु.) 1 परमार्थ तत्त्व का ज्ञाता, तत्त्वज्ञ 2 आत्मज्ञानी

ब्रह्मपुत्र–(पु.) 1 ब्रह्मा के पुत्र नारद, मनु सनक आदि 2 पूर्वोत्तर भारत की एक बड़ी नदी

ब्रह्मराक्षस–(पु.) वह ब्राह्मण जो अकाल मृत्यु से मरकर राक्षस हो गया हो

ब्रह्मर्षि–(पु.) मंत्र द्रष्टा ऋषि

ब्रह्मशासन–(पु.) वेद या स्मृति की आज्ञा

ब्रह्मसमाज–(पु.) एकमात्र ब्रह्म की उपासना करने वाला एक संप्रदाय जिसके संस्थापक राजा राममोहन राय थे

ब्रह्महत्या–(स्त्री.) ब्राह्मण को मार डालना

ब्रह्मांड–(पु.) 1 संपूर्ण लोक, विश्व 2 खोपड़ी, कपाल (जैसे—ब्रह्मांड फूटना)

ब्रह्मांड रश्मियाँ (स्त्री.) अंतरिक्ष से आनेवाली रेडियो सक्रिय किरणें (कास्मिक रेज़)

ब्रह्मा–(पु.) हिंदू धर्म के तीन देवताओं में एक और प्रथम, पहले देवता

ब्रह्मानंद–(पु.) ब्रह्मज्ञान से उत्पन्न आत्मतृप्ति

ब्रह्मास्त्र–(पु.) 1 ब्रह्म शक्ति से परिचालित अमोघ अस्त्र 2 मंत्र से चलाया गया अस्त्र

ब्राह्म–I (वि.) ब्रह्मा का (जैसे—ब्राह्म दिन)

ब्राह्म मुहूर्त (पु.) सूर्योदय के पूर्व का काल

ब्राह्मविवाह–(पु.) हिंदू धर्म के आठ प्रकार के विवाहों में से एक जिसमें कन्यादान किया जाता है।

ब्राह्मण–(पु.) हिंदुओं के चार वर्णों में एक वर्ण

ब्राह्म समाजी–(पु.) ब्रह्म समाज का समर्थक और अनुयायी

ब्राह्मी–(स्त्री.) 1 ब्रह्मा की शक्ति 2 ब्राह्म विधि से विवाहिता स्त्री 3 भारतवर्ष की एक प्रकार की पुरानी लिखावट

ब्राह्मीलिपि (स्त्री.) देवनागरी की अत्यंत प्राचीन जननी लिपि

ब्रिटिश–(वि.) 1 अँगरेज़ों का 2 ब्रिटेन संबंधी

ब्रेक–(पु.) गति को रोकनेवाला यंत्र

ब्लाउज़–(पु.) विलायती ढंग की ज़नाना कुरती (जैसे—पूरी आस्तीन का ब्लाउज़)

भ

भंग–I (पु.) 1 टूटना, खंडित होना 2 खंड, विघटन 3 ध्वंस, नाश (जैसे–राज्यभंग, सत्वभंग) 4 पराजय 5 संकोच II (स्त्री.) भाँग

भँगड़ा–(पु.) ढोल के ताल पर होनेवाला पंजाबी लोकनृत्य

भंगिमा–(स्त्री.) 1 कलापूर्ण शारीरिक मुद्रा, अदा 2 कुटिलता, वक्रता

भंगी[1]–(वि.) 1 भंग करनेवाला 2 नष्ट होनेवाला II (स्त्री.) 1 रेखाओं के झुकाव से खींचा हुआ चित्र 2 मनोभाव प्रकट करनेवाली शारीरिक मुद्रा, अंग संचालन

भंगी[2]–(पु.) झाड़ू देनेवाला तथा मैला उठानेवाला व्यक्ति, मेहतर

भंगी[3]–(वि.) भाँग पीनेवाला, भँगेड़ी

भंगुर–(वि.) 1 टेढ़ा 2 खंडित (जैसे–भंगुर पदार्थ) 3 भंग होनेवाला 4 नाशवान्

भंजन–I (पु.) भंग करना II (वि.) भंजक

भँजाई–(स्त्री.) 1 तेज़ी से घुमाने का काम (जैसे तलवार भँजाई) का काम 2 भाँजने की मज़दूरी 3 काग़ज़ की परतों को मोड़ना 4 मोड़ने की मज़दूरी

भंड–I (वि.) 1 गंदी बातें बकनेवाला 2 पाखंडी II (पु.) भांड

भँड़ताल–(पु.) एक तरह का नृत्ययुक्त गाना

भंडना–(स. क्रि.) 1 हानि पहुँचाना 2 बिगाड़ना 3 बदनाम करना

भंडा–(पु.) 1 बर्तन, पात्र 2 भंडार 3 भेद (जैसे–भंडा फोड़ना) **भंडाफोड़** I (पु.) भेद प्रकट होना II (वि.) भेद खोलनेवाला **भंडा फूटना** भेद खुलना

भंडार–(पु.) 1 कोष, ख़ज़ाना 2 कोठार 3 पाकशाला 4 पेट **भंडारगृह, भंडारघर** (पु.) अन्न रखने का घर, मकान

भंडारा–(पु.) 1 साधुओं का भोज 2 भंडार

भंडारी–(पु.) 1 भंडार का प्रबंधक 2 रसोइया

भँड़ैती–(स्त्री.) 1 भाँड़ों का पेशा 2 भाँड़ों-सा हास-परिहास

भँभीरा, भँभीरी–(स्त्री.) 1 एक तरह का बरसाती फतिंगा 2 फिरकी, फिरैरी

भँवर–(पु.) 1 लहरों का चक्कर, जलावर्त 2 भ्रमर, भौंरा **भँवरजाल** (पु.) सांसारिक झंझट

भँवरा–(पु.) भौंरा

भइया–(पु.) भाई

भकुआ–(पु.) 1 मूर्ख, मूढ़ 2 घबराया हुआ

भकोसना–(स. क्रि.) जल्दी-जल्दी खाना, ठूँसना

भक्त–(वि.) 1 अनुरागी 2 अनुगत 3 भक्तियुक्त (जैसे–ईश्वर भक्त) **भक्त-वत्सल** (वि.) भक्तों पर कृपा और स्नेह रखनेवाला

भक्ति–(स्त्री.) 1 सेवा, आराधना 2 अत्यंत अनुराग 3 श्रद्धा (जैसे–पितृभक्ति, गुरुभक्ति) **भक्ति-प्रवण** (वि.) भक्ति में लीन

भक्षक–(वि.) 1 भोजन करनेवाला, खादक 2 खा जानेवाला (जैसे–नर-भक्षक)

भक्षण–(पु.) 1 भोजन करना 2 दाँतों से काटकर खाना

भगंदर–(पु.) गुदा मार्ग के किनारे पर होने वाला फोड़ा जो फूटने पर नासूर बन जाता है

भग–I (पु.) 1 सूर्य 2 चंद्रमा 3 धन-संपत्ति 4 इच्छा, कामना 5 सौभाग्य II (स्त्री.) स्त्री योनि

भगत–I (वि.) 1 भक्त 2 विचारवान् II (पु.) साधु-संन्यासी

भगदड़–(स्त्री.) इधर-उधर भागना

भगवत्–I (वि.) 1 ऐश्वर्यशाली 2 पूज्य II (पु.) भगवान्

भगवती–(स्त्री.) 1 देवी 2 दुर्गा

भगवद्गीता–(स्त्री.) अठारह अध्यायों में

श्रीकृष्ण द्वारा अर्जुन को दिये गए उपदेशों का ग्रंथ

भगवा–(पु.) 1 गेरुआ रंग, काषाय 2 इस रंग में रंगा हुआ वस्त्र जिसे अधिकतर साधु पहनते हैं

भगवान्–I (पु.) ईश्वर II (वि.) 1 ऐश्वर्यशाली 2 पूज्य, मान्य

भगाना–(स. क्रि.) 1 भगाने का काम करना, खदेड़ना 2 फुसलाकर ले जाना

भगिनी–(स्त्री.) बहन **भगिनीपति** (पु.) बहनोई **भगिनीपुत्र** (पु.) भानजा

भगीरथ–I (पु.) सूर्यवंशी राजा दिलीप के पुत्र II (वि.) भगीरथ की तपस्या के समान अत्यंत विशाल (जैसे–भगीरथ कर्म) **भगीरथ प्रयत्न, भगीरथ प्रयास** (पु.) असाधारण प्रयत्न

भगेड़, भगोड़ा–I (वि.) भागा हुआ, डरपोक II (पु.) कायर व्यक्ति

भग्न–(वि.) 1 टूटा हुआ, खंडित 2 पराजित 3 हताश

भग्नदूत–(पु.) हारने के बाद राजा को सूचित करनेवाली सेना

भग्नप्राय–(वि.) लगभग टूटा हुआ

भग्नावशेष–(पु.) 1 टूटी-फूटी वस्तु के बचे टुकड़े 2 खँडहर

भजन–(पु.) 1 सेवा, आराधना 2 ईश्वर की स्तुति करना 3 स्मरण (जैसे–ईश भजन)

भजना–(स. क्रि.) 1 जप करना 2 स्मरण करना

भजनीक–(पु.) भजन गाकर उपदेश करनेवाला

भट–(पु.) योद्धा

भटकना–(अ. क्रि.) 1 इधर-उधर घूमना-फिरना 2 रास्ता भूलना 3 तलाश में फिरना

भट्ट–(पु.) 1 ब्राह्मणों की एक उपाधि 2 भट

भट्टाचार्य–(पु.) 1 दर्शनशास्त्र का पंडित 2 बंगाली ब्राह्मणों की एक जाति

भट्टारक–I (वि.) माननीय II (पु.) 1 राजा 2 मुनि 3 पंडित

भट्ठा–(पु.) बड़ी भट्ठी

भट्ठी–(स्त्री.) 1 ईंटें आदि पकाने का पजावा 2 बड़ा चूल्हा

भठियारख़ाना–(पु.) 1 सराय (ठहरने का स्थान 2 कमीने और असभ्य लोगों की बैठक

भठियारा–(पु.) सराय का मालिक

भड़बा–(पु.) दिखावटी ठाट-बाट, आडंबर

भड़क–I (स्त्री.) भड़कने की अवस्था II (स्त्री.) तीव्र चमक-दमक **भड़कदार** (वि.) चमकवाला, चमकीला

भड़कीला–(वि.) भड़कदार

भड़भड़ाना–I (अ. क्रि.) भड़भड़ शब्द उत्पन्न होना II (स. क्रि.) भड़-भड़ शब्द उत्पन्न करना

भड़भड़िया–(वि.) 1 व्यर्थ की बातें करनेवाला 2 भेद प्रकट कर देनेवाला 3 डींग मारनेवाला

भड़ास–(स्त्री.) मानसिक असंतोष, गुबार

भड़आ–(पु.) 1 वेश्याओं का दलाल 2 सफ़रदाई

भड़ैत–(पु.) 1 किराएदार 2 भाड़े पर काम करनेवाला व्यक्ति

भड्डर–(पु.) फलित ज्योतिष बताकर जीविकोपार्जन करनेवाली एक ब्राह्मण जाति

भणित–I (वि.) कहा हुआ II (स्त्री.) कही गई बात

भत्ता–(पु.) वेतन के अतिरिक्त दिया गया धन

भदंत–I (वि.) 1 सम्मानित, पूजित 2 संन्यस्त II (पु.) बौद्धभिक्षु

भद्द, भद्दा–(वि.) 1 कुरूप, ख़राब 2 बेढंगा, भोंडा 3 अशिष्ट 4 अश्लील, फूहड़

भद्र–I (वि.) 1 सभ्य और सुशिक्षित 2 कल्याण करनेवाला, शुभ 3 सुंदर 4 श्रेष्ठ, उत्तम 5 भला, साधु II (पु.) कल्याण, मंगल

भद्रकाली–(स्त्री.) दुर्गा का एक रूप

भनक–(स्त्री.) 1 मंद ध्वनि 2 उड़ती ख़बर

भनभनाहट–(स्त्री.) गुंजार

भब्भड़–(स्त्री.) भीड़भाड़, धक्कमधक्का

भभकना–(अ. क्रि.) 1 भड़कना 2 ज़ोर-से फूट पड़ना 3 ज़ोर से बाहर आना

भभका–(पु.) अर्क़ खींचने का यंत्र

भ

भभकी–(स्त्री.) झूठी धमकी

भभूत–(स्त्री.) भस्म, राख

भयंकर–(वि.) 1 डरावना तथा उग्र 2 अत्यधिक भीषण

भय–(पु.) 1 डर, ख़ौफ़ 2 ख़तरा **भयग्रस्त** (वि.) भय से पीड़ित **भयप्रद** (वि.) डरावना **भयभीत** (वि.) डरा हुआ

भयानक–(वि.) डरावना

भय्या–(पु.) भाई

भर–(क्रि. वि.) 1 अवकाश, परिमाण, वय आदि की संपूर्णता को किसी इकाई के रूप में सूचित करते हुए (जैसे–थाली भर चावल) 2 तक, पर्यंत 3 अच्छी तरह से **भरपाई** (स्त्री.) 1 चुकता होने का भाव 2 भरपाने की रसीद **भरपूर** I (वि.) परिपूर्ण II (क्रि. वि.) पूर्णतः

भरण–(पु.) 1 भरना 2 पालन-पोषण

भरत–(पु.) 1 राजा दशरथ और कैकेयी के पुत्र 2 राजा दुष्यंत और शकुंतला के पुत्र जिनके नाम पर इस देश का नाम भारतवर्ष पड़ा 2 (पु.) भरने की वस्तु 3 (पु.) भाड़ा 4 (पु.) मालगुज़ारी 5 (पु.) सारे भारत में पाया जानेवाला लवा पक्षी का एक भेद

भरता–(पु.) आलू आदि को भूनकर बनाया गया सालन (जैसे–आलू का भरता)

भरतार–(पु.) 1 पति 2 स्वामी

भरती–(स्त्री.) 1 प्रवेश 2 दाख़िला 3 भराव 4 पच्चीकारी

भरना–(स. क्रि.) 1 खाली स्थान पर गिराना, उँड़ेलना (जैसे–घड़े में पानी भरना) 2 स्थापित करना (जैसे–चित्र में रंग भरना) 3 स्थान की पूर्ति करना (जैसे–नौकरी में भाई-भतीजों को भरना)

भरनी–(स्त्री.) 1 भरने का काम 2 भरी जानेवाली वस्तु 3 काम की दशा (जैसे–जैसी करनी वैसी भरनी)

भरमाना–(स. क्रि.) 1 भ्रम में डालना 2 मोहित करना

भरमार–(स्त्री.) व्यर्थ की चीज़ों की अधिकता

भरसक–(क्रि. वि.) जहाँ तक संभव हो

भरा–(वि.) 1 पूर्ण (जैसे–जल से भरा घड़ा) 2 यथेष्ट मात्रा से युक्त 3 पूर्णता को प्राप्त

भराव–(पु.) भरे होने का भाव

भरी–(स्त्री.) 1 दस माशे की तौल 2 एक तरह की घास

भरुका–(पु.) पुरवे के आकार का मिट्टी का बना छोटा पात्र, चुक्कड़

भरोसा–(पु.) 1 विश्वास 2 सहारा, आसरा 3 पक्की आशा

भर्ता–I (वि.) भरण-पोषण करनेवाला II (पु.) 1 स्त्री का पति 2 स्वामी, मालिक

भर्त्सना–(स्त्री.) 1 डाँट 2 निंदा, लानत-मलामत

भर्रा–(पु.) 1 झाँसा 2 पक्षियों की उड़ान 3 एक प्रकार की चिड़िया

भर्राटा–(पु.) 1 भर-भर शब्द होने की अवस्था 2 बराबर होनेवाला भरभर शब्द

भलमनसाहत, भलमनसी–(स्त्री.) सज्जनता

भला–I (वि.) 1 अच्छा, नेक 2 सुंदर (जैसे–अच्छा लगना) II (पु.) भलाई, मंगल (जैसे–किसी का भला करना)

भले–(क्रि. वि.) 1 भली-भाँति, अच्छी तरह 2 ख़ूब, वाह

भव–(पु.) 1 संसार, जगत् (जैसे–भव बंधन) 2 उत्पत्ति 3 होना (जैसे–आयुष्मान् भव) **भवबंधन** (पु.) जन्म-मरण का चक्र **भवसागर, भवसिंधु** (पु.) संसार रूपी समुद्र

भवदीय–(वि.) आपका

भवन–(पु.) 1 वासस्थान, घर, मकान 2 महल (जैसे संसद भवन) 3 आश्रय का स्थान

भवानी–(स्त्री.) पार्वती

भवितव्य–(वि.) होनहार, अवश्यंभावी **भवितव्यता** (स्त्री.) 1 होनी, होनिहार 2 भाग्य

भविष्य–(पु.) 1 आनेवाला कल 2 आनेवाला समय (जैसे–भविष्य काल) **भविष्य-कथन** (पु.) भविष्यवाणी **भविष्य काल** (पु.) क्रिया के तीन कालों में से एक **भविष्यदर्शी** (वि.) भविष्य को जाननेवाला **भविष्यद्रष्टा** (पु.) ज्योतिषी **भविष्यनिधि** (स्त्री.) 1 संचित

कोष, संचित संपत्ति 2 निर्वाह निधि (प्रोविडेंट फंड)

भव्य–(वि.) 1 शानदार, आलीशान 2 सुंदर

भस्म–(पु.) राख **भस्मसात्** (वि.) नष्ट

भस्मसात्–(वि.) नष्ट

भस्माच्छादित–(वि.) राख से ढका हुआ

भस्मावशेष–I (वि.) जलकर राख हुआ II (पु.) राख के रूप में बचा अंश

भस्मासुर–(पु.) एक प्रसिद्ध राक्षस

भस्मीभूत–(वि.) जलकर राख हुआ

भाँग–(स्त्री.) गाँजे की जाति का पौधा, पत्तियाँ, पत्तियों से बनाया गया पेय

भाँजना–(स. क्रि.) लाठी आदि घुमाना

भाँड–(पु.) 1 भाँडा, बर्तन 2 कुप्पा 3 मसखरा 4 विदूषक 5 निर्लज्ज व्यक्ति 6 उपद्रव, हो-हल्ला

भाँडपन–(पु.) 1 मसख़रापन 2 निर्लज्जता

भांडार–(पु.) 1 भंडार 2 कोष, ख़ज़ाना

भाँति–(स्त्री.) 1 तरह 2 चाल-ढाल, रंग-ढंग 3 रीति 4 आचार-व्यवहार आदि की मर्यादा

भाँपना–(स. क्रि.) 1 अनुमान करना 2 ताड़ना

भाँय-भाँय–(पु.) सन्नाटे में होनेवाली हवा की आवाज़

भाँवर–(स्त्री.) विवाह के समय के फेरे

भाई–(पु.) एक ही माँ-बाप का पुत्र या बेटा, सहोदर, भ्राता

भाईदूज–(पु.) भाई-बहन के प्रेम का प्रतीक त्यौहार कार्तिक-शुक्ल-द्वितीय को मनाते हैं

भाई-बंदी–(स्त्री.) भाईचारा

भाई-भतीजावाद–(पु.) अपने लोगों की तरफ़दारी

भाग–(पु.) 1 हिस्सा, अंश 2 बँटवारा 3 संख्या विशेष को कई अंश में बाँटने की क्रिया 4 भाग्य, तक़दीर **भागदौड़** (स्त्री.) दौड़धूप

भागफल–(पु.) भाग देने पर प्राप्त संख्या

भागना–(अ. क्रि.) 1 दौड़कर दूर निकल जाना, पलायन करना 2 पीछा छुड़ाना

भागमभाग–(पु.) दौड़धूप, जल्दी

भागवत्–(वि.) 1 भागवत् संबंधी 2 भागवत् की सेवा और उपासना करनेवाला

भागिनेय–(पु.) बहिन का पुत्र

भागी–(वि.) 1 हिस्सेदार 2 शामिल (जैसे–पाप का भागी) 3 मालिक, अधिकारी

भागीरथी–(स्त्री.) भगीरथ के प्रयत्न से अवतरित गंगा

भाग्य–I (पु.) क़िस्मत, तक़दीर, नसीब II (वि.) हिस्से का अधिकारी **भाग्य नक्षत्र** (पु.) क़िस्मत का सितारा **भाग्य योग** (पु.) भाग्योदय का समय **भाग्य-लेख** (पु.) भाग्य में लिखा, भविष्य रेखा

भाग्यवश–(क्रि. वि.) क़िस्मत से

भाग्यवाद–(पु.) भाग्यानुसार शुभाशुभ मानने का सिद्धांत

भाग्यविधाता–(पु.) भाग्य निश्चित करनेवाला, ईश्वर

भाग्यवान्–(वि.) भाग्यशाली, ख़ुशक़िस्मत

भाग्योदय–(पु.) भाग्य जागना

भाजन–(पु.) 1 अधिकारी 2 विभाग करना 3 भाग करना 4 बर्तन

भाजी–(स्त्री.) तरकारी, सब्ज़ी

भाट–(पु.) 1 चारण, बंदी 2 राजाओं का यशगान करनेवाली एक जाति

भाटा–(पु.) 1 समुद्र के पानी का चढ़ाव के बाद वेगपूर्वक पीछे हटना 2 भंटा

भाड़–(पु.) भड़भूजों की भट्ठी **भाड़ झोंकना** (स.क्रि.) 1 तुच्छ काम करना 2 निरर्थक श्रम करना **भाड़ में जाए** नष्ट हो जाए

भाड़ा–(पु.) किराया

भाड़े का टट्टू–(वि.) धन लेकर काम करनेवाला

भाण–(पु.) हास्य-रस प्रधान नाटक

भात–(पु.) 1 उबला चावल 2 ब्याह की एक रस्म जिसमें वर का पिता कन्या के पिता के घर जाकर कच्ची रसोई खाता है

भाद्रपद–(पु.) भादों का महीना

भान–(पु.) 1 ज्ञान, बोध 2 आभास, प्रतीति 3 प्रकाश, रोशनी 4 दीप्ति, चमक

भानु–(पु.) 1 सूर्य 2 प्रकाश

भानुमती–(स्त्री.) जादूगरनी, मायाविनी

भाप–(स्त्री.) 1 खौलते जल का वाष्पीय रूप 2 तरल पदार्थ का गैसीय रूप

भ

भाभी–(स्त्री.) बड़े भाई की पत्नी

भामिनी–(स्त्री.) 1 शीघ्र क्रुद्ध हो जानेवाली स्त्री 2 कामिनी

भार–(पु.) 1 बोझ 2 वज़न 3 उत्तरदायित्व 4 आश्रय, सहारा **भार-केंद्र** (पु.) गुरुत्व का केंद्र **भारक्षमता** (पु.) भार उठाने की सामर्थ्य **भारमापी** (पु.) वज़न तौलने का एक यंत्र

भारत–(पु.) 1 भारतवर्ष 2 भरत वंश में उत्पन्न **भारतरत्न** (पु.) भारत के महान् आदर्श पुरुष, एक उपाधि जो स्वतंत्र भारत की सर्वोच्च उपाधि है **भारतविद्या** (स्त्री.) भारतीय इतिहास, संस्कृति और साहित्य **भारतविद्याविद्** (पु.) भारत विद्या का ज्ञाता

भारती–(स्त्री.) 1 वचन, वाणी 2 सरस्वती

भारतीय–I (वि.) भारत संबंधी II (पु.) भारतवासी **भारतीयकरण** (पु.) 1 भारतीय बनाना 2 भारतीयों को प्रधानता देना **भारतीयता** (स्त्री.) भारतीय होने का भाव

भाराक्रांत–(वि.) भार से व्यथित, पीड़ित, बोझ से दबा हुआ

भारी–I (वि.) 1 कठिन 2 गहरा 3 अधिक भारवाला 4 कष्टकर II (क्रि. वि.) अत्यधिक, बहुत ज़्यादा **भारी-भरकम** (वि.) बड़े डील-डौलवाला

भारोत्तोलन–(पु.) भार उठाना

भार्या–(स्त्री.) पत्नी, जोरू **भार्याजित** (वि.) पत्नी भक्त

भाल–(पु.) 1 भाला 2 गाँसी 3 माथा, ललाट, मस्तक 4 तेज **भालचंद्र, भालनेत्र** (पु.) शिव

भाला–(पु.) एक प्रकार का हथियार, बरछा, नेजा **भालाबरदार** (पु.) भाला धारण करनेवाला

भालू–(पु.) मोटे लंबे काले बालोंवाला एक हिंसक पशु

भाव–I (पु.) 1 दर, मूल्य 2 क़ीमत II (पु.) 1 सत्ता, अस्तित्व 2 जन्म, उत्पत्ति 3 चित्त में उत्पन्न होनेवाला विकार, हर्ष, शोक, ईर्ष्या आदि मनोविकार 4 भावना 5 ख़्याल 6 शब्द, वाक्य आदि का अर्थ, आशय 7 भावसूचक अंग चेष्टा, भंगी 8 अवस्था 9 स्वभाव **भावगत** (वि.) विचारात्मक **भावगम्य** (वि.) सद्भाव से जानने योग्य **भावपक्ष** (पु.) काव्यगत भावनाओं, कल्पनाओं तथा विचारों से युक्त पक्ष **भावप्रवण** (वि.) भावुक **भावभंगी** (स्त्री.) मनोभावों को प्रकट करनेवाला अंग-संचालन, अंग विक्षेप **भाववाचक** (वि.) वस्तु, व्यक्ति और स्थान का भाव, धर्म गुण आदि बतानेवाला (जैसे–भाववाचक संज्ञा) **भाववाची** (वि.) भाव का अर्थ देनेवाला **भावविभोर** (वि.) भावना में डूब जाना

भावज–(स्त्री.) भाभी

भावना–(स्त्री.) 1 मन की कल्पना, ख़्याल, विचार 2 चिंतन, ध्यान 3 कामना, चाह

भावनात्मक–(वि.) भावमय, भावपूर्ण

भावमय–(वि.) भावनाओं में निमग्न

भावान्तर–(पु.) 1 मन की अवस्था का बदलना 2 अर्थांतर

भावाकुल, भावातुर–(वि.) 1 भावनाओं के कारण अशांत 2 भावों से भरा हुआ, भावुक

भावाभिव्यक्ति–(स्त्री.) भाव प्रकट करना

भावार्थ–(पु.) 1 अभिप्राय, आशय 2 मतलब, तात्पर्य

भावावेग, भावावेश–(पु.) भावों की प्रबलता, भावुकता

भावी–(वि.) भविष्य में होनेवाला

भावुक–I (वि.) 1 कोमल चित्तवाला, भावना रखनेवाला 2 भावों के वशीभूत होनेवाला (व्यक्ति) II (पु.) भला आदमी, सज्जन

भावुकता–(स्त्री.) भावुक होने का भाव

भावोत्तेजक–(वि.) भावनाओं को उकसानेवाला

भावोद्गार–(पु.) भावाभिव्यक्ति

भाषण–(पु.) 1 धाराप्रवाह रूप में किया गया विवरण (जैसे–भाषण देना) 2 वार्तालाप 3 कथन, कही गई बात 4 बोलना **भाषण-कला** (स्त्री.) वक्तृता

भाषांतर–(पु.) 1 अनुवाद करना 2 अनुवाद **भाषांतरकार** (पु.) अनुवाद करनेवाला, अनुवादक

भाषा–(स्त्री.) बोली, ज़बान (जैसे–हिंदी

भाषा, अंग्रेज़ी भाषा) 2 बोली 3 देश, क्षेत्र आदि में बोली जानेवाली बोली **भाषा तत्त्व** (पु.) भाषा का विज्ञान **भाषा विज्ञान** (पु.) वह विज्ञान जिसमें भाषा की उत्पत्ति और उसके विकास आदि का वैज्ञानिक रूप से अध्ययन किया जाता है **भाषा-वैज्ञानिक** (वि.) 1 भाषा विज्ञान से संबंधित 2 भाषा विज्ञानी **भाषाशास्त्र** (पु.) भाषाविज्ञान

भाषाई, भाषायी–(वि.) भाषा संबंधी, भाषा का

भाषी–(वि.) बोलनेवाला

भाष्य–(पु.) 1 कथन 2 सूत्र ग्रंथों की विस्तृत व्याख्या 3 गूढ़ बात की विस्तृत व्याख्या **भाष्यकार** (पु.) सूत्रों की व्याख्या करनेवाला

भासमान–(वि.) दिखाई देता हुआ

भास्कर–(पु.) सूर्य

भिंचना–(अ. क्रि.) बंद होना, मूँदना

भिक्षा–(स्त्री.) भीख **भिक्षाजीवी** (वि.) भीख माँगकर ज़ीविकोपार्जन करनेवाला **भिक्षापात्र** I (पु.) भीख माँगने का बर्तन II (वि.) भिक्षा योग्य **भिक्षावृत्ति** (स्त्री.) भिक्षा माँगना

भिक्षाटन–(पु.) भिक्षा हेतु दरवाज़े-दरवाज़े जाना

भिक्षार्थी–(वि.) भीख माँगनेवाला

भिक्षु–(पु.) 1 साधु-संन्यासी 2 भिखमंगा 3 गोरख मुंडी

भिक्षुक–I (पु.) भिक्षु II (वि.) भीख माँगनेवाला

भिक्षुणी–(स्त्री.) बौद्ध संन्यासिनी

भिखारी–(पु.) भिखमंगा

भिगोना–(स. क्रि.) गीला करना, तर करना

भिड़ंत–(स्त्री.) गुठभेड़, टक्कर

भिड़–(स्त्री.) बर्रै, ततैया

भिड़ना–(अ. क्रि.) 1 टकराना 2 लड़ना

भिड़ाना–(स. क्रि.) भिड़ने में प्रवृत्त करना

भित्ति–I (स्त्री.) 1 दीवार 2 चित्र बनाने का आधार, चित्राधार 3 नींव **भित्ति चित्र** (पु.) दीवार पर बना चित्र

भिनकना–(अ. क्रि.) 1 भिन-भिन शब्द करना 2 घृणा पैदा होना

भिनभिनाना–(अ. क्रि.) भिन-भिन शब्द होना

भिनसार–(पु.) सवेरा

भिन्न–I (वि.) 1 अलग, पृथक् 2 अलग किया हुआ 3 अलग तरह का 4 दूसरा, और II (पु.) इकाई का छोटा अंश (जैसे ¼) **भिन्न-भिन्न** (वि.) अलग-अलग **भिन्न मतावलंबी** (वि.) दूसरे सिद्धांत को माननेवाला

भिल्ल–(पु.) एक जंगली जाति, भील

भिश्ती–(पु.) मशक से पानी ढोनेवाला व्यक्ति

भिषक–(पु.) हकीम, वैद्य

भींचना–(स. क्रि.) 1 दबाना 2 बंद करना

भी–(क्रि. वि.) 1 अवश्य 2 तक 3 अधिक

भीख–(स्त्री.) 1 भिक्षा 2 भीख में मिली वस्तु

भीगना–(अ. क्रि.) गीला होना, तर होना

भीड़–(स्त्री.) 1 जन-समूह, मजमा 2 अधिकता **भीड़-भड़क्का, भीड़-भड़ाका** (पु.), **भीड़-भाड़** (स्त्री.) 1 भीड़, समूह 2 धक्कम-धक्का

भीत–I (स्त्री.) दीवार II (वि.) डरा हुआ, भयभीत

भीतर–I (क्रि. वि.) 1 अंदर 2 मन में II (पु.) 1 अंदरवाला भाग 2 मन 3 अंतःपुर

भीतरी–(वि.) अंदर का, छिपा हुआ

भीति–(स्त्री.) डर, भय

भीना–I (वि.) बहुत मंद (जैसे–भीनी सुगंध)

भीना–II (प्रत्यय) युक्त (जैसे–भावभीना)

भीम–I (वि.) 1 बहुत बड़ा 2 भयंकर, भीषण 3 बहादुर, वीर II (पु.) कुंती पुत्र भीमसेन

भीमाकार–(वि.) अति विशाल

भीरु–(वि.) 1 डरा हुआ 2 कायर, डरपोक

भील–(पु.) 1 एक जंगली जाति 2 इस जंगली जाति का पुरुष

भीलनी–(स्त्री.) भील की स्त्री

भीषण–(वि.) भयानक, डरावना

भीष्म–I (वि.) डरावना, भयंकर II (पु.) राजा शांतनु का पुत्र **भीष्म पितामह** (पु.) भीष्म **भीष्म प्रतिज्ञा** (स्त्री.) कठोर प्रतिज्ञा

भुक्खड़–(वि.) 1 अत्यंत भूखा 2 लालची 3 कंगाल, दरिद्र

भुक्त–(वि.) 1 खाया हुआ 2 भोग किया

भ

हुआ **भुक्तभोगी** (वि.) दुष्परिणाम भोगनेवाला
भुखमरी–(स्त्री.) भूख से मरने की अवस्था
भुगतना–(स. क्रि.) 1 भोगना 2 निभाना
भुगतान–(पु.) 1 चुकाने की अवस्था (जैसे–ऋण का भुगतान) 2 भुगतने का भाव
भुजंग, भुजंगम–(पु.) साँप, सर्प
भुजंगम-भोजी (पु.) 1 गरुड़ 2 मोर, मयूर
भुजंगी–(स्त्री.) नागिन (मादा साँप)
भुज–(पु.) बाँह, भुजा **भुजपाश** (पु.) आलिंगन
भुजबंध–(पु.) भुजाओं में बाँधने का एक गहना
भुजबल (पु.) बाहुबल
भुजा–(स्त्री.) बाँह, बाहु
भुजिया–I (वि.) भूनकर बनाया हुआ II (पु.) सूखी सब्ज़ी (जैसे–आलू की भुजिया)
भुट्टा–(पु.) मक्के की हरी बाल
भुनना–(अ. क्रि.) 1 भूना जाना 2 नोट आदि का सिक्कों में बदलना
भुनभुनाना–(स. क्रि.) 1 कुढ़कर धीरे-धीरे बातें करना 2 भुन-भुन शब्द करना
भुनाई–(स्त्री.) 1 भुनाने के बदले दी गई रक़म 2 भुनने की मज़दूरी
भुरकना–I (अ. क्रि.) भुरभुरा हो जाना II (स. क्रि.) बुरकना, छिड़कना
भुरकस–I (पु.) बुकनी, चूर्ण II (वि.) चूर्ण किया हुआ।
भुरता–(पु.) 1 कुचला हुआ 2 एक भोजन (जैसे– बैंगन का भुरता)
भुरभुरा–(वि.) टूटकर अलग होनेवाला
भुलक्कड़–(वि.) भूलनेवाला
भुलाना–(स. क्रि.) भूल जाना, याद न रखना
भुलावा–(पु.) छलपूर्ण बात
भुवन–(पु.) संसार **भुवनकोश** (पु.) 1 भूमंडल, पृथ्वी 2 समस्त ब्रह्माण्ड **भुवनत्रय** (पु.) स्वर्ग, मर्त्य और पाताल ये तीन लोक
भुवनेश्वर–(पु.) 1 लोकों का स्वामी, ईश्वर 2 उड़ीसा का एक प्रसिद्ध तीर्थ
भूँकना–(अ. क्रि.) कुत्ते की भौं-भौं की आवाज
भूँजा–(पु.) भड़भूँजा
भू–(स्त्री.) 1 ज़मीन 2 पृथ्वी
भूकंप–(पु.) भूचाल
भूमापी–(पु.) भूचाल की शक्ति और गति मापने का एक यंत्र
भूक्षरण–(पु.) ज़मीन का कटाव
भूगर्भ–(पु.) पृथ्वी का भीतरी भाग **भूगर्भ-शास्त्र** (पु.) वह विज्ञान जिसमें पृथ्वी की मिट्टी, पत्थर, चट्टानों तथा खनिजों का अध्ययन किया जाता है (जिओलॉजी)
भूगोल–(पु.) पृथ्वी तल के ऊपरी स्वरूप, प्राकृतिक, राजनीतिक विभागों का अध्ययन करने वाला शास्त्र (ज्योग्राफ़ी)
भूचाल–(पु.) पृथ्वी के धरातल पर होनेवाला प्राकृतिक कंपन
भूदान–(पु.) ज़मीन आदि का दान करना **भूपति** (पु.) राजा, नरेश **भूमंडल** (पु.) भूगोल, धरती
भूमध्य रेखा–(स्त्री.) पृथ्वी के मध्य से जानेवाली रेखा, विषुवत् रेखा (इक्वेटर)
भू-राजस्व–(पु.) भूमि कर **भू-संपत्ति** (स्त्री.) ज़मीन के रूप में होनेवाली जायदाद
भू-संरक्षण–(पु.) भूमि के कटाव को रोकने का उपाय
भूख–(स्त्री.) 1 भोजन की इच्छा, क्षुधा 2 इच्छा
भूख-प्यास (स्त्री.) भूख और प्यास
भूख-हड़ताल (स्त्री.) विरोध में भोजन त्यागना
भूखा–(वि.) 1 जिसे भूख लगी हो 2 अत्यधिक इच्छुक 3 दरिद्र **भूखा-नंगा** (वि.) अन्न-वस्त्र के कष्ट से पीड़ित और दरिद्र
भूटानी–I (वि.) भूटान देश का II (पु.) भूटान का निवासी III (स्त्री.) भूटान की बोली
भूत–I (वि.) 1 बीता हुआ 2 वस्तुतः घटित 3 उत्पन्न 4 अवस्था विशेष को प्राप्त 5 पुराना, पहले का II (पु.) 1 प्रेत, पिशाच 2 क्रिया का एक काल, भूतकाल
भूतकाल–(पु.) बीता हुआ समय, गतकाल
भूतकालिक–(वि.) भूतकाल संबंधी **भूत-प्रेत**

(पु.) भूत, प्रेत, पिशाच आदि की योनियाँ **भूत-विनायक** (पु.) शिव

भूतनी–(स्त्री.) 1 भूत योनि की स्त्री 2 डाकिनी

भूतपूर्व–(वि.) 1 पहलेवाला, प्राचीन 2 गत

भूतात्मा–(पु.) 1 परमात्मा 2 शरीर 3 शिव 4 जीवात्मा

भूतावेश–(पु.) भूत-प्रेत लगना

भूनना–(स. क्रि.) 1 सेंकना (जैसे–पापड़ भूनना) 2 अन्न कणों को पकाना

भूप–(पु.) राजा

भूभल–(स्त्री.) 1 चिनगारियों से युक्त गर्म राख 2 गर्म रेत

भूमि–(स्त्री.) 1 धरती, पृथ्वी 2 ज़मीन 3 स्थान, क्षेत्र (जैसे–आर्य भूमि) 4 देश (जैसे–भारत भूमि) 5 उत्पत्ति स्थान **भू-सुधार** (पु.) भूमि को उपज के योग्य बनाना

भूमिका–(स्त्री.) 1 पृष्ठभूमि 2 पुस्तक के प्रारंभ में लेखक का वक्तव्य

भूमिगत–(वि.) जो भूमि के अंदर हो

भूमिजा–(स्त्री.) भूमि से उत्पन्न, सीता

भूमिया–(पु.) 1 ज़मींदार 2 ग्राम देवता

भूमिहार–(पु.) खेती-बारी करनेवाली और ब्राह्मण कहलानेवाली एक जाति

भूर–I (वि.) बहुत अधिक II (पु.) बालू, रेत

भूरा–(वि.) मटमैले रंग का, ख़ाकी

भूर्ज–(पु.) भोजपत्र का वृक्ष **भूर्जपत्र** (पु.) भोजपत्र

भूल–(स्त्री.) 1 भूलने का भाव 2 अज्ञानता, ग़लती 3 अशुद्धि 4 क़सूर, दोष, अपराध **भूलचूक** (स्त्री.) 1 भूल, भ्रम 2 त्रुटि 3 ग़लती **भूल-भुलैयाँ** (स्त्री.) इमारत के आसपास की चक्करदार गलियाँ

भूलना–I (अ. क्रि.) 1 याद न रहना, विस्मृत होना 2 भूल करना, त्रुटि करना 3 इधर-उधर होना, भटकना 4 खो जाना II (स. क्रि.) 1 याद न रखना 2 ध्यान न रहना

भूला-भटका–(वि.) अपना रास्ता भूला हुआ

भूषण–(पु.) 1 गहना, ज़ेवर 2 सजावट 3 शोभाजनक वस्तु

भूषा–(स्त्री.) 1 गहना 2 सजावट

भूसा–(पु.) गेहूँ, जौ आदि पौधों के डंठलों के सूखे छोटे-छोटे टुकड़े

भृंग–(पु.) 1 भौंरा 2 भँगरा 3 भृंगराज पक्षी

भृकुटी–(स्त्री.) भौंह

भृत–I (पु.) 1 सेवक, नौकर 2 दास II (वि.) 1 भरा हुआ, पूरित 2 पाला-पोसा हुआ, पोषित 3 चुकाया हुआ

भेंगा–(वि.) ऐंचाताना **भेंगापन** (पु.) आँख का टेढ़ापन

भेंट–(स्त्री.) 1 उपहार, सौगात स्वरूप दी गई वस्तु 2 मुलाक़ात (जैसे–कई महीनों के बाद भेंट हुई) **भेंटवार्ता** (स्त्री.) मिलने पर की जानेवाली बातचीत

भेंटना–(स. क्रि.) 1 मुलाक़ात करना 2 आलिंगन रूप में मिलना

भेक–(पु.) मेढक

भेजना–(स. क्रि.) 1 जाने में प्रवृत्त करना 2 सामान आदि हेतु जाने का आदेश देना

भेजा–(पु.) 1 खोपड़ी के अंदर का गूदा, मग़ज़ 2 भेजा जाने वाला पदार्थ

भेड़–(स्त्री.) बकरी के आकार का एक प्रसिद्ध घने बालोंवाला पालतू चौपाया

भेड़ना–(स. क्रि.) 1 बंद करना (जैसे–दरवाज़ा भेड़ना) 2 सटाकर भिड़ाना

भेड़िया–I (पु.) कुत्ते से बड़ा एक हिंसक जंगली पशु II (वि.) भेड़ का-सा

भेद–(पु.) 1 छेदना 2 अंतर, बिलगाव (जैसे–मत भेद) 3 छिपा हुआ, मर्म 4 रहस्य (जैसे–गुप्त भेद) 5 तरह, प्रकार (जैसे–नायिका भेद) **भेदनीति** (स्त्री.) फूट डालने की नीति **भेदभाव** (पु.) 1 मतैक्य का अभाव 2 अंतर

भेदन–(पु.) 1 छेदन 2 तोड़ना

भेदिया–(पु.) 1 गुप्तचर 2 भेद लेनेवाला व्यक्ति

भेदी–I (वि.) भेदन करनेवाला, भेदक II (पु.) भेदिया (जैसे–घर का भेदी)

भेद्य–I (वि.) भेदे जाने योग्य II (पु.) चीर-

भ

फाड़, शल्य क्रिया
भेली–(स्त्री.) 1 गुड़ का छोटा टुकड़ा 2 गुड़ 3 किसी वस्तु का पिंड
भेषज–(पु.) 1 नीरोग करना 2 दवा, औषध **भेषज-विज्ञान** (पु.) औषध शास्त्र (फार्मेसी)
भेस–(पु.) 1 पहनावा 2 वेशभूषा
भैंस–(स्त्री.) प्रायः काले रंग की गाय की तरह का पालतू मादा पशु
भैंसा–(पु.) 1 भैंस का नर 2 हट्टा-कट्टा आदमी
भैया–(पु.) 1 भाई, भ्राता 2 व्यवहार में किया जानेवाला एक संबोधन
भैरव–I (वि.) 1 भयानक 2 घोर विनाश करनेवाला 3 अत्यंत उग्र II (पु.) 1 महादेव, शिव 2 शिव के गण
भैरवी–(स्त्री.) तांत्रिकों की एक देवी
भैषज–(पु.) दवा, औषध
भोंकना–(स. क्रि.) घुसेड़ना (जैसे–छूरा घुसेड़ना)
भोंडा–(वि.) 1 कुरूप 2 अनगढ़, बेहूदा 3 बेडौल
भोंदू–(वि.) अत्यंत सीधा-सादा और बेवकूफ़
भोंपा, भोंपू–(पु.) 1 फूँककर बजाया जानेवाला एक तरह का बाजा 2 कल-कारख़ानों में बजनेवाली ऊँची सीटी 3 मोटर, गाड़ी आदि में शब्द उत्पन्न करनेवाला यंत्र
भों-भों–(स्त्री.) भूँकने की आवाज़
भोग–(पु.) 1 भोगने का भाव 2 उपयोग में लाना 3 देवताओं को अर्पित खाद्य पदार्थ, नैवेद्य 4 कर्मफल (जैसे–भोग भोगना) 5 भोजन करना, खाना
भोगविलास (वि.) मौज-मस्ती, ऐश
भोगना–(स. क्रि.) 1 सुख-दुःख का अनुभव करना 2 भुगतना
भोगी–I (वि.) 1 भोगनेवाला 2 इंद्रिय सुखभोग की इच्छा करनेवाला, विषयासक्त 3 विषयी, व्यसनी II (पु.) 1 गृहस्थ 2 राजा
भोग्य–(वि.) 1 भोग करने योग्य 2 सह्य
भोग्या–(स्त्री.) वेश्या
भोज–(पु.) दावत (जैसे–भोज देना)
भोजन–(पु.) 1 खाना, भक्षण करना 2 खाए जानेवाला खाद्य पदार्थ, खाद्य सामग्री
भोजनालय, भोजनागार–(पु.) 1 रसोई घर, पाकशाला 2 मूल्य देकर भोजन मिलने की जगह (रेस्टोरेंट)
भोजनावकाश–(पु.) खाना खाने के लिए छुट्टी
भोजपत्र–(पु.) लिखने के काम में आनेवाली एक वृक्ष की छाल
भोज्य–I (वि.) खाए जाने योग्य II (पु.) खाद्य पदार्थ
भोज्य पदार्थ–(पु.) खाने की सामग्री
भोटिया, भोटी–I (वि.) भूटान देश का II (पु.) भूटान देश का निवासी III (स्त्री.) भूटान देश की भाषा **भोटिया बादाम** (पु.) 1 मूँगफली 2 आलूबुख़ारा
भोथरा–(वि.) कुंद धारवाला
भोर–(पु.) सवेरा, तड़का (जैसे–भोर का तारा)
भोला–(वि.) सीधा-सादा, सरल
भोलापन–(पु.) सीधापन, मूर्खता
भौंकना–(अ. क्रि.) भूँकना
भौंरा–(पु.) 1 लट्टू जैसा भंवरा एक खिलौना 2 भंवरा
भौंह–(स्त्री.) आँख के ऊपर की हड्डी पर के बाल, भृकुटी, भौं (जैसे–भौंह चढ़ाना)
भौगोलिक–(वि.) भूगोल संबंधी, भूगोल का
भौचक, भौचक्का–(वि.) हक्का-बक्का, हैरान
भौजाई, भौजी–(स्त्री.) बड़े भाई की पत्नी
भौतिक–(वि.) 1 सांसारिक, लौकिक 2 शरीर संबंधी 3 प्राकृतिक नियमों, सिद्धांतों से संबंध रखनेवाला 4 पंचभूतों से बना हुआ
भौतिकवाद–(पु.) यह मत कि पंचभूतों से बना यह संसार ही वास्तविक और सत्य है इसीलिए सांसारिक सुख भोगने योग्य है
भौतिकी–(स्त्री.) वह विज्ञान जिसमें अजैव सृष्टि ताप, ध्वनि, विद्युत आदि पदार्थों का वैज्ञानिक अध्ययन किया जाता है (फ़िज़िक्स)
भौतिकीविद्–(पु.) भौतिकी का ज्ञाता
भौम–(वि.) 1 भूमि का (जैसे–सार्वभौम)

2 भूमि से उत्पन्न, भूमिज 3 भूमि पर रहनेवाला
भ्रम–(पु.) संदेह, संशय
भ्रमण–(पु.) 1 घूमना-फिरना 2 देशाटन (जैसे–देश भ्रमण) 3 यात्रा, सफर **भ्रमणकारी** (वि.) भ्रमण करनेवाला
भ्रमर–(पु.) भौंरा, मधुप **भ्रमरगीत** (पु.) गोपियों और उद्धव का संवाद संबंधी गीत
भ्रमरावली–(स्त्री.) भौंरों की पंक्ति
भ्रमात्मक–(वि.) संदिग्ध, भ्रमयुक्त
भ्रमित–(वि.) 1 शंकित 2 भ्रम में फँसा
भ्रष्ट–(वि.) 1 मार्ग से विचलित 2 ध्वस्त 3 बुरे आचरणवाला **भ्रष्टता** (स्त्री.) भ्रष्ट होने की अवस्था
भ्रष्टा–(स्त्री.) भ्रष्ट चरित्रवाली स्त्री, कुलटा
भ्रष्टाचार–I (वि.) आचरण भ्रष्ट II (पु.) दूषित और निंदनीय आचार-विचार
भ्रष्टाचारी–(वि.) शीलभ्रष्ट
भ्रांत–(वि.) 1 भ्रम में पड़ा हुआ 2 विकल
भ्रांति–(स्त्री.) 1 भ्रम, अयथार्थ ज्ञान 2 चक्कर 3 संदेह 4 घबड़ाहट
भ्राता–(पु.) भाई
भ्रातृत्व–(पु.) भ्रातृ-भाव
भ्रातृप्रेम–(पु.) भाई का प्यार
भ्रातृभाव–(पु.) भाई का व्यवहार
भ्रातृवत्–(वि.) भाई की तरह
भ्रामक–(वि.) भ्रम उत्पन्न करनेवाला
भ्रूविलास–(पु.) भौंहों का मोहक संचालन
भ्रूण–(पु.) 1 गर्भ में पहले चार महीने की अवस्था (एम्ब्रीयो) 2 स्त्री का गर्भ **भ्रूणहत्या** (स्त्री.) गर्भस्थ शिशु की हत्या

म

मंगता–(पु.) भीख माँगनेवाला, भिक्षुक
मँगनी–(स्त्री.) 1 माँगने का भाव 2 माँगी गई वस्तु 3 विवाह पक्का करने की रस्म
मंगल–I (पु.) 1 सौर जगत् का एक ग्रह 2 सात वारों में से एक (जैसे–मंगलवार) 3 विवाह (जैसे–पार्वती मंगल) II (वि.) शुभ, अच्छा (जैसे–मंगल कार्य) **मंगल कामना** (स्त्री.) कल्याण कामना **मंगलकारक, मंगलकारी** (वि.) कल्याणकारी **मंगल-कार्य** (पु.) शुभकार्य **मंगल-गान** (पु.) शुभ अवसर पर होनेवाला गाना-बजाना **मंगल ग्रह** (पु.) मंगल नामक ग्रह **मंगल सूत्र** (पु.) कलाई पर बाँधा जानेवाला डोरा
मंगलमय–I (वि.) कल्याणकारी, शुभ II (पु.) परमेश्वर
मंगलाचरण–(पु.) कार्यारम्भ के पूर्व की जानेवाली मंगल स्तुति, मांगलिक मंत्र
मंगलाचार–(पु.) 1 कार्य के पूर्व होनेवाला मंगलगान 2 शुभानुष्ठान
मंगलामुखी–(स्त्री.) गणिका, वेश्या
मंगली–(वि.) मंगल ग्रह योग में उत्पन्न
मँगाना–(स. क्रि.) मँगाने के कार्य में प्रवृत्त करना
मँगेतर–(वि.) 1 जिसकी मँगनी हो चुकी हो 2 जिसका विवाह होना निश्चित हो
मंच–(पु.) 1 रंगमंच 2 ऊँचा बना हुआ स्थान 3 क्रियाकलापों के उपयुक्त क्षेत्र
मंचन–(पु.) मंच पर अभिनय करना
मंजन–(पु.) दाँत साफ़ करने का चूर्ण
मँजना–(अ. क्रि.) 1 मंजन से साफ़ किया जाना 2 साफ़ किया (जैसे–बर्तन मँजना)
मंजरी–(स्त्री.) 1 कोंपल 2 लता 3 तुलसी

म

मंज़िल–(स्त्री.) 1 पड़ाव, मुक़ाम 2 मकान 3 पांथशाला 4 मकान का दरजा, छत
मंजीर–(पु.) 1 नूपुर, घुँघरू 2 वह खंभा जिसमें मथानी का डंडा बँधा हो
मंजु–(वि.) सुंदर, मनोहर **मंजुघोष** (वि.) मनोहर बोलवाला **मंजुभाषी** (वि.) मृदुभाषी **मंजुस्वर** (वि.) मंजुघोष
मंजुल–(वि.) मंजु
मंजूषा–(स्त्री.) 1 पिटारी 2 पिंजरा
मँझधार–I (स्त्री.) नदी के बीच की धारा II (क्रि. वि.) धारा के बीच में
मँझला–(वि.) बीच का (जैसे–मँझला भाई)
मँड़ई–(स्त्री.) झोंपड़ी, कुटिया
मंडन–I (पु.) सजाना II (वि.) सजानेवाला
मंडप–(पु.) 1 छाया हुआ 2 मँड़वा (जैसे–शादी का मंडप) 3 चँदोआ, शामियाना
मँडराना–(अ. क्रि.) 1 घेरा बाँधकर छा जाना 2 चक्कर लगाते रहना
मंडल–(पु.) 1 गोलाई 2 गोलाकार आकृति 3 घेरा
मंडलाकार–(वि.) गोलाकार
मँडलाना–(अ. क्रि.) मँडराना
मंडली–(स्त्री.) 1 गोष्ठी, सभा (जैसे–विद्वानों की मंडली 2 झुंड, दल 3 समूह
मंडलेश्वर–(पु.) मंडल का अधिपति
मंडित–(वि.) 1 सजाया हुआ, विभूषित 2 छाया हुआ, आच्छादित
मंडी–(स्त्री.) थोक माल बेचने की अनेक दुकानें (जैसे–अनाज मंडी, सब्ज़ी मंडी)
मंडूक–(पु.) मेंढक
मंतव्य–I (वि.) मान्य, माननीय II (पु.) 1 मत 2 प्रस्ताव 3 निर्णय 4 संकल्प
मंत्र–(पु.) 1 स्तुति से युक्त प्रार्थना 2 वेदों का वह संहिता नामक भाग जो उक्त मंत्रों से समाहित हो 3 दैवी शक्ति से युक्त शब्द, वाक्य पाठ आदि 4 मंत्रणा **मंत्र-तंत्र** (पु.) जादूटोना **मंत्रदाता** (पु.) गुरु **मंत्रदृष्टा** (वि.) मंत्रों का अर्थ जानने और बतानेवाला ऋषि **मंत्रमुग्ध** (वि.) 1 मंत्र से मोहित 2 जड़वत् **मंत्रविद्या** (स्त्री.), **मंत्र शास्त्र** (पु.) तंत्र-मंत्र का शास्त्र
मंत्रजल–(पु.) मंत्र से पवित्र जल
मंत्रणा–(स्त्री.) 1 विचार-विमर्श, सलाह 2 विचार-विमर्श के बाद स्थिर मत **मंत्रणाकक्ष, मंत्रणा गृह** (पु.) विचार-विमर्श करने का कमरा, जगह आदि
मंत्र योग–(पु.) मंत्रों का प्रयोग करने की साधना
मंत्रालय–(पु.) मंत्री का कार्यालय
मंत्रि–(पु.) मंत्री के लिए समास में प्रयुक्त शब्द (जैसे–मंत्रिपरिषद्) **मंत्रिपद** (पु.) मंत्री का पद **मंत्रिपरिषद्** (स्त्री.) राज्य आदि के मंत्रियों का समूह, कैबिनेट **मंत्रिमंडल** (पु.) राज्य आदि के मंत्रियों का वर्ग, समूह
मंत्रित्व–(पु.) मंत्री का पद और कार्य
मंत्री–(पु.) 1 राजा का प्रधान सलाहकार, अमात्य 2 आदेश और सलाह देनेवाला राज्य का मुख्य व्यक्ति
मंथन–(पु.) 1 मथना, बिलोना (जैसे–दही मथना) 2 मथानी
मंथर–(वि.) 1 धीमा, मंद 2 सुस्त 3 मंद बुद्धि, कम समझ **मंथरगति** (वि.) मंद गति **मंथर ज्वर** (पु.) हल्का बुख़ार
मंद–(वि.) 1 धीमा 2 सुस्त 3 हल्का, थोड़ा, कम **मंदगति** (वि.) धीमी चालवाला **मंदगमन** (वि.) धीमी चाल चलनेवाला **मंदबुद्धि** (वि.) कम अक़्लवाला, मोटी अक़्ल का **मंदभागी, मंदभाग्य** (वि.) अभागा
मंदा–(वि.) 1 मंद, धीमा 2 ढीला, शिथिल
मंदाकिनी–(स्त्री.) स्वर्ग की गंगा
मंदाग्नि–(स्त्री.) पाचनशक्ति का कमज़ोर होना
मंदिर–(पु.) 1 हिन्दुओं के पूजा करने का स्थान 2 मकान 3 विशेष भवन
मंदी–(स्त्री.) भाव, क़ीमत कम होना
मंसूबा–(पु.) इरादा, संकल्प
मकई–(स्त्री.) 1 मक्का 2 मक्का का दाना
मकड़जाल–(पु.) 1 मकड़ी का बुना जाला 2 फँसाने अथवा धोखा देने की युक्ति

मकड़ा–(पु.) 1 एक प्रकार की घास 2 नर मकड़ी
मकड़ी–(स्त्री.) एक प्रसिद्ध कीड़ा जो अपने मुँह से निकली तार से जाला बुनता है
मक़बरा–(पु.) क़ब्र पर बनी इमारत
मकरंद–(पु.) 1 फूल का रस 2 फूल का केसर 3 कुंद का पौधा और फूल
मकर–(पु.) 1 मगर नामक जलजंतु 2 घड़ियाल 3 मछली 4 बारह राशियों में से दसवीं राशि **मकर राशि** (पु.) मकर **मकर रेखा** (स्त्री.) पृथ्वी पर 23½°दक्षिणी अक्षांश **मकर संक्रांति** (स्त्री.) हिंदू कैलेंडर के माघ महीने की संक्रांति
मकसद–(पु.) उद्देश्य, इरादा, अभीष्ट
मकान–(पुं.) 1 घर, गृह 2 निवास-स्थान 3 मूल निवास-स्थान
मक्का–(पु.) एक प्रकार के दानों वाला अनाज का पौधा-मकई
मक्कार–(वि.) 1 कपटी, छली 2 मक्र करनेवाला
मक्खन–(पु.) दही को मथने से प्राप्त स्निग्ध (चिकना) पदार्थ, नवनीत
मक्खी–(स्त्री.) 1 सर्वत्र पाया जानेवाला एक परदार कीड़ा, मक्षिका 2 मधुमक्खी
मक्खीचूस–(वि.) बहुत कंजूस
मखनिया–I (वि.) मक्खन संबंधी II (पु.) मक्खन-विक्रेता
मखमल–(पु.) एक नरम कपड़ा
मखौल–(पु.) मज़ाक़, मज़ेदार व्यंग्यपूर्ण बात
मग–(पु.) रास्ता, मार्ग (जैसे–मग जोहना)
मगध–(पु.) दक्षिण बिहार का प्राचीन नाम
मगन (वि.) डूबा हुआ, अति प्रसन्न
मगर–I (पु.) 1 घड़ियाल 2 मगर या मछली के आकार का कान में पहनने का एक गहना
मगरमच्छ–(पु.) 1 मगर 2 बहुत बड़ी मछली
मगर–II (क्रि. वि.) 1 लेकिन, परंतु
मगसिर–(पु.) अगहन का महीना
मग्न–(वि.) 1 डूबा हुआ 2 तन्मय, लीन
मघवा–(पु.) इंद्र
मघा–(स्त्री.) 27 नक्षत्रों में से दसवाँ
मचना–(अ. क्रि.) 1 धूम-धाम से शुरू होना 2 छा जाना (जैसे–धूम मचना)
मचलना–(अ. क्रि.) 1 बेचैन होना 2 हठ करना (जैसे–दिल का मचलना)
मचली–(स्त्री.) मतली, उल्टी की इच्छा
मचान–(स्त्री.) 1 खेत की रखवाली या शिकार के लिए बाँस आदि की सहायता से बनाया गया ऊँचा आसन 2 मंच
मचाना–(स. क्रि.) 1 कराना 2 साधक होना
मच्छर–(पु.) उड़नेवाला रक्त शोषक प्रसिद्ध कीड़ा **मच्छरदानी** (स्त्री.) जालीदार पर्दा
मछली, मच्छी–(स्त्री.) खाए जानेवाला तथा गलफड़े से साँस लेनेवाला एक प्रसिद्ध जल जंतु, मत्स्य
मछुआ–(पु.) मछली पकड़ने का पेशा करनेवाला
मज़दूर–(पु.) 1 पैसे पर शारीरिक श्रम करनेवाला व्यक्ति 2 शरीर श्रम से जीविका करनेवाला
मज़दूरी–(स्त्री.) 1 मज़दूर का काम 2 परिश्रम के बदले मज़दूर को दिया गया धन
मजनूँ–I (वि.) पागल, विक्षिप्त II (पु.) 1 अरब देश का एक प्रसिद्ध प्रेमी (जैसे–लैला मजनूँ) 2 कमज़ोर व्यक्ति
मज़बूत–(वि.) 1 दृढ़, पुख़्ता 2 शक्तिशाली
मजबूर–(वि.) 1 विवश, लाचार, निःसहाय 2 जिस पर जब्र किया गया हो
मजबूरी–(स्त्री.) विवशता, लाचारी
मज़ा–(पु.) 1 आनंद, सुख, लुत्फ़ 2 स्वाद, रस, ज़ायका (जैसे–खाने का मज़ा) 3 चसका **मज़ा किरकिरा होना** रसभंग होना, कार्य का आनंद न मिलना
मज़ाक़–(पु.) 1 हँसी-ठट्ठा, परिहास 2 स्वाभाविक रुचि
मज़ाकिया–(वि.) 1 मज़ाक़ संबंधी 2 मज़ाक़ पसंद
मज़ार–(पु.) पीर या फकीर की कब्र
मजीरा–(पु.) संगीत में ताल देने वाला एक प्रकार का बाजा
मज्जा–(स्त्री.) शरीर के अंदर की नलीदार हड्डी के अंदर का गूदा

म

मझधार–(स्त्री.) बीच धारा

मझला, मझोला–(वि.) 1 मध्यम आकार का 2 मध्य का

मटकना–(अ. क्रि.) 1 नाज़-नखरे तथा गर्वपूर्वक अंगों का लचकना, हिलना 2 इधर-उधर होना

मटका–(पु.) मिट्टी का घड़ा

मटमैला–(वि.) मिट्टी के रंग का, खाक़ी

मटर–(पु.) गोल दानोंवाला एक पौधा, फली **मटरगश्ती** (पु.) 1 धीरे-धीरे घूमना 2 इधर-उधर घूमना

मट्ठा–(पु.) पानी मिलाकर मथा हुआ दही

मट्ठी–(स्त्री.) मठरी

मठ–(पु.) 1 साधु-संन्यासियों के रहने का स्थान 2 मंदिर (जैसे–मठ का स्वामी)

मठा–(पु.) मक्खन निकला दही का घोल

मठाधीश–(पु.) मठ का प्रधान, महंत

मड़ई–(स्त्री.) झोंपड़ी

मड़वा–(पु.) 1 मंडप 2 मड़ुआ

मड़ैया–(स्त्री.) मड़ई, मढ़ी (जैसे–घास-फूस की मड़ैया)

मढ़ना (स. क्रि.), **मढ़ाई**–(स्त्री.) 1 जड़ना, सटाना, चिपकाना (जैसे–फ्रेम में शीशा मढ़ना) 2 बलपूर्वक आरोप लगाना (जैसे–कलंक मढ़ना) 3 ज़िम्मे लगाना 4 लादना (जैसे–गहनों से मढ़ना)

मढ़ी–(स्त्री.) 1 छोटा मठ 2 छोटा मंदिर 3 कुटिया, झोंपड़ी 4 छोटा मंडप

मणि–(स्त्री.) 1 बहुमूल्य रत्न, जवाहर 2 सर्वश्रेष्ठ पदार्थ या व्यक्ति **मणिकर्णिका** (स्त्री.) मणियों से जड़ा हुआ कान में पहनने का गहना **मणिधर** (पु.) नाग **मणिमाला** (स्त्री.) रत्नों की माला

मणिमय–(वि.) मणियों से युक्त या जड़ा हुआ

मतंग–(पु.) 1 बादल 2 हाथी 3 शबरी के गुरु और ऋषि

मत–I (क्रि. वि.) नहीं, न (जैसे–मत बोलो) II (स्त्री.) मति, बुद्धि (जैसे–मत मारी जाना) III (पु.) 1 राय, सम्मति 2 विचार 3 अभिप्राय 4 वोट (चुनाव में अपना मत देना) IV (वि.) 1 सम्मत, अभिप्रेत 2 माना हुआ 3 सम्मानित 4 बराबर किया हुआ

मतगणना (स्त्री.) मतों की गिनती **मतदाता** (पु.) मत या वोट देनेवाला **मतपेटिका, मतपेटी** (स्त्री.) मत पत्र डालने की पेटी **मतभेद** (पु.) मत की भिन्नता, राय न मिलना, अलग-अलग सोच

मतदानाधिकार–(पु.) मतदान का अधिकार

मतलब–(पु.) 1 अभिप्राय, उद्देश्य 2 स्वार्थ 3 वास्ता, संबंध

मतवाला–(वि.) 1 नशे में चूर, मस्त 2 मस्त और लापरवाह 3 पागल, उन्मत्त

मतांतर–(पु.) दूसरा मत

मताग्रह–(पु.) विचार पर अडिग रहना

मताधिकार–(पु.) वोट, मत देने का हक़

मतानुयायी–(पु.) मत का अनुयायी

मतानुसार–(क्रि. वि.) मत के अनुसार

मतावलंबी–(पु.) मत का अनुयायी

मति–I (स्त्री.) 1 बुद्धि, अक़्ल 2 राय, सम्मति 3 इच्छा, कामना II (वि.) 1 बुद्धिमान् 2 चतुर, चालाक **मतिभ्रम** (पु.) बुद्धि का भ्रम, अक़्ल का उलटफेर **मतिमंद** (वि.) मूर्ख

मतीरा–(पु.) तरबूज़

मतैक्य–(पु.) मत की एकता, समानता

मत्त–(वि.) 1 मस्त 2 अविवेकी 3 मतवाला

मत्था–(पु.) माथा, ललाट, मस्तक

मत्स्य–(पु.) 1 मछली 2 विष्णु के दस अवतारों में से एक अवतार (जैसे–मत्स्य अवतार) **मत्स्य-विज्ञान** (पु.) मछलियों से संबंधित विज्ञान

मत्स्यावतार–(पु.) विष्णु का एक अवतार

मथन–I (पु.) मथने का काम, बिलोना II (वि.) 1 नष्ट करनेवाला 2 बध करनेवाला

मथनी, मथानी–(स्त्री.) दही मथने का एक उपकरण

मद–(पु.) 1 नशा 2 निंदनीय अहंकार, गर्व 3 उन्मत्तता, पागलपन 4 मतिभ्रम 5 मस्ती (जैसे–यौवन का मद छाना) 6 मद्य, शराब **मदमत्त** (वि.) नशे में चूर **मदमाता** (वि.)

मतवाला
मदक–(स्त्री.) अफ़ीम के सत्त और पान के योग से बना एक नशीला पदार्थ
मदद–(स्त्री.) सहायता **मदद-ख़र्च** (स्त्री.) 1 सहायता हेतु दिया गया धन 2 पेशगी **मददगार** (वि.) सहायक
मदन–(पु.) 1 कामदेव 2 काम 3 रतिक्रीड़ा
मदनगोपाल–(पु.) कृष्ण
मदनातुर–(वि.) कामातुर
मदनोत्सव–(पु.) मदन महोत्सव
मदांध–(वि.) 1 मतवाला 2 अविवेकी
मदार–(पु.) 1 आक नामक पौधा और उसका फल 2 मदारी 3 दौरा करने का रास्ता, भ्रमण मार्ग 4 ग्रहों के भ्रमण का मार्ग, कक्षा
मदारी–(पु.) बंदर, भालू आदि नचाकर जीविकोपार्जन करनेवाला, कलंदर
मदिरा–(स्त्री.) 1 शराब (जैसे–मदिरा पान) 2 नशीला तरल पदार्थ **मदिरा-पान** (पु.) शराब पीना **मदिरा-सेवन** (पु.) मद्यपान
मदिरालय–(पु.) शराबख़ाना
मद्धिम–(वि.) 1 हलका (जैसे–मद्धिम प्रकाश) 2 मंदा, मंद (जैसे–मद्धिम गति)
मद्य–(पु.) शराब, मदिरा **मद्यनिषेध** (पु.) शराब पीने की मनाही **मद्यपान** (पु.) मदिरापान **मद्यसार** (पु.) अल्कोहल
मद्यप–(वि.) शराबी
मधु–(पु.) 1 शहद 2 शराब, मद्य 3 फूलों का रस, मकरंद 4 वसंत ऋतु **मधुऋतु** (स्त्री.) वसंत ऋतु **मधुकोष** (पु.) शहद की मक्खी का छत्ता, मधु चक्र **मधुमालती** (स्त्री.) मालती (लता) **मधुयामिनी** (स्त्री.) वर-वधू की प्रथम मिलन रात्रि **मधुशाला** (स्त्री.) मदिरालय
मधुकर–(पु.) 1 भौंरा 2 कामी पुरुष 3 रसिक व्यक्ति
मधुप–(पु.) 1 भौंरा 2 शहद की मक्खी
मधुपर्क–(पु.) दही, घी, जल, शहद और शक्कर का योग
मधुमेह–(पु.) पेशाब में शक्कर जाने का रोग
मधुर–I (वि.) 1 मीठा 2 कटुता रहित 3 प्रिय और भला 4 धीमा, मंद II (पु.) मीठा रस **मधुरभाषी** (वि.) मृदुभाषी
मधुरिमा–I (स्त्री.) मधुरता II (वि.) मधुर
मध्य–(पु.) 1 वस्तु, शरीर का बीच का भाग, कटि, कमर 2 तटस्थ, निष्पक्ष 3 दूरी, फ़रक़ **मध्यकल्प** (पु.) बीच का युग **मध्यकालिक, मध्यकालीन** (वि.) मध्ययुगी, मध्ययुगीन **मध्यमार्गी** (वि.) बीच का रास्ता पकड़नेवाला **मध्ययुग** (पु.) 1 प्राचीन और अर्वाचीन काल के बीच का समय 2 भारत के इतिहास में मुस्लिम काल का समय **मध्यवर्गीय** मध्य वर्ग संबंधी **मध्यस्थ** I (वि.) 1 बिचौलिया 2 बीच का II (पु.) 1 तटस्थ, उदासीन 2 बिचुआ **मध्यस्थता** (स्त्री.) मध्यस्थ होने की अवस्था
मध्यम–I (वि.) 1 मध्य का, बीच का 2 मँझला, न बढ़िया न घटिया II (वि.) मद्धिम III (पु.) 1 सात स्वरों में से चौथा 2 तीन प्रकार के नायकों में से एक 3 कमर **मध्यम पुरुष** (पु.) पुरुषवाचक सर्वनाम के तीन भेदों में से एक (जैसे–प्रथम पुरुष, मध्यम पुरुष तथा उत्तम पुरुष)
मध्यमा–(स्त्री.) बीचवाली उँगली
मध्यांतर–(पु.) 1 मध्यावकाश (इंटरवल) 2 बीच का अंतर
मध्यावकाश–(पु.) काम के बीच में कुछ देर सुस्ताने, जलपान करने के लिए मिलने वाला अवकाश
मध्यावधि–(वि.) बीच के समय का
मध्याह्न–(पु.) दोपहर **मध्याह्न भोजन** (पु.) दोपहर का भोजन
मध्याह्नोत्तर–(पु.) मध्याह्न के बाद का समय, तीसरा पहर
मन–I (पु.) 1 अंतःकरण, चित्त की संकल्प और विकल्प करनेवाली वृत्ति 2 इच्छा **मनगढ़ंत** (वि.) कल्पित **मनचला** (वि.) 1 कामुक और रसिक स्वभाववाला 2 मनमौजी 3 निडर 4 हौसलेवाला, साहसी **मनपसंद** (वि.) मन को पसंद, प्रिय **मनबहलाव** (पु.) मनोरंजन **मनमानी** (स्त्री.) मनमाना काम

मनमुटाव, मनमोटाव (पु.) मन में दुर्भाव आना, वैमनस्य

मन–II (पु.) 1 चालीस सेर की तौल 2 उक्त तौल का बाट

मनका–(पु.) माला, मोती

मनन–(पु.) 1 सोचना 2 विचार करना

मननीय–(वि.) मनन करने योग्य

मनश्चिकित्सा–(स्त्री.) मानसिक रोगों का उपचार

मनसा–I (वि.) मन संबंधी, मन का II (क्रि. वि.) मन के द्वारा, मन से

मनस्ताप–(पु.) 1 मन का दुःख 2 अनुताप, पछतावा

मनस्वी–(वि.) उच्च विचारवाला, बुद्धिमान्

मना–(वि.) निषिद्ध, रोका गया

मनाना–(स. क्रि.) 1 राज़ी करना 2 प्रसन्न करना

मनाही–(स्त्री.) 1 मना करने का भाव 2 रोक, निषेध

मनिहारिन–(स्त्री.) चूड़ी बनाने और बेचने का पेशा करनेवाली

मनीषा–(स्त्री.) 1 बुद्धि, अक़्ल 2 इच्छा

मनीषी–(वि.) 1 ज्ञानी, विद्वान् 2 विचारशील

मनु–(पु.) 1 ब्रह्मा के मानक पुत्र 2 मनुष्य **मनुज** (पु.) मनुष्य **मनुस्मृति** (स्त्री.) आदि मनु का बनाया धर्मशास्त्र

मनुष्य–(पु.) आदमी, इंसान, नर **मनुष्य जाति** (स्त्री.) मानव समाज

मनुष्यत्व–(पु.) मनुष्यता, इंसानियत

मनुष्योचित–(वि.) मनुष्य के लिए उचित

मनुहार–(स्त्री.) 1 मनाने का ढंग, यत्न 2 विनती, ख़ुशामद 3 आदर-सत्कार

मनोकामना–(स्त्री.) मन की कामना

मनोगति–(स्त्री.) 1 मन की गति 2 इच्छा

मनोग्रंथि–(स्त्री.) मन में आचार-व्यवहार की गाँठ

मनोग्राही–(वि.) मन को अपनी ओर खींचनेवाला

मनोज–(पु.) कामदेव, मदन

मनोज्ञ–(वि.) प्रिय, सुंदर

मनोनीत–(वि.) 1 पसंद किया हुआ 2 चुना हुआ

मनोनुकूल–(वि.) मन के अनुकूल

मनोबल–(पु.) 1 आत्मशक्ति 2 मानसिक बल

मनोभाव–(पु.) मन का भाव

मनोरंजक–(वि.) मनोरंजन करनेवाला

मनोरंजन–(पु.) दिल बहलाव (इंटरटेनमेंट)

मनोरथ–(पु.) इच्छा

मनोरम–(वि.) 1 मनोहर 2 सुंदर

मनोरोग–(पु.) मानसिक रोग, दिमाग़ी बीमारी **मनोरोग चिकित्सक** (पु.) मानसिक रोगों का डॉक्टर

मनोविकार–(पु.) मन का आवेग

मनोविज्ञान–(पु.) वह विज्ञान या शास्त्र जिसमें मानव मन की विभिन्न अवस्थाओं और क्रियाओं का तथा उनके प्रभावों का अध्ययन किया जाता है (साइकॉलोजी)

मनोविनोद–(पु.) मनोरंजन

मनोविश्लेषण–(पु.) आधुनिक मनोविज्ञान की एक शाखा जिसमें विशिष्ट रोगों और विकारों का उपचार संबंधी विवेचन किया जाता है

मनोवृत्ति–(स्त्री.) मन का विकार

मनोवेग–(पु.) मन का आवेग

मनोवैज्ञानिक–I (वि.) मनोविज्ञान संबंधी II (पु.) मनोविज्ञान का ज्ञाता

मनोव्यथा–(स्त्री.) मनस्ताप

मनोहर–(वि.) 1 मन हरनेवाला 2 सुंदर

मनौती–(स्त्री.) 1 मनुहार 2 मन्नत

मन्नत–(स्त्री.) मानता, संकल्प

मम–(सर्व.) मेरा

ममता–(स्त्री.) 1 अपनी समझना 2 अपनापन 3 स्नेह 4 मोह

ममत्व–(पु.) ममता, माँ का प्यार

ममीरा–(पु.) हल्दी की जाति का एक पौधा

ममेरा–(वि.) मामा संबंधी (जैसे–ममेरा भाई)

मयंक–(पु.) चंद्रमा

मयूर–(पु.) मोर **मयूरपुच्छ** (पु.) मोर का पंख

मयूरी–(स्त्री.) मोरनी

मरकत–(पु.) पन्ना नामक रत्न

म

मरखना–(वि.) 1 गुस्से में आकर मारनेवाला (जैसे–मरखना साँड़) 2 मारने-पीटने का आदी
मरघट–(पु.) चिता जलाने का स्थान, मसान **मरघट का भुतना** डरावनी शक्ल का आदमी
मरज़ी–(स्त्री.) 1 इच्छा, कामना 2 अनुकूल मनोभाव
मरण–(पु.) 1 मरना, मृत्यु 2 मरणासन्न अवस्था का सूचक एक संचारी भाव **मरणकाल** (पु.) मृत्यु का क्षण **मरणधर्मा** (वि.) मरनेवाला **मरणपर्यंत** (क्रि. वि.) उम्र भर
मरणोत्तर–(क्रि. वि.) मरने के बाद
मरणोन्मुख–(वि.) मृत्यु के निकट
मरतबान–(पु.) चीनी मिट्टी का बना पात्र
मरना–(अ. क्रि.) 1 मृत्यु को प्राप्त होना, समाप्त होना 2 कुम्हला जाना 3 कष्ट उठाना, दुःख भोगना, नष्ट होना 4 ख़त्म होना (जैसे–लज्जा का मरना, शील संकोच का मर जाना)
मरमराहट–(स्त्री.) (सूखे पत्ते या कपड़ों की) मर-मर ध्वनि
मरम्मत–(स्त्री.) 1 बिगड़ी वस्तु को सुधारना, दुरुस्त करना 2 शारीरिक दंड
मरवाना–(स. क्रि.) मारने-पीटने में प्रवृत्त करना
मरहम–(पु.) ज़ख़्म पर लगाया जानेवाला गाढ़ा और चिकना लेप **मरहम पट्टी** (स्त्री.) मरहम लगाकर पट्टी बाँधना
मराठा–(पु.) महाराष्ट्र राज्य का निवासी
मरियल–(वि.) बेदम (जैसे मरियल टट्टू)
मरी–(स्त्री.) 1 महामारी 2 एक प्रकार का भूत
मरीज़–(वि.) रोगी, बीमार
मरु–(पु.) रेगिस्तान **मरुभूमि मरुस्थल** (स्त्री.) रेतीला और जल रहित प्रदेश
मरुत्–(पु.) हवा, वायु
मरोड़–(स्त्री.) 1 मरोड़ने की क्रिया 2 मरोड़ने से पड़नेवाला बल 3 चक्कर, घुमाव-फिराव 4 ऐंठन
मर्त्य–I (पु.) 1 मनुष्य 2 शरीर II (वि.) मरणशील **मर्त्यलोक** (पु.) मनुष्य लोक, भूलोक
मर्द–I (पु.) 1 मनुष्य, प्राणी 2 पौरुष संपन्न व्यक्ति II (वि.) वीर और साहसी **मर्दबाज़** I (स्त्री.) बदचलन स्त्री II (वि.) पुंश्चली
मर्दन–I (पु.) 1 मलना, रगड़ना 2 कुचलना, रौंदना 3 नष्ट-भ्रष्ट करना 4 पीसना II (वि.) 1 मर्दन करनेवाला 2 कुचलनेवाला
मर्दाना–(वि.) 1 पुरुष संबंधी, मर्दों का 2 पुरुषोचित
मर्म–(पु.) 1 भेद, रहस्य (जैसे–हृदय का मर्म) 2 स्वरूप 3 शरीर का अत्यंत नाज़ुक स्थान **मर्मग्राही** (वि.) रहस्य को समझनेवाला **मर्मभेदी** (वि.) 1 मर्म पर आघात करनेवाला 2 संतप्त करनेवाला **मर्म व्यथा** (स्त्री.) मनस्ताप
मर्मज्ञ–(वि.) गूढ़ अर्थ, रहस्य को जाननेवाला
मर्मर–(पु.) खड़खड़ाहट (जैसे–पत्तों का मर्मर) **मर्मर ध्वनि** (स्त्री.) मर्मर की आवाज़
मर्यादा–(स्त्री.) 1 गौरव, प्रतिष्ठा, मान 2 सीमा, हद 3 लोक प्रचलित व्यवहार और नियम **मर्यादा पुरुषोत्तम** (पु.) श्रीराम
मर्यादित–(वि.) 1 प्रतिष्ठित 2 सीमित
मल–I (पु.) 1 मैल, कीट 2 मैल, विकार (जैसे–कफ़, पसीना) 3 विष्ठा, गुह 4 दोष, विकार 5 पाप II (वि.) गंदा, मलिन
मलखंभ, मलखम–(पु.) 1 एक तरह की कसरत करने का लकड़ी का बना खंभा 2 मलखंभ पर की जानेवाली कसरत
मलना–(स. क्रि.) 1 रगड़ना 2 लेप करना
मलबा–(पु.) 1 कूड़ा-कर्कट 2 गिरे हुए मकान के ईंट-पत्थर आदि
मलमल–(स्त्री.) बढ़िया महीन सूती कपड़ा
मलमास–(पु.) दो संक्रांतियों के बीच पड़नेवाला चांद्रमास
मलय–(पु.) चंदन **मलयज** (वि.) मलय से उत्पन्न
मलयालम–(स्त्री.) केरल की भाषा
मलाई–(स्त्री.) दूध या दही की साढ़ी **मलाईदार** (वि.) मलाई से युक्त

म

मलाशय–(पु.) बड़ी आँत का निचला भाग

मलिन–(वि.) 1 मैला, मलयुक्त 2 मैला-कुचैला, गंदा 3 ख़राब, बुरा 4 पाप करनेवाला, पापी

मलेरिया–(पु.) जाड़ा देकर आनेवाला बुख़ार

मल्ल–(पु.) 1 कुश्ती लड़नेवाला, पहलवान 2 एक प्राचीन व्रात्य क्षत्रिय जाति **मल्ल क्रीड़ा** (स्त्री.) मल्ल युद्ध **मल्लविद्या** (स्त्री.) कुश्ती के दाँव-पेंच

मल्लिका–(स्त्री.) एक प्रकार का बेला, मोतिया नामक फूल

मवाली–(पु.) दक्षिण भारत की एक जाति

मशक–(स्त्री.) चमड़े का एक बड़ा थैला जिसमें पानी भरते हैं

मशहूर–(वि.) प्रसिद्ध (जैसे–मशहूर कवि)

मशाल–(स्त्री.) ऐसी लकड़ी या लोहे की छड़ जिसके एक सिरे पर रोशनी हेतु कपड़ा लपेटा हो **मशालची** (पु.) मशाल दिखानेवाला

मशीन–(स्त्री.) यंत्र, कल **मशीन आपरेटर** (पु.) मशीन चलानेवाला **मशीनगन** (स्त्री.) लगातार गोलियाँ दागनेवाली बंदूक़

मशीनरी–(स्त्री.) 1 मशीनों का समूह 2 मशीन के कल-पुर्ज़े

मसला–(पु.) सवाल, प्रश्न, पूछने योग्य बात, विषय (धर्म), समस्या

मसा–(पु.) बिंदु के आकार का शरीर पर होनेवाला निशान

मसान–(पु.) श्मशानघाट, मरघट

मसाला–(पु.) 1 गुण, स्वाद आदि बढ़ाने की सामग्री 2 धनिया, लौंग, मिर्च, तेजपत्ता आदि का मिश्रण 3 मकान बनाने का मसाला 4 सामग्री

मसालेदार–(वि.) 1 मसाला पड़ा हुआ 2 बढ़ा-चढ़ाकर कही जानेवाली बात

मसि–(स्त्री.) 1 स्याही, रोशनाई 2 काजल 3 कालिख **मसिजीवी** (पु.) लेखक, पत्रकार

मसीहा–(पु.) अग्रदूत, संदेशवाहक

मसूर–(पु.) दाल के काम आनेवाला अन्न

मसोसना–(अ. क्रि.) 1 मन-ही-मन कुढ़ना 2 मनोवेग को दबाना, रोकना

मस्त–(वि.) 1 नशे में चूर 2 मदयुक्त 3 रीझा हुआ, **मस्तमौला** लापरवाह आदमी

मस्तक–(पु.) 1 माथा, ललाट 2 सिर

मस्तिष्क–(पु.) 1 दिमाग़ 2 मस्तक का अंदरुनी गूदा

महँगा–(वि.) 1 अधिक दाम का 2 बहुमूल्य, अत्यधिक क़ीमती **महँगाई** (स्त्री.) महँगा होने का भाव

महंत–(पु.) 1 मठ का प्रधान 2 मुखिया

महक–(स्त्री.) 1 सुगंध 2 गंध

महत्–(वि.) 1 महान् 2 सर्वश्रेष्ठ

महतारी–(स्त्री.) माता, माँ

महती–I (स्त्री.) महिमा, बड़ाई II (वि.) बड़ी

महतो–(पु.) 1 मालिक, स्वामी 2 गाँव का प्रधान

महत्तम–(वि.) सबसे बड़ा

महत्त्व–(पु.) 1 बड़े होने का भाव 2 बड़ाई, श्रेष्ठता 3 गुरुता 4 अधिक परिणामजनक

महत्त्वपूर्ण–(वि.) अधिक महत्त्व का

महत्त्वाकांक्षी–(वि.) बड़ा बनने की इच्छा रखनेवाला

महरा–I (पु.) 1 कहार 2 मुखिया 3 पूज्य व्यक्ति II (वि.) 1 प्रधान, मुख्य 2 श्रेष्ठ

महराजिन–(स्त्री.) खाना बनानेवाली नौकरानी

महरी–(स्त्री.) 1 कहारिन 2 बर्तन माँजने का काम करनेवाली

महफिल–(स्त्री.) नाच-रंग का जलसा, सभा

महर्षि–(पु.) महान् ऋषि

महल–(पु.) राजाओं का मकान, प्रासाद

महसूस–(वि.) जिसका अनुभव किया जाए

महा–(वि.) 1 बहुत अधिक 2 बड़ा, महान् 3 सर्वश्रेष्ठ (जैसे–महादेव) **महाकवि** (पु.) 1 महान् कवि (जैसे–महाकवि की कृति) 2 महाकाव्य का रचयिता **महाकाय** (वि.) बहुत बड़ा शरीरवाला **महाकाव्य** (पु.) बहुत बड़ा और विस्तृत काव्य ग्रंथ **महादेव** (पु.) 1 सबसे बड़ा देवता 2 शिव **महादेवी** (स्त्री.) 1 सबसे बड़ी रानी, पटरानी 2 पार्वती **महाद्वीप** (पु.) 1 समुद्र द्वारा आपस में कटे

म

हुए बड़े-बड़े भू-भाग 2 बहुत बड़ा द्वीप **महानिद्रा** (स्त्री.) मृत्यु **महापुरुष** (पु.) बड़ा आदमी **महापौर** (पु.) महापालिका का अध्यक्ष (मेयर) **महाबली** (वि.) बहुत बड़ा बलवान् **महाबाहु** (वि.) 1 बड़ी भुजाओंवाला 2 शक्तिशाली, बलवान् **महामंत्री** (पु.) 1 सबसे बड़ा मंत्री 2 साम्राज्य का प्रधानमंत्री **महामहिम** (वि.) अधिक महिमावाला (जैसे—महामहिम राष्ट्रपति) **महामहोपाध्याय** (पु.) बहुत बड़ा विद्वान् **महामारी** (स्त्री.) मरक, मरी (जैसे—हैजा, चेचक महामारी का रूप है) **महायुद्ध** (पु.) व्यापक भू-भाग में लड़ा जानेवाला युद्ध (जैसे—प्रथम महायुद्ध) **महारथी** (पु.) बहुत बड़ा योद्धा **महाराज** (पु.) 1 बहुत बड़ा राजा 2 गुरु, धर्माचार्य आदि के लिए प्रयुक्त संबोधन **महाविद्यालय** (पु.) वह बड़ा विद्यालय जहाँ उच्च शिक्षा प्रदान की जाए **महावीर** I (वि.) बहुत बड़ा वीर, योद्धा II (पु.) हनुमान्

महाकाल–(पु.) शिव **महाकाली** (स्त्री.) 1 दुर्गा 2 शिव की पत्नी

महाजन–(पु.) 1 श्रेष्ठ जन, बड़ा आदमी 2 श्रेणी विशेष का मुखिया 3 जन समूह, जनता 4 साहूकार

महात्मा–(पु.) 1 पवित्र आत्मा 2 उच्च विचारोंवाला व्यक्ति 3 बहुत बड़ा विरक्त तपस्वी, साधु-संन्यासी 4 ईश्वर 5 पितरों का एक वर्ग

महाधिवक्ता–(पु.) राज्य का प्रमुख विधि-अधिकारी (एडवोकेट जनरल)

महान, महानतम–(वि.) 1 बहुत बड़ा 2 उच्चकोटि का 3 सबसे बड़ा और श्रेष्ठ

महानता–(स्त्री.) महत्त्व, बड़प्पन

महानुभाव–(पु.) 1 महापुरुष 2 उच्च विचारवाला और सत्यनिष्ठ व्यक्ति

महाप्रलय–(पु.) संपूर्ण सृष्टि का नाश

महाप्राण–(पु.) व्याकरण के अनुसार वह वर्ण जिसके उच्चारण में प्राणवायु का विशेष व्यवहार करना पड़ता है

महाभारत–(पु.) 1 वेदव्यास द्वारा रचित एक महाकाव्य का नाम 2 कौरवों और पांडवों का बहुत बड़ा युद्ध

महाभियोग–(पु.) बहुत बड़ा दोष

महाल–(पु.) 1 महल्ला, टोला 2 अनेक पट्टियोंवाली ज़मींदारी 3 विभाग

महावत–(पु.) हाथीवान, फीलवान

महावर–(पु.) लाख से तैयार किया गया गहरा लाल रंग

महावीर चक्र–(पु.) भारतीय सैनिक को वीरता हेतु दिया गया पुरस्कार

महाशय–(पु.) सज्जन

महिमा–(स्त्री.) 1 बड़ाई, गौरव 2 प्रसिद्धि 3 प्रभावोत्पादकता

महिमान्वित–(वि.) महिमा से युक्त

महिला–(स्त्री.) 1 औरत, स्त्री 2 स्त्री के लिए प्रयुक्त एक आदरसूचक शब्द

महिष–(पु.) 1 भैंसा 2 शास्त्रानुसार अभिषिक्त राजा, सम्राट **महिषमर्दिनी** (स्त्री.) दुर्गा

महिषी–(स्त्री.) 1 भैंस 2 सम्राट् की पत्नी

मही–(स्त्री.) पृथ्वी **महीतल** (पु.) पृथ्वी, संसार **महीधर** (पु.) पर्वत **महीपति, महीपाल** (पु.) राजा

महीन–(वि.) 1 अत्यंत पतला, बारीक 2 सूक्ष्म

महीना–(पु.) 1 मास, माह 2 स्त्रियों का मासिक धर्म 3 वर्ष का बारहवाँ अंश

महीप–(पु.) राजा

महुआ, महुवा–(पु.) बलुई भूमि में होनेवाला एक प्रसिद्ध वृक्ष और उसका फूल-फल

महूरत–(पु.) मुहूर्त

महोत्सव–(पु.) समारोह, जलसा

महोदय–(पु.) महाशय

महौषधी–(स्त्री.) 1 श्रेष्ठ औषधि 2 संजीवनी

माँ–(स्त्री.) अम्मा, माता, जननी

मांगलिक–(वि.) मंगल करनेवाला

माँग–I (स्त्री.) 1 याचना 2 चाह, इच्छा 3 अधिकार के रूप में की गई याचना 4 आवश्यकता **माँगपत्र** (पु.) माँग संबंधी परचा (आर्डर फ़ार्म)

माँग–II (स्त्री.) सिर के बालों को विभक्त

म

करके बनाई गई रेखा **माँगचोटी** (स्त्री.) स्त्रियों का केश-विन्यास **माँगजली** (स्त्री.) विधवा, राँड **माँगटीका** (पु.) मोतियों की लड़ी से युक्त एक तरह का आभूषण

माँगना–(स. क्रि.) 1 याचना करना 2 प्रार्थना करना 3 हाथ पसारना

मांगलिक–(वि.) मंगलकारी

माँजना–(स. क्रि.) 1 रगड़ना (जैसे–बर्तन माँजना) 2 अभ्यास करना 3 चमकाना 4 साफ़ करना

माँझा–(पु.) 1 नदी के बीच की सूखी ज़मीन 2 हल्दी लगाने के बाद वर-कन्या को पहनाया गया पीला कपड़ा 3 पेड़ का तना 4 फेन 5 मंझा 6 पतंग की डोर

माँझी–(पु.) नौका चलानेवाला, मल्लाह

माँड़–(पु.) पकाए गए चावल का बचा हुआ गाढ़ा पानी

मांडना, माँडना–(स. क्रि.) 1 मसलना 2 गूँधना

माँद–(स्त्री.) 1 सूखे गोबर का ढेर 2 प्राकृतिक सुरंग

माँदर–(पु.) मृदंग का एक भेद

माँ-बाप–(पु.) माता और पिता

मांस–(पु.) प्राणियों के शरीर का मुलायम, चिकना और हड्डी तथा रक्त से भिन्न अंश, आमिष, गोश्त **मांसख़ोर** (वि.) मांसाहारी **मांसपिंड** (पु.) मांस का लोथड़ा

मांस-पेशी–(स्त्री.) रेशों के आकार का मांस-पिंड जिसका काम गति पैदा करना है

मांसल–(वि.) 1 मांस युक्त 2 गुदगुदा 3 मोटा-ताज़ा, हृष्ट-पुष्ट

मांसाहारी–(वि.) मांस खाने वाला

माई–(स्त्री.) 1 माता 2 औरत 3 माँ तुल्य कोई बूढ़ी औरत

माखन–(पु.) मक्खन **माखनचोर** (पु.) मक्खन चुरानेवाला, कृष्ण

माघ–(पु.) हिंदी साल का ग्यारहवाँ महीना

माचिस–(स्त्री.) दीयासलाई

माजरा–(पु.) घटना, बात

माटी–(स्त्री.) 1 मिट्टी 2 लाश, शव

माठा–(पु.) मट्ठा

माणिक, माणिक्य–I (पु.) लाल नामक रत्न II (वि.) सर्वश्रेष्ठ

मातंग–(पु.) 1 हाथी 2 एक ऋषि

मातंगी–(स्त्री.) 1 पार्वती 2 चांडाल स्त्री

मात खाना–(पु.) हार जाना

माता–(स्त्री.) 1 माँ, जननी 2 आदरणीय बड़ी स्त्री

मातुला, मातुली–(स्त्री.) मामी

मातृ–(स्त्री.) माता **मातृकुल** (पु.) मातृपक्ष **मातृभाषा** (स्त्री.) 1 अपने घर में बोली जानेवाली भाषा 2 राष्ट्रभाषा (जैसे–हिंदी हमारी मातृभाषा है) **मातृभूमि** (स्त्री.) जन्मभूमि

मातृत्व–(पु.) 1 संतानवती होने की अवस्था 2 माँ का पद **मातृत्वलाभ** (पु.) माता बनना

मात्र–(क्रि. वि.) इतने से अधिक नहीं

मात्रा–(स्त्री.) 1 परिमाण 2 ख़ुराक 3 अक्षर में लगाई जानेवाली स्वरसूचक रेखा

मात्रिक–(वि.) मात्रा संबंधी

माथा–(पु.) सिर का अगला भाग, मस्तक **माथापच्ची** (स्त्री.) मग़ज़पच्ची

मादक–I (वि.) नशीला II (पु.) नशा उत्पन्न करनेवाला पदार्थ **मादकता** (स्त्री.) नशा

माधव–I (वि.) 1 मधु संबंधी 2 मधु ऋतु संबंधी II (पु.) 1 कृष्ण 2 वसंत ऋतु

माधुरी–(स्त्री.) 1 मधुरता, मिठास 2 मिठाई

माधुर्य–(पु.) मधुर होने का भाव, मधुरता और शोभा से युक्त सुंदरता

माध्यम–I (वि.) मध्यम का, बीचवाला II (पु.) 1 साधन, उपाय 2 भाषा (जैसे–हिंदी या अंग्रेज़ी माध्यम से परीक्षा देना) 3 आधार, सहायता 4 द्वारा

माध्यमिक–(वि.) मध्य का

मान–I (पु.) 1 नापने की क्रिया 2 परिमाण, माप फल 3 तौल, नाप आदि जानने का साधन 4 समानता, तुल्यता 5 योग्यता, शक्ति **मानदंड** (पु.) 1 नापने का डंडा 2 पैमाना

मान–II (पु.) 1 सम्मान, इज़्ज़त 2 आत्म-गौरव का भाव 3 घमंड, शेख़ी 4 मन में उत्पन्न

क्षणिक विकार, रूठने का भाव **मानचित्र** (पु.) नक्शा **मान-मर्यादा** (पु.) मान-प्रतिष्ठा, इज़्ज़त (पु.) मान-बड़ाई, गौरव **मान-हानि** (स्त्री.) मान-अपमान

मानक–(पु.) नापने का मानदंड, रूप

मानद–(वि.) मान-प्रतिष्ठा देनेवाला

मानना–(स. क्रि.) 1 स्वीकार करना 2 धारणा को स्थिर करना 3 सम्मान करना 4 श्रद्धा, विश्वास रखना 5 कर्तव्य का पालन करना

माननीय–(वि.) मानने योग्य, सम्माननीय

मानव–I (पु.) 1 मनुष्य 2 मनुष्य जाति II (वि.) 1 मनु से उत्पन्न 2 मनु संबंधी **मानववादी** I (वि.) मानवता संबंधी II (पु.) मानवतावाद का समर्थक **मानव-धर्म** (पु.) मनुष्योचित कर्म और धर्म, मनुष्य का स्वभाव **मानव वंश** (पु.) मनुष्य योनि **मानववंश शास्त्र** (पु.) मानव जाति विज्ञान **मानवशास्त्रीय** मनुष्य-विज्ञान का ज्ञाता

मानवजाति विज्ञान–(पु.) वह विज्ञान जिसमें मनुष्य के सांस्कृतिक विकास, रूप तथा जाति संबंधी अन्य बातों का अध्ययन किया जाता है (एन्थ्रोपोलॉजी)

मानवाधिकार–(पु.) मनुष्य का अधिकार

मानवीकरण–(पु.) मनुष्य बनाना, मनुष्य रूप देना

मानवीय–(वि.) मानव संबंधी, इंसानी

मानस–I (पु.) 1 मन 2 मन में उत्पन्न संकल्प-विकल्प II (वि.) 1 मन में उत्पन्न 2 मन में विचारा हुआ **मानसपट, मानसपटल** (पु.) मन रूपी तख़्ती **मानसपुत्र** (पु.) मात्र इच्छा से उत्पन्न पुत्र **मानस रोग** (पु.) मनोरोग **मानस रोग चिकित्सक** (पु.) मनोरोग चिकित्सक

मानसरोवर–(पु.) हिमालय में स्थित एक पवित्र झील

मानसिक–(वि.) 1 मन की कल्पना से उत्पन्न 2 मन संबंधी 3 अधिक सोच-विचारवाला

मानसी–(स्त्री.) 1 मानसिक पूजा 2 विद्यादेवी

मानिनी–(स्त्री.) अभिमान करनेवाली स्त्री

मानी–(वि.) 1 इज़्ज़तवाला 2 मान-प्रतिष्ठा का ध्यान रखनेवाला 3 अभिमानी 4 मान्यवर

मानुष–I (वि.) मनुष्य का II (पु.) मनुष्य

मानुषिक–(वि.) 1 मनुष्य संबंधी 2 मनुष्य का सा (जैसे–मानुषिक कर्म)

मानुस–(पु.) मनुष्य

मानो–(क्रि. वि.) 1 मान लो कि (जैसे–मानो हम सब राजा हैं) 2 अनुरूपता, तुल्यता

मान्य–(वि.) 1 माने जाने योग्य 2 प्रार्थनीय 3 जिसका सम्मान करना उचित हो **मान्यता** (स्त्री.) 1 मान्य होने का भाव 2 सिद्धांत, मत 3 बात, तथ्य, प्रथा 4 प्रामाणिक मान लेना **मान्यताप्राप्त** (वि.) जिसे मान्यता दी गई हो

मापदंड–(पु.) मापने का स्तर

मापी–(स्त्री.) 1 नाप 2 परिमाण, मात्रा, मान 3 पदार्थ नापने का मान **मापी उपकरण** (पु.) नापने का उपकरण (जैसे–बाट, नपना आदि

मापना–(स. क्रि.) पदार्थ का विस्तार, वज़न, क्षेत्रफल, घनत्व आदि मालूम करना, नापना

माफ़ी–(स्त्री.) 1 क्षमा 2 वह भूमि जिसका लगान माफ़ हो

मामला–(पु.) 1 बात 2 घटना 3 विवाद, मुक़दमा 4 काम-काज, धंधा

मामा–(पु.) माँ का भाई, मातुल

मामी–(स्त्री.) मामा की पत्नी

मामूली–(वि.) 1 साधारण, औसत दरजे का 2 प्रायः होता रहनेवाला

मायका–(पु.) विवाहित स्त्री के माँ का घर, पीहर, नैहर

माया– I (स्त्री.) 1 अविद्या, प्रकृति 2 मोहकारिणी शक्ति 3 इंद्रजाल, जादू 4 कपट, धोखा 5 भ्रमवश होनेवाला प्रेम, अनुराग 6 ममत्व, ममता 7 भ्रम 8 ईश्वरीय शक्ति **मायाजाल** (पु.) धोखे का जाल **मायामोह** (पु.) मायाजाल

माया–II (स्त्री.) धन, रुपया-पैसा

मायामृग–(पु.) कपट मृग, धोखे का हरिण

म

मायावी–I (वि.) 1 माया संबंधी 2 माया रूप में होनेवाला 3 जादू आदि से संबद्ध II (पु.) अनेक प्रकार की माया रचनेवाला व्यक्ति
मायूसी–(स्त्री.) निराशा
मार–I (स्त्री.) 1 मारने की क्रिया, मारना 2 मारपीट, लड़ाई 3 निशाना 4 कष्ट, क्लेश, दुःख
मार–II (क्रि. वि.) बहुत अधिक, अत्यंत
मारक–(वि.) 1 मारनेवाला 2 प्रतिकारक
मारना–(स. क्रि.) 1 अंत करना 2 प्रहार करना 3 फेंकना 4 शिकार करना 5 ज़ख़्म करना 6 सहना (जैसे–भूख मारना)
मारा–I (वि.) 1 मारा हुआ 2 पीड़ित II (स्त्री.) 1 बहुतायत 2 हलचल 3 दौड़धूप 4 मारपीट
मारुत–(पु.) 1 पवन, वायु 2 पवनदेव
मारुति–(पु.) पवनपुत्र, हनुमान
मारू–(वि.) 1 जान मारनेवाला 2 मर्म स्थान पर आघात करनेवाला 3 मारने-पीटनेवाला
मारू बाजा (पु.) एक प्रकार का बाजा
मारे–(क्रि. वि.) कारण, वजह से
मार्ग–(पु.) 1 रास्ता, पथ 2 भ्रमण-पथ 3 गुदा
मार्गदर्शक–(वि./पु.) मार्ग दिखानेवाला, पथप्रदर्शक
मार्गशिर, मार्गशीर्ष–(पु.) अगहन का महीना
मार्जन–(पु.) 1 सफ़ाई 2 भूल, दोष आदि को दूर करना
मार्तंड–(पु.) सूर्य
मार्मिक–(वि.) 1 प्रभावशाली 2 मन को आंदोलित करनेवाला 3 विचार से होनेवाला
माल–(पु.) 1 कीमती वस्तु 2 धन संपत्ति, रुपया-पैसा 3 लगान के रूप में दिया गया धन (जैसे–मालगुज़ारी) 4 सुंदर और स्वादिष्ट भोजन (जैसे–माल खिलाना) 5 युवती और सुंदर स्त्री (जैसे–माल के पीछे भागना) 6 क्रय-विक्रय का सामान
मालगाड़ी–(स्त्री.) सामान ढोने की गाड़ी
मालगोदाम–(पु.) माल-असबाब का संग्रह-स्थान
मालवाहक–(वि.) माल ढोनेवाला, माल ले जानेवाला
मालखंभ–(पु.) लकड़ी या खंभे के सहारे की जानेवाली एक तरह की कसरत
मालटा–(पु.) मुसम्मी की जाति का फल और पेड़
मालती–(स्त्री.) 1 सफ़ेद रंग के फूलवाली एक लता 2 इस लता का फूल 3 छः अक्षरों की एक तरह की वर्णवृत्ति (जैसे–मालती छंद) 4 युवती स्त्री 5 ज्योत्स्ना
मालपूआ–(पु.) घी में तला एक तरह का मीठा पकवान
मालविका–(स्त्री.) ऊँचे पहाड़ों की एक लता
माला–(स्त्री.) 1 हार, गजरा 2 गले में पहनने का हार 3 धार्मिक उद्देश्य से पहना जानेवाला मनकों का हार (जैसे–रुद्राक्ष की माला)
मालामाल–(वि.) 1 धन-धान्य से संपन्न, समृद्ध 2 भरपूर
मालिक–(पु.) 1 ईश्वर 2 स्वामी, अधिकारी, अधिपति 3 संपत्ति आदि का स्वामी, अध्यक्ष 4 पति, शौहर
मालिकाना–I (पु.) 1 स्वामित्व 2 जमींदारी का हक II (वि.) मालिक जैसा
मालिन–(स्त्री.) 1 माली की स्त्री 2 माली का काम करनेवाली
मालिन्य–(पु.) मलिनता, मैलापन
माली–(पु.) 1 फूलों की माला बनाने और बेचने का काम करनेवाला 2 बाग़वान 3 माला बनाने का काम करनेवाली एक जाति
माल्य–(पु.) माला
माल्यार्पण–(पु.) माला पहनाना
मावा–(पु.) 1 दूध का खोआ 2 सार भाग, सत्त 3 माँडू, पीच
माशा–(पु.) आठ रत्ती मान की एक तौल
माशा-तोला–(वि.) परिवर्तनशील, चपल
माशा अल्लाह–(क्रि. वि.) 1 जैसा अल्लाह चाहे 2 क्या कहना है
माशूका–(स्त्री.) प्रेमपात्री, प्रेमिका
मास–(पु.) महीना
मासिक–(वि.) हर महीने होने वाला
मासिकधर्म–(पु.) रजोधर्म, रजस्राव

मासी–(स्त्री.) मौसी, माँ की बहन
मासूम–(वि.) 1 निरपराध, बेगुनाह 2 पाप रहित 3 निर्दोष और दया का पात्र
माहात्म्य–(पु.) महिमा, गौरव
माहौल–(पु.) वातावरण
मिचकाना–(स. क्रि.) बार-बार खोलना और बंद करना
मिचना–(अ. क्रि.) बंद होना
मिचलाना–(अ. क्रि.) मतली आना
मिचली–(स्त्री.) जी मिचलाने की अवस्था
मिचौनी–(स्त्री.) मूँदने की क्रिया (जैसे–आँख मिचौनी का खेल)
मिटना–(अ. क्रि.) 1 पोंछा जाना 2 नष्ट होना 3 बर्बाद होना
मिटाना–(स. क्रि.) 1 नष्ट करना (जैसे–उसने कुल-मर्यादा को मिटा दिया) 2 लुप्त करना, साफ़ करना 3 रद्द करना
मिट्टी–(स्त्री.) 1 ज़मीन के ऊपरी भाग में पाया जानेवाला भुरभुरा और मुलायम तत्त्व 2 विशिष्ट स्थान पर पाया जानेवाला उक्त पदार्थ 3 सभी प्राणियों का शरीर जो मूलतः मिट्टी का ही बना है 4 मृत शरीर **मिट्टी का पुतला** मनुष्य **मिट्टी की मूरत** मानव शरीर **मिट्टी के माधव** मूर्ख, भोंदू **मिट्टी के मोल** बहुत सस्ता **मिट्टी पलीद होना** 1 दुर्दशा होना 2 बेइज़्ज़त होना
मिट्ठी–(स्त्री.) चुंबन, चूमा
मिठबोला–(वि.) मृदुभाषी, मिष्टभाषी
मिठाई–(स्त्री.) खाने की मीठी चीज़
मिठास–(स्त्री.) मीठापन
मित–(वि.) 1 नपा-तुला 2 सीमित 3 कम, थोड़ा (जैसे–मितभाषी) **मितभाषी** (वि.) कम बोलनेवाला **मितभोजी** (वि.) कम खानेवाला **मितव्यय** I (वि.) कम ख़र्च करनेवाला II (पु.) अधिक ख़र्च न करना
मितली–(स्त्री.) मिचली, कै की इच्छा
मिताहार–I (पु.) कम खाना II (वि.) मिताहारी
मिती–(स्त्री.) 1 चांद्र मास के किसी पक्ष अथवा सौर मास की तिथि 2 दिन, दिवस
मित्र–(पु.) दोस्त, सखा **मित्रद्रोह** (पु.) मित्र के प्रति विश्वासघात
मित्रवत्–(वि.) मित्र के समान
मित्रवर–(पु.) मित्रों में श्रेष्ठ
मित्रोचित–(वि.) मित्र के लिए उचित, मैत्रीपूर्ण
मिथुन–(पु.) 1 स्त्री और पुरुष का युग्म 2 संयोग, समागम, मैथुन 3 बारह राशियों में से तीसरी राशि **मिथुन राशि** (स्त्री.) तीसरी राशि
मिथ्या–(वि.) 1 असत्य या झूठ 2 बनावटी, कृत्रिम 3 निराधार 4 नीति के विरुद्ध **मिथ्याज्ञान** (पु.) भ्रम **मिथ्याभाषी** (वि.) झूठ बोलने वाला
मिथ्याचरण–(पु.) कपटाचरण, मक्कारी
मिथ्याचार–(पु.) 1 कपटपूर्ण आचरण 2 इस तरह का आचरण करनेवाला व्यक्ति
मिथ्याभास–(पु.) भ्रमित चेतना के कारण अयथार्थ वस्तु आदि देखना
मिथ्याभिमान–(पु.) झूठा घमंड
मिथ्याभियोग–(पु.) झूठा इल्ज़ाम, दोष
मिथ्यारोपण–(पु.) झूठा दोष लगाना
मिनट–(पु.) साठ सेकेंड का समय
मिमियाना–(अ. क्रि.) 1 में-में शब्द करना (जैसे–बकरी का मिमियाना) 2 चापलूसी करना
मिरगी–(स्त्री.) 1 हाथ-पैर ऐंठने और बेहोश हो जाने का एक स्नायविक रोग 2 अपस्मार
मिर्च–(स्त्री.) एक हरी या लाल तिक्त फली
मिल–(स्त्री.) 1 कारख़ाना 2 अनाज आदि पीसने की चक्की
मिलता-जुलता–(वि.) लगभग समान, एक-सा
मिलन–(पु.) 1 मिलने की क्रिया 2 मिलाप, भेंट **मिलनबिंदु** (पु.) मिलनस्थल
मिलनसार–(वि.) 1 सुशीलता 2 प्यार-मुहब्बतवाला
मिलना–(अ. क्रि.) 1 एकाकार होना (जैसे–दूध और पानी का मिलना) 2 साधारण रूप से आकर पड़ना 3 सट जाना 4 साक्षात्कार, सामना होना 5 सामने आना 6 अभीष्ट सिद्ध होना 7 प्राप्त होना

म

मिलनी–(स्त्री.) 1 विवाह के समय की एक रस्म 2 वर पक्ष को कन्या पक्ष से मिलन-रस्म पर दी गई रक़म, भेंट आदि
मिलवाना–(स. क्रि.) 1 मिलाने का काम कराना 2 आपस में मेल कराना 3 परिचय कराना
मिला-जुला–(वि.) 1 आपस में मिला हुआ (जैसे–मिला-जुला पदार्थ) 2 सटा हुआ
मिलान–(पु.) 1 मिलाने की क्रिया 2 तुलनात्मक रूप से देखा जाना
मिलाना–(स. क्रि.) 1 सम्मिलित करना (जैसे–आलू में मसाला मिलाना) 2 सटाना (जैसे–दीवार-से-दीवार मिलाना) 3 पास पहुँचाना (जैसे–भटके हुए बालक को उसके माँ-बाप से मिलाना) 4 संबंध, सहयोग स्थापित करना 5 स्वर, ध्वनि मिलाना
मिलाप–(पु.) 1 मेल 2 भेंट 3 दोस्ती
मिलावट–(स्त्री.) 1 मिलाए जाने का भाव 2 मिश्रण 3 मेल
मिलिटरी–I (वि.) 1 सेना का, सैनिक, फ़ौजी 2 युद्ध का, सामरिक II (स्त्री.) फ़ौज
मिलीग्राम–(पु.) ग्राम का हज़ारवाँ हिस्सा
मिलीभगत–(स्त्री.) आपस में किसी के विरुद्ध रचा गया षड्यंत्र, धूर्त और कपट भरी चाल
मिलीमीटर–(पु.) मीटर का हज़ारवाँ हिस्सा
मिश्र–I (वि.) 1 अनेक योगों से बना हुआ (जैसे–मिश्र धातु) 2 मिला हुआ, संयुक्त
मिश्रण–(पु.) मिलावट
मिश्रित–(वि.) मिलाया हुआ
मिश्री–(स्त्री.) जमाई हुई चीनी
मिष्टान्न, मिष्ठान्न–(पु.) मिठाई
मिस्तरी–(पु.) शिल्पकार
मिस्री–(स्त्री.) जमाई हुई चीनी, मिश्री
मिस्सी–(स्त्री.) दाँत साफ़ करने का एक तरह का मंजन **मिस्सीदानी** (स्त्री.) मिस्सी रखने का पात्र
मींड़ना–(स. क्रि.) 1 गूँधना 2 मसलना
मीचना–(स. क्रि.) बंद करना
मीटर–I (पु.) मापक (जैसे–बिजली का मीटर, गाड़ी का मीटर) II (पु.) लंबाई नापने हेतु दाशमिक प्रणाली की एक इकाई
मीठा–(वि.) 1 चीनी-सा स्वादवाला, मधुर 2 स्वादिष्ट 3 अनुकूल और प्रिय 4 हलका, मंद
मीत–(पु.) मित्र, दोस्त
मीन–(पु.) 1 मछली 2 बारह राशियों में एक
मीन-मेख–(पु.) असमंजस, सोच-विचार
मीमांसा–(स्त्री.) 1 गंभीर मनन और विचार 2 एक प्रकार का भारतीय दर्शन
मील–(पु.) 1760 गज़ की दूरी, 8 फर्लांग की दूरी
मुँगौरी–(स्त्री.) मूँग के दाल की पकौड़ी
मुंड–I (पु.) 1 सिर, मूँड़ 2 कटा सिर II (वि.) 1 मुँड़ा हुआ 2 अधम, नीच
मुंडन–(पु.) 1 बच्चे के बाल पहली बार मूँड़े जाने का संस्कार 2 उस्तरे से सिर के बाल मूँड़ना
मुंडमाला–(स्त्री.) काटे गए सिरों की माला
मूँड़ना–(अ. क्रि.) 1 मुंडन होना 2 ठगना
मुँड़ासा–(पु.) सिर पर बाँधने की पगड़ी
मुँडेर–(स्त्री.) 1 छत की दीवार का ऊपरी उठा हुआ भाग 2 खेत की मेंड़
मुँदना–(अ. क्रि.) बंद होना
मुँदरी–(स्त्री.) अँगूठी
मुंशी–(पु.) 1 लिपिक 2 लेखक **मुंशीगिरी** (स्त्री.) मुंशी का काम और पद
मुँह–(पु.) 1 मुख (जैसे–मुँह से बोलना) 2 चेहरा (जैसे–मुँह पर पाउडर लगाना) 3 छेद, विवर 4 मनोवृत्ति, शील **मुँह अँधेरे, मुँह उजाले** (क्रि. वि.) बहुत तड़के **मुँहज़ोरी** (स्त्री.) 1 लड़ाकापन 2 बदलगामी **मुँहफट** (वि.) बदज़बान **मुँहबोला** (वि.) वचन द्वारा संबंध स्थापित किया हुआ (जैसे–मुँहबोला भाई) **मुँहलगा** (वि.) ढीठ, शोख (जैसे–मुँहलगा दोस्त, मुँहलगा नौकर) **मुँह का कौर छीनना** किसी की रोटी छीनना **मुँह काला करना** 1 व्यभिचार करना 2 फिर मुँह न दिखाना **मुँह की खाना** 1 थप्पड़ खाना, पिटना 2 किए

का फल पाना 3 पराजित होना 4 अपमानित होना, ज़लील होना **मुँह के बल गिरना** 1 आतुर होना 2 धोखा खाना **मुँह खुलवाना** बोलने को लाचार करना, विवश करना **मुँह छिपाना** लज्जित होना **मुँह फुलाना** नाराज़ होना, रूठना **मुँह में पानी भर आना** राल टपकना, ललचाना **मुँह में लगाम न होना** ज़बान पर अंकुश न होना **मुँह मोड़ना** 1 बेरुख़ी करना 2 अलग हो जाना **मुँह से फूल झड़ना** बोली में कोमलता होना **मुँह से लार टपकना** अत्यंत लोभ होना

मुँहज़बानी–I (क्रि. वि.) मौखिक रूप से II (वि.) कंठस्थ

मुँहासा–(पु.) युवावस्था में चेहरे पर निकलनेवाले दाने

मुआ–(वि.) 1 मरा हुआ, मृत 2 निगोड़ा, नकारा

मुक़दमा–(पु.) 1 दावा, नालिश 2 अदालत में पेश किया गया मामला, अभियोग

मुक़द्दर–(पु.) भाग्य, क़िस्मत

मुकरना–(अ. क्रि.) 1 हटना 2 इनकार करना

मुक़ाबला–(पु.) 1 बराबरी करना 2 बराबरी, समानता 3 आमना-सामना 4 मिलान 5 विरोध

मुकुट–(पु.) ताज **मुकुटधारी** (वि.) मुकुट धारण करनेवाला (राजा)

मुकुलित–(वि.) 1 खिला हुआ 2 अधखुला

मुक्का–(पु.) 1 घूँसा 2 घूँसे का आघात

मुक्केबाज़–(पु.) मुक्का चलानेवाला

मुक्त–(वि.) 1 स्वतंत्र, आज़ाद 2 छूटा हुआ 3 खुला हुआ (मुक्त कंठ, मुक्त हस्त) 4 मुक्ति प्राप्त **मुक्त छंद** (पु.) चरणों, मात्राओं तथा अनुप्रास आदि से अलग कविता **मुक्तहस्त** (वि.) खुले हाथ दान देनेवाला

मुक्तकंठ–(वि.) 1 ज़ोर से बोलनेवाला 2 निडर होकर बोलनेवाला 3 सीमा को न माननेवाला

मुक्तक–(पु.) काव्य का वह भेद जिसमें वर्णित बातों का कोई पूर्वापर संबंध न हो

मुक्त व्यापार–(पु.) स्वतंत्र व्यापार

मुक्तात्मा–(वि.) 1 मोक्षप्राप्त 2 सांसारिक बंधनों से रहित

मुक्ति–(स्त्री.) 1 आज़ादी 2 मुक्त होने की अवस्था 3 मोक्ष 4 दायित्व, देन आदि से छुटकारा **मुक्तिदाता** (पु.) मुक्ति देनेवाला **मुक्तिदायक, मुक्तिदायी** (वि.) मुक्ति प्रदान करनेवाला, मोक्ष देनेवाला **मुक्ति मार्ग** (पु.) मुक्ति का रास्ता

मुख–(पु.) 1 प्राणी का मुँह (जैसे–मुख से रोटी खाना, मुख बंद कर लेना) 2 चेहरा 3 पदार्थ का खुला भाग (जैसे–बर्तन का मुख, बोरी का मुख, गुफ़ा का मुख) 4 आदि, शुरू का भाग या अंश **मुखद्वार** (पु.) प्रवेशद्वार **मुखपृष्ठ** (पु.) पुस्तक, ग्रंथ आदि का सबसे ऊपर का पृष्ठ, आवरण पुष्ठ **मुखमुद्रा** (स्त्री.) मुख की आकृति

मुखड़ा–(पु.) चेहरा, मुख

मुखपत्र–(पु.) संस्था के नियम और सिद्धांत आदि विवरण से युक्त पत्र

मुखमंडल–(पु.) चेहरा

मुखर–(वि.) 1 बातूनी 2 वाचाल, वाक्पटु

मुखरित–(वि.) ध्वनित, शब्दायमान

मुखाकृति–(स्त्री.) मुखमुद्रा

मुखाग्र–(वि.) कंठस्थ, मुंह ज़बानी याद

मुख़ालिफ़–(वि.) 1 विरोधी 2 प्रतिद्वंद्वी

मुखिया–(पु.) 1 प्रधान 2 सभापति

मुखौटा–(पु.) 1 छोटा मुँह 2 मुख के आकार का बना मास्क (जैसे–बंदर का मुखौटा)

मुख्य–(वि.) 1 ख़ास, प्रधान 2 सबसे बड़ा (जैसे–मुख्य न्यायाधीश) **मुख्य द्वार** (पु.) प्रवेश द्वार **मुख्य मंत्री** (पु.) राज्य का सबसे बड़ा मंत्री

मुख्यतः, मुख्यतया–(क्रि. वि.) मुख्य रूप से

मुख्याधिकारी–(पु.) प्रधान अधिकारी

मुख्यालय–(पु.) प्रधान कार्यालय

मुगदर–(पु.) व्यायाम के लिए लकड़ी की बनी मुँगरी, जोड़ी

मुग्ध–(वि.) 1 मोहित, लुब्ध 2 सरल, भोला

मुचलका–(पु.) विशेष प्रतिज्ञापत्र, ज़मानत

म

मुछंदर–(वि.) 1 बड़ी-बड़ी मूँछोंवाला 2 भोंड़ी शक्लवाला और भोंदू

मुछमुँड़ा–(वि.) मुँड़ी मूँछवाला, सफ़ाचट

मुज़रिम–(पु.) अपराधी, कसूरवार

मुझ–(सर्व.) 'मैं' का वह रूप जो कर्ता और संबंध कारक के अतिरिक्त शेष कारकों में विभक्ति के योग से प्राप्त होता है (जैसे–मुझको, मुझसे, मुझपर)

मुझे–(सर्व.) 'मैं' का कर्म और संप्रदान कारक का रूप (जैसे–उसने मुझे रुपया दिया)

मुटापा–(पु.) मोटाई

मुट्ठी–(स्त्री.) 1 बँधी हुई हथेली, मुश्त, मुष्टि 2 मुट्ठी में आने भर वस्तु 3 पकड़, क़ब्ज़ा **मुट्ठी गरम करना** घूस देना **मुट्ठी में आना** क़ाबू में आना, वश में आना

मुठभेड़–(स्त्री.) 1 भिड़ंत 2 सामना

मुड़ना–(अ. क्रि.) 1 झुक जाना 2 दूसरी दिशा को घूमना 3 लौटना, वापस आना

मुड़िया–(पु.) 1 मुँडा सिर 2 सिर मुँडा संन्यासी

मुड्ढा–(पु.) कंधा

मुताबिक–(क्रि.वि.) अनुसार

मुद–(पु.) ख़ुशी, आनन्द

मुदा–(क्रि. वि.) 1 मतलब यह कि 2 लेकिन

मुदित–(वि.) प्रसन्न (जैसे–मन मुदित)

मुदिता–(स्त्री.) 1 मोद, हर्ष 2 प्रिय की प्राप्ति से अत्यधिक प्रसन्न होनेवाली नायिका

मुद्गर–(पु.) 1 व्यायाम करनेवाला एक प्रकार का यंत्र 2 गदा, मुगदर

मुद्रक–(पु.)/(वि.) छापने वाला, मुद्रण करनेवाला

मुद्रण–(पु.) छापना **मुद्रण उद्योग** (पु.) छापने का धंधा **मुद्रण यंत्र** (पु.) छापने की मशीन

मुद्रणालय–(पु.) छापाख़ाना (प्रेस)

मुद्रांकन–(पु.) 1 मुद्रण 2 चिह्न लगाना

मुद्रांकित–(वि.) 1 मोहर लगाया हुआ **मुद्रांकित पत्र** (पु.) मोहर लगी चिट्ठी 2 मुद्रांकन युक्त

मुद्रा–(स्त्री.) 1 मोहर, सील 2 सिक्का 3 अँगूठी 4 रुपया 5 मुख, हाथ, गर्दन आदि की विशेष भावसूचक स्थिति 6 मुखचेष्टा 7 शरीर पर अंकित चिह्न 8 देवपूजन में होनेवाला अंग-विन्यास

मुद्रास्फीति–(स्त्री.) देश की व्यापारिक आवश्यकता से अधिक मुद्रा का प्रचलन होना (इंफ्लेशन)

मुद्रा-अवमूल्यन–(पु.) मुद्रा के भाव में कमी आना, रुपए की क़ीमत कम होना (डिवैल्यूएशन)

मुद्रिका–(स्त्री.) 1 अँगूठी 2 तर्पण आदि के समय पहनी जानेवाली कुश की अँगूठी

मुनाफ़ा–(पु.) लाभ

मुनासिब -(वि.) उचित, ठीक

मुनि–(पु.) मनन करनेवाला व्यक्ति

मुनीम–(पु.) 1 हिसाब-किताब लिखनेवाला कर्मचारी 2 प्रतिनिधि 3 अभिकर्ता

मुन्ना–(पु.) छोटे बच्चे के लिए प्यार का संबोधन (वि.) प्यारा, प्रिय

मुफ़्त–(वि.) 1 बिना मूल्य का प्राप्त होनेवाला 2 बिना प्रयास मिल जानेवाला **मुफ़्त-ख़ोर** (वि.) मुफ़्त में दूसरों का माल पानेवाला

मुबारक–I (वि.) 1 कल्याण करनेवाला 2 शुभ 3 बरकत का हेतु II (क्रि. वि.) शुभ अवसर पर बधाई देनेवाला एक पद (जैसे–मुबारक देना, मुबारक़ हो) **मुबारकबाद** (क्रि. वि.) मुबारक हो, (स्त्री./पु.) बधाई, शुभकामना

मुमकिन–(वि.) 1 होनेवाला 2 संभाव्य

मुमूर्षू–(वि.) मरनेवाला

मुरकना–(अ. क्रि.) 1 मुड़ना 2 मोच खाना

मुरकी–(स्त्री.) 1 कान में पहनने की छोटी बाली 2 कान की लौ

मुरग़ाबी–(स्त्री.) मुर्ग़े की जाति का एक पक्षी, जलमुरग़ा

मुरचंग–(पु.) मुँह से फूँककर बजाया जानेवाला एक तरह का बाजा, मुँहचंग

मुरझाना–(अ. क्रि.) 1 कुम्हलाना 2 उदास होना

मुरब्बा–(पु.) चीनी की चाशनी में पकाया गया फल (जैसे–आँवले का मुरब्बा)

मुरमुरा–(पु.) 1 भुना हुआ चावल, लाई 2 मकई का भुना दाना

मुरमुराना–(अ. क्रि.) 1 ऐंठन खाकर टूट जाना.

चुरमुर हो जाना 2 मुरमुर शब्द करते हुए टूटना

मुरली–(स्त्री.) बाँसुरी **मुरलीधर** (पु.) श्रीकृष्ण

मुराद–(स्त्री.) कामना, मनोरथ, मतलब

मुर्ग़, मुर्ग़ा–(पु.) मुरग़ा

मुर्ग़ी–(स्त्री.) एक पक्षी जो अण्डे देती है

मुर्दा–(पु.) बेजान शरीर, शव **मुर्दादिल** (वि.) मुरझाया हुआ, उदासीन (जैसे–मुर्दादिल)

मुलम्मा–I (वि.) चमकता हुआ II (पु.) रासायनिक क्रिया द्वारा किया गया लेप

मुलाक़ात–(स्त्री.) 1 भेंट, साक्षात्कार 2 जान-पहचान

मुलायम–(वि.) 1 कोमल (जैसे–मुलायम शरीर) 2 कठोरता या कर्कशता से रहित

मुल्क–(पु.) 1 बड़ा देश 2 प्रदेश, प्रांत

मुल्ला–(पु.) 1 मुस्लिम धर्मशास्त्र का आचार्य 2 मुसलमान शिक्षक **मुल्ला की दौड़ मस्जिद तक** घूम-फिरकर एक ही जगह जाना

मुश्किल–I (वि.) कठिन, दुष्कर II (स्त्री.) 1 कठिनता 2 संकट, विपत्ति

मुष्टि–(स्त्री.) 1 मुट्ठी 2 घूँसा, मुक्का 3 चोरी **मुष्टि-द्वंद्व, मुष्टि-युद्ध** (पु.) मुक्केबाज़ी

मुसकराना–(अ. क्रि.) होंठों में हँसना, मंद-मंद हँसना

मुसकान–(स्त्री.) मुसकराहट

मुसलमान–(पु.) इस्लाम धर्म को माननेवाला

मुसाफ़िर–(पु.) यात्री, पथिक

मुसीबत–(स्त्री.) 1 कष्ट 2 संकट

मुस्टंडा (वि.) 1 मोटा-ताज़ा, तगड़ा 2 बदमाश

मुहब्बत–(स्त्री.) 1 प्रेम, इश्क़ 2 चाह, प्रीति, प्यार 3 स्नेह, मित्रता

मुहर–(स्त्री.) 1 मुद्रा 2 छाप 3 अँगूठी (जैसे–प्यार की मुहर) **मुहरदार** (वि.) मुहरवाला **मुहरबंद** (वि.) मुहर लगी हुई

मुहल्ला–(पु.) नगर का वह भाग जिसमें बहुत-से मकान हों

मुहाना–(पु.) नदी का किनारा

मुहावरा–(पु.) रूढ़ वाक्यांश

मुहावरेदार–(वि.) मुहावरे से युक्त

मुहूर्त–(पु.) 1 कार्य हेतु निश्चित किया गया विशिष्ट समय 2 कालगणना के अनुसार कार्य हेतु निश्चित किया गया समय

मूँग–(पु.) एक प्रसिद्ध अन्न (जैसे–मूँग की दाल)

मूँगफली–(स्त्री.) एक प्रकार का पौधा जिसका फल बादाम जैसा होता है, चिनिया बादाम

मूँगा–(पु.) समुद्र से प्राप्त एक प्रकार का रत्न, प्रवाल

मूँगिया–(वि.) मूँग के दानों के रंग का

मूँछ–(स्त्री.) 1 मनुष्य तथा अन्य प्राणियों के ऊपर के ओंठ और नासिका के बीच के भाग पर जमे बाल 2 कुछ विशिष्ट जंतुओं के ओठों पर जमे बाल

मूँड़–(पु.) सिर, कपाल

मूँड़ना–(स. क्रि.) 1 मुंडन करना 2 ठगना 3 शिष्य बनाना

मूँदना–(स. क्रि.) 1 छिपाना 2 ढक देना, ढकना 3 बंद करना 4 बंद कर लेना

मूक–(वि.) 1 गूँगा 2 लाचार 3 चुप **मूक अभिनय** (पु.) बिना संवाद का अभिनय **मूक-बधिर** (वि.) गूँगा और बहरा **मूक भाव** (पु.) चुपचाप

मूट–(स्त्री.) 1 मुट्ठी 2 उपकरण आदि का हत्था

मूढ़–(वि.) मूर्ख

मूढ़ात्मा–(वि.) बहुत बड़ा मूर्ख

मूतना–(अ. क्रि.) पेशाब करना

मूत, मूत्र–(पु.) प्राणियों के जननेंद्रिय मार्ग से निकलनेवाला तरल पदार्थ, मूत, पेशाब **मूत्रदोष** (पु.) मूत्र संबंधी कष्ट **मूत्रपरीक्षा** (स्त्री.) पेशाब की वैज्ञानिक जाँच **मूत्रमार्ग** (पु.) मूत्रनाली

मूत्रालय–(पु.) पेशाब करने की जगह

मूत्राशय–(पु.) नाभि के नीचे मूत्र संचित होने की एक थैली, मसाना

मूरत–(स्त्री.) मूर्ति

मूर्ख–(वि.) मूढ़, नासमझ **मूर्खता** (स्त्री.) 1 मूढ़ता, नासमझी 2 मूर्ख होने का भाव **मूर्खतावश** (क्रि. वि.) मूर्खता के कारण

म

मूर्च्छना–(स्त्री.) संगीत के स्वरों का आरोह-अवरोह

मूर्त–(वि.) आकारवाला, साकार **मूर्त प्रत्यक्षीकरण** (पु.) अमूर्त को मूर्त रूप देना

मूर्ति–I (स्त्री.) 1 आकृति, शक्ल, सूरत 2 प्रतिमा 3 देह, शरीर 4 मूर्तता, ठोसपन II (वि.) विषय-विशेष का ज्ञाता (जैसे–न्यायमूर्ति) **मूर्तिकला** (स्त्री.) मूर्तियाँ बनाने की विद्या, हुनर **मूर्तिकार** (पु.) मूर्ति बनानेवाला **मूर्तिपूजन** (पु.) मूर्ति पूजना **मूर्तिपूजा** (स्त्री.) मूर्ति की पूजा करना **मूर्तिभंजन** (पु.) मूर्तियाँ तोड़ना **मूर्तिशिल्प** (पु.) मूर्ति-कला

मूर्तिमान्–(वि.) 1 मूर्तिविशिष्ट 2 सगुण और साकार 3 प्रत्यक्ष, साक्षात

मूर्द्धन्य, मूर्धन्य–(वि.) 1 मूर्द्धा से संबद्ध 2 श्रेष्ठ, शीर्षस्थ **मूर्द्धन्य घटित** (वि.) मूर्द्धन्य रूप में होनेवाला

मूर्द्धन्यीकरण, मूर्धन्यीकरण–(पु.) मूर्द्धन्य ध्वनि में परिवर्तित करना, तवर्ग से टवर्ग बनाना

मूर्द्धा, मूर्धा–(पु.) मुख के भीतर बीच का स्थान जहाँ से मूर्धन्य वर्णों का उच्चारण होता है (जैसे–ट, ठ, ड, ढ, ण आदि)

मूर्द्धा, मूर्धा–(पु.) सिर, मस्तक

मूर्द्धाभिषिक्त, मूर्धाभिषिक्त–(वि.) 1 सिर पर अभिषेक किया हुआ 2 श्रेष्ठ 3 सर्वमान्य (मत, नियम)

मूल–I (पु.) 1 जड़ 2 आदिकारण (जैसे–सृष्टि का मूल) 3 आरंभ 4 बुनियाद, नींव 5 ग्रंथकार की मूल शब्दावली 6 मूलधन 7 हाथ-पैर आदि का आदिभाग (जैसे–भुज मूल) II (वि.) 1 असल और पहला 2 प्रधान, मुख्य III (क्रि. वि.) निकट, पास **मूल तत्त्व** (पु.) 1 मूल पदार्थ 2 आधारभूत सिद्धांत **मूलधन** (पु.) पूँजी (जैसे–मूलधन वापस करना) **मूलनिवासी** (पु.) आदिवासी **मूलमंत्र** (पु.) कुंजी, मूल तत्त्व **मूल सिद्धांत** (पु.) मुख्य मत, नियम **मूलस्रोत** (पु.) झरना, नदी आदि का उद्‌गम स्थान

मूलतः (क्रि. वि.) मूल रूप में, आदि में

मूल प्रवृत्ति–(स्त्री.) जन्मजात रुझान या गुण

मूलभूत–(वि.) 1 मूल से संबंधित 2 मौलिक

मूलाधार–(पु.) हठयोग के षट्चक्रों में से एक

मूलावस्था–(स्त्री.) शुरू की स्थिति

मूली–(स्त्री.) खाने योग्य मुलायम जड़वाला एक पौधा **मूली-गाजर समझना** तुच्छ समझना

मूलोच्छेद–(पु.) जड़ से काटना

मूल्य–I (पु.) 1 दाम, क़ीमत 2 भाव 3 गुण, तत्त्व (जैसे–चरित्र का मूल्य) II (वि.) प्रतिष्ठा के योग्य, क़दर के लायक़ **मूल्य तालिका** (स्त्री.) मूल्य सूची **मूल्य नियंत्रण** (पु.) मूल्य वृद्धि को रोकना **मूल्य निर्धारण** (पु.) मूल्य निश्चित करना **मूल्य वृद्धि** (स्त्री.) भाव में तेज़ी आना, मूल्य बढ़ना

मूल्य सूचनांक–(पु.) क़ीमतें बतानेवाले आँकड़े

मूल्यवान्–(वि.) अधिक क़ीमतवाला

मूल्यांकन–(पु.) मूल्य का अनुमान करना, मूल्य आँकना **मूल्यांकनकर्ता** (पु.) मूल्यांकन करनेवाला

मूष, मूषक–(पु.) चूहा **मूषदान** (पु.) चूहा फँसाने का पिंजड़ा

मूषिका–(स्त्री.) चुहिया

मूसल–(पु.) धान कूटने का एक प्रसिद्ध उपकरण **मूसलधार** (क्रि. वि.) मूसल के समान मोटी धार में

मूसलचंद–(पु.) 1 गँवार, असभ्य 2 अपढ़, मूर्ख 3 हट्टा-कट्टा परंतु निकम्मा आदमी

मृग–(पु.) हिरन **मृगचर्म** (पु.) हिरन की खाल **मृगछाल** (पु.) हिरन की बिछाई अथवा ओढ़ी जानेवाली छाल **मृगजल** (पु.) मृगतृष्णा **मृगनाभि** (पु.) कस्तूरी, मृगमद **मृगलोचनी** (स्त्री.) मृग के समान चंचल नेत्रोंवाली स्त्री **मृगशावक** (पु.) मृगछौना, हिरन का बच्चा

मृगतृषा, मृगतृष्णा–(स्त्री.) 1 ऐसी तृष्णा जो प्रायः संभव न हो 2 मृगमरीचिका

मृग-मरीचिका–(स्त्री.) मृग को मरु में जल दिखाई देने की भ्रांति

मृगया–(स्त्री.) 1 शिकार, आखेट 2 शिकार हेतु वन-गमन

मृगाक्षी–(वि.) मृग-सी सुंदर आंखोंवाली, मृगनयनी

मृगेंद्र–(पु.) शेर, सिंह

मृगी–(स्त्री.) मादा हिरन, हिरनी

मृणाल–(स्त्री.) कमल का डंठल

मृणालिनी–(स्त्री.) कमलिनी

मृण्मूर्ति–(स्त्री.) मिट्टी की मूर्ति

मृत–(वि.) मरा हुआ, मुर्दा **मृतप्राय** (क्रि. वि.) मरने के क़रीब

मृतक–I (पु.) मृत शरीर II (वि.) मरा हुआ

मृत संजीवनी–(स्त्री./वि.) मुर्दे को जीवित करनेवाली (औषधि)

मृत्तिका–(स्त्री.) मिट्टी **मृत्तिका उद्योग** (पु.) मिट्टी की वस्तुएँ बनाने का उद्योग

मृत्पात्र–(पु.) मिट्टी का बर्तन

मृत्यु–(स्त्री.) 1 मौत, मरण 2 अंतिम अवस्था **मृत्यु कर** (पु.) मृतक की संपत्ति पर लगनेवाला कर **मृत्यु दंड** (पु.) मौत की सज़ा **मृत्यु-पत्र** (पु.) मृत्यु का प्रमाण-पत्र **मृत्युलोक** (पु.) मर्त्य लोक **मृत्युशय्या** (स्त्री.) वह बिस्तर जिसपर व्यक्ति मरणासन्न रूप में पड़ा हो

मृदंग–(पु.) ढोलक की तरह का एक प्रसिद्ध बाजा

मृदा–(स्त्री.) मिट्टी

मृदु–(वि.) 1 कोमल, मुलायम 2 प्रिय और सुहावना, मधुर 3 हलका, धीमा **मृदुभाषी** (वि.) मृदु वचन बोलनेवाला

मृदुल–(वि.) 1 कोमल, मुलायम 2 दयालु

मृषा–I (क्रि. वि.) झूठ-मूठ, व्यर्थ II (वि.) असत्य, झूठा

में–I (अ.) के अंदर (जैसे–मकान में, बिल में) II (स्त्री.) बकरी के बोलने का शब्द

मेंगनी–(स्त्री.) गोलियों के रूप में पशु की विष्ठा, मल, गू

मेंढ़ा–(पु.) भेड़ा

मेखला–(स्त्री.) 1 करधनी, किंकणी 2 धागे आदि की करधनी 3 कमरबंध, पेटी

मेगावाट–(पु.) दस लाख वाट की विद्युत शक्ति

मेघ–(पु.) बादल **मेघगर्जन** (पु.) बादलों का गरजना

मेघमाला–(स्त्री.) बादलों की पंक्ति

मेघाच्छन्न–(वि.) बादलों से ढका हुआ

मेज़–(स्त्री.) लकड़ी आदि की बनी चौकी (टेबल) **मेज़पोश** (पु.) मेज़ पर बिछाने का कपड़ा

मेड़–(स्त्री.) 1 खेत की हदबंदी 2 खेत के इर्द-गिर्द मिट्टी का बनाया हुआ घेरा **मेड़बंदी** (स्त्री.) मेड़ बनाना

मेथी–(स्त्री.) एक पौधा, इसका बीज

मेद–(पु.) 1 चरबी, वसा 2 चरबी बढ़ने और मोटा होने का रोग 3 कस्तूरी

मेदिनी–(स्त्री.) पृथ्वी, धरती

मेदा–(पु.) पेट, पक्वाशय

मेधा–(स्त्री.) 1 धारण-शक्ति 2 बुद्धि **मेधाकर** (वि.) बुद्धि बढ़ानेवाला

मेधावान्, मेधावी–(वि.) बहुत बुद्धिमान्

मेरा–(वि.) 'मैं' का संबंधसूचक विभक्ति से संयुक्त सार्वनामिक विशेषण रूप

मेरी–(वि.) 'मेरा' का स्त्रीलिंग रूप

मेरु–(पु.) 1 सुमेरु 2 पृथ्वी के उत्तरी और दक्षिणी ध्रुवों में प्रत्येक, पोल 3 देव-मंदिर **मेरुदंड** (पु.) रीढ़ (जैसे–मेरुदंड वाले प्राणी)

मेल–(पु.) 1 मिले होने की अवस्था 2 मिलाप, संयोग, समागम 3 प्रेम-व्यवहार **मेलजोल, मेलमिलाप** (पु.) प्रीति संबंध, घनिष्ठता

मेला–(पु.) 1 उत्सव, देव-दर्शन आदि के शुभ अवसर पर एकत्र भीड़ 2 चौपायों के क्रय-विक्रय के निमित्त होनेवाला व्यापारियों का जमावडा 3 तीर्थ-स्थान पर होनेवाला जमाव (जैसे–माघ मेला, कुम्भ मेला) **मेलाठेला, मेला-तमाशा** (पु.) सैर-तमाशा, मेला

मेवा–(पु.) सुखाया हुआ फल (किशमिश, बादाम, अखरोट आदि)

मेष–(पु.) 1 भेड़ 2 बारह राशियों में पहली राशि

मेहँदी–(स्त्री.) 1 हाथ-पैर को रंग से सजानेवाली पत्तियोंवाली एक झाड़ी, हिना 2 ब्याह की

म

एक रस्म 3 इस झाड़ी की पत्तियों का पीसा हुआ चूर्ण

मेह–(पु.) 1 वर्षा 2 बादल

मेहतर–(पु.) 1 बहुत बड़ा और प्रतिष्ठित व्यक्ति, बुजुर्ग 2 भंगी

मेहतरानी–(स्त्री.)

मेहनत–(स्त्री.) शारीरिक श्रम **मेहनतकश** (वि.) मेहनत करनेवाला **मेहनत-मज़दूरी** (स्त्री.) मेहनत और मज़दूरी

मेहनताना–(पु.) पारिश्रमिक

मेहनती–(वि.) परिश्रमी

मेहमान–(पु.) अतिथि, अभ्यागत **मेहमानदारी** (स्त्री.) आतिथ्य-सत्कार, मेहमानी

मेहरी–(स्त्री.) पत्नी, स्त्री, जोरू (जैसे–मेहरी के वश में होना)

मैं–(सर्व.) कर्ता का उत्तम पुरुष का रूप, अहम्

मै–(स्त्री.) शराब, मदिरा **मैकश** (पु.) शराब पीनेवाला, मद्यप **मैख़ाना** (पु.) शराबख़ाना, मदिरालय

मैत्री–(स्त्री) 1 मित्रता, दोस्ती 2 मेलजोल 3 समानता **मैत्रीपूर्ण** (वि.) मित्रतापूर्ण **मैत्री भाव** (पु.) मित्रता का भाव

मैत्रेय–(पु.) सूर्य, सूरज

मैथुन–(पु.) संभोग, रति-क्रीड़ा

मैदान–(पु.) 1 चौड़ी और सपाट ज़मीन 2 युद्धक्षेत्र, रणभूमि (जैसे–मैदान से भागना) 3 अखाड़ा **मैदान जीतना, मैदान मारना** लड़ाई जीतना **मैदान में उतरना** 1 अखाड़े में आना 2 कार्य-क्षेत्र में आना **मैदान साफ़ कर देना** विघ्न-बाधाओं को दूर करना

मैना–(स्त्री.) काले रंग और पीली चोंचवाली एक प्रसिद्ध चिड़िया, सारिका

मैया–(स्त्री.) माँ

मैल–(स्त्री.) 1 शरीर, वस्त्र आदि पर जमी गर्द, धूल 2 दोष, विकार

मैला–I (वि.) 1 मैल युक्त, गंदा II (पु.) 1 गू-विष्ठा 2 कूड़ा, कर्कट **मैला-कुचैला** (वि.) 2 अत्यंत मैला

मोंगरा–I (पु.) मुँगरा II (पु.) मोगरा

मोंढ़ा–(पु.) 1 माँचा 2 बाँस, बेंत का बना आसन

मोक्ष–(पु.) 1 मुक्ति 2 छुटकारा **मोक्ष दाता** (पु.) मोक्ष देनेवाला **मोक्षदायक, मोक्षदायी** (वि.) मोक्ष प्रदान करनेवाला **मोक्ष प्राप्ति** (स्त्री.) मोक्ष पाना, मोक्ष मिलना

मोखा–(पु.) रोशनदान, झरोखा

मोगरा–I (पु.) 1 बेले का पौधा 2 इस पौधे का फूल II लकड़ी की बड़ी हथौड़ी

मोच–(स्त्री.) शरीर के जोड़ की नस का अपने स्थान से इधर-उधर खिसक जाना

मोचन–(पु.) 1 छुड़ाना, मुक्त करना 2 दूर हटाना, दूर करना (जैसे–संकटमोचन)

मोची–(पु.) जूता सीनेवाला

मोज़ा–(पु.) पैर में पहनने का कपड़े का बना आवरण, जुर्राब (जैसे–मोज़ा-जूता)

मोट–(स्त्री.) गठरी

मोटर–(स्त्री.) 1 पेट्रोल, डीज़ल आदि से सड़क पर चलनेवाली चार पहियोंवाली गाड़ी 2 विद्युत, पेट्रोल की शक्ति से चलनेवाली एक मशीन **मोटरबोट** (स्त्री.) मोटर इंजन से चालित नाव

मोटा–(वि.) 1 अधिक स्थूल 2 घनता से युक्त (जैसे–मोटा कपड़ा) **मोटाताज़ा** (वि.) हृष्ट-पुष्ट, तगड़ा

मोटाझोटा–(वि.) घटिया, मामूली

मोटापा–(पु.) मोटा होने का भाव

मोठ–(स्त्री.) मूँग की तरह का एक प्रसिद्ध छोटा अन्न

मोड़–(पु.) 1 घुमाव 2 मुड़ने की अवस्था **मोड़तोड़** (पु.) 1 घुमाव, चक्कर 2 मरोड़ 3 चालाकी से भरी बात

मोड़ना–(स. क्रि.) 1 घुमाना 2 टेढ़ी करना 3 परत लगाना

मोतिया–(वि.) 1 मोती संबंधी 2 मोती-सा

मोतियाबिंद–(पु.) आँखों में पुतली के आगे गोल झिल्ली बनने का रोग

मोती–(पु.) समुद्री सीपी से निकलनेवाला एक अत्यंत क़ीमती रत्न, मुक्ता **मोतीचूर** (पु.) बेसन की बनी छोटी मीठी बुँदियों का लड्डू

मोतीझरा–(पु.) मियादी बुखार (टाइफाइड)
मोद–(पु.) हँसी-मज़ाक़ **मोदजनक** (वि.) मोदक **मोदमय** (वि.) मोदक, मोदयुक्त
मोदक–(पु.) लड्डू, मिठाई
मोदी–(पु.) दाल, चावल आदि बेचनेवाला, परचूनिया
मोपला–(पु.) मालाबार की एक मुसलमान जाति
मोम–(पु.) हलके पीले रंग का पिघलनेवाला पदार्थ जो मधुमक्खी के छत्ते से मिलता है **मोमजामा** (पु.) मोम का रोगन चढ़ाया हुआ एक कपड़ा
मोमिया–(स्त्री.) मसाला लगाकर रखी गई लाश
मोर–(पु.) एक अत्यंत सुंदर पक्षी **मोरपंखी** I (वि.) मोर के पंख के रंग का II (पु.) मोर के पंख की तरह का गहरा चमकीला नीला रंग **मोर-मुकुट** (पु.) मोरपंखों से युक्त मुकुट
मोरनी–(स्त्री.) 1 मादा मोर 2 मोरनी-सी गतिवाली बनी-ठनी सुंदर युवती
मोरी–(स्त्री.) 1 तंग रास्ता, तंग द्वार 2 नाली
मोर्चा–(पु.) आक्रमण का ठिकाना
मोल–(पु.) मूल्य, दाम **मोलतोल, मोलभाव** (पु.) सौदा तय करना
मोह–(पु.) 1 अज्ञान, नासमझी 2 मूर्खता, बेवकूफ़ी 3 अविद्या 4 ममता (जैसे–मोह माया, धन-दौलत का मोह) 5 भ्रांति **मोहभंग** (पु.) अज्ञान और भ्रांति का नाश होना
मोहक–(वि.) मोह उत्पन्न करनेवाला
मोहन–(वि.) मोह लेनेवाला
मोह-निद्रा–(स्त्री.) 1 बेहोशी 2 भ्रम, अज्ञानतावश वास्तविक स्थिति की उपेक्षा करनेवाली अवस्था
मोहनी–I (स्त्री.) 1 माया 2 लुभावनी और सुंदर स्त्री 3 एक अप्सरा का नाम II (वि.) मोहित करनेवाली
मोहरा–(पु.) 1 बरतन आदि का मुँह 2 ऊपर या सामने का भाग 3 सेना का बढ़ाव 4 सेना का अग्र भाग 5 शतरंज की गोटी 6 अँगिया का बंद
मोहरी–(स्त्री.) 1 पाजामे के नीचे की ओर का मुँह, पायँचा 2 ऊपरी खुला हुआ भाग
मोहित–(वि.) 1 मोह प्राप्त, मुग्ध 2 लुभाया हुआ 3 भ्रम में पड़ा हुआ
मोहिनी–I (वि.) मोहित करनेवाली II (स्त्री.) 1 माया, मोह 2 समुद्र मंथन से प्राप्त अमृत बाँटने के लिए असुरों को मोहित करने हेतु धारण किया गया भगवान विष्णु का सुंदर रमणीवाला रूप
मौक़ा–(पु.) 1 अवसर, सुयोग 2 अवधि, मोहलत 3 अवकाश, फ़ुरसत 4 घटना-स्थल
मौखिक–(वि.) 1 मुख-संबंधी 2 ज़बानी
मौज–(स्त्री.) 1 तरंग, हिलोर (जैसे–दरिया-ए-मौज) 2 उमंग (जैसे–मन की मौज), सुख, आनंद
मौत–(स्त्री.) 1 मृत्यु 2 मृत्यु का समय 3 शामत, मुसीबत
मौन–I (पु.) न बोलना, चुप्पी II (वि.) चुप **मौन-भंग** (पु.) ख़ामोशी तोड़ना, बोलना **मौन व्रत** (पु.) न बोलने का संकल्प
मौनी–(वि.) 1 चुप रहनेवाला 2 मौन व्रतधारी
मौर–(पु.) विवाह के समय वर को पहनाया जानेवाला ताड़पत्र का बना मुकुट, शिरोभूषण
मौर्य–(पु.) मगध का एक प्रसिद्ध भारतीय राजवंश
मौलवी–(पु.) 1 अरबी भाषा का पंडित 2 इस्लाम धर्म का आचार्य 3 मुसलमान शिक्षक
मौलि–(पु.) 1 चोटी, सिरा 2 मस्तक, सिर
मौलिक–(वि.) 1 मूल-संबंधी 2 असली, वास्तविक 3 मूलभूत **मौलिकता** (स्त्री.) मौलिक होने का भाव
मौसी–(स्त्री.) माँ की बहन, मासी
म्याँव, म्याऊँ–(स्त्री.) बिल्ली की बोली **मयाँव की ठौर पकड़ना** सबसे अधिक ख़तरे का काम करना
म्यान–(पु.) तलवार रखने का कोष, ख़ोल
म्लान–(वि.) 1 मलिन, मैला 2 कुम्हलाया हुआ
म्लेच्छ–I (पु.) 1 अनार्य, विदेशी 2 आर्य सदाचार का पालन न करनेवाला II (वि.) 1 नीच 2 पापी

य

यंत्र–(पु.) 1 किसी अन्य बात, चीज़, शक्ति आदि को संघटित, नियंत्रित और संबद्ध करनेवाली शक्ति या बात (जैसे–डोरी, ताला, हथकड़ी आदि) 2 शल्य-चिकित्सा में काम आनेवाले उपकरण (जैसे–सँड़सी, चिमटी आदि) 3 औज़ार 4 मशीन 5 वाद्य **यंत्रचालित** (वि.) यंत्र संचालित **यंत्र-तंत्र** (पु.) जादू-टोना **यंत्र विज्ञान** (पु.) यांत्रिकी **यंत्र विद्या** (स्त्री.) यंत्रों के निर्माण और चलाने की कला

यंत्रणा–(स्त्री.) यातना, पीड़ा

यंत्रवत्–(वि.) यंत्र के समान

यकसाँ–(वि.) एक-सा, एक प्रकार का

यकायक–(क्रि. वि.) एकाएक

यक़ीन–(पु.) 1 विश्वास 2 प्रतीति

यकृत्–(पु.) 1 पेट में दाहिनी ओर पाचन रस की थैली, जिगर, तिल्ली (लिवर) 2 यकृत में होनेवाला एक रोग 3 पक्वाशय **यकृतशोथ** (पु.) जिगर की सूजन

यक्ष–(पु.) 1 कुबेर के गणों और उनकी निधियों की रक्षा करनेवाली एक प्रकार की देवयोनि 2 कुबेर के सेवक

यक्ष्म–(पु.) क्षयरोग **यक्ष्मग्रस्त** (वि.) क्षयरोग से ग्रस्त

यक्ष्मा–(पु.) क्षयरोग, तपेदिक (टी.बी.)

यजमान–(पु.) 1 यज्ञ करनेवाला व्यक्ति 2 ब्राह्मणों से धार्मिक कृत्य करानेवाला व्यक्ति

यजमानी–(स्त्री.) 1 यजमान होने का भाव 2 यजमान का काम

यजुर्वेद–(पु.) चार वेदों में से एक और दूसरे क्रम का

यज्ञ–(पु.) 1 हवन-पूजन युक्त एक वैदिक कृत्य 2 धार्मिक कृत्य 3 शुभ अनुष्ठान या काम **यज्ञकर्ता** (पु.) यजमान **यज्ञकर्म** (पु.) यज्ञ संबंधी **यज्ञदक्षिणा** (स्त्री.) यज्ञ कराने के उपलक्ष्य में ब्राह्मणों को दिया गया धन **यज्ञपति** (पु.) यजमान **यज्ञपात्र** (पु.) हवन करने का काठ आदि का बना पात्र

यज्ञोपवीत–(पु.) 1 जनेऊ, उपनयन 2 यज्ञसूत्र **यज्ञोपवीत संस्कार** (पु.) जनेऊ पहनाने का संस्कार, जनेऊ पहनाने का उत्सव

यति–I (स्त्री.) 1 रोक, रुकावट 2 मनोविकार **यतिभंग** (पु.) 1 दोषयुक्त छंद-रचना 2 कविता के पढ़ने में विराम-संबंधी काव्य-दोष

यति–II (पु.) 1 जितेंद्रिय 2 संन्यासी 3 योगी **यतिधर्म** (पु.) संन्यास

यत्किंचित्–(क्रि. वि.) थोड़ा-सा, कुछ

यत्न–(पु.) 1 कोशिश, प्रयत्न 2 उपाय

यत्र–(क्रि. वि.) 1 जहाँ 2 जब **यत्र-तत्र** (क्रि. वि.) 1 जहाँ-तहाँ, इधर-उधर 2 जगह-जगह

यथांश–I (क्रि. वि.) 1 भाग के अनुकूल 2 यथायोग्य

यथांश–II (पु.) निश्चित किया हुआ हिस्सा

यथा–(क्रि. वि.) 1 जिस प्रकार 2 जैसे **यथाकथित** (वि.) जैसे पहले कहा गया हो **यथाकर्तव्य** (क्रि. वि.) कर्तव्य के अनुसार **यथाकर्म** (क्रि. वि.) कर्म के अनुसार **यथाकाल** (क्रि. वि.) समयानुसार **यथाकृत** (वि.) नियमानुसर किया हुआ **यथाक्रम** (क्रि. वि.) क्रमानुसार **यथाज्ञान** (क्रि. वि.) ज्ञान के अनुसार **यथानियम** (क्रि. वि.) नियमानुसार **यथापूर्व** (क्रि. वि.) पहले की तरह, हूबहू **यथारीति** (वि.) प्रचलित प्रथा के अनुकूल **यथारुचि** (क्रि. वि.) रुचि के अनुसार **यथाविधि** (क्रि. वि.) विधिपूर्वक **यथाशक्ति** (क्रि. वि.) शक्ति के अनुसार **यथाशीघ्र** (क्रि. वि.) जितनी जल्दी हो सके उतनी जल्दी **यथास्थान** (क्रि. वि.) ठीक जगह पर

यथार्थ–(क्रि. वि.) 1 जैसा होना चाहिए ठीक वैसा 2 वाजिब, उचित 3 सत्यपूर्वक **यथार्थता**

य

(स्त्री.) 1 यथार्थ होने का भाव 2 सत्यता, सचाई 3 वास्तविकता **यथार्थपरक** (क्रि. वि.) वास्तविकता पर आधारित

यथार्थतः–(क्रि. वि.) 1 वस्तुतः सचमुच 2 यथानुरूप

यथावत्–(क्रि. वि.) 1 ज्यों-का-त्यों, जैसे का तैसा 2 अच्छी तरह से

यथेच्छ–(क्रि. वि.) इच्छा के अनुरूप

यथेष्ट–(वि.) जितना चाहिए उतना

यथोक्त–(क्रि. वि.) कहे हुए के अनुसार

यथोचित–(वि.) जैसा चाहिए वैसा

यदा–(क्रि. वि.) 1 जिस समय, जब 2 जहाँ **यदा-कदा** (क्रि. वि.) जब-तब, कभी-कभी

यदि–(क्रि. वि.) अगर, जो

यद्यपि–(क्रि. वि.) अगर ऐसा है भी

यम–(पु.) 1 मृत्यु के देवता 2 यमराज **यमदूत** (पु.) यम का दूत **यमराज** (पु.) यमों के राजा **यमलोक** (पु.) वह लोक जहाँ मृत्यु के बाद मनुष्य आदि प्राणी जाते हैं

यमक–(पु.) शब्दालंकार का एक भेद जिसमें एक शब्द की अनेक बार आवृत्ति होने पर भी सबके विभिन्न अर्थ होते हैं

यमल–I (पु.) जुड़वाँ या युग्म संतान II (वि.) जुड़वाँ

यव–(पु.) 1 जौ 2 जौ का पौधा 2 एक जौ की तौल

यवन–(पु.) 1 तेज़ घोड़ा 2 वेग, तेज़ी 3 यूनान का निवासी, मुसलमान 4 कालयवन नामक राजा

यवनिका–(स्त्री.) 1 परदा 2 रंगमंच का परदा

यवनी–(स्त्री.) 1 यूनान देश की स्त्री 2 यवन जाति की स्त्री 3 मुसलमान औरत

यश–(पु.) 1 ख्याति, प्रसिद्धि 2 प्रशंसा

यशस्वी–(वि.) सुख्यात, कीर्तिमान्

यशोगाथा–(स्त्री.) कीर्तिगान, गौरवकथा

यशोदानंदन–(पु.) भगवान श्रीकृष्ण

यष्टि–(स्त्री.) 1 लाठी, छड़ी 2 पताका का डंडा 3 डाल, शाखा 4 मोतियों का हार

यष्टी–(स्त्री.) गले में पहनने का एक प्रकार का हार

यह–I (सर्व.) निकटस्थ वस्तु का निर्देशक सर्वनाम (जैसे–यह तो मेरी क़लम है) II (वि.) 'यह' के साथ संज्ञा होने पर विशेषण

यहाँ–(क्रि. वि.) इस स्थान पर, इस जगह **यहाँ-वहाँ** (क्रि. वि.) इधर-उधर

यही–(क्रि. वि.) निश्चित रूप से, यह ही

यांत्रिक–I (वि.) 1 यंत्र संबंधी 2 यंत्रवत् चलनेवाला II (पु.) मशीनों का रहस्य जाननेवाला कारीगर

यांत्रिकी–(स्त्री.) यंत्र संबंधी ज्ञान और कला आदि (मेकेनिकल)

या–I (अ.) विकल्पसूचक शब्द, अथवा

या–II (अ.) संबोधनसूचक हे, ऐ (जैसे–या इलाही)

याक–(पु.) तिब्बत और मध्य एशिया में पाया जानेवाला जंगली भैंसा

याचक–I (वि.) 1 माँगनेवाला 2 प्रार्थी II (पु.) भिक्षुक, भिखारी

याचना–I (स. क्रि.) माँगना II (स्त्री.) प्रार्थना करना

याचिका–(स्त्री.) आवेदन-पत्र, प्रार्थना-पत्र

याजक–(पु.) यज्ञ करने या करानेवाला

याज्ञिक–(पु.) 1 यज्ञ करने या करानेवाला व्यक्ति 2 गुजराती ब्राह्मणों की एक जाति

यातना–(स्त्री.) कष्ट (जैसे–मानसिक यातना, घोर यातना)

यातायात (पु.) 1 आना जाना, गमनागमन 2 आने-जाने का साधन **यातायात नियम** (पु.) आने-जाने से संबद्ध नियम **यातायात पुलिस** (स्त्री.) चौराहे आदि पर खड़ा मार्ग निर्देशक सरकारी कर्मचारी **यातायात विभाग** (पु.) यातायात संबंधी सरकारी कार्यालय

यात्रा–(स्त्री.) 1 एक स्थान से अन्य स्थान को जाना 2 प्रस्थान, प्रयाण 3 देव मंदिर को पूजन, दर्शन आदि के उद्देश्य से जाना 4 व्यवहार

यात्री–(पु.) यात्रा करनेवाला, मुसाफ़िर

यात्री-निवास–(पु.) मुसाफ़िरों के रहने की

य

जगह

याद–(स्त्री.) स्मरण, स्मृति **यादगार** (स्त्री.) स्मारक, स्मृति-चिह्न **याददाश्त** (स्त्री.) 1 स्मरण 2 स्मरण-शक्ति

यान–(पु.) 1 सवारी, घोड़ागाड़ी आदि वाहन 2 आकाश यान, विमान

यानी–(अ.) अर्थात् मतलब यह है

यापन–(पु.) 1 चलाना 2 व्यतीत करना, गुज़ारना (जैसे–जीवनयापन) 3 निपटाना

याम–I (पु.) 1 तीन घंटे का समय, पहर 2 काल, समय II (वि.) यम संबंधी III (स्त्री.) यामिनी, रात

यामा–(स्त्री.) रात, निशा

यामिनी–रात्रि, रात

यायावर–(पु.) घूमने-फिरनेवाला आदमी

यायावरी–(स्त्री.) घुमक्कड़ी

यार–(पु.) 1 मित्र, दोस्त 2 प्रेमी **यारबाज़ी** (स्त्री.) यार-दोस्त बनाने का काम

याराना–I (पु.) 1 यार होने का भाव, दोस्ती 2 परस्त्री और परपुरुष का अनुचित प्रेम या संबंध II (वि.) मित्रता का

यारी–(स्त्री.) 1 मित्रता 2 स्त्री-पुरुष का अनुचित संबंध

यावत्–I (वि.) 1 जितना 2 सब II (क्रि. वि.) जहाँ तक

युक्त–(वि.) 1 जुड़ा हुआ 2 सम्मिलित 3 नियुक्त 4 संपन्न

युक्ताक्षर–(पु.) संयुक्त वर्ण

युक्ति–(स्त्री.) 1 मिलन, योग 2 ढंग, तरक़ीब 3 उचित विचार, दलील 4 कौशल, चातुरी 5 अर्थालंकार का एक भेद जिसमें किसी रहस्य को छिपाने की कला और कौशल का उल्लेख रहता है **युक्तिविरुद्ध** (वि.) तर्क के विरुद्ध तर्कविरोधी

युग–I (पु.) 1 काल, समय (जैसे–ऐतिहासिक युग, प्राचीन युग) 2 काल-गणना के अनुसार कल्प के चार उप विभागों में से हर एक (जैसे–सत्ययुग, कलियुग आदि) **युगधर्म** (पु.) समयानुकूल आचरण **युगपुरुष** (पु.) युग का महान् व्यक्ति **युगप्रवर्तक** (वि.) युग का आरंभ करनेवाला

युगपत्–(अ.) एक ही समय में, साथ-साथ

युगल–(पु.) एक साथ और एक ही गर्भ से उत्पन्न दो जीव, युग्म **युगगान** (पु.) दो से एक साथ गाया जानेवाला गीत **युगलबंदी** (विशेषतः संगीत में) जोड़ा बनाना

युगांत–(पु.) 1 युग का अंत 2 प्रलय

युगांतर–(पु.) 1 दूसरा युग 2 दूसरा समय

युगादि–I (पु.) 1 सृष्टि का आरंभ 2 युग का आरंभ 3 आंध्र प्रदेश का नववर्षारंभ पर्व II (वि.) 1 युग के आरंभ का 2 अत्यंत प्राचीन

युगानुरूप–(क्रि. वि.) युग के अनुसार

युगारंभ–(पु.) युग की शुरुआत, युग का आरंभ

युगावतार–(पु.) युग का अवतारी, महान् पुरुष

युग्म, युग्मक–(पु.) 1 जोड़ा 2 अन्योन्याश्रय-संबंध से युक्त वस्तुएँ 3 युगल

युति–(स्त्री.) 1 मिलना, सटना 2 योग 3 नाधा

युद्ध–(पु.) 1 रण, संग्राम (जैसे–कौरव और पांडव का युद्ध) 2 आपस में होनेवाली लड़ाई **युद्धकालीन** (वि.) युद्ध काल का (जैसे–युद्ध कालीन घटना) **युद्धक्षेत्र** (पु.) रणभूमि **युद्धनीति** (स्त्री.) युद्ध संचालन के आधारभूत सिद्धांत **युद्धपोत** (पु.) युद्ध का जहाज़ **युद्धविराम संधि** (स्त्री.) युद्ध बंद करने का समझौता

युद्धाभ्यास–(पु.) युद्ध का अभ्यास

युद्धारंभ–(पु.) युद्ध की शुरुआत

युद्धास्त्र–(पु.) युद्ध के हथियार

युद्धोन्माद–(पु.) युद्ध का नशा

युयुत्सु–(पु.) योद्धा

युवक–(पु.) नौजवान व्यक्ति

युवराज–(पु.) राजपुत्र, राजकुँवर

युवराज्ञी–(स्त्री.) युवराज की पत्नी

युवावस्था–(स्त्री.) युवाकाल

यूँ–(अ.) यों **यूँ-त्यूँ** (अ.) यों-त्यों

यूथ–(पु.) समूह, जत्था **यूथचारी** (वि.) झुंड में चलनेवाला **यूथनाथ, यूथपति** (पु.) 1 यूथ का सरदार 2 सेनापति

य

यूथिका–(स्त्री.) 1 जूही 2 जूही का फूल

यूनानी–(वि.) यूनान की प्रसिद्ध चिकित्सा-प्रणाली, हकीमी

ये–(सर्व.) यह सब (जैसे–ये हमारा क्या करेंगे)

येन केन प्रकारेण–(अ.) किसी-न-किसी प्रकार

यों–(अ.) 1 इस प्रकार से 2 साधारण रूप में

योग–(पु.) 1 मिलाप, मेल 2 मिलन, संयोग 3 संबंध, लगाव 4 तपस्या 5 ध्यान 6 प्रयोग, व्यवहार 7 परिणाम, फल, नतीजा 8 उपाय, युक्ति 9 उपयुक्त समय **योगक्षेम** (पु.) अभाव की पूर्ति करना तथा प्राप्त वस्तु की रक्षा करना **योगफल** (पु.) दो या दो से अधिक संख्याओं का जोड़

योगदान–(पु.) हाथ बँटाना, किसी को सहायता देना

योगनिद्रा–(स्त्री.) 1 समाधिनिद्रा, अर्ध समाधि और निद्रा 2 युग के अंत में प्रलयकालीन विष्णु की निद्रा

योगाभ्यास–(पु.) योगशास्त्र के अनुसार योग के अंगों का अनुष्ठान या साधन

योगासन–(पु.) योग साधने की मुद्रा, ढंग

योगिनी–(स्त्री.) 1 योग की साधना करनेवाली स्त्री 2 जादूगरनी

योगी–I (पु.) 1 आत्मज्ञानी 2 योग की साधना करनेवाला व्यक्ति II (वि.) संबंधित, जुड़ा हुआ (जैसे–कर्मयोगी)

योगेश्वर–(पु.) 1 योगियों में श्रेष्ठ, सर्वश्रेष्ठ योगी 2 महादेव

योगेश्वरी–(स्त्री.) दुर्गा

योग्य–(वि.) 1 क़ाबिल, लायक़ 2 उचित, मुनासिब 3 अधिकारी, पात्र 4 सुंदर 5 आदरणीय

योग्यतानुसार–(क्रि. वि.) योग्यता के मुताबिक़

योजन–(पु.) 1 जोड़ना, मिलाना 2 दूरी नापने का एक पैमाना **योजनपर्णा** (स्त्री.) मंजीठ

योजना–(स्त्री.) 1 कार्य करने की रूपरेखा 2 प्रबंध 3 योग होना 4 प्रयोग, व्यवहार

योजना आयोग–(पु.) राजकीय योजनाओं का संचालन करनेवाली केन्द्रीय संस्था

योज्य–I (वि.) 1 मिलाए जाने योग्य 2 व्यवहार के योग्य II (पु.) गणित में जोड़ी जानेवाली संख्याएँ

योद्धा–(पु.) सैनिक, सिपाही

योनि–(स्त्री.) 1 स्त्री जननेंद्रिय, गर्भाशय और भग 2 स्त्री जाति के जीव-जंतुओं का अपना वंश उत्पन्न करनेवाला अंग

यौगिक–I (वि.) 1 मिला हुआ (जैसे–यौगिक पद) 2 योग से संबंधित (जैसे–यौगिक गुण...) II (पु.) 1 प्रकृति और प्रत्यय से बना शब्द 2 दो शब्दों के मेल से बना पद

यौगिकीकरण–(पु.) किसी चीज़ को दूसरे के साथ मिलाना या जोड़ना

यौधेय–(पु.) योद्धा, सिपाही

यौन–(वि.) 1 योनि संबंधी 2 स्त्री-पुरुष की जननेंद्रिय से संबंधित (जैसे–यौन विज्ञान, यौन संसर्ग) **यौनवृत्ति** (स्त्री.) व्यभिचार द्वारा जीविका चलाना **यौन व्याधि** (स्त्री.) यौन संबंधी रोग **यौन संबंध** (पु.) संभोग समागम

यौवन–(पु.) 1 जवानी 2 युवावस्था 3 बाल्यावस्था की समाप्ति और वृद्धावस्था के आदि के मध्य का काल **यौवनकाल** (पु.) युवा काल

यौवनावस्था–(स्त्री.) युवाकाल

र

र

रंक–(वि.) 1 ग़रीब, दरिद्र 2 कंजूस 3 सुस्त आलसी

रंग–(पु.) 1 केवल आँखों से अनुभव होनेवाला पदार्थ के आकार और रूप से भिन्न एक गुण, वर्ण (जैसे नीला रंग, काल रंग आदि) 2 विशिष्ट रासायनिक क्रियाओं से चीज़ को रँगने के काम आनेवाला पदार्थ (जैसे–तैल रंग, जल रंग) 3 पदार्थ अथवा शरीर का ऊपरी वर्ण, रंगत 4 रौनक़, शोभा 5 अनुराग, प्रेम

रंग चित्र (पु.) विशेष प्रकार के रंगों के घोल से तूलिका से बनाया गया चित्र

रंग-प्रवेश (पु.) रंगमंच पर अभिनेता आदि पात्र का आना **रंगबिरंगा** (वि.) 1 अनेक रंगों का 2 कई तरह का

रंगभूमि–(स्त्री.) 1 नाट्यशाला 2 युद्धभूमि 3 क्रीड़ा स्थल

रंगमंच–(पु.) नाटक आदि खेले जाने का स्थान

रंगशाला–(स्त्री.) वह स्थान जहां नाटक खेला जाय, नाट्यशाला **रंग निखरना** चेहरे पर रौनक़ आना

रंगकर्मी–(पु.) नाटक करनेवाला

रंगजीवी–(वि.) रंगशाला में कार्य करके जीवनोपार्जन करनेवाला

रंगत–(स्त्री.) 1 रंग से युक्त होने का भाव 2 झलक 3 मज़ा, आनंद 4 दशा, अवस्था 5 प्रभाव

रँगना–I (अ. क्रि.) 1 रंग से युक्त होना 2 प्रेम में लिप्त होना, आसक्त होना II (स. क्रि.) 1 रंग से युक्त करना 2 लीपापोती करना 3 प्रेम में फँसाना, अनुरक्त करना

रंगबिरंगा–(वि.) अनेक रंगों का, रंगीन

रंगभेद–(पु.) रंग के आधार पर मनुष्यों में जाति-भेद करने की नीति (अपार्थीड)

रंगसज्जा–(स्त्री.) दृश्य तथा अन्य सामग्री से रंगमंच की सज्जा करने का कार्य

रंगसाज़–(पु.) 1 रंग तैयार करनेवाला कारीगर 2 दीवार, मेज़ आदि पर रंग चढ़ानेवाला कारीगर

रंगाई–(स्त्री.) 1 रँगने का काम 2 रँगने की मज़दूरी

रंगारंग–I (वि.) 1 अनेक रंगोंवाला 2 तरह-तरह का II (पु.) बहुत मनोरंजक कार्यक्रम

रँगीन–(वि.) 1 रँगा हुआ 2 आमोद प्रिय और विलासी

रंगीनी–(स्त्री.) 1 बनाव-सिंगार 2 विनोदप्रिय और रसिक स्वभाव होने का भाव, रंगीन होना

रँगीला–(वि.) 1 रसिया 2 मौजी 3 आकर्षक, सुन्दर

रंच–(वि.) थोड़ा, ज़रा

रंजक–(वि.) 1 प्रसन्न रहनेवाला और आनंद देनेवाला 2 रँगनेवाला

रंजन–I (पु.) 1 प्रसन्न करना 2 रँगना II (वि.) मन प्रसन्न करनेवाला

रंडापा–(पु.) विधवापन, बेवापन

रँडुआ–(पु.) जिसकी पत्नी मर गई हो, विधुर

रंदा–(पु.) बढ़ई का लकड़ी की सतह चिकनी और समतल करने का एक औज़ार

रंध्र–(पु.) सूराख़, छेद

रंभण–(पु.) 1 आलिंगन करना, गले लगाना 2 रँभाना (जैसे–गाय का बोलना)

रँभाना–(अ. क्रि.) गाय का शब्द करना

रई–I (स्त्री.) मथानी II दरदरा आटा

रक़म–(स्त्री.) 1 संपत्ति, दौलत 2 रुपया-पैसा, मूल्यवान वस्तु 3 बही खाते में लिखी जानेवाली संख्या

रक्त–(पु.) खून **रक्तकण** I (पु.) खून की बूँद II (वि.) 1 लाल रंग का 2 रँगा हुआ

रक्तक्षीणता–(स्त्री.) रक्त की कमी हो जाना

र

रक्तदान (पु.) रक्त देना **रक्तपात** (पु.) 1 ख़ून बहना, रक्त स्राव 2 ख़ून-ख़राबा, मारकाट **रक्त-पिपासा** (स्त्री.) खून की प्यास **रक्तवाहिका** (स्त्री.) शरीर में रक्त संचार की नलियाँ, नसें **रक्तस्राव** (पु.) रक्त बहना **रक्तहीन** (वि.) बिना ख़ून का

रक्तचाप–(पु.) 1 ख़ून का दबाव 2 रक्त दाब संबंधी एक रोग (ब्लड प्रेशर)

रक्ताल्पता–(स्त्री.) रक्त की कमी

रक्तिम–(वि.) लाल, ललाई लिए हुए

रक्षक–(पु.) 1 रक्षा करनेवाला (जैसे–अंग-रक्षक) 2 पहरेदार (जैसे–दुर्ग का रक्षक) 3 पालन-पोषण करनेवाला (जैसे–संरक्षक)

रक्षण–(पु.) 1 रक्षा करना, रखवाली 2 पालन-पोषण करना

रक्षणीय–(वि.) रक्षा किए जाने योग्य

रक्षा–(स्त्री.) 1 हिफ़ाज़त, बचाव, सुरक्षा 2 विशेष अवसर पर बाँह, कलाई पर बाँधा जानेवाला धागा, सूत्र (जैसे–रक्षाबंधन) 3 कवच **रक्षा कवच** (पु.) तंत्र-मंत्र विधि से बनाया गया यंत्र (जैसे–रक्षा कवच पहनना) **रक्षापंक्ति-रेखा** (स्त्री.) वह सीमा जहाँ बचाव के लिए सैनिक नियुक्त होते हैं

रक्षात्मक–(वि.) रक्षा से संबद्ध

रक्षाबंधन–(पु.) 1 श्रावण शुक्ला पूर्णिमा को होनेवाला एक हिंदू त्योहार 2 रक्षा सूत्र बाँधना

रक्षित–(वि.) 1 रक्षा किया हुआ 2 पालित, पोषित 3 सँभालकर रखा हुआ

रखना–(स. क्रि.) 1 धरना 2 लादना 3 नियुक्त करना 4 प्रस्तुत करना 5 वश में करना 6 प्रकट न करना 7 संग्रह करना 8 व्यवस्था करना 9 गिरवी में देना 10 उपपत्नी के रूप में ग्रहण करना

रख-रखाव–(पु.) 1 रक्षा, हिफ़ाज़त 2 मर्यादा, परंपरा आदि का उचित निर्वाह 3 पालन-पोषण

रखवाला–(पु.) 1 पहरेदार, चौकीदार 2 दूसरे के सामान की रक्षा करनेवाला

रखवाली–(स्त्री.) 1 देखभाल, हिफ़ाज़त 2 चौकीदारी, पहरेदारी

रगड़–(स्त्री.) 1 रगड़ने का काम 2 रगड़े जाने का भाव 3 रगड़े जाने से लक्षित चिह्न 4 कठिन परिश्रम

रगड़ना–I (अ. क्रि.) अत्यंत श्रम करना II (स. क्रि.) 1 बार-बार दबाते हुए चलाना (जैसे–एड़ी रगड़ना) 2 पीसना (जैसे–भाँग रगड़ना) 3 निरंतर परिश्रमपूर्वक काम करना

रचना–I (स. क्रि.) 1 तैयार करना, बनाना 2 स्वरूप स्थिर करना 3 प्रस्तुत करना 4 उत्पन्न करना 5 अनुष्ठान करना, ठानना 6 सजाना-सँवारना

रचना–II (स्त्री.) 1 निर्माण 2 बनावट 3 कृति 4 सजावट 5 विशेष कौशल, चमत्कार **रचनाकार** (पु.) रचयिता

रचनातंत्र–(पु.) बनावट का ढाँचा

रचनात्मक–(वि.) रचना से संबद्ध

रचनावली–(स्त्री.) रचनाओं की पुस्तक

रचयिता–(वि.) रचना करनेवाला

रचयित्री–(स्त्री.) रचना करनेवाली महिला

रचाना–(स. क्रि.) 1 आयोजन करना 2 रँगना 3 लगाना

रज–I (पु.) स्त्रियों का मासिक रक्तस्राव

रज–II (पु.) 1 गर्द, धूल (जैसे–रज कण) 2 पराग 3 ज्योति **रजकण** (पु.) 1 धूलिकण 2 रजः कण, गर्द

रजक–(पु.) धोबी

रजत–I (पु.) चाँदी II (वि.) 1 चाँदी के रंग का, उज्ज्वल 2 चाँदी का बना **रजत जयंती** (स्त्री.) 25वीं वर्षगाँठ **रजतपट** (पु.) चलचित्र का पर्दा **रजत पदक** (पु.) चाँदी का तमग़ा (मेडल)

रजनी–(स्त्री.) रात **रजनीगंधा** (स्त्री.) 1 रात में खुशबू देनेवाला एक फूल 2 रातरानी

रजवाड़ा–(पु.) 1 देशी रियासत 2 राजा

रजस्, रजस् गुण–(पु.) भोग-विलास की वृत्ति

रजस्वला–(वि./स्त्री.) 1 स्त्रियों का मासिक धर्म होना 2 गँदला और मटमैला

रज़ाई–(स्त्री.) छोटा लिहाफ़, दुलाई

रजिस्टरी–I (स्त्री.) 1 पंजीकृत करना 2 रजिस्टर

र

पर चढ़वाना II (स्त्री.) डाक से पत्र भेजने का एक ढंग

रजोगुण–(पु.) रजस् गुण, भोग-विलास और राजसी ठाठ-बाठ

रजोदर्शन–(पु.) पहली बार स्त्री का मासिक धर्म होना

रजोनिवृत्ति–(स्त्री.) सदा के लिए मासिक धर्म का बंद हो जाना

रज्जु–(स्त्री.) डोरी, रस्सी **रज्जुमार्ग** (पु.) रस्सी से बनाया गया रास्ता

रटंत, रट–(स्त्री.) बार-बार पढ़ना, रटाई

रटा-रटाया–(वि.) मुँहज़ुबानी याद

रट्टू–(वि.) रटनेवाला (जैसे–लट्टू तोता)

रड़कना–(अ. क्रि.) 1 हलका दर्द होना 2 चुभनेवाली वस्तु 3 कष्टदायक अनुभूति होना

रडार–(पु.) किसी वस्तु की स्थिति जानने का एक यंत्र

रण–(पु.) युद्ध, संग्राम **रणकौशल** (पु.) युद्ध की चतुराई **रणक्षेत्र** (पु.) युद्धभूमि **रणचंडी** (स्त्री.) मारकाट करानेवाली देवी **रणनाद** (स्त्री.) युद्ध की आवाज़, शोरगुल **रणनीति** (स्त्री.) युद्ध के नीति-नियम **रण-बाँकुरा** (पु.) रण में वीर, योद्धा **रणभूमि** (स्त्री.) रणक्षेत्र **रण-भेरी** (पु.) युद्ध का बाजा, बिगुल

रणांगण–(पु.) रणक्षेत्र

रतजगा–(पु.) रात में होनेवाला जागरण

रतन–(पु.) रत्न

रतनारी–I (पु.) एक प्रकार का धान II (स्त्री.) लाली, सुर्ख़ी

रतालू–(पु.) 1 पिंडालू 2 अरबी की तरह की एक सब्ज़ी, कंद

रति–(स्त्री.) 1 संभोग, मैथुन 2 रत होने का भाव 3 आनंद, तृप्ति 4 शृंगार रस का स्थायी भाव 5 प्रेम, प्रीति 6 शोभा, छवि **रतिकर** I (वि.) 1 आनंदवर्द्धक 2 प्रेमवर्द्धक II (पु.) कामुक और लंपट व्यक्ति **रतिकर्म** (पु.) संभोग **रतिक्रिया** (स्त्री.) समागम क्रिया, मैथुन **रतिभाव** (पु.) 1 स्त्री और पुरुष का आपस का प्रेम 2 प्रेम, प्रीति

रतिज–(वि.) रति से उत्पन्न

रतौंधी–(स्त्री.) रात में न दिखाई पड़ने का रोग

रत्ती–I (स्त्री.) 1 माशे के आठवें अंश के बराबर की एक तौल 2 इस तौल का बटखरा II (वि.) बहुत ही थोड़ा

रत्न–(पु.) 1 बहुमूल्य और चिकना पदार्थ (जैसे–हीरा, पन्ना, माणिक आदि) 2 अपने वर्ग, जाति में श्रेष्ठ, उत्तम 3 धन (जैसे–पुत्ररत्न) **रत्नजटित** (वि.) रत्न जड़ा हुआ

रत्नगर्भा–(स्त्री.) पृथ्वी

रत्नाकर–(पु.) 1 रत्नों की खान 2 समुद्र

रत्नावली–(स्त्री.) 1 रत्नों की श्रेणी 2 रत्नों की माला 3 एक अर्थालंकार

रथ–(पु.) एक तरह की प्राचीन गाड़ी, बहल

रथी–(पु.) 1 रथ पर सवार व्यक्ति 2 योद्धा

रद्दी–(स्त्री.) पुराने और बेकार के काग़ज़

रनवास, रनिवास–(पु.) रानियों का महल, अंतःपुर

रपट–(स्त्री.) 1 फिसलना 2 रिपोर्ट

रपटना–(अ. क्रि.) 1 फिसलना, सरकना 2 जल्दी-जल्दी चलना

रपट्टा–(पु.) 1 फिसलन, फिसलाव 2 चपेट, झपट्टा 3 दौड़

रफ़ू–(पु.) जले या फटे कपड़े के छोटे सुराख़ में तागे भरकर बराबर करना, जाली लगाना **रफ़ूगर** (पु.) रफ़ू करनेवाला कारीगर

रफ़ूचक्कर–(वि.) चंपत, ग़ायब

रफ़्तार–(स्त्री.) 1 गति, चाल 2 प्रगति (जैसे–पढ़ने की रफ़्तार) 3 दशा, हालत

रब–(पु.) ईश्वर, भगवान

रबड़–(पु.) एक वृक्ष के रस को पकाकर बनाया जानेवाला एक लचीला पदार्थ

रबड़ी–(स्त्री.) गाढ़ा किए गए दूध का लच्छेदार रूप **रबड़ी-मलाई** (स्त्री.) मिठाई

रबी–(स्त्री.) 1 वंसत ऋतु की फ़सल 2 वसंत

रमक–(स्त्री.) 1 तरंग, लहर 2 पेंग

रमण–I (पु.) 1 घूमना-फिरना, विहार 2 स्त्री प्रसंग, मैथुन 3 मन प्रसन्न करने की क्रिया,

र

क्रीड़ा, विलास 4 स्त्री का पति 5 कामदेव

रमणी–(स्त्री.) 1 युवती और सुंदर स्त्री 2 औरत, नारी 3 सुगंधबाला

रमणीक–(वि.) मनोहर (जैसे–रमणीक स्थान)

रमणीय–(वि.) 1 रमण योग्य 2 सुंदर **रमणीयता** (स्त्री.) 1 रमणीय होने का भाव 2 सुंदरता

रमता–(वि.) घूमता-फिरता (जैसे–रमता जोगी)

रमना–(क्रि.) घूमना-फिरना, चक्कर लगाना

रमा–(स्त्री.) लक्ष्मी (जैसे–रमापति)

रलना–(अ. क्रि.) घुल-मिल जाना

रव–(पु.) 1 आवाज़, शब्द 2 शोर-गुल

रवा–(पु.) 1 कण, दाना 2 कोणाकार या लंबोतरे टुकड़े, केलास 3 घुँघरू में आवाज़ करनेवाले दाने **रवादार** (वि.) रवा से युक्त

रवानी–(स्त्री.) तीव्र प्रवाह, ऐसी गति जिसमें किसी प्रकार की रुकावट न हो, तीव्र प्रवाह

रवि–(पु.) सूर्य **रविकर** (पु.) सूर्य किरण **रवि तनया** (स्त्री.) यमुना **रविमंडल** (पु.) सूर्य के चारों ओर दिखाई देनेवाला लाल मंडलाकार बिंब **रविवार** (पु.) शनिवार और सोमवार के बीच का दिन

रवेदार–(वि.) दानेदार वस्तु

रश्मि–(स्त्री.) 1 किरण 2 बरौनी 3 घोड़े की लगाम, बाग **रश्मिमाली** (पु.) सूर्य

रस–(पु.) 1 जूस, शोरबा 2 जलीय अंश (जैसे–संतरे का रस) 3 स्वाद 4 शृंगार, हास्य, करुण, वीर, बीभत्स, रौद्र, भयानक, शांत और अद्‌भुत में प्रत्येक भाव 5 आनंद, मौज 6 सुखद तत्त्व 7 प्रकार, तरह **रसदार** (वि.) रसयुक्त **रसपान** (पु.) 1 रस पीना 2 आनंद लेना **रसरंग** (पु.) 1 प्रेम रस 2 प्रेम क्रीड़ा

रसगुल्ला (पु.) छेने से बनाई जानेवाली एक मिठाई

रसकपूर–(पु.) औषधोपयोगी सफ़ेद रंग की एक धातु

रसना–(स्त्री.) जीभ, ज़बान

रसभंग–(पु.) मनोरंजन में रुकावट

रसमय–(वि.) रस में डूबा

रसराज–(पु.) 1 शृंगार रस 2 रसौत

रसा–I (पु.) 1 शोरबा 2 जूस, रस **रसादार** (वि.) रसवाला

रसा–II (स्त्री.) भूमि, पृथ्वी **रसातल** (पु.) पृथ्वी के नीचे के सात लोकों में से छठा

रसानुभूति–(स्त्री.) रस की अनुभूति

रसायन–(पु.) 1 पदार्थ का ज्ञान, रसायन शास्त्र 2 जरा व्याधिनाशक औषधि 3 ताँबे से सोना बनाने का कल्पित योग 4 धातुओं को भस्म करने की विद्या **रसायन शास्त्र** (पु.) विज्ञान की वह शाखा जिसके अंतर्गत पदार्थों के गुण और उनकी अन्य प्रतिक्रियाओं का ज्ञान प्राप्त किया जाता है (केमिस्ट्री) **रसायन शास्त्री** (पु.) रसायन शास्त्र का ज्ञाता

रसाल–I (वि.) 1 रसपूर्ण 2 मीठा, मधुर 3 रसिक, सहृदय II (पु.) आम

रसास्वादन–(पु.) 1 रस चखना 2 सुख लेना

रसिक–I (पु.) प्रेमी II (वि.) 1 रस पान करनेवाला 2 काव्य मर्मज्ञ 3 सहृदय 4 काव्य रस से आनंदित होनेवाला **रसिकता** (स्त्री.) 1 रसिक होने का भाव 2 हँसी-मज़ाक़ करने की प्रवृत्ति

रसिया–(पु.) 1 रस लेने का शौक़ीन व्यक्ति (जैसे–गाने-बजाने का रसिया) 2 कामुक और व्यसनी व्यक्ति 3 प्रेमी

रसिया–(पु.) होली में गाया जानेवाला हास-परिहास मूलक एक गीत

रसीद–(स्त्री.) 1 प्राप्ति, पहुँच 2 वस्तु आदि से मिलने का प्रमाण पत्र (जैसे–चुंगी की रसीद)

रसीला–(वि.) 1 रस से भरा, रसयुक्त 2 स्वादिष्ट

रसोइया–(पु.) भोजन बनानेवाला

रसोई–(स्त्री.) भोजन **रसोईख़ाना, रसोईघर** (पु.) भोजनालय, चौका

रसौली–(स्त्री.) भौंहों के पास आँख के ऊपर गिल्टी निकलने का रोग

रस्म–(स्त्री.) 1 परिपाटी, प्रथा 2 बर्ताव, बात

रस्सा–(पु.) 1 मूँज, सन आदि का बटा हुआ मोटा रूप 2 ज़मीन की एक नाप जो 75 हाथ लंबी और 75 हाथ चौड़ी होती है, एक बीघा **रस्साकशी** (स्त्री.) 1 एक प्रकार का व्यायाम- मूलक खेल 2 आपस की खींचातानी

र

रस्सी–(स्त्री.) डोरी, रज्जु
रहँट–(पु.) कुएँ से पानी निकालने का यंत्र विशेष
रहन–I (स्त्री.) 1 रहने का भाव 2 रहना 3 रहने का ढंग 4 रहने और निभाने का व्यवहार **रहन-सहन** (स्त्री.) 1 तौर-तरीक़ा, ढंग 2 आचरण 3 जीवन निर्वाह का ढंग
रहन–II (पु.) गिरवी रखना, रेहन
रहना–(अ. क्रि.) 1 ठहरना, स्थित होना 2 स्थिर होना (जैसे–गर्भ रहना) 3 निवास करना (जैसे–मकान में रहना) 4 समय बिताना
रहम–(पु.) 1 करुणा, दया 2 अनुग्रह, कृपा
रहस्य–I (पु.) 1 गुप्त बात 2 मर्म, राज़ 3 छिपी हुई बात 4 अध्यात्म संबंधी गुप्त तत्त्व या भेद II (वि.) 1 जो सर्वविदित न हो 2 छिपाकर किया जानेवाला **रहस्यवाद** (पु.) ईश्वर और सृष्टि के परम तत्त्व पर आश्रित तथा आत्मानुभूति से संबद्ध सिद्धांत
रहस्यमय–(वि.) रहस्यपूर्ण
रहस्योद्घाटन–(पु.) रहस्य प्रकट करना
रहा-सहा–(वि.) बचा-बचाया थोड़ा-सा
रहित–(वि.) 1 के बिना, से विहीन 2 अभावपूर्ण 3 अलग और मुक्त
राँगा–(पु.) सफ़ेद रंग की एक प्रसिद्ध नरम धातु
राई–(स्त्री.) 1 एक प्रकार की बहुत छोटी सरसों 2 बहुत कम मात्रा
राका–(स्त्री.) पूर्णिमा की रात
राक्षस–(पु.) 1 दैत्य, निशाचर, असुर 2 दुष्ट प्रकृति का और निर्दय व्यक्ति
राक्षसी–I (स्त्री.) 1 राक्षस की स्त्री 2 राक्षस स्त्री II (वि.) राक्षस का
राख–(स्त्री.) जले पदार्थ का अवशेष, भस्म
राखी–(स्त्री.) रक्षाबंधन पर्व पर बहन द्वारा भाई को बाँधा जानेवाला सूत्र
राग–(पु.) 1 संगीत के स्वर 2 अनुराग, प्रेम 3 इच्छा, कामना 4 सुखद अनुभूति 5 क्रोध, गुस्सा 6 ईर्ष्या, द्वेष 7 प्रसन्न होने का भाव **राग-द्वेष** (पु.) प्रेम और ईर्ष्या **रागरंग** (पु.) 1 आनंद-मंगल 2 आनंद और खुशी का उत्सव
रागात्मक–(वि.) प्रेममय
रागिनी–(स्त्री.) 1 संगीत में राग की पत्नी (जैसे–राग-रागिनी) 2 चतुर और विदग्धा स्त्री
रागी–(वि.) 1 राग से पूर्ण 2 अनुरक्त, आसक्त 3 लाल, सुर्ख 4 विषयवासना में फँसा
राज–I (पु.) 1 राजकीय शासन, हुकूमत 2 राज्य **राजकोष** (पु.) राज्यकोष **राजतंत्र** (पु.) 1 राज्यतंत्र 2 राजा का शासन, राजा द्वारा शासन **राजदंड** (पु.) राज्य द्वारा दी गई सज़ा **राजदूत** (पु.) राज्य का विदेश में प्रतिनिधि **राज दूतालय, राजदूतावास** (पु.) राजदूत के रहने का आवास **राजद्रोही** (वि.) राजद्रोह करनेवाला **राजनीति** (स्त्री.) राज्य के नीति-नियम **राजनेता** (पु.) राज्य का रहनुमा **राजभाषा** (स्त्री.) राज्य की भाषा (जैसे–हिंदी राजभाषा है)
राज–II (पु.) राजा **राजकन्या** (स्त्री.) राजकुमारी **राजकुमारी** (स्त्री.) राजा की पुत्री **राजकुल** (पु.) राजवंश **राजगद्दी** (स्त्री.) 1 राजसिंहासन 2 राज्याभिषेक 3 राज्याधिकार **राजगुरु** (पु.) राजघराने का गुरु **राजमहल** (पु.) राजा के रहने का भव्य भवन, प्रासाद **राजमाता** (स्त्री.) राजा की माता **राजमुकुट** (पु.) राजा का मुकुट **राजवंश** (पु.) राजा का कुल **राजसभा** (स्त्री.) राजा का दरबार **राजसिंहासन** (पु.) राजगद्दी
राज़–(पु.) रहस्य, भेद
राजकीय–(स्त्री.) राज्य संबंधी, राज्य का
राजगीर–(पु.) मकान बनानेवाला
राजत्व–(पु.) राजा होने का भाव
राजधानी–(स्त्री.) 1 राज्य का शासन-केंद्र 2 राज्य का वह नगर जहाँ राजा का निवास हो
राजनीतिक–(वि.) राजनीति से संबंधित
राजनीतिज्ञ–(पु.) 1 राजनीति करनेवाला व्यक्ति 2 राजनीति का ज्ञाता

र

राजपत्रित–(वि.) राजपत्र से संबंधित

राजयक्ष्मा–(स्त्री.) तपेदिक (टी.बी.)

राजयोग–(पु.) अष्टांग योग (जैसे–आसन, प्राणायाम, यम, नियम आदि)

राजर्षि–(पु.) राजवंश या क्षत्रिय वंश में उत्पन्न ऋषि

राजसी–I (वि.) 1 राजाओं का-सा 2 राजा के योग्य

राजसी–II (वि.) राजा के योग्य व्यवहार

राजस्व–(पु.) 1 राज्य की आय 2 रुपया-पैसा

राजहंस–(पु.) लाल पैर व चोंच वाला एक पक्षी

राजा–(पु.) 1 भूप, नृपति 2 स्वामी, अधिपति 3 अत्यधिक संपन्न व्यक्ति 4 परम प्रिय के लिए प्रयुक्त संबोधन

राजाज्ञा–(स्त्री.) 1 राजा की आज्ञा 2 राज्य का आदेश

राजाधिराज–(पु.) राजाओं का राजा, सम्राट्

राजाश्रय–(पु.) 1 राजा की शरण 2 राज्य की शरण

राज़ी–(वि.) 1 प्रसन्न और संतुष्ट (जैसे–राज़ी-ख़ुशी) 2 अनुकूल, सहमत

राजेश्वर–(पु.) राजाओं में श्रेष्ठ

राज्ञी–(स्त्री.) रानी

राज्य–(पु.) 1 संघ राज्य की इकाई 2 निश्चित सीमाओं वाला प्रभुसत्तात्मक भूखंड (जैसे–भारत एक विशाल राज्य है) 3 शासन **राज्यकाल** (पु.) शासन अवधि **राज्यकोष** (पु.) सरकार का ख़ज़ाना **राज्य-क्रांति** (स्त्री.) राज्य आंदोलन **राज्यपाल** (पु.) राज्य का प्रधान शासक (गवर्नर) **राज्य मंत्रिमंडल** (पु.) राज्य सरकार

राज्याभिषेक–(पु.) राज्यगद्दी पर बैठाने की एक रीति

राज्याश्रित–(वि.) राज्य पर आश्रित या निर्भर

रात–(स्त्री.) निशा, रजनी

रात्रिचर–I (पु.) राक्षस, निशाचर II (वि.) रात में घूमनेवाला

रात्रि–(स्त्री.) रात **रात्रि उड़ान** (स्त्री.) रात में उड़ान **रात्रिचर** I (पु.) राक्षस II (वि.) रात में घूमने-फिरनेवाला **रात्रिभोज, रात्रिभोजन** (पु.) रात का खाना

रानी–(स्त्री.) 1 राजा की पत्नी 2 स्त्रियों के नाम के बाद प्रयुक्त आदरसूचक शब्द (जैसे–देवकी रानी, राधिका रानी) 3 प्रेयसी या पत्नी के लिए प्रेमपूर्ण संबोधन 4 ताश का एक पत्ता, बेगम

राबड़ी–(स्त्री.) रबड़ी, एक विशेष मिठाई

राम–(पु.) राजा दशरथ के सबसे बड़े पुत्र **रामकहानी** (स्त्री.) घटनाओं का विस्तृत वर्णन **रामचंद्र** (पु.) राम **रामदल** (पु.) 1 राम की वानरी सेना 2 बड़ी और अजेय सेना **रामदूत** (पु.) हनुमान् **रामनवमी** (स्त्री.) रामचंद्र का जन्मदिन, चैत्र शुक्ल नवमी **रामलीला** (स्त्री.) 1 राम के चरित्र का अभिनय 2 राम के चरित्र अभिनय हेतु होनेवाला समारोह

रामबाण–I (पु.) अजीर्ण के लिए उपयोगी एक औषध II (वि.) शीघ्र गुणकारी

रामायण–(पु.) 1 राम के चरित्र से संबंधित ग्रंथ 2 राम का चरित्र

रायता–(पु.) दही में साग, कद्दू के छोटे-छोटे बारीक़ टुकड़े तथा नमक, मिर्च, ज़ीरा आदि मिलाकर बनाया गया खाद्य पदार्थ

राल–(स्त्री.) 1 मुँह से निकलनेवाला पतला रस, लार 2 जंगली सदाबहार वृक्ष

राव–I (पु.) 1 सरदार 2 धनी

राव–II (पु.) 1 गुंजार 2 चिल्लाहट

रावचाव–(पु.) 1 नाच-गान का उत्सव, राग-रंग 2 लाड़-प्यार 3 अनुराग, प्रेम 4 प्रेमपूर्ण व्यवहार

रावण–(पु.) लंका का राजा

रावल–(पु.) 1 राजा 2 राजपूताने के कुछ राजाओं की उपाधि 3 आदरपूर्ण संबोधन

राशन–(पु.) 1 खाने-पीने का सामान, रसद 2 नियंत्रित मूल्य तथा मात्रा में वस्तुओं के वितरण की व्यवस्था **राशन कार्ड** (पु.) राशन संबंधी विवरण पत्र, रसदपत्र

राशि–(स्त्री.) 1 समूह, पुंज 2 गणित में गुणा, भाग आदि से संबंधित संख्या 3 क्रांति वृत्त

र

में पड़नेवाला विशिष्ट तारा समूह (जैसे–मेष, वृष, मिथुन, कर्क आदि) **राशि-चक्र** (पु.) 1 ग्रहों के चलने का मार्ग 2 राशियों का मंडल

राष्ट्र–(पु.) 1 देश (जैसे–भारत एक विशाल राष्ट्र है) 2 जाति (जैसे–हम एक देश और राष्ट्र के निवासी हैं) **राष्ट्रकुल** (पु.) राष्ट्रमंडल **राष्ट्रकुलीय** (वि.) राष्ट्रमंडलीय **राष्ट्रगान, राष्ट्रगीत** (पु.) देशगान **राष्ट्रचिह्न** (पु.) राज चिह्न **राष्ट्रध्वज** (पु.) राज्यध्वज **राष्ट्रपति** (पु.) 1 राष्ट्र का अध्यक्ष 2 बहुमत द्वारा निर्वाचित राष्ट्र का सर्वप्रधान शासक **राष्ट्रपति भवन** (पु.) राष्ट्रपति के रहने का बँगला **राष्ट्रमंडल** (पु.) अनेक राष्ट्रों का समूह **राष्ट्रवादी** I (वि.) राष्ट्रवाद संबंधी II (पु.) राष्ट्रवाद का समर्थक **राष्ट्रसंघ** (पु.) विश्व के राष्ट्रों का संघ

राष्ट्राध्यक्ष–(पु.) राष्ट्र का प्रधान

राष्ट्रीय–(वि.) राष्ट्र का (जैसे–राष्ट्रीय झंडा) **राष्ट्रीयकरण** (पु.) राष्ट्रीकरण

राष्ट्रोन्माद–(पु.) अपने ही राष्ट्र को बड़ा मानने का पागलपन

रास–I (स्त्री.) आनंदमय क्रीड़ा, विलास **रासक्रीड़ा** (स्त्री.) विलास क्रीड़ा **रासधारी** (पु.) रासलीला करनेवालों का समूह **रास-यात्रा** (स्त्री.) शरत् पूर्णिमा के दिन मनाया जानेवाला उत्सव **रास-लीला**–(स्त्री.) कृष्ण और गोपियों की प्रेममयी लीलाएँ

रास–II (स्त्री.) 1 रस्सी 2 लगाम

रास–III (वि.) 1 उचित, ठीक 2 अनुकूल

रासायनिक–(वि.) रसायन संबंधी

रासो–(पु.) राजा का पद्यमय जीवन-चरित्र

रास्ता–(पु.) 1 मार्ग, राह 2 प्रथा, रीति 3 उपाय, तरकीब

राह–(स्त्री.) 1 रास्ता, पथ 2 उचित ढंग 3 प्रथा, रीति

राहु–(पु.) 1 नौ ग्रहों में एक ग्रह 2 कष्टदायक व्यक्ति या पदार्थ **राहुदशा** (स्त्री.) राहु की स्थिति

रिक्त–(वि.) ख़ाली, शून्य **रिक्तता** (स्त्री.) रिक्त होने का भाव **रिक्तहस्त** (वि.) 1 खाली हाथ 2 निर्धन

रिझाना–(स. क्रि.) 1 प्रसन्न करना, लुभाना 2 अनुरक्त करना

रिपु–(पु.) शत्रु, दुश्मन

रिपोर्ट–(स्त्री.) 1 कार्य-विवरण 2 विवरण, प्रतिवेदन 3 ज्ञातव्य बातों का विवरण

रिपोर्ताज–(पु.) रिपोर्ट के रूप में घटनाओं का विवरण, क्रमिक घटना वर्णन से पूर्ण

रिमझिम–(स्त्री.) हल्की फुहार पड़ना

रियासत–(स्त्री.) भारत में देशी राजाओं का छोटा राज्य

रिरियाना–(अ. क्रि.) गिड़गिड़ाना

रिवाल्वर–(पु.) तमंचा

रिश्ता–(पु.) 1 नाता 2 संबंध

रिश्तेदार–(पु.) 1 संबंधी 2 नातेदार

रिश्वत–(स्त्री.) घूस, उत्कोच **रिश्वतख़ोर** (पु.) घूस लेनेवाला व्यक्ति **रिश्वतख़ोरी** (स्त्री.) 1 रिश्वत लेने का भाव 2 रिश्वत लेने की लत

रिसाना–I (अ. क्रि.) गुस्सा होना II (स. क्रि.) गुस्सा करना

री–(अ.) सखियों के लिए प्रयुक्त संबोधन शब्द, अरी, एरी

रीछ–(पु.) भालू

रीझना–(अ. क्रि.) 1 मुग्ध होना 2 प्रसन्न होना

रीठा–(पु.) 1 एक तरह का जंगली पेड़ 2 इस पेड़ का फल

रीढ़–(स्त्री.) पीठ के बीच की लम्बी खड़ी हड्डी **रीढ़तोड़** (वि.) रीढ़ तोड़नेवाला

रीतना–(अ. क्रि.) खाली होना

रीति–(स्त्री.) 1 क़ायदा, नियम 2 रस्म-रिवाज़ 3 ढंग, तरीक़ा **रीतिकाव्य** (पु.) (हिंदी में) ऐसा काव्य जिसमें रस, अलंकार, ध्वनि, नायिका भेद आदि तत्त्वों को ध्यान में रखकर लिखा गया हो **रीति-रस्म, रीति-रिवाज** (पु.) रस्मो- रिवाज़

रुंड–(पु.) 1 बिना सिर का धड़, कबंध 2 बिना हाथ-पाँव का शरीर **रुंड-मुंड** (पु.) धड़ और सिर

रुँधना–(अ. क्रि.) 1 बंद किया जाना 2 अवरुद्ध होना (जैसे–कंठ रुँधना) 3 काम में लगना

रुआँसा–(वि.) रोने को होनेवाला

रुकना–(अ. क्रि.) 1 ठहरना 2 स्थगित होना 3 चलते काम का बंद होना 4 क्रम टूटना, क्रम का बंद होना

रुक्ष–(वि.) 1 रूखा 2 नीरस

रुग्ण–(वि.) 1 बीमार 2 दूषित **रुग्णसेवा** (स्त्री.) बीमार की सेवा

रुग्णावकाश–(पु.) बीमारी की छुट्टी (मेडिकल लीव)

रुग्णावस्था–(स्त्री.) बीमार होने की स्थिति

रुचि–(स्त्री.) 1 इच्छा 2 अनुराग, प्रेम 3 पसंद, प्रवृत्ति 4 आसक्ति **रुचिकर** (वि.) 1 प्रिय 2 उम्दा **रुचिकारक** (वि.) 1 रुचि पैदा करनेवाला 2 स्वादिष्ट **रुचिवर्धक** (वि.) रुचि बढ़ानेवाला

रुचिर–(वि.) 1 रुचि के अनुकूल 2 मनोहर

रुत–(स्त्री.) ऋतु, मौसम

रुदन–(पु.) रोना, विलाप

रुद्ध–(वि.) 1 रोका हुआ 2 रुका हुआ 3 आवृत्त, बंद 4 मुँदा हुआ 5 जिसकी गति रुकी हुई हो **रुद्धकंठ** (वि.) जिसका गला भर आया हो

रुद्र–I (वि.) डरावना, भयंकर II (पु.) 1 शिव का एक रूप 3 रौद्र रस

रुद्राक्ष–(पु.) 1 एक प्रकार का वृक्ष 2 इस वृक्ष का फल

रुधिर–(पु.) रक्त, लहू, खून **रुधिर-स्राव** (पु.) रक्त बहना

रुनझुन–(स्त्री.) 1 घुंघरू की ध्वनि 2 झनकार

रुपया–(पु.) 1 सौ नए पैसे के मूल्य का नोट या सिक्का 2 चाँदी का सिक्का 3 संपत्ति, धन-दौलत

रुपहला–(वि.) चाँदी का-सा, उज्ज्वल तथा चमकीला (जैसे–रुपहला तार)

रुलाई–(स्त्री.) 1 रोने का भाव 2 रोने की प्रवृत्ति

रुष्ट–(वि.) 1 नाराज़ 2 अप्रसन्न **रुष्टता** (स्त्री.) रुष्ट होने का भाव

रूँधना–(स. क्रि.) 1 रुकावट डालना 2 घेरना

रूई, रुई–(स्त्री.) 1 कपास के कोश के अंदर का घूआ, तूल 2 बीजों आदि के ऊपर का रोआँ **रूईदार** (वि.) रूई से युक्त

रूखा–(वि.) 1 सूखा, नीरस, शुष्क 2 खुरदरा 3 कठोर 4 प्रेमशून्य 5 विरक्त, उदासीन

रूठना–(अ. क्रि.) अप्रसन्न होना

रूढ़–(वि.) 1 प्रचलित 2 प्रसिद्ध 3 आरूढ़ 4 यौगिक से भिन्न अन्य अर्थ में प्रयुक्त

रूढ़ संख्या–(स्त्री.) ऐसी संख्या जिसके गुणनखंड न हो सकें

रूढ़ि–(स्त्री.) 1 प्रथा 2 उठान, उभार 3 आविर्भाव, उत्पत्ति 4 प्रसिद्धि 5 चढ़ाई, चढ़ाव 6 रूढ़ अर्थ का ज्ञान करानेवाली शब्द शक्ति **रूढ़िवाद** (पु.), **रूढ़िवादिता** (स्त्री.) परंपरागत बातों को मानते चले आने का सिद्धांत

रूढ़ोक्ति–(स्त्री.) रूढ़िकथन

रूप–I (पु.) 1 सूरत, शक्ल 2 प्रकृति, स्वभाव 3 प्रकार, भेद 4 नमूना 5 सौंदर्य 6 शरीर, देह II (वि.) खूबसूरत, सुंदर III (अ.) समान **रूपराशि** (वि.) अत्यंत सुंदर, रूपवती

रूपक–I (वि.) रूप से युक्त, रूपी II (पु.) 1 मूर्ति 2 चिह्न, लक्षण 3 भेद, प्रकार 4 नाटक 5 अर्थालंकार का एक भेद जिसमें साम्य के आधार पर प्रस्तुत में अप्रस्तुत का आरोप किया जाता है, उपमेय का उपमान के रूप में ही वर्णन होता है **रूपककथा** (स्त्री.) नाटक की कथा **रूपक काव्य** (पु.) काव्यात्मक नाटक

रूपमती–(वि.) सुंदरी

रूपवान्–(वि.) सुंदर

रूपसी–(स्त्री.) रूपवती स्त्री

रूपांकन–(पु.) चित्र बनाना (डिज़ाइनिंग)

रूपांतर–(पु.) 1 रूप बदलना 2 प्राप्त होनेवाला दूसरा रूप, अनुवाद **रूपांतरकार** (पु.) रूपांतर करनेवाला

रूपाकार–(पु.) शकल-सूरत, चेहरा-मोहरा

रूपायित–(वि.) दिया गया रूप

र

रूपाली–(स्त्री.) रूपवाली, सुंदर
रूपी–(वि.) 1 आकार-प्रकारवाला 2 रूपधारी, सुंदर 3 समान (जैसे–कमलरूपी)
रूमाल–(पु.) 1 कपड़े का छोटा चौकोर टुकड़ा 2 चौकोर शाल का टुकड़ा
रूसी–(स्त्री.) सिर पर भूसी की तरह जमी मैल
रेंकना–(अ. क्रि.) 1 गधे का बोलना 2 बुरी तरह से चिल्लाना, बोलना
रेंगना–(अ. क्रि.) 1 खिसकना 2 बच्चों की तरह धीरे-धीरे और लड़खड़ाते हुए चलना
रेंट–(पु.) नाक का मल
रेंड़ी–(पु.) 1 कम ऊँचाई का एक पौधा 2 इस पौधे का बीज
रे–(अ.) अरे का संक्षिप्त रूप
रेखांकन–(पु.) रेखाएँ अंकित करना
रेख, रेखा–(स्त्री.) 1 लकीर 2 लकीर के आकार का चिह्न 3 कतार, पंक्ति 4 कर्म रेख, भाग्य रेख 5 आकृति, रूप **रेखाचित्र** (पु.) 1 रेखाओं से अंकित चित्र (ड्राइंग) 2 संक्षिप्त जीवन वृत्त
रेखागणित–(पु.) ज्यामिति
रेगमाल–(पु.) सरेस कागज़ (सेंड पेपर)
रेगिस्तान–(पु.) बालू से भरा प्राकृतिक भूखंड, मरुदेश
रेचक–I (वि.) दस्तावर II (पु.) 1 जमाल गोटा 2 जवाखार III खींची गई साँस को विधिपूर्वक बाहर निकालने की क्रिया, प्राणायाम की एक क्रिया
रेज़गारी, रेज़गी–(स्त्री.) रुपए के मूल्य के छोटे सिक्के, चिल्लर
रेडक्रास–(पु.) युद्ध तथा प्राकृतिक संकट के समय जनसेवा करनेवाली एक अंतर्राष्ट्रीय संस्था
रेडियम–(पु.) एक बहुमूल्य खनिज
रेडियो–(पु.) 1 ध्वनिग्रहण यंत्र 2 आकाशवाणी
रेणु–(स्त्री.) 1 धूल 2 कण
रेणुका–(स्त्री.) 1 बालू 2 रज, धूल 3 पृथ्वी 4 परशुराम की माता का नाम
रेत–(स्त्री.) बालू (जैसे–रेत का ढेर)
रेती–(स्त्री.) एक तरह का दानेदार औज़ार
रेतीला–(वि.) 1 रेतयुक्त 2 जहाँ रेत पाई जाए
रेल–I (स्त्री.) धक्कामुक्की **रेलठेल, रेलपेल** (स्त्री.) 1 भीड़-भाड़ 2 धक्कम-धक्का
रेल–II (स्त्री.) 1 रेलगाड़ी (जैसे–रेलमार्ग, रेलयात्रा) 2 ज़मीन पर बिछी लोहे की पटरी
रेलगाड़ी–बिजली, डीजल आदि की सहायता से लोहे की पटरियों पर चलनेवाली गाड़ी
रेल यातायात–(पु.) रेल द्वारा आवागमन
रेलवे–(स्त्री.) 1 रेल विभाग 2 रेलमार्ग
रेवड़–(पु.) 1 भेड़-बकरियों का झुंड 2 समूह
रेवड़ी–(स्त्री.) पगी हुई चीनी या गुड़ की सफ़ेद तिल मिश्रित छोटी टिकिया
रेशम–(पु.) 1 उम्दा, मज़बूत और चमकदार रेशा 2 रेशम का सूत 3 रेशम का कपड़ा
रेशम कोष–(पु.) कोया
रेशमी–(वि.) 1 रेशम का बना 2 रेशम की तरह
रेशा–(पु.) 1 महीन सूत, तंतु 2 बुनावट के रूप में पाया जानेवाला तत्त्व (फाइबर) 3 शरीर के अंदर की नस, रग
रैन–(स्त्री.) रात
रैन बसेरा–(पु.) रात बिताने की जगह
रोंगटा–(पु.) रोम, रोआँ
रोआँसा–(वि.) रोने को तैयार
रोक–(स्त्री.) 1 मनाही 2 रोकने की वस्तु 3 रोकने का भाव **रोकथाम** (स्त्री.) रोकने का भाव
रोकड़–(स्त्री.) 1 नक़द रुपया 2 जमा पूँजी
रोकड़ बही–(स्त्री.) रुपयों के लेनदेन का हिसाब संबंधी बही **रोकड़ बिक्री** (स्त्री.) नक़द दाम पर की गई बिक्री
रोकना–(स. क्रि.) 1 जाने न देना 2 चाल बंद करना 3 रुकावट खड़ी करना, अड़चन डालना
रोग–(पु.) मर्ज़, बीमारी **रोगकारी** (वि.) रोग फैलानेवाला **रोगकीट, रोगकीटाणु** (पु.) रोग के कीड़े **रोगग्रस्त** (वि.) रोग से पीड़ित
रोगनाशक–(वि.) रोग नाश करनेवाला
रोगनिदान–(पु.) रोग परीक्षण **रोगनिरोधक**

(वि.) रोगाणुरोधक **रोग विज्ञान** (पु.) रोग की प्रकृति और उससे उत्पन्न विकारों का शास्त्र

रोगाणु–(पु.) रोग को जन्म देनेवाले विषाक्त अणु, जीवाणु (बैक्टीरिया)

रोगिणी–(स्त्री.) रोग से पीड़ित स्त्री

रोगी–(वि.) बीमार, अस्वस्थ

रोचक–(वि.) 1 मनोरंजक 2 प्रिय **रोचकता** (स्त्री.) रोचक होने की अवस्था

रोज़–(पु.) दिन, दिवस (जैसे–हर रोज़), प्रतिदिन I **रोज़मर्रा** हर रोज़, प्रत्येक दिन II (पु.) नित्य प्रति होनेवाला काम

रोज़ा–(पु.) व्रत, उपवास, मुसलमान लोग रमजान के महीने में दिन को निर्जल उपवास रखते हैं और रात को खाते-पीते हैं

रोज़ी–(स्त्री.) 1 काम-धंधा, व्यापार 2 रोज़ का खाना, नित्य का भोजन

रोटी–(स्त्री.) 1 गेहूँ, जौ, बाजरे, मक्का आदि के आटे की गूँधकर आँच में पकाई गई चिपटी और वर्तुलाकार वस्तु, चपाती 2 रसोई 3 जीविका निर्वाह का साधन **रोटी-कपड़ा** (पु.) भोजन और वस्त्र **रोटी कमाना** जीविकोपार्जन करना

रोटी-बेटी–(स्त्री.) वैवाहिक और सामाजिक संबंध

रोड़ा–(पु.) 1 टुकड़ा 2 बाधक वस्तु

रोड़ी–(स्त्री.) छोटा टुकड़ा

रोदन–(पु.) रुदन

रोध–(पु.) 1 रोकनेवाली वस्तु, रोकनेवाली बात 2 घेरा 3 बाँध, किनारा

रोधक–(वि.) रोकनेवाला

रोना–(अ. क्रि.) कष्ट/दुःख से आँसू बहाना, रुदन करना **रोना-कलपना** अत्यंत विलाप करना **रोना-पीटना** (अ. क्रि.) विलाप करना

रोपण (पु.), **रोपना**–(स. क्रि.) 1 लगाना 2 स्थापित करना (जैसे–आम का पौधा रोपा गया)

रोब–(पु.) 1 दबदबा, धाक 2 तेज, प्रताप 3 आतंक **रोबदाब** (पु.) आतंक और उसका प्रभाव

रोबीला (वि.) रोबदार

रोम–(पु.) 1 शरीर पर का छोटा पतला तथा नरम बाल, रोआँ 2 सूराख **रोमकूप, रोमद्वार** शरीर में रोएँ निकलनेवाले छिद्र

रोमांच–(पु.) हर्ष, आश्चर्य, भय आदि के कारण शरीर के रोओं का खड़ा होना **रोमांचकारी** (वि.) रोंगटे खड़े कर देनेवाला

रोमांचित–(वि.) जिसे रोमांच हो आया हो, पुलकित

रोयाँ–(पु.) रोंगटा, रोआँ

रोर–(स्त्री.) 1 शोरगुल, हल्ला 2 उपद्रव, उत्पात

रोली–(स्त्री.) हल्दी और चूने के योग से बनी बुकनी

रोशन–(वि.) 1 जलता हुआ, प्रदीप्त 2 प्रकाशमान् 3 आनंद-मंगल, चहलपहल 4 प्रसिद्ध, विख्यात 5 प्रकट, विदित **रोशनदान** (पु.) झरोखा

रोशनाई–(स्त्री.) लिखने की स्याही, मसि

रोशनी–(स्त्री.) 1 प्रकाश, उजाला 2 दीपक, चिराग़ 3 दीपोत्सव 4 ज्ञान आदि का प्रकाश

रोष–(पु.) 1 क्रोध, गुस्सा 2 कुढ़न 3 वैर विरोध

रोहा–(पु.) आँख की एक बीमारी

रोहिणी–(स्त्री.) एक विशेष नक्षत्र

रोहू–(पु.) एक बड़ी मछली

रौंदना–(स. क्रि.) 1 दबाना 2 पैर से कुचलना 3 बर्बाद करना

रौद्र–I (वि.) 1 भीषण, विकट 2 अत्यंत क्रोध का परिचायक II (पु.) क्रोध, गुस्सा **रौद्र रस** (पु.) एक रस जिसका स्थायी भाव क्रोध है

रौनक़–(स्त्री.) 1 सुंदर वर्ण और आकृति 2 चमक-दमक और शोभा 3 जमघट, बहार

रौरव–I (वि.) 1 भयंकर 2 भीषण, घोर 3 धूर्त और शोर, बेईमान II (पु.) भीषण नरक

रौला–(पु.) हलचल (जैसे–रौला मचाना)

ल

लँगड़ा–I (वि.) 1 जिसका एक पैर बेकार हो 2 जिसका एक पैर न हो II (पु.) एक आम
लँगड़ा-लूला–(वि.) लँगड़ा और टुंडा
लंगर–(पु.) मोटा रस्सा या जंजीर से जुड़ा लोहे का भारी कांटा जिसे नाव या जहाज को एक स्थान पर ठहराने के लिए प्रयोग में लाया जाता है
लंगी–(स्त्री.) कुश्ती में अपनी एक टाँग लँगड़ी करके दूसरे की टाँग में फँसाकर विपक्षी को गिराने की विधि
लंगूर–(पु.) 1 हाथ, पैर और काले मुँह तथा लंबी दुमवाला एक बंदर 2 दुम, पूँछ
लँगोट–(पु.), **लँगोटी**–(स्त्री.) कमर में बाँधने का एक प्रकार का कपड़ा और नितंब को ढकने का वस्त्र
लँगोटिया यार–(पु.) बचपन का दोस्त
लंघन–(पु.) लाँघने का भाव, उल्लंघन
लंठ–(वि.) 1 परम मूर्ख 2 उजड्ड
लंपट–I (वि.) कामी, व्यभिचारी II (पु.) कामी पुरुष
लंपटता–(स्त्री.) दुराचार, कुकर्म
लंब–I (वि.) 1 आधार से समकोण बनाती हुई ऊपर जानेवाली रेखा 2 नीचे को लटकता हुआ II (पु.) किसी रेखा पर खड़ी और सीधी रेखा
लंब-तड़ंग–(वि.) विशालकाय
लंबा–(वि.) 1 चौड़ाई से अधिक विस्तारवाला 2 अधिक ऊँचा 3 दीर्घ
लंबा हाथ–(पु.) अधिक प्राप्त होनेवाली चाल या दाँव
लंबाई–(स्त्री.) लंबान का परिमाण
लंबाई-चौड़ाई–(स्त्री.) 1 लंबान-चौड़ान का परिमाण 2 लंबा होने का भाव
लंबू–(वि.) लंबी टाँगों वाला आदमी
लंबोदर–(वि.) 1 शिवपुत्र-गणेशजी 2 मोटे पेट वाला 3 अधिक खाने वाला
लकड़बग्घा–(पु.) भेड़िये की जाति का जानवर
लकड़हारा–(पु.) लकड़ियाँ काटकर/तोड़कर बेचनेवाला
लकड़ी–(स्त्री.) 1 काठ, काष्ठ 2 ईंधन **लकड़ी देना** मुरदा जलाना
लक़वा–(पु.) 1 फ़ालिज 2 पक्षाघात
लकीर–(स्त्री.) 1 रेखा 2 प्रथा, रीति
लक्ष[1]–(वि.) लाख, सौ हज़ार
लक्ष[2]–(पु.) लाख, चपड़ा
लक्षण–(पु.) 1 आसार, निशान 2 विशेषता सूचक शब्द 3 परिभाषा 4 शरीर के शुभाशुभ चिह्न 5 लच्छन 6 ढंग, प्रकार
लक्षणा–(स्त्री.) 1 सामान्य अर्थ से भिन्न अर्थ देनेवाली शक्ति 2 उद्देश्य, लक्ष्य
लक्षित–(वि.) 1 ध्यान में आया हुआ 2 निर्दिष्ट
लक्ष्मण रेखा–(स्त्री.) पार न करने योग्य सीमा
लक्ष्मी–(स्त्री.) 1 विष्णु की पत्नी 2 धन-संपत्ति, दौलत 3 शोभा
श्रीलक्ष्मीनारायण–(पु.) लक्ष्मी और नारायण की युगल मूर्ति
लक्ष्य–I (पु.) 1 निशाना 2 उद्देश्य 3 अनुमान योग्य वस्तु , अनुमेय II (वि.) देखने योग्य, दर्शनीय **लक्ष्यभेद** (पु.) निशाना लगाना **लक्ष्य भ्रष्ट** (वि.) निशाने से चूका हुआ **लक्ष्यवेध** (पु.) निशाना लगाना
लक्ष्यसिद्धि–(स्त्री.) ध्येय की प्राप्ति **लक्ष्यहीन** (वि.) बिना लक्ष्य का
लखेरा–(पु.) लाख की चूड़ियाँ बनानेवाला
लखौरी–(स्त्री.) 1 भ्रमरी या भृंगी का मिट्टी का घर 2 पुराने ज़माने की एक छोटी और पतली ईंट
लगन[1]–(स्त्री.) 1 लगने का भाव 2 ध्यान लगाना 3 प्रगाढ़ प्रेम
लगन[2]–(पु.) 1 विवाह के लिए स्थिर किया

गया शुभ दिन, साइत 2 विवाह का दिन **लगन-पत्री** (स्त्री.) विवाह तिथि सूचक चिट्ठी

लगन–III (पु.) ब्याह की एक रीति जिसमें विवाह पूर्व वर के यहाँ मिठाइयाँ भेजी जाती हैं

लगना–(अ. क्रि.) 1 सटना, संलग्न होना 2 सटाया जाना, जोड़ा जाना (जैसे–लिफ़ाफ़े पर टिकट लगना, खिड़की में पल्ला लगना) 3 स्थित होना 4 पोता जाना, जमाया जाना 5 रगड़ खाना 6 शामिल होना 7 काम में आकर समाप्त होना (जैसे–शादी में हज़ारों रुपए लगना) 8 असर होना 9 प्रवृत्त होना

लगभग–(अ.) करीब-करीब बराबर, अनुमानित मात्रा या अवधि

लगातार–(अ.) बराबर, सिलसिलेवार

लगान–(स्त्री.) भूकर, राजस्व (जैसे–लगान जमा करना) **लगानबंदी** (स्त्री.) राजस्व लगाने का काम

लगाना–(स. क्रि.) 1 सटाना (जैसे–दीवार पर पोस्टर लगाना) 2 जोड़ना, टाँकना 3 स्थित करना, यथा स्थान खड़ा करना 4 पोतना, लेप करना 5 नियुक्त करना 6 संलग्न करना 7 रुकावट हेतु आवरण लगाना 8 पहुँचाना 9 काम में व्यस्त रखना 10 उपयोग में लाना (जैसे–पान लगाना) 11 धारण करना (जैसे–सिर पर टोपी लगाना) 12 व्यय करना 13 नियुक्त करना (जैसे–पहरा लगाना), साधना (जैसे–गोली का निशाना लगाना) 14 कान भरना (जैसे–इधर की उधर लगाना) 15 आरोप करना (जैसे–कलंक लगाना) **लगाना-बुझाना** (स. क्रि.) झगड़ा कराके सुलह कराना

लगाम–(स्त्री.) घोड़े के मुँह में लगायी जानेवाली बाग समेत छड़ **लगाम कड़ी करना** कार्यादि का सख्त नियंत्रण करना **लगाम ढीली करना** कार्यादि पर नियंत्रण न रखना

लगा-लगाया–(वि.) लगाकर बिल्कुल तैयार किया हुआ

लगाव–(पु.) 1 संबंध, वास्ता 2 प्रेम संबंध

लग्गा–I (पु.) 1 काँटेदार लंबा पतला बाँस 2 लंबा बाँस 3 नाव खेने का बाँस

लग्गा–II (पु.) 1 आरंभ करना, हाथ लगाना 2 मुक़ाबला, बराबरी की टक्कर

लग्गू–साथ लगनेवाला (जैसे–पिछलग्गू) **लग्गू-भग्गू** (पु.) बड़े लोगों के साथ हाँ में हाँ मिलानेवाले लोग

लग्न–(पु.) 1 शुभ कार्य करने का मुहूर्त 2 विवाह, शादी **लग्नकंकण** (पु.) विवाह पूर्व वर और कन्या के हाथ में बाँधा जानेवाला मंगल सूत्र **लग्न-कुंडली** (स्त्री.) जन्म कुंडली

लघु–I (वि.) 1 छोटा 2 कोमल, हलका 3 तीव्र गतिवाला 4 अच्छा, बढ़िया 5 सुंदर 6 थोड़ा, कम 7 दुर्बल II (पु.) ह्रस्व स्वर **लघु उद्योग** (पु.) छोटा व्यवसाय **लघु कथा** (स्त्री.) छोटी कहानी **लघुहस्त** (वि.) 1 अच्छा धनुर्धर 2 फुर्ती से काम करनेवाला

लघुतम–(वि.) सबसे छोटा **लघुतम समापवर्त्य** (पु.) दो या दो से अधिक संख्याओं से विभक्त हो जानेवाली सबसे छोटी संख्या (जैसे–[20] 2, 4, 5, 10 का लघुतम समापवर्त्य है) (एल. सी. एम.)

लघुत्व–(पु.) लघुता, छोटापन

लघुमना–(वि.) तुच्छ मनवाला

लघुशंका–(स्त्री.) पेशाब

लचक–(स्त्री.) 1 झुकाव 2 झुकने का गुण **लचकदार** (वि.) लचीला

लचकना–(अ. क्रि.) 1 मुड़ना, झुकना 2 चलने में झुकना

लचर–(वि.) कमज़ोर

लचीला–(वि.) 1 लचकनेवाला 2 मुड़नेवाला

लच्छा–(पु.) 1 उलझे सूत के टुकड़े 2 समूह 3 गाढ़ी चीज़ के लंबोतरे अंश (जैसे–रबड़ी का लच्छा) 4 पतली और हलकी ज़ंजीर से बना एक प्रकार का गहना (जैसे–चाँदी का लच्छा)

लच्छी–(स्त्री.) छोटा लच्छा

लच्छेदार–(वि.) लच्छों से युक्त (जैसे–लच्छेदार पायल, लच्छेदार मलाई)

ल

लजाना–I (अ. क्रि.) लज्जित होना II (स. क्रि.) लज्जित करना
लज़ीज़–(वि.) स्वादिष्ट, प्यारा, लज्जतदार
लजीला–(वि.) शर्मनिवाला
लज्जा–(स्त्री.) 1 शर्म हया लाज 2 मर्यादा, मान **लज्जाजनक, लज्जाप्रद** (वि.) शर्मिंदा करनेवाला **लज्जायुक्त** (वि.) लजीला **लज्जाशील** (वि.) लज्जावाला **लज्जाशून्य** (वि.) बेशर्म **लज्जाहीन** (वि.) बेशर्म, बेहया
लज्जालु–(वि.) लजीला
लज्जावती–(वि.) शर्मनिवाली
लज्जास्पद–(वि.) लज्जाजनक
लज्जित–(वि.) शर्मिंदा
लट–(स्त्री.) 1 सिर के उलझे हुए बाल 2 ज़ुल्फ़, अलक
लटकन–(पु.) 1 लटकने का भाव 2 नाक में झूलनेवाला एक प्रकार का गहना
लटकना–(अ. क्रि.) 1 पदार्थ का किसी आधार में फँसकर नीचे को झूलना (जैसे–तार पर कमीज़ लटकना) 2 झुकना 3 असमंजस में पड़ा रहना
लटका–(पु.) 1 बातचीत का बनावटी ढंग 2 टोटका 3 एक तरह का चलता गाना
लटकाना–(स. क्रि.) 1 लटकाने में प्रवृत्त करना 2 झुकाना 3 काम को अनिश्चित दशा में छोड़ देना 4 दुविधा में डालना
लटपट–(स्त्री.) 1 लटपटाने की अवस्था 2 अनुचित उद्देश्य हेतु होनेवाला नया-नया मेल-जोल या संबंध
लटपटाना–(अ. क्रि.) 1 लड़खड़ाना 2 विचलित होना, डिगना 3 आसक्त होना 4 लीन होना
लट्टू–(पु.) 1 लकड़ी का एक गोल खिलौना 2 बिजली का बल्व 3 उत्कट प्रेम और इस प्रेम के कारण बावला व्यक्ति
लट्ठ–I (पु.) मोटा लंबा डंडा II (वि.) मूर्ख
लट्ठबंद–(वि.) लाठीधारी
लट्ठबाज़–(वि.) लाठी चलानेवाला
लट्ठमार–(वि.) लाठी मारनेवाला
लट्ठमलट्ठा–(स्त्री.) लाठियों से मार-पीट
लट्ठा–I (पु.) 1 बल्ला 2 धरन 3 साढ़े पाँच फुट लंबा बाँस
लट्ठा–II (पु.) मोटा सफेद कपड़ा
लठैत–(वि.) लट्ठबाज़
लड़–(स्त्री.) 1 माला (जैसे–मोतियों की लड़) 2 क़तार, पंक्ति 3 बटा हुआ लंबा खंड
लड़कपन–(पु.) 1 बाल्यावस्था 2 लड़कों-सा आचार-व्यवहार
लड़कबुद्धि–(स्त्री.) 1 नासमझी 2 बालबुद्धि
लड़का–(पु.) 1 बालक 2 बेटा, पुत्र
लड़की–(स्त्री.) 1 बालिका 2 पुत्री, बेटी
लड़खड़ाना–(अ. क्रि.) 1 डगमगाना, डिगना 2 डगमगाकर गिरना 3 विचलित होना
लड़ना–(अ. क्रि.) 1 घात-प्रतिघात करना, लड़ाई करना 2 नीचा दिखाने का प्रयास करना 3 परास्त करने का उपाय करना 4 झगड़ना 5 टकराना, भिड़ना 6 रगड़ खाना
लड़ाई–(स्त्री.) 1 आपस में लड़ने का भाव 2 टक्कर, भिड़ंत 3 युद्ध 4 मल्लयुद्ध, कुश्ती 5 कलह, झगड़ा 6 अनबन, वैर-विरोध **लड़ाई-झगड़ा** (पु.) लड़ने-झगड़ने का काम
लड़ाकू–(वि.) युद्ध करनेवाला
लड़ाना–(स. क्रि.) 1 लड़ाई कराना 2 झगड़ा कराना 3 फँसाना, उलझाना 4 भिड़ाना, तरक़ीब सोचना
लड़ी–(स्त्री.) 1 माला 2 गुच्छा 3 क़तार, पंक्ति
लड़ैता–(वि.) 1 लड़नेवाला 2 प्रिय
लड्डू–(पु.) 1 छोटी गोल मिठाई, मोदक 2 शून्य संख्या सूचक
लत–(स्त्री.) 1 बुरी आदत या टेव **लतख़ोर** (वि.) 1 हमेशा लात खानेवाला 2 नीच
लतहा–(वि.) लात मारनेवाला (जैसे–लतहा घोड़ा)
लता–(स्त्री.) 1 ज़मीन पर फैलनेवाला पौधा, बेल 2 कोमल शाखा 3 सुंदर स्त्री **लता-गृह** (पु.) लताओं से मंडप की तरह बना स्थान **लता-मंडप** (पु.) लता गृह
लताड़–(स्त्री.) फटकार
लतिका–(स्त्री.) छोटी लता

ल

लतियाना–(स. क्रि.) 1 रौंदना 2 पैरों से दबाना 3 लात मारना

लती–(वि.) बुरी आदतवाला, दुर्व्यसनी

लतीफ़ा–(पु.) 1 चुटकुला 2 हँसी-मज़ाक की बात

लत्ता–(पु.) 1 फटा-पुराना कपड़ा, चीथड़ा 2 कपड़े का टुकड़ा

लथपथ–(वि.) 1 भीगा हुआ, तर 2 सना हुआ

लथाड़–(स्त्री.) गहरी डाँट-फटकार

लथेड़ना–(स. क्रि.) 1 गंदा करना 2 घसीटना 3 दुर्गति करना 4 अपमानित करना 5 परेशान करना

लदना–(अ. क्रि.) 1 भारयुक्त होना 2 रखा जाना 3 भारी वस्तु का दूसरी वस्तु पर बोझ रूप में रखा जाना 4 मर जाना 5 क़ैद होना 6 क़र्ज़ युक्त होना

लदान–(पु.) 1 लादने का काम 2 एक बार में लादा जानेवाला सामान

लदा-फँदा–(वि.) बोझ से भरा हुआ

लद्दू–(वि.) 1 बोझ ढोनेवाला, लदुआ 2 भार ढोनेवाला

लद्धड़–(वि.) सुस्त, काहिल **लद्धड़पन** (पु.) सुस्ती, ढिलाई

लप–(स्त्री.) 1 लचकने का भाव 2 पदार्थ के लचकने का गुण 3 चमक (जैसे–लप-लप कर बिजली जलना

लपक–I (स्त्री.) 1 चमक (जैसे–बिजली की लपक) 2 लपट II लपककर चलने का भाव **लपक-झपक, लपकपन** (पु.) लपककर उठाने का भाव

लपकना–I (अ. क्रि.) सहसा तेज़ी-से आगे बढ़ना II (स. क्रि.) फुर्ती से बढ़कर उठाना

लपझप–I (वि.) 1 चंचल, चपल 2 अधीर और उतावला 3 तेज़, फुर्तीला 4 बेढंगा और भद्दा II (अ.) 1 तेज़ी-से 2 बेढंगे रूप से III (स्त्री.) लपकपन

लपट–(स्त्री.) 1 आग की लौ 2 लू का झोंका

लपटा–(पु.) 1 गाढ़ी गीली वस्तु 2 लगाव, संबंध

लपलपाना–I (अ. क्रि.) 1 हिलना-डुलना 2 चमकना (जैसे–तलवार का लपलपाना) 3 झुकना II (स. क्रि.) 1 चमकाना 2 हिलाना-डुलाना

लपसी–(स्त्री.) 1 पतला हलुआ 2 गाढ़ा तरल पदार्थ

लपेट–(स्त्री.) 1 लपटने का भाव 2 लपेटे हुए होने की अवस्था 3 लपेटी गई वस्तु का प्रत्येक फेरा 4 ऐंठन, बल 5 चक्कर, उलझन

लपेटना–(स. क्रि.) 1 घेरा देकर बाँधना 2 समेटना 3 बेठन आदि में बाँधना 4 वश में करना 5 फँसाना

लप्पड़–(पु.) थप्पड़

लफ़ंगा–(वि.) 1 लंपट, व्यभिचारी 2 चरित्रहीन, दुश्चरित्र 3 लुच्चा, शोहदा

लबड़धोंधों–(स्त्री.) 1 झूठ-मूठ का हल्ला 2 झूठ-मूठ इधर-उधर की कही गई बात 3 झूठ-मूठ की बात करनेवाला व्यक्ति

लबाड़िया, लबरा–(वि.) 1 मिथ्यावादी, झूठ बोलनेवाला 2 गप्पी

लब्ध–(वि.) 1 प्राप्त 2 कमाया हुआ, उपार्जित **लब्धकाम** (वि.) प्राप्त किया हुआ **लब्धप्रतिष्ठ** (वि.) सम्मानित

लब्धांक–(पु.) भागफल, प्राप्त अंक

लब्धि–(स्त्री.) 1 प्राप्ति 2 भागफल

लमतड़ंग–(वि.) बहुत लंबा और हृष्ट-पुष्ट

लय–I (स्त्री.) 1 गति, सामंजस्य 2 गाने का प्रकार **लयताल** (पु.) संगीत का सुर-ताल **लयबद्ध** (वि.) सुरयुक्त

लय–II (पु.) 1 समा जाना, विलय होना 2 मिलना, संश्लिष्ट होना 3 परिणत होना, समाविष्ट होना 4 प्रलय 5 विनाश 6 वंचित होना 7 ध्यानमग्न होना **लयकारी** (वि.) लय करनेवाला

लयात्मक–(वि.) सुर-ताल से पूर्ण

ललकार–(स्त्री.) चुनौती

ललकारना–(स. क्रि.) चुनौती देना

ललचाना–(स. क्रि.) 1 लालच देना 2 अधीर करना 3 मोहित करना, मुग्ध करना

ल

ललना–(स्त्री.) सुंदर नारी

लला–(पु.) 1 लड़के के लिए प्यार का शब्द 2 दुलारा लड़का 3 लड़का 4 प्रेम संबोधन

ललाई–(स्त्री.) लाली, लाल रंग (जैसे—मुख की ललाई)

ललाट–(पु.) 1 माथा, भाल 2 भाग्य, तक़दीर **ललाटरेखा** (स्त्री.) भाग्य लेख

ललाम–(वि.) 1 सुंदर, मनोहर 2 बढ़िया

ललित–I (वि.) 1 मनोहर, सुंदर 2 कोमल II (पु.) श्रृंगार रस का एक कायिक भाव **ललित कला** (स्त्री.) सर्जनात्मक और सौंदर्यशास्त्रीय दृष्टि से प्रेरित कला

लली–(स्त्री.) 1 लड़की के लिए प्यार का शब्द 2 दुलारी बेटी

लल्लू–(पु.) 1 लड़कों का सामान्य संबोधन 2 लड़का

लल्लो–(स्त्री.) जीभ, ज़बान **लल्लो-चप्पो, लल्लो-पत्तो** (स्त्री.) चिकनी-चुपड़ी बात

लवंग–(पु.) लौंग नामक वृक्ष और उसकी कलियाँ

लवण–I (पु.) नमक, लोन II (वि.) 1 नमकीन 2 खारा

लवलीन–(वि.) प्रेम में मग्न

लवलेश–(पु.) 1 अत्यंत अल्प मात्रा 2 नाम मात्र का संबंध

लवा–(पु.) तीतर जाति का एक पक्षी

लस–(पु.) 1 चिपकने का गुण 2 चिपकानेवाली चीज़, गोंद

लसलसा–(वि.) चिपचिपा, लसीला

लसिका–(स्त्री.) 1 थूक 2 पेशी

लसीका–(स्त्री.) 1 थूक, लार 2 पेशी **लसीका ग्रंथि** (स्त्री.) लार बनानेवाली ग्रंथि

लसीकल–I (वि.) लसदार II (वि.) सुंदर

लस्टम-पस्टम–(अ.) जैसे-तैसे, मंद और साधारणतः

लस्सी–(स्त्री.) दही का घोल

लहँगा–(पु.) 1 घाघरा 2 साया

लहकना–(अ. क्रि.) 1 लहराना 2 दहकना, धधकना 3 हवा का झोंका आना 4 ललकना

लहकाना–(स. क्रि.) 1 हिलना-डुलना, झोंका खिलाना 2 दहकाना 3 उकसाना 4 लालच देना

लहर–(स्त्री.) 1 तरंग 2 कंप 3 उमंग, जोश, उत्साह 4 हर्ष, प्रसन्नता, मौज-मस्ती 5 उतार-चढ़ाव की गति (जैसे—साँप का लहर मारकर चलना) **लहरदार** (वि.) लहर जैसी आकृतिवाला

लहराना–I (अ. क्रि.) 1 तरंगित होना 2 कंपयुक्त गति होना 3 लहरों-सा बढ़ना 4 उल्लास में आना 5 शोभायुक्त होना II (स. क्रि.) हिलाना-डुलाना

लहरिया–(पु.) लहर की आकृति की रेखाओं का समूह

लहरी–(वि.) 1 मन की तरंग के अनुसार काम करनेवाला 2 सदा प्रसन्न रहनेवाला, खुश-मिज़ाज

लहलहाना–(अ. क्रि.) 1 हरा-भरा होना 2 अत्यंत प्रसन्न होना 3 हृष्ट-पुष्ट होना

लहसुन–(पु.) मसाले के काम आनेवाली प्याज की तरह की एक गाँठ और उसका पौधा

लहसुनियाँ–(पु.) एक विशेष रत्न

लहालोट–(वि.) हँसी से लोटता हुआ

लहू–(पु.) रक्त, खून, रुधिर **लहू-पसीना** (पु.) कठोर परिश्रम **लहूलुहान** (वि.) खून से लथपथ **लहू पानी एक होना** गुस्से के कारण शरीर में भोजन-पानी का प्रभाव न पड़ना **लहू पीना** कष्ट देना

लाँग–(स्त्री.) काछ (जैसे—लाँग खुलना)

लाँगूल–(पु.) पूँछ, दुम

लाँघना–(स. क्रि.) 1 छलाँग लगाकर पार करना 2 डग भरकर पार करना

लांछन–(पु.) 1 कलंक 2 दाग़, धब्बा

लाइसेंस–(पु.) अनुज्ञा पत्र **लाइसेंसदार** (पु.) लाइसेंस रखनेवाला व्यक्ति

लाई–(स्त्री.) 1 धान, बाजरे आदि को भूनकर बनाया गया खाद्य पदार्थ, लावा 2 चुग़ली **लाईलुतरी** (स्त्री.) 1 शिक़ायत 2 चुग़ली

लाक्षणिक–I (वि.) 1 किसी विशेषता सहित

2 लक्षण युक्त 3 लक्षणा शक्ति पर आश्रित II (पु.) लक्षणों का ज्ञाता

लाक्षा–(स्त्री.) लाख

लाख–(वि.) 1 (पु.) सौ हज़ार की संख्या 2 सौ हज़ार, बहुत ज़्यादा 3 हद से ज़्यादा, लाह, चपड़ा

लाग–I (स्त्री.) 1 लगाव, संपर्क 2 लगन, अनुराग, प्रेम 3 होड़ा, प्रतिस्पर्द्धा 4 दुश्मनी, शत्रुता 5 गुप्त तरक़ीब, गुप्त उपाय 6 शुभ अवसरों पर ब्राह्मण, नाऊ, कहार आदि को दिया जानेवाला धन 7 लगान, कर II (अ.) 1 तक, पर्यंत 2 निकट, पास 3 लिए, वास्ते III (वि.) काम में लगने योग्य **लागलपेट** (स्त्री.) संबंध, लगाव

लागत–(स्त्री.) 1 विक्रय हेतु बनाई गई वस्तु पर पड़ा व्यय 2 व्यय **लागत पूँजी** (स्त्री.) ख़र्च की गई पूँजी

लागू–(वि.) 1 प्रयुक्त होने के योग्य, चरितार्थ होनेवाला 2 संबद्ध 3 शत्रु, वैरी

लाघव–I (पु.) 1 छोटा होने का भाव, लघुता 2 अल्पता, कमी 3 फुर्ती, तेज़ी 4 सफ़ाई 5 आरोग्य 6 हलकापन II (अ.) जल्दी-से

लाचार–I (वि.) 1 मजबूर, निरुपाय 2 असमर्थ II (अ.) विवश होकर

लाज–(स्त्री.) 1 लज्जा, शर्म 2 मान-सम्मान

लाजवंती–(स्त्री.) लज्जालु नारी, शर्मीली स्त्री

लाजवाब–(वि.) 1 अनुपम, बेजोड़ 2 निरुत्तर

लाट–(स्त्री.) 1 ऊँचा, बड़ा और मोटा खंभा 2 मीनार

लाठी–(स्त्री.) 1 बड़ा और मोटा डंडा 2 सहारा (जैसे–बूढ़े की लाठी)

लाडो–(स्त्री.) लाड़-प्यार से पाली गई स्त्री या लड़की

लाड़–(पु.) दुलार **लाड़-प्यार** (पु.), **लाड़-लड़ैता** (वि.) अत्यंत प्यारा

लाड़ला–(वि.) प्यारा, दुलारा

लात–(स्त्री.) 1 पाँव 2 पदाघात **लात-मुक्का** (स्त्री.) घूँसा और लात

लाना–(स. क्रि.) 1 ले आना 2 उपस्थित करना

लाभ–1 मुनाफ़ा 2 हित, उपकार, फ़ायदा 3 मिलना, प्राप्ति **लाभकर** (पु.) लाभ पहुँचाने वाला **लाभकारक, लाभकारी** (वि.) फ़ायदेमंद

लाभांश–(पु.) लाभ का हिस्सा

लाभान्वित–(वि.) 1 लाभ हुआ 2 लाभ प्राप्त

लाभार्थ–(वि.) लाभ के लिए

लामा–(पु.) तिब्बत का बौद्ध धर्माचार्य

लार–(स्त्री.) 1 थूक 2 लुआब **लार ग्रंथि** (स्त्री.) लार बनानेवाली ग्रंथि

लाल–(वि.) 1 सुर्ख 2 क्रोध, आवेश, लज्जा आदि के कारण चेहरे का रंग रक्त हो जाना

लालफ़ीताशाही–(स्त्री.) काग़ज़ातों को लाल फीते के अंदर बंद रखे रहना

लालबुझक्कड़–(पु.) अनुमान और अटकल से प्रश्न और समस्या को बूझने की मूर्खता करनेवाला व्यक्ति

लालच–(पु.) लोभ

लालची–(वि.) लोभी

लालन–(पु.) 1 प्यार करना 2 लाड़-प्यार **लालन-पालन** (पु.) प्यार करना और पालना

लालसा–(स्त्री.) इच्छा, साध

लाला–(पु.) 1 आदरसूचक संबोधन (जैसे–लाला लाजपत राय) 2 कायस्थ, खत्री आदि जातियों का सूचक शब्द 3 छोटे, प्रिय व्यक्ति के लिए संबोधन सूचक शब्द

लालायित–(वि.) 1 ललचाया हुआ 2 प्यारा

लालित्य–(पु.) 1 ललित होने का भाव 2 रमणीयता

लालिमा–(स्त्री.) लाल होने का भाव, लाली

लावण्य–(पु.) 1 सलोनापन, सुंदरता 2 नमकपन 3 स्वभाव की उत्तमता

लावा–(पु.) ज्वालामुखी पर्वत के मुँह से निकलनेवाला राख, पत्थर, धातु आदि मिश्रित पदार्थ

लाश–(स्त्री.) शव, मृत शरीर

लास्य–I (पु.) नाच, नृत्य II (वि.) कोमल और मधुर

लिंग–(पु.) 1 पुरुष जननेंद्रिय, शिश्न 2 लक्षण 3 प्रतीक 4 पुरुष और स्त्रीवाले दो विभागों

से प्रत्येक (सेक्स) 5 काम-वासना को तृप्त करनेवाला तत्त्व 6 संज्ञा और सर्वनाम का वह वर्गीकरण जो पुरुष और स्त्री का बोध कराए 7 चिह्न 8 पुरुष जननेंद्रिय सूचक शिव का एक विशेष प्रतीक (जैसे–शिवलिंग)

लिंगायत–(पु.) एक शैव संप्रदाय

लिंगोपासना–(स्त्री.) लिंग की पूजा

लिक्खाड़–(पु.) बहुत लिखनेवाला लेखक

लिखत–(स्त्री.) 1 लिखने की क्रिया.2 लिखे होने की अवस्था 3 दस्तावेज़ **लिखत-पढ़त** (स्त्री.) लिखा-पढ़ी का काग़ज़

लिखना–(स. क्रि.) 1 लिपिबद्ध करना 2 रचना करना (जैसे–उपन्यास लिखना) 3 अंकित करना (जैसे–शार्टहैंड में लिखना) **लिखना-पढ़ना** लिखने-पढ़ने का काम करना

लिखाई–(स्त्री.) 1 लिखने का काम 2 लिखी हुई लिपि और उसकी बनावट **लिखाई-पढ़ाई** (स्त्री.) विद्योपार्जन

लिखा-पढ़ी–(स्त्री.) 1 लिखना-पढ़ना, अध्ययन करना 2 पत्र-व्यवहार 3 अनुबंध, शर्त आदि

लिखावट–(स्त्री.) 1 लिखने का ढंग 2 लिपि

लिजलिजा–(वि.) ज़्यादा चिकना

लिपटना–(अ. क्रि.) 1 आलिंगन करना 2 सट जाना 3 तल्लीन होना

लिपाई–(स्त्री.) 1 लीपने-लिपाने की क्रिया, पोताई 2 पोतने की मजूरी या मज़दूरी **लिपाई-पुताई** (स्त्री.) लीपना और पोतना

लिपापुता–(वि.) साफ़-सुथरा (जैसे–लिपापुता मकान)

लिपि–(स्त्री.) 1 लिखने की भाषा (जैसे–नागरी लिपि) 2 लघुतम ध्वनि का सूचक अक्षर (जैसे–क् ख् ग् आदि) 3 भाषा के लघुतम ध्वनि-अक्षरों का समूह **लिपिकार** (पु.) लिखने वाला **लिपिबद्ध** (वि.) 1 लिखित 2 लिखा-पढ़ी से युक्त

लिपिक–(पु.) कार्यालय में पत्र और उनकी प्रतिलिपियाँ लिखनेवाला बाबू, मुहर्रिर (क्लर्क)

लिप्यंतरण–(पु.) दूसरी लिपि में बदलना

लिप्सा–(स्त्री.) चाह, इच्छा

लिफ़ाफ़ा–(पु.) 1 काग़ज़ की चौकोर थैली (जैसे–लिफ़ाफ़े में चिट्ठी रख देना) 2 खोल 3 दिखाऊ सामान, ठाटबाट

लिसलिसा–(वि.) लसदार

लिसोड़ा–(पु.) छोटे-छोटे खट्टे फलवाला एक पेड़ और फल

लीक–(स्त्री.) 1 सर्प आदि के चलने से बनी रेखा 2 पगडंडी 3 मर्यादा 4 लोकरीति

लीख–(स्त्री.) जूँ का अंडा

लीची–(स्त्री.) एक प्रसिद्ध पेड़ और उसका फल

लीडर–(पु.) नेता **लीडरशिप** (स्त्री.) नेतृत्व, नेतागिरी

लीद–(स्त्री.) गधे, घोड़े, खच्चर आदि पशुओं का मल

लीन–(वि.) 1 समाया हुआ 2 तन्मय 3 तत्पर 4 ध्यानमग्न 5 संलग्न 6 लुप्त

लीपापोती–(स्त्री.) 1 चौपट करना 2 पोतना, साफ़-सुथरा करना

लीलना–(स. क्रि.) 1 निगलना 2 हड़प कर जाना

लीला–(स्त्री.) 1 क्रीड़ा, खेल 2 खिलवाड़ 3 विलास 4 जीवन का कार्य-कलाप 5 अभिनय 6 रहस्य से भरा कार्य

लीलामय–(वि.) लीला से युक्त (जैसे–लीलामय दृश्य, लीलामय भगवान)

लुंगी–(स्त्री.) तहमद

लुंचित–(वि.) नोचा हुआ, उखाड़ा हुआ **लुंचितकेश** (वि.) जिसके बाल नुचे हों

लुंज–(वि.) बिना हाथ-पैर का, लँगड़ा, लूला **लुंज-पुंज** (वि.) लँगड़ा-लूला

लुंठित–(वि.) 1 लूटा हुआ 2 लुढ़का हुआ

लुंडा–(वि.) 1 पुच्छ-पंखहीन 2 जिसकी पूँछ पर बाल न हों

लुआठां–(पु.) एक सिरे पर जलती हुई लंबी लकड़ी

लुकना–(अ. क्रि.) आड़ में होना, छिपना

लुका-छिपी–(स्त्री.) लुकने-छिपने का एक खेल

लुगाई–(स्त्री.) 1 औरत 2 पत्नी **लुगाईबाज़**

(स्त्री.) औरतबाज़

लुच्चा–(वि.) 1 चाईं 2 कमीना, बदमाश 3 लफंगा, शोहदा, दुराचारी

लुटना–(अ. क्रि.) 1 लूट लिया जाना 2 हाथ से निकल जाना

लुटाना–(स. क्रि.) 1 लूटने देना 2 बर्बाद करना 3 अंधाधुंध ख़र्च करना

लुटिया–(स्त्री.) छोटा लोटा **लुटिया डुबोना** सारा काम बिगड़ना

लुटेरा–I (वि.) लूटनेवाला II (पु.) 1 डाकू-चोर 2 डंडी मारनेवाला दूकानदार

लुढ़कना–(अ. क्रि.) 1 चक्कर खाते हुए बढ़ना, गिरना 2 मर जाना 3 झुकना, आकृष्ट होना

लुनाई–(स्त्री.) 1 सलोनापन 2 फ़सल की कटाई 3 फ़सल काटने की मज़दूरी

लुप्त–(वि.) 1 ग़ायब 2 अदृश्य 3 छिपा हुआ

लुब्ध–(वि.) 1 आसक्त 2 मोहित 3 लोभ में पड़ा हुआ

लुब्धक–(पु.) 1 बहेलिया, व्याध 2 शिकारी

लुभाना–(अ. क्रि.) 1 लालच में पड़ना 2 मोहित होना 3 आसक्त होना, सुध-बुध खोना

लुभावना–(वि.) मनोहर, सुंदर (जैसे–लुभावना दृश्य)

लुहार–(पु.) लोहार, लोहे का काम करने वाला **लुहारिन** (स्त्री.) लोहारिन

लू–(स्त्री.) अत्यंत गर्म हवा **लूल-पट** (स्त्री.) बहुत गर्म हवा

लूट–(स्त्री.) 1 लूटने का काम, डकैती 2 अनुचित लाभ कमाना 3 लूट में प्राप्त धन **लूट-खसोट** (स्त्री.) 1 लूटमार 2 आर्थिक शोषण **लूटपाट, लूटमार** (स्त्री.) 1 लूटना और मारना 2 शारीरिक यंत्रणा देकर धन छीनना

लूटना–(स. क्रि.) 1 छीन लेना 2 उठा ले जाना 3 हस्तगत करना 4 अपहरण करना

लूला–(वि.) कटे हाथवाला

ले–I (पु.) तक, पर्यंत II (अ.) संबोधन रूप में प्रयुक्त शब्द (जैसे–ले, मैं ही चला जाता हूँ)

लेई–(स्त्री.) चिपकाने के लिए बनाया लसीला पदार्थ (जैसे–आटे की लेई)

लेकिन–(अ.) परंतु

लेख–(पु.) 1 लिखावट 2 लिखे हुए अक्षर 3 लिखी बात, विचार, विषय 4 सामयिक निबंध **लेखपाल** (पु.) खेत और उपज संबंधी लेखा-जोखा रखनेवाला एक सरकारी कर्मचारी

लेखक–(पु.) 1 लेखन कार्य करनेवाला 2 साहित्य-जीवी 3 कृति का रचयिता

लेखन–(पु.) 1 लिखना, अक्षर-विन्यास 2 लिखने की कला 3 चित्रांकन 4 अंकन **लेखन-शैली** (स्त्री.) लिखने की कला, ढंग

लेखनी–(स्त्री.) 1 क़लम 2 तूलिका

लेखा–(पु.) 1 हिसाब (एकाउंट) (जैसे–लेखा-जोखा करना) 2 अंदाज़, कूत, अनुमान 3 विचार 4 दशा, स्थिति (जैसे–जीवन-निर्वाह आदि का लेखा) **लेखाकार** (पु.) लेखा रखनेवाला **लेखा-जोखा** (पु.) आय-व्यय का हिसाब **लेखा-पत्र** (पु.) आय-व्यय का परचा **लेखा-परीक्षक** (पु.) 1 लेखा परीक्षा लेनेवाला 2 लेखा की जाँच करनेवाला (आडीटर) **लेखा-पुस्तिका, लेखा-बही** (स्त्री.) हिसाब-किताब संबंधी बही, रोकड़ बही

लेखा-निरीक्षक–(पु.) आय-व्यय की जाँच करनेवाला अधिकारी

लेखापाल–(पु.) बही-खाता या हिसाब-किताब लिखने वाला कर्मचारी

लेटना–(अ. क्रि.) 1 पौढ़ना 2 आराम करना

लेन–(पु.) लेने की क्रिया, पावना, लहना **लेनदार** (पु.) 1 लेनेवाला व्यक्ति 2 महाजन **लेन-देन** (पु.) 1 आदान-प्रदान 2 ऋण लेने-देने का काम 3 महाजनी

लेना–(स. क्रि.) 1 प्राप्त करना, ग्रहण करना 2 हस्तगत करना 3 रखना 4 सेवन करना **लेना-देना** (पु.) लेन-देन

लेप–(पु.) 1 पोतने के काम आनेवाली वस्तु 2 पोतने का काम 3 पोती गई वस्तु की परत

लेपन–(पु.) पोतना, लीपना

लेश–I (पु.) 1 अंश 2 अणु 3 सूक्ष्मता 4 निशान 5 लगाव, संबंध II (वि.) थोड़ा, कम

ल

लेस–(स्त्री.) 1 लसीला पदार्थ 2 लगाव 3 फीता

लैंगिक–(वि.) 1 लिंग से संबद्ध 2 योनि सम्बन्धी (सेक्सुअल)

लैस–I (वि.) 1 सजा हुआ 2 हर तरह से युक्त, तैयार II (पु.) 1 एक तरह का सिरका 2 कमानी 3 नाकेदार लंबा तीर

लोई–(स्त्री.) 1 साने गए आटे की गोली 2 एक तरह का ऊनी कंबल

लोक–(पु.) 1 संसार 2 जगह 3 विश्व का कोई विशेष भाग 4 प्रजा, लोग **लोक कथा** (स्त्री.) लोक में प्रचलित प्राचीन गाथाएँ **लोक-कल्याण** (पु.) विश्व का हित **लोक-काव्य** (पु.) जनता में प्रचलित परंपरागत गीत **लोकतंत्र** (पु.) प्रजातंत्र **लोकप्रिय** (वि.) 1 जनसाधारण द्वारा पसंद किया जानेवाला **लोकमत** (पु.) जनमत **लोक-लज्जा** (स्त्री.) लोक की मान-मर्यादा **लोकसत्ता** (स्त्री.) लोकतंत्र **लोक सभा** (स्त्री.) 1 जनसाधारण द्वारा चुने गए प्रतिनिधियों की सभा 2 भारत में इस तरह की केंद्रीय सभा **लोक साहित्य** (पु.) जनता में प्रचलित साहित्य **लोकसेवा आयोग** (पु.) राज्य द्वारा नियुक्त कुछ सदस्यों का आयोग (पब्लिक सर्विस कमीशन)

लोकश्रुति–(स्त्री.) जनश्रुति, अफ़वाह

लोकांतर–(पु.) परलोक **लोकांतर-गमन** (पु.) मृत्यु को प्राप्त होना, स्वर्गवास

लोकाचार–(पु.) संसार का चाल-चलन

लोकैषणा–(स्त्री.) 1 सामाजिक प्रतिष्ठा और यश की कामना 2 स्वर्ग-सुख की कामना

लोकोक्ति–(स्त्री.) 1 कहावत, मसला 2 लोकोक्ति के प्रयोग के काव्य में रोचकता उत्पन्न करनेवाला एक अलंकार

लोकोत्तर–(वि.) असाधारण, विलक्षण

लोकोपकार–(पु.) जनसाधारण का हित

लोकोपयोगी–(वि.) सर्वसाधारण के लिए उपयुक्त

लोग–(पु.) मनुष्यों का समूह, दल **लोग-बाग** (पु.) जनसाधारण **लोगलुगाई** (स्त्री.) स्त्री-पुरुष

लोच–(स्त्री.) 1 लचक 2 कोमलता 3 कोमलता से पूर्ण सौंदर्य

लोचन–(पु.) आँख, नेत्र, नयन

लोट–(स्त्री.) लोटने का भाव, लुढ़कना **लोट-पोट** I (स्त्री.) लेटे-लेटे करवट बदलना II (वि.) 1 लोट जानेवाला 2 अत्यधिक प्रसन्न 3 उलटा-पलटा हुआ

लोटना–(अ. क्रि.) 1 लेटना, आराम करना 2 इधर-उधर गिरना-पड़ना

लोटा–(पु.) जल रखने का धातु का एक पात्र **बेपेंदी का लोटा** अस्थिर चित्त और सिद्धांतहीन व्यक्ति

लोढ़ा–(पु.) सिल पर पीसने के लिए बना पत्थर का गोल लंबा टुकड़ा

लोथड़ा–(पु.) मांस का बड़ा टुकड़ा, मांस पिंड

लोना–I (वि.) 1 नमकीन, सलोना 2 सुंदर II (पु.) क्षार, नोना III (स. क्रि.) लुनना, काटना

लोप–(पु.) 1 न रहने का भाव 2 अभाव 3 अदृश्य होने की अवस्था

लोभ–(पु.) 1 लालच 2 लालसा, कामना 3 अधीरता **लोभ-परायण** (वि.) लोभी

लोभनीय–(वि.) 1 लोभ के योग्य 2 मनोहर, आकर्षक

लोभी–(वि.) 1 लालची 2 लुब्ध

लोम–(पु.) 1 रोम 2 केश, बाल **लोमज** (वि.) लोम से उत्पन्न

लोमड़ी–(स्त्री.) 1 कुत्ते की जाति का एक जंगली हिंसक पशु 2 चालाक औरत

लोमहर्षक–(वि.) रोंगटे खड़ा कर देनेवाला

लोरी–(स्त्री.) छोटे बच्चों को सुलाने हेतु माँ द्वारा गाया जानेवाला गीत

लोलुप–(वि.) 1 लालची, लोभी 2 परम उत्सुक

लोह–(पु.) 1 लोहा नामक धातु 2 रक्त, लहू **लोह-लंगर** (पु.) जहाज़ का लंगर

लोहमय–(वि.) लोहे-सा दृढ़

लोहा–I (पु.) 1 एक धातु 2 लोहे का बना उपकरण II (वि.) अत्यंत कठोर (जैसे–लोहे-सी देह) **लोहा करना** इस्तरी करना **लोहा**

मानना 1 प्रभुत्व मानना 2 हार मानना **लोहा लेना** लड़ना, सामना करना

लोहार–(पु.) लोहे का काम करनेवाली एक जाति या व्यक्ति

लोहारिन–(स्त्री.) लोहार जाति की स्त्री

लोहित–I (वि.) 1 लाल रंग का, लाल 2 ताँबे का बना हुआ II (पु.) 1 लाल रंग 2 लाल चंदन **लोहित चंदन** (पु.) केसर

लौंग–(पु.) लवंग

लौंजी–(स्त्री.) कच्चे आम की फाँकों का अचार

लौंडा–(पु.) 1 अबोध और नासमझ नवयुवक 2 ऐसा युवक जिसके साथ अस्वाभाविक मैथुन हो 3 छोकरा, लड़का **लौंडापन** (पु.) 1 लौंडा होने का भाव 2 छिछोरापन से युक्त

लौंडिया–(स्त्री.) लड़की

लौंडी–(स्त्री.) दासी **लौंडी बच्चा** (पु.) दासीपुत्र

लौंडेबाज़–I (पु.) बालकों से अप्राकृतिक मैथुन करनेवाला II (वि.) नवयुवकों से प्रेम रखनेवाली (प्रौढ़ा)

लौंद–(पु.) 1 अधिमास 2 मलमास

लौ–I (स्त्री.) 1 आग की लपट, ज्वाला 2 दीपशिखा II लगन

लौकिक–(वि.) 1 लोक-संबंधी, सांसारिक 2 व्यावहारिक **लौकिकता** (स्त्री.) 1 लौकिक होने का भाव, सांसारिकता 2 व्यावहारिक होने की अवस्था

लौकी–(स्त्री.) घीआ

लौट–(स्त्री.) 1 लौटने की क्रिया 2 घुमाव **लौटफेर** (पु.) 1 इधर-उधर हो जाना 2 उलट-फेर

लौटाना–(स. क्रि.) 1 वापस भेजना 2 वापस देना

लौह–I (पु.) 1 लोहा 2 शस्त्रास्त्र II (वि.) लोहे का, लौह-संबंधी **लौह खनिज** (पु.) कच्चा लोहा **लौह युग** (पु.) लोहे का प्राचीन युग

व

वंचक–I (वि.) 1 ठगनेवाला 2 धोखेबाज़ II (पु.) ठग 2 धूर्त और धोखा देनेवाला व्यक्ति **वंचकता** (स्त्री.) वंचक होने का भाव

वंचना–I (स्त्री.) धोखा देना, ठगना II 1 छलपूर्वक व्यवहार करना 2 ठगना

वंदना–(स्त्री.) 1 स्तुति 2 पूजन

वंदनीय–(वि.) वंदना, पूजा के योग्य

वंध्य–(वि.) 1 अनुत्पादक 2 अनुर्वर

वंध्या–(स्त्री.) निःसंतान स्त्री, बाँझ

वंध्याकरण–(पु.) 1 अनुर्वरीकरण 2 बाँझ बना देना

वंश–I (पु.) बाँस II कुल, ख़ानदान **वंशक्रम** (पु.) वंश की तालिका **वंशक्रमानुसार** I (क्रि. वि.) वंश के क्रम के अनुरूप II (वि.) वंश के क्रम के अनुसार होनेवाला **वंशगत** (वि.) वंश संबंधी **वंश-चरित** (पु.) वंश का इतिहास

वंश-मर्यादा–(स्त्री.) कुल का सम्मान, कुल की प्रतिष्ठा **वंश-वृक्ष** (पु.) वृक्ष के आकार का मूल पुरुष से लेकर उसके परवर्ती वंशजों का क्रमागत रेखाचित्र

वंशानुक्रम–(पु.) वंशावली

वंशी–I (स्त्री.) मुरली, बाँसुरी II (वि.) विशिष्ट वंश में उत्पन्न (जैसे–सूर्यवंशी) **वंशीधर** (पु.) श्रीकृष्ण **वंशीवट** (पु.) वह बरगद का पेड़ जिसके नीचे कृष्ण वंशी बजाते थे

वंशोद्भव–(वि.) 1 वंश में उत्पन्न 2 कुलोद्भव

वकालत–(स्त्री.) 1 वकील होने का भाव

व

2 वकील का काम 3 पैरवी करना 4 प्रतिनिधित्व **वकालतनामा** (पु.) वकील होने का प्रमाणपत्र, पैरवी करने का अधिकार-पत्र

वकील–(पु.) 1 प्रतिनिधि 2 मुक़दमे की पैरवी करनेवाला 3 वकालत करने का अधिकारी

वक़्त–(पु.) 1 समय, काल 2 अवसर, मौक़ा 3 निश्चित समय 4 कार्य संपादन में लगा हुआ समय 5 फ़ुरसत, अवकाश 6 मृत्यु का समय

वक्तव्य–(पु.) 1 कथन 2 कहे जाने योग्य बात

वक्ता–(वि./पु.) भाषण आदि देनेवाला

वक्तृत्व–(पु.) 1 अच्छे वक्ता होने का भाव 2 कथन, वक्तव्य **वक्तृत्व कला** (स्त्री.) प्रभावशाली ढंग से भाषण देने की कला

वक्र–(वि.) 1 टेढ़ा 2 तिरछा 3 कुटिल 4 निर्दय, क्रूर 5 बेईमान **वक्रगति** I (स्त्री.) टेढ़ी चाल II (वि.) 1 टेढ़ी-मेढ़ी चालवाला 2 कुटिल **वक्रता** (स्त्री.) 1 टेढ़ापन 2 कुटिलता और धूर्तता

वक्रोक्ति–(स्त्री.) 1 चमत्कारपूर्ण उक्ति 2 अर्थालंकार का एक भेद

वक्षःस्थल–(पु.) छाती, उर

वचन–(पु.) 1 वाणी (जैसे–मृदु वचन) 2 बात (जैसे–वचन का पक्का) 3 संज्ञा की संख्या का बोधक तत्त्व (जैसे–एकवचन का कर्ता) **वचन दान** (पु.) वचन देना **वचन बद्ध** (वि.) प्रतिज्ञा किया हुआ **वचन भंग** (पु.) प्रतिज्ञा पूरी न करना

वचनावली–(स्त्री.) वचनों का संग्रह

वज़न–(पु.) 1 भार, बोझ 2 भार का परिमाण, तौल 3 भारीपन 4 मान-मर्यादा का सूचक, महत्त्व (जैसे–आपकी बात का वज़न)

वज्र–I (वि.) 1 कठोर, सख़्त 2 उग्र, तीव्र 3 जिसपर प्रभाव न पड़ सके II (पु.) भाले के आकार का एक शस्त्र, कुलिश **वज्रपात** (पु.) 1 आकाश से बिजली गिरना 2 भीषण संकट **वज्रप्रहार** (पु.) वज्र-सा आघात **वज्रहृदय** (वि.) अत्यंत कठोर दिल का, बेरहम

वज्राघात–(पु.) 1 वज्र की चोट 2 वज्रपात

वज्रासन–(पु.) 1 हठयोग का एक आसन 2 गया में बोधिवृक्ष के नीचे की शिला जहाँ बुद्ध को ज्ञान प्राप्त हुआ था

वट–(पु.) बरगद का पेड़

वणिक–(पु.) 1 व्यवसाय से जीविकोपार्जन करनेवाला व्यक्ति 2 वैश्य, बनिया

वत्–(अ.) शब्दों के अंत में प्रयुक्त होनेवाला एक प्रत्यय जो समानता का सूचक है (जैसे–विधिवत्, पुत्रवत्)

वत्स–(पु.) बच्चा, शिशु

वत्सल–(वि.) 1 बच्चों से प्रेम करनेवाला, शिशु-स्नेही 2 प्रेम करनेवाला (जैसे–भक्त-वत्सल)

वध–(पु.) 1 हत्या 2 हत्या करना **वधशाला** (स्त्री.) वधालय

वधू–(स्त्री.) 1 दुलहन 2 पत्नी

वध्य–(वि.) वध किए जाने योग्य **वध्यस्थल** (पु.) वध का स्थान

वन–(पु.) 1 जंगल (जैसे–वनप्रदेश) 2 उपवन, बाग़ **वनखंड** (पु.) जंगल का टुकड़ा, वनस्थली **वनगमन** (पु.) 1 संन्यास ग्रहण 2 वन की यात्रा करना **वनचर** I (वि.) वन में भ्रमण करनेवाला II (पु.) जंगली प्राणी **वन महोत्सव** (पु.) वनों के विस्तार से संबद्ध कार्यक्रम **वनमानुष** (पु.) एक तरह का बंदर **वनवास** (पु.) जंगल में रहना

वनस्पति–(स्त्री.) ज़मीन से उगनेवाले पेड़, पौधे, लताएँ आदि **वनस्पति घी** (पु.) घी की तरह का चिकना पदार्थ **वनस्पति-जगत्** (पु.) पेड़-पौधे

वनिता–(स्त्री.) 1 स्त्री, औरत 2 अनुरक्त स्त्री, प्रिया, प्रेमिका

वनौषधि–(स्त्री.) जंगल में मिलनेवाली जड़ी-बूटी

वन्य–(वि.) 1 वन में उत्पन्न होनेवाला 2 जंगली

वफ़ा–(स्त्री.) 1 वचन पालना 2 निष्ठा

वमन–(पु.) 1 कै करना, उल्टी करना 2 कै किया हुआ पदार्थ

वयःसंधि–(स्त्री.) बाल्यावस्था तथा यौवनावस्था के मध्य की स्थिति

वय–(स्त्री.) 1 उम्र, अवस्था 2 जवानी

वयस्क–I (वि.) शारीरिक विकास तथा पूर्णता को प्राप्त, सयाना II (पु.) 1 विवाह के योग्य युवक-युवती 2 निर्वाचन संबंधी अधिकार प्राप्त व्यक्ति **वयस्क मताधिकार** (पु.) चुनाव आदि में मत देने का अधिकार

वयोवृद्ध–(वि.) अधिक उमरवाला

वर–I (पु.) 1 देवता से प्रसाद के रूप में कुछ माँगना 2 देवता से प्रसाद रूप में माँगी गई वस्तु 3 नव-विवाहिता स्त्री का पति 4 विवाह योग्य पुरुष II (वि.) उत्तम, श्रेष्ठ (जैसे–कविवर, मान्यवर)

वरदान (पु.) 1 देवता, ऋषियों आदि से प्राप्त वर 2 फलसिद्धि 3 शुभ फलदायिनी

वरण–(पु.) 1 चुनना 2 चुनाव 3 अर्चन

वरणीय–(वि.) वरणयोग्य

वरद–(वि.) वर देनेवाला

वरन्–(अ.) 1 ऐसा नहीं 2 बल्कि

वराह–(पु.) सुअर, शूकर (स्त्री. वराही)

वरिष्ठ–(वि.) 1 श्रेष्ठ, पूज्य 2 महान्

वरीय–(वि.) 1 सर्वश्रेष्ठ 2 ग्रहणयोग्य **वरीयता** (स्त्री.) 1 सर्वश्रेष्ठता 2 वरीय होने का भाव

वरुण–(पु.) 1 जल (जैसे–वरुण देवता) 2 सौर जगत का एक ग्रह (नेपच्यून)

वर्ग–(पु.) 1 श्रेणी 2 स्पर्श व्यंजन वर्णों का समूह (जैसे–कवर्ग, तवर्ग) **वर्गफल** (पु.) समान राशियों का गुणनफल **वर्गमूल** (पु.) भाग देकर वर्गांक निकालनेवाली राशि **वर्ग-विरोध** (पु.) जातियों का परस्पर विरोध

वर्ग-संघर्ष–(पु.) समाज के विभिन्न वर्गों में होनेवाली प्रतिद्वंद्विता

वर्गीकरण–(पु.) वर्ग के अनुसार विभाग करना

वर्चस्व–(पु.) 1 तेज 2 प्राबल्य

वर्जना–(स्त्री.) निषेध

वर्ण–(पु.) 1 रंग (जैसे–पीत वर्ण) 2 शरीर के रंग के आधार पर किया गया विभाग 3 जाति (जैसे–शूद्र वर्ण) 4 अक्षर (जैसे–स्वर और व्यंजन वर्ण) 5 भेद, प्रकार **वर्णमाला** (स्त्री.) लिपि के वर्णों की सूची **वर्ण-व्यवस्था** (स्त्री.) वर्ण विभाग **वर्णसंकर** (पु.) 1 दोग़ला 2 व्यभिचार से उत्पन्न व्यक्ति

वर्णन–(पु.) 1 विस्तारपूर्ण कथन 2 प्रशंसा, गुण बताना

वर्णनातीत–(वि.) जिसका वर्णन न हो सके

वर्णनीय–(वि.) वर्णन के योग्य

वर्णाश्रम–(पु.) जाति और आश्रम की हिन्दू व्यवस्था, चार वर्णों का आश्रम

वर्तनी–(स्त्री.) 1 शब्द के वर्ण, उनका क्रम तथा उच्चारण-विधि 2 मार्ग, रास्ता

वर्तमान–(वि.) 1 जो हो रहा हो 2 विद्यमान 3 वर्तमान काल **वर्तमान काल** (पु.) क्रिया के तीन कालों में से एक

वर्तिका–(स्त्री.) 1 सलाई 2 तूलिका 3 रंग 4 बत्ती

वर्तुल–(वि.) गोल, वृत्ताकार

वर्द्धन–I (पु.) वृद्धि करना 2 बढ़ती, वृद्धि II (वि.) वृद्धि करनेवाला

वर्म–(पु.) कवच, बख़्तर

वर्ष–(पु.) बारह महीने का समय, साल **वर्षगाँठ** (स्त्री.) जन्मदिन

वर्षा–(स्त्री.) 1 बरसात 2 गिरना (जैसे–पुष्प वर्षा) 3 निरंतर होनेवाला क्रम (जैसे–गोलियों की वर्षा) 4 बरसात **वर्षा ऋतु, वर्षा काल** (पु.) वर्षा की ऋतु, बरसात का मौसम (जैसे–वर्षा ऋतु का आगमन)

वलय–(पु.) 1 कंगन 2 वृत्त की परिधि

वल्कल–(पु.) 1 वृक्ष की छाल 2 छाल का कपड़ा

वल्मीक–(पु.) दीमक, चींटी आदि की चाली हुई मिट्टी का ढेर (बिमौट)

वल्लभ–I (वि.) अत्यंत प्रिय, प्रियतम II (पु.) 1 अत्यंत प्रिय व्यक्ति 2 स्त्री का पति

वल्लरी–(स्त्री.) 1 लता 2 मंजरी

वश–I (पु.) समर्थता, काबू II (वि.) 1 अधीन 2 आज्ञानुवर्ती 3 नीचा दिखलाया हुआ 4 मुग्ध किया हुआ (जैसे–मंत्र के वश, प्रेम

व

के वश) **वशवर्ती** (वि.) वश में होनेवाला

वशीकरण–(पु.) वश में करना

वशीभूत–(वि.) 1 अधीन 2 पराधीन

वसंत–(पु.) वर्ष की छः ऋतुओं में से एक ऋतु **वसंत पंचमी** (स्त्री.) 1 माघ महीने की शुक्ल पंचमी 2 माघ माह की शुक्ल पंचमी के दिन होनेवाला त्योहार

वसंतोत्सव–(पु.) 1 वसंत पंचमी के दिन मनाया जानेवाला उत्सव 2 होली का उत्सव

वसन–(पु.) कपड़ा

वसा–(स्त्री.) 1 चरबी (फैट) 2 मज्जा

वसिष्ठ–(पु.) 1 सूर्यवंशी राजाओं के पुरोहित 2 सप्तर्षि मंडल का एक तारा

वसुंधरा, वसुधा–(स्त्री.) पृथ्वी

वस्ति–(स्त्री.) 1 नाभि के नीचे का भाग, पेड़ू 2 मूत्राशय **वस्तिकर्म** (पु.) गुदा आदि में पिचकारी देना

वस्तु–(स्त्री.) 1 चीज़ 2 गोचर पदार्थ 3 विषय 4 कथावस्तु **वस्तुगत** (वि.) वस्तु से संबंधित **वस्तु-निर्माण** (पु.) वस्तु की रचना **वस्तुनिष्ठ** (वि.) 1 भौतिक पदार्थों से संबंध रखनेवाला, जो आत्मनिष्ठ न हो 2 वस्तुपरक (ऑब्जेक्टिव) **वस्तु-विनिमय** (पु.) वस्तुओं का अदल-बदल

वस्त्र–(पु.) कपड़ा (जैसे–रेशमी वस्त्र) **वस्त्र-विन्यास** (पु.) कपड़े पहनने का ढंग **वस्त्रविहीन** (वि.) नंगा

वस्त्राभूषण–(पु.) वस्त्र और आभूषण

वस्त्रोद्योग–(पु.) वस्त्र का व्यवसाय

वह–(सर्व.) बातचीत में दूर स्थित, परोक्ष व्यक्ति के संकेत का शब्द

वहन–(पु.) 1 भार ढोना 2 निर्वाह करना 3 ले जाने का साधन

वहाँ, वहीं–(अ.) उस जगह

वही–(सर्व.) निश्चित रूप से पूर्वोक्त

वांछित–(वि.) इच्छित, चाहा हुआ

वाक्–(स्त्री.) 1 शब्द 2 वाणी 3 कथन 4 वाद 5 बोलने की इंद्रिय 6 सरस्वती **वाक् चातुरी** (स्त्री.), **वाक् चातुर्य** (पु.) वाणी की चतुराई **वाक्पटु** (वि.) बातचीत में चतुर **वाक्-प्रहार** (पु.) वाणी से चोट करना **वाक्-संयम** (पु.) व्यर्थ की बात न करना

वाकिफ़–(वि.) जानकार, समझने वाला, अभिज्ञ

वाक्य–(पु.) सार्थक शब्द-समूह, जुमला (सेंटेंस) **वाक्यबाण** (पु.) बोली के तीर **वाक्य विच्छेद** (पु.) वाक्य विश्लेषण **वाक्य-विन्यास** (पु.) वाक्य बनाना

वाक्यांश–(पु.) वाक्य का अंश

वाक्यार्थ–(पु.) वाक्य का अर्थ

वाग्जाल–(पु.) घुमाव-फिराव की बातें

वाग्दान–(पु.) कन्या के विवाह का वचन देना

वाग्देवी–(स्त्री.) सरस्वती

वाग्युद्ध–(पु.) बहुत अधिक कहा-सुनी

वाङ्मय–I (पु.) साहित्य II (वि.) वचन संबंधी

वाचक–I (वि.) 1 बोलनेवाला 2 बोध करानेवाला (जैसे–संबंधवाचक) 3 सुनानेवाला (जैसे–कथावाचक) II (पु.) नाम, संज्ञा

वाचनालय–(पु.) सार्वजनिक पुस्तकालय

वाचस्पति–(पु.) बहुत बड़ा विद्वान्

वाचाल–(वि.) 1 वाक्पटु 2 बकवादी 3 उद्दंडतापूर्वक बोलनेवाला

वाटिका–(स्त्री.) बगीचा

वाणिज्य–(पु.) व्यापार

वाणी–(स्त्री.) 1 वचन, बात 2 जीभ, रसना 3 बातचीत करने की शक्ति

वात–(पु.) 1 हवा, वायु 2 वात रोग

वातानुकूलित–(वि.) हवा के तापमान को अनुकूल बनाया गया

वातायन–(पु.) झरोखा, खिड़की

वातावरण–(पु.) 1 पृथ्वी के चारों ओर की वायु 2 परिस्थिति (जैसे–घर का वातावरण)

वात्या–(स्त्री.) प्रचंड वायु, बहुत तेज़ हवा **वात्याचक्र** (पु.) बवंडर

वात्सल्य–(पु.) छोटों के प्रति प्रेम, स्नेह

वाद–(पु.) 1 कहना, बोलना 2 कथन, उक्ति 3 दलील 4 तर्क-वितर्क 5 अफवाह, किंवदंती 6 मुक़दमा, अभियोग 7 व्यवस्थित मत या सिद्धांत (जैसे–प्रगतिवाद) **वादग्रस्त** (वि.) वाद में फँसा हुआ, अनिश्चित, अनिर्णित

वाद-प्रतिवाद (पु.) 1 उत्तर-प्रत्युत्तर, बहस 2 कथोपकथन **वाद-विवाद** (पु.) झगड़ा, बहस

वादक–(वि.) बजानेवाला (जैसे–सितारवादक)

वादन–(पु.) 1 कहना 2 बाजा बजाना

वाद्य–(पु.) बाजा **वाद्यमंडली** (स्त्री.), **वाद्यवृंद** (पु.) बाजा बजानेवालों का समूह **वाद्य-संगीत** (पु.) केवल बाजे से उत्पन्न ध्वनि

वानप्रस्थ–(पु.) भारतीय आर्यों के चार जीवन-विभागों में से तीसरा, वानप्रस्थाश्रम

वानर–(पु.) बंदर

वानस्पतिक–(वि.) 1 ज़मीन से उगने वाले पेड़-पौधे, लताएं आदि का 2 वनस्पति द्वारा होनेवाला

वानिकी–(स्त्री.) पेड़-पौधों तथा वनों आदि की जानकारी देनेवाला विज्ञान (फारेस्ट्री)

वाम–(वि.) 1 बायाँ 2 विरुद्ध **वामपंथी, वामपक्ष** (पु.) विपक्ष **वामपक्षी** (वि.) विपक्षी **वाममार्ग** (पु.) वेदविरुद्ध तंत्र मत

वामा–(स्त्री.) 1 स्त्री 2 मनोहारिणी स्त्री

वायव्य–I (वि.) वायु से संबंध रखनेवाला II (पु.) पश्चिमी और उत्तर दिशाओं के बीच का कोण

वायु–(स्त्री.) हवा **वायुदाब** (पु.) हवा का दबाव **वायु परिवहन** (पु.) वायु मार्ग से यात्रा करना **वायुमंडल** (पु.) 1 आकाश 2 वातावरण **वायुसेना** (स्त्री.) वायुयान से गोला फेंकनेवाली सेना **वायुसेनाध्यक्ष** (पु.) वायुसेना का सर्वोच्च अधिकारी

वार–I (पु.) आघात, प्रहार

वार–II (पु.) 1 नियत काल या समय, बार, अवसर 2 कालावधि सूचक शब्द (जैसे–सोमवार, मंगलवार)

वारना–(स. क्रि.) निछावर करना

वारवधू, वारांगना–(स्त्री.) वेश्या, रंडी

वारि–(पु.) पानी, जल

वारिस–(पु.) उत्तराधिकारी, मृत्यु के बाद संपत्ति का अधिकारी

वार्ता–(स्त्री.) 1 बातचीत 2 विषयबोध करानेवाला कथन **वार्ताकार** (पु.) बातचीत करनेवाला **वार्तालाप** (पु.) कथोपकथन

वार्षिक–I (वि.) 1 प्रति वर्ष होनेवाला 2 एक वर्ष तक चलता रहनेवाला II (अ.) प्रति वर्ष के हिसाब से

वार्षिकी–(स्त्री.) 1 प्रति वर्ष दी जानेवाली वृत्ति, अनुदान 2 प्रतिवर्ष होनेवाला **प्रकाशन** 3 बरसी

वार्षिकोत्सव–(पु.) साल में होनेवाला उत्सव

वाल्मीकि–(पु.) संस्कृत भाषा के आदि कवि तथा रामायण के रचयिता

वाष्प–भाप **वाष्पचालित** (वि.) वाष्प से चलनेवाला **वाष्पदाब** (पु.) भाप का दबाव **वाष्प यंत्र** (पु.) वाष्प द्वारा चालित यंत्र

वाष्पीकरण–वाष्प में बदलना

वास–(पु.) 1 निवास (जैसे–स्वर्गवास) 2 घर, मकान 3 गंध

वासना–(स्त्री.) 1 कामना, इच्छा 2 भावना (जैसे–काम वासना)

वासर–(पु.) दिन, दिवस

वासुकि–(पु.) एक नागराज

वास्तव–(वि.) सत्य, यथार्थ

वास्तविक–(वि.) वास्तव में होनेवाला

वास्तु–(पु.) 1 इमारत बनाने योग्य स्थान 2 इमारत, मकान **वास्तुकला** (स्त्री.) इमारत, मकान आदि बनाने की कला (आर्किटेक्चर) **वास्तुकला विशारद, वास्तुकार** (पु.) इमारत-महल आदि बनानेवाला कारीगर **वास्तुशिल्प** (पु.) वास्तुकला

वाहक–I (वि.) ढोकर ले जानेवाला, चलानेवाला II (पु.) 1 कुली 2 सारथि

वाहन–(पु.) 1 ढोना 2 सवारी

वाहियात–(वि.) व्यर्थ, फ़ज़ूल, ख़राब

विंदु–(पु.) 1 तरल पदार्थ का कण, बूँद 2 छोटा गोलाकार चिह्न, बिंदी 3 अनुस्वार का चिह्न 4 शून्य का चिह्न, सिफ़र 5 (ज्या.) अविभाज्य स्थिति, केंद्र, कण, कनी

विकट–(वि.) 1 भयंकर, भयानक 2 भद्दा, भोंडा 3 दुर्गम 4 दुस्साध्य 5 कठिन, मुश्किल 6 टेढ़ा,

व

वक्र (जैसे–विकट मार्ग)

विकराल–(वि.) विकट, भयंकर

विकर्ण–I (पु.) चतुर्भुज के असंलग्न शीर्ष-विंदुओं को मिलानेवाली रेखा (डायगनल) II (वि.) बिना कान का

विकल–(वि.) 1 व्याकुल, परेशान 2 असमर्थ 3 प्रभाव, शक्ति आदि से रहित 4 क्षोभ, भय आदि से युक्त

विकलांग–(वि.) 1 जिसका कोई अंग टूटा हो 2 बेकाम अंगवाला

विकल्प–(पु.) 1 भ्रम 2 उपाय 3 भेदयुक्त ज्ञान 4 अनिश्चय, संदेह 5 भूल, त्रुटि 6 अज्ञान 7 वक्तव्य 8 धारणा

विकसित–(वि.) 1 जिसका विकास हुआ हो 2 खिला हुआ 3 प्रसन्न (जैसे–विकसित मुखमंडल)

विकार–(पु.) 1 बिगाड़, रूप, धर्म आदि का परिवर्तन 2 परिवर्तन 3 भावना 4 वासना (जैसे–काम विकार) 5 क्षोभ 6 विकृत होना 7 विचारों में होनेवाला परिवर्तन 8 मल 9 रोग

विकारी–(वि.) 1 बिगाड़ या कमीवाला 2 परिवर्तन-युक्त

विकास–(पु.) 1 प्रसार 2 खिलना 3 खुलना 4 बढ़ते-बढ़ते पूरा रूप धारण करना (जैसे–शरीर का विकास) **विकास क्रम** (पु.) विकास होने का क्रम **विकासवाद** (पु.) डार्विन द्वारा प्रतिपादित एक सिद्धांत जिसमें प्राणियों का प्रादुर्भाव एक ही मूल तत्त्व से हुआ माना जाता है

विकासमान–(वि.) विकास करता हुआ

विकिरण–(पु.) फैलाना, छितराना

विकीर्ण–(वि.) 1 फैलाया हुआ, छितराया हुआ 2 भरा हुआ 3 मशहूर, प्रसिद्ध

विकृत–(वि.) 1 बेडौल 2 अप्राकृतिक 3 विकार युक्त 6 कुरूप 7 बीभत्स

विकेंद्रित–(वि.) फैलाया हुआ, केंद्र से हटाया हुआ

विकेंद्रीकरण–(पु.) केंद्र से हटाना

विक्रम–I (पु.) 1 वीरता 2 शक्ति 3 बल, पौरुष 4 बिना क्रम या प्रणाली का वेदपाठ II (वि.) 1 बिना क्रम का 2 उत्तम, श्रेष्ठ

विक्रम संवत्, विक्रमी–(पु.) विक्रमादित्य के नाम से चलाया हुआ संवत्

विक्रय–(पु.) दाम लेकर चीज़ देना, बेचना

विक्रांत–I (वि.) 1 प्रतापी 2 तेजस्वी 3 वीर II (पु.) 1 बहादुर, वीर 2 शेर 3 साहस

विक्रेता–(पु.) बिक्री करनेवाला, बेचनेवाला

विक्षिप्त–(वि.) 1 पागल, सिड़ी 2 परेशान

विक्षुब्ध–(वि.) क्षोभ से भरा हुआ

विक्षोभ–(पु.) 1 चंचलता 2 मन का आवेग 3 आतंक

विखंडन–(पु.) तोड़ना-फोड़ना, खंड-खंड करना

विख्यात–(वि.) प्रसिद्ध, मशहूर

विगत–(वि.) 1 बीता हुआ (जैसे–विगत दिन) 2 निष्प्रभ (जैसे–विगत यौवन)

विगलित–(वि.) 1 पिघला हुआ 2 गिरा हुआ, पतित 3 शिथिल 4 विकृत

विग्रह–(पु.) 1 विभाग, टुकड़ा 2 यौगिक शब्दों अथवा पदों को अलग करना 3 लड़ाई-झगड़ा और वैर-विरोध (जैसे–पारिवारिक विग्रह) 4 अलग करना

विघटन–(पु.) 1 अलग करना 2 तोड़ना 3 नाश, बर्बादी (जैसे–सामाजिक विघटन) **विघटनकारी** (पु.) विघटन करनेवाला

विघ्न–(पु.) 1 बाधा, अड़चन 2 विरोध **विघ्नकारी** (वि.) विघ्न डालनेवाला

विचक्षण–(वि.) 1 बुद्धिमान, समझदार 2 प्रकाशमान 3 तीव्र दृष्टिवाला

विचरण–(पु.) 1 घूमना-फिरना 2 घूमना, चलना

विचलित–(वि.) 1 डिगा हुआ 2 अस्थिर, चंचल 3 विकल (जैसे–प्रेम में ना विचिलत हो)

विचार–(पु.) 1 मन-ही-मन तर्क-वितर्क करते हुए सोचना, समझना 2 आगा-पीछा निश्चित करना 3 ख़्याल 4 फ़ैसले के लिए मुक़दमे की सुनवाई (जैसे–न्यायाधीश स्वयं विचार करेंगे) 5 वाद-विवाद 6 संदेह **विचारधारा** (स्त्री.) 1 विचार-पद्धति 2 सिद्धांत **विचार-पद्धति**

(स्त्री.) विचार करने का ढंग

विचारक–I (वि.) विचार करने वाला II (पु.) न्यायकर्ता, न्यायाधीश

विचारणीय–(वि.) 1 विचार करने योग्य, चिंत्य 2 संदिग्ध

विचारोत्तेजक–(वि.) विचारों को उभारनेवाला

विचित्र–(वि.) 1 अजीब, अनोखा 2 रंग-बिरंगा 3 नया और विलक्षण 4 चकित करनेवाला 5 सुंदर, खूबसूरत **विचित्रता** (स्त्री.) विचित्र होने की स्थिति

विच्छिन्न–(वि.) 1 काटकर अलग किया हुआ 2 विभक्त 3 अलग 4 निवारित

विच्छेद–(पु.) 1 काटकर अलग करना 2 टुकड़े-टुकड़े करना 3 नाश, क्षति 4 अलगाव

विच्छेदन–(पु.) विच्छेद करने का काम

विच्युत–(वि.) 1 इधर-उधर गिरा हुआ 2 च्युत, भ्रष्ट 3 कटकर अलग हुआ 4 नष्ट

विछोह–(पु.) 1 वियोग 2 विरह, दुःख

विजन–I (वि.) 1 जनहीन 2 एकांत II (पु.) व्यजन, पंखा

विजय–(स्त्री.) जीत (जैसे–शत्रु पर विजय पाना, रण में विजय) **विजय-कलश** (पु.) पुरस्कार स्वरूप दिया गया कप **विजय-पताका** (स्त्री.) 1 विजय के समय फहराई जानेवाली पताका 2 विजयसूचक चिह्न **विजय-स्तंभ** (पु.) विजय के स्मारक के रूप में खंभा

विजया–(स्त्री.) 1 दुर्गा 2 विजयोत्सव **विजयादशमी** (स्त्री.) 1 आश्विन मास शुक्ल पक्ष की दशमी 2 हिंदुओं का पर्व, दशहरा

विजयी–(वि.) विजय प्राप्त करनेवाला

विजयोत्सव–(पु.) 1 विजय प्राप्त होने पर मनाया जानेवाला उत्सव 2 विजय-दशमी का उत्सव

विजयोल्लास–(पु.) विजय की खुशी

विजातीय–(वि.) पराई जाति का

विजित–(वि.) जीता हुआ

विजेता–(वि.) विजयी

विज्ञ–(वि.) 1 जाननेवाला 2 समझदार और पढ़ा-लिखा **विज्ञता** (स्त्री.) विज्ञ होने का भाव

विज्ञप्ति–(स्त्री.) 1 जानकारी 2 विज्ञापन (जैसे–रेल सेवा की विज्ञप्ति) 3 कार्यालय से प्रकाशित सूचना

विज्ञान–(पु.) 1 विशेष जानकारी (जैसे ज्ञान-विज्ञान) 2 साइंस 3 सांसारिक कार्य व्यापार का अनुभव और सही और पूरा ज्ञान 4 प्राकृतिक नियमों पर आधारित क्रमबद्ध तथा व्यवस्थित ज्ञान (जैसे–प्रकृति विज्ञान, भौतिक विज्ञान) 5 अध्यात्म संबंधी अनुभव, आत्मा का अनुभव (जैसे–आत्मा का ज्ञान)

विज्ञानी–(पु.) 1 वैज्ञानिक 2 ज्ञानी

विज्ञापन–(पु.) 1 जानकारी कराना, सूचित करना 2 प्रकाशित सूचना 3 सूचना पत्र

विज्ञापित–(वि.) 1 जतलाया हुआ 2 सूचित किया गया

विटप–(पु.) वृक्ष, पेड़

विट्ठल–(पु.) विष्णु का अवतार

विटामिन–(पु.) अनाज तथा सब्ज़ियों में पाया जानेवाला स्वास्थ्यवर्द्धक तत्त्व

विडंबना–(स्त्री.) 1 नक़ल 2 छलना 3 विचित्रता

विडाल–(पु.) 1 बिल्ली 2 गंधबिलाव

वितरक–(वि.) बाँटनेवाला

वितरण–(पु.) बाँटना **वितरण व्यापार** (पु.) वितरण का काम

वितर्क–(पु.) 1 कुतर्क 2 तर्क के विपरीत दिया गया तर्क

वितान–(पु.) 1 चँदोआ, तंबू 2 विस्तार

वित्त–(स्त्री.) 1 धन-संपत्ति 2 रुपया-पैसा (जैसे–वित्त विभाग)

वित्तीय–(वि.) वित्त संबंधी

वित्तैषणा–(स्त्री.) पैसे की चाह, धन की लालसा

विदग्ध–(वि.) 1 तपा हुआ 2 जला हुआ 3 कष्ट सहा हुआ 4 चतुर, निपुण 5 रसिक **विदग्धता** (स्त्री.) विदग्ध होने का भाव

विदा–(स्त्री.) प्रस्थान, रवाना होना (जैसे–बारात विदा हो गई) **विदा वेला** (स्त्री.) विदा का समय

विदाई–(स्त्री.) 1 प्रस्थान 2 प्रस्थान के समय

व

प्राप्त धन

विदित–(वि.) जाना हुआ, ज्ञात

विदीर्ण–(वि.) 1 टूटा हुआ 2 निहत

विदुषी–(स्त्री.) विद्वान स्त्री

विदूषक–(पु.) 1 हँसी उड़ानेवाला व्यक्ति 2 मसखरा

विदेश–(पु.) पराया देश **विदेश नीति** (स्त्री.) विदेश संबंधी नियम-कानून **विदेशयात्रा** (पु.) विदेश को जाना

विदेशी–(वि.) दूसरे देश का (जैसे–विदेशी माल)

विदेह–I (वि.) 1 बिना शरीर का 2 सांसारिक बातों से विरक्त II (पु.) 1 राजा जनक 2 जिनकी उत्पत्ति माता-पिता से न हुई हो

विद्ध–(वि.) 1 बेधा हुआ 2 घायल

विद्यमान–(वि.) उपस्थित, मौजूद

विद्या–(स्त्री.) 1 ज्ञान, इल्म 2 व्यवस्थित ज्ञान 3 चालाकी से भरा ज्ञान (जैसे–ठग विद्या) **विद्यादान** (पु.) विद्या देना **विद्या-व्यसनी** (पु.) विद्या प्रेमी

विद्याध्ययन–(पु.) विद्या पढ़ना

विद्यापीठ–(पु.) 1 शिक्षा का बड़ा और प्रमुख केंद्र 2 महाविद्यालय

विद्याभ्यास–(पु.) विद्या का अभ्यास

विद्यार्थी–(पु.) छात्र

विद्यालय–(पु.) शिक्षण संस्था, पाठशाला

विद्युतीकरण–(पु.) विद्युत रूप में लाना, बिजली दौड़ाना

विद्युत–(स्त्री.) बिजली **विद्युत-उत्पादक** (वि.) बिजली पैदा करनेवाला **विद्युत-उत्पादन** (पु.) विद्युत पैदा करना **विद्युत-चालक** (पु.) वह पदार्थ जिसमें से बिजली दौड़ सकती है **विद्युत चुंबक** (पु.) बिजली से युक्त चुंबक **विद्युततरंग** (स्त्री.) बिजली की धारा **विद्युतरोधी** (वि.) बिजली के झटके को रोकने वाला (इंसुलेटर)

विद्रूप–(पु.) उपहास, मज़ाक

विद्रोह–(पु.) 1 उपद्रव 2 क्रांति

विद्रोही–(वि.) विद्रोह करनेवाला

विद्वज्जन–(पु.) विद्वान्

विद्वत्ता–(स्त्री.) ज्ञान

विद्वान–I (पु.) शिक्षित व्यक्ति II (वि.) 1 शिक्षित 2 पंडित 3 तत्त्वज्ञ

विद्वेष–(पु.) 1 शत्रुता, वैर 2 जलन

विधना–(स्त्री.) होनी, अदृष्ट (जैसे–विधना का विधान)

विधर्म–I (वि.) 1 धर्महीन 2 अन्यायपूर्ण 3 अवैध II (पु.) धर्म से अलग दूसरा धर्म

विधर्मी–(पु.) धर्मभ्रष्ट

विधवा–(स्त्री.) बेवा, राँड, मृतभर्तृका

विधा–(स्त्री.) 1 रीति, ढंग 2 प्रकार, भाँति

विधाता–I (पु.) 1 सृष्टि की रचनात्मक शक्ति 2 ब्रह्मा II (वि.) रचनेवाला, बनानेवाला

विधान–(पु.) 1 निर्माण, रचना 2 व्यवहार प्रयोजन 3 प्रणाली, ढंग 4 नियम, क़ायदा 5 क़ानून 6 उपसर्ग, प्रत्यय आदि लगाने की रीति या क्रिया (जैसे–शब्दों का रूप विधान) **विधान परिषद** (स्त्री.) राज्य में क़ानून बनानेवाली सभा (लेजिस्लेटिव कौंसिल) **विधान सभा** (स्त्री.) राज्य में क़ानून बनानेवाली एक सभा (लेजिस्लेटिव असेंबली)

विधायक–I (वि.) 1 विधान करनेवाला 2 कार्य संपादन करनेवाला 3 रचना करनेवाला II (पु.) विधान सभा या विधान परिषद का सदस्य

विधायिका–(स्त्री./वि.) विधान निर्मात्री संस्था (जैसे–विधान परिषद, विधान सभा, लोक सभा, राज्य सभा आदि)

विधि–I (स्त्री.) 1 व्यवस्था आदि का ढंग, प्रणाली 2 अनुकूलता, संगति 3 व्यवस्था 4 आचार-व्यवहार 5 तरह, भाँति 6 क़ानून **विधि-निषेध** (पु.) करने या न करने का शास्त्रीय निर्देश

विधि–II (पु.) ब्रह्मा (जैसे–विधि का विधान)

विधिवत्–(क्रि. वि.) नियम और क़ानून के अनुरूप

विधुर–I (वि.) रँडुआ II (पु.) जिस पुरुष की पत्नी मर गई हो

विधेय–I (वि.) 1 प्राप्त करने योग्य 2 देने योग्य

3 विधान के योग्य II (पु.) वाक्यांश या पद जिसके संबंध में कुछ बतलाया जाए (जैसे–उद्देश्य और विधेय–'राम पुस्तक पढ़ता है' में 'पढ़ता है' विधेय है)

विधेयक–(पु.) क़ानून (बिल) (जैसे–दहेज संबंधी विधेयक पारित करना)

विध्वंस–(पु.) विनाश, बर्बादी

विध्वंसक–(वि.) नाश करनेवाला

विध्वस्त–(वि.) नष्ट, बर्बाद किया गया

विनती–(स्त्री.) प्रार्थना

विनम्र–(वि.) 1 विनीत और सुशील 2 झुका हुआ **विनम्रता** (स्त्री.) विनम्र होने का भाव

विनय–(पु.) प्रार्थना **विनयशील** (वि.) प्रकृति से विनम्र (जैसे–विनयशील बालक)

विनष्ट–(वि.) बर्बाद, नाश को प्राप्त

विनाश–(पु.) 1 बर्बादी, नाश, ध्वंस 2 दुर्दशा 3 अदर्शन, लोप 4 ख़राबी, विकार, आम विनाश के साधन **विनाशकारी** (वि.) विनाश करनेवाला **विनाश लीला** (स्त्री.) बर्बादी का दृश्य

विनिमय–(पु.) 1 अदल-बदल 2 लेन-देन 3 आदान-प्रदान **विनिमय अधिकोष** (पु.) विनिमय बैंक **विनिमय दर** (स्त्री.) मुद्रा के विनिमय का मूल्य

विनियंत्रण–(पु.) पूरा नियंत्रण होना

विनियमन–(पु.) 1 रोकना 2 नियंत्रण करना

विनियुक्त–(वि.) 1 काम में लगा हुआ, नियोजित 2 कार्य से मुक्त

विनियोग–(पु.) 1 विभाग 2 नियुक्ति 3 कार्यभार 4 प्रयोग

विनियोजन–(पु.) नियुक्त करना

विनीत–(वि.) 1 विनय से युक्त 2 नम्र और शिष्ट

विनोद–(पु.) 1 मनोरंजन 2 क्रीड़ा 3 मनोरंजक बात 4 प्रबल इच्छा (जैसे–मनोविनोद) **विनोदपूर्ण** (वि.) विनोद से भरा **विनोदप्रिय** (वि.) विनोदप्रेमी

विन्यास–(पु.) 1 जमाकर रखना 2 सजाना-सँवारना

विपक्ष–(वि.) 1 विरोधी 2 प्रतिकूल, उलटा 3 पक्षपात रहित 4 बिन पंख का

विपक्षी–(वि.) 1 शत्रु, वैरी 2 दूसरे पक्ष का

विपणन–(पु.) विक्रय, व्यापार

विपत्ति–(स्त्री.) 1 संकट, आफ़त 2 यातना 3 दुःख (जैसे–विपत्ति भोगना) **विपत्ति काल** (पु.) विपत्ति का समय

विपथ–(पु.) 1 भिन्न मार्ग 2 ग़लत रास्ता **विपथगामी** (वि.) कुमार्गी

विपद्–(स्त्री.) विपत्ति, मुसीबत **विपद्ग्रस्त** (वि.) विपत्तिग्रस्त

विपदा–(स्त्री.) विपत्ति

विपन्न–(वि.) 1 विपत्तिग्रस्त 2 दुःखी, आर्त 3 अभागा

विपरीत–(वि.) 1 उलटा 2 मेल न खानेवाला 3 असत्य, मिथ्या (जैसे–विपरीत तर्क) **विपरीतगामी** (वि.) विपरीत चलनेवाला

विपरीतार्थक–(वि.) उलटा अर्थ बतानेवाला

विपर्यय–(पु.) 1 प्रतिकूलता 2 विपरीतता 3 व्यतिक्रम 4 परिवर्तन 5 अव्यवस्था

विपर्यास–(पु.) 1 उलटा-पुलटा, व्यतिक्रम 2 प्रतिकूलता, विपरीतता 3 मिथ्या ज्ञान

विपल–(पु.) प्रचुर, बहुत अधिक

विपाक–(पु.) 1 परिपक्व होना, पकना 2 परिणाम 3 कर्मफल 4 विपत्ति

विपिन–(पु.) 1 वन, जंगल 2 उपवन, बाग़

विपुल–(वि.) 1 अत्यधिक विशाल 2 बहुत अधिक **विपुलता** (स्त्री.) आधिक्य, बहुतायत

विपुला–(स्त्री.) पृथ्वी, भूमि

विप्र–(पु.) 1 कर्मनिष्ठ और धार्मिक व्यक्ति 2 पुरोहित

विप्रलंभ–(पु.) 1 निराश होना 2 प्रेमी-प्रेमिका का वियोग 3 विच्छेद, कलह

विप्लव–(पु.) 1 उत्पात, उपद्रव 2 हलचल 3 आफ़त, विपत्ति 4 उथल-पुथल

विप्लवी–(वि.) 1 क्रांतिकारी 2 विप्लव करनेवाला

विफल–(वि.) 1 बिना फल का 2 निरर्थक

विभक्त–(वि.) 1 अलग किया हुआ 2 बाँटा हुआ 3 विभाजित

व

विभव–(पु.) 1 ऐश्वर्य 2 बल, शक्ति
विभा–(स्त्री.) 1 प्रभा, कांति 2 किरण, रश्मि 3 छवि
विभाग–(पु.) 1 बँटवारा 2 हिस्सा 3 अंश 4 पार्थक्य 5 खंड 6 व्यवस्था 7 महकमा, क्षेत्र
विभागाध्यक्ष–(पु.) विभाग का प्रधान कार्यकर्ता
विभाजन–(पु.) 1 बाँटना 2 विभाग करना
विभाजित–(वि.) विभाजन किया हुआ
विभाज्य–(वि.) विभाग करने योग्य
विभावरी–(स्त्री.) 1 रात 2 तारोंवाली रात
विभिन्न–(वि.) 1 पृथक 2 अलग किया हुआ (जैसे–विभिन्न पदार्थों का संबंध)
विभीषिका–(स्त्री.) 1 भय या डर दिखाना 2 त्रास
विभूति–(स्त्री.) 1 विपुलता 2 वृद्धि 3 ऐश्वर्य, विभव 4 दौलत, धन-संपत्ति
विभूषण–(पु.) 1 गहनों से सजाना 2 आभूषण 3 सौंदर्य
विभेद–(पु.) 1 खंड, विभाग 2 बाधा 3 मत-भिन्नता 4 फूट, पार्थक्य 5 अंतर, प्रकार 6 विरोध
विभोर–(वि.) 1 व्याकुल, विह्वल 2 मग्न, प्रसन्न
विभ्रम–(पु.) 1 भ्रांति 2 संदेह, शक 3 और का और समझना, ग़लतफ़हमी 4 संयोग शृंगार में स्त्रियों का एक भाव 5 निर्मूल भ्रम 6 घबराहट
विभ्रांत–(वि.) 1 घबराया हुआ 2 अस्थिर
विमर्श–(पु.) 1 विचार, विवेचन 2 परीक्षण 3 समीक्षा 4 तर्क
विमल–(वि.) 1 मलरहित, निर्मल 2 साफ़ और पारदर्शक (जैसे–विमल जल) 3 दोषरहित (जैसे–विमल चित्र) 4 दर्शनीय, सुंदर (जैसे–विमल छवि)
विमाता–(स्त्री.) सौतेली माँ
विमान–(पु.) वायुयान **विमान अड्डा** (पु.) विमान के खड़े होने का स्थान (एयरोड्रोम) **विमानचालक** (पु.) विमान चलानेवाला **विमानचालन** (पु.) विमान चलाना **विमान परिचारिका** (स्त्री.) विमान में यात्रियों की सेवा करनेवाली सेविका **विमानवाहक** (वि.) विमान को ले जानेवाला (जैसे–विमानवाहक पोत)
विमुख–(वि.) 1 विरत 2 प्रतिकूल 3 वंचित
विमुग्ध–(वि.) 1 भ्रमित 2 मोहित
विमूढ़–(वि.) 1 अत्यंत मोहित 2 भ्रम में पड़ा हुआ (जैसे–विमूढ़ नायिका) 3 बड़ा या बहुत नासमझ
विमोचन–(पु.) 1 छुड़ाना 2 बाहर करना (जैसे–दुःख विमोचन)
विमोह–(पु.) 1 मतिभ्रम 2 भ्रम 3 अज्ञान
वियुक्त–(वि.) अलग किया हुआ
वियोग–(पु.) 1 पार्थक्य 2 विच्छेद 3 विरह, दुःख 4 अभाव 5 छुटकारा
वियोगी–(वि.) विरही, दुःखी
विरंचि–(पु.) ब्रह्मा
विरक्त–(वि.) 1 आसक्तिरहित 2 भोग-विलास आदि से दूर रहनेवाला 3 उदास, खिन्न
विरक्ति–(स्त्री.) 1 विरक्त होने का भाव 2 वैराग्य 3 उदासीनता, खिन्नता
विरचित–(वि.) 1 निर्मित 2 पूरा किया हुआ
विरत–(वि.) 1 द्वारा हुआ 2 अनुरक्त 3 संलग्न, लीन 4 विरक्त
विरति–(स्त्री.) 1 उदासीनता 2 वैराग्य
विरल–(वि.) 1 जो घना न हो 2 पतला 3 अल्प, थोड़ा
विरला–(वि.) बहुत कम मिलनेवाला
विरस–(वि.) 1 फीका 2 बिना रुचि का 3 बिना रस के परिपाक के **विरसता** (स्त्री.) नीरसता, फीकापन
विरह–(पु.) 1 वियोग 2 अभाव
विरहिणी–(स्त्री.) प्रिय या पति से बिछुड़ी हुई दुःखिनी नायिका
विराग–(पु.) 1 आकर्षण का अभाव 2 अरुचि
विराजमान–(वि.) 1 प्रकाशमान 2 उपस्थित
विराट्–(वि.) अत्यंत विशाल (जैसे–विराट् सभा)
विराम–(पु.) 1 अटकाव 2 विश्राम **विराम-चिह्न** (पु.) लेखन आदि में प्रयुक्त निह

व

विरुद–(पु.) 1 कीर्ति, गाथा 2 प्रशंसासूचक पदवी

विरुदावली–(स्त्री.) विस्तृत यशोगान

विरुद्ध–(वि.) 1 ख़िलाफ़ 2 अवरुद्ध 3 विरोधी 4 असंगत **विरुद्धगामी** (वि.) उलटी ओर चलनेवाला

विरूपण–(पु.) रूप बिगाड़ना

विरेचक–(वि.) दस्तावर

विरेचन–(पु.) 1 दस्तावर दवा 2 दस्त लाना

विरोध–(पु.) 1 खंडन 2 विपक्षता 3 रोक, प्रतिरोध 4 विपरीतता **विरोध पत्र** (पु.) विरोध प्रकट करने का पत्र

विरोधाचरण–(पु.) विरोधी आचरण

विरोधाभास–(पु.) विरोधमूलक अर्थालंकार जिसमें विरोध का वर्णन होते हुए भी विरोध का आभास हो

विरोधी–(वि.) 1 विरोध करनेवाला 2 उलटा

विलंब–(पु.) देर **विलंब शुल्क** (पु.) लेट फ़ीस

विलक्षण–(वि.) 1 अद्भुत 2 अत्यंत विशिष्ट लक्षणोंवाला

विलग–(वि.) अलग, पृथक्

विलय–(पु.) 1 घुलना 2 विलीन होना, समा जाना 3 मिलना 4 समाहित होना 5 ध्वंस, नाश (जैसे–सृष्टि का विलय)

विलयन–(पु.) 1 विलीन होना 2 मिश्रित होना 3 विलय

विलाप–(पु.) बिलख-बिलखकर रोना

विलास–(पु.) 1 प्रणय-क्रीड़ा 2 हावभाव 3 सौंदर्य 4 सुखोपभोग 5 आकर्षक और कोमल चेष्टा **विलासप्रिय** (वि.) 1 प्रणय-क्रीड़ा का प्रेमी 2 सौंदर्यप्रेमी 3 सुंदर और कोमल हावभाव वाला **विलास-सामग्री** (स्त्री.) विलास का सामान

विलासिनी–I (स्त्री.) 1 कामिनी 2 वेश्या, रंडी II (वि.) विलासिताप्रिय

विलासी–(वि.) 1 सुख-भोग प्राप्त करनेवाला 2 कामुक 3 आरामतलब

विलीन–(वि.) 1 लुप्त हुआ, अदृश्य 2 ओझल 3 मिल गया (जैसे–ईश्वर में विलीन आत्मा)

विलुप्त–(वि.) 1 छिपा हुआ, अदृश्य 2 नष्ट

विलोकन–(पु.) 1 देखना 2 ध्यान देना 3 तलाश करना

विलोड़न–(पु.) 1 मथना 2 हिलाना

विलोपन–(पु.) 1 छिपाना 2 अलग करना 3 नष्ट करना 4 लूटना 5 लुप्त करना

विलोम–I (वि.) 1 उलटा, विपरीत 2 रीतिविरुद्ध, 3 पीछे का II (पु.) उलटा क्रम

विवर–(पु.) 1 छिद्र, बिल 2 कंदरा, गुफा

विवरण–(पु.) 1 व्याख्या 2 स्पष्ट करना 3 वर्णन

विवरणात्मक–(वि.) विवरण संबंधी

विवर्ण–(वि.) 1 रंगहीन 2 कांतिहीन 3 रंग-बिरंगा 4 जातिच्युत **विवर्णता** (स्त्री.) विवर्ण होने का भाव

विवर्त–(पु.) 1 घूमना, मुड़ना 2 चक्कर, परिक्रमा 3 आकाश 4 परिवर्तन 5 भ्रम, धोखा **विवर्तवाद** (पु.) संपूर्ण सृष्टि को असत् या मिथ्या मानने का सिद्धांत

विवर्तन–(पु.) 1 चक्कर लगाना, परिक्रमा करना 2 लुढ़कना 3 नाचना 4 विकास 5 घूमना

विवश–(वि.) 1 लाचार 2 शक्तिहीन 3 अधीन **विवशता** (स्त्री.) 1 विवश होने का भाव 2 लाचारी 3 शक्तिहीनता 4 अधीनता

विवस्त्र–(वि.) वस्त्रहीन, निर्वस्त्र, नग्न

विवाद–(पु.) 1 कहा-सुनी, तक़रार 2 मतभेद (जैसे–वाद-विवाद) **विवादग्रस्त** (वि.) विवाद में फँसा हुआ

विवादास्पद–(वि.) विवादग्रस्त

विवाह–(पु.) 1 शादी 2 दांपत्य बंधन **विवाह-भंग** (पु.) विवाह-विच्छेद **विवाह मंडप** (पु.) वर-वधू की शादी का घेराकार स्थान **विवाह-विच्छेद** (पु.) विवाह संबंध का टूटना, तलाक **विवाह-संस्कार** (पु.) विवाह की रस्म

विवाहित–(वि.) ब्याहा हुआ

विवाहिता–I (वि.) ब्याही हुई II (स्त्री.) ब्याही गई स्त्री

विवाहोत्सव–(वि.) विवाह का उत्सव

व

विविध–I (वि.) विभिन्न प्रकार का, कई तरह का II (पु.) विभिन्न प्रकार का काम

विवेक–(पु.) 1 भले-बुरे का ज्ञान 2 समझ (जैसे–विवेक से काम करना) 3 सत्यज्ञान

विवेकवान्–(वि.) सद्‌विवेकवाला, विवेकपूर्ण

विवेचन–(पु.) 1 सदसत् का निर्णय 2 अनुसंधान 3 मीमांसा 4 परीक्षण

विवेचनात्मक–(वि.) विवेचन संबंधी

विशद–(वि.) 1 स्वच्छ, निर्मल 2 उज्ज्वल 3 चिंतारहित, शांत तथा स्थिर 4 सुंदर

विशारद–(पु.) 1 विषय का विशेषज्ञ 2 उत्तम, श्रेष्ठ 3 पंडित, विद्वान्

विशाल–(वि.) 1 बहुत बड़ा 2 शक्तिशाली **विशालकाय** (वि.) विशाल शरीरवाला

विशिष्ट–(वि.) 1 विशेषता-युक्त 2 असाधारण 3 उत्तम (जैसे–विशिष्ट नारी) **विशिष्टता** (स्त्री.) 1 विशिष्ट होने का भाव 2 विशेषता

विशुद्ध–(वि.) 1 शुद्ध, खरा 2 सच्चा, सत्य **विशुद्धता** (स्त्री.) विशुद्ध होने का भाव

विशुद्धि–(स्त्री.) 1 विशुद्धता 2 भूल का सुधार

विशूचिका–(स्त्री.) हैज़ा

विशृंखल–(वि.) 1 बंधनहीन 2 टूटा हुआ **विशृंखला** (स्त्री.) विशृंखल होने का भाव

विशेष–(वि.) 1 असाधारण, असामान्य, विपुल 2 प्रचुर 3 अधिक 4 विचित्र, विलक्षण **विशेषकर** (क्रि. वि.) विशेषतः, विशेषतया, ख़ासतौर पर **विशेषज्ञ** (वि.) विषय का पूरा ज्ञान रखनेवाला

विशेषण–(पु.) 1 विशेषता सूचित करनेवाला शब्द 2 संज्ञा की विशेषता बतलाने वाला विकारी शब्द

विशेषतः–(क्रि. वि.) विशेष प्रकार से

विशेषांक–(पु.) विशेष अवसर पर प्रकाशित सामयिक पत्र का अंक

विशेषाधिकार–(पु.) अधिकारी या अन्य व्यक्ति को प्राप्त विशेष अधिकार

विशेष्य–(पु.) विशेषण द्वारा सूचित किया जानेवाला पद या शब्द (जैसे–पीत वसन में वसन विशेष्य है)

विश्रांति–(स्त्री.) 1 विश्राम, आराम 2 थकावट **विश्रांति काल** (पु.) विश्राम का समय

विश्रांति गृह–(पु.) विश्रामगृह

विश्राम–(पु.) 1 आराम 2 आराम हेतु मिलनेवाला अवकाश 3 चैन, सुख **विश्राम गृह, विश्राम घर, विश्राम भवन** (पु.) विश्राम करने का स्थान

विश्रुत–(वि.) 1 सुना हुआ 2 विख्यात

विश्लिष्ट–(वि.) 1 विश्लेषण किया गया 2 अलग किया हुआ 3 प्रकट, व्यक्त 4 मुक्त

विश्लेषण–(पु.) 1 अलग करना 2 छान-बीन करना 3 जाँच करना

विश्लेषणात्मक–(वि.) विश्लेषण संबंधी

विश्वंभर–I (पु.) विष्णु II (वि.) विश्व का भरणपोषण करनेवाला

विश्व–(पु.) 1 ब्रह्मांड 2 जगत, संसार **विश्वकर्मा** (पु.) विश्व का स्वामी, ईश्वर **विश्वकवि** (पु.) सर्वश्रेष्ठ कवि **विश्वकोश** (पु.) 1 ऐसा कोश जिसमें विश्व भर के पदार्थ संगृहीत हों 2 ऐसा विशाल ग्रंथ जिसमें विश्व भर की समस्त महत्त्वपूर्ण बातों का विवरण हो **विश्व-बंधुत्व** (पु.) विश्व बंधु होने का भाव **विश्व विजयी** (वि.), **विश्व-विजेता** (पु.) संसार पर विजय प्राप्त करनेवाला योद्धा **विश्वविदित** (वि.) 1 विश्वविख्यात 2 जिसे विश्व जानता हो **विश्व विद्यापीठ, विश्वविद्यालय** (पु.) सर्वोच्च शिक्षा देनेवाली वह बड़ी संस्था जिसके अधीन अनेक महाविद्यालय भी आते हैं (यूनिवर्सिटी) **विश्वव्यापक, विश्वव्यापी** (वि.) विश्व भर में व्याप्त

विश्वसनीय–(वि.) विश्वास के योग्य

विश्वस्त–(वि.) 1 विश्वास किए जाने योग्य 2 विश्वास किया गया

विश्वास–(पु.) 1 निश्चित धारणा, यक़ीन 2 भरोसा **विश्वासघात** (पु.) धोखा, द्रोह (जैसे–मित्र के प्रति विश्वासघात अक्षम्य है)

विश्वासी–(वि.) विश्वास किए जाने योग्य

विष–(पु.) 1 ज़हर, हलाहल 2 नाशक पदार्थ या तत्त्व **विषधर** I (वि.) विषैला II (पु.) साँप,

सर्प **विषपान** (पु.) विष पीना

विषकन्या–(स्त्री.) ऐसी विषाक्त कन्या जिसके साथ संभोग करनेवाले की मृत्यु हो जाती है

विषम–(वि.) 1 असमान, दो से भाग देने पर पूर्ण विभक्त न होने वाली संख्या 2 विकट 3 भीषण, प्रचंड 4 भयंकर 5 तीव्र, तेज़

विषमय–(वि.) विषयुक्त

विषय–(पु.) 1 ज्ञानेन्द्रियों द्वारा प्राप्त रस, पदार्थ या तत्त्व 2 आधारिक कल्पना 3 बात 4 अध्ययन की सामग्री (सबजेक्ट) आदि 5 विवेचन, विचार (मैटर) 6 विषय वासना, इंद्रिय सुख 7 भोग विलास की सामग्री **विषय-प्रवेश** (पु.) विषय का प्रारंभ **विषय-लोलुप** (पु.) कामवासना का लोभी, कामुक **विषय-वासना** (पु.) काम वासना, ऐंद्रिक सुखभोग

विषयपरक–(वि.) विषयगत

विषयानुक्रमणिका–(स्त्री.) विषय-सूची

विषयासक्त–(वि.) विषय में लगा हुआ

विषयी–(वि.) 1 भोग-विलास में रत रहनेवाला

विषाक्त–(वि.) विष से युक्त, ज़हरीला

विषाणु–(पु.) रोग पैदा करनेवाले विषाक्त तत्त्व

विषाद–(पु.) 1 दुःख, अवसाद, उदासी 2 ग़म 3 नैराश्य 4 उत्साहहीनता

विषुवत्–I (वि.) बीच का, मध्यस्थित II (पु.) भूमध्य

निषुवत्‌रेखा (स्त्री.) भूमध्य रेखा (इक्वेटर)

विषूचिका–(स्त्री.) हैज़ा की बीमारी (कॉलरा)

विषैला–(वि.) विषयुक्त, विषमय

विष्ठा–(स्त्री.) 1 मल, गुह 2 त्याज्य वस्तु

विष्णु–(पु.) त्रिदेवों में से एक, लक्ष्मीपति

विसंगति–(स्त्री.) संगति का अभाव

विसंवादी–I (वि.) 1 वचन भंग करनेवाला 2 धोखा देनेवाला 3 निराश करनेवाला 4 खंडन करनेवाला (पु.) (संगीत) कभी-कभी लगनेवाला स्वर

विसर्जन–(पु.) 1 त्यागना 2 दान 3 अंत, समाप्ति

विसर्जित–(वि.) त्याग किया गया

विस्तार–(पु.) 1 फैलने का भाव, फैलाव 2 लंबाई और चौड़ाई 3 विस्तृत विवरण

विस्तारवाद–(पु.) विस्तार करने का सिद्धांत

विस्तृत–(वि.) 1 विस्तारवाला 2 विस्तारपूर्वक बताई गई (जैसे–विस्तृत कथा)

विस्थापन–(पु.) हटाना

विस्थापित–(वि.) हटाया गया, शरणार्थी

विस्फोट–(पु.) 1 फूटकर बाहर निकलना (जैसे–ज्वालामुखी का विस्फोट) 2 ज़ोर की आवाज़ 3 फटना (जैसे–बम का विस्फोट)

विस्फोटक–(वि.) विस्फोट करनेवाला

विस्मय–(पु.) 1 आश्चर्य 2 अचंभा 3 अद्‌भुत रस का स्थायी भाव **विस्मयकारी, विस्मयजनक** विस्मय उत्पन्न करनेवाला

विस्मयबोधक–(वि.) विस्मय का ज्ञान करानेवाला

विस्मयादिबोधक–(पु.) अव्यय का भेद जो अविकारी शब्द का सूचक है

विस्मरण–(पु.) भूलना, विस्मृति

विस्मृत–(वि.) भुलाया हुआ

विस्मृति–(स्त्री.) भूल जाना

विहंग–(पु.) पंछी, पक्षी

विहंगम–(पु.) 1 पक्षी, चिड़िया 2 सूर्य, सूरज

विहंगम दृष्टि–(स्त्री.) सरसरी निगाह

विहंगावलोकन–(पु.) सरसरी तौर पर देखना

विहार–(पु.) मनोरंजन के लिए घूमना या सैर करना

विहित–(वि.) 1 उचित, मुनासिब 2 विधि के अनुरूप होनेवाला (जैसे–कर्मविहित फल)

विहीन–(वि.) 1 बिना, बग़ैर 2 त्यागा हुआ

विह्वल–(वि.) 1 अत्यंत 2 क्षुब्ध 3 व्याकुल 4 हतबुद्धि 5 कष्टग्रस्त 6 आपे से बाहर 7 हताश 8 द्रवित

विह्वलता (स्त्री.) विह्वल होने का भाव

वीक्षण–(पु.) निरीक्षण, देखना

वीचि–(स्त्री.) तरंग, लहर

वीणा–(स्त्री.) सितार की तरह का एक प्राचीन भारतीय बाजा

व

वीणावादिनी–(स्त्री.) सरस्वती

वीथिका, वीथी–(स्त्री.) 1 मार्ग, पथ 2 कतार 3 बाज़ार

वीर–I (वि.) 1 बहादुर 2 शूर 3 शक्तिशाली 4 बढ़ा-चढ़ा 5 श्रेष्ठ II (पु.) 1 योद्धा 2 नौ रसों में से एक रस जिसका स्थायी भाव उत्साह है **वीर काव्य** (पु.) ऐसा ऐतिहासिक काव्य जिसमें वीर और श्रेष्ठ पुरुष की गाथा हो **वीरगति** (स्त्री.) युद्धभूमि में प्राण देना

वीर चक्र–(पु.) भारतीय शासन द्वारा वीरतापूर्ण कार्य हेतु सैनिकों को दिया जानेवाला पदक **वीर-प्रसू** (स्त्री.) वीरों को जन्म देनेवाली

वीरत्व–(पु.) वीरता

वीरांगना–वीरभगिनी (स्त्री.) वीर नारी

वीरान–(वि.) उजाड़, शोभाहीन

वीरोचित–(वि.) वीरतापूर्ण

वीर्य–(पु.) 1 शरीर की एक धातु, शुक्र 2 शक्ति, बल 3 वीरता, पौरुष 4 साहस **वीर्यपात**–(पु.) वीर्य का गिरना

वृंत–(पु.) 1 स्तन का अगला भाग, चूचुक 2 डंठल 3 कच्चा और छोटा फल

वृंद–I (पु.) समूह II (वि.) बहुसंख्यक **वृंदवादन** (पु.) सामूहिक रूप से वाद्य यंत्रों को बजाना

वृंदवाद्य–(पु.) कई वाद्यों का एक साथ बजनेवाला समूह (आर्केस्ट्रा)

वृक्क–(पु.) गुरदा (किडनी)

वृक्ष–(पु.) पेड़

वृक्षाच्छादित–(वि.) वृक्ष से ढका हुआ

वृक्षारोपण–(पु.) पेड़ लगाना

वृत्त–I (पु.) 1 इतिहास 2 वृत्तांत 3 समाचार 4 जीविका 5 आचरण, चाल-चलन 6 सुकर्म 7 विहित नियम 8 गोल, मंडल II (वि.) 1 अस्तित्व में आया हुआ 2 घटित 3 गोल

वृत्त-चित्र–(पु.) विशेष घटना के मुख्य-मुख्य अंग-उपांग को ब्योरेवार सिनेमा के रूप में दिखाया जानेवाला चित्र

वृत्तांत–(पु.) 1 समाचार 2 विवरण 3 घटना 4 आख्यान 5 विषय 6 वर्णन 7 अवसर

वृत्ताकार–(वि.) गोल आकार का

वृत्ति–(स्त्री.) 1 मन अथवा चित्त का व्यापार 2 कार्य, व्यापार 3 प्रकार, ढंग 4 आचार शास्त्र 5 पेशा, धंधा (जैसे–वेश्यावृत्ति) 6 नियमित रूप से दी गई मदद या सहायता

वृथा–I (वि.) व्यर्थ, फ़िज़ूल II (अ.) बिना प्रयोजन के

वृद्ध–(वि.) बूढ़ा, बुड्ढा **वृद्धकाल** (पु.) बुढ़ापा

वृद्धता–(स्त्री.) वृद्ध होना

वृद्धावस्था–(स्त्री.) बुढ़ापा

वृद्धि–(स्त्री.) 1 अभ्युदय, समृद्धि 2 वृद्धि होने का भाव 3 विकास, प्रगति **वृद्धि क्रम** (पु.) बढ़ता हुआ क्रम

वृश्चिक–(पु.) 1 बिच्छू 2 एक राशि जिसका आकार बिच्छू-सा होता है 3 केकड़ा 4 मार्गशीर्ष मास

वृष, वृषभ–(पु.) 1 साँड़ 2 कामशास्त्रानुसार चार प्रकार के पुरूषों में से एक 3 स्वामी

वृष्टि–(स्त्री.) 1 पानी बरसना 2 वर्षा का जल 3 वर्षा समान छोटी-छोटी वस्तुओं का गिरना

वृहत्–(वि.) विशाल (जैसे–वृहत हिंदी कोश)

वृहद्–(वि.) विशाल

वे–'वह' का बहुवचन

वेग–(पु.) 1 प्रबल 2 प्रवाह 3 शीघ्रता 4 वृद्धि, बढ़ती 5 प्रचंडता

वेगवान्–(वि.) वेग से युक्त (जैसे-वेगवान् रथ)

वेणी–(स्त्री.) बालों की गूँथी हुई चोटी

वेणु–(पु.) बाँस की वंशी, मुरली (पु.) बाँस का पत्ता **वेणुवादक** I (वि.) बाँसुरी बजानेवाला II (पु.) श्रीकृष्ण

वेणुवन–(पु.) बाँसों का वन

वेतन–(पु.) पारिश्रमिक **वेतनमान** (पु.) वेतन के दर्जा-ब-दर्जा वृद्धि का क्रम

वेताल–(पु.) 1 संतरी 2 भूत योनि

वेत्ता–(वि.) ज्ञाता, जाननेवाला

वेद–(पु.) 1 हिंदुओं के आदि धर्मग्रंथ (जैसे–ऋग्वेद, यजुर्वेद आदि) 2 धार्मिक ज्ञान 3 ज्ञान **वेदपाठ** (पु.) वेद का पढ़ना **वेद-वाक्य** (पु.) 1 वेद का वचन 2 पूर्णतः प्रामाणिक

व

कथन या बात
वेदना–(स्त्री.) 1 कष्ट 2 व्यथा (जैसे–मानसिक वेदना, वेदना की अनुभूति)
वेदांग–(पु.) वेद के प्रत्येक अंग
वेदांत–(पु.) 1 ब्रह्मविद्या 2 छः दर्शनों में से अंतिम दर्शन, उत्तर मीमांसा
वेदाध्ययन–(पु.) वेद का अध्ययन
वेदानुयायी–(पु.) वेद का अनुयायी
वेदी–(स्त्री.) धार्मिक कार्य हेतु बनाया गया मंडप
वेदोक्त–(वि.) वेद में कहा गया
वेध–(पु.) 1 धँसना, बेधना 2 आहत करना 3 ग्रहों की गति, स्थिति आदि का पता लगाना
वेधशाला–(स्त्री.) जहाँ नक्षत्रों का अध्ययन किया जाता है (आब्ज़र्वेटरी)
वेधक–(पु.) 1 वेध करनेवाला 2 वेधनेवाला
वेला–(स्त्री.) 1 समय (जैसे–संध्या वेला) 2 निश्चित समय 3 अवसर
वेश–(पु.) 1 प्रवेश 2 प्रवेशद्वार 3 चकला, वेश्यालय 4 मकान, घर **वेश-भूषा** (स्त्री.) पहनावा, पोशाक **वेश-विन्यास** (पु.) वेश बनाना
वेश्या–(स्त्री.) 1 धन लेकर लोगों से संभोग करानेवाली स्त्री, गणिका 2 तवायफ़ **वेश्यागामी** (पु.) रंडीबाज़ **वेश्यावृत्ति** (स्त्री.) वेश्या का काम (प्रास्टीट्यूशन)
वेश्यालय–(पु.) वेश्याओं का घर
वैकल्पिक–(वि.) 1 ऐच्छिक 2 संदिग्ध
वैकुंठ–(पु.) स्वर्ग **वैकुंठपुरी** (स्त्री.) विष्णु की नगरी **वैकुंठ लोक** (पु.) विष्णुलोक
वैचित्र्य–(पु.) विचित्रता
वैजयंती–(स्त्री.) 1 झंडा, पताका 2 मोतियों की पचरंगी माला 3 विजयमाल
वैज्ञानिक–I (वि.) विज्ञान-संबंधी II (पु.) विज्ञान का ज्ञाता (साइन्टिस्ट)
वैतनिक–(वि.) 1 वेतन-संबंधी 2 वेतन का 3 वेतन लेकर काम करनेवाला
वैतरणी–(पु.) परलोक की नदी
वैताल–I (पु.) स्तुति पाठ करनेवाला II (वि.) वेताल का
वैतालिक–(पु.) 1 जादूगर 2 स्तुति-पाठक
वैदिक–(वि.) 1 वेद-संबंधी, वेद का 2 वेद में कहा गया (जैसे–वैदिक उक्ति)
वैदूर्य–(पु.) लहसुनिया नामक रत्न
वैदेशिक–I (वि.) विदेश-संबंधी II (पु.) विदेशी व्यक्ति
वैदेही–(स्त्री.) विदेहराज जनक की पुत्री सीता
वैद्य–(पु.) आयुर्वेद का ज्ञाता
वैध–(वि.) 1 विधि सम्मत 2 विधि के अनुकूल **वैधता** (स्त्री.) वैध होने की अवस्था
वैधव्य–(पु.) विधवापन, रँडापा
वैधानिक–(वि.) विधान-संबंधी
वैपुल्य–(पु.) विपुलता
वैभव–(पु.) 1 ऐश्वर्य, धन-दौलत, सुख-शांति 2 शान-शौक़त 3 शक्ति, सामर्थ्य **वैभवशाली** (वि.) 1 ऐश्वर्यवाला 2 अत्यधिक समर्थ
वैमनस्य–(पु.) 1 बैर होने का भाव 2 मानसिक शैथिल्य, उदासी 3 शत्रुता, वैर
वैमानिकी–(स्त्री.) हवाई जहाज़ चलाने की विद्या या शास्त्र (एयरोनाटिक्स)
वैयक्तिक–(वि.) व्यक्तिगत
वैयाकरण–I (वि.) व्याकरण संबंधी, व्याकरण का II (पु.) 1 व्याकरण का ज्ञाता 2 व्याकरण की रचना करनेवाला
वैर–(पु.) विरोध, शत्रुता **वैर-भाव** (पु.) वैर की भावना **वैर-विरोध** (पु.) वैर और विरोध, दुश्मनी
वैरागिनी–(स्त्री.) संन्यासिनी
वैरागी–I (पु.) संन्यासी II (वि.) विरक्त
वैराग्य–(पु.) विरक्ति
वैरी–(पु.) शत्रु, दुश्मन
वैवस्वत–(वि.) 1 सूर्य संबंधी 2 मनु संबंधी 3 यम संबंधी
वैवाहिक–I (वि.) 1 विवाह-संबंधी 2 विवाह के फलस्वरूप होनेवाला II (पु.) 1 विवाह संबंधी तैयारी, विवाहोत्सव 2 विवाह के फलस्वरूप होनेवाला संबंध
वैविध्य–(पु.) विविधता **वैविध्यपूर्ण** (वि.) विविध,

व

भिन्न-भिन्न

वैशाख–(पु.) चंद्र वर्ष का चैत्र के बाद पड़नेवाला एक मास

वैशिष्ट्य–(पु.) विशिष्टता

वैश्य–(पु.) हिंदुओं में तीसरे वर्ण का व्यक्ति

वैषम्य–(पु.) विषम होने का भाव

वैष्णव–(वि.) 1 विष्णु संबंधी (जैसे–वैष्णव विचार) 2 विष्णु का उपासक

वैष्णवी–(स्त्री.) 1 विष्णु की शक्ति 2 दुर्गा

वैसा–I (वि.) 1 उसी तरह का 2 ऐसा II (अ.) उस प्रकार

वैसे–(अ.) 1 उस तरह से 2 यों

व्यंग्य–(पु.) 1 शब्द की व्यंजना शक्ति द्वारा निकला अर्थ, गूढ़ार्थ 2 ताना **व्यंग्यकार** (पु.) व्यंग्यपूर्ण रचना करनेवाला **व्यंग्य-चित्र** (पु.) कार्टून, उपहासात्मक और सांकेतिक चित्र

व्यंग्यात्मक–(वि.) व्यंग्यपूर्ण

व्यंग्योक्ति–व्यंग्य-भरी बात

व्यंजक–I (वि.) व्यक्त करने वाला II (पु.) 1 व्यंजना द्वारा अर्थ प्रकट करनेवाला शब्द 2 आंतरिक भाव प्रकट करनेवाली चेष्टा या हाव-भाव, आंतरिक भाव-प्रदर्शन

व्यंजन–I (पु.) देवनागरी वर्ण माला में 'क' से 'ह' तक वर्णों का समूह **व्यंजन संधि** (स्त्री.) व्यंजन वर्णों का संयोग

व्यंजन–II (पु.) स्वादिष्ट भोजन

व्यंजना–(स्त्री.) भाव प्रकट करने की एक शब्द-शक्ति

व्यक्त–(वि.) 1 प्रकट किया गया 2 साफ़

व्यक्ति–(पु.) 1 मनुष्य, आदमी 2 व्यष्टि **व्यक्तिगत** (वि.) निजी **व्यक्ति-प्रधान** (वि.) जिसमें व्यक्ति की प्रधानता हो **व्यक्ति-वाचक** (वि.) व्यक्ति का बोध करानेवाला

व्यक्तित्व–(पु.) 1 व्यक्ति की विशेषता या गुण 2 विशेष गुण, असामान्य विशेषता

व्यग्र–(वि.) 1 व्याकुल, परेशान 2 डरा हुआ, भयभीत 3 अस्थिर

व्यक्तिक्रम–(पु.) 1 बाधा, रुकावट 2 उल्लंघन 3 रीति-भंग 4 उपेक्षा 5 क्रम-विपर्यय

व्यतिरेक–I (पु.) 1 अभाव 2 अंतर, भेद 3 बढ़ती, वृद्धि 4 अतिक्रमण

व्यतिरेक–II एक अर्थालंकार जिसमें उपमान की अपेक्षा उपमेय को गुण विशेष के कारण उत्तम माना गया है

व्यतीत–(वि.) 1 बीता हुआ, गुज़र गया 2 मरा हुआ 3 उपेक्षित 4 परित्यक्त

व्यथा–(स्त्री.) आंतरिक क्लेश या दुःख

व्यथित–(वि.) 1 व्यग्र 2 क्लेशित 3 दुःखी

व्यभिचार–(पु.) 1 निकृष्ट आचरण 2 कुमार्ग गमन 3 अनुचित यौन संबंध, छिनालपन (एडल्टरी) 4 दुराचार, दुष्कर्म, पाप

व्यय–(पु) 1 ख़र्च 2 क्षय, नाश **व्यय कर** (पु.) व्यय पर लगनेवाला टैक्स

व्ययक–(पु.) व्यय करनेवाला

व्यर्थ–I (वि.) 1 बेकार, फालतू 2 निरर्थक II (अ.) बेवजह, अकारण

व्यवधान–(पु.) 1 बाधा 2 परदा, ओट 3 बीच में पड़नेवाला

व्यवसाय–(पु.) 1 काम-धंधा, पेशा 2 व्यापार, रोज़गार 3 अभिप्राय, मतलब 4 उद्योग

व्यवसायी–I (वि.) व्यवसाय करनेवाला II (पु.) 1 व्यवसाय में लगा व्यक्ति 2 व्यापारी

व्यवस्था–(स्त्री.) 1 इंतज़ाम, प्रबंध 2 ढंग, तरीक़ा 3 स्थिरता 4 दृढ़ता 5 अध्यवसाय 6 विधान **व्यवस्था-भंग** (पु.) व्यवस्था तोड़ना या बिगाड़ना

व्यवस्थापक–(वि.) व्यवस्था करनेवाला, प्रबंधक

व्यवस्थित–(वि.) व्यवस्था से पूर्ण

व्यवहार–(पु.) 1 बर्ताव 2 काम में लाना, प्रयोग 3 महाजनी 4 क्रिया, काम 5 आचरण 6 संबंध 7 विवाद 8 प्रथा, रिवाज 9 विषय 10 कारबार 11 मुकदमे का विचार **व्यवहार-कुशल** (वि.) व्यवहार में चतुर, व्यवहार में दक्ष **व्यवहार-पटु** (वि.) व्यवहार में कुशल

व्यवहारतः–(अ.) व्यवहार के विचार से

व्यष्टि–(स्त्री.) समष्टि का सदस्य या व्यक्ति

व्यसन–(पु.) 1 बुरी आदत, लत (जैसे–जुआ

खेलने का व्यसन) 2 पाप, दुराचरण

व्यसनी–(वि.) 1 विषयासक्त 2 पापी 3 व्यसन में पड़ा हुआ 4 दुराचारी

व्यस्त–(वि.) 1 लगा हुआ 2 तितर-बितर किया हुआ 3 अव्यवस्थित

व्याकरण–(पु.) 1 वह विद्या जिसके अंतर्गत बोलचाल और साहित्य में प्रयुक्त भाषा के स्वरूप, उसके गठन, अवयवों तथा प्रकारों, उनके पारस्परिक संबंधों और रचनाविधान तथा रूप परिवर्तन का विवेचन किया जाता है 2 भाषा-संबंधी नियमों से संबद्ध पुस्तक **व्याकरण-सम्मत** (वि.) व्याकरण के नियमों के अनुरूप

व्याकुल–(वि.) 1 बेचैन, परेशान 2 व्यस्त

व्याख्या–(स्त्री.) 1 विवेचन, विवरण 2 टीका 3 अनुवचन **व्याख्याकार** (पु.) 1 टीकाकार 2 व्याख्या करनेवाला

व्याख्यान–(पु.) 1 भाषण, वक्तृता 2 टीका करना

व्याघात–(पु.) 1 आघात 2 बाधा 3 धक्का

व्याघ्र–(पु.) बाघ

व्याज–(पु.) कपट, फ़रेब, धोखा **व्याज-निंदा** (स्त्री.) 1 स्तुति की ओट में निंदा 2 एक अलंकार जिसमें एक की निंदा करने से दूसरे की निंदा प्रकट हो **व्याज-स्तुति** (स्त्री.) 1 निंदा के बहाने स्तुति 2 एक अलंकार जिसमें कोई कथन अभिधा शक्ति की दृष्टि से निंदासूचक हो

व्याध–(पु.) 1 बहेलिया 2 शिकारी

व्याधि–(स्त्री.) 1 रोग 2 पीड़ा

व्यापक–(वि.) 1 फैला हुआ 2 छाया हुआ 3 विस्तृत (जैसे—व्यापक कार्य-पद्धति)

व्यापार–(पु.) 1 पेशा, काम-धंधा, रोज़गार 2 वाणिज्य 3 उद्योग 4 कार्य, काम

व्यापारिक–(वि.) व्यापार संबंधी

व्यापारी–(पु.) व्यापार करनेवाला

व्याप्ति–(स्त्री.) फैलाव

व्यामोह–(पु.) 1 मोह, अज्ञान 2 घबड़ाहट

व्यायाम–(पु.) 1 कसरत 2 अभ्यास 3 श्रम **व्यायामशाला** (स्त्री.) व्यायाम करने की जगह या स्थान

व्याल–(पु.) 1 सर्प, साँप 2 दुष्ट हाथी

व्यावसायिक–(वि.) व्यवसाय-संबंधी **व्यावसायिकता** (स्त्री.) व्यावसायिक होने का भाव

व्यावहारिक–(वि.) व्यवहार-संबंधी **व्यावहारिकता** (स्त्री.) व्यावहारिक रूप में होने की स्थिति

व्यास–I (वि.) कथावाचक **व्यास पीठ** (पु.) वह गद्दी जिसपर बैठकर कथावाचक कथा कहता है, व्यास की गद्दी II केंद्र को स्पर्श करती हुई परिधि के दो बिंदुओं को मिलानेवाली रेखा

व्युत्पत्ति–(स्त्री.) 1 उत्पत्ति 2 मूल, उद्गम 3 शब्द का मूल रूप, विकास 4 बहुज्ञता, पांडित्य

व्युत्पन्न–(वि.) 1 उत्पन्न 2 जिसकी उत्पत्ति ज्ञात हो

व्यूह–(पु.) 1 समूह, जमघट 2 सैनिकों को विशेष क्रम में खड़ा करना 3 योजना **व्यूह-बद्ध** (वि.) व्यूह में फँसा हुआ **व्यूह-रचना** (स्त्री.) व्यूह का निर्माण

व्योम–(पु.) आकाश, अंतरिक्ष, आसमान **व्योम गंगा** (स्त्री.) आकाशगंगा **व्योम बाला** (स्त्री.) अप्सरा **व्योम मंडल** (पु.) 1 आकाश, आसमान 2 झंडा, पताका **व्योम-मार्ग** (पु.) वायु पथ **व्योम-यात्रा** (स्त्री.) आकाश की यात्रा, अंतरिक्ष यात्रा **व्योम-यान** (पु.) 1 हवाई जहाज़ 2 अंतरिक्ष यान (स्पेसशिप)

व्योमचारी–I (वि.) आकाश में विचरण करनेवाला, आकाशचारी II (पु.) 1 देवता 2 पक्षी

व्रज–(पु.) 1 मार्ग, सड़क 2 समूह, झुंड 3 गोपों की बस्ती

व्रण–(पु.) घाव **व्रणकारक** (वि.) घाव पैदा करनेवाला

व्रत–(पु.) 1 संकल्प 2 उपवास 3 नियम **व्रतधारी** (वि.) व्रत का पालन करनेवाला **व्रतपालन** (पु.) व्रत का पालन करना, व्रत करना **व्रतभंग** (पु.) प्रतिज्ञा या नियम का टूटना

व्रती–(पु.) व्रत लेनेवाला

श

शंकर–I (पु.) 1 शिव 2 शंकराचार्य 3 संगीत का एक राग II (वि.) कल्याणकारी

शंका–(स्त्री.) 1 आशंका, भय 2 संशय 3 आपत्ति जिज्ञासा आदि का उत्पन्न होना **शंकाशील** (वि.) शंका करनेवाला, शक्की

शंकालु–(वि.) संदेह करनेवाला, शंकाशील

शंकास्पद–(वि.) खटका या भय का विषय

शंकु–(पु.) एक आकृति जिसका नीचे का भाग गोलाकार होता है और जो क्रमशः पतला होते हुए नुकीला हो जाता है (कोन)

शंख–(पु.) 1 समुद्र में उत्पन्न एक जंतु का खोल 2 समुद्री घोंघा 3 एक लाख करोड़ की संख्या, दस खर्व की संख्या 4 युद्ध का नगाड़ा **शंखनाद** (पु.) शंख की ध्वनि

शंभु–I (पु.) शिव II (वि.) कल्याण करने और सुख देनेवाला

शक–(पु.) प्राचीन काल में शकद्वीप में रहनेवाली एक समृद्ध जाति 2 तातार देश के निवासी, तातारी **शक संवत्** (पु.) राजा शालिवाहन द्वारा 78 ई. में चलाया गया कैलेण्डर

शक–II (पु.) 1 संदेह, शंका 2 भय

शकुन–(पु.) 1 शुभ-अशुभ की पूर्व सूचना, सगुन 2 शुभ घड़ी या शुभ अवसर पर होनेवाला मंगल कार्य संबंधी गीत **शकुनज्ञ** I (वि.) शकुन जाननेवाला II (पु.) ज्योतिषी

शक्कर–(स्त्री.) 1 कच्ची चीनी, खाँड 2 चीनी

शक्ति–(स्त्री.) 1 ताक़त 2 ऊर्जा 3 क्षमता 4 वश 5 प्रकृति 6 प्रभुता 7 दुर्गा का एक रूप **शक्तिचालित** (वि.) शक्ति से चलनेवाला **शक्तिपूजक** (वि.) शक्ति का पुजारी **शक्तिपूजा** (स्त्री.) शाक्तों द्वारा शक्ति की देवी काली की पूजा **शक्तिवर्द्धक** (वि.) शक्ति दायी **शक्तिहीन**–(वि.) शक्तिरहित, शक्तिशून्य

शक्तिमान–(वि.) ताक़तवर, बलिष्ठ

शक्य–(वि.) हो सकने योग्य **शक्यता** (स्त्री.) 1 शक्य होने का भाव 2 क्षमता

शठ–(वि.) 1 स्वभावतः दुष्ट 2 मूर्ख

शत–I (वि.) 1 सौ 2 असंख्य II (पु.) 1 सौ का सूचक अंक (100) 2 एक ही तरह की सौ वस्तुओं का संग्रह (जैसे–नीति शतक) 2 शताब्दी, शती III (पु.) 1 सौ अंशवाला **शतदल** (पु.) शतपत्र, कमल **शतपत्र** I (पु.) 1 मोर 2 कमल II (वि.) 1 सौ पत्तोंवाला 2 सौ पंखोंवाला **शतपदी** (पु.) कनखजूरा **शतवार्षिक** (वि.) सौ वर्ष पर होनेवाला **शत-शत** (वि.) सैकड़ों, अनंत **शतसहस्र** (पु.) सौ हज़ार की संख्या

शतक–(पु.) 1 सौ का समूह 2 शताब्दी

शतघ्नी–(स्त्री.) 1 एक प्राचीन प्रक्षेपास्त्र 2 तोप

शतरंज–(पु.) चौंसठ खानों की बिसात पर बत्तीस गोटियों से खेला जानेवाला खेल (चैस)

शताब्दी–I (स्त्री.) 1 शती 2 सौ वर्ष की अवधि की सूचक संज्ञा II (वि.) सौ वर्ष के उपरांत होने वाला

शतायु–(वि.) सौ वर्ष की आयुवाला

शत्रु–(पु.) 1 दुश्मन, वैरी 2 अमंगलकारी व्यक्ति **शत्रुता** (स्त्री.) शत्रु होने का भाव, दुश्मनी, वैर

शत्रुघ्न–(वि.) शत्रु को मारनेवाला

शनि–(पु.) 1 सौर जगत् का सातवाँ ग्रह, शनैश्चर 2 सप्ताह का अंतिम दिन

शनिवार–(पु.) सप्ताह में शुक्र और रवि के बीच का दिन

शनैः–(अ.) धीरे, आहिस्ता

शपथ–(स्त्री.) कसम, सौगंध (जैसे–शपथ का)

निर्वाह करना) **शपथग्रहण** (पु.) 1 शपथ लेना 2 प्रतिज्ञा **शपथ पत्र** (पु.) हलफ़नामा (एफ़िडेविट)

शबनम–(स्त्री.) ओस

शबरी–(स्त्री.) भीलनी, भिलनी

शब्द–(पु.) 1 आवाज़, ध्वनि 2 सार्थक ध्वनि, लफ़्ज (वर्ड) **शब्दकोश** (पु.) शब्दों के वर्ण विन्यास, अर्थ, प्रयोग तथा पर्याय आदि से संबंधित ग्रंथ **शब्द-चातुर्य** (पु.) शब्दप्रयोग की कला या बोलने के ढंग की निपुणता **शब्द-पहेली** (स्त्री.) वर्गों में खाली स्थान पर शब्द भरने की बुझौवल **शब्दभेद** (पु.) कार्य, स्थिति तथा संबंध आदि के आधार पर किया शब्दों का विभाजन **शब्द-रचना** (स्त्री.) शब्द का निर्माण **शब्द-संग्रह** (पु.) शब्दकोश

शब्द-चित्र–(पु.) 1 अनुप्रास नामक अलंकार 2 चुने हुए शब्दों में किसी दृश्य का सजीव वर्णन

शब्दब्रह्म–(पु.) 1 शब्द में निहित अध्यात्म ज्ञान 2 प्रणव, ओंकार

शब्दशः–(अ.) प्रत्येक शब्द के अनुसार

शब्दाडंबर–(पु.) शब्दजाल

शब्दार्थ–(पु.) शब्द का अर्थ

शब्दावली–(स्त्री.) 1 शब्दों का समूह 2 वाक्य आदि में शब्दों का प्रकार 3 पारिभाषिक शब्दों की सूची (टर्मिनालॉजी) 4 प्रचलित शब्द समूह (वोकेबुलरी)

शमन–(पु.) 1 शांति 2 शांत करना 3 बुझाना 4 दबाना 5 आघात कर्म 6 हिंसा 7 दूर करना

शयन–(पु.) 1 सोना, निद्रा 2 शय्या 3 बिस्तर, बिछौना **शयन-कक्ष** (पु.) सोने का कमरा **शयन-काल** (पु.) सोने का समय **शयन-यान** (स्त्री.) ऐसी गाड़ी जिसमें सोने का प्रबंध हो

शयनागार–(पु.) शयन-कक्ष

शय्या–(स्त्री.) 1 पलंग 2 बिछौना

शर–(पु.) 1 बाण, तीर 2 बरछी या भाले का फल **शर-संधान** (पु.) बाण द्वारा लक्ष्य साधना, निशाना लगाना

शरच्चंद्र–(पु.) शरत् ऋतु का चंद्रमा

शरण–(स्त्री.) 1 पनाह, रक्षा का भाव 2 अधीनस्थ व्यक्ति, मातहत 3 रक्षित स्थान

शरणागत–(वि.) शरण में आया हुआ

शरणार्थी–(पु.) असहाय और विस्थापित

शरत्–(स्त्री.) क्वार से कार्तिक तक रहनेवाली एक ऋतु

शरत्कालीन–(वि.) शरत्काल से संबंधित

शरबत–(पु.) 1 पानी और शक्कर का घोल, मीठा पेय 2 फलादि के रस में मिलाई गई शक्कर आदि का घोल, पेय

शरमाना–I (अ. क्रि.) 1 लजाना 2 लज्जित होना II (स. क्रि.) लज्जित करना, शर्मिंदा करना

शराब–(स्त्री.) दारू, मद्य, मदिरा

शराबी–(वि.) शराब पीनेवाला

शरीफ़ा–(पु.) एक फल जिसके ऊपर आँख के आकार के दाने और सफेद गूदा होता है

शरीर–(पु.) जिस्म, तन, बदन **शरीर-ताप** (पु.) 1 शरीर की गर्मी 2 शारीरिक कष्ट **शरीर-त्याग** (पु.) मृत्यु, मौत

शरीरांत–(पु.) मृत्यु

शर्करा–(स्त्री.) शक्कर

शर्त–(स्त्री.) 1 बाज़ी 2 प्रतिज्ञा

शर्म–(स्त्री.) 1 लज्जा, हया 2 इज़्ज़त, लाज

शर्मा–(पु.) ब्राह्मणों के नाम के अंत में लगने वाली उपाधि

शर्मिंदगी–(वि.) लज्जा

शलाका–(स्त्री.) 1 सलाख 2 सलाई

शल्य–(पु.) चीर-फाड़ द्वारा की जानेवाली चिकित्सा **शल्य-क्रिया** (स्त्री.) चीर-फाड़ द्वारा चिकित्सा करना' **शल्य-चिकित्सा** (स्त्री.) चीर-फाड़ से इलाज

शल्योपचार–(पु.) शल्य क्रिया द्वारा किया जानेवाला इलाज

शव–(पु.) लाश **शवगृह** (पु.) मुर्दाघर **शवदाह** (पु.) मुर्दा जलाना **शवपरीक्षा** (स्त्री.) शव की जाँच करना **शवयात्रा** (स्त्री.) अरथी, जनाज़ा **शवसंस्कार** (पु.) शव की अंत्येष्टि

शशांक–(पु.) चंद्रमा

शशि–(पु.) चाँद **शशिकला** (स्त्री.) चंद्रमा की

श

सोलह कलाओं में एक **शशिप्रभा** (स्त्री.) चाँदनी, ज्योत्सना
शस्त्र–(पु.) हथियार **शस्त्रकार** (पु.) शस्त्र बनानेवाला
शस्त्रागार–(पु.) शस्त्र रखने का स्थान
शस्त्रास्त्र–(पु.) शस्त्र और अस्त्र
शस्य–(पु.) 1 नई घास, कोमल तृण
शहतूत–(पु.) तूत का पेड़ और उसका फल
शहद–(पु.) मधुमक्खियों द्वारा फूलों के रस से बनाया गया गाढ़ा मीठा पदार्थ, मधु
शहनाई–(स्त्री.) मुँह से फूँककर बजाया जानेवाला एक प्रसिद्ध बाजा, नफीरी
शहर–(पु.) नगर
शहीद–(वि.) धर्म, देश या किसी महान् उद्देश्य के लिए मारा गया व्यक्ति
शहीदी–(स्त्री.) किसी महान कार्य के लिए शहीद होने का भाव
शांत–(वि.) 1 मौन 2 सुनसान 3 विनम्र **शांत प्रकृति** (वि.) शांत स्वभाव का
शांति–(स्त्री.) 1 निःशब्दता, सूनापन 2 मन की स्थिरता 3 तसल्ली, सांत्वना 4 आराम, चैन **शांति-कामना** (स्त्री.) शांति की इच्छा**शांति संधि** (स्त्री.) शांति हेतु मेल करना
शांतिमय–(वि.) शांति की ओर अग्रसर
शाक–(पु.) वनस्पति, सब्ज़ी
शाकाहारी–(वि.) निरामिष भोजी
शाक्त–(पु.) शक्ति संबंधी, बल संबंधी
शाक्य–(पु.) गौतम बुद्ध
शाखा–(स्त्री.) 1 डाल, टहनी 2 वस्तु आदि का भाग या अंग 3 वर्ग, संप्रदाय
शागिर्द–(पु.) किसी से विद्या प्राप्त करने वाला शिष्य, चेला
शादी–(स्त्री.) विवाह, आनंदोत्सव **शादीशुदा** (वि.) विवाहित
शाद्वल–I (वि.) हरा-भरा II हरी घास
शान–(स्त्री.) 1 ठाट-बाट 2 वैभव, गर्व आदि
शाप–(पु.) 1 अनिष्ट कामना से कहा गया कथन 2 धिक्कार, भर्त्सना 3 बुरी क़सम
शापग्रस्त–(वि.) शापित **शापमुक्ति** (स्त्री.) शाप से छुटकारा **शापमोचन** (पु.) शाप को नष्ट करनेवाला
शाब्दिक–(वि.) 1 मौखिक 2 शब्द रूप में होनेवाला
शाम–(स्त्री.) साँझ, सायं
शामियाना–(पु.) तंबू
शामिल–(वि.) 1 सम्मिलित 2 इकट्ठा
शायक–(पु.) 1 तीर, बाण 2 तलवार
शायर–(पु.) उर्दू, फ़ारसी में शेर लिखनेवाला
शायरी–(स्त्री.) उर्दू कविता
शारदा–(स्त्री.) 1 दुर्गा 2 सरस्वती
शारदीय–(वि.) शरद ऋतु संबंधी
शारीरिक–(वि.) शरीर संबंधी (जैसे–शारीरिक कष्ट, शारीरिक बल)
शार्दूल–(पु.) शेर, सिंह
शाल–(पु.) कक्ष, हॉल
शाला–(स्त्री.) 1 घर, मकान 2 विशेष स्थान
शालिग्राम–(पु.) भगवान विष्णु का एक नाम
शालिनी–(स्त्री.) गृहस्वामिनी
शालीन–(वि.) 1 लज्जाशील 2 नम्र
शालीनता–(स्त्री.) 1 शालीन होने का भाव 2 नम्रता 3 समानता
शावक–(पु.) पशु-पक्षी का बच्चा
शाश्वत–(वि.) सदा रहनेवाला
शासक–(पु.) शासनकर्ता
शासकीय–(वि.) शासक संबंधी
शासन–(पु.) 1 हुकूमत का कार्य 2 सरकारी हुक्म 3 नियंत्रण **शासन-कार्य** (पु.) शासन का काम **शासन-काल** (पु.) शासन का निर्धारित समय **शासन-तंत्र** (पु.) **शासन-प्रणाली** (स्त्री.) शासन करने का तरीका या ढंग
शासनाधिकार–(पु.) शासन की शक्ति
शासनाधीन–(वि.) शासन के अंतर्गत
शासनाध्यक्ष–(पु.) शासन का अध्यक्ष
शासित–(वि.) शासन किया हुआ
शासी–(वि.) शासन करनेवाला
शास्त्र–(पु.) विवेचनात्मक ज्ञान विषयक ग्रंथ
शास्त्र-पारंगत–(पु.) शास्त्र विशेषज्ञ, शास्त्रवेत्ता

शास्त्रार्थ–(पु.) 1 शास्त्र का अर्थ, अभिप्राय 2 वाद-विवाद (जैसे–शास्त्रार्थ करना)
शास्त्रीय–(वि.) शास्त्र संबंधी
शाही–(वि.) राजसी
शिकायत–(स्त्री.) 1 उलाहना 2 असंतोष
शिकार–(पु.) 1 आखेट, मृगया 2 गोश्त 3 फँसाया गया व्यक्ति 4 भोजन, आहार
शिकारा–(पु.) एक तरह की बड़ी नाव
शिकारी–(पु.) शिकार करनेवाला, आखेटक
शिक्षक–(पु.) 1 विद्या या ज्ञान सिखलानेवाला व्यक्ति 2 अध्यापक 3 गुरु **शिक्षण** (पु.) शिक्षा, तालीम **शिक्षण-कार्य** (पु.) शिक्षा देने का काम **शिक्षा-विज्ञान** (पु.) वह विज्ञान जिसमें शिक्षा कार्य संबंधी सिद्धांतों का विवेचन हो
शिक्षा–(स्त्री.) 1 विद्या, ज्ञान 2 नसीहत, उपदेश 3 पाठ, सबक 4 दंड **शिक्षा परिषद्** (स्त्री.) शिक्षा का प्रबंध करनेवाली समिति या सभा **शिक्षा प्रणाली** (स्त्री.) शिक्षा की विधि **शिक्षाप्रद** (वि.) शिक्षादायक **शिक्षाप्राप्त** (वि.) जिसने शिक्षा प्राप्त की हो **शिक्षाविद्** (पु.) शिक्षा विशेषज्ञ **शिक्षाविधि** (स्त्री.) शिक्षा देने का ढंग, शिक्षा-पद्धति **शिक्षाशास्त्र** (पु.) शिक्षण विज्ञान
शिक्षार्थी–(पु.) शिक्षा का इच्छुक
शिक्षित–(वि.) शिक्षाप्राप्त, पढ़ा-लिखा
शिक्षोपयोगी–(वि.) शिक्षा के उपयुक्त, शिक्षा के योग्य
शिखर–(पु.) 1 सिर, चोटी 2 पर्वत की चोटी
शिखर सम्मेलन–(पु.) अनेक राष्ट्र के सर्वोच्च अधिकारियों की बैठक
शिखर वार्ता–(स्त्री.) अनेक राष्ट्रों के उच्चतम अधिकारियों का परस्पर विचार-विनिमय
शिखा–(स्त्री.) 1 चुंदी, चोटी 2 पंखों का ऊपरी गुच्छा, कलगी 3 लौ (जैसे–दीप शिखा)
शिथिल–(वि.) 1 ढीला 2 थका-माँदा 3 आलसी, सुस्त 4 पाबंदीरहित **शिथिलता** (स्त्री.) 1 शिथिल होने का भाव 2 ढीलापन 3 सुस्ती
शिद्दत–(स्त्री.) 1 कठिनाई 2 कष्ट 3 कठोरता
शिया–(पु.) मुसलमानों का एक संप्रदाय जो हज़रत अली को मुहम्मद साहब का प्रत्यक्ष उत्तराधिकारी मानता है
शिर–(पु.) 1 सिर, कपाल, खोपड़ा 2 मस्तक, माथा 3 ऊपरी भाग, चोटी 4 सिरा
शिरा–(स्त्री.) खून की नाड़ी या नली
शिरोधार्य–(क्रि.वि.) सिर पर धारण करने योग्य, मानने योग्य
शिरोमणि–(पु.) मान्य और श्रेष्ठ व्यक्ति
शिला–(स्त्री.) 1 पत्थर, पाषाण 2 चट्टान, सिल **शिलाखंड** (पु.) पत्थर का बड़ा टुकड़ा **शिलागृह** (पु.) कंदरा, गुहा **शिलाचित्र** (पु.) पत्थर पर बनाया गया चित्र **शिलान्यास** (पु.) नींव डालना
शिलीमुख–(पु.) 1 बाण, तीर 2 भ्रमर, भौंरा
शिल्प–(पु.) हस्तकला, दस्तकारी **शिल्पकला** (स्त्री.) दस्तकारी का कौशल **शिल्पकार** (पु.) 1 शिल्पी, कारीगर 2 मकान बनानेवाला राज
शिल्पशाला–(स्त्री.) कर्मशाला, कारख़ाना
शिल्पी–(पु.) 1 शिल्पकार, कारीगर 2 राज
शिव–I (पु.) 1 महादेव, शंकर जी 2 कल्याण, मंगल II (वि.) 1 भाग्यवान् 2 शुभ, मांगलिक **शिव-तांडव** (पु.) शिव का प्रलय नाच
शिवत्व–(पु.) कल्याण का भाव
शिवालय, शिवाला–(पु.) शिव का मंदिर
शिविका–(स्त्री.) पालकी, डोली
शिविर–(पु.) 1 सैनिक पड़ाव 2 ख़ेमा 3 दुर्ग, क़िला
शिशिर–I (पु.) 1 जाड़ा, शीतकाल 2 हिम, पाला II (वि.) 1 शीतल 2 ठंड से जमा हुआ **शिशिरकालीन** (वि.) शिशिर ऋतु का
शिशु–(पु.) 1 बच्चा 2 पशु आदि का बच्चा 3 सात-आठ वर्ष तक का बालक **शिशुकाल** (पु.) शैशवावस्था **शिशुगृह** (पु.) 1 नर्सरी 2 बालवाड़ी
शिश्न–(पु.) पुरुष की जननेंद्रिय, लिंग
शिष्ट–(वि.) 1 सभ्य 2 धीर और शांत 3 आज्ञाकारी 4 बुद्धिमान् 5 श्रेष्ठ **शिष्टमंडल** (पु.) श्रेष्ठ लोगों का संगठन

श

शिष्टाचार–(पु.) 1 शिष्टतापूर्ण आचरण और व्यवहार 2 सत्कार, आवभगत

शिष्य–(पु.) 1 विद्यार्थी 2 चेला, शागिर्द

शिष्या–(स्त्री.) महिला शिष्य

शीघ्र–(अ.) 1 बिना विलंब किए 2 तुरंत, तत्क्षण (जैसे–ख़बर पाते ही शीघ्र चल देना) **शीघ्रगामी** (वि.) तेज़ चलनेवाला **शीघ्रपतन** (पु.) स्तंभन शक्ति का अभाव **शीघ्रलिपि** (स्त्री.), **शीघ्रलेखन** (पु.) आशुलिपि

शीघ्रातिशीघ्र–(क्रि. वि.) बहुत जल्दी

शीत–**I** (वि.) ठंडा, शीतल **II** (पु.) 1 जाड़ा, ठंड 2 जाड़े का मौसम **शीत-ऋतु** (पु.) जाड़े का मौसम **शीत कटिबंध** (पु.) भूमंडल के उत्तरी तथा दक्षिणी अंशों के दो कल्पित विभाग **शीत ज्वर** (पु.) विषम ज्वर, जूड़ी **शीत युद्ध** (पु.) हर राष्ट्र की स्वयं को प्रभावशाली बनाए रखने हेतु खेली जानेवाली राजनीतिक चालें (कोल्ड वार)

शीतल–(वि.) ठंडा (जैसे–शीतल जल)

शीतला–(स्त्री.) 1 शरीर पर फफोले निकल आने का एक प्रसिद्ध रोग चेचक (माता) 2 इस रोग की अधिष्ठात्री देवी

शीतलाष्टमी–(स्त्री.) चैत कृष्णपक्ष की अष्टमी

शीतावकाश–(पु.) जाड़े की छुट्टियाँ

शीतोष्ण–(वि.) ठंडा और गरम

शीर्ण–(वि.) 1 खंड-खंड, टुकड़े-टुकड़े 2 फटा-पुराना 3 दुबला-पतला, कृश

शीर्ष–(पु.) 1 उन्नत सिरा 2 सिर 3 मस्तक, ललाट 4 सबसे ऊँचा हिस्सा 5 दो तरफ़ से मिलनेवाली तिर्यक रेखाओं का मिलन-बिंदु

शीर्षक–(पु.) लेखों आदि के ऊपर दिया जानेवाला नाम (हेडिंग) (जैसे–पुस्तक का शीर्षक)

शीर्षस्थ–(वि.) प्रधान, चोटी का

शील–(पु.) 1 नैतिक आचरण और व्यवहार 2 मन की स्थायी वृत्ति, स्वभाव 3 सद्वृत्ति 4 संकोची प्रकृति **शीलत्याग** (पु.) सदाचार को छोड़ना

शीलवान–(वि.) शीलवाला

शीश–(पु.) सिर, शिर, सर

शीशम–(पु.) एक वृक्ष जिसकी लकड़ी इमारत आदि बनाने में काम आती है

शीशा–(पु.) 1 आईना, दर्पण 2 काँच

शीशी–(स्त्री.) बोतल के आकार का छोटा पात्र

शुंड–(पु.) सूँड़

शुंडाकार–(वि.) सूँड के आकार का

शुक–(पु.) तोता, सुग्गा

शुक्ति–(स्त्री.) 1 सीप, सीपी 2 सुतुही 3 शंख

शुक्र–(पु.) 1 सौर ग्रह का एक प्रमुख तथा बहुत चमकीला ग्रह 2 वीर्य **शुक्र-दोष** (पु.) नपुंसकता **शुक्रगुजार** (वि.) कृतज्ञ, धन्य

शुक्रवार–(पु.) हफ़्ते का पाँचवाँ दिन, बृहस्पतिवार तथा शनिवार के बीच का दिन

शुक्राणु–(पु.) पुरुष के वीर्य का वह अंश जो गर्भ का कारण बनता है

शुक्ल–(वि.) सफ़ेद, श्वेत, शुभ्र **शुक्ल पक्ष** (पु.) चाँदनी वाला पखवाड़ा

शुचि–(वि.) 1 शुद्ध, पवित्र 2 साफ़, स्वच्छ 3 निर्दोष 4 निष्कपट, निश्छल

शुतुरमुर्ग़–(पु.) लंबी गर्दनवाला मुर्ग़े की जाति का एक विशाल पक्षी

शुद्ध–(वि.) 1 पवित्र 2 निर्मल, साफ़ 3 निर्दोष 4 सही 5 बिना मिलावट का 6 अनुपम

शुद्धि–(स्त्री.) 1 सफ़ाई 2 स्वच्छता 3 पवित्रता 4 परिशोध **शुद्धिकारक** (वि.) पवित्र करनेवाला **शुद्धि पत्र** (पु.) ग्रंथ आदि के अंत में लगाया गया शुद्ध और अशुद्ध संबंधी पन्ना

शुद्धीकरण–(पु.) शुद्धि करना

शुबहा–(पु.) 1 संदेह, शक 2 धोखा, भ्रम

शुभ–**I** (वि.) 1 मंगलमय, कल्याणकर 2 अनुकूल 3 अच्छा (जैसे–शुभ घड़ी) **II** (पु.) कल्याण, मंगल **शुभकामना** (पु.) मंगलकामना **शुभचिंतक** (वि.) भलाई चाहनेवाला, हितैषी

शुभांगी–(स्त्री.) 1 कुबेर की पत्नी 2 रति 3 शुभ अंगोंवाली स्त्री

शुभागमन–(पु.) मंगलप्रद और सुखद आगमन

शुभारंभ–(पु.) अच्छी शुरुआत

शुभेच्छु–(वि.) शुभचिंतक

शुभ्र–(वि.) 1 श्वेत, सफ़ेद 2 उज्ज्वल **शुभ्रता** (स्त्री.) 1 स्वच्छ होने का भाव 2 उज्ज्वलता

शुरुआत–(स्त्री.) शुरू करना

शुरू–(पु.) आरंभ, प्रारंभ

शुल्क–(पु.) 1 कर 2 पढ़ने आदि की फ़ीस

शुश्रूषा–(स्त्री.) 1 परिचर्या, सेवा 2 कर्तव्यपरायणता

शुष्क–(वि.) 1 सूखा, अनार्द्र 2 नीरस 3 निष्प्रयोजन, निस्सार 4 कठोर

शूकर–(पु.) सुअर

शूद्र–(पु.) 1 हिंदुओं के चार प्रमुख वर्णों में से एक 2 उक्त वर्ण का व्यक्ति 3 सेवक

शून्य–I (वि.) 1 ख़ाली 2 निराकार 3 अस्तित्वहीन 4 अवास्तविक, असत् 5 रहित II (पु.) 1 खाली स्थान 2 आकाश 3 विंदु, बिंदी 4 अभाव 5 अभावसूचक चिह्न 6 ईश्वर **शून्यवादी** (पु.) 1 शून्यवाद नामक दर्शन का अनुयायी 2 नास्तिक

शून्यावस्था–(स्त्री.) वह अवस्था जिसमें आत्मा सब द्वन्द्वों से मुक्त हो जाती है

शूर–(पु.) 1 वीर, बहादुर 2 योद्धा, सूरमा 3 बढ़-चढ़कर **शूरवीर** (पु.) 1 वीर व्यक्ति 2 योद्धा

शूरत्व–(पु.) वीरता

शूल–(पु.) विकट पीड़ा **शूलपाणि** (पु.) शिव

शृंखला–(स्त्री.) 1 क्रम से आनेवाली घटनाएं, वस्तुएं आदि 2 क़तार, श्रेणी 3 मेखला, करधनी **शृंखलाबद्ध** (वि.) क्रमयुक्त

शृंग–I (पु.) 1 सींग 2 चोटी, शिखर II (वि.) तेज, तीक्ष्ण

शृंगार–I (पु.) 1 सजावट 2 सुंदरता, शोभा आदि को निखारनेवाला तत्त्व 3 सजावट का सामान

शृंगार–II (पु.) एक रस जिसमें प्रेमी और प्रेमिका के पारस्परिक प्रेम की चर्चा होती है

शृंगी–I (पु.) सींगवाला जानवर II (वि.) 1 शृंग संबंधी 2 शृंगयुक्त

शेख़चिल्ली–(पु.) 1 व्यर्थ की बातें करनेवाला व्यक्ति 2 मूर्ख व्यक्ति

शेखर–(पु.) 1 शीर्ष, सिर, माथा 2 मुकुट 3 शिखर 4 श्रेष्ठता का सूचक पद

शेख़ी–(स्त्री.) 1 अभिमान, घमंड, दर्प 2 झूठी शान, अकड़ 3 डींग

शेर–I (पु.) फ़ारसी, उर्दू आदि की दो चरणों की कविता

शेर–II (पु.) सिंह (स्त्री. शेरनी)

शेष–I (वि.) 1 बचा हुआ, बाक़ी 2 छोड़ा हुआ 3 उच्छिष्ट II (पु.) 1 अवशिष्ट अंश 2 बड़ी संख्या में से छोटी संख्या को घटाने पर बची हुई संख्या **शेषनाग** (पु.) सर्पराज शेष

शेषांश–(पु.) शेष भाग

शैक्षणिक–(वि.) 1 शिक्षा संबंधी 2 शिक्षाप्रद

शैल–I (वि.) 1 पत्थर का 2 पथरीला 3 कड़ा, कठोर II (पु.) 1 पहाड़, पर्वत 2 चट्टान **शैलमाला** (स्त्री.) पर्वतश्रेणी

शैली–(स्त्री.) 1 ढंग, तरीक़ा 2 विचार प्रकट करने का ढंग 3 वस्तुनिर्माण का कलापूर्ण ढंग

शैव–(वि.) शिव संबंधी, शिव का (जैसे–शैव दर्शन)

शैशव–(वि.) शिशु संबंधी, बच्चों का

शैशवावस्था–(स्त्री.) शिशु की अवस्था

शोक–(पु.) दुःख **शोककारक** (वि.) शोक उत्पन्न करनेवाला **शोकगीत** (पु.) दुःखभरा गीत **शोकग्रस्त** (वि.) शोक में डूबा हुआ **शोक सभा** (स्त्री.) किसी की मृत्यु पर शोक प्रकट करने के लिए बैठक

शोकाकुल, शोकातुर–(वि.) शोक से व्याकुल, शोक से विह्वल

शोख़–(वि.) 1 नटखट, चंचल, चपल 2 तेज़, चटकीला 3 ढीठ और निडर

शोच–(पु.) 1 दुःख, रंज 2 चिंता, फिक्र

शोचनीय–(वि.) शोच करने योग्य

शोणित–(वि.) लाल, रक्तवर्ण का

शोथ–(पु.) सूजन

शोध–(पु.) 1 शुद्ध करना 2 खोज करना **शोधकर्ता** (पु.) शोध करनेवाला **शोधकार्य** (पु.) शोध का काम

शोधन–(पु.) शोध करना **शोधन-शाला** (स्त्री.)

शा

शोध कार्य करने की जगह
शोधनीय–(वि.) अनुसंधान के योग्य
शोभा–(स्त्री.) 1 सुंदरता 2 चमक, कांति 3 शान, सजावट
शोभा-यात्रा–(स्त्री.) उत्सव, पर्व आदि पर निकाला गया जुलूस
शोभायमान–(वि.) शोभा देता हुआ, सुंदर
शोभित–(वि.) शोभा से युक्त, सुंदर
शोर–(पु.) हल्ला, कोलाहल **शोरगुल** (पु.) हल्ला **शोरशराबा** (पु.) शोर
शोरा–(पु.) सफ़ेद क्षार **शोरापुश्त** (वि.) उद्दंड लड़का
शोला–(पु.) आग की लपट, ज्वाला
शोषक–I (वि.) सोखनेवाला II (पु.) दूसरों का धन आदि हरण करनेवाला व्यक्ति
शोषण–(पु.) 1 सोखना 2 दूसरे के श्रम का अनुचित लाभ उठाना 3 क्षीण या दुबला करना
शोषित–(वि.) 1 सोखा हुआ 2 अनुचित फ़ायदा उठाया हुआ
शौक़–(पु.) 1 लालसा 2 सुख-भोग 3 मनपसंद खेल (जैसे–क्रिकेट का शौक़) 4 शुभ आकांक्षा 5 चसका 6 रुचि
शौक़ीन–(वि.) 1 शौक़ रखनेवाला 2 बना-ठना, सजा-सँवरा
शौच–(पु.) 1 प्रातः उठते ही किया जानेवाला कृत्य 2 पाखाने जाना, टट्टी जाना
शौचागार, शौचालय–(पु.) 1 शौचगृह 2 शौच करने का घर
शौर्य–(पु.) शूरता, वीरता
शौर्यचक्र–(पु.) वीरता हेतु प्रदान किया जानेवाला चक्र
श्मशान–(स्त्री.) 1 मरघट 2 क़ब्रिस्तान **श्मशानयात्रा** (स्त्री.) मृतक की अंतिम यात्रा
श्याम–(वि.) काला, साँवला **श्यामपट्ट** (पु.) ब्लैकबोर्ड
श्यामल–(वि.) साँवला
श्यामा–I (वि.) श्याम रंगवाली II (पु.) 1 यमुना नदी 2 सुंदर स्त्री
श्येन–(पु.) 1 बाज़ (पक्षी) 2 हिंसा
श्रद्धांजलि–(स्त्री.) श्रद्धा प्रकट करने हेतु कहे गए शब्द
श्रद्धा–(स्त्री.) 1 आदरपूर्ण आस्था या विश्वास 2 प्रसन्नता 3 इच्छाएँ और वासनाएँ
श्रद्धालु–(वि.) 1 श्रद्धायुक्त 2 कामनायुक्त
श्रम–(पु.) 1 मेहनत 2 काम 3 थकावट, क्लांति 4 प्रयास 5 कसरत, व्यायाम **श्रम-कौशल** (पु.) श्रम की कुशलता **श्रमदान** (पु.) निर्माण कार्य में शरीर से सहयोग देना
श्रमजीवी–I (वि.) श्रम से जीविका चलानेवाला II (पु.) मज़दूर
श्रमायुक्त–(पु.) लेबर कमिश्नर
श्रमिक–(वि.) श्रमजीवी **श्रम आंदोलन** (पु.) श्रमिकों का आंदोलन
श्रवण–(पु.) 1 सुनना 2 कान **श्रवणगत** (वि.) सुना हुआ **श्रवण माधुर्य** (पु.) सुनने की मिठास
श्रवणेंद्रिय–(स्त्री.) सुनने की इंद्रिय, कान
श्रव्य–(वि.) 1 सुना हुआ (जैसे–श्रव्य काव्य) 2 सुनने योग्य (आडिबिलिटी)
श्राद्ध–(पु.) पितरों की प्रसन्नता हेतु श्रद्धा से किया जानेवाला कार्य **श्राद्धतर्पण** (पु.) पितरों का श्राद्ध और जलदान
श्राप–(पु.) शाप
श्रावक–(पु.) 1 बौद्ध संन्यासी 2 जैन संन्यासी
श्रावण–(पु.) चांद्र वर्ष के बारह महीनों में से पाँचवाँ
श्रावणी–(स्त्री.) श्रावण की पूर्णिमा, रक्षाबंधन का दिन
श्री–I (स्त्री.) 1 लक्ष्मी 2 सरस्वती 3 ऐश्वर्य, वैभव II (वि.) 1 योग्य 2 शुभ 3 सुंदर 4 श्रेष्ठ **श्रीखंड** (पु.) चंदन **श्रीवृद्धि** (स्त्री.) धन-संपत्ति की बढ़ती
श्रीकंठ–(पु.) शिव का विशेषण
श्रीगणेश–(पु.) 1 कार्य का आरंभ 2 गणेश, एक हिंदु देवता
श्रीमती–(स्त्री.) 1 विवाहित स्त्रियों के नाम के पूर्व जोड़ा जानेवाला आदरसूचक शब्द 2 पत्नी

श्रीमान्–I (वि.) 1 शोभा से युक्त 2 गौरववाला

श्रीमान्–II (पु.) 1 पुरुषों के नाम के पूर्व लगनेवाला आदरसूचक शब्द 2 पति

श्रीयुत–(वि.) 1 शोभा से युक्त 2 श्रीमान्

श्रुत–(वि.) 1 सुना हुआ 2 प्रसिद्ध **श्रुतपूर्व** (वि.) पहले सुना हुआ **श्रुतलेख** (पु.) इमला (डिक्टेशन)

श्रुति–(स्त्री.) 1 सुनना 2 कान 3 कही या सुनी हुई बात 4 अफ़वाह, किंवदंती, जनश्रुति **श्रुतिकटु** (वि.) सुनने में कड़वा लगनेवाला, कर्कश **श्रुतिपरंपरा** (स्त्री.) वेद की परंपरा **श्रुतिमधुर** (वि.) सुनने में मीठा, प्रिय

श्रेणी–(स्त्री.) क्रम, शृंखला **श्रेणीकरण** (पु.) क्रम बनाना **श्रेणीबद्ध** (वि.) शृंखला में बँधा हुआ **श्रेणी-भेद** (पु.) श्रेणी का अंतर **श्रेणी युद्ध** (पु.) वर्गयुद्ध, वर्गसंघर्ष

श्रेय–(वि.) 1 उत्तम, श्रेष्ठ 2 बेहतर 3 शुभ

श्रेयस्कर–(वि.) मंगलकारी, कल्याणकर

श्रेष्ठ–(वि.) 1 अति उत्तम, उत्कृष्ट 2 अत्यंत प्रिय

श्रेष्ठि–(पु.) सेठ **श्रेष्ठिवर्ग** (पु.) सेठ लोग

श्रोता–(वि./पु.) सुननेवाला (जैसे–श्रोतागण) **श्रोतागण** (पु.) सुननेवालों का समूह

श्रोत्र–(पु.) 1 कान 2 श्रोत्रिय कर्म 3 वेदों का ज्ञान

श्लाघा–(स्त्री.) 1 प्रशंसा 2 चापलूसी

श्लिष्ट–(वि.) 1 सम्मिलित, संयुक्त 2 आलिंगित 3 अनेकार्थक (जैसे–श्लिष्ट पद)

श्लील–(वि.) 1 जो अश्लील न हो 2 सभ्योचित 3 श्रेष्ठ

श्लेष–(पु.) 1 एक शब्दालंकार जिसमें एक शब्द के द्वारा अनेक अर्थ व्यक्त किए जाते हैं (जैसे–'सुबरन को ढूंढ़त फिरै; कवि, कामी अरु चोर' में अनेक अर्थों में श्लेष है) 2 संयोग 3 आलिंगन 4 लगाव

श्लेष्मा–(पु.) 1 बलग़म 2 रस्सी, डोरी

श्लोक–(पु.) 1 संस्कृत का कोई छंद या पद्य 2 प्रशंसा

श्वशुर–(पु.) ससुर

श्वसन–(पु.) 1 साँस लेना 2 आह भरना **श्वसन-यंत्र** (पु.) साँस दिलाने का उपकरण

श्वान–(पु.) कुत्ता **श्वान-निद्रा** (स्त्री.) हलकी नींद

श्वास–(पु.) 1 साँस 2 आह **श्वास तंत्र** (पु.) श्वास प्रणाली **श्वास नलिका** (स्त्री.) साँस लेने की नली **श्वास-प्रश्वास** (पु.) साँस लेना और निकालना

श्वेत–(वि.) 1 उजला, धवल, सफ़ेद 2 गोरा 3 निर्मल **श्वेत कुष्ठ** (पु.) सफ़ेद कोढ़ **श्वेत पत्र** (पु.) महत्त्वपूर्ण चर्चाओं से संबंधित प्रकाशित की गई राजकीय विज्ञप्ति

श्वेत प्रदर–(पु.) स्त्री योनि से सफ़ेद रंग का निकलनेवाला गाढ़ा और बदबूदार पानी आने का रोग (ल्यूकोरिया)

श्वेतांबर–(पु.) 1 सफ़ेद वस्त्र 2 एक प्रमुख जैन संप्रदाय

ष

षट्–I (वि.) पाँच से एक अधिक II (पु.) छः का सूचक अंक **षट्कर्म** (पु.) यजन, याजन, अध्ययन, अध्यापन, दान और प्रतिग्रह ये छः कर्म **षट्कोण** (वि.) छः कोणवाला **षट्रस** (पु.) मधुर, तीक्ष्ण, तिक्त, कटु, कषाय और अम्ल ये छः स्वाद **षट्शास्त्र** (पु.) षड्दर्शन

षट्चक्र–(पु.) मूलाधार, स्वाधिष्ठान, मणिपूर, अनाहत, विशुद्ध और आज्ञा, योग के ये छः

स

चक्र होते हैं
षडंग–(पु.) 1 शिक्षा, व्याकरण, निरुक्त, छंद, कल्प और ज्योतिष ये छः वेदांग 2 शरीर के दो हाथ, दो पैर, सिर और धड़ ये छः अंग
षड्–(वि.) षट् **षड्ज** (पु.) संगीत के सात स्वरों में से पहला स्वर
षड्यंत्र–(पु.) 1 दुरभिसंधि 2 साज़िश
षड्-दर्शन–(पु.) सांख्य, योग, न्याय, वैशेषिक, पूर्व मीमांसा और उत्तर मीमांसा ये छः दर्शन
षंडता–(स्त्री.) नपुंसकता
षष्टि–I (वि.) साठ II (पु.) साठ की संख्या (60) **षष्टिपूर्ति** (स्त्री.) साठ वर्ष का पूरा होना
षष्ठ–(वि.) छठा
षष्ठी–(स्त्री.) 1 पक्ष की छठी तिथि 2 संतानोत्पत्ति के दिन से छठा दिन
षोडश–I (वि.) सोलह II (पु.) 16 की संख्या **षोडश कला** (स्त्री.) अमृता, मानदा, पूषा, पुष्टि, तुष्टि, रति, धृति, शालिनी, चंद्रिका, कांति, ज्योत्सना, श्री, प्रीति, अंगदा, पूषणा और पूर्णा ये चंद्रमा की सोलह कलाएँ **षोडश मातृका** (स्त्री.) गौरी, पद्मा, शची, मेधा, सावित्री, विजया, जया, देवसेना, स्वधा, स्वाहा, शालि, पुष्टि, तुष्टि, मातृ तथा आत्मदेवता ये सोलह मातृ कलाओं का समूह
षोडश शृंगार–(पु.) उबटन, स्नान, वस्त्र-धारण, केश-प्रसाधन, अंजन, सिंदूर, महावर, तिलक, ठोड़ी पर तिल बनाना, मेंहदी, सुगंधित द्रव्य, आभूषण, पुष्पहार, पान और मिस्सी ये सोलह शृंगार
षोडशी–(स्त्री.) सोलह वर्ष की युवती या कन्या

स

संकट–(पु.) 1 आफ़त, विपत्ति 2 कठिनाई 3 मुसीबत (जैसे–औद्योगिक संकट) **संकटकालीन** (वि.) संकटकाल संबंधी
संकटमय–(वि.) संकट में फँसा हुआ
संकटावस्था–(स्त्री.) संकट की अवस्था
संकर–I (पु.) 1 दोग़ला 2 मिश्रण 3 योग 4 दो या अधिक अलंकारों का संयोग II (वि.) 1 मेल से बना हुआ (जैसे–संकर राग) 2 दोग़ला (जैसे–संकर संतान)
सँकरा–(वि.) 1 कम चौड़ाई का 2 तंग
संकलन–(पु.) इकट्ठा करना, एकत्रीकरण **संकलनकर्ता** (पु.) एकत्र करनेवाला व्यक्ति
संकल्प–(पु.) 1 दृढ़ निश्चय 2 विचार, इरादा 3 प्रतिज्ञा
संकाय–(स्त्री.) विशिष्ट विभाग या शाखा
संकीर्ण–(वि.) 1 सँकरा, तंग 2 मिश्रित 3 तुच्छ, नीच 4 छोटा 5 जो उदार न हो
संकुचित–(वि.) 1 संकोचयुक्त, लज्जित 2 सिकुड़ा हुआ 3 तंग, सँकरा, संकीर्ण 4 अनुदार (जैसे–संकुचित हृदय)
संकेत–(पु.) 1 इशारा, इंगित 2 निशान, चिह्न **संकेत-चिह्न** (पु.) शब्द का संक्षिप्त रूप **संकेत-लिपि** (स्त्री.) गूढ़ संहिता लिखने की लिपि
संकेतात्मक–(वि.) संकेत संबंधी
संकेतित–(वि.) 1 संकेत रूप में लाया हुआ 2 इशारा किया हुआ
संकोच–(पु.) 1 असमंजस, आगा-पीछा 2 हिचक 3 लज्जा 4 बंद होना, मुँदना 5 भय 6 सिकुड़ना **संकोचवश** (वि.) संकोच में पड़ा हुआ
संकोची–(वि.) 1 संकोच करनेवाला

स

2 संकोचशील

संक्रम, संक्रमण–(पु.) 1 आगे बढ़ना 2 अतिक्रमण, लाँघना 3 घूमना-फिरना 4 रोग का फैलना **संक्रमण काल** (पु.) एक अवस्था से दूसरी अवस्था में जाने का समय **संक्रमणनाशक** (वि.) रोग संक्रमण से मुक्त करनेवाला

संक्रमित–(वि.) 1 संक्रमण किया हुआ 2 सम्मिलित 3 प्रवेश या प्रविष्ट किया हुआ

संक्रांति–(स्त्री.) 1 सूर्य का एक राशि से दूसरे राशि में जाना 2 सूर्य का एक राशि से दूसरी राशि में जाने का समय 3 एक विशेष हिंदू पर्व (जैसे–मकर संक्रांति)

संक्रामक–(वि.) 1 संक्रमण करनेवाला 2 छूत फैलानेवाला (जैसे–संक्रामक रोग) **संक्रामक रोग** छूत से फैलनेवाला रोग

संक्षिप्त–(वि.) 1 संक्षेप में कहा हुआ 2 संक्षेप में लिखा हुआ 3 छोटा किया हुआ

संक्षिप्तीकरण–(पु.) संक्षेप करना

संक्षेप–(पु.) 1 थोड़े में कोई बात कहना 2 कम करना, घटाना 3 छोटा रूप

संख्या–(स्त्री.) 1 गिनती, तादाद 2 सामयिक पत्र का कोई अंक **संख्यावाचक** (वि.) संख्या का बोध कराने वाला

संख्यांक–(पु.) किसी संख्या को सूचित करनेवाला अंक

संख्यात्मक–(वि.) संख्या से संबंधित

संग–I (पु.) 1 साथ, सहवास, सोहबत 2 मिलन 3 अनुराग, आसक्ति (जैसे–नारी का संग) 4 मैत्री 5 संबंध II (क्रि. वि.) सहित, हमराह

संगठन–(पु.) 1 बिखरी हुई शक्तियों को इकट्ठा करना 2 संघ **संगठनकर्ता** (पु.) संगठन करनेवाला **संगठन समिति** (स्त्री.) संगठन करने वाला दल या मंडल

संगठनात्मक–(वि.) संगठन संबंधी

संगठित–(वि.) एकत्रित, जोड़ा हुआ

संगणक–(पु.) हिसाब आदि करनेवाली मशीन

संगत–I (वि.) 1 मिला हुआ 2 संगतियुक्त 3 मेल खानेवाला (जैसे–तर्कसंगत) 4 उपयुक्त (जैसे–न्यायसंगत) 5 मिलाया हुआ (जैसे–जातिसंगत) II (स्त्री.) 1 संग रहना, साथ, सोहबत 2 मंडली, दल

संगति–(स्त्री.) 1 संगत होने का भाव 2 मेल-मिलाप 3 संग 4 संबंध, संपर्क 5 मेल खाना 6 तालमेल, सामंजस्य 7 सभा, समाज

संगम–(पु.) 1 मेल, मिलाप, संयोग 2 दो धाराओं का मिलनस्थल (जैसे–गंगा-यमुना का संगम) 3 दो या दो से अधिक वस्तुओं का मिलनस्थान (जंक्शन) 4 संभोग, मैथुन

संगिनी–(स्त्री.) 1 सहचरी 2 पत्नी, भार्या

संगी–(पु.) 1 साथी 2 दोस्त

संगीत–(पु.) मधुर ध्वनियों या स्वरों का विशिष्ट नियमों के अनुसार लय में होनेवाला प्रस्फुटन (जैसे–कंठ्य संगीत, वाद्य संगीत) **संगीतकार** (पु.) संगीत का रचनाकार **संगीत गोष्ठी** (स्त्री.) संगीत सभा **संगीतज्ञ** (पु.) संगीत का ज्ञाता

संगीताचार्य–(पु.) संगीत का आचार्य

संगीन–(वि.) 1 घोर तथा दंडनीय 2 पत्थर का बना 3 पत्थर की तरह कठोर

संगी-सहपाठी–(पु.) एक साथ पढ़ने वाला मित्र

संग्रहीत–(वि.) 1 एकत्र किया हुआ 2 संकलित

संग्रह–(पु.) 1 जमा की गई वस्तु 2 संकलन 3 पकड़ना 4 ग्रहण करना 5 जमघट, जमावड़ा 6 कल्याण 7 निग्रह, संयम **संग्रहकर्ता** (पु.) संग्रह करनेवाला

संग्रहणी–(स्त्री.) बार-बार दस्त होने की बीमारी

संग्रहालय–(पु.) 1 संग्रह करने का स्थान 2 संग्रह-भवन (म्यूज़ियम)

संग्रहालयाध्यक्ष–(पु.) संग्रहालय का प्रधान अधिकारी

संग्राम–(पु.) 1 युद्ध, लड़ाई 2 कठिनाई **संग्रामभूमि** (स्त्री.) युद्धक्षेत्र

संघ–(पु.) 1 समुदाय, समूह (जैसे–जन संघ, श्रमिक संघ) 2 वर्ग 3 संगठन (फेडरेशन) 4 मठ 5 घनिष्ठ संपर्क

संघटन–(पु.) 1 संयोग 2 मेल 3 तैयार करना 4 इकाई का रूप लेना 5 गठन, रचना

स

संघर्ष–(पु.) 1 टकराव 2 स्पर्द्धा 3 होड़ 4 चेष्टा, प्रयत्न 5 रगड़ खाना 6 द्वेष **संघर्षरत** (वि.) संघर्ष में लगा हुआ **संघर्षशील** (वि.) संघर्ष करनेवाला

संघर्षण–(पु.) 1 संघर्ष करना 2 रगड़ होना

संघर्षात्मक–(वि.) संघर्ष संबंधी

संघात–(पु.) 1 आघात 2 टक्कर

संघाराम–(पु.) मठ, विहार

संघी–I (वि.) संघ संबंधी II (पु.) संघ का सदस्य

संघीय–(वि.) संघ का, संघ संबंधी (फेडरल) (जैसे–संघीय व्यवस्था, संघीय सरकार)

संचय–(पु.) 1 इकट्ठा करना 2 जमा करना 3 संकलन

संचयिता, संचयी–(पु.) 1 संचय करनेवाला 2 कृपण, कंजूस

संचरण–(पु.) 1 चलना, गमन 2 फैलना 3 काँपना

संचार–(पु.) 1 फैलना (जैसे–विद्युत संचार व्यवस्था) 2 चलना 3 चलाना 4 संक्रमण (जैसे–ग्रहों का संचार) 5 फैलने या बहने का मार्ग (जैसे–शरीर में रक्त-संचार) **संचार व्यवस्था** (स्त्री.) संबंध स्थापित करने का साधन, संचार प्रणाली (कम्यूनिकेशन)

संचारी–I (वि.) संचरण करनेवाला II (पु.) वह भाव जो रस का संचार करते हुए उसके परिपाक में उपयोगी होते हैं

संचालक–I (वि.) चलानेवाला, परिचालक II (पु.) निदेशक (जैसे–कार्य संचालक)

संचालन–(पु.) 1 परिचालन 2 नियंत्रण 3 निर्देशन (स्त्री.) संचालन करनेवाली महिला

संचित–(स्त्री.) संचय किया हुआ

संजीवन–I (पु.) 1 अच्छी तरह जीवन बिताना 2 नया जीवन देना II (वि.) जीवन देनेवाला

संजीवनी–(स्त्री.) 1 पुनर्जीवित करनेवाली एक कल्पित ओषध 2 पुनर्जीवित करने की विद्या

सँजोना–(स. क्रि.) 1 सज्जित करना, सजाना 2 क्रम से रखना

संज्ञा–(स्त्री.) 1 चेतनाशक्ति, होश 2 ज्ञान 3 बुद्धि 4 वास्तविक या कल्पित वस्तु का बोधक शब्द **संज्ञाहीनता** (स्त्री.) 1 मूर्च्छा 2 चेतनारहित अवस्था, बेहोशी

संज्ञान–(पु.) सम्यक् ज्ञान

संझा–(स्त्री.) संध्या, शाम

संटी–(स्त्री.) बेंत, चाबुक

संड–(पु.) साँड **संड-मुसंड** (वि.) हट्टा-कट्टा, मोटा-ताज़ा

सँड़सी–(स्त्री.) कैंचीनुमा एक उपकरण

संडास–(पु.) शौच-कूप

संत–I (पु.) 1 सज्जन और महात्मा 2 परम धार्मिक और साधु व्यक्ति II (वि.) बहुत ही निर्मल और पवित्र

संतति–(स्त्री.) संतान, औलाद

संतति-निग्रह, संतति-निरोध–(पु.) बच्चा पैदा करने पर रोक

संतप्त–(वि.) 1 दुःखी, उदास, खिन्न 2 दग्ध

संतरा–(पु.) बड़ी नारंगी

संतान–(स्त्री.) संतति, औलाद

संतानोत्पत्ति–(स्त्री.) संतान का जन्म

संताप–(पु.) 1 दुःख, क्लेश 2 ज्वर, ताप, बुखार 3 आत्मग्लानि, अनुताप **संतापकारी** (वि.) संताप करनेवाला

संतापी–(वि.) दुःख देनेवाला

संतुलन–(पु.) 1 अच्छी तरह तौलना 2 सभी पक्षों का यथास्थान होना

संतुलित–(वि.) जिसमें सभी बातों पर बराबर ध्यान दिया जाय

संतुष्ट–(वि.) 1 संतोष से पूर्ण 2 राज़ी किया गया

संतुष्टि–(स्त्री.) 1 संतुष्ट होने का भाव 2 तृप्ति 3 प्रसन्नता

संतृप्ति–(स्त्री.) 1 पूर्णतः तृप्त होने का भाव 2 गाढ़ापन

संतोष–(पु.) 1 तृप्ति 2 प्रसन्नता, हर्ष 3 धैर्य

संतोषी–(वि.) संतोष करनेवाला

संत्रस्त–(वि.) अत्यंत डरा हुआ

संदर्भ–(पु.) 1 वर्णित प्रसंग 2 विवेचनात्मक ग्रंथ 3 संबंध निर्वाह 4 व्यापक अर्थ में स्थिति 5 संकलन करना **संदर्भ ग्रंथ** (पु.) प्रामाणिक

जानकारी देनेवाला ग्रंथ **संदर्भ साहित्य** (पु.) प्रामाणिक जानकारी प्राप्त करने के ग्रंथ आदि

संदिग्ध–(वि.) संदेहयुक्त

संदीपन–(पु.) उद्दीपन, उत्तेजन

संदूक–(पु.) बकस, बक्सा, पेटी

संदेश–(पु.) 1 समाचार, खबर 2 विचार 3 आज्ञा, आदेश 4 कथन **संदेशवाहक** (पु.) संदेश ले जानेवाला

संदेशा–(पु.) समाचार

संदेह–(पु.) 1 शक, अनिश्चय 2 ख़तरा 3 एक अर्थालंकार जिसे देखने पर भी वास्तविकता पर विश्वास न हो सके **संदेहजनक** (वि.) संदिग्ध

संदेहास्पद–(वि.) संदिग्ध

संदोहन–(पु.) 1 दूध दुहना 2 समूह, झुंड

संधि–(स्त्री.) 1 मेल, संयोग 2 जोड़ 3 गाँठ (जैसे–हड्डियों की संधि) 4 दो अक्षरों के मिल जाने से होनेवाला वर्ण विकार 5 अवकाश, विराम 6 दो अवस्थाओं के बीच का समय 7 नाटक की पाँचों अवस्थाओं को मिलानेवाले स्थल **संधि-पत्र** (पु.) समझौते के काग़ज़

संध्या–(स्त्री.) शाम **संध्या काल** शाम का समय **संध्याकालीन** (वि.) संध्याकाल संबंधी

सन्निवेश–(पु.) अच्छी तरह रखना या बैठाना

संन्यासिनी–(स्त्री.) संन्यास लेनेवाली स्त्री

संन्यासी–(पु.) त्यागी और विरक्त व्यक्ति

संपत्ति–(स्त्री.) 1 धन-दौलत, जायदाद 2 लाभदायक वस्तु 3 वैभव, ऐश्वर्य **संपत्ति कर** (पु.) संपत्ति के विचार से लगाया गया कर **संपत्तिशाली** (वि.) वैभववाला, ऐश्वर्यवाला

संपदा–(स्त्री.) 1 धन-दौलत 2 ऐश्वर्य, वैभव

संपन्न–(वि.) 1 वैभवशाली 2 धनी, धनवान्

संपर्क–(पु.) 1 मेल, संयोग 2 मिश्रण, मिलावट 3 संसर्ग 4 स्पर्श 5 योग **संपर्क अधिकारी** (पु.) प्रजा और सरकार के मध्य संपर्क बनाए रखनेवाला एक राजकीय कर्मचारी

संपादक–(पु.) सामयिक पत्र आदि को संशोधित कर प्रकाशन के योग्य बनानेवाला व्यक्ति

संपादकीय–(वि.) 1 अग्रलेख 2 संपादक संबंधी

संपादन–(पु.) 1 अच्छी तरह से पूरा करना 2 प्रस्तुत करना 3 ठीक करना 4 प्रकाशन के योग्य बनाना

संपीडन–(पु.) 1 दबाना 2 निचोड़ना 3 मलना, मसलना 4 पीड़ित करना

संपुष्टि–(स्त्री.) 1 अच्छी तरह होनेवाली पुष्टि 2 परिपुष्टि

संपूर्ण–(वि.) 1 अच्छी तरह भरा हुआ 2 सारा, पूरा

संपूर्णतः, संपूर्णतया–(क्रि. वि.) सम्पूर्ण रूप से

सँपोला–(पु.) 1 साँप का छोटा बच्चा 2 ख़तरनाक व्यक्ति

सँपोलिया–(पु.) सँपेरा

संपोषण–(पु.) पोषण करना

संप्रति–(अ.) 1 इस समय 2 ठीक समय पर

संप्रदान–(पु.) 1 दान देने का भाव 2 शिष्य को गुरुमंत्र देना

संप्रदाय–(पु.) 1 परंपरा से चला आया हुआ सिद्धांत या मत 2 परंपरा से चली आ रही प्रथा या रीति 3 उपदेश, मंत्र 4 धर्म के अंतर्गत कोई सिद्धांत या मत 5 विशेष धार्मिक मत

संप्रेषण–(पु.) 1 भेजना 2 पहुँचाना

संप्रेषित–(वि.) संप्रेषण किया हुआ

संबंध–(पु.) 1 मेल, मिलना 2 लगाव 3 रिश्ता 4 घनिष्ठता 5 उपयुक्तता 6 मैत्री **संबंधबोधक, संबंधवाचक, संबंधवाची** (वि.) संबंध का बोध करानेवाला

संबंधित–(वि.) संबंध कायम हुआ

संबंधी–I (पु.) रिश्तेदार II (वि.) संबंध रखनेवाला

संबद्ध–(वि.) 1 लगा हुआ 2 संबंध रखनेवाला

संबल–(पु.) 1 सहारा 2 सहायक वस्तु

संबोध–(पु.) 1 सम्यक् ज्ञान 2 अच्छी और पूर्ण जानकारी 3 ढारस, सांत्वना

संबोधन–(पु.) किसी को पुकारने के लिए प्रयुक्त शब्द

संबोधित–(वि.) जिसका ध्यान आकृष्ट किया गया हो

संभरण–(पु.) 1 पालन-पोषण 2 संचय 3 योजना, विधान 4 सामान, सामग्री 5 समायोजन

सँभलना–(अ. क्रि.) 1 बिगड़ती स्थिति को ठीक करना 2 क़ाबू में रहना 3 सावधान होना 4 टिका रहना 5 रुकना

संभव–(वि.) 1 हो सकने योग्य 2 जिसके घटित होने की संभावना हो, मुमकिन

संभवतः, संभवतया–(अ.) 1 संभव है कि, मुमकिन है कि 2 हो सकता है कि

संभाग–(पु.) प्रदेश या राज्य का बड़ा भाग, कमिश्नरी

सँभाल–(स्त्री.) हिफ़ाज़त, देखरेख

सँभालना–(स. क्रि.) 1 रोकथाम करना 2 सहारा देना 3 पालन करना 4 क़ाबू में लाना 5 काम का भार उठाना

संभावना–(स्त्री.) हो सकने का भाव, मुमकिन होना

संभावित–(वि.) 1 हो सकने योग्य 2 प्रस्तुत किया हुआ 3 उपयुक्त, योग्य 4 संभावनीय, संभव

संभाव्य–(वि.) 1 हो सकने योग्य 2 कल्पना योग्य

संभाषण–(पु.) बातचीत, वार्तालाप

संभोग–(पु.) 1 रति क्रीड़ा, मैथुन 2 पूर्ण उपभोग

संभ्रम–(पु.) 1 बेचैनी, विकलता 2 उतावली, जल्दबाज़ी 3 सहमना

संभ्रांत–(वि.) 1 क्षुब्ध, उत्तेजित 2 संभ्रम में पड़ा हुआ 3 चक्कर खाया हुआ

संयंत्र–(पु.) 1 यंत्रों, औज़ारों आदि का समूह 2 कारख़ाना

संयत–(वि.) 1 रोका हुआ 2 मर्यादित 3 व्यवस्थित 4 इंद्रिय निग्रही

संयम–(पु.) 1 रोक, निग्रह, नियंत्रण 2 इंद्रिय निग्रह 3 धारणा और समाधि 4 दमन 5 धार्मिक अनुष्ठान या व्रत 6 परहेज़

संयमी–I (वि.) संयम में रहनेवाला II (पु.) योगी

संयुक्त–(वि.) 1 जुड़ा, मिला हुआ 2 संबद्ध

संयुक्त राष्ट्र संगठन, संयुक्त राष्ट्र संघ–(पु.) विश्व के सभी देशों की संस्था

संयुक्ताक्षर–(पु.) दो अक्षरों के मेल से बना अक्षर (जैसे–क् और त् के योग से बना 'क्त' अक्षर)

संयोग–(पु.) 1 मिलना, मेल 2 लगाव, संबंध 3 समागम 4 रतिक्रीड़ा, संभोग 5 मिलन 6 आकस्मिक रूप से घटित होनेवाली कोई घटना

संयोजक–I (वि.) संयोजन करनेवाला II (पु.) 1 दो शब्दों अथवा वाक्यों को जोड़नेवाला शब्द (जैसे–अथवा, और, या) 2 सभा-समितियों आदि का सदस्य

संयोजन–(पु.) 1 जोड़ना, मिलाना 2 सम्मिलित करना 3 प्रबंध, व्यवस्था

संरक्षक–I (पु.) 1 अभिभावक 2 संस्था आदि का प्रधान व्यक्ति II (वि.) रक्षा या देखरेख करनेवाला (जैसे–निर्बलों का संरक्षक) **संरक्षकता** (स्त्री.) देखरेख करना

संरक्षण–(पु.) 1 हिफ़ाज़त 2 पालना-पोसना 3 रक्षा करना

संरक्षित–(वि.) संरक्षण किया हुआ

संरचना–(स्त्री.) रचना, बनावट

संलग्न–(वि.) 1 मिला हुआ 2 लगा हुआ 3 जुड़ा हुआ, संबद्ध 4 जोड़ा हुआ

संलग्नक–(पु.) साथ लगा हुआ पत्र

संलाप–(पु.) 1 बातचीत, वार्तालाप 2 मन-ही-मन की जानेवाली बात

संवत्–(पु.) 1 वर्ष, साल 2 गणना-क्रम वाली कालगणना

संवत्सर–(पु.) वर्ष, साल

संवरण–(पु.) 1 रोकना 2 निग्रह 3 छिपाना 4 बहाना करना 5 घेरा 6 छिपाव 7 चुनना

सँवरना–I (अ. क्रि.) 1 ठीक होना 2 सज्जित होना II (स. क्रि.) स्मरण करना

संवर्द्धक–(वि.) वृद्धि करनेवाला

संवर्द्धन–(पु.) 1 पालन-पोषण 2 उन्नत होना

संवहन–(पु.) ले जाना, ढोना

संवाद–(पु.) 1 चर्चा 2 समाचार 3 विवरण,

वृत्तांत 4 वार्तालाप **संवाददाता सम्मेलन** (पु.) संवाददाताओं की बैठक

संवाददाता–(पु.) 1 संवाद देनेवाला 2 अख़बारों में स्थानीय घटनाओं का विवरण भेजनेवाला व्यक्ति

संवादी–(वि.) 1 बातचीत करनेवाला 2 सहमत होनेवाला

सँवारना–(स. क्रि.) 1 सजाना 2 सँभालना

संवाहक–(वि.) ले जानेवाला, वाहक

संविदा–(स्त्री.) 1 इक़रार, समझौता 2 ठेका **संविदा पत्र** (पु.) इक़रारनामा, समझौता संबंधी पत्र

संविधान–(पु.) क़ानून के रूप में बने हुए किसी देश के मौलिक नियम और सिद्धांत, बनावट, रचना (जैसे–सृष्टि का संविधान)

संविधान परिषद्–(स्त्री.) राष्ट्र या देश आदि के लिए संविधान बनाने हेतु नियुक्त परिषद् या सभा

संविभाग–(पु.) 1 ठीक तरह से किया गया विभाग 2 मंत्री का कार्यालय और विशिष्ट विभाग (पोर्टफ़ोलियो)

संवृद्धि–(स्त्री.) 1 बढ़ती, वृद्धि 2 समृद्धि

संवेग–(पु.) 1 चाल की तेज़ी 2 घबराहट, खलबली 3 अतिरेक 4 मनोवेग

संवेदन–(पु.) 1 सुख-दुख की अनुभूति या प्रतीति 2 शरीर के अंगों में उत्पन्न प्राकृतिक स्पंदन **संवेदनशील**–(वि.) भावुक, सहृदय

संवेदना–(स्त्री.) 1 अनुभूति 2 सहानुभूति 3 समवेदना प्रकट करने का भाव

संवैधानिक–संविधान संबंधी

संशय–(पु.) संदेह **संशयवाद** (पु.) संदेहवाद

संशयात्मक–(वि.) संदिग्ध

संशयी–(वि.) शक्की स्वभाववाला

संशोधन–(पु.) 1 शुद्ध करना, साफ़ करना 2 ठीक करना, दुरुस्त करना 3 रूप बदलना, घटाना-बढ़ाना **संशोधनकर्ता** (पु.) संशोधन करनेवाला व्यक्ति **संशोधन विधेयक** (पु.) किसी क़ानून में संशोधन करनेवाला एक्ट

संशोधित–(वि.) संशोधन किया हुआ

संश्लिष्ट–(वि.) जुड़ा हुआ

संसत्सदस्य–(पु.) संसद के सदस्य

संसद–(स्त्री.) 1 राज्यसभा और लोकसभा का संयुक्त रूप 2 समाज, सभा 3 समुदाय, निकाय

संसदीय–(वि.) संसद संबंधी

संसर्ग–(पु.) 1 संयोग, प्रेम 2 मिश्रण 3 संबंध 4 समीपता, सामीप्य **संसर्गजन्य** (वि.) संसर्ग से उत्पन्न होनेवाला **संसर्ग दोष** (पु.) संसर्ग से उत्पन्न बुराई

संसार–(पु.) 1 दुनिया, जगत्, मर्त्यलोक 2 जन्म-मरण 3 मायाजाल, लौकिक प्रपंच 4 गृहस्थी **संसार-सागर** (पु.) भवसागर, संसार रूपी समुद्र

संसिद्धि–(स्त्री.) 1 मोक्ष 2 सफलता

संसूचक–(वि.) 1 भेद प्रकट करनेवाला, रहस्योद्घाटक 2 अभिज्ञापक (डिटेक्टर)

संसृति–(स्त्री.) संसार

संस्करण–(पु.) 1 संस्कार करना 2 सुधारना 3 अच्छा, नया और सुंदर रूप देना 4 आवृत्ति

संस्कार–(पु.) धार्मिक कृत्य, मुंडन आदि

संस्कृत–I (वि.) 1 संस्कार किया गया 2 परिमार्जित, परिष्कृत 3 निखारा और साफ़ किया हुआ 4 सुधारा हुआ 5 सजाया-सँवारा हुआ II (स्त्री.) देववाणी **संस्कृतज्ञ**–(पु.) संस्कृत का ज्ञाता

संस्कृति–(स्त्री.) 1 संस्कृत रूप देने की क्रिया, संस्कार 2 अलंकृत करना या सजाना 3 आचरणगत परंपरा

संस्कृतीकरण–(पु.) 1 संस्कृत करने की क्रिया 2 शब्दों को संस्कृत रूप देना

संस्कृतोद्भव–(वि.) संस्कृत का विकास

संस्तुति–(स्त्री.) 1 प्रशंसा 2 भावाभिव्यक्ति की आलंकारिक शैली 3 सिफ़ारिश

संस्था–(स्त्री.) 1 सभा 2 समिति 3 समूह, मंडली 4 सामाजिक परंपरा 5 रूढ़ि, विधि, नियम **संस्थागत** (वि.) संस्था में आया हुआ **संस्थापन** (पु.) 1 निश्चित करना 2 स्थापित करना 3 रूप प्रदान करना 4 नियम 5 विधान

स

संस्थान–(पु.) 1 संस्था (इन्स्टीट्यूट) 2 निवास-स्थान
संस्थापक–I (वि.) स्थापना करनेवाला II (पु.) संस्था, समाज का मूल व्यक्ति
संस्पर्श–(पु.) अच्छी तरह से होनेवाला स्पर्श
संस्मरण–(पु.) 1 एक गद्य विधा जिसमें किसी व्यक्ति से संबंधित स्मरणीय घटनाओं का उल्लेख होता है 2 स्मरण, याद
संहार–(पु.) 1 नाश, ध्वंस 2 हत्या 3 परिहार, निवारण
संहित–(वि.) 1 सम्मिलित 2 संबद्ध 3 संहिता रूप में लाया हुआ
संहिता–(स्त्री.) 1 संकलन, संग्रह 2 संयोग, मेल 3 परंपरा से चला आ रहा ग्रंथ 4 वेदों का मंत्र 5 अक्षरों की होनेवाली संधि 6 नियम, विधियों आदि का संग्रह (कोड)
सकता–(पु.) 1 बेहोशी 2 भौंचक्का 3 स्तब्धता (जैसे–सकते में रह जाना)
सकपकाना–I (अ. क्रि.) 1 चकित होना, चकपकाना 2 हिचकना 3 शरमाना 4 संकोच करना II (स. क्रि.) चकित करना
सकरुण–(वि.) जिसमें करुणा हो, दयाशील
सकर्मक–(वि.) 1 कर्मयुक्त 2 क्रियाशील
सकल–(वि.) समस्त, कुल
सकाम–(वि.) 1 कामनायुक्त 2 सफल मनोरथ 3 प्रेम करनेवाला, प्रेमी 4 कामी
सकारात्मक–(वि.) 1 स्वीकृति का सूचक 2 निश्चयी
सकुचाना–I (अ. क्रि.) 1 लज्जा करना, शर्माना 2 संपुटित होना, बंद होना 3 सिकुड़ना II (स. क्रि.) लज्जित करना
सकुशल–(क्रि. वि.) कुशलतापूर्वक
सक्रिय–(वि.) 1 क्रिया में लगा हुआ 2 क्रियात्मक रूप में होनेवाला
सक्षम–(वि.) समर्थ
सखा–(पु.) 1 साथी, संगी 2 मित्र, दोस्त 3 सहचर, सहयोगी
सखापन–(पु.) मित्र होने का भाव, दोस्ती
सखी–(स्त्री.) सहेली, सहचरी **सखी भाव** (पु.) स्वयं को उपास्यदेव की पत्नी मानना
सखी संप्रदाय–(पु.) स्वयं को आराध्यदेव की पत्नी या सखी मानकर उपासना संबंधी एक शाखा या संप्रदाय
सखेद–(क्रि. वि.) अफ़सोस के साथ
सख़्त–(वि.) 1 कठोर, कड़ा 2 दृढ़, पक्का, मुश्किल, कठिन
सख़्ती–(स्त्री.) 1 सख़्त होने का भाव, कड़ापन 2 कठोरता 3 कठिनता 4 बेरहमी
सगर्भ–(वि.) सगा भाई
सगर्व–(वि.) 1 गर्व सहित 2 अभिमानी, घमंडी
सगा–(वि.) 1 एक ही माँ-बाप से पैदा 2 निकट संबंधी
सगा-संबंधी–(पु.) निकट का रिश्तेदार
सगाई–(स्त्री.) 1 मँगनी, विवाह का ठहराव 2 नाता, रिश्ता, संबंध
सगुण–(वि.) गुणवान्
सगोती–(पु.) 1 एक ही गोत्र के लोग 2 भाई-बंधु
सगोत्र–(पु.) 1 एक ही पूर्वज से उत्पन्न लोग 2 कुल, वंश 3 जाति
सघन–(वि.) 1 घना, गझिन 2 ठोस
सघनता–(स्त्री.) निविड़ता, अविरलता
सच–(वि.) 1 वास्तविक 2 झूठ रहित, सत्य
सचमुच–(अ.) 1 यथार्थतः, ठीक-ठीक 2 अवश्य, निश्चित रूप से
सचराचर–(पु.) चर और अचर सभी वस्तुएँ
सचल–(वि.) 1 चलता हुआ 2 चंचल 3 चलाने की शक्ति से युक्त
सचाई–(स्त्री.) 1 सत्यता 2 वास्तविकता
सचित्र–(वि.) 1 चित्रित 2 चित्रों से युक्त
सचिव–(पु.) 1 शासन व्यवस्था के किसी विभाग का उच्चाधिकारी
सचिवालय–(पु.) सरकार के सचिवों, मंत्रियों तथा विभिन्न विभाग के प्रधान अधिकारियों आदि के कार्यालयों का समूह (सेक्रेटेरियट)
सचेत–(वि.) 1 सावधान 2 चेतनयुक्त
सचेतन–I (पु.) 1 विवेक युक्त प्राणी 2 चेतन II (वि.) 1 चेतनायुक्त 2 सावधान 3 होशियार,

चतुर
सचेष्ट–(वि.) चेष्टायुक्त
सच्चरित्र–(वि.) सदाचारी
सच्चा–(वि.) 1 सच बोलनेवाला 2 विशुद्ध, खरा 3 दोष रहित 4 असली, वास्तविक
सच्चाई–(स्त्री.) सत्यता, सचाई
सच्चिदानंद–(पु.) सत्, चित् और आनंद स्वरूप प्रभु
सजग–(वि.) सतर्क, सावधान
सजन–I (पु.) 1 प्रियतम, पति 2 सज्जन 3 संबंधी II (वि.) जनसहित
सजना–I (अ. क्रि.) 1 अलंकृत होना 2 फबना, शोभित होना II (स. क्रि.) 1 सजाना 2 व्यवस्थित करना III (पु.) प्रियतम
सजनी–(स्त्री.) प्रिया, सखी, सहेली
सजल–(वि.) 1 जल से युक्त 2 अश्रुपूरित 3 तरल पदार्थ से युक्त **सजल नयन** (वि.) अश्रुपूर्ण नेत्र
सज़ा–(स्त्री.) 1 दंड 2 बदला 3 कारावास 4 जुर्माना
सजातीय–(वि.) एक ही जाति का
सजाना–(स. क्रि.) आकर्षक और सुंदर बनाना
सजावटी–(वि.) सजावट संबंधी
सजिल्द–(वि.) जिल्दसहित
सजीला–(वि.) 1 आकर्षक और सुंदर (जैसे–सजीला नौजवान) 2 सुंदर और सुडौल
सजीव–I (वि.) 1 जीवयुक्त 2 जीवित 3 तेज़, फुर्तीला II (पु.) प्राणी, जीवधारी
सज्जन–(पु.) 1 भला आदमी 2 शरीफ़ 3 अच्छे कुल का व्यक्ति 4 प्रिय व्यक्ति **सज्जनता** (स्त्री.) सज्जन होने का भाव
सज्जा–(स्त्री.) 1 साज-सामान 2 सजावट 3 पोशाक
सज्जित–(वि.) 1 सजा हुआ, अलंकृत 2 साज-सामान से युक्त, तैयार
सज्जी–(स्त्री.), **सज्जीखार** (पु.)–मिट्टी के रंग, रूप का एक प्रकार का क्षार
सटना–(अ. क्रि.) 1 एक साथ लग जाना, मिल जाना 2 चिपकना
सटपटाना–(अ. क्रि.) 1 संकोच करना, हिचकिचाना 2 भौचक्का होना
सटर-पटर–I (वि.) 1 बहुत मामूली 2 तुच्छ II (पु.) उलझन, झंझट या बखेड़े का काम
सटिप्पण–(वि.) टिप्पणी सहित **सटीक** I (वि.) टीकासहित, व्याख्यासहित II बिल्कुल ठीक
सट्टा–(पु.) 1 इक़रारनामा 2 एक प्रकार का जुआ
सट्टेबाज़–(पु.) अधिक लाभ के लिए बिना जोख़िम उठाए सौदा करनेवाला
सठियाना–(अ. क्रि.) 1 साठ वर्ष का होना 2 बूढ़ा होना 3 मानसिक शक्ति का ह्रास होना
सड़क–(स्त्री.) मोटर, गाड़ी, ताँगा आदि चलने का पक्का मार्ग
सड़ना–(अ. क्रि.) दुर्गंधयुक्त होना
सड़सठ–(वि./पु.) 67 की संख्या
सड़ान–(स्त्री.) सड़न
सड़ाना–(स. क्रि.) 1 दुर्गंध उत्पन्न कराना 2 दुर्गति करना
सड़ियल–(वि.) 1 सड़ा हुआ 2 अत्यंत निम्न कोटि का
सत्–(वि.) 1 सच, सत्य 2 साधु, सज्जन 3 उत्तम, श्रेष्ठ
सत–I (वि.) यथार्थ, सत्य II (पु.) सच्चाई, यथार्थता **सतगुरु** (पु.) सच्चा शिक्षक **सतजुग, सतयुग** सत्ययुग
सत–II (वि./पु.) सात की संख्या, 7, (जैसे–सतपदी, सतकोना) **सतरंगा** I (वि.) सात रंग का (जैसे–सतरंगा कपड़ा) II (पु.) इंद्रधनुष **सतलड़ी** (स्त्री.) सात लड़ियों का हार
सतत–(अ.) हमेशा, सदा, सर्वदा
सतर्क–(वि.) 1 सचेत, सावधान 2 तर्कयुक्त, तर्कपूर्ण 3 तर्ककुशल, विवेकशील
सतवंती–(स्त्री.) सती और साध्वी स्त्री
सतसई–(स्त्री.) जिसमें सात सौ दोहे या पद हों (जैसे–बिहारी सतसई)
सतहत्तर–(वि./पु.) 77 की संख्या

स

सताना–(स. क्रि.) कष्ट देना, दुःख देना
सती–(वि.) 1 पतिव्रता, साध्वी 2 पति की चिता संग जल जाने वाली
सतीत्व–(पु.) सती का धर्म, पातिव्रत्य **सतीत्व हरण** (पु.) सती का धर्म नष्ट करना
सतृष्ण–(वि.) 1 प्यासा 2 इच्छुक
सतेज–(वि.) कांतियुक्त
सतोगुण–(पु.) अच्छे और सरल कर्मों की ओर प्रवृत्त करनेवाला गुण
सत्कर्म–(पु.) 1 अच्छा काम 2 पुण्यकार्य
सत्कार–(पु.) 1 ख़ातिरदारी तथा सेवा 2 आदर-सम्मान और सेवा
सत्कीर्ति–(स्त्री.) नेकनामी, यश
सत्त–(पु.) 1 असली तत्त्व, रस 2 शक्ति, बल शरीर का सत्त 3 मुख्य उपयोगी तत्त्व
सत्तर–(वि./पु.) 70 की संख्या
सत्ता–(स्त्री.) 1 अस्तित्व, हस्ती 2 शक्ति, सामर्थ्य 3 अधिकार, प्रभुत्व 4 प्रभुसत्ता **सत्ता ग्रहण** (पु.) सत्ता हथियाना **सत्ताच्युत** (वि.) सत्ता से हटाया हुआ
सत्ताईस–(वि./पु.) 27 की संख्या
सत्ताधीश–(पु.) सत्तावाला
सत्तानवे–(वि./पु.) 97 की संख्या
सत्तारूढ़–(वि.) सत्ताप्राप्त
सत्तावन–(वि./पु.) 57 की संख्या
सत्तासी–(वि./पु.) 87 की संख्या
सत्तू, सतुआ–(पु.) भुने हुए जौ-चने आदि का आटा
सत्पथ–(पु.) 1 उत्तम मार्ग 2 उत्तम पंथ
सत्परामर्श–(पु.) सही सलाह-मशविरा
सत्पुरुष–(पु.) सदाचारी और योग्य व्यक्ति
सत्य–I (वि.) 1 सच, यथार्थ 2 यथातथ्य 3 विश्वस्त 4 वास्तविक, असल II (पु.) 1 वास्तविक तथ्य या बात 2 पारमार्थिक सत्ता 3 यथार्थता 4 प्रामाणिक सिद्धांत **सत्यकाम** (वि.) सत्य की कामना करनेवाला **सत्यनिष्ठा** (स्त्री.) सत्यनिष्ठ होने का भाव **सत्यपरायण** (वि.) सत्यनिष्ठ **सत्य युग** (पु.) पौराणिक कालगणना के चार युगों में से पहला युग
सत्याग्रह–(पु.) 1 सत्य हेतु किया गया हठ 2 अहिंसात्मक कार्रवाई
सत्याग्रही–(वि.) सत्याग्रह करनेवाला
सत्यानाश–(पु.) सर्वनाश, बर्बादी
सत्यान्वेषण–(पु.) सत्य की खोज
सत्यापन–(पु.) 1 सत्य की जाँच-पड़ताल 2 प्रमाणादि की जाँच करना, प्रमाणित करना
सत्यापित–(वि.) 1 सत्यापन किया हुआ 2 प्रमाणित किया गया
सत्यासत्य–(पु.) सत्य और असत्य
सत्र–(पु.) 1 अधिवेशन (सेशन) 2 विकट समय 3 बैठक **सत्र न्यायालय** (पु.) सेशन कोर्ट
सत्रह–(वि./पु.) 17 की संख्या
सत्रारंभ–(पु.) सत्र का आरंभ
सत्रावसान–(पु.) सत्र का ख़त्म होना
सत्व–(पु.) 1 अस्तित्व 2 स्वभाव 3 प्राण वायु 4 मूलतत्त्व 5 सत्य, यथार्थता 6 शक्ति 7 प्रकृति के तीन गुणों में से एक और सर्वोच्च गुण **सत्व गुण** (पु.) साधु और विवेकशील प्रकृति
सत्संग–(पु.) 1 भली संगत, अच्छी सोहबत 2 साधु, महात्माओं का संग
सत्संगी–(वि.) मेलजोल रखनेवाला
सदन–(पु.) 1 निवास-स्थान 2 घर, मकान 3 आश्रयस्थल 4 सुभीते का स्थान 5 विधान सभा या संसद का अधिवेशन संबंधी स्थान
सदय–(वि.) दयालु
सदस्य–(पु.) सभा, संस्था, समाज से संबंध रखनेवाला व्यक्ति, सभासद (मेंबर)
सदा–(क्रि. वि.) 1 हर समय, हर वक्त 2 लगातार, निरंतर 3 हर स्थिति में
सदाचार–(पु.) अच्छा व्यवहार **सदाचार संहिता** (स्त्री.) नैतिक आचरण की नियम पुस्तिका
सदाचारिणी–I (स्त्री.) सच्चरित्र नारी II (वि.) अच्छे चाल-चलनवाली
सदाचारी–(वि.) 1 अच्छे आचरणवाला 2 सद्वृत्तिशील
सदाबहार–(वि.) सदा हरा-भरा रहनेवाला

सदावर्त–(पु.) नित्य भोजन बाँटना
सदाशय–(वि.) उच्च विचारोंवाला, सज्जन
सदा-सुहागिन–(स्त्री.) सदा सौभाग्यवती रहनेवाली स्त्री
सदिच्छा–(स्त्री.) हार्दिक इच्छा
सदुद्देश्य–(पु.) अच्छा उद्देश्य
सदुपदेश–(पु.) 1 अच्छा उपदेश, उत्तम शिक्षा 2 बढ़िया सलाह
सदुपयोग–(पु.) अच्छे काम में लगाना
सदृश–(वि.) 1 समान, एक जैसा 2 योग्य, उपयुक्त 3 उचित **सदृशता** (स्त्री.) सदृश होने की स्थिति
सदेह–I (वि.) 1 शरीर से युक्त 2 प्रत्यक्ष, मूर्तिमान II (क्रि. वि.) शरीर धारण करने की अवस्था में
सदैव–(क्रि. वि.) सदा, हमेशा
सदोष–(वि.) 1 दोषी 2 दोषयुक्त
सद्गति–(स्त्री.) 1 अच्छी हालत 2 मुक्ति
सद्गुण–(पु.) अच्छा गुण
सद्गुरु–(पु.) अच्छा और श्रेष्ठ गुरु
सद्ग्रंथ–(पु.) सन्मार्ग बतलानेवाली पुस्तक
सद्ज्ञान–(पु.) अच्छा ज्ञान
सद्बुद्धि–(स्त्री.) अच्छा विवेक
सद्भाव–(पु.) शुभ भाव
सद्यः–(अ.) 1 आज ही 2 इसी समय, अभी 3 तुरंत **सद्यःप्रसूत** (वि.) तुरंत का जन्मा हुआ **सद्यःप्रसूता** (वि./स्त्री.) हाल ही में जन्मी हुई
सद्व्यवहार–(पु.) अच्छा व्यवहार
सधना–(अ. क्रि.) 1 सिद्ध होना, पूरा होना 2 मतलब पूरा होना 3 अभ्यस्त होना
सधन्यवाद–(क्रि. वि.) धन्यवाद के साथ
सधर्मी–(वि.) समान धर्म का अनुयायी
सधवा–(स्त्री.) सुहागिन, सौभाग्यवती
सन्–(पु.) साल, वर्ष
सन–(पु.) एक पौधा जिसके रेशे से बोरे आदि बनते हैं
सनक–(स्त्री.) 1 पागलपन, ख़ब्त 2 धुन, झोंक
सनद–(स्त्री.) 1 प्रमाणपत्र 2 प्रामाणिक कथन
सनसनाहट–(स्त्री.) सनसन की आवाज़
सनसनी–(स्त्री.) 1 झुनझुनी 2 स्तब्धता 3 खलबली **सनसनीख़ेज़** (वि.) खलबली पैदा करनेवाला
सनातन–(वि.) 1 सदा से चला आता हुआ 2 परंपरानिष्ठ (आर्थोडाक्स) 3 सदा बना रहनेवाला, शाश्वत **सनातन काल** (पु.) प्राचीन युग **सनातनधर्मी** (पु.) सनातन धर्म का अनुयायी
सनाथ–(वि.) स्वामी-सहित
सन्नद्ध–(वि.) 1 कसकर बँधा हुआ 2 कटिबद्ध 3 उद्यत, तैयार 4 संलग्न 5 पास का
सन्नाटा–(पु.) 1 स्तब्धता, चुप्पी, मौन 2 निर्जनता
सन्निकट–(अ.) बिल्कुल समीप
सन्निधि–(स्त्री.) 1 अलग न रखने का काम 2 पास होने का भाव
सन्निपात–(पु.) 1 उतरना, गिरना 2 संगम, मिलना 3 अनेक घटनाओं का एक साथ घटित होना 4 मिश्रण
सन्निविष्ट–(पु.) 1 अंदर आया हुआ 2 जोड़ा हुआ, लगाया हुआ 3 स्थापित किया हुआ
सन्निवेश–(पु.) 1 पास रखना 2 साथ बैठना 3 आसन 4 समूह, मंडली 5 संयोग 6 सामीप्य 7 उचित स्थान पर बैठाना 8 निर्माण, रचना 9 व्यवस्था, प्रबंध 10 आधार, आश्रय
सन्मार्ग–(पु.) अच्छा रास्ता
सपत्नीक–(वि.) पत्नी के साथ
सपना–(पु.) 1 स्वप्न 2 मनगढ़ंत कपोल-कल्पित बात
सपरिवार–(वि.) परिवारसहित
सपाट–(वि.) 1 समतल 2 जो ऊबड़-खाबड़ न हो (जैसे–सपाट मैदान, सपाट खेत)
सपाटा–(पु.) 1 तेज़ी, झोंक 2 झपट 3 दौड़
सपूत–(पु.) योग्य पुत्र
सप्त–(वि.) गिनती में सात **सप्त-ऋषि** (पु.) विश्वमित्र, यमदाग्नि, भारद्वाज, गौतम, अत्रि, वशिष्ठ और कश्यप ये सात ऋषि **सप्तपदी** (स्त्री.) वर-वधू द्वारा अग्नि के चारों ओर सात चक्कर लगाना **सप्तपुरी** (स्त्री.) सात पवित्र तीर्थ या नगर **सप्तसिंधु** (पु.) सिंधु,

स

परुष्णी, शतुद्री, वितस्ता, यमुना, गंगा तथा सरस्वती की सामूहिक संज्ञा

सप्तक–(पु.) I संगीत में सात स्वरों का समूह II (वि.) 1 सात 2 सातवाँ

सप्तमी–(स्त्री.) सातवीं तिथि, सातवाँ दिन

सप्तशती–(स्त्री.) 1 एक ही तरह की सात सौ वस्तुओं का वर्ग 2 सात सौ पदों का संग्रह

सप्ताह–(पु.) 1 सात दिन 2 सात दिनों का समय

सप्ताहांत–(पु.) सप्ताह का अंत

सप्रमाण–I (वि.) 1 प्रमाणयुक्त 2 प्रामाणिक II (क्रि. वि.) प्रमाण के साथ

सप्राण–(वि.) प्राण के साथ, सजीव

सफल–(वि.) 1 फल से युक्त 2 (कार्य) परिणाम या फलवाला 3 उत्तीर्ण

सफ़ाई–(स्त्री.) 1 स्वच्छता, निर्मलता 2 सफ़ा होने का भाव

सफ़ाचट–(वि.) 1 चिकना 2 समतल

सफ़ाया–(पु.) 1 संहार 2 समाप्त कर देना

सफ़ेद–(वि.) 1 रंगहीन 2 स्वच्छ तथा उज्ज्वल 3 कोरा **सफ़ेदपोश** I (पु.) कुलीन, शिक्षित और सभ्य व्यक्ति II (वि.) साफ़ कपड़े पहननेवाला **सफ़ेद झूठ** सरासर झूठ

सफ़ेदा–(पु.) एक ऊँचा और सीधा पेड़

सफ़ेदी–(स्त्री.) 1 चूने की पोताई 2 धवलता

सब–(वि.) 1 कुल 2 सारा

सबल–(वि.) बलवान, ताक़तवर

सबूत–(पु.) प्रमाण

सबेरा–(पु.) सवेरा

सब्ज़ी–(स्त्री.) साग-पात, हरी तरकारी **सब्ज़ीफ़रोश** (पु.) सब्ज़ी बेचनेवाला **सब्ज़ी मंडी** (स्त्री.) साग-सब्ज़ी तथा फल आदि बेचने का स्थान

सब्र–(पु.) 1 सहन, बर्दाश्त 2 धैर्य

सभा–(स्त्री.) 1 समिति, परिषद् 2 मंडली 3 संस्था **सभापति** (पु.) सभा का अध्यक्ष **सभापतित्व** (पु.) सभा का पद और कार्य

सभागार–(पु.) सभागृह

सभाध्यक्ष–(पु.) सभापति

सभासद–(पु.) 1 सदस्य 2 अदालत की पंचायत का सदस्य

सभी–(सर्व.) सब ही

सभ्य–I (वि.) 1 शिष्ट, सिविल 2 संस्कृत II (पु.) भला आदमी **सभ्यता** (स्त्री.) 1 सभ्य होने का भाव 2 नम्रता 3 शिष्टता

सम–(वि.) 1 एक ही, अभिन्न 2 एक-सा, सदृश 3 बराबर 4 चौरस 5 जिसमें दो से भाग देने पर कुछ न बचे (जैसे–सम और विषम संख्याएँ) 6 निष्पक्ष **समकक्ष** (वि.) 1 समान ऊँचाई का 2 समान पदवाला 3 जोड़ या बराबरी का **समकालीन** (वि.) एक ही समय का, समसामयिक **समकोण** I (वि.) बराबर कोणोंवाला II (पु.) 90° का कोण **समतल** (वि.) चौरस, हमवार **समभागी** (वि.) बराबर हिस्सा पानेवाला **समरस** (वि.) 1 एक रसवाला 2 एक-सा **समवयस्क** (वि.) हमउम्र **समसामयिक** (वि.) समकालीन

समक्ष–I (वि.) उपस्थित, गोचर II (अ.) सामने

समग्र–(वि.) सब, पूरा

समझ–(स्त्री.) 1 बुद्धि, प्रज्ञा 2 विचार, ख़्याल **समझदारी** (स्त्री.) समझ होना **समझ-बूझ** (स्त्री.) अच्छी अक़्ल

समझना–(अ. क्रि.) 1 ज्ञान प्राप्त करना 2 अनुमान करना

समझौता–(पु.) 1 आपस का क़रार या निश्चय 2 निपटारा, निर्णय **समझौता वार्ता** (स्त्री.) समझौता संबंधी बातचीत

समत्व–(पु.) समता

समदर्शी–(पु.) सबको एक समान देखनेवाला

समधिन–(स्त्री.) समधी की पत्नी

समधी–(पु.) पुत्र या पुत्री के ससुर

समन्वय–(पु.) 1 संयोग 2 नियमित क्रम 3 मेल, पटरी 4 संबद्ध फल, कार्य-कारण संबंध का निर्वाह **समन्वयवाद** (पु.) यह मत कि विवाद से बचने के लिए मतों का समन्वय कर लेना चाहिए

समन्वित–(वि.) 1 समन्वय किया गया 2 लगा हुआ

स

समय–(पु.) 1 काल 2 वक़्त 3 अवसर 4 फुरसत 5 उपयुक्त काल 6 अंत समय 7 संकट की स्थिति 8 प्रतिज्ञा 9 सफलता 10 अभ्युदय 11 कर्तव्य का पालन 12 व्यवहार 13 ठहराव 14 प्रथा **समयगति** (स्त्री.) समय का गुज़रना या व्यतीत होना **समयनिष्ठ** (वि.) समय का पाबंद **समय सारिणी** (स्त्री.) कार्य आदि संचालन के लिए निर्धारित समय की सूची (टाइम टेबल)

समयानुसार–(वि.) समय के अनुरूप

समयाभाव–(पु.) समय की कमी

समयोचित–(वि.) समयानुकूल, कालोचित

समर–(पु.) युद्ध, लड़ाई **समर क्षेत्र** (पु.) युद्धक्षेत्र **समर नीति** (स्त्री.) युद्ध की नीति **समर भूमि** (स्त्री.) समरांगण **समर शास्त्र** (पु.) युद्धविद्या

समरांगण–(पु.) लड़ाई का मैदान

समरावस्था–(स्त्री.) युद्ध की स्थिति

समर्थ–(वि.) 1 शक्तिशाली 2 योग्य 3 उपयुक्त **समर्थता** (स्त्री.) 1 शक्ति 2 योग्यता 3 उपयुक्तता

समर्थक–(वि.) 1 अनुमोदन करनेवाला 2 पुष्टि करनेवाला

समर्थन–(पु.) अनुमोदन

समर्थित–(वि.) समर्थन किया हुआ

समर्पण–(पु.) 1 अर्पित करना 2 सौंपना, देना 3 भेंट करना **समर्पण मूल्य** (पु.) बीमा की अवधि समाप्त होने के पूर्व बीमापत्र देने पर दिया जानेवाला धन

समर्पित–(वि.) समर्पण किया हुआ

समवाय–(पु.) 1 समूह, झुंड 2 ढेर, राशि 3 मेल, संयोग

समवेत–(वि.) 1 एकत्र 2 संचित 3 मिलाया हुआ

समष्टि–(स्त्री.) 1 सामूहिकता 2 समवेत सत्ता 3 एक जैसे अंगों का समूह **समष्टिगत** (वि.) समष्टि रूप में लाया हुआ **समष्टिवाद** (पु.) समाजवाद

समस्त–(वि.) कुल, पूरा

समस्या–(स्त्री.) कठिन या विकट प्रसंग **समस्याग्रस्त** (वि.) समस्या में फँसा हुआ

समागम–(पु.) 1 पहुँचना 2 एकत्र होना 3 स्त्रीप्रसंग, मैथुन, संभोग

समाचार–(पु.) 1 हाल-चाल 2 कुशल-मंगल 3 सूचना 4 हाल की घटना की सूचना **समाचार पत्र** (पु.) अख़बार (न्यूज़पेपर)

समाज–(पु.) 1 समुदाय, दल, समूह 2 सभा 3 झुंड, गिरोह, समूह 4 समान कार्यकर्ताओं का समूह 5 संघटित **समाजद्रोही** (वि.) समाज से द्रोह या वैर रखनेवाला **समाजवादी** I (पु.) समाजवाद का समर्थन करनेवाला या अनुयायी II (वि.) समाजवाद का **समाज शास्त्र** (पु.) सामाजिक प्राणी के रूप में मनुष्य का समाज के प्रति कर्तव्यों आदि का विवेचन करनेवाला शास्त्र **समाज-शास्त्री** (पु.) समाज शास्त्र का ज्ञाता **समाज-सुधारक** (पु.) समाजसुधार करनेवाला

समाज-कल्याण–(पु.) समाज के कमज़ोर वर्गों के उत्थान के लिए चलाई गई योजनाएँ

समादरणीय–(वि.) समादर के योग्य

समादृत–(वि.) सम्मानित

समाधान–(पु.) 1 संशय दूर करना 2 संकट को दूर करना 3 समस्या का निराकरण **समाधानकारक** (वि.) समस्या का निराकरण करनेवाला

समाधि–(स्त्री.) 1 योग का अंतिम अंग, मन को ब्रह्म पर केंद्रित करना 2 योग साधना का चरम फल

समाधिस्थ–(वि.) समाधि लगाया हुआ

समान–(वि.) 1 सदृश, तुल्य, एक-सा 2 साधारण 3 समान परिमाण का **समान उत्तराधिकार** (पु.) बराबर का विरसा **समानधर्मा** (वि.) समान गुण, धर्म या प्रकृतिवाला **समानवाची** (वि.) समानार्थक

समानांतर–(वि.) 1 समान अंतर पर होनेवाला (जैसे–समानांतर रेखा) 2 साथ-साथ काम करनेवाला या चलनेवाला

समाना–I (अ. क्रि.) 1 भरना, अटना 2 व्याप्त

स

होना II (स. क्रि.) अंदर करना, भरना
समानाधिकार–(पु.) 1 समान अधिकार 2 जातीय गुण या विशेषता
समानार्थक–(वि.) समान अर्थवाला
समानुपात, समानुपातिक–(पु.) वस्तु के विभिन्न अंगों में होनेवाला तुलनात्मक संबंध
समानानुभूति–(स्त्री.) किसी कलाकृति को देखकर उसमें निहित भावना के समान मन में उठी अनुभूति
समापन–(पु.) 1 समाप्त करना 2 पूरा करना
समापवर्तक–(पु.) वह राशि जिससे दो या अधिक राशियों को अलग-अलग भाग देने पर शेष कुछ भी न बचे (कॉमन फ़ैक्टर) (जैसे–24, 36, 48 का समापवर्तक 12 है)
समाप्त–(वि.) 1 पूरा किया गया 2 अस्तित्व नष्ट कर दिया गया 3 व्यतीत हो गया 4 मृत
समाप्ति–(स्त्री.) 1 ख़त्म होना 2 अंत होना 3 न रह जाना
समाप्य–(वि.) समाप्त किए जाने योग्य
समायोजन–(पु.) 1 समारोह 2 संभरण, सप्लाई
समारंभ–(पु.) 1 आरंभ, शुरुआत 2 समारोह 3 काम
समारोह–(पु.) शुभ आयोजन, जलसा
समालोचक–(पु.) समालोचना करनेवाला
समालोचन, समालोचना–(स्त्री.) 1 गुण-दोष का विवेचन 2 कृति के संबंध में की गई आलोचना, गुण-दोष संबंधी कृति का विवेचन, समीक्षा
समालोचनात्मक–(वि.) समीक्षात्मक
समाविष्ट–(वि.) 1 व्याप्त 2 गृहीत, ग्रस्त 3 आसीन 4 एकाग्रचित्त
समावेश–(पु.) 1 अंतर्भाव, शामिल होना 2 व्याप्त होना 3 भावावेश 4 साथ रहना 5 मतैक्य 6 मनोनिवेश 7 प्रवेश
समास–(पु.) 1 योग, मेल 2 संचय, संग्रह 3 दो या अधिक पदों को मिलाकर एक रूप देना **समास चिह्न** (पु.) शब्दों के जोड़ने का चिह्न, योजन चिह्न (-)
समासीन–(वि.) बैठा हुआ
समाहर्ता–I (पु.) समाहरण करनेवाला एक राज्याधिकारी (कलक्टर) II (वि.) 1 जमा करनेवाला 2 सम्मिलित होनेवाला 3 संक्षिप्त रूप देनेवाला
समाहार–(पु.) 1 संग्रह 2 मिलन, मिलाप 3 ढेर, राशि
समाहित–(वि.) 1 व्यवस्थित 2 प्रतिपादित 3 स्वीकृत
समिति–(स्त्री.) 1 सभा, समाज 2 संस्था
समीकरण–(पु.) 1 समान करने की क्रिया 2 ज्ञात राशि से अज्ञात राशि निकालना 3 राशियों के मान को बराबर सिद्ध करना
समीक्षक–(पु.) समीक्षा करनेवाला, समालोचक
समीक्षा–(स्त्री.) 1 परीक्षण 2 गुणदोष विवेचन
समीचीन–(वि.) 1 यथार्थ, ठीक 2 उचित, वाजिब 3 न्यायसंगत
समीप–(क्रि. वि.) पास, दूर, निकट **समीपता** (स्त्री.) निकटता **समीपवर्ती** (वि.) पास में स्थित **समीपस्थ** (वि.) समीप में बसा हुआ
समीर–(पु.) हवा, वायु
समुचित–(वि.) 1 उपयुक्त 2 ठीक, उचित 3 यथेष्ट
समुच्चय–(पु.) समूह, राशि **समुच्चयबोधक** (वि.) समुच्चय का ज्ञान करानेवाला
समुज्ज्वल–(वि.) चमकता हुआ
समुत्थान–(पु.) 1 ऊपर उठाना 2 उन्नति 3 उत्पत्ति 4 स्वास्थ्य लाभ करना 5 वृद्धि
समुदाय–(पु.) 1 दल, समूह, झुंड 2 संस्था, जनसमूह 3 ढेर, राशि
समुद्भव–(पु.) 1 उत्पत्ति, जन्म 2 पुनरुज्जीवन
समुद्र, समुंदर–(पु.) सागर, जलधि, अंबुधि **समुद्र तटवर्ती** (वि.) समुद्र के किनारे का **समुद्र तल** (पु.) समुद्र की निचली तह
समुद्री–(वि.) समुद्र का, समुद्र संबंधी
समुन्नत–(वि.) 1 खूब बढ़ा-चढ़ा 2 बहुत ऊँचा
समुपस्थित–(वि.) उपस्थित
समुल्लास–(पु.) 1 उल्लास, प्रसन्नता, खुशी 2 सम्यक् कांति 3 ग्रंथ का परिच्छेद
समूचा–(वि.) सब, कुल, पूरा

स

समूल–(वि.) 1 जड़ से युक्त, जड़वाला 2 कारणसहित

समूह–(पु.) 1 झुंड 2 जमघट, समुदाय **समूहवाचक** (वि.) समूह का बोध करानेवाला

समृद्ध–(वि.) 1 संपन्न, धनवान् 2 सशक्त 3 प्रभावशाली

समृद्धि–(स्त्री.) 1 समृद्ध होने का भाव 2 अत्यधिक संपन्नता 3 ऐश्वर्य, अमीरी 4 अधिकता, बहुलता 5 शक्ति

समेकित–(वि.) एकीकृत

समेटना–(स. क्रि.) 1 इकट्ठा करना 2 धारण करना

समेत–I (वि.) संयुक्त II (अ.) सहित, साथ

समोना–(स. क्रि.) सम्मिलित करना

सम्मत–(वि.) 1 एक ही राय का, सहमत 2 माना हुआ 3 विचारित

सम्मति–(स्त्री.) 1 सलाह, राय 2 अनुज्ञा, अनुमति 3 मत, विचार 4 इच्छा, कामना

सम्मान–I (पु.) आदरपूर्ण भाव II (वि.) मान-प्रतिष्ठा से युक्त III (अ.) प्रतिष्ठापूर्वक **सम्मानजनक** (वि.) सम्मानवाला **सम्मान-पत्र** (पु.) सम्मान में दिया जानेवाला पत्र **सम्मानपूर्वक** (क्रि. वि.) सम्मान से **सम्मानप्रद** (वि.) सम्मान देनेवाला

सम्मानित–(वि.) सम्मान पाया हुआ

सम्मान्य–(वि.) आदरणीय

सम्मिलित–(वि.) 1 मिलाया हुआ 2 सामूहिक 3 एकत्र हुआ

सम्मिश्रण–(पु.) 1 मिलाना 2 मिलावट, मेल

सम्मिश्रित–(वि.) 1 मिलाया हुआ 2 मिलावटी

सम्मुख–I (वि.) 1 जो सामने मौजूद हो 2 उपयुक्त II (अ.) 1 सामने, आगे 2 बिल्कुल सीधे

सम्मेलन–(पु.) 1 सभा, संस्था आदि 2 मेल, मिलाप, जमघट **सम्मेलन भवन** (पु.) वह इमारत जहाँ सम्मेलन किया जाए

सम्मोह–(पु.) 1 मोह, प्रेम 2 भ्रम, धोखा

सम्मोहन–(पु.) मुग्ध करना

सम्यक्–I (पु.) समुदाय, समूह II (वि.) 1 पूरा, सब, समस्त 2 उचित, उपयुक्त III (वि.) 1 पूरी तरह से 2 अच्छी तरह, भली-भाँति

सम्यक् ज्ञान–(पु.) सच्चा ज्ञान

सम्राज्ञी–(स्त्री.) 1 साम्राज्य की स्वामिनी 2 सम्राट् की पत्नी

सम्राट्–(पु.) साम्राज्य का स्वामी

सयाना–I (वि.) 1 वयस्क 2 बुद्धिमान्, समझदार 3 चालाक 4 कपटी और धूर्त II (पु.) अधिक अवस्थावाला, अनुभवी तथा बुद्धिमान्

सर–I (पु.) 1 बाण 2 तालाब

सर–II (पु.) 1 सिर 2 ताश, गंजीफे का कोई बड़ा पत्ता

सरकंडा–(पु.) गाँठदार सरपत का एक पौधा

सरकना–(अ. क्रि.) 1 खिसकना, रेंगना 2 समय का टल जाना 3 आगे बढ़ना

सरकस–(पु.) वह स्थान जहाँ कलाकारों और जानवरों के खेल दिखाए जाते हैं

सरकार–(स्त्री.) 1 राज्य, हुकूमत 2 शासन (गवर्नमेंट) 3 शासन प्रबंध 4 राजदरबार

सरगम–(पु.) 1 संगीत के षडज से निषाद तक के सात स्वरों का समूह, स्वरग्राम 2 राग में लगनेवाले स्वरों का उच्चारण

सरणी–(स्त्री.) मार्ग, रास्ता

सरदार–(पु.) 1 मंडली का नायक, अगुआ 2 सिख संप्रदाय का अनुयायी, सिखों की उपाधि

सरना–(अ. क्रि.) 1 सरकना, खिसकना 2 हिलना-डोलना

सरनामा–(पु.) 1 प्रशस्ति 2 चिट्ठी पानेवाले का पता

सरपट–(स्त्री.) घोड़े की बहुत तेज़ चाल

सरल–(वि.) 1 सीधा (जैसे–सरल रेखा) 2 सामान्य, साधारण 3 आसान, सहज 4 भोला-भाला 5 ईमानदार और सच्चा **सरलता** (स्त्री.) सरल होने का भाव, सीधापन **सरल हृदय** (वि.) निष्कपट हृदयवाला

सरस–(वि.) 1 रसीला, रसयुक्त 2 स्वादिष्ट, ज़ायकेदार 3 प्रेमासक्त 4 सुंदर 5 मोहक

स

सरसठ–(वि./पु.) 67 की संख्या
सरसराहट–(स्त्री.) 1 सरसराने से उत्पन्न ध्वनि 2 सुरसुराहट
सरसिज–(पु.) तालाब में होनेवाला, कमल
सरसी–(स्त्री.) 1 छोटा जलाशय 2 बावली
सरसों–(स्त्री.) 1 एक फ़सल, तेलहन 2 इस फ़सल का बीज
सरस्वती–(स्त्री.) 1 विद्या, इल्म 2 विद्या और वाणी की अधिष्ठात्री देवी
सराफ़–(पु.) सोने-चाँदी का व्यापारी
सराय–(स्त्री.) मुसाफ़िरख़ाना, धर्मशाला
सराहना–I (स. क्रि.) प्रशंसा करना, बड़ाई करना II (स्त्री.) प्रशंसा, तारीफ़
सराहनीय–(वि.) प्रशंसा के योग्य
सरिता–(स्त्री.) नदी
सरिया–(पु.) लोहे की लंबी पतली छड़
सरीसृप–(पु.) ज़मीन पर रेंगनेवाले जीव
सरूप–(वि.) 1 समान, सदृश 2 सुंदर रूपवाला
सरेस–(पु.) एक लसदार पदार्थ
सरोज–(पु.) कमल **सरोजमुखी** (वि./स्त्री.) कमल के समान मुखवाली, सुंदरी
सरोजिनी–(स्त्री.) 1 कमल से भरा तालाब 2 कमल-समूह 3 कमल का पौधा
सरोद–(पु.) 1 वीणा की तरह का एक बाजा 2 नाच-गाना
सरोवर–(पु.) तालाब
सरौता–(पु.) सुपारी काटने के काम में आनेवाला कैंची की तरह का एक उपकरण
सर्ग–(पु.) ग्रंथ का प्रकरण या अध्याय
सर्जक–(वि.) 1 सर्जन करनेवाला 2 रचना करनेवाला
सर्जन–(पु.) 1 उत्पन्न करना, जन्म देना 2 छोड़ना
सर्जनात्मक–(वि.) रचनात्मक
सर्दी–(स्त्री.) ठंड, शीत
सर्प–(पु.) साँप
सर्पाकार–(वि.) साँप के आकार का
सर्व–(वि.) सब, सारा, समस्त **सर्वकल्याण** (पु.) सबका भला **सर्वकालिक, सर्वकालीन** (वि.) हमेशा बना रहनेवाला **सर्वनाम** (पु.) संज्ञा के स्थान पर प्रयुक्त शब्द **सर्वप्रथम** (क्रि. वि.) सबसे पहला, अव्वल **सर्वप्रभुता** (स्त्री.) सार्वभौमिकता **सर्वप्रमुख** (वि.) सर्वप्रधान **सर्वव्यापक, सर्वव्यापी** (वि.) 1 हर तरफ़ फैला हुआ 2 सबमें समाया हुआ (जैसे–सर्वव्यापी आत्मा) **सर्वशक्तिमान्** I (वि.) सबसे अधिक बलवान्, सर्वशक्तिशाली, सर्वबली II (पु.) ईश्वर **सर्वश्रेष्ठ** (स्त्री.) I (वि.) सब में अच्छा, सर्वोत्तम **सर्वसम्मत** (वि.) सभी के द्वारा मान्य
सर्वतोमुख, सर्वतोमुखी–(वि.) 1 चारों तरफ़ मुँहवाला 2 हर तरह के कार्यों में दक्ष (आलराउंडर) 3 सब ओर व्याप्त
सर्वत्र–(क्रि. वि.) 1 सब जगह 2 हर वक्त
सर्वथा–(क्रि. वि.) 1 हर तरह से 2 बिलकुल 3 अत्यंत, हमेशा
सर्वमंगला–(स्त्री.) 1 दुर्गा 2 लक्ष्मी
सर्वशः–(क्रि. वि.) 1 समूचा, पूर्ण रूप से
सर्वस्व–(पु.) 1 संपूर्ण संपत्ति 2 अमूल्य और महत्त्वपूर्ण पदार्थ
सर्वांगीण–(वि.) 1 सभी अंगों में व्याप्त होनेवाला 2 सब वेदांगों से संबंधित
सर्वार्थ–(पु.) सबके लिए, सबके भले के लिए
सर्वाधिक–(वि.) सबसे अधिक
सर्वाधिकार–(पु.) 1 पूर्ण प्रभुत्व, पूरा इख़्तियार 2 सभी प्रकार के अधिकार
सर्वेक्षण–(पु.) 1 संपूर्ण निरीक्षण (सर्वे) 2 आधिकारिक निरीक्षण (जैसे–भूमि सर्वेक्षण)
सर्वेसर्वा–(पु.) पूरा मालिक
सर्वोच्च–(वि.) 1 सर्वोपरि 2 सबसे बड़ा
सर्वोत्तम–(वि.) सबसे अच्छा
सर्वोदय–(पु.) सबकी उन्नति
सर्वोपरि–(वि.) सबसे ऊपर या बढ़कर
सलज्ज–I (वि.) लज्जाशील II (अ.) 1 लजाते हुए 2 लाज से
सलमा–(पु.) सोने-चाँदी का रुपहला तार
सलहज–(स्त्री.) साले की पत्नी, पत्नी की भाभी या भौजाई

सलाई–(स्त्री.) काठ, धातु आदि का छोटा और पतला छड़

सलाम–(पु.) 1 नमस्कार, प्रणाम, बंदगी 2 अभिवादन का मुस्लिम ढंग

सलाह–(स्त्री.) 1 राय, सम्मति 2 विचार-विमर्श, परामर्श 3 इरादा, विचार 4 कुशल, क्षेम **सलाहकार** (पु.) सलाह देनेवाला

सलिल–(पु.) पानी, जल

सलोना–(वि.) 1 लावण्यमय, सुंदर 2 नमकीन

सलोनो–(पु.) रक्षाबंधन

सल्तनत–(स्त्री.) राज्य, बादशाहत, शासन

सवर्ग–(वि.) समान वर्ग का

सवर्ण–(वि.) 1 समान रूप-रंग का 2 समान जाति का 3 समान वर्ण का

सवा–(वि.) एक और चौथाई (जैसे–सवा किलो)

सवाक्–(वि.) बोलता हुआ **सवाक् चित्र** (पु.) बोलता हुआ सिनेमा

सवाया–(वि.) 1 सवा गुना 2 अधिक बढ़कर

सवार–(पु.) सवारी पर चढ़नेवाला व्यक्ति, आरोही

सवारी–(स्त्री.) 1 सवार होने की अवस्था 2 सवार का साधन (जैसे–गाड़ी, घोड़ा, नाव, ज़हाज आदि) 3 सवार होनेवाला व्यक्ति

सवाल–(पु.) 1 प्रश्न 2 पूछने का भाव 3 प्रश्न, समस्या (क्वेश्चन) 4 माँगना

सविता–(पु.) सूर्य, दिनकर

सविनय–I (वि.) 1 विनय से पूर्ण 2 विनम्र 3 शिष्ट II (क्रि. वि.) विनम्रतापूर्वक

सविनय अवज्ञा–(स्त्री.) नम्रतापूर्वक अवमानना

सविस्तार–(क्रि. वि.) विस्तारपूर्वक

सवेग–I (वि.) 1 समान वेगवाला 2 वेगशील II (क्रि. वि.) वेगपूर्वक

सवेरा–(पु.) प्रातःकाल, सुबह

सवैतनिक–(वि.) वेतन के साथ कार्यरत

सवैया–(पु.) हिंदी का एक वर्णिक छंद

सशंक–(वि.) 1 शंकायुक्त, शंकित 2 भीरु

सशक्त–(वि.) समर्थ

सशरीर–I (वि.) शरीर सहित, मूर्त II (क्रि. वि.) शरीर के साथ

सशस्त्र–(वि.) शस्त्र लिए हुए

सश्रम–I (वि.) थका हुआ, श्रमित II (क्रि. वि.) परिश्रमपूर्वक (जैसे–सश्रम कारावास)

ससुर–(पु.) पति या पत्नी का पिता

ससुरा–(पु.) एक तरह की गाली

ससुराल–(स्त्री.) ससुर का घर, पति या पत्नी के पिता का घर

सस्ता–(वि.) कम मूल्य का (जैसे–सस्ता कपड़ा)

सस्नेह–I (वि.) स्नेहयुक्त (जैसे–सस्नेह चुंबन, सस्नेह आशीष) II (क्रि. वि.) स्नेहपूर्वक

सस्मित–I (वि.) मुस्कानयुक्त II (क्रि. वि.) मुस्कराते हुए

सस्वर–(क्रि. वि.) स्वर सहित, गाकर

सह–I (अ.) सहित, समेत II (वि.) 1 सहन करनेवाला (जैसे–अग्नि-सह) 2 सहिष्णु, सहनशील **सहकारिता** (स्त्री.) 1 सहकारी होना 2 सहायता **सहकारी** (वि.) 1 सहकार संबंधी 2 सहकारिता संबंधी 3 सहायक, मददगार **सहगामी** (वि.) संग चलनेवाला **सहचरी** (स्त्री.) 1 साथ चलनेवाली स्त्री, सखी 2 पत्नी, भार्या **सहचार** (पु.) 1 साथ चलना 2 साथी, सहचर 3 संगति, सामंजस्य **सहचारिता** (स्त्री.) सहचारी होने की अवस्था **सहचारी** I (वि.) साथ चलनेवाला II (पु.) संगी **सहधर्मिणी** (स्त्री.) पत्नी, भार्या **सहपाठी** (पु.) साथ पढ़नेवाला **सहभागिता** (स्त्री.) भागीदार, साझेदारी **सहभोज** (पु.) एक साथ बैठकर भोजन करना **सहमत** (वि.) जिसका मत दूसरे से मिलता हो **सहयोग** (पु.) 1 सहायता 2 साथ मिलकर काम करना **सहयोगी** (वि.) 1 सहयोग करनेवाला 2 मददगार 3 साथ काम करनेवाला **सहवास** (पु.) 1 साथ रहना 2 संभोग, मैथुन **सहशिक्षा** (स्त्री.) बालकों और बालिकाओं को एक साथ दी जानेवाली शिक्षा

सहकार–(पु.) 1 साथ काम करना 2 सहायता देना **सहकार समिति** (स्त्री.) उपभोक्ताओं की स्वयं गठित संस्था (कोआपरेटिव सोसाइटी)

स

सहज प्रवृत्ति–(स्त्री.) जन्मजात व्यवहार

सहज समाधि–(स्त्री.) बाह्याडंबर से शून्य बौद्ध तांत्रिकों और योगियों की सहज रूप में समाधि या स्वाभाविक ध्यान लगाने की क्रिया

सहजावस्था–(स्त्री.) इच्छा, क्रिया और ज्ञान से शून्य मन की अवस्था

सहन–I (पु.) 1 सहने का भाव 2 क्षमा **सहन-शक्ति** (स्त्री.) सहने की क्षमता (जैसे–सहन शक्ति के बाहर की बात) **सहनशील** (वि.) सहन करनेवाला

सहन–II (पु.) आँगन

सहना–(स. क्रि.) 1 सहन करना (जैसे–घाटा सहना) 2 झेलना (जैसे–दुःख सहना) 3 भोगना

सहलाना–(स. क्रि.) धीरे-धीरे हाथ फेरना

सहवास–(पु.) किसी के साथ रहना

सहसा–(क्रि. वि.) अचानक, एकाएक

सहस्र–I (वि.) 1 हज़ार 2 अत्यधिक II (पु.) 1000 की संख्या **सहस्रगुणा, सहस्रगुना** (वि.) हज़ार गुना

सहस्त्राब्दी–(स्त्री.) हज़ार वर्षों का समय

सहस्त्रायु–(वि.) हज़ार वर्ष जीनेवाला

सहानुभूति–(स्त्री.) 1 संवेदना, हमदर्दी 2 अनुकंपा, दया **सहानुभूति-सूचक** (वि.) संवेदना या हमदर्दी प्रकट करनेवाला

सहायक–(वि.) 1 सहायता करनेवाला 2 योग देनेवाला 3 अधीनता में काम करनेवाला

सहायता–(स्त्री.) 1 सहाय होने की अवस्था, मदद 2 भरण-पोषण हेतु दिया गया धन

सहायतार्थ–(क्रि. वि.) मदद के लिए

सहारा–(पु.) 1 भरोसा, मदद 2 आश्रय, टेक

सहित–I (वि.) युक्त II (क्रि. वि.) समेत, साथ

सहिष्णु–(वि.) सहनशील **सहिष्णुता** (स्त्री.) सहनशीलता

सही–I (वि.) 1 यथार्थ, वास्तविक 2 सत्य, सच 3 बिल्कुल ठीक II (अ.) निश्चयपूर्वक III (स्त्री.) 1 मान्यता का सूचक कथन 2 मान्यता 3 साक्षी के रूप में किया जानेवाला हस्ताक्षर, दस्तख़त

सही सबूत–(पु.) साक्षी, प्रमाण

सही-सलामत–(वि.) 1 सुरक्षित 2 स्वस्थ, नीरोग 3 दोषरहित

सहूलियत–(स्त्री.) 1 आसानी, सुगमता 2 सुभीता

सहृदय–(वि.) 1 कोमलचित्त 2 दयालु 3 सच्चा 4 रसिक **सहृदयता** (स्त्री.) सहृदय होने की स्थिति

सहेजना–(स. क्रि.) 1 अच्छी तरह दिखलाकर सौंपना 2 अच्छी तरह देखना

सहेली–(स्त्री.) सखी (जैसे–सहेली के घर चली जाना)

सहोदर–I (वि.) 1 एक ही गर्भ से उत्पन्न 2 अपना और सगा II (पु.) सगा भाई

सह्य–(वि.) 1 सहने योग्य 2 प्रिय

साँई–(पु.) 1 स्वामी, मालिक 2 परमात्मा, ईश्वर 3 पति 4 सिंधियों में प्रयुक्त आदरसूचक संबोधन

साँकल–(स्त्री.) 1 ज़ंजीर, शृंखला 2 सिकड़ी (जैसे–दरवाज़े की साँकल चढ़ा देना)

सांकेतिक–(वि.) 1 संकेत संबंधी 2 संकेत रूप में होनेवाला

सांख्य–(पु.) भारतीय दर्शनों में से एक प्रसिद्ध दर्शन

सांख्यिकी–(स्त्री.) संख्या शास्त्र

सांगोपांग–I (वि.) 1 अंगों, उपागों और उपनिषदों से युक्त 2 अंगों से पूर्ण II (क्रि. वि.) 1 अच्छी तरह से 2 अंगों-उपांगों सहित

सांघातिक–(वि.) 1 अत्यंत ख़तरे का 2 संघात संबंधी 3 जिसके फलस्वरूप मृत्यु हो जाए 4 हनन योग्य

साँचा–(पु.) 1 ढाँचा 2 फ़रमा, कलबूत 3 प्रतिमान (मॉडल) 4 रँगरेज़ों का ठप्पा

साँझ–(स्त्री.) शाम, संध्या, सायंकाल **साँझ-सबेरे** (क्रि. वि.) सुबह-शाम

साँझा–(पु.) साझा, सम्मिलित

साझी–(स्त्री.) मंदिर आदि पूजा-स्थल पर स्त्रियों द्वारा चौक पूरने की एक लोक कला

साँटा–(पु.) 1 कोड़ा 2 करघे का डंडा 3 डंडा 4 ईख

साँठ–(पु.) मेल, योग **साँठ-गाँठ** (स्त्री.) 1 गुप्त

संधि 2 दुरभिसंधि, साज़िश 3 हेल-मेल

साँड़–(पु.) 1 बिना बधिया गाय का नर 2 शक्तिशाली व्यक्ति 3 आवारा या लंपट व्यक्ति

साँड़नी–(स्त्री.) ऊँटनी

साँढ़ू–(पु.) साली का पति

सांत्वना–(स्त्री.) 1 ढाढ़स बँधाना 2 तसल्ली 3 तुष्ट करने का साधन 4 तुष्ट करनेवाला शब्द

सांध्य–(वि.) शाम का, संध्याकालीन **सांध्य गोष्ठी** (स्त्री.) संध्याकालीन सभा

साँप–(पु.) एक प्रसिद्ध लंबा सरीसृप (जैसे–ज़हरीला साँप) **साँप छाती पर लोटना** 1 बहुत व्याकुल होना 2 भारी सदमा पहुँचना **साँप को दूध पिलाना** शत्रु को सहायता देना **साँप सूँघ जाना** निर्जीव होना

साँपिन–(स्त्री.) 1 साँप की मादा 2 बहुत दुष्ट स्त्री, विश्वासघातिनी स्त्री

सांप्रत–(अ.) 1 इसी समय, तत्काल, अभी 2 इस समय, आजकल 3 सामयिक

सांप्रदायिक–(वि.) 1 संप्रदाय संबंधी, संप्रदाय का 2 संप्रदाय के फलस्वरूप होनेवाला **सांप्रदायिकता** (स्त्री.) सांप्रदायिक होने का भाव

साँभर–(पु.) 1 एक प्रकार का बारहसिंघा 2 सँभर झील से बनाया गया नमक 3 सब्ज़ीवाली पतली दाल

साँय-साँय–(स्त्री.) तेज़ हवा की ध्वनि

साँवला–(वि.) हल्का काला, श्यामवर्ण का **साँवलापन** (पु.) वर्ण की श्यामता

सांविधिक–संसद के प्रस्ताव (संविधि) से संबंधित

साँस–(स्त्री.) 1 श्वास, दम 2 जीवन शक्ति **साँस उखड़ना** हाँफना **साँस टूटना** साँस का नियमित रूप से न चलना **साँस रुकना** मर जाना **साँस लेने की फ़ुरसत** थोड़ी-सी फ़ुरसत **ठंडी साँस लेना** आह भरना

साँसत–(स्त्री.) 1 अत्यधिक कष्ट 2 यंत्रणा

सांसद–(वि.) संसद के सदस्य, संसद सदस्यों की मर्यादा के अनुकूल

सांसर्गिक–(वि.) संसर्ग से उत्पन्न होनेवाला

सांसारिक–(वि.) संसार संबंधी, लौकिक, ऐहिक **सांसारिकता** (स्त्री.) संसार से संबंधित होने की अवस्था

सांस्कृतिक–(वि.) संस्कृति संबंधी

सा–(अ.) संबंध का सूचक अव्यय जो क्रिया विशेषण और विशेषण के रूप में प्रयुक्त होता है (जैसे–कमल-सा मुख)

साका–(पु.) 1 यश, कीर्ति 2 झंडा

साकार–(वि.) 1 आकारयुक्त 2 रूप विशिष्ट 3 स्थूल, मोटा 4 अस्तित्व में आया हुआ

साक्षर–(वि.) पढ़ा-लिखा, शिक्षित

साक्षात्–I (अ.) 1 सम्मुख, सामने 2 प्रत्यक्ष 3 शरीर रूप में II (वि.) मूर्तिमान

साक्षात्कार–(पु.) 1 सामने आना 2 प्रत्यक्ष भेंट, मुलाक़ात 3 स्पष्ट ज्ञान

साक्षी–(पु.) गवाही देनेवाला

साक्ष्य–(पु.) 1 गवाही, शहादत 2 प्रमाण

साख–(स्त्री.) 1 धाक, रोब 2 प्रतिष्ठा, मर्यादा

साखी–I (पु.) 1 गवाह 2 मित्र और सहायक

साखी–II (स्त्री.) गवाही, शहादत

साग–(पु.) 1 शाक 2 तरकारी **साग-पात** (पु.) साधारण भोजन

सागर–(पु.) समुद्र

सागवन, सागवान, सागौन–(पु.) साल वृक्ष

साग्रह–(क्रि. वि.) आग्रह के साथ

साजन–(पु.) 1 प्रेमी 2 पति

साझा–(पु.) हिस्सेदारी, भागीदारी

साझेदारी–(स्त्री.) हिस्सेदारी

साठ–(वि./पु.) 60 की संख्या

साठा–I (वि.) साठ वर्ष की उम्रवाला

साठा–II (पु.) गन्ना, ईख

साड़ी–(स्त्री.) स्त्रियों की धोती

साढ़ू–(पु.) पत्नी की बहन का पति, साली का पति

साढ़े–(वि.) आधे के साथ (जैसे–साढ़े पाँच बजा है)

स

सात–(वि./पु.) 7 की संख्या
सातवाँ–(वि.) सात के स्थान पर पड़नेवाला
सात्त्विक, सात्विक–(वि.) सत्त्वगुण-संपन्न **सात्विकता** (स्त्री.) सात्विक होने का भाव
साथ–I (क्रि. वि.) सहित (जैसे–परिवार के साथ आइएगा) II (पु.) संग **साथ छूटना** 1 विलग होना, अलग होना 2 दोस्ती टूटना **साथ होना** शरीक़ होना
साथी–(पु.) 1 मित्र, सखा 2 जीवन संगी 3 परस्पर साथ रहनेवाला व्यक्ति
सादगी–(स्त्री.) 1 सादापन 2 सरलता, भोलापन
सादर–(क्रि. वि.) आदरपूर्वक, इज़्ज़त से
सादा–(वि.) 1 बिना सजावट का 2 ख़ालिस, बेमेल 3 कोरा, अलिखित 4 भोला, सरल
सादृश्य–(पु.) 1 समानता, तुल्यता 2 बराबरी, तुलना 3 प्रतिमूर्ति **सादृश्यता** (स्त्री.) सादृश्य होने की अवस्था
साध–(स्त्री.) आकांक्षा, अभिलाषा
साधक–I (वि.) 1 साधना करनेवाला 2 साधनेवाला II (पु.) तपस्वी
साधन–(पु.) 1 ज़रिया, वसीला 2 सामग्री 3 आवश्यक तत्त्व 4 कार्यपूर्ति का माध्यम 5 सहायता 6 उपाय, ढंग 7 उपकरण
साधना–I (स. क्रि.) 1 अभ्यास करना 2 निशाना लगाना 3 सिद्ध करना
साधना–II (स्त्री.) 1 उपासना, आराधना 2 कार्य सिद्धि 3 तुष्टीकरण
साधारण–(वि.) 1 सामान्य, मामूली 2 सब जगह पाया जानेवाला, आम 3 सरल, आसान
साधारणतः, साधारणतया–(क्रि. वि.) साधारण रूप में, सामान्य ढंग से
साधिका–(वि.) सिद्ध करनेवाली
साधिकार–(क्रि. वि.) अधिकारपूर्वक
साधु–(वि.) 1 अच्छा, भला 2 सच्चा 3 उपयुक्त, योग्य **साधु-चरित्र** (वि.) अच्छे गुणोंवाला, अच्छे स्वभाव का **साधु-वृत्ति** (स्त्री.) सदाचरण **साधु-संगति** (स्त्री.) साधुओं का साथ
साधुवाद–(पु.) शाबाशी, प्रशंसा
साध्य–(वि.) साधन के योग्य
साध्वी–(स्त्री.) पतिव्रता, धर्म परायणा
सानंद–I (वि.) आनंदमय II (क्रि. वि.) आनंद पूर्वक, खुशी से
सान–(पु.) 1 कुरुंड पत्थर 2 गोल पत्थर के आकार का धार करने का एक यंत्र
सानना–(स. क्रि.) 1 गूँधना, माँड़ना 2 मिलाना 3 लपेटना, शामिल करना
सानी–(स्त्री.) खली में सानकर दिया जानेवाला भूसा
सानुनासिक–(वि.) जिसके उच्चारण में मुँह के अतिरिक्त नाक से अनुस्वारात्मक ध्वनि निकले
सानुपातिक–(वि.) अनुपात सहित होनेवाला
सानुप्रास–I (वि.) अनुप्रास से युक्त II (अ.) अनुप्रास सहित
सानुरोध–(क्रि. वि.) अनुरोध के साथ
सान्निध्य–(पु.) 1 सामीप्य 2 सन्निकटता
सापेक्ष–(वि.) किसी की अपेक्षा करनेवाला **सापेक्षता** (स्त्री.) सापेक्ष होने का भाव
सापेक्षतावाद–(पु.) 1 वह सिद्धांत जिसमें दो बातें या वस्तुएँ एक-दूसरे पर अपेक्षित हों 2 विश्व की सारी गति सापेक्ष है, ऐसा सिद्धांत
साप्ताहिक–(वि.) 1 सप्ताह संबंधी 2 सप्ताह भर का 3 सप्ताह में एक दिन होनेवाला
साफ़–I (वि.) 1 स्वच्छ, निर्मल 2 उज्ज्वल, बेदाग़ 3 पवित्र, शुद्ध 4 स्पष्ट II (अ.) 1 सफ़ाई से, कुशलतापूर्वक 2 खुले-तौर पर 3 स्पष्ट रूप से **साफ़-सुथरा** (वि.) स्वच्छ
साबित–(पु.) 1 सिद्ध 2 प्रमाणित 3 समूचा, अखंड
साबुन–(पु.) नहाने-धोने में प्रयुक्त एक रासायनिक वस्तु (सोप)
साबुत–(वि.) अखंड, समूचा
साबूदाना–(पु.) सागूदाना
साभार–(क्रि. वि.) कृतज्ञता प्रकट करते हुए
साभिप्राय–I (वि.) 1 अभिप्राय युक्त 2 विशेष प्रयोजनवाला II (क्रि. वि.) उद्देश्य सहित
साभिमान–(वि.) गर्वीला, घमंडी

स

सामंजस्य–(पु.) 1 औचित्य 2 अनुकूलता, उपयुक्तता **सामंजस्यमूलक** (वि.) अनुकूलता पर आधारित

सामंत–(पु.) बड़ा ज़मींदार **सामंतवाद** (पु.) वह शासन व्यवस्था जिसमें राज्य की भूमि बड़े-बड़े ज़मींदारों के अधिकार में रहती थी

सामग्री–(स्त्री.) 1 सामान, वस्तु 2 माल-असबाब 3 उपकरण 4 साधन

सामना–(पु.) 1 मुक़ाबला 2 भेंट 3 होड़

सामने–(क्रि. वि.) 1 आगे 2 मुक़ाबले में 3 मौजूदगी में, उपस्थिति में 4 रूबरू 5 सीध में **सामने आना** 1 मुक़ाबले में आना 2 रूबरू होना

सामयिक–(वि.) 1 समयानुसार होनेवाला 2 वर्तमान समय का

सामरिक–(वि.) युद्ध का (जैसे–सामरिक सज्जा, सामरिक षड्यंत्र)

सामर्थ्य–(पु.) 1 समर्थ होने का भाव 2 योग्यता, शक्ति 3 व्यंजना शक्ति (जैसे–शब्द सामर्थ्य)

सामवेद–(पु.) हिंदू धर्म के चार वेदों में चौथा वेद

सामाजिक–(वि.) 1 समाज का 2 समाज से संबंधित

सामान–(पु.) 1 वस्तुएँ, असबाब 2 उपकरण, सामग्री

सामान्य–(वि.) 1 मामूली, साधारण 2 सार्वजनिक, आम 3 औसत दरजे का 4 तुच्छ, महत्त्वहीन **सामान्य ज्ञान** (पु.) साधारण जानकारी

सामान्यतः, सामान्यतया–(क्रि. वि.) 1 साधारणतः 2 आमतौर पर

सामान्यीकरण–(पु.) 1 सामान्य रूप देना 2 साधारणीकरण

सामासिक–(वि.) 1 समास का 2 समास रूप में होनेवाला

सामिष–(वि.) मांस से युक्त

सामीप्य–(पु.) समीपता, निकटता

सामुदायिक–(वि.) सामूहिक

सामुद्रिक–(वि.) समुद्र से संबंधित

सामूहिक–(वि.) 1 समूह द्वारा होनेवाला 2 समूह से संबंधित

साम्य–(पु.) समानता **साम्यवाद** (पु.) वर्गहीन समुदाय के लिए सामाजिक सुव्यवस्था का सिद्धांत

साम्राज्य–(पु.) 1 सार्वभौम सत्ता 2 पूर्ण प्रभुता 3 आधिपत्य 4 प्राधान्य **साम्राज्यवाद** (पु.) 1 साम्राज्य को बढ़ाने की प्रवृत्ति या नीति 2 एक राष्ट्र का अन्य राष्ट्र को अपने अधीन कर अपना हित पूरा करने का सिद्धांत

सायं–I (वि.) संध्या II (क्रि. वि.) 1 शाम (जैसे–सायंपर्यंत) 2 शाम को **सायंकाल** (पु.) शाम के समय **सायंकालीन** (वि.) शाम के समय का

सायक–(पु.) तीर, बाण

सायास–(क्रि. वि.) प्रयत्नपूर्वक

सारंग–I (वि.) 1 रंगीन 2 सुंदर, सुहावना 3 रसीला, सरस II (पु.) 1 दीपक, दीआ 2 सूर्य 3 चंद्रमा 4 आकाश 5 मेघ, बादल 6 बिजली, विद्युत 7 सागर, समुद्र 8 तालाब, सर 9 पानी, जल 10 शंख 11 मोती 12 कमल 13 मोर 14 शेर, सिंह 15 हरिण 16 साँप, सर्प

सारंगा–(स्त्री.) 1 एक ही लकड़ी की बनी डोंगी 2 एक तरह की बड़ी नाव

सार–(पु.) 1 पदार्थ का मुख्य और मूल अंश, तत्त्व, सत्त 2 गूदा, मग्ज़ 3 यथार्थ बात **सारगर्भित** (वि.) 1 महत्त्वपूर्ण 2 प्रभावकारी (जैसे–सारगर्भित भाषण) **सारग्राही** (वि.) सार ग्रहण करनेवाला **सारसंग्रह** (पु.) संक्षिप्त और सारभूत बातों का संग्रह **सारहीन** (वि.) 1 महत्त्वहीन 2 नीरस

सारणी, सारिणी–(स्त्री.) सूची, तुलनात्मक अध्ययन हेतु अनेक ख़ानों वाला फलक

सारथि, सारथी–(पु.) रथ चलानेवाला

सारल्य–(पु.) सरलता

सारस–(पु.) 1 लंबे पैरोंवाला प्रसिद्ध और बड़ा सफ़ेद पक्षी 2 हंस

सारस्वत–(वि.) 1 सरस्वती का 2 शास्त्रीय

स

सारांश–(पु.) 1 सार भाग, निचोड़ 2 संक्षिप्त 3 उपसंहार 4 परिणाम, नतीजा 5 मतलब, तात्पर्य

सारा–(वि.) 1 कुल, सब 2 पूरा, समग्र

सारिका–(स्त्री.) मैना पक्षी

सार्थक–(वि.) 1 अर्थवाला, उपयोगी 2 उद्देश्यवाला **सार्थकता** (स्त्री.) 1 सार्थक होने का भाव 2 सफलता

सार्वजनिक–(वि.) 1 सबसे संबंध रखनेवाला 2 सबके लिए उपयुक्त 3 सबके कामों में आनेवाला

सार्वत्रिक–(वि.) 1 सब स्थानों से संबंधित 2 सभी अवस्थाओं में होनेवाला

सार्वदेशिक–(वि.) सब देशों से संबद्ध

सार्वभौम–(वि.) 1 सारी भूमि संबंधी 2 सारी पृथ्वी पर शासन करनेवाला 3 विश्वविख्यात

सार्वभौमिक–(वि.) संपूर्ण पृथ्वी पर फैला हुआ

सार्वलौकिक–(वि.) 1 सर्वत्र व्याप्त 2 सार्वजनिक

साल–(पु.) 1 वर्ष, बरस 2 बारह महीनों का समय **सालगिरह** (स्त्री.) वर्षगाँठ

सालन–(पु.) साग आदि की मसालेदार तरकारी

सालना–I (अ. क्रि.) 1 पीड़ा उत्पन्न करना 2 गड़ना, चुभना II (स. क्रि.) 1 गड़ाना, धँसाना 2 चुभाना 3 दुःख देना

साला–(पु.) 1 पत्नी का भाई 2 लोक-व्यवहार में प्रचलित एक गाली

सालाना–(वि.) वार्षिक

साली–(स्त्री.) पत्नी की बहन

सावकाश–I (अ.) अवकाश होने पर, फ़ुरसत के समय II (पु.) अवकाश

सावधान–(वि.) 1 सचेत, सतर्क 2 जागरूक, ख़बरदार

सावधि–(वि.) निश्चित कार्यकाल वाला

सावधिक–(वि.) अवधि संबंधी

सावन–(पु.) आषाढ़ और भाद्रपद के बीच का महीना, श्रावण **सावन के अंधे को हरा ही हरा सूझता है** जो जिस दशा में रह चुका हो उसे बराबर वही दशा दिखाई पड़ती है

सावित्री–(स्त्री.) 1 मत्स्य देश के राजा अश्वपति की कन्या 2 सधवा स्त्री

साश्चर्य–(वि.) 1 आश्चर्यजनक, चकित करनेवाला 2 चकित

साश्रु–(वि.) आँसुओं से युक्त, अश्रुपूर्ण

साष्टांग–I (वि.) आठों अंगों से युक्त II (क्रि. वि.) आठों अंगों से प्रणाम करना

सास–(स्त्री.) पत्नी या पति की माता

साह–(पु.) साहूकार, निरपराध

साहचर्य–(पु.) 1 संग, साथ 2 सहचर होने का भाव

साहस–(पु.) 1 हिम्मत 2 उग्रता, प्रचंडता 3 जल्दी

साहसिक–(वि.) 1 हिम्मती 2 प्रचंड, उग्र 3 निर्भीक

साहसी–(वि.) 1 साहसपूर्ण कार्य करनेवाला 2 साहसवाला

साहित्य–(पु.) 1 लिपिबद्ध विचार, ज्ञान आदि 2 ग्रंथों का समूह, वाङ्मय 3 काव्यशास्त्र 4 गद्यात्मक या पद्यात्मक रचना **साहित्यकार** (पु.) साहित्य की रचना करनेवाला **साहित्य-प्रेमी** (पु.) साहित्य पसंद करनेवाला व्यक्ति, साहित्य में रुचि रखनेवाला व्यक्ति **साहित्य-समीक्षक** (पु.) साहित्य की समीक्षा करनेवाला **साहित्य-सर्जना** (स्त्री.) साहित्य सृष्टि

साहित्यालोचन–(पु.) साहित्य की आलोचना

साहित्यिक–(वि.) 1 साहित्य संबंधी 2 साहित्य का पारखी **साहित्यिकता** (स्त्री.) साहित्यिक होने का भाव

साहित्येतर–(वि.) साहित्य से भिन्न

साही–(स्त्री.) तेज़ लंबे काटोंवाला एक जीव

साहू–(पु.) साह

साहूकार–(पु.) बड़ा व्यापारी

साहूकारी–(स्त्री.) बड़ा व्यापार

सिंगा–(पु.) सींग के आकार-प्रकार का एक बाजा

सिंगार–(पु.) 1 सजावट 2 सजधज 3 शृंगार रस **सिंगारदान** (पु.) प्रसाधन सामग्री रखने का छोटा संदूक

सिंघाड़ा–(पु.) 1 पानी में उत्पन्न एक तिकोना

फल 2 तिकोने आकार का एक नमकीन खाद्य पदार्थ, समोसा

सिंचन–(पु.) 1 सिंचाई 2 छिड़काव

सिंचाई–(स्त्री.) 1 छिड़कने का काम 2 छिड़कने का पारिश्रमिक

सिंदूर–(पु.) ईंगुर से बना एक तरह का लाल चूर्ण (जैसे–माँग में सिंदूर भरना) **सिंदूरदान** (पु.) विवाह के समय वर का कन्या की माँग में सिंदूर भरना **सिंदूरदानी** (स्त्री.) सिंदूर रखने की डिब्बी

सिंदूरी–(वि.) सिंदूर जैसा पीला मिश्रित लाल

सिंधु–(पु.) सागर, समुद्र **सिंधुजा** (स्त्री.) लक्ष्मी

सिंह–(पु.) 1 शेर 2 बारह राशियों में से एक राशि 3 बल और पराक्रम का सूचक शब्द 4 वास्तुकला में उक्त आकार की आकृति (जैसे–सिंहद्वार) **सिंह-गर्जना** (स्त्री.) शेर की आवाज़ **सिंहनाद** (पु.) 1 सिंह-गर्जन 2 युद्ध-ध्वनि, ललकार 3 हुंकार 4 ज़ोर देकर बात कहना **सिंहपौर** (पु.) सिंहद्वार **सिंहवाहिनी** (स्त्री.) दुर्गा

सिंहनी–(स्त्री.) शेरनी

सिंहल–(पु.) 1 भारत के दक्षिण स्थित एक द्वीप, श्रीलंका 2 इस द्वीप का निवासी

सिंहस्थ–I (पु.) सिंह राशि में वृहस्पति के होने का समय II (वि.) सिंह राशि में स्थित

सिंहावलोकन–(पु.) 1 सिंह की तरह पीछे देखते हुए आगे बढ़ना 2 पुनः दृष्टिपात करना 3 पिछली बातों का संक्षिप्त वर्णन 4 छंद रचना का दूसरा चरण पहले चरण के अंतिम शब्द से शुरू करना

सिंहासन–(पु.) राजा, देवता आदि का आसन **सिंहासनच्युत** (वि.) सिंहासन से हटाया हुआ **सिंहासन-त्याग** (पु.) सिंहासन छोड़ना

सिंहासनारूढ़–(वि.) सिंहासन पर बैठा हुआ

सिकंदर–(पु.) प्रसिद्ध यूनानी सम्राट्

सिकाई–(स्त्री.) सेंकने का काम

सिकुड़ना–(अ. क्रि.) 1 संकुचित होना 2 शिकन पड़ना (जैसे–बिस्तर सिकुड़ गया)

सिकोड़ना–(स. क्रि.) 1 संकुचित करना 2 बटोरना, समेटना 3 तंग करना

सिक्का–(पु.) 1 मुद्रा, रुपया 2 ठप्पा, छाप 3 पदक, प्रभाव 4 रुपए आदि अंकित करने का ठप्पा **सिक्का जमना, सिक्का बैठना** रोब-दाब कायम होना, अधिकार स्थापित होना **सिक्का जमाना, सिक्का बैठाना** रोब-दाब कायम करना, अधिकार स्थापित करना

सिक्त–(वि.) 1 सींचा हुआ 2 गीला

सिख–(पु.) 1 शिष्य, चेला 2 गुरु नानक के पंथ का अनुयायी

सिखाना–(स. क्रि.) 1 सीखने में प्रवृत्त करना 2 प्रशिक्षित करना 3 समझाना-बुझाना **सिखाना-पढ़ाना** (स. क्रि.) समझाना-बुझाना

सिगड़ी–(स्त्री.) अँगीठी

सिगनल–(पु.) 1 संकेत 2 रेल आदि के आवागमन का सूचक चिह्न

सिटकनी, सिटकिनी–(स्त्री.) किवाड़ अंदर से बंद करने के लिए उसमें लगा छोटा छड़, चटखनी

सिटपिटाना–(अ. क्रि.) 1 सहम जाना 2 स्तब्ध हो जाना

सिट्टी–(स्त्री.) बढ़-चढ़कर बोलना **सिट्टी-पिट्टी** (स्त्री.) 1 बोलती 2 हेकड़ी **सिट्टीबाज़** (पु.) हेकड़ीबाज़

सिड़ी–(वि.) 1 पागल 2 सनकी, झक्की **सिड़ीपन** (पु.) 1 पागलपन 2 सनक, झक

सित–(वि.) 1 उजला, श्वेत 2 चमकीला

सितार–(पु.) एक प्रसिद्ध तंत्रवाद्य **सितार वादन** (पु.) सितार बजाना

सितारा–(पु.) 1 तारा, नक्षत्र 2 भाग्य **सितारा गर्दिश में होना** दुर्भाग्य के दिन होना **सितारा चमकना** भाग्य जगना **सितारा बुलंद होना** सौभाग्यकाल होना

सिद्ध–(वि.) 1 पूरा किया हुआ 2 प्राप्त, लब्ध 3 प्रमाणित 4 निश्चित 5 दृढ़, पक्का 6 सत्य माना हुआ 7 निर्णीत 8 दक्ष, विशेषज्ञ 9 अलौकिक शक्ति से संपन्न **सिद्धहस्त** (वि.) दक्ष, कुशल

स

सिद्धांत–(पु.) 1 निश्चित मत, उसूल 2 पक्की राय 3 अंतिम उद्देश्य या अभिप्राय **सिद्धांत-निरूपण** (पु.) सिद्धांत की व्याख्या करना **सिद्धांत-निष्ठा** (स्त्री.) सिद्धांत में आस्था या विश्वास **सिद्धांत-प्रतिपादन** (पु.) मत की व्याख्या, मत का निरूपण

सिद्धांततः–(क्रि. वि.) सिद्धांत की दृष्टि से

सिद्धार्थ–(वि.) सफल मनोरथ, पूर्णकाम

सिद्धि–(स्त्री.) 1 सफलता 2 निश्चय 3 प्रश्न का हल 4 पूर्ण शुद्धि 5 अलौकिक शक्तियाँ 6 दक्षता, निपुणता 7 पूर्ण ज्ञान **सिद्धिदायक** (वि.) सिद्धि प्रदान करनेवाला **सिद्धिलाभ** (पु.) सिद्धि प्राप्त करना या सिद्धि मिलना

सिधाई–(स्त्री.) सीधापन

सिधारना–(अ. क्रि.) 1 प्रस्थान करना, जाना 2 मर जाना

सिनेमा–(पु.) 1 चलचित्र, छायाचित्र 2 सिनेमा देखने का भवन

सिपाही–(पु.) 1 पुलिस विभाग का एक साधारण कर्मचारी, (कांस्टेबल) 2 फ़ौजी आदमी

सिमटना–(अ. क्रि.) 1 सिकुड़ना, संकुचित होना 2 सिलवट पड़ना 3 लज्जित होना 4 समाप्त होना

सिर–(पु.) 1 खोपड़ी, कपाल (हेड) 2 दिमाग़ **सिरचढ़ा** मुँहलगा, ढीठ **सिर-फुटौवल** मारपीट, ख़ून-ख़राबा **सिर खुजाने की फ़ुरसत नहीं** ज़रा-सा भी अवकाश नहीं **सिर गंजा करना** 1 कंगाल कर देना 2 बहुत मारना **सिर घुटनों में देना** 1 खिन्न होना 2 लज्जित होना **सिर चढ़ना** यार बनना **सिर चढ़ाना** 1 आदर का भाव दिखाना 2 गुस्ताख़ बनाना **सिर झुकाना** नमस्कार करना **सिर थोपना** 1 इलज़ाम लगाना 2 ज़िम्मे करना **सिर देना** प्राण निछावर करना, जान देना **सिर न उठा सकना** उपकार के बोझ से आँख न मिला सकना **सिर नीचा होना** 1 पराजित होना 2 लज्जित होना 3 घमंड चूर होना **सिर पकड़कर रह जाना** अत्यंत दुःख और आश्चर्य की स्थिति में होना **सिर पर आसमान उठाना** बहुत शोरगुल मचाना **सिर पर आसमान टूटना** 1 बहुत भारी विपत्ति आना 2 दैवी प्रकोप होना **सिर पर उठा लेना** बहुत शोरगुल करना, ऊधम मचाना **सिर पर कफ़न बाँधना** मरने को तैयार होना **सिर पर जुनून चढ़ना** 1 पागलपन सवार होना 2 धुन सवार होना, ज़िद होना **सिर पर भूत सवार होना** 1 बदहवास होना 2 पागल होना 3 ज़िद होना 4 प्रेतबाधा होना **सिर पर सफ़ेदी आना** बुढ़ापा आना **सिर पर सवार रहना** 1 धृष्ट होना 2 हमेशा साथ रहना 3 कड़ाई से निगरानी करना **सिर पर साया रहना** अभिभावक का होना **सिर पर सींग होना** विशेषता होना **सिर पीटना** क्रोध, दुःख आदि के आवेग में सिर पर प्रहार करना **सिर-पैर न होना** आदि और अंत का न होना **सिर फटा जाता है, सिर फटा पड़ता है** सिर और आँखों में अत्यंत पीड़ा होने की स्थिति **सिर मारते फिरना** 1 कठिनाइयों से जानबूझकर उलझना 2 सिर टकराते फिरना **सिर मुँडाते ही ओले पड़ना** आरंभ में ही विघ्न-बाधा पड़ना **सिर हथेली पर रहना, होना** जान देने को उद्यत या तैयार रहना

सिरका–(पु.) ईख, अंगूर आदि के रस को धूप में सड़ाकर बनाया गया एक खट्टा द्रव पदार्थ

सिरकी–(स्त्री.) 1 सरकंडा 2 सरकंडे की बनी टट्टी

सिरफिरे–(वि.) पागल

सिरमौर–(पु.) सिरताज, श्रेष्ठ

सिरहाना–(पु.) 1 सिर के नीचे रखा जानेवाला तकिया 2 पलंग आदि में सोते समय तकिया रखने का स्थान

सिरा–I (पु.) 1 छोर, किनारा 2 नोक 3 अगला भाग

सिरा–II (स्त्री.) 1 नाड़ी, धमनी 2 नाड़ी जैसा जल का तंग सोता 3 डोल **सिराजाल** (पु.) 1 नाड़ियों का जाल 2 आँख की कोशिकाओं का शोथ

सिरोही–I (स्त्री.) तलवार

सिरोही–II (स्त्री.) काले रंग की एक चिड़िया

सिर्फ़–I (क्रि. वि.) केवल, महज़ II (वि.) 1 अकेला 2 ख़ालिस

सिल–(स्त्री.) 1 शिला 2 चट्टान 3 मसाला आदि पीसने की पत्थर की बनी पटिया 4 इमारत में लगाई जानेवाली पटिया **सिलबट्टा, सिललोढ़ा** (पु.) सिल और लोढ़ा

सिलखड़ी–(स्त्री.) 1 बर्तन बनाने के काम आनेवाला एक चिकना पत्थर 2 खरिया मिट्टी

सिलवाना–(स. क्रि.) सीने का काम कराना

सिलसिला–(पु.) 1 कड़ी, शृंखला 2 क्रम

सिला–(पु.) फ़सल कटने के बाद खेत में बचे-खुचे अन्न के दाने

सिलाई–(स्त्री.) 1 सीने का काम 2 सीने का पारिश्रमिक

सिला-सिलाया–(वि.) सिलकर तैयार

सिलिया–(स्त्री.) भवन-निर्माण के काम आनेवाला एक तरह का पत्थर

सिल्ली–I (स्त्री.) छोटी पटिया

सिल्ली–II (स्त्री.) फटकने के लिए लगाया हुआ अनाज का ढेर

सिंवई–(स्त्री.) मैदे या आटे के सुखाए गए लच्छे

सिवान–(पु.) 1 गाँव की सीमावर्ती भूमि 2 सीमा पर स्थित प्रदेश

सिवाय–(क्रि. वि.) सिवा, अलावा

सिवार–(स्त्री.) एक जलीय पौधा, शैवाल

सिसकना–(अ. क्रि.) 1 भीतर ही भीतर रोना 2 व्याकुल होना 3 तरसना

सिसकारी, सिसकी–(स्त्री.) 1 सिसकारने का भाव 2 सीत्कार

सिहरन–(स्त्री.) कंपन (जैसे–हल्की सिहरन)

सिहाना–I (अ. क्रि.) 1 डाह करना, ईर्ष्या करना 2 ललचाना 3 मोहित होना II (स. क्रि.) ईर्ष्या या लोभ की दृष्टि से देखना

सींक–(स्त्री.) 1 मूँज की जाति के एक तृण की तीली 2 नाक में पहनने की कील

सींकिया–(वि.) 1 सींक-सा पतला 2 बहुत कमज़ोर **सींकिया पहलवान** (पु.) बहुत दुबला-पतला आदमी जो स्वयं को बली समझे

सींग–(पु.) गाय, बैल, हरिण आदि पशुओं के सिर के दोनों तरफ़ निकली हुई कड़ी और नुकीली शाखा, विषाण **सींग समाना** मौक़ा मिलना, ठिकाना दिखाई देना

सींचना–(स. क्रि.) 1 सिंचाई करना 2 तर करना

सी–I (स्त्री.) सीत्कार, सिसकारी II (अ.) 'सा' का स्त्रीलिंग रूप (जैसे–ज़रा-सी बात पर नाराज़ होना)

सीकर–(पु.) 1 जलकण, जलविंदु 2 पसीना

सीख–(स्त्री.) 1 शिक्षा, तालीम 2 सिखाई गई अच्छी बात 3 परामर्श 4 अनुभवजन्य ज्ञान

सीखना–(स. क्रि.) 1 ज्ञान प्राप्त करना 2 कला की शिक्षा प्राप्त करना, अभ्यास करना

सीखा-सिखाया–(वि.) 1 शिक्षित, कुशल 2 हुनर या कला का जानकार

सीझना–(अ. क्रि.) 1 आँच पर पकना 2 भस्म होना, जलना 3 कष्ट पाना, दुःख भोगना 4 चिकना होना

सीटी–(स्त्री.) 1 मुँह से निकलनेवाली सुरीली आवाज़ 2 किसी बाजे आदि के द्वारा इस तरह की ध्वनि उत्पन्न करना 3 एक तरह का छोटा ध्वनि उत्पन्न करनेवाला उपकरण

सीठी–(स्त्री.) 1 फल आदि का रस निचोड़ने पर बचा हुआ अंश 2 सारहीन पदार्थ या वस्तु

सीढ़ी–(स्त्री.) 1 घर का वह भाग जिस पर क्रमशः पैर रखते हुए ऊपर-नीचे चढ़ा-उतरा जा सकता है, ज़ीना 2 बाँस के दो बल्लों का बना लंबा ढाँचा जिसमें थोड़ी-थोड़ी दूरी पर पैर रखने के लिए डंडे लगे रहते हैं

सीढ़ीनुमा–(स्त्री.) सीढ़ी की तरह

सीता–(स्त्री.) 1 जानकी, वैदेही 2 कूँड़, रेखा जो भूमि जोतते समय फाल धँसने से बनती है 3 राजा की निज की भूमि **सीतापति** (पु.) श्री रामचंद्र **सीताफल** (पु.) कुम्हड़ा

सीध–(स्त्री.) 1 सीधा होने का भाव 2 ऋजुता

सीधा–I (वि.) 1 सरल, ऋजु 2 खड़ा 3 भला, सज्जन 4 निष्कपट और सरल प्रकृति का 5 आसान, सुविधाजनक II (अ.) 1 ठीक

स

सामने 2 बिना मुड़े 3 बिना और कहीं गए III (पु.) सामने का भाग IV (पु.) दान दिए जाने योग्य कच्ची सामग्री

सीना–(स. क्रि.) टाँका मारना, सिलाई करना

सीना-पिरोना–I (स. क्रि.) सिलाई-बुनाई का काम करना II (पु.) सिलाई का काम

सीना–II (पु.) 1 छाती 2 वक्षस्थल

सीप, सीपी–(पु./स्त्री.) शंख, घोंघे आदि की जाति का एक जलचर प्राणी, शुक्ति, मुक्ता

सीमांकन–(पु.) सीमा निश्चित करना

सीमांत–(पु.) 1 हद 2 सीमावर्ती स्थान **सीमारक्षक** (पु.) सीमा की रक्षा करनेवाला **सीमावर्ती** (वि.) सीमा के पास का

सीमा–(स्त्री.) 1 हद, सरहद 2 सिवान 3 खेत आदि की सीमा पर का बाँध या मेड़ 4 सीमा-चिह्न 5 किनारा, कूल 6 मर्यादा 7 चरम बिंदु 8 खेत, मैदान **सीमा-निर्धारण** (स. क्रि.) सीमा निश्चित करना, सीमांकन

सीमातिक्रमण–(पु.) सीमा का उल्लंघन

सीमित–(वि.) 1 सीमा में बद्ध 2 सीमा के अंदर

सीमेंट–(वि.) एक पत्थर का विशेष तरह से निर्मित चूर्ण

सीमोल्लंघन–(पु.) सीमा का उल्लंघन, सीमा पार करना

सील–(स्त्री.) 1 जमीन की नमी 2 मुहर, ठप्पा

सीलन–(स्त्री.) सील, काई

सीलना–(अ. क्रि.) सील से प्रभावित होना

सीवन–(पु.) 1 सिलाई 2 सिलाई का जोड़ 3 टाँका

सीस–(पु.) सिर, माथा

सीसा–(पु.) एक प्रसिद्ध मूल धातु (लैड)

सुँघनी–(स्त्री.) 1 तंबाकू के पत्ते का बारीक चूर्ण 2 सूँघने की चीज़

सुंदर–(वि.) 1 ख़ूबसूरत 2 अच्छा, भला 3 शुभ

सुंदरता–(स्त्री.) सुंदर होने का भाव

सुंदरी–I (वि.) रूपवती II (स्त्री.) सुंदर स्त्री

सुंबी–(स्त्री.) लोहा काटने की छेनी

सु–I (उपसर्ग) संज्ञा और विशेषण शब्दों के पहले लगनेवाला एक उपसर्ग (जैसे–'सुकर्म', 'सुकृत' में 'सु' उपसर्ग है) II (वि.) 1 अच्छा 2 भला

सुअवसर–(पु.) अच्छा अवसर या मौक़ा

सुआ–(पु.) तोता, शुक

सुकंठ–(वि.) 1 सुरीला 2 कोमल और मधुर कंठवाला

सुकन्या–(स्त्री.) सुंदर कन्या

सुकर्म–(पु.) सत्कर्म

सुकीर्ति–(स्त्री.) सुयश, नेकनामी

सुकुमार–I (वि.) 1 कोमल 2 नाजुक अंगोंवाला, कोमल अंगोवाला II (पु.) सुंदर बालक या किशोर

सुकृत–(वि.) 1 अच्छे ढंग से किया गया (जैसे–सुकृत कर्म) 2 पूर्ण और अच्छे रूप में किया गया

सुकृति–(स्त्री.) 1 सत्कर्म 2 धर्म और पुण्य का काम

सुकेशी–(स्त्री.) सुन्दर बालोंवाली

सुखंडी–I (स्त्री.) बच्चों को होनेवाला एक रोग II (वि.) अत्यंत क्षीण, अशक्त और दुर्बल

सुख–I (पु.) 1 आनंद 2 आराम, चैन 3 आमोद-प्रमोद 4 कल्याण, मंगल II (वि.) अनुकूल और प्रिय **सुखचैन** (स्त्री.) सुख और आराम **सुखद, सुखदायक** (वि.) आनंददायक **सुखदायिनी** (वि./स्त्री.) सुख देनेवाली, सुखदा

सुखमय–(वि.) आरामदेह

सुखांत–(वि.) सुखमय परिणामवाला

सुखांतक–(पु.) सुख में अंत होनेवाली रचना

सुखाना–(स. क्रि.) 1 नमी दूर करनेवाली क्रिया करना 2 क्षीण तथा दुर्बल करना 3 नष्ट करना

सुखानुभव–(पु.) सुख की अनुभूति, सुख का अनुभव

सुखानुभूति–(स्त्री.) सुख की अनुभूति

सुखार्थी–(वि.) सुख चाहनेवाला

सुखी–(वि.) 1 प्रसन्न 2 सुख से पूर्ण, सुखमय

सुखोपभोग–(पु.) सुखभोग

सुख्यात–(वि.) प्रसिद्ध, मशहूर

स

सुगंध, सुगंधि–I (स्त्री.) 1 सुवास, ख़ुशबू 2 सुगंधित वस्तु II (वि.) 1 गंधयुक्त, सुगंधित **सुगंधधारी** (वि.) सुगंधवाला

सुगंधित–(वि.) सुगंध से युक्त, ख़ुशबूदार

सुगठित–(वि.) अच्छी तरह से गठा हुआ

सुगम–(वि.) 1 सरल 2 सहज में पाने योग्य 3 सुखपूर्वक किए जाने योग्य

सुग्गी–(स्त्री.) तोता की मादा, तोती

सुघड़–(वि.) 1 सुडौल और सुंदर 2 कुशल, निपुण

सुघड़ाई (स्त्री.), **सुघड़ापा**–(पु.) 1 सुंदरता 2 कुशलता, हुनरमंदी

सुचरित–(वि.) 1 उत्तम रूप में किया हुआ 2 सदाचारी

सुचरित्र–(वि.) नेक चलनवाला, सच्चरित्र

सुचारु–(वि.) अत्यंत सुंदर, बहुत मनोहर

सुचालक–(वि.) सुगमता से परिचालित, सुसंवाहक (गुड कंडक्टर) (जैसे–ताँबा विद्युत का सुचालक है)

सुचिंतित–(वि.) भलीभाँति सोचा हुआ

सुजन–I (वि.) नेक, भला II (पु.) भला आदमी, नेक आदमी

सुजनता–(स्त्री.) सौजन्य, भद्रता, भलमनसाहत

सुजन्मा–(वि.) 1 उत्तम रूप से उत्पन्न, सुजातक 2 अच्छे कुल में उत्पन्न

सुजात–(वि.) उत्तम कल में उत्पन्न, सुजन्मा, कुलीन

सुजान–I (बि.) 1 समझदार, सयाना 2 कुशल, निपुण 3 सज्जन 4 सुविज्ञ II (पु.) 1 पति या प्रेमी 2 परमात्मा

सुझाना–(स. क्रि.) 1 बताना 2 दिखाना 3 नई तरकीब या युक्ति बताना

सुझाव–(पु.) 1 सुझाने की क्रिया 2 सुझाई गई बात, तज़वीज़ (सजेशन) 3 सलाह

सुड़कना–(स. क्रि.) तरल पदार्थ को नाक के रास्ते भीतर खींचना, नस्य लेना

सुड़सुड़ाना–I (स. क्रि.) सुड़सुड़ शब्द उत्पन्न करना II (अ. क्रि.) सुड़सुड़ शब्द होना

सुडौल–(वि.) 1 सुंदर आकारवाला 2 आनुपातिक सामंजस्ययुक्त

सुत–(पु.) पुत्र, आत्मज, बेटा

सुतली–(पु.) सन या पटसन के रेशों से बटकर बनाई हुई डोरी

सुता–(स्त्री.) पुत्री, बेटी

सुतार–(पु.) बढ़ई, शिल्पी

सुतीक्ष्ण–(वि.) 1 बहुत तेज़ 2 अत्यंत तीखा

सुथरा–(वि.) साफ़, निर्मल, स्वच्छ

सुथरापन–(पु.) सफ़ाई, निर्मलता

सुदक्ष–(वि.) बहुत निपुण, अत्यंत कुशल

सुदर्शन–(वि.) अच्छा और भला, सुंदर

सुदिन–(पु.) शुभ दिन, अच्छा दिन

सुदी–(स्त्री.) चांद्र मास का शुक्ल पक्ष

सुदीर्घ–(वि.) बहुत लंबा, सुविस्तृत

सुदूर–(वि.) बहुत दूर का

सुदूरवर्ती–(वि.) बहुत दूर बसनेवाला

सुदृढ़–(वि.) बहुत मज़बूत

सुध–(स्त्री.) 1 होश, चेत, ख़बर 2 याद

सुधबुध–(स्त्री.) होश-हवास, चेत

सुधरना–(अ. क्रि.) 1 ठीक होना, दोष आदि दूर होना 2 अच्छे आचरणों की ओर प्रवृत्त होना

सुधर्म–(पु.) अच्छा और उत्तम धर्म

सुधा–(स्त्री.) अमृत, पीयूष

सुधाकर–(पु.) चंद्रमा

सुधार–(पु.) 1 दोष दूर करना 2 संशोधन, परिवर्तन

सुधार गृह (पु.) बच्चों को सुधारने का केन्द्र

सुधारक–I (वि.) सुधार के विचार से होनेवाला II (पु.) 1 सुधार करनेवाला, संशोधक 2 धर्म या समाज का सुधार करनेवाला (रिफ़ार्मर)

सुधारना–(स. क्रि.) 1 ठीक करना, दुरुस्त करना 2 दोष, विकार आदि का उन्मूलन कर सुधार लाना 3 लेख आदि की ग़लतियाँ दूर करना

सुधी–I (वि.) 1 बुद्धिमान्, समझदार 2 अच्छी बुद्धिवाला II (पु.) पंडित, विद्वान्

सुनना–(स. क्रि.) 1 ध्यान देना 2 बुरा-भला

स

सहना, फटकारा जाना 3 अनुभूति होना 4 प्रार्थना आदि पर सहमत होना 5 ध्वनि, शब्द आदि का कान के द्वारा ग्रहण करना

सुनयना–I (वि.) सुंदर नेत्रोंवाली, सुलोचना II (स्त्री.) सुंदर नेत्रोंवाली स्त्री

सुनवाई–(स्त्री.) 1 मुक़दमे का सुना जाना 2 सुनने का भाव

सुनसान–(वि.) 1 वीरान 2 निर्जन

सुनहरा, सुनहरी–(वि.) सोने के रंग का

सुनाना–(स. क्रि.) 1 कुछ कहना 2 जताना 3 खरी-खोटी कहना, फटकारना

सुनाम–(पु.) नेकनामी, कीर्ति, यश

सुनार–(पु.) सोने-चाँदी का पेशा करनेवाला, स्वर्णकार

सुनिश्चित–(वि.) दृढ़ता से निश्चय किया हुआ

सुनीति–(स्त्री.) उत्तम नीति

सुन्न–(वि.) 1 संवेदनरहित 2 संज्ञाहीन 3 स्तब्ध और किंकर्तव्यविमूढ़

सुपक्व–(वि.) अच्छी तरह पका हुआ

सुपत्नी–(स्त्री.) उत्तम पत्नी

सुपथ–I (पु.) अच्छा रास्ता, उत्तम मार्ग, सत्पथ II (वि.) सुंदर मार्गवाला

सुपाच्य–(वि.) सरलता से पचनेवाला

सुपाठ्य–(वि.) सरलता से पढ़ने योग्य

सुपात्र–(पु.) 1 अच्छा या उपयुक्त पात्र 2 उपयुक्त व्यक्ति 3 सुयोग्य व्यक्ति

सुपारी–(स्त्री.) 1 नारियल की जाति का एक ऊँचा पेड़ 2 इस वृक्ष का फल, कसैली, छाली 3 लिंगेंद्रिय का अगला अंडाकार भाग

सुपुत्र–(पु.) सुशील और योग्य बेटा

सुपुर्द करना–(क्रि.) सौंपना

सुपूत–(पु.) अच्छा पुत्र, सपूत

सुप्त–(वि.) 1 सोया हुआ, निद्रित 2 सुन्न 3 निष्क्रिय

सुप्तावस्था–(स्त्री.) 1 सुप्त होने का भाव 2 निष्क्रियता

सुप्रतिष्ठित–(वि.) 1 सुंदर ढंग से स्थापित 2 सुप्रसिद्ध

सुप्रबंध–(पु.) अच्छा इंतज़ाम

सुप्रभातम्–(अ.) प्रातःकाल शुभ हो

सुप्रसिद्ध–(वि.) अत्यंत मशहूर, अति प्रसिद्ध

सुबकना–(अ. क्रि.) हिचकियाँ लेते हुए रोना

सुबह–(स्त्री.) 1 सबेरा 2 मध्याह्न से पहले तक का समय

सुबुद्धि–I (वि.) बुद्धिमान् II (स्त्री.) अच्छी बुद्धि

सुबूत–(पु.) 1 प्रमाण 2 साक्ष्य, सबूत

सुबोध–(वि.) सरल और बोधगम्य

सुभग–(वि.) 1 भाग्यवान 2 समृद्ध और सुखी 3 सुंदर 4 प्रिय 5 सुखद

सुभगा–(स्त्री.) 1 सौभाग्यवती स्त्री 2 प्रियतमा स्त्री

सुभद्रा–(स्त्री.) अर्जुन की पत्नी और अभिमन्यु की माँ

सुभाषिणी–(स्त्री.) अच्छा और मधुर बोलनेवाली

सुभाषित–(वि.) 1 अच्छे ढंग से कहा हुआ 2 सुंदर भाषण करनेवाला

सुमति–I (वि.) 1 अच्छी बुद्धिवाला 2 बुद्धिमान्, होशियार II (स्त्री.) 1 अच्छी बुद्धि 2 मेलजोल और सद्भाव

सुमधुर–(वि.) 1 बहुत मीठा या मधुर 2 बहुत कोमल

सुमन–I (पु.) पुष्प, फूल II (वि.) 1 अच्छे हृदयवाला 2 सदा प्रसन्न रहनेवाला

सुमरनी–(स्त्री.) छोटी जपमाला

सुमार्ग–(पु.) उत्तम और श्रेयस्कर पथ या रास्ता

सुमित्रा–(स्त्री.) राजा दशरथ की एक पत्नी तथा लक्ष्मण और शत्रुघ्न की माता

सुमिरन–(पु.) स्मरण, ध्यान

सुमुखी–(स्त्री.) सुंदर मुखवाली स्त्री

सुमेरु–(पु.) एक कल्पित स्वर्ण पर्वत **सुमेरु ज्योति** (स्त्री.) उत्तरी ध्रुव के आसपास दिखाई देनेवाला प्रकाश

सुयश–I (पु.) सुख्याति, सुकीर्ति II (वि.) यथेष्ट यशवाला

सुयोग–(पु.) उपयुक्त तथा अनुकूल समय, बढ़िया मौक़ा

सुयोग्य–(वि.) अच्छी योग्यतावाला

सुरंग–(स्त्री.) 1 ज़मीन के अंदर बना रास्ता 2 बारूद से दीवार आदि उड़ाने के लिए ज़मीन के अंदर बनाया गहरा और लंबा रास्ता 3 समुद्र या ज़मीन में रखा जानेवाला बारूद आदि से भरा गोला

सुर–I (पु.) देवता **सुरगति** (स्त्री.) देवताओं की स्थिति या अवस्था **सुरतरु** (पु.) कल्पवृक्ष **सुरनदी** (स्त्री.) 1 गंगा 2 आकाशगंगा **सुरबाला** (स्त्री.) अप्सरा **सुरलोक** (पु.) देवलोक **सुरसरिता** (स्त्री.) गंगा **सुरधाम** (पु.) देवलोक, स्वर्ग

सुर–II (पु.) स्वर, आवाज़ **सुरदार** (वि.) सुरवाला

सुरक्षा–(स्त्री.) समुचित रक्षा

सुरक्षा परिषद्–(स्त्री.) संयुक्त राष्ट्र संघ की एक समिति

सुरक्षित–(वि.) 1 सुरक्षा की गई 2 अच्छी तरह रखा हुआ

सुरत–I (स्त्री.) ध्यान, याद **सुरत धरना** ध्यान देना **सुरत बिसराना** बिल्कुल भूल जाना II (पु.) संभोग, कामक्रीड़ा III (वि.) अत्यंत अनुरक्त

सुरति–(स्त्री.) 1 रति, कामक्रीड़ा 2 संभोग, मैथुन 3 कामवासना की तृप्ति से उत्पन्न प्रेम

सुरती–(स्त्री.) 1 तंबाकू के पत्ते का चूर्ण, खैनी 2 तंबाकू का पत्ता

सुरभि–I (वि.) 1 सुगंधित, खुशबूदार 2 सुंदर, मनोरम 3 उत्तम, श्रेष्ठ II (स्त्री.) सुगंध, ख़ुशबू

सुरभित–(वि.) सुगंधित, सुवासित

सुरमई–(वि.) 1 सुरमे के रंग का, नीला, सफ़ेदी लिए हलका नीला या काला 2 सुरमे के रंग में रँगा हुआ

सुरमा–(पु.) 1 आँखों में लगाए जानेवाला एक खनिज पदार्थ का चूर्ण 2 अंजन

सुरम्य–(वि.) 1 मनोरम और रमणीय 2 बहुत सुंदर

सुरस–(वि.) 1 सुंदर रसवाला 2 रसीला, सरस 3 मधुर

सुर-सुंदरी–(स्त्री.) 1 दुर्गा 2 देवकन्या

सुरसुराहट–(स्त्री.) 1 सुरसुराने की क्रिया 2 हलकी खुजली 3 गुदगुदी

सुरा–(स्त्री.) शराब, मदिरा **सुरापात्र** (पु.) शराब रखने या पीने का बर्तन **सुरापान** (पु.) शराब पीना

सुराग–(पु.) किसी बात का गुप्त रूप से लगाया गया पता

सुरा गाय–(स्त्री.) एक तरह की जंगली गाय

सुराज, सुराज्य–(पु.) 1 अच्छा राज्य 2 स्वराज्य

सुरासार–(पु.) एक तात्त्विक तरल मादक द्रव्य, अल्कोहल

सुरासुर–(पु.) सुर और असुर

सुराही–(स्त्री.) मिट्टी, शीशे या धातु का बना लंबी गर्दनवाला जल आदि तरल पदार्थ रखने का एक पात्र या बर्तन **सुराहीदार, सुराहीनुमा** (वि.) सुराही की-सी आकृतिवाला

सुरीला–(वि.) 1 महीन और मीठा 2 मधुर स्वरवाला

सुरुचि–I (स्त्री.) अच्छी और परिष्कृत रुचि II (वि.) सुंदर रुचिवाला **सुरुचिपूर्ण** (वि.) अच्छी-रुचि का परिचय देनेवाला

सुरूप–(वि.) 1 अच्छी आकृतिवाला 2 सुंदर, ख़ूबसूरत

सुरेंद्र–(पु.) देवताओं के राजा, इंद्र

सुरेश–(पु.) देवराज इंद्र

सुर्ख़–I (वि.) लाल II (पु.) लाल रंग, रक्त वर्ण **सुर्ख़रू** (वि.) 1 कृतकार्य, सफल 2 प्रतिष्ठित

सुर्खियाँ–(स्त्री.) मोटे अक्षरों में लिखे समाचारों के शीर्षक

सुर्ख़ी–(स्त्री.) 1 लाल रंग 2 लाली, ललाई 3 शीर्षक 4 ईंटों का चूर्ण

सुलक्षण–I (वि.) 1 शुभ लक्षणोंवाला 2 भाग्यवान् II (पु.) शुभ लक्षण

सुलगना–(अ. क्रि.) 1 आग पकड़ना, जलने लगना 2 धुआँ देना 3 ईर्ष्या से जलना 4 कुढ़ना

सुलझना–(अ. क्रि.) 1 उलझनों से मुक्त होना 2 समस्या दूर होना

सुलझाना–(स. क्रि.) 1 उलझन दूर करना 2 समस्या का समाधान करना 3 गुत्थी

स

खोलना
सुलटा–(वि.) सीधा
सुलफ़ा–(पु.) 1 चरस 2 तंबाकू
सुलभ–(वि.) 1 सरल, सहज 2 साधारण, मामूली 3 उपयोगी
सुलह–(स्त्री.) 1 मेल-मिलाप 2 संधि 3 झगड़ा समाप्ति के बाद किया गया समझौता
सुलाना–(स. क्रि.) सोने में प्रवृत्त करना, शयन कराना
सुलेख–(पु.) अच्छी लिखावट, सुंदर हस्तलेख
सुलोचन–(वि.) सुंदर आंखों वाला
सुलोचना–(वि.) सुंदर आँखोंवाली
सुवक्ता–(पु.) उत्तम व्याख्यान देनेवाला, वाक्पटु, वाग्मी
सुवचन–I (वि.) 1 सुंदर वचन बोलनेवाला 2 मधुर भाषी II (पु.) मधुर वचन
सुवर्ण–I (वि.) 1 सुंदर वर्ण का 2 सुनहला II (पु.) सोना, स्वर्ण **सुवर्ण कमल** (पु.) रक्त कमल, लाल कमल
सुवर्णकार–(पु.) सुनार
सुवास–(पु.) 1 सुगंध 2 अच्छा निवास-स्थान
सुवासित–(वि.) सुगंधित
सुवासिनी–(स्त्री.) 1 पिता के घर रहनेवाली युवती या विवाहिता कन्या 2 सुहागिन, सधवा स्त्री
सुविख्यात–(वि.) बहुत प्रसिद्ध
सुविचार–(पु.) 1 सुंदर और सूक्ष्म विचार 2 समझबूझकर किया गया निर्णय
सुविज्ञ–(वि.) 1 अच्छा जानकार 2 ज्ञानवान
सुविधा–(स्त्री.) 1 साधन 2 आराम, चैन **सुविधाजनक** (वि.) सुविधा देनेवाला **सुविधापूर्ण** (वि.) सुविधा से भरापूरा **सुविधाप्राप्त** (वि.) जिसे सुविधा मिली हो **सुविधामूलक** (वि.) सुविधाप्रधान, सुविधाजनक
सुविधामय–(वि.) सुविधापूर्ण
सुविशाल–(वि.) बहुत बड़ा
सुवेश–I (वि.) 1 सुंदर वेशभूषावाला 2 सुंदर II (पु.) सुंदर वेशभूषा
सुव्यवस्था–(स्त्री.) अच्छी और सुंदर व्यवस्था
सुव्यवहार–(पु.) सुंदर व्यवहार
सुव्रत–(वि.) 1 दृढ़ता से व्रत का पालन करनेवाला 2 धर्मनिष्ठ 3 नम्र, विनीत
सुशांत–(वि.) अत्यंत शांत
सुशासन–(पु.) उत्तम राजप्रबंध, सुराज्य
सुशिक्षित–(वि.) 1 सुशिक्षा प्राप्त 2 अच्छी तरह सिखाया हुआ
सुशील–(वि.) 1 सज्जन तथा सदाचारी 2 सरल, सीधा
सुश्री–I (वि.) बहुत सुंदर II (स्त्री.) अविवाहित स्त्रियों के नाम के पहले लगनेवाला शिष्टतापूर्ण संबोधन
सुश्रुत–(वि.) 1 अच्छी तरह सुना हुआ 2 प्रसिद्ध, मशहूर (जैसे–संतों की सुश्रुत वाणी)
सुषमा–(स्त्री.) 1 अत्यधिक सुंदरता 2 नैसर्गिक शोभा, प्राकृतिक सौंदर्य
सुषुप्ति–(स्त्री.) सोए होने की अवस्था, प्रगाढ़ निद्रावस्था
सुसंगत–(वि.) बहुत उचित, युक्त
सुसंपन्न–(वि.) यथेष्ट धन-संपत्तिवाला
सुसंस्कृत–(वि.) 1 सुंदर संस्कारयुक्त 2 शिष्ट 3 सांस्कृतिक दृष्टि से उन्नत (व्यक्ति या समाज)
सुसज्जित–(वि.) 1 अच्छी तरह सजाया हुआ 2 तैयार (जैसे–सुसज्जित सेना)
सुसाध्य–(वि.) 1 सुखसाध्य 2 सरलता से साधे जाने योग्य
सुस्थित–(वि.) अच्छी तरह स्थित, दृढ़
सुस्थिर–(वि.) 1 अच्छी तरह से स्थिर या शांत 2 दृढ़तापूर्वक जमाया हुआ
सुस्मित–(पु.) मधुर मुस्कान
सुस्वर–I (वि.) 1 मधुर 2 सुरीला 3 उच्च या घोर (जैसे–सुस्वर में गाना) II (पु.) मधुर, सुरीला या ऊँचा स्वर
सुस्वाद–(वि.) बहुत स्वादिष्ट
सुहाग–(पु.) 1 स्त्री की सधवा स्थिति 2 शादी पर गाया जानेवाला मांगलिक गीत 3 वर, दूल्हे का जामा 4 प्यार, प्रणयचेष्टा
सुहाग रात–(स्त्री.) वर-वधू के मिलन की प्रथम

रात

सुहागा–(पु.) 1 गंधकी सोतों से प्राप्त एक प्रकार का क्षर 2 पाटा, हेंगा

सुहागिन–(स्त्री./वि.) वह स्त्री जिसका पति जीवित हो, सधवा

सुहावना–(वि.) सुंदर और सुखद

सुहासिनी–(स्त्री.) मधुर मुस्कानवाली स्त्री

सुहृदय–(वि.) 1 सुंदर हृदयवाला 2 स्नेही

सूँघना–(स. क्रि.) नाक से गंध ग्रहण करना

सूँड़–(स्त्री.) हाथी की स्तंभाकार नाक, शुंड

सूँड़ी–(स्त्री.) फ़सलों में लगनेवाला एक कीड़ा

सूअर–(पु.) एक स्तनपायी जंतु, शूकर

सूआ–I (पु.) तोता

सूआ–II (पु.) बड़ी मोटी-लंबी सूई, सूजा

सूई–(स्त्री.) 1 लोहे का पतला और कुछ लंबा सिरे पर एक छिद्रयुक्त उपकरण (जैसे–सुई में धागा डालना) 2 घड़ी आदि का काँटा 3 शरीर में दवा प्रवेश कराने का एक छोटा उपकरण, पिचकारी 4 टीका लगाने की प्रक्रिया (इंजेक्शन)

सूक्त–I (पु.) 1 सुंदर कथन 2 वेद मंत्र II (वि.) भलीभाँति कहा हुआ

सूक्ति–(स्त्री.) अच्छी उक्ति, बढ़िया बात

सूक्ष्म–(वि.) 1 बहुत बारीक 2 बहुत छोटा 3 कठिनाई से समझ में आने योग्य **सूक्ष्मग्राही** (वि.) बात की बारीकी को पकड़नेवाला **सूक्ष्म जीवशास्त्र** (पु.) सूक्ष्म जैविकी **सूक्ष्मदर्शक** (पु.) खुर्दबीन (माइक्रोस्कोप) **सूक्ष्मदर्शिता** (स्त्री.) सूक्ष्मदर्शी होने की अवस्था **सूक्ष्मदृष्टि** (स्त्री.) कुशाग्र बुद्धि **सूक्ष्म प्राणिविज्ञान**(पु.) सूक्ष्म जैविकी (माइक्रोबायोलॉजी)

सूक्ष्माकार–(वि.) सूक्ष्म आकारवाला

सूखना–(अ. क्रि.) 1 गीलापन दूर होना 2 जल न रह जाना 3 रसहीन होना 4 उदास होना 5 दुर्बल होना

सूखा–(वि.) 1 निर्लज, जलरहित 2 शुष्क, ख़श्क 3 रसहीन

सूखाग्रस्त–(वि.) सूखा से पीड़ित

सूचकांक–(पु.) मूल्य बतानेवाला आँकड़ा (इंडेक्स नंबर)

सूचना–(स्त्री.) 1 इत्तिला, जानकारी 2 विज्ञापन 3 प्रतिवेदन 4 संकेत **सूचना पट्ट** (पु.) सूचना लिखने का तख़्ता **सूचना पत्र** (पु.) इश्तहारनामा, विज्ञप्ति, इत्तलानामा

सूचनाधिकारी–(पु.) जनसाधारण को सूचना देनेवाला एक राजकीय कर्मचारी

सूचनार्थ–(क्रि. वि.) सूचना के लिए

सूचनालय–(पु.) सूचना विभाग

सूची–(स्त्री.) 1 तालिका 2 क्रमबद्ध लेखा, अनुक्रमणिका 3 सूई, सूचि **सूचीपत्र** (पु.) 1 सूचनापत्र 2 पुस्तकों आदि की नामावली जिसमें विषय, दाम इत्यादि अंकित किये जाने का पत्र **सूचीबद्ध** (वि.) सूचीयुक्त

सूचीभेद्य–(वि.) 1 बहुत घना 2 सूई से ही भेदा जा सकने योग्य

सूजन–(स्त्री.) 1 सूजने का भाव 2 शोथ

सूजना–(अ. क्रि.) फूल जाना

सूझ–(स्त्री.) 1 सूझने का भाव 2 कल्पना 3 दृष्टि, नज़र **सूझ-बूझ** (स्त्री.) सोचने-समझने की शक्ति, बुद्धि

सूटकेस–(पु.) कपड़े आदि रखने का बक्स

सूटा–(पु.) तंबाकू, चरस या गाँजे का धुआँ ज़ोर से खींचने की क्रिया, कश

सूत–I (पु.) 1 धागा 2 किसी वस्तु से निकला हुआ तार 3 लंबाई नापने का एक छोटा मान 4 करधनी 5 लकड़ी आदि पर निशान लगाने की डोरी 6 सारथी 7 कथावाचक 8 भाट 9 सूत्रधार II (पु.) अच्छा-भला

सूतक–(पु.) जन्म-मरण के कारण परिवार को लगने वाली अशौच (अपवित्रता)

सूति–(स्त्री.) 1 जन्म 2 जनन 3 उद्गम 4 उपज

सूतिकाल (पु.) प्रसव का समय

सूतिका–(स्त्री.) वह स्त्री जिसने बच्चे को अभी जन्म दिया हो

सूती–(वि.) सूत का बना (जैसे–सूती कपड़ा)

सूत्र–(पु.) 1 सूत, तंतु 2 तागा 3 जनेऊ 4 कटिसूत्र 5 डोरी 6 रासायनिक तत्त्वों को

स

संकेत द्वारा व्यक्त करना (जैसे—आक्सीजन का रासायनिक सूत्र O_2 है) 7 गणित के सूत्र 8 सांकेतिक भाषा में तथ्यों का विवरण 9 नियम, व्यवस्था 10 सिलसिला 11 अर्थपूर्ण वाक्य (जैसे—दर्शन या वेदों के सूत्र) 12 अर्थगर्भ वाक्यों में रचित ग्रंथ (जैसे—कल्प सूत्र, गृह्य सूत्र) 13 संकेत, सुराग़ 14 मूल मुद्दा 15 निमित्त 16 माध्यम, ज़रिया **सूत्रकार** (पु.) 1 सूत्रों का रचयिता 2 बढ़ई 3 जुलाहा 4 कार्यादि का संचालनकर्ता **सूत्रधार** (पु.) नाट्यशाला का व्यवस्थापक या प्रधान नट **सूत्र-संचालक** (पु.) गुप्त रूप से घटनाओं का सूत्र-संचालन करनेवाला राजनीतिज्ञ

सूत्रपात–(पु.) कार्य का आरंभ

सूत्री–(वि.) सूत्र विशिष्ट (जैसे—त्रिसूत्री)

सूथनी–(स्त्री.) स्त्रियों के पहनने का पायजामा

सूद–(पु.) ब्याज (इंटरेस्ट) **सूदख़ोर** (पु.) ब्याज से जीविका चलानेवाला **सूदख़ोरी** (स्त्री.) ब्याजबट्टे का रोजगार **सूद-दर-सूद** (पु.) चक्रवृद्धि ब्याज (कंपाउंड इंटरेस्ट)

सूना–I (वि.) जनहीन (जैसे—सूना घर) II (पु.) एकांत स्थान **सूनापन** (पु.) शून्यता

सूप–I (पु.) 1 पकी हुई दाल 2 पकी दाल का पतला पानी या रस 3 रसेदार तरकारी **सूपकार** (पु.) रसोइया

सूप–II (पु.) अनाज पछोरने के लिए बाँस के छिलके से बना एक पात्र, छाज

सूफ़ियाना–(वि.) सूफ़ियों जैसा सादा और सुंदर

सूफ़ी–(पु.) 1 मुसलमानों का एक रहस्यवादी संप्रदाय (जैसे—जायसी सूफ़ी की श्रेणी में आते हैं) 2 सूफ़ी संप्रदाय का अनुयायी

सूरज–(पु.) सूर्य

सूरजमुखी (पु.) सूर्यमुखी, एक फूल

सूरत–(स्त्री.) 1 शकल, रूप 2 भेस 3 हालत, स्थिति 4 उपाय (जैसे—किसी सूरत से यह काम करना ही है) 5 ढंग, विधि 6 रंग-ढंग 7 वस्तु का बाह्य रूप, ऊपरी हालत **सूरत-शक्ल** (स्त्री.) रूप

सूरमा–(पु.) योद्धा, बहादुर

सूराख़–(पु.) छिद्र, छेद (जैसे—कमरे का सूराख़)

सूर्य–(पु.) सौरमंडल का प्रधान पिंड या तारा, आदित्य, भानु (जैसे—सूर्य का प्रकाश) **सूर्यकमल** (पु.) सूरजमुखी का फूल **सूर्यकांत** (पु.) एक तरह का स्फटिक **सूर्यग्रहण** (पु.) चंद्रमा की छाया पड़ने से सूर्यबिंब का छिप जाना **सूर्यमंडल** (पु.) सूर्य की परिधि या घेरा **सूर्यमुखी** (पु./स्त्री.) सूर्य की गति के साथ ऊपर उठने और नीचे झुकनेवाला एक बड़ा पीला फूल **सूर्यलोक** (पु.) सौर भुवन **सूर्यवंशी** I (वि.) सूर्य वंश का II (पु.) सूर्यवंश में उत्पन्न पुरुष **सूर्यस्नान** (पु.) धूपस्नान

सूर्य नमस्कार–(पु.) एक प्रकार का व्यायाम जिसमें सूर्य को नमस्कार करने की आंगिक प्रक्रिया प्रस्तुत की जाती है

सूर्यास्त–(पु.) सूर्य का छिप जाना

सूर्योदय–(पु.) सूर्य का उदित होना

सूर्योपासना–(स्त्री.) सूर्य की उपासना

सूली–(स्त्री.) 1 लोहे का नुकीला छड़ 2 प्राण दंड देने की एक विधि

सृजन–(पु.) 1 रचना, सर्जन 2 उत्पत्ति, सृष्टि **सृजन शक्ति** (स्त्री.) रचना करने की सामर्थ्य **सृजनशील** (वि.) रचना करनेवाला

सृष्टि–(स्त्री.) 1 जगत्, संसार 2 उत्पत्ति, पैदाइश 3 निर्मित वस्तु 4 निर्माण, रचना 5 प्रकृति **सृष्टिकर्ता** (स्त्री.) ब्रह्मा **सृष्टि विज्ञान** (पु.) सृष्टि की रचना आदि की मीमांसा करनेवाला शास्त्र या विज्ञान

सेंकना–(स. क्रि.) 1 आग पर पकाना (जैसे—रोटी सेंकना) 2 गरम करना (जैसे—हाथ-पैर सेंकना) 3 ताप पहुँचाना (जैसे—फोड़ा सेंकना) **आँखें सेंकना** रूपवती स्त्री को देखकर प्रसन्नता का अनुभव करना

सेंटीग्रेड–(पु.) ताप नापने का पैमाना (जैसे—जल का क्वथनांक 100 डिग्री सेंटीग्रेड है)

सेंध–(स्त्री.) 1 चोर द्वारा चोरी के उद्देश्य से दीवार में किया गया छेद, नकब 2 नकब लगाकर की गई चोरी

सेंधा–(पु.) एक खनिज नमक

सेंवई–(स्त्री.) मैदे से बनाए हुए सूत से लच्छे

सेंसर–(पु.) 1 समाचार पत्र आदि छपने तथा पुस्तक आदि प्रकाशित होने से पूर्व उसे देखने के लिए नियुक्त एक राजकीय कर्मचारी 2 इस तरह की जाँच आदि का काम **सेंसर बोर्ड** (पु.) सेंसर करनेवाले अधिकारियों की समिति

से–I (पु.) करण और अपादान कारक का चिह्न, तृतीया और पंचमी की विभक्ति II (वि.) 'सा' का बहुवचन, समान

सेकंड–(पु.) एक मिनट का 60वाँ भाग

सेचन–(पु.) 1 सिंचाई करना, सिंचन 2 पानी छिड़कना

सेज–(स्त्री.) सुंदर और कोमल बिछौना या बिस्तरा, शय्या

सेठ–(पु.) 1 महाजन 2 धनी आदमी

सेठानी–(स्त्री.) 1 महाजन स्त्री 2 सेठ की पत्नी

सेतु–(पु.) पुल **सेतुकर** (पु.) पुल का निर्माण करनेवाला **सेतुकर्म** (पु.) पुलनिर्माण का काम

सेना–I (स्त्री.) 1 फ़ौज, पलटन (आर्मी) (जैसे–भारतीय सेना, जल सेना) 2 विशेष कार्य हेतु संघटित दल (जैसे–बाल सेना, मुक्ति सेना, वानर सेना) **सेनापति** (पु.) फ़ौज या सेना का नायक, सिपहसालार

सेना–II (स. क्रि.) 1 सेवन करना 2 सेवा करना 3 औषध आदि का नियमित रूप से प्रयोग करना 4 निरंतर वास रहना (जैसे–काशी सेना) 5 अंडों पर बैठना (जैसे–मुर्ग़ी का अंडे सेना) 6 व्यर्थ पड़े रहना (जैसे–खटिया सेना) 7 उपासना करना (जैसे–देवी-देवता को सेना)

सेनाधिकारी–(पु.) सेना का अधिकारी

सेनाध्यक्ष–(पु.) सेना का अफ़सर

सेब–(पु.) 1 नाशपाती की जाति का मझोले आकार का एक पेड़ 2 इस पेड़ का प्रसिद्ध फल

सेम–(स्त्री.) तरकारी के काम में आनेवाली एक तरह की फली

सेमल–(पु.) एक तरह का रूईदार वृक्ष

सेर–(पु.) सोलह छटाँक की पुरानी तौल

सेला–(पु.) 1 रेशमी चादर 2 उसना चावल

सेवक–(पु.) 1 नौकर 2 चाकर, परिचारक 3 देवता का भक्त (जैसे–राम का सेवक)

सेवन–(पु.) 1 परिचर्या, सेवा 2 उपासना, पूजा करना, आराधना 3 इस्तेमाल, प्रयोग 4 पवित्र स्थान पर रहना 5 उपभोग

सेवा–(स्त्री.) 1 परिचर्या, ख़िदमत 2 पूजा, आराधना 3 प्रयोग 4 उपभोग 5 चाटुकारिता, ख़ुशामद 6 पालन-पोषण 7 लोकोपकारी कार्य (जैसे–देशसेवा) 8 आश्रम, शरण **सेवा-निवृत्ति** (स्त्री.) सेवा से अवकाश लेना **सेवाभाव** (पु.) उपकार की भावना **सेवाभावी** (वि.) सेवाभाव रखनेवाला

सेवार–(स्त्री.) लंबी और तेज़ किनारे वाली जलीय घास, शैवाल

सेविका–(स्त्री.) 1 दासी, परिचारिका 2 नौकरानी

सेवित–(वि.) 1 जिसकी सेवा की गई हो 2 पूजित 3 प्रयुक्त 4 उपभुक्त

सेव्य–(वि.) 1 सेवा के योग्य 2 आराध्य 3 पूज्य 4 व्यवहार के योग्य **सेव्य-सेवक** (पु.) स्वामी और सेवक

सेहरा–(पु.) 1 विवाह का मुकुट, मौर 2 सेहरा बाँधने के समय गाया जानेवाला गीत **सेहराबंदी** (स्त्री.) दूल्हे के सेहरा बाँधना

सैकड़ा–(पु.) सौ का समूह, सौ

सैंतालीस–I (वि.) चालीस और सात II (पु.) '47' की संख्या

सैद्धांतिक–(वि.) 1 सिद्धांत से संबंधित 2 सिद्धांत जाननेवाला

सैन–(स्त्री.) 1 संकेत, इशारा 2 परिचायक चिह्न

सैनिक–I (वि.) 1 सेना का 2 सेना के लिए उपयुक्त II (पु.) 1 फ़ौजी आदमी 2 पहरेदार, संतरी (जैसे–सैनिक को बुलाना)

सैनिकीकरण–(पु.) सेना बनाना

सैन्य–I (वि.) सेना का II (पु.) 1 सैनिक 2 सेना 3 पहरेदार, संतरी **सैन्यद्रोह** (पु.) सेना द्वारा किया गया विरोध, सेना की बग़ावत

स

सैर–(स्त्री.) 1 भ्रमण 2 मन-बहलाव हेतु जाना (जैसे–कंपनी बाग की सैर)
सैलानी–(वि.) 1 सैर करनेवाला 2 इधर-उधर घूमता-फिरता रहनेवाला
सोंठ–I (स्त्री.) सूखा अदरक
सोंठ–II (वि.) 1 अत्यंत कृपण 2 जानबूझकर चुप्पी मारनेवाला
सोंधा–(वि.) 1 सुगंधित, ख़ुशबूदार 2 सुगंध के समान
सो–I (सर्व.) 'जो' के साथ लगनेवाला संबंध सूचक शब्द, वह II (अ.) इसलिए, अतः III (वि.) समान, भाँति
सोआ–(पु.) एक तरह का साग और उसका पौधा
सोखना–(अ. क्रि.) सोख लेना, जज़्ब करना
सोख़्ता–(पु.) स्याही सोखनेवाला एक प्रकार का मोटा खुरदुरा काग़ज़
सोग–(पु.) शोक, दुःख
सोच–(पु./स्त्री.) 1 चिंता, फ़िक्र 2 दुःख, रंज 3 पश्चात्ताप, पछतावा **सोच-विचार** (पु.) सोचने और समझने का भाव
सोचना–I (अ. क्रि.) 1 विचार करना 2 चिंता में पड़ना II (स. क्रि.) अनुमान या कल्पना करना
सोडा–(पु.) एक तरह का क्षार **सोडावाटर** (पु.) कारबोनिक एसिड के संयोग से बनाया गया एक पाचक पेय, खारा जल या पानी
सोता–(पु.) 1 झरना 2 नदी की छोटी शाखा
सोत्साह–(क्रि. वि.) उमंग से
सोदाहरण–(वि.) उदाहरण सहित
सोद्देश्य–(वि.) उद्देश्य से युक्त
सोनजुही–(स्त्री.) जूही का एक प्रकार
सोना–I (पु.) 1 एक प्रसिद्ध बहुमूल्य धातु, स्वर्ण (जैसे–चार तोला सोना, सोने का आभूषण) 2 अत्यंत सुंदर या बहुमूल्य पदार्थ **सोना-चाँदी** (स्त्री.) धन-दौलत **सोने की चिड़िया हाथ आना** या **लगना** 1 बहुमूल्य वस्तु प्राप्त होना 2 रईस या धनी व्यक्ति का क़ाबू में आना **सोने के महल उठाना** अत्यधिक धनवान् होना **सोने के मोल** अत्यधिक कीमत का **सोने में सुहागा** वस्तु या व्यक्ति का उच्चतर होना
सोना–II (अ. क्रि.) 1 निद्राग्रस्त होना या नींद लेना 2 लेटना 3 आराम करना
सोपान–(पु.) सीढ़ी, ज़ीना
सोम–(पु.) 1 यज्ञ में तर्पण के काम आनेवाली एक लता 2 इस लता का रस 3 चंद्रमा 4 चंद्रवार (जैसे–सोमवार) **सोमवार** (पु.) रविवार तथा मंगलवार के बीच का दिन, चंद्रवार
सोमेश्वर–(पु.) काशी में स्थापित एक शिवलिंग
सोयाबीन–(पु.) सोया नाम की सब्ज़ी की फली, भटवाँस
सोरठा–(पु.) अड़तालीस मात्राओं का एक छंद जिसके पहले और तीसरे चरण में ग्यारह तथा दूसरे और चौथे चरण में तेरह मात्राएँ होती हैं
सोलह–(वि./पु.) 16 की संख्या
सोल्लास–I (वि.) आनंदपूर्ण II (वि.) उमंग के साथ, उल्लास के साथ
सोहना–I (अ. क्रि.) सुशोभित होना, फबना
सोहना–II (वि.) सुंदर और सुहावना
सोहावना–I (वि.) सुंदर II (अ. क्रि.) 1 शोभित होना 2 अच्छा लगना, भला जान पड़ना
सौंचाना–(स. क्रि.) शौच कराना (शिशु को)
सौंदर्य–(पु.) सुंदरता, ख़ूबसूरती **सौंदर्य चेतना** (स्त्री.) सौंदर्यभावना **सौंदर्यप्रियता** (स्त्री.) सौंदर्यवाद **सौंदर्यबोध** (पु.) कला के सूक्ष्म सौंदर्य का ज्ञान **सौंदर्यवाद** (पु.) कला में सौंदर्य को प्राधान्य देने का मत या सिद्धांत **सौंदर्य विज्ञान, सौंदर्य शास्त्र** (पु.) सौंदर्य, सुरुचि और कला संबंधी शास्त्र
सौंदर्यानुभूति–(स्त्री.) सौंदर्य भावना
सौंधा–(वि.) 1 सुगंधित 2 रुचिकर **सौंधापन** (पु.) सौंधा होने का भाव
सौंपना–(स. क्रि.) 1 अधिकार में देना 2 समर्पण करना
सौंफ़–(स्त्री.) दवा और मसाले के काम में

आनेवाला सोए जैसा एक पौधा

सौंह–(स्त्री.) शपथ, क़सम

सौ–(वि./पु.) 100 की संख्या **सौ-पचास** (वि.) कई **सौ की एक बात** 1 बहुत ही उचित बात 2 सर्वमान्य बात **सौ कोस भागना** दूर रहना, अलग रहना **सौ-सौ मन के पाँव होना** डर या घबड़ाहट के कारण चल न सकना **सौ हाथ की ज़बान होना** चटोर होना

सौगंध–I (वि.) सुगंधित, खुशबूदार II (स्त्री.) क़सम, शपथ

सौगात–(स्त्री.) भेंट, उपहार, तोहफा

सौजन्य–(पु.) सुजनता, सज्जनता

सौत–(स्त्री.) पति की दूसरी पत्नी, सपत्नी

सौतिया–(वि.) सौत संबंधी, सौत का **सौतिया डाह** (स्त्री.) सौतों में होनेवाली पारस्परिक ईर्ष्या या द्वेष

सौतेला–(वि.) 1 सौत का 2 सौत से उत्पन्न

सौदा–(पु.) 1 क्रय-विक्रय की वस्तु 2 वाणिज्य, व्यापार (जैसे–सौदा करना) **सौदागर** (पु.) व्यापारी

सौदामिनी–(स्त्री.) बादलों में चमकनेवाली बिजली, तड़ित

सौदेबाज़ी–(स्त्री.) मोलभाव करना

सौभाग्य–(पु.) 1 अच्छा भाग्य 2 कल्याण, मंगल 3 सफलता 4 समृद्धि **सौभाग्यवश** (क्रि. वि.) ख़ुशकिस्मती से

सौभाग्यवती–(स्त्री.) 1 सधवा, सुहागिन 2 अच्छे भाग्यवाली स्त्री

सौभाग्यवान्–(वि.) 1 अच्छे भाग्यवाला (जैसे–सौभाग्यवान् पुरुष) 2 सुखी और संपन्न

सौमनस्य–I (पु.) 1 प्रसन्नता 2 पारस्परिक सद्भाव II (वि.) आनंद देनेवाला

सौम्य–(वि.) 1 शीतल और स्निग्ध 2 सुंदर, रमणीक 3 मृदुल, कोमल 4 चमकीला, कांतिमान्

सौर–(वि.) 1 सूर्य संबंधी 2 सूर्य से प्राप्त या उत्पन्न (जैसे–सौर ऊर्जा) **सौर-जगत्** (पु.) सौरमंडल **सौर दिन** (पु.) एक सूर्योदय से दूसरे सूर्योदय तक का समय **सौर परिवार** (पु.) सौर जगत् **सौर मंडल** (पु.) सूर्य और उसकी परिक्रमा करनेवाले नौ ग्रहों, अट्ठाईस उपग्रहों आदि का वर्ग या समूह **सौर वर्णक्रम** (पु.) सूरज का बिंब-प्रतिबिंब **सौर वर्ष, सौर संवत्सर** (पु.) सूर्य संक्रांति के अनुसार होनेवाला वर्ष, एक मेष संक्रांति से दूसरी मेष संक्रांति तक का समय (सोलर इयर)

सौरभ–I (पु.) सुगंध, महक II (वि.) सुगंधित

सौष्ठव–(पु.) 1 सुंदरता 2 उत्तमता 3 सुघड़ता 4 दक्षता, चातुर्य 5 तेज़ी

सौहार्द–(पु.) 1 दोस्ती, मैत्री 2 सद्भाव 3 हृदय की सरलता **सौहार्दपूर्ण** (वि.) सौहार्द से भरा हुआ

स्कंध–(पु.) 1 कंधा 2 ग्रंथ आदि का अध्याय (जैसे–नाटक का नवम् स्कंध) 3 सेना का कोई भाग 4 सेना का व्यूह 5 समूह, झुंड 6 युद्ध 7 मार्ग, रास्ता 8 माल का भंडार

स्कूल–(पु.) पाठशाला, विद्यालय

स्खलन–(पु.) 1 नीचे आना, पतन 2 मार्ग से विचलित होना 3 चूना, क्षरण, स्राव 4 घर्षण, संघर्ष

स्खलित–(वि.) 1 पतित 2 मार्ग से विचलित 3 क्षारित 4 संघर्षित

स्टेशन–(पु.) 1 रेलगाड़ियों के ठहरने का स्थान 2 मोटर आदि सवारियों के ठहरने की जगह 3 कार्य विशेष हेतु लोगों की नियुक्ति और निवास का स्थान (जैसे–पुलिस स्टेशन, फ़ायर स्टेशन) **स्टेशन मास्टर** (पु.) रेलवे स्टेशन का प्रधान कर्मचारी

स्टेशनरी–(स्त्री.) लेखन-सामग्री

स्तंभ–I (पु.) 1 खंभा 2 कार्य, संस्था, सिद्धांत आदि के आधार के रूप में तत्त्व या व्यक्ति 3 समाचार पत्रों के पृष्ठों, सारणियों आदि के विभाग (जैसे–संपादकीय स्तंभ, स्थानिक स्तंभ) 4 पेड़ का तना 5 प्रतिबंध, रुकावट 6 जड़ता, अचलता **स्तंभ-लेखक** (पु.) समाचार पत्र में विशेष विषय पर लेखादि लिखनेवाला II एक तरह का सात्विक अनुभाव

स

स्तंभक–(वि.) रोकनेवाला, रोधक

स्तंभित–(वि.) 1 निश्चल 2 निस्तब्ध, सुन्न 3 रुका हुआ

स्तन–(पु.) स्त्रियों या मादा पशुओं की छाती

स्तब्ध–(वि.) सुन्न, निश्चेष्ट **स्तब्धता** (स्त्री.) 1 जड़ता 2 निश्चेष्टता

स्तर–(पु.) 1 परत 2 तल (लेवेल) 3 सतह 4 मान (जैसे–जीवनस्तर)

स्तुति–(स्त्री.) 1 प्रशंसा 2 चाटुकारिता 3 स्तोत्र **स्तुति ग़ान** (पु.) प्रशंसा या चाटुकारिता करना **स्तुति पाठ** (पु.) यशोगान

स्तुत्य–(वि.) स्तुति के योग्य, प्रशंसनीय

स्तूप–(पु.) 1 मिट्टी या पत्थर का ऊँचा ढूह 2 ऊँचा ढेर 3 शिखर 4 इमारत में लगा हुआ बहुत बड़ा स्तूप

स्तूपाकार–(वि.) स्तूप के आकार का

स्तोत्र–(पु.) 1 स्तुति 2 स्तुत्यात्मक श्लोक 3 श्लोकबद्ध स्तुतिपरक ग्रंथ

स्त्री–(स्त्री.) 1 मनुष्य जाति की वयस्क मादा, औरत, नारी 2 मनुष्य जाति की विशेष सदस्या 3 पत्नी, जोरू **स्त्री संभोग** (पु.) स्त्री प्रसंग, मैथुन

स्त्रीत्व–(पु.) 1 स्त्री होने का भाव या गुण, औरतपन 2 शब्दों के अंत में लगनेवाला स्त्रीलिंग का सूचक प्रत्यय

स्त्रैण–(वि.) 1 स्त्री या पत्नी के वश में रहनेवाला 2 स्त्रियों का-सा 3 स्त्री संबंधी, स्त्रियों का

स्थगन–(पु.) 1 कुछ समय के लिए रोकना 2 विचार आदि हेतु कुछ समय तक रोकना (जैसे–प्रार्थनापत्र का स्थगन) 3 छिपाना या ढाँकना **स्थगन-प्रस्ताव** (पु.) कार्य स्थगन के लिए उपस्थित किया गया प्रस्ताव (एडजर्नमेंट मोशन)

स्थगित–(वि.) रोका हुआ

स्थल–(पु.) 1 भूमि, ज़मीन 2 भूभाग 3 जल से रहित भूमि, ख़ुश्की (जैसे–स्थल मार्ग से यात्रा करने में समय अधिक लग जाएगा) 4 निर्जल और मरुभूमि

स्थलीय–(वि.) 1 स्थल का 2 स्थानीय

स्थान–(पु.) 1 जगह 2 पद, ओहदा 3 टिकाव, ठहराव 4 अवस्था, स्थिति 5 घर (जैसे–आपका निवास-स्थान कहाँ है) 6 देश, भूभाग (जैसे–आप किस स्थान के निवासी हैं) 7 नगर 8 अवसर 9 वर्ण के उच्चारण की जगह **स्थानच्युत** (वि.) 1 पद से हटाया हुआ 2 स्थान से अलग हुआ

स्थानांतरण–(पु.) तबादला करना, बदली करना

स्थानांतरित–(वि.) स्थानांतरण किया हुआ

स्थानापन्न–(वि.) 1 किसी की ग़ैरहाज़िरी में नियुक्त किया गया 2 दूसरे का स्थान ग्रहण किया हुआ

स्थानाभाव–(पु.) स्थान का अभाव

स्थानीय–(वि.) 1 स्थान विशेष से संबंधित 2 स्थान विशेष के लिए उपयुक्त

स्थापत्य–(पु.) 1 राजगीरी, मेमारी 2 भवन बनाने की विद्या, वास्तुविज्ञान **स्थापत्य कला** (स्त्री.) वास्तुविद्या

स्थापित–(वि.) 1 स्थापना की गई 2 नियुक्त किया हुआ

स्थायित्व–(पु.) 1 स्थायी होने का भाव 2 नौकरी आदि में सुरक्षित और नियत काल तक बने रहने की स्थिति

स्थायी–(वि.) 1 हमेशा बना रहनेवाला 2 निर्धारित काल तक चलता रहनेवाला (जैसे–स्थायी नौकरी) 3 टिकाऊ 4 स्थायी भाव **स्थायीकरण** 1 स्थायी रूप देना 2 स्थायी रूप से नियुक्त करना

स्थायी भाव–(पु.) मन में सदा बने रहनेवाले मूल भाव (जैसे–रति, क्रोध, शोक, भय, विस्मय आदि)

स्थावर–I (वि.) 1 स्थिर 2 स्थायी 3 अचल संपत्ति संबंधी 4 वानस्पतिक II (पु.) 1 अचल संपत्ति 2 पर्वत 3 अचेतन पदार्थ

स्थित–(वि.) 1 ठहरा हुआ 2 बसा हुआ 3 दृढ़, पक्का (जैसे–स्थितप्रज्ञ) 4 उपस्थित, मौजूद **स्थितप्रज्ञ** (वि.) 1 स्थिर बुद्धिवाला 2 समरस और निर्विकल्प

स्थिति–(स्त्री.) 1 दशा, हालत 2 ठहराव 3 स्वभाव, प्रकृति 4 कर्तव्यपरायणता 5 निवास स्थान 6 अस्तित्व 7 सीमा **स्थितिजन्य** (वि.) स्थिति से उत्पन्न

स्थिर–(वि.) 1 निश्चल, अचर 2 स्थायी 3 दृढ़, पक्का 4 शांत, धीर 5 निश्चित 6 विश्वसनीय 7 स्थायी **स्थिरचित्त** (वि.) स्थिर मनवाला

स्थिरात्मा–(वि.) दृढ़चित्त

स्थूल–(वि.) 1 मोटा 2 घना 3 मंद बुद्धिवाला, मूर्ख 4 सूक्ष्मतारहित (जैसे–स्थूल विचार) 5 सुस्त **स्थूलकाय** (वि.) मोटे शरीरवाला

स्नातक–(पु.) विश्वविद्यालय से उपाधि प्राप्त व्यक्ति (ग्रेजुएट)

स्नातकोत्तर–(वि.) स्नातक की डिग्री के ऊपर का (पोस्ट-ग्रेजुएट)

स्नान–(पु.) 1 जल से पूरा शरीर धोना, नहाना 2 धूप, वायु आदि का सेवन 3 नियमपूर्वक किसी जलाशय में कुछ समय तक नहाना (जैसे–माघ स्नान, कार्तिक स्नान) **स्नानगृह, स्नानघर** (पु.) नहाने का कमरा

स्नानागार–(पु.) स्नानघर (बाथरूम)

स्नायु–(स्त्री.) 1 रग, नाड़ी 2 पेशी **स्नायु केंद्र** (पु.) तंत्रिका केंद्र **स्नायु-प्रणाली** (स्त्री.) तंत्रिका तंत्र **स्नायु-विकार** (पु.) तंत्रिका तंत्र में खराबी

स्निग्ध–(वि.) 1 स्नेहयुक्त, प्रेममय (जैसे–स्निग्ध दृष्टि) 2 चिकना (जैसे–स्निग्ध पदार्थ)

स्नेह–(पु.) 1 प्रेम भाव, प्रेम, मुहब्बत 2 तेल 3 कोमलता, मुलायमता **स्नेह पत्र** (पु.) प्रेम की चिट्ठी, प्रेम पत्र **स्नेह पात्र** (पु.) जो स्नेह का पात्र हो, जिसके प्रति स्नेह उत्पन्न हुआ हो

स्नेहमय–(वि.) स्नेहवाला, स्नेहयुक्त

स्नेहाकुल–(वि.) प्रेम से विह्वल

स्नेही–(वि.) 1 स्नेह करनेवाला, प्रेमी 2 जिससे स्नेह किया जाए 3 तैलयुक्त

स्पंदन–(पु.) 1 कंपन, काँपना 2 विस्फुरण, फड़कना 3 गति, धड़कन (जैसे–हृदय का स्पंदन) **स्पंदनशील** (वि.) 1 कंपनशील 2 धड़कनेवाला

स्पंदित–(वि.) 1 काँपता हुआ 2 स्पंदनयुक्त

स्पर्द्धा–(स्त्री.) 1 होड़, प्रतियोगिता 2 अभिलाषा, तीव्र इच्छा 3 साहस, हौसला 4 चुनौती 5 बराबरी करने की इच्छा 6 ईर्ष्या

स्पर्श–(पु.) 1 छूना (जैसे–चरणस्पर्श) 2 संपर्क ज्ञान (जैसे–प्रेम स्पर्श) 3 प्रभाव 4 अनुभव या ज्ञान (ताप आदि का) 5 उच्चारण से संबंधित वर्ण (जैसे–'क्' से 'म' तक)

स्पर्शनीय–(वि.) स्पर्श योग्य

स्पर्शेन्द्रिय–(स्त्री.) स्पर्श की इंद्रिय, त्वचा

स्पष्ट–(वि.) 1 बिल्कुल साफ़ 2 सत्यतापूर्ण **स्पष्टता** (स्त्री.) 1 स्पष्ट होने का भाव 2 सफ़ाई **स्पष्ट-वक्ता** (पु.) साफ़ बात कहनेवाला व्यक्ति **स्पष्टवादिता** (स्त्री.) स्पष्टवादी होने की अवस्था **स्पष्टवादी** (वि.) निःसंकोच बात कहनेवाला

स्पष्टतः, स्पष्टतया–(क्रि. वि.) स्पष्ट रूप से, सफ़ाई से

स्पष्टीकरण–(पु.) 1 स्पष्ट करना 2 विस्तृत व्याख्या करना

स्पुतनिक–(पु.) कृत्रिम उपग्रह

स्पृष्ट–I (वि.) जिसे स्पर्श किया गया हो II (पु.) वर्णों के उच्चारण का एक प्रकार का आभ्यंतर प्रयत्न

स्पृहणीय–(वि.) प्राप्त करने योग्य, वांछनीय

स्पृहा–(स्त्री.) इच्छा या कामना

स्फटिक–(पु.) 1 एक तरह का सफ़ेद बहुमूल्य तथा पारदर्शी पत्थर, बिल्लौर 2 सूर्यकांतमणि

स्फीत–(वि.) 1 बढ़ा हुआ 2 फूला या उभरा हुआ (जैसे–गर्व से स्फीत वक्षःस्थल) 3 समृद्ध, संपन्न 4 प्रसन्न 5 फूला हुआ

स्फीति–(स्त्री.) 1 वृद्धि 2 प्रचुरता, प्राचुर्य 3 विस्तार 4 समृद्धि, संपन्नता 5 प्रसन्नता

स्फुट–(वि.) 1 फूटा या टूटा हुआ 2 विकसित 3 स्पष्ट, व्यक्त **स्फुट विचार** (पु.) विविध विचार

स्फुटित–(वि.) 1 फूटा हुआ 2 विकसित 3 व्यक्त किया गया

स्फुरण–(पु.) 1 कंपन 2 फड़कना 3 स्फूर्ति

स्फूर्ति–(स्त्री.) 1 फुरती, तेज़ी 2 स्फुरण 3 उत्तेजना, मानसिक आवेश **स्फूर्तिदायक** (वि.) स्फूर्ति देनेवाला

स्फोट–(पु.) 1 वेगपूर्वक बाहर निकलना, फटना (जैसे–ज्वालामुखी का स्फोट) 2 फोड़ा 3 फूटकर निकलना 4 शब्दश्रवण से मन में उत्पन्न भाव

स्मर–(पु.) 1 याद, स्मृति 2 कामदेव

स्मरण–(पु.) 1 याद, स्मृति 2 एक अर्थालंकार जिसमें पूर्व देखी गई वस्तु के समान अन्य वस्तु के देखने या सुनने से उसका स्मरण हो आता हो **स्मरण-पत्र** (पु.) याद दिलाने के लिए लिखा गया पत्र **स्मरण-शक्ति** (स्त्री.) याद रखने की शक्ति

स्मरणार्थ–(क्रि. वि.) स्मरण के लिए

स्मारक–I (वि.) याद दिलानेवाला II (पु.) 1 यादगार (मेमोरियल) 2 स्मरण हेतु बनाई गई कोई रचना 3 स्मरणपत्र **स्मारक ग्रंथ** (पु.) महापुरुष की स्मृति को स्थायी रखने के लिए रचित ग्रंथ

स्मारिका–(स्त्री.) 1 घटना या समारोह या प्रसिद्ध व्यक्ति से संबंधित स्मृति को बनाए रखनेवाली विवरणात्मक सचित्र पुस्तिका 2 घटना अथवा समारोह-स्थल को रक्षित रखने के उद्देश्य से प्राप्त की गई वस्तु

स्मित–I (पु.) मंद हास्य, धीमी हँसी II (वि.) 1 हँसता हुआ 2 खिला हुआ, विकसित

स्मिति–(स्त्री.) मंद हास्य, मुस्कराहट

स्मृति–(स्त्री.) 1 याद, स्मरण 2 अनुस्मरण, दोबारा याद दिलाना 3 भूली हुई बात को पुनः याद करने का संचारी भाव

स्यंदन–(पु.) 1 रथ 2 घोड़ा

स्याही–(स्त्री.) 1 रोशनाई 2 कालापन, कालिमा 3 दाग़, कलंक 4 दोष, ऐब 5 कालिख

स्रव, स्रवण–(पु.) 1 बहना, बहाव 2 गर्भ का समय से पहले गिरना, गर्भपात 3 प्रस्वेद

स्रष्टा–I (पु.) 1 ब्रह्मा 2 विष्णु 3 महेश II (वि.) 1 सृष्टि की रचना करनेवाला 2 निर्माता, रचयिता

स्राव–(पु.) 1 टपकना 2 क्षरण, बहाव 3 गर्भपात 4 निर्यास

स्रावित–(वि.) 1 चुआया हुआ 2 बहाया हुआ

स्रोत–(पु.) 1 जलप्रवाह, धारा 2 झरना 3 आधार या साधन 4 वंशपरंपरा

स्रोतस्विनी–(स्त्री.) नदी

स्लेट–(स्त्री.) लोहे या काले पत्थर की चौरस पतली पटरी या पट्टी

स्व–I (वि.) 1 अपना, निज का (सेल्फ़) 2 आप-से-आप होनेवाला (जैसे–स्वचालित) 3 आत्मीय, अपना (जैसे–स्वजन) II शब्दों के अंत में लगनेवाला एक प्रत्यय (जैसे–निजस्व, परस्व) **स्वकथन** (पु.) आत्म कथन **स्वधर्मत्याग** (पु.) 1 अपना धर्म छोड़ना 2 अपने धर्म की उपेक्षा **स्वनिर्णयाधिकार** (पु.) अपने भविष्य के बारे में स्वयं निर्णय करने का अधिकार **स्वनिर्मित** (वि.) स्वयं बनाया हुआ **स्वभाषा** (स्त्री.) मातृभाषा **स्वभूमि** (स्त्री.) 1 अपनी भूमि 2 जन्मभूमि

स्वभाव (पु.) 1 अपनी अवस्था 2 सहज प्रकृति (नेचर) 3 आदत (हैबिट) **स्वभावगत** (वि.) स्वभाव से संबंधित **स्वभावतः, स्वभावतया** (क्रि. वि.) प्राकृतिक रूप से **स्वभाववश** (क्रि. वि.) स्वभाव के वश में

स्वकीय–(वि.) अपना, निजी

स्वच्छंद–I (वि.) 1 मनमाना 2 स्वेच्छानुकूल आचरण करनेवाला II (क्रि. वि.) बिना किसी भय, विचार या संकोच के **स्वच्छंदचारी** (वि.) 1 स्वेच्छाचारी 2 मनमौजी **स्वच्छंदता** (स्त्री.) स्वच्छंद होने का भाव **स्वच्छंदतावाद, स्वच्छंदवाद** (पु.) भावात्मकता, रोमांसवाद

स्वच्छ–(वि.) 1 साफ़, निर्मल, पवित्र 2 उज्ज्वल 3 शुद्ध (जैसे–स्वच्छ हवा) **स्वच्छता** (स्त्री.) निर्मलता, पवित्रता, सफ़ाई

स्वतः–(क्रि. वि.) आप-से-आप, अपने-आप, आप ही, स्वयं **स्वतःचालित** (वि.) स्वयं चलने या चलनेवाला **स्वतःप्रमाण, स्वतःसिद्ध** (वि.)

आप-ही-आप सिद्ध, स्वयं प्रत्यक्ष

स्वत्व–(पु.) 1 अपना भाव, अपनापन 2 अधिकार, स्वामित्व

स्वत्वाधिकार–(पु.) स्वत्व रूप में होनेवाला अधिकार

स्वदेशानुरागी–(पु.) स्वदेशप्रेमी

स्वप्न–(पु.) सपना, अर्द्ध सुप्तावस्था में जाग्रत् मन का व्यापार विशेष, ख़्वाब, मन ही मन की जानेवाली कल्पना (जैसे–अभिनेता बनने का स्वप्न देखना, रईस बनने का स्वप्न) **स्वप्नगत** (वि.) स्वप्न में आया हुआ **स्वप्नदर्शी** (वि.) 1 स्वप्न देखनेवाला 2 स्वप्नदर्शन करनेवाला 3 मन-ही-मन बड़ी-बड़ी कल्पनाएँ करनेवाला **स्वप्नदोष** (पु.) निद्रावस्था में शृंगारिक स्वप्न देखने पर वीर्यपात होना

स्वप्नवत्–(वि.) सपने की तरह

स्वप्निल–(वि.) 1 स्वप्न रूप में होनेवाला 2 स्वप्न के समान 3 सुप्त (जैसे–स्वप्निल भाव)

स्वयं–(क्रि. वि.) अपने-आप, ख़ुद **स्वयंकृत** (वि.) 1 अपना किया हुआ 2 प्राकृतिक **स्वयंवर** (पु.) 1 स्वयं पति को चुन लेना 2 स्वयं पति के चुनाव का समारोह, पति-चयन संबंधी उत्सव **स्वयं-शिक्षक** (पु.) बिना अध्यापक के शिक्षा देनेवाली पुस्तक **स्वयंसिद्धि** (स्त्री.) 1 सर्वमान्य सिद्धांत 2 बिना प्रमाण सिद्ध होनेवाली बात **स्वयंसेवक** (पु.) स्वेच्छा से काम करनेवाला **स्वयंसेवा** (स्त्री.) 1 अपना काम स्वयं करना 2 अंतःप्रेरणा से दूसरों की की जानेवाली सेवा **स्वयंसेविका** (स्त्री.) महिला स्वयंसेवक

स्वयमेव–(क्रि. वि.) ख़ुद ही, अपने-आप

स्वर–(पु.) 1 आवाज़ 2 कंठध्वनि 3 बग़ैर किसी वर्ण की सहायता से उच्चारण होनेवाली वर्णात्मक ध्वनि या शब्द (जैसे–अ, आ, इ, ई, उ, ऊ, ऋ, ए, ऐ, ओ, औ) 4 संगीत में षड्ज, ऋषभ, गांधार, मध्यम, पंचम, धैवत और निषाद सुरों में से प्रत्येक का सुर 5 वेद पाठ में होनेवाले शब्दों का उतार-चढ़ाव 6 खर्राटा **स्वर-रचना** (स्त्री.) स्वर की बनावट **स्वर-लहरी** (स्त्री.) स्वरतरंग **स्वर-लिपि** (स्त्री.) संगीत के स्वरों को लिखने की रीति

स्वरांकन–(पु.) स्वरलिपि तैयार करना

स्वराज्य–(पु.) अपना राज्य

स्वराष्ट्र–(वि.) अपना राज या देश

स्वरूप–I (पु.) 1 अपनी आकृति 2 अपनी विशेषता, स्वभाव 3 प्रकार II (वि.) 1 अपनी विशेषता से युक्त 2 समान, तुल्य 3 सुंदर, मनोहर

स्वरूपवान–(वि.) स्वरूपवाला

स्वर्ग–(पु.) 1 देवलोक 2 आकाश **स्वर्गकाम** (वि.) स्वर्ग की अभिलाषा करनेवाला **स्वर्गलोक** (पु.) देवलोक **स्वर्गवधू** (स्त्री.) अप्सरा **स्वर्गवास** (पु.) मृत्यु (जैसे–कल गुरुजी का स्वर्गवास हो गया) **स्वर्गवासी** (वि.) स्वर्गीय

स्वर्गीय–(वि.) 1 स्वर्गवासी, मृत 2 अलौकिक 3 दिव्य 4 स्वर्ग का

स्वर्ण–(पु.) 1 सोना नामक धातु, कनक 2 सोने की मुद्रा **स्वर्णकार** (पु.) सुनार **स्वर्ण-जयंती** (स्त्री.) पचासवें वर्ष पर मनाया जानेवाला उत्सव **स्वर्ण-मुकुट** (पु.) सोने का मुकुट

स्वर्णाक्षर–(पु.) सोने के अक्षर, सुनहरे अक्षर

स्वर्णिम–(वि.) 1 सुनहला 2 स्वर्ण का

स्वल्प–(वि.) 1 बहुत थोड़ा, बहुत कम, अत्यल्प 2 बहुत छोटा 3 संक्षिप्त 4 तुच्छ **स्वल्प निद्रा** (स्त्री.) बहुत थोड़ी नींद

स्वल्पायु–(वि.) बहुत कम उम्र का, अल्पजीवी

स्वल्पाहारी–(वि.) कम खानेवाला

स्वशासन–(पु.) अपना शासन

स्वस्ति–I (स्त्री.) 1 कल्याण, मंगल 2 सुख II (अ.) 1 शुभ हो 2 भला हो 3 मान्य है, ठीक है

स्वस्तिक–(पु.) 1 चारणों का एक प्रकार 2 शरीर या पदार्थ पर लगाया जानेवाला एक मंगल चिह्न, सतिया (जैसे–卐) 3 चौरठे से बना एक त्रिभुजाकार चित्र 4 साँप के फन पर की रेखा 5 त्रिभुजाकार मुकुटमणि

स्वस्थ–(वि.) 1 नीरोग, तंदुरुस्त 2 शांत

स

(जैसे–स्वस्थ मन) 3 संतुष्ट 4 सुखी

स्वाँग–(पु.) 1 भेस, रूप (जैसे–स्वाँग बनाना) 2 नकल 3 तमाशा या मज़ाक़ का खेल

स्वांतःसुखाय–(अ.) अपनी आत्मा के सुख के लिए

स्वाक्षर–(पु.) 1 हस्ताक्षर, दस्तख़त 2 खुद लिखे गए अक्षर 3 अपने हाथ से लिखा गया छोटा लेख

स्वागत–(पु.) 1 अभ्यर्थना (रिसेप्शन) 2 यथा अवसर पर पूछा जानेवाला कुशलमंगल 3 ग्रहण या मान्य करने का भाव (जैसे–मैं आपके इन विचारों का स्वागत करता हूँ) **स्वागत कक्ष** (पु.) स्वागत का कमरा (रिसेप्शन रूम) **स्वागतकर्ता** (पु.) स्वागत करनेवाला **स्वागत समिति** (स्त्री.) स्वागत करनेवाली सभा या संस्था

स्वाग्रह–(पु.) 1 अपने संबंध में होनेवाला आग्रह 2 स्वयोग्यता, अधिकार, शक्ति से संबंधित आग्रह

स्वातंत्र्य–(पु.) स्वतंत्रता **स्वातंत्र्यप्रिय** (वि.) स्वतंत्रताप्रिय

स्वातंत्र्योत्तर–(वि.) स्वतंत्रता के बाद का

स्वाति–(स्त्री.) एक नक्षत्र विशेष

स्वाद–(पु.) 1 रसेंद्रिय से प्राप्त अनुभव, ज़ायका (टेस्ट) 2 मज़ा, लज़्ज़त, सुख

स्वादिष्ट, स्वादिष्ठ–(वि.) अत्यंत ज़ायकेदार, बहुत स्वादवाला

स्वादु–(वि.) 1 स्वादयुक्त, ज़ायकेदार 2 रुचिकर 3 मधुर, मीठा 4 सुंदर

स्वादेंद्रिय–(स्त्री.) स्वाद का ज्ञान करानेवाली इंद्रिय, जिह्वा

स्वाधिकार–(पु.) 1 अपना अधिकार 2 अपना कर्तव्य

स्वाधिपत्य–(पु.) स्वतंत्र रहने की अवस्था

स्वाधीन–(वि.) स्वतंत्र **स्वाधीनचेता** (पु.) स्वतंत्र विचारोंवाला व्यक्ति **स्वाधीनता** (स्त्री.) स्वतंत्रता **स्वाधीनता प्रेमी** (वि.) स्वतंत्रताप्रेमी

स्वाध्याय–(पु.) 1 धार्मिक विषयों का अध्ययन 2 विषय का अनुशीलन या अध्ययन

स्वानुभव–(पु.) स्वयं प्राप्त किया गया अनुभव

स्वाभाविक–(वि.) 1 प्राकृतिक 2 पैदायशी **स्वाभाविकता** (स्त्री.) स्वाभाविक होने का भाव

स्वाभिमान–(पु.) आत्मसम्मान

स्वामित्व–(पु.) अपना अधिकार

स्वामिभक्त–(वि.) मालिक की भक्ति करनेवाला

स्वामिभक्ति–(स्त्री.) मालिक के प्रति निष्ठा

स्वामी–(पु.) 1 मालिक 2 घर का प्रधान व्यक्ति, गृहस्वामी 3 पति, शौहर 4 साधु, संन्यासी 5 ईश्वर, प्रभु

स्वायत्त–(वि.) 1 जिसे स्थानीय स्वशासन का अधिकार प्राप्त हो 2 जिस पर अपना अधिकार हो **स्वायत्तता** (स्त्री.) स्थानीय स्वशासन का अधिकारी **स्वायत्त शासन** (पु.) 1 स्थानिक शासन 2 लोक प्रतिनिधियों द्वारा परिचालित शासन

स्वार्थ–(पु.) 1 अपना मतलब 2 अपना हित साधने की भावना 3 अपना वाच्यार्थ **स्वार्थ त्याग** (पु.) 1 स्वार्थ का त्याग 2 आत्मत्याग **स्वार्थ परायण** (वि.) स्वार्थसिद्धि में ही रत रहनेवाला **स्वार्थ प्रेरित** (वि.) अपने मतलब से प्रेरणा प्राप्त **स्वार्थ लिप्सा** (स्त्री.) स्वार्थ साधन की लालसा

स्वार्थी–(वि.) 1 स्वार्थ की सिद्धि चाहनेवाला 2 खुदग़रज़

स्वावलंबन–(पु.) 1 अपना भरोसा करना 2 आत्मनिर्भर

स्वास्थ्य–(पु.) 1 नीरोगता, आरोग्य 2 चित्त का शांत होना **स्वास्थ्य लाभ** (पु.) स्वास्थ्य पाना, नीरोग होना **स्वास्थ्यवर्द्धक** (वि.) स्वास्थ्य बढ़ानेवाला

स्वाहा–I (क्रि. वि.) हवन के समय उच्चारण किया जानेवाला एक शब्द II (वि.) 1 जो जलकर नष्ट हो गया हो 2 पूर्णतः विनष्ट

स्वीकार–(वि.) अंगीकार, सहमति

स्वीकारात्मक–(वि.) 1 स्वीकार संबंधी 2 जिससे बात की पुष्टि की गई हो

स्वीकारोक्ति–(स्त्री.) 1 अपराध स्वीकार करने

से संबंधित कथन या बयान 2 दोष, पाप आदि की स्वीकृति (कन्फ़ेशन)

स्वीकृत–(वि.) 1 स्वीकार किया हुआ 2 मान्यता-प्राप्त

स्वीकृति–(स्त्री.) स्वीकार की स्थिति, मंजूरी

स्वेच्छा–(स्त्री.) अपनी इच्छा **स्वेच्छा-तंत्र** (पु.) निरंकुश शासन

स्वेच्छाचार–(पु.) मनमाना आचरण

स्वेच्छाचारी–(वि.) 1 मनमाना आचरण करनेवाला, निरंकुश 2 नियम, क़ानून को न माननेवाला 3 यथेच्छाचारी

स्वेद–(पु.) पसीना **स्वेदकण** (पु.) पसीने की बूँद **स्वेद ग्रंथि** (स्त्री.) पसीने की गिल्टी **स्वेद बिंदु** (पु.) स्वेद कण

स्वेदित–(वि.) 1 पसीने से युक्त 2 बफारा दिया हुआ

स्वैच्छिक–(वि.) निजी इच्छा के अनुसार होनेवाला या निजी इच्छा से संबंधित

स्वैर–(वि.) 1 मनमाना काम करनेवाला 2 मनमाना, यथेच्छा **स्वैरचार** (पु.) मनमाना आचरण, स्वेच्छाचार **स्वैरतंत्र** (पु.) निरंकुशता

स्वैराचारी–(वि.) स्वेच्छाचारी, स्वैर

स्वैरिणी–(स्त्री.) व्यभिचारिणी स्त्री, पुंश्चली

ह

हँकवाना–(स. क्रि.) हाँकने का काम कराना

हँकारा–(पु.) 1 बुलावा 2 आमंत्रण 3 पुकारने का भाव

हंगामा–(पु.) 1 मारपीट, हुल्लड़, उपद्रव 2 हल्ला-गुल्ला, हलचल

हंडा–(पु.) पीतल आदि धातु या मिट्टी का बना घड़े जैसा बड़ा पात्र (जैसे–हंडा चोरी चला गया)

हँडिया–(स्त्री.) मिट्टी का घड़ेनुमा बर्तन

हंता–(वि.) हत्यारा, संहारक

हंस–(पु.) बत्तख के आकार का एक सफ़ेद जल पक्षी **हंसगति** (स्त्री.) हंस की चाल **हंसगामिनी** (स्त्री.) हंस की चालवाली स्त्री

हँसना–I (अ. क्रि.) 1 वेगपूर्वक हर्षध्वनि निकालना, ठट्ठा मारना 2 प्रसन्न होना 3 खुशी मनाना **II** (स. क्रि.) उपहास करना

हँसमुख–(वि.) 1 प्रसन्न (जैसे–हँसमुख चेहरा, हँसमुख नायिका) 2 दिल्लगीबाज़, हास्य प्रिय

हँसली–(स्त्री.) 1 गले में पहना जानेवाला स्त्रियों का मंडलाकार एक आभूषण 2 गले के नीचे तथा छाती के ऊपर की धन्वाकार हड्डी

हँसाई–(स्त्री.) 1 हँसी, ठट्ठा 2 उपहास, निंदा

हँसाना–(स. क्रि.) 1 हँसने में प्रवृत्त करना 2 खुश करना

हँसिया–(स्त्री.) लोहे का धनुषाकार एक औज़ार

हँसी–(स्त्री.) 1 हास 2 मज़ाक़ 3 दिल्लगी 4 उपहास, निंदा, बदनामी (जैसे–समाज में किसी की हँसी उड़ाना) **हँसी-खुशी** (स्त्री.) प्रसन्नता **हँसी-खेल** (पु.) 1 दिल्लगी और खेल 2 आसान काम **हँसी-दिल्लगी** (स्त्री.), **हँसी-मज़ाक़** (पु.) मनोरंजन

हँसोड़–(वि.) 1 हँसनेवाला 2 हँसानेवाला 3 दिल्लगीबाज़, विनोदप्रिय, मज़ाकिया

हक़–(पु.) 1 अधिकार, स्वत्व 2 दावा 3 कर्तव्य, फ़र्ज़ 4 उचित बात, वाजिब बात 5 उचित पक्ष, न्याय पक्ष

हकला–(वि.) हकलानेवाला, रुक-रुककर बोलनेवाला

ह

हकलाना–(अ. क्रि.) रुक-रुककर बोलना

हक़ीक़त–(स्त्री.) 1 असलियत, यथार्थता 2 सच्चाई, सच बात 3 हालत 4 हाल

हकीम–(पु.) यूनानी चिकित्साशास्त्री

हक्का-बक्का–(क्रि. वि.) भौंचक, घबराया-सा

हगना–I (अ. क्रि.) शौच करना, पाख़ाना फिरना II (वि.) 1 हगनेवाला 2 अधिक हगनेवाला

हज़म–(पु.) 1 पाचन क्रिया 2 ख़यानत, ग़बन, चोरी

हजामत–(स्त्री.) 1 बाल बनाने का काम 2 दाढ़ी के बाल बनाने का काम **हजामत करना** 1 सिर मूँडा जाना 2 ठगा जाना **हजामत बनाना** 1 सिर मूँड़ना 2 ठगना, लूटना

हज़ार–I (वि.) 1 दस सौ 2 अनगिनत (जैसे–सिनेमा में हज़ारों रुपए बर्बाद करना) 3 अनेक (जैसे–हज़ारों लोगों ने राष्ट्रपिता के प्रति अपनी श्रंद्धाजलि अर्पित की) II (पु.) हज़ार की संख्या, 1000 III (क्रि. वि.) चाहे जितना अधिक, कितना ही (जैसे–हज़ार कहो लेकिन वह तुम्हारी बात नहीं मानेगा) **हज़ार जान से** बड़े शौक़ से

हज़ारा–(पु.) 1 फौव्वारा 2 छिड़काव करने की अनेक छिद्रों वाली नलदार बालटी

हज्जाम–(पु.) हजामत बनानेवाला, नाई

हटना–(अ. क्रि.) 1 खिसकना, सरकना (जैसे–दो क़दम पीछे हटना) 2 पीछे की ओर जाना (जैसे–बम विस्फोट से सेना को हटना पड़ा) 3 जी चुराना, करने से भागना (काम से हटना, पढ़ने से हटना) 4 सामने से दूर होना (जैसे–यहाँ से हट जाओ) 5 टलना (जैसे–विवाह की तारीख़ हट गई) 6 न रह जाना, दूर होना (जैसे–संकट हटना, सूजन हटना) 7 दृढ़ न रहना 8 पद त्याग करना

हटाना–(स. क्रि.) 1 खिसकाना (जैसे–मेज़ हटाना) 2 उपेक्षा करना (जैसे–भिखारी को हटाना) 3 सिलसिला तोड़ना 4 खदेड़ना 5 अलग करना

हट्टा-कट्टा–(वि.) हृष्ट-पुष्ट

हट्टी–(स्त्री.) छोटी हाट, दुकान

हठ–(पु.) 1 ज़िद, दुराग्रह (जैसे–सिनेमा देखने का हठ) 2 दृढ़ प्रतिज्ञा, अटल संकल्प **हठधर्मिता** (स्त्री.) हठधर्मी होने का भाव **हठधर्मी** (वि.) हठधर्म को माननेवाला **हठपूर्वक** (क्रि. वि.) हठ के अनुसार, दुराग्रहपूर्वक

हठयोग–(पु.) योग का एक प्रकार जिसमें कठिन आसनों और मुद्राओं की साधना होती है

हठात्–(क्रि. वि.) 1 बलपूर्वक 2 हठपूर्वक 3 सहसा, अचानक

हठीला–(वि.) 1 हठ करनेवाला, ज़िद्दी 2 दृढ़-प्रतिज्ञ, बात का पक्का

हड़–(स्त्री.) हर्र

हड़कंप–(पु.) तहलका

हड़ताल–(स्त्री.) अन्याय या अत्याचार के विरोध में कंपनी, मिलों आदि में काम-काज बंद कर देना

हड़ताली–(वि.) हड़ताल करनेवाला

हड़प–(वि.) 1 निगला हुआ 2 ग़ायब किया हुआ, उड़ाया हुआ

हड़पना–(स. क्रि.) 1 खा जाना 2 ग़ायब करना (जैसे–रखा हुआ धन हड़पना) 3 अनुचित ढंग से ले लेना (जैसे–जायदाद हड़पना)

हड़बड़ाना–I (अ. क्रि.) 1 जल्दी करना, आतुर होना 2 उतावलापन करना II (स. क्रि.) जल्दी करने के लिए प्रेरित करना

हड़बड़िया–(वि.) 1 जल्दबाज़ 2 उतावला

हड़बड़ी–(स्त्री.) 1 शीघ्रता 2 उतावली, आतुरता

हड्डी–(स्त्री.) शरीर का वह कड़ा भाग जिससे उसका ढाँचा बनता है **हड्डियाँ दिखाई पड़ना, हड्डियाँ निकल आना** अत्यंत दुर्बलता के कारण हड्डियाँ दिखाई देना **कबाब में हड्डियाँ आ पड़ना** रंग में भंग होना

हत–(वि.) 1 मार डाला हुआ 2 घायल किया हुआ 3 ताड़ित 4 हताश (जैसे–हत भाग्य) 5 भ्रष्ट किया हुआ 6 सदोष (जैसे–हत चरित्र) **हतचेत, हतचेता, हतज्ञान** (वि.)

1 अचेत, बेहोश 2 संज्ञाशून्य **हतप्रभ** (वि.) 1 निस्तेज 2 शिथिल 3 स्फूर्तिहीन **हतबल** (वि.) निर्बल, कमज़ोर **हतबुद्धि** (वि.) मूर्ख **हतभागी, हतभाग्य** (वि.) अभागा, बदकिस्मत, भाग्यहीन

हताश–(वि.) निराश, दुःखी (जैसे–जीवन से हताश)

हताशा–(स्त्री.) 1 निराशा, दुःख 2 निष्फलता

हताहत–(वि.) मारे गए और घायल

हतोत्साहित–(वि.) जिसका उत्साह नष्ट हो गया हो (जैसे–हतोत्साहित व्यक्ति)

हत्था–(पु.) 1 दस्ता, मूठ 2 पंजा 3 कुर्सी की बाँही 4 हाथ का छापा 5 हाथा, हथेरा 6 निवार बुनने के काम आनेवाला लकड़ी का एक औज़ार

हत्या–(स्त्री.) 1 मार डालना (जैसे–दुश्मन की हत्या) 2 हत्या करने का पाप **हत्या-कांड** (पु.) हत्या की घटना

हत्यारा–(पु.) 1 हत्या करनेवाला व्यक्ति, ख़ूनी 2 हत्या करने वाला

हथकड़ी–(स्त्री.) क़ैदियों को पहनाया जानेवाला लोहे का कड़ा (जैसे–हथकड़ी पहनाना, हथकड़ी लगाना) **हथकरघा** (पु.) हाथ का करघा **हथगोला** (पु.) हाथ से फेंका जानेवाला विस्फोटक गोला **हथचक्की** (स्त्री.) हाथ से चलनेवाली चक्की

हथकंडा–(पु.) 1 षड्यंत्र 2 चतुराई की चाल 3 धूर्तता की पद्धति

हथिनी–(स्त्री.) हाथी की मादा, हस्तिनी

हथियाना–(स. क्रि.) 1 अधिकार में करना, ले जाना 2 धोखा देकर ले लेना, उड़ा लेना 3 हाथ में पकड़ना

हथियार–(पु.) 1 अस्त्र-शस्त्र 2 औज़ार **हथियारघर** (पु.) शस्त्रागार **हथियारबंद** (वि.) सशस्त्र **हथियार उठाना** युद्ध हेतु प्रस्तुत होना **हथियार डालना** 1 लड़ाई बंद करना 2 हार मानना

हथेली–(स्त्री.) कलाई के आगे का चिकना और चौड़ा भाग, करतल **हथेली खुजलाना** द्रव्य (धन) प्राप्ति का शकुन होना **हथेली देना** हाथ का सहारा देना **हथेली पर जान रखना** प्राण त्याग का डर न होना, जान देने के लिए हरदम तैयार रहना **हथेली पर सरसों जमाना** असंभव कार्य को भी कर दिखाना

हथौड़ा–(पु.) ठोंकने, पीटने आदि के काम में आनेवाला लोहे का एक औज़ार

हद–(स्त्री.) 1 सीमा 2 किनारा 3 पराकाष्ठा 4 अंत 5 औचित्य की सीमा 6 नियत स्थान

हनन–I (पु.) 1 जान से मारना, क़त्ल करना 2 मारना, पीटना 3 आघात करना II (वि.) हनन करनेवाला **हननशील** (वि.) प्राण लेनेवाला, क्रूर, क़ातिल

हन्य, हन्यमान–(वि.) मारने योग्य

हफ़्ता–(पु.) सात दिन का समय, सप्ताह (जैसे–दो हफ़्ते बाद वह आएगा)

हफ़्तेवार–(क्रि. वि.) हर सप्ताह

हबड़-हबड़–(क्रि. वि.) 1 जल्दी जल्दी, उतावली से 2 जल्दी के कारण

हब्शी–(पु.) अफ्रीका के कुछ भागों के निवासी (निग्रो)

हम–(सर्व.) 'मैं' का बहुवचन

हम–(पु.) अहंकार, 'हम' का भाव **हमउम्र** (वि.) बराबर उम्र का **हमक़दम** (वि.) साथ चलनेवाला **हमकौम** (वि.) सजातीय **हमख़्याल** (वि.) समान विचारवाला **हमजोली** (पु.) साथी, मित्र **हमदर्द** (वि.) दुःख में साथ देनेवाला (जैसे–हमदर्द दोस्त) **हमदर्दी** (स्त्री.) सहानुभूति **हमपेशा** (पु.) एक ही पेशा करनेवाला, सह व्यवसायी **हमराह** I (वि.) साथ चलनेवाला II (अ.) साथ में (जैसे–हमराह ले जाना) **हमसफ़र** (वि.) एक साथ यात्रा करनेवाला **हमसाया** (पु.) पड़ोसी

हमला–(पु.) 1 आक्रमण, धावा, चढ़ाई 2 वार

हमारा–'हम' शब्द का संबंध कारक रूप

हमें–'हम' का कर्म और संप्रदान कारक रूप (जैसे–हमें बताओ, हमें दो)

हमेशा–(अ.) सदा, सर्वदा

ह

हम्मीर–(पु.) संपूर्ण जाति का एक संकर राग
हय–(पु.) घोड़ा **हयशाला** (स्त्री.) अस्तबल
हर–I (वि.) प्रत्येक, एक-एक (जैसे–हर व्यक्ति के पास बंदूक थी, वह हर रोज स्कूल जाता है) **हर सूरत में** हर हालत में
हर–II (पु.) 1 शिव 2 हरण 3 वाहक 4 भिन्न का नीचे का अंक (जैसे–अंश और हर)
हरकत–(स्त्री.) हिलना-डुलना, गति, शरारत
हरड़–(स्त्री.) हर्रा, हड़
हरण–(पु.) 1 लूटना, चुराना (जैसे–धन-हरण, वस्त्र-हरण) 2 मिटाना, दूर करना (जैसे–ज्वर-हरण, पाप-हरण) 3 बलपूर्वक भगा ले जाना
हरताल–(स्त्री.) गंधक तथा संखिया के योग से बना एक पीला खनिज द्रव्य
हरना–I (स. क्रि.) 1 हरण कर लेना 2 दूर करना 3 आकृष्ट करना II (अ. क्रि.) 1 हार जाना, परास्त होना 2 शिथिल पड़ जाना
हरबोला–(पु.) घूम-घूमकर राजाओं की गौरव गाथा का वर्णन करने वाले चारण
हरहराहट–(स्त्री.) थरथराहट, कंपन
हरा–I (वि.) 1 घास या पत्ती के रंग का, हरित 2 अधपका (जैसे–फल अभी हरा है) 3 बिना भरा (घाव) 4 ख़ुश, प्रफुल्ल (जैसे–हरा-भरा चेहरा) 5 तरोताज़ा II (पु.) हरा रंग **हरा-भरा** (वि.) 1 ताज़ा, प्रफुल्ल (जैसे–हरा-भरा चेहरा, हरा-भरा मुख) 2 हरियाली-युक्त
हराना–(स. क्रि.) 1 परास्त करना, पछाड़ना (जैसे–शत्रु को हराना) 2 थकाना (जैसे–खिलाड़ी को हराना)
हरि–(पु.) भगवान, ईश्वर **हरिभक्त** (वि.) ईश्वर का भक्त **हरिभक्ति** (स्त्री.) ईश्वर की पूजा **हरिलोक** (पु.) बैकुंठ
हरिआना–(अ. क्रि.) 1 हरा होना, सब्ज़ होना 2 ताज़ा होना 3 ताज़गी से भर उठना
हरिजन–(पु.) 1 अस्पृश्य हिंदू जाति, अछूत जाति का व्यक्ति 2 भगवान का सेवक
हरित–(वि.) 1 भूरे या बादामी रंग का 2 हरा 3 पीला **हरित मणि** (पु.) मरकत, पन्ना
हरिद्रा–(स्त्री.) हल्दी (गाँठ वाला मसाला)
हरिन–(पु.) कुरंग, मृग (स्त्री.) मृगी, मादा हिरन
हरियाली–(स्त्री.) 1 हरे-भरे पेड़-पौधों का समूह 2 आनंद और प्रसन्नता
हरीतिमा–(स्त्री.) हरापन, हरियाली
हरेक–(वि.) हर एक, प्रत्येक
हर्ता, हर्तार–(वि.) हरण करनेवाला
हर्म्य–(पु.) प्रासाद, महल
हर्रा–(पु.) हड़
हर्ष–(पु.) 1 प्रसन्नता, ख़ुशी 2 संयोग शृंगार का एक स्थायी भाव 3 रोमांच **हर्षकर, हर्षकारक** (वि.) हर्ष प्रदान करनेवाला **हर्षध्वनि** (स्त्री.) ख़ुश होकर हँसने की आवाज़, तालियाँ
हर्षातिरेक–(पु.) हर्ष की अधिकता
हर्षित–I (वि.) 1 प्रसन्नमय 2 रोमांचित II (पु.) प्रसन्नता, हर्ष
हर्षोन्माद–(पु.) हर्ष या ख़ुशी में सुध-बुध खो देना
हर्षोल्लास–(पु.) ख़ुशी और उमंग
हलंत–(वि.) जिसके अंत में स्वर रहित व्यंजन वर्ण हो
हल–I (पु.) 1 गणित की प्रक्रिया 2 सवाल का जवाब
हल–II (पु.) खेत जोतने का एक प्रसिद्ध यंत्र **हलधर** (पु.) 1 खेतिहर, किसान 2 बलराम, बलदेव
हलका–(वि.) 1 कम भारवाला 2 कम, थोड़ा, मामूली 2 साधारण स्थिति से कम (जैसे–हलका दर्द, हलका बुख़ार) 4 ओछा, तुच्छ 5 सहज, सुगम **हलका-फुलका** (वि.) 1 बहुत हलका 2 कमज़ोर
हलचल–(स्त्री.) 1 शोरगुल 2 उपद्रव, हड़कंप 3 उथल-पुथल
हलदी–(स्त्री.) कड़ी गाँठ के रूप में एक प्रसिद्ध पौधे की जड़ **हलदी उठना, हलदी चढ़ना** विवाह-पूर्व वर और कन्या को हलदी और तेल लगाना
हलवा–(पु.) 1 सूजी या आटे को घी में भूनकर

दूध और शक्कर के साथ पकाया गया एक पकवान, मोहन भोग 2 तर और मुलायम वस्तु 3 बहुत आसान काम

हलवाई–(पु.) 1 मिठाई बनाकर बेचनेवाली एक हिंदू जाति 2 अनेक प्रकार की मिठाइयाँ बनाकर बेचनेवाला दूकानदार

हलवाहा–(पु.) दूसरे के यहाँ हल जोतनेवाला व्यक्ति

हलायुध–(पु.) हलधर, बलराम

हलाहल–(पु.) ज़हर, विष

हल्ला–(पु.) 1 कोलाहल, शोर 2 ललकार, हाँक 3 अचानक वेगपूर्वक किया गया हमला **हल्ला-गुल्ला** (पु.) शोरगुल

हवन–(पु.) 1 होम, यज्ञ 2 आग, अग्नि (जैसे—सब-कुछ हवन में जला देना) 3 होम करना, आहुति देना **हवन कुंड** (पु.) यज्ञ के समय आहुति डालने का कुंड

हवलदार–(पु.) 1 सेना का एक छोटा अधिकारी 2 बादशाही ज़माने का कर संग्रह करनेवाला एक कर्मचारी

हवा–(स्त्री.) 1 सर्वत्र चलता रहनेवाला और संपूर्ण पृथ्वी में व्याप्त तथा साँस लेने में सहायक तत्त्व, वायु, समीर 2 साँस 3 अफ़वाह **हवादार** (वि.) हवा से युक्त **हवा के घोड़े पर सवार होना** बहुत जल्दी में होना **हवा बिगड़ना** 1 परिस्थिति ख़राब होना 2 साख नष्ट होना 3 रीति-रिवाज़ बिगड़ जाना

हवाई–(वि.) 1 वायु से संबद्ध 2 हवा में उड़ने, चलने, रहने या होनेवाला, वायव (जैसे—हवाई जहाज़, हवाई हमला) 3 बिलकुल काल्पनिक और निर्मूल **हवाई अड्डा** (पु.) वायुयान केंद्र **हवाई जहाज़** (पु.) वायुयान

हवालात–(स्त्री.) 1 हिरासत, कैद 2 जेलख़ाना

हवालाती–(वि.) हवालात में बंद

हवि–(पु.) आहुति

हविष्य–(पु.) हवन की सामग्री

हवेली–(स्त्री.) 1 पक्का और बड़ा मकान, महल 2 चहारदीवारी वाला मकान

हसीन–(वि.) सुंदर, खूबसूरत व्यक्ति

हसीना–(स्त्री.) रूपवती नारी

हस्त–(पु.) हाथ **हस्तकला** (स्त्री.) हाथ से किया गया कलात्मक काम **हस्तकौशल** (पु.) हाथ का काम करने की कुशलता **हस्तरेखा** (स्त्री.) हाथ की रेखाएँ **हस्तरेखाविद्** (पु.) हस्तरेखा का जाननेवाला व्यक्ति **हस्तलिखित** (वि.) हाथ से लिखा हुआ

हस्तक्षेप–(पु.) 1 अनावश्यक तथा अनाधिकार दख़ल देना 2 फेर-बदल करने के लिए कुछ कहना, दख़लंदाज़ी (इंटरफ़िअरेंस)

हस्तपुस्तिका–(स्त्री.) 1 हाथ में आ जाने लायक छोटी किताब 2 लंबे-चौड़े विषय पर लिखी गई लघु पुस्तक

हस्तांतरण–(वि.) दूसरे को कोई वस्तु देना

हस्तांतरित–(वि.) हस्तांतरण किया हुआ

हस्ताक्षर–(पु.) दस्तख़त (सिग्नेचर) **हस्ताक्षरकर्ता** (पु.) हस्ताक्षर करनेवाला **हस्ताक्षरयुक्त** (वि.) हस्ताक्षर किया हुआ

हस्तामलक–(पु.) 1 हाथ में का आँवला 2 ऐसी वस्तु या विषय जिसका अंग-प्रत्यंग हाथ में लिए आँवले के सदृश स्पष्ट दिखाई दे और समझ में आ जाए

हस्ति–(पु.) हाथी **हस्तिदंत** (पु.) हाथी दाँत **हस्तिमद** (पु.) मस्त हाथी का कनपटी से बहनेवाला रस **हस्तिशुंड** (पु.) हाथी की सूँड़

हस्तिनी–(स्त्री.) हथिनी, मादा हाथी

हस्ती–(पु.) हाथी

हहास–(पु.) ऊँचा स्वर, काम करते समय लोग हहास निकालते हैं

हाँ–स्वीकृति, निश्चय, आत्मसंतोष, स्मृति आदि का सूचक शब्द

हाँका–(पु.) 1 पुकार 2 हाँक कर शिकार को ले आना

हाँडी–(स्त्री.) 1 हँडिया 2 गुप्त परामर्श **हाँडी उबलना** मारे खुशी के फूलना **काठ की हाँडी** एक बार छल में सफल होना, दुबारा नहीं

हाँफना–(अ. क्रि.) जल्दी-जल्दी और लंबी-लंबी साँस लेने लगना

हा–(अ.) 1 दुःख, भय, क्रोध आदि का सूचक

ह

शब्द 2 आश्चर्य या प्रसन्नता का सूचक शब्द
हाइड्रोजन–(पु.) हवा से हलकी एक गैस
हॉकी–(स्त्री.) 1 गेंद से खेलने की एक सिरे पर मुड़ी हुई लंबी छड़ी 2 इस छड़ी और गेंद से खेला जानेवाला एक खेल
हाज़मा–(पु.) 1 पाचन क्रिया 2 पाचन शक्ति
हाज़िर–(वि.) 1 उपस्थित, मौजूद 2 प्रस्तुत **हाज़िरजवाब** (वि.) उत्तर देने में निपुण
हाट–(स्त्री.) 1 बाज़ार 2 दुकान
हाड़–(पु.) 1 शरीर की हड्डी 2 कुलीनता की मर्यादा **हाड़तोड़** (वि.) हड्डी तोड़, ज़ोर का (बुखार)
हाथ–(पु.) 1 कर, हस्त 2 दाँव 3 दस्ता, मूठ **हाथ उधार** (पु.) हाथों-हाथ (अलिखित क़र्ज़ा) **हाथपानी** (पु.) आबदस्त **हाथ आना** 1 वश में आना, अधिकार में होना 2 फ़ायदा होना **हाथ उठा-उठाकर दुआ देना** प्रसन्नता से आशीर्वाद देना **हाथ उठाकर देना** 1 स्वेच्छा से कुछ देना 2 दान देना **हाथ उठा बैठना** मार बैठना **हाथ का झूठा** बेईमान **हाथ काट देना** विवश कर देना **हाथ कानों पर रखना** 1 पनाह माँगना 2 काम न करना 3 काम करने में अयोग्यता दिखलाना **हाथ का मैल** तुच्छ वस्तु **हाथ का सच्चा होना** ईमानदार **हाथ की सफ़ाई** 1 हाथ की कारीगरी 2 वार करने का अच्छा अभ्यास **हाथ के तोते उड़ जाना** 1 स्तब्ध हो जाना 2 बाधा उत्पन्न होना 3 आशा के विपरीत हो जाना **हाथ के नीचे आना** क़ाबू में आना **हाथ ख़ाली होना** बिना पैसे का होना, करने के लिए कोई काम न होना **हाथ खींचना** 1 सहयोग न करना **हाथ जोड़ देना** 1 हार मान लेना 2 क्षमा माँग लेना, संबंध-विच्छेद करना **हाथ झाड़कर जाना** खाली हाथ जाना **हाथ धोकर पीछे पड़ना** जी जान से किसी काम में जुट जाना **हाथ धो बैठना** खो देना **हाथ पकड़ते पहुँचा पकड़ना** 1 थोड़ी-सी रिआयत मिलने पर ही अधिक हिलमिल जाना 2 थोड़ा-सा सहारा मिल जाने पर अधिक प्राप्ति का अवसर ढूँढना **हाथ पल्ले न पड़ना** कोई लाभदायक परिणाम न निकलना **हाथ पसारना** 1 याचना करना 2 भीख माँगना **हाथ-पाँव ठंडे होना** 1 मरणासन्न होना 2 मृत्यु होना, मर जाना 3 अत्यंत डर जाना, स्तब्ध होना **हाथ-पाँव पटकना** तड़फड़ाना, छटपटाना **हाथ-पाँव मारना** 1 खूब कोशिश करना 2 तड़फड़ाना, छटपटाना **हाथ पीले करना** विवाह करना **हाथ मलना** पश्चात्ताप करना **हाथ माँजना** अभ्यास करना **हाथ में हुनर होना** कारीगरी में योग्य होना **हाथ रोकना** 1 काम में रुकावट पैदा करना 2 काम करना बंद करना **हाथ लगाना** 1 कार्य आरंभ करना 2 स्पर्श करना **हाथ सिर पर रखना** सिर की क़सम खाना **हाथ से जाना, हाथ से निकलना** 1 हाथ से गिर जाना 2 वश के बाहर होना 3 अधिकार में न रहना **हाथों हाथ लेना** मन से स्वागत करना
हाथापाई–(स्त्री.) उठापटक, साधारण लड़ाई-झगड़ा (जैसे–आपस की हाथापाई)
हाथी–(पु.) 1 एक अत्यंत विशाल स्तनपायी और सूँड़धारी पशु या चौपाया, गज, हस्ती 2 शतरंज के खेल का हाथीनुमा एक मोहरा **हाथीख़ाना** (पु.) हस्तिशाला, फीलख़ाना
हानि–(स्त्री.) 1 अनिष्ट या अपकार 2 क्षति, नुक़सान (जैसे–स्वास्थ्य की हानि, धन-मान की हानि) **हानिकर, हानिकारक** (वि.) नुक़सान पहुँचानेवाला **हानिपूरक** (वि.) क्षति पूरा करनेवाला
हामी–(स्त्री.) स्वीकृति, हाँ
हाय–I (स्त्री.) 1 व्यथा, कष्ट 2 कष्ट की आवाज़ II (क्रि. वि.) व्यथा सूचक अव्यय **हायतोबा** (स्त्री.) खेद, अफ़सोस
हाय-हाय–(स्त्री.) व्यस्तता, परेशानी, घबराहट
हार–I (स्त्री.) 1 पराजय 2 असफलता (जैसे–हार से घबराना नहीं चाहिए) 3 थकान, थकावट (जैसे–हार कर बैठ जाना) **हार-जीत** (स्त्री.) जय-पराजय
हार–II (पु.) माला (जैसे–हीरे का हार)
हारना–(अ. क्रि.) 1 पराजित होना (जैसे–

पाकिस्तान का भारत से युद्ध में हार जाना) 2 विफल होना 3 थक जाना

हारमोनियम–(पु.) संदूक के आकार का एक प्रसिद्ध बाजा

हार्दिक–(वि.) 1 हृदय से 2 आंतरिक, दिली

हाल–I (पु.) 1 कुशल-मंगल, समाचार (जैसे–घर में क्या हाल चाल हैं) 2 स्वास्थ्य (जैसे–मरीज़ का हाल कैसा है) 3 दशा, अवस्था (जैसे–वह बेचारा किस हाल में होगा) 4 अत्यंत बुरी शोचनीय स्थिति या हालत **हाल-बेहाल** (पु.) अच्छी हालत से बुरी हालत II (अ.) 1 अभी 2 तुरंत III (स्त्री.) लकड़ी के पहिये पर चढ़ाया जानेवाला लोहे का पट्टा IV (स्त्री.) 1 झोंका, झटका 2 हिलना, कंप

हालत–(स्त्री.) 1 अवस्था, दशा 2 परिस्थिति 3 समाचार 4 मौजूदा हैसियत, वर्तमान स्थिति

हालाँकि–(अ.) यद्यपि, अगरचे

हाला–(स्त्री.) शराब, मद्य

हाली–(अ.) शीघ्र, जल्दी

हाव–(पु.) शृंगार के क्षेत्र में नायिका द्वारा की जानेवाली आकर्षक तथा मोहक क्रियाएँ

हाव-भाव–(पु.) 1 नाज़-नख़रा, चोंचलापन 2 आकर्षक और कोमल चेष्टाएँ

हाशिया–(पु.) 1 किनारा (जैसे–किताब या कापी का हाशिया) 2 कपड़ों में टाँकी जानेवाली गोट या मगज़ी 3 हाशिये पर लिखित टिप्पणी

हास–(पु.) 1 हँसी 2 प्रसन्नता, खुशी **हास-परिहास** (पु.) हँसी-मज़ाक़

हासिल–I (वि.) प्राप्त, लब्ध II (पु.) 1 जोड़ में संख्या का अंश 2 गणित की क्रिया का फल 3 लाभ 4 निचोड़

हास्य–I (वि.) 1 हास संबंधी 2 उपहास के योग्य II (पु.) 1 हँसी 2 शृंगार रस का स्थायी भाव 3 दिल्लगी, मज़ाक़ 4 उपेक्षा तथा निंदा से युक्त हँसी **हास्यरहित** (वि.) हास्यहीन **हास्य रूपक** (पु.) हँसी पैदा करनेवाली नाट्य रचना **हास्य-विनोद** (पु.) हँसी-मज़ाक़

हास्यास्पद–(पु.) 1 हँसी का विषय 2 उपहास का विषय

हाहाकार–(पु.) 1 कुहराम 2 घबराहट की चिल्लाहट

हिंडन–(पु.) घूमना या चलना-फिरना

हिंडोरा, हिंडोल, हिंडोला–(पु.) 1 झूला 2 पालना 3 चरखी

हिंदी–I (स्त्री.) हिंद या हिंदुस्तान की भाषा, भारतवर्ष की राष्ट्रभाषा (जैसे–हिंदी का सम्मान करना हम सबका नैतिक कर्तव्य है) II (वि.) भारतीय III (पु.) हिंद का निवासी, भारतवासी **हिंदीभाषी** (वि.) हिंदी बोलनेवाला (जैसे–हिंदीभाषी प्रदेश) **हिंदी की चिंदी निकालना** 1 कुतर्क 2 व्यर्थ का दोष निकालना

हिंदीतर–(वि.) हिंदी से भिन्न **हिंदीतर-भाषी** (वि.) हिंदी से भिन्न भाषा बोलनेवाला

हिंदुत्व–(पु.) हिंदू होने की अवस्था

हिंदुस्तान, हिंद–(पु.) भारतवर्ष, भारत

हिंदू–(पु.) भारतवर्ष में बसनेवाली आर्य जाति के वंशज, भारतीय आर्य धर्म का अनुयायी

हिंसक–(वि.) 1 हिंसा करनेवाला, हत्यारा 2 कष्ट पहुँचानेवाला, पीड़ित करने वाला 3 अन्य पशु या जीवों की हत्या करनेवाला (जैसे–हिंसक पशु)

हिंसा–(स्त्री.) 1 हत्या 2 अनिष्ट या हानि **हिंसा-कर्म** (पु.) 1 मारने या सताने का काम 2 हानि पहुँचाने का काम

हिंसामूलक, हिंसात्मक–(वि.) हिंसा संबंधी, हिंसा का

हिंस्र–(वि.) 1 हिंसा करनेवाला, हिंसक (जैसे–हिंस्र पशु) 2 हत्या करनेवाला

हिचकिचाना–(अ. क्रि.) मन का आगा-पीछा सोचना

हिचकी–(स्त्री.) ज़ोर-ज़ोर से साँस लेना **हिचकी बँध जाना, हिचकी लगना** ज़्यादा रोने से साँस रुकना

हिजड़ा–(पु.) 1 ऐसा व्यक्ति जिसमें प्राकृतिक रूप से स्त्री और पुरुष दोनों के कुछ-कुछ

ह

लक्षण पाए जाएँ (यूनक) 2 नपुंसक

हित–(पु.) 1 भलाई, उपकार 2 कल्याण, मंगल 3 लाभ, फ़ायदा 4 सद्भाव, प्रेम **हितकर** (वि.) लाभदायी **हितकर्ता** (पु.) हित करनेवाला व्यक्ति **हितकामना** (स्त्री.) 1 भलाई चाहना 2 हित की इच्छा करना **हितकारिता** (स्त्री.) हितकारी होने का भाव **हितकारी** (वि.) 1 कल्याण करनेवाला 2 भलाई -करनेवाला

हितचिंतक–(पु.) 1 भला चाहनेवाला व्यक्ति 2 शुभचिंतक, ख़ैरख़ाह

हिताकांक्षी–(पु.) हितचिंतक

हितार्थ–(क्रि. वि.) भले के लिए

हितू–(पु.) 1 हितैषी, ख़ैरख़ाह 2 निकट का संबंधी 3 सुहृद, स्नेही

हितेच्छु–(वि.) हितैषी

हितैषी–I (वि.) कल्याण मनानेवाला II (पु.) मित्र, दोस्त

हितोपदेश–(पु.) 1 अच्छा उपदेश 2 नीतिकथा संबंधी एक प्रसिद्ध ग्रंथ

हिनहिनाना–(अ. क्रि.) घोड़े का हिन-हिन शब्द करना

हिना–(स्त्री.) मेंहदी

हिम–I (पु.) 1 बर्फ़, पाला, तुषार 2 जाड़े की ऋतु, शीतकाल II (वि.) ठंडा, शीतल **हिमकर** (वि.) ठंडा करनेवाला **हिमकाल** (पु.) हिमयुग

हिमखंड–(पु.) बर्फ़ का टुकड़ा

हिम झंझावात–(पु.) बर्फ़ीला तूफ़ान **हिमनद** (पु.) हिमानी (ग्लेशियर) **हिमपात** (पु.) ओले का गिरना **हिमवृष्टि** (स्त्री.) हिमपात

हिमशुभ्र–(वि.) बर्फ़ की तरह सफ़ेद **हिमशैल** (पु.) हिम पर्वत

हिम-स्खलन–(पु.) बर्फ़ का खिसकना

हिमवत्, हिमवान्–I (वि.) बर्फ़वाला, बर्फ़ीला II (पु.) हिमालय

हिमांक–(पु.) बर्फ़ जमने का तापबिंदु, कपूर

हिमांशु–(पु.) चंद्रमा

हिमाच्छादित–(वि.) बर्फ़ से ढका हुआ

हिमाद्रि–(पु.) हिमालय

हिमानी–(स्त्री.) बर्फ़ की विशाल राशि

हिमायती–(वि.) तरफ़दारी करने वाला, पक्ष लेने वाला

हिमालय–(पु.) भारत की उत्तरी सीमा पर स्थित एक पर्वतमाला

हिम्मत–(स्त्री.) 1 साहस 2 वीरता, बहादुरी 3 पौरुष, पराक्रम

हियाँ–(अ.) यहाँ

हिया–(पु.) 1 हृदय, मन 2 वक्षस्थल, छाती **हिया फटना** शोकातिरेक का अनुभव होना **हिया भर आना** शोकातुर होना

हिरण्य–(पु.) सुवर्ण **हिरण्यगर्भ**–(पु.) 1 प्राणात्मा 2 सूक्ष्म शरीर

हिरन–(पु.) हरिन नाम का सींगवाला एक चौपाया, हरिन पशु, मृग (स्त्री. हिरनी)

हिरासत–(स्त्री.) 1 नज़रबंदी 2 अभिरक्षा (कस्टडी) 3 पहरा, निगरानी

हिलकोरना–(स. क्रि.) 1 हिलकोर या लहरें उत्पन्न करना 2 शांत जल को क्षुब्ध करना

हिलकोरा–(पु.) तरंग, लहर, हिलोर

हिलगना–(अ. क्रि.) 1 परचना 2 मेलजोल होना 3 सटना, चिपटना 4 पास आना 5 अटकना, फँसना

हिलना–I (अ. क्रि.) 1 चलायमान होना 2 कंपित होना 3 लहराना 4 झूमना 5 दृढ़ न रहना 6 चंचल होना, डिगना II हेल-मेल में आना, परचना, हिलगना **हिलना-मिलना** (अ. क्रि.) मेलजोल रखना

हिलाना–(स. क्रि.) 1 हिलने में प्रवृत्त करना 2 खिसकाना या हटाना 3 कँपाना

हिलोर–(स्त्री.) लहर, जल तरंग

हिसाब–(पु.) 1 गणित 2 आय-व्यय आदि का लिखा जानेवाला ब्यौरा या विवरण, लेखा (एकाउंट) 3 गणित से संबंधित प्रश्न (जैसे–मेरे दो हिसाब सही थे) 4 दर, भाव (जैसे–कपड़े किस हिसाब से खरीदे गए) 5 महत्त्व, मूल्य आदि का विचार (जैसे–आपके हिसाब से तो यह खरा उतरेगा) 6 निश्चित नियम या व्यवस्था (जैसे–आपके आने-जाने का

कोई हिसाब समझ में नहीं आता) **हिसाब-किताब** (पु.) 1 आय-व्यय आदि का विवरण 2 व्यापारिक लेन देन

हिसाब बही–(स्त्री.) आय-व्यय संबंधी बही

हिस्सा–(पु.) 1 भाग, अंश 2 बाँट 3 विभाग 4 साझा 5 अंग

हिस्सेदार–(पु.) 1 अंशधारी (शेयर-होल्डर) 2 कार्य में योगदान करनेवालों में प्रत्येक

हींछना–(अ. क्रि.) इच्छा करना, चाहना, कामना करना

हीक–(स्त्री.) 1 हिचकी 2 अप्रिय सड़ी हुई तथा तीव्र गंध

हीन–(वि.) 1 ख़राब या घटकर 2 तुच्छ और नगण्य 3 ख़ाली (जैसे–जलहीन, बलहीन, धनहीन) 4 निम्न कोटि का (इन्फीरियर) 5 कम, थोड़ा या हल्का **हीनता** (स्त्री.) 1 हीन होने का भाव 2 अभाव 3 तुच्छता, ओछापन 4 नीचता, बुराई **हीनबल** (वि.) कमजोर, निर्बल, बलहीन **हीनबुद्धि** (वि.) 1 ख़राब बुद्धिवाला, दुर्बुद्धि 2 मूर्ख, बुद्धिरहित **हीन-भाव** (पु.), **हीन-भावना** (स्त्री.) हीनता ग्रंथि **हीन-ग्रंथि** (स्त्री.) अपने-आपको हीन समझने की वृत्ति

हीनयान–(पु.) बौद्ध धर्म की वैराग्य तथा मोक्ष संबंधी एक प्रसिद्ध प्रारंभिक शाखा या संप्रदाय

हीर–(पु.) एक पंजाबी प्रेमगीत और उसकी नायिका

हीरक–(पु.) हीरा नामक रत्न **हीरक जयंती** (स्त्री.) 1 साठवें वर्ष का उत्सव 2 साठवाँ वार्षिकोत्सव (डायमंड जुबली)

हीरा–(पु.) 1 एक रत्न या बहुमूल्य पत्थर 2 बहुत अच्छा आदमी, नर-रत्न 3 सर्वोत्तम वस्तु

हुँ–(अ.) 1 हाँ, एक सकारात्मक शब्द 2 स्वीकृति- सूचक शब्द, हूँ

हुंकार–(पु.) 1 ललकारने का शब्द 2 गर्जन 3 ज़ोर से डाँटने-डपटने का शब्द

हुंकारी–(स्त्री.) स्वीकृतिसूचक शब्द, हामी

हुंकारी-भरना–(स. क्रि.) 1 स्वीकृति देना 2 कहानी आदि सुनते समय हूँ-हूँ करना

हुंडी–(स्त्री.) 1 आपस में लेन-देन के समय लिखकर दिया जानेवाला महाजनी चेक 2 निश्चित समय के अंदर ब्याज सहित क़िस्तों में रुपया अदा करने से संबंधित एक ऋण विधि 3 अपना प्राप्य धन पाने के लिए किसी के नाम लिखा गया एक पत्र जिसमें निर्धारित या निश्चित रक़म अमुक को देने के लिए अंकित रहता है (ड्राफ्ट, बिल ऑफ एक्सचेंज)

हुआ–(वि.) 'होना' क्रिया का भूत कृदंत रूप (जैसे–खेल ख़त्म हुआ)

हुकना–(अ. क्रि.) 1 भूल जाना 2 निशाने का चूकना

हुकूमत–(स्त्री.) 1 शासन, राज्य 2 अधिकार, प्रभुत्व

हुक़्क़ा–(पु.) तंबाकू पीने का दो नलीवाला एक उपकरण **हुक़्क़ा-पानी** (पु.) अपनी जाति या बिरादरी में खान-पान का व्यवहार

हुक्म–(पु.) 1 आज्ञा 2 फ़ैसला 3 विधि-विधान (जैसे–शासन का हुक्म) 4 ताश का काले रंग के पान का पत्ता **हुक्मनामा**–(पु.) राजकीय आज्ञापत्र **हुक्मबरदारी**–(स्त्री.) 1 आज्ञापालन 2 सेवा **हुक्म बजा लाना** आज्ञापालन करना

हुड़दंग–(पु.) उछल-कूद और उपद्रव

हुताग्नि–(स्त्री.) हवनकुंड की आग

हुतात्मा–(पु.) अच्छे कार्य में स्वयं को बलि देनेवाला शहीद

हुनर–(पु.) 1 कला, कारीगरी 2 गुण, योग्यता, कौशल 3 चालाकी, चतुराई

हुर्र–(वि.) देखते-देखते अदृश्य हो जानेवाला

हुलसना–(अ. क्रि.) 1 अत्यंत प्रसन्न होना 2 उभरना 3 उमड़ना

हुलसाना–(स. क्रि.) उल्लसित करना

हुलास–(पु.) 1 उल्लास, उमंग 2 उत्साह

हुल्लड़–(पु.) 1 शोरगुल 2 उपद्रव 3 दंगा **हुल्लड़बाज़ी** शोरगुल

ह

हुश्–(अ.) उपेक्षा, तुच्छता आदि का सूचक एक निषेधात्मक शब्द, अनुचित बात कहने से रोकने के लिए प्रयुक्त शब्द

हुस्न–(पु.) 1 सौंदर्य, सुंदरता, शोभा 2 उत्कर्ष सूचक गुण या बात 3 सुंदरता बढ़ानेवाली विशेष बात (जैसे–हुस्न काफ़िया)

हूँ–I (क्रि. वि.) 1 प्रश्न के उत्तर में स्वीकृति सूचक शब्द 2 अनुमोदन, समर्थन या स्वीकृति का सूचक शब्द 3 बात सुनते समय अपनी सावधानता या सजगता को सूचित करने का शब्द II (अ. क्रि.) वर्तमान कालिक क्रिया 'है' का उत्तमपुरुष एक वचन रूप (जैसे–मैं हूँ)

हूँ-हाँ–(स्त्री.) हुँकारी

हूक–(स्त्री.) 1 पीड़ा, शूल, कसक 2 मानसिक पीड़ा 3 खटका, आशंका

हूण–(पु.) 1 एक प्राचीन असभ्य और क्रूर मंगोल जाति 2 बहुत बड़ा उजड्ड और क्रूर व्यक्ति

हूबहू–(वि.) 1 जैसा रहा हो ठीक वैसा ही 2 बिलकुल पहले के समान

हूरा–(पु.) 1 लाठी आदि का छोर 2 घूँसा, मुक्का **हूराहूरी** (स्त्री.) आपस में ढकेलते हुए मारना

हूल–(स्त्री.) 1 ज़ोर से धँसाने की क्रिया 2 शूल, हूक 3 कोलाहल, हल्ला, धूम 4 हर्ष-ध्वनि 5 ललकार 6 आनंद

हूलना–(स. क्रि.) 1 गोदना, गड़ाना 2 शूल उत्पन्न करना

हूश–(वि.) अशिष्ट और असभ्य, उजड्ड

हृत–(वि.) 1 पहुँचाया हुआ 2 छीना हुआ 3 चुराया हुआ **हृत प्रत्यर्पण** (पु.) संपत्ति आदि का पुनः वापस करना **हृतमन, हृतमानस** (वि.) बेसुध, संज्ञाहीन **हृतसर्वस्व** (वि.) जिसका सर्वनाश कर दिया गया हो

हृत्कंप–(पु.) दिल की धड़कन

हृत्पिंड–(पु.) हृदय का कोश या थैली, हृदय

हृदयंगम–(वि.) 1 मर्मस्पर्शी 2 हृदयगत 3 अच्छी तरह समझ में आया हुआ

हृदय–(पु.) 1 वक्ष के अंदर बाईं ओर स्थित मांस का रक्त कोश, दिल 2 छाती, सीना (जैसे–माँ ने शिशु को हृदय से चिपका लिया) 3 मन, अंतःकरण 4 आत्मा 5 भीतरी रहस्य 6 अत्यंत प्यारा व्यक्ति **हृदयद्रावक** (वि.) दिल को पिघला देनेवाला **हृदयपूर्वक** (क्रि. वि.) मन से **हृदयशूल** (पु.) हृदय में होनेवाली पीड़ा **हृदयस्पर्शी** (वि.) 1 दिल को छूनेवाला 2 दिल पर असर करनेवाला 3 मन में करुण भाव उत्पन्न कर उसे द्रवित करनेवाला **हृदयहीन** (वि.) 1 निष्ठुर 2 अरसिक

हृदय-प्रतिरोपण–(पु.) कृत्रिम या दूसरे का हृदय स्थापित करना

हृदयाकाश–(पु.) हृदयरूपी आकाश, संपूर्ण हृदय

हृदयालु–(वि.) 1 सहृदय 2 भावुक 3 दयालु

हृदयेश्वर–(पु.) 1 प्रेमपात्र, प्रियतम 2 स्त्री का पति

हृदयेश्वरी–(स्त्री.) 1 प्रियतमा 2 पत्नी

हृदयोद्गार–(पु.) मनोभाव, कामना, इच्छा

हृद्दौर्बल्य–(पु.) कमज़ोर हृदय

हृद्रोग–(पु.) हृदय में होनेवाला कोई रोग, हृदय की कोई बीमारी

हृद्व्यथा–(स्त्री.) हृदय पीड़ा

हृषि–(स्त्री.) 1 हर्ष, आनंद 2 आभा, चमक

हृषिकेश–(पु.) इंद्रियों का स्वामी

हृष्ट–(वि.) प्रसन्न, हर्षित **हृष्ट-पुष्ट** (वि.) तगड़ा, हट्टा-कट्टा

हेंगा–(पु.) खेत में पाटा चलाना

हें-हें–(पु.) 1 धीरे-धीरे हँसने की ध्वनि 2 गिड़गिड़ाने से निकला शब्द

हे–(अ.) संबोधन सूचक अव्यय (जैसे–हे राम)

हेकड़–(वि.) 1 उग्र और प्रचंड 2 अक्खड़ और उद्दंड 3 हट्टा-कट्टा, मोटा-ताज़ा

हेकड़ी–(स्त्री.) 1 हेकड़ होने का भाव 2 अक्खड़पन मिली उद्दंडता 3 ज़बरदस्ती, बल प्रयोग

हेठी–(स्त्री.) 1 मानहानि 2 अपमान, बेइज़्ज़ती

हेतु–(पु.) 1 कारण 2 लक्ष्य, मक़सद 3 अभिप्राय, उद्देश्य 4 एकमात्र कारण, मूलकारण 5 कारण

के साथ कार्य का भी संपन्न हो जाने का उल्लेख करने से संबंधित एक अर्थालंकार 6 तर्कशास्त्र **हेतुमद्भाव** (पु.) कार्यकारण भाव, कार्यकारण संबंध **हेतुमद्भूत काल** (पु.) भूत काल का एक भेद जिसमें कारण रूप क्रिया का अभाव होने पर कार्य रूप क्रिया का न होना दिखलाया जाए

हेतुकी–(स्त्री.) ऐसा शास्त्र जिसमें रोगों के निदान या पहचान का विवेचन प्राप्त होता है, निदान शास्त्र

हेतुमान्–I (वि.) 1 जो सकारण हो 2 तर्कयुक्त 3 साधार, हेतुमूलक II (पु.) हेतु के फलस्वरूप होनेवाला कार्य

हेमंत–(पु.) शीत काल, जाड़े का मौसम

हेम–(पु.) 1 हिम, पाला 2 स्वर्ग, सोना **हेमकांति** I (स्त्री.) 1 बन हलदी 2 आँबा हलदी II (वि.) सोने की-सी चमकवाला **हेमगिरि, हेमपर्वत** (पु.) सुमेरु पर्वत

हेमा–(स्त्री.) 1 सुंदर स्त्री 2 पृथ्वी

हेय–(वि.) घृणित और तुच्छ

हेरना–(स. क्रि.) 1 तलाश करना, ढूँढना 2 ढूँढने के लिए इधर-उधर देखना 3 ताकना, देखना 4 जाँचना, परखना

हेर-फेर–(पु.) 1 घुमाव, चक्कर 2 चक्कर में डालनेवाली पेचीली बात 3 चालबाज़ी, दाँव-पेंच 4 अंतर, फ़र्क 5 रद्दोबदल

हेरा-फेरी–(स्त्री.) इधर का उधर या उधर का इधर करना, हेर-फेर

हेलमेल–(पु.) 1 हिलने-मिलने का भाव 2 घनिष्ठ और आत्मीय संबंध स्थापित करना 3 परिचय बढ़ने पर होनेवाला रांग-राथ

हेला–I (स्त्री.) 1 तिरस्कार, अवज्ञा 2 अपमान 3 प्रेमपूर्ण क्रीड़ा 4 नायिका की शृंगारिक भावनाओं को व्यक्त करनेवाली सभी चेष्टाएँ 5 आँखें या भौहें नचाकर प्रिय से मिलने की इच्छा को धृष्टतापूर्वक तथा स्पष्ट रूप से व्यक्त करने का नायिका का एक हाव-भाव II अत्यंत सहज रूप में **हेला** III (पु.) 1 पुकार, हाँक 2 धावा, चढ़ाई IV धक्का, रेला

हेली–(स्त्री.) सखी, सहेली

हैं–I (अ.) हिंदी की 'होना' के वर्तमान कालिक कृदंत 'है' का विकारी बहुवचन रूप

हैं–II (अ.) आश्चर्य, असम्मति आदि का सूचक एक अव्यय (जैसे–हैं ! यह क्या हो गया)

हैज़ा–(पु.) एक संक्रामक रोग (कॉलरा), विसूचिका

हैंडिल–(पु.) दस्ता, हत्था

हैमवत–I (वि.) 1 हिमालय का, हिमालय संबंधी 2 हिमालय पर रहने या होनेवाला II (पु.) हिमालय का निवासी

हैरत–(स्त्री.) आश्चर्य, अचरज **हैरतअंगेज़** (वि.) विस्मयजनक **हैरतज़दा** (वि.) चकित, भौचक्का

हैरान–(वि.) 1 चकित 2 हतबुद्धि, भौचक्का 3 परेशान

हैरानी–(स्त्री.) 1 परेशानी 2 विस्मय 3 हैरान होने का भाव

हैरिंग–(पु.) हिलसा मछली

हैलो–(अ.) शुभकामना सूचक संबोधन

हैवान–(पु.) 1 पशु, जानवर 2 अत्यंत उजड्ड या गँवार आदमी

हैवानियत–(स्त्री.) 1 हैवान होने का भाव, पशुत्व 2 पशुओं का-सा क्रूर आचरण

हैस-बैस–(स्त्री.) 1 लड़ाई-झगड़ा 2 व्यर्थ का तर्क-वितर्क या विवाद

हैसियत–(स्त्री.) 1 रंग-ढंग, तौर-तरीका 2 शक्ति या सामर्थ्यसूचक योग्यता 3 सामाजिक मान-मर्यादा, इज़्ज़त, प्रतिष्ठा 4 आर्थिक, सामाजिक आदि दृष्टियों से योग्यता सूचक स्थिति

होंठ–(पु.) मुँह के बाहर का ऊपर या नीचे का भाग, ओष्ठ **होंठ काटना, होंठ चबाना** क्रोध, शोक आदि के आवेश में दाँतों से होंठ को काटना **होंठ चाटना** 1 अधिक खाने की इच्छा करना 2 स्वाद याद आना **होंठ सी लेना** मौन हो जाना **होंठ हिलाना** 1 बोलना 2 धीरे से कुछ कहना **होठों छठी का दूध याद आना** बहुत बड़ी मुसीबत में पड़ना

ह

हो–I (अ. क्रि.) 1 'होना' का संभावना सूचक रूप (अन्य पुरुष, एक वचन का) 2 ब्रज भाषा में 'होना' का सामान्य भूत 'था' II (अ.) जोर से पुकारने का संबोधन सूचक शब्द

होज़ियरी, होज़्यरी–(स्त्री.) बुनाई के कपड़े

होटल–(पु.) आधुनिक ढग का विश्राम स्थान

होड़–(स्त्री.) 1 शर्त, बाज़ी 2 प्रतिस्पर्द्धा 3 ज़िद्द, हठ

होड़ा-होड़ी–(स्त्री.) 1 एक-दूसरे से आगे बढ़ जाने का प्रयत्न, प्रतिस्पर्धा 2 बाज़ी, शर्त

होता–(पु.) 1 यज्ञ में आहुति देनेवाला 2 यज्ञ करानेवाला, पुरोहित

होता-सोता–(वि.) निकट का संबंधी

होते-सोते–(अ.) वर्तमान रहते हुए

होत्र–(पु.) 1 हवि 2 होम 3 हवन की सामग्री

होत्री–(पु.) होता

होनहार–(वि.) 1 अच्छे लक्षणोंवाला, उदीयमान 2 भावी, होनी

होना–(अ. क्रि.) 1 एक बहुत प्रचलित और प्रसिद्ध क्रिया जिसका 'करना' क्रिया के अकर्मक रूप में व्यवहार होता है 2 अस्तित्व में आना (जैसे–दिन के बाद रात होना) 3 क्रिया व्यापार का समाप्ति पर आना (जैसे–पुस्तक का छपकर प्रकाशित होना) 4 वास्तविक रूप सामने आना (जैसे–पराधीन देश का स्वतंत्र होना, परस्पर मारपीट होना) 5 नियमित रूप में जारी रहना (जैसे–पानी बरसता है, हवा चलती है) 6 विद्यमान रहना (जैसे–मेरे पास अनेक साहित्यिक किताबें हैं, मेरे लिए उनका होना और न होना दोनों बराबर है) 7 दिखाई देना, सामने आना (जैसे–घर में बच्चों का जन्म होना, फ़सल पककर तैयार होना) 8 अवस्था, रूप आदि में परिवर्तन होना (जैसे–लड़का तो अब जवान हो चला है) 9 परिणाम निकलना (जैसे–दवा से रोगी को लाभ होना) 10 विशेष दशा आना या पहुँचना (जैसे–स्त्री का गर्भवती होना, हिंदू का मुसलमान होना) **होनाहोवाना** (अ. क्रि.) कुछ घटित होना **जो हुआ सो हुआ** 1 बीते हुए की चिंता करने की आवश्यकता नहीं 2 अशुभ या अनुचित कार्य को पुनः कदापि न करना **तो क्या हुआ** जाने दो कोई परवाह नहीं **हो आना** 1 कहीं जाकर लौट आना 2 मुलाक़ात करने जाना **होकर** समीप से, पास से **होकर रहना** अवश्य घटित होना **हो गुज़रना** 1 घटना का घटित होना 2 समाप्त होना **हो चुकना** 1 समाप्त हो जाना 2 मर जाना 3 हद हो जाना **हो चुका** 1 असंभव 2 कभी नहीं होगा 3 नहीं हो सकता **हो जाना** 1 काम बन जाना 2 मिलकर चले जाना 3 मर जाना 4 मारपीट हो जाना 5 किसी लायक़ हो जाना 6 भूत-प्रेत का प्रभाव पड़ जाना **हो न हो** कौन जाने **(किसी का) होना** किसी का प्रिय, प्रेमी या विश्वासपात्र होना **(लाखों में एक) होना** अत्यंत उच्च कोटि का होना **होने का** होनेवाला (जैसे–यह काम मुझसे नहीं होने का) **होने लगना** कार्य का आरंभ होना **हो पड़ना** 1 अकस्मात् कुछ घटित हो जाना 2 अचानक झगड़ा-तकरार हो जाना **(किसी का) हो रहना** किसी का प्रेमी हो जाना **हो सो हो** चाहे जो कुछ हो

होनी–(स्त्री.) 1 होनहार 2 भवितव्यता

होम–(पु.) हवन **होम कुंड** (पु.) हवन करने के लिए बना कुंड **होम करते हाथ जलना** उपकार करते अपकार होना

होमना–(स. क्रि.) 1 हवन करना 2 परित्याग करना 3 बर्बाद करना

होमियोपैथी–(स्त्री.) रोग के लक्षणों के अनुरूप दवा देने की एक चिकित्सा विधि

होरहा–(पु.) 1 चने का छोटा पौधा, होरा 2 चने का ताज़ा दाना 3 चने का ताज़ा और भुना हुआ दाना

होरिल–(पु.) 1 नवजात शिशु 2 शिशु

होरी–(स्त्री.) होली

होलसेल–(पु.) थोक बिक्री

होला–I (पु.) होली का त्योहार

होला–II (पु.) 1 आग में भूनी गई चने, मटर

आदि की फलियाँ 2 चने, मटर आदि के भूने फलियों से निकले दाने
होलिका–(स्त्री.) 1 होली का त्योहार 2 होली में जलाई जानेवाली लकड़ियों का ढेर **होलिका दहन** (पु.) होली जलाना
होलिकोत्सव–(पु.) होली का त्योहार
होलिहार–(पु.) हुड़दंग मचाकर होली खेलनेवाला
होली–(स्त्री.) 1 फाल्गुन की पूर्णिमा में होनेवाला हिंदुओं का एक प्रसिद्ध त्योहार 2 होली की एक रात पहले जलाया जानेवाला लकड़ियों का ढेर (जैसे–होली जलाई गई) 3 इस त्योहार पर गाया जानेवाला गीत 4 व्यर्थ में किया जानेवाला व्यय (जैसे–बातों-बात में हज़ारों रुपए की होली हो गई) 5 अनावश्यक या अनिष्टकारक वस्तुओं को सार्वजनिक रूप से जलाना (जैसे–विलायती सामानों की होली)
होश–(पु.) 1 चेतना, सुधबुध 2 स्मरण 3 अक़्ल, बुद्धि, समझ 4 संज्ञा, चेतना **होशमंद** (वि.) बुद्धिमान, समझदार **होशमंदी** (स्त्री.) बुद्धिमानी, समझदारी **होश-हवास** (पु.) सुधबुध **होश आना** 1 समझ आना, अक़्ल आना 2 आपे में आना 3 याद आना, ख़्याल आना **होश उड़ जाना, होश उड़ना** 1 बदहोश हो जाना, घबड़ा जाना 2 आश्चर्य चकित हो जाना 3 अक़्ल खोना **होश काफ़ूर होना** होश उड़ जाना **होश ठिकाने होना** अक़्ल ठीक होना **होश दिलाना** याद कराना **होश न रहना** 1 ख़बर न रहना 2 बेहोश हो जाना **होश न होना** होश-हवास दुरुस्त न रहना **होश में आना** 1 ज्ञान प्राप्त करना 2 तमीज़ सीखना, व्यवहार सीखना 3 आपे में आना **होश सँभालना** 1 सयाना होना, बड़ा होना 2 आचार-व्यवहार सीखना **होश से बाहर होना** चेतनाहीन होना **होश हवा होना, होश हिरन होना** होश उड़ जाना
होशियार–(वि.) 1 सावधान, ख़बरदार 2 अक़्लमंद, बुद्धिमान् 3 कुशल, दक्ष
होशियारी–(स्त्री.) 1 सावधानी 2 चालाकी 3 बुद्धिमानी 4 दक्षता, प्रवीणता
होस्टल–(पु.) छात्रावास
होस्टेस–(स्त्री.) परिचारिका
हो-हल्ला–(पु.) शोरगुल, भगदड़
हौंकना–(अ. क्रि.) 1 हुंकार करना, गरजना 2 हाँफना 3 पंखे आदि से हवा करना
हौआ–(पु.) 1 असाधारण और डरावनी वस्तु 2 एक कल्पित वस्तु, भकाँऊ 3 हौवा
हौज़–(पु.) 1 कुंड 2 चहबच्चा 3 नाँद
हौज़ा–(पु.) हाथी का हौदा
हौद–(पु.) हौज़, नाद
हौदा–(पु.) बड़ा बरतन, कुण्ड
हौदी–(स्त्री.) छोटा हौज़
हौल–(पु.) डर, भय **हौल-दिल** (वि.) 1 डरा हुआ 2 व्यग्र, व्याकुल **हौलनाक** (वि.) भयंकर, ख़ौफनाक
हौले-हौले–(क्रि. वि.) 1 धीरे, आहिस्ता 2 मंद गति से
हौवा–I (पु.) हौआ, भूत
हौवा–II (स्त्री.) 1 आदम की पत्नी (इसलाम) 2 ईसाई, यहूदी धर्म के अनुसार मानव जाति की माता (ईव)
हौस–(स्त्री.) 1 उत्कंठा, प्रबल इच्छा 2 मन की तरंग या तरंग 3 हवस, हौसला **हौस निकालना** अरमान पूरा करना
हौसला–(पु.) 1 साहस, हिम्मत, उत्साह 2 सामर्थ्य 3 लालसा **हौसला अफ़ज़ाई** (वि.) धीरज बढ़ाना **हौसला पस्त होना** जोश ठंडा पड़ना, हिम्मत छूट जाना।
ह्रस्व–I (वि.) 1 छोटा, लघु 2 (स्वर) जो खींचकर न बोला जाता हो II (पु.) स्वरों के दो भेदों में से एक (जैसे–अ, इ, उ और ऋ)
ह्रास–(पु.) 1 क्षय, क्षीणता 2 अभाव, कमी **ह्रास-कालीन** (वि.) क्षति या गिरावट के समय का
ह्रासोन्मुख–(वि.) घटती की ओर बढ़ता हुआ
ह्री–(स्त्री.) लज्जा, शर्म
ह्लाद–(पु.) प्रसन्नता, आनंद, आह्लाद
ह्वेल–(स्त्री.) एक प्रसिद्ध समुद्री स्तनपायी जीव

●●

परिशिष्ट-1

हिंदी वर्णमाला

स्वर

अ	आ	इ	ई	उ	ऊ	
ऋ	ए	ऐ	ओ	औ	अं	अः

व्यंजन

क	ख	ग	घ	ङ
च	छ	ज	झ	ञ
ट	ठ	ड	ढ	ण
त	थ	द	ध	न
प	फ	ब	भ	म
य	र	ल	व	श
ष	स	ह		

संयुक्त अक्षर

क्ष	त्र	ज्ञ	श्र	ड़	ढ़

परिशिष्ट-2

हिन्दी की गिनती

1	एक	१
2	दो	२
3	तीन	३
4	चार	४
5	पाँच	५
6	छह	६
7	सात	७
8	आठ	८
9	नौ	९
10	दस	१०
11	ग्यारह	११
12	बारह	१२
13	तेरह	१३
14	चौदह	१४
15	पंद्रह	१५
16	सोलह	१६
17	सत्रह	१७
18	अठारह	१८
19	उन्नीस	१९
20	बीस	२०
21	इक्कीस	२१
22	बाईस	२२
23	तेईस	२३
24	चौबीस	२४
25	पच्चीस	२५
26	छब्बीस	२६
27	सत्ताईस	२७
28	अट्ठाईस	२८
29	उनतीस	२९
30	तीस	३०
31	इकतीस	३१
32	बत्तीस	३२
33	तैंतीस	३३
34	चौंतीस	३४
35	पैंतीस	३५
36	छत्तीस	३६
37	सैंतीस	३७
38	अड़तीस	३८
39	उनतालीस	३९
40	चालीस	४०
41	इकतालीस	४१
42	बयालीस	४२
43	तैंतालीस	४३
44	चवालीस	४४
45	पैंतालीस	४५
46	छियालीस	४६
47	सैंतालीस	४७
48	अड़तालीस	४८
49	उनचास	४९
50	पचास	५०
51	इक्यावन	५१
52	बावन	५२
53	तिरपन	५३
54	चौवन	५४
55	पचपन	५५
56	छप्पन	५६
57	सत्तावन	५७
58	अट्ठावन	५८
59	उनसठ	५९
60	साठ	६०
61	इकसठ	६१
62	बासठ	६२
63	तिरसठ	६३
64	चौंसठ	६४
65	पैंसठ	६५
66	छियासठ	६६
67	सड़सठ	६७
68	अड़सठ	६८
69	उनहत्तर	६९
70	सत्तर	७०
71	इकहत्तर	७१
72	बहत्तर	७२
73	तिहत्तर	७३
74	चौहत्तर	७४
75	पचहत्तर	७५
76	छिहत्तर	७६
77	सतहत्तर	७७
78	अठहत्तर	७८
79	उन्नासी	७९
80	अस्सी	८०
81	इक्यासी	८१
82	बयासी	८२
83	तिरासी	८३
84	चौरासी	८४
85	पचासी	८५
86	छियासी	८६
87	सत्तासी	८७
88	अठासी	८८
89	नवासी	८९
90	नब्बे	९०
91	इक्यानवे	९१
92	बानवे	९२
93	तिरानवे	९३
94	चौरानवे	९४
95	पंचानवे	९५
96	छियानवे	९६
97	सत्तानवे	९७
98	अट्ठानवे	९८
99	निन्यानवे	९९
100	सौ	१००

परिशिष्ट-3

मिलते-जुलते उच्चारण वाले परंतु भिन्न अर्थ वाले शब्द

हिन्दी में अनेक ऐसे शब्द हैं जिनका उच्चारण प्रायः एक जैसा होता है, लेकिन उनके अर्थ बिल्कुल भिन्न होते हैं। ऐसे कुछ चुने हुए शब्द यहाँ दिए जा रहे हैं।

आगम–आने का भाव, आगमन, शास्त्र
अगम–जहाँ जाने में कठिनाई हो, दुर्गम

अयश–बुरा नाम, बदनामी
अयस–लौह धातु, लोहा

अकथ–न कह सकने योग्य
अथक–थके बिना

अभय–बिना डर के, भयरहित
उभय–दोनों ही

आसक्त–प्रेम में लीन, आकर्षित
अशक्त–दुर्बल, कमज़ोर

अस्ति–है या होने का भाव
अस्थि–हड्डी

अपेक्षा–आवश्यकता, चाह
उपेक्षा–अवहेलना, ध्यान न देना

अवशेष–बचा हुआ, शेष अंश
अविशेष–मामूली, साधारण

असार–सारहीन, तत्वरहित
आसार–भावी लक्षण, चिह्न, संकेत

अवलम्ब–आश्रय, सहारा
अविलम्ब–बिना देर किए, जल्दी

अवरोध–बाधा, रुकावट
अविरोध–बिना विरोध के

असित–जो उजला या गोरा न हो
अशित–खाया हुआ

अभिराम–रूपवान, सुन्दर
अविराम–रुके बिना, लगातार

असि–तलवार, खड्ग
असी–वाराणसी का प्रसिद्ध घाट

अर्द्ध–आधा
अर्घ–पूजन का जल-अर्पण

आयुक्त–कमिश्नर, आयोग का सदस्य
अयुक्त–न जोड़ा हुआ

अविज्ञ–अजान, अनाड़ी
अभिज्ञ–ज्ञाता, जानकार

अनत–न झुका हुआ, सीधा
अनन्त–जिसका अन्त न हो

अनित्य–नश्वर, अस्थायी
अन्त्य–शब्द का अंतिम वर्ण

अचल–गतिहीन, अटल
अंचल–आँचल, क्षेत्र

अभिहित–कथित, उल्लिखित
अविहित–अकर्तव्य, अनुचित

आगत–आया हुआ
अगत–न गया हुआ

आदि–आरंभ, पहला
आदी–अभ्यस्त

आकार–बनावट, शक्ल
आकर–ख़ज़ाना, कोष

आपाद–पैर तक, पैर से लेकर
आपात्–अचानक घटित घटना

आवास–निवासस्थान, घर
प्रवास–परदेस जाना, परदेस में रहना

आसन्न–पास आया हुआ
आसन–जिस पर बैठा जाए

इत्र–एक सुगंधित द्रव्य, पुष्पसार
इतर–भिन्न, दूसरा

उद्यत–प्रस्तुत, तैयार
उद्धत–अक्खड़, घमंडी

उपल–पत्थर
उत्पल–नील कमल

उपकार–भलाई, हित
अपकार–अहित, बुराई

उपेक्षा–अवहेलना, निरादर
अपेक्षा–तुलना में, बनिस्बत

कंगाल–निर्धन, दरिद्र
कंकाल–ठठरी, हड्डियों का ढाँचा

कटिबद्ध–तत्पर, उद्यत
कटिबन्ध–कमरबंध; ऋतुविचार से भौगोलिक क्षेत्र

कटुक–कटु, कड़ुआ
कटक–उड़ीसा का एक नगर; सेना

कपीश–हनुमान
कपिश–भूरा

करकट–कचरा, खर-पतवार
कर्कट–केकड़ा

कलित–सजाया हुआ, सुंदर
कीलित–कील लगी या ठुकी हुई

कुंजर–हाथी
कंजर–एक घुमक्कड़ जाति

कुच–स्तन
कच–केश

कान्तार–घना जंगल
कान्ता–सुंदर नारी; पत्नी

काल–समय, अवधि
कल–मधुर और कोमल; चैन

काश–इच्छा आदि सूचित करनेवाला शब्द
कास–शरद ऋतु में फूलनेवाली एक लंबी घास, कांस

क्रान्ति–परिवर्तन एवं उलटफेर, विप्लव
कान्ति–चमक, आभा

कृत–किया हुआ, बना हुआ
क्रीत–खरीदा हुआ

कृती–जिसने अच्छे कार्य किये हों
कृति–रचना

कुण्डल–बाली (कान की)
कुन्तल–सिर के लंबे बाल

कूल–किनारा, तट
कुल–सब, पूरा; वंश

कोश–शब्दकोश
कोष–ख़ज़ाना

खाद–उर्वरक
खाद्य–खाने योग्य

ग्रह–सूर्य की परिक्रमा करनेवाले आकाशीय पिंड
गृह–घर

ग्रंथि–गाँठ, गिरह
ग्रंथ–मोटी पुस्तक

गत–बीता हुआ
गति–चाल, रफ्तार

गण्य–जो गिना जा सके
गण–समूह, जाति; दूत

गिराँ–महँगा, बहुमूल्य
गिरा–वाणी, सरस्वती

गिरि–पर्वत, पहाड़

चतुष्पथ–चौराहा
चतुष्पद–चौपाया, चार पैरोंवाला

चसक–कसक
चषक–मदिरा का प्याला

चक्रवात–बवंडर, चक्कर काटती तेज़ हवा
चक्रवाक–चकवा पक्षी

चारु–सुंदर
चार–तीन और एक का योगफल

चालाक–चतुर, चालबाज़
चालक–चलानेवाला

चीता–बाघ की जाति का एक हिंसक जंतु
चिता–शव जलाने के लिए चुनी हुई लकड़ियों का ढेर

चीर–कपड़ा, वस्त्र,
चिर–दीर्घकालव्यापी, लंबे समय तक

छात्र–विद्यार्थी
छत्र–राजसिंहासन पर लगी छतरी; छाता

जलज–कमल, जल से उत्पन्न
जलद–बादल, मेघ

जरा–बुढ़ापा
ज़रा–थोड़ा-सा, कम

जड़–जिसमें जीवन न हो, निर्जीव
ज़र–धन-संपत्ति

तृप्त–अघाया हुआ, संतुष्ट
तप्त–तपाया हुआ, गरम

तृण–घास, तिनका
त्राण–रक्षा, बचाव

तब–इसके बाद, तुरंत बाद
तव–तेरा, तुम्हारा

तड़ाक–फौरन, झटपट
तड़ाग–तालाब, जलाशय

तरू–वृक्ष, पेड़
तर–गीला, आर्द्र

तरुणी–युवती
तरणी–नौका

तुरंग–घोड़ा
तरंग–लहर

दंश–डंक मारने या दाँत काटने की क्रिया
दश–दस

द्रव्य–पदार्थ, वस्तु; धन-दौलत
द्रव–तरल पदार्थ

दारू–शराब
दारु–काष्ठ; देवदार वृक्ष

द्यूत–जुआ
दूत–संदेश पहुँचानेवाला व्यक्ति

नद–बड़ी नदी
नत–झुका हुआ, विनीत

नशा–मादक द्रव्य; मादक द्रव्य के सेवन से होनेवाली दशा
निशा–रात, रात्रि

नाड़ी–शरीर की रक्तवाहिनी शिराएं
नारी–स्त्री

नाईं–भाँति, तरह
नाई–हज्जाम

नागर–नगर में रहनेवाला
नगर–शहर

नाहर–शेर
नहर–सिंचाई का जलमार्ग

निर्गम–निकासी, बाहर जाना
निगम–महापालिका (नगर)

निशाचर–रात में चलने वाला
निशाकर–चंद्रमा

निर्माण–बनाने की क्रिया, रचना
निर्वाण–मुक्त, मोक्षप्राप्ति

निमित्त–कारण से, उद्देश्य से
नमित–झुका हुआ

नियत–नियमबद्ध; निश्चित
नीयत–इरादा, इच्छा

निश्छल–छलरहित, सच्चा
निश्चल–अचल, स्थिर

नीति–नियम और रीति
नीत–लाया हुआ

नीरज–जल से उत्पन्न, कमल
नीरद–बादल; बिना दाँत का

पथ–रास्ता, मार्ग
पथ्य–रोग में लाभकारी आहार

प्रहार–आघात, वार
प्रहर–पहर, तीन घंटे का समय

परिच्छेद–अध्याय (पुस्तक)
परिच्छद–ढाँकने की वस्तु, पहनावा

पर्जन्य–बरसाती मेघ; इंद्र
परिजन–परिवार के आश्रित लोग

पर्यंक–पलंग
पर्यन्त–तक

परिणाम–फल, नतीजा
परिमाण–मात्रा, माप

प्रथा–परिपाटी, रीति-रिवाज़
पृथा–पांडवों की माता कुंती

प्रमाण–सबूत
प्रणाम–नमस्कार, अभिवादन

प्रस्तार–फैलाव, फैलाना
प्रस्तर–पत्थर

प्रताप–प्रभुत्व का दबदबा, तेज
परिताप–दुःख, शोक, संताप

प्रकृति–मूल तत्व, मूल गुण या धर्म, स्वभाव
प्रकृत–स्वाभाविक, जो बनावटी न हो

प्रधान–मुख्य, प्रमुख
परिधान–वस्त्र, पहनावा

पदत्राण–जूता
परित्राण–पूरा बचाव, अनिष्ठ का निवारण

परवाह–फिक्र, चिंता
प्रवाह–बहाव, धारा

परुष–कठोर, कर्कश
पुरुष–नर, मर्द

प्रासाद–विशाल भवन, महल
प्रसाद–देवता को चढ़ायी गयी वस्तु; कृपा

पाश–बंधन, फाँस
पास–निकट, नज़दीक

पावन–पवित्र, निर्मल
पवन–हवा

बली–बलवान्, ताकतवर
बलि–देवता को चढ़ावा; देवता को चढ़ाने के लिए पशुवध

बारिश–वर्षा
वारिस–उत्तराधिकारी
वारीश–समुद्र

भाव–अर्थ, आशय, भावना
भव–ससार

वात–वायु; गठिया रोग
बात–कथन, वचन; वस्तु या विषय

परिशिष्ट-4

पर्यायवाची शब्द

अर्थ के दृष्टिकोण से समानता रखने वाले शब्दों को पर्यायवाची शब्द कहा जाता है। हिन्दी के कुछ प्रमुख पर्यायवाची शब्द निम्नांकित हैं :

अंश–अंग, हिस्सा, भाग

अँधेरा–तिमिर, तम, अंधकार

असुर–राक्षस, दानव

अन्न–शस्य, धान्य, अनाज

आँख–चक्षु, नयन, लोचन, नेत्र

आभूषण–अलंकार, आभरण, गहना

आग–अनल, पावक, अग्नि

आम–आम्र, रसाल, सौरभ

आसमान–आकाश, नभ, गगन, अम्बर

इच्छा–मनोरथ, अभिलाषा, चाह

ईश्वर–भगवान, परमेश्वर, ईश

कमल–पद्म, पंकज, नीरज, अम्बुज

कपड़ा–वसन, वस्त्र

कबूतर–कपोत

कृपा–अनुकम्पा, अनुग्रह, दया

कुत्ता–श्वान, कुक्कुर

क्रोध–रोष, कोप, आक्रोश

कोयल–कोकिला, पिक

कौआ–काग, कौआ

खंभा–स्तूप, स्तम्भ

खिड़की–गवाक्ष, वातायन, झरोखा

खून–रुधिर, लहू, रक्त

गंगा–मंदाकिनी, सुरसरि, भागीरथी, देवनदी

गणेश–गजानन, विनायक, गणपति, लम्बोदर

ग़रीब–निर्धन, कंगाल, दीन

गाय–गौरी, धेनु, सुरभी, गौ

घर–गेह, भवन, गृह, निकेतन, सदन

घड़ा–घट, कुम्भ, गगरा

घोड़ा–अश्व, तुरंग, घोटक

चतुर–प्रवीण, निपुण, कुशल

चन्द्रमा–शशि, इन्दु, विधु, सुधाकर, रजनीश

चाँदनी–ज्योत्स्ना, कौमुदी, चन्द्रिका

चाँदी–रूपक, रजत, रूपा

जलयान–जहाज़, पोत

जल–वारि, अंबु, नीर, सलिल

जीभ–रसना, जिह्वा

तलवार–असि, खड्ग

तालाब–तड़ाग, पुष्कर, सरोवर

तीर–वाण, सर, नदी का किनारा

तोता–कीर, सुग्गा, सुआ, शुक

थोड़ा–किंचित, अल्प, रचमात्र

द्रव्य–धन, सम्पत्ति

देव–सुर, देवता, पूज्य, व्यक्ति

दाँत–दन्त, दशन

दिवस–दिन, वार

दीपक–दीप, प्रदीप, दीया

दुःख–सन्ताप, खेद, कष्ट

दूध–दुग्ध, क्षीर

धरती–पृथ्वी, वसुंधरा, भू

नर–मनुष्य, पुरुष, मनुज

नदी–तरंगिणी, तटिनी, आपगा

नाव–नैया, तरिणी, तरी

पक्षी–पखेरू, खग, विहग

पहाड़–अद्रि, गिरि, पर्वत

पत्ता–पर्ण, पल्लव

प्रातः–प्रभात, अरुणोदय, सबेरा

पाला–हिम, तुषार

पिता–जनक, बाप, पितृ

प्रीति–अनुराग, प्रेम, स्नेह

फूल–प्रसून, पुष्प, सुमन, कुसुम

बन्दर–कपीश, मर्कट

बगीचा–वाटिका, उपवन

ब्याह–परिणय, पाणिग्रहण, विवाह

बर्तन–बासन, पात्र, भाँडा

बहुत–अति, प्रभूत, प्रचुर

बारिश–वर्षा, वृष्टि

बाल–अलक, केश, कच

भौंरा–भ्रमर, मधुप, द्विरेफ

मत्स्य–मछली, मीन, झख

माँ–धात्री, जननी, प्रसू

माखन–मक्खन, नवनीत, लौनी

मिथ्या–झूठ, असत्य, अमृत

मुक्ति–मोक्ष, निर्वाण, कैवल्य

मुर्गा–कुक्कुट

मूढ़–मूर्ख, जड़, निर्बुद्धि

मैना–सारिका

मोर–केकी, शिखी

युवती–तरुणी, किशोरी

राम–राघव, रघुपति

रात–निशा, विभावरी, यामिनी

लोहा–आयस, सार, लोह

विद्युत–बिजली, चंचला, दामिनी

वृक्ष–विटप, तरु, पादप

विशाल–विराट, दीर्घ, बृहत्

विष–हलाहल, गरल, ज़हर

शत्रु–अरि, रिपु, दुश्मन

शरीर–काया, कलेवर

शहद–मकरन्द, मधु

शेर–मृगेन्द्र, केहरि

संसार–लोक, जगत, जग

समुदाय–समूह, निकाय

सविता–सूर्य, मार्तण्ड

सहेली–सखी, सहचरी, आली

साँप–अहि, भुजंग

साधु–सज्जन, संत, भद्र

सिर–शीश, सिर, मुण्ड

स्त्री–वनिता, महिला

सीता–जानकी, मैथिली

सुत–पुत्र, वत्स, तनय

सुवर्ण–कंचन, हेम

हरिण–कुरंग, मृग, सारंग

हंस–मराल, सूर्य, आत्मा

परिशिष्ट-5

विलोम शब्द

परस्पर विपरीत अर्थ वाले शब्द विलोम शब्द कहे जाते हैं, कुछ विलोम शब्द यहाँ दिए गए हैं :

शब्द	विलोम	शब्द	विलोम
अँधेरा	उजाला	आशा	निराशा
अगला	पिछला	आधुनिक	प्राचीन
अधिक	अल्प	आमिष	निरामिष
अंधकार	प्रकाश	आड़ा	खड़ा
अनुकूल	प्रतिकूल	आर्य	अनार्य
अनुरक्ति	विरक्ति	आस्था	अनास्था
अरुचि	सुरुचि	आजादी	गुलामी
अधम	उत्तम	आसक्त	निरासक्त
अमर	नश्वर	इहलोक	परलोक
अर्वाचीन	प्राचीन	ईमानदार	बेईमान
अल्पायु	दीर्घायु	उत्थान	पतन
अपमान	सम्मान	उपकार	अपकार
असली	नकली	उन्नति	अवनति
अपना	पराया	उन्मूलन	रोपण
अच्छा	बुरा	उच्च	निम्न
अल्पसंख्यक	बहुसंख्यक	उग्र	सौम्य
अमृत	विष	उत्तर	दक्षिण
आनंद	कष्ट	उत्साह	निरुत्साह
आयात	निर्यात	उदार	अनुदार
आकाश	पाताल	उपस्थित	अनुपस्थित
आपत्ति	समर्थन	उचित	अनुचित
आकृष्ट	विकृष्ट	एक	अनेक
आगमन	प्रस्थान	एकता	अनेकता
नास्तिक	आस्तिक	एड़ी	चोटी
आय	व्यय	औचित्य	अनौचित्य
आरम्भ	अन्त	औरत	मर्द
आदर	निरादर	औपचारिक	अनौपचारिक
आदान	प्रदान	कठिन	सरल
अंत	आदि	कच्चा	पक्का

शब्द	विलोम
कृष्ण	श्वेत
कोमल	कठोर
कृतज्ञ	कृतघ्न
कोमल	कर्कश
कटु	मधुर
क्रोध	क्षमा
कुरूप	सुरूप
खरीद	बिक्री
खरा	खोटा
खास	आम
खेद	प्रसन्नता
गहरा	छिछला
ग्राह्य	त्याज्य
गुण	दोष
गरमी	सर्दी
गीला	सूखा
गुप्त	प्रकट
घाटा	लाभ
घटाना	जोड़ना
चल	अचल
चेतन	अचेतन
छाया	धूप
छोटा	बड़ा
जटिन	सरल
जीवन	मरण
जीत	हार
जड़	चेतन
जंगम	स्थावर
जय	पराजय
झूठ	सत्य
ठोस	द्रव्य
ताप	शीत
तुच्छ	महान
थोक	खुदरा
थोड़ा	बहुत
दंड	ईनाम
दरिद्र	धनी
दिन	रात
दुर्जन	सज्जन
दास	स्वामी
धर्म	अधर्म
धनी	निर्धन, दरिद्र
नारी	नर
नया	पुराना
न्याय	अन्याय
निर्माण	ध्वंस
नमक हराम	नमक हलाल
नीरोग	रोगी
निर्दोष	दोषी
निन्दा	स्तुति
निर्दय	सदय
निकट	दूर
निर्मल	मलिन
निरस्त्रीकरण	अस्त्रीकरण
नीति	अनीति
नकली	असली
नकद	उधार
नूतन	पुरातन
नादान	समझदार
प्रेम	घृणा
प्राचीन	नवीन
पूर्ण	अपूर्ण
पूर्णिमा	अमावस्या
पूरा	अधूरा
पतन	उत्थान
परतन्त्र	स्वतन्त्र
पाप	पुण्य
पुरस्कार	तिरस्कार
प्रगति	ह्रास
बुराई	भलाई
बढ़िया	घटिया
बहिरंग	अंतरंग

शब्द	विलोम	शब्द	विलोम
बलवान	निर्बल	शुभ	अशुभ
बर्बर	सभ्य	शिक्षित	अशिक्षित
बंधन	मोक्ष	सम	विषम
भाग्य	दुर्भाग्य	सम्भव	असम्भव
भय	साहस	संपूत	कपूत
भोला	चालाक	सफल	असफल
मधुर	कटु	सज्जन	दुर्जन
मोटा	पतला	स्वर्ग	नरक
महँगा	सस्ता	स्वस्थ	अस्वस्थ
मिलन	विरह	सहानुभूति	घृणा
महीन	मोटा	सरल	कठिन
मेहनती	आलसी	स्पष्ट	अस्पष्ट
मुख्य	गौण	सुख	दुख
मान	अपमान	सुन्दर	असुन्दर
मुनाफ़ा	नुकसान	सुमार्ग	कुमार्ग
अपयश	यश	सृजन	विनाश
यथार्थ	कल्पित	साहस	भय
योग्य	अयोग्य	संजीव	निर्जीव
युद्ध	शान्ति	संतोष	असंतोष
रक्षक	भक्षक	संघटन	विघटन
लाभ	हानि	साक्षर	निरक्षर
लघु	दीर्घ	साकार	निराकार
लाभदायक	हानिकारक	स्वाभाविक	कृत्रिम
विश्वास	अविश्वास	सुगन्ध	दुर्गन्ध
वादी	प्रतिवादी	स्वाधीन	पराधीन
विद्वान	मूर्ख	ह्रास	वृद्धि
विधवा	सधवा	हित	अहित
विशाल	लघु	हिंसा	अहिंसा
कायर	विशाल	हँसमुख	उदास
शत्रु	मित्र	हर्ष	विषाद
शकुन	अशकुन	क्षुद्र	विराट
शान्ति	अशान्ति	ज्ञान	अज्ञान

परिशिष्ट-6

अनेक शब्दों की जगह एक शब्द का प्रयोग

वह जमीन जिसमें कुछ भी पैदा न हो	ऊसर
ऐसी जमीन जो उत्पादक हो	उर्वरा
जिसका सम्बन्ध आत्मा से हो	आध्यात्मिक
जिसकी धर्म में विशेष आस्था हो	धर्मात्मा
जिसे ईश्वर एवं धर्म में विश्वास हो	आस्तिक
शंकर जी के भक्त	शैव
जिसका चिन्तन न किया जा सके	अचिन्त्य
जिसे इन्द्रियों से अनुभव न किया जा सके	अतीन्द्रिय
जिसे सरलता से सिद्ध न किया जा सके	दुःसाध्य
जिसकी मृत्यु न हो	अमर
वह वस्तु जो नाशवान हो	नश्वर
जिस पर विजय प्राप्त न की जा सके	अजेय
जिसका उत्तर न दिया गया हो	अनुत्तरित
जिसका विभाजन न किया गया हो	अविभक्त
जिसका भेद न किया जा सके	अभेद्य
जिसे खाया न जा सके	अखाद्य
वह जिसका कोई शत्रु न हो	अजातशत्रु
जिसे देखा न जा सके	अदृश्य
जिसकी गिनती न की जा सके	अगणित
जिसको सिद्ध करने के लिए प्रमाण की जरूरत न हो	स्वयंसिद्ध
जिसका अच्छा होना आसान न हो, ऐसी बीमारी	असाध्य
किसी काम के बदले में कुछ न दिया जाए	निःशुल्क
जो किसी भी गुट में न हो	तटस्थ
किसी से भी जिसकी तुलना न की जाय	अतुलनीय
जो किसी के द्वारा किए उपकार को न मानता हो	कृतघ्न
जिसको व्यवहार में नहीं लाया जाता हो	अव्यवहृत
जिस वस्तु में होकर आर-पार न देखा जाए	अपारदर्शी
वह समय जो दोपहर के बाद आता है	अपरान्ह
प्रतिदिन होने वाला	दैनिक
सप्ताह में एक दिन होने वाला	साप्ताहिक
पन्द्रह दिनों में एक बार होने वाला	पाक्षिक

जिसकी आवृत्ति तीन महीने में एक बार हो	त्रैमासिक
छः महीने में एक बार होने वाला	अर्द्ध-वार्षिक
जिसकी आवृत्ति एक साल में एक बार हो	वार्षिक
वर्तमान से पहले	भूतपूर्व
भविष्य में घटित होने वाला	भावी
एक साथ ही घटित होने वाला	समकालीन
अधिक समय तक स्थिर रहनेवाला	चिरस्थायी
वह जगह जहाँ गायें रहती हैं	गोशाला
वह स्थान जहाँ पर सेना रुकती हो	छावनी
अन्य देश में निवास करने वाला-	प्रवासी
जाति अथवा समाज से निष्कासित कर दिया गया हो	बहिष्कृत
जिसको देश से निकाल दिया गया हो	निर्वासित
शरण में आया हुआ	शरणागत
शरण पाने की इच्छा रखने वाला	शरणार्थी
समस्त लोक से भी अलग	अलौकिक
जिसका इस लोक से सम्बन्ध हो	लौकिक
दूसरे देश से सम्बन्धित	वैदेशिक
जिसको थोड़ा ज्ञान हो	अल्पज्ञ
जिसे पढ़ना तथा लिखना आता हो	साक्षर
पढ़ने-लिखने के ज्ञान से रहित	निरक्षर
विचार एवं ध्यान रखनेवाला	ध्याता
जिसे ज्ञान प्राप्त करने की इच्छा हो	जिज्ञासु
जो जानने योग्य हो	ज्ञेय
अधिक जानने वाला	बहुज्ञ
जिसको जानना कठिन हो	दुर्ज्ञेय
जिसे सबके विषय में जानकारी हो	सर्वज्ञ
बालकों के सुलाए जाने हेतु गीत	लोरी
वह पद्य पाठ जिसको अन्तिम अक्षर से आरम्भ किया जाये	अंत्याक्षरी
मूल कथा में आनेवाला प्रसंग	अन्तर्कथा
वह काव्य जिसमें पद्य एवं गद्य मिश्रित हो	चम्पू
साहित्य से सम्बन्ध रखनेवाला	साहित्यिक
हाथ से लिखा गया लेख	हस्तलिखित
आवश्यकता से अधिक बढ़ा-चढ़ाकर की गई उक्ति	अतिशयोक्ति
ऐसी उक्ति जो परम्परागत हो	अनुश्रुति
लेखा-जोखा करने वाला	लेखाकार

विषय विशेष में अधिक जानकार	विशेषज्ञ
जो हर समय दूसरों की बुराइयाँ खोजते हैं	छिद्रान्वेषी
मुकद्मा चलाने वाला	वादी
वह जो प्रार्थना करता है	प्रार्थी
ऐसा बयान जो शपथ सहित दिया गया हो	हलफनामा
वह नवीन सिपाही जो सेना या पुलिस में हो	रंगरूट
जो एक से अधिक धन्धा करता हो	बहुधन्धी
जो धन देता है	धनद
दूर की बातों को सोच लेने वाला व्यक्ति	दूरदर्शी
जो निर्णय करनेवाला हो	निर्णायक
जो कलंक रहित हो	निष्कंलक
जो संतान से रहित हो	निस्संतान
जो ममत्व से रहित हो	निर्मम
वह जो स्वामी से रहित हो	अनाथ
जिस पर भरोसा किया जा सके	विश्वसनीय
अच्छे और बुरे को पहचानना	विवेक
जिसकी स्त्री मर गई हो	विधुर
जिस नारी के पति का देहान्त हो गया हो	विधवा
वह स्त्री जिसका पति ज़िन्दा हो	सधवा
पुरुष एवं स्त्री का जोड़ा	दम्पत्ति
वह पुत्र जिसे गोद लिया हो	दत्तक
जो अपनी पत्नी को साथ में लिए हो	सपत्नीक
बगैर वेतन के किए जाने वाला काम	अवैतनिक
सबसे आगे रहने वाला	अग्रणी
अनुसरण करने वाला	अनुयायी
जिस पर हँसी आ जाए	हास्यास्पद
स्वयं के ऊपर जो निर्भर रहता हो	स्वावलम्बी
वह जिसके आचरण उत्तम हों	सदाचारी
जन-सामान्य से सम्बन्धित	सार्वजनिक
बिना देखरेख का जानवर	अनेर
जैसा ठीक हो	यथोचित
जिससे रोंगटे खड़े हो जाएँ	रोमांचित
वह जायदाद जो उत्तराधिकार में मिली हो	रिक्थ
अनेक लोगों का एक ही मत	बहुमत
वह जो माँस खाता है	माँसाहारी

ताकत के अनुकूल	यथाशक्ति
वह जो पीने योग्य हो	द्विज
वह जिसे स्वयं के देश से प्यार हो	देशभक्त
बिना तिथि बताकर आने वाला	अतिथि
जो बिना ढका हो	अनावृत
जो पहनने लायक हो	परिधेय
प्रमाण देकर सिद्ध करने योग्य	प्रमेय
जिसके नेत्र मछली के सृदश हों	मीनाक्षी
जो कम बोलता हो	मितभाषी
नवीन उत्पत्ति वाला	नवजात
जो अवश्य ही घटित होने वाला हो	अवश्यम्भावी
जो यन्त्र से सम्बन्ध रखने वाली हो	यान्त्रिक
जो रात को चलता हो	निशाचर
जो पचने में कठिन हो	गरिष्ठ
कार्य में संलग्न रहने वाला	कर्मठ
जिसका जन्म अच्छे कुल में हुआ हो	कुलीन
जन सामान्य से सम्बन्धित	सार्वजनिक
बेकार तथा फिजुलखर्ची	अपव्ययी
पलकों को गिराए बगैर	अनिमेष, निर्निमेष
बेकार में खर्च	फ़िजूलखर्च
विदेशों से अपने देश में मँगाने की क्रिया	आयात
वस्तुओं को एक देश से दूसरे देश में भेजने की क्रिया	निर्यात
जिसका कुछ क्षणों में ही नाश हो जाए	क्षणभंगुर
सिर से लेकर पैरों तक	आपदमस्तक
ऐसा रोग जो छूने मात्र से फैलता हो	संक्रामक
मानसिक रोगों का उपचार	मनश्चिकित्सा
रक्त से सना हुआ	रक्ताक्त
वह जो छुटकारा दिलाता है	त्राता
वह जिसकी बराबरी अन्यत्र दुर्लभ हो	अद्वितीय
लड़ाई लड़ने की उत्सुकता	युयुत्सा
नियमों के प्रतिकूल	अनियमित
आरम्भ से अन्त तक	आद्योपान्त
अधिक कीमत का	बहुमूल्य
चार पैरोंवाला	चतुष्पद
जिसका व्यवहार पशुओं के समान हो	पाशविक

उपसर्ग और प्रत्यय

उपसर्ग

अंतः (भीतर) : अंतर्गत, अंतर्देशीय, अंतर्यामी
अ (नहीं निषेध) : अकारण, अधर्म, अपवित्र, अमर
अति (बहुत) : अतिबल, अत्यधिक, अत्याचार
अधः (आधा) : अधखिला, अधजला, अधपका
अन (नहीं) : अनपढ़, अनमना, अनमोल
अनु (पीछे) : अनुज, अनुयायी, अनुरूप
अप (बुरा) : अपकर्म, अपनाम, अपमान, अपशब्द
क कु (बुरा) : कपूत, कुकर्म, कुदृष्टि, कुपुत्र
चिर (देर तक का) : चिरंजीव, चिरकाल, चिरायु
दुः (बुरा) : दुःस्वप्न, दुर्गति, दुर्दशा
निः (बिना) : निर्गुण, निर्बल, निर्भय
परि (चारों ओर, पुरा) : परिचय, परिभाषा
पुनः (फिर) : पुनरारंभ, पुनर्जन्म, पुनर्विवाह
पूर्व (पहले) : पूर्वकालीन, पूर्वज, पूर्वजन्म
प्रति (हर एक) : प्रतिदिन, प्रतिमाह, प्रतिवर्ष
बहु (बहुत) : बहुरंगा, बहुवचन, बहुजन
स (सहित) : सपरिवार, सशस्त्र, सकुशल
सह (साथ) : सहकर्मी, सहपाठी, सहयोग
सु (अच्छा) : सुकर्म, सुगंध, सुदर्शन, सुपुत्र
स्व (अपना) : स्वदेश, स्वराज्य, स्वशासन

प्रत्यय

अक : अध्यापक, गायक, पाठक, लेखक
अन : चलन, पठन, पालन
अना : प्रेरणा, भावना, रचना, सूचना
अनीय : दर्शनीय, पठनीय, पूजनीय
आइन : चौधराइन, पंडिताइन, ललाइन
आई : चिकनाई, पंडिताई, भलाई
आऊ : अगाऊ, उपजाऊ, कामचलाऊ
आक, आकू : उड़ाक, तैराक, लड़ाकू
आन : ऊँचान, निचान
आन : उड़ान, चालान, मिलान
आनी : इंद्राणी, शिवानी
आपा : बुढ़ापा, मोटापा
आर : कुम्हार, चमार, लोहार, सुनार
आलु : कृपालु
आव : कसाव, घुमाव, छिड़काव, झुकाव, बदलाव
आवट : थकावट, रुकावट, लिखावट, सजावट
आवना : डरावना, लुभावना, सुहावना
आस : प्यास, खटास, मिठास
आहट : कड़वाहट, चिकनाहट, घबराहट,
इक : दैनिक, पाक्षिक, वैदिक
इका : अध्यापिका, नायिका, बालिका
इय : भारतीय, राष्ट्रीय, लेखकीय,
ईन : कुलीन, ग्रामीण, प्राचीन
ईला : खर्चीला, रँगीला
कर : लाभकर, सुखकर, हानिकर
कारी : कल्याणकारी, कार्यकारी, हितकारी
तया : विशेषतया, साधारणतया, सामान्यतया
तर : उच्चतर, लघुतर, श्रेष्ठतर
ता : आधुनिकता, गंभीरता, मूर्खता, वीरता
ती : गिनती, घटती, बढ़ती
त्व : गुरुत्व, नारत्व, पशुत्व
पन : बचपन, भोलापन, लड़कपन
पूर्वक : आनंदपूर्वक, कुशलपूर्वक, न्यायपूर्वक
मंद : अक्लमंद, एहसानमंद, ज़रूरतमंद
मान : आयुष्मान, बुद्धिमान, शक्तिमान
वान् : गुणवान्, धनवान्, रूपवान्
वाला : आनेवाला, गानेवाला, जानेवाला

मुहावरे

अँगुली पकड़कर पहुँचा पकड़ना : थोड़ा पाकर ज्यादा पाने का उपाय करना।

अँगूठा दिखाना : कुछ न देना।

अंगूर खट्टे होना : किसी चीज़ के न मिलने पर उसकी बुराई करना।

अंधे की लकड़ी : अपाहिज का सहारा।

अंधे के हाथ बटेर लगना : संयोगवश किसी अनाड़ी को किसी काम में सफलता प्राप्त होना।

अक्ल पर पत्थर पड़ना : उल्टे-सीधे काम करना।

अन्न-जल उठना : किसी स्थान से संबंध समाप्त होना।

अपना-सा मुँह लेकर रह जाना : असफलता से लज्जित होना।

अपनी खिचड़ी अलग पकाना : सबसे अलग थलग रहना।

अपने मुँह मियाँ मिट्ठू बनना : खुद अपनी बड़ाई करना।

अलाउद्दीन का चिराग : आश्चर्यजनक वस्तु।

आँख का अंधा, गाँठ का पूरा : विवेकहीन/मूर्ख धनी।

आँख का पानी मर जाना : निर्लज्ज हो जाना।

आँख की पुतली : बहुत प्रिय व्यक्ति।

आँखें खुलना : ज्ञान होना।

आँखों से परदा हटना : असलियत का पता लगना।

आँखों पर बिठाना : बहुत आदर-सत्कार करना।

आँखें बिछाना : प्रेम से स्वागत करना।

आँखों में चरबी छाना : घमंड में चूर होना।

आँखों में धूल झोंकना : सरासर धोखा देना।

आँचल में बात बाँधना : अच्छी तरह याद रखना।

आकाश के तारे तोड़ लाना : असम्भव काम करना।

आकाश-पाताल एक करना : बहुत उद्योग, परिश्रम या यत्न करना।

आग पर तेल छिड़कना : ऐसा काम करना जिससे आवेश बढ़े।

आग लगने पर कुआँ खोदना : ऐन मौके पर विपत्ति निवारण का प्रयास करना।

आटे-दाल का भाव मालूम होना : परिस्थिति की कटुता का ज्ञान होना।

आटे के साथ घुन पिसना : अपराधी के साथ निरपराध का भी दंडित होना।

आधा तीतर आधा बटेर : बेजोड़ या बेमेल चीज़ें।

आसमान के तारे तोड़ना : कठिन-से-कठिन काम को पूरा करना।

आस्तीन का साँप : मित्र बनकर हानि पहुँचानेवाला व्यक्ति।

इस कान सुनना उस कान उड़ा देना : किसी व्यक्ति की बात पर ध्यान न देना।

ईंट का जवाब पत्थर से देना : मुँहतोड़ जवाब देना।

ईद का चाँद होना : बहुत कम दिखाई देना।

उड़ती चिड़िया पकड़ना या पहचानना : रहस्य की बात तत्काल जानना।

उलटी गंगा बहाना : अनहोनी बात करना।

ऊँट के मुँह में जीरा : अधिक आवश्यकता वाले के लिए थोड़ा सामान।

ऊँट के गले में बिल्ली बाँधना : अनमेल काम करना।

एक और एक ग्यारह : संगठन में शक्ति बढ़ जाती है।

एक ही थैली के चट्टे-बट्टे : एक ही प्रकार

के लोग।

ऐरा-गैरा नत्थू-खैरा : मामूली आदमी जिसकी कोई हैसियत न हो।

कच्चा चिट्ठा खोलना : गुप्त बातों का उद्घाटन करना।

कठपुतली की तरह नचाना : दूसरों से अपनी इच्छा के अनुसार काम कराना।

कफ़न सिर से बाँधना : मरने के लिए तैयार रहना।

क़ब्र में पाँव लटकाना : मौत के निकट आना।

कमान से तीर निकल जाना : कोई काम, विशेषकर हानिप्रद काम हो चुकना।

कलम तोड़ देना : अत्यन्त मार्मिक वर्णन लिखना।

कलेजा निकालकर रख देना : अति प्रिय वस्तु अर्पण कर देना।

कलेजे का टुकड़ा : पुत्र।

कलेजे पर पत्थर रखना : जी कड़ा करना।

काँटों में घसीटना : बहुत दुःख देना।

काटो तो खून नहीं : सन्न हो जाना।

काफ़ूर होना : ग़ायब हो जाना।

किंकर्तव्यविमूढ़ होना : असमंजस में पड़ना।

कितने पानी में है : योग्यता या औकात।

किसी का नमक खाना : किसी के सहारे या अधीन होकर अपनी जीविका कमाना।

किसी के कंधे से बंदूक़ चलाना : दूसरे के द्वारा कोई काम कराना।

कुएँ में भाँग पड़ना : सबकी बुद्धि मारी जाना।

कुबेर का कोष : धन के स्वामी का खजाना।

कुल्हिया में गुड़ फोड़ना : छिपाकर काम करना।

कोल्हू का बैल : बहुत अधिक परिश्रम करने वाला व्यक्ति।

कौड़ियों के मोल बिकना : बहुत ही सस्ते या कम दाम पर बिकना।

खड़िया में कोयला : बेमेल बात।

खाई से निकलकर खंदक में कूदना : एक विपत्ति से निकलकर दूसरी में जाना।

खाने के लाले पड़ना : खाने को कुछ न मिलना।

ख़ून का घूँट पीकर रह जाना : अत्यधिक क्रोध का आवेग सह लेना।

खेत रहना : युद्ध में मारा जाना।

ख्याली पोलाव पकाना : असम्भव बातें सोचना।

गंगा नहाना : सब झंझटों से छुटकारा पाना।

गज भर की छाती होना : बहुत अधिक उत्साह होना।

गज भर की जीभ होना : बहुत लालची होना।

गली-गली मारे फिरना : जीविका के लिए इधर-उधर भटकना।

गले का हार : बहुत ही प्रिय व्यक्ति/वस्तु।

गहरा हाथ मारना : काफी धन/लाभ प्राप्त करना।

गागर में सागर भरना : थोड़े-से शब्दों में बहुत अधिक भाव/विचार व्यक्त करना।

गिरगिट की तरह रंग बदलना : अपनी बातों को सदा बदलते रहना।

घड़ों पानी पड़ना : अत्यन्त लज्जित होना।

घर का न घाट का : बेकाम, निकम्मा।

घर-घर मटियारे चूल्हे : प्रत्येक व्यक्ति को कोई-न-कोई कष्ट होना।

घर फूँककर तमाशा देखना : घर की दौलत उड़ाकर मौज करना।

घाव पर नमक छिड़कना : दुख पर दुख देना।

घास न डालना : सहायता न देना।

घोड़े के आगे गाड़ी रखना : उलटा काम करना।

चाँदी ही चाँदी होना : ख़ूब धन प्राप्त होना।

चादर देखकर पाँव फैलाना : आय के अनुसार व्यय करना।

चार सौ बीस : बहुत बड़ा धूर्त।

चिकना घड़ा : निर्लज्ज/बेहया व्यक्ति।

चिराग तले अँधेरा होना : जहाँ पर विशेष विचार, न्याय, योग्यता की आशा हो वहाँ

पर कुविचार, अन्याय, अयोग्यता होना।

चिराग लेकर ढूँढ़ना : बड़ी छानबीन/परिश्रम के साथ तलाश करना।

चुल्लू भर पानी में डूब मरना : बहुत ही लज्जाजनक स्थिति में होना।

चूना लगाना : बेवकूफ बनाना।

चूहे बिल्ली का बैर : स्वाभाविक विरोध।

चेहरे पर हवाइयाँ उड़ना : भय, घबराहट आदि के कारण चेहरे का रंग उड़ जाना।

चैन की नींद सोना : सुखपूर्वक जीवन व्यतीत करना।

चोटी पर पहुँचना : सबसे अधिक उन्नति करना।

चोली-दामन का साथ : घनिष्ठ सम्बन्ध।

छठी का दूध याद आना : बहुत कष्ट आ पड़ना, कठिन परिस्थिति में बुद्धि ठिकाने न रहना।

छाती पर साँप लोटना : ईर्ष्या से व्यथित होना।

जंगल में मंगल करना : निर्जन स्थान में आनन्द करना।

ज़ख़्म पर नमक छिड़कना : दुखी व्यक्ति को और दुखी करना।

ज़बानी जमा ख़र्च करना : केवल कहना, करना कुछ नहीं।

ज़मीन पर पैर न रखना : बहुत अभिमान करना।

ज़रा-सा मुँह निकल आना : बहुत लज्जित होना।

जान हथेली पर लेना : प्राण की परवाह न करना।

जीती मक्खी निगलना : जानबूझकर अपराध या पाप करना।

जीभ पर सरस्वती बसना : महान पण्डित, कवि या वक्ता होना।

जूती की नोक पर मारना : कुछ न समझना।

झंडा गाड़ना : पूर्ण रूप से अपना अधिकार करना।

टका-सा जवाब देना : साफ इनकार कर देना।

टके सेर मिलना : बहुत सस्ते मिलना।

ठगा-सा रह जाना : चकित, भौंचक या आत्म-विस्मृत हो जाना।

ठन-ठन गोपाल : ऐसा व्यक्ति जिसके पास कुछ न हो।

ठिकाने लगाना : मार डालना।

ठेंगा दिखाना : साफ इनकार करना।

डंका बजना : ख्याति प्राप्त होना।

डकार तक न लेना : किसी का माल चुपचाप हड़प कर लेना।

डूबती नाव को पार लगाना : संकट से छुड़ाना।

डेढ़ चावल की खिचड़ी पकाना : अपनी राय सबसे अलग रखना।

ढपोरशंख होना : कोरी डींगें मारनेवाला पर काम कुछ न करने वाला।

ढोल की पोल : जिसका बाहरी दिखावा तो बहुत रहता हो पर भीतर ख़ाली रहता है।

तलवा चाटना : बहुत ख़ुशामद करना।

तलवार की धार पर चलना : बहुत ही कठिन काम करना।

तलवार के घाट उतारना : तलवार से मार डालना।

तलवार सिर पर लटकती रहना : बराबर कोई भयंकर खतरा बना रहना।

तारीफ़ के पुल बाँधना : अत्यधिक प्रशंसा करना।

तिनका दाँतों में पकड़ना : क्षमा के लिए दीनतापूर्वक विनती करना।

तीन में न तेरह में : जो किसी गिनती में न हो।

तीन लोक से न्यारा : असाधारण।

तोते की तरह आँखें फेरना : बहुत बेमुरौवत होना, एहसान भूल जाना।

थाली का बैंगन : ऐसा आदमी जिसका कोई सिद्धांत न हो।

थैली का मुँह खोलना : ख़ूब धन व्यय करना।

दर-दर की खाक छानना : जगह-जगह ठोकरें खाना।

दाँत से कौड़ियाँ पकड़ना : बहुत अधिक कंजूसी करना।

दाँतों तले उँगली दबाना : चकित होना, दंग रह जाना।

दाना-पानी उठना : किसी स्थान विशेष पर खाने-पीने का संयोग या भाग्य न रहना।

दाल-भात में मूसलचन्द : दो व्यक्तियों की बातों में तीसरे का हस्तक्षेप करना।

दाल में कुछ काला होना : कोई खटका, आशंका या सन्देह होना।

दिन-रात एक करना : कठोर परिश्रम करना।

दिमाग आसमान पर चढ़ना : बहुत अधिक घमण्ड होना।

दिल का कमल खिलना : चित्त बहुत प्रसन्न होना।

दिल्ली दूर होना : लक्ष्य-प्राप्ति में देर होना।

दीदे का पानी छल जाना : निर्लज्ज हो जाना।

दुम हिलाना : ख़ुशामद करना।

दूज का चाँद होना : बहुत दिनों बाद दिखाई देना।

दूध का दूध और पानी का पानी कर देना : सच्चा न्याय करना।

दूध शक्कर की तरह घुलना (शीरो शकर होना) : अत्यधिक घनिष्ठता या मेल-जोल होना।

दूर की कौड़ी लाना : बहुत सूझ-बूझ की बात कहना।

दूर के ढोल सुहावने लगना : दूरवर्ती वस्तुओं और व्यक्तियों का भला मालूम होना।

दो की जगह एक ख़र्च करना : बहुत किफ़ायत से ख़र्च चलाना।

दो-दो हाथ होना : लड़ाई होना।

दो नावों पर पैर रखना : दो विरोधी पक्षों का आश्रय लेना।

धन्ना सेठ का नाती बनना : साधारण आदमी का बहुत गर्व करना।

धरती सिर पर उठा लेना : बहुत उपद्रव करना।

धूप में बाल सफ़ेद करना : अनुभवशून्य जीवन व्यतीत करना।

न घर का रहना न घाट का : दोनों तरफ़ से उपेक्षित होना।

नस-नस पहचानना : भलीभाँति जानना।

नाक पर मक्खी न बैठने देना : अभिमान के कारण किसी के सामने न दबना।

नाक में दम करना : बहुत परेशान करना।

नाक में नकेल डालना : अधिकार या नियन्त्रण में रखना।

नाकों चने चबवाना : बहुत तंग करना।

नानी मरना : बहुत कष्ट होना।

निन्यानबे के फेर में आना : धन बढ़ाने की धुन में होना।

नींद हराम करना : चैन छीन लेना।

नौ-दो ग्यारह होना : भाग जाना।

पगड़ी उतारना : अपमान करना।

पते की बात कहना : मार्के की बात कहना।

पर झाड़कर अलग हो जाना : कोई सम्बन्ध न रखना।

पलकों में रात बीतना : रात-भर नींद न आना।

पसीने की कमाई : परिश्रम करके कमाई हुई सम्पत्ति।

पहाड़ खोदकर चूहा या चुहिया निकालना : कठिन परिश्रम करके अत्यंत कम लाभ प्राप्त करना।

पाँव की जूती : तुच्छ सेवक।

पाँव में सनीचर होना : इधर-उधर घूमता रहना।

पानी की तरह रुपया बहाना : अन्धाधुन्ध खर्च करना।

पानी में आग लगाना : जहाँ झगड़ा होना असम्भव हो वहाँ झगड़ा करा देना।

पाप का घड़ा फूटना : पाप के बहुत बढ़ जाने पर पापी का नाश हो जाना।

पीठ में धूल लगना : हार होना।

पेट का पानी न पचना : कोई बात बिना कहे या पूछे रहा न जाना।

पेट पर लात मारना : जीविका से वंचित करना।

फूँक कर पहाड़ उड़ाना : असम्भव काम करना।

बंटाढार होना : चौपट हो जाना।

बगुला भगत : ढोंगी, कपटी या धूर्त व्यक्ति।

बछिया का ताऊ : मूर्ख व्यक्ति।

बलि का बकरा : दूसरों के लाभ के लिए हानि सहन करने वाला व्यक्ति।

बहती गंगा में हाथ धोना : किसी ऐसी बात से लाभ उठाना जिससे सब लोग लाभ उठा रहे हों।

बहत्तर घाट का पानी पीना : अनेक प्रकार के अनुभव प्राप्त करना।

बात-बात में बात निकालना : हर बात की आलोचना करना।

बाएँ हाथ का खेल : बहुत आसान काम।

बाल की खाल निकालना : सूक्ष्म आलोचना करना।

बावन तोले पाव रत्ती : बिलकुल ठीक, सही।

बिल्ली के गले में घंटी बाँधना : ख़तरे का काम करने का यत्न करना।

बेपर की उड़ाना : व्यर्थ अथवा निराधार बातें करना।

भानमती का कुनबा जोड़ना : भाँति-भाँति की छोटी-बड़ी चीज़ें एकत्र करना।

भानुमती का पिटारा : वह पिटारा जिसमें अजीबोगरीब चीज़ें हों।

भिड़ के छत्ते को छेड़ना या भिड़ के छत्ते में हाथ देना : झगड़ालू आदमी को छेड़ना।

भैंस के आगे बीन बजाना : वज्र मूर्ख के सामने बुद्धिमानी की बातें करना।

मगरमच्छ के आँसू : दिखावटी शोक या सहानुभूति प्रकट करना।

मनमानी घरजानी करना : जो इच्छा हो वह करना, स्वेच्छाचारी होना।

मन में फूला न समाना : बहुत ख़ुश होना।

महाभारत मचना : ख़ूब लड़ाई-झगड़ा होना।

मामला रफा-दफा करना : मामला समाप्त करना।

मिट्टी ख़राब करना : दुर्दशा करना।

मुँह की रोटी छीनना : जीविका से वंचित करना।

मुँह ताकते रह जाना : कुछ समझ न पाना।

मुँह पर कालिख लगना : बदनाम होना।

मुँह में दही जमाया होना : चुपचाप रहना, कुछ न बोलना।

मूँछ नीची होना : लज्जित होना, अपमानित होना।

मूली-गाजर समझना : अति तुच्छ समझना।

मौत का कुआँ : ख़तरनाक काम करना।

रंग जमाना : धाक जमाना, रोब जमाना।

रंग में भंग होना : आनन्द में विघ्न या बाधा पड़ना।

रँगा सियार : कपटी, धोखेबाज़ या ढोंगी आदमी।

रँगे हाथों पकड़ना : अपराध करते हुए पकड़ना।

राई का पर्वत बनाना : ज़रा-सी बात को बहुत बढ़ाकर कहना।

रुपया पानी में फेंकना : रुपया व्यर्थ ख़र्च करना।

रूह कब्ज़ होना : होश गुम होना।

लंका कांड मचाना : लड़ाई-झगड़ा, मार-पीट करना।

लकीर का फ़क़ीर : रूढ़िवादी या दकियानूस व्यक्ति।

लट्टू होना : मुग्ध होना।

लल्लो-चप्पो करना : ख़ुशामद करना।

लाख टके की बात : अत्यंत उपयोगी और सारगर्भित बात।

लुटिया डुबोना : प्रतिष्ठा नष्ट करना।

शक्कर से मुँह भरना : ख़ुशख़बरी सुनानेवाले को मिठाई खिलाना।

शेर के मुँह में जाना : जान-जोखिम वाले स्थान में जाना।

शेर-बकरी का एक घाट पानी पीना : छोटे-बड़े सबके साथ एक-सा व्यवहार होना।

सत्तर घाट का पानी पीना : अनेक कुकर्म अथवा पाप करना।

सलाम बोलना : बुलाना।

सात ख़ून माफ करना : बहुत बड़े-बड़े अपराध क्षमा करना।

सात तालों के अंदर रखना : बहुत हिफाजत से रखना।

सातवें आसमान पर चढ़ाना : अत्यधिक प्रशंसा के द्वारा मिज़ाज बिगाड़ देना।

सियाह-सफ़ेद करना : काम बनाना या बिगाड़ना।

सिर-आँखों पर बिठाना : बहुत आदर-स्वागत करना।

सिर पर आसमान उठाना : बहुत शोरगुल मचाना, उपद्रव करना।

सिर पर तलवार लटकना : ख़तरे में होना, बड़ी बेचैनी होना।

सिर माथे पर होना : सहर्ष स्वीकार होना।

सिर मुड़ाते ओले पड़ना : कार्यारम्भ में विघ्न पड़ना।

सींग-पूँछ लगी होना : कोई विशेषता होना।

सूरज को दीपक दिखाना : जो स्वयं प्रसिद्ध, महान् या श्रेष्ठ हो उसके विषय में कुछ कहना।

सैर को सवा सैर : किसी जबर्दस्त व्यक्ति को उससे भी बलवान या अच्छा व्यक्ति मिलना।

सोने में सुहागा : गलते सोने में सुहागा मिला देने से उसका रंग निखर जाता है, इसलिए इस मुहावरे का अर्थ है किसी व्यक्ति अथवा व्यक्ति का उच्चतर, बेहतर होना।

सौ बात की एक बात : सारांश, असली बात, निचोड़।

स्यार लोटना : उजाड़ हो जाना, सूना हो जाना।

हँसी-खेल समझना : साधारण या सरल बात समझना।

हत्थे चढ़ना : काबू में होना, वश में आना।

हथेली पर जान लिये फिरना : मरने को तैयार रहना।

हथेली पर दही जमाना : कोई काम कराने के लिए जल्दी मचाना।

हराम की कमाई : अनुचित रूप से प्राप्त किया हुआ धन।

हरी झंडी दिखाना : आगे बढ़ने का संकेत करना।

हवा के घोड़े पर सवार होना : बहुत जल्दी में होना।

हवा में क़िले बनाना : काल्पनिक योजनाएँ बनाना।

हाथ की मैल : तुच्छ वस्तु, मामूली चीज़।

हाथ धोकर पीछे पड़ना : बहुत सताना, कष्ट पहुँचाना।

हाथ भर का कलेजा होना : साहस बढ़ जाना।

हाथ में मेहँदी लगना : कार्य करने में असमर्थ होना।

हाथों के तोते उड़ जाना : भौंचक्का या स्तब्ध हो जाना, बहुत घबड़ा जाना।

हिन्दी की चिन्दी निकालना : बहुत सूक्ष्म परन्तु व्यर्थ के या तुच्छ दोष निकालना।

होंठों पर ताला जड़ना : किसी को कुछ कहने का निषेध करना, बोलने न देना।

होम करते हाथ जलना : उपकार करने से उपकारी का अपकार होना।

परिशिष्ट-9

लोकोक्ति

अन्त बुरे का बुरा : जो लोग बुरे काम करते हैं, उनको अन्त में दुःख झेलना पड़ता है।

अन्त भले का भला : जो भले काम करता है, अन्त में उसे सुख मिलता है।

अंधेर नगरी चौपट राजा, टका सेर भाजी टका सेर खाजा : जहाँ मालिक मूर्ख होता है वहाँ गुण का आदर नहीं होता।

अंधों में काना राजा : मूर्खों या अज्ञानियों में कम पढ़े-लिखे लोगों का भी बहुत आदर होता है।

अकेला चना भाड़ नहीं फोड़ सकता : अकेला आदमी कोई बड़ा काम नहीं कर सकता; उसे और लोगों के सहयोग की आवश्यकता होती है।

अकेला से दुकेला भला : अकेले यात्रा करने या कोई काम करने में बहुत कष्ट होता है। यदि दो आदमी साथ हों तो बहुत सुविधा होती है।

अक्ल के अंधे, गाँठ के पूरे : बेवकूफ लेकिन धनवान।

अति अच्छी नहीं होती : किसी चीज़ का मर्यादा से अधिक करना या होना बुरा होता है।

अनमाँगे मोती मिले माँगे मिले न भीख : सन्तोषी को बैठे-बिठाये बहुत कुछ मिल जाता है परन्तु लोभी को माँगने पर भी कुछ नहीं मिलता।

अपना वही जो आवे काम : मित्र वही है, जो समय पर काम आवे।

अब पछताए होत क्या जब चिड़ियाँ चुग गईं खेत : काम बिगड़ जाने पर पछताने और अफ़सोस करने से कोई लाभ नहीं होता।

आदमी कुछ खोकर सीखता है : धोखा खाए बिना अक्ल नहीं आती।

आधी छोड़ सारी को धावे, आधी रहे न सारी पावे : अधिक लालच करना अच्छा नहीं होता; जो मिले उसी से सन्तोष करना चाहिए।

आप काज, महा काज : अपना काम अपने हाथों से ठीक होता है।

आप भला तो जग भला : यदि हम भले हैं तो सब हमें भले ही दिखाई पड़ते हैं।

आ बैल मुझे मार : जान-बूझकर विपत्ति में पड़ना।

आम के आम गुठलियों के दाम : किसी काम में दोहरा लाभ होना।

इस हाथ दे, उस हाथ ले : दान से बहुत पुण्य और लाभ होता है।

उत्तम को उत्तम मिले, मिले नीच को नीच : जो आदमी जैसा होता है, उसको वैसा ही साथी भी मिल जाता है।

उल्टा चोर कोतवाल को डाँटे : अपना अपराध स्वीकार न करके पूछने वाले को ही दोषी ठहराना।

ऊँची दुकान फीका पकवान : जिसका नाम तो बहुत हो, पर गुण कम हो।

एक अनार सौ बीमार : एक चीज़ के बहुत चाहने वाले।

एक और एक ग्यारह होते हैं : मेल में बड़ी शक्ति होती है।

एक चुप हज़ार को हरावे : जो मनुष्य चुप अर्थात् शान्त रहता है, उससे हज़ार बोलने वाले हार मान लेते हैं।

तन्दुरुस्ती हज़ार नियामत : स्वास्थ्य बहुत बहुमूल्य चीज़ है।

एक तो करेला (कड़ुवा) दूसरे नीम चढ़ा : कुटिल स्वभाव वाले मनुष्य कुसंगति में पड़कर और बिगड़ जाते हैं।

एक हाथ से ताली नहीं बजती : जब तक दोनों पक्ष मेल या झगड़ा नहीं करना चाहते तब तक मेल या झगड़ा नहीं होता।

ऐरा-गैरा नत्थू खैरा : मामूली आदमी।

ओखली में सिर दिया तो मूसलों का क्या डर : कष्ट सहने पर उतारू होने पर कष्ट का डर नहीं रहता।

कड़ाही से गिरा, चूल्हे में आ पड़ा : एक विपत्ति से छूटकर दूसरी में आ पड़ना।

कफ़न सिर से बाँधे फिरना : सदैव मरने के लिए तैयार रहना।

कर सेवा, खा मेवा : जो बड़ों की सेवा करते हैं, वे सुखी रहते हैं।

करे कोई, भरे कोई : एक आदमी अपराध करे परन्तु दंड दूसरे को मिले।

कल किसने देखा है : भविष्य की बात कोई नहीं जानता।

कहने से कुम्हार/धोबी गधे पर नहीं चढ़ता : हठी आदमी अपनी मरज़ी से चाहे जो करे किन्तु कहने से काम नहीं करता।

कहाँ राजा भोज, कहाँ गंगू तेली : जब दो आदमियों की स्थिति में बहुत अन्तर होता है।

कहीं की ईंट कहीं का रोड़ा, भानुमती ने कुनबा जोड़ा : इधर-उधर की बहुत-सी वस्तुएँ एकत्र करके एक नई वस्तु तैयार कर देना।

काम का न काज का, दुश्मन अनाज का : निकम्मा आदमी जो बेकार बैठा खाता हो।

काला अक्षर भैंस बराबर : बिलकुल अनपढ़, निरक्षर।

कुत्ता भी अपनी गली में शेर होता है : अपने घर में निर्बल भी बलवान होते हैं।

कोयला होय न ऊजला सौ मन साबुन धोय : बुरे मनुष्य या बुरी वस्तु की प्रकृति नहीं बदलती।

कोयले की दलाली में हाथ काले : बुरी संगत का फल बुरा ही होता है।

खग ही जाने खग की भाषा : जो मनुष्य जिस स्थान या समाज में रहता है, उसको उसी के लोगों की बात समझ में आती है।

ख़ाली दिमाग़ शैतान का कारख़ाना : जो मनुष्य बेकार होता है, उसे तरह-तरह की खुराफातें सूझती हैं।

ख़ून सिर पर चढ़कर बोलता है : पाप छिप नहीं सकता।

ख़ूब गुज़रेगी जब मिल बैठेंगे दीवाने दो : जब एक रुचि के दो मनुष्य मिल जाते हैं तब उनका समय बड़े आनन्द से व्यतीत होता है।

ख़ूब मिलाई जोड़ी, एक अंधा एक कोढ़ी : एक ही प्रकार के दो मनुष्यों का साथ।

खेल ख़तम, पैसा हजम : सुखपूर्वक काम समाप्त हो जाने पर ऐसा कहते हैं।

खोदा पहाड़ निकली चुहिया : बहुत परिश्रम करने पर थोड़ा लाभ होना।

गंगा गए गंगादास, जमुना गए जमुनादास : जिसके पास जाना उसी की-सी कहना।

गधे को गुलकंद : किसी व्यक्ति को ऐसी वस्तु देना जिसके योग्य वह न हो।

गया वक़्त फिर हाथ नहीं आता : अपना समय व्यर्थ नहीं खोना चाहिए।

गरजने वाले बादल बरसते नहीं हैं : जो लोग बहुत बढ़-बढ़कर बातें करते हैं, वे काम कम करते हैं।

गुरु गुड़ ही रहा, चेला शक्कर हो गया : जब शिष्य गुरु से बढ़ जाता है तब ऐसा कहते हैं।

गेहूँ के साथ घुन भी पिसता है : दोषी आदमी के साथ निर्दोष भी दण्ड पाता है।

गोद में छोरा, शहर में ढिंढोरा : पास में रहने पर भी किसी वस्तु या व्यक्ति का दूर-दूर ढूँढ़ा जाना।

घड़ी में तोला, घड़ी में माशा : जो ज़रा-सी बात पर ख़ुश और ज़रा-सी बात पर नाराज़ हो जाए।

घर आई लक्ष्मी को लात नहीं मारते : मिलते हुए धन का त्याग नहीं करना चाहिए।

घर का भेदी लंका ढाये (या दाह) : आपसी

फूट से सर्वनाश हो जाता है।

घर की मुर्ग़ी दाल/साग बराबर : घर की वस्तु या व्यक्ति का उचित आदर नहीं होता।

चट मँगनी पट ब्याह : जल्दी से अपना काम पूरा कर देने पर उक्ति।

चमड़ी जाय पर दमड़ी न जाय : बहुत अधिक कंजूसी करना।

चलती का नाम गाड़ी, गाड़ी का नाम उखली : संसार की रीति उलटी होती है।

चिकने घड़े पर पानी नहीं ठहरता : बेशर्म आदमी पर किसी बात का असर नहीं होता।

चित भी मेरी, पट भी मेरी, अंटा मेरे बाप का : हर तरह से अपना लाभ चाहना।

चिराग़ तले अँधेरा : जहाँ पर विशेष विचार, या योग्यता की आशा हो वहाँ पर यदि कुविचार या अयोग्यता पाई जाए।

चोर की दाढ़ी में तिनका : यदि किसी मनुष्य में कोई बुराई हो और कोई उसके सामने उस बुराई की निन्दा करे, तो वह यह समझेगा कि मेरी ही बुराई कर रहा है।

चोर के घर मोर : जब कोई अपना ही आदमी धोखा दे।

चोर के पैर नहीं होते : चोर खड़ा नहीं रह सकता बल्कि भाग जाता है।

चोर-चोर मौसेरे भाई : एक व्यवसाय या स्वभाव वालों में जल्द मेल-जोल हो जाता है।

चोरी और मुँहज़ोरी/सीनाज़ोरी : अपराध करना और ज़बर्दस्ती दिखाना।

छछूँदर के सिर में चमेली का तेल : किसी व्यक्ति के हाथ में ऐसी वस्तु देना जिसके लिए वह सर्वथा अयोग्य हो।

छोटा मुँह बड़ी बात : छोटे मनुष्य का लम्बी-चौड़ी बातें करना।

जंगल में मोर नाचा, किसने देखा : जब कोई ऐसे स्थान में अपना गुण दिखावे जहाँ कोई उसका समझने वाला न हो।

जब तक साँस तब तक आस : जब तक मनुष्य जीवित रहता है तब तक आशा बनी रहती है।

जब वह देना चाहता है तब छप्पर फाड़कर देता है : जब भगवान् किसी पर कृपा करता है तब सब तरफ़ उसका लाभ-ही-लाभ होता है।

जल में रहकर मगर से बैर : जहाँ रहना है, वहाँ के प्रधान से मिलकर ही रहना पड़ेगा।

जल्दी का काम शैतान का : जल्दी करने से काम बिगड़ जाता है।

जहाँ गुड़ होगा वहीं चींटे : जहाँ गुण होगा, वहीं उसके चाहने वाले भी होंगे।

जहाँ चार बासन होंगे, वहाँ खटकेंगे भी : जिस घर में बहुत से आदमी होते हैं, वहाँ लड़ाई भी होती है।

जहाँ चाह वहाँ राह : जब किसी काम को करने की मनुष्य की इच्छा होती है तब उसका साधन मिल ही जाता है।

जहाँ जाए भूखा, वहाँ पड़े सूखा : अभागे आदमी को हर जगह दुख ही दुख मिलता है।

जाको राखै साइयाँ मारि न सकिहैं कोय : ईश्वर जिसकी रक्षा करता है, उसको कोई नहीं मार सकता।

जागेगा सो पावेगा, सोवेगा सो खोवेगा : जो सावधान रहता है, उसे लाभ होता है; जो असावधान रहता है, उसे हानि होती है।

जान बची लाखों पाए : किसी प्रकार जान की रक्षा हुई, यही बहुत है।

जान है तो जहान है : संसार में जान सबसे प्यारी वस्तु है।

जितना गुड़ डालोगे उतना ही मीठा होगा : जितना अधिक रुपया ख़र्च किया जाएगा उतनी ही अच्छी वस्तु मिलेगी।

जितनी चादर देखो उतना ही पैर फैलाओ : मनुष्य को अपनी सामर्थ्य के बाहर कोई काम नहीं करना चाहिए।

जितने मुँह उतनी बातें : भिन्न-भिन्न मनुष्य भिन्न-भिन्न बातें कहते हैं।

जिन ढूँढ़ा तिन पाइयाँ, गहरे पानी पैठ : जो मनुष्य परिश्रम करता है, उसे उसका फल मिलता है।

जिस डाल पर बैठे, उसी को काटे : जिसके सहारे से जीवन व्यतीत हो, उसी को हानि पहुँचावे।

जिसका खाइए, उसका गाइए : जो रोज़ी-रोटी देता है, उसी की प्रशंसा की जाती है।

जिसकी लाठी, उसकी भैंस : शक्तिशाली की ही विजय होती है।

जैसा अन्न वैसी बुद्धि : मनुष्य जैसा अन्न खाता है वैसी ही उसकी बुद्धि होती है।

जैसा देश वैसा वेश : जहाँ रहना हो वहीं की रीतियों के अनुसार आचरण करना चाहिए।

जैसा बोवेगा वैसा काटेगा : जैसा काम करोगे वैसा फल पाओगे।

जो गरजते हैं, वे बरसते नहीं : जो लोग बहुत शेखी बघारते हैं, वे बहुत अधिक काम नहीं करते।

जो दूसरों के लिए गड्ढा खोदता है, उसके लिए कुआँ तैयार रहता है : जो दूसरे लोगों को हानि पहुँचाता है, उसकी हानि अपने-आप हो जाती है।

झूठ की नाव मँझधार में डूबती है : झूठा व्यवहार बहुत दिन तक नहीं चलता।

झूठे का मुँह काला, सच्चे का बोलबाला : अन्त में सच्चे आदमी को ही विजय प्राप्त होती है।

डूबते को तिनके का सहारा : विपत्ति में पड़े हुए मनुष्यों को थोड़ा सहारा भी काफ़ी होता है।

सवेरे का भूला शाम को लौट आए तो भूला नहीं कहलाता : कोई काम बिगड़ने से पहले होश में आ जाना।

तलवार का घाव भरता है, बात का घाव नहीं भरता : कड़ी बातों से तलवार की अपेक्षा गहरी चोट लगती है।

ताली एक हाथ से नहीं बजाई जाती : प्रेम या लड़ाई एक तरफ़ से नहीं होती।

तुम डाल-डाल तो मैं पात-पात : मैं तुम्हारी चालों को ख़ूब समझता हूँ।

तुम्हारे मुँह में घी-शक्कर : जब कोई अच्छी ख़बर सुनाता है तब कहते हैं।

तैराक ही डूबते हैं : जो साहस का काम करते हैं, वे कभी-कभी अपने प्रयत्न में असफल भी रहते हैं।

थोथा चना बाजे घना : जिस व्यक्ति में गुण और विद्या कम हो परन्तु आडम्बर अधिक हो।

दाल-भात में मूसलचंद : दो व्यक्तियों के काम की बातों में तीसरे का हस्तक्षेप करना।

दुधार गाय की लात भी सही जाती है : जिस व्यक्ति से लाभ होता है, उसकी कड़वी बातें भी सुन ली जाती हैं।

दुविधा में दोनों गए, माया मिली न राम : दो कामों में से एक भी सिद्ध न होना।

दूध का जला छाँछ/मट्ठा फूँक-फूँककर पीता है : जो एक बार किसी काम में धोखा खा जाता है, वह फिर बहुत सोच-विचारकर काम करता है।

दूध-का-दूध और पानी-का-पानी : सच्चा या ठीक-ठीक न्याय।

दूर के ढोल सुहावने : दूर के व्यक्ति या वस्तुएँ भली मालूम पड़ती हैं।

देर आयद दुरुस्त आयद : काम देर से हुआ परन्तु ठीक हुआ।

दो मुल्लों में मुर्ग़ी हराम : एक ही काम को यदि अनेक व्यक्ति करें तो वह ख़राब हो जाता है।

दोनों हाथों में लड्डू हैं : दोनों तरफ़ लाभ है।

न आगे नाथ न पीछे पगहा : संसार में अकेला होना।

न इधर के हुए न उधर के : दोनों तरफ़ से निकम्मा समझे गए।

न ऊधो का लेना, न माधो का देना : कोई सम्बन्ध न रखना।

न रहेगा बाँस न बजेगी बाँसुरी : झगड़े की

जड़ को नष्ट कर देने पर ही झगड़ा ख़तम होगा।

नया नौ दिन पुराना सौ दिन : नई चीज़ों के स्थायी होने में शंका रहती है।

नाक दबाने से मुँह खुलता है : दबाव पड़ने से काम निकलता है।

नाच न जाने आँगन टेढ़ा : काम तो करना नहीं आता, हथियार आदि का दोष देते हैं।

नाम नयन सुख, जनम के अंधे : नाम के अनुकूल गुण न होना।

नाम बड़ा और दर्शन छोटे : नाम बहुत परन्तु गुण कम।

नीम हकीम ख़तरा जान : अधूरा ज्ञान भयंकर होता है।

नेकी और पूछ-पूछ : भलाई करने में पूछना क्या ?

नेकी कर और दरिया/कुएँ में डाल : उपकार करते समय बदले की इच्छा नहीं रखनी चाहिए।

नौ दिन चले अढ़ाई कोस : बहुत सुस्त काम करने वाले को कहा जाता है।

नौ नगद न तेरह उधार : अधिक दाम पर परन्तु उधार बेचने की अपेक्षा कम परन्तु नगद दाम पर चीज़ें बेचना अच्छा है।

पढ़े तो हैं पर गुने नहीं : विद्या तो पढ़ी है पर उस पर मनन नहीं किया है।

पहले सोच-विचार, पीछे कीजे कार : पहले अच्छी तरह विचार करके तब काम आरम्भ करना चाहिए।

पाँचों उँगलियाँ घी में : हर तरह से लाभ या आनन्द होना।

पाप का घड़ा भरकर फूटता है : पापी जब पाप की पराकाष्ठा पर पहुँच जाता है तब उसका नाश हो जाता है।

पुण्य की जड़ सदा हरी : पुण्यात्मा व्यक्ति सदा सुखी रहता है।

पेट जो चाहे सो करावे : पेट के लिए मनुष्य बुरा-से-बुरा काम भी करता है।

प्यासा कुएँ के पास जाता है, कुआँ प्यासे के पास नहीं जाता : जिसे ग़रज़ होती है, वही दूसरों के पास जाता है।

बंदर क्या जाने अदरक का स्वाद : जो किसी विशेष वस्तु या व्यक्ति की कद्र न जानता हो।

बंदर की दोस्ती, जी का जिआन : मूर्ख से मित्रता करने पर जान ज़ोखिम में पड़ जाती है।

बड़ों के कान होते हैं, आँख नहीं : बड़े लोग दूसरों से, अपने नौकरों-चाकरों से, जो कुछ सुनते हैं, उसी को सच मान लेते हैं।

बद अच्छा, बदनाम बुरा : बुरा होना अच्छा है परन्तु बदनाम होना बुरा है।

बन में मोर नाचा किसने देखा : किसी गुणी का ऐसे स्थान में गुण दिखाना जहाँ उसका समझने वाला कोई न हो।

बहता पानी, रमता जोगी : घुमक्कड़ आदमी कभी एक जगह पर नहीं रुकता।

बाँह गहे की लाज : जिसे शरण दी, उसकी रक्षा अवश्य करनी चाहिए।

बारह बरस में घूरे के दिन भी फिरते हैं : कभी-न-कभी सबके अच्छे दिन आते हैं।

बिल्ली के भाग छींका टूटा : जब अकस्मात् इष्टसिद्ध हो जाए।

बैठे से बेगार भली : ख़ाली बैठे रहने से मुफ़्त में काम करना अच्छा होता है।

भइ गति साँप-छछूँदर केरी : किसी काम को न करते बनना न छोड़ते बनना।

भरी मुट्ठी सवा लाख की : परदा न खुलने पर इज़्ज़त बनी रहती है।

भागते भूत की लँगोटी भली : जहाँ कुछ न मिलने की आशंका हो, वहाँ थोड़ी ही प्राप्ति से सन्तोष कर लेना अच्छा होता है।

भूखे भजन न होहिं गोपाला : भूखे पेट कोई काम नहीं होता।

भैंस के आगे बीन बजावे, वह बैठी पगुराय : मूर्ख के आगे अच्छी बातों का कहना व्यर्थ है।

मन चंगा तो कठौती में गंगा : यदि मन शुद्ध

है तो घर में ही तीर्थाटन का फल मिल सकता है।

मान न मान, मैं तेरा मेहमान : ज़बर्दस्ती किसी के गले पड़ना।

मियाँ की जूती मियाँ के सिर : किसी मनुष्य की चीज़ से उसी को हानि पहुँचाना या उसी के ऊपर वार करना।

म्याऊँ की ठौर कौन पकड़े : जो ख़तरे का काम है, उसे करने के लिए कौन आगे बढ़े।

यथा नाम तथा गुण : जैसा नाम वैसा गुण।

रख पत, रखा पत : यदि आप दूसरों का सम्मान करेंगे, तो वे भी आपका सम्मान करेंगे।

रस्सी जल गई, ऐंठन न गई : बरबाद हो जाने पर भी जब कोई अपनी टेक नहीं छोड़ता।

राजा करे सो न्याव, पाँसा पड़े सो दाँव : जो राजा करता है, वही न्याय होता है और जो दाँव सफल हो, वही पाँसा है।

राम-राम जपना, पराया माल अपना : ढोंगी मनुष्य के कपटाचार पर यह कहावत कही जाती है।

रुपये को रुपया कमाता है : रुपये से रुपया पैदा होता है।

लकीर के फ़कीर : पुरानी परम्पराओं का पालन करने वाला, रूढ़िवादी।

लातों के भूत बातों से नहीं मानते : नीच लोग मार खाए बिना सीधे नहीं होते।

लेना एक न देना दो : किसी से कुछ प्रयोजन न रखना।

शेर भूख सहता है पर घास नहीं खाता : सज्जन और महात्मा कष्ट पड़ने पर भी नीच काम नहीं करते।

सब एक ही थैले के चट्टे-बट्टे हैं : एक साथ के रहने वाले जिनका स्वार्थ एक समान हो।

सरग से गिरी खजूर में अटकी : एक दुःख से छुटकारा पाते ही दूसरे दुःख में फँस जाने पर कहावत है।

सहज पके, सो मीठा होय : जो काम सरलता से हो जाए, वही अच्छा है।

साँच को आँच क्या ? : सच्चे मनुष्य को कोई भय नहीं होता।

साँप भी मर जाए और लाठी भी न टूटे : काम भी बन जाए और हानि भी न हो।

सारी उम्र भाड़ ही झोंका : व्यर्थ ही आयु बिताई।

सावन सूखा न भादों हरा : सदा एक ही दशा में रहने वाले।

सिर बड़ा सरदार का, पैर बड़ा गँवार का : बुद्धिमान् मनुष्य का सिर और गँवार का पैर बड़ा होता है।

सिर मुँड़ाते ओले पड़े : यदि किसी कार्य का श्रीगणेश करते ही कोई विघ्न पड़ जाए।

सीधी उँगली से घी नहीं निकलता : सीधेपन से काम नहीं चलता।

सोने में सुगंध : जो वस्तु सभी तरह अच्छी हो।

सोवेगा सो खोवेगा, जागेगा सो पावेगा : जो मनुष्य आलसी और निष्क्रिय होता है, उसको कुछ नहीं मिलता, परन्तु जो परिश्रमी और सक्रिय होता है, उसे बहुत कुछ मिलता है।

सौ सोनार की, एक लोहार की : कमज़ोर की सौ चोट और बलवान की एक चोट बराबर होती है।

सौ-सौ चूहे खाय के बिलाई हज को चली : जीवनभर तो कुकर्म और पाप किया, अब धर्म-कर्म करने चले हैं।

हड़ लगे न फिटकरी, रंग चोखा ही आवे : बिना कुछ ख़र्च किए काम सुचारु रूप से सम्पन्न हो जाए।

हाथ कंगन को आरसी क्या : जो वस्तु प्रत्यक्ष है, उसे सिद्ध करने के लिए प्रमाण की आवश्यकता नहीं होती।

हाथी निकल गया, दुम रह गई : काम का अधिक भाग समाप्त हो गया, केवल थोड़ा भाग शेष है।

अवधी और ब्रजभाषा की शब्दावली

शब्द	अर्थ
अँसुवन	आँसू
अघाय	संतुष्ट
अठिलैहैं	हँसेंगे
अब्ब	अभी, अब
आनि	लाना (लाइए)
आँखिन	आँखों में
आनहु	लाइए
आपा	घमंड, अहंकार
आखर	अक्षर
आब	चमक, चेहरे की रौनक
उद्यम	मेहनत, परिश्रम
उपाध	झगड़ा
एकै	एक, एक बार
ओछी	तुच्छ
औरन	औरों, दूसरों
कब्ब	कब
कहा	क्या
कछु	कुछ
कबहुँ	कभी
कटुक	कड़वा
कतु	क्यों
काल	कल
काढ़ि लियो	निकाल लिया
कागो	कौआ
कोय	कोई
काके	किसके
काज	काम
काल्ह	कल
का	क्या
कुटुम	परिवार
केरि	की
कै	का
कोय	किसी को, कोई
खाल खिंचना	कष्ट उठाना
खीझे	खीझना, नाराज़ होना
खिझायो	तंग किया
गयऊ	गया
गोय	मित्र
गाँठ	पूरी तरह प्रेम का न होना
गंधी	सुगन्धित तेल, इत्र बेचने वाला
गैयन	गाएँ
घनेरी	अत्यधिक
छवाय	बनाकर
छींको	रस्सी का बना हुआ छिक्का
जस	यश
जदपि	यद्यपि, हालाँकि
जसुमति	यशोदा
जनमत	जन्म से ही
जसोदा	यशोदा
जानि	जानकर
जैहों	जाऊँगा
जाके	जिसके
जिय डारि	मन डालना
तर	नीचे
तकि	देखकर
तासु	तब
ताके	तिसके
तेहि	उसी
तिहारो	तुम्हारा
तारी	ताली
दोस	दोष
दूजी	दूसरी
दाऊ	बड़ा भाई
धका	धक्का

शब्द	अर्थ	शब्द	अर्थ
धरनि	पृथ्वी	मेहि	इसी
धूत	चालाक	मोई	मुझे
निरखि	देखकर	मुआ	मर गया
नियरे	पास	मोरी	मेरी
निन्दिए	निन्दा करना	मोहि	मुझे
निस्तार	उद्धार	मोसो	मुझसे
परलै	प्रलय, दुनिया का अंत	रखवारी	देखभाल
पंथी	रास्ते पर चलने वाला	रसरी	रस्सी
पठायो	भेजा	रिसि	क्रोध
पतियायो	विश्वास कर लिया	रीझे	प्रसन्न होती है
पान	पानी	लखत	देखना
पाछें	पीछे	लखै	देखना
पायन	पैर	लीन्हों	लिया
पाथर	पत्थर	लखि	देखकर
पाँय	पाँव	विथा	कष्ट, व्यथा
पौन	पवन, हवा	व्याधि	दुःख, रोग
पूत	पुत्र	सरवर	तालाब, सरोवर
फेरत	घुमाना (घुमाते)	सनेह	स्नेह, पत्थर
बस्सी	निवास	स्रवन	श्रवण
बरनी	वर्णन	संचरे	संचार करता है, जाता है
बहुरि	फिर, बाद में	सरीर	शरीर
बधिकर	मारकर	स्याम	श्याम
बसीकरन	वश में करने वाला	साधु	भला आदमी
बलभद्र	बलराम	सालै	मारता है, नष्ट करता है
बाणी	बोली, वाणी	साँझ	शाम
बाँटन बारे	बाँटने वाले	साँच	सत्य
बिपति	संकट	साँचे	सच्चा
बिटता	पुत्र, लड़का	सबन	सभी
बिथा	दुःख	सुभाय	स्वभाव
बिहँसि	हँसकर	सुबास	खुशबू
बुधि	बुद्धि	सिखै	सीख, शिक्षा
भयऊ	धारण किया	सिल	पत्थर
भया	हुआ	सीत, सीतल	ठंडा
भोर	सवेरा	सौं	कसम, सौगंध
भोरी	भोली	ह्वै	होकर
भौजी	भाभी	हिरदै	हृदय

परिशिष्ट-11

देशी संवत, महीने और दिन

भारत में हमारे अपने संवत्, महीने और दिन प्रचलित हैं जिनकी आवश्यक जानकारी प्रायः नहीं होती। यहाँ ये तीनों संक्षेप में दिये जा रहे हैं। हिन्दू वर्ष और उसके महीने चैत्र से आरंभ होकर फाल्गुन तक चलते हैं और चांद्र गणना पर आधारित हैं। इसलिए अंग्रेजी महीनों से इनका तालमेल बदलता रहता है, परंतु सामान्य रूप से ये उन अंग्रेजी महीनों के समकक्ष चलते हैं, जिन्हें उनके सामने दिया गया है।

संवत्

भारत में दो संवत् प्रचलित हैं : विंक्रम और शक। विक्रम संवत् अंग्रेजी सन् से लगभग 57 वर्ष अधिक चलता है और शक संवत् उससे 78 वर्ष कम।

उदाहरण के रूप में, 1998 के जनवरी मास का विक्रम संवत् 2054 तथा शक संवत् 1919 होगा।

मुसलमानों में हिजरी गणना का प्रचलन है जो इस्लाम धर्म के संस्थापक हज़रत मुहम्मद के मक्का से मदीना को हिज्र (छोड़कर जाना) करने के दिन से आरंभ माना जाता है। उपर्युक्त जनवरी 1998 को हिजरी 1418 होगी जो अंग्रेजी सन् से 580 वर्ष कम है।

महीने

पूस, पौष	January	आसाढ़	July
माघ	February	सावन, श्रावण	August
फागुन, फाल्गुन	March	भादौं, भाद्रपद	September
चैत, चैत्र	April	आश्विन, क्वार	October
बैसाख	May	कार्तिक	November
ज्येष्ठ	June	अगहन	December

दिन

सोमवार	Monday	शुक्रवार	Friday
मंगलवार	Tuesday	शनिवार, शनीचर	Saturday
बुधवार	Wednesday	रविवार, इतवार	Sunday
बृहस्पतिवार, गुरुवार	Thursday		

सामान्य शब्दों की अंग्रेज़ी-हिन्दी शब्दावली

Absent	अनुपस्थित	Chairman	सभापति
Accident	दुर्घटना	Class	कक्षा, वर्ग
Adult	वयस्क	Clerk	लिपिक
Advertisement	विज्ञापन	College	महाविद्यालय
Aeroplane	वायुयान	Commerce	व्यापार
Agriculture	कृषि	Commercial	व्यापारिक
Air Conditioned	वातानुकूलित	Commission	आयोग
Air force	वायु सेना	Committee	समिति
Airport	हवाई-अड्डा	Conference	सम्मेलन
Application	प्रार्थना पत्र, अर्ज़ी	Constituency	निर्वाचक-मंडल, चुनाव क्षेत्र
Appointment	नियुक्ति		
Army	थल सेना	Constitution	विधान
Assistance	सहायता	Convention	अधिवेशन
Assistant	सहायक	Convocation	दीक्षान्त समारोह
Atomic	परमाणु	Corporation	निगम, महापालिका
Average	औसत	Correction	सुधार
Ballot	मत-पत्र	Court	कचहरी, न्यायालय
Bathroom	स्नान-गृह	Criminal	अपराधी
Blackboard	श्यामपट	Currency	मुद्रा
Blood pressure	रक्त दाब	Degree	उपाधि
Bomb	बम	Democracy	लोकतंत्र, प्रजातंत्र
Branch	शाखा	Department	विभाग
Bridge	पुल, सेतु	Deputy	सहायक
Broadcast	प्रसारित	Development	विकास
Cabinet	मंत्रिमंडल	Diplomat	कूटनीतिज्ञ
Calender	तिथि पत्र, पंचांग	Director	निर्देशक
Capital	राजधानी	Directory	निर्देशिका
Capitalist	पूँजीपति	District	ज़िला
Candidate	उम्मीदवार	Eclipse	ग्रहण
Cashier	कोषाध्यक्ष	Economy	अर्थव्यवस्था
Census	जनगणना	Electricity	विद्युत
Certificate	प्रमाण-पत्र	Election	चुनाव

Embassy	दूतावास
Emergency	आपात
Energy	शक्ति, ऊर्जा
Engineer	अभियंता
Entry	प्रवेश
Examination	परीक्षा
Export	निर्यात
Exhibition	प्रदर्शनी
Environment	वातावरण
Factory	कारखाना
Fertilizer	उर्वरक
Finance	वित्त
Financial	वित्तीय
Fees	शुल्क
Fire Brigade	दमकल
Fire Station	दमकल केन्द्र
First	प्रथम
Foreign	विदेशी
Government	सरकार
Governor	राज्यपाल
Graduate	स्नातक
Handicapped	विकलांग
Handicraft	हस्तशिल्प
Headmaster	प्रधानाध्यापक
Headmistress	प्रधानाध्यापिका
Head of the Department	विभाग अध्यक्ष
High Court	उच्च-न्यायालय
Home work	गृह कार्य
Identity card	पहचान-पत्र
Import	आयात
Index	अनुक्रमणिका, सूची
Income tax	आयकर
Industry	उद्योग
Industrialist	उद्योगपति
Inland letter	अंतरदेशीय पत्र
Interview	साक्षात्कार
Interval	मध्यावकाश
Inquiry	पूछताछ
Invitation	निमंत्रण
Irrigation	सिंचाई
Invention	आविष्कार
Jail	कारागार, बंदीगृह
Judge	न्यायाधीश
Judgement	फैसला, निर्णय
Justice	न्याय
Laboratory	प्रयोगशाला
Law	कानून, विधि
Legal	कानूनी, वैधानिक
Legislative	विधानमंडल
Library	पुस्तकालय
Magazine	पत्रिका
Majority	बहुमत
Madam	महोदया
Marks	अंक
Mark sheet	अंक तालिका
Manager	प्रबंधक
Management	प्रबंध
Maximum	अधिकतम
Mechanic	मिस्त्री
Medal	पदक
Message	सन्देश
Money	धन, मुद्रा
Metal	धातु
Million	दस लाख
Military	सेना
Mineral	खनिज
Minimum	न्यूनतम
Minister	मंत्री
Minority	अल्पसंख्यक
Municipality	नगरपालिका
Member of Parliament (MP)	संसद सदस्य

Member of Legislative Assembly (MLA)	विधायक
Machine	उपकरण, यंत्र
Market	बाज़ार
Navy	नौ-सेना
News	समाचार
Notice	सूचना
Notice board	सूचना-पट्ट
Nuclear	नाभिकीय
Oath	शपथ
Office	कार्यालय
Officer	अधिकारी
Official	शासकीय, राजकीय
Parliament	संसद
Payment	भुगतान
Percentage	प्रतिशत
Period	अवधि
Permission	आज्ञा, अनुमति
Please	कृपया
Politics	राजनीति
Politician	राजनीतिज्ञ
Policy	नीति
Pollution	प्रदूषण
Port	बन्दरगाह
Post office	डाकखाना
Postage	डाक-व्यय
President	राष्ट्रपति
Price	मूल्य
Primary	प्राथमिक
Prime Minister	प्रधान-मंत्री
Principal	प्रधानाचार्य
Private	निजी, व्यक्तिगत
Prize	पुरस्कार
Public	सार्वजनिक
Reception	स्वागत समारोह
Recess	अल्प अवकाश
Receipt	रसीद
Republic	गणतंत्र
Reserve	आरक्षण
Reservation	आरक्षित
Resignation	त्यागपत्र
Respected	आदरणीय
Rule	नियम
Rural	ग्रामीण
Salary	वेतन
Secondary	माध्यमिक
Secretariat	सचिवालय
Secretary	सचिव
Sir	श्रीमान, महोदय
Social	सामाजिक
Society	समाज
Space	अंतरिक्ष
State	प्रदेश
Statistics	आँकड़े, सांख्यिकी
Student	छात्र
Stock market	शेयर बाज़ार
Trade	व्यापार
Transport	यातायात, परिवहन
Terrorism	आतंकवाद
Telegram	तार
Tool	उपकरण
Tourist	पर्यटक
University	विश्वविद्यालय
Urban	शहरी
Village	ग्राम
Vote	मतदान
Warning	चेतावनी
Welfare	कल्याण

परिशिष्ट-13

शरीर के अंग : अंग्रेज़ी-हिन्दी शब्दावली

Ankle	टखना	Intestine	आँत
Arm	बाँह	Jaw	जबड़ा
Armpit	काँख	Joint	जोड़
Back	पीठ	Kidney	गुर्दा
Blood	लहू	Knee	घुटना
Bone	हड्डी	Leg	लात
Brain	दिमाग, मस्तिष्क	Lip	ओंठ
Calf	पिंडली	Mouth	मुख
Cheeks	गाल	Muscle	पेशी (पुट्ठा)
Chest	छाती	Nail	नाखून
Chin	ठुड्डी	Neck	गर्दन
Ear	कान	Nose	नाक
Elbow	कोहनी	Nostril	नथुना
Eye	आँख	Pore	रोमकूप, रोमछिद्र
Eyeball	पुतली	Shoulder	कंधा
Eyebrow	भौंह	Skeleton	अस्थि-पंजर
Eyelash	बरौनी	Skin	चमड़ा, चमड़ी
Face	चेहरा	Skull	खोपड़ी
Eyelid	पलक	Sole	तलवा
Finger	अँगुली	Spine	रीढ़ की हड्डी
Foot	पैर	Stomach	पेट (भीतरी)
Forearm	अग्रबाहु	Thigh	जाँघ
Forehead	माथा, मस्तक	Throat	गला
Gums	मसूड़े	Thumb	अँगूठा
Hair	बाल	Toe	अँगुली (पैर की)
Hand	हाथ	Tongue	जीभ
Head	सिर	Tooth	दाँत
Heart	दिल, हृदय	Veins	नस
Heel	एड़ी	Waist	कमर
Hip	नितम्ब, कूल्हा	Wrist	कलाई

गणित की अंग्रेजी-हिन्दी शब्दावली

Addition	संकलन, जोड़	Multiple	गुणज, खण्ड
Algebra	बीजगणित	Multiplication	गुणन, गुणा
Angle	कोण	Multiplicand	गुण्य
Arithmetic	अंकगणित	Number	अंक, संख्या
Amount	मिश्रधन	Numerator	अंश
Average	औसत	Odd Number	विषम संख्या
Area	क्षेत्रफल	Natural Number	प्राकृत संख्या
Brackets	कोष्ठक	Prime Number	रूढ़ संख्या
Centre	केंद्र	Numeration	संख्या पठन
Circle	वृत्त, गोला	Parallel	समान्तर
Cube	घन, घनाकृति	Principal	मूलधन
Decimal	दशमलव	Perimeter	परिसीमा, घेरा
Denominator	हर	Percent	प्रतिशत
Degree	अंश	Profit	लाभ
Discount	बट्टा, छूट	Proportion	अनुपात
Dividend	भाज्य	Product	गुणनफल
Division	भाग, भाजन	Proportional	समानुपाती
Divisor	भाजक	Quadrilateral	चतुर्भुज
Diameter	व्यास	Quotient	भजन फल
Even Number	सम संख्या	Rectangle	आयत
Factor	खण्ड	Ratio	निष्पत्ति, अनुपात
Fraction	भिन्न	Remainder	शेष
H.C.F.	महत्तम समापवर्तक	Subtraction	घटाना
Interest	ब्याज	Square	वर्ग
Compound Interest	चक्रवृद्धि ब्याज	Solid	पिण्ड
Simple Interest	साधारण ब्याज	Simplify	सरल करना
Geometry	रेखागणित	Speed	चाल, गति
L.C.M.	लघुत्तम समापवर्तक	Triangle	त्रिभुज
Line	रेखा	Theorem	प्रमेय
Loss	हानि	Volume	घनफल, आयतन
Multiplier	गुणक	Zero	शून्य

व्याकरण की अंग्रेज़ी-हिन्दी शब्दावली

Adjective	विशेषण	First person	उत्तम पुरुष
Adjective of quality	गुणवाचक विशेषण	Second person	मध्यम पुरुष
		Third person	अन्य पुरुष
Adjective of quantity	परिमाणवाचक विशेषण	Phrase	वाक्यांश
		Prefix	उपसर्ग
Adverb	क्रिया विशेषण	Preposition	संबंधबोधक
Alphabet	वर्ण, अक्षर	Pronoun	सर्वनाम
Case	कारक	Proverb	लोकोक्ति
Clause	उपवाक्य	Question mark	प्रश्न चिह्न
Comma	अल्प-विराम	Script	लिपि
Compound	समास	Semi colon	अर्धविराम
Conjunction	समुच्चयबोधक अव्यय	Sentence	वाक्य
		Speech	उक्ति
Consonants	व्यंजन	–direct speech	प्रत्यक्ष उक्ति
Essay	निबंध	–indirect speech	परोक्ष उक्ति
Exclamation mark	विस्मयादिबोधक	Spelling	वर्ण विन्यास
Full Stop	पूर्ण विराम	Subject	उद्देश्य
Gender	लिंग	Suffix	प्रत्यय
–masculine	पुल्लिंग	Synonym	पर्याय
–feminine	स्त्रीलिंग	Tense	काल
Idiom	मुहावरा	–past tense	भूत काल
Inverted comma	अवतरण चिह्न	–present tense	वर्तमान काल
Noun	संज्ञा	–future tense	भविष्य काल
–common noun	जातिवाचक संज्ञा	Translation	अनुवाद
–abstract noun	भाववाचक संज्ञा	Verb	क्रिया
–proper noun	व्यक्तिवाचक संज्ञा	–transitive verb	सकर्मक क्रिया
–collective noun	समूहवाचक संज्ञा	–intransitive verb	अकर्मक क्रिया
Number	वचन	Voice	वाच्य
–singular	एकवचन	–active voice	कर्तृवाच्य
–plural	बहुवचन	–passive voice	कर्मवाच्य
Object	कर्म	Vowels	स्वर
Opposite	विलोम		

परिशिष्ट-16

विज्ञान की अंग्रेज़ी-हिन्दी शब्दावली

Acid	तेज़ाब, अम्ल पदार्थ	Light	प्रकाश
Alkali	क्षार, खारा	Liquid	द्रव
Atom	परमाणु	Magnetism	चुंबकत्व
Chemical	रासायनिक	Mass	संहति
Concave	अवतल	Microscope	सूक्ष्मदर्शी
Condensation	घनीकरण	Molecule	अणु
Conductivity	संवाहकता, चालकता	Motion	गति
Convex	उत्तल	Nuclear	नाभिकीय, केन्द्रकीय
Current	विद्युत प्रवाह	Nucleus	नाभिक, केन्द्रक
Digestion	पाचन	Photosynthesis	प्रकाश संश्लेषण
Distillation	आसवन	Radar	रेडार
Electricity	विद्युत	Rays	किरण
Energy	शक्ति	Satellite	उपग्रह
Evaporation	वाष्पीकरण	Sediment	अवसाद, तलछट
Experiment	प्रयोग	Solid	ठोस
Fuel	ईंधन	Sound	ध्वनि
Gravity	गुरुत्व	Test tube	परखनली
Heat	ऊष्मा, ताप	Telescope	दूरबीन
Hybrid	संकर	Thermal	उष्णता संबंधी
Insulator	विद्युतरोधी	Space	अंतरिक्ष
Laboratory	प्रयोगशाला	Vacuum	शून्य
Lens	लेंस		

परिशिष्ट-17

भूगोल की अंग्रेज़ी-हिन्दी शब्दावली

Atmosphere	वायुमंडल	Ocean	महासागर
Bay	खाड़ी	Ore	धातु
Cape	अन्तरीप	Peninsula	प्रायःद्वीप
Coast	समुद्रतट	Plains	मैदान
Cyclone	चक्रवात	Planets	ग्रह
Desert	मरुस्थल, रेगिस्तान	–Earth	पृथ्वी
Directions	दिशाएं	–Jupiter	बृहस्पति
–East	पूर्व	–Mars	मंगल
–West	पश्चिम	–Mercury	बुद्ध
–North	उत्तर	–Neptune	वरुण
--South	दक्षिण	–Pluto	प्लूटो
Earthquake	भूकंप	–Saturn	शनि
Equator	भूमध्य रेखा	–Uranus	यूरेनस
Greenwich Time	ग्रीनविच समय	–Venus	शुक्र
Gulf	खाड़ी	Plateau	पठार
Hemisphere	गोलार्द्ध, अर्द्धवृत	Port	पोतस्थान, बन्दरगाह
Humidity	नमी, आर्द्रता	Pressure	दाब, भार
Island	द्वीप	Prime Meridian	मूल देशान्तर रेखा
Latitude	अक्षांश	Sea	सागर, समुद्र
Lava	लावा	South Pole	दक्षिणीय ध्रुव
Longitude	देशान्तर	Strait	जलडमरूमध्य
Map	मानचित्र	Temperature	तापमान
Marshland	दलदली जमीन	Tide	ज्वार, भाटा
Meridian	मध्याह्न रेखा	Valley	घाटी
Metal	धातु	Volcano	ज्वालामुखी
Mineral	खनिज	Winds	वायु, हवा
North Pole	उत्तरी ध्रुव		

परिशिष्ट-18

पारिवारिक संबंधों की अंग्रेज़ी-हिन्दी शब्दावली

Grandparents	
Grandfather	
Father's father	दादा
Mother's father	नाना
Grandmother	
Father's mother	दादी
Mother's mother	नानी
Parents	
Father	पिता
Mother	माँ, माता
Children	
Son	पुत्र
Daughter	पुत्री, बेटी
Uncles and Aunts	
Father's elder brother and his wife	ताऊ, ताई
Father's younger brother and his wife	चाचा, चाची
Father's sister and her husband	बुआ, फूफा
Mother's brother and his wife	मामा, मामी
Mother's sister and her husband	मौसी, मौसा
Cousins	
Children of father's brother	चचेरा भाई, चचेरी बहन
Children of mother's brother	ममेरा भाई, ममेरी बहन
Children of mother's sister	मौसेरा भाई, मौसेरी बहन